Das 20. Jahrhundert
in Wort, Bild, Film und Ton

———

Die 50er Jahre

Das 20. Jahrhundert
in Wort, Bild, Film und Ton

Die 50er Jahre

CORON EXCLUSIV®

*Ein Teil des Textes und der Bilder dieses Bandes sind aus der niederländischen Ausgabe
»Decennium Serie – de jaren 50« mit freundlicher Genehmigung des
Verlags Oosthoek's Uitgeversmaatschappij B.V. Utrecht/Heideland-Orbis, Hasselt,
übernommen worden und für den deutschen Sprachraum bearbeitet worden.*

Lizenzausgabe für
CORON VERLAGSGESELLSCHAFT MBH, STUTTGART
Mit freundlicher Genehmigung der Bertelsmann Lexikon Verlag GmbH, Gütersloh
© der Lizenzausgabe:
CORON VERLAGSGESELLSCHAFT MBH, STUTTGART 1999

Alle Rechte vorbehalten

Tonträger und Phonobox SONO-SYSTEM AG, CH-Montlingen/SG
(Erfinder Dr. h. c. Erich Döring, CH-9442 Berneck – USA pat. 4 425 098)

Einband Cabra-Lederfaser,
Peyer & Co. GmbH, Leonberg, Chemische Werke Salamander GmbH, Türkheim

Gesamtherstellung
Mohndruck Graphische Betriebe GmbH, Gütersloh
Printed in Germany
ISBN 3-577-10333-7

VORWORT

Die Erfolge, Katastrophen und Tragödien des 20. Jahrhunderts, Freud und Leid aus unserer jüngsten Geschichte, die großen Ereignisse aus Politik, Wirtschaft, Kultur und Gesellschaft sind in dem vorliegenden Werk zusammengefaßt. Erstmals im deutschen Sprachraum ist dabei der Ton voll in das Buch integriert.

Durch eine Vielzahl von – in dieser Kombination erstmals zugänglichen – Informationen will diese Reihe die Entwicklung und das Besondere des 20. Jahrhunderts verstehbar machen. Dem Benutzer wird hiermit eine faszinierende, multimediale Gesamtdarstellung der Zeitgeschichte geboten.

Die 50er Jahre waren ein Jahrzehnt des Übergangs. Die Wunden des 2. Weltkrieges begannen zu vernarben. Auf der anderen Seite brachen all die Probleme auf, die das weltweite Geschehen bis in die Gegenwart prägen.
Der Kalte Krieg, das Ringen der Weltmächte USA und Sowjetunion mit ihren Verbündeten um die Vorherrschaft, erreichte mit den Kriegen in Korea und Indochina erste und außerordentlich blutige Höhepunkte. Der Volksaufstand vom 17. Juni 1953 in der DDR, die Unruhen in Polen und der Aufstand in Ungarn im Jahr 1956 wurden zu Symbolen des vergeblichen Strebens der von der Sowjetunion beherrschten Völker nach Unabhängigkeit. Im Scheitern des Bemühens des Staates Israel um Anerkennung durch seine arabischen Nachbarn, im Untergang der Monarchie in Ägypten und Irak und in der Suezkrise zeigte sich der Nahe Osten erstmals als Krisenherd von weit mehr als nur regionaler Bedeutung.
Europa, das sich nicht länger als Mittelpunkt der Welt fühlen durfte, schlug mit der Gründung der Europäischen Gemeinschaft für Kohle und Stahl, der Europäischen Wirtschafts- und der Europäischen Atomgemeinschaft durch sechs westeuropäische Länder sowie der Europäischen Freihandelszone durch sieben andere Staaten neue Wege der Zusammenarbeit ein.
Schließlich waren die 50er Jahre das Jahrzehnt, in dem das atomare Wettrüsten der beiden Großmächte begann. Für viele schien sich hier die folgenschwerste und bedrohlichste Gefahr für die zukünftige Existenz der Menschheit zu entwickeln, für viele andere war diese Form der Rüstung die sicherste Garantie gegen den Ausbruch eines neuen Weltkrieges.
Die 50er Jahre waren aber auch das Jahrzehnt, in dem mit dem Start des Sputnik das Zeitalter der Weltraumfahrt einsetzte und mit sowjetischen Mondsonden erstmals Objekte von Menschenhand das Schwerkraftfeld der Erde verließen.

Auch in diesem Band ist das Geschehen nicht nur durch eine umfassende Textdarstellung, sondern auch durch zahlreiche, zu einem großen Teil in Deutschland bisher unveröffentlichte Fotos dokumentiert. Die Tatsache, daß in den 50er Jahren noch nicht in dem gleich hohen Maße wie gegenwärtig farbig fotografiert wurde, erweist sich nicht als Nachteil. Viele Schwarzweiß-Fotos sind von starker Aussagekraft und Dynamik.

Das gesamte Geschehen wurde nach Zeit, Thematik und Raum geordnet, woraus sich die Gliederung der Bände in drei Teile ergibt:
- Chronologie
- Ereignisse und Tendenzen
- Die Länder der Erde von A–Z

Im Teil <u>Chronologie</u> werden alle wichtigen nationalen und internationalen Ereignisse des Jahrzehnts – vom 1. Januar 1950 bis zum 31. Dezember 1959 – in ihrer zeitlichen Abfolge dargestellt.

Im Teil <u>Ereignisse und Tendenzen</u> werden jene Entwicklungen genauer beleuchtet, die die 50er Jahre geprägt haben – im politischen Leben, in der Gesellschaft, Wirtschaft, Wissenschaft und Technik, in der Kultur und im Sport. So entsteht eine umfassende Darstellung, die die wichtigsten Strömungen dieser Zeit begreifbar macht.

Im Teil <u>Die Länder der Erde von A–Z</u> wird für jeden Staat der Erde ein Abriß der politischen und wirtschaftlichen Entwicklung zusammen mit der chronologischen Darstellung der wichtigsten Ereignisse gegeben.

Ein umfangreiches alphabetisches Register ermöglicht den raschen Zugang zu sämtlichen Einzelinformationen.

Der <u>Tonteil</u> enthält auf zwölf transparenten, seitengroßen, fest eingebundenen Folien je sechs Tonprogramme, 72 kleine Schallplatten also, jede fast vier Minuten lang. Jedem dieser Tonprogramme sind ein Textkommentar und ein charakteristisches Bild zugeordnet.
Der Tonteil ist vollkommen in das Gesamtwerk integriert. Die Tondokumente, die mit großer Sorgfalt aufgrund ihrer historischen Bedeutung in deutschen und ausländischen Tonarchiven ausgewählt wurden, sind zu Tonprogrammen und thematischen Gruppen zusammengefaßt, so daß sie auch für sich allein abgehört werden können. Im Text wird durch eine große Zahl von Verweisen auf die Tonprogramme hingeführt, ebenso enthält auch das Register entsprechende Hinweise.
Obwohl sich von manchen wichtigen Ereignissen wegen des noch nicht so hoch entwickelten internationalen Nachrichtenaustauschs weniger Original-Tondokumente erhalten haben, als sie uns aus der Gegenwart und jüngsten Vergangenheit zur Verfügung stehen, hat die intensive Recherche in deutschen und ausländischen Tonarchiven doch umfangreiches und eindrucksvolles Material für die Tonprogramme zu Tage gefördert. Und das Gefühl des unmittelbaren Miterlebens, das sie ermöglichen, wird für den Hörer auch durch die unterschiedliche technische Qualität, die nicht in allen Fällen dem heute gewohnten Stand entspricht, eher noch verstärkt.
So bietet auch dieser Band ein umfassendes Bild eines Jahrzehnts, das für unsere Gegenwart ebenso wichtig ist wie die vorangegangenen und die ihm folgenden.

Der Verlag

INHALT

Wort und Bild

5 Vorwort

8 Mitarbeiter

9 Quellen der Tondokumente und Fotos

10 **Chronologie 1950–1959**

12 1950 Krieg in Korea
25 1951 Mossadegh verstaatlicht das persische Erdöl
38 1952 Die erste Wasserstoffbombe
54 1953 Stalins Tod und Juniaufstand
69 1954 Diên Biên Phu und das Ende des ersten Indochinakrieges
82 1955 Der österreichische Staatsvertrag
97 1956 Suezkrise und Ungarnaufstand
112 1957 Die Gründung der EWG
124 1958 De Gaulle und die 5. Republik
138 1959 Fidel Castro an der Macht

154 **Ereignisse und Tendenzen in den 50er Jahren**

156 Die Weichen werden gestellt
– Fritz Sänger

159 **1. Mensch und Natur**
159 Der Preis des Wiederaufbaus
– Mr. M. C. Bloemers
159 Brände, Explosionen und Bergwerksunglücke
160 Naturkatastrophen
161 Naturparks in der Bundesrepublik Deutschland
162 Das Internationale Geophysikalische Jahr
163 Sturmflut 1953
– Monika Unger

164 **2. Staat und Gesellschaft**
164 Adenauers Kanzlerdemokratie und Ulbrichts DDR-Sozialismus
– Klaus Körner
165 Kampf dem Atomtod
166 Der Streit um Gemeinschafts- und Konfessionsschule
167 Eingliederung, Lastenausgleich und Wiedergutmachung
168 Auswanderungswelle
169 Der Juniaufstand in der DDR
171 Wir sind wieder wer – das neue deutsche Selbstbewußtsein
– Prof. Dr. Werner Weidenfeld
172 Neue Küchengeräte für den Haushalt
173 Inneneinrichtung in den 50er Jahren
174 Freßwelle und Auslandsreisen
175 »Halbstarke«
175 Das Deutsche Fernsehen
– Klaus-Peter Senger
177 Kirche in den 50er Jahren
177 Protestantismus und Ökumene
– Dr. C. P. van Andel
177 Die Kirchentagsbewegung
178 Martin Niemöller
179 Billy Graham – ein US-amerikanischer Prediger
179 Gebremste Neuerungen im Katholizismus
– Dr. W. L. Boelens
180 Pierre Teilhard de Chardin
180 Der Tod des letzten Kirchenfürsten

182 **3. Politik**
182 Das Ende der Kolonialreiche
– Drs. J. Bank
184 Busstreik in Montgomery
184 Die Konferenz von Bandung
185 Länder, die zwischen 1950 und 1959 unabhängig wurden
185 Nkrumah, Vorreiter der Entkolonialisierung Afrikas
186 Nasser, der »starke« Mann Ägyptens
186 Ho Tschi Minh, führender Kopf im Kampf für die Unabhängigkeit Indochinas
187 Castros neues Kuba
187 Die europäische Integration
– Drs. P. Hommes, Drs. IJ. H. Berghorst
188 Europa auf dem Weg zur Einheit (1950–1959)
189 Saarland wird Bundesland
190 Der Kalte Krieg
– Dr. W. H. Roobol
193 McCarthyismus
194 Polen und Ungarn 1956
195 Spionage im Kalten Krieg
196 Das neue strategische Denken
– Dr. D. Leurdijk
198 Pulverfaß Nahost
– Werner Ludewig
203 Wer starb?

204 **4. Wirtschaft**
204 Wirtschaftswachstum und Soziale Marktwirtschaft
– Jochen Kölsch, Barbara Veit
205 Gastarbeiter
206 Ludwig Erhard – der »Vater des Wirtschaftswunders«
207 Mitbestimmung und Betriebsverfassung
208 Die Liberalisierung des Handelsverkehrs
– Dr. J. G. Morreau
208 Das Comecon

210 **5. Wissenschaft und Technik**
210 Die ersten Schritte ins All
– P. L. L. Smolders
210 Sputnik und seine Folgen
212 Die Medizin in den 50er Jahren
– Drs. J. M. Keppel Hesselink
213 Psychopharmaka
214 Polio
215 Vom Transistor zum Chip
– N. Baaijens
215 Kernenergie
– Prof. Dr. J. A. Goedkoop
216 Beginn der atomaren Rüstungsspirale: die Wasserstoffbombe
217 Kernphysiker
217 Kommunikationstechnik
– E. H. Blanken

218	Ein neues Medium setzt sich durch: Fernsehen
218	Düsenflugzeuge – B. van der Klaauw
219	Kernenergieantriebe im Schiffbau – Eduard Steingräber
220	Autotechnik – J. van Dooren
220	Motorisierung und Autobahnen in der Bundesrepublik Deutschland
221	Verkehrsunfälle in den 50er Jahren
222	**6. Kunst und Kultur**
222	Architektur auf neuen Wegen – Ir. J. Meuwissen
223	Frank Lloyd Wright
224	Die Expo 58
224	Bildende Kunst in den 50er Jahren – Pierre Janssen
225	Constantin Brâncusi
226	Henri Matisse
227	Angry Young Men und Nouveau-Roman-Literatur in England und Frankreich – Heinz Dieter Bulka
229	Deutsche Literatur der 50er Jahre – Werner Grau
230	Friedenspreis des deutschen Buchhandels
232	Nobelpreisträger für Literatur
233	Arthur Miller
234	Das Absurde
234	Der Tanz in den 50er Jahren – L. Utrecht
236	Der Film der 50er Jahre – R. Bishoff
237	Gewinner der wichtigsten Oscars
238	Gewinner der Goldenen Palme in Cannes
239	Klassische Musik – R. van der Leeuw
240	Deutsche Schlager der 50er Jahre
241	Neuanfang in Bayreuth
242	Jazz in den 50er Jahren – Rudy Koopmans
243	Der Durchbruch des Rock and Roll – Skip Voogd
245	Wer starb?
246	**7. Sport**
246	Höhepunkte des Jahrzehnts – C. de Veene, Werner Ludewig
252	Das von Sepp Herberger gelenkte »Wunder« – Hans Blickensdörfer
253	Europapokale
254	Fußball-WM, Brasilien 1950
255	Fußball-WM, Schweiz 1954
256	Fußball-WM, Schweden 1958
257	VI. Olympische Winterspiele, Oslo 1952
257	XV. Olympische Sommerspiele, Helsinki 1952
259	VII. Olympische Winterspiele, Cortina d'Ampezzo 1956
259	XVI. Olympische Sommerspiele, Melbourne 1956
261	Leichtathletik- und Schwimm-Weltrekorde
262	**Die Länder der Erde von A–Z**
395	Register

Tonprogramme

49	1. Theodor Heuss
	2. Wiedervereinigung
	3. Innenpolitik
	4. Die Saarfrage
	5. Wirtschaftswunder I
	6. Wirtschaftswunder II
65	7. Flüchtlinge, Heimatvertriebene
	8. Kriegsgefangene
	9. Wiederaufrüstung
	10. NATO-Beitritt
	11. Kirchen I
	12. Kirchen II
89	13. Kontroversen
	14. Außenpolitik
	15. Wiedergutmachung
	16. Politik im Radio
	17. Deutsches Fernsehen
	18. Unglücke I
105	19. DDR I
	20. DDR II
	21. DDR III
	22. Polen
	23. Ungarn
	24. Sowjetunion
129	25. Österreich I
	26. Österreich II
	27. Österreich III
	28. Schweiz I
	29. Schweiz II
	30. Schweiz III
145	31. Korea I
	32. Korea II
	33. Indochina I
	34. Indochina II
	35. Ägypten
	36. Suez-Krise
248	37. Frankreich I
	38. Frankreich II
	39. Großbritannien I
	40. Großbritannien II
	41. USA I
	42. USA II
288	43. Iran
	44. Indien
	45. Afrika
	46. Albert Schweitzer
	47. Unglücke II
	48. Raumfahrt
304	49. Literatur I
	50. Literatur II
	51. E-Musik
	52. Jazz
	53. Deutsche Schlager
	54. Filmhits
328	55. Theater
	56. Deutscher Film
	57. Conférenciers
	58. Parodisten
	59. Berliner Kabarett
	60. Wiener Brettl
344	61. Olympische Winterspiele 1952
	62. Olympische Sommerspiele 1952
	63. Olympische Winterspiele 1956
	64. Olympische Sommerspiele 1956
	65. Olympische Reiterspiele 1956
	66. Berühmtheiten
368	67. Fußball-WM 1954
	68. Fußball-WM 1958
	69. Fußball
	70. Sommersport
	71. Wintersport
	72. Motorsport

MITARBEITER

Redaktionelle Leitung: Werner Ludewig

TEXT UND BILD

Redaktion: Heinz Dieter Bulka

Redaktionelle Mitarbeit und Kurzbeiträge:
Ingrid Bulka, Dr. Helmut Hake,
Dr. Andreas Jaschinski, Susanne Lücking,
Rita Ludewig, Hans-Georg Michel, Monika Unger,
Peter Wassen, Inge Weißgerber

Übersetzung von Beiträgen aus dem Niederländischen:

Chronologie: Hans-Georg Michel, Peter Wassen

Entwicklungstendenzen und Hauptereignisse:
 Maria Csollány

Die Länder der Erde: Waltraut Hüsmert

TON

Redaktion: Margarete Schwind

Redaktionelle Mitarbeit: Dr. Konrad Franke, Angelika Geese

Autoren der Tonprogramme: Christiane Adam, Hans Baum, Silvia Kersten, Claudia Sautter, Rüdiger Schablinski, Siegfried Schuller

Begleittexte zu den Tonprogrammen:
Hans Baum, Angelika Geese, Silvia Kersten, Claudia Sautter, Rüdiger Schablinski, Arno Sommer

Sprecher der Tonprogramme: Hans Daniel

Tonmeister: Toning. Gerhart Frei

Bilddokumentation: Max Oberdorfer

Layout: Georg Stiller

Herstellung: Günter Hauptmann und Martin Kramer

HINWEISE ZUR BENUTZUNG DES TONTEILS

Alle Tonprogramme bestehen aus Original-Tondokumenten, die soweit sie der Erklärung bedürfen, moderiert sind. Die historischen Tonaufnahmen unterliegen der jeweils zeitbedingten Aufnahmetechnik und den speziellen Aufnahmebedingungen vor Ort. Aus Gründen der Authentizität sind die Tondokumente originalgetreu wiedergegeben.

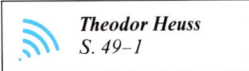

Hinweise dieser Art auf den Randspalten führen den Leser zu den Tonprogrammen hin. Die erste Zahl nennt die Textseite, auf der die Tonfolie beim Abspielen liegen muß; die zweite Zahl gibt die Nummer des Tonprogramms an.

Zum Abspielen muß die Folie stets auf der Textseite, nicht auf der Bildseite der den jeweiligen Tonprogrammen gewidmeten Doppelseite liegen. Das ist in der ersten Hälfte des Bandes (Tonprogramme 1–36) die jeweils rechte, in der zweiten Hälfte des Bandes (Tonprogramme 37–72) die jeweils linke Seite.

TONQUELLEN

Die Tonprogramme dieses Bandes entstanden in Zusammenarbeit mit den folgenden Sendern, Firmen und Institutionen:

Akademische Verlagsgesellschaft: 46de
Ariola: 2f, 3ef, 9cde, 10c, 13a, 48h
Atlas-Filmverleih-GmbH, Düsseldorf: 56f
BASF: 67ab
Bayerischer Rundfunk: 8a, 26afg, 34c, 63abcdef, 64abcdefg, 65abc, 66ce, 67cdef, 68abcdef, 69abce, 70acde, 71acde
Bellaphon: 52b
BRT-Geluidsarchief (Belgische Radio en Televisie): 24a, 31c, 45d
Capitol: 52a
CBS: 41e
R. Dehn, Frankfurt: 10b, 13b
Deutsche Grammophon Gesellschaft: 50f
Deutsches Rundfunkarchiv: 2abcd, 4b, 6b, 7acdef, 9abg, 10def, 11ad, 13c, 14ab, 15ac, 20ac, 21a, 24bcdeg, 25abcde, 31abefgh, 32abcdef, 33abd, 34ae, 35abde, 36bdf, 37cd, 38a, 39b, 40abd, 42abcdefgh, 44ab, 46bc, 48abcd, 61abcde, 62abcdf, 70bf, 71b, 72a
Exlibris: 30abd
Herbert Tischendorf-Film, München: 56bc
Hessischer Rundfunk: 2e, 3d, 14cd, 20b, 22abc, 24f, 27c, 29c, 30e, 34f, 37a, 40e, 44cde, 48ef, 50b
Historisch Archief NOS (Nederlandse Omroep Stichting): 20def, 23b, 26bcde, 34b, 39cde, 40c, 41abcd, 43cd, 45abc

Jupiter Records: 57c, 58b
Karussell: 53i
Limes: 49b
Materna-Filmverleih-GmbH, Frankfurt: 56e
Neue Deutsche Wochenschau: 66ab, 72b
Norddeutscher Rundfunk: 9f, 10a, 17b, 18cde, 46af
RIAS: 1d, 3bc, 4d, 8b, 12d, 15b, 16abcdefgh, 17def, 19bc, 23acdef, 27ab, 35cfg, 36a, 38bc, 47cd, 49acd, 50acde, 51abcef, 52cdef, 53abcdefghjkl, 54abcdefghij, 55abcdef, 56ad, 57ab, 58c, 59abcde, 60abcd, 62e
Schweizer Radio- und Fernsehgesellschaft: 28abcde, 29abd, 30c
Sender Freies Berlin: 4c, 5d, 12bce, 17a, 19adef, 21bcdef, 22d, 27de, 36c, 48g, 51d, 69d
Serp Disque: 33c, 34d, 37b, 38de
Südwestfunk: 1c, 7b, 31d, 43e
Telefunken: 57d, 58a
Welt im Bild: 66d, 72c
Westdeutscher Rundfunk: 1ab, 3a, 4a, 5abcef, 6acd, 8cd, 11bce, 12a, 15d, 17c, 18abf, 36e, 39a, 43ab, 47abe, 70g, 72d

Wir bedanken uns herzlich beim Deutschen Rundfunkarchiv, Frankfurt am Main, – besonders bei Frau Elisabeth Lutz und Herrn Walter Roller – für die freundliche Unterstützung bei der Recherche.

BILDQUELLEN

Farbe: ABC-Press, Amsterdam (20) – Camera Press (5) – Capa (1) – Karsh (1) – Magnum (15); All-Sport Photographic Ltd., Morden (1); ANP, Amsterdam (8); Archief en Museum van het Vlaamse Cultuurleven, Antwerpen (1); Associated Press, Frankfurt (1); Atlas Photo, Paris (1); Barnaby's Picture Library, London (2); BAVARIA-Verlag, Gauting (2); Bildarchiv Preußischer Kulturbesitz, Berlin (1); Börsenverein des Dt. Buchhandels, Frankfurt (1); Beeldbank Uitgeefprojekten BV Polders/Doorgest, Amsterdam (6); BRAUN AG, Kronberg (1); Bruynzeel Keukens BV, Zaandam (1); Camera press, London (1); Centre des Etudes Slaves (1); J. L. Charmet, Paris (2); dpa, Frankfurt (1); Fox photos, London (1); Gisèle Freund, Paris (2); Friedrich-Ebert-Stiftung, Bonn (2); Giraudon, Paris (2); Agence de Presse Imapresse, Paris (1); Illustrated London News, London (1); Institut Charles de Gaulle, Paris (1); Jahr Verlag, Hamburg (3); Keystone Bildarchiv, Hamburg (3); J. van der Klauw, Berkel en Rodenrijs (1); Luchterhand-Verlag, Darmstadt (1); Magnum, Paris (2); Sammlung Menningen, Lüdge-Niese (1); Hannelore Menzendorf, Berlin (1); National Museum of Wales, Cardiff (1); Novosti-Press Agency, London (2); Office of the Chief of Military History, Washington (1); Fotostudio Otto, Wien (1); Parimage, Paris (1); Paris match, Paris (12); Photo News Service, Brüssel (2); Picturepoint Ltd., East Moresey (1); Paul Popper Ltd., London (32); Presse Sports, Paris (1); Sem Presser, Amsterdam (12); Rapho, Paris (1); roebild, Frankfurt (1); Royal Geographical Society, London (1); Hanns-Seidel-Stiftung, München (1); Snark/Edimedia, Paris (8); Sygma, Paris (3); Editions Tallandier, Paris (2); Tate Gallery, London (1); M. Vautier, Paris (1); Whitney Museum of American Art, New York (1);

Schwarzweiß: ABC-Press, Amsterdam (3) – Magnum (2); Agence de Presse Photographique Bernard, Paris (1); Anefo, Amsterdam (6); ANP, Amsterdam (18); Associated Press, Frankfurt (10); N. Baayens, Lisse (1); Bayreuther Festspiele, Bayreuth (3); Belga NV, Brüssel (1); Bertelsmann LEXIKOTHEK Verlag GmbH, Gütersloh (4); Börsenverein des Dt. Buchhandels, Frankfurt (1); Deutsche Fotothek, Dresden (3); dpa, Düsseldorf (32); dpa, Frankfurt (18); Esto, New York (1); Eupra GmbH, München (23); Friedrich-Ebert-Stiftung, Bonn (33); Hanns Hubmann, Kröning (1); Alan Hutchinson, London (1); Internationaal Instituut voor Sociale Geschiedenis, Amsterdam (2); Internationales Musikinstitut, Darmstadt (1); Ipro Holland, Landsmeer (1); Dr. Konrad Karkosch, München (1); Keystone Bildarchiv, Hamburg (88); KNA-Bild, Frankfurt (1); National Archives and Record Service, Washington (3); Nederlandse Omroep Stichting, Hilversum (1); Novosti-Press Agency, London (1); Office of the Chief of Military History, Washington (2); Oosthoek-Archief, Utrecht (2); Österr. Nationalbibliothek, Wien (1); Philips Persdienst, Eindhoven (1); Paul Popper Ltd., London (4); Ringier Dokumentationszentrum, Zürich (9); roebild, Frankfurt (1) – Reinhardt (1) – Röhrig (2) – Vogel (2); Snark/Edimedia, Paris (6); Süddeutscher Verlag, Bilderdienst, München (93); Pressebild Schirner, Düsseldorf (8); Transglobe Agency, Hamburg (1); Ullstein Bilderdienst, Berlin (56); USICA, Bonn (1).

Das Jahrzehnt des Kalten Krieges: Mehr gemächlich als drohend breitet sich eine Pilzwolke nach einem US-amerikanischen Kernwaffenversuch im Jahre 1958 über dem Stillen Ozean aus.

Chronologie · 1950-1959

1950

Januar

1. Sonntag
Niederlande. Aufgrund der alliierten Vereinbarungen über deutsche Reparationszahlungen erhalten die Niederlande 30 645 kg Gold.

2. Montag
Bundesrepublik Deutschland. In Strobl am Wolfgangsee stirbt der Schauspieler Emil Jannings im Alter von 75 Jahren.
China/USA. Der US-amerikanische Senator Robert Taft schlägt vor, die US-amerikanische Flotte zur Verhinderung einer Landung der Chinesen auf Taiwan einzusetzen.

3. Dienstag
Ägypten. Die liberale Wafd-Partei siegt bei den Parlamentswahlen. Sie bildet am 12. 1. eine Regierung mit Mustafa Nahas Pascha als Ministerpräsident.
ČSR. Die Regierung läßt in allen Pfarren die Taufbücher beschlagnahmen, nachdem die Vertreter der Kirche die Übergabe verweigert hatten.

4. Mittwoch
China. Pakistan erkennt die Volksrepublik China diplomatisch an. Die Sowjetunion beschließt, China große Mengen an Material für den Eisenbahnbau zu liefern.
USA. Die USA bitten die Länder, die Hilfe nach dem Marshallplan empfangen, ihre Ansprüche um 25% zu senken. Griechenland soll von dieser Regelung ausgenommen bleiben.
In Punkt 4 seiner State-of-the-Union-Botschaft verspricht Präsident Truman Hilfe für die Entwicklungsländer.

5. Donnerstag
Großbritannien. Die Regierung erklärt sich bereit, die Volksrepublik China diplomatisch anzuerkennen und die Anerkennung Nationalchinas zurückzunehmen.

6. Freitag
NATO. Der Nordatlantische Rat in Washington verabschiedet einen geheimen Verteidigungsplan für Westeuropa und stellt eine Milliarde Dollar für Militärhilfe zur Verfügung.

8. Sonntag
Bundesrepublik Deutschland. In Kiel wird als neue Partei der Bund der Heimatvertriebenen und Entrechteten (BHE) gegründet. Er versteht sich als Interessenvertretung der Vertriebenen.

11. Mittwoch
Bundesrepublik Deutschland. Die Rationierung von Brot, Fleisch, Fetten und Milch wird aufgehoben. Nur der Bezug von Zucker bleibt an den Besitz von Lebensmittelmarken gebunden.

12. Donnerstag
Großbritannien. Das Unterseeboot »Truculent« sinkt nach einer Kollision in der Themsemündung. 64 Menschen kommen ums Leben.

13. Freitag
UdSSR. Die Regierung führt die 1947 abgeschaffte Todesstrafe für Landesverrat, Spionage und Sabotage wieder ein.

14. Samstag
China. Die Kommunisten besetzen in Peking die Botschaften der USA, Frankreichs, Großbritanniens und der Niederlande.

15. Sonntag
Naher Osten. US-Außenminister Dean Acheson verteidigt den Verkauf britischer Waffen an arabische Staaten. Er erklärt, daß der Westen auch die Freundschaft arabischer Staaten braucht, um den eigenen Sicherheitsinteressen Rechnung zu tragen.
Saarland. Der französische Außenminister Robert Schuman lehnt in Bonn die Forderung der Bundesrepublik Deutschland nach einer Volksabstimmung im Saarland ab.

16. Montag
Taiwan. Der US-amerikanische Sonderbotschafter Jessup erklärt Tschiang Kaischek, daß Nationalchina mit begrenzter amerikanischer Hilfe rechnen könne.

17. Dienstag
China. Die Schweiz erkennt die Volksrepublik China diplomatisch an.
USA. Die Universität von Kalifornien gibt bekannt, daß man in ihrem Zyklotron in Berkeley ein neues Element mit der Ordnungszahl 97 im Periodischen System entdeckt habe. Es soll Berkelium heißen.

20. Freitag
Bundesrepublik Deutschland/ DDR. Sowjetische Beamte beginnen mit Behinderungen des Grenzverkehrs bei Helmstedt durch langwierige Kontrollen von Ladungen und Durchreisegenehmigungen.

21. Samstag
Bundesrepublik Deutschland. Die Regierung bricht Wirtschaftsgespräche mit Frankreich ab und wiederholt ihre Forderung nach einer Volksabstimmung im Saarland.
Großbritannien. In London stirbt der Schriftsteller George Orwell im Alter von 46 Jahren. Orwell war 1949 durch seinen pessimistischen Zukunftsroman »1984« bekannt geworden.

23. Montag
Indien. Jawaharlal Nehru wird zum indischen Ministerpräsidenten gewählt.
Israel. Die Knesset erklärt Jerusalem zur Landeshauptstadt.

26. Donnerstag
Indien. Der britische Generalgou-

21.2. USA
S. 248 – 41

15.2. Bundesrepublik Deutschland
S. 49 – 5

4. 1. USA
Nelson Rockefeller (hier 1959 als Gouverneur des Staates New York) ist in den Jahren 1950/51 in Präsident Trumans Auftrag Koordinator des US-amerikanischen Punkt-4-Programmes.

verneur ruft Indien in Neu-Delhi zu einer Republik aus. Der Staat verbleibt im Commonwealth.
Italien. Der Christdemokrat Alcide de Gasperi bildet ohne die Liberalen eine neue Koalitionsregierung.

29. Sonntag
Indochina. Das französische Parlament verleiht Vietnam, Kambodscha und Laos innerhalb der Französischen Union die Unabhängigkeit.
Vietnam. Die UdSSR erkennt die Regierung Ho Tschi Minhs an.

31. Dienstag
China. Auf dem chinesischen Festland ergeben sich die letzten Einheiten der Kuomintang-Armee. Damit ist der Bürgerkrieg in China beendet.
USA. Präsident Truman erteilt der US-amerikanischen Atomenergiebehörde den Auftrag, die Wasserstoffbombe zu entwickeln, deren Explosionskraft nach Schätzungen rd. 1000mal größer als die der bisherigen Atombombe sein wird.

Februar

1. Mittwoch
Israel. Die Regierung fordert alle Männer zwischen 18 und 49 Jahren sowie alle Frauen zwischen 18 und 34 Jahren auf, sich für die militärische Reserve erfassen zu lassen.

2. Donnerstag
Bundesrepublik Deutschland. Das Hoheitszeichen der Weimarer Republik wird, ebenso wie der deutsche Adler, unverändert von der Bundesrepublik Deutschland übernommen.

5. Sonntag
Bundesrepublik Deutschland. Auf Befehl der britischen Besatzungsbehörden wird die Germaniawerft in Hamburg gesprengt.

6. Montag
Polen. Das Parlament beschließt die Umorganisierung der Armee nach sowjetischem Vorbild. Auch Frauen können jetzt Militärdienst leisten.

7. Dienstag
Südostasien. Die USA und Großbritannien erkennen, wie am 2. 2. bereits Frankreich, die Regierung von Bao Dai in Vietnam an, außerdem die Regierung von König Norodom Sihanouk in Kambodscha und die Regierung von König Sisavang Vong in Laos.

8. Mittwoch
DDR. Die Volkskammer beschließt ein Gesetz über die Einrichtung eines Ministeriums für Staatssicherheit. Diesem Ministerium unterstellte Polizei bekommt unbeschränkte Vollmachten, um mißliebige Personen zu verhaften.

11. Samstag
USA. Der Physiker Albert Einstein warnt in einer Fernsehsendung vor der Produktion der H-Bombe, weil ihre militärische Anwendung zu einer Vergiftung der Atmosphäre mit radioaktiven Stoffen und damit zur Vernichtung allen Lebens auf der Erde führen könne.

12. Sonntag
Japan. Der US-amerikanische General MacArthur führt eine Landreform durch; 3 Millionen Pächter erhalten ihren Boden als Eigentum.
Nicaragua. Verteidigungsminister Anastasio Somoza kandidiert für das Amt des Staatspräsidenten, um damit Nachfolger von Victor Reyes zu werden.

14. Dienstag
China/UdSSR. Beide Länder unterzeichnen in Moskau einen Freundschaftsvertrag für die Dauer von 30 Jahren.

15. Mittwoch
Bundesrepublik Deutschland. Die Zahl der Arbeitslosen überschreitet die Zweimillionengrenze (2,018 Mill.).
Finnland. Juho Paasikivi (Fortschrittspartei) wird für die Dauer von sechs Jahren zum Staatspräsidenten gewählt.

16. Donnerstag
DDR. Konrad Kardinal von Preysing, der Bischof von Berlin, verbietet allen Katholiken, Mitglied der Nationalen Front zu werden.

17. Freitag
DDR. Wilhelm Zaisser wird zum Minister für Staatssicherheit ernannt und mit der Bildung des Staatssicherheitsdienstes (»Stasi«) beauftragt.

18. Samstag
Jugoslawien. Ministerpräsident Tito beschuldigt die USA, internationale Anleihen an das Land zu blockieren, um Jugoslawien in den westlichen Block zu zwingen. Er erklärt, Jugoslawien werde weder die USA um Kredite anflehen noch sich der UdSSR beugen.

21. Dienstag
USA. Senator Joseph Raymond McCarthy wirft dem Außenministerium vor, Kommunisten zu beschäftigen.

23. Donnerstag
Großbritannien. Bei den Parlamentswahlen muß die Labour Party schwere Rückschläge hinnehmen. Zwar erhält sie mit 46,4% die meisten Stimmen, verliert aber 139 Sitze im Unterhaus.

26. Sonntag
Jemen. Imam Ahmed Saif al Islam schlägt eine Verschwörung seines Bruders Ismael nieder.

6. 1. NATO
In Erfüllung der NATO-Beschlüsse werden am 27. 1. in Washington zwischen den USA und den europäischen NATO-Mitgliedstaaten bilaterale Vereinbarungen unterzeichnet. Von links nach rechts: David Bruce (USA), Baron Silvercruys (Belgien), Henri Bonnet (Frankreich), William Munthe de Morgenstierne (Norwegen), Dean Acheson (USA), Albert Tarchini (Italien), Henrik de Kauffmann (Dänemark) und Hugues le Gallais (Luxemburg). Der niederländische Außenminister D. U. Stikker fehlt auf dem Bild.

11. 2. USA
»Es droht die völlige Vernichtung der Menschheit« warnt der durch die Relativitätstheorie weltberühmt gewordene Physiker Albert Einstein. Damit reagiert er auf die Ankündigung von US-Präsident Truman, den Auftrag zum Bau der Wasserstoffbombe zu geben.

März 1950

23. 2. Großbritannien
Karikatur aus der sowjetischen satirischen Zeitschrift »Krokodil« über die Unterhauswahlen in Großbritannien. Unter den wohlwollenden Blicken einiger Konservativer verläßt Ernest Bevin, dessen Labour-Party stärkste Partei blieb, das Wahllokal mit den Worten: »So, das Theater ist vorbei, jetzt können wir endlich das Programm zerreißen.«

📶 *3.3. Saarland*
S. 49 – 4

▷
28. 2. Großbritannien
Clement Attlee, wiederum Premierminister eines Labour-Kabinetts (links).

1. 3. Großbritannien
Der Atomphysiker Klaus Fuchs wird wegen Atomspionage für die UdSSR zu 14 Jahren Gefängnis verurteilt (rechts).

27. Montag
Nordamerika. Kanada und die USA unterzeichnen einen neuen Vertrag mit einer Laufzeit von 50 Jahren, durch den die landschaftliche Unversehrtheit der Niagarafälle sichergestellt werden soll.

28. Dienstag
Bundesrepublik Deutschland. General John McCloy, der amerikanische Hochkommissar für Deutschland, schlägt für den 15. 10. 1950 freie und geheime Wahlen in Gesamtdeutschland vor.
Großbritannien. Clement Attlee bildet eine neue Labourregierung mit Ernest Bevin als Außenminister.

März

1. Mittwoch
Großbritannien. Der Atomwissenschaftler Klaus Fuchs wird in London wegen des Verrats von britischen und US-amerikanischen Atomgeheimnissen an die Sowjetunion zu 14 Jahren Gefängnis verurteilt. Fuchs hatte zugegeben, seit sieben Jahren für die UdSSR spioniert zu haben. Er war Mitarbeiter am Atomforschungsinstitut in Harwell.
Taiwan. Tschiang Kaischek tritt sein Amt als Staatspräsident an.

2. Donnerstag
USA. Präsident Truman teilt mit, daß er nicht die UdSSR besuchen werde. Er lädt Stalin jedoch nach Washington ein.

3. Freitag
Saarland. Mit Frankreich wird ein Abkommen geschlossen, das dem Saarland völlige Autonomie in inneren Angelegenheiten gibt. Die saarländischen Kohlengruben werden für 50 Jahre an Frankreich verpachtet.

5. Sonntag
USA. Der am 3. 1. begonnene Bergarbeiterstreik, der die USA in eine schwere Energiekrise stürzte, geht mit einer Einigung von Gewerkschaft und Arbeitgebern zu Ende.

6. Montag
Honduras. Die Regierung trifft eine Übereinkunft mit den USA, nach der US-amerikanische Militärberater ins Land kommen.

8. Mittwoch
Bundesrepublik Deutschland. Bundeskanzler Adenauer schlägt die Bildung einer Union mit Frankreich vor.

9. Donnerstag
Israel. Die Türkei erkennt als erstes islamisches Land den Staat Israel an.

10. Freitag
Kuba. Die Regierung erteilt der Zigarrenindustrie in Havanna die Genehmigung, auf Handarbeit zu verzichten und maschinell zu produzieren.

11. Samstag
Irak. In Nippur entdecken Archäologen eine Tontafel, aus der hervorgeht, daß schon vor 3800 Jahren ein Mordprozeß stattfand.

12. Sonntag
Belgien. Eine Volksbefragung ergibt, daß rd. 58% der Belgier die Rückkehr König Leopolds wünschen.
Bundesrepublik Deutschland. In Santa Monica (USA) stirbt der deutsche Schriftsteller Heinrich Mann, der Bruder von Thomas Mann, im Alter von 79 Jahren. Besonders bekannt wurde er durch

2. 3. USA
Präsident Harry S. Truman

»Professor Unrat oder das Ende eines Tyrannen« 1905 (als »Der blaue Engel« 1930 verfilmt) und »Der Untertan« 1914.

15. Mittwoch
Israel. Iran erkennt als zweites islamisches Land den Staat Israel an.

16. Donnerstag
ČSR. Die Regierung bricht die diplomatischen Beziehungen zum Vatikan ab.

17. Freitag
Finnland. Urho Kekkonen, der Vorsitzende der Bauernpartei, bildet als Ministerpräsident eine neue Regierung.

21. Dienstag
UNO. Ein UNO-Bericht stellt fest, daß in 52 Ländern die Frauen auf politischem Gebiet offiziell den Männern völlig gleichgestellt sind; in 22 Ländern ist dies nicht der Fall; in 12 Ländern (u. a. Schweiz) sind Frauen nicht berechtigt, öffentliche Ämter zu bekleiden.

22. Mittwoch
NATO. US-amerikanische, britische, kanadische und niederländische Flottenverbände beenden

April 1950

mehrtägige Manöver in der Karibik. Es handelt sich dabei um das erste Flottenmanöver, das die NATO-Staaten in der westlichen Hemisphäre durchführen.

28. Dienstag
NATO. Die Generalstabschefs aller Mitgliedsstaaten (mit Ausnahme Islands) erzielen in Den Haag Übereinstimmung über einen gemeinsamen Verteidigungsplan.

29. Mittwoch
USA. Der US-amerikanische Elektrokonzern RCA stellt die erste elektronische Farbfernsehbildröhre vor.

30. Donnerstag
Frankreich. In Jouy-en-Josas stirbt der Politiker Léon Blum im Alter von 77 Jahren. Er war Mitbegründer der Sozialistischen Partei Frankreichs und mehrere Male Ministerpräsident.
USA. Der US-amerikanische Elektrokonzern Bell Telephone System gibt die Erfindung eines Transistors bekannt, der statt durch elektrischen Strom durch Licht gesteuert wird (Fototransistor).

31. Freitag
Bundesrepublik Deutschland. Die Rationierung von Zucker wird zum 1. 5. aufgehoben. Damit werden die letzten Lebensmittelmarken abgeschafft.

April

1. Samstag
Arabische Liga. In Cairo wird Übereinkunft darüber erzielt, daß keiner der arabischen Staaten gesondert Abkommen mit Israel trifft.

2. Sonntag
China/Taiwan. Die nationalchinesischen Streitkräfte melden, daß sie den am 12. 1. begonnenen Angriff auf die Insel Hainan zurückgeschlagen und dabei 5000 kommunistische chinesische Soldaten getötet und 2000 gefangengenommen hätten.

3. Montag
Italienisch-Somaliland. Die ehemalige Kolonie wird als UN-Treuhandgebiet für 10 Jahre unter italienische Verwaltung gestellt.
USA. In New York stirbt der Komponist Kurt Weill im Alter von 50 Jahren.

5. Mittwoch
ČSR. In einem Schauprozeß werden 10 Priester wegen angeblicher Spionage zu Strafen zwischen lebenslanger Haft und zwei Jahren Gefängnis verurteilt.
USA. Das mit einem Schnorchel

28. 3. NATO
Die Chefs der Generalstäbe verhandeln über den gemeinsamen Verteidigungsplan.

28. 3. NATO
US-General Omar Bradley, Vorsitzender der NATO-Konferenz über einen gemeinsamen Verteidigungsplan.

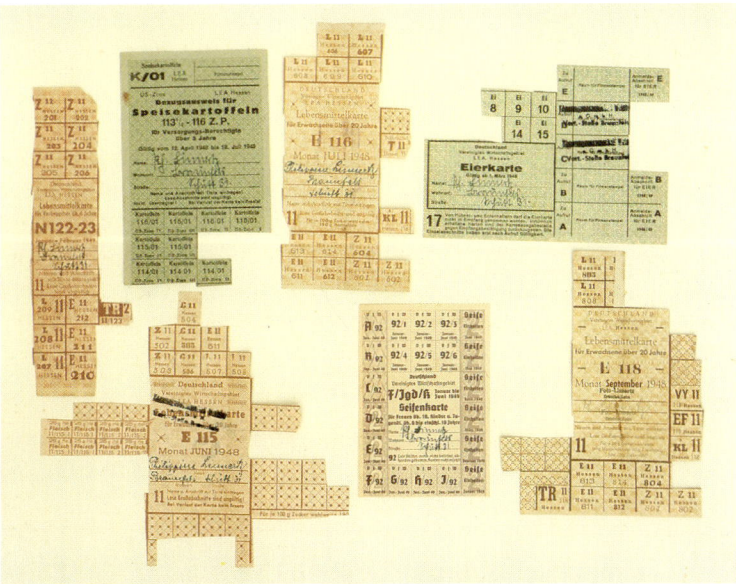

31. 3. Bundesrepublik Deutschland
Die letzten Lebensmittelmarken werden abgeschafft.

Mai 1950

*3. 4. Italienisch-Somaliland
Der italienische Ministerpräsident de Gasperi (Mitte) besichtigt italienische Truppen, die nach dem UN-Beschluß, Somaliland italienischer Verwaltung zu unterstellen, in Neapel eingeschifft werden. Links neben ihm der italienische Verteidigungsminister Randolfo Pacciardi.*

*5. 4. USA
Nach einer Rekordunterwasserfahrt erreicht das U-Boot »Pickerel« Pearl Harbor.*

ausgerüstete Unterseeboot »Pickerel« macht die längste Unterwasserfahrt, die bis dahin ein Unterseeboot durchgeführt hat. Die Fahrt ging von Hongkong nach Pearl Harbor über eine Strecke von 9500 km.

7. Freitag
Südafrika. Anthropologen entdecken in Nordtransvaal zwei Kieferknochen des Australopithecus, einer Vormenschenform.

8. Samstag
Indien/Pakistan. Beide Länder schließen einen Vertrag, der die Einrichtung gemeinsamer Kommissionen zum Schutz religiöser Minderheiten vorsieht. In Indien bilden die Moslems mit 11% eine Minderheit, in Pakistan die Hindus mit 10,7%.

10. Montag
China. Die chinesische Regierung stimmt dem US-amerikanischen Plan zu, 2000 Ausländer (darunter 300 US-Amerikaner) aus Schanghai zu evakuieren.

11. Dienstag
Monaco. Prinz Rainier III. besteigt den Thron. Er wird Nachfolger Ludwigs II.

13. Donnerstag
Israel. Die Regierung lehnt eine Aufforderung der Arabischen Liga ab, Friedensverhandlungen auf der Basis des UN-Teilungsplans von 1947, der Internationalisierung von Jerusalem und der Rückkehr der palästinensischen Flüchtlinge zu beginnen.

16. Sonntag
Bundesrepublik Deutschland. Zum ersten Mal stattet Bundeskanzler Adenauer der Stadt Berlin einen offiziellen Besuch ab. Dabei werden umfangreiche Förderungsmaßnahmen vereinbart.

19. Mittwoch
DDR. Es wird ein neues Lohnsystem nach sowjetischem Vorbild eingeführt. Offiziell erhalten Männer und Frauen nun den gleichen Lohn, alle Arbeiter Stücklohn sowie Orden und Prämien für hohe Produktionsleistungen.
USA. Im St. John's Hospital in Brooklyn wird zum ersten Mal eine erfolgreiche Herzmassage durchgeführt, die den Herzstillstand bei einem fünfundsechzigjährigen Mann aufhebt.

22. Samstag
UdSSR. Die Nachrichtenagentur TASS gibt bekannt, daß alle japanischen Kriegsgefangenen (rd. 510 000), mit Ausnahme von 2458 Männern, die als Kriegsverbrecher beschuldigt werden, in ihre Heimat entlassen worden sind.

23. Sonntag
China/Taiwan. General Tschiang Kaischek beginnt die Räumung der Insel Hainan, während sich chinesische kommunistische Truppen der Inselhauptstadt Haikou nähern.

24. Montag
Jordanien. Die Regierung gibt die Annexion der von ihren Truppen besetzten Teile Palästinas bekannt (einschließlich der Altstadt von Jerusalem).
Vatikan. Die Tageszeitung L'Osservatore Romano beschuldigt die UNESCO des »atheistischen Materialismus«, weil diese Organisation Geburtenkontrolle für Entwicklungsländer fordert.

25. Dienstag
Belgien. Nachdem König Leopold am 15. 4. seine Bereitschaft zum Thronverzicht zugunsten seines Sohnes Baudouin ausgesprochen hatte, erklärt er, daß er, entgegen sozialistischen Forderungen, das Land nicht verlassen will.

27. Donnerstag
Naher Osten. Die britische Regierung erkennt die Annexion der jordanisch besetzten Teile Palästinas durch Jordanien an, gleichzeitig erkennt sie den Staat Israel offiziell an.

28. Freitag
Eritrea. Großbritannien fordert die Aufteilung von Eritrea zwischen Äthiopien und dem Sudan.

29. Samstag
China. Peking meldet die Eröffnung einer drahtlosen Telefonverbindung zwischen Moskau und Schanghai.

Mai

1. Montag
Berlin. Anläßlich des Maifeiertages demonstrieren über 600 000 Westberliner gegen ein Treffen der FDJ am 28. 5. in Ostberlin, bei dem ein Demonstrationszug durch Westberlin geplant ist.
UNO. Die Flüchtlings- und Hilfsorganisation für Palästina übernimmt vom Roten Kreuz die Betreuung von 300 000 arabischen Palästinaflüchtlingen.

2. Dienstag
Bundesrepublik Deutschland. Der britische Hochkommissar beschließt, die Demontage der ehemaligen Hermann-Göring-Werke in Salzgitter-Watenstedt zu beenden und die Anlagen für eine neue Stahlproduktion einzurichten.

3. Mittwoch
China. Die Regierung in Peking stellt Polygamie und Mädchenhandel unter Strafe.
Taiwan. Die nationalchinesische Regierung übergibt die Insel Hainan an die chinesischen kommunistischen Truppen.

6. Samstag
Nicaragua. Staatspräsident Victor Manuel Roman y Reyes stirbt im Alter von 77 Jahren in Philadelphia (USA).

7. Sonntag
Österreich. Bei den im sowjetisch besetzten Niederösterreich abgehaltenen Wahlen gewinnt die Österreichische Volkspartei (ÖVP) mit 51,9% der Stimmen, die Sozialdemokratische Partei (SPÖ) erhält 40%, die Kommunisten nur 5%.

9. Dienstag
Frankreich. Außenminister Schuman gibt in Paris einen von Jean Monnet entworfenen Plan bekannt, der vorsieht, daß die Stahl- und Kohleindustrie von Frankreich und der Bundesrepublik unter eine gemeinsame Leitung gestellt werden. Damit soll der erste Schritt zu einer friedlichen Einigung Europas getan werden.

11. Donnerstag
Bundesrepublik Deutschland. In Königswinter erfolgt der Zusammenschluß der CDU-Landesverbände zu einer bundesweiten Partei unter Vorsitz von Konrad Adenauer.

12. Freitag
USA. Die Nachrichtenagentur Associated Press meldet die Entwicklung einer neuen Atombombe, die zwar stärker als die bisherige ist, aber trotzdem noch von Düsenjägern und Jagdbombern transportiert werden kann.

14. Sonntag
Türkei. Die ersten freien Wahlen in der Türkei bringen eine schwere Niederlage für die Volkspartei von Staatspräsident Ismet Inönü. Die Demokratische Partei Celal Bayars gewinnt 434 der 487 Sitze des türkischen Parlaments.

16. Dienstag
Berlin. Der Regierende Bürgermeister Ernst Reuter lehnt das sowjetische Angebot für Wahlen in Gesamtberlin wegen der Forderung nach Abzug aller Besatzungstruppen und Vetorecht der UdSSR im Viermächteausschuß ab.
Bundesrepublik Deutschland. Die Bundesregierung erklärt sich prinzipiell mit dem französischen Vorschlag, die Stahl- und Kohleindustrie beider Länder einer gemeinsamen Aufsichtsbehörde zu unterstellen, einverstanden.

19. Freitag
Österreich. Die USA, Frankreich und Großbritannien wollen die Verwaltung Österreichs wieder in zivile Hände legen und die militärische Besatzung beenden.

21. Sonntag
Nicaragua. General Anastasio Somoza wird für sechs Jahre zum Staatspräsidenten gewählt.

22. Montag
Türkei. Der Führer der Demokratischen Partei, Celal Bayar, wird zum Staatspräsidenten gewählt.

24. Mittwoch
Österreich. Das Parlament entscheidet sich für die Abschaffung der 1946 wieder eingeführten Todesstrafe.

28. Sonntag
Berlin. 500 000 Mitglieder der Freien Deutschen Jugend (FDJ) veranstalten eine Großdemonstration in Ostberlin. Der angekündigte Demonstrationszug durch Westberlin findet nicht statt.
Israel. Die Regierung verwirft den Internationalisierungsplan der UNO für Jerusalem, schlägt aber vor, daß die UNO die Aufsicht über die heiligen Stätten übernehmen solle.

30. Dienstag
Südkorea. Bei Parlamentswahlen erleidet die konservative Regierung von Syngman Rhee einen Rückschlag. Unabhängige Kandidaten erringen die Mehrheit der Sitze.

Juni

1. Donnerstag
Irland. Die Regierung verstaatlicht die Eisenbahnen, den Frachtverkehr und die Binnenschiffahrt.

2. 5. Bundesrepublik Deutschland
Vor dem Beschluß des britischen Hochkommissars, die weitere Demontage der deutschen Schwerindustrie zu beenden, versuchen Arbeiter mit Gewalt die Demontage der ehemaligen Hermann-Göring-Werke in Salzgitter zu verhindern.

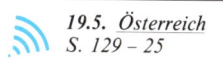
19.5. Österreich
S. 129 – 25

◁
28. 5. Berlin
Plakat aus der Bundesrepublik Deutschland, das die DDR-Jugendorganisation FDJ (Fotomontage auf der unteren Plakathälfte) mit der nationalsozialistischen Hitler-Jugend vergleicht.

Juni 1950

*23. 6. DDR
Generalsekretär Walter Ulbricht und der tschechoslowakische Ministerpräsident Antonín Zápotocký unterzeichnen eine gemeinsame politische Erklärung, in der die DDR auf das Sudetenland verzichtet.*

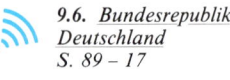
9.6. Bundesrepublik Deutschland
S. 89 – 17

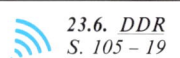
23.6. DDR
S. 105 – 19

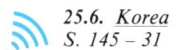
25.6. Korea
S. 145 – 31

Japan. Die Regierung sucht um einen Friedensvertrag mit den westlichen Alliierten nach.
Peru. Staatspräsident Manuel Odría, der 19 Monate zuvor an die Macht gekommen war, tritt zurück und läßt sich als Kandidat für die Präsidentschaftswahlen am 2. 7. aufstellen.

3. Samstag
Sport. Mit der Besteigung des Annapurna (8078 m) durch eine französische Expedition unter Maurice Herzog ist der erste Achttausender bezwungen.
Westeuropa. Frankreich, Italien, die Bundesrepublik Deutschland und die Benelux-Staaten erklären sich bereit, an der Realisierung des Schuman-Plans für eine Kohle- und Stahlunion mitzuwirken.

4. Sonntag
Belgien. Bei den Parlamentswahlen gewinnt die CVP 108 der 212 Parlamentssitze. Die CVP ist die einzige Partei, die die Rückkehr König Leopolds befürwortet.
Schweiz. Eine vorgesehene Verfassungsrevision, die das Steuersystem ändern soll, wird in einem Referendum abgelehnt.

6. Dienstag
DDR. Die Regierung erkennt die Oder-Neiße-Grenze als endgültige Westgrenze Polens an.
Japan. General MacArthur gibt der Regierung den Auftrag, alle Mitglieder des ZK der japanischen KP aus öffentlichen Ämtern zu entfernen.

9. Freitag
Bundesrepublik Deutschland. Die Länderrundfunkanstalten schließen sich zur Arbeitsgemeinschaft der Rundfunkanstalten Deutschlands (ARD) zusammen.
USA. Die Einwanderungsquote für europäische Flüchtlinge wird durch Gesetz von 205 000 auf 341 000 erhöht.

10. Samstag
Berlin. Die westlichen Alliierten lehnen den Rückzug aller Besatzungstruppen aus Berlin als sowjetische Vorbedingung für die Abhaltung von freien Wahlen in ganz Berlin ab.

12. Montag
Großbritannien. Die Labour Party lehnt den Schuman-Plan für eine europäische Kohle- und Stahlunion und andere Pläne zur Bildung einer europäischen Föderation ab.

13. Dienstag
Finnland/UdSSR. Der finnische Ministerpräsident Urho Kekkonen unterschreibt in Moskau einen sowjetisch-finnischen Handelsvertrag mit einer Laufzeit von fünf Jahren.

14. Mittwoch
Südafrika. Jan Christiaan Smuts tritt aus Krankheitsgründen als Oppositionsführer zurück. Er nahm eine gemäßigte Haltung gegenüber der schwarzen Bevölkerung ein.

15. Donnerstag
Bundesrepublik Deutschland. Der Bundestag stimmt dem Beitritt der Bundesrepublik zum Europarat zu.

17. Samstag
Arabische Liga. Delegierte der Liga unterzeichnen bei einem Treffen in Calcutta einen kollektiven Sicherheitspakt, der jeden Mitgliedsstaat verpflichtet, andere Mitgliedsstaaten gegen feindliche Aggression zu unterstützen. Jordanien und der Irak treten dem Abkommen nicht bei.

18. Sonntag
Bundesrepublik Deutschland. Bei den Landtagswahlen in Nordrhein-Westfalen erringt die CDU einen deutlichen Sieg. Sie erhält 93 Sitze, die SPD 68 Sitze, die FDP 26 Sitze, das Zentrum 16 Sitze und die KPD 12 Sitze.

21. Mittwoch
Frankreich. Der französische Politiker Jean Monnet schlägt vor, eine ständige Versammlung der sechs Länder Belgien, Bundesrepublik Deutschland, Frankreich, Italien, Luxemburg und Niederlande zur Überwachung der Europäischen Gemeinschaft für Kohle und Stahl (EGKS) einzurichten.

23. Freitag
DDR. Die Regierung verzichtet auf alle Ansprüche auf das Sudetenland und billigt die Vertreibung von 2 Millionen Sudetendeutschen aus der Tschechoslowakei nach Ende des 2. Weltkrieges.
Schweiz. Der Nationalrat lehnt einen Gesetzentwurf ab, der den Frauen das Wahlrecht geben soll.

25. Sonntag
Korea. 75 000 nordkoreanische Soldaten überschreiten den 38. Breitengrad und fallen in Südkorea ein. Damit beginnt der Koreakrieg.
UNO. Der Sicherheitsrat verabschiedet, in Abwesenheit des sowjetischen Vertreters, eine Resolution, die die sofortige Waffenruhe in Korea und den Rückzug der nordkoreanischen Truppen fordert.
Sport. Durch ein 2:1 über Kickers Offenbach wird der VfB Stuttgart in Berlin Deutscher Fußballmeister 1950. In der Schweiz holt Servette Genf den Titel, in Österreich Austria Wien.

27. Dienstag
USA. US-Präsident Truman gibt Marine und Luftwaffe den Auftrag, den südkoreanischen Truppen militärische Unterstützung zu gewähren. Die 7. US-Flotte erhält den Befehl, Taiwan gegen einen möglichen chinesischen Angriff abzuschirmen.

28. Mittwoch
Korea. Die nordkoreanische Armee erobert nach drei Tagen die südkoreanische Hauptstadt Soul. Großbritannien, Australien und Neuseeland stellen den USA ihre Flotteneinheiten zur Verfügung, um Südkorea zu unterstützen.
UNO. Der Sicherheitsrat stimmt in einer Sitzung, der der sowjetische Vertreter wiederum demonstrativ

fernbleibt, dem US-amerikanischen Antrag zu, die Invasion in Südkorea zu verurteilen und alle Mitgliedsstaaten zur Unterstützung Südkoreas aufzufordern.

30. Freitag
Ungarn. An den Universitäten werden die theologischen Fakultäten aufgelöst.
USA. US-Präsident Truman ermächtigt General Douglas MacArthur, US-amerikanische Heeresverbände von Japan nach Südkorea zu senden, und gibt der Luftwaffe die Erlaubnis, Ziele in Nordkorea zu bombardieren. Die Marine soll die gesamte koreanische Küste mit einer Blockade belegen.
Westeuropa. Die Europäische Zahlungsunion (EZU) tritt in Kraft. Sie soll durch Ausgleichszahlungen an Mitglieder des Europäischen Wirtschaftsrates einen zu großen Unterschied bei den Außenhandelsbilanzen vermeiden helfen.

Juli

1. Samstag
Frankreich. Der Radikalsozialist Henri Queuille bildet eine Regierung, in der er selbst Ministerpräsident und Innenminister und Robert Schuman Außenminister wird.

2. Sonntag
Peru. General Manuel Odría gewinnt die Präsidentschaftswahlen.

3. Montag
Polen. Die Regierung verbietet alle Aktivitäten der Zeugen Jehovas und beschuldigt die Sekte der Spionage für die USA.

4. Dienstag
Frankreich. Die Regierung Queuille wird gestürzt.

5. Mittwoch
Italien. Bei einem Feuergefecht mit der Polizei wird der sizilianische Bandit Salvatore Guiliano getötet. Er stand unter dem Verdacht, 136 Morde begangen zu haben.
Rumänien. Die Regierung weist Gerald Patric O'Hara, den letzten Diplomaten des Vatikan hinter dem Eisernen Vorhang, wegen angeblicher Spionage aus.

6. Donnerstag
Korea. Die nordkoreanischen Streitkräfte beschleunigen ihren Vormarsch und erobern verschiedene strategisch wichtige Städte.

7. Freitag
UNO. Der Sicherheitsrat stimmt einer Resolution zu, in der die USA ermächtigt werden, General MacArthur zum Oberbefehlshaber aller UN-Truppen in Korea zu ernennen.

Sport. Im Tennisturnier von Wimbledon gewinnt der US-Amerikaner Butch Patty den Titel bei den Herren. Bei den Damen gewinnt seine Landsmännin Louise Brough.

8. Samstag
Bundesrepublik Deutschland. Hans Globke wird Personalchef im Bundeskanzleramt unter Konrad Adenauer und damit einer seiner entscheidenden Mitarbeiter.

9. Sonntag
Bundesrepublik Deutschland. Bei den Landtagswahlen in Schleswig-Holstein erzielt eine neue Partei, der Bund der Heimatvertriebenen und Entrechteten (BHE), mit 23,4% der Stimmen einen großen Erfolg. Die SPD erhält 19 Sitze, der BHE 15, die CDU 16, die FDP 8, die DP 7 und der SSW 4 Sitze.

10. Montag
Korea US-amerikanische Armee-Einheiten, die von Artillerie und Luftwaffe unterstützt werden, bringen einen nordkoreanischen Panzerangriff zwischen Kunsan und Tädschon zum Stehen.

11. Dienstag
Frankreich. Der ehemalige Verteidigungsminister René Pleven, während der deutschen Besatzungszeit Führer der sozialistischen Widerstandsbewegung, wird neuer Ministerpräsident.

12. Mittwoch
Bundesrepublik Deutschland. Der NWDR strahlt das erste Fernsehbild für die Bundesrepublik Deutschland aus.
Korea. Die nordkoreanischen Truppen haben ungefähr die Hälfte von Südkorea besetzt. Vier US-amerikanische Bataillone ziehen sich hinter den Kum-Fluß, der als Hauptverteidigungslinie für Tädschon gilt, zurück.

16. Sonntag
Sport. In Brasilien endet die IV. Fußballweltmeisterschaft mit dem Sieg von Uruguay vor Brasilien, Schweden und Spanien. Die Schweiz war nach einem 2:1-Sieg über Mexiko, einem 2:2-Unentschieden gegen Brasilien und einer 0:3-Niederlage gegen Jugoslawien bereits in der Vorrunde ausgeschieden. Die größte Überraschung ist das schlechte Abschneiden Englands, das gegen die USA mit 1:0 verlor (auch → S. 254).

19. Mittwoch
Westeuropa. Das Saarland und die Bundesrepublik werden offiziell Mitglieder des Europarates.

20. Donnerstag
Korea. Nordkoreanische Truppen eröffnen den Angriff auf die provisorische Hauptstadt Tädschon.

22. Samstag
Belgien. König Leopold III. kehrt unter strengen Sicherheitsmaßnahmen aus dem Exil nach Brüssel zurück. In der Hauptstadt kommt es zu einer Demonstration der Sozialisten gegen den König.

24. Montag
DDR. Auf der ersten Sitzung des neugegründeten Zentralkomitees (ZK) wird Walter Ulbricht zum Generalsekretär gewählt.

25. Dienstag
Bundesrepublik Deutschland. In Rheinzabern stirbt die Lyrikerin und Erzählerin Elisabeth Langgässer im Alter von 51 Jahren.
Korea. Die durch den Vormarsch der nordkoreanischen Armee in Bedrängnis geratene südkoreanische Regierung macht Tägu zur neuen provisorischen Hauptstadt.

29. Samstag
Belgien. Rund 500 000 Arbeiter streiken aus Protest gegen die

5. 7. Italien
Der bei einem Feuergefecht getötete sizilianische Bandit Salvatore Giuliano soll 136 Menschen ermordet haben.

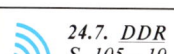
24.7. DDR
S. 105 – 19

30. 6. Korea
Bombenflugzeuge der gemeinsamen britisch-US-amerikanischen Luftflotte bombardieren Eisenbahnbrücken in der nordkoreanischen Hauptstadt Phyongyang.

August 1950

7. 8. Sport
Der Schweizer Ferdinand Kübler, Gewinner der 37. Tour de France (links).

3. 8. Korea
US-amerikanische Fernmeldeeinheit hinter der Front (rechts).

Rückkehr König Leopolds, dem Linksparteien und Gewerkschaften vorwerfen, sich mit den Nationalsozialisten arrangiert zu haben. Es kommt auch zu blutigen Zusammenstößen zwischen Befürwortern und Gegnern des Königs.

31. Montag
Belgien. König Leopold überträgt wegen der um seine Person entstandenen Unruhen seine Befugnisse auf den Kronprinzen Baudouin.

August

15. 8. Indonesien
Präsident Ahmed Sukarno hinter dem Mikrofon nach der Sitzung, in der ein indonesischer Einheitsstaat ausgerufen wurde.

1. Dienstag
UNO. Der seit dem 13. 1. durchgeführte Boykott der Sitzungen des UN-Sicherheitsrates durch die Sowjetunion wird beendet. Jakow Malik nimmt als Vorsitzender an der Ratssitzung teil. Der Rat lehnt seinen Antrag ab, Taiwan aus der UNO auszuschließen.

3. Donnerstag
Korea. Neue nordkoreanische Vorstöße verkleinern das Gebiet, das noch in Händen der UN-Truppen ist, auf eine Breite von 80 km und eine Länge von 150 km.

7. Montag
Sport. Der Schweizer Radrennfahrer Ferdinand Kübler gewinnt die Tour de France.

9. Mittwoch
Dänemark. Die sozialdemokratische Minderheitsregierung Hedtoft stürzt im Zusammenhang mit der stark defizitären Zahlungsbilanz.

11. Freitag
Belgien. Kronprinz Baudouin legt als Statthalter seines Vaters Leopold im Parlament den Amtseid ab.

13. Sonntag
Iran/Pakistan. Beide Länder kommen überein, die gegenseitigen Grenzen durch eine gemeinsame Kommission festlegen zu lassen.

15. Dienstag
Belgien. Paul van Zeeland bildet eine neue christlich-soziale Regierung mit Joseph Pholien als Ministerpräsident. Er selbst wird Außenminister.
Indonesien. Staatspräsident Sukarno ruft vor Parlament und Senat den neuen Einheitsstaat Republik Indonesien aus.
Korea. Die nordkoreanische Regierung verlegt ihren Regierungssitz von Phyongyang nach Soul.

16. Mittwoch
China. Eine Regierungsdelegation trifft in Nordkorea ein, was Spekulationen über chinesische Hilfe auslöst.

17. Donnerstag
Bundesrepublik Deutschland. Bundeskanzler Adenauer fordert bei einem Treffen mit den Hohen Kommissaren der westlichen Besatzungsmächte die Aufstellung einer bundesdeutschen Armee.

20. Sonntag
Arabische Liga. Die Liga spricht sich gegen eine diplomatische Anerkennung der Volksrepublik China aus.
UNO. Großbritannien, Australien und die USA beantragen in der UN-Vollversammlung, die Vorwürfe gegen die UdSSR zu untersuchen, daß trotz gegenteiliger Behauptungen Hunderttausende deutscher und japanischer Kriegsgefangener aus dem 2. Weltkrieg festgehalten werden.

21. Montag
Vatikan. Papst Pius XII. legt die Enzyklika *Humani Generis* vor, in der er sich gegen Evolutionismus ausspricht.

23. Mittwoch
Bundesrepublik Deutschland. Bundeskanzler Adenauer und der SPD-Vorsitzende Schumacher drängen die USA, ihre Truppen in Europa zu verstärken.

26. Samstag
Bundesrepublik Deutschland. Aus dem Gefängnis in Landsberg in der US-amerikanischen Zone werden acht in den Nürnberger Prozessen als Kriegsverbrecher Verurteilte entlassen. Es handelt sich dabei u. a. um den Industriellen Friedrich Flick, Hitlers Pressechef Otto Dietrich und den Reichsbauernführer Walter Darré.

29. Dienstag
Korea. Die ersten britischen Einheiten landen in Pusan (Südkorea).

31. Donnerstag
Korea. Nordkoreanische Streitkräfte durchbrechen die alliierten Stellungen entlang des Naktong-Flusses in Südostkorea.

September

2. Samstag
Bundesrepublik Deutschland. In Tübingen wird als Nachfolger der 1868 gegründeten Deutschen Turnerschaft der Deutsche Turner-Bund gegründet.

3. Sonntag
Iran. An der Grenze zum Irak kommt es zu Aufständen der Kurden. Die Regierung führt die Unruhen auf die sowjetische Propaganda für einen unabhängigen kurdischen Staat zurück.

5. Dienstag
Syrien. Das Parlament verabschiedet eine neue Verfassung und wählt Haschem al-Atassi zum neuen Staatspräsidenten.

6. Mittwoch
Bundesrepublik Deutschland. Der französische Außenminister Schuman teilt mit, daß seine Regierung eine Anhebung der Höchstgrenze für die Stahlproduktion der Bundesrepublik befürwortet. Damit sollen die Stahlwerke des Ruhrgebiets in die Lage versetzt werden, einen größeren Beitrag zur Rüstung Westeuropas zu leisten.

9. Samstag
USA. US-Präsident Truman kündigt eine wesentliche Verstärkung der US-amerikanischen Streitkräfte in Europa an. Es ist geplant, die Zahl der Divisionen von zwei auf zehn zu erhöhen.

10. Sonntag
Türkei. Die Regierung schließt die Grenze zu Bulgarien, um den Zustrom politischer Flüchtlinge zu unterbinden.

11. Montag
Südafrika. In Doornkloof (bei Pretoria) stirbt Feldmarschall Jan Christiaan Smuts im Alter von 80 Jahren. Der ehemalige Ministerpräsident war ein Vorkämpfer für die Zusammenarbeit mit den Briten und ein Wegbereiter der UNO.

12. Dienstag
Ägypten/Israel. Die ägyptische Regierung beschuldigt Israel, innerhalb von zehn Tagen 6000 Araber von Südisrael auf ägyptisches Gebiet vertrieben zu haben.

13. Mittwoch
DDR. Die Behörden geben bekannt, daß die Verfolgung von NS-Straftaten abgeschlossen sei.

Korea. Britische und US-amerikanische Flotteneinheiten beginnen mit einer zweitägigen Beschießung des Hafens von Intschhon südwestlich von Soul.

15. Freitag
Korea. Rund 70 000 Soldaten der UN-Truppen landen bei Intschhon. Damit beginnt eine Offensive, die als Ziel die Rückeroberung von Soul hat. Südkoreanische Truppen landen bei Kunsan an der Westküste und Samtschhok an der Ostküste.

16. Samstag
Korea. Die achte US-amerikanische Armee rückt von Pusan in nördliche Richtung vor. General MacArthur erklärt, daß die Landung bei Intschhon mit der Absicht erfolgte, den Krieg in Korea vor Einbruch des Winters zu beenden.
Vietnam. Vietminh-Einheiten greifen die französischen Stützpunkte Dong Khe und Lao Kay an.

19. Dienstag
Bundesrepublik Deutschland. Die Bundesregierung beschließt, Mitglieder von verfassungsfeindlichen Organisationen aus dem öffentlichen Dienst zu entfernen.

22. Freitag
Bundesrepublik Deutschland. Die Kommission der westlichen Alliierten verfügt trotz deutscher Proteste die Auflösung sechs großer Stahlfirmen im Ruhrgebiet.

24. Sonntag
Costa Rica. In San José wird die erste Effektenbörse Lateinamerikas eröffnet.
Korea. Die erste US-amerikanische Marinedivision schneidet den nordkoreanischen Einheiten die Verbindung zwischen Phyongyang und Soul ab.

25. Montag
Korea. Drei Regimenter der ersten US-Marinedivision dringen in die Hauptstadt Soul ein.

26. Dienstag
NATO. Die Außenminister der nordatlantischen Verteidigungsgemeinschaft beschließen, so schnell wie möglich eine europäische Verteidigungstruppe aufzustellen. Die Frage nach deutscher Beteiligung wird ausgeklammert.

27. Mittwoch
Korea. US-amerikanische Infanterie-Einheiten hissen das Sternenbanner auf der US-amerikanischen Botschaft in Soul. Die letzten nordkoreanischen Einheiten werden aus der Stadt vertrieben.

28. Donnerstag
UNO. Die Vollversammlung nimmt einstimmig Indonesien als 60. Mitgliedsstaat auf.

29. Freitag
Die DDR wird Mitglied des Rates für gegenseitige Wirtschaftshilfe (Comecon).
Korea. General MacArthur übergibt Soul dem südkoreanischen Staatspräsidenten Syngman Rhee im Rahmen einer Siegesparade.

Oktober

1. Sonntag
Korea. Südkoreanische Truppen überschreiten an der Ostküste den 38. Breitengrad. General MacArthur fordert in einer Radiosendung den nordkoreanischen Ministerpräsidenten Kim Il Sung zur Kapitulation auf.

2. Montag
Korea. Die Nachrichtenagentur Reuter meldet chinesische Truppenkonzentrationen an der Grenze der Mandschurei zu Nordkorea. Dort sind nach ersten Schätzungen 200 000 Soldaten aufmarschiert.

3. Dienstag
Brasilien. Die Präsidentschaftswahlen gewinnt der Ex-Diktator

21. 8. Vatikan
Papst Pius XII.

29.9. DDR
S. 105 – 19

1.10. Korea
S. 145 – 32

9. 10. Bundesrepublik Deutschland
Innenminister Gustav Heinemann (3. v. links) während einer Sitzung seines Ministeriums im Sommer 1950.

15.10. DDR
Wahlplakat gegen die Anwesenheit US-amerikanischer Truppen auf deutschem Boden.
▷

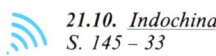
9.10. Bundesrepublik Deutschland
S. 65 – 9

21.10. Indochina
S. 145 – 33

21.10. Indochina
Die erfolgreichen Angriffe der Viet Minh, bei denen eine Reihe französischer Stellungen an der chinesisch-vietnamesischen Grenze in die Hände der Aufständischen fällt, wurden von Ho Tschi Minh geleitet; hier während der Gefechte um Dong Khe, einen französischen Vorposten 75 km nordwestlich von Lang Son.

Getúlio Vargas, der Parteichef der Liberalen Partei.

6. Freitag
Naher Osten. Die bisher längste Ölpipeline der Welt, die Transarab, die sich über 1700 km vom Persischen Golf zum Mittelmeer erstreckt, wird fertiggestellt.

7. Samstag
Iran. Der erste Senat in der Geschichte des Landes wird von Schah Reza Pahlewi eröffnet. Er soll die Selbstverwaltung der Provinzen einführen.

8. Sonntag
Haiti. Paul Magloire von der Arbeiter- und Bauernpartei gewinnt die ersten allgemeinen Präsidentschaftswahlen.
Korea. US-amerikanische Truppen überschreiten bei Käsong den 38. Breitengrad und stoßen damit auf nordkoreanisches Gebiet vor.

9. Montag
Bundesrepublik Deutschland. Innenminister Gustav Heinemann tritt zurück, weil er mit der Wiederaufrüstungspolitik von Bundeskanzler Konrad Adenauer nicht einverstanden ist. Es handelt sich hierbei um den ersten Rücktritt eines Ministers in der Geschichte der Bundesrepublik Deutschland.

11. Mittwoch
China und die DDR schließen ein Handelsabkommen.

12. Donnerstag
UNO. Die Sowjetunion blockiert durch ihr Veto eine Empfehlung des Weltsicherheitsrates, Trygve Lie erneut zum UN-Generalsekretär zu wählen.

15. Sonntag
DDR. Bei den ersten Wahlen zur

Volkskammer ist nur die von der SED und den kommunistischen Massenorganisationen (FDGB, FDJ u.a.) dominierte Kandidatenliste der Nationalen Front zur Abstimmung zugelassen.

17. Dienstag
USA. In New York beginnt man damit, Hinweisschilder auf Atombunker anzubringen.

19. Donnerstag
Korea. Die UN-Truppen erreichen Phyongyang, die Hauptstadt Nordkoreas.

21. Samstag
Indochina. Die französischen Truppen verlassen Lang Tan; damit hat Frankreich innerhalb eines Monats sechs Festungen entlang der chinesischen Grenze aufgegeben.
Weltpolitik. Vier neue Genfer Konventionen, die die Behandlung von Kriegsgefangenen, kranken und verwundeten Soldaten, Schiffsbrüchigen und Zivilisten regeln, treten in Kraft.

24. Dienstag
Westberlin. Im Schöneberger Rathaus wird die Freiheitsglocke eingeweiht.

25. Mittwoch
Tibet. Chinesische Streitkräfte fallen in Tibet ein.

26. Donnerstag
Korea. Südkoreanische Truppen erreichen die Grenze zur Mandschurei.

29. Sonntag
Frankreich. Die Nationalversammlung verlängert die allgemeine Wehrpflicht von 12 auf 18 Monate.
Schweden. In Stockholm stirbt König Gustaf V. nach einer Regierungszeit von fast 43 Jahren im Alter von 92 Jahren. Kronprinz Gustaf Adolf wird sein Nachfolger.

November

1. Mittwoch
Kirchenfragen. In der Peterskirche in Rom erklärt Papst Pius XII. die unbefleckte Empfängnis Marias zum Dogma.
Tibet. Indische Quellen melden, daß der fünfzehnjährige Dalai Lama aus Tibet fliehen will.

2. Donnerstag
Großbritannien. In Ayot St. Law-

rence stirbt der Schriftsteller und Nobelpreisträger George Bernard Shaw im Alter von 94 Jahren. Shaw schrieb zahllose Bühnenstücke, von denen *Pygmalion*, auf dem das Musical *My fair lady* (1956) basiert, das bekannteste ist.
Korea. Die US-amerikanischen Truppen stehen bei Wonsan zum ersten Mal chinesischen Gefechtseinheiten gegenüber. Damit ist China militärisch in den Koreakrieg eingetreten.
UNO. Trygve Lie wird von der UN-Vollversammlung für drei Jahre als UN-Generalsekretär wiedergewählt.

9. Donnerstag
Korea. US-amerikanische Düsenjäger werden von MIG15 sowjetischer Herkunft angegriffen; das ist das erste Gefecht zwischen Düsenjägern in der Geschichte des Luftkriegs.

10. Freitag
UNO. Der Sicherheitsrat stimmt einer Resolution zu, in der der Rück-

zug der chinesischen Truppen aus Nordkorea gefordert wird.

12. Sonntag
Guatemala. Oberst Jacobo Arbenz Guzmán, Kriegsminister und seit Juli 1949 der starke Mann im Lande, wird zum Staatspräsidenten gewählt.

13. Montag
Tibet. Die Regierung ruft die UNO wegen der chinesischen Aggression um Hilfe an.

16. Donnerstag
Ägypten. König Faruk fordert den sofortigen Rückzug aller britischen Truppen aus dem Sudan und der Suezkanalzone.

17. Freitag
Indonesien. Ministerpräsident Mohammed Natsir besucht die Südmolukken, wo sich eine christliche

Minderheit unter der Führung von Chris Sumokil einem indonesischen Einheitsstaat widersetzt.

19. Sonntag
Bundesrepublik Deutschland. Bei den Landtagswahlen in Hessen und Württemberg-Baden bleibt die SPD stärkste Partei. In Württemberg-Baden erhält sie 35 Sitze, die CDU 31 Sitze und die DVP/FDP 21 Sitze. Das Ergebnis von Hessen lautet: SPD 47 Sitze, CDU 12 Sitze, FDP 21 Sitze.

20. Montag
USA. Gordon Dean, der Vorsitzende der Kommission für Atomenergie, teilt mit, daß die Informationen, die der Spion Klaus Fuchs der UdSSR übermittelte, es dieser erlauben, einen Rückstand von zwei Jahren auf dem Gebiet der Atomwaffenentwicklung aufzuholen. Fuchs war am 1. 3. in Großbritannien zu 14 Jahren Zuchthaus verurteilt worden.

21. Dienstag
Korea. Die US-amerikanischen Truppen erreichen die mandschurische Grenze.

22. Mittwoch
Sport. Im Stuttgarter Neckarstadion kommt es zum ersten Mal nach Ende des 2. Weltkrieges wieder zu einem Spiel der deutschen Fußballnationalmannschaft. Durch ein Elfmetertor Herbert Burdenskis wird die Schweiz mit 1:0 geschlagen.

24. Freitag
Korea. Die UN-Streitmacht beginnt im Westen des Landes eine Offensive mit dem Ziel, die chinesischen Truppen von Süden zur mandschurischen Grenze zu treiben.

17. 11. Indonesien
Porträt von Chris Sumokil vor der Flagge der unabhängigen Republik der Südmolukken. Sumokil führte den Kampf der im April 1950 ausgerufenen Republik gegen die indonesische Zentralregierung.

2. 11. Großbritannien
George Bernard Shaw

22. 11. Sport
Das entscheidende Elfmetertor Herbert Burdenskis.

Dezember 1950

10. 12. Nobelpreis
Der britische Philosoph Bertrand Russell
▷

1.12. Bundesrepublik Deutschland/DDR
S. 49 – 2

14. 12. Schweiz
Der scheidende Bundespräsident Max Petitpierre.

25. 12. Großbritannien
Im Thronsessel eingelassen: Der »Stein von Scone«, Symbol der Einheit von Engländern und Schotten; vermutlich von schottischen Nationalisten aus der Westminster-Abtei entführt.

26. Sonntag
Bundesrepublik Deutschland. Die CSU muß bei den Landtagswahlen in Bayern starke Verluste hinnehmen, trotzdem bleibt sie mit 64 Sitzen stärkste Partei. Die SPD erhält 63, die Bayernpartei 39, der BHE 26 und die FDP 12 Sitze. Es wird eine CSU/SPD-Koalition unter Hans Ehard (CSU) gebildet.

27. Montag
Venezuela. Gorman Suarez Flamerich wird der erste zivile Präsident des Landes. Er wird Nachfolger des ermordeten Carlos Delgado Chalbaud.

28. Dienstag
Korea. Chinesische Truppen rücken rd. 40 km vor. General MacArthur widerspricht der Behauptung, es handele sich nur um Freiwilligenverbände. Seiner Ansicht nach stehen den UN-Truppen 200 000 chinesische Berufssoldaten gegenüber.

30. Donnerstag
Korea. Die UN-Streitkräfte ziehen sich nach Süden zurück, um einer chinesischen Umklammerung zu entgehen.

Dezember

1. Freitag
Bundesrepublik Deutschland/ DDR. DDR-Ministerpräsident

Otto Grotewohl schlägt Bundeskanzler Adenauer die Bildung eines Gesamtdeutschen Rates vor, was dieser jedoch ablehnt.

2. Samstag
Türkei. Die Regierung öffnet die Grenze für Moslems, die Bulgarien verlassen wollen.
UNO. Die Vollversammlung verabschiedet ein 50-Millionen-Dollar-Hilfsprogramm für die arabischen Flüchtlinge aus Palästina.

3. Sonntag
Libyen. Die verfassungsgebende Nationalversammlung wählt das Oberhaupt der Senussi, den Emir der Cyrenaica, Mohammed Idris, zum König.

4. Montag
Korea. Die 8. US-amerikanische Armee zieht sich unter dem Druck der chinesischen Übermacht aus Phyongyang zurück.

5. Dienstag
Sikkim. Das Königreich schließt mit Indien den Vertrag von Gangtok, wonach das Land indisches Protektorat wird, innenpolitisch jedoch autonom bleibt.

7. Donnerstag
Korea. Die südkoreanische Regierung verhängt über die Hauptstadt Soul in Erwartung eines chinesischen Angriffs den Ausnahmezustand.

9. Samstag
Bundesrepublik Deutschland. Bei den Wahlen zum Westberliner Abgeordnetenhaus bleibt die SPD stärkste Partei. Sie erhält 61 Sitze, die CDU 34 und die FDP 32 Sitze.

10. Sonntag
Nobelpreis. In Stockholm werden die Nobelpreise an Bertrand Russell (Literatur), Cecil Powell (Physik), Otto Diels und Kurt Alder (Chemie), Edward C. Kendall, Philip S. Hench und Tadeusz Reichstein (Medizin) verliehen. Ralph Bunche erhält in Oslo den Friedensnobelpreis.

12. Dienstag
Korea. Nordkoreanischen Truppen gelingt es nicht, Tägu von Norden und Süden sowie Pusan von Westen zu erreichen. Ihr kontinuierlicher Vormarsch wird zunächst einmal zum Stehen gebracht.

14. Donnerstag
Schweiz. Der Bundesrat wählt Eduard von Steiger als Nachfolger von Max Petitpierre zum Bundespräsidenten für das Jahr 1951.
UNO. Die Vollversammlung verabschiedet eine Resolution, in der China ein Angebot über Waffenstillstandsverhandlungen in Korea gemacht wird.

16. Samstag
USA. US-Präsident Truman ruft aufgrund der kritischen militärischen Lage in Korea den nationalen Notstand aus.

19. Dienstag
NATO. Auf Vorschlag des Atlantischen Verteidigungspaktes wird General Dwight D. Eisenhower vom US-amerikanischen Präsidenten zum Oberbefehlshaber der NATO-Streitkräfte in Europa ernannt.

25. Montag
Großbritannien. Der »Stein von Scone«, das alte Symbol für die Einheit Englands und Schottlands, wird aus der Londoner Westminster-Abtei gestohlen, wo er 655 Jahre lang aufbewahrt wurde.
Südkorea. Die Nationalversammlung verlegt den Regierungssitz aus Soul nach Pusan.
Tibet. Der Dalai Lama verläßt Lhasa, um von dort nach Indien zu fliehen.

26. Dienstag
Kirchenfragen. In Rom beendet Papst Pius XII. das Heilige Jahr.

27. Mittwoch
Bundesrepublik Deutschland. In New York stirbt der Maler und Graphiker Max Beckmann im Alter von 66 Jahren.

31. Sonntag
Jugoslawien. Die Regierung kündigt eine Amnestie für 11 000 politische Gefangene an.
Korea. Chinesische Truppen beginnen mit schweren Artillerieangriffen auf den Norden von Soul.
Österreich. In Wien stirbt Bundespräsident Karl Renner (SPÖ) im Alter von 70 Jahren. Renner war von 1918–1930 Staatskanzler, 1930–1933 Präsident des Nationalrates, im April 1945 Regierungschef und 1945–1950 Bundespräsident.

Mit der Verstaatlichung der britischen Anglo-Iranian Oil Company im Iran beginnt der offene Kampf zwischen Erdölförderländern und Erdölverbrauchern.

1951

1951

Januar

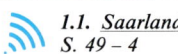
1.1. Saarland
S. 49 – 4

4.1. Bundesrepublik Deutschland
S. 65 – 9

*3.1. Korea
Transportmittel fehlen für die Zehntausende von Flüchtlingen, die durch das Kampfgeschehen in den Süden getrieben werden. Kranke und Schwache müssen getragen werden.*

1. Montag
Korea. Die nordkoreanischen Streitkräfte beginnen eine großangelegte Offensive südlich des 38. Breitengrades.
Saarland. Frankreich gewährt dem Saarland die Autonomie, behält aber die wirtschaftliche Verfügungsgewalt über die Kohle- und Stahlindustrie des Gebietes.

2. Dienstag
China. In Schanghai werden 115 US-amerikanische Firmen einer militärischen Aufsichtsbehörde unterstellt.
Kanada. Die Regierung veröffentlicht ein Programm, das die Einwanderung aus Europa weiter fördern soll.

3. Mittwoch
Korea. Die südkoreanische Regierung verläßt aufgrund der nordkoreanischen Bedrohung Soul. Daraufhin ergreifen 300 000 Einwohner panikartig die Flucht.

4. Donnerstag
Bundesrepublik Deutschland. Die ehemaligen Generäle Speidel und Heusinger werden zu militärischen Ratgebern der Bundesregierung ernannt.
Korea. Soul, der Flughafen Kimpo und die Hafenstadt Intschhon werden von chinesischen und nordkoreanischen Truppen erobert. Die 8. US-amerikanische Armee zieht sich, ohne Widerstand zu leisten, zurück.

8. Montag
Jugoslawien. Das Parlament der Republik Makedonien verabschiedet ein Gesetz, das moslemischen Frauen das Tragen eines Schleiers untersagt. In Bosnien-Herzegowina war ein solches Verbot seit längerem in Kraft.

9. Dienstag
Belgien. Prinz Baudouin überträgt einen Teil seiner Befugnisse als Oberbefehlshaber der belgischen Armee auf den NATO-Oberbefehlshaber General Eisenhower.

10. Mittwoch
UNO. Das neue UNO-Gebäude in Manhattan (New York) wird eröffnet.

11. Donnerstag
Liberia. Die Regierung schließt ein Abkommen mit den USA, in dem Liberia finanzielle Hilfe für den Aufbau einer Armee zugesagt wird.
USA. John Foster Dulles wird zum Vorsitzenden der Delegation, die Friedensverhandlungen mit Japan vorbereiten soll, ernannt.

12. Freitag
Commonwealth. In London endet eine Konferenz der Premierminister des Commonwealth. Im Schlußkommuniqué werden Maßnahmen zur Sicherung des Weltfriedens gefordert, zudem möchte man in einen Gedankenaustausch mit der UdSSR und China eintreten.
USA. Als Antwort auf die von republikanischer Seite erhobene Kritik an der Intervention in Korea erklärt US-Präsident Truman, daß er gesetzliche Vollmachten habe, im Notfall in jeden Teil der Welt Truppen zu entsenden.

15. Montag
Schweiz. Die Regierung schließt ein Handelsabkommen mit Indonesien ab.

16. Dienstag
Vietnam. Die Viet Minh beginnen eine neue Offensive und rücken mit 40 000 Soldaten bis auf 30 km gegen Hanoi vor.

17. Mittwoch
Korea. China lehnt einen Appell der Vereinten Nationen, eine Waffenruhe einzulegen, ab.
Vietnam. Französische Truppen schlagen Viet-Minh-Einheiten, die auf Hanoi vordringen, zurück.

18. Donnerstag
Australisch-Neuguinea. Der Vulkan Lannington bricht aus. Dabei kommen mehr als 4000 Menschen ums Leben, 3000 werden obdachlos.

21. Sonntag
DDR. Es wird eine Sonderpolizei eingerichtet, die die staatlichen Fabriken gegen angebliche Sabotage des Fünfjahrplanes sichern soll.

22. Montag
Bundesrepublik Deutschland. NATO-Oberbefehlshaber General Eisenhower trifft mit Bundeskanzler Adenauer zusammen. Dabei gibt er eine Erklärung ab, die einer Rehabilitation des deutschen Soldaten gleichkommt.

25. Donnerstag
Bundesrepublik Deutschland. Nach Verhandlungen zwischen Gewerkschaften, Arbeitgebern und Bundesregierung wird im Montanbereich die Mitbestimmung beschlossen.
Indien. Staatspräsident Prasad verkündet ein Agrarreformgesetz, das 7,5 Mill. Bauern aus »feudaler Sklaverei« befreit.
Korea. Mit der Operation »Thunderbolt« beginnt die erste US-Gegenoffensive des Jahres.

USA. Wegen der indischen Unterstützung der chinesischen Aggression in Korea vor der UNO verweigert der Senat eine von Indien erbetene Nahrungsmittelhilfe im Wert von 200 Mill. Dollar.

26. Freitag
Frankreich. Das Außenministerium veranlaßt die Schließung der Pariser Hauptquartiere der kommunistischen Organisationen »Weltgewerkschaftsbund«, »Internationale Föderation demokratischer Frauen« und »Weltföderation der demokratischen Jugend«.
USA. Senator Joseph R. McCarthy, durch seine Kampagnen gegen Kommunisten bekannt, wird zum Vorsitzenden der Senatskommission zur Untersuchung »unamerikanischen Verhaltens«, die vor allem gegen Kommunisten und Sympathisanten im Staatsdienst und in öffentlichen Institutionen vorgehen soll, ernannt.

27. Samstag
USA. Auf einem Luftwaffenstützpunkt in der Wüste von Nevada findet unter der Aufsicht der Atomenergiekommission der erste einer Serie von drei Kernwaffenversuchen statt.

30. Dienstag
Bundesrepublik Deutschland. In Stuttgart stirbt der Autokonstrukteur Ferdinand Porsche im Alter von 75 Jahren.
UNO. Der Politische Ausschuß nimmt die am 20. 1. eingebrachte Resolution der USA an, in der China als Aggressor in Korea gebrandmarkt wird.

31. Mittwoch
Bundesrepublik Deutschland. Der US-amerikanische Hohe Kommissar McCloy wandelt 21 Todesurteile gegen Kriegsverbrecher in lebenslange Haftstrafen um. Außerdem werden alle verurteilten Industriellen, unter ihnen Alfried Krupp, freigelassen.
USA. Vor einem Bundesgericht wird gegen das Ehepaar Ethel und Julius Rosenberg Anklage wegen Atomspionage zugunsten der Sowjetunion erhoben.

Februar

1. Donnerstag
USA. In den Vereinigten Staaten wird zum ersten Mal ein Kernwaffenversuch im Fernsehen übertragen.

2. Freitag
USA. Ungeachtet weltweiter Proteste werden in Martinsville sieben Schwarze wegen Vergewaltigung einer weißen Frau hingerichtet.
Naher Osten. Die arabischen Staaten schließen einen Militärpakt. Jordanien verweigert die Teilnahme.

3. Samstag
Die Bundesrepublik Deutschland und die DDR unterzeichnen in Ostberlin ein Handelsabkommen. In Westberlin wird die erste Grüne Woche eröffnet.

5. Montag
Ägypten. Durch königliches Dekret werden alle Streiks verboten.

6. Dienstag
UdSSR. Als Antwort auf westliche Vorschläge für eine Konferenz über das Ost-West-Problem erklärt die UdSSR den angestrebten Verteidigungsbeitrag der Bundesrepublik Deutschland als größtes Verhandlungshindernis.

8. Donnerstag
Goldküste. Bei den ersten Parlamentswahlen erlangt die Convention People's Party von Kwame Nkrumah eine deutliche Mehrheit. Da jedoch die meisten Parlamentsmitglieder von den britischen Kolonialbehörden bestimmt werden, kommt diese Mehrheit nicht zum Tragen.

9. Freitag
DDR. Ministerpräsident Grotewohl kündigt verschärfte politische Kontrollen im öffentlichen, wirtschaftlichen und kulturellen Leben an, um antikommunistische »Saboteure« aufzuspüren.

10. Samstag
Korea. Britische und US-amerikanische Truppen erobern den Flughafen Kimpho und die Hafenstadt Intschhon, während südkoreanische Truppen über den Han-Fluß gegen Soul vorrücken.

12. Montag
Iran. Schah Mohammed Reza Pahlewi heiratet Soraja Esfandiara-Bakhtiari.
Seine erste Ehe mit der ägyptischen Prinzessin Fawzia wurde 1948 aufgelöst.

14. Mittwoch
Indien. Die Regierung gibt bekannt, daß Einheiten der Volksrepublik China Osttibet besetzt haben und an der Grenze von Nordostindien stehen.

15. Donnerstag
Bundesrepublik Deutschland. Der Bundestag beschließt ein Gesetz über die Einrichtung des Bundesgrenzschutzes.
Großbritannien. Acht große und zweihundert kleinere Betriebe, die 92% der Eisen- und Stahlproduktion liefern, werden verstaatlicht.
Nepal. Nach dreimonatigem Exil kehrt König Tribhuvana auf den Thron zurück.

30. 1. Bundesrepublik Deutschland
Der verstorbene Automobilkonstrukteur Ferdinand Porsche hinter dem Steuer seines erfolgreichsten Autos, des Volkswagens (links).

10. 2. Korea
Bild von der Front (rechts): Der Oberbefehlshaber der UN-Truppen, General Douglas MacArthur (im Bild rechts), im Gespräch mit dem Kommandanten der französischen UN-Truppen.

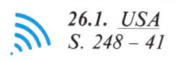
26.1. USA
S. 248 – 41

März 1951

16. 2. Bundesrepublik Deutschland
Hans Böckler

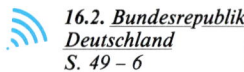

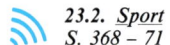

16. Freitag
Bundesrepublik Deutschland. In Köln stirbt der Gewerkschaftsführer Hans Böckler im Alter von 75 Jahren.

18. Sonntag
Korea. Die chinesischen Truppen geben den Versuch auf, die Front der UN-Truppen in Zentralkorea zu durchbrechen.

19. Montag
Ägypten. 1500 Frauen demonstrieren in Cairo für gleiche Rechte.
Frankreich. In Paris stirbt der Schriftsteller und Nobelpreisträger André Gide im Alter von 81 Jahren.

20. Dienstag
Schweiz. Die USA ersuchen die Regierung, die Ausfuhr von strategisch wichtigen Gütern nach Osteuropa und in die UdSSR zu stoppen.

23. Freitag
Sport. Die Deutschen Ria Baran und Paul Falk werden in Mailand Eiskunstweltmeister im Paarlaufen. Bei den Herren wird der Österreicher Helmut Seibt Dritter.

26. Montag
USA. General O. Bradley gibt bekannt, daß inzwischen 250 000 US-amerikanische Soldaten in Korea kämpfen.

27. Dienstag
Bundesrepublik Deutschland. Alle Importe werden zeitweise gestoppt, um die Zahlungsbilanz zu verbessern.
ČSR. Gustav Husák wird aus der KP ausgeschlossen, weil er angeblich an einem mißglückten prowestlichen Staatsstreich teilgenommen hat. Der ehemalige Außenminister Vladimir Clementis wird aus demselben Grund verhaftet.
Ungarn. Die Regierung läßt Butter, Öl und Speck rationieren.

28. Mittwoch
Medizin. Die US-amerikanische Krebsgesellschaft gibt bekannt, daß statistischen Untersuchungen zufolge mehr Männer als Frauen an Krebs sterben.

März

2. Freitag
Bundesrepublik Deutschland. Der NWDR sendet als erstes live im Fernsehen übertragenes Theaterstück das »Vorspiel auf dem Theater« aus Goethes *Faust*.
DDR. Die Volkskammer ruft die Bundesregierung auf, sich mit ihr hinter ein gesamtdeutsches Programm für »Frieden und Freiheit« zu stellen, das den vier Großmächten vorgelegt werden soll.

5. Montag
Weltpolitik. Die stellvertretenden Außenminister der vier Großmächte beginnen in Paris mit vorbereitenden Gesprächen für eine Viermächtekonferenz über die Deutschlandfrage.

6. Dienstag
Korea. General MacArthur gibt bekannt, daß sich 120 000 chinesische Soldaten südlich des 38. Breitengrades befinden, um eine neue Offensive zu starten.

7. Mittwoch
Bundesrepublik Deutschland. Die Alliierte Hohe Kommission führt eine erste Revision des Besatzungsstatuts durch. Danach wird der Bundesrepublik in der Außenpolitik weitere Autonomie zugestanden. Außerdem wird die Devisenhoheit zum Teil wiederhergestellt.
Iran. Ministerpräsident Ali Razinara wird von einem Anhänger einer fanatischen Moslemsekte ermordet.

8. Donnerstag
Belgien. Der deutsche General Alexander Ernst von Falkenhausen, während des 2. Weltkrieges Militärgouverneur von Belgien und Nordfrankreich, wird in Brüssel zu 12 Jahren Zwangsarbeit verurteilt.
Bundesrepublik Deutschland. In Wiesbaden wird das Bundeskriminalamt gegründet.
Tibet. Tibetische Kreise in Indien teilen mit, daß die Differenzen zwischen Tibet und China durch die chinesische Zusage, Tibet werde die Autonomie in inneren Angelegenheiten behalten und chinesische Truppen würden die Grenze bewachen, beseitigt seien.

9. Freitag
Türkei. Adnan Menderes bildet eine neue Regierung.

11. Sonntag
ČSR. Der Erzbischof von Prag, Jozef Beran, wird inhaftiert.
Frankreich. Henri Queuille bildet eine neue Regierung, die nahezu mit der zurückgetretenen Regierung Pleven identisch ist.
Iran. Der Schah ernennt den ehemaligen Außenminister Husain Ala zum Ministerpräsidenten.

19. 2. Frankreich
André Gide

▷
13. 3. Korea
Ein gefangengenommener nordkoreanischer Soldat wird durchsucht.

12. Montag
Bundesrepublik Deutschland. In Rohbrake bei Rinteln an der Weser stirbt der Politiker und Wirtschaftsführer Alfred Hugenberg im Alter von 85 Jahren. Hugenberg erwarb 1916 den Scherl-Verlag und baute einen der größten deutschen Zeitungskonzerne auf. 1927 erwarb er die UFA, die er zum führenden Filmunternehmen Europas entwikkelte. Unter Hitler war er anfangs Wirtschafts- und Landwirtschaftsminister. Am 26. 6. 1933 trat er von diesen Ämtern zurück.
Israel. In Noten an die vier Großmächte beziffert die Regierung ihre Forderungen an Deutschland auf 6,2 Mrd. DM.

13. Dienstag
Bundesrepublik Deutschland. Das Auswärtige Amt wird gegründet. Das Amt des Bundesaußenministers übernimmt Bundeskanzler Konrad Adenauer in Personalunion. Walter Hallstein wird der erste Staatssekretär im Auswärtigen Amt.
Korea. Die nordkoreanischen und chinesischen Truppen ziehen sich zurück. Die südkoreanischen Soldaten befinden sich nur noch 7 km vom 38. Breitengrad entfernt.
Ungarn. In Budapest wird die Rationierung von Milch wiedereingeführt.

14. Mittwoch
Korea. Die UN-Truppen erobern Soul und verlagern die Front nach Norden dicht an den 38. Breitengrad.

15. Donnerstag
Iran. Das Parlament beschließt die Verstaatlichung der britischen »Anglo-Iranian Oil Company«.

16. Freitag
Bundesrepublik Deutschland. Der Bundesgrenzschutz wird gegründet.
Schweiz. Das Schweizer Parlament entscheidet sich für eine diplomatische Anerkennung der Bundesrepublik Deutschland.

19. Montag
Westeuropa. Vertreter Frankreichs, der Bundesrepublik Deutschland, Italiens, Belgiens, der Niederlande und Luxemburgs beschließen in Paris die Gründung der Europäischen Gemeinschaft für Kohle und Stahl.

25. Sonntag
Iran. Im Ölzentrum Bändär-e Schahpur am Persischen Golf bricht ein Streik aus.

27. Dienstag
Korea. Der US-amerikanische Verteidigungsminister Marshall erklärt, daß die US-amerikanischen Truppen berechtigt seien, den 38. Breitengrad zu überschreiten, allerdings ohne auf chinesisches Gebiet (in die Mandschurei) vorzustoßen.

29. Donnerstag
China/UdSSR. Die chinesische Regierung teilt mit, daß sie mit der UdSSR ein Abkommen über den Eisenbahnverkehr in der Mandschurei geschlossen habe.

30. Freitag
Südafrika. In Transvaal, dem Oranjefreistaat, der Kappprovinz und Natal treten die Apartheidsregelungen in Kraft. Hierdurch wird es möglich, Gebiete ausschließlich für Weiße, Schwarze oder Mischlinge zu reservieren.

31. Samstag
Korea. US-amerikanische Panzereinheiten überqueren den 38. Breitengrad.

April

2. Montag
Bundesrepublik Deutschland. Die westlichen Alliierten heben die Produktionsbeschränkungen für die deutsche Schiffs- und Maschinenbauindustrie auf.
China. Die Presse bestätigt Berichte über Massenhinrichtungen von angeblichen Konterrevolutionären in verschiedenen Städten.
Japan. Die US-amerikanischen Truppen, die die Ryukyu-Inseln besetzt halten, setzen eine vorläufige Regierung ein.

3. Dienstag
Griechenland. Das Parlament verabschiedet ein Gesetz, das den Frauen das aktive und passive Wahlrecht zuerkennt.

4. Mittwoch
Die Bundesrepublik Deutschland nimmt diplomatische Beziehungen zu Indien, den Niederlanden, Italien, Luxemburg, Portugal, Schweden, der Schweiz und dem Vatikan auf.

5. Donnerstag
USA. Julius und Ethel Rosenberg werden wegen des Verrats von Atomgeheimnissen an die UdSSR vom obersten Bundesgericht zum Tode verurteilt. Der Mitangeklagte Morton Sobell wird zu 30 Jahren Gefängnis verurteilt. Eine Jury hatte ihn am 29. 3. für schuldig erklärt.

6. Freitag
Saarland. Ministerpräsident Johannes Hoffmann erklärt, daß ein völliger politischer Anschluß des Saargebietes an Frankreich unmöglich sei.

7. Samstag
Iran. Die Regierung bittet Großbritannien und die USA gegen die größte Heuschreckenplage seit 80 Jahren um Hilfe.
Vietnam. Ho Tschi Minh befiehlt den Viet Minh, die Franzosen nicht mehr auf konventionelle Weise zu bekämpfen, sondern zum Guerillakrieg zurückzukehren.

9. Montag
Israel/Syrien. Die USA bitten Israel und Syrien, es nicht zu weiteren Grenzzwischenfällen kommen zu lassen, damit sich die Situation im Nahen Osten nicht weiter zuspitzt.

10. Dienstag
Bundesrepublik Deutschland. Der Bundestag verabschiedet das Montanmitbestimmungsgesetz mit den Stimmen von CDU und SPD. Damit wird in der Eisen und Stahl erzeugenden Industrie die paritätische Mitbestimmung eingeführt.

11. Mittwoch
Korea. General MacArthur wird von US-Präsident Truman aller seiner Ämter enthoben. Sein Nachfol-

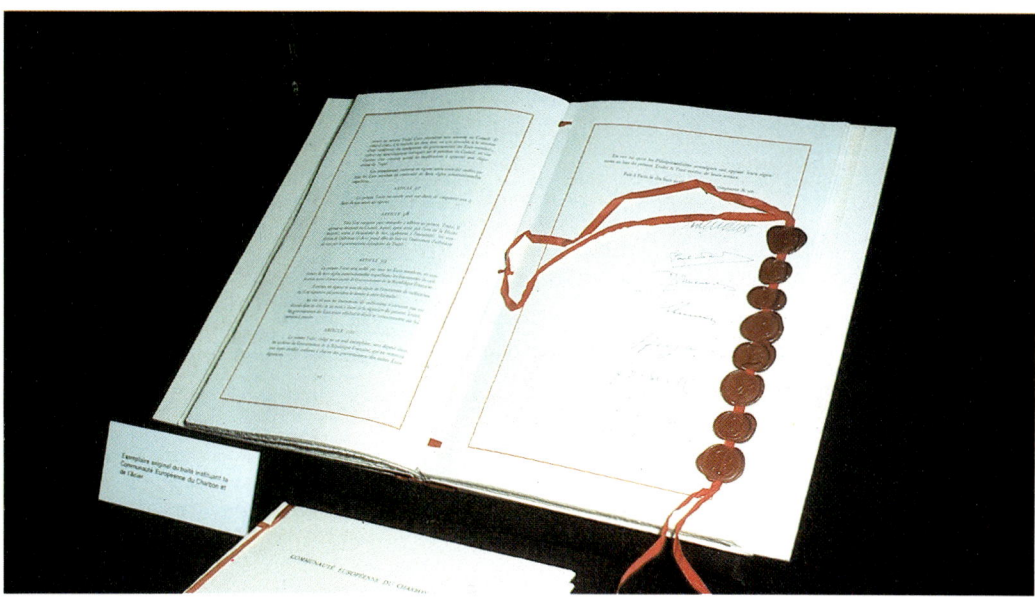

19. 3. *Westeuropa*
Die Errichtung der Europäischen Gemeinschaft für Kohle und Stahl (EGKS) ist ein Meilenstein in der europäischen Nachkriegsgeschichte. Hier das Original des Vertrages mit den Unterschriften der Vertreter der sechs Mitgliedstaaten (Belgien, Bundesrepublik Deutschland, Frankreich, Italien, Luxemburg und die Niederlande).

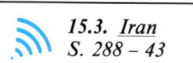
15.3. Iran
S. 288 – 43

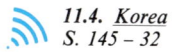
11.4. Korea
S. 145 – 32

*29. 4. Österreich
Ludwig Wittgenstein*

27.4. Iran
S. 288 – 43

*2. 5. Bundesrepublik Deutschland
Sitzung des Ministerausschusses des Europarates, in der die Bundesrepublik Deutschland Vollmitglied wurde. Von links nach rechts: Bundeskanzler Adenauer, Staatssekretär Hallstein, François Seydoux und Robert Schuman (links).*

*2. 5. Israel/Syrien
Ein bei den Gefechten in der entmilitarisierten Zone getöteter syrischer Soldat (rechts).*

ger wird General Matthew Ridgway, der Oberbefehlshaber der 8. US-Armee in Korea. MacArthurs Vorschläge zur weiteren Kriegsführung (Bombardierung chinesischer Stützpunkte in der Mandschurei, Seeblockade u. a.) stimmten nicht mit den Absichten von US-Präsident Truman überein.

12. Donnerstag
Iran. Bei antibritischen Protestkundgebungen in der Erdölstadt Abadan kommen elf Menschen ums Leben, als das Militär auf die Demonstranten feuert.

14. Samstag
Großbritannien. In London stirbt der Labour-Politiker Ernest Bevin im Alter von 70 Jahren. Als britischer Außenminister (1945–1951) setzte er sich früh für die europäische Einigung ein.

18. Mittwoch
Portugal. In Lissabon stirbt Staatspräsident Antonio Oscar de Fragoso Carmona im Alter von 81 Jahren. Er war seit 1928 Präsident.
Westeuropa. In Paris unterzeichnen die Außenminister der Bundesrepublik Deutschland, Frankreichs, Italiens und der Beneluxstaaten offiziell den Vertrag über die Errichtung der Europäischen Gemeinschaft für Kohle und Stahl (EGKS). Damit wird die Voraussetzung für einen gemeinsamen Kohle- und Stahlmarkt geschaffen.

19. Donnerstag
ČSR. Das Landwirtschaftsministerium trifft umfangreiche Vorbereitungen zur Bekämpfung von Kartoffelkäfern, die angeblich von US-amerikanischen Flugzeugen auch in diesem Jahr abgeworfen werden würden.
Großbritannien. In London wird der seit dem 16. 4. andauernde Streik der Hafenarbeiter beendet.

20. Freitag
Iran. Nationalisten und Kommunisten halten antibritische Protestversammlungen ab. Sie fordern das Vorantreiben des Regierungsprogrammes zur Verstaatlichung der Anglo-Iranian Oil Company.
USA. General MacArthur wird bei seiner Rückkehr nach New York von 7,5 Millionen Menschen jubelnd empfangen.

22. Sonntag
Korea. Die langerwartete chinesische Offensive beginnt mit dem Angriff von rd. 400 000 Soldaten in Zentral- und Westkorea.

24. Dienstag
Korea. Nach dem Durchbruch der chinesischen Truppen ziehen sich die UN-Soldaten zurück. Am 26. 4. besetzen die chinesischen Truppen die strategisch wichtige Stadt Munsan, 16 km südlich des 38. Breitengrades.

27. Freitag
Iran. Husain Ala tritt als Ministerpräsident zurück, weil er bei der Suche nach einem Kompromiß bei der Verstaatlichung der Anglo-Iranian Oil Company keine Unterstützung findet. Mohammed Mossadegh, der Führer der antibritischen Nationalen Front, wird sein Nachfolger.

29. Sonntag
Bundesrepublik Deutschland. Bei den Landtagswahlen in Rheinland-Pfalz kann die SPD Stimmengewinne verbuchen. Die CDU erhält 43, die SPD 38 und die FDP 19 Sitze.
Österreich. In Cambridge stirbt der Philosoph Ludwig Wittgenstein im Alter von 62 Jahren. Wittgenstein war einer der Hauptvertreter der modernen Logik.

Mai

1. Dienstag
Iran. Die verbotene kommunistische Tudeh-Partei organisiert in Teheran eine prosowjetische Demonstration, an der 30 000 Menschen teilnehmen.
Schweiz. Das Genfer Opernhaus wird durch einen Brand schwer beschädigt.

2. Mittwoch
Bundesrepublik Deutschland. Die Bundesrepublik wird Vollmitglied des Europarates.
Iran. Der Schah unterzeichnet den Regierungsbeschluß über die Verstaatlichung der Ölindustrie.
Israel/Syrien. Bei syrischen Störversuchen gegen die Trockenlegung des Hulatales kommt es zu Gefechten in der entmilitarisierten Zone. Dabei fallen 4 israelische und 20 syrische Soldaten.

3. Donnerstag
Großbritannien. Auf der Freitreppe der Paulskirche in London hält König George die Eröffnungsansprache für das Festival of Britain.

5. Samstag
Island. In Reykjavik unterzeichnen die USA und Island ein Abkommen über die Stationierung US-amerikanischer NATO-Truppen in Island.

6. Sonntag
Ägypten. König Faruk heiratet in Cairo die siebzehnjährige Beamtentochter Narriman Sadek.
Bundesrepublik Deutschland. Bei den Landtagswahlen in Niedersachsen erzielen die Rechtsparteien (SRP, DRP) einige Stimmengewinne. Die SPD erhält 64 Sitze, CDU/DP 35, der BHE 21, die SRP 16, die FDP 12, das Zentrum 4, die Deutsche Reichspartei 3, die KPD 2 und die Deutsche Soziale Partei 1 Sitz.
Österreich. Bei den Präsidentschaftswahlen erhält keiner der Kandidaten die nötigen 50% der Stimmen.

7. Montag
Sport. Das Internationale Olympi-

sche Komitee (IOC) befürwortet einstimmig eine sowjetische Teilnahme an den Olympischen Spielen 1952.

10. Donnerstag
Österreich. Erzherzog Otto von Habsburg (der österreichische Thronprätendent) heiratet in Nancy (Frankreich) Prinzessin Regina von Sachsen-Meiningen.

11. Freitag
Sport. Der Sowjetrusse Michail Botwinnik bleibt Schachweltmeister durch einen Sieg gegen seinen Landsmann David Bronstein.

14. Montag
Iran. Großbritannien droht mit der Entsendung von Truppen zum Schutze der britischen Ölinteressen.

16. Mittwoch
Bolivien. Staatspräsident Urriolagoitia tritt zurück und überträgt die Macht einer Militärjunta. Damit soll verhindert werden, daß der im Exil lebende linksgerichtete Victor Paz Estenssoro das Präsidentenamt übernehmen kann. Die Junta verhängt den Ausnahmezustand.
Bundesrepublik Deutschland. Die Weltgesundheitsorganisation (WHO) beschließt die Zulassung der Mitgliedschaft der Bundesrepublik.
Korea. Die chinesischen Truppen starten eine neue Offensive in Ost- und Zentralkorea.

18. Freitag
Großbritannien. Der 1947 mit der ČSR geschlossene Luftverkehrsvertrag wird aufgekündigt. Damit existiert keine Luftverkehrsverbindung mehr in ein Land des Ostblocks.

Guatemala. Die Regierung beschließt die Wiedereröffnung der 1948 geschlossenen Grenze zu Honduras.

21. Montag
Saarland. Die Demokratische Partei wird verboten. Sie unterhielt enge Kontakte zur bundesdeutschen CDU Konrad Adenauers.

24. Donnerstag
Korea. Die südkoreanischen Truppen überschreiten bei Käsong den 38. Breitengrad. Die chinesische Armee zieht sich auf allen Frontabschnitten zurück.

26. Samstag
Großbritannien/Iran. Großbritannien klagt wegen der iranischen Verstaatlichung der Anglo-Iranian Oil Company vor dem Internationalen Gerichtshof in Den Haag.

27. Sonntag
Österreich. Im zweiten Wahlgang der österreichischen Präsidentschaftswahlen erhält Theodor Körner (SPÖ), der Bürgermeister von Wien, die meisten Stimmen.

28. Montag
Südafrika. Die Polizei zerstreut gewaltsam eine Demonstration von 50 000 Asiaten, die gegen eine nach Rassen getrennte Stimmenabgabe protestieren.

30. Mittwoch
Österreich. In New Haven stirbt der Schriftsteller Hermann Broch im Alter von 64 Jahren. Sein Hauptwerk ist die Trilogie *Die Schlafwandler* 1931/32.

31. Donnerstag
Indochina. Ein dreitägiges Gefecht zwischen französischen Truppen und Einheiten des Viet Minh endet mit einem französischen Sieg. Dabei fällt der Sohn des französischen Oberbefehlshabers in Vietnam.

Juni

1. Freitag
ČSR. In einem Prozeß gegen sieben Tschechoslowaken, die der Spionage für den US-amerikanischen Geheimdienst angeklagt waren, werden drei Todesurteile gefällt.

4. Montag
Puerto Rico. In einem Referendum über den Status der Insel entscheidet sich die Mehrheit der Bevölkerung für Selbstbestimmung und eine eigene Verfassung.

5. Dienstag
Großbritannien. Für die wirtschaftliche Entwicklung der Überseegebiete soll das Land 7,7 Millionen Dollar aus dem Marshall-Plan erhalten.
In Westberlin finden zum ersten Mal die Filmfestspiele statt.

7. Donnerstag
Bundesrepublik Deutschland. Sieben deutsche Kriegsverbrecher, die 1948 zum Tode verurteilt wurden, werden in Landsberg gehängt. Es handelt sich dabei u. a. um die ehemaligen SS-Offiziere Paul Blobel, Werner Braun, Erich Naumann und Otto Ohlendorf sowie um Oswald Pohl, dem die Verwaltung der Konzentrations- und Vernichtungslager unterstand.
Peter Altmeier (CDU) wird wiederum zum Ministerpräsidenten von Rheinland-Pfalz gewählt.

6. 5. Ägypten
Anläßlich ihrer Hochzeit stellen sich König Faruk und seine Braut Narriman mit der königlichen Familie und dem Brautgefolge dem Fotografen. Das Brautkleid ist aus weißem Satin, der mit Diamanten besetzt ist. Die Schleppe ist rund sieben Meter lang.

27.5. Österreich
S. 129 – 25

Juli 1951

13. 6. Irland
Eamon de Valera wird Premierminister einer Minderheitsregierung der Fianna Fail.

14.5. Bundesrepublik Deutschland
S. 65 – 11

10. 7. Korea
In Käsong beginnen Waffenstillstandsverhandlungen. Die nordkoreanischen Delegationsmitglieder General Hsieh Fung und General Lee Sang Cho verlassen den Konferenzort.

8. Freitag
Korea. Der US-amerikanische Verteidigungsminister George Marshall besucht zum ersten Mal die Front in Korea.

11. Montag
Iran. Auf der Zentrale der Anglo-Iranian Oil Company in Teheran wird die iranische Flagge als Zeichen der Verstaatlichung gehißt.
Nicaragua. Wegen eines Generalstreiks gegen das Somoza-Regime verhängt die Regierung den Ausnahmezustand.

13. Mittwoch
Irland. Der Führer der konservativen Fianna Fail, Eamon de Valera, wird zum zweiten Mal zum Premierminister gewählt.

14. Donnerstag
Bundesrepublik Deutschland. Bundeskanzler Konrad Adenauer macht seinen ersten offiziellen Besuch im Ausland. Er reist nach Italien, wo er am 19. 6. von Papst Pius XII. im Vatikan empfangen wird.

15. Freitag
Indien. Der US-amerikanische Präsident Truman unterzeichnet ein Gesetz, das Indien einen langfristigen Kredit von 190 Millionen Dollar für den Ankauf US-amerikanischen Getreides einräumt.
Österreich. Der Alliierte Kontrollrat in Wien untersucht eine Beschwerde von Bundeskanzler Figl über Menschenraub der UdSSR. Seit 1945 sollen 2500 Wiener verschleppt worden sein.

17. Sonntag
Frankreich. Bei Parlamentswahlen wird der Rassemblement du Peuple Français von General de Gaulle stärkste Partei.

19. Dienstag
Großbritannien. Die Regierung verbietet den Export von Kriegsmaterial nach China und Hongkong.

20. Mittwoch
Brasilien. Nach der Verhaftung von 11 kommunistischen Funktionären kommt es in dem Bundesstaat Paraná zu Unruhen.

21. Donnerstag
Bundesrepublik Deutschland. Die Hauptkonferenz der UNESCO beschließt die Aufnahme der Bundesrepublik.
Korea. Käsong, die letzte von den Kommunisten gehaltene Stellung in Südkorea, 5 km südlich des 38. Breitengrades, wird von US-amerikanischen Truppen besetzt.
Österreich. Theodor Körner tritt sein Amt als Bundespräsident an.

22. Freitag
Bundesrepublik Deutschland. Christian Fette wird als Nachfolger des am 16. 2. verstorbenen Hans Böckler neuer DGB-Vorsitzender.

24. Sonntag
Iran. Regierungstruppen besetzen die Raffinerie der Anglo-Iranian Oil Company bei Kermanschah.

25. Montag
USA. Die US-amerikanische Fernsehgesellschaft Columbia Broadcasting System (CBS) strahlt die erste Farbfernsehsendung aus.

26. Dienstag
Bundesrepublik Deutschland. Die Bundesregierung verbietet die Freie Deutsche Jugend (FDJ), die Jugendorganisation der KPD.

28. Donnerstag
Iran. Ministerpräsident Mossadegh ersucht die Vereinigten Staaten um Hilfe im Ölstreik mit Großbritannien.
Ungarn. Erzbischof Josef Grösz wird wegen angeblicher Verschwörung gegen den Staat zu 15 Jahren Gefängnis verurteilt.

29. Freitag
Korea. Der Oberbefehlshaber der UN-Truppen General Ridgway teilt dem nordkoreanischen Oberbefehlshaber Kim Il Sung mit, daß er bereit sei, Vertreter zu einer Waffenstillstandskonferenz zu entsenden.

30. Samstag
Internationales. Vertreter von sozialdemokratischen oder sozialistischen Parteien aus 33 Ländern gründen in Frankfurt am Main die Sozialistische Internationale neu.
Sport. Durch ein 2:1 über Preußen Münster in Berlin wird der 1. FC Kaiserslautern Deutscher Fußballmeister 1951. Meister Österreichs wird Rapid Wien, Meister der Schweiz Lausanne Sports.

Juli

1. Sonntag
Korea. Die Oberbefehlshaber der nordkoreanischen und chinesischen Truppen sind mit der Aufnahme von Waffenstillstandsgesprächen einverstanden. Sie schlagen als Ort der Verhandlungen Käsong in der Nähe des 38. Breitengrades vor.

2. Montag
Bundesrepublik Deutschland. In Ostberlin stirbt der Chirurg Ernst Ferdinand Sauerbruch im Alter von 75 Jahren. Er ist der Begründer der Lungenchirurgie im Druckdifferenzverfahren.

3. Dienstag
Korea. Der Oberbefehlshaber der UN-Truppen General Ridgway akzeptiert Käsong als Ort für Waffenstillstandsverhandlungen und schlägt als Termin für den Verhandlungsbeginn den 5. 7. vor.

4. Mittwoch
ČSR. Der Korrespondent der US-amerikanischen Nachrichtenagentur Associated Press W. Oatis wird in Prag wegen angeblicher Spionage zu 10 Jahren Haft verurteilt.

5. Donnerstag
Berlin. Vertreter der vier Großmächte nehmen ihre 1949 abgebrochenen Gespräche über ein Handelsabkommen zwischen Ost- und Westberlin wieder auf.
Iran. Im Ölstreit zwischen Iran und Großbritannien bestätigt der Internationale Gerichtshof vorläufig die Rechte der Briten.

8. Sonntag
Schweiz. Ein Gesetzesvorschlag

über die Erhebung einer Verteidigungsabgabe wird in einem Referendum abgelehnt.

9. Montag
Bundesrepublik Deutschland. Der Kriegszustand mit der Bundesrepublik wird von Frankreich, Großbritannien, den Vereinigten Staaten und 44 anderen Staaten offiziell beendet.

10. Dienstag
Korea. In Käsong beginnen die Waffenstillstandsverhandlungen zwischen Vertretern der UNO, Nordkoreas und Chinas.
Westberlin. Bürgermeister Ernst Reuter enthüllt das Luftbrückendenkmal.

12. Donnerstag
Japan. Großbritannien und die USA erzielen Einvernehmen über die vorläufigen Bedingungen für Friedensverhandlungen mit Japan.

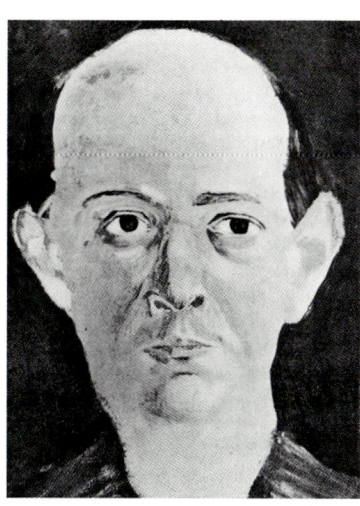

Eine Bedingung ist der Wiederaufbau der japanischen Armee, damit sich Japan gegen eine kommunistische Aggression verteidigen kann. Die USA erheben weiter Besitzansprüche auf die Ryukyu- und die Bonininseln.

13. Freitag
Österreich. In Los Angeles stirbt der Komponist Arnold Schönberg im Alter von 75 Jahren. Er schuf zwischen 1921 und 1924 die Methode, mit zwölf Tönen zu komponieren, die sich aus isolierten Anfängen nach 1945 zu einem musikalisch-avantgardistischen Weltstil entwickelte.

15. Sonntag
Italien. Ministerpräsident Alcide de Gasperi tritt wegen Opposition seiner eigenen Partei, der Christdemokraten, gegen seine Sparpolitik zurück.

17. Dienstag
Belgien. König Baudouin legt im Parlament den Eid auf die Verfassung ab, nachdem tags zuvor sein Vater Leopold die Verzichtserklärung auf den Thron unterzeichnet hatte.
Bundesrepublik Deutschland. Die westlichen Alliierten geben 31 Zechen, die 31% der Kohle des Ruhrgebietes fördern, an die Bundesrepublik zurück.

20. Freitag
Bundesrepublik Deutschland. In Hechingen stirbt Wilhelm von Hohenzollern, Kronprinz des Deutschen Reiches und ältester Sohn Wilhelm II., im Alter von 69 Jahren.
Jordanien. König Abdallah ibn Hussein wird in Jerusalem im Alter von 69 Jahren von einem Palästinenser ermordet.

21. Samstag
Tibet. Der Dalai Lama kehrt aus dem Exil nach Lhasa zurück.

22. Sonntag
Portugal. General Francisco Higino Craveiro Lopés wird zum Staatspräsidenten gewählt. Er wird damit Nachfolger des am 18. 4. verstorbenen Staatspräsidenten Carmona.

23. Montag
Frankreich. Auf der Insel Yeu stirbt der ehemalige Marschall und Chef der Vichy-Regierung Henri Philippe Pétain im Alter von 95 Jahren. 1945 wurde er wegen Kollaboration mit den Deutschen zum Tode verurteilt; das Todesurteil wurde jedoch von General de Gaulle in lebenslange Haft umgewandelt.

26. Donnerstag
Italien. Ministerpräsident de Gasperi bildet sein 7. Kabinett, das fast ausschließlich aus Mitgliedern der Zentrumsfraktion der Christdemokraten besteht.

29. Sonntag
Sport. Der Schweizer Radrennfahrer Hugo Koblet gewinnt die Tour de France.

30. Montag
Österreich. Offiziellen Angaben zufolge sind 50 000 österreichische Soldaten und Zivilisten während des 2. Weltkrieges in der Sowjetunion verschollen.

August

1. Mittwoch
Naher Osten. Großbritannien fordert im Sicherheitsrat der UNO, daß Ägypten die Blockade des Suezkanals für den Schiffsverkehr nach Israel beenden solle.

2. Donnerstag
Iran. Die Vermittlungsbemühungen des US-amerikanischen Sonderbeauftragten Averell Harriman führen zu einer Fortsetzung der Gespräche zwischen Großbritannien und Iran über die Verstaatlichung der Anglo-Iranian Oil Company.

3. Freitag
Polen. Vier Polen flüchten mit einem gekaperten Flugzeug nach Schweden und suchen um politisches Asyl nach.
Die USA heben die Zollvergünstigungen im Warenverkehr mit kommunistischen Staaten auf.

4. Samstag
Bundesrepublik Deutschland. In Flensburg wird das Kraftfahrt-Bundesamt geschaffen.

5. Sonntag
Berlin. Präsident Wilhelm Pieck eröffnet in Ostberlin die Weltjugendfestspiele, an denen über 500 000 osteuropäische Jugendliche teilnehmen.

6. Montag
Bundesrepublik Deutschland. Die bayerische Staatsregierung gibt bekannt, daß sie den »Berghof« bei Berchtesgaden, Hitlers Residenz, zerstören lassen will, um zu verhindern, daß er von Anhängern des Nationalsozialismus zur Wallfahrtsstätte gemacht wird.

9. Donnerstag
Portugal. General Francisco Lopés wird als Staatspräsident vereidigt.

12. Sonntag
Japan. Der US-amerikanischen Botschaft in Moskau wird mitgeteilt, daß die UdSSR an der Konferenz über einen japanischen Friedensvertrag am 4. 9. in San Francisco teilnehmen wird. Delegationsleiter wird der stellvertretende Außenminister Gromyko sein.

17. 7. Belgien
Baudouin I., der jüngste König Europas.

10.7. Korea
S. 145 – 32

◁

13. 7. Österreich
Selbstporträt von Arnold Schönberg in der Österreichischen Nationalbibliothek in Wien.

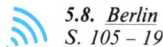
5.8. Berlin
S. 105 – 19

September 1951

*5. 8. Berlin
Während der Eröffnung der Weltjugendfestspiele in Ostberlin: vierter von links Erich Honecker, neben ihm Walter Ulbricht, ganz rechts der Italiener Enrico Berlinguer.*

▷
*22. 9. Iran
In Abadan, dem Zentrum der iranischen Ölindustrie, hören britische Arbeitnehmer gespannt Nachrichten über die antibritischen Aktionen der Regierung Mossadegh.*

13. Montag
Irak. Nach dreimonatigen Verhandlungen kommt es zwischen Irak und Großbritannien zu einem Abkommen über die Erdölgewinnung. Irak beteiligt sich an der Verwaltung der Erdölgesellschaften und erhält die Hälfte des Gewinnes.
Österreich. In Bad Ischl findet das Welttreffen (Jamboree) der Pfadfinder statt. Über 15 000 Teilnehmer sind erschienen.

15. Mittwoch
Berlin. 6000 Teilnehmer der kommunistischen Weltjugendfestspiele provozieren Auseinandersetzungen mit der Polizei, als sie versuchen, in Westberlin eine antiamerikanische Demonstration durchzuführen.
Korea. Die US-amerikanische Luftwaffe beginnt mit der Operation »Strangle«, die das Ziel hat, die nordkoreanischen Aufmarsch- und Nachschubwege zu zerstören.
Naher Osten. Die arabischen Staaten knüpfen ihre Bereitschaft zur Teilnahme an der Konferenz der UN-Vermittlungskommission für Palästina in Paris an die Bedingung, daß sie nicht mit Israel an einem Tisch sitzen müssen.

18. Samstag
Korea. US-amerikanische Soldaten beginnen eine begrenzte Offensive in Zentralkorea, um einer Konzentration der feindlichen Kräfte zuvorzukommen.

20. Montag
Vietnam. Frankreich gibt die Vernichtung des militärischen Hauptquartiers der Viet Minh in der Nähe von Saigon bekannt.

22. Mittwoch
Argentinien. Bei einer Massenkundgebung in Buenos Aires erklärt Staatspräsident Perón seine Bereitschaft, sich erneut zur Wahl zu stellen. Seine Frau Eva Perón soll Vizepräsidentin werden.

23. Donnerstag
Israel. Die Regierung schließt mit den USA ein Freundschafts-, Handels- und Schiffahrtsabkommen.

24. Freitag
Bolivien. Die Militärjunta gestattet dem Oppositionsführer Estenssoro die Rückkehr aus dem Exil.

25. Samstag
Iran. Der US-amerikanische Vermittler Harriman verläßt Teheran, nachdem seine Vermittlungsbemühungen im Streit um die Verstaatlichung des Erdöls wegen der fehlenden Kompromißbereitschaft der iranischen Regierung ohne Erfolg geblieben sind.

28. Dienstag
Jordanien. Wegen des Mordes an König Abdallah werden sechs Personen zum Tode verurteilt. Einer von ihnen ist Oberst Abdullah el Tell, der ehemalige Militärgouverneur von Jerusalem.

29. Mittwoch
Israel. Der 23. Zionistische Weltkongreß in Jerusalem fordert in einer Schlußresolution die Sowjetunion auf, die Auswanderung von Juden zu gestatten.

September

1. Samstag
Die DDR erhebt Gebühren für alle Fahrzeuge im Transitverkehr nach Westberlin.
Weltpolitik. Der ANZUS-Pakt, ein Sicherheitsbündnis zwischen Australien, Neuseeland und den Vereinigten Staaten, wird in San Francisco unterzeichnet.

4. Dienstag
Japan. In San Francisco beginnt die von den Vereinigten Staaten vorgeschlagene Friedenskonferenz über Japan, an der 51 Staaten beteiligt sind. China wird nicht eingeladen. Indien (aus Protest gegen die Anwesenheit US-amerikanischer Truppen in Japan) und Birma nehmen die Einladung nicht an.

5. Mittwoch
Jordanien. Emir Talal, der älteste Sohn des ermordeten Königs Abdallah, wird vom Parlament zum König ausgerufen.

6. Donnerstag
Portugal. Die Regierung überläßt der US-amerikanischen Luftwaffe zwei Flugplätze auf den Azoren.

7. Freitag
ČSR. Rudolf Slánský, der Generalsekretär der tschechoslowakischen KP, verliert sein Amt.

8. Samstag
Japan. Der Friedensvertrag mit Japan wird in San Francisco von 49 Ländern unterzeichnet. Die UdSSR, Polen und die ČSR unterzeichnen den Vertrag nicht. Der sowjetische Delegierte Gromyko bezeichnet das Dokument als Grundlage für einen neuen Krieg. Der japanische Ministerpräsident Yoschida unterzeichnet außerdem ein bilaterales Sicherheitsabkommen mit den Vereinigten Staaten, das diesen Stationierungsrechte in und um Japan einräumt.

11. Dienstag
ČSR. Einem Lokführer gelingt mit seiner Familie und 21 anderen Personen die Flucht in die Bundesrepublik, indem er mit seinem Zug die Grenze zur amerikanischen Zone bei der Stadt Selb durchbricht.
Sport. Die US-Amerikanerin Florence Chadwick durchschwimmt als erste Frau den Ärmelkanal in beiden Richtungen.

15. Samstag
DDR. Die Volkskammer fordert den Bundestag auf, Wahlen für eine gesamtdeutsche Nationalversammlung zuzustimmen.

18. Dienstag
Bundesrepublik Deutschland. Bundeskanzler Konrad Adenauer lehnt ein Angebot des DDR-Ministerpräsidenten Grotewohl für Gespräche zur deutschen Einheit ab.

20. Donnerstag
Bundesrepublik Deutschland/DDR. Das Interzonen-Handelsabkommen tritt in Kraft. Es beinhaltet unter anderem die Erstellung von Warenlisten und die Regelung des »Swing«, einer Kreditgrenze, bis zu der sich die DDR bei der Verrechnungsstelle der Bundesrepublik verschulden kann, ohne daß Zahlung in frei konvertierbarer Währung zu leisten ist oder die Lieferungen aus dem Gläubigerland gesperrt werden.
Luftfahrt. Ein Bomber von Typ Boeing B 47 fliegt zum ersten Mal über den Nordpol.

22. Samstag
Iran. Ministerpräsident Mossadegh fordert die 300 britischen Techniker, die noch im Lande anwesend sind, weil sie auf der Raffinerie bei Abadan arbeiten, auf, den Iran zu verlassen.

24. Montag
Italien. Der italienische Ministerpräsident Alcide de Gasperi bittet in einer Rede vor dem US-amerikanischen Kongreß um Hilfe gegen die Arbeitslosigkeit in seinem Land und um die Förderung der Auswanderung aus Italien in die Vereinigten Staaten sowie um eine Lösung der Triestfrage.

27. Donnerstag
Bundesrepublik Deutschland. Einstimmig beschließt der Bundestag die Entschädigung der Juden, die durch das Naziregime zu Schaden gekommen sind.
Iran. Die Anglo-Iranian Oil Company in Abadan wird durch iranische Truppen besetzt, die die britischen Techniker vertreiben.

28. Freitag
Argentinien. Eine Rebellion in der Kavallerieschule Campo de Mayo wird sofort niedergeschlagen. Im Zusammenhang damit verhängt Staatspräsident Péron den Ausnahmezustand.
Bundesrepublik Deutschland. In Karlsruhe wird das Bundesverfassungsgericht eröffnet.

29. Samstag
Iran. Es wird offiziell bekanntgemacht, daß Ministerpräsident Mossadegh die Delegation leiten soll, die vor dem Sicherheitsrat der Vereinten Nationen den iranischen Standpunkt im britisch-iranischen Ölkonflikt erläutern soll.

Oktober

1. Montag
Schweden. Ministerpräsident Tage Erlander bildet eine Koalitionsregierung aus Sozialdemokraten und Bauernpartei.
Schweiz. In Zürich wird eine Fernsehtestsendung in Farbe ausgestrahlt.

3. Mittwoch
Iran. 325 britische Techniker werden aus der Ölstadt Abadan evakuiert, einen Tag bevor das iranische Ultimatum zum Verlassen des Landes abläuft.
Korea. Die UN-Truppen beginnen eine Offensive in Mittel- und Westkorea.

5. Freitag
Bundesrepublik Deutschland. Der SPD-Vorsitzende und Oppositionsführer Kurt Schumacher fordert im Bundestag die Verstaatlichung der Kohle- und Stahlindustrie.

6. Samstag
UdSSR. Regierungs- und Parteichef Stalin bestätigt Gerüchte über einen Kernwaffenversuch der Sowjetunion.

7. Sonntag
Israel. Nach einer achtmonatigen Regierungskrise bildet David Ben Gurion eine Koalitionsregierung, in der neun Minister der Mapai-Partei angehören und vier Minister aus religiösen Gruppierungen stammen.

8. Montag
Großbritannien. Kronprinzessin Elizabeth von Großbritannien und der Herzog von Edinburgh treffen in Montreal zu einer fünfunddreißigtägigen Reise durch Kanada ein.

9. Dienstag
Ägypten. Die britische Regierung gibt bekannt, daß sie eine einseitige Aufkündigung des britisch-ägyptischen Vertrages aus dem Jahre 1936 nicht akzeptieren und notfalls ihre Truppen in der Kanalzone einsetzen würde.

14. Sonntag
USA. Die Republikaner stellen Dwight D. Eisenhower als Kandidat für die Präsidentschaftswahlen 1952 auf.

15. Montag
Iran. Vor dem Sicherheitsrat der UNO erklärt Ministerpräsident Mossadegh, daß die UNO keine Rechtsbefugnisse im britisch-iranischen Ölstreit habe.

16. Dienstag
Pakistan. Premierminister Liakat Ali Khan (56) wird auf einer Versammlung der Moslemliga in Rawalpindi erschossen. Er war seit der Unabhängigkeit des Landes (1947) Premierminister und seit 1936 Generalsekretär der Moslemliga.

22. Montag
NATO. Griechenland und die Türkei werden Mitglieder der NATO.

25. Donnerstag
Großbritannien. Die Konservative

9. 10. Ägypten
Noch bewachen britische Truppen den Suezkanal.

15.9. DDR
S. 49 – 2

9.10. Ägypten
S. 145 – 36

14.10. USA
S. 248 – 42

November 1951

1. 11. USA
Operation »Desert Rock« ist der Deckname für die Atombombenversuche mit Soldaten der 1. Luftlandedivision in der Wüste von Nevada. Die Gesundheitsschäden für die Soldaten zeigten sich erst viel später.

31.10. Großbritannien S. 248 – 39

11. 11. Argentinien
Juan Domingo Perón wird mit überwältigender Mehrheit als Präsident wiedergewählt.

Partei Winston Churchills gewinnt die Unterhauswahlen. Sie erringt 320, die Labour Party 293 Sitze.
Korea. Die nach einem Gefecht in der neutralen Zone von Käsong am 22. 8. unterbrochenen Waffenstillstandsverhandlungen werden in Panmunjon fortgesetzt.

27. Samstag
Ägypten/Großbritannien. Die ägyptische Regierung läßt Großbritannien wissen, daß sie den Vertrag von 1936, der vorsah, daß britische Truppen den Suezkanal schützen, nicht mehr als bindend betrachtet.

28. Sonntag
Schweiz. Die Nationalratswahlen bringen Gewinne für die Konservativen.

31. Mittwoch
Großbritannien. Winston Churchill beendet die Zusammenstellung seines Kabinetts. Anthony Eden wird Außenminister. Er selber übernimmt zusätzlich das Amt des Verteidigungsministers.
Polen. Der ehemalige Parteisekretär Gomułka verliert seine parlamentarische Immunität. Er soll wegen angeblicher nationalistischer Abweichungen vor Gericht gestellt werden.

November

1. Donnerstag
Korea. Die US-amerikanischen und nordkoreanischen Unterhändler erzielen Einverständnis über eine Demarkationslinie für die östliche Hälfte der Front.
Tibet. Die Hauptmacht der chinesischen »Befreiungsarmee« zieht in die Hauptstadt Lhasa ein.
USA. Bei der Explosion einer Atombombe in der Wüste von Nevada sind zum ersten Mal auch Soldaten anwesend, die ohne ihr Wissen der Strahlung ausgesetzt werden.

3. Samstag
Bundesrepublik Deutschland. Mit den alliierten Hohen Kommissaren wird in allen wesentlichen Punkten Übereinstimmung hinsichtlich des Entwurfs einer Friedensregelung erzielt.

4. Sonntag
Berlin. In Westberlin wird ein Denkmal für die Opfer des Stalinismus enthüllt.

5. Montag
Iran. Die Erdölraffinerien in Abadan nehmen ihren Betrieb wieder auf.

6. Dienstag
Großbritannien. In Form der Thronrede wird die Regierungserklärung veröffentlicht. Reprivatisierung der Stahlindustrie, Anreize für das freie Unternehmertum, eine standhafte Haltung im Suezkanalkonflikt sowie die Zurückgewinnung der Ölindustrie im Iran stellen die Hauptforderungen dar.
UNO. In Paris eröffnet der französische Staatspräsident Auriol die 6. UNO-Vollversammlung, die bis zum 5. 2. 1952 dauern wird. Die Delegierten wählen den Mexikaner L. P. Nervo zum Vorsitzenden.

8. Donnerstag
Bundesrepublik Deutschland. Im Hamburger Hafen geht ein seit dem 22. 10. andauernder Streik zu Ende.

9. Freitag
Jugoslawien legt der UNO eine Beschwerde über feindselige Aktivitäten der UdSSR vor.

10. Samstag
Uganda. In Entebbe wird der zu diesem Zeitpunkt größte Flughafen Afrikas seiner Bestimmung übergeben.

11. Sonntag
Argentinien. Juan Perón, Staatspräsident seit 1946, wird bei den Präsidentschaftswahlen als Kandidat der Arbeiterpartei in seinem Amt bestätigt. Zum ersten Mal sind auch Frauen wahlberechtigt.

12. Montag
Großbritannien. Im Unterhaus gewinnen die Konservativen eine Abstimmung über die Reprivatisierung der Stahlindustrie.

13. Dienstag
Norwegen. Ministerpräsident Einar Gerhardsen tritt zurück. Oscar Torp wird sein Nachfolger.

15. Donnerstag
Sudan. König Faruk von Ägypten nimmt offiziell den Titel König von Ägypten und dem Sudan an. Der britische Außenminister Anthony Eden erklärt, daß der Sudan bis Ende 1952 unter britischer Oberhoheit bleiben soll. Dann soll sich die Bevölkerung zwischen einem Anschluß an Ägypten oder der Selbständigkeit entscheiden.

16. Freitag
Griechenland. Ein Militärgericht spricht 12 Todesurteile gegen Personen aus, denen die Gründung einer kommunistischen Untergrundbewegung vorgeworfen wird.

17. Samstag
Philippinen. Bei Parlamentswahlen siegt die oppositionelle Nationalistische Partei über die Liberale Partei. Die Nationalisten erhalten 13 der 24 Senatssitze.

19. Montag
Bundesrepublik Deutschland. Die Regierung stellt beim Bundesver-

fassungsgericht in Karlsruhe einen Verbotsantrag gegen die rechtsextreme Sozialistische Reichspartei (SRP) und die KPD.
Israel. Chaim Weizmann wird zum Staatspräsidenten wiedergewählt.

20. Dienstag
Japan. Kaiser Hirohito ratifiziert in Tokio den Friedensvertrag von San Francisco.

21. Mittwoch
Westeuropa. Die 28. US-amerikanische Infanteriedivision trifft in der Bundesrepublik ein. Damit sind sechs US-amerikanische Divisionen in Westeuropa stationiert.

22. Donnerstag
Bundesrepublik Deutschland. Bundeskanzler Adenauer und die westlichen Alliierten einigen sich im Generalvertrag auf das Ende des Besatzungsstatuts.

23. Freitag
Korea. In Panmunjon einigen sich die Unterhändler Chinas, Nordkoreas und der UNO auf eine Demarkationslinie.

26. Montag
Dominikanische Republik. Die Regierung schließt mit den USA einen Zehnjahresvertrag über den Aufbau und die Unterhaltung von Raketenstationen in der Dominikanischen Republik.
Italien. Das Hochwasser des Po geht nach der Überschwemmung vom 12..11. langsam zurück. Inzwischen sind 400 000 Menschen obdachlos.

27. Dienstag
ČSR. Rudolf Slánský, der stellvertretende Ministerpräsident und ehemalige Generalsekretär der KP, wird wegen angeblicher staatsfeindlicher Aktivitäten verhaftet.

28. Mittwoch
Ägypten. Die Regierung erzielt mit Großbritannien darin Übereinkunft, daß alle britischen Truppen aus den drei wichtigsten Städten der Suezkanalzone, Imailiya, Port Said und Suez, zurückgezogen werden.

Dezember

1. Samstag
Finnland. Das Parlament der Ålandinseln stimmt dem neuen Autonomiegesetz zu, das am 12. 10. vom Parlament in Helsinki verabschiedet worden war.

2. Sonntag
Ägypten. Nach einem sechs Wochen dauernden Streik im Hafen von Suez finden Verhandlungen zwischen britischen Truppen und ägyptischen Hafenarbeitern statt.

3. Montag
Sport. Die DDR lehnt den IOC-Beschluß, an den olympischen Spielen 1952 in einer gesamtdeutschen Mannschaft teilzunehmen, ab.
Türkei. Das Parlament verabschiedet das Gesetz, daß die Todesstrafe für kommunistische Funktionäre vorsieht.

4. Dienstag
Ägypten. Bei Angriffen ägyptischer Zivilisten und Polizisten auf britische Truppen gibt es 16 Tote und 68 Verwundete. Die Regierung verhängt den Ausnahmezustand.

8. Samstag
Ägypten/Großbritannien. Ägypten beruft seinen Botschafter in London ab. Diese Maßnahme ist ein Protest gegen die britischen Verteidigungsmaßnahmen in der Suezkanalzone.
Bundesrepublik Deutschland/ Großbritannien. Bundeskanzler Konrad Adenauer beendet einen fünftägigen Besuch in Großbritannien. Es war der erste Besuch eines deutschen Regierungschefs seit 1925

9. Sonntag
Bundesrepublik Deutschland. Eine Volksabstimmung in den Ländern Württemberg-Baden, Württemberg-Hohenzollern und (Süd-)Baden ergibt mit 69,7% der Stimmen eine Mehrheit für die Schaffung des Bundeslandes Baden-Württemberg.

10. Montag
Nobelpreise. In Stockholm werden die Nobelpreise an Pär Lagerkvist (Literatur), John Cockcroft und Ernest T. S. Walton (Physik), Edwin McMillan und Glenn T. Seaborg (Chemie) und Max Theiler (Medizin) verliehen. Léon Jouhaux erhält in Oslo den Friedensnobelpreis.

11. Dienstag
UNO. In der Vollversammlung beschließen die vier Großmächte die Bildung einer Kontrollkommission für konventionelle und nukleare Waffen.

13. Donnerstag
Schweiz. Bundesrat Karl Kobelt (Freisinnige Partei), der Vorsteher des Militärdepartements, wird zum Bundespräsidenten für das Jahr 1952 gewählt.

16. Sonntag
Uruguay. In einem Referendum wird der Regierungsvorschlag, das Präsidentenamt abzuschaffen und einen Staatsrat von 9 Personen dafür einzusetzen, angenommen.

18. Dienstag
Westeuropa. Der französische Ministerpräsident Pleven und der britische Premierminister Churchill beenden ihre zweitägigen Gespräche mit der Vereinbarung, daß Großbritannien so eng wie möglich mit den Westeuropäern und mit der EGKS zusammenarbeiten soll.

22. Samstag
Iran. Die Regierung verpflichtet sich, Öl in die ČSR zu liefern.

24. Montag
Libyen. In Übereinstimmung mit der am 21. 11. 1949 verabschiedeten UN-Resolution erklärt König Idris I. sein Land, das bis 1945 eine italienische Kolonie war, für unabhängig.

28. Freitag
Ungarn. Vier US-amerikanische Piloten, die wegen Verletzung des ungarischen Luftraumes festgehalten wurden, werden freigelassen und nach Österreich ausgewiesen.

24. 12. Libyen
König Idris I. proklamiert die Unabhängigkeit der früheren italienischen Kolonie, die seit dem Ende des 2. Weltkrieges unter französisch-britischer Verwaltung stand. Die UN-Vollversammlung hatte in ihrer Sitzungsperiode 1949/50 die Unabhängigkeit des Landes beschlossen.

21.11. Westeuropa S. 65 – 9

1952

Die erste Wasserstoffbombe: die Möglichkeit der Massenvernichtung ist endgültig Realität geworden.

1952

Januar

1. Dienstag
Ägypten. In der Suezkanalzone beschießen ägyptische Studenten britische Wachposten.

2. Mittwoch
Argentinien. Die Regierung beschließt wegen des Rückgangs der Öllieferungen aus dem Iran Benzinrationierungen.

3. Donnerstag
Bundesrepublik Deutschland. Ein Jugendschutzgesetz tritt in Kraft. Es verbietet u. a. Jugendlichen unter 16 Jahren das Rauchen und Jugendlichen unter 18 Jahren den Genuß von alkoholischen Getränken in der Öffentlichkeit.
Korea. Während der Waffenstillstandsverhandlungen in Panmunjon wird ein Vorschlag der USA für einen gegenseitigen Gefangenenaustausch abgelehnt.

4. Freitag
Bundesrepublik Deutschland. Die erste Fernseh-Versuchssendung des NWDR für die Nachrichtensendung *Die Tagesschau* läuft über die Bildschirme.

5. Samstag
Iran. Der US-amerikanische Botschafter Loy Henderson kommt mit Ministerpräsident Mossadegh überein, daß der Iran 1952 an technischer und wirtschaftlicher Hilfe 23 Millionen Dollar aus den USA erhalten soll.
Israel. Links- und rechtsradikale Gruppierungen demonstrieren in Tel Aviv gegen Verhandlungen mit der Bundesrepublik Deutschland.

6. Sonntag
Ägypten. 3500 Angestellte der Suezkanalgesellschaft treten in den Streik. Britische Truppen riegeln die Stadt Suez ab.

7. Montag
Frankreich. Die konservative Minderheitsregierung Pleven stürzt nach einer Regierungszeit von nur fünf Monaten. Die von ihr vorgeschlagenen Sparmaßnahmen werden vom Parlament abgelehnt.
USA. General Eisenhower erklärt sich einverstanden, für die Republikanische Partei als Kandidat für die Präsidentschaftswahlen anzutreten.

9. Mittwoch
Ägypten. Guerillakämpfer beschießen einen britischen Konvoi in der Suezkanalzone. Dabei kommen zwei britische Soldaten ums Leben.
Großbritannien. Der US-amerikanische Präsident Truman versichert, daß die US-amerikanischen Militär- und Raketenstützpunkte in Großbritannien ohne Zustimmung der britischen Regierung nicht für atomare Angriffe auf Osteuropa benutzt werden.

10. Donnerstag
Großbritannien. Der am 25. 12. 1951 vor der englischen Küste leckgeschlagene Frachter »Flying Enterprise« sinkt. Kapitän Kurt Carlson hatte das Schiff erst 13 Minuten vorher verlassen.

11. Freitag
Bundesrepublik Deutschland. Der Bundestag stimmt der Ratifizierung des Vertrages über die Gründung der Europäischen Gemeinschaft für Kohle und Stahl (EGKS) zu.
Mexiko. Die Weltbank gewährt Mexiko einen Kredit in Höhe von 297 Millionen Dollar für den Bau von sieben Elektrizitätswerken.

12. Samstag
ČSR. Ein Gericht verurteilt fünf Tschechoslowaken wegen angeblicher Spionage für die USA zum Tode.

13. Sonntag
Großbritannien/Iran. Die Regierung Mossadegh fordert die britische Regierung auf, alle ihre Konsulate im Iran zum 21. 1. zu schließen.

14. Montag
Belgien. Ministerpräsident Van

5.1. Israel
S. 89 – 15

10.1. Großbritannien
S. 288 – 47

3. 1. Korea
Während es bei den Waffenstillstandsverhandlungen kaum Fortschritte gibt, verschanzen sich US-amerikanische Einheiten hinter den Panzern (links).

5. 1. Israel
Die Verhandlungen zwischen den Regierungen der Bundesrepublik Deutschland und Israels über die Wiedergutmachung von NS-Verbrechen gegen die Juden führen in Israel zu heftigem Protest. Die Polizei löst Demonstrationen in Jerusalem nicht nur mit Tränengas, sondern auch mit brennendem Öl auf. Hunderte von Polizisten und Demonstranten werden verletzt. Die Regierung beschuldigt die Kommunisten und die ultrarechte Cherut-Partei von Menachem Begin, die Unruhen angestiftet zu haben (rechts).

Februar 1952

Houtte (Christliche Volkspartei) bildet eine neue Regierung, nachdem sein Vorgänger Joseph Pholien am 9. 1. seinen Rücktritt angeboten hatte.

16. Mittwoch
Israel. Die Knesset schließt Menachem Begin, den Führer der Cherut-Partei, für 10 Wochen von der Teilnahme an den Sitzungen aus. Grund dafür waren seine provozierenden Reden gegen Verhandlungen mit der Bundesrepublik Deutschland.

17. Donnerstag
Österreich. In Nizza stirbt Erzherzog Maximilian von Österreich im Alter von 65 Jahren.
Syrien. Die Regierung läßt alle Büros der Moslem-Bruderschaft schließen.

18. Freitag
Frankreich. Die Nationalversammlung spricht dem radikalsozialistischen Ministerpräsidenten Edgar Faure das Vertrauen aus. Damit ist die Bildung einer neuen Regierung möglich.

19. Samstag
Bundesrepublik Deutschland. Der Verteidigungsbeauftragte der Bundesregierung, Theodor Blank, gibt in einer Radioansprache bekannt, daß die Bundesrepublik bereit sei, 300 000 bis 400 000 Mann als Beitrag für eine europäische Streitmacht aufzustellen. Es soll sich zunächst um Freiwillige handeln.

21. Montag
UNO. Ana Figueroa vertritt Chile im Sicherheitsrat. Sie ist die erste Frau in diesem Gremium.

19.1. Bundesrepublik Deutschland S.65 – 9

6.2. Großbritannien S. 248 – 39

15.2. Sport S. 344 – 61

*6. 2. Großbritannien
Nach dem Tod von König George VI. wird Prinzessin Elizabeth offiziell Thronfolgerin. Die Krönungsfeierlichkeiten sollen 1953 stattfinden. Das Foto zeigt Elizabeth im Juli 1951.*

22. Dienstag
Iran. Die Regierung verweigert dem neu ernannten britischen Botschafter Robert Hankey die Akkreditierung.

24. Donnerstag
Tunesien. Französische Kolonialtruppen erobern die am Tage zuvor von Nationalisten besetzte Stadt Tebulba zurück. Oppositionsführer Habib Bourguiba wird festgenommen.
Vatikan. Der Vatikan nimmt diplomatische Beziehungen zu Japan auf.

25. Freitag
Ägypten/Großbritannien. Britische Truppen besetzen nach Gefechten mit ägyptischen Einheiten die außerhalb der Kanalzone liegende Stadt Ismailiya. Dabei und bei anschließenden Protestdemonstrationen in Cairo kommen über 100 Menschen ums Leben.

28. Montag
Saarland. Bundeskanzler Adenauer stellt fest, daß für die Bundesrepublik eine militärische Zusammenarbeit mit dem Westen erst nach der Lösung der Saarfrage möglich sei. Das Saarland war nach dem 2. Weltkrieg bei politischer Autonomie wirtschaftlich an Frankreich angeschlossen wurden.

Februar

1. Freitag
Bundesrepublik Deutschland. Der Bundesrat stimmt der Ratifizierung des EGKS-Vertrages zu.
UNO. Die Vollversammlung lehnt einen sowjetischen Antrag über die Aufnahme 13 neuer Mitgliedsstaaten (darunter Albanien, Bulgarien, Rumänien, Ungarn und die Mongolei) ab.

2. Samstag
Bundesrepublik Deutschland. In Dortmund wird die Westfalenhalle eingeweiht.

6. Mittwoch
Argentinien. Die Regierung gibt die Verhaftung von General Francisco Suaréz bekannt. Suaréz hatte zusammen mit 100 weiteren Politikern einen Staatsstreich vorbereitet.
Großbritannien. Auf dem Schloß Sandringham stirbt George VI. im Alter von 56 Jahren. Er war seit 1936 König von Großbritannien und (bis 1948) Kaiser von Indien. Kronprinzessin Elizabeth Alexandra Mary wird am gleichen Tag zu seiner Nachfolgerin proklamiert.

7. Donnerstag
Italien. Durch ein sowjetisches Veto im Sicherheitsrat wird der italienische UN-Beitritt zum fünften Mal verhindert.

14. Donnerstag
Ägypten. Die Universitäten, die seit den Unruhen vom Januar geschlossen waren, werden wieder eröffnet.
Bundesrepublik Deutschland. Felix von Eckardt wird Chef des Bundespresseamtes und damit Regierungssprecher.

15. Freitag
Großbritannien. In Windsor wird der am 6. 2. gestorbene König George VI. begraben.
Sport. Im Bisletstadion von Oslo werden die IV. Olympischen Winterspiele eröffnet. Auch deutsche Sportler sind erstmals seit Ende des 2. Weltkrieges wieder zugelassen.
Westeuropa. In Genf unterzeichnen die Vertreter von acht westeuropäischen Nationen ein Abkommen über die Errichtung eines gemeinsamen Instituts für Kernuntersuchungen.

17. Sonntag
Japan. Die japanische Tageszeitung Jomiusi meldet, daß die US-amerikanischen Besatzungstruppen rd. 200 000 uneheliche Kinder hinterlassen haben.

18. Montag
Ungarn. Jeglicher Hausbesitz, auch der von Ausländern, wird verstaatlicht.

19. Dienstag
Norwegen. In Nörholm stirbt der Schriftsteller und Literaturnobelpreisträger Knut Hamsun im Alter von 93 Jahren.
Vietnam. General Salan, Oberbefehlshaber der französischen Streitkräfte, verlegt sein Hauptquartier von Hanoi nach Saigon.

21. Donnerstag
Indien. Die Kongreß-Partei gewinnt die Wahlen mit großer Mehrheit.

22. Freitag
Korea. Nordkorea beschuldigt die USA der biologischen Kriegführung. US-amerikanische Militärsprecher weisen die Beschuldigungen zurück.

25. Montag
NATO. In Lissabon geht eine Sitzung des nordatlantischen Rates zu Ende. Die Aufstellung einer europäischen Armee mit 50 Divisionen und 4000 Flugzeugen wird beschlossen. Der Plan sieht einen Verteidigungsbeitrag der Bundesrepublik Deutschland vor.
Sport. In Oslo gehen die IV. Olympischen Winterspiele zu Ende. Die Bundesrepublik Deutschland gewann 3 Gold-, 2 Silber- und 2 Bron-

zemedaillen. Österreich errang 2 Gold-, 4 Silber- und 2 Bronzemedaillen, die Schweiz 2 Bronzemedaillen.

26. Dienstag
Großbritannien. Premierminister Churchill gibt bekannt, daß Großbritannien eine eigene Atombombe entwickelt habe.

28. Donnerstag
DDR. Die Regierung lehnt die Zulassung einer UN-Sonderkommission ab, die die Möglichkeiten freier Wahlen in Gesamtdeutschland untersuchen soll.
Sport. Ria und Paul Falk werden in Paris Weltmeister im Eiskunstlauf der Paare.

29. Freitag
Frankreich. Die Regierung Faure stürzt über den Vorschlag, die Steuern wegen der Finanzierung der Rüstungsausgaben um 15% zu erhöhen.

März

1. Samstag
Bundesrepublik Deutschland. Die Nordseeinsel Helgoland wird wieder deutscher Verwaltung unterstellt.
Griechenland. Acht Mitglieder der kommunistischen Partei werden wegen Spionage zum Tode verurteilt, 14 weitere zu lebenslanger Haftstrafe.

2. Sonntag
Polen. Die polnische Regierung protestiert dagegen, daß eine US-amerikanische Kongreßkommission die Vorgänge um das Massengrab von 4500 polnischen Offizieren bei dem sowjetischen Dorf Katyn untersuchen will.

4. Dienstag
USA. US-Präsident Truman eröffnet die Radiostation Voice of America (Stimme Amerikas), deren Sendungen die Störsender der Sowjetunion unterlaufen sollen. In einer Rede wendet er sich an die Bevölkerung der UdSSR und Chinas.

6. Donnerstag
Griechenland. NATO-Oberbefehlshaber Eisenhower verursacht politisches Aufsehen, als er in Athen den konservativen Oppositionsführer Papagos empfängt, um mit ihm Fragen der militärischen Sicherheit zu besprechen.

7. Freitag
Kuba. Die USA und Kuba unterzeichnen in Havanna ein Militärabkommen, daß zu dem 1951 abgeschlossenen beiderseitigen Sicherheitsvertrag gehört.

8. Samstag
Frankreich. Antoine Pinay bildet eine neue Regierung mit Robert Schuman als Außenminister.

9. Sonntag
Bundesrepublik Deutschland. Bei den Wahlen zur Verfassunggebenden Versammlung des zukünftigen Bundeslandes Baden-Württemberg wird die CDU stärkste Partei. Die CDU erhält 50 Sitze, die SPD 38, die FDP/DVP 23, der BHE 6 und die KPD 4 Sitze.
Sport. Heinz Neuhaus wird Boxeuropameister im Schwergewicht durch einen Punktesieg über Karel Sys (Belgien).

10. Montag
Bundesrepublik Deutschland. In Nürnberg wird die Bundesanstalt für Arbeitsvermittlung und Arbeitslosenversicherung eingerichtet.
Kuba. Der frühere Präsident Fulgencio Batista setzt Präsident Carlos Prio Socárrás ab und ernennt sich selbst zum Staatsoberhaupt. Die für den 1. 6. vorgesehenen Präsidentschaftswahlen werden abgesagt. Der neue Präsident setzt im ganzen Land eigene Armee- und

15. 2. Sport
Eröffnung der Olympischen Winterspiele im Bisletstadion in Oslo (links).

25. 2. Sport
Eine der drei Goldmedaillen für die Bundesrepublik Deutschland gewinnt Anderl Ostler mit seiner Mannschaft im Viererbob (rechts).

1. 3. Bundesrepublik Deutschland
Helgoland wird von Großbritannien zurückgegeben; hier ein Foto der Übergabefeier.

April 1952

10. 3. Kuba
Mit Unterstützung der Armee ergreift General Fulgencio Batista die Macht. Seine Truppen umzingeln den Präsidentenpalast in Havanna.

10.3. UdSSR
S. 49 – 2

19.3. Südafrika
S. 288 – 45

22.3. Bundesrepublik Deutschland
S. 89 – 15

▷ **22. 3. Ägypten/Großbritannien**
Zu Beginn einer neuen Verhandlungsrunde über die Zukunft des Suezkanals ziehen sich britische Truppen aus der Stadt Ismailiya zurück. Die Einwohner können in ihre Häuser zurückkehren.

Polizeitruppen ein. Socárrás flieht in die mexikanische Botschaft in Havanna.
Die UdSSR schlägt in einer Note an die Westmächte einen Friedensvertrag mit Deutschland vor. Sie wird jedoch ablehnend beantwortet, weil die Westmächte vor einem solchen Vertrag international kontrollierte freie Wahlen in Gesamtdeutschland fordern.

11. Dienstag
Kuba. Das neue Staatsoberhaupt Batista sagt der Außenpolitik der Vereinigten Staaten seine volle Unterstützung zu.

12. Mittwoch
NATO. Der britische Politiker Lord Ismay wird zum Generalsekretär der NATO ernannt.

15. Samstag
Brasilien. Die Regierung schließt mit den USA ein Abkommen über beiderseitige Militärhilfe.
Italien. Der Senat ratifiziert den Schuman-Plan über die Errichtung der EGKS.

17. Montag
Kuba. Die Polizei verwehrt den Abgeordneten den Zugang zum Parlament, nachdem die Vorsitzenden beider Kammern den Staatsstreich Batistas für ungesetzlich erklärt haben.
Naher Osten. Irak ratifiziert den arabischen Sicherheitspakt. Das militärische und wirtschaftliche Bündnis zwischen Ägypten, Syrien, Libanon, Irak, Saudi-Arabien, Jemen und Jordanien wird damit Wirklichkeit.

18. Dienstag
Korea. An der Front finden zum ersten Mal seit Dezember 1951 wieder größere Gefechte statt.
USA. In Philadelphia setzt der Arzt Warren Snyder Rees einem Patienten, der an grauem Star leidet, die erste Plastiklinse ein.

19. Mittwoch
Südafrika. Das Oberste Gericht erklärt das neue Wahlrecht, das eine getrennte Vertretung der Mischlinge vorsieht, für nicht verfassungskonform und damit ungültig. Premierminister Malan will den Richterspruch nicht anerkennen.

22. Samstag
Ägypten/Großbritannien. Die beiden Länder beginnen in Cairo Gespräche über die Sudan- und die Suezfrage.
Bundesrepublik Deutschland/ Israel. In Den Haag beginnen Wiedergutmachungsverhandlungen zwischen beiden Staaten.

23. Sonntag
Ägypten. König Faruk löst das Parlament auf und schreibt für den 18. 5. Neuwahlen aus.
Jugoslawien. Marschall Tito verbietet bei der Säuberung der Partei Polizeimethoden.

26. Mittwoch
Korea. Der sowjetische UN-Chefdelegierte Jakow Malik weist die Forderung der USA, die ihnen vorgeworfene bakteriologische Kriegführung durch das Internationale Rote Kreuz untersuchen zu lassen, mit dem Vorwand zurück, daß diese »schweizerische Organisation« nicht unparteilich sei.

27. Donnerstag
Bundesrepublik Deutschland. Beim Öffnen eines an Bundeskanzler Adenauer adressierten verdächtigen Pakets explodiert eine darin verpackte Bombe und tötet einen Sprengstoffexperten.
Kuba. Die USA erkennen die Regierung Batista diplomatisch an.
UNO. Die Kommission für die Rechte der Frau nimmt eine Entschließung an, in der für Frauen die gleichen Rechte wie für Männer gefordert werden.

28. Freitag
Tunesien. Unter französischem Druck ernennt der Bei von Tunis Salah Eddin Bakkush zum Ministerpräsidenten und akzeptiert den französischen Plan für größere Autonomie.

29. Samstag
USA. US-Präsident Truman gibt bekannt, daß er sich nicht zur Wiederwahl stellt.

April

3. Donnerstag
Niederlande/USA. Königin Juliana spricht im Rahmen eines am 1. 4. begonnenen offiziellen USA-Besuches vor dem US-amerikanischen Kongreß.
Tanger. Frankreich und Spanien entsenden Truppen nach Tanger, um nach antieuropäischen Ausschreitungen am 30. 3. Ruhe und Ordnung wiederherzustellen.
UdSSR. Die Regierung bricht die diplomatischen Beziehungen zu Kuba ab. Der Anlaß war, daß auf dem Flughafen von Havanna das Gepäck zweier sowjetischer Diplomaten durchsucht wurde.

4. Freitag
UNO. Zum ersten Mal tagt der Weltsicherheitsrat in seinem Versammlungsraum des neuen UNO-Gebäudes in New York.

7. Montag
Griechenland. Die Regierung verurteilt 30 im Ausland lebende Studenten zum Tode, weil sie sich nicht zum Militärdienst gemeldet haben.

9. Mittwoch
Bolivien. Nach dreitägigen Gefechten wird Juntachef General Ballivián abgesetzt. Der Putsch wird von der Nationalrevolutionären Partei des im Exil lebenden Victor Paz Estenssoro inszeniert und von den Zinngrubenarbeitern und den Studentenverbänden unterstützt.

11. Freitag
NATO. General Eisenhower tritt als Oberbefehlshaber der NATO-Streitkräfte in Westeuropa mit Wirkung vom 1. 6. zurück, um für die US-amerikanische Präsidentschaft zu kandidieren.

Mai 1952

12. Samstag
Bolivien. Vizepräsident Hernán Siles Zuazo bildet eine neue Regierung, die die Zinnminen verstaatlicht. Paz Estenssoro wird ersucht, aus dem Exil in Brasilien zurückzukehren und das Präsidentenamt zu übernehmen.

14. Montag
Spanien/Portugal. An der spanisch-portugiesischen Grenze führt der portugiesische Ministerpräsident Salazar Gespräche mit seinem spanischen Amtskollegen Franco über eine gemeinsame Verteidigungspolitik.

15. Dienstag
Ägypten. Die Wafd-Partei ruft zu Protestaktionen gegen die von der Regierung beschlossene Aussetzung der Wahlen auf.
Bundesrepublik Deutschland. In Rom stirbt der katholische Theologe und Politiker Ludwig Kaas im Alter von 70 Jahren. Kaas war von 1928–1933 Vorsitzender der Zentrumspartei. Die Zustimmung seiner Partei ermöglichte die Verabschiedung des Ermächtigungsgesetzes. Im April 1933 ging er nach Rom und wirkte auf vatikanischer Seite beim Abschluß des Reichskonkordats mit.
USA. US-Präsident Truman unterzeichnet den Friedensvertrag mit Japan und die Sicherheitsverträge mit Australien, Neuseeland und den Philippinen.

17. Donnerstag
Kolumbien. Die Regierung schließt mit den USA einen Vertrag über beiderseitige Militärhilfe.

20. Sonntag
Iran/Bahrain. In einer Note an die britische Regierung bekräftigt Iran seine Ansprüche auf das unter britischem Protektorat stehende Ölscheichtum Bahrain.

22. Dienstag
USA. Die bis dahin größte US-amerikanische Atombombe wird 900 m über der Erde im Bundesstaat Nevada zur Explosion gebracht. Der Kernwaffenversuch wird live im Fernsehen übertragen.

25. Freitag
Bundesrepublik Deutschland. Mit der Verkündung des Überleitungsgesetzes entsteht das Land Baden-Württemberg. Erster Ministerpräsident wird Reinhold Maier (FDP).

27. Sonntag
Österreich. In Wien wird der Stephansdom, der im Krieg schwer zerstört wurde, nach seiner Wiederherstellung neu eingeweiht.

28. Montag
Japan. Der im September 1951 in San Francisco abgeschlossene Friedensvertrag tritt in Kraft. Damit ist die US-amerikanische Besatzungszeit beendet, und Japan wird formell wieder ein souveräner und unabhängiger Staat.
NATO. General Matthew Ridgway, US-amerikanischer Oberbefehlshaber für den Fernen Osten, wird zum Oberbefehlshaber in Westeuropa als Nachfolger von General Eisenhower ernannt.

29. Dienstag
DDR. Ein französisches Flugzeug wird im Luftkorridor zwischen Berlin und der Bundesrepublik Deutschland von sowjetischen Einheiten beschossen. Daraufhin werden alle Flüge in diesem Gebiet von Frankreich, den USA und Großbritannien abgesagt.

22. 4. USA
In der Wüste von Nevada beginnt eine Serie von Kernwaffentests.

Mai

1. Donnerstag
DDR. Staatspräsident Wilhelm Pieck droht mit der Aufstellung einer Armee als Antwort auf den geplanten Verteidigungsbeitrag der Bundesrepublik Deutschland.

1.5. DDR
S. 105 – 19

Juni 1952

*28. 4. Japan
Unterzeichnung des Friedensvertrages durch Ministerpräsident Yoschida am 8. 9. 1951. Jetzt tritt der Vertrag in Kraft. Hinten am Rednerpult US-Außenminister Dean Acheson.*

2. Freitag
Bundesrepublik Deutschland. Nach Beratungen zwischen Bundeskanzler und Bundespräsident wird das »Lied der Deutschen« von Heinrich Hoffmann von Fallersleben zur Nationalhymne erklärt. Bei offiziellen Anlässen soll die dritte Strophe gesungen werden.

8. Donnerstag
Argentinien. Eva Perón wird anläßlich ihres 33. Geburtstages vom Parlament zur »geistigen Führerin« des Landes ausgerufen.

9. Freitag
Triest. Italien wird an der Verwaltung der britisch-US-amerikanischen Zone der Stadt, der sogenannten A-Zone, beteiligt.

11. Sonntag
Panama. Bei den Präsidentschaftswahlen gewinnt der Kandidat der Nationalen Patriotischen Koalition, Oberst José Antonio Remón.

13. Dienstag
Mexiko. Adolfo Ruiz Cortines wird zum Staatspräsidenten gewählt.

14. Mittwoch
Tunesien. Der Bei von Tunis weigert sich, eine französische Verordnung, nach der der Belagerungszustand verhängt werden soll, zu unterschreiben.

15. Donnerstag
Bundesrepublik Deutschland. In Zürich stirbt der Schauspieler Albert Bassermann im Alter von 84 Jahren.
Triest. Als Reaktion auf die Verwaltungsbeteiligung Italiens in der A-Zone trifft Jugoslawien in der B-Zone Maßnahmen, die einer Annexion gleichen.

16. Freitag
Irland. Sean O'Kelly wird ohne Abstimmung für eine neue Amtsperiode von sieben Jahren Staatspräsident. Er war der einzige Kandidat für dieses Amt.

17. Samstag
Großbritannien. Die Regierung gibt bekannt, daß Männer und Frauen als Angestellte von Staat und Gemeinden gleiches Gehalt für gleiche Arbeit erhalten sollen.

18. Sonntag
Frankreich. Aus den Senatswahlen gehen die Unabhängigen des Ministerpräsidenten Pinay als Sieger hervor. Die Gaullisten verlieren an Stimmen.

19. Montag
Libyen. Die libysche Regierung trifft mit der US-amerikanischen Regierung eine vorläufige Vereinbarung über die Benutzung der US-amerikanischen Luftbasis Wheeler in der Nähe von Tripolis, die seit 1943 von den Amerikanern benutzt wird.

21. Mittwoch
Niederlande. Königin Juliana eröffnet den 72 km langen Amsterdam-Rhein-Kanal.

26. Montag
Bundesrepublik Deutschland. In Bonn wird der Deutschlandvertrag (Vertrag über die Beziehungen zwischen der Bundesrepublik Deutschland und den »Drei Mächten« Frankreich, USA und Großbritannien) unterzeichnet. Der Vertrag hat das Ziel, das Besatzungsstatut in der Bundesrepublik zu beenden und die Bundesrepublik in die europäische Gemeinschaft zu integrieren.

27. Dienstag
Bundesrepublik Deutschland. Zwei Tage lang erscheinen wegen eines Druckerstreiks nur wenige Zeitungen.
DDR. Die Regierung benutzt den Deutschlandvertrag als Vorwand für die Anlage eines 5 km breiten Grenzsperrgürtels und die Unterbrechung der Telefonverbindungen nach Westberlin.
Westeuropa. Sechs europäische Länder (Frankreich, Italien, die Bundesrepublik Deutschland, Belgien, die Niederlande und Luxemburg) unterzeichnen in Paris den EVG-Vertrag (Vertrag über die Gründung der Europäischen Verteidigungsgemeinschaft). Dadurch wird ein Verteidigungsbeitrag der Bundesrepublik ermöglicht, was inbesondere in Frankreich auf heftige Kritik stößt.
François de Menthon wird Nachfolger von Paul-Henri Spaak als Vorsitzender des Europarates.

29. Donnerstag
Frankreich. Bei der Ankunft des neuen NATO-Oberbefehlshabers für Europa, General Ridgway, in der französischen Hauptstadt führt eine kommunistische Protestdemonstration zu Unruhen. Jacques Duclos, Parteichef der französischen KP, wird unter dem Vorwurf eines Anschlages auf die Staatssicherheit verhaftet.

Juni

1. Sonntag
Ecuador. José Velasco Ibarra wird zum Staatspräsidenten gewählt. Er wurde von der nationalistischen Nationalrevolutionären Aktion unterstützt. Velasco bekleidete bereits zweimal vorher (1935 und 1947) dieses Amt. Beide Male wurde er zum Rücktritt gezwungen.

3. Dienstag
Südvietnam. Kaiser Bao Dai entläßt Ministerpräsident Tran Van Hu und beauftragt Innenminister Nguyen Van Tam mit der Bildung einer neuen Regierung.

4. Mittwoch
Jordanien. Die Regierung ernennt einen Regentschaftsrat, da König Talal aus gesundheitlichen Gründen in Paris bleibt.
Südkorea. Amerikanische Infanterieeinheiten beginnen auf der Insel Koje den Versuch, in dem dortigen Kriegsgefangenenlager die Ordnung wiederherzustellen. Es war mehrmals zu Aufständen gekommen; zudem wurde der Lagerkommandant Francis Dodd als Geisel genommen.

6. Freitag
Bundesrepublik Deutschland. Das Bundesland Hamburg erhält eine neue Verfassung.

▷ *27. 5. Westeuropa
Bundeskanzler Konrad Adenauer unterschreibt den EVG-Vertrag.*

8. Sonntag
Sport. Beim Kampf um die deutsche Meisterschaft im Mittelgewicht schlägt der Kölner Boxer Peter Müller (»de Aap«) den Ringrichter Max Pippow k. o.

12. Donnerstag
Bundesrepublik Deutschland. In München stirbt der katholische Erzbischof Michael Kardinal Faulhaber im Alter von 83 Jahren.
Korea. US-amerikanische Einheiten führen, unterstützt von Panzern und Artillerie, Blitzangriffe gegen kommunistische Stellungen im Norden von Soul durch.

13. Freitag
UdSSR. Der stellvertretende Außenminister Andrej Gromyko wird zum sowjetischen Botschafter in London ernannt.
Vietnam. Frankreich fliegt die bis dahin schwersten Bombenangriffe auf eine Nachschublinie der Viet Minh, die von China nach Hanoi führt.

14. Samstag
Tunesien. Nachdem ein mißglückter Giftanschlag auf die Familie des Bei bekannt wird, bricht ein Generalstreik aus.
USA. US-Präsident Truman legt in Groton (Connecticut) das erste Atom-U-Boot, die *Nautilus*, auf Kiel.

15. Sonntag
Sport. In Zürich wird die Bundesrepublik Deutschland durch ein 19:8 über Schweden Feldhandballweltmeister. Den 3. Platz sichert sich die Schweiz durch ein 12:10 über Österreich.

17. Dienstag
Bundesrepublik Deutschland. Die Bundesregierung erklärt sich bereit, 3 Milliarden DM Wiedergutmachung an Israel zu bezahlen.

22. Sonntag
Sport. Durch ein 3:2 über den 1. FC Saarbrücken wird der VfB Stuttgart in Ludwigshafen Deutscher Fußballmeister 1952. Den Titel in Österreich holt Rapid Wien, in der Schweiz Grasshoppers Zürich.

23. Montag
Korea. Die US-amerikanische Luftwaffe beginnt mit Bombenangriffen auf Wasserkraftwerke am Yalu, dem Grenzfluß zwischen Nordkorea und China. Die Wasserkraftwerke versorgen nicht nur Nordkorea, sondern auch die chinesische Mandschurei mit Elektrizität.

26. Donnerstag
Südafrika. Der Afrikanische Nationalkongreß beginnt eine gewaltlose Kampagne gegen die Rassengesetze der Regierung. Am ersten Tag der Aktionen nimmt die Polizei 132 Demonstranten fest.

28. Samstag
Iran. Die Regierung Mossadegh tritt zurück.

30. Montag
USA/Westeuropa. Die US-amerikanischen Zahlungen aus dem Marshallplan für Europa werden eingestellt.

Juli

1. Dienstag
Bundesrepublik Deutschland. Die Bundesrepublik wird Mitglied der UNICEF.
Frankreich. KP-Generalsekretär Jacques Duclos wird freigelassen. Er war bei den Unruhen am 28. 5. unter dem Vorwurf staatsgefährdender Aktivitäten verhaftet worden.
Island. Asgeir Asgeirsson wird zum Staatspräsidenten gewählt.

3. Donnerstag
UNO. Die Sowjetunion legt im Sicherheitsrat ein Veto gegen den Antrag der USA ein, die kommunistische Beschuldigung, daß die Alliierten in Korea sich der bakteriologischen Kriegführung schuldig gemacht hätten, zu untersuchen.

4. Freitag
Großbritannien. Die Regierung weitet das Embargo gegen Spanien, das seit 1936 besteht, aus.

5. Samstag
Iran. Das neue Parlament wählt den am 28. 6. zurückgetretenen Mohammed Mossadegh als Ministerpräsidenten wieder.

6. Sonntag
Kanada. Die Regierung verschärft die Einwanderungsbestimmungen für ungelernte Arbeitskräfte.

7. Montag
Dänemark. Ein 13 000-t-Tanker wird an die UdSSR geliefert, trotz der Warnungen der USA, daß dies die Fortsetzung der US-Hilfe für Dänemark gefährde.

9. Mittwoch
Japan. Die US-amerikanische Marine leiht 18 Fregatten und 50 Landungsfahrzeuge zur Verstärkung der japanischen Küstenwache aus.

11. Freitag
USA. Der Parteikonvent der Republikaner in Chicago wählt General Eisenhower zum Präsidentschaftskandidaten. Richard Nixon wird Kandidat für das Amt des Vizepräsidenten.

13. Sonntag
UNO. Albanien beantragt die UN-Mitgliedschaft.

4. 6. Südkorea
Chinesische Kriegsgefangene in einem Gefangenenlager in Südkorea.

13.6. Vietnam
S. 145 – 33

8. 6. Sport
Peter Müllers K.o.-Schlag

August 1952

19. 7. *Sport*
Fausto Coppi auf der vorletzten Etappe der 39. Tour de France, einen Tag bevor er als Sieger in Paris einfährt.

23. 7. Ägypten
S. 145 – 35

▷

3. 8. *Sport*
Karl Storch gewinnt die Silbermedaille im Hammerwurf.

26. 7. *Ägypten*
Panzer und Kanonen fahren vor dem Königspalast auf, um dem Ultimatum des rebellierenden Generals Mohammed Nagib Nachdruck zu verleihen. König Faruk muß abdanken und Thron und Land verlassen.

16. Mittwoch
China. Die Volksrepublik China erkennt die Genfer Konvention von 1949, die die chemische und bakteriologische Kriegführung verbietet, an.
Iran. Der iranische Ministerpräsident Mossadegh tritt zurück, nachdem seine Bemühungen, für ein Sparprogramm die Unterstützung des Schahs und des Parlaments zu gewinnen, gescheitert sind.

17. Donnerstag
Iran. Neuer Ministerpräsident wird Achmad Ghavam es Sultaneh.

19. Samstag
Bundesrepublik Deutschland. Der Bundestag verabschiedet das Betriebsverfassungsgesetz.
Iran. In Teheran ziehen Anhänger des am 16. 7. zurückgetretenen Mossadegh durch die Straßen und fordern dessen Rückkehr ins Amt des Ministerpräsidenten. Sein Nachfolger Ghavam wird als Verräter bezeichnet, weil er Bereitschaft zeigt, im Ölstreit mit Großbritannien zu verhandeln.
Sport. In Helsinki werden die XV. Olympischen Sommerspiele eröffnet: 5294 Männer und 573 Frauen aus 69 Ländern nehmen daran Teil – eine Rekordzahl.
Der italienische Radrennfahrer Fausto Coppi gewinnt die 39. Tour de France.

21. Montag
Iran. In Teheran führen massive Proteste zugunsten von Mossadegh zum Rücktritt von Ministerpräsident Ghavam.

22. Dienstag
Iran. Das Parlament wählt Mohammed Mossadegh erneut mit überwältigender Mehrheit zum Ministerpräsidenten.

23. Mittwoch
Ägypten. Ein Militärputsch unter Führung von General Mohammed Nagib zwingt Ministerpräsident Hilali Pascha zum Rücktritt. Der frühere Ministerpräsident Ali Maher Pascha wird zu seinem Nachfolger ernannt.

24. Donnerstag
USA. Nach einem Ultimatum von US-Präsident Truman wird der seit 53 Tagen andauernde Streik in der Stahlindustrie beendet.

25. Freitag
USA. Die Demokratische Partei wählt Adlai Stevenson zum Präsidentschaftskandidaten.

26. Samstag
Ägypten. Nach einem Ultimatum von General Mohammed Nagib verzichtet König Faruk zugunsten seines sieben Monate alten Sohnes Fuad auf den Thron und verläßt das Land.
Argentinien. In Buenos Aires stirbt die Ehefrau von Staatspräsident Juan Perón, Eva Maria (Evita) Perón, im Alter von 33 Jahren. Sie war im November 1951 wegen Krebs operiert worden.

28. Montag
Bolivien. Alle Personen über 20 Jahre erhalten das Wahlrecht. Bisher waren Analphabeten und Frauen nicht wahlberechtigt.

August

2. Samstag
Ägypten. Für den erst sieben Monate alten Prinzen Fuad, der seit der Abdankung von König Faruk am 26. 7. dessen Nachfolger auf dem Thron ist, wird ein Regentschaftsrat gebildet.
Bundesrepublik Deutschland. Die Bundesrepublik wird Mitglied des Internationalen Währungsfonds (IWF).

3. Sonntag
Sport. In Helsinki gehen die XV. Olympischen Sommerspiele zu Ende. Die Bundesrepublik Deutschland gewinnt 7 Silber- und 17 Bronzemedaillen, Österreich 1 Silber- und 1 Bronzemedaille und die Schweiz 2 Gold-, 6 Silber- und 6 Bronzemedaillen.
Südafrika. In Kapstadt wird eine Anzahl Farbiger wegen Übertretung der Apartheidbestimmungen verhaftet: Aus Protest gegen diese Bestimmungen waren sie in einen Bahnhofswartesaal für Weiße eingedrungen. Im Zusammenhang mit der seit dem 26. 6. andauernden Protestwelle sind bis jetzt rd. 3000 Menschen verhaftet worden.

4. Montag
Kanada. Der erste »Uranrausch« in der Geschichte beginnt in Nordsaskatchewan. Das Gebiet rund um die kurz zuvor gegründete Minenstadt Uranium City wird an Privat-

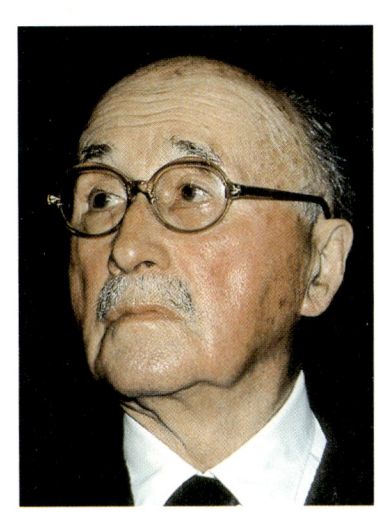

eigentümer aufgeteilt. Das geförderte Uran muß an den Staat geliefert werden.

5. Dienstag
Südkorea. Syngman Rhee wird als Staatspräsident wiedergewählt.

6. Mittwoch
Bundesrepublik Deutschland. Oppositionsführer Kurt Schumacher erklärt in einer Radioansprache, daß die Sozialdemokraten sich bemühen sollten, die EGKS zum Scheitern zu bringen.

7. Donnerstag
Griechenland. Griechische Truppen besetzen die Insel Gamma im Fluß Evros (Thrakien), die auch von Bulgarien beansprucht wird.

8. Freitag
Großbritannien/Iran. Die iranische Regierung schlägt in einer Note an die britische Regierung Gespräche über eine Entschädigung für die verstaatlichte Anglo-Iranian Oil Company vor.

10. Sonntag
Argentinien. Eva Perón wird vorläufig im Gebäude des Allgemeinen Gewerkschaftsbundes in Buenos Aires beigesetzt.
Westeuropa. In Luxemburg wird die Hohe Behörde der EGKS eingerichtet. Vorsitzender wird der Franzose Jean Monnet.

11. Montag
Ägypten. General Nagib fordert drastische Landreformen und eine Begrenzung des privaten Landbesitzes auf 80 ha.
Jordanien. König Talal tritt aus Gesundheitsgründen (Geisteskrankheit) zurück. Nachfolger wird sein siebzehnjähriger Sohn Hussein. Bis zu dessen 18. Geburtstag werden die Regierungsgeschäfte durch einen Regentschaftsrat abgewickelt.

12. Dienstag
DDR. Die Regierung teilt die DDR in 14 Bezirke ein. Dabei werden die Länder Brandenburg, Mecklenburg, Sachsen, Sachsen-Anhalt und Thüringen aufgelöst.

13. Mittwoch
Japan wird Mitglied der Weltbank und des Internationalen Währungsfonds (IWF).

14. Donnerstag
Ungarn. Mátyás Rákosi, der Generalsekretär der Kommunistischen Partei, wird Ministerpräsident als Nachfolger des zurückgetretenen Istvan Dobi.

15. Freitag
Kirchenfragen. Im schwedischen Lund beginnt eine Konferenz des Weltkirchenrats, an der rd. 250 Delegierte aus 43 Ländern teilnehmen.

20. Mittwoch
Bundesrepublik Deutschland. In Bonn stirbt der SPD-Vorsitzende Kurt Schumacher im Alter von 56 Jahren.

23. Samstag
Korea. US-amerikanische Bomber greifen den nordkoreanischen Hafen Tschinnampho an.

24. Sonntag
Sport. Weltmeister der Radprofis wird in Luxemburg der Deutsche Heinz Müller.

27. Mittwoch
Bundesrepublik Deutschland/ Israel. Im Luxemburger Stadthaus gehen die Wiedergutmachungsverhandlungen zu Ende. Die Bundesrepublik erklärt sich bereit, 3 Milliarden DM als Entschädigung an den Staat Israel zu zahlen. Die außerhalb Israels bestehenden jüdischen Organisationen erhalten 450 Millionen DM.

28. Donnerstag
Deutschland. Die Särge mit den sterblichen Überresten der preußischen Könige Friedrich Wilhelm I. und Friedrich der Große, die gegen Ende des 2. Weltkriegs aus der Garnisonskirche von Potsdam in ein Bergwerk bei Magdeburg ausgelagert wurden, werden auf den Stammsitz der Hohenzollern, die Burg Hohenzollern bei Hechingen in Baden-Württemberg, gebracht.

31. Sonntag
Südafrika. Die Protestdemonstrationen von Nicht-Weißen breiten sich bis Natal aus.

September

1. Montag
Bundesrepublik Deutschland. In der Bundesrepublik tritt das Lastenausgleichsgesetz in Kraft. Es sieht die finanzielle und soziale Entschädigung der vom zweiten Weltkrieg Geschädigten vor.
Für die Besatzungsmächte übernehmen Bundesbehörden die Kontrollen des Reiseverkehrs an den Grenzen.
Niederlande. Nach einer zweimonatigen Regierungskrise bildet der Sozialdemokrat Wilhelm Drees ein neues Kabinett, dem Vertreter von PvdA, KVP, CHU und ARP angehören.

10. 8. Westeuropa
Jean Monnet, der erste Vorsitzende der Hohen Behörde der EGKS.
◁

20. 8. Bundesrepublik Deutschland
Kurt Schumacher prägte das Gesicht der SPD in der ersten Nachkriegsperiode.

31. 8. Südafrika
Schwarze Afrikaner reisen in Weißen vorbehaltenen Eisenbahnabteilen. Bei der Ankunft in Kapstadt werden sie festgenommen.

1. Theodor Heuss
Weihnachtssingen in der Villa Hammerschmidt 1951: Theodor Heuss mit Frau Elly Heuss-Knapp.

2. Wiedervereinigung
Großkundgebung der Sudetendeutschen auf dem Zeppelinfeld in Nürnberg 1955.

3. Innenpolitik
Vier Jahre vor dem KPD-Verbot hatten sie unter Adenauer wenig zu lachen: Die Abgeordneten Max Reimann (links) und Heinz Renner im Bundestag.

4. Saarfrage
Um Mitternacht vom 5. zum 6. Juli 1959 fielen die Zollschranken.

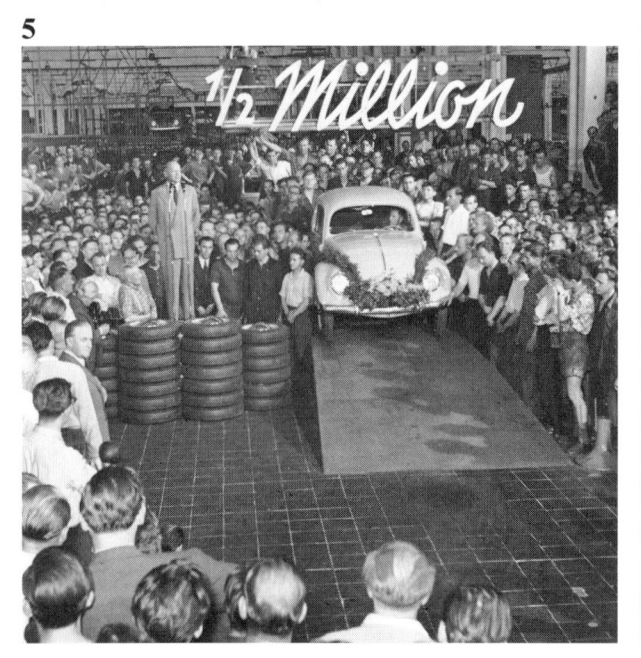

5. Wirtschaftswunder I
VW-Feier 1953: am Mikrofon Direktor Heinrich Nordhoff.

6. Wirtschaftswunder II
Urabstimmungen: Vom 24. Oktober 1956 bis zum 14. Februar 1957 streiken die Metallarbeiter in Schleswig-Holstein für längere Lohnfortzahlung im Krankheitsfall und bessere Urlaubsregelungen.

1. **Theodor Heuss**
a) T. Heuss
b) T. Heuss
c) T. Heuss
d) T. Heuss
e) T. Heuss

2. **Wiedervereinigung**
a) K. Schumacher
b) E. Reuter
c) K. Adenauer
d) G. Heinemann
e) H. Wehner
f) W. Brandt

3. **Innenpolitik**
a) G. Schröder
b) O. John
c) M. Reimann
d) Richter des Bundesverfassungsgerichts
e) K. Adenauer
f) K. Adenauer

4. **Saarfrage**
a) K. Schumacher
b) H. v. Brentano
c) J. Kaiser
d) L. Erhard

5. **Wirtschaftswunder I**
a) Reporterbericht
b) L. Erhard
c) H. Nordhoff
d) L. Erhard
e) W. Weyer
f) Reporterbericht

6. **Wirtschaftswunder II**
a) H. Böckler
b) K. Schumacher
c) L. Erhard
d) E. Ollenhauer

1. »Papa« Heuss

Ihm wurde kühl, nicht warm ums Herz, wenn ihm jemand von der Tradition sprach: Theodor Heuss, am 12. September 1949 von der Bundesversammlung zum ersten Präsidenten der Bundesrepublik Deutschland gewählt, hatte selbst erlebt, wie bestimmte Traditionen sein Land in die Katastrophe getrieben hatten: Paul von Hindenburg, als Reichspräsident der mächtigste Mann im Staat, hatte Hitler und den Nationalsozialisten den Weg zur Macht geebnet. Auch Theodor Heuss, damals Reichstagsabgeordneter, hatte 1933 für das Ermächtigungsgesetz gestimmt.
Jetzt war der 65jährige Schwabe selbst der erste Mann im Staat – aber nicht der mächtigste. Der Parlamentarische Rat hatte die Rechte des Bundespräsidenten radikal beschnitten; der Präsident sollte repräsentieren, nicht regieren. Heuss tat das mit Wärme und Herzlichkeit, mit Intelligenz und mit bewußter Distanz zu kitschigen Gesten, war beliebt bei den Deutschen, aber nicht volkstümlich – mehr Intellektueller als Politiker.
Für die ausländischen Nachbarn repräsentierte er das demokratische Gewissen einer jungen, sich ihrer Schuld bewußten Nation.

2. Zwischen den Blöcken

Die Wiedervereinigung war so recht ein Thema nach dem Geschmack der Politiker – wie kein anderes geeignet für Pathos, Ressentiment und Verunglimpfung. Kurt Schumacher schimpfte Konrad Adenauer einen »Kanzler der Alliierten«, für Adenauer waren die Sozialdemokraten die Wegbereiter des Bolschewismus im eigenen Land. »Macht das Tor auf«, rief Willy Brandt noch 1959 nach Osten. Mit solchen Deklamationen beruhigten die Politiker sich selbst und die Bevölkerung. Dabei ist die Einheit Deutschlands wahrlich nicht am guten Willen bundesdeutscher Politiker gescheitert. Auch Konrad Adenauer hätte mit mehr Einsatz kaum anderes erreicht. Nicht erst seine Ablehnung der sogenannten Stalin-Note vom 10. März 1952 hat die Teilung Deutschlands besiegelt.
Die Nation ist ebenso Opfer des selbstverschuldeten Krieges wie der Weltpolitik geworden. Keiner der Alliierten hatte nach dem Krieg Interesse an einem geeinten, starken Deutschland. Und ließ sich aus der Teilung Deutschlands nicht gutes Kapital schlagen im ideologischen Krieg der Großmächte? Die Einheit Deutschlands wurde zwischen den Blöcken zerrieben.

3. Denkmal Adenauer

Schon als Oberbürgermeister von Köln hatte Konrad Adenauer weniger Interesse an Verwaltung und bürokratischem Kleinkram gezeigt – er war ein Mann für die »große Politik«.
Innenpolitik stand für Adenauer meist im Schatten seiner Außenpolitik, und das nicht einmal ganz zu Unrecht. Welche Gestaltungsmöglichkeiten bietet denn ein Staat, der eigentlich gar keiner ist und dessen Bevölkerung darbt? Konrad Adenauer hat alles darangesetzt, Kanzler eines souveränen Staates zu werden. Dazu gehörte für ihn zuerst die Orientierung nach dem Westen – politisch und militärisch.
Zu Adenauers Konzept gehört die auffällige Mißachtung der Opposition, die ihn bei seinen staatspolitischen Geschäften ja nur störte und die nach dem Tod von Kurt Schumacher auch niemanden mehr hatte, der Konrad Adenauer gewachsen war.
Die Demontage des eigenen Denkmals besorgte Adenauer am Ende selbst – vor allem durch den untauglichen Versuch, entgegen dem Grundgesetz ein Bundespräsident zu werden, der »die Richtlinien der Politik bestimmt«.

4. Die Saar kehrt heim

Die Aussöhnung mit Frankreich war Konrad Adenauer eine Herzensangelegenheit. Und er war auch bereit, dafür Zugeständnisse zu machen. Zum Beispiel durch das Europäische Statut der Saar von 1954.
Im Saargebiet brach daraufhin eine Welle der Entrüstung los. Schon einmal, durch den Versailler-Vertrag, war die Saar von Deutschland getrennt und mit Frankreich durch eine Zollunion verbunden worden.
Das Saar-Statut von 1954 sollte den Status quo nach dem Zweiten Weltkrieg festschreiben: politische Autonomie, wirtschaftliche und währungspolitische Bindung an Frankreich. Doch die Bevölkerung entschied anders und lehnte das Saar-Statut am 23. Oktober 1955 mit großer Mehrheit ab.
Jetzt zeigte sich, was die Bemühungen des Kanzlers um den französischen Nachbarn wert waren. Am 27. Oktober 1956 wurde der Saarvertrag unterzeichnet, der die politische und wirtschaftliche Rückgliederung des Saargebiets zur Bundesrepublik besiegelte. Allerdings war das französische Interesse an der Saar-Kohle schon erlahmt: Sie war infolge Überproduktion nicht mehr nur eine Einnahmequelle.

5. Das Wirtschaftswunder ...

April 1950: Fast zwei Millionen Deutsche waren noch arbeitslos, ohne das heutige Netz sozialer Sicherungen. Flüchtlinge und Ausgebombte hausten in Kellern, in Nissenhütten, in Bunkern. Die Demontage von Betriebsanlagen war noch nicht beendet.
Schon zwei Jahre später exportierte die Bundesrepublik mehr als sie importierte. Der Ausbruch des Koreakrieges im Juni 1950 hatte den schon vorher einsetzenden Aufschwung der Wirtschaft weiter gefördert.
Nach einer kurzen Finanzkrise schnellte im Ausland die Nachfrage nach deutschen Investitionsgütern und Rohstoffen in die Höhe, im Inland stieg der Bedarf an Konsumartikeln.
Der Export wurde zur Säule eines Wirtschaftswunders, das die Gründerjahre der Bundesrepublik prägte. Unternehmerische Leistung wurde durch Steuervergünstigungen und Gesetze gefördert. Eine zunächst günstige Kostensituation und ein in vielen Betrieben fast völlig neuer Maschinenpark nach Zerstörung und Demontage wirkten sich positiv auf die wirtschaftspolitische Situation aus.

6. ... wird Programm

1957 errang die CDU/CSU mit 50,2% der abgegebenen Stimmen ihr bis dahin bestes Ergebnis bei einer Bundestagswahl. Dieser Erfolg war vor allem einer wirtschaftspolitischen Doktrin zuzuschreiben, die als »soziale Marktwirtschaft« in die Geschichte der Bundesrepublik eingegangen ist. 1949 wurde sie offizielles Programm der Bundesregierung: Die Thesen des Neoliberalismus sollten politische Wirklichkeit werden.
Der Neoliberalismus lehnt eine Wirtschaftsordnung des Laissez-faire ebenso ab wie eine Planwirtschaft. Das Konzept der »sozialen Marktwirtschaft«, wie es der Nationalökonom Alfred Müller-Armack entwarf, beruht auf einer Aufgabenteilung von Staat und Markt. Der Staat soll dabei die wirtschaftlichen Verhältnisse so ordnen, daß ein Wettbewerb ohne Monopolbildung gewährleistet bleibt. Er soll also das »freie Spiel der Kräfte« sichern, aber auch soziale Härten auffangen. Ansonsten darf der Staat nicht in wirtschaftspolitische Prozesse eingreifen. Erfolgreicher Verfechter dieser Politik war fünfzehn Jahre lang Ludwig Erhard.

Oktober

1. Mittwoch
Japan. Bei den ersten Wahlen nach Wiedererlangung der Souveränität gewinnt die Liberale Partei die absolute Mehrheit der Stimmen. Die Kommunisten verlieren alle ihre Sitze.
Kenia. Die Kolonialverwaltung erklärt sich mit militärischen Maßnahmen gegen die Mau-Mau einverstanden. Die geheime afrikanische Organisation hat das Ziel, alle Weißen aus dem Land zu vertreiben.
Panama. Oberst José Antonio Remón wird als Staatspräsident vereidigt.

2. Donnerstag
DDR. Die Volkskammer beschließt ein Gesetz, das ehemaligen Mitgliedern der NSDAP und Offizieren der Wehrmacht die staatsbürgerlichen Rechte wieder zuerkennt.
Großbritannien. Im Gebiet des Montebello-Archipels in der Nähe von Australien wird die erste britische Atombombe zur Explosion gebracht.

3. Freitag
UdSSR/USA. Die sowjetische Regierung fordert die USA auf, ihren Botschafter in Moskau, George F. Kennan, abzuberufen. Er hatte die sowjetischen Behörden beschuldigt, eine Hetzkampagne gegen ausländische Diplomaten zu führen.

5. Sonntag
UdSSR. In Moskau wird der 19. Parteikongreß der KPdSU mit einem gegen die Politik der USA gerichteten Referat des stellvertretenden Ministerpräsidenten Malenkow eröffnet.

6. Montag
Kenia. Mau-Mau-Terroristen ermorden das Oberhaupt des Kikuyu-Stammes, Waruhio, einen Gegner des bewaffneten Aufstands.
Korea. Chinesische Truppen, die die größte Offensive in diesem Jahr begonnen haben, durchbrechen an einigen Stellen die UNO-Stellungen im westlichen Frontabschnitt.

8. Mittwoch
Bundesrepublik Deutschland. Der hessische Ministerpräsident Georg August Zinn gibt die Aufdeckung einer rechtsextremen Geheimorganisation bekannt, die Listen für die Liquidierung prominenter Politiker führte.

9. Donnerstag
USA. Im medizinischen Zentrum der Georgetown-Universität von Washington wird zum ersten Mal

5. Freitag
Chile. General Carlos Ibañez del Campo gewinnt die Präsidentschaftswahlen. Er strebt größere Unabhängigkeit von den USA an.

6. Samstag
Jugoslawien. Wegen angeblicher Spionage für den Vatikan werden 14 Personen zu Gefängnisstrafen verurteilt.
Schweiz. In Genf wird ein allgemeines Urheberrechtsabkommen von Delegierten aus 25 Ländern unterzeichnet. Damit sollen auf internationaler Ebene die Rechte von Künstlern, Schriftstellern und Wissenschaftlern an ihren Werken gesichert werden.

7. Sonntag
Ägypten. Oberbefehlshaber General Mohammed Nagib läßt 50 prominente Politiker verhaften. Ministerpräsident Maher Pasha tritt zurück. Nagib übernimmt dessen Amt und bildet eine neue Regierung.

10. Mittwoch
Bundesrepublik Deutschland/Israel. Bundeskanzler Konrad Adenauer und der israelische Ministerpräsident Moshe Sharett unterzeichnen in Luxemburg das am 27.8. vereinbarte Wiedergutmachungsabkommen.
Westeuropa. Der Ministerrat der EGKS trifft sich zu seiner ersten Sitzung in Brüssel.

11. Donnerstag
Äthiopien. Kaiser Haile Selassie bestätigt ein Gesetz, wonach Eritrea eine Provinz Äthiopiens werden soll.
Westeuropa. Der Belgier Paul-Henri Spaak wird zum Ministerratsvorsitzenden der EGKS gewählt.

13. Samstag
NATO. Es beginnt die »Operation Mainbrace«, das bis dahin größte Seemanöver in Friedenszeiten. Damit soll die Verteidigung der Seewege nach Skandinavien geübt werden.

16. Dienstag
UNO. Das Beitrittsgesuch Libyens trifft auf ein sowjetisches Veto.

17. Mittwoch
Korea. Die US-amerikanische Marine gibt bekannt, daß sie im Koreakrieg unbemannte Bomber verwendet.

18. Donnerstag
Grönland. Dänemark und die USA geben die Einrichtung einer Luftwaffenbasis auf Grönland bekannt.

19. Freitag
Korea. Die USA führen die bislang schwersten Luftangriffe auf militärische Ziele in der Nähe von Hamhung durch.

20. Samstag
Bundesrepublik Deutschland/DDR. Eine Delegation von Abgeordneten der Volkskammer beendigt einen zweitägigen Besuch Bonns, wobei sie Pläne über die Wiedervereinigung der beiden deutschen Staaten vorlegte.

21. Sonntag
Schweden. Parlamentswahlen führen zur Bestätigung der regierenden Koalition aus Sozialdemokraten und Bauernpartei.

22. Montag
Dominikanische Republik. Die Regierung schließt in Ciudad Trujillo ein Abkommen über Militärhilfe mit den USA.

23. Dienstag
Libanon. Camille Shamoun wird zum Staatspräsidenten gewählt.

24. Mittwoch
Frankreich. Das U-Boot »Sybille« verunglückt bei einer Übungsfahrt im Mittelmeer. Alle 48 Besatzungsmitglieder kommen ums Leben.
Rumänien. Die Volksvertretung stimmt einer neuen Verfassung zu, die nach sowjetischem Vorbild geschaffen wurde.

28. Sonntag
Bundesrepublik Deutschland. Erich Ollenhauer wird als Nachfolger des verstorbenen Kurt Schumacher SPD-Vorsitzender.
Österreich. Die UdSSR weigert sich, einen Friedensvertrag mit Österreich abzuschließen, bevor nicht eine Einigung über den Status von Triest erzielt worden sei.

10.9. Bundesrepublik Deutschland/Israel S. 89 – 15

5.10. UdSSR Georgij Malenkow am Rednerpult beim 19. Parteitag der KPdSU. Im Hintergrund Josif Stalin.

bei einem Menschen eine Herzklappe aus Kunststoff eingesetzt.

13. Montag
Tunesien. Nationalisten beginnen eine Serie von Bombenanschlägen gegen die französische Verwaltung.

14. Dienstag
UNO. Die 7. Vollversammlung der Weltorganisation wird im neuen UN-Gebäude in Manhattan (New York) eröffnet.

15. Mittwoch
Syrien. Eine französische archäologische Expedition entdeckt in der antiken Stadt Ugarit am Mittelmeer einen 3500 Jahre alten elfenbeinernen Thron der phönizischen Könige. Der Fundort liegt rd. 10 km nördlich von Ladhaqiye.

16. Donnerstag
Österreich/Belgien. Bundeskanzler Leopold Figl trifft zu einem offiziellen Besuch in Brüssel ein.
Vietnam. Rd. 10 000 Viet-Minh-Soldaten beginnen mit einem Angriff auf französische Stellungen in Nordwestvietnam.

17. Freitag
Bundesrepublik Deutschland. Walter Freitag, der Vorsitzende der IG Metall, wird als Nachfolger von Christian Fette Bundesvorsitzender des DGB.

18. Samstag
Südafrika. Nach der Verhaftung zweier Schwarzer in einem Vorort von Port Elizabeth brechen wieder Kämpfe aus. Dabei kommen 11 Menschen ums Leben.

21. Dienstag
Kenia. Jomo Kenyatta, der Führer der afrikanischen Union, die sich für die Unabhängigkeit einsetzt, wird verhaftet. Man wirft ihm vor, eine führende Rolle in der Mau-Mau-Bewegung zu spielen.

22. Mittwoch
Iran. Die Regierung bricht die diplomatischen Beziehungen zu Großbritannien ab.
Österreich. Bundeskanzler Leopold Figl bricht aufgrund einer drohenden Regierungskrise seinen Staatsbesuch in den Niederlanden ab.
Sudan. Die britische Regierung verabschiedet eine neue sudanesische Verfassung. Die Kolonie erhält das Selbstbestimmungsrecht in inneren Angelegenheiten, wird jedoch von Großbritannien weiter militärisch und außenpolitisch vertreten.

23. Donnerstag
Bundesrepublik Deutschland. Das Bundesverfassungsgericht erklärt die neonazistische Sozialistische Reichspartei, die sich am 16. 9. selbst aufgelöst hatte, für verfassungswidrig.

26. Sonntag
Schweden. In Stockholm wird das erste U-Bahn-Netz eröffnet.

27. Montag
Österreich. Bundeskanzler Leopold Figl bildet eine neue Koalitionsregierung aus Vertretern von ÖVP und SPÖ.

21. 10. Kenia
Jomo Kenyatta (2. v. links) nach seiner Festnahme mit anderen Gefangenen. Sie sollen an Aktivitäten der Mau-Mau-Bewegung beteiligt gewesen sein.

4. 11. USA
Ergebnisse der Präsidentschaftswahlen.

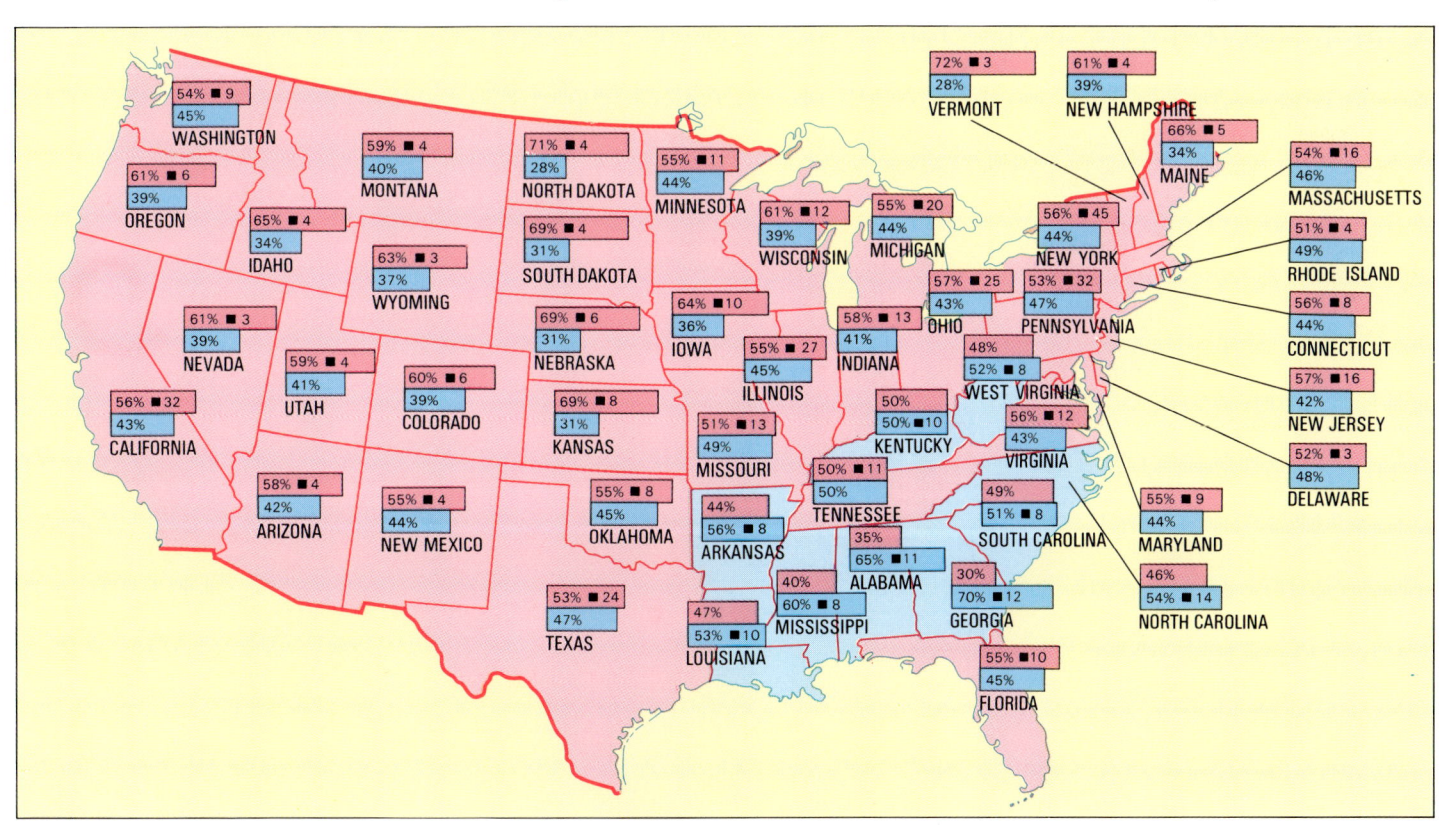

1. 11. USA
Zwei Stadien der Explosion der ersten Wasserstoffbombe.

4.11. USA
S. 248 – 42

▷
*18. 11. Frankreich
Paul Eluard (links) mit Pablo Picasso.*

November

1. Samstag
Spanien. Die Regierung erzielt mit den USA prinzipielle Übereinstimmung darüber, daß US-amerikanische Streitkräfte gegen finanzielle Entschädigung Militärstützpunkte in Spanien benutzen können.
USA. Auf dem Atoll Eniwetok, einer der Marshall-Inseln im Stillen Ozean, wird die erste Wasserstoffbombe zur Explosion gebracht.

3. Montag
Ägypten. Die Regierung protestiert in Bonn gegen das Wiedergutmachungsabkommen der Bundesrepublik Deutschland mit Israel, weil sich Israel noch im Kriegszustand mit den arabischen Ländern befinde.
Chile. Der auf 6 Jahre gewählte Staatspräsident Carlos Ibañez del Campo tritt sein Amt an.

4. Dienstag
Großbritannien. Königin Elizabeth II. eröffnet zum ersten Mal seit ihrer Ausrufung zur Monarchin die Sitzungsperiode des Parlaments.
USA. General Eisenhower gewinnt die Präsidentschaftswahlen. Er schlägt seinen Gegenkandidaten Adlai Stevenson mit 33 Millionen gegen 26,5 Millionen Stimmen und gewinnt die Mehrheit der Stimmen im Wahlmännerkollegium.

8. Samstag
Luxemburg. Die Verlobung Prinz Jeans, des älteren Sohnes von Großherzogin Charlotte, mit Prinzessin Joséphine Charlotte von Belgien wird offiziell bekanntgegeben.

9. Sonntag
Israel. In Rehovot stirbt der erste Staatspräsident Israels, Chaim Weizmann, im Alter von 77 Jahren.

10. Montag
Japan. Prinz Akihito (18) wird zum Thronfolger ernannt.
UNO. Generalsekretär Trygve Lie tritt von seinem Amt zurück. Er ist der Ansicht, daß sein Verbleiben im Amt auf so großen sowjetischen Widerspruch stößt, daß ein Waffenstillstand in Korea unmöglich erscheint.

11. Dienstag
Kuba. Die Regierung Batista erläßt ein neues Wahlgesetz, das für November 1953 direkte Präsidentschaftswahlen vorsieht.

12. Mittwoch
Kaschmir. Die Verfassunggebende Versammlung beschließt, die erbliche Monarchie abzuschaffen. Statt dessen wird das Amt des Staatspräsidenten eingerichtet.

14. Freitag
Griechenland. Bei den Parlamentswahlen gewinnt die rechtsgerichtete Partei der Volkskonzentration von General Papagos 49,6% der Stimmen.

18. Dienstag
Bundesrepublik Deutschland/ Saarland. Angesichts der politisch unruhigen Lage fordert der Bundestag die saarländische Bevölkerung auf, bei den für den 30. 11. vorgesehenen Landtagswahlen ungültige Stimmen abzugeben.
Frankreich. In Charenton-le-Pont stirbt der Dichter Paul Eluard im Alter von 56 Jahren.
Vietnam. Die französischen Truppen ziehen sich in eine Verteidigungsstellung um Viet Tri, einen Vorposten rd. 65 km nordwestlich von Hanoi, zurück.

19. Mittwoch
Griechenland. General Papagos bildet eine neue Regierung.
Schweden. In Stockholm stirbt der Asienforscher Sven Hedin im Alter von 87 Jahren. Mit seinen Expeditionen und Forschungsreisen leistete er wichtige Beiträge zur Erforschung Innerasiens.
UNO. Spanien wird Mitglied der UNESCO.

20. Donnerstag
Italien. In Neapel stirbt der italienische Philosoph, Historiker, Poli-

30. Donnerstag
Bolivien. Präsident Paz Estenssoro unterzeichnet ein Dekret über die Verstaatlichung aller Zinnbergwerke.
Bundesrepublik Deutschland. Der Bundestag lehnt einen Gesetzentwurf über die Wiedereinführung der Todesstrafe ab.

tiker und Kulturkritiker Benedetto Croce im Alter von 86 Jahren.
Luftfahrt. Als erstes Passagierflugzeug überfliegt eine DC 6B auf der Strecke Los Angeles–Kopenhagen den Nordpol.

21. Freitag
USA. Der zukünftige Präsident General Eisenhower beabsichtigt, John Foster Dulles und Charles E. Wilson zum Außen- bzw. Verteidigungsminister zu ernennen.

26. Mittwoch
Antarktis. Großbritannien, Argentinien und Chile erneuern ihr Abkommen, keine Truppen in das zwischen den drei Ländern umstrittene antarktische Gebiet zu entsenden.

27. Donnerstag
ČSR. 11 ehemalige Spitzenfunktionäre der KP, darunter der frühere KP-Generalsekretär Rudolf Slánský und der ehemalige Außenminister Wladimir Clementis, werden in einem Schauprozeß in Prag zum Tode verurteilt. Es wurde ihnen Hochverrat, Sabotage und Spionage zur Last gelegt. Drei weitere Angeklagte wurden zu lebenslangem Gefängnis verurteilt.

28. Freitag
Berlin. Die DDR-Behörden verbieten Westberlinern Einkäufe in Ostberlin.

29. Samstag
Vatikan. Papst Pius XII. benennt 24 neue Kardinäle, darunter den polnischen Primas Stefan Wyszyński.

30. Sonntag
Saarland. Bei den Wahlen im Saarland gewinnt die Christliche Volkspartei von Johannes Hoffmann die meisten Stimmen. Sie erhält 29, die SPS 17 und die KPS 4 Sitze. 24% der Stimmen sind ungültig.

Dezember

2. Dienstag
Saarland. Der französische Außenminister Schuman schlägt vor, das Saarland zu »europäisieren« und die Kohlebergwerke unter die Verwaltung der EGKS zu stellen.
Venezuela. Die seit November 1948 regierende Junta tritt aufgrund der Wahl vom 30. 11. zurück. Oberst Marcos Perez Jiménez wird vorläufiger Staatspräsident.

3. Mittwoch
Bundesrepublik Deutschland. Der Bundestag verbietet Fritz Dorls, einem Abgeordneten der (verbotenen) Sozialistischen Reichspartei, den Zugang zu den Sitzungen.

5. Freitag
Bundesrepublik Deutschland. Der Bundestag stimmt in 2. Lesung der Ratifizierung der Verträge von Bonn (Deutschlandvertrag) und Paris (EVG-Vertrag) zu.

7. Sonntag
Berlin. Der Bürgermeister von Westberlin, Ernst Reuter, bittet die Ostberliner, nicht mehr in den Westteil der Stadt zu flüchten, weil die Flüchtlingslager überfüllt seien.

8. Montag
Israel. Die Knesset wählt Itzhak Ben Zwi (Mapai-Partei) zum Staatspräsidenten.

10. Mittwoch
Nobelpreise. In Stockholm werden die diesjährigen Nobelpreise verliehen. Preisträger sind François Mauriac (Literatur), Edward Purcell und Felix Bloch (Physik), Archer Martin und Millington Synge (Chemie) und Selman Waksman (Medizin). Albert Schweitzer erhält den Friedensnobelpreis.

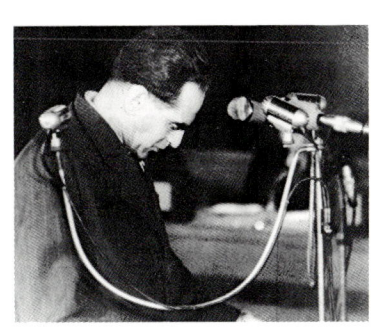

Westeuropa. In Luxemburg findet die Eröffnung des Europäischen Gerichtshofes statt. Er wurde ins Leben gerufen, um Streitigkeiten zwischen den Mitgliedern der EGKS zu schlichten.

11. Donnerstag
NATO. Der britische Lordadmiral Louis Mountbatten, letzter Vizekönig von Indien, wird zum Befehlshaber der NATO-Luft- und Seestreitkräfte im Mittelmeer ernannt.
Schweiz. Bundesrat Philipp Etter (Konservativ-christlichsoziale Partei) wird Bundespräsident für das Jahr 1953.

14. Sonntag
Südafrika. Albert Luthuli wird zum Vorsitzenden des African National Congress (ANC), der sich für die Gleichberechtigung der Schwarzen einsetzt, gewählt. Er wird von der Regierung gezwungen, wegen der Teilnahme an Protestaktionen sein Häuptlingsamt im Unwoti-Reservat aufzugeben.
Südkorea. Bei der Niederschlagung eines Aufruhrs in einem Kriegsgefangenenlager auf der Insel Pongnam werden 84 Gefangene getötet.

16. Dienstag
DDR. Die Regierung gibt den Rücktritt von Ernährungsminister Hamann und Staatssekretär Albrecht bekannt. Grund ist die Versorgungskrise des Landes.

18. Donnerstag
Israel. Die Regierung protestiert bei den USA gegen Waffenlieferungen an arabische Staaten.

21. Sonntag
Ägypten. Die Regierung beginnt mit einer Säuberungsaktion, die sich gegen alle Beamten und Polizisten richtet, die sich der Korruption schuldig gemacht haben.
DDR. Die Regierung gibt den Plan bekannt, Landwirtschaftliche Produktionsgenossenschaften nach dem Vorbild der sowjetischen Kolchosen zu bilden.

22. Montag
Libanon. Das französische Schiff „Champollion" läuft vor der Küste auf Grund und bricht auseinander. Dabei kommen 16 Menschen ums Leben.

23. Dienstag
Barbados. Nach einer zweimonatigen Fahrt, die auf Las Palmas begann, erreicht der Franzose Alain Bombard mit einem Gummifloß Barbados. Er beweist mit der Fahrt, daß Schiffbrüchige mit Plankton, Fischen und kleinen Mengen Salzwasser eine gewisse Zeit überleben können.
Frankreich. Ministerpräsident Antoine Pinay tritt wegen Meinungsverschiedenheiten über den Haushalt 1953 zurück. Im Hintergrund spielen auch Meinungsverschiedenheiten über die Mitgliedschaft in der EVG eine Rolle.

25. Donnerstag
Berlin. Bei einer Schießerei mit sowjetischen Soldaten kommt der Wachtmeister Herbert Bauer ums Leben.

31. Mittwoch
Frankreich. René Mayer, der Führer der Radikalsozialistischen Partei, erhält den Auftrag, eine neue Regierung zu bilden.
Südostasien. Indonesien tritt dem Colombo-Pakt (internationale Wirtschaftsorganisation zur Entwicklung Südostasiens) bei.

19. 11. Schweden
Sven Hedin

30.11. Saarland
S. 49 – 4

27. 11. ČSR
Josef Urvalek (rechts), der öffentliche Ankläger in dem Schauprozeß, fordert die Todesstrafe für den Hauptangeklagten Rudolf Slánský. Links hört dieser die Verkündung seines Todesurteils.

7.12. Berlin
S. 65 – 7

10.12. Nobelpreise
S. 288 – 46

1953

Mit Stalins Tod beginnt die Zeit der Entstalinisierung und eines relativen Tauwetters.

1953

Januar

1. Donnerstag
Kolumbien. Bei einem Guerillaangriff auf den Militärflughafen Palanquero kommen 31 Menschen ums Leben.
Malediven. In dem britischen Protektorat wird das Sultanat abgeschafft und die Republik ausgerufen. Staatspräsident wird Amir Amin Didi.

4. Sonntag
China. Ministerpräsident Zhou Enlai hält seine Behauptung aufrecht, daß die USA in Korea einen Krieg mit biologisch-chemischen Waffen führen.

6. Dienstag
Syrien. Die Regierung schließt die Grenze zum Libanon aus Protest gegen die Angriffe der libanesischen Presse gegen Syrien.

7. Mittwoch
Frankreich. Die Nationalversammlung bestätigt die am 31. 12. 1952 erfolgte Ernennung René Mayers zum Ministerpräsidenten, nachdem dieser versichert hat, die Ratifizierung des EVG-Vertrages auszusetzen.

8. Donnerstag
In Dänemark wird die weibliche Thronfolge ermöglicht.
Frankreich. René Mayer bildet eine neue Regierung, in der als Nachfolger Robert Schumans George Bidault Außenminister wird. René Pleven wird Verteidigungsminister.
Kirchenfragen. In Lucknow (Indien) beendet die Zentralkommission des Weltrats der Kirchen ihre Zusammenkunft. Das Schlußkommuniqué enthält einen Aufruf an alle Kirchen in der Welt, den asiatischen Völkern bei der Schaffung menschenwürdiger Lebensverhältnisse zu helfen. Die südafrikanische Rassenpolitik wird als unchristlich getadelt.

10. Samstag
USA. Julius und Ethel Rosenberg, die wegen Spionage zum Tode verurteilt worden sind, richten abermals ein Gnadengesuch an US-Präsident Harry S. Truman.
Venezuela. Oberst Marcos Perez Jiménez wird als Staatspräsident vereidigt. Er war seit 1948 der eigentliche Machthaber.

11. Sonntag
Italien. Staatspräsident Alcide de Gasperi beendet in Athen Gespräche u. a. über den Status von Triest.

12. Montag
Frankreich. In Bordeaux beginnt ein Prozeß gegen ehemalige Mitglieder der SS-Division »Das Reich«, die am 10. 7. 1944 an der Zerstörung des Dorfes Oradour und der Erschießung nahezu aller Bewohner als Vergeltung für Partisanenüberfälle beteiligt waren.
UdSSR. In Moskau werden neun jüdische Ärzte verhaftet, denen Mordverschwörungen gegen sowjetische Politiker vorgeworfen werden. U. a. sollen sie 1948 den Parteiideologen Andrej Schdanow ermordet haben.
Vatikan. Papst Pius XII. übergibt den Kardinalshut an 17 der 24 am 29. 11. 1952 neuernannten Kardinäle.

13. Dienstag
Jugoslawien. Marschall Josip Broz Tito, der bis jetzt nur Ministerpräsident war, wird auch zum Staatspräsidenten gewählt.

15. Donnerstag
DDR. Außenminister Georg Dertinger (CDU) wird wegen angeblicher Spionage verhaftet.

16. Freitag
Ägypten. Ministerpräsident Nagib löst alle politischen Parteien auf. In einer dreijährigen Übergangsphase soll sich eine demokratische Staatsform entwickeln.

17. Samstag
Ungarn. Lajos Stoeckler, der Vorsteher der jüdischen Gemeinschaft in Ungarn, wird wegen angeblichen illegalen Geldhandels verhaftet.

18. Sonntag
DDR. Auf der Suche nach angeblichen zionistischen Spionen dringt die Polizei in jüdische Häuser und Betriebe ein.

19. Montag
UdSSR/Israel. Die Knesset protestiert scharf gegen die Verhaftung von neun jüdischen Ärzten am 12. 1. in Moskau und bezeichnet diese Aktion als Teil einer antisemitischen Kampagne im gesamten Ostblock.

20. Dienstag
USA. In Washington wird General Dwight D. Eisenhower als 34. Präsident der USA vereidigt. Vizepräsident wird Richard Nixon.

24. Samstag
Italien. In Rom verhaftet die Polizei rd. 800 Neofaschisten, die gegen das neue Wahlgesetz demonstrieren.
Jugoslawien. Staatspräsident Tito erklärt sich bereit, in Anlehnung an die NATO mit der Türkei und Griechenland einen Verteidigungspakt zu schließen, um einer sowjetischen Aggression zu begegnen.

25. Sonntag
Korea. General Maxwell Taylor wird Nachfolger des aus Altersgründen ausscheidenden Generals Van Fleet als Kommandant der 8. US-amerikanischen Armee.

20. 1. USA
Amtseinsetzung von Dwight D. Eisenhower als 34. Präsident der Vereinigten Staaten.

26. Montag
Berlin. In Westberlin wird bekanntgegeben, daß täglich 2000 Flüchtlinge aus der DDR eintreffen.
Westeuropa. In Luxemburg findet die konstituierende Sitzung des Beratenden Ausschusses der Europäischen Gemeinschaft für Kohle und Stahl (EGKS) statt.

28. Mittwoch
Bundesrepublik Deutschland. In Stuttgart stirbt der ehemalige evangelische Landesbischof von Württemberg, Theophil Wurm, im Alter von 84 Jahren.

Februar

1.2. Niederlande S. 288 – 47

6.2. Österreich S. 129 – 25

2. 2. Großbritannien Luftaufnahme eines überfluteten Landstrichs an der Themsemündung.

1. Sonntag
Niederlande. Heftige Stürme und Springfluten richten entlang der Nordseeküste schwere Schäden an und verursachen eine Hochwasserkatastrophe. Der Sturm trifft auch die britische, französische und belgische Küste sowie das Hafengebiet von Antwerpen.

2. Montag
Großbritannien. Die durch Sturmfluten verursachten Überschwemmungen kosten 395 Menschen das Leben.
USA. In seiner ersten Erklärung zur Lage der Nation kündigt der US-amerikanische Präsident Eisenhower die Aufhebung der Blockade Taiwans durch die 7. US-amerikanische Flotte an. Den Befehl zur Blockade hatte am 27. 6. 1950 der frühere US-Präsident Truman gegeben. Damit sollte verhindert werden, daß Nationalchina weiterhin militärische Aktionen gegen das chinesische Festland durchführte.

4. Mittwoch
Korea. Der chinesische Ministerpräsident Zhou Enlai erklärt sich bereit, auf der Basis der Verhandlungen von Panmunjom einen Waffenstillstand zu unterzeichnen.

5. Donnerstag
Philippinen. Regierungstruppen beginnen mit Angriffen in Zentralluzon, nachdem Friedensverhandlungen zwischen der Regierung und der nationalkommunistischen Aufstandsbewegung Hukbalahap gescheitert sind.

6. Freitag
Österreich. Die Außenminister der Großen Vier (USA, Großbritannien, Frankreich, Sowjetunion) führen in London Gespräche über einen Friedensvertrag mit Österreich.

9. Montag
Israel. Die sowjetische Botschaft in Tel Aviv wird durch eine Bombe beschädigt. Ein Botschaftsangehöriger wird schwer verletzt.
Niederlande. Die Anzahl der Toten der Flutkatastrophe steigt auf 1395.
Österreich. Die Außenminister der vier Großmächte brechen die Verhandlungen über einen Friedensvertrag mit Österreich wieder ab, weil sie sich nicht auf eine von den drei Westmächten vorgeschlagene verkürzte Fassung einigen können.

10. Dienstag
Ägypten. Ministerpräsident Mohammed Nagib erläßt ein Gesetz, das ihm erlaubt, drei Jahre mit einem aus 13 Mitgliedern bestehenden »militärischen Revolutionsrat« zu regieren.
Westeuropa. Der Vertrag über die EGKS tritt in Kraft.

11. Mittwoch
USA. US-Präsident Eisenhower lehnt das Gnadengesuch der zum Tode verurteilten Spione Ethel und Julius Rosenberg ab, da er keine neuen Fakten oder Umstände sieht, die eine Annahme des Gesuches rechtfertigen könnten.

12. Donnerstag
Frankreich. Im am 12. 1. begonnenen Oradour-Prozeß werden die Urteile gesprochen. Ein Teil der Angeklagten wird zum Tode verurteilt, der Rest zu Gefängnis und Zwangsarbeit. Nur ein Angeklagter wird freigesprochen.
Israel/UdSSR. Die Sowjetunion bricht die diplomatischen Beziehungen zu Israel ab. Als Vorwand wird der Bombenanschlag auf die sowjetische Botschaft in Tel Aviv genannt. Die israelische Regierung bezeichnet die Maßnahme als einen Schritt »zur völligen Isolation und Einschüchterung der Juden in der UdSSR«.
Sudan. In Cairo wird nach einjährigen Verhandlungen zwischen Großbritannien und Ägypten ein Abkommen unterzeichnet, demzufolge nach einer Übergangszeit von drei Jahren der Sudan volle politische Autonomie erhält.

16. Montag
Arabische Liga. Libyen ersucht um Aufnahme in die Liga.

17. Dienstag
USA. Das Appellationsgericht in New York ordnet die Aussetzung der Hinrichtung von Ethel und Julius Rosenberg an, um ihnen die Möglichkeit zu einer Berufung vor dem Obersten Bundesgericht zu geben.

19. Donnerstag
Frankreich. Nach einer Rede ihres Präsidenten Édouard Herriot verabschiedet die Nationalversammlung ein Gesetz, das Franzosen aus der Verantwortung nimmt, die verbrecherischen NS-Organisationen angehört und in ihnen unter Zwang gehandelt haben. Auf diese Weise werden die französischen Verurteilten im Oradour-Prozeß amnestiert.

22. Sonntag
Österreich. In Österreich finden Nationalratswahlen statt. Außerdem werden im Burgenland und in Kärnten Landtagswahlen abgehalten. Bei den Nationalratswahlen kann die SPÖ deutliche Stimmengewinne verbuchen: Die ÖVP erhält 41,3% (74 Mandate), die SPÖ 42,1% (73 Mandate), die KPÖ 5,3% (4 Mandate) und die Wahlpartei der Unabhängigen 11,0% (14 Mandate). Im Burgenland erringt die ÖVP 16, die SPÖ 14 Mandate, die KPÖ 1 und die WdU ebenfalls 1 Mandat. In Kärnten fallen der SPÖ 18, der ÖVP 11, dem WdU 6 Mandate und der KPÖ 1 Mandat zu.

24. Dienstag
Bundesrepublik Deutschland. In Hannover stirbt der frühere Generalfeldmarschall Gerd von Rundstedt im Alter von 77 Jahren.
Falklandinseln. Argentinien und Chile lehnen ein britisches Angebot ab, die Ansprüche auf die Inseln vom Internationalen Gerichtshof in Den Haag klären zu lassen.

25. Mittwoch
Guatemala. Die Regierung bestätigt die Enteignung von rd. 100 000 ha Land des US-amerikanischen Konzerns United Fruit Company.

27. Freitag
Bundesrepublik Deutschland. In London wird ein Abkommen über die Bezahlung deutscher Auslandsschulden (Vorkriegsschulden und Handelsschulden aus den Jahren 1933–1945) unterzeichnet. Die Höhe der Schulden, die die Bundesrepublik Deutschland für Ge-

samtdeutschland übernimmt, beläuft sich auf rd. 30 Milliarden DM.

28. Samstag
Balkanpakt. In Ankara schließen Jugoslawien, Griechenland und die Türkei einen Freundschaftsvertrag. Jugoslawien tritt diesem Pakt mit zwei Natopartnern bei, weil es sich von der UdSSR bedroht fühlt.

März

2. Montag
Österreich. Leopold Figl, der nach den Wahlen zurückgetretene Bundeskanzler, bekommt von Bundespräsident Theodor Körner den Auftrag, eine neue Regierung zu bilden.

3. Dienstag
Argentinien. Kurz vor der Rückkehr des Staatspräsidenten Juan Perón aus Chile explodiert auf dem Bahnhof von Buenos Aires eine Bombe. Es handelte sich um den ersten Besuch eines argentinischen Staatsoberhauptes in Chile seit 40 Jahren.

4. Mittwoch
Bundesrepublik Deutschland. Vertreter der westlichen Alliierten unterzeichnen in Bonn ein Abkommen mit Alfried Krupp von Bohlen und Halbach. Damit wird die alliierte Verwaltung der Kruppbetriebe beendet. Voraussetzung dafür war eine weitgehende Entflechtung des Konzerns.
UdSSR. In Moskau stirbt der Komponist Sergej Sergejewitsch Prokofjew im Alter von 61 Jahren.

5. Donnerstag
Dänemark. Ein Leutnant der polnischen Luftwaffe landet auf der Insel Bornholm und bittet um politisches Asyl. Dadurch fällt dem Westen das erste Exemplar des sowjetischen Kampfflugzeugs Mig 15 in die Hände.
UdSSR. In Moskau stirbt Ministerpräsident und Parteichef Josif Wisarionowitsch Stalin im Alter von 73 Jahren an den Folgen einer Gehirnblutung, die er am 2. 3. erlitten hatte.

6. Freitag
UdSSR. Georgij Malenkow folgt Stalin im Amt des Ministerpräsidenten und des Parteichefs. Innenminister wird Polizeichef Lawrentij Berija und Außenminister Wjatscheslaw Molotow. Marschall Kliment Woroschilow wird Vorsitzender des Präsidiums des Obersten Sowjets und damit Staatsoberhaupt.

9. Montag
UdSSR. Der am 5. 3. verstorbene Diktator Josif Stalin wird im Mausoleum auf dem Roten Platz in Moskau beigesetzt.

10. Dienstag
Kuba. Am ersten Jahrestag des Putsches von Staatspräsident Batista demonstrieren in Havanna Studenten gegen die Diktatur.

14. Samstag
ČSR. In Prag stirbt Staatspräsident Klement Gottwald im Alter von 56 Jahren an einer Lungen- und Rippenfellentzündung, die er sich während des Stalinbegräbnisses zugezogen hatte.

15. Sonntag
Großbritannien. Der jugoslawische Staatspräsident Tito kommt zu einem fünftägigen Staatsbesuch nach London. Zum ersten Male besucht damit das Oberhaupt eines kommunistischen Staates Großbritannien.
Sport. Die deutsche Eishockeynationalmannschaft wird in Basel hinter Schweden Vizeweltmeister. Sie schlägt im entscheidenden Spiel die Schweiz mit 7:3. Kanada und die UdSSR hatten nicht teilgenommen.

17. Dienstag
Korea. Bei den schwersten Gefechten der letzten Monate versuchen 1000 chinesische Soldaten, die US-amerikanischen Stellungen an der westlichen Front zu durchbrechen.

18. Mittwoch
Bundesrepublik Deutschland. Zwischen Westberlin und dem Bundesgebiet wird eine Luftbrücke eröffnet, um täglich 2000 DDR-Flüchtlinge in die Bundesrepublik zu fliegen.

19. Donnerstag
Bundesrepublik Deutschland. Mit 226 gegen 164 Stimmen beschließt der Bundestag die Ratifizierung des Deutschlandvertrages und mit 224 gegen 164 Stimmen die des EVG-Vertrages.

20. Freitag
Frankreich. Im Pariser Theâtre Babylone wird das erste absurde Drama Samuel Becketts, *Warten auf Godot*, uraufgeführt.

21. Samstag
UdSSR. Nikita Chruschtschow wird als Nachfolger von Georgij Malenkow neuer Parteichef der KPdSU.

22. Sonntag
ČSR. Antonín Zápotocký wird als Nachfolger Klement Gottwalds neues Staatsoberhaupt der ČSR. Er ernennt Viliam Siroky zum Ministerpräsidenten.

26. Donnerstag
Kenia. In dem Dorf Lari bei Nairobi werden 150 Angehörige des Kikuyustammes von Mau-Mau-Terroristen ermordet, weil sie sich nicht am Aufstand beteiligen wollen.

30. Montag
Dänemark. Eine neue Verfassung wird verabschiedet. Das Oberhaus wird abgeschafft und das Wahlalter auf 23 Jahre festgesetzt.

31. Dienstag
UNO. Der Sicherheitsrat schlägt den schwedischen Delegationsleiter Dag Hammarskjöld als Nachfolger von UN-Generalsekretär Trygve Lie vor.

April

1. Mittwoch
UNO. Der Schwede Dag Hammarskjöld erklärt sich damit einverstanden, das Amt des UN-Generalsekretärs zu übernehmen.

2. Donnerstag
Österreich. Nach mißglückten Koalitionsverhandlungen des zurückgetretenen Bundeskanzlers Figl bildet der ÖVP-Vorsitzende

5. 3. UdSSR
Mit dem Tode von Regierungs- und Parteichef Josif Stalin geht eine Epoche zu Ende. Das Porträt zeigt Stalin als Oberbefehlshaber der Roten Armee während des Zweiten Weltkrieges. Ranghohe Parteipolitiker tragen seinen Sarg am 9. 3. zum Leninmausoleum auf dem Roten Platz (rechts).

6. 3. UdSSR
Georgij Malenkow, der vorläufige Nachfolger Stalins.

5.3. UdSSR
S. 105 – 24

Mai 1953

9. 4. Luxemburg
Nach der Trauungszeremonie verläßt das großherzogliche Paar unter einem Spalier gekreuzter Degen die Kirche.

7.4. Korea
S. 145 – 32

▷ *16. 4. Iran*
Mossadegh-Anhänger werden vor dem Parlamentsgebäude in Schach gehalten.

Luxemburg. Erbgroßherzog Jean heiratet Prinzessin Joséphine Charlotte von Belgien.

13. Montag
Nepal. König Tribhuvana beendet seine Alleinherrschaft. Eine Koalitionsregierung wird eingesetzt.

15. Mittwoch
Argentinien. Während einer Ansprache von Staatspräsident Juan Perón auf einer Versammlung des argentinischen Gewerkschaftsbundes in Buenos Aires explodieren zwei Bomben. Dadurch werden sechs Menschen getötet und 190 weitere verwundet. Perón selbst bleibt unverletzt. In der folgenden Nacht kommt es zu schweren Ausschreitungen, bei denen Anhänger Peróns die Zentralen der Sozialistischen und der Radikalen Partei verwüsten.
Laos. Die Regierung bittet die UNO um Hilfe gegen die Invasion von Viet-Minh-Truppen.
Österreich. Bei den Landtagswahlen in der Steiermark bleibt die ÖVP stärkste Partei. Sie erhält 21 Sitze. Die SPÖ bekommt 20, die WdU 6 Sitze und die KPÖ 1 Sitz.
Südafrika. Bei den Parlamentswahlen kann die Nationalpartei von Premierminister Daniel F. Malan ihre Stellung auf 94 der 159 Sitze verstärken.

16. Donnerstag
Iran. In Teheran demonstrieren Kommunisten gegen den Schah und für Ministerpräsident Mossadegh. In Schiras wird der Ausnahmezustand verhängt, nachdem Wohnungen und Büros von Amerikanern überfallen wurden.

19. Sonntag
Japan. Bei den Parlamentswahlen verliert die regierende Liberale Partei von Premierminister Yoschida zwar 46 Sitze, behält aber die Mehrheit. Gewinne erzielen die sog. Liberalen Rebellen (35 Sitze) und die Sozialisten (von 116 auf 138 Sitze).
UdSSR. Andrej Gromyko wird stellvertretender Außenminister;

Julius Raab eine Regierung aus ÖVP und SPÖ.

4. Samstag
Rumänien. In Estoril (bei Lissabon) stirbt Exkönig Carol II. im Alter von 59 Jahren.
UdSSR. Die neun jüdischen Ärzte, die am 12. 1. verhaftet wurden, werden nach Stalins Tod freigelassen. Die für die Aktion Verantwortlichen werden festgenommen.

7. Dienstag
Bundesrepublik Deutschland. Bundeskanzler Adenauer trifft in Washington ein. Es ist der erste offizielle Besuch eines deutschen Regierungschefs in den USA.
Korea. In Panmunjom erzielt man Einverständnis über den Austausch aller kranken und verwundeten Kriegsgefangenen.

8. Mittwoch
Bundesrepublik Deutschland/ Frankreich. Die rechtsrheinische Stadt Kehl (gegenüber von Straßburg) wird von Frankreich an die Bundesrepublik zurückgegeben. Sie war seit 1944 von Frankreich besetzt.
Kenia. Jomo Kenyatta, der Vorsitzende der Afrikanischen Union, wird wegen Führung der Mau Mau zu sieben Jahren Zwangsarbeit verurteilt.

9. Donnerstag
Bundesrepublik Deutschland/ USA. In Washington wird ein Kulturabkommen zwischen den beiden Staaten geschlossen.

Jakow Malik wird sowjetischer Botschafter in London.

22. Mittwoch
Dänemark. Als Folge der Niederlage bei den Wahlen vom 21. 4. tritt Ministerpräsident Erik Erikson zurück.

24. Freitag
Kenia. Die britischen Behörden geben den Sicherheitskräften den Befehl, jeden, der verdächtigt wird, ein Mau-Mau-Terrorist zu sein, niederzuschießen, wenn er dem Befehl, sich kontrollieren zu lassen, keine Folge leiste.

25. Samstag
Portugal. Aus Anlaß des fünfundzwanzigjährigen Regierungsjubiläums von Ministerpräsident Salazar werden alle Gefängnisstrafen um drei Monate verkürzt.

27. Montag
Ägypten/Großbritannien. Beide Staaten beginnen in Cairo Gespräche über den Rückzug der britischen Truppen vom Suezkanal.

30. Donnerstag
Britisch-Guyana. Die ersten Parlamentswahlen bringen Gewinne für die linksgerichtete Progressive Volkspartei von Cheddi Jagan.

Mai

1. Freitag
Pakistan. Pakistan erklärt sich bereit, nordkoreanische Kriegsgefangene, die nicht in ihre Heimat zurückkehren wollen, aufzunehmen.

2. Samstag
Dänemark. Ministerpräsident Erikson teilt mit, daß er doch an der Spitze einer konservativ-liberalen Regierung bleibt, nachdem es dem Sozialdemokraten Hedtoft nicht gelungen ist, eine Regierung zu bilden. Erikson hat sich der Unterstützung des Parlaments versichert. Damit wird die seit dem 21.

Mai 1953

17. Sonntag
Vietnam. Die französischen Truppen melden ihre wichtigsten Erfolge, seit es ihnen im vorigen Jahr gelang, Viet-Minh-Einheiten, die Yen Vi im Süden von Hanoi nehmen wollten, zurückzuschlagen.

18. Montag
USA. Jacqueline Cochran fliegt als erste Frau schneller als der Schall. Sie startet mit einem F86-Düsenjäger auf dem Luftwaffenstützpunkt Edwards in Kalifornien.

19. Dienstag
Japan. Ministerpräsident Yoschida wird vom Parlament mit 204 gegen 116 Stimmen wiedergewählt.

20. Mittwoch
Indien. Die Stadtverwaltung von Calcutta gibt bekannt, daß eine 10 Wochen dauernde Choleraepidemie 700 Tote gefordert hat.
Saarland. Ministerpräsident Hoffmann unterzeichnet in Paris sechs verschiedene Abkommen mit der französischen Regierung, die dem Saarland mehr Autonomie auf politischer, wirtschaftlicher und juristischer Ebene gewährleisten.

22. Freitag
Frankreich. Die Regierung Mayer tritt zurück, nachdem ihr die Nationalversammlung mit 328 gegen 244 Stimmen besondere Gesetzesvollmachten zur Lösung der wirtschaftlichen Probleme verweigert hat.

27. Mittwoch
Bundesrepublik Deutschland. In München stirbt der Jurist Otto Meißner im Alter von 73 Jahren. Er war von 1920–1945 Chef der Präsidialkanzlei unter Ebert, Hindenburg und Hitler.

28. Donnerstag
DDR. Die sowjetische Militärkon-

17.5. Vietnam S. 145 – 34

◁
17. 5. Vietnam
Französische Soldaten mit gefangengenommenen Kämpfern des Viet Minh.

29. 5. Nepal
Aufnahme von der Erstbesteigung des Mount Everest: Edmund Hillary (rechts) und der nepalesische Scherpa Tensing Norkay.

4. andauernde Regierungskrise beendet.
Irak. König Faisal (18) besteigt den Thron. Damit endet die seit 1936 dauernde Regentschaft seines Onkels Abd al-Ilah.
Jordanien. Der achtzehnjährige König Hussein legt in Amman den Eid auf die Verfassung ab und wird damit regierender Herrscher.

3. Sonntag
Sport. Zum ersten Mal seit zehn Jahren findet wieder ein deutsches Fußballpokalspiel statt. Durch Tore von Islacker und Rahn bei einem Gegentreffer von Derwall schlägt Rot-Weiß Essen Alemannia Aachen in Düsseldorf vor 30 000 Zuschauern mit 2:1.

4. Montag
Griechenland. Die Liberale Partei von Sophoklis Venizelos und die Sozialdemokratische Partei von Georgios Papandreou (die beiden Oppositionsparteien) beschließen zu fusionieren.

5. Dienstag
Ägypten. Die verfassunggebende Kommission votiert einstimmig für eine republikanische Staatsform.

6. Mittwoch
Laos. Die französischen Behörden in Indochina melden den Rückzug der Viet-Minh-Truppen aus der Umgebung der laotischen Residenzstadt Luang Prabang und aus der Ebene der Tonkrüge.

7. Donnerstag
Betschuanaland. Der Bamangwatostamm verweigert jedem von den Briten ernannten Nachfolger ihres Häuptlings Seretse Khama die Anerkennung. Dieser wurde nach seiner Heirat mit einer Weißen nach England verbannt.
Bundesrepublik Deutschland. Der ehemalige Generalfeldmarschall Erich von Manstein wird von den britischen Behörden freigelassen. Er war 1949 wegen Kriegsverbrechen zu 18 Jahren Gefängnis verurteilt worden.

DDR. Chemnitz wird in Karl-Marx-Stadt umbenannt.

11. Montag
Iran. Der Schah übergibt seinen privaten Landbesitz (rd. 30 000 ha) der Regierung zur Verteilung an die Bauern.

12. Dienstag
USA. General Ridgway wird zum Stabschef der US-amerikanischen Armee ernannt. General Gruenther folgt ihm im Amt des Oberbefehlshabers der NATO-Streitkräfte in Europa.

15. Freitag
Bundesrepublik Deutschland. Bundeskanzler Adenauer führt in London Gespräche mit Premierminister Winston Churchill.

16. Samstag
ČSR. William Oatis, Korrespondent der US-amerikanischen Nachrichtenagentur Associated Press, wird nach zweijähriger Gefängnishaft von Staatspräsident Zápotocký freigelassen.

trollkommission in der DDR wird aufgehoben. Wladimir Semjonow wird Hoher Kommissar. Es wird angekündigt, daß die Arbeitsnormen um 10% erhöht werden sollen.

29. Freitag
Nepal. Der Neuseeländer Edmund Hillary und der Scherpa Tensing Norkay erreichen von Nepal aus als erste Menschen den Gipfel des Mount Everest, des mit 8848 m höchsten Berges der Erde.

30. Samstag
Korea. Schwere chinesische Angriffe verdrängen die UN-Truppen aus ihren Stellungen in der Hügellandschaft bei Soul.

Juni

1. Montag
Kenia. Bei einem Feuergefecht mit der Polizei im Kikuyu-Distrikt kommen 24 Mitglieder der Mau-Mau ums Leben.

2. Dienstag
Großbritannien. In der Westminster-Abtei in London wird Königin Elizabeth II. durch den Erzbischof von Canterbury gekrönt. An der feierlichen Zeremonie nehmen der britische Hochadel, die Mitglieder des Unterhauses, Würdenträger des britischen Commonwealth und politische Vertreter der meisten Länder der Erde teil.

5. Freitag
ČSR. Die Währungsreform führt seit dem 1. 5. zu Streiks und Unruhen. Portraits von Stalin werden durch Bilder des ehemaligen, von der UdSSR abgesetzten Präsidenten Edvard Beneš ersetzt.

6. Samstag
Österreich. Die sowjetischen Behörden erklären, daß die Militärverwaltung in den Zonen durch eine zivile ersetzt werden soll.

7. Sonntag
Italien. Bei den ersten Parlamentswahlen seit 1948 gewinnt der Regierungsblock der bürgerlichen Parteien nur 40% der Stimmen, die Linke erhält 35,3% und Monarchisten und Neofaschisten 10%.
Schweiz. Im Kanton Genf wird die Einführung des Frauenstimmrechts durch Volksabstimmung abgelehnt.

8. Montag
Kenia. Die britische Regierung verbietet die Afrikanische Union als ungesetzliche Vereinigung, die nur als Deckmantel für den Terror der Mau-Mau fungiere.
Korea. In Panmunjom wird ein Abkommen über den Austausch von Kriegsgefangenen unterzeichnet. Damit wird ein großes Hindernis auf dem Weg zu einem Waffenstillstand beseitigt.
Österreich. Die sowjetische Besatzungsmacht verzichtet auf eine weitere Kontrolle ihrer Grenzen zu den westlichen Zonen.

9. Dienstag
Österreich. Die sowjetischen Besatzungsorgane heben die Beschränkungen für Reisen zwischen der sowjetischen und den westlichen Zonen auf.

11. Donnerstag
DDR. Die SED-Führung gesteht politische Fehler ein und nimmt bestimmte in den letzten Monaten getroffene Maßnahmen zurück. Auch mit der evangelischen Kirche wird eine Verständigung gesucht. Die im Mai verfügte Erhöhung der Arbeitsnormen wird allerdings nicht rückgängig gemacht.
Österreich. Der sowjetische Hochkommissar Iljitschew wird zum Botschafter ernannt.

12. Freitag
Korea. Chinesische und nordkoreanische Truppen führen heftige Angriffe gegen US-amerikanische Stellungen im mittleren Frontabschnitt.

13. Samstag
Kambodscha. König Sihanouk geht freiwillig ins Exil nach Thailand, um seiner Forderung nach der Unabhängigkeit Kambodschas Nachdruck zu verleihen.

14. Sonntag
Jugoslawien. Staatspräsident Tito kündigt die Wiederaufnahme der diplomatischen Beziehungen mit der UdSSR an.

16. Dienstag
Berlin. In Ostberlin streiken und demonstrieren Bauarbeiter für eine Herabsetzung der Arbeitsnormen.
USA. Vor dem Weißen Haus in Washington demonstrieren rd. 10 000 Menschen für die Begnadigung des wegen Atomspionage zum Tode verurteilten Ehepaars Ethel und Julius Rosenberg.

17. Mittwoch
DDR. Streiks und Demonstrationen greifen auf alle größeren Städte über. Die sowjetische Besatzungsmacht verhängt den Ausnahmezustand. Panzereinheiten der UdSSR und der Volkspolizei gelingt es, den beginnenden Aufstand im Keim zu ersticken.

18. Donnerstag
Ägypten. Der militärische Revolutionsrat ruft die Republik aus mit Ministerpräsident Nagib als Staatspräsident. Oberst Gamal Abd el-Nasser wird stellvertretender Ministerpräsident und Außenminister. Die Mitglieder des Königshauses sollen als »gewöhnliche Bürger« betrachtet werden.
Korea. Die Unterhändler in Panmunjom einigen sich auf eine vorläufige Waffenruhe.
Südkorea. Präsident Syngman Rhee läßt 25 000 nicht zur Heimreise nach Nordkorea bereite Kriegsgefangene frei. Dies wird als offene Brüskierung der UNO gewertet, die die Gefangenen unter die Aufsicht einer neutralen Kommission stellen soll. Die Waffenstillstandsverhandlungen geraten ins Stocken.

19. Freitag
USA. Ethel und Julius Rosenberg werden auf dem elektrischen Stuhl des Sing Sing-Gefängnisses in New York hingerichtet, nachdem das Oberste Bundesgericht einen Antrag auf Aussetzung der Hinrich-

---

17.6. DDR
S. 105 – 20

18.6. Ägypten
S. 145 – 35

2. 6. Großbritannien Krönung von Elizabeth II. in der Westminster-Abtei in London.

tung abgelehnt und US-Präsident Eisenhower ein Gnadengesuch verworfen hatte. Das Ehepaar war 1951 wegen Atomspionage zugunsten der Sowjetunion zum Tode verurteilt worden.

20. Samstag
Kambodscha. König Sihanouk beendet sein freiwilliges Exil in Thailand (seit 13. 6.) und kehrt nach Battambang in Westkambodscha zurück.

21. Sonntag
Sport. Der 1. FC Kaiserslautern gewinnt im Berliner Olympiastadion durch ein 4:1 über den VfB Stuttgart die deutsche Fußballmeisterschaft 1953. In der Schweiz gewinnt der FC Basel den Titel, in Österreich Austria Wien.

22. Montag
DDR. In Leipzig und im sächsischen Uranbergbaugebiet finden heftige Demonstrationen gegen die Regierung statt.

23. Dienstag
DDR. Der Vorsitzende des Ministerrats, Otto Grotewohl, gibt zu, daß Partei und Regierung Fehler gemacht haben, und kündigt Konsequenzen an.

25. Donnerstag
Großbritannien. Ein Geschworenengericht verurteilt John Christie, der des Mordes an sieben Frauen verdächtigt wird, wegen Mordes an seiner Frau Ethel zum Tode durch den Strang.

26. Freitag
Frankreich. Der gemäßigte unabhängige Republikaner Joseph Laniel wird zum Ministerpräsidenten gewählt.

29. Montag
Bundesrepublik Deutschland. Die Geschäftsträger in Washington, Paris und London erhalten Botschafterrang.

Juli

1. Mittwoch
Schweiz. Auguste Piccard führt mit seiner Tauchgondel, dem Bathyscaph, einen Probetauchgang auf 30 m Tiefe durch.
Tunesien. Der frankreichfreundliche mutmaßliche Thronfolger Prinz Azzedine wird in Tunis ermordet.
Ungarn. Die Regierung Rákosi tritt zurück.

3. Freitag
Ungarn. Der stellvertretende Ministerpräsident Imre Nagy bildet eine neue Regierung. Vor dem Parlament kündigt er eine Revision der bisherigen Politik an. So sollen Landwirtschaft und Konsumgüterindustrie auf Kosten der Schwerindustrie gefördert werden, um den Lebensstandard der Bevölkerung zu erhöhen. Außerdem verspricht Nagy Unterstützung für die Kleinbauern, die Beendigung der Internierungen sowie mehr Toleranz gegenüber den Religionsgemeinschaften.

4. Samstag
Österreich. Der Österreicher Hermann Buhl, Mitglied einer zehnköpfigen deutsch-österreichischen Expedition unter Leitung von Peter Aschenbrenner, erreicht als erster Mensch den Gipfel des Nanga Parbat, des mit 8126 m neunthöchsten Berges der Erde.

8. Mittwoch
Bundesrepublik Deutschland. In der Bundesrepublik tritt ein neues Wahlgesetz in Kraft. Danach gibt jeder Wähler neben der Stimme für den Direktkandidaten des Wahlkreises eine Zweitstimme für die Liste einer Partei ab. Außerdem erhalten nur solche Parteien Mandate, die mindestens 5% der Zweitstimmen erringen bzw. drei Wahlkreise direkt gewinnen.

9. Donnerstag
Berlin. Die Verkehrsbeschränkungen zwischen West- und Ostberlin, die seit dem Aufstand vom 17. Juni bestanden, werden aufgehoben.
Finnland. Urho Kekkonen bildet eine neue Regierung aus Mitgliedern der Bauern- und der Volkspartei.

10. Freitag
UdSSR. Die bereits Ende Juni erfolgte Absetzung und Verhaftung von Innenminister und Geheimdienstchef Lawrentij Berija wird bekanntgegeben. Man vermutet den Ausbruch eines Machtkampfes in der Führung der KPdSU nach dem Tode Stalins.

11. Samstag
DDR. Der seit dem 17. 6. bestehende Ausnahmezustand wird aufgehoben.

12. Sonntag
Südkorea. Der US-amerikanische stellvertretende Außenminister Walter Robertson und der südkoreanische Staatspräsident Syngman Rhee geben in Soul eine gemeinsame Erklärung ab, in der Südkorea sich mit dem vorgeschlagenen Waffenstillstand einverstanden erklärt.

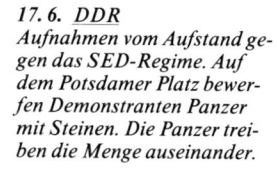

17. 6. DDR
Aufnahmen vom Aufstand gegen das SED-Regime. Auf dem Potsdamer Platz bewerfen Demonstranten Panzer mit Steinen. Die Panzer treiben die Menge auseinander.

10. 7. UdSSR
Lawrentij Berija, der frühere Chef des NKWD, verliert den Machtkampf im Kreml.

18. 6. Ägypten
Nach der Ausrufung der Republik jubelt man in Cairo Ministerpräsident Mohammed Nagib (Mitte) und Oberst Gamal Abd el-Nasser (2. v. links) zu.

August 1953

27. 7. Korea
Grenzverlauf am Ende des Koreakrieges.

Waffenstillstandslinie
Pufferzone
Zugang für Frontinspektion
Von den UN geräumte Inseln

27.7. Korea
S. 145 – 32

19.8. Iran
S. 288 – 43

16. Donnerstag
Italien. Ministerpräsident De Gasperi gibt die Zusammensetzung seiner neuen Regierung bekannt. Diese besteht nur aus Christdemokraten.

20. Montag
Israel/UdSSR. Die beiderseitigen diplomatischen Beziehungen werden wieder hergestellt.
Libanon. Bei den Parlamentswahlen dürfen zum ersten Mal auch Frauen wählen.

21. Dienstag
Spanien. In Barcelona werden 30 Personen verhaftet, denen vorgeworfen wird, die verbotene Katalanische Sozialistische Einheitspartei im Untergrund neu gegründet zu haben.

24. Freitag
DDR. Der Minister für Staatssicherheit Wilhelm Zaisser wird wegen Opposition gegen Parteichef Ulbricht seiner Ämter enthoben.

26. Sonntag
Costa Rica. Der Sozialist José Figueres, Führer der Revolution von 1948, wird zum Staatspräsidenten gewählt. Seine Nationale Befreiungspartei erhält bei den Wahlen 30 der 45 Parlamentssitze.
Kuba. Der Guerillaführer Fidel Castro überfällt das Militärlager Moncada bei Santiago. Es gibt 82 Tote. Castro wird gefangengenommen.
Sport. Der französische Radrennfahrer Louison Bobet gewinnt die Tour de France.

27. Montag
Korea. Nach drei Jahren und zwei Tagen endet der Korea-Krieg mit der Unterzeichnung eines Waffenstillstands durch die Verhandlungsdelegationen in Panmunjom. Die Feindseligkeiten werden damit eingestellt. Waffenstillstandslinie ist der Frontverlauf vom 23. 5. 1951. Sie liegt in einer demilitarisierten Zone.

28. Dienstag
Berlin. Im Rahmen einer Hilfsaktion werden an DDR-Bewohner 130 000 Lebensmittelpakete verteilt.
Italien. Der Regierung De Gasperi wird im Parlament nicht das Vertrauen ausgesprochen; der Ministerpräsident bietet den Rücktritt seiner Regierung an.

August

1. Samstag
Indien. Die Regierung übernimmt alle privaten indischen Fluggesellschaften. Deren Dienste sollen in Zukunft von der staatlichen Gesellschaft (Indian Airlines) übernommen werden.

3. Montag
Iran. Bei einer Volksabstimmung spricht man sich nahezu einstimmig für den Beschluß Mossadeghs aus, das Parlament aufzulösen.

5. Mittwoch
Argentinien. In Buenos Aires wird ein Handelsvertrag mit der UdSSR im Wert von 150 Millionen Dollar abgeschlossen. Es ist der erste Handelsvertrag von größerem Umfang, den die Sowjetunion mit einem lateinamerikanischen Land abschließt.
Korea. Der Austausch von Kriegsgefangenen beginnt: 12 760 Alliierte, 109 000 Nordkoreaner und 26 000 Chinesen kehren in ihre Heimatländer zurück.

6. Donnerstag
Frankreich. Eine Tauchgondel der Marine erreicht bei Toulon 750 m Tiefe.
Ein großer Teil der Beamtenschaft, der Arbeiter in den verstaatlichten Betrieben und des Eisenbahnpersonals tritt aus Protest gegen die Politik der Regierung Laniel in einen vierundzwanzigstündigen Streik. Um den Staatshaushalt zu ordnen, beabsichtigt die Regierung u. a., das Pensionsalter für Beamte anzuheben.

7. Freitag
Taiwan. Das US-amerikanische Verteidigungsministerium sagt der Regierung von Taiwan die Lieferung von 25 kleineren Kriegsschiffen zu.

8. Samstag
UdSSR. Ministerpräsident Malenkow gibt bei der Schlußsitzung des Obersten Sowjets bekannt, daß auch die UdSSR im Besitz der Wasserstoffbombe sei.

10. Montag
Belgien. General André Servois wird Stabschef der alliierten Landstreitkräfte in Mitteleuropa.
Frankreich. Die Höhlenforscher Casteret und Mairrey entdecken in Pierre-Saint-Martin ein großes unterirdisches Höhlengewölbe.
Die Eisenbahner treten erneut, diesmal unbefristet, in den Ausstand.

12. Mittwoch
Österreich. Die sowjetischen Besatzungsbehörden heben die Zensur auf.
UdSSR/USA. US-amerikanische Wissenschaftler stellen anhand seismographischer Untersuchungen fest, daß die UdSSR in Sibirien eine H-Bombe gezündet haben muß.

14. Freitag
Italien. Der Christdemokrat Giuseppe Pella erhält den Auftrag, eine neue Regierung zu bilden.
Marokko. Der Pascha von Marrakesch, El Glaoui, veranlaßt Hunderte von Angehörigen der Aristokratie, Sultan Mohammed V. ben Jussuf zum Rücktritt aufzufordern und Mohammed ben Arafa zum Imam auszurufen. Bewaffnete Berber ziehen auf Rabat, um der Rücktrittsforderung Nachdruck zu verleihen.

16. Sonntag
Iran. Aus Protest gegen den Verbleib von Ministerpräsident Mossadegh im Amte verläßt der Schah das Land und geht in den Irak.

17. Montag
Italien. Die Regierung Pella wird vereidigt.

19. Mittwoch
Iran. In Teheran putscht das Militär unter Führung von General Zahedi. Ministerpräsident Mossadegh wird gefangengenommen. Der Schah kehrt aus dem Irak zurück.
Israel. Die Knesset beschließt, den 6 Millionen durch die Nationalsozialisten ermordeten Juden posthum die israelische Staatsangehörigkeit zu verleihen.
Sport. Im ersten Qualifikationsspiel für die Fußballweltmeisterschaft 1954 in der Schweiz trennen sich die Bundesrepublik Deutschland und Norwegen in Oslo 1:1.

20. Donnerstag
Frankreich. Die sozialistische und die katholische Gewerkschaft erzielen eine vorläufige Einigung mit der Regierung. Sie fordern ihre Mitglieder auf, die seit dem 6. 8. andauernden Streikaktionen zu beenden.
Marokko. Sultan Mohammed V. ben Jussuf wird von den Franzosen wegen der Unterstützung der Nationalisten abgesetzt und nach Korsika verbannt. Mohammed VI. ben Arafa wird sein Nachfolger.

22. Samstag
DDR/UdSSR. Die beiden Staaten einigen sich auf eine Verminde-

rung der Reparationsleistungen. Ab 1. 1. 1954 soll die DDR ihre Zahlungen völlig einstellen dürfen.

24. Montag
Bundesrepublik Deutschland. Werner Naumann, ehemaliger Staatssekretär im NS-Propagandaministerium, darf nicht für die Deutsche Reichspartei als Bundestagsabgeordneter kandidieren. Naumann war bereits im Januar von den britischen Behörden wegen neonazistischer Umtriebe verhaftet worden und wurde später der deutschen Gerichtsbarkeit übergeben. Der Bundesgerichtshof hatte aber am 28. 7. wegen mangelnden Tatverdachts die Haftentlassung Naumanns angeordnet.

25. Dienstag
Bundesrepublik Deutschland. Der Bundesinnenminister veranlaßt die Einrichtung des Technischen Hilfswerks (THW).

27. Donnerstag
Panama. In der Stadt Panama kommt es zu großen Demonstrationen für eine Revision der 1903 und 1936 mit den USA geschlossenen Verträge über die Kanalzone.

September

2. Mittwoch
Frankreich. Das Kabinett genehmigt ein wirtschaftliches Notprogramm.
Malediven. Präsident Amir Amin Didi wird abgesetzt und das Sultanat wiederhergestellt.

3. Donnerstag
Frankreich. Der französische Staatsminister François Mitterrand tritt aus Protest gegen die Kolonialpolitik der Regierung zurück.

4. Freitag
Italien. Eine italienische Bergsteigerexpedition besteigt das Matterhorn über die bis dahin noch nie bezwungene Südostwand.
Rhodesien-Nyasaland. Lord John L. Llewellin wird als erster britischer Generalgouverneur des Landes vereidigt.

5. Samstag
Iran. Der US-amerikanische Präsident Eisenhower gibt im Rahmen des beiderseitigen Sicherheitsabkommens seine Zustimmung für Wirtschaftshilfe in Höhe von 45 Millionen Dollar.

6. Sonntag
Bundesrepublik Deutschland. Bei den Wahlen zum 2. Deutschen Bundestag verfehlt die CDU/CSU die absolute Mehrheit nur knapp. Sie bekommt 45,2% (243 Sitze), die SPD 28,8% (151 Sitze), die FDP

Bundestagswahlen 1953
- CDU/CSU 45,2% Mandate 243
- SPD 28,8% Mandate 151
- FDP 9,5% Mandate 48
- BHE 5,9% Mandate 27
- DP 3,3% Mandate 15
- Z 0,8% Mandate 3

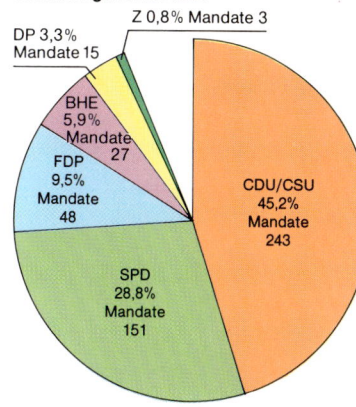

9,5% (48 Sitze), der GB/BHE 5,9% (27 Sitze), die DP 3,3% (15 Sitze) und das Zentrum 0,8% der Stimmen (3 Sitze). Die Deutsche Partei und das Zentrum erhielten Mandate aufgrund von Wahlbündnissen mit der CDU, obwohl sie weniger als 5% der Stimmen erreichten. Dazu werden aus dem Berliner Abgeordnetenhaus 11 SPD-, 6 CDU- und 5 FDP-Abgeordnete gewählt.
Griechenland. Der Kanal von Korinth wird durch einen Erdstoß blockiert.
Korea. Der Austausch von Kriegsgefangenen wird durchgeführt. 9800 Nordkoreaner und 14700 Chinesen wollen nicht in ihre Heimatländer zurückkehren.

7. Montag
Iran. In Teheran werden 55 Anhänger der kommunistischen Tudeh-Partei verhaftet.

10. Donnerstag
Korea. Die UNO bringt die 14700 chinesischen und 9800 nordkoreanischen Kriegsgefangenen, die nicht in ihr Land zurückkehren wollen, in Lager in der neutralen Waffenstillstandszone unter.
Zypern. Schwere Erdbeben fordern mindestens 40 Tote und 100 Verletzte.

11. Freitag
Kambodscha. Ministerpräsident Penn Nuth fordert die 10 000 Viet-Minh-Soldaten auf, Kambodscha zu verlassen. Damit soll die Neutralität des Landes gesichert werden.

13. Sonntag
Iran. Der Schah beschließt, Ex-Ministerpräsident Mossadegh vor ein Kriegsgericht zu stellen.
UdSSR. Nikita Chruschtschow, seit 21. 3. Erster Sekretär, wird zum Generalsekretär des ZK der KPdSU gewählt. Seine Vorschläge über eine Neuordnung der Landwirtschaft werden vom Zentralkomitee akzeptiert.

14. Montag
Großbritannien. Die Comet II, der neueste Düsenflugzeugtyp der BOAC, fliegt in 21 Stunden nach Rio de Janeiro. Sie ist damit um neun Stunden schneller als herkömmliche Propellerflugzeuge.

15. Dienstag
UNO. Die Inderin Lakshmi Pandit wird als erste Frau Vorsitzende der UN-Vollversammlung.

19. Samstag
Großbritannien. In einer aufsehenerregenden Radioansprache übt der Führer der Labour Party und Ex-Premier Clement Attlee scharfe Kritik an der »gefährlichen« politischen Intoleranz der USA denjenigen Ländern gegenüber, die mit den politischen Zielen der US-Amerikaner nicht übereinstimmen.

21. Montag
Ägypten/Großbritannien. Die Verhandlungen über den Suezkanal werden in Port Said fortgesetzt.
Westeuropa. Léon Marchal wird zum Generalsekretär des Europarates gewählt.

22. Dienstag
Dänemark. Die Parlamentswahlen bringen wenig Veränderungen, allein die Sozialdemokratische Partei kann geringe Stimmengewinne verbuchen.

26. Samstag
Spanien. Die Regierung schließt ein Verteidigungsbündnis mit den USA. Gegen wirtschaftliche und militärische Hilfe dürfen die USA künftig spanische Luft- und Flottenstützpunkte benutzen.

27. Sonntag
Sport. Im ersten Qualifikationsspiel für die Fußballweltmeister-

13.9. UdSSR S. 105 – 24

*29. 9. Bundesrepublik Deutschland
Ernst Reuter (links), hier im Gespräch mit Paul Comply French, dem Direktor der CARE-Organisation.*

7. Flüchtlinge, Heimatvertriebene
Heimatlose Jugend im Lager Heilsberg.

8. Kriegsgefangene
Vermißt? Gefangen? Tot?

9. Wiederaufrüstung
Konrad Adenauer begrüßt die ersten freiwilligen Soldaten in Andernach.

10. NATO-Beitritt
Interesse auch an der friedlichen Nutzung von Atomenergie: Atomminister Franz Josef Strauß mit dem Kernphysiker Heinz Maier-Leibnitz (links) und General Walter Bedell Smith, dem Präsidenten der Atomic Incorporation.

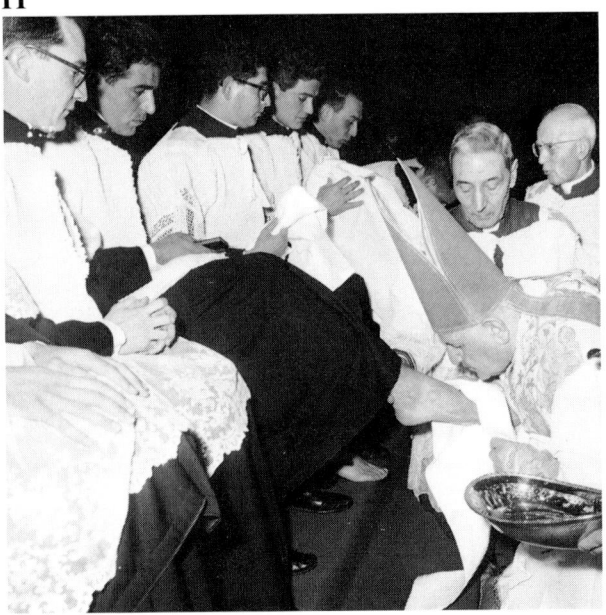

11. Kirchen I
Fußwaschung durch Papst Johannes XXIII.

12. Kirchen II
Otto Dibelius auf dem Evangelischen Kirchentag in München 1959.

7. Flüchtlinge, Heimatvertriebene
a) Betroffenes Kind
b) Interview mit einem Behördenvertreter
c) Betroffenes Kind
d) W. Dirks
e) H. Lukaschek
f) DDR-Flüchtling

8. Kriegsgefangene
a) K. Adenauer
b) Spätheimkehrer
c) Spätheimkehrer
d) Spätheimkehrer

9. Wiederaufrüstung
a) G. Heinemann
b) K. Adenauer
c) K. Adenauer
d) F. J. Strauß
e) W. Graf Baudissin
f) Passant
g) K. Adenauer

10. NATO-Beitritt
a) C. F. v. Weizsäcker
b) G. Heinemann
c) F. J. Strauß
d) H. Schmidt
e) R. Jungk
f) Richter des Bundesverfassungsgerichts

11. Kirchen I
a) Pius XII.
b) J. Frings
c) J. Frings
d) N. Canali
e) Reporterbericht

12. Kirchen II
a) O. Dibelius
b) K. v. Bismarck
c) O. Dibelius
d) M. Niemöller
e) H. Thielicke

7. Eine neue Heimat

Das »Wirtschaftswunder« ist an vielen von ihnen vorübergegangen: Die bis 1950 etwa 8 Millionen Flüchtlinge und Heimatvertriebenen gehörten zu den Ärmsten im Nachkriegsdeutschland. Not und Demütigung waren für Pommern, Schlesier, Ostpreußen und Sudetendeutsche auch in den 50er Jahren noch nicht vorbei. Zunächst von den Alliierten in den dünner besiedelten Agrar-Regionen untergebracht, fanden diese Menschen nur selten Arbeit. Andere, Facharbeiter aus den Industriegebieten des Ostens sowie Intellektuelle, mußten sich als Landarbeiter verdingen. Sie nahmen der einheimischen Bevölkerung Wohnraum und Brot, waren wenig gelitten, oft angefeindet. Später, in den Städten, wohnten sie in Baracken und Lagern. Spezielle soziale Hilfen für die Flüchtlinge wurden unumgänglich. Der Lastenausgleich, 1952 eingeführt, verpflichtete alle natürlichen und juristischen Personen in der Bundesrepublik, mit der Hälfte ihres Vermögens (Stichjahr 1948/49) zur gerechteren Verteilung der Kriegslasten beizutragen. Er hat Verlorenes nicht wiedergebracht, aber er hat geholfen, die größte Not zu lindern.

8. Rückkehr aus Rußland

Berlin lag für Konrad Adenauer schon auf dem Weg nach Sibirien. Seine Reise nach Moskau Anfang September 1955 hat den deutschen Bundeskanzler deshalb nicht nur politische, sondern auch persönliche Überwindung gekostet. Es wurde eine bedeutendste Reise. Als Gegenleistung für die Aufnahme diplomatischer Beziehungen versprachen die Sowjets die Freilassung der letzten 10 000 deutschen Kriegsgefangenen in der Sowjetunion.
Im Oktober 1955 trafen die ersten Heimkehrer im niedersächsischen Durchgangslager Friedland ein: ausgehungerte, verhärmte Männer, gezeichnet durch jahrelange Zwangsarbeit in den sibirischen Bergwerken und Arbeitslagern. Über zehn Jahre hatten sie ihre Familien nicht gesehen, wußten die Angehörigen zu Hause nicht, ob der Mann, der Vater, der Bruder noch lebten, krank oder verschollen waren.
An die Genfer Konvention über die Behandlung der Kriegsgefangenen hatte sich zwar kein Land jemals strikt gehalten, nirgendwo aber galt das Leben der Gefangenen weniger als in den Lagern von Hitler und Stalin.

9. Die Republik rüstet ...

Als sich die Alliierten am 2. August 1945 in Potsdam trennten, waren die gegensätzlichen Interessen unübersehbar. Einig waren sich Truman, Attlee und Stalin nur darüber, daß deutscher Nationalsozialismus und Militarismus mit Stumpf und Stiel zu beseitigen seien. Schwer zu sagen, wann auch diese Gemeinsamkeit zerfiel. Churchill bedauerte schon bald, daß man nicht gleich 1945 mit den Deutschen zusammen gen Osten marschiert sei.
Der Plan der Amerikaner, notfalls deutsches Militär den Sowjets entgegenzustellen (die Frontstellung war spätestens seit Ausbruch des Koreakrieges im Juni 1950 klar), hatte in der Tat etwas Bestechendes. Hatten sich die Deutschen nicht im Rußlandfeldzug bewährt – und konnte man den Franzosen denn vertrauen, die doch zu einem Viertel kommunistisch wählten?
Die Alliierten liefen in Deutschland bei vielen offene Türen ein, nicht nur bei Konrad Adenauer: Zu deutlich war nach den Erfahrungen der Blockade Berlins die sowjetische Gefahr. Darüber hinaus kam der amerikanische Wunsch nach einem deutschen Verteidigungsbeitrag Adenauers politischen Zielen entgegen.

10. ... zum NATO-Beitritt

Konrad Adenauers oberstes Ziel war Souveränität der Bundesrepublik. Gleichberechtigter Partner in Europa konnte Deutschland aber am ehesten werden, wenn es sich politisch und militärisch an den Westen band. Am 29. August 1950 bot Adenauer dem amerikanischen Hochkommissar den Beitritt der Bundesrepublik zu einer europäischen Verteidigungsstreitmacht an, zwei Tage bevor das Bundeskabinett davon erfuhr. Ein Sturm der Entrüstung brach los. Unbeirrt verfocht Adenauer sein Ziel: Am 8. Februar 1952 formulierte der Deutsche Bundestag die Bedingungen für einen Verteidigungsbeitrag; am 26. Mai 1952 unterzeichneten die Bundesrepublik und die Alliierten den »Deutschlandvertrag«, am 27. Mai 1952 den EVG-Vertrag; der Deutsche Bundestag stimmte den Verträgen am 19. März 1953 zu; eine herbe Enttäuschung war die Ablehnung des EVG-Vertrages durch die französische Nationalversammlung am 30. August 1954; aber bereits am 23. Oktober 1954 wurden die »Pariser Verträge« unterzeichnet – die Bundesrepublik konnte Mitglied der NATO und der Westeuropäischen Union werden: Seit dem 5. Mai 1955 ist sie souveräner Staat.

11. Die römisch-katholische ...

Anfang der 50er Jahre gehörte die katholische Kirche in der Bundesrepublik zu jenen Institutionen, die die politische Willensbildung entscheidend beeinflußten. Zwar hat sie nicht aktiv die neue Bonner Demokratie mitgestaltet, ihr Einfluß war eher indirekt und bewegte sich oft auf persönlicher Ebene. Dennoch: bei den regierenden Christdemokraten besaß das katholische Element starkes Gewicht. Hirtenbriefe mit Wahlkampfaufforderungen und Empfehlungen für CDU und CSU dokumentieren die Nähe dieser Kirche zu den regierenden Parteien.
Im Brennpunkt der katholischen Diskussion stand die soziale Frage. Forderungen nach paritätischer Mitbestimmung, wie sie der Jesuit Oswald von Nell-Breuning erhob, konnten sich im bundesdeutschen Katholizismus jener Jahre nicht durchsetzen. Die Mehrheit in der katholischen Kirche erkannte zwar die Aufgabe einer gerechteren Einkommensverteilung, stellte aber die bestehenden sozialen und wirtschaftlichen Verhältnisse im Grundsatz nicht in Frage.

12. ... und die protestantische Kirche

In diesem Jahrzehnt konzentrieren sich viele Protestanten in der Bundesrepublik und in der DDR auf die Probleme des geteilten Deutschland. In der Bundesrepublik stehen daneben Fragen im Vordergrund wie Verteidigungspolitik, NATO-Beitritt, Dienst mit der Waffe und in diesem Zusammenhang die Kriegsdienstverweigerung aus Gewissensgründen. Sie stellen die Evangelische Kirche in Deutschland vor etliche Zerreißproben.
Theologisches wird nicht länger als grundsätzlich getrennt vom politischen Denken gesehen: In Evangelischen Akademien und auf Kirchentagen diskutieren engagierte Christen über die Bedrohung der Einheit der Kirche und der Freiheit durch den totalitären Kommunismus ebenso wie über die Gefahren der Atomwaffen. Die Tagung der Synode der EKD 1958 in Berlin-Spandau, alsbald als »Atomsynode« bekannt, führte beinahe zum Auseinanderbrechen der Amtskirche. Nur die Erinnerung an den Geist des Evangeliums und die Hoffnung auf gemeinsame Erkenntnis und Entscheidung vermochte dies zu verhindern.

9. 10. _USA_
Der Bakteriologe Jonas Salk beginnt Experimente mit Impfstoffen gegen spinale Kinderlähmung.

22. 10. _Bundesrepublik Deutschland_
Das neue Kabinett Adenauer.

Oktober

4. Sonntag
Triest. Die jugoslawische Regierung macht Italien den Vorschlag, in bilateralen Verhandlungen das Triest-Problem zu lösen.

5. Montag
DDR. In Lehnitz bei Berlin stirbt der Dramatiker und Erzähler Friedrich Wolf im Alter von 64 Jahren.

6. Dienstag
Bundesrepublik Deutschland. In Bonn tritt der 2. deutsche Bundestag zu einer konstituierenden Sitzung zusammen. Bundestagspräsident wird Hermann Ehlers (CDU).
China/DDR. Beide Länder kommen überein, ihren diplomatischen Vertretungen in Ostberlin und Peking den Status von Botschaften zu verleihen.

8. Donnerstag
Triest. Die USA, Großbritannien und Frankreich teilen mit, daß sie ihre Truppen aus der A-Zone von Triest zurückziehen und die Zone an Italien übergeben werden. Es folgt ein scharfer Protest des jugoslawischen Präsidenten Tito.

9. Freitag
Bundesrepublik Deutschland. Konrad Adenauer wird mit 305 von 487 möglichen Stimmen zum zweiten Mal zum Bundeskanzler gewählt.
USA. Jonas Salk, Bakteriologe an der Universität Pittsburgh, kündigt für den von ihm entwickelten Polioimpfstoff großangelegte Versuche an.

11. Sonntag
Sport. Die Bundesrepublik Deutschland schlägt in einem Fußballweltmeisterschaftsqualifikationsspiel das Saarland in Stuttgart mit 3:0.

12. Montag
Griechenland. Die Regierung schließt ein Abkommen mit den USA, das den Amerikanern das Recht gibt, griechische Militärstützpunkte zu benutzen.
Norwegen. Bei den Wahlen gewinnt die sozialdemokratische Arbeiterpartei die absolute Mehrheit.

13. Dienstag
Ceylon. Nachdem Ministerpräsident Dudley Senanayake aus Gesundheitsgründen zurückgetreten ist, bildet Sir John Kotalawala eine neue Regierung.

14. Mittwoch
Bundesrepublik Deutschland. Ein Linienflugzeug der belgischen Sabena stürzt in der Nähe des Rhein-Main-Flughafens ab. Alle 44 Insassen kommen ums Leben.
Iran. Der Militärankläger fordert die Todesstrafe für den ehemaligen Ministerpräsidenten Mossadegh. Ihm wird Mißachtung des Schahs und der Verfassung vorgeworfen.
USA. Präsident Eisenhower ordnet an, daß jeder Regierungsangestellte, der sich weigert, vor dem »Ausschuß für unamerikanische Tätigkeiten« auszusagen, entlassen wird.

15. Donnerstag
Israel/Jordanien. Israelische Soldaten greifen das jordanische Grenzdorf Qibya an, das Ausgangspunkt von Terroraktionen gegen israelische Siedlungen war. Bei dem Angriff gibt es auf jordanischer Seite 66 Tote. Großbritannien und die USA verurteilen die Aktion.

19. Montag
Mexiko/USA. Der US-amerikanische Präsident Eisenhower und sein mexikanischer Kollege Adolfo Ruiz Cortines übergeben den Falcon-Damm an der Grenze zwischen Mexiko und Texas seiner Bestimmung. Der Damm soll die Bewässerung neuer landwirtschaftlicher Anbaugebiete im Grenzgebiet sichern.

20. Dienstag
USA. Die Regierung unterbricht die Militär- und Wirtschaftshilfe für Israel wegen der Aktion gegen Qibya vom 15. 10.

22. Donnerstag
Berlin. Walter Schreiber (CDU) wird zum neuen Regierenden Bürgermeister von Westberlin gewählt. Er wird damit Nachfolger des verstorbenen Ernst Reuter (SPD).
Bundesrepublik Deutschland. Bundespräsident Heuss empfängt Bundeskanzler Adenauer und schaft 1954 in der Schweiz schlägt Österreich Portugal in Wien mit 9:1.

28. Montag
Polen. Kardinal Stefan Wyszyński, der Primas von Polen, wird von der Regierung für abgesetzt erklärt. Man wirft ihm subversive Tätigkeiten vor.
Triest. Der jugoslawische Staatspräsident Tito spricht sich gegen den italienischen Vorschlag vom 14. 9. aus, eine Volksabstimmung über die Zugehörigkeit Triests abzuhalten.

29. Dienstag
Bundesrepublik Deutschland. In Berlin stirbt der sozialdemokratische Politiker und Regierende Bürgermeister Ernst Reuter im Alter von 64 Jahren.

30. Mittwoch
Dänemark. Nach den Wahlen vom 22. 9. bildet Hans Hedtoft eine sozialdemokratische Minderheitsregierung.

überreicht den Ministern ihre Ernennungsurkunden. Vizekanzler und Minister für wirtschaftliche Zusammenarbeit wird Franz Blücher (FDP).
Laos. Die Regierung schließt mit Frankreich ein Übereinkommen, demzufolge Laos ein unabhängiger Staat innerhalb der Französischen Union wird.

23. Freitag
Nordirland. Parlamentswahlen bringen Gewinne für die probritische protestantische Union Party.

24. Samstag
Sport. In Zürich endet das Kandidatenturnier für die Schachweltmeisterschaft mit einem Sieg des Sowjetrussen Wassilij Smyslow. Er wird damit Herausforderer des amtierenden Weltmeisters Botwinnik.

25. Sonntag
Österreich. Bei den Landtagswahlen in Tirol gewinnt die ÖVP die absolute Mehrheit. Sie erhält 23 Sitze, die SPÖ 9 und die WdU 4 Sitze.

26. Montag
DDR. Die Rückkehr des ehemaligen Feldmarschalls Paulus aus sowjetischer Kriegsgefangenschaft wird gemeldet. Er kommandierte bei Stalingrad die 6. Armee und wurde im Februar 1943 gefangengenommen.

27. Dienstag
Bundesrepublik Deutschland. Hans Globke wird Staatssekretär im Bundeskanzleramt. Vor 1945 war er im Reichsinnenministerium tätig und Verfasser eines Kommentars zu den Nürnberger Rassengesetzen.
USA. Außenminister Dulles erklärt, daß seine Regierung nicht bereit sei, ihre Truppen aus Europa abzuziehen.

November

1. Sonntag
Bundesrepublik Deutschland. Bei den Wahlen zur Hamburger Bürgerschaft kann der sogenannte Hamburg-Block aus CDU, FDP, DP und BHE vier Mandate mehr gewinnen als die SPD. Er erhält 62, die SPD 58 Sitze.
Triest. Jugoslawien erklärt sich bereit, an einer Triestkonferenz teilzunehmen, obwohl der Beschluß, die A-Zone Italien zu überlassen, nicht zurückgenommen wird.

2. Montag
Pakistan. Die Verfassunggebende Versammlung beschließt, daß Pakistan ungeachtet der Proteste der Hindu-Bevölkerung eine islamische Republik werden soll.

4. Mittwoch
Finnland. Die Regierung Kekkonen tritt zurück, nachdem das Parlament ein Wohnungsbauprogramm abgelehnt hat.

7. Samstag
Bundesrepublik Deutschland. Bei Ramstein wird die bis dahin größte US-amerikanische Luftwaffenbasis in Europa eröffnet.

8. Sonntag
Kambodscha. König Sihanouk kehrt nach 5 Monaten aus seinem selbstgewählten Exil nach Phnom Penh zurück. Er verspricht eine Amnestie für 360 politische Gefangene.
Portugal. Die Partei von Ministerpräsident Salazar gewinnt alle 120 Sitze im Parlament.

9. Montag
Großbritannien. In New York stirbt der Dichter Dylan Thomas im Alter von 39 Jahren.
Saudi-Arabien. In Ta'if stirbt König Ibn Saud im Alter von 72 Jahren. Sein Sohn wird sein Nachfolger.

10. Dienstag
Philippinen. Wahlen für das Parlament und das Präsidentenamt bringen Mehrheiten für die Nationalistische Partei und ihren Vorsitzenden Ramón Magsaysay.

11. Mittwoch
Bundesrepublik Deutschland/ Griechenland. Die beiden Länder schließen ein Handelsabkommen. Industrieunternehmen der Bundesrepublik sollen für rd. 150 Millionen Mark Maschinen und andere Investitionsgüter liefern.

12. Donnerstag
Iran. Im Prozeß gegen den früheren Ministerpräsidenten Mossadegh wird die Todesstrafe gefordert. In Teheran werden Demonstrationen für ihn abgehalten.

13. Freitag
Österreich. Außenminister Karl Gruber (ÖVP) tritt wegen Meinungsverschiedenheiten mit seiner Partei zurück.

15. Sonntag
Berlin. Die drei Hohen Kommissare der westlichen Alliierten teilen dem sowjetischen Hohen Kommissar Semjonow mit, daß sie beschlossen haben, den Interzonenpaßzwang abzuschaffen.

17. Dienstag
UdSSR. In Moskau wird der Leichnam des am 5. 3. verstorbenen Diktators Stalin neben dem Lenins in dessen Mausoleum beigesetzt.

18. Mittwoch
Israel. Archäologen in Jerusalem berichten von dem Fund eines Skarabäus-Siegels, von dem angenommen wird, daß es sich um das Siegel des Befehlshabers der Philister handelt, der im 11. Jh. v. Chr. von König David erschlagen wurde.

20. Freitag
Vietnam. Der französische General Navarre erobert mit sechs Bataillonen Fallschirmspringern den Viet-Minh-Stützpunkt Diên Biên Phu in der Nähe der laotischen Grenze.

22. Sonntag
Sport. Im vorletzten Qualifikationsspiel für die Fußballweltmeisterschaft 1954 schlägt die Bundesrepublik Deutschland Norwegen in Hamburg 5:1. Damit hat sich die deutsche Mannschaft bereits für das WM-Turnier in der Schweiz qualifiziert.

23. Montag
Großbritannien. Königin Elizabeth und der Herzog von Edinburgh beginnen eine Reise durch das britische Commonwealth.

24. Dienstag
Israel. Der Sicherheitsrat der UNO stimmt einer Resolution zu, in der der israelische Vergeltungsschlag gegen das jordanische Grenzdorf Qibya (15. 10.) verurteilt wird.

25. Mittwoch
Sport. Überraschend verliert die englische Fußballnationalmannschaft im Wembley-Stadion ein Freundschaftsspiel gegen Ungarn mit 3:6 Toren.

29. Sonntag
Sport. Durch ein 0:0 gegen Portugal in Lissabon qualifiziert sich Österreich für die Fußballweltmeisterschaft in der Schweiz.
Sudan. Bei Wahlen erreichen die Vertreter eines Anschlusses an Ägypten die Mehrheit.

30. Montag
Österreich. Nachfolger des zurück-

9. 11. Großbritannien
Dylan Thomas

20.11. Vietnam
S. 145 – 34

12. 11. Iran
Der ehemalige Ministerpräsident Mohammed Mossadegh in Teheran vor Gericht. Der Prozeß endet am 21. 12. mit der Verurteilung zu drei Jahren Gefängnis.

10. 12. Nobelpreise
Albert Schweitzer, Friedensnobelpreisträger 1952. Er bekommt den Preis 1953 überreicht.

▷ **23. 12.** USA
Der Atomphysiker J. Robert Oppenheimer.

24. 12. Frankreich
René Coty, der neue Staatspräsident.

Dezember

1. Dienstag
Israel. General Moshe Dajan wird zum Generalstabschef ernannt.

2. Mittwoch
Großbritannien. Werftarbeiter rufen einen vierundzwanzigstündigen Streik aus. Es ist der umfassendste seit Ende des Zweiten Weltkriegs.

3. Donnerstag
Australien. Im Westen des Landes wird ein großes Ölfeld entdeckt.

5. Samstag
Großbritannien/Iran. Beide Länder nehmen wieder diplomatische Beziehungen auf, um den Streit um das Erdöl lösen zu können.
Triest. Es wird ein Abkommen über den Rückzug italienischer und jugoslawischer Truppen entlang der Grenze geschlossen.

6. Sonntag
Israel. Moshe Sharett (Mapai) wird als Nachfolger von David Ben Gurion neuer israelischer Ministerpräsident.

7. Montag
USA. Der US-amerikanische Autokonzern Ford Motors bringt den *Sun Valley* auf den Markt, das erste Sportcoupé mit durchsichtigem Dach.

8. Dienstag
Bermudas. Die am 4. 12. begonnene Konferenz der drei westlichen Großmächte (USA, Frankreich, Großbritannien) geht zu Ende. Im Schlußkommuniqué wird Frankreich für sein Bemühen um Frieden in Indochina gelobt und die Situation in Europa als unrechtmäßig kritisiert. Der UdSSR werden Verhandlungen über eine deutsche Wiedervereinigung und den Abschluß eines österreichischen Staatsvertrages angeboten.
Kirchenfragen. In Rom eröffnet Papst Pius XII. mit einer feierlichen Messe das Marienjahr. Der Anlaß ist die hundertjährige Wiederkehr der Verkündung des Dogmas von der unbefleckten Empfängnis Mariens.

9. Mittwoch
Berlin. Die Stadtverwaltung von Westberlin meldet die Ankunft des dreihunderttausendsten DDR-Flüchtlings in diesem Jahr.

10. Donnerstag
Nobelpreise. Die diesjährigen Nobelpreise gehen in Stockholm an Winston Churchill (Literatur), Frederik Zernike (Physik), Hermann Staudinger (Chemie), Fritz A. Lipmann und Hans A. Krebs (Medizin). Den Friedensnobelpreis erhält in Oslo der frühere US-amerikanische Außenminister George Marshall.

11. Freitag
Indochina. Französische Truppen ziehen sich aus Lai Chaň, 300 km nordwestlich von Hanoi, zurück und werden um Diên Biên Phu konzentriert.

14. Montag
Südkorea. Die Regierung unterzeichnet mit den USA ein Abkommen über Wirtschaftshilfe für das Jahr 1954 in Höhe von 628 Millionen Dollar.

15. Dienstag
Italien. Drei Millionen Industriearbeiter streiken 24 Stunden für eine Erhöhung des Grundlohnes.
Rhodesien-Nyasaland. Bei Parlamentswahlen erhält die gemäßigte Federal Party von Premierminister Sir Godfrey Huggins die Mehrheit.

18. Freitag
Nordvietnam. Ho Tschi Minh macht als Zeichen des guten Willens gegenüber Frankreich das Angebot, einige hundert Kriegsgefangene freizulassen. Damit soll der Beginn von Waffenstillstandsverhandlungen erleichtert werden.

19. Samstag
Österreich. Die Regierung teilt dem alliierten Kontrollrat mit, daß sie nun die unmittelbare Aufsicht über den österreichischen Luftraum übernimmt.

20. Sonntag
Pakistan. Die Regierung teilt der Sowjetunion mit, daß sie den USA nicht gestatten wird, Militärstützpunkte auf pakistanischem Gebiet einzurichten.

21. Montag
USA. Die erste »fliegende Radarstation«, eine Douglas RC 121C-Super-Constellation, trifft auf dem McClellal-Luftwaffenstützpunkt in Kalifornien ein.

22. Dienstag
Schweiz. Bundesrat Rodolphe Rubattel wird zum Bundespräsidenten für das Jahr 1954 gewählt.

23. Mittwoch
Luxemburg. In Luxemburg stirbt Pierre Dupong im Alter von 68 Jahren. Er war seit 1937 Ministerpräsident und ein Vorkämpfer für die europäische Einheit.
UdSSR. Nach einem fünf Tage dauernden Geheimprozeß wird der ehemalige Innenminister und Geheimdienstchef Lawrentij Berija wegen Hochverrats erschossen. Den offiziellen Angaben stehen Gerüchte gegenüber, nach denen er schon kurz nach seiner am 10. 7. bekanntgegebenen Verhaftung hingerichtet oder ermordet wurde.
USA. Die Atomenergiebehörde entläßt aus Sicherheitsgründen J. Robert Oppenheimer, den Vater der Atombombe. Ihm wird Kontakt zu kommunistischen Kreisen vorgeworfen.

24. Donnerstag
Frankreich. Nach 13 Wahlgängen wird René Coty mit 477 von 871 Stimmen zum Staatspräsidenten gewählt.

28. Montag
Luxemburg. Nachfolger des verstorbenen Pierre Dupong als Ministerpräsident wird Joseph Bech.

Getretenen Außenministers Gruber wird Leopold Figl.
Uganda. Mutesa, der König der Zentralprovinz Buganda, wird von der britischen Regierung seines Amtes enthoben, weil er gegen die Schaffung der Föderation von Rhodesien und Nyasaland protestierte.

Aus der belagerten französischen Festung Diên Biên Phu werden solange wie möglich verwundete Soldaten ausgeflogen. Der Fall der Festung am 7. 5. beschleunigt das Ende der französischen Kolonialmacht in Indochina.

1954

1954

15. 1. *Kenia*
Die britische Verwaltung verbucht im Kampf gegen die Mau-Mau einige Erfolge. Zahlreiche Mau-Mau-Kämpfer werden getötet, wichtige Führer der Organisation festgenommen.
▷

13. 1. *Bundesrepublik Deutschland/Österreich/ Schweiz*
Lawinen im Alpengebiet fordern mehr als hundert Todesopfer.

Januar

1. Freitag
Weltpolitik. Die USA, Großbritannien und Frankreich stimmen einem sowjetischen Vorschlag über die Abhaltung einer Viermächtekonferenz in Berlin am 25. 1. zu.

3. Sonntag
Israel/Jordanien. Jordanien lehnt einen israelischen Vorschlag ab, Verhandlungen auf hoher Ebene über die Grenzstreitigkeiten beider Länder zu führen.

4. Montag
Jugoslawien. Vizepräsident Djilas spricht sich gegen Dogmatismus und kritiklose Parteidisziplin in der jugoslawischen KP aus.

5. Dienstag
Italien. Die Regierung Pella tritt zurück, nachdem die Christdemokraten sich der Ernennung eines neuen Landwirtschaftsministers widersetzt haben.

6. Mittwoch
Sudan. Das Parlament wählt Ismail al Azhari zum ersten Ministerpräsidenten des Landes.

7. Donnerstag
DDR. Neuer Kultusminister wird der Schriftsteller Johannes R. Becher.

8. Freitag
China/USA. Nach einer Fernostreise spricht sich US-Vizepräsident Richard Nixon gegen eine Anerkennung der Volksrepublik China aus.

11. Montag
Brasilien. Der Kaffeepreis erreicht Rekordhöhen wegen der schlechten Ernte, die durch die Frostschäden im Jahre 1953 bedingt ist.
Vietnam. Das französische Oberkommando gibt bekannt, daß der Viet Minh 207 der 300 französischen Kriegsgefangene freigelassen habe.

13. Mittwoch
Ägypten. Nach schweren Ausschreitungen in Cairo greift der stellvertretende Ministerpräsident Nasser ein und verbietet die fanatische Moslembruderschaft. Ihr Oberhaupt, Hassan El Hodeibi, und andere führende Persönlichkeiten dieser Organisation werden verhaftet.
Bundesrepublik Deutschland/ Österreich/Schweiz. Im Grenzgebiet der drei Länder fordern Lawinen 117 Todesopfer.

15. Freitag
Bundesrepublik Deutschland. In Karlsruhe stirbt der Jurist und Politiker Hermann Höpker-Aschoff im Alter von 70 Jahren, seit 1951 erster Präsident des Bundesverfassungsgerichtes.
Kenia. Die britischen Behörden melden die Gefangennahme von Waruhiju Itote (»General China«), dem zweiten Führer der Mau-Mau, während eines Gefechtes bei Nyeri.

17. Sonntag
Jugoslawien. Das ZK der jugoslawischen KP enthebt Vizepräsident Milovan Djilas wegen seiner Kritik an der politischen Elite des Landes und seinem Plädoyer für eine liberalere Parteiführung seiner Ämter.

18. Montag
Italien. Der Christdemokrat Amintore Fanfani bildet eine neue Regierung.

21. Donnerstag
Spanien. In Granada demonstrieren junge Anhänger der Falange für eine Rückgabe von Gibraltar an Spanien.

USA. Die »Nautilus«, das erste von Atomkraft getriebene U-Boot, läuft vom Stapel.

22. Freitag
UNO. Als neue Mitglieder werden Brasilien, Neuseeland und die Türkei aufgenommen.
USA. In New York führt der Automobilkonzern General Motors das erste Auto mit Gasturbinenanlage vor – den XP21 Firebird.

24. Sonntag
Kenia. Die von den Bewohnern des Thompson-Falls-Distriktes im Juni zur »Königin der Mau-Mau-Organisation« gekrönte Wagiri wird zu zehn Jahren Gefängnis verurteilt.

25. Montag
Korea. Das US-Verteidigungsministerium veröffentlicht eine Namensliste der Opfer des Koreakrieges. Darin sind 30 606 Tote, 103 327 Verwundete, 101 Gefangene und 2953 Vermißte aufgeführt.
Weltpolitik. In Berlin beginnt die Viermächtekonferenz der Außenminister über das Problem der Wiedervereinigung Deutschlands, den österreichischen Staatsvertrag und Maßnahmen zur Verringerung der internationalen Spannungen.

27. Mittwoch
Arabische Liga. Der Ständige Rat der Liga erklärt in Cairo seine Unterstützung für den von Frankreich abgesetzten Sultan Mohammed ben Jussuf von Marokko.

29. Freitag
Jugoslawien. Das Parlament wählt Marschall Tito erneut einstimmig für eine Amtszeit von vier Jahren zum Staatspräsidenten. Tito hatte zuvor versichert, seine unabhängige Politik gegenüber der Sowjetunion fortzusetzen.

30. Samstag
Italien. Die Regierung Fanfani tritt zurück, nachdem sich das Parlament weigerte, ihr das Vertrauen auszusprechen.

31. Sonntag
Laos. Viet-Minh-Truppen dringen in Nordlaos ein und nähern sich der Hauptstadt Luang Prabang.

Februar

3. Mittwoch
Australien. Königin Elizabeth II. besucht als erstes britisches Staatsoberhaupt den fünften Kontinent.
Kenia. Ein Gericht in Nairobi verurteilt den Mau-Mau-Führer Waruhiju Itote zum Tode.

4. Donnerstag
Großbritannien/UdSSR. Das sowjetische Außenhandelsministerium will in den nächsten zwei Jahren für mehr als 1 Milliarde Dollar Industrieprodukte in Großbritannien kaufen.

5. Freitag
DDR. Arbeiter in Dresden und Karl-Marx-Stadt widersetzen sich den Bestrebungen der Regierung, Demonstrationen zu organisieren, die die sowjetische Propaganda für gesamtdeutsche Wahlen unterstützen.
Israel. Der israelische UN-Delegierte Abba Eban fordert vom Sicherheitsrat Sanktionen gegen die ägyptische Blockade des Suezkanals für den israelischen Überseehandel.

6. Samstag
Kaschmir. Die Verfassunggebende Versammlung beschließt den Anschluß an Indien.

7. Sonntag
Bundesrepublik Deutschland. In Hannover wird die erste umfassende Ausstellung der Bilder von Max Liebermann seit 1927 eröffnet.

8. Montag
Ägypten untersagt Frachtschiffen, die Israel anlaufen, nicht nur die Durchfahrt durch den Suezkanal, sondern auch das Anlaufen ägyptischer Häfen.

10. Mittwoch
Italien. Dem Christdemokraten Mario Scelba gelingt es, eine Regierung aus Christdemokraten, Sozialisten und Liberalen zu bilden.

11. Donnerstag
Bundesrepublik Deutschland. Der kanadische Premierminister Louis Stephen St. Laurent beendet einen zweitägigen Staatsbesuch in Bonn.
Laos. Viet-Minh-Truppen erreichen den äußeren Verteidigungsring der Hauptstadt Luang Prabang.

12. Freitag
Weltpolitik. Auf der Berliner Viermächtekonferenz schlägt der sowjetische Außenminister Molotow den Großen Vier vor, möglichst schnell einen Staatsvertrag mit Österreich zu schließen. Das Land soll jedoch bis zu einem Friedensschluß mit Deutschland besetzt bleiben, damit ein neuerlicher »Anschluß« an Deutschland unmöglich wird.

15. Montag
Laos. Französische und laotische Truppen drängen die Viet-Minh-Einheiten bei Luang Prabang zurück.

16. Dienstag
Österreich. Außenminister Leopold Figl weist den sowjetischen Vorschlag einer dauernden Besetzung Österreichs bis zu einem Friedensschluß mit Deutschland zurück.

18. Donnerstag
Weltpolitik. Die Viermächtekonferenz in Berlin kommt zum Abschluß. Als Ergebnis wurde die Einberufung einer Korea- und Indochinakonferenz nach Genf beschlossen. Zu ihr soll auch China eingeladen werden, was einen Erfolg für den sowjetischen Außenminister Molotow darstellt. Die Fragen der deutschen Wiedervereinigung und des österreichischen Staatsvertrages bleiben offen.
Großbritannien. Die Regierung teilt dem Unterhaus mit, daß die Produktion von Atomwaffen aufgenommen wurde. Die Lieferung an das Militär hat bereits begonnen.

19. Freitag
Sport. Gundi Busch (Bundesrepu-

*25. 1. Weltpolitik
Blick in den Sitzungssaal während der letzten Sitzung der Außenministerkonferenz.*

12.2. Weltpolitik
S. 129 – 26

18.2. Weltpolitik
S. 129 – 28

März 1954

19. 2. Sport
Gundi Busch

19.2. Sport
S. 368 – 71

13. 3. Vietnam
Die Viet Minh eröffnen den Angriff auf die französische Festung Diên Biên Phu. General Vo Nguyen Giap (auf dem Foto ganz in schwarz) demonstriert mit Hilfe eines Modells seinen Schlachtplan.

blik Deutschland) wird in Oslo Weltmeisterin im Eiskunstlauf der Damen.

22. Montag
Pakistan. Die Regierung bittet die USA um Militärhilfe. Der indische Ministerpräsident Nehru nennt dieses Ersuchen einen Schritt zur Vergrößerung der Spannungen in der Welt.

23. Dienstag
Indochina. Aus französischen Quellen verlautet, daß die Viet-Minh-Truppen ihre Angriffe auf die laotische Hauptstadt Luang Prabang und auf die französische Festung Diên Biên Phu in Vietnam verstärken.

25. Donnerstag
Ägypten. Der Revolutionsrat setzt Staatspräsident Nagib ab. Das Amt des Ministerpräsidenten übernimmt Oberst Nasser. Nagib wird unter Hausarrest gestellt.

26. Freitag
Bundesrepublik Deutschland. Der Bundestag nimmt gegen die Stimmen der SPD ein Ergänzungsgesetz zum Grundgesetz an, das die Wehrhoheit der Bundesrepublik begründet und damit auch einen Verteidigungsbeitrag verfassungsrechtlich möglich macht.
Das Bundesverfassungsgericht entscheidet, daß das Dienstverhältnis von Berufssoldaten mit der Kapitulation 1945 erloschen ist. Diese können somit keine Versorgungsansprüche für die Zeit nach 1945 geltend machen.

27. Samstag
Ägypten. Eine vom Volk unterstützte Gruppe von Kavallerieoffizieren erzwingt die Wiedereinsetzung von Staatspräsident Nagib. Nasser bleibt Ministerpräsident.

März

1. Montag
USA. In der Nähe des Bikini-Atolls wird eine US-amerikanische Wasserstoffbombe zur Explosion gebracht. Als Folge davon erleiden 23 japanische Fischer, 28 US-amerikanische Techniker und 236 Einwohner der Insel Ujae Schäden durch radioaktive Strahlung.
OAS. In Caracas (Venezuela) wird die zehnte Inter-Amerikanische Konferenz eröffnet. Auf der Tagesordnung stehen vor allem wirtschaftliche Probleme Lateinamerikas.

3. Mittwoch
Indochina. Die französische Regierung erklärt sich zu einem sofortigen Waffenstillstand bereit, wenn die Sicherheit der französischen Truppen und ihrer vietnamesischen Verbündeten gewährleistet wird.

4. Donnerstag
Tunesien. Sidi Lamine, der Bei von Tunis, billigt einen französischen Reformplan. Danach bekommen Tunesier die Mehrheit im Kabinett, und die tunesischen Männer bekommen das Recht, eine Beratende Versammlung als ersten Schritt zur Selbstbestimmung zu wählen.

5. Freitag
UdSSR. Kommentare in der sowjetischen Presse aus Anlaß von Stalins Todestag deuten an, daß dieser für die Geschichte der Sowjetunion erheblich weniger bedeutend war als Lenin.

7. Sonntag
Bundesrepublik Deutschland. In Wiesbaden wird Thomas Dehler als Nachfolger Franz Blüchers zum neuen FDP-Vorsitzenden gewählt.
Finnland. Bei den Parlamentswahlen kann die Regierungskoalition aus Sozialdemokraten und Bauernpartei geringe Gewinne erzielen.
Österreich. Die Zahl der Arbeitslosen liegt bei rd. 300 000.
Sport. Das sowjetische Eishockeyteam schlägt in Stockholm Kanada mit 7:2 und wird dadurch Weltmeister. Es ist das erste Mal, daß die UdSSR am Weltturnier teilnimmt.

11. Donnerstag
Bundesrepublik Deutschland. Der Protestant Wolfgang Jaenicke wird Botschafter der Bundesrepublik beim Heiligen Stuhl.

13. Samstag
Vietnam. Viet-Minh-Streitkräfte eröffnen einen Angriff auf die französische Festung Diên Biên Phu.

15. Montag
OAS. Die Konferenz in Caracas verabschiedet eine von Panama eingebrachte Resolution gegen Rassendiskriminierung.

16. Dienstag
Vietnam. Der Flughafen von Diên Biên Phu wird durch Artilleriebeschuß der Viet-Minh-Truppen zerstört. Damit ist die umzingelte Festung von der Außenwelt abgeschnitten.

17. Mittwoch
Israel/Jordanien. Bei einem jordanischen Überfall auf einen Bus im Negev werden 11 Israelis getötet.

18. Donnerstag
Nordkorea. Radio Peking berichtet über einen nordkoreanischen Dreijahresplan für den Wiederaufbau der durch den Krieg stark beschädigten Schwerindustrie.

19. Freitag
Polen. Ministerpräsident Bierut kündigt seinen Rücktritt an, um 1. Sekretär der polnischen KP zu werden. Neuer Ministerpräsident wird der bisherige Stellvertreter Jósef Cyrankiewicz.

22. Montag
Großbritannien. Der Londoner Goldmarkt, der seit 1939 geschlossen war, wird wieder eröffnet. Die Feinunze Gold notiert mit 35 Dollar.

23. Dienstag
Peru. Die Regierung gibt Víctor Raúl Haya de la Torre, dem Führer der nicht zugelassenen sozialistischen APRA, die Erlaubnis, das Land zu verlassen. Er hielt sich seit 1949 in der kolumbianischen Botschaft in Lima auf.

26. Freitag
DDR. Die Sowjetunion erklärt die DDR für souverän. Diese erhält damit formell das Recht, über ihre inneren und äußeren Angelegenheiten selbst zu entscheiden.

27. Samstag
Frankreich. Der französische Marschall Alphonse Juin, Oberbefehlshaber der NATO-Landstreitkräfte, wendet sich öffentlich gegen die EVG.

28. Sonntag
Indochina. US-Präsident Eisenhower sendet Botschaften an den französischen Staatspräsidenten Coty und das vietnamesische Staatsoberhaupt Bao Dai. Er lobt darin die Tapferkeit der Verteidiger von Diên Biên Phu.

29. Montag
Ägypten. Der Revolutionsrat weist die am 25. 3. erhobene Forderung Präsident Nagibs nach Parlamentswahlen zurück.

30. Dienstag
Vietnam. Die Angriffe des Viet Minh auf Diên Biên Phu verstärken sich. Französische Verteidigungslinien werden zum Teil überrannt.

April

3. Samstag
Vietnam. Die ersten französischen Verstärkungen seit einer Woche landen mit Fallschirmen im belagerten Diên Biên Phu.

4. Sonntag
USA. Arturo Toscanini dirigiert in New York zum letzten Mal das NBC-Sinfonieorchester.

5. Montag
Nicaragua. Nachdem eine Verschwörung gegen Staatspräsident Somoza aufgedeckt worden ist, wird der Ausnahmezustand verhängt.
USA. US-Präsident Eisenhower erklärt, daß die USA niemals als erste die Wasserstoffbombe einsetzen würden.

7. Mittwoch
Bundesrepublik Deutschland. Nach der Übertragung der Souveränitätsrechte an die DDR stellen Bundestag und Bundesregierung ausdrücklich den Alleinvertretungsanspruch der Bundesrepublik als Rechtsnachfolgerin des Deutschen Reiches fest.
Frankreich. General de Gaulle unterstützt die Kritik von Marschall Juin an der EVG und beschuldigt die USA der Einmischung in französische Angelegenheiten. Er fordert Frankreich auf, seine Unabhängigkeit zu wahren, eine Atommacht zu werden und im Kalten Krieg zu vermitteln.
Mexiko. Der peruanische Oppositionspolitiker Haya de la Torre trifft in seinem mexikanischen Exil ein.

8. Donnerstag
Kanada. 35 Passagiere und Besatzungsmitglieder an Bord eines Flugzeugs der Trans-Canada Air Lines werden bei einem Zusammenstoß mit einem Schulflugzeug der kanadischen Luftwaffe getötet. Der Unfall ereignete sich über Moose Jaw in der Provinz Saskatchewan.
Luftfahrt. Die britischen Luftfahrtbehörden verbieten den Start für alle Düsenflugzeuge vom Typ Comet, nachdem eine Comet der Fluggesellschaft BOAC bei Capri ins Mittelmeer stürzte. Dabei kamen 21 Menschen ums Leben.

10. Samstag
Frankreich. In Lyon stirbt der Chemiker und Erfinder Auguste Marie Louis Nicolas Lumière im Alter von 91 Jahren.

11. Sonntag
Belgien. Bei den Parlamentswahlen verliert die CVP die absolute Mehrheit. Sie erhält 95 Sitze, die Sozialisten 86, die Liberalen 25 und die übrigen Parteien 6 Sitze.

13. Dienstag
Großbritannien. Die Regierung sichert der vorgesehenen Europäischen Verteidigungsgemeinschaft völlige militärische und politische Zusammenarbeit zu.

15. Donnerstag
Balkanpakt. Die Türkei und Jugoslawien kündigen an, daß sie ihren Freundschaftsvertrag mit Griechenland in ein Militärbündnis umwandeln wollen.

17. Samstag
Mexiko. Der Peso wird abgewertet, um den Export zu fördern, ausländische Investoren anzulocken und die Importe einzuschränken.
Sport. Vor 60 000 Zuschauern gewinnt in Ludwigshafen der VfB Stuttgart durch ein 1:0 nach Verlängerung über den 1. FC Köln den DFB-Vereinspokal 1954.

20. Dienstag
Großbritannien/Iran. Beide Staaten nehmen die Verhandlungen über Entschädigungen für die Verstaatlichung der Anglo-Iranian Oil Company wieder auf.
UNO. Die Sowjetunion wird UNESCO-Mitglied.

22. Donnerstag
Belgien. Der Sozialist Achille van Acker bildet eine neue Regierung mit den Liberalen. Er selbst übernimmt das Amt des Ministerpräsidenten. Paul-Henri Spaak wird Außenminister.
Pakistan. Tausende von Urdu sprechenden Pakistani demonstrieren vor dem Parlamentsgebäude von Karatschi gegen den Regierungsbeschluß, das Bengalische als zweite offizielle Sprache zuzulassen.

23. Freitag
Vietnam. Viet-Minh-Truppen erobern einen Vorposten im nordwestlichen Verteidigungsring von Diên Biên Phu und dringen damit bis auf 640 m zum Zentrum vor.

25. Sonntag
Irak. Die Regierung schließt mit den USA ein Abkommen über Militärhilfe.
USA. In den Bell-Laboratorien in Murray Hill (New York) wird eine Sonnenbatterie vorgestellt, die Sonnenstrahlen direkt in elektrische Energie umwandeln kann.

26. Montag
Vietnam. Zum ersten Mal werden US-amerikanische Bomber eingesetzt, um die Viet-Minh-Truppen um Diên Biên Phu anzugreifen.
Weltpolitik. In Genf beginnt eine internationale Konferenz über die Lage in Korea und Indochina.

27. Dienstag
UdSSR. Nach fünfzehnjähriger Abwesenheit tritt die Sowjetunion wieder der Internationalen Arbeitsorganisation (ILO) bei.

29. Donnerstag
China/Indien. Beide Länder unterzeichnen in Peking einen Nichtangriffsvertrag und ein Abkommen über den Rückzug indischer Truppen aus den tibetischen Handelsplätzen Gyangtse und Yathung. Mit dem Vertrag erkennt Indien die Zuständigkeit Chinas für Tibet an.

28. 3. Indochina
Lange Zeit kann die Illusion aufrecht erhalten werden, daß der Krieg in Indochina ein spannendes Abenteuer bedeutet. Das Schwarzweißfoto zeigt die Wirklichkeit im belagerten Diên Biên Phu.

26.4. Vietnam
S. 145 – 34

Mai 1954

7. 5. *Vietnam*
Die Karte zeigt den Verlauf der Schlacht von Diên Biên Phu. Am 20. 11. 1953 landet eine Fallschirmjägereinheit in Diên Biên Phu, um die Provinzstadt zu einer Festung auszubauen. Die Truppen der Viet Minh unter General Giap beginnen am 13. 3. 1954 mit der Belagerung. Im März gehen die äußeren französischen Stellungen verloren, und am Ende bleibt nur die Stellung »Claudine« übrig.

Kartenlegende:
- Bergland
- Tiefland
- Straße
- Französische Stellungen mit Codename und mit Datum der Einnahme durch Viet Minh
- Französische Stellungen mit Codename eingenommen zwischen 15. 4. und 7. 5. 1954
- Viet-Minh-Stellungen mit Divisionsnummer am 15. 4. 1954

Mai

1. Samstag
UdSSR. Bei der großen Militärparade zum 1. Mai auf dem Roten Platz in Moskau wird der neue viermotorige interkontinentale Tupolew-Bomber Tu 95 gezeigt. Er erhält den NATO-Codenamen Bear und soll in seinen Leistungen dem US-amerikanischen B 52-Bomber vergleichbar sein.

2. Sonntag
Türkei. Die Parlamentswahlen bringen Stimmengewinne für die Demokratische Partei von Staatspräsident Bayar.

3. Montag
Indochina. Vertreter der Viet Minh und der Regierungen von Vietnam, Kambodscha und Laos werden zur Genfer Indochina-Konferenz eingeladen.

5. Mittwoch
Finnland. Der Führer der Volkspartei, Ralf Toerngren, bildet eine Koalitionsregierung mit Sozialdemokraten und Bauernpartei. Der ehemalige Ministerpräsident Urho Kekkonen wird Außenminister.
Paraguay. Staatspräsident Frederico Chavez wird durch einen Militärputsch gestürzt.

6. Donnerstag
Berlin. Die SED kündigt an, daß sie sich an Wahlen zum Westberliner Abgeordnetenhaus beteiligen will.
DDR. Die sowjetischen Besatzungsbehörden geben der DDR-Regierung ihre Zustimmung zur Gründung einer zivilen Luftverkehrsgesellschaft.

7. Freitag
Vietnam. Nach 55 Tagen Belagerung erobern Viet-Minh-Truppen die französische Festung Diên Biên Phu.

9. Sonntag
Frankreich. Anhänger General de Gaulles demonstrieren in Paris für dessen Rückkehr an die Macht, während er dem Grabmal des Unbekannten Soldaten einen Besuch abstattet.

10. Montag
Vietnam. Der Rundfunksender der Viet Minh meldet, daß außer Gene-

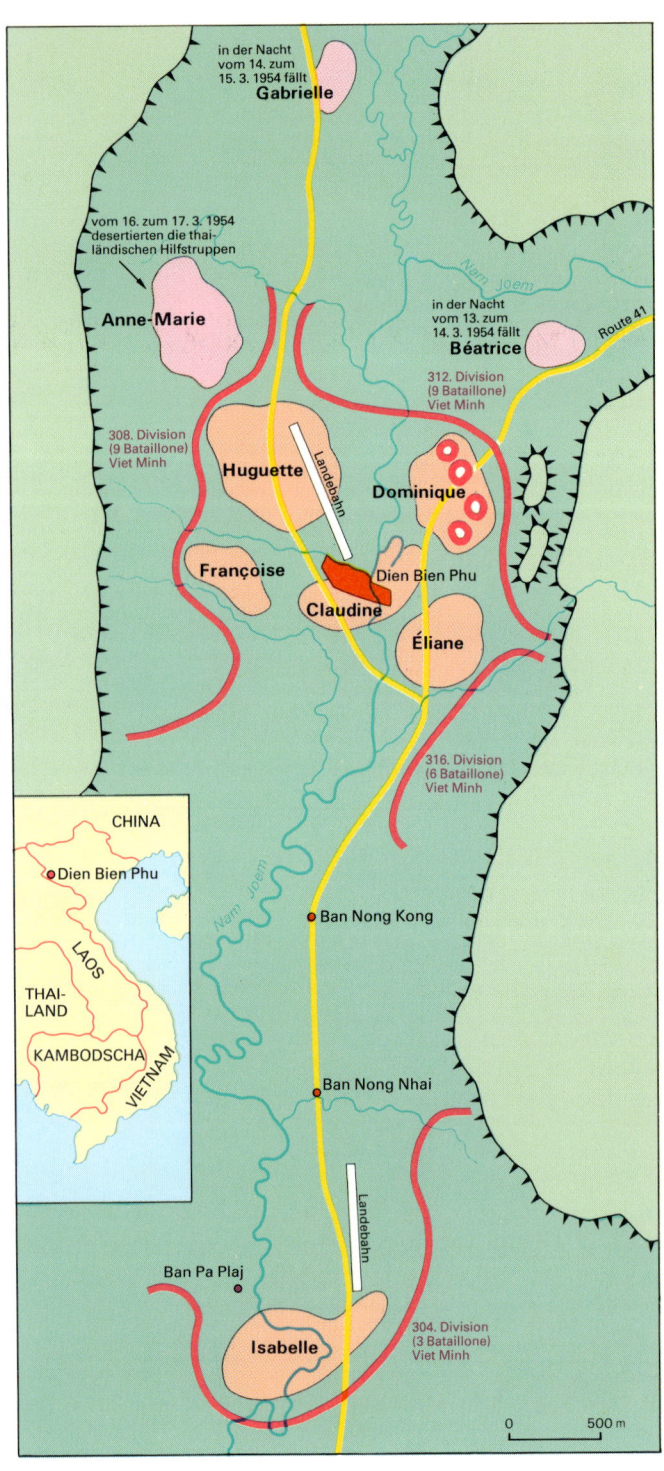

ral Christian de Castries noch 16 französische Oberste, 1749 weitere Offiziere und rd. 8000 Soldaten in Diên Biên Phu gefangengenommen wurden.

13. Donnerstag
Sport. Der Sowjetrusse Michail Botwinnik verteidigt mit einem 12:12-Unentschieden seinen Weltmeistertitel im Schach gegen seinen Landsmann Smyslow. Das Finalturnier dauerte zwei Monate.

14. Freitag
Sport. Das IOC stimmt für eine Zulassung der Volksrepublik China zu den Olympischen Spielen 1956 in Melbourne. Daraufhin kündigt Taiwan seine Nichtteilnahme an.

15. Samstag
Großbritannien. Königin Elizabeth und Prinz Philip kehren von einer Reise durch die Länder des Commonwealth zurück.

17. Montag
Philippinen. Luis Taruc, der Anführer der kommunistischen Untergrundbewegung Hukbalahap, ergibt sich den Regierungstruppen.
USA. Das Oberste Bundesgericht entscheidet, daß die Trennung von Schwarzen und Weißen im Schulunterricht verfassungswidrig ist.

18. Dienstag
Irland. Bei den Parlamentswahlen siegt das Wahlbündnis der Oppositionsparteien unter Führung von John Costello über die bisher regierende Fianna-Fail-Partei. Während letztere nur 65 Mandate gewinnt, erhalten die Oppositionsparteien 75 Mandate.

20. Donnerstag
Westeuropa. Der französische Sozialist Guy Mollet wird zum Vorsitzenden der Beratenden Versammlung des Europarates gewählt.

23. Sonntag
Naher Osten. Israelische Militärs beschuldigen Jordanien und Ägypten, für verschiedene militärische Zusammenstöße (drei an der jordanischen Grenze, einer am Gazastreifen) verantwortlich zu sein.
Sport. In der Bundesrepublik wird Hannover 96 durch ein 5:1 gegen den 1. FC Kaiserslautern im Hamburger Volksparkstadion Deutscher Fußballmeister 1954. Den Titel in Österreich holt Rapid Wien, in der Schweiz FC Chaux de Fonds.

24. Montag
In der Bundesrepublik Deutschland wird die Fluggesellschaft Deutsche Lufthansa AG gegründet.

25. Dienstag
Australien. In Sydney fällt radioaktiv verseuchter Regen.

29. Samstag
Kirchenfragen. In Rom wird Papst Pius X. von Papst Pius XII. heiliggesprochen.
Australien. Der Liberale Robert G. Menzies bildet eine Koalitionsregierung aus Liberal Party und Country Party.

Juni

1. Dienstag
Berlin. Der Sender Freies Berlin nimmt seine Tätigkeit auf.
USA. In New York werden 16 prominente Exilkubaner des Waffenschmuggels nach Kuba beschuldigt.

2. Mittwoch
Irland. John Costello, der Führer der konservativen Fine-Gael-Partei, wird vom Parlament zum Premierminister gewählt.

4. Freitag
Vietnam. Frankreich gewährt Vietnam innerhalb der Französischen Union die Unabhängigkeit.

6. Sonntag
Westeuropa. Mit der Übertragung einer Ansprache von Papst Pius XII. wird im Rahmen der Eurovision die erste gemeinsame Übertragung in der Bundesrepublik Deutschland, den Niederlanden, Belgien, Dänemark, Frankreich, Großbritannien, Italien und der Schweiz durchgeführt.

8. Dienstag
Guatemala. Nach einer angeblichen Verschwörung gegen Präsident Jacobo Arbenz Guzmán setzt die Regierung die Bürgerrechte außer Kraft.

9. Mittwoch
Frankreich. Der außenpolitische Ausschuß der Nationalversammlung lehnt den EVG-Vertrag ab.

11. Freitag
Ägypten/Saudi-Arabien. Beide Länder schließen in Cairo ein Abkommen über militärische Zusammenarbeit.

12. Samstag
Frankreich. Die Regierung Laniel stürzt, nachdem sich die Nationalversammlung geweigert hat, die französische Indochinapolitik zu unterstützen.

14. Montag
Bundesrepublik Deutschland. In Bad Neuenahr konstituiert sich das »Kuratorium Unteilbares Deutschland«.
Großbritannien. Premierminister Winston Churchill wird von Königin Elizabeth II. zum Ritter des Hosenbandordens geschlagen.

15. Dienstag
Ghana. Bei den Parlamentswahlen gewinnt die Convention People's Party von Kwame Nkrumah.

16. Mittwoch
Sport. In der Schweiz beginnt die Fußballweltmeisterschaft. Österreich schlägt im ersten Gruppenspiel in Zürich Schottland mit 1:0.
Vietnam. Ngo Dinh Diem wird Ministerpräsident der Republik Vietnam. Er kontrolliert jedoch nur Teile des Landes.

17. Donnerstag
Sport. In Bern schlägt die Bundesrepublik Deutschland die Türkei im ersten Gruppenspiel mit 4:1. Die Schweiz schlägt Italien in Lausanne 2:1.

18. Freitag
Frankreich. Pierre Mendès-France bildet eine neue Regierung. Er kündigt an, daß er den Indochinakrieg innerhalb von vier Wochen beenden will.
Guatemala. Ein Invasionsheer von Regierungsgegnern fällt in Guatemala ein. Die Regierung bittet den UN-Sicherheitsrat, die USA, Honduras und Nicaragua wegen Unterstützung dieses aggressiven Aktes zu verurteilen.

21. Montag
Ghana. Kwame Nkrumah, der Führer der Convention People's Party, wird Premierminister.

23. Mittwoch
Sport. Bei der Fußballweltmeisterschaft finden die Entscheidungsspiele für den Einzug ins Viertelfinale statt. Die Bundesrepublik Deutschland schlägt in Zürich die Türkei mit 7:2. Die Schweiz schlägt in Basel Italien mit 4:1.

25. Freitag
Guatemala. Rebellenführer Carlos Castillo Armás bildet in Chiquimala eine vorläufige Regierung.

15. 5. Großbritannien Königin Elizabeth II. kehrt von ihrer Weltreise zurück. Das Foto zeigt sie in Kanada, dem sie als einem der letzten Länder einen Besuch abstattet.

Juli 1954

4. 7. Sport
FIFA-Präsident Jules Rimet überreicht Fritz Walter den WM-Pokal.

4.7. Sport
S. 368 – 67

7.7. Kirchenfragen
S. 65 – 12

15. 7. USA
Das Innere des ersten Passagierflugzeuges mit Strahlantrieb, der in Seattle gebauten Boeing 707.

Juli

1. Donnerstag
Vietnam. Französische Truppen beenden ihren Rückzug aus dem Delta des Roten Flusses auf Abwehrstellungen um Hanoi und Haiphong.

2. Freitag
Guatemala. Der Bürgerkrieg endet mit der Unterzeichnung eines Friedensvertrages durch Rebellenführer Oberst Carlos Castillo Armás und Juntachef Oberst Elfego Monzón. Monzón bleibt Staatspräsident. Armás wird Juntamitglied. Die Junta soll so lange an der Macht bleiben, bis eine neue Verfassung ausgearbeitet ist.

4. Sonntag
Großbritannien. Mit der Aufhebung der Fleischrationierung ist die Bewirtschaftung von Lebensmitteln aufgehoben.
Sport. Im Endspiel der Fußballweltmeisterschaft schlägt die Bundesrepublik Deutschland die favorisierten Ungarn im Berner Wankdorfstadion mit 3:2.
Vietnam. Militärische Vertreter Frankreichs und des Viet Minh beginnen in Trungia, 40 km nördlich von Hanoi, mit Waffenstillstandsverhandlungen.

6. Dienstag
Kirchenfragen. Der Baptistenprediger Billy Graham kehrt nach einer fünfmonatigen Westeuropatournee nach New York zurück. Zu seinen 300 Massenveranstaltungen kamen rd. 2 Millionen Menschen (auch → S. 179).

7. Mittwoch
Guatemala. Der ehemalige Präsident Jacobo Arbenz Guzmán wird der Mitschuld an der Ermordung des Armeeoberbefehlshabers Francisco Javier Araña im Jahr 1949 bezichtigt, der damals sein wichtigster Rivale im Kampf um die Präsidentschaft war.
Kirchenfragen. In Leipzig wird der sechste Evangelische Kirchentag eröffnet, der von Christen aus der Bundesrepublik Deutschland und der DDR besucht wird.

11. Sonntag
Paraguay. General Alfredo Stroessner wird zum Staatspräsidenten gewählt. Er war der einzige Kandidat.

13. Dienstag
Indochina. In Paris beraten die Außenminister Frankreichs, Großbritanniens und der USA über einen Waffenstillstand in Indochina.

15. Donnerstag
UNO. Der Treuhandschaftsrat bestätigt das Recht der USA zu Kernwaffenversuchen in ihren pazifischen UN-Treuhandgebieten und lehnt dagegengerichtete Anträge der Sowjetunion und Indiens ab.
USA. In Seattle wird das erste Düsenverkehrsflugzeug (die Boeing 707) getestet.

17. Samstag
Bundesrepublik Deutschland. In Westberlin wählt die Bundesversammlung den Bundespräsidenten. Kandidaten sind der bisherige Bundespräsident Theodor Heuss und der Heidelberger Soziologe Alfred Weber. Heuss wird im ersten Wahlgang mit 871 Stimmen in seinem Amt bestätigt.
Finnland und die UdSSR schließen ein auf fünf Jahre befristetes Handelsabkommen und erheben ihre Vertretungen in den Rang von Botschaften.

20. Dienstag
Bundesrepublik Deutschland. Otto John, der Präsident des Bundesverfassungsschutzes, setzt sich in die DDR ab.

21. Mittwoch
Indochina. Vertreter Frankreichs und des Viet Minh schließen in Genf ein Waffenstillstandsabkommen, das den achtjährigen Krieg in Vietnam beendet. Vietnam wird danach in Höhe des 17. Breitengrades in einen kommunistisch regierten Norden und ein freies Südvietnam geteilt.

23. Freitag
DDR. In einer Radiosendung begründet Otto John seine Flucht damit, daß die Politik in der Bundesrepublik Deutschland stark von ehemaligen Nationalsozialisten beeinflußt sei.
Frankreich. Die Nationalversammlung billigt mit 462 gegen 13 Stimmen die Indochinapolitik von Ministerpräsident Mendès-France.

24. Samstag
Vietnam. Viet-Minh-Truppen greifen die südvietnamesische Küstenstadt Nha Trang, 290 Kilometer nordöstlich von Saigon, an.

27. Dienstag
Großbritannien und Ägypten beschließen in Cairo, die seit 72 Jahren bestehende britische Besetzung der Suezkanalzone im Jahr 1956 zu beenden.
Vietnam. Um 8.00 Uhr Ortszeit tritt das Waffenstillstandsabkommen in Kraft; es wird aber noch stundenlang von den Viet-Minh-Truppen gebrochen.

27. Sonntag
Bundesrepublik Deutschland. Bei den Landtagswahlen in Nordrhein-Westfalen verliert die CDU Stimmen. Sie bleibt trotzdem stärkste Partei und erhält 90 Sitze. Die SPD erringt 76 Sitze, die FDP 25 und das Zentrum 9 Sitze.
Guatemala. Staatspräsident Jacobo Arbenz Guzmán tritt zurück und überträgt einer Militärjunta, die verspricht, gegen die Invasion zu kämpfen, die Macht. Zwei Tage später wird Oberst Elfego Monzón neuer Staatspräsident.

30. Mittwoch
Guatemala. Staatspräsident Monzón verhandelt in San Salvador mit Rebellenführer Armás über Friedensbedingungen. Gleichzeitig unterdrückt das Militär einen linksgerichteten Aufstand in Esquintia und Concepción.

30. Freitag
Israel/Syrien. Auf dem einschließlich des gesamten Ufers zu Israel gehörenden See Genezareth kommt es zu Feuergefechten zwischen israelischen Patrouillenfahrzeugen und syrischer Artillerie.

31. Samstag
Kaschmir. Eine italienische Expedition unter Leitung des Geologen Ardito Desio besteigt den zweithöchsten Berg der Erde, den 8620 m hohen K2.

August

1. Sonntag
Ägypten. Die Regierung beendet die Wirtschaftsblockade der Suezkanalzone. Britische Soldaten können wieder ägyptische Waren kaufen.
Sport. Der französische Radrennfahrer Louison Bobet gewinnt die Tour de France.

3. Dienstag
Goa. Extremistische Hindus der Jan-Sangh-Partei versuchen in Goa, der portugiesischen Überseeprovinz an der mittleren Westküste Indiens, einzudringen. Dabei kommt es zu Feuergefechten zwischen portugiesischen Soldaten und indischer Polizei.
Kolumbien. Gustavo Rojas Pinilla wird für vier Jahre zum Staatspräsidenten gewählt.

4. Mittwoch
DDR. Die Regierung gewährt Otto John, dem ehemaligen Präsidenten des Bundesverfassungsschutzes, politisches Asyl.
Irak. Nuri as-Said, der Führer der pro-britischen Konstitutionellen Unionspartei, wird Ministerpräsident.

5. Donnerstag
Iran. Die Regierung gibt den Abschluß eines Abkommens mit westlichen Ölgesellschaften bekannt. Ein Konsortium von acht Firmen soll die Erdölförderung wieder in Gang bringen und die Hälfte des Gewinns an den iranischen Staat abtreten.

7. Samstag
Tunesien. Ministerpräsident ben Ammar bildet eine neue Regierung.

9. Montag
USA. Der größte Farbfernsehgerätehersteller der Welt, der US-amerikanische Konzern RCA, senkt den Gerätepreis von 1000 auf 495 Dollar.

12. Donnerstag
Bundesrepublik Deutschland. Nachdem Lohnerhöhungen zugesagt worden sind, endet in Hamburg ein neuntägiger Streik der 15 000 Beschäftigten der Gas-, Wasser- und Elektrizitätswerke.
Indonesien. An der Südküste von Java werden menschliche Fossilien gefunden, deren Alter auf 30 000 Jahre geschätzt wird.

Zypern. Griechische Zyprioten treten in einen vierundzwanzigstündigen Streik und fordern die Vereinigung mit Griechenland und die Aufhebung des Gesetzes gegen Aufruhr, das eine Diskussion über diese Frage verbietet.

14. Samstag
Bundesrepublik Deutschland. In Friedrichshafen stirbt der Luftschiffführer Hugo Eckener im Alter von 86 Jahren.

15. Sonntag
Kirchenfragen. In Evanston (USA) wird die zweite Vollversammlung des Weltrates der Kirchen eröffnet; 163 Kirchen aus 48 Ländern entsenden rd. 500 Delegierte.
Französisch-Marokko. Einheiten der französischen Fremdenlegion besetzen das arabische Viertel von Fez, um Unruhen unter den Nationalisten zu unterdrücken; 130 Araber werden festgenommen.
Nepal. Schwere Überschwemmungen fordern mehr als 900 Tote.

16. Montag
Vietnam. US-amerikanische Flotteneinheiten unter Admiral Lorenzo Sabin beginnen mit der Operation »Passage to Freedom«; sie soll es allen Vietnamesen, die es wünschen, ermöglichen, von Nord- nach Südvietnam zu gehen.

17. Dienstag
Ägypten/Großbritannien. Mit dem Abtransport von 2000 britischen Soldaten aus dem Hafen von Port Said beginnt die Räumung der Suezkanalzone.
USA. Der Kongreß verabschiedet ein Gesetz, das die Mitgliedschaft in einer kommunistischen Partei unter Strafe stellt.

19. Donnerstag
Bundesrepublik Deutschland. Der CDU-Bundestagsabgeordnete Karlfranz Schmidt-Wittmack sucht in der DDR um politisches Asyl nach, weil er mit der Politik Adenauers nicht einverstanden sei.
Italien. In Sella di Valsugana stirbt der italienische Politiker Alcide de Gasperi im Alter von 73 Jahren.

20. Freitag
Zypern. Griechenland bringt den Zypern-Konflikt in der UNO zur Sprache. Die britische Regierung lehnt jede UN-Vermittlung im Zypern-Konflikt ab.

24. Dienstag
Brasilien. Staatspräsident Vargas begeht in Rio de Janeiro im Alter von 71 Jahren Selbstmord. Sein Nachfolger wird João Café Filho.
China. Parteichef Mao Zedong empfängt in Peking als erste westliche Politiker eine Delegation der britischen Labour Party mit dem ehemaligen Premierminister Clement Attlee.

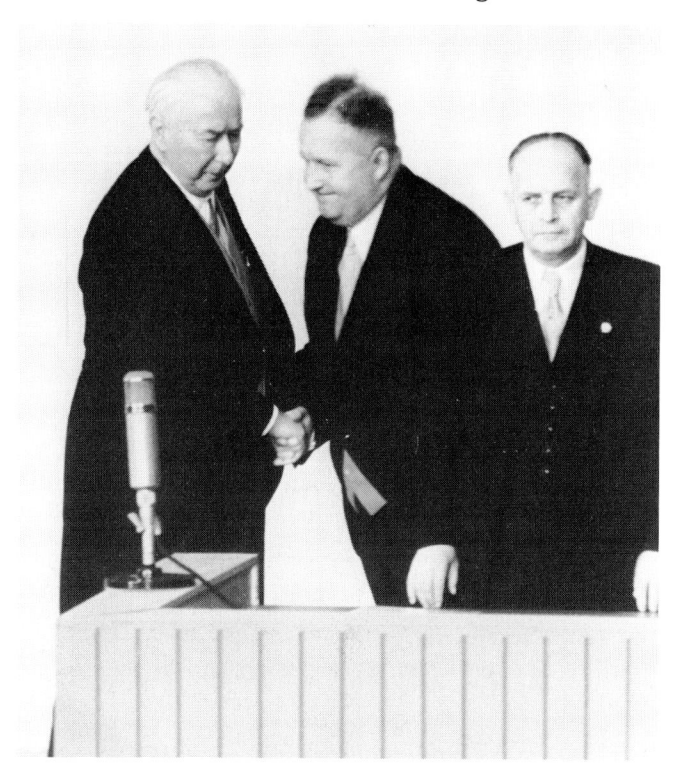

30. Montag
Frankreich. Die Nationalversammlung lehnt den EVG-Vertrag mit 319 gegen 264 Stimmen ab. Damit sind die Pläne zur Bildung einer Europäischen Verteidigungsgemeinschaft gescheitert.

31. Dienstag
Kirchenfragen. In der Bischofsstadt Fulda beginnt der 76. Deutsche Katholikentag.

17. 7. Bundesrepublik Deutschland
Bundestagspräsident Hermann Ehlers gratuliert Theodor Heuss (links) zur Wiederwahl.

16. 8. Vietnam
Während der Operation »Passage to Freedom« werden Tausende von Nordvietnamesen von der US-Flotte in den Süden gebracht.

September

1. Mittwoch
Bundesrepublik Deutschland. Mit der Annahme eines Schiedsspruchs endet in der bayerischen Metallindustrie ein dreiwöchiger Arbeitskampf.

2. Donnerstag
Tunesien. Das Verbot der nationalistischen Neo-Destur-Partei wird aufgehoben.

3. Freitag
Vietnam. Die Viet Minh lassen General Christian de Castries, den Kommandanten der französischen Truppen in Diên Biên Phu, frei.

7. Dienstag
Israel schlägt in der UNO einen Nichtangriffspakt mit den arabischen Ländern vor.

8. Mittwoch
Südostasien. Delegationen aus Australien, Neuseeland, Großbritannien, Frankreich, den USA, Pakistan, Thailand und den Philippinen unterzeichnen in Manila ein Sicherheitsbündnis. Damit wird die Südostasiatische Verteidigungsorganisation (SEATO) gegründet. In einem Zusatzprotokoll wird festgehalten, daß auch Laos, Kambodscha und Südvietnam unter die Bündnisgarantien fallen.

9. Donnerstag
Libyen/USA. Beide Staaten unterzeichnen in Bengasi ein Abkommen, das den USA Benutzungsrechte für Luftwaffenbasen als Ausgleich für Wirtschaftshilfe einräumt.

10. Freitag
Die USA fordern vom UN-Sicherheitsrat Aktionen gegen sowjetische Angriffe auf US-amerikanische Flugzeuge im internationalen Luftraum. Der sowjetische Chefdelegierte Andrej Wyschinskij lehnt eine Untersuchung ab.

12. Sonntag
Bundesrepublik Deutschland. Der britische Außenminister Anthony Eden spricht in Bonn mit Bundeskanzler Adenauer über einen möglichen Beitritt der Bundesrepublik zur NATO.

14. Dienstag
China. Die Regierung beruft 450 000 Rekruten im Alter zwischen 18 und 22 Jahren ein.

17. Freitag
In Berlin wird die Amerika-Gedenkbibliothek eröffnet.

19. Sonntag
China/USA. Als Vorbereitung der Debatte über die Zulassung Chinas zu den Vereinten Nationen veröffentlichen die USA eine Note, in der Peking 39 aggressiver Akte gegen Schiffe und Flugzeuge aus sieben verschiedenen Ländern seit 1950 beschuldigt wird.

21. Dienstag
UNO. In New York beginnt die 9. UN-Vollversammlung. Dabei wird eine US-amerikanische Resolution angenommen, die die Diskussion über den Beitritt Chinas zur UNO vertagt. Zum Vorsitzenden der Versammlung wird der Niederländer Eelco van Kleffens gewählt.

22. Mittwoch
Südostasien. Thailand ratifiziert als erstes Land den SEATO-Vertrag.

27. Montag
China. Der Volkskongreß wählt Mao Zedong zum Staatsoberhaupt Chinas.
Israel. Die Regierung gibt alle Guthaben palästinensischer Flüchtlinge auf den Banken des Landes in Höhe von 8,5 Mill. Dollar frei.

28. Dienstag
Westeuropa. In London findet eine Neunmächte-Außenministerkonferenz statt. Teilnehmer sind Großbritannien, Frankreich, Bundesrepublik Deutschland, Italien, Kanada, Belgien, Luxemburg, die Niederlande und die USA. Dabei geht es unter anderem um Fragen der westeuropäischen Sicherheit, insbesondere um einen NATO-Beitritt der Bundesrepublik.

29. Mittwoch
Bundesrepublik Deutschland. Das deutsche Fernsehen beginnt mit der Ausstrahlung der Familienserie »Unsere Nachbarn heute abend: Familie Schölermann«.
Guatemala. Staatspräsident Carlos Castillo Armás gibt bekannt, daß 2000 Personen wegen des Verdachts kommunistischer Umtriebe in Haft sind.

30. Donnerstag
USA. Das erste Atom-Unterseeboot der Welt, die »Nautilus« (3000 t), wird in Groton in Dienst gestellt und der Atlantikflotte zugewiesen.

Oktober

1. Freitag
Jugoslawien/UdSSR. Beide Staaten schließen ein Handelsabkommen, das erste seit 1948. Darin wird der Austausch nichtmilitärischer Güter vereinbart.

3. Sonntag
Westeuropa. In London geht die Neunmächtekonferenz zu Ende. In der dort verabschiedeten Londoner Akte wird der Beitritt der Bundesrepublik und Italiens zum Brüsseler Pakt (WEU) festgelegt. Die Bundesrepublik verzichtet auf ABC-Waffen, Raketen und strategische Bombenflugzeuge sowie Kriegsschiffe über 3000 t, während die USA, Großbritannien und Kanada sich verpflichten, Streitkräfte für die Vertragsdauer (50 Jahre) auf europäischem Boden zu stationieren. Außerdem wird mit der Londoner Akte der NATO-Beitritt der Bundesrepublik vorbereitet.

5. Dienstag
Triest. Jugoslawien und Italien erzielen in London eine Einigung über die Aufteilung des Gebietes von Triest.

7. Donnerstag
Bundesrepublik Deutschland. Der Bundestag billigt die Ergebnisse der Londoner Verhandlungen. Nur die SPD spricht sich gegen die sich abzeichnende Integration in ein westliches Verteidigungsbündnis aus. Sie schlägt statt dessen direkte Verhandlungen mit der Sowjetunion über die deutsche Frage vor.

9. Samstag
USA. In Washington stirbt der Jurist Robert Jackson, US-Hauptankläger beim Nürnberger Prozeß gegen die Hauptkriegsverbrecher, im Alter von 62 Jahren.

11. Montag
Bundesrepublik Deutschland. Der Landtag von Schleswig-Holstein wählt Kai Uwe von Hassel (CDU) zum neuen Ministerpräsidenten.
Israel/Jordanien. Israel beendet den siebenmonatigen Boykott der israelisch-jordanischen Waffenstillstandskommission.

17. Sonntag
Großbritannien. Premierminister

3.9. *Vietnam* S. 145 – 34

28.9. *Westeuropa* S. 65 – 10

27.9. *China*
Der erste Staatschef der Volksrepublik China, Mao Zedong, bei der Ausarbeitung der Verfassung für die Volksrepublik.

Churchill ernennt Harold Macmillan zum Verteidigungsminister. Er wird Nachfolger von Harold Graf Alexander, der von seinem Amt zurückgetreten war.
Österreich. In Niederösterreich, Salzburg und Wien finden Landtagswahlen statt. In Niederösterreich erhält die ÖVP 30 Sitze, die SPÖ 23 und die Wahlgemeinschaft Österreichische Volksopposition 3 Sitze. In Salzburg bekommt die ÖVP 15 Sitze, die SPÖ 13 und die WdU 4 Sitze. In Wien gewinnt die SPÖ 59 Sitze, die ÖVP 35 und die KPÖ 6 Sitze.

19. Dienstag
Ägypten/Großbritannien. Beide Länder unterzeichnen in Cairo ein Abkommen, in dem der Rückzug aller britischen Besatzungstruppen aus der Suezkanalzone bis Juli 1956 vereinbart wird.

20. Mittwoch
Finnland. Der bisherige Außenminister Urho Kekkonen bildet eine neue Regierung.

21. Donnerstag
Frankreich/Indien. Beide Staaten unterzeichnen in Delhi einen Vertrag, der Indien die französischen Enklaven Pondicherry, Karikal, Mahé und Janan überträgt.

22. Freitag
Bundesrepublik Deutschland. Gustaf Gründgens wird Intendant des Hamburger Schauspielhauses.

23. Samstag
Westeuropa. In Paris gehen die Viermächtekonferenz der drei Westmächte und der Bundesrepublik, die Neunmächtekonferenz der Unterzeichner der Londoner Akte, eine Konferenz zwischen Frankreich und der Bundesrepublik sowie eine Konferenz der NATO-Mitglieder und der Bundesrepublik zu Ende. Diese Konferenzen führen unter anderem zur Beendigung des Besatzungsregimes in der Bundesrepublik, außerdem zur Gründung der Westeuropäischen Union und zur Unterzeichnung des Saarstatuts.

25. Montag
Saarland. Das französisch-deutsche Abkommen über das Saarstatut wird veröffentlicht: Die Westeuropäische Union soll einen Hochkommissar benennen, das Saarland soll europäisiert und nicht Teil der Bundesrepublik Deutschland werden.

26. Dienstag
Ägypten. Ministerpräsident Nasser entgeht einem Mordanschlag der verbotenen Moslembruderschaft, deren Anführer Achmed Hasan el Hodeibi am 30. 10. verhaftet wird.
Italien. Britische und amerikanische Truppen übergeben die Stadt Triest und ihren Hafen der italienischen Armee.

28. Donnerstag
Peru. Staatspräsident Manuel Odría kündigt an, daß bei den Präsidentschaftswahlen 1956 auch Frauen stimmberechtigt sein sollen.

29. Freitag
Bundesrepublik Deutschland. In Oldenburg stirbt Bundestagspräsident Hermann Ehlers (CDU) im Alter von 50 Jahren.
Österreich. Bei den Landtagswahlen in Vorarlberg wird die ÖVP mit 16 Sitzen stärkste Partei. Die SPÖ erhält 7 und die WdU 3 Sitze.

30. Samstag
Iran. Das Konsortium, das die Ölfelder um Abadan ausbeuten soll, überläßt der Anglo-Iranian Oil Company 670 Mill. US-Dollar als Entschädigung.

November

1. Montag
Algerien. Nationalisten verüben eine Serie von Bombenanschlägen auf Brücken, Fabriken und öffentliche Gebäude. Mehr als zehn Franzosen kommen bei den Attentaten ums Leben.
Kuba. Staatspräsident Batista wird ohne Gegenkandidat wiedergewählt. Der ursprünglich vorgesehene Gegenkandidat Ramón San Martin hatte auf eine Kandidatur verzichtet und seine Anhänger zum Wahlboykott aufgerufen.

7. 10. Bundesrepublik Deutschland
Der geplante Verteidigungsbeitrag der Bundesrepublik und die Teilung Deutschlands führen wiederholt zu Demonstrationen. Oben: Protestzug gegen die Wiederbewaffnung des geteilten Deutschland.

22.10. Bundesrepublik Deutschland S. 328 – 55

23. 10. Westeuropa Vertreter der 14 NATO-Mitgliedstaaten im Palais de Chaillot in Paris. Die Aufnahme der Bundesrepublik Deutschland in die NATO wird in einem Vertrag besiegelt.

Dezember 1954

15. 11. *Luftfahrt*
Zu den Teilnehmern beim Flug über den Nordpol gehören drei skandinavische Regierungschefs: Hans Hedtoft (Dänemark), Tage Erlander (Schweden) und Oscar Torp (Norwegen), von links nach rechts.

11.11. USA
S. 248 – 41

▷
30. 11. *Bundesrepublik Deutschland*
Wilhelm Furtwängler

14.11. Ägypten
S. 145 – 35

4. 12. *Südafrika*
Johannes Strijdom, der neue Premierminister, wird auf den Schultern seiner Anhänger gefeiert. Wie auch sein Vorgänger Malan ist er Vertreter einer strikten Rassentrennungspolitik.

3. Mittwoch
Frankreich. In Nizza stirbt der Maler, Graphiker und Bildhauer Henri Matisse im Alter von 84 Jahren.

5. Freitag
Chile. Das Parlament stimmt für die Einführung des Staatsmonopoles auf Kupfer. Dadurch wird die Regierung ermächtigt, das von US-amerikanischen Firmen geförderte Kupfer aufzukaufen und selbst weiterzuveräußern.

8. Montag
Äthiopien/Bundesrepublik Deutschland. Kaiser Haile Selassie trifft zu einem Staatsbesuch in der Bundesrepublik ein.

9. Dienstag
Algerien. Gefechtseinheiten der algerischen Nationalisten überfallen zwei Kompanien französischer Fallschirmjäger. Auf französischer Seite gibt es drei Tote.

11. Donnerstag
USA. Der Senat debattiert über den Untersuchungsbericht der McCarthy-Kommission. McCarthys zum großen Teil überzogene Methoden bei der Kommunistenverfolgung sollen nach lebhafter öffentlicher Kritik gerügt werden.

12. Freitag
Bundesrepublik Deutschland. Die Freie Demokratische Partei, Koalitionspartner der CDU, weigert sich, das am 23. 10. in Paris mit Frankreich geschlossene vorläufige Saarabkommen mitzutragen, und fordert weitere Verhandlungen.

14. Sonntag
Ägypten. Staatspräsident Mohammed Nagib wird durch den Revolutionsrat unter Oberst Nasser abgesetzt.

15. Montag
Frankreich. In Paris stirbt der Modeschöpfer Jacques Fath im Alter von 42 Jahren.
Luftfahrt. Eine DC 6B der Scandinavian Airlines fliegt als erstes Flugzeug über den Nordpol von Kopenhagen nach Los Angeles und zurück in 23 h und 55 min.

16. Dienstag
Bundesrepublik Deutschland. Als Nachfolger des verstorbenen Hermann Ehlers (CDU) wird Eugen Gerstenmaier (CDU) zum neuen Bundestagspräsidenten gewählt.

19. Freitag
Kanada. Mit US-amerikanischer Hilfe soll ein rd. 4800 km langes Radarwarnsystem durch das kanadische Nordpolgebiet von Alaska nach Grönland gebaut werden.

23. Dienstag
Großbritannien. Premierminister Churchill bestätigt, daß er am Ende des 2. Weltkrieges den Plan hatte, deutsche Kriegsgefangene zu bewaffnen, um einen Vormarsch der UdSSR zu verhindern.

24. Mittwoch
China. Der Minister für öffentliche Sicherheit teilt mit, daß seit 1951 106 angeblich für die USA und Taiwan tätige Spione getötet und über 100 verhaftet worden seien.

27. Samstag
Österreich. Bundeskanzler Julius Raab beendet einen viertägigen Staatsbesuch in Washington. Die US-amerikanische Regierung versichert ihm, daß sie sich weiter für einen Friedensvertrag und den Rückzug der Besatzungstruppen einsetzen wolle.

28. Sonntag
Bundesrepublik Deutschland. In Bayern und Hessen können bei Landtagswahlen CSU bzw. CDU große Gewinne verbuchen. In Bayern erhält die CSU 84 Sitze, die SPD 61, die FDP 13, die BP 27 und der BHE/GPD 19 Sitze. In Hessen kommt die CDU auf 24 Sitze, die SPD erhält 44, die FDP 21 und der BHE/GPD 7 Sitze.

Italien. In Chicago stirbt der Atomphysiker und Nobelpreisträger Enrico Fermi im Alter von 53 Jahren.

30. Dienstag
Bundesrepublik Deutschland. In Baden-Baden stirbt der Dirigent und Komponist Wilhelm Furtwängler im Alter von 68 Jahren.

Dezember

1. Mittwoch
Südostasien. Sir John Kotelawala, Ministerpräsident Ceylons, erklärt in New York, daß die USA den Kommunismus in Asien besser mit wirtschaftlichen Mitteln als mit Waffengewalt bekämpfen könnten.

2. Donnerstag
Osteuropa. Vertreter von acht Ostblockstaaten beschließen auf einer Konferenz in Moskau, ein osteuropäisches Gegenstück zur NATO zu bilden. 
USA. Der Senat beschließt mit 67 gegen 22 Stimmen, gegen Senator Joseph McCarthy einen offiziellen Tadel auszusprechen.

4. Samstag
Südafrika. Der neue Ministerpräsident Johannes Strijdom, der am 30. 11. Daniel Malan ablöste, erklärt, daß eine strengere Apartheidpolitik notwendig sei, um Gewalttaten zwischen Schwarzen und Weißen zu verhindern.

5. Sonntag
Berlin. Bei den Wahlen zum Abgeordnetenhaus gewinnt die SPD mit 64 Sitzen eine knappe Mehrheit. Die CDU erhält 44 und die FDP 19 Sitze.

6. Montag
Honduras. Staatspräsident Díaz wird Staatsoberhaupt mit diktatorischen Vollmachten.

7. Dienstag
Argentinien. Die Polizei verbietet

die alljährliche Marienprozession in Buenos Aires.

8. Mittwoch
Dänemark. Die Wehrpflicht wird von 18 auf 16 Monate gesenkt.

9. Donnerstag
Japan. Das Parlament wählt Ichiro Hatoyama, den Gründer der neuen Liberalen Partei, zum Ministerpräsidenten. Er wird Nachfolger des am 7. 12. zurückgetretenen Schigeru Yoschida.

10. Freitag
Nobelpreise. In Stockholm werden die Nobelpreise an Ernest Hemingway (Literatur), Max Born und Walther Bothe (Physik), Linus Pauling (Chemie) sowie John F. Enders, Thomas H. Weller und Frederick C. Roberts (Medizin) verliehen. Den Friedensnobelpreis erhält in Oslo das Flüchtlingskommissariat der Vereinten Nationen.

11. Samstag
Südvietnam. Ministerpräsident Ngo Dinh Diem ernennt General Le Van Ti als Nachfolger von General Nguyen Van Minh zum Generalstabschef. Dieser war bereits am 11. 9. wegen Meinungsverschiedenheiten über die Bekämpfung des Kommunismus entlassen worden, hatte sich aber geweigert, ins Exil zu gehen.

13. Montag
ČSR. Viliam Široký wird Ministerpräsident an der Spitze einer neuen Regierung.

14. Dienstag
Bundesrepublik Deutschland. Neuer bayerischer Ministerpräsident als Nachfolger von Hans Ehard (CSU) wird Wilhelm Hoegner (SPD).

15. Mittwoch
Griechenland. Ministerpräsident Papagos erklärt, sein Land sei in der Zypernfrage von seinen Bundesgenossen einschließlich der USA »verraten« worden.

16. Donnerstag
Griechenland. Bei antiamerikanischen Demonstrationen in Saloniki zerstören Demonstranten das Büro des US-amerikanischen Nachrichtendienstes.
Schweiz. Bundesrat Max Petitpierre wird als Nachfolger von Rodolphe Rubattel zum Bundespräsidenten für 1955 gewählt.
Westeuropa. Der Nordatlantische Verteidigungsrat erklärt, daß Atomwaffen für die Verteidigung Europas notwendig seien.

17. Freitag
Bundesrepublik Deutschland. Georg August Zinn (SPD) wird als hessischer Ministerpräsident wiedergewählt.
Finnland. Die Regierung Kekkonen tritt zurück, nachdem sich das Parlament geweigert hatte, ihr Sondervollmachten einzuräumen.

20. Montag
Großbritannien/UdSSR. Die Sowjetunion warnt Großbritannien, das Ergebnis der Pariser Konferenzen über einen deutschen Verteidigungsbeitrag zu ratifizieren. Dies hätte eine Aufkündigung der 1942 geschlossenen Beistandsverträge zur Folge. Eine ähnliche Drohung war Frankreich am 16. 12. zugegangen.

22. Mittwoch
Panama. Die Regierung erzielt Übereinstimmung mit den USA über einen neuen Vertrag für die Nutzung der Panamakanalzone.

24. Freitag
Jugoslawien. In einem Gespräch mit der US-amerikanischen Tageszeitung *New York Times* spricht sich das ehemalige Politbüromitglied Milovan Djilas für einen Zweiparteienstaat aus und fordert die Gründung einer neuen, demokratisch-sozialistischen Partei.

26. Sonntag
USA. Senator Joseph McCarthy kündigt eine Kampagne für eine Wirtschaftsblockade Chinas an. Außerdem will er jegliche Hilfe für Länder, die mit Peking Handel treiben, stoppen.

29. Mittwoch
Spanien. General Franco und der ehemalige Thronanwärter Don Juan kommen überein, daß der Sohn Don Juans, Don Juan Carlos, in Spanien auf seine zukünftige Aufgabe als König vorbereitet werden solle. Don Juan hatte auf seine Thronrechte verzichtet.

30. Donnerstag
Frankreich. Die Nationalversammlung stimmt der Ratifizierung der Pariser Verträge zu. Am 27. 12. hatte sie den NATO-Beitritt der Bundesrepublik Deutschland bereits genehmigt.

31. Freitag
Dominikanische Republik. Staatspräsident Hector Trujillo unterzeichnet ein Gesetz über die Verstaatlichung der Energie- und Telefonbetriebe.

16. 12. Schweiz
Der scheidende Bundespräsident Rodolphe Rubattel.

15. 12. Griechenland
Die Zypernfrage bewegt Griechenland. Am Grab des unbekannten Soldaten in Athen demonstrieren Tausende vorwiegend junger Menschen für den Anschluß der Insel an Griechenland.

Zu Urkund dessen haben die unterzeichneten Bevollmächtigten den vorliegenden Vertrag unterzeichnet und mit ihren Siegeln versehen.

Geschehen in der Stadt Wien in russischer, englischer, französischer und deutscher Sprache am 15. Mai 1955.

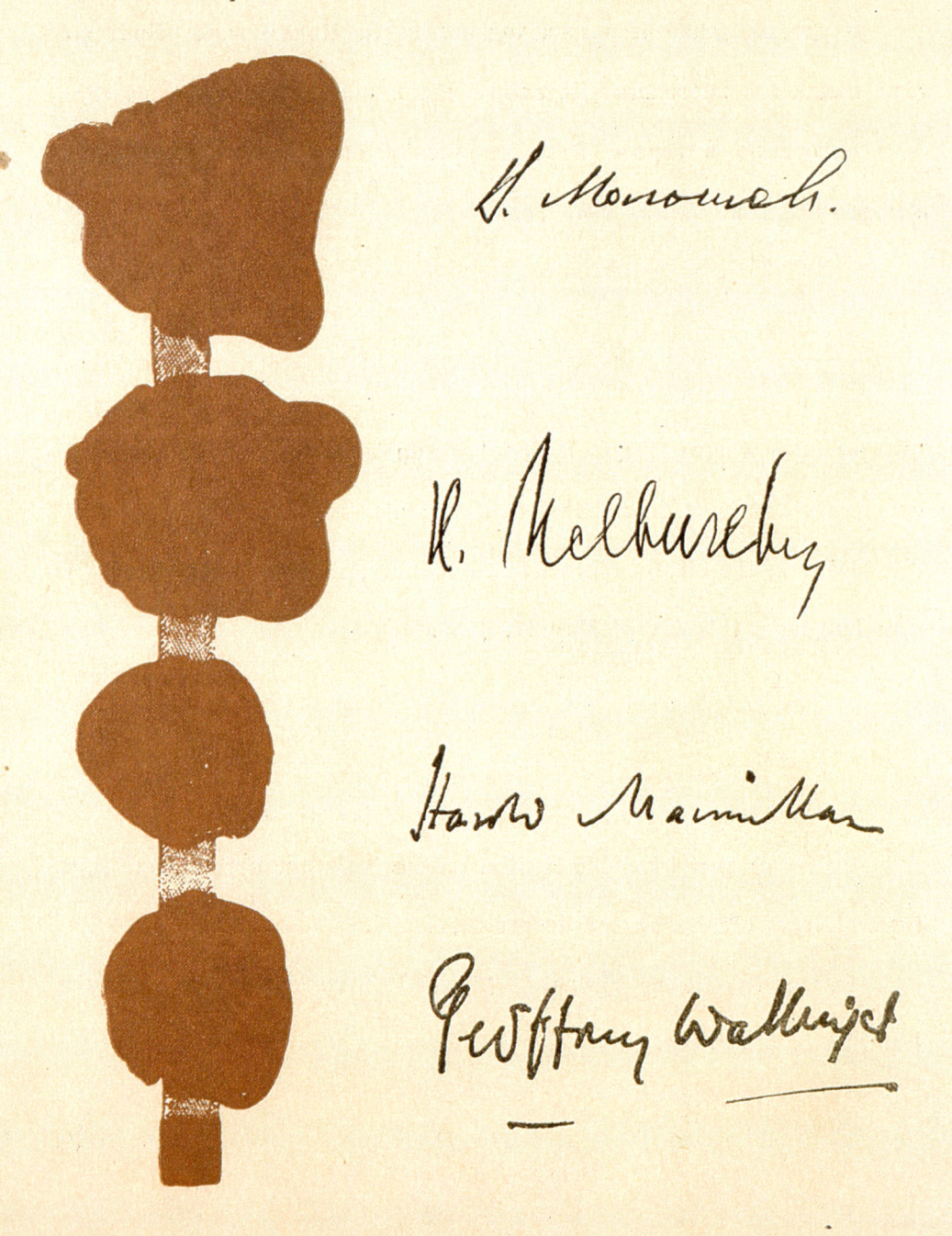

1955   Österreichischer Staatsvertrag: Das Land wird wieder souverän.

1955

Januar

1. Samstag
Ägypten. Großbritannien überträgt die Verwaltung der 140 km langen Erdölpipeline von Suez nach Cairo an Ägypten.

3. Montag
Panama. Außenminister José Ramón Guizado wird zum Nachfolger des am 2. 1. ermordeten Staatspräsidenten Remón ernannt. Die Nationalversammlung setzt die Verfassung für zehn Tage außer Kraft, um freie Hand für die Untersuchung des Mordes an Staatspräsident Remón zu erhalten. Bereits am 15. 1. wird Guizado wegen seiner Beteiligung am Komplott gegen Remón verhaftet und durch Ricardo Arías Espinosa abgelöst.

4. Dienstag
Ägypten. Nach einer Unterbrechung von drei Tagen wird der Suezkanal wieder für den Verkehr freigegeben. Die USA, Großbritannien und Frankreich unterstützen in der UNO Israels Forderung nach ungehinderter Durchfahrt.

5. Mittwoch
Bolivien/Brasilien. Der Bau einer Eisenbahnlinie Santa Cruz–Corumba wird begonnen. Damit erhält Bolivien zukünftig eine Verbindung zur brasilianischen Küste.
Sport/USA. Der Boxer Sugar Ray Robinson startet sein Comeback nach dreißigmonatiger Wettkampfpause. Robinson war Weltmeister im Mittel- und Weltergewicht.

7. Freitag
USA. In New York gibt die Sopranistin Marian Anderson als erste farbige Sängerin in der einundsiebzigjährigen Geschichte der Metropolitan Opera ihr Debüt in Giuseppe Verdis Oper *Ein Maskenball*.

9. Sonntag
Costa Rica. Rebellen fallen von Nicaragua aus in Costa Rica ein. Die Regierung bittet die OAS um Hilfe.

10. Montag
China. UN-Generalsekretär Hammarskjöld und der chinesische Ministerpräsident Zhou Enlai beenden Gespräche über die Freilassung von US-amerikanischen Luftwaffenpersonal und UN-Beauftragten, die seit dem Koreakrieg in Gefangenschaft sind.

11. Dienstag
Berlin. Der Sozialdemokrat Otto Suhr wird zum Regierenden Bürgermeister von Berlin gewählt.

12. Mittwoch
Jamaika. Bei den Parlamentswahlen erhält die Nationale Volkspartei von Norman Manley die absolute Mehrheit.

18. Dienstag
China. US-Außenminister John F. Dulles erklärt, daß die USA in China eingreifen werden, falls die UN-Intervention zur Befreiung der amerikanischen Luftwaffenpiloten fehlschlagen würde.
Griechenland. Die Regierung ratifiziert den Vertrag von Paris über die Beteiligung der Bundesrepublik Deutschland an der europäischen Verteidigung.

19. Mittwoch
Algerien. Es kommt wiederum zu Zusammenstößen zwischen französischen Einheiten und algerischen Aufständischen.
China/Taiwan. Chinesische Flugzeuge bombardieren die Dachen-Inseln; taiwanische Flugzeuge versenken einen britischen Küstenschlepper. Der amerikanische Präsident Eisenhower fordert ein Eingreifen der UNO.

20. Donnerstag
Costa Rica. Die Aktionen gegen die Rebellenarmee werden eingestellt. Die OAS bildet eine Pufferzone zwischen Costa Rica und Nicaragua.
Frankreich. Der ehemalige Ministerpräsident Edgar Faure wird Außenminister.

21. Freitag
Norwegen. Nach dem Rücktritt der Regierung Torp (15. 1.) bildet Einar Gerhardsen, der Vorsitzende der Arbeiterpartei, ein neues Kabinett.

22. Samstag
Bundesrepublik Deutschland. 800 000 Arbeitnehmer der Kohle- und Stahlindustrie treten für einen Tag in Streik aus Protest gegen den Vorwurf der Arbeitgeber, die Gewerkschaften würden die Mitbestimmung in der Montanindustrie erpressen.

25. Dienstag
Algerien. Jacques Soustelle, ein enger Mitarbeiter de Gaulles, wird Generalgouverneur.
UdSSR. Die UdSSR erklärt als letzte der vier Besatzungsmächte den Kriegszustand mit Deutschland für beendet. Die UdSSR widersetzt sich jedoch weiterhin der Aufstellung einer Armee in der Bundesrepublik Deutschland und der Wiedervereinigung beider Teile Deutschlands nach freien Wahlen.
USA. Mit Hilfe eines Computers wird der achte Mond des Jupiter wieder entdeckt. 1941 hatte man seine Spur verloren.

27. Donnerstag
USA. Die »Nautilus«, das erste Atom-U-Boot, geht auf Jungfernfahrt (auch → S. 219).

28. Freitag
Kuba. Die Militärregierung wird offiziell in eine Zivilregierung um-

7. 1. USA
Marian Anderson

4.1. Ägypten
S. 145 – 36

9. 1. Costa Rica
In aller Eile stellt Präsident José Figueres Einheiten zusammen, die das Land gegen die Rebellen verteidigen sollen. Hier der Präsident (mit hellem Hut in der Mitte) bei seinen Truppen.

24. 2. Irak/Türkei
Irak und Türkei schließen den Bagdadpakt. Kurz danach treten Großbritannien, Pakistan und Iran bei. Als Irak am 24. 3. 1959 das Bündnis verläßt, führen die verbliebenen Länder die Organisation unter dem Namen CENTO fort.

gewandelt; Fulgencio Batista wird als Staatspräsident vereidigt.

29. Samstag
China/Taiwan. Beide Länder lehnen eine Feuereinstellung in der Straße von Taiwan ab.
Dänemark. In Stockholm stirbt der sozialdemokratische Ministerpräsident Hans Hedtoft im Alter von 51 Jahren während einer Versammlung des Nordischen Rats.

31. Montag
Naher Osten. Vertreter Ägyptens, Jordaniens, Libanons und Syriens besuchen Bagdad, um den Irak vom Abschluß des geplanten Verteidigungsbündnisses mit der Türkei abzubringen.

Februar

5.2. Frankreich
S. 248 – 37

27.2. Bundesrepublik Deutschland
S. 65 – 10

1. Dienstag
Dänemark. Außenminister Hans Christian Hansen wird Nachfolger des am 29. 1. gestorbenen Ministerpräsidenten Hedtoft.

4. Freitag
Pakistan will den Status eines Dominion aufgeben und Republik im Commonwealth werden.

5. Samstag
China. Über dem Gelben Meer liefern sich US-amerikanische und chinesische Flugzeuge ein Gefecht, bei dem zwei chinesische Flugzeuge abgeschossen werden.
Frankreich. Die Regierung Mendès-France kommt wegen ihrer Nordafrika-Politik zu Fall.

6. Sonntag
Arabische Liga. In Cairo endet eine Konferenz der Liga, ohne daß der von Ägypten geforderte Beschluß gefaßt wird, den Irak wegen des geplanten Bagdadpaktes aus der Organisation auszuschließen.

8. Dienstag
UdSSR. Georgij Malenkow wird als Regierungschef gestürzt, sein Nachfolger wird Verteidigungsminister Nikolaj Bulganin.

9. Mittwoch
China. Die allgemeine Wehrpflicht wird eingeführt.
UdSSR. Der zum Rücktritt gezwungene Regierungschef Georgij Malenkow wird zum stellvertretenden Regierungschef und Energieminister ernannt. Marschall Georgij Schukow tritt die Nachfolge von Nikolaj Bulganin als Verteidigungsminister an.

10. Donnerstag
Argentinien. Die Regierung weist 101 katholische Priester wegen angeblicher staatsfeindlicher Aktivitäten aus.

13. Sonntag
Syrien. Sabri al Assali bildet ein neues Kabinett, in dem er selbst Regierungschef wird.

14. Montag
China gibt die Besetzung der Dachen-Inseln bekannt.

15. Dienstag
Schweiz. Antikommunistische Exil-Rumänen besetzen die rumänische Botschaft in Bern. Sie wollen das Gebäude nicht eher verlassen, bis die in Rumänien inhaftierten Führer oppositioneller Gruppen freigelassen sind.

16. Mittwoch
Schweiz. Die Besetzer der rumänischen Botschaft ergeben sich der Polizei, als diese droht, Panzer einzusetzen.

17. Donnerstag
Bundesrepublik Deutschland. Die Kultusminister der Länder verabschieden das Düsseldorfer Abkommen, das eine Vereinheitlichung des Bildungswesens vorsieht.

18. Freitag
Die USA beginnen eine neue Atomwaffentestserie in Nevada.

21. Montag
Israel. Der frühere Ministerpräsident David Ben Gurion wird Verteidigungsminister für den wegen einer Geheimdienstpanne zurückgetretenen Pinhas Lavon.

22. Dienstag
China/Taiwan. Bei einem taiwanesischen Angriff in der Nähe der Dachen-Inseln werden ein chinesisches Kanonenboot und fünf Dschunken versenkt.

23. Mittwoch
Frankreich. Der Radikalsozialist Edgar Faure bildet aus allen Parteien außer Sozialisten und Kommunisten eine neue Regierung.
In Paris stirbt der Dichter Paul Claudel im Alter von 86 Jahren.

24. Donnerstag
Irak/Türkei. Die Regierungschefs beider Länder unterzeichnen in Bagdad einen wechselseitigen Sicherheitsvertrag, den Bagdadpakt.

25. Freitag
UNO. Die Abrüstungskommission beginnt in London Gespräche über Abrüstung und Kernwaffenbegrenzung.

26. Samstag
Irak/Türkei. Die Parlamente beider Länder verabschieden den Bagdadpakt.

27. Sonntag
Bundesrepublik Deutschland. Vom Bundestag werden die Pariser Verträge über die Souveränität der Bundesrepublik, die Stationierung ausländischer Truppen und den Eintritt in die NATO in dritter Lesung verabschiedet. Der Vertrag über das Saarstatut findet nur eine knappe Mehrheit.
Japan. Die Demokratische Partei von Ministerpräsident Ichiro Hatoyama gewinnt die Parlamentswahlen, ohne jedoch die absolute Mehrheit zu erreichen. Seine Partei stellt 186 der 467 Abgeordneten.

28. Montag
Ägypten/Israel. Israelische Truppen greifen im Gazastreifen ägyptische Militärposten an, die als Stützpunkte für Übergriffe gegen israelische Dörfer dienen. Dabei werden 38 Ägypter getötet.

März

1. Dienstag
UdSSR. Anastas Mikojan wird zum Ersten Stellvertretenden Ministerpräsidenten ernannt.

2. Mittwoch
Kambodscha. König Norodom Sihanouk tritt zurück, um politisch aktiver sein zu können. Prinz Suramarit, sein Vater, folgt ihm auf dem Thron.

3. Donnerstag
Israel legt bei den USA und Großbritannien Protest gegen den türkisch-irakischen Sicherheitsvertrag ein.

4. Freitag
Die Bundesrepublik Deutschland und die USA einigen sich über die Freigabe des im 2. Weltkrieg beschlagnahmten deutschen Vermögens. Privatvermögen im Wert bis zu 10 000 Dollar werden erstattet.

6. Sonntag
Naher Osten. Die syrische Regierung ist bereit, mit Ägypten und Saudi-Arabien einen Verteidigungspakt zu schließen, der nicht-

arabischen Staaten den Beitritt verwehrt.

9. Mittwoch
Ungarn. Ministerpräsident Imre Nagy wird der »Rechtsabweichlerei« beschuldigt. Seit dem 25. 1. wurde er nicht mehr in der Öffentlichkeit gesehen. Offiziell wird mitgeteilt, daß er ernstlich krank sei und erst im April seine Arbeit wiederaufnehmen könne.

11. Freitag
Großbritannien. In Lochfield (Schottland) stirbt der Bakteriologe und Nobelpreisträger Sir Alexander Fleming, der Entdecker des Penizillins, im Alter von 73 Jahren.

12. Samstag
Indien. Premierminister Nehru entgeht einem Attentat.
Schweiz. In Avegno stirbt der deutsche Schriftsteller Theodor Plievier, bekannt durch seine Reportage-Romane, u. a. *Stalingrad* (1945), im Alter von 63 Jahren.

13. Sonntag
Schweiz. In Zürich stirbt der nepalesische König Tribhuvana im Alter von 48 Jahren an einem Herzschlag.

14. Montag
Nepal. Kronprinz Mahendra Bir Bikram Shah Dev wird nach dem Tod seines Vaters Tribhuvana zum König ausgerufen.

15. Dienstag
Tunesien. Die Verhandlungen mit Frankreich werden wiederaufgenommen. Es gibt Meinungsverschiedenheiten über die französische Besetzung des Südens und über die französische Präsenz in den Gemeinderäten.

17. Donnerstag
Weltpolitik. Die US-amerikanische Veröffentlichung von Protokollen der Konferenz von Jalta (Februar 1945) führt zu Verstimmung in der westlichen Welt. Sie beweisen, daß die USA bereit waren, der UdSSR für einen Kriegseintritt gegen Japan große Zugeständnisse zu machen.

18. Freitag
Bundesrepublik Deutschland. Der Bundesrat bestätigt die Unterzeichnung der Pariser Verträge.
Japan. Der Führer der Demokratischen Partei, Ichiro Hatoyama, wird erneut zum Ministerpräsidenten gewählt.

19. Samstag
Berlin. Erich Kleiber, der Dirigent der Berliner Staatsoper (Ostberlin), flüchtet in die Bundesrepublik.

20. Sonntag
UdSSR. Die Parteizeitung *Prawda* wirft den USA vor, die Spannungen zwischen den Nationen durch die Bekanntmachung der Verhandlungen von Jalta (1945) zu vergrößern.
Ungarn. In Vence stirbt einer der Gründer der ungarischen Republik und deren erster Staatspräsident (1918–1919), Graf Michael Karolyi, im Alter von 80 Jahren.

21. Montag
Osteuropa. Im Falle des Aufstellens einer Armee in der Bundesrepublik Deutschland kündigt die UdSSR die Bildung einer vereinigten Streitmacht von sieben kommunistischen Staaten unter einem gemeinsamen Oberkommando an.

April

1. Freitag
Algerien. Die französische Nationalversammlung verabschiedet ein Gesetz, das für sechs Monate in Algerien das Kriegsrecht verhängt.
Bundesrepublik Deutschland. Die Lufthansa eröffnet mit dem Flug Hamburg–München wieder den innerdeutschen Linienverkehr.

2. Samstag
Jemen. Die Armee zwingt König Ahmed, zugunsten seines Bruders Abdullah Saif al-Islam auf den Thron zu verzichten.

4. Montag
Bagdadpakt. Großbritannien tritt dem Bagdadpakt bei und schließt zugleich ein neues Militärabkommen mit dem Irak, das das Abkommen von 1930 ersetzt. Die britische Luftwaffe soll die irakischen Flugzeugstützpunkte nach und nach räumen.
Südafrika. Die Regierung bricht mit der UNESCO, weil diese Organisation sich mit der Apartheidspolitik auseinandersetzt. Am folgenden Tag bricht sie aus dem gleichen Grund auch mit dem Wirtschafts- und Sozialrat der UN.

5. Dienstag
Großbritannien. Winston Churchill tritt wegen seines hohen Alters (80) als Premierminister zurück. Sein Nachfolger wird am Tage darauf Sir Anthony Eden.

6. Mittwoch
Jemen. Ahmed wird erneut König, nachdem der Militärputsch zugunsten seines Bruders gescheitert ist.

11. 3. Großbritannien
Sir Alexander Fleming, der Entdecker des Penicillins, in seinem Laboratorium (links).

14. 3. Nepal
Der gestorbene König Tribhuvana wird am 17. 3. nach traditionellem Ritus an den Ufern des Baghmati in Katmandu öffentlich verbrannt (rechts).

5.4. Großbritannien
S. 248 – 40

1. 4. Bundesrepublik Deutschland
Vom Flughafen Hamburg-Fuhlsbüttel startet die Lufthansa mit einer Convair CV 340 ihren ersten Flug im zivilen Luftverkehr seit dem 2. Weltkrieg.

Mai 1955

18. 4. Blockfreie
Das wachsende Selbstbewußtsein der Länder der Dritten Welt kommt in der Bandungkonferenz zum Ausdruck. 29 afrikanische und asiatische Staaten nehmen teil. Auf dem Foto der indonesische Präsident Sukarno während seiner Eröffnungsansprache.

▷
5. 5. Bundesrepublik Deutschland
Die Ratifikationsurkunden der Pariser Verträge werden hinterlegt; links die beiden Hohen Kommissare Hoyer Millor (Großbritannien) und François-Poncet (Frankreich); daneben Bundeskanzler Adenauer.

7. Donnerstag
Großbritannien. Justizminister Harold Macmillan wird Außenminister und Nachfolger von Anthony Eden.
USA. Präsident Eisenhower und Außenminister Dulles unterzeichnen in Washington die Pariser Verträge. Danach kann die Bundesrepublik Deutschland Vollmitglied der NATO werden.

10. Sonntag
USA. In New York stirbt der französische Philosoph und Anthropologe Pierre Teilhard de Chardin im Alter von 73 Jahren (auch → S. 217).

15. Freitag
Österreich/UdSSR. In Moskau enden dreitägige Gespräche zwischen Außenminister Molotow und Bundeskanzler Raab mit der sowjetischen Zusage, die Truppen aus Österreich abzuziehen, wenn sich Österreich für die Neutralität entscheide.

18. Montag
Blockfreie. In Bandung beginnt eine Konferenz von 29 asiatischen und afrikanischen Staaten. In seiner Eröffnungsrede übt der indonesische Staatspräsident Sukarno scharfe Kritik an Kolonialismus und Rassismus.
Ungarn. Ministerpräsident Nagy wird seines Amtes enthoben und durch András Hegedüs ersetzt.
USA. In Princeton (New Jersey) stirbt der deutsche Physiker und Nobelpreisträger Albert Einstein im Alter von 76 Jahren (auch → S. 180).

19. Dienstag
Jordanien. König Hussein heiratet Prinzessin Dina Abdul Hamit, eine Dozentin an der Universität Cairo.

22. Freitag
China/Indonesien. Ministerpräsident Zhou Enlai und der indonesische Außenminister unterzeichnen einen Vertrag, nach dem sich die 2,5 Millionen Chinesen in Indonesien innerhalb von zwei Jahren für die chinesische oder die indonesische Staatsbürgerschaft entscheiden müssen. Dies ist das erste Abkommen Chinas mit einem nichtkommunistischen Land.
Frankreich/Tunesien. Die Ministerpräsidenten beider Länder unterzeichnen ein Protokoll über die Selbstbestimmung in Tunesien.

24. Sonntag
Blockfreie. Zum Abschluß der Bandungkonferenz beschließen die Teilnehmerstaaten, erneut zusammenzukommen und den wirtschaftlichen und kulturellen Fortschritt, die Menschenrechte und den Weltfrieden zu fördern. Die Konferenz verurteilt Kolonialismus jeglicher Form.

26. Dienstag
Österreich. Die UdSSR stimmt für den 2. 5. in Wien einer Viermächtekonferenz zu.

29. Freitag
Italien. Das Parlament bestimmt den Christdemokraten Giovanni Gronchi zum Staatspräsidenten und Nachfolger von Luigi Einaudi.

30. Samstag
Indien. Die Imperial Bank of India wird verstaatlicht.
Südvietnam. Ein sog. Revolutionskomitee unter Ministerpräsident Ngo Dinh Diem erkennt Kaiser Bao Dai nach einem fehlgeschlagenen Aufstand vom 28. 4. nicht mehr als Staatsoberhaupt an.

Mai

2. Montag
Indien. Das Parlament verabschiedet ein Gesetz, das die Benachteiligung der Parias unter Strafe stellt.
Österreich. Die vier Großmächte und Österreichs Delegierte treffen in Wien zu Verhandlungen über den Friedensvertrag zusammen.

3. Dienstag
Spanien/USA. Beide Länder schließen einen Flottenvertrag. Danach will die USA Spanien beim Aufbau einer modernen Marine unterstützen.

4. Mittwoch
Südafrika. Die einzige Universität für Nichtweiße in Fort Hare wird geschlossen.

5. Donnerstag
Bundesrepublik Deutschland. Die ratifizierten Pariser Verträge treten in Kraft. Die Bundesrepublik wird ein souveräner Staat. Das Besatzungsstatut erlischt, und die Alliierten Hohen Kommissare werden durch Botschafter ersetzt.
Südvietnam. Politische Parteien fordern die Absetzung von Kaiser Bao Dai als Staatsoberhaupt.

7. Samstag
Die UdSSR kündigt nach Abschluß des Ratifizierungsprozesses der Pariser Verträge die Freundschaftsverträge mit Frankreich und Großbritannien.
Westeuropa. Der Rat der Westeuropäischen Union kommt zum ersten Mal in Paris zusammen und wählt den britischen Außenminister Harold Macmillan zu seinem Vorsitzenden.

9. Montag
Die Bundesrepublik Deutschland wird formell Mitglied der NATO.

11. Mittwoch
Osteuropa. Vertreter acht osteuropäischer kommunistischer Staaten (UdSSR, Polen, ČSR, Ungarn, Bulgarien, Rumänien, Albanien und DDR) treffen in Warschau zusammen, um als Antwort auf den Beitritt der Bundesrepublik Deutschland zur NATO eine gemeinsame Verteidigungsorganisation zu gründen.

13. Freitag
Argentinien. Das Parlament schafft den Religionsunterricht in öffentlichen Schulen ab.

14. Samstag
Warschauer Pakt. Die Vertreter der acht osteuropäischen Staaten, die seit dem 11. 5. in Warschau tagen, unterzeichnen einen gegenseitigen Beistandspakt für die Dauer von 20 Jahren. Das Vereinigte Oberkommando übernimmt der sowjetische Marschall Iwan Konjew.

15. Sonntag
Nordvietnam. Die letzten französischen Truppen verlassen den Hafen von Haiphong. Damit hat der Viet Minh die Verwaltung von ganz Nordvietnam übernommen.
Österreich. Delegierte der USA, Großbritanniens, Frankreichs, der UdSSR und Österreichs unterzeichnen in Wien den Österreichischen Staatsvertrag. Damit wird die Besetzung Österreichs beendet und Österreich nach 17 Jahren wieder ein unabhängiger Staat.

16. Montag
Kuba. Die Regierung Batista läßt eine Anzahl politischer Gefangener frei, u. a. Fidel Castro, der am 26. 7. 1953 bei einem mißglückten Angriff auf Santiago verhaftet wurde.

18. Mittwoch
Ägypten/Israel. Israel bricht die Gespräche in der gemeinsamen Waffenstillstandskommission für den Gazastreifen ab.
Kaschmir. Indien und Pakistan vereinbaren, eine 9,5 km breite Pufferzone zwischen beide Armeen zu legen, um Grenzzwischenfälle zu vermeiden.

19. Donnerstag
Argentinien. Nach einem Beschluß der Abgeordnetenkammer ist der römisch-katholische Glaube nicht länger Staatsreligion.

21. Samstag
Jugoslawien. Staatspräsident Tito erklärt, daß sein Land nicht länger dem osteuropäischen Block angehören wolle, sondern eine unabhängige Politik führen werde.

25. Mittwoch
China. Radio Peking meldet, daß der Abzug der sowjetischen Soldaten aus dem mandschurischen Hafen Port Arthur abgeschlossen ist.

26. Donnerstag
Bundesrepublik Deutschland. Heinrich Hellwege (DP) wird zum neuen Ministerpräsidenten von Niedersachsen gewählt.
Großbritannien. Bei den Wahlen zum Unterhaus können die Konservativen ihre Mehrheit um 23 Sitze auf 345 Sitze ausbauen. Die Labour Party erhält 277 Sitze.

30. Montag
Jordanien. Said el Mufti bildet ein neues Kabinett, in dem er selbst Regierungschef und Außenminister wird.

31. Dienstag
USA. Der Oberste Gerichtshof bestimmt, daß die Rassentrennung in öffentlichen Schulen in absehbarer Zeit beendet werden muß. Hierbei soll den besonderen Umständen in den verschiedenen Bundesstaaten Rechnung getragen werden.

Juni

1. Mittwoch
Japan/UdSSR. Der sowjetische Botschafter Jakow Malik und der japanische Abgesandte Schiunitschi Matsumoto beginnen in London Gespräche über einen sowjetisch-japanischen Friedensvertrag.
Tunesien. Der Führer der Neo-Destour-Partei, Habib Bourguiba, kehrt nach mehr als drei Jahren Exil in seine Heimat zurück.

2. Donnerstag
Jugoslawien/UdSSR. Der jugoslawische Staatspräsident Tito und der sowjetische Regierungschef Bulganin unterzeichnen einen Vertrag zur Beendigung der Feindschaft zwischen beiden Ländern. Sie stimmen ferner darin überein, den Beitritt Chinas in die UNO zu unterstützen.

3. Freitag
Tunesien. Die Ministerpräsidenten von Frankreich und Tunesien unterzeichnen ein Abkommen über die innere Autonomie des Landes. Die Selbstbestimmung in der Innenpolitik soll innerhalb von zwei Jahren erreicht werden.

5. Sonntag
Warschauer Pakt. Acht osteuropäische Staaten ratifizieren in Warschau den Vertrag zur Gründung des Warschauer Paktes.

6. Montag
Bundesrepublik Deutschland. Heinrich von Brentano (CDU)

15. 5. Österreich
Unter der Bedingung der Neutralität wird Österreich wieder ein unabhängiger Staat. Die Außenminister der fünf Länder, die den Staatsvertrag unterzeichnen, winken auf dem Balkon von Schloß Belvedere in Wien der jubelnden Menge zu.
Von links nach rechts: Harold Macmillan (Großbritannien), John Foster Dulles (USA), Antoine Pinay (Frankreich), Leopold Figl (Österreich), Wjatscheslaw Molotow (UdSSR) und der österreichische Bundeskanzler Julius Raab.

15.5. Österreich
S. 129 – 26

31.5. USA
S. 248 – 41

13. Kontroversen
Thomas Dehler (FDP) in der erregten Bundestagsdebatte vom 23. Januar 1958.

14. Außenpolitik
Außenminister Heinrich von Brentano mit Frankreichs Botschafter Maurice Couve de Murville (links) und Englands Sir Christopher Steel (rechts).

15. Wiedergutmachung
Vor der Gedenkmauer in Bergen-Belsen: Theodor Heuss und der Präsident des Jüdischen Weltkongresses Nahum Goldmann (rechts).

16. Politik im Radio
Die DDR-Rundfunkkommentatoren Karl Eduard von Schnitzler (rechts) und Herbert Schneider.

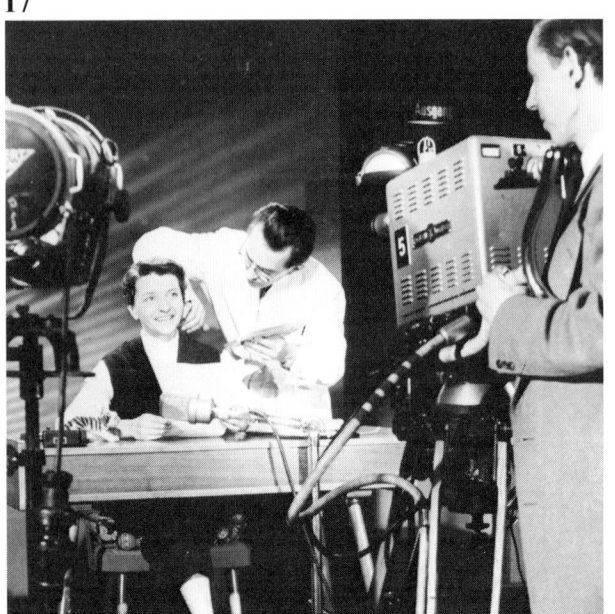

17. Deutsches Fernsehen
Irene Koss, Ansagerin beim NWDR-Fernsehen, im Studio.

18. Unglücke I
1957: Die Viermastbark Pamir sinkt am 21. September im Westatlantik.

13. Politische Kontrahenten

13. Kontroversen
a) T. Dehler
b) G. Heinemann
c) K. Adenauer

Erforderten die großen politischen Aufgaben im Nachkriegsdeutschland nicht das Zusammenwirken aller Politiker und Parteien? Manch einer glaubte damals, daß eine Große Koalition die beste Basis dafür böte, doch CDU und SPD trennten nicht nur die Programme, sondern auch die Temperamente.

Da waren die Charaktere der beiden Vorsitzenden: Kurt Schumacher, der Sozialdemokrat, offen und geradeheraus. Er war gegen Klassenkampf, aber er fand, der Sozialismus sei für die Deutschen das beste, und dafür kämpfte er leidenschaftlich. Konrad Adenauer, der betagte und versierte Taktiker, hielt Politik für die Kunst des Möglichen; den Sozialismus hielt er nicht für möglich, und er bekämpfte ihn, wo es eben nur ging.

Die beiden Persönlichkeiten haben die Haltung ihrer Parteien und den politischen Stil in der Bundesrepublik geprägt. Im Bundestag focht der eine heftige Attacken, der andere reagierte sogar auf grundsätzliche Einwände gegen seine Politik, wie sie 1958 Thomas Dehler und Gustav Heinemann vorbrachten, selbstsicher und nüchtern, manchmal allzu lakonisch.

14. Im Sog des Alleinvertretungsanspruchs

14. Außenpolitik
a) K. Schumacher
b) K. Adenauer
c) H. v. Brentano
d) D. Kreder

Als Botschafter Hans Kroll im Mai 1956 sein Moskauer Büro bezog, war sein Kollege aus der DDR schon da. Was im Sprachgebrauch der Bundesregierung eigentlich ein »unfreundlicher Akt« war, hatte Konrad Adenauer im September 1955 bei seinem Besuch in Moskau akzeptieren müssen: den Austausch von Botschaftern als Gegenleistung für die Freilassung von Kriegsgefangenen.

Die Bundesregierung ging davon aus, daß allein sie die rechtmäßige Vertreterin des deutschen Volkes sei, und die westlichen Alliierten teilten diese Ansicht. Das führte, von der Moskauer Ausnahme abgesehen, zu einer sehr schematischen außenpolitischen Haltung: Die Bonner Regierung brach auf der Stelle alle diplomatischen Beziehungen zu jenen Staaten ab, die ihrerseits auch die DDR anerkannten – 1957 traf der Bannfluch Jugoslawien. Walter Hallstein, Staatssekretär im Auswärtigen Amt, mußte seinen Namen hergeben für diese Praxis, obwohl er nicht der Urheber der »Hallstein-Doktrin« war. Die Regierung befand sich in dieser unnachgiebigen Haltung in Übereinstimmung mit einem großen Teil der Öffentlichkeit.

15. Sühne oder große Geste?

15. Wiedergutmachung
a) C. Weizmann
b) W. Hallstein
c) K. Adenauer
d) H. van Dam

16. Politik im Radio
a) Gemeinschaftssendung aus Bremen
b) M. Walden
c) K. E. v. Schnitzler
d) M. Koch
e) H. Gessner
f) H. Gessner
g) RIAS-Kommentar
h) Deutschlandsender-Kommentar

Niemand kann die Ermordung von sechs Millionen Menschen in den Gaskammern von Auschwitz und Treblinka »wiedergutmachen«. Und kein Deutscher, der sich der moralischen Schuld seines Volkes bewußt ist, kann glauben, der Massenmord an den Juden sei mit dreieinhalb Milliarden Mark an den Staat Israel und jüdische Organisationen gesühnt.

Das deutsch-israelische Abkommen, das der deutsche Bundeskanzler Konrad Adenauer und der israelische Außenminister Moshe Sharett am 10. September 1952 in Luxemburg unterzeichneten, trägt den euphemistischen und vernebelnden Titel »Wiedergutmachungsabkommen« – ein bürokratisches Monstrum und ein Zeichen der Hilflosigkeit zugleich.

Vor dem eigenen Volk mußten die israelischen Unterhändler verheimlichen, daß sie mit den Deutschen über materielle Hilfe verhandelten; zu groß waren Haß und Abscheu gegen die Deutschen. Und Adenauer verhandelte mit einem Staat, der nach Ansicht vieler keinen kollektiven Anspruch hatte, weil es ihn zur Zeit der Verbrechen nicht gab. Als moralische Geste aber war das Abkommen unschätzbar.

16. Kalter Krieg im Äther

Den staatsfreien Rundfunk verdanken die Bundesbürger der Medienpolitik der westlichen Alliierten nach dem Krieg. Die Verteilung der publizistischen Macht sollte ein Wiederaufleben der NS-Propagandamaschinerie unmöglich machen. Die Rundfunkanstalten fielen deshalb unter die Kulturhoheit der Landesregierungen: Der öffentlich-rechtliche Charakter der Landesrundfunkanstalten soll journalistische Freiheit und demokratische Meinungsvielfalt garantieren.

»Demokratisch« nennt sich auch der Rundfunk in der DDR. Unter dem Schutz der Sowjetmacht bezogen SED-Funktionäre und Parteigenossen die Studios und Redaktionen des Berliner Rundfunks und des Deutschlandsenders. Parteilichkeit gilt fortan als Gebot.

Die »fröhlichen Lieder vom friedlichen Aufbau des Sozialismus in der DDR«, so Walter Ulbricht, sie sollten bis an Rhein und Ruhr dringen; andersherum erfuhren die Arbeiter in der DDR die Namen der Spitzel in den Volkseigenen Betrieben aus dem RIAS Berlin (West). Trotz DDR-Störsendern erreichte die »freie Stimme der freien Welt« immer wieder ihre Hörer.

17. Hier ist das Deutsche Fernsehen

17. Deutsches Fernsehen
a) E. Dovifat
b) NWDR-Entwicklungsleiter
c) Fernsehteilnehmer
d) Mitarbeiter der Landesbildstelle Berlin
e) H. Kühn
f) CDU/CSU-Abgeordneter

18. Unglücke I
a) Augenzeuge
b) Reporterbericht
c) Geretteter
d) Geretteter
e) Geretteter
f) Überlebender

Am 1. November 1954 wurde das Deutsche Fernsehen offiziell eröffnet. Nicht zuletzt aus ökonomischen Erwägungen hatten sich die in der ARD organisierten Rundfunkanstalten zuvor auf ein Gemeinschaftsprogramm geeinigt: Den hohen Produktionskosten standen den ungewissen Absatzchancen für die teuren Fernsehgeräte gegenüber. Würden die Bundesbürger das neue Medium annehmen?

Bei der technischen Entwicklung konnten sich die Fernsehpioniere beim Hamburger NWDR zum Teil auf Erfahrungen aus den 30er Jahren stützen. Die Programmgestalter orientierten sich an englischen und amerikanischen Vorbildern, und alte Rundfunkhasen bestritten die publikumswirksamsten Sendungen. Werner Höfers sonntäglicher Frühschoppen und Robert Lemkes heiteres Beruferaten wurden früh zu Institutionen der Fernsehwelt.

Unbestrittener Publikumsliebling aber war Peter Frankenfeld, der Mann mit der karierten Jacke. Sein Quiz »1:0 für Sie« erzielte die höchsten Einschaltquoten jener Jahre.

18. Mann über Bord

27. September 1957, morgens: fünf der sechs geretteten Seeleute der »Pamir« treffen auf dem amerikanischen Truppentransporter »Geiger« in Casablanca ein. Ein euphorischer Empfang, eine internationale Pressekonferenz, dann fliegen die fünf jungen Deutschen via Frankfurt ins heimatliche Hamburg. Eine kurze gerichtliche Untersuchung, und der Fall, der eine ganze Nation erschütterte, wird zu den Akten gelegt. Wie konnte es zu dieser Katastrophe kommen, die 80 Seeleuten das Leben kostete.

21. September, gegen elf Uhr morgens: die Sturmbö eines nahenden Orkans trifft das Segelschulschiff »Pamir«. Es kreuzt gerade im westlichen Nordatlantik. Als Schulschiff ist es hervorragend ausgestattet und besitzt sogar einen Hilfsmotor. Doch das Schiff sinkt, seine SOS-Signale werden nicht aufgefangen. Die meisten Besatzungsmitglieder ertrinken. Manche können sich in ein Boot retten und treiben mehrere Tage auf dem Meer. Quälender Durst, Haifische. Zwei sterben, einer verliert den Verstand und springt über Bord, bis die letzten Überlebenden endlich entdeckt werden.

Juli 1955

11. 6. Frankreich
Trotz der Katastrophe geht das 24-Stunden-Rennen von Le Mans weiter. Für die Firma Mercedes ist das Unglück ein Grund, sich vom Automobilrennsport zurückzuziehen.

7.7. Sport
S. 344 – 65

16. 6. Argentinien
Die Differenzen zwischen der römisch-katholischen Kirche und Präsident Juan Perón führen zu Unruhen. Am 14. 6. demonstrieren Anhänger Peróns mit der Parole »Perón ja, Pfarrer nein!«. Zwei Tage später mißglückt ein Aufstand gegen Perón.

wird neuer Außenminister und Nachfolger von Konrad Adenauer in diesem Amt. Theodor Blank wird erster Bundesverteidigungsminister, seine Dienststelle zum Bundesministerium für Verteidigung umgewandelt.
Weltpolitik. Die USA, Frankreich und Großbritannien schlagen Genf als Konferenzort für ein Treffen der Großen Vier vor. Dies wird von der UdSSR am 13. 6. akzeptiert.

7. Dienstag
Kenia. Die britischen Behörden sagen Mau-Mau-Kämpfern, die sich innerhalb eines Monats ergeben, Amnestie zu.
UdSSR/Bundesrepublik Deutschland. Die UdSSR lädt Bundeskanzler Adenauer zu einem offiziellen Besuch in Moskau ein, um diplomatische, kulturelle und wirtschaftliche Beziehungen anzuknüpfen.

11. Samstag
Argentinien. 100 000 Menschen demonstrieren in Buenos Aires gegen die antikirchliche Politik der Regierung. Am folgenden Tag wird die Verhaftung von 430 Regierungsgegnern bekanntgegeben.
Frankreich. Beim 24-Stunden-Rennen von Le Mans gerät der Mercedes des Franzosen Pierre Levegh infolge eines Zusammenstoßes mit dem Jaguar des Briten Hawthorn außer Kontrolle, rast in die Zuschauermenge und explodiert dort. Bei dem Unfall kommen 85 Menschen ums Leben, über 200 werden verletzt. Daraufhin zieht sich Mercedes vom Rennsport zurück.

15. Mittwoch
Japan/UdSSR. Die UdSSR bietet Japan einen Friedensvertrag an, der das Land zu einem neutralen Staat machen würde.

16. Donnerstag
Argentinien. Die Marine unternimmt in Buenos Aires einen Putschversuch nach der Exkommunikation von Staatspräsident Juan Perón durch den Vatikan. Bei dem mißglückten Staatsstreich kommen 360 Menschen ums Leben, 1000 werden verletzt.

17. Freitag
Saarland. Die Westeuropäische Union benennt eine Kommission, die die Volksabstimmung über das Saarstatut überwachen soll.

18. Samstag
Argentinien. Nach dem gescheiterten Putschversuch vom 16. 6. verhängt Staatspräsident Juan Perón den Ausnahmezustand. Die vorläufige Regierungsführung wird General Franklin Lucero übertragen.

20. Montag
Kenia. Die Verwaltung der Kolonie erhält die Befugnis, den Besitz von Mau-Mau-Mitgliedern einzuziehen.

21. Dienstag
Pakistan. Bei den Parlamentswahlen erleidet die regierende Moslem-Liga eine Niederlage und verliert die Mehrheit in der Nationalversammlung.

22. Mittwoch
Argentinien. Staatspräsident Juan Perón übernimmt wieder die Leitung der Regierungsgeschäfte. General Franklin Lucero beginnt mit der Reorganisation der Armee.
UdSSR/USA. Sowjetische Düsenjäger schießen über dem offenen Meer der Beringsee ein US-amerikanisches Patrouillenflugzeug ab. Nach einem Protest der USA vom 23. 6. entschuldigt sich die Sowjetunion am 25. 6.

26. Sonntag
Bundesrepublik Deutschland. Bei einem NATO-Luftwaffenmanöver über Bitburg kommen durch einen Zusammenstoß eines britischen und eines US-amerikanischen Bombenflugzeuges sechs Menschen ums Leben.
Sport. Mit einem 4:3-Sieg über den 1. FC Kaiserslautern wird Rot-Weiß Essen Deutscher Fußballmeister. In der Schweiz und in Österreich heißen die Titelträger FC Chaux-de-Fonds und Vienna Wien.

29. Mittwoch
Argentinien. Staatspräsident Juan Perón hebt den am 18. 6. verhängten Ausnahmezustand wieder auf.

Juli

1. Freitag
Österreich. Das Donaukraftwerk Jochenstein, das bisher größte Laufwasserkraftwerk Mitteleuropas, nimmt den Betrieb auf.

2. Samstag
Sport. Beim Tennisturnier in Wimbledon siegt im Herreneinzel der US-Amerikaner Anthony Tabbert, im Dameneinzel zum vierten Mal (nach 1948, 1949 und 1950) die US-Amerikanerin Louise Brough.

4. Montag
Mexiko. Bei den Wahlen für den Kongreß, bei denen zum ersten Mal auch Frauen wählen dürfen, gewinnt die Institutionelle Revolutionspartei die meisten Sitze.

6. Mittwoch
Israel/Ägypten. Beide Länder nehmen ihre Gespräche über einen Waffenstillstand im Gazastreifen wieder auf.
Italien. Der Christdemokrat Antonio Segni wird Ministerpräsident eines neuen Kabinetts.

7. Donnerstag
Laos. Die Regierung beschuldigt den kommunistischen Pathet Lao, die Genfer Waffenstillstandsabkommen von 1954 gebrochen zu haben.
Sport. Hans Günter Winkler wird mit Halla in Aachen Weltmeister der Springreiter.

9. Samstag
Frankreich. Die Nationalversammlung gibt dem Regierungsplan über die Selbstbestimmung Tunesiens ihre Zustimmung.

11. Montag
Argentinien. Die Regierung Perón verspricht, die vier bei Unruhen zerstörten katholischen Kirchen als nationale Denkmäler wiederaufzubauen.

12. Dienstag
UdSSR. Der nordvietnamesische Staatspräsident Ho Tschi Minh

kommt zu einem Staatsbesuch nach Moskau.

14. Donnerstag
Französisch-Marokko. Bei einer Bombenexplosion in einem Café Casablancas am französischen Nationalfeiertag kommen sechs Europäer ums Leben, 35 Menschen werden verletzt. Dies führt zu einer Welle von Gewalttätigkeiten.

15. Freitag
Argentinien. Staatspräsident Juan Perón kündigt an, von seinem Amt als Vorsitzender der peronistischen Partei zurückzutreten. Er bleibe jedoch Staatsoberhaupt. Alle verfassungsmäßigen Rechte sollen wiederhergestellt werden.
Bundesrepublik Deutschland. Bundeskanzler Adenauer erklärt seine Übereinstimmung mit der Forderung des Bundestages nach einer parlamentarischen Kontrolle über die Streitkräfte, da er hoffe, Unterstützung für den Aufbau einer Freiwilligenarmee zu finden.

16. Samstag
Französisch-Marokko. Beim Amtsantritt des neuen Generalresidenten Gilbert Granval kommt es wiederum zu Unruhen.
Ungarn. Die Regierung gibt die Freilassung von Kardinal József Mindszenty bekannt, der 1949 wegen angeblichen Verrats zu lebenslanger Zwangsarbeit verurteilt worden war.

17. Sonntag
USA. Die Gemeinde Arco in Idaho bezieht als erste Gemeinde der Welt ihren Strom aus einem Atomkraftwerk.

18. Montag
Weltpolitik. In Genf beginnt die Konferenz der Regierungschefs und Außenminister der vier Großmächte. UN-Generalsekretär Dag Hammarskjöld hält die Eröffnungsrede.

19. Dienstag
Weltpolitik. Die am Vortage begonnene Konferenz der vier Großmächte legt als Gesprächsthemen die Wiedervereinigung Deutschlands, die Sicherheit in Europa, die Abrüstung und die Verbesserung der Ost-West-Beziehungen fest.

20. Mittwoch
Weltpolitik. Auf der Konferenz der vier Großmächte schlägt der US-amerikanische Präsident Eisenhower den Austausch aller militärischen Pläne vor. Der sowjetische Regierungschef Bulganin spricht sich für eine Verminderung von konventionellen Waffen, ein Verbot von Kernwaffen und eine Kontrolle von Militärstützpunkten aus.

22. Freitag
Bundesrepublik Deutschland. Der Bundestag verabschiedet das Freiwilligen-Gesetz, das die Grundlage für die Aufstellung der ersten Streitkräfte in der Bundesrepublik bildet.
Uganda. Großbritannien beschließt, die Verbannung von König Mutesa II., dem Oberhaupt des Bugandastammes, aufzuheben, wenn dieser einer neuen Verfassung zustimmt.

23. Samstag
Saarland. Die Regierung kündigt eine Volksabstimmung über den künftigen politischen Status an.
Weltpolitik. Die Konferenz der vier Großmächte in Genf endet nach sieben Sitzungen in sechs Tagen. In einem Schlußkommuniqué erklären die Regierungschefs Eisenhower, Bulganin, Eden und Faure, daß im Rahmen einer Konferenz der Außenminister im Oktober die Fragen der Wiedervereinigung Deutschlands, der Sicherheit in Europa, der Abrüstung und der Ost-West-Kontakte erneut erörtert werden sollen.

25. Montag
Indien/Portugal. Der indische Premierminister Nehru fordert Portugal auf, seine Vertretung in Delhi zu schließen, weil Portugal sich weigert, Verhandlungen über den Status der Enklave Goa aufzunehmen.

27. Mittwoch
Malaya. Die ersten Wahlen für eine Verfassunggebende Versammlung gewinnt die Malayische Allianz-Partei, die für 1959 die Unabhängigkeit anstrebt.

29. Freitag
Bulgarien/Israel. Bulgarien drückt tiefes Bedauern über den Abschuß einer israelischen Verkehrsmaschine am 27. 7., bei dem alle 58 Insassen starben, aus und bietet eine Entschädigung an.

30. Samstag
Sport. Der französische Radrennfahrer Louison Bobet gewinnt zum dritten Mal nacheinander die Tour de France.

18. 7. Weltpolitik
Die Regierungschefs der Großen Vier auf dem Rasen vor dem Palais der Nationen in Genf: von links nach rechts Nikolaj Bulganin (UdSSR), Dwight D. Eisenhower (USA), Edgar Faure (Frankreich) und Anthony Eden (Großbritannien).

30. 7. Sport
Der spätere Sieger der 42. Tour de France, der Franzose Louison Bobet, vor dem Niederländer Wout Wagtmans, Träger des Gelben Trikots, und dem Belgier Brankart.

August

12. 8. Schweiz
Thomas Mann während der Verleihung der Ehrenbürgerrechte seiner Vaterstadt Lübeck.

12.8. Schweiz
S. 304 – 49

13. 8. Großbritannien/Nordirland
Bei einem dreisten Überfall auf ein britisches Heeresdepot erbeutet die IRA große Mengen Waffen und Munition. Zwei Tage später findet die Polizei die gestohlene Ware in einer Lagerhalle bei London (rechts).

17. 8. Frankreich
Fernand Léger, »Soldaten beim Kartenspiel« 1917 (links).

1. Montag
China/USA. 11 US-amerikanische Piloten, die im Koreakrieg gefangengenommen wurden, sollen freigelassen werden. Dies wird kurz vor den in Genf anberaumten Gesprächen zwischen den Botschaftern beider Länder bekanntgegeben.

2. Dienstag
Österreich. Die britischen Truppen beginnen mit ihrem Rückzug aus Österreich.

3. Mittwoch
Wissenschaft. Auf der Internationalen Konferenz für Biochemie in Brüssel geben kalifornische Wissenschaftler bekannt, den Prozeß der Photosynthese in Pflanzen aufgeklärt zu haben.

7. Sonntag
Pakistan. Regierungschef Mohammed Ali tritt nach Meinungsverschiedenheiten über die Zusammenstellung der Regierungskoalition zurück. Die Moslemliga wählt Finanzminister Schaudry Mohammed Ali zu seinem Nachfolger.

8. Montag
Bundesrepublik Deutschland. Die Bundesrepublik Deutschland übernimmt die von Reinhard Gehlen aufgebaute »Organisation Gehlen« und macht sie zum Bundesnachrichtendienst.
UNO. In Genf beginnt die erste Internationale Konferenz über die friedliche Nutzung der Atomenergie unter Federführung der UNO.

10. Mittwoch
Frankreich und Libyen schließen einen zwanzigjährigen Freundschaftsvertrag. Frankreich zieht seine Truppen aus Libyen ab, behält jedoch die dortigen Luftwaffenstützpunkte.
Südvietnam. Ministerpräsident Ngo Dinh Diem lehnt ein nordvietnamesisches Angebot zu Beratungen über die im Genfer Abkommen von 1954 vorgesehenen Wahlen in ganz Vietnam ab, da in Nordvietnam keine freien Wahlen möglich seien.

12. Freitag
Französisch-Marokko. Die französische Regierung lehnt den Plan von Generalresident Grandval zur Einsetzung eines Regentschaftsrats ab. Sultan Mohammed ben Arafa soll eine Regierung bilden.
Schweiz. In Kilchberg bei Zürich stirbt der deutsche Schriftsteller Thomas Mann im Alter von 80 Jahren (auch → S. 245).

13. Samstag
Großbritannien/Nordirland. 20 Iren überfallen ein Depot der britischen Armee und erbeuten Waffen und Munition.

14. Sonntag
San Marino. Die Parlamentswahlen gewinnt die Regierungskoalition aus Kommunisten und Sozialisten.

15. Montag
Goa. 5000 Inder organisieren eine »gewaltlose Invasion« in die portugiesische Enklave Goa. Die portugiesische Polizei eröffnet das Feuer; es gibt 13 Tote und 100 Verletzte. Indien bricht daraufhin am 19. 8. die diplomatischen Beziehungen ab.

16. Dienstag
Französisch-Marokko. Die nationalistischen Parteien lehnen eine Regierungsbildung durch Sultan Mohammed ben Arafa ab. Sie fordern die Rückkehr von Sultan Mohammed ben Jussuf.
UdSSR. Zum ersten Mal seit 1939 können 200 Sowjetbürger eine organisierte Reise ins Ausland unternehmen.

17. Mittwoch
Frankreich. In Gif-sur-Yvette stirbt der Maler Fernand Léger im Alter von 74 Jahren.

18. Donnerstag
Syrien. Das Parlament wählt Shukri al Kuwaitli, der 1949 nach einem Militärputsch verbannt wurde, zum Staatspräsidenten.

20. Samstag
Algerien. Aufständische verüben eine Welle von Terrorakten.
Französisch-Marokko. Unter der europäischen Bevölkerung von Oued Zem bei Casablanca wird von Aufständischen ein Blutbad angerichtet.
UNO. Die am 8. 8. begonnene Internationale Konferenz über die friedliche Nutzung von Kernenergie wird beendet.

22. Montag
Nordafrika. Bei den dreitägigen Unruhen in Französisch-Marokko und Algerien sind über 1000 Menschen ums Leben gekommen. Die gewalttätigen Auseinandersetzungen fanden zum zweiten Jahrestag der Absetzung von Sultan Mohammed ben Jussuf statt.

23. Dienstag
Sudan. Großbritannien und Ägypten kommen überein, ihre Truppen im November aus dem Sudan abzuziehen.

24. Mittwoch
Ägypten/Israel. Ägypten bricht die

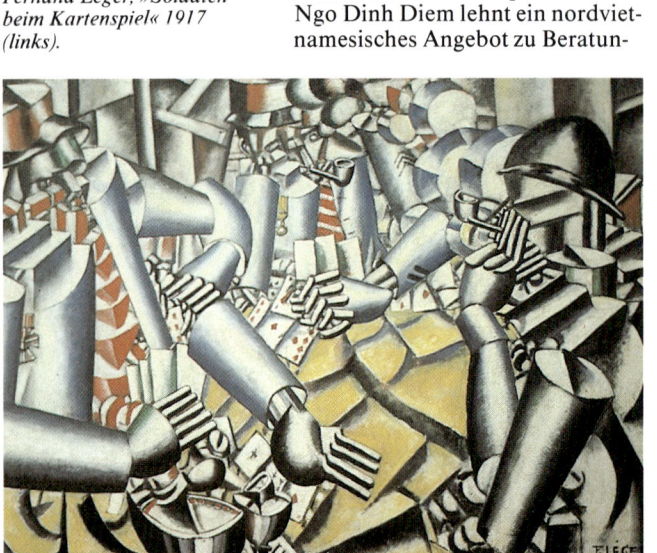

erneuten Gespräche über eine Beilegung der Spannungen im Gazastreifen ab.

27. Samstag
Tunesien. Sidi Mohammed el Amin, der Bei von Tunis, ratifiziert den Vertrag über die innere Autonomie des Landes.

31. Mittwoch
Ägypten/Israel. Nach einwöchigen Kampfhandlungen stimmt Ägypten einer Waffenruhe im Gazastreifen zu.
Japan. Nach dreitägigen Gesprächen zwischen japanischen und und US-amerikanischen Regierungsmitgliedern wird bekanntgegeben, daß Japan in der Hauptsache selbst für seine Verteidigung verantwortlich sei. Die US-amerikanischen Truppen sollen allmählich abgezogen werden.

September

1. Donnerstag
Ägypten/Israel. Über israelischem Hoheitsgebiet werden zwei ägyptische Düsenjäger abgeschossen.

4. Sonntag
Bundesrepublik Deutschland. Mit der Uraufführung des Dramas „Das kalte Licht" von Carl Zuckmayer beginnt Gustaf Gründgens seine Tätigkeit als Generalintendant in Hamburg.
Französisch-Marokko. Der profranzösische Führer der Istiklal-Partei, Mohammed Babi Berrada, wird in Casablanca ermordet.

6. Dienstag
Türkei. Nach einem Bombenanschlag auf das türkische Konsulat in Saloniki (Griechenland) kommt es zu antigriechischen Unruhen in Istanbul und Izmir. Griechische Geschäfte werden geplündert und Kirchen in Brand gesetzt.

7. Mittwoch
Zypern. Griechenland, die Türkei und Großbritannien brechen die am 29. 8. in London begonnenen Gespräche über die Zukunft Zyperns ab, nachdem sowohl Griechenland als auch die Türkei britische Vorstellungen über eine Selbstverwaltung der Kronkolonie abgelehnt haben.

9. Freitag
Bundesrepublik Deutschland/UdSSR. Eine deutsche Regierungsdelegation beginnt unter der Leitung von Bundeskanzler Adenauer in Moskau Gespräche über die Aufnahme diplomatischer Beziehungen.

11. Sonntag
Ägypten/Israel. Die ägyptische Regierung verhängt eine militärische Blockade des Golfes von Aqaba und damit der Zufahrt zum israelischen Hafen Elat.
Kambodscha. Die »Sozialistische Volksgemeinschaft« unter der Führung von Prinz Norodom Sihanouk erhält 82% der Stimmen bei den Wahlen zur Nationalversammlung.

12. Montag
Bundesrepublik Deutschland. Franz Josef Strauß (CSU) wird Bundesminister für Atomfragen.
NATO. Die USA und Italien kommen überein, einen neuen NATO-Stützpunkt in Norditalien einzurichten. Er soll von den aus Österreich abgezogenen US-amerikanischen Truppen benutzt werden.

13. Dienstag
Bundesrepublik Deutschland/UdSSR. Bundeskanzler Adenauer beendet seine Gespräche mit der sowjetischen Führung in Moskau. Beide Seiten sind übereingekommen, diplomatische Beziehungen aufzunehmen und Botschaften in Bonn und Moskau zu errichten. Ferner sichert die UdSSR zu, über 9000 deutsche Kriegsgefangene in die Bundesrepublik zu entlassen.

15. Donnerstag
Zypern. Die britische Regierung verbietet die progriechische Untergrundbewegung EOKA für die Dauer eines Jahres.

16. Freitag
Argentinien. Armee- und Marineeinheiten revoltieren gegen die Regierung Perón und besetzen Teile der südlichen Provinzen und die Stadt Córdoba.
Bundesrepublik Deutschland/UdSSR. Die UdSSR lehnt offiziell den Anspruch der Bundesrepublik Deutschland auf Alleinvertretung für ganz Deutschland ab. Die UdSSR erklärt weiter, daß die DDR ein souveräner Staat sei und daß die deutschen Grenzen definitiv nach dem 2. Weltkrieg festgelegt worden seien.

18. Sonntag
Argentinien. Die aufständischen Militärs drohen, Buenos Aires zu bombardieren, falls Staatspräsident Juan Perón nicht zurücktritt. Die Regierung erklärt Buenos Aires zur offenen Stadt; Gewerkschaftsführer rufen die Arbeiter zur Unterstützung Peróns auf.

19. Montag
Argentinien. Staatspräsident Perón tritt nach der dreitägigen Rebellion von Armee und Marine zurück.
Libanon. Der Sunnit Rashid Karame wird erstmals Ministerpräsident.

20. Dienstag
Argentinien. Expräsident Juan Perón bittet in der Botschaft Paraguays in Buenos Aires um politisches Asyl. Der Führer des Aufstands, General Lonardi, übernimmt vorläufig das Präsidentenamt.
DDR/UdSSR. Nach dreitägigen Gesprächen mit der UdSSR schließt die DDR mit ihr einen Staatsvertrag. Das Land soll Mitglied des Warschauer Pakts werden. Ferner hebt die UdSSR die Souveränität der DDR auf allen Gebieten hervor.
Finnland/UdSSR. Beide Länder verlängern ihren Freundschaftsvertrag bis 1975.
Nordvietnam. Ho Tschi Minh wird in seinem Amt als Regierungschef von Pham Van Dong abgelöst, bleibt jedoch Staatspräsident.

21. Mittwoch
Ägypten/Israel. Israel besetzt die entmilitarisierte Zone von El Audja (Nizana) an der ägyptischen Grenze, nachdem Ägypten dort zwei Militärposten errichtet hat.

22. Donnerstag
Argentinien. Die neue Regierung von General Eduardo Lonardi löst den Kongreß auf. Als erstes Land erkennt Uruguay die neue Regierung an.
Großbritannien. Die Fernsehgesellschaft Independent Television Authority (ITV) beginnt die Ausstrahlung ihres kommerziellen Programmes und durchbricht damit das Fernsehmonopol der BBC.

13. 9. Bundesrepublik Deutschland/UdSSR
Vom humanitären Standpunkt ist die Freilassung des größten Teils der deutschen Kriegsgefangenen das wichtigste Resultat von Bundeskanzler Adenauers Besuch in Moskau. Beim letzten Treffen prosten Adenauer und Bulganin einander zu.

🔊 *13.9. Bundesrepublik Deutschland/UdSSR*
S. 65 – 8

🔊 *21.9. Ägypten/Israel*
S. 145 – 36

20. 9. Argentinien
Der Diktator Juan Domingo Perón wird von der Armee gestürzt und muß das Land verlassen. In Buenos Aires werden Peróns Standbilder zerstört.

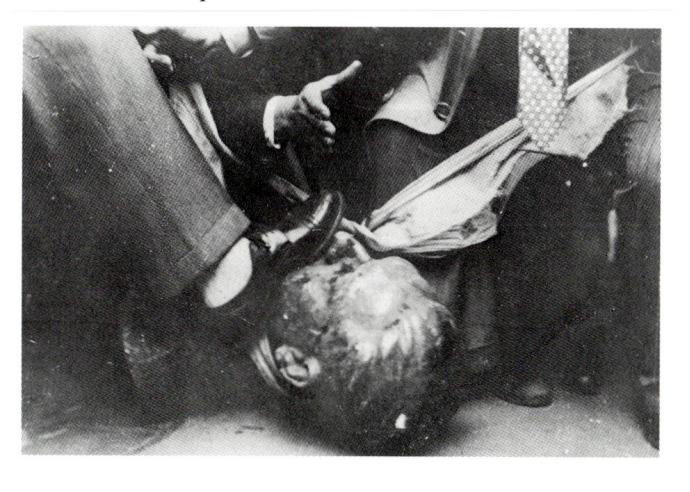

6. 10. Griechenland Ministerpräsident Konstantinos Karamanlis.

23.10. Saarland
S. 49 – 4

25.10. Österreich
S. 129 – 26

31. 10. Großbritannien Prinzessin Margaret kommt wegen ihrer Verbindung zu dem Luftwaffenoffizier Peter Townsend ins Gerede. Sie löst die Verbindung unter großem Druck der anglikanischen Kirche und der Öffentlichkeit.

25. Sonntag
Kambodscha. Der Nationalkongreß streicht alle Hinweise, die auf eine Mitgliedschaft in der französischen Union hindeuten, aus der Verfassung. Damit ist Kambodscha nicht mehr mit Frankreich verbunden.

27. Dienstag
Ägypten. Staatspräsident Nasser bestätigt, daß sein Land Waffenlieferungen aus der ČSR und der UdSSR erhalte.
Bundesrepublik Deutschland. Außenminister Heinrich von Brentano erklärt, daß die Bundesrepublik die UN-Mitgliedschaft nicht anstrebe, solange Deutschland geteilt sei.

29. Donnerstag
Indonesien. Bei den ersten Parlamentswahlen in der Geschichte des Landes erhält die von Staatspräsident Sukarno geführte PNI die meisten Stimmen.

30. Freitag
USA. Der Schauspieler James Dean kommt durch einen Autounfall bei Paso Robles im Alter von 24 Jahren ums Leben. Mit seinen Filmen wurde er zum Idol von Halbstarken und Teenagern.

Oktober

1. Samstag
Französisch-Marokko. Bei Fez kommt es zu Gefechten zwischen Berberstämmen und französischen Truppen. Auf Drängen Frankreichs tritt Sultan Mohammed ben Arafa zurück und geht nach Tanger.
Schweden. Zum ersten Mal seit 41 Jahren sind für alkoholhaltige Getränke die Beschränkungen aufgehoben. Jeder Bürger über 21 Jahre kann alkoholische Getränke in beliebiger Menge kaufen.

2. Sonntag
Argentinien. Expräsident Juan Perón erhält in Paraguay politisches Asyl.
Israel und Ägypten räumen die entmilitarisierte Zone von El Audja.

3. Montag
Berlin. Die Westmächte protestieren bei der Sowjetunion gegen die Übernahme der Kontrolle des Verkehrs zwischen der Bundesrepublik und Berlin durch DDR-Behörden.
Brasilien. Der Arzt Juscelino Kubitschek gewinnt die Präsidentschaftswahlen mit Unterstützung der Kommunisten.

4. Dienstag
Griechenland. In Athen stirbt Marschall Papagos, Ministerpräsident seit 1952, im Alter von 72 Jahren. Sein Nachfolger wird vorläufig der stellvertretende Ministerpräsident und Außenminister Stefanopoulos.

5. Mittwoch
Griechenland. König Paul beauftragt den Minister für Öffentliche Arbeiten, Konstantin Karamanlis, eine neue Regierung zu bilden.
Saarland. Nach einer Konferenz in Luxemburg über das Saargebiet lassen Bundeskanzler Adenauer und der französische Ministerpräsident Edgar Faure in einer gemeinsamen Erklärung verlautbaren, daß sie eine Europäisierung des Saargebietes unterstützen.

6. Donnerstag
Griechenland. Konstantin Karamanlis bildet eine neue Regierung. Neben dem Amt des Ministerpräsidenten bekleidet er auch den Posten des Verteidigungsministers.

9. Sonntag
Bundesrepublik Deutschland. Bei den Bremer Bürgerschaftswahlen gewinnt die SPD mit 52 von 100 Sitzen die absolute Mehrheit.
Französisch-Marokko. 8000 französische Soldaten beginnen, von Flugzeugen unterstützt, eine Offensive gegen marokkanische Nationalisten an der Grenze zu Spanisch-Marokko.

11. Dienstag
Der Iran tritt dem türkisch-irakischen Beistandspakt (Bagdadpakt) bei.

14. Freitag
Pakistan. Die zehn Provinzen Westpakistans werden zu einem Bundesstaat vereinigt.
UNO. Australien und Kuba werden als Nachfolger Neuseelands und Brasiliens zu nichtständigen Mitgliedern des Sicherheitsrates gewählt.

15. Samstag
Französisch-Marokko. Auf der Grundlage des französischen Unabhängigkeitsplanes wird ein aus vier Mitgliedern bestehender Thronrat als Oberstes Organ der marokkanischen Regierung gebildet. Der Rat übernimmt die Befugnisse des am 1. 10. abgetretenen Sultan Mohammed ben Arafa.

17. Montag
Argentinien. Rund ein Drittel der Arbeitnehmer erscheint am 10. Jahrestag der Machtübernahme Juan Peróns nicht zur Arbeit.
Bundesrepublik Deutschland. Der CDU-Bundestagsabgeordnete Bernhard Winkelheide gibt die Gründung eines christlichen Gewerkschaftsbundes bekannt. Er wird daraufhin aus dem DGB ausgeschlossen.

18. Dienstag
Spanien. In Madrid stirbt der Philosoph und Schriftsteller José Ortega y Gasset, Autor von *Aufstand der Massen* (1930), im Alter von 72 Jahren.

20. Donnerstag
Ägypten/Syrien. Beide Länder unterzeichnen einen gegenseitigen Beistandspakt in Damaskus.

23. Sonntag
Saarland. In einer Volksabstimmung lehnen 67,7% der stimmberechtigten Wähler den französisch-deutschen Plan ab, das Saargebiet unter internationale Kontrolle zu stellen und wirtschaftlich an Frankreich zu binden. Faktisch wird damit der Anschluß an die Bundesrepublik Deutschland befürwortet.

24. Montag
Argentinien. Staatspräsident Eduardo Lonardi löst die peronistischen Parteien auf, nachdem 50 Personen verhaftet wurden, die unter dem Verdacht standen, eine Rückkehr Juan Peróns vorzubereiten.
Saarland. Ministerpräsident Johannes Hoffmann, der die Europäisierung des Saarlandes befürwortet hatte, tritt zurück. Eine vorläufige Regierung soll Neuwahlen vorbereiten.

25. Dienstag
Französisch-Marokko. Der Pascha von Marrakesch, Thami el Glaoûi, tritt auf die Seite der Nationalisten und befürwortet die Rückkehr von Sultan Mohammed ben Jussuf.
Österreich. Die letzten Besatzungstruppen ziehen ab.

26. Mittwoch
Österreich. Das Parlament verabschiedet ein Gesetz, das das Land zur Neutralität verpflichtet und den Beitritt zu einem Militärbündnis untersagt.
Südvietnam. Regierungschef Ngo Dinh Diem ruft nach einer Volksabstimmung vom 23. 10., in der Kaiser Bao Dai als Staatsoberhaupt abgesetzt wurde, die Republik aus. Er selbst wird auf der Grundlage einer vorläufigen Verfassung Staatspräsident.

27. Donnerstag
Weltpolitik. Die Außenminister der vier Großmächte kommen in Genf zusammen, um Fragen der deutschen Einheit, der Abrüstung und Ost-West-Kontakte zu besprechen.

28. Freitag
Ägypten und Saudi-Arabien unterzeichnen einen Beistandspakt.

29. Samstag
Saarland. Heinrich Welsch wird als Nachfolger von Johannes Hoffmann bis zu den Wahlen im Dezember Ministerpräsident.

31. Montag
Argentinien. Ein Militärsondergericht erklärt den ehemaligen Staatspräsidenten Juan Perón schwerer Vergehen für schuldig. Er wird aus der Armee entlassen und verliert seinen Titel »General«.
Großbritannien. Prinzessin Margaret erklärt, daß sie auf eine Heirat mit dem geschiedenen Fliegeroberst Peter Townsend verzichte.

November

1. Dienstag
Spanien/USA. Als erster US-Außenminister besucht John Foster Dulles den spanischen Staatschef Franco.
Wissenschaft. In Tucson (Arizona) findet zum ersten Mal eine Konferenz über die Nutzung von Sonnenenergie statt.

2. Mittwoch
Israel. Nach langwierigen Verhandlungen bildet David Ben Gurion eine neue Regierung; neun von 16 Mitgliedern gehören der Mapai-Partei an.

4. Freitag
Äthiopien. Kaiser Haile Selassie verkündet eine neue Verfassung, die das Wahlrecht und Meinungs- und Pressefreiheit garantiert.

5. Samstag
Frankreich. In Le Vesinet stirbt der Maler Maurice Utrillo im Alter von 71 Jahren.

7. Montag
USA. Das Oberste Bundesgericht spricht sich gegen Rassenschranken gegen Farbige in Parkanlagen und auf Sportplätzen aus.

8. Dienstag
Brasilien. Staatspräsident João Café Filho tritt aus Gesundheitsgründen sein Amt an den Vorsitzenden der Abgeordnetenkammer Coimbra da Luz ab.

10. Donnerstag
Sudan. Die letzten britischen Truppen verlassen das Land.

11. Freitag
Brasilien. Carlos Coimbra da Luz wird als Interimspräsident abgesetzt und des Landes verwiesen. Der Senatsvorsitzende Nereu Ramos übernimmt seine Funktionen bis zum Januar 1956. Dann soll der im Oktober zum Präsidenten gewählte Juscelino Kubitschek das Amt antreten.

12. Samstag
Bundesrepublik Deutschland. Die ersten Offiziere der neugeschaffenen Bundeswehr werden in der Bonner Ermekeilkaserne von Verteidigungsminister Blank offiziell ernannt.

13. Sonntag
Argentinien. Die Interimsregierung Lonardi wird wegen ihres zaghaften Vorgehens gegen die Peronisten gestürzt. Zum neuen Präsidenten wird Pedro Aramburu ernannt.
Sudan. Die letzten ägyptischen Truppen verlassen den Sudan.

15. Dienstag
Japan. Die Liberale und die Demokratische Partei schließen sich zusammen und erhalten damit die absolute Mehrheit im Parlament.

16. Mittwoch
Marokko. Sultan Mohammed Ben Jussuf kehrt nach zweijähriger Verbannung nach Rabat zurück.
Weltpolitik. Die Abrüstungskonferenz der Außenminister der vier Großmächte wird ergebnislos vertagt.

18. Freitag
Nach Gesprächen in Wien beschließen die Bundesrepublik Deutschland und Österreich den Austausch von Botschaftern.

21. Montag
Ägypten. Finanzminister El Kaissunni führt in Washington Gespräche mit der Weltbank über die Finanzierung des geplanten Assuanstaudammes.

22. Dienstag
Bagdadpakt. Vertreter der fünf dem Bagdadpakt angeschlossenen Staaten treffen sich in Bagdad, um Beschlüsse zum Aufbau einer dauernden politischen, militärischen und wirtschaftlichen Organisation zu fassen.

23. Mittwoch
UdSSR. Die US-amerikanische Atomenergiekommission meldet, daß die UdSSR die bisher größte H-Bombe und damit die stärkste Atombombe überhaupt über Sibirien gezündet habe.

25. Freitag
Bundesrepublik Deutschland/ UdSSR. Die Bundesregierung erteilt Walerian Sorin als erstem sowjetischem Botschafter das Agreement.

27. Sonntag
Schweiz. In Paris stirbt der Schweizer Komponist Arthur Honegger im Alter von 63 Jahren.

29. Dienstag
Ägypten/Syrien. Beide Länder bringen ihre Vorhaben, ein gemeinsames militärisches Oberkommando für ein Eingreifen gegen Israel zu bilden, zum Abschluß.
Frankreich. Die Nationalversammlung verweigert der Regierung Faure das Vertrauen.
Sudan. Großbritannien und Ägypten erzielen über das Verfahren, nach dem der Sudan die Unabhängigkeit erhalten soll, Übereinstimmung.

30. Mittwoch
Frankreich. Das Kabinett Faure löst das Parlament auf. Dies geschieht seit 1877 zum ersten Male.

4. 11. Äthiopien
Die Ausrufung der neuen Verfassung fällt mit dem fünfundzwanzigjährigen Thronjubiläum Kaiser Haile Selassies (vorn unter dem Sonnenschirm) zusammen (links).

18. 11. Bundesrepublik Deutschland/Österreich
Bundesaußenminister von Brentano (im Bild rechts) wird von seinem Amtskollegen Figl empfangen (rechts).

Dezember

1. Donnerstag
Frankreich. Die radikalsozialistische Partei schließt Ministerpräsident Faure aus, weil er die Nationalversammlung aufgelöst hat. Fünf radikalsozialistische Minister treten zurück.

2. Freitag
Frankreich. Das Kabinett beschließt, am 2. 1. 1956 Parlamentswahlen abzuhalten.

5. Montag
USA. Auf der Vereinigungskonferenz der beiden Gewerkschaften American Federation of Labour und Congress of Industrial Organizations zu der neuen Großgewerkschaft AFL-CIO wird George Meany zum Vorsitzenden gewählt.

6. Dienstag
Österreich. Die Regierungen von Großbritannien, Frankreich, der UdSSR und den USA erkennen die »immerwährende Neutralität« Österreichs an.

7. Mittwoch
Marokko. Sultan Mohammed ben Jussuf wird erster konstitutioneller Monarch von Französisch-Marokko.

10. Samstag
Nobelpreise. In Stockholm werden die Nobelpreise an den Isländer Halldor K. Laxness (Literatur), die beiden US-Amerikaner Willis E. Lamb und Polykarp Kusch (Physik), den US-Amerikaner Vincent du Vigneaud (Chemie) und den Schweden Hugo Theorell (Medizin) verliehen.

11. Sonntag
Bundesrepublik Deutschland. Weitere deutsche Kriegsgefangene dürfen die UdSSR verlassen und treffen in der Bundesrepublik ein.

13. Dienstag
Bundesrepublik Deutschland. Otto John, der in die DDR gegangene ehemalige Leiter des Bundesverfassungsschutzes, kehrt in die Bundesrepublik zurück.

14. Mittwoch
Großbritannien. Hugh Gaitskell wird zum Vorsitzenden der Labour Party und Nachfolger von Clement Attlee gewählt.
UNO. 16 weitere Staaten (Albanien, Bulgarien, Ceylon, Finnland, Irland, Italien, Jordanien, Kambodscha, Laos, Libyen, Nepal, Österreich, Portugal, Rumänien, Spanien und Ungarn) werden als neue Mitglieder in die Völkergemeinschaft aufgenommen.

15. Donnerstag
Ägypten. Präsident Nasser droht in einem Schreiben an UN-Generalsekretär Hammarskjöld mit Krieg, falls Israel weiterhin arabische Angriffe mit Vergeltungsschlägen beantwortet.
Schweiz. Markus Feldmann wird als Nachfolger von Max Petitpierre zum Bundespräsidenten für 1956 gewählt.

16. Freitag
Malta. Eine britische Parlamentsdelegation bietet Malta drei Sitze im Unterhaus an.

18. Sonntag
Saarland. Bei den Landtagswahlen erhalten die Parteien, die für einen Anschluß des Saarlandes an die Bundesrepublik Deutschland votieren, 64% der Stimmen.

19. Montag
Sudan. Das Abgeordnetenhaus proklamiert die Unabhängigkeit zum 1. 1. 1956.

20. Dienstag
Großbritannien. Das Kabinett wird umgebildet. Verteidigungsminister Selwyn Lloyd übernimmt das Amt von Außenminister Macmillan. Macmillan selbst wird Finanzminister.
Zwischen Italien und der Bundesrepublik Deutschland wird ein Abkommen über die Beschäftigung von 100 000 italienischen Arbeitnehmern in der Bundesrepublik geschlossen (auch → S. 205).

25. Sonntag
China/DDR. Der chinesische Ministerpräsident Zhou Enlai und DDR-Ministerpräsident Otto Grotewohl unterzeichnen in Peking einen Freundschaftsvertrag.

---

15. 12. Schweiz
Markus Feldmann

11.12. Bundesrepublik Deutschland S. 65–8

▷
11. 12. Bundesrepublik Deutschland
Nach dem Besuch von Bundeskanzler Adenauer in Moskau läßt die UdSSR Tausende von Kriegsgefangenen frei.

13. 12. Bundesrepublik Deutschland
Otto John (Mitte) während seines Aufenthaltes in der DDR.

Ergreifendes Zeugnis des Ungarnaufstandes: eine junge Frau hat eine Handgranate in ihrem Mantelgürtel festgeklemmt.

1956

1956

Januar

1. Sonntag
Sudan. Sudan wird eine unabhängige Republik. Ein Koalitionskabinett unter Präsident Ismail al Azhari soll die baldige Wahl zu einer konstituierenden Versammlung vorbereiten.

2. Montag
Frankreich. Bei den Wahlen zur Nationalversammlung gewinnen die Kommunisten 52 Sitze hinzu. 52 Sitze erhält überraschend die neue Partei von Pierre Poujade, die aus der Kritik des Mittelstandes an den zu hohen Steuerbelastungen entstanden ist.

3. Dienstag
UdSSR/China. Die Bahnlinie Peking-Moskau über Ulan Bator und Irkutsk wird eingeweiht.

4. Mittwoch
Griechenland. Ministerpräsident Konstantin Karamanlis gründet eine eigene Partei, die konservative Nationalradikale Union (ERE), anstelle der vorher aufgelösten Griechischen Sammlungsbewegung.

5. Donnerstag
USA. Die US-Armee stellt die ersten ferngesteuerten Raketen vom Typ »Nike« in der Bundesrepublik Deutschland auf.

6. Freitag
USA. Die Universität von Alabama weigert sich, die erste eingeschriebene schwarze Studentin zum Studium zuzulassen. Dies führt zu heftigen Unruhen.

7. Samstag
Frankreich. In Marcoule wird das erste französische Kernkraftwerk in Betrieb genommen. Der Reaktor ist auch für die Produktion von Plutonium geeignet.
Jordanien. Demonstranten gegen eine Beteiligung des Landes am Bagdadpakt belagern das US-Konsulat im jordanischen Teil Jerusalems. Das Kabinett Haschim tritt zurück.

10. Dienstag
Bundesrepublik Deutschland. Hubert Ney (CDU) wird neuer Ministerpräsident des Saarlandes.

13. Freitag
USA. In New York stirbt der Maler und Graphiker Lyonel Feininger im Alter von 84 Jahren.

16. Montag
Ägypten. Gamal Abd el-Nasser verkündet eine neue Verfassung, nach der der Revolutionsrat aufgelöst wird.

17. Dienstag
Japan/UdSSR. In London finden Verhandlungen über einen Friedensvertrag zwischen beiden Staaten statt.
USA. Die Südstaaten Georgia und Alabama verabschieden Gesetzentwürfe, nach denen die Rassentrennung bestehen bleibt, obwohl das Oberste Bundesgericht dies untersagt hatte.

18. Mittwoch
DDR. Die Volkskammer beschließt die Gründung der Nationalen Volksarmee (NVA).

20. Freitag
DDR. Der stellvertretende Ministerpräsident Willi Stoph wird zum Verteidigungsminister ernannt.

23. Montag
Indien. Die Regierungschefs von Westbengalen und Bihar beschließen die Vereinigung der beiden Teilstaaten.
UdSSR/USA. Ministerpräsident Bulganin schlägt den USA einen Nichtangriffspakt vor. US-Präsident Eisenhower weist den Vorschlag mit dem Hinweis darauf, daß die UN-Charta bereits ähnliche Verpflichtungen erhalte, zurück.

25. Mittwoch
Sport. In Cortina d'Ampezzo (Italien) werden die VII. Olympischen Winterspiele eröffnet.

26. Donnerstag
Bundesrepublik Deutschland. Die Deutsche Atomkommission wird als Beratungsorgan des Bundesministers für Atomfragen gebildet.
Frankreich. Der Generalsekretär der Sozialistischen Partei, Guy Mollet, wird mit der Bildung einer neuen Regierung beauftragt.

27. Freitag
Österreich. In Zürich stirbt der Dirigent Erich Kleiber im Alter von 65 Jahren.

26.1. *Frankreich*
S. 248 – 38

13. 1. *USA*
Das kubistische Gemälde »Am Strand« von Lyonel Feininger.

28. Samstag
Warschauer Pakt. In Prag endet eine zweitägige Konferenz der acht Mitgliedstaaten, auf der die Nationale Volksarmee der DDR offiziell in die Streitkräfte des Warschauer Paktes aufgenommen wird.

31. Dienstag
Brasilien. Der am 3. 10. 1955 zum Staatspräsidenten gewählte Juscelino Kubitschek tritt sein Amt an. Ausnahmezustand und Zensur werden aufgehoben.
Bundesrepublik Deutschland/ Saarland. Der im Dezember neugewählte saarländische Landtag beschließt in einer Grundsatzerklärung die Angliederung des Saarlandes an die Bundesrepublik (auch → S. 189).

Februar

1. Mittwoch
Frankreich. Die Nationalversammlung bestätigt die Regierung von Guy Mollet.

6. Montag
Sport. In Cortina d'Ampezzo werden die VII. Olympischen Winterspiele beendet. Für die gesamtdeutsche Mannschaft gewinnt Ossi Reichert (Riesenslalom der Damen) eine Goldmedaille; für Österreich gewinnt Toni Sailer drei Goldmedaillen in Riesenslalom, Slalom und Abfahrtslauf, ferner Schwarz-Oppelt im Eiskunst-Paarlauf; für die Schweiz siegen Renée Colliard (Slalom/Damen), Madeleine Berthod (Abfahrtslauf/Damen) und Kapus, Diener, Alt, Angst (Viererbob).

7. Dienstag
Chile. Eine Heeresexpedition, die den Ojos del Salado bestiegen hat, gibt dessen Höhe mit 7390 m an. Das wäre 365 m höher als der Aconcagua in Argentinien, den man bis dahin für den höchsten Berg auf der westlichen Halbkugel hielt. Die Höhenmessung erwies sich später als falsch.
Malaya. Nach einer dreiwöchigen Konferenz in London teilt Premierminister Tungku Abdul Rahman mit, daß die Föderation am 31. 8. 1957 unabhängiges Mitglied des Commonwealth werden soll.

8. Mittwoch
Bundesrepublik Deutschland. Das Bundeskabinett verabschiedet das Wehrpflichtgesetz, das die Einführung einer allgemeinen Wehrpflicht von 18 Monaten vorsieht.

9. Donnerstag
Ägypten. Die Weltbank erklärt sich zu einer Anleihe von 200 Millionen Dollar für den Bau des Assuanstaudamms bereit.

11. Samstag
Französisch-Marokko. Ministerpräsident Si Mbarek Bekkai und der französische Generalgouverneur André Dubois unterzeichnen in Rabat einen Vertrag über begrenzte Selbstbestimmung.

14. Dienstag
UdSSR. In Moskau beginnt der 20. Parteitag der KPdSU. Parteichef Chruschtschow bekennt sich zum Prinzip der kollektiven Führung.

15. Mittwoch
Finnland. Ministerpräsident Urho Kekkonen, der Führer der Bauernpartei, wird zum neuen Staatspräsidenten gewählt. Er löst Juho Paasikivi ab.

18. Samstag
Die USA sagen der Bundesrepublik Deutschland in einem Abkommen die Lieferung von Atomreaktoren zu Versuchszwecken zu.

19. Sonntag
Griechenland. Mit 165 von insgesamt 300 Sitzen erhält die Nationalradikale Union von Ministerpräsident Konstantin Karamanlis bei den Parlamentswahlen eine klare Mehrheit.

23. Donnerstag
Bundesrepublik Deutschland. Wegen politischer Meinungsverschiedenheiten zwischen der CDU/CSU und einem vom Parteivorsitzenden Thomas Dehler geführten Flügel der FDP über die geplante Wahlrechtsreform sowie aufgrund außenpolitischer Differenzen verläßt der koalitionsfreundliche Teil der FDP (u. a. die Minister Franz Blücher und Hermann Schäfer) die Partei und verursacht eine Spaltung. Blücher gründet mit 12 weiteren FDP-Abgeordneten die Freie Volkspartei (FVP).
UdSSR. In Moskau wird der 20. Parteitag der KPdSU beendet. Parteichef Chruschtschow übt im Verlauf des Parteitages heftige Kritik an der Amtsführung, an der Förderung des Personenkults und dem Machtmißbrauch Stalins.

28. Dienstag
UdSSR. Die Witwe des im Exil in Mexiko ermordeten russischen Revolutionärs Leo Trotzkij fordert vom neuen Präsidium der KPdSU die Rehabilitierung ihres Mannes.

29. Mittwoch
Zypern. Verhandlungen zwischen dem britischen Kolonialminister Alan Lennox-Boyd und Erzbischof Makarios über die Zukunft der Insel scheitern.

März

2. Freitag
Finnland. Der Führer der Sozialdemokraten, Karl August Fagerholm, bildet eine neue Koalitionsregierung mit der Bauernpartei.
Französisch-Marokko. Mit Frank-

25. 1. Sport
Eröffnung der Olympischen Winterspiele in Cortina d'Ampezzo.

6.2. Sport
S. 344 – 63

23.2. UdSSR
S. 105 – 24

April 1956

10. 3. Zypern
Nach der Verbannung von Erzbischof Makarios durch die britische Verwaltung bricht ein Generalstreik aus. Die Briten reagieren mit Großrazzien.

18. 4. Großbritannien
Die sowjetischen Partei- und Regierungschefs Chruschtschow (ganz rechts) und Bulganin (zweiter von rechts) besuchen für zehn Tage Großbritannien. Der britische Premierminister Anthony Eden (zweiter von links) begrüßt sie.

reich wird ein Abkommen getroffen, nach dem Marokko unabhängig wird.
Jordanien. Der britische General Glubb Pascha wird als Befehlshaber der Arabischen Legion, der Armee des Landes, die er seit 1939 führte, entlassen.

4. Sonntag
Bundesrepublik Deutschland. Bei den Landtagswahlen in Baden-Württemberg kann die CDU ihren Stimmenanteil von 36 auf 42,6% verbessern. Sie erhält 56 Sitze, die SPD 36, die FDP 21 und der BHE 7 Sitze.
El Salvador. Oberst José Maria Lemus gewinnt die Präsidentschaftswahlen, nachdem fünf Oppositionspolitiker ihre Kandidatur zurückgezogen haben.

8. Donnerstag
Kambodscha. Norodom Suramarit wird in Phnom Penh zum König gekrönt. Er ist Nachfolger seines Sohnes Norodom Sihanouk, der im März 1955 abtrat, um Präsident zu werden.

9. Freitag
Zypern. Die britischen Behörden lassen Erzbischof Makarios verhaften und auf die Seychellen deportieren.

10. Samstag
Zypern. Griechenland legt bei der UNO gegen die Verbannung von Erzbischof Makarios Protest ein. Auf Zypern bricht ein Generalstreik aus.

11. Sonntag
Griechenland. Aus Protest gegen die britische Politik auf Zypern untersagt die Regierung den Englischunterricht in den Schulen.

12. Montag
UdSSR. In Moskau begeht der ehemalige polnische Staatspräsident und amtierende Erste Sekretär der Polnischen Vereinigten Arbeiterpartei, Bolesław Bierut, im Alter von 63 Jahren nach den Enthüllungen über Stalins Machtmißbrauch und der Rehabilitierung der 1938 auf Weisung Stalins liquidierten Führung der damaligen polnischen KP Selbstmord.

17. Samstag
Frankreich. In Paris stirbt die Chemikerin und Nobelpreisträgerin Irène Joliot-Curie im Alter von 58 Jahren.

19. Montag
Algerien. Frankreich schickt zwei Divisionen, Kriegsschiffe und 50 Kampfflugzeuge nach Algerien. Der neu ernannte Minister für Algerien, Robert Lacoste, erhält Sondervollmachten.

20. Dienstag
Panama. Die Regierung untersagt dem früheren argentinischen Präsidenten Perón, Interviews zu geben und sich politisch zu bestätigen, solange er in Panama ist.
Tunesien. Der französische Außenminister Pineau und der tunesische Regierungschef Tahar ben Ammar unterzeichnen in Paris ein Protokoll über die Unabhängigkeit Tunesiens.

22. Donnerstag
Zypern. Gouverneur John Harding entläßt alle zypriotischen Mitglieder seines Hauspersonals, nachdem er in seinem Bett eine Zeitbombe entdeckt hat.

23. Freitag
Pakistan. Die neue Verfassung, nach der das Land eine islamische Republik im Commonwealth wird, tritt in Kraft. Der am 5. 3. zum ersten Staatspräsidenten ausgerufene Iskander Mirza wird vereidigt.

25. Sonntag
Tunesien. Die Neo-Destour-Partei erhält bei den ersten Wahlen des Landes 97% der Stimmen.

29. Donnerstag
Ungarn. Die KP rehabilitiert den früheren Außenminister Lazsló Rajk, der 1949 wegen »Titoismus« hingerichtet wurde.

30. Freitag
DDR. Auf dem dritten Parteitag der Sozialistischen Einheitspartei (SED) wird die Entstalinisierung fortgesetzt; für die DDR wird eine Dezentralisierung des Staatsapparats angekündigt. Parteichef Ulbricht übt Kritik am Personenkult.

April

1. Sonntag
Algerien. Bei blutigen Zusammenstößen zwischen Nationalisten und Frankreichanhängern in Algier kommen rd. 380 Menschen ums Leben.
Bundesrepublik Deutschland. In Pullach bei München nimmt der Bundesnachrichtendienst (BND) seine Tätigkeit auf.

3. Dienstag
Bulgarien. Der 1949 wegen angeblichen Verrats hingerichtete Stellvertretende Ministerpräsident Traitscho Kostow wird rehabilitiert.

5. Donnerstag
Ägypten/Israel. Nach zahlreichen

kleineren Zusammenstößen kommt es im Gazastreifen zu schweren Gefechten.

6. Freitag
Polen. Der frühere Parteichef Władysław Gomułka wird freigelassen und rehabilitiert. Er war 1948 wegen des Aufrufs zu einem »polnischen Weg zum Sozialismus« inhaftiert worden.

7. Samstag
Spanisch-Marokko. Der spanische Außenminister Artajo und der marokkanische Regierungschef Mbarek Bekkai unterzeichnen in Madrid eine gemeinsame Erklärung, nach der das Protektorat über Nord-Marokko beendet und die gesetzgebende Gewalt an Sultan Mohammed ben Jussuf übertragen wird. Vorher (4. 4.) hatte Mohammed ben Jussuf Madrid besucht.

8. Sonntag
Ägypten/Israel. Ägyptische Kommandos überfallen israelische Siedlungen und Einrichtungen. Am folgenden Tag gibt Ägypten die Aktionen zu und ruft die Kommandos zurück.

11. Mittwoch
Ceylon. Nach einer schweren Wahlniederlage am 8. 4. tritt der Regierungschef Sir John Kotelawala von seinem Amt zurück.

12. Donnerstag
Ceylon. Der Führer der Vereinigten Volksfront, Solomon Bandaranaike, wird neuer Ministerpräsident.

13. Freitag
Bundesrepublik Deutschland. In Seebüll stirbt der Maler Emil Nolde im Alter von 88 Jahren.
NATO. General Alfred Gruenther wird als Oberbefehlshaber der NATO-Streitkräfte in Europa von dem US-amerikanischen General Lauris Norstad abgelöst.
Österreich. Aus den Wahlen zum Nationalrat geht die ÖVP gestärkt hervor, verfehlt jedoch mit 82 von 165 Parlamentssitzen knapp die absolute Mehrheit.

16. Montag
Ceylon. Ministerpräsident Bandaranaike kündigt die Verstaatlichung wichtiger Wirtschaftszweige an. Begonnen werden soll mit den öffentlichen Verkehrsmitteln.

17. Dienstag
UdSSR. Das 1947 gegründete Kominform wird aufgelöst. Damit wird eine der jugoslawischen Hauptbedingungen für eine Normalisierung der Beziehungen beider Länder erfüllt.
USA. In Palmdale stellt die Firma Lockheed den Prototyp des Kampfflugzeuges F-104 Starfighter vor.

18. Mittwoch
Ägypten/Israel. Beide Länder nehmen das von UN-Generalsekretär Hammarskjöld ausgearbeitete Waffenstillstandsabkommen an.
Großbritannien. UdSSR-Ministerpräsident Bulganin und Parteichef Chruschtschow beginnen in Portsmouth einen zehntägigen Staatsbesuch.
Monaco. In Monaco findet die kirchliche Trauung zwischen Fürst Rainier III. und dem US-amerikanischen Filmstar Grace Kelly statt.

19. Donnerstag
Brasilien. Präsident Kubitschek schlägt dem Kongreß den Bau einer neuen Hauptstadt im Inneren des Landes vor.

21. Samstag
Ägypten. Staatspräsident Nasser, König Saud von Saudi-Arabien und der Imam Ahmed von Jemen unterzeichnen in Djidda einen Fünfjahrespakt, nach dem die Armeen der drei Länder dem Oberbefehl des ägyptischen Verteidigungsministers General Abd el-Hakim Amer unterstellt werden sollen.

22. Sonntag
Polen. Die Regierung verkündet eine Amnestie für 70 000 politische und sonstige Gefangene.

25. Mittwoch
Algerien. Der Führer der gemäßigten Nationalisten, Ferhat Abbas, erklärt seinen Beitritt zur antifranzösischen Nationalen Befreiungsfront (FLN).

27. Freitag
Sport. Der amtierende Weltmeister im Schwergewicht, Rocky Marciano (31), verkündet ungeschlagen in New York seinen Rücktritt vom Boxsport.

Mai

1. Dienstag
Argentinien. Staatspräsident Pedro Aramburu schafft die peronistische Verfassung von 1949 ab und setzt die von 1853 wieder in Kraft.

2. Mittwoch
Nepal. König Mahendra und Königin Ratna Devi werden in Katmandu nach altem Hindubrauch gekrönt. Mahendra ist Nachfolger seines im März 1955 gestorbenen Vaters, König Tribhuvana.

5. Samstag
Die USA bringen eine Wasserstoffbombe auf dem Atoll Eniwetok (Marshall-Inseln) zur Explosion.

8. Dienstag
Britisch-Togo. Die Bevölkerung spricht sich in einer Volksabstimmung für den Anschluß an die Goldküste aus.
Israel und Österreich nehmen diplomatische Beziehungen auf.

13. Sonntag
UdSSR. Das Innenministerium gibt bekannt, daß die Deportationen nach Sibirien, mit Ausnahme schwerer politischer Verfehlungen, beendet werden sollen. Die Internierungslager sollen innerhalb von 18 Monaten durch »normale« Gefängnisse und Arbeitslager ersetzt werden.

17. Donnerstag
Ägypten erkennt die Volksrepublik China diplomatisch an und bricht die Beziehungen zu Taiwan ab.

18. Freitag
Ungarn. Parteichef Mátyás Rakosi übt während einer Parteiveranstaltung in Budapest Selbstkritik, weil er Personenkult um seine Person zugelassen habe.

18. 4. Monaco
Eine Traumhochzeit findet statt: Die Filmschauspielerin Grace Kelly verläßt Hollywood und heiratet als Prinzessin Gracia Patricia Prinz Rainier III. von Monaco.

27. 4. Sport
Rocky Marciano zieht sich aus dem Boxgeschäft zurück. In seiner Karriere schlug er zweimal Ezzard Charles (im Bild links) im Kampf um die Weltmeisterschaft im Schwergewicht.

Juni 1956

10. 6. Sport
Die in Stockholm siegreiche Springreitermannschaft mit (von links) Fritz Thiedemann, Hans Günter Winkler und Alfons Lütke-Westhues.

10.6. Sport
S. 344 – 65

28.6. Polen
S. 105 – 22

▷
28. 6. Polen
In Posen kommt es zu heftigen Unruhen. Es werden Panzer eingesetzt, um die Ordnung wiederherzustellen. Dabei gibt es zahlreiche Tote.

22. Dienstag
Ägypten. Der US-amerikanische Außenminister John Foster Dulles droht die Unterstützung für den Bau des Assuanstaudamms auszusetzen, falls Ägypten Waffenhilfe von der UdSSR annehmen sollte.
Großbritannien. Der erste Reaktor des Kernkraftwerks Calder Hall wird in Dienst gestellt.

24. Donnerstag
Israel und Ägypten erzielen über die Einsetzung von UN-Beobachtungsposten im Gazastreifen Einigung.

30. Mittwoch
UdSSR/USA. Der Stabschef der US-amerikanischen Luftwaffe, General Nathan Twining, nimmt die sowjetische Einladung zum Besuch der internationalen Luftfahrtschau in Moskau an.

31. Donnerstag
USA. Der Senat verabschiedet einen Gesetzentwurf, der für bestimmte Fälle von Heroinhandel die Todesstrafe einführt.

Juni

1. Freitag
Österreich. Die US-Regierung empfiehlt Wien als Sitz der Internationalen Atomenergie-Organisation.
UdSSR. Außenminister Molotow tritt von seinem Amt zurück, bleibt jedoch Erster stellvertretender Ministerpräsident. Sein Nachfolger wird der Chefredakteur der Parteizeitung Prawda, Dmitrij Schepilow.

7. Donnerstag
Die Bundesrepublik Deutschland und die USA einigen sich auf den deutschen Beitrag für die Stationierungskosten der US-Truppen in der Bundesrepublik.
In der Türkei wird die Pressefreiheit drastisch eingeschränkt.

10. Sonntag
Algerien. Der französische Ministerpräsident Mollet gibt bekannt, daß er mit den Nationalisten über einen Waffenstillstand verhandeln will, unter der Voraussetzung, daß die Gespräche direkt und offiziell sind.
Großbritannien. Das Oberhaus lehnt einen Gesetzentwurf zur Abschaffung der Todesstrafe ab.
Sport. In Stockholm werden die Olympischen Reiterspiele eröffnet. Am erfolgreichsten schneidet mit 2 Gold-, 3 Silber- und einer Bronzemedaille die deutsche Mannschaft ab. Hans Günter Winkler gewinnt mit Halla das Jagdspringen, die Mannschaftswertung im Springen wird ebenfalls gewonnen.

12. Dienstag
Sport. Das Endspiel im zum ersten Male ausgetragenen Fußballeuropapokal der Landesmeister gewinnt Real Madrid in Paris gegen Stade Reims mit 4:3.
USA. Die Nationale Akademie der Wissenschaften veröffentlicht einen Bericht, wonach auch die kleinste Dosis radioaktiver Strahlung schädlich sei.

13. Mittwoch
Ägypten. Bei einem Festakt in Port Said wird die vierundsiebzigjährige britische Besetzung der Suezkanalzone für beendet erklärt.
Niederlande. Die Parlamentswahlen ergeben Gewinne für die PvdA (34 Sitze) und die KVP (33 Sitze); Verlierer sind die ARP (10 Sitze) und die CPN (4 Sitze).

17. Sonntag
Bolivien. Hernán Siles Zuazo, Mitglied der regierenden Nationalrevolutionären Bewegung, gewinnt die Präsidentschaftswahlen.
Israel. Arbeitsministerin Golda Meir löst Außenminister Moshe Sharett ab, der eine zu zurückhaltende Politik gegenüber den arabischen Staaten betrieben haben soll.

18. Montag
Ägypten/Großbritannien. Die letzten britischen Truppen ziehen sich vom Suezkanal zurück.

19. Dienstag
Ägypten. Staatspräsident Nasser gibt die Beendigung des 1952 verkündeten Ausnahmezustands und der Pressezensur bekannt.

20. Mittwoch
Jugoslawien/UdSSR. Präsident Tito unterzeichnet in Moskau eine Erklärung über die Wiederherstellung der Freundschaft zwischen den kommunistischen Parteien beider Länder.

21. Donnerstag
DDR. Die Regierung gibt die Freilassung von rd. 19 000 politischen Gefangenen bekannt.
Die Schweiz schließt mit den USA ein Abkommen über die Lieferung von spaltbarem Material für Kernreaktoren.
USA. Die Kommission für Atomenergie gibt die Entdeckung des Neutrinos, eines sehr kleinen Teilchens ohne elektrische Ladung, bekannt. Es wurde in einem Laboratorium in Los Alamos entdeckt.

22. Freitag
Island. Aus den Parlamentswahlen geht die sozialdemokratisch-progressive Koalition, die sich gegen einen engeren Anschluß an die NATO ausspricht, als Sieger hervor.

23. Samstag
Ägypten. In einer Volksabstimmung spricht sich eine überwältigende Mehrheit (99%) der Ägypter für die Präsidentschaft Nassers und die neue Verfassung aus.

24. Sonntag
Sport. Mit einem 4:2 Sieg über den Karlsruher SC wird Borussia Dortmund Deutscher Fußballmeister. In der Schweiz und in Österreich heißen die Titelträger Grasshoppers Zürich und Rapid Wien.

26. Dienstag
Westeuropa. Die Konferenz der

EGKS in Brüssel beginnt mit dem Entwurf von Verträgen für einen Gemeinsamen Europäischen Markt und eine Europäische Atomgemeinschaft.

28. Donnerstag
Polen. Im Verlaufe schwerer Unruhen besetzen Arbeiter in der Stadt Posen öffentliche Gebäude, nachdem bei Lohnverhandlungen kein Ergebnis erzielt werden konnte. Bei Auseinandersetzungen mit der Polizei kommen 48 Menschen ums Leben, über 200 werden verletzt.

29. Freitag
USA. Der Filmstar Marilyn Monroe heiratet den Dramatiker Arthur Miller.

30. Samstag
In der UdSSR wird das politische Testament Lenins von 1922, das außerhalb der Sowjetunion schon 33 Jahre zuvor bekannt war, veröffentlicht. Es enthält eine ernste Warnung vor dem Machthunger Stalins.

Juli

5. Donnerstag
Vatikan. Bundeskanzler Adenauer wird in Privataudienz von Papst Pius XII. empfangen.

6. Freitag
Bundesrepublik Deutschland. Der Bundestag verabschiedet die Einführung der allgemeinen Wehrpflicht.
Sport. Beim Wimbledon-Tennis-Turnier gewinnt der Australier Lewis Hoad das Herren-Einzel, bei den Damen siegt die US-Amerikanerin Shirley Fry.

7. Samstag
Bundesrepublik Deutschland. In Berlin stirbt der Lyriker und Essayist Gottfried Benn im Alter von 70 Jahren.

13. Freitag
Goldküste. Die Wahlen für die Gesetzgebende Versammlung gewinnt die Convention People's Party von Kwame Nkrumah.

17. Dienstag
Ägypten. Die Regierung läßt verlauten, daß sie für den Bau des Assuanstaudamms britische und US-amerikanische Hilfe annehme.

18. Mittwoch
Jugoslawien. Staatspräsident Tito trifft auf der Insel Brioni mit seinem indischen Amtskollegen Nehru sowie mit dem ägyptischen Staatspräsidenten Nasser zusammen, um Fragen der Neutralität und Blockfreiheit zu besprechen.
Ungarn. Erno Gerö wird als Nachfolger von Mátyás Rákosi Erster Sekretär des ZK der ungarischen KP.

19. Donnerstag
Ägypten. Die US-amerikanische Regierung zieht ihre Teilnahme an der Finanzierung des Assuanstaudamms zurück. Einen Tag später lehnt auch die britische Regierung eine Finanzierungsbeteiligung ab. Hauptanlaß dafür sind die anhaltenden Waffenlieferungen des Ostblocks an Ägypten.

21. Samstag
Ägypten. Der sowjetische Außenminister Schepilow teilt mit, daß seine Regierung die ägyptische Bitte um eine sowjetische Beteiligung am Bau des Assuanstaudamms wohlwollend prüfen werde.

26. Donnerstag
Ägypten. Nach dem Rücktritt Großbritanniens und der USA von einer Beteiligung am Bau des Assuanstaudamms verstaatlicht Staatspräsident Nasser den Suezkanal, um aus den Gebühren der Schiffseigner den Assuanstaudamm zu finanzieren. Den Eigentümern der Suezkanalgesellschaft wird Entschädigung zugesagt.
Italien. Nach einem Zusammenstoß mit dem schwedischen Schiff »Stockholm« sinkt das italienische Passagierschiff »Andrea Doria« im Atlantik. 50 Menschen kommen ums Leben.

27. Freitag
Ägypten. Frankreich und Großbritannien protestieren gegen die Ver-

29. 6. USA
Arthur Miller und Marilyn Monroe.

◁
6. 7. Bundesrepublik Deutschland
Demonstration gegen die Einführung der allgemeinen Wehrpflicht.

7. 7. Bundesrepublik Deutschland
Gottfried Benn

7.7. Bundesrepublik Deutschland
S. 304 – 49

26. 7. Italien
Der italienische Luxusliner »Andrea Doria« kentert und sinkt nach der Kollision mit dem schwedischen Schiff »Stockholm«. 50 der 1700 sich auf dem Schiff aufhaltenden Personen kommen um.

19. DDR I
Die Weltjugendfestspiele 1951 fanden in Ostberlin statt.

20. DDR II
Demonstranten zerreißen die rote Fahne, die junge Ostberliner Arbeiter vom Brandenburger Tor heruntergeholt haben.

21. DDR III
Privateigentum soll in der DDR zu Gemeineigentum werden.

22. Polen
»Wir sind hungrig« steht auf dem polnischen Transparent von 1956.

23. Ungarn
Aufständische haben eine Poststation an der Straßenecke errichtet.

24. Sowjetunion
Aus der PRAWDA erfahren die Sowjetbürger vom Tod Stalins.

19. DDR I
a) Reporterbericht
b) Sprecher der Freien Deutschen Jugend
c) Junger Pionier
d) A. Hennecke
e) M. Hase
f) W. Pieck

20. DDR II
a) Rundfunknachricht
b) Arbeiterin
c) Arbeiter
d) Westberliner Zurufe
e) Reporterbericht
f) E. Lemmer

19. Gesucht: das neue Bewußtsein

Die Gründung der »Deutschen Demokratischen Republik« war im Westen eher als symbolischer Akt denn als Antwort auf die Konstituierung der Bundesrepublik zur Kenntnis genommen worden. Um so mehr bemühte sich die DDR-Führung, mit spektakulären Aktionen die Dauerhaftigkeit des neuen Staatsgebildes zu unterstreichen und für alle sichtbar als das neue, bessere Deutschland zu erscheinen. Diesem Ziel und dem Bestreben, gegenüber der Sowjetunion und den anderen sozialistischen Bruderstaaten Zeichen der engen Verbundenheit zu setzen, dienten unter anderem der Görlitzer Vertrag vom 6. Juli 1950, in dem die Oder-Neiße-Linie als endgültige »Friedensgrenze« zu Polen anerkannt wurde, und die zwei Wochen zuvor veröffentlichte Prager Erklärung, in der die DDR die Vertreibung der Sudetendeutschen als gerecht und unabänderlich bezeichnete.
Wirtschaftlich verankerte sich die DDR im Pendant zur OEEC, im Rat für gegenseitige Wirtschaftshilfe, und sechs Jahre darauf, 1956, trat sie mit ihrer Nationalen Volksarmee dem Warschauer Pakt, der Gegenorganisation zur NATO, bei.

20. Der 17. Juni 1953

Das Tempo, mit dem die DDR ab 1950 Industrialisierung und Kollektivierung vorantrieb, wurde sogar der Sowjetunion unheimlich. Früh zeigte sich der deutsche »Musterschüler«, der im Kreis der neuen Volksdemokratien Erster sein wollte.
Als Moskau im April 1953 riet, den »harten Kurs« zu mildern, stieß es auf taube Ohren. Vielmehr wurden am 28. Mai 1953 die Arbeitsnormen um zehn Prozent erhöht. Diese Maßnahme rief Widerstand bei den Arbeitern hervor, aber auch Kritik der UdSSR, die Anfang Juni zur Mäßigung mahnte. Am 10. Juni übte die SED auf Veranlassung des neuen Berliner Hochkommissars Semjonow öffentlich Selbstkritik, ohne allerdings ihre Normerhöhung zurückzunehmen. Am 16./17. Juni eskalierte der Streik der Unzufriedenen; im Sprachgebrauch der SED wurde dieser Volksaufstand später zur »faschistischen Provokation«.
Die Wiedervereinigung, eines der Hauptziele der Aufständischen, zählte zwar damals noch zu den offiziellen Programm-Parolen der Staatspartei, aber die Forderung nach freien Wahlen traf den Lebensnerv des herrschenden Systems.

21. DDR III
a) W. Ulbricht
b) Geflüchteter Student
c) Geflüchteter Bauer
d) W. Ulbricht
e) W. Ulbricht
f) W. Ulbricht

22. Polen
a) Augenzeuge
b) Augenzeugin
c) Ausschnitt aus einem Tonband-Tagebuch
d) W. Gomułka

21. Sozialismus à la DDR

Am 19. September 1955 schließt die DDR mit der Sowjetunion einen Vertrag über gegenseitige Beziehungen, der dem Souveränitäts-Abkommen der Bundesrepublik mit den westlichen Besatzungsmächten entspricht. Nun ist auch die DDR »souverän«. Obwohl sowjetische Truppen im Land verbleiben, sichert Moskau zu, sich nicht in die inneren Verhältnisse der DDR einzumischen.
Ostberlin treibt unterdessen die Sozialisierung aller Gesellschaftsbereiche voran. Mit den Veränderungen im Ostblock, die nach dem XX. Parteitag der KPdSU um sich greifen, hat SED-Parteichef Walter Ulbricht zumindest verbal keinerlei Schwierigkeiten, obwohl er bis zu seinem Rücktritt als der »letzte Stalinist« im sozialistischen Lager gilt.
Im Inneren verliert er vor allem bei jenen Landwirten an Kredit, denen nach der ersten Bodenreform unmittelbar nach Kriegsende eine selbständige Existenz zugesichert worden war. Sie fühlen sich nun durch rigorose Zwangskollektivierungen um die einst versprochene Zukunft betrogen. Das Wort vom neuen »Bauernlegen« geht um.

22. Die Unruhen in Polen

Die nach dem 2. Weltkrieg gegründeten Volksdemokratien im Einflußbereich der Sowjetunion waren aller gegenteiligen Propaganda zum Trotz in den fünfziger Jahren noch sehr instabile Gebilde. Nach dem 17. Juni 1953 in der DDR und vor dem Ungarnaufstand 1956 brachen die Widersprüche und Konflikte in einem Land besonders deutlich hervor: in Polen. Die neue Existenz als »Volksrepublik« im »sozialistischen Friedenslager« konnte die gewachsenen nationalen und kirchlichen Traditionen nicht vergessen machen. Zudem hatten viele Polen Schwierigkeiten, der neuen Doktrin von der Führungsrolle der friedliebenden Sowjetunion zu folgen, hatte sich die UdSSR doch nach dem Krieg einen Teil Ostpolens einverleibt.
Als im Frühjahr 1956 auch noch wachsende wirtschaftliche Probleme hinzukamen, schlug die latente Unzufriedenheit in offene Opposition um. Mehr Freiheit für die Kirche und höherer Lebensstandard, mehr Demokratie in Partei und Staat und liberale Freiräume für das Geistesleben: all diese Forderungen standen hinter dem Aufstand in Posen – dasselbe explosive Gemisch wie ein Vierteljahrhundert später.

23. Ungarn
a) Korrespondentenbericht
b) J. Mindszenty
c) Ungarischer Freiheitssender
d) T. v. Pastary
e) Korrespondentenbericht
f) Ungarischer Freiheitssender

24. Sowjetunion
a) Radio Moskau
b) DDR-Reporter
c) W. Molotow
d) L. Berija
e) G. Malenkow
f) K. Mehnert
g) N. Chruschtschow

23. Der Aufstand in Ungarn

Die Erhebung in Ungarn dauerte 17 Tage: vom 23. Oktober bis zum 8. November 1956. Ihr blutiges Ende signalisierte dem Westen – nach dem Zusammenbruch der Aufstände in Berlin und Posen nun zum dritten Mal –, daß die Sowjetunion unter keinen Umständen gewillt war, Änderungen der nach 1945 geschaffenen Machtverhältnisse in ihrer Hemisphäre zuzulassen. Letztlich hat dies der Westen während des Dramas von Budapest akzeptiert. Denn obwohl US-Präsident Eisenhower am 31. Oktober ermutigende Worte für die Aufständischen fand, folgten die Vereinigten Staaten und ihre Verbündeten nicht den Erwartungen vieler zunächst erregter, bald jedoch deprimierter Rundfunkhörer in Europa, die ein militärisches Eingreifen des Westens erhofft hatten. Der Westen schien gelähmt durch die internationale Verwirrung, die der Angriff Großbritanniens und Frankreichs auf den Suezkanal ausgelöst hatte. So konnte die UdSSR am 4. November unbehelligt in Budapest einmarschieren – offiziell auf Ersuchen der von den Sowjets eingesetzten »Gegenregierung« János Kádárs.

24. Stalin stirbt

In der Geschichte des 20. Jahrhunderts kommt dem 5. März 1953 besondere Bedeutung zu: Selten hat der Tod eines Mannes eine derart einschneidende historische Zäsur gesetzt. Mit Josif Stalin starb in seiner extremsten Ausprägung auch das nach ihm benannte System, Synonym für Unterdrückung, Unfreiheit und Ein-Mann-Herrschaft. »Stalinistisch« nennt man im allgemeinen Sprachgebrauch heute noch ähnlich diktatorisch-bürokratische Herrschaftsmethoden im kommunistischen Bereich.
Um die Lücke zu füllen, die der Tod des Alleinherrschers hinterlassen hatte, besann man sich in Moskau auf einmal wieder des von Lenin postulierten Prinzips der »kollektiven Führung«: Die Macht im Staate übernahm vorübergehend die Troika Malenkow/Molotow/Berija. Gleichzeitig rückte aber schon jener Mann in eine ZK-Schlüsselposition auf, der drei Jahre später öffentlich mit Stalin und seinem System abrechnen sollte: Chruschtschow. In seiner Schlußrede auf dem XX. Parteitag im Februar 1956 rehabilitierte er die Opfer von Stalins blutigen »Säuberungen«.

August 1956

4. 8. *Algerien*
Der Kampf zwischen französischen Armeeinheiten und den Rebellen nimmt an Schärfe zu. In den Städten werden die Märkte bewacht.

17.8. Bundesrepublik Deutschland
S. 49 – 3

14. 8. *DDR*
Bertolt Brecht

2.9. Sport
S. 368 – 72

staatlichung des Suezkanals. Ägyptische Guthaben auf französischen und britischen Banken werden eingefroren.

28. Samstag
Peru. Nach den ersten freien Wahlen seit 11 Jahren tritt Manuel Prado y Ugarteche die Präsidentschaft an.
Sport. Der französische Radrennfahrer Roger Walkowiak gewinnt die Tour de France.

31. Dienstag
Bundesrepublik Deutschland. Die Regierung schließt mit Großbritannien ein Abkommen über eine britische Lieferung von Kernreaktoren und spaltbarem Material.

August

2. Donnerstag
Ägypten. Die USA, Großbritannien und Frankreich laden Vertreter von 24 Ländern, darunter die UdSSR und Ägypten, nach London ein, um Einvernehmen über eine internationale Nutzung des Suezkanals zu erreichen. Ägypten lehnt die Einladung am Tage darauf ab.

3. Freitag
Großbritannien. Königin Elizabeth II. ermächtigt die Regierung, im Zusammenhang mit der Krise um den Suezkanal Reservisten einzuberufen.

4. Samstag
Algerien. Nach verstärkten Aktivitäten der Nationalisten geben die französischen Behörden keine Verlustziffern mehr bekannt.
Iran. Der frühere Ministerpräsident Mossadegh wird nach drei Jahren Haft aus dem Gefängnis entlassen.

5. Sonntag
Ägypten mobilisiert im Zusammenhang mit der Suezkrise Reservisten.

7. Dienstag
Großbritannien und Frankreich beschließen wegen der Suezkrise die Aufstellung einer gemeinsamen Streitmacht.

10. Freitag
Ägypten. Die Regierung befiehlt allen Fabriken, die tragbare Waffen herstellen, rund um die Uhr zu produzieren, und versetzt das ägyptische Rote Kreuz in Alarmbereitschaft.

12. Sonntag
Ägypten. Die Regierung spricht sich für eine internationale Konferenz zur Schaffung eines Übereinkommens über die Schiffahrt auf dem Suezkanal aus.
Japan bricht die Friedensverhandlungen mit der UdSSR ab.

14. Dienstag
DDR. In Ostberlin stirbt der Dramatiker, Lyriker und Erzähler Bertolt Brecht im Alter von 58 Jahren.

16. Donnerstag
Ägypten. Im Lancaster House in London kommen die Außenminister aus 22 Ländern zusammen, um über den künftigen Status des Suezkanals zu beraten.
USA. Der Nationalkonvent der Demokratischen Partei wählt Adlai Stevenson zum Kandidaten für die Präsidentschaftswahlen als Gegner des sich wieder zur Wahl stellenden Präsidenten Eisenhower.

17. Freitag
Bundesrepublik Deutschland. Das Bundesverfassungsgericht erklärt auf Antrag der Bundesregierung die Kommunistische Partei Deutschlands (KPD) für verfassungswidrig.

23. Donnerstag
Ägypten. Die am 16. 8. begonnene Londoner Konferenz endet ohne konkrete Ergebnisse. Eine Mehrheit von 17 Ländern fordert Ägypten zu einer Regelung der Suezfrage auf der Grundlage einer Internationalisierung auf. Einen derartigen Vorschlag von US-Außenminister Dulles hatte Ägypten bereits am 21. 8. zurückgewiesen.

29. Mittwoch
Zypern. Die britische Regierung stimmt der Stationierung französischer Truppen zu. Offiziell sollen sie das Leben französischer Staatsangehöriger schützen. Tatsächlich üben sie Druck auf Ägypten aus.

September

2. Sonntag
Sport. Zum vierten Male hintereinander wird der Argentinier Juan Manuel Fangio Automobilweltmeister.

4. Dienstag
Malta. Premierminister Dom Mintoff beginnt in London Verhandlungen über die Einbindung der Insel in das Vereinigte Königreich.

5. Mittwoch
Ägypten. Staatspräsident Nasser erklärt seine Zustimmung zur Bildung einer beratenden internationalen Kommission für den Suezkanal, wie sie von Indien auf der Londoner Konferenz vorgeschlagen wurde.

7. Freitag
Die Bundesrepublik Deutschland schlägt der UdSSR in einem Memorandum zum ersten Male Wiedervereinigungsverhandlungen vor. Sowjetische Interessen sollen dabei mitberücksichtigt werden.

11. Dienstag
Ägypten. Die Suezkanalgesellschaft fordert ihre Angestellten auf, Ägypten zu verlassen.

15. Samstag
Ägypten. Präsident Nasser lehnt den britischen Plan einer Benutzervereinigung für den Suezkanal ab.
Bundesrepublik Deutschland. Otto Brenner wird nach dem Rücktritt eines Gemeinschaftsvorstandes zum alleinigen Vorsitzenden der IG-Metall gewählt.

16. Sonntag
Schweden. Bei den Parlamentswahlen erhält die Sozialdemokratische Partei 45% der Stimmen; sie bleibt mit 106 Sitzen deutlich stärkste Partei und stellt die Regierung.

18. Dienstag
Goldküste. Die britische Regierung gibt bekannt, daß die Goldküste am 6. 3. 1957 unter Beibehaltung der Mitgliedschaft im Commonwealth unabhängig wird.

20. Donnerstag
Weltpolitik. Die USA schlagen vor, zusammen mit der UdSSR das Südpolgebiet als Beitrag für das Internationale Geophysikalische Jahr photogrammetrisch zu erfassen (auch → S. 162).

21. Freitag
Ägypten. In London endet auch die zweite Suezkonferenz, an der 18 Länder teilnahmen, ohne konkretes Ergebnis.
Nicaragua. Bei einem Anschlag wird Staatschef Somoza schwer verletzt. Er stirbt am 29. 9.

Oktober 1956

23. Sonntag
UNO. Großbritannien und Frankreich bringen im Sicherheitsrat eine Klage gegen Ägypten ein.

24. Montag
Zwischen Belgien und der Bundesrepublik Deutschland wird ein Vertrag über die Berichtigung der deutsch-belgischen Grenze geschlossen. Die Grenzkorrekturen des Jahres 1949 werden damit rückgängig gemacht.

25. Dienstag
Belgien. Bundeskanzler Adenauer stattet Belgien einen Staatsbesuch ab.

29. Samstag
Italien. Der Führer der Kommunistischen Partei Italiens (KPI), Palmiro Togliatti, spricht sich für einen eigenen, italienischen Weg zum Sozialismus aus.

Oktober

1. Montag
Ägypten. Unter Teilnahme von 15 Ländern wird in London die dritte Suezkonferenz abgehalten. Der britische Außenminister Selwyn Lloyd gründet eine Vereinigung der Suezkanalnutzer.
Bundesrepublik Deutschland. Die Arbeitsgemeinschaft der öffentlich-rechtlichen Rundfunkanstalten Deutschlands (ARD) startet die tägliche Ausstrahlung der Nachrichtensendung *Tagesschau*.

6. Samstag
Bundesrepublik Deutschland. Walter Freitag wird als Nachfolger von Walter Richter neuer Bundesvorsitzender des DGB.
USA. Albert Sabin von der Universität Cincinnati meldet die Entwicklung eines Impfstoffes gegen Kinderlähmung mit abgeschwächten Lebendviren, der eine andauernde Immunität garantiert.

7. Sonntag
Bulgarien und Jugoslawien nehmen ihre 1949 abgebrochenen diplomatischen Beziehungen wieder auf.

9. Dienstag
Betschuanaland. Nach sechs Jahren von britischen Behörden befohlener Verbannung kehrt Seretse Khama, das Haupt des Bamangwatostammes, nach Betschuanaland zurück.

10. Mittwoch
Ägypten. Die Regierung beschließt, Port Said zur steuer- und zollfreien Freihandelszone zu erklären.
Israel/Jordanien. Israelische Truppen greifen den jordanischen Stützpunkt Qalqiliya an und töten 25 Soldaten und Grenzpolizisten. Die Kämpfe zwischen Israel und Jordanien nehmen zu.

12. Freitag
Niederlande. Willem Drees bildet nach der bis dahin längsten Kabinettskrise der niederländischen Geschichte (vier Monate) ein neues Kabinett.

13. Samstag
Ungarn. Der frühere Ministerpräsident Imre Nagy wird wieder Mitglied der KP.

15. Montag
Jordanien. Eine Delegation aus dem Irak beendet in Amman Gespräche über eine militärische Unterstützung der jordanischen Streitkräfte.

16. Dienstag
Bundesrepublik Deutschland. Bundeskanzler Adenauer nimmt eine umfassende Umbildung des Kabinetts vor. Neuer Bundesverteidigungsminister für Theodor Blank wird Franz Josef Strauß (CSU).

17. Mittwoch
Großbritannien. Das Kernkraftwerk in Calder Hall wird von Königin Elizabeth II. offiziell seiner Bestimmung übergeben.

19. Freitag
Japan/UdSSR. Die Regierungschefs Japans und der UdSSR, Ichiro Hatoyama und Nikolaj Bulganin, unterzeichnen in Moskau einen Vertrag zur Beendigung des seit 1945 bestehenden Kriegszustandes.

Polen. Der 1948 gestürzte Władisław Gomułka wird erneut Erster Sekretär der Kommunistischen Partei. Mitglieder der sowjetischen Führung, unter ihnen Parteichef Chruschtschow, besuchen überraschend für einige Stunden Warschau. Gerüchten zufolge kommt es zu sowjetischen Truppenbewegungen rund um die Hauptstadt.

20. Samstag
Ungarn. Studenten der Technischen Hochschule in Budapest und der Universitäten von Szeged und Pécs fordern von der Regierung einen unabhängigen innen- und außenpolitischen Kurs sowie die

25. 9. Belgien
Bundeskanzler Adenauer besucht Belgien und wird von König Baudouin in Schloß Laken empfangen. Einer der Gesprächspunkte ist der einen Tag zuvor geschlossene Vertrag über die deutsch-belgischen Grenzkorrekturen (siehe Karte).

17. 10. Großbritannien
Der Atommeiler von Calder Hall ist das erste große Kraftwerk, das durch Kernenergie gespeist wird. Hier das Innere während des Baus.

Oktober 1956

19. 10. Polen
Mit der Ernennung von Władisław Gomułka zum Ersten Sekretär der polnischen KP wird die Ruhe im Lande wiederhergestellt. Die Ansprache von Gomułka auf dem Paradeplatz in Warschau markiert das Ende der im Juni ausgebrochenen Unruhen.

19.10. Polen
S. 105 – 22

24. 10. Ungarn
Der populäre »Nationalkommunist« Imre Nagy wird Ministerpräsident (links).

29. 10. Ägypten/Israel
Israelische Panzereinheiten rücken auf der Sinaihalbinsel vor (rechts).

Rückkehr des gestürzten Regierungschefs Imre Nagy in ein führendes Regierungsamt.

22. Montag
Algerien. Französische Düsenjäger fangen vor der Küste ein Flugzeug ab, in dem sich fünf algerische Nationalistenführer befinden, unter ihnen der von Frankreich am meisten gefürchtete Achmed Ben Bella. Sie waren auf dem Weg von Marokko nach Tunesien.
Polen. Radio Warschau gibt bekannt, daß in Breslau antisowjetische Demonstrationen stattgefunden haben.

23. Dienstag
Ägypten. Großbritannien und Frankreich lehnen die ägyptische Forderung nach direkten Verhandlungen zur Lösung der Suezkrise ab.
Ungarn. Eine Menge von rd. 100 000 Demonstranten versammelt sich in der Altstadt von Budapest und fordert den Rücktritt von Parteichef Ernö Gerö, die Bildung einer neuen Regierung unter dem gestürzten Regierungschef Imre Nagy und den Rückzug der sowjetischen Truppen aus Ungarn. Einheiten der ungarischen Armee eröffnen auf die versammelte Menge das Feuer.

24. Mittwoch
Ägypten/Jordanien/Syrien. Die Armeen Jordaniens und Syriens werden ägyptischem Oberbefehl unterstellt.
In Ungarn weiten sich die Unruhen aus. Die Regierung verbietet alle Demonstrationen, verkündet den Belagerungszustand und ruft sowjetische Truppen zur Wiederherstellung der Ordnung zu Hilfe. Das Zentralkomitee der Kommunistischen Partei bietet Imre Nagy das Amt des Regierungschefs an, das dieser annimmt. In einer Radioansprache verspricht Nagy politische Liberalisierung und Straffreiheit für die Aufständischen (auch → S. 194).

25. Donnerstag
Ungarn. Die Regierung gibt bekannt, daß der Aufstand mit Hilfe sowjetischer Truppen gebrochen sei, obwohl in Budapest noch gekämpft wird. János Kádár löst Ernö Gerö als Parteichef ab.

27. Samstag
Ungarn. In der Hauptstadt und Teilen des Landes kommt es weiterhin zu Gefechten zwischen Studenten und Arbeitern auf der einen und Polizei und sowjetischen Truppen auf der anderen Seite. Regierungschef Nagy verkündet die Bildung eines Kabinetts der nationalen Einheit.

28. Sonntag
Israel. Die Regierung ordnet angesichts der ägyptisch-jordanisch-syrischen Maßnahmen vom 24. 10. die allgemeine Mobilmachung an und konzentriert Reserveeinheiten an den Grenzen.
Polen. Kardinal Stefan Wyszyński wird aus der Haft entlassen.
Ungarn. Eine Gegenregierung in Györ stellt Regierungschef Nagy ein Ultimatum. Er gibt bekannt, daß die sowjetischen Truppen Budapest sofort verlassen sollen und die ungarische Armee den Befehl hätte, das Feuer einzustellen. Außerdem soll der Staatssicherheitsdienst aufgelöst werden.

29. Montag
Ägypten/Israel. Israelische Truppen rücken auf der Sinaihalbinsel bis auf 40 km an den Suezkanal heran. Der Vorstoß gilt als Sicherheitsmaßnahme, deren Ziel die Zerstörung ägyptischer Militäreinrichtungen auf dem Sinai sei.

30. Dienstag
UNO. Großbritannien und Frankreich legen im UN-Sicherheitsrat ein Veto gegen die US-amerikanische Resolution zur Verurteilung des israelischen Vorstoßes auf der Sinaihalbinsel ein.

31. Mittwoch
Ägypten. Britische und französi-

November 1956

sche Luftstreitkräfte bombardieren militärische Einrichtungen am Suezkanal. Ebenso rücken israelische Truppen weiter gegen den Suezkanal vor, bleiben jedoch aufgrund britisch-französischer Aufforderung auf einer Linie 16 km vor dem Kanal stehen.
Ungarn. Die sowjetischen Panzertruppen verlassen die Hauptstadt und bilden einen Belagerungsring um die Stadt. Widerstandskämpfer befreien Kardinal Jozsef Mindszenty. Regierungschef Imre Nagy kündigt den Austritt aus dem Warschauer Pakt an.

November

1. Donnerstag
Ägypten bricht die diplomatischen Beziehungen zu Großbritannien und Frankreich ab und beschlagnahmt alle britischen und französischen Besitztümer einschließlich der Ölanlagen.
Naher Osten. Syrische und irakische Truppen treffen in Jordanien ein.
Ungarn. Sowjetische Truppen besetzen die Flughäfen und Verkehrsknotenpunkte. Vier Mitglieder der Regierung Nagy, unter ihnen János Kádár, treten zurück. Ministerpräsident Nagy erklärt den Austritt aus dem Warschauer Pakt und bittet die UNO um Hilfe.
UNO. Die Vollversammlung stimmt einer US-Resolution zu, die einen Waffenstillstand und das Ende der Truppenverschiebungen im Nahen Osten fordert.

3. Samstag
Ungarn. Regierungschef Imre Nagy bildet die Regierung um. Die offizielle ungarische Delegation unter General Pál Maléter, die mit den sowjetischen Militärs über einen Truppenabzug ihrer Einheiten verhandeln will, wird von den Sowjets verhaftet.

4. Sonntag
Ungarn. Acht sowjetische Divisionen greifen, unterstützt durch die Luftwaffe, Budapest und andere ungarische Städte an, um den Aufstand niederzuschlagen. Regierungschef Nagy ruft die Neutralität Ungarns aus.
Der Erste Sekretär der Kommunistischen Partei Ungarns, János Kádár, bildet in Szolnok eine Gegenregierung, die bereit ist, mit den Sowjets zusammenzuarbeiten.
Kardinal Jozsef Mindszenty sucht in der US-amerikanischen Botschaft Zuflucht.

5. Montag
Ägypten. Britische und französische Fallschirmjäger landen bei Port Said, Ismailiya und Suez. Sie sollen einen Brückenkopf bilden, um die gesamte Suezkanalzone zu besetzen.

6. Dienstag
Ägypten. Britische und französische Kommandos werden von See aus bei Port Said an Land gesetzt und rücken in die Stadt vor. Es kommt zu Straßenkämpfen.

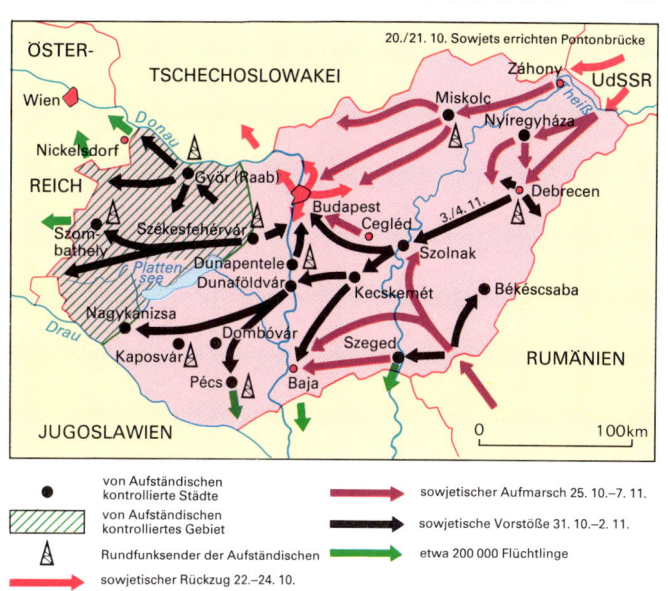

USA. Präsident Dwight D. Eisenhower siegt gegen seinen Konkurrenten Adlai Stevenson bei den Wahlen für das Amt des US-Präsidenten. Die Demokraten behalten in beiden Häusern des Kongresses die Mehrheit.

7. Mittwoch
Ägypten. Die französischen und britischen Truppen stellen die Kampfhandlungen ein.
Polen. Nach Berichten aus Warschau werden sowjetischen Truppen an den Grenzen des Landes konzentriert.
UNO. Marokko, Tunesien und der Sudan werden Mitglied der Vereinten Nationen.
Die Vollversammlung fordert Israel, Großbritannien und Frankreich zum sofortigen Rückzug ihrer Truppen aus Ägypten auf.

8. Donnerstag
Ägypten. Israel erklärt, es werde seine Truppen vom Sinai zurückziehen.
Saudi-Arabien. Die Regierung stoppt die Öllieferungen an Großbritannien und Frankreich.

---

4. 11. Ungarn
Die sowjetische Übermacht setzt sich gegen die Aufständischen durch.

31.10. Ägypten
S. 145 – 36

4.11. Ungarn
S. 105 – 23

5. 11. Ägypten
Eine kombinierte britisch-französische Streitmacht landet am Suezkanal. Es kommt zu schweren Gefechten.

November 1956

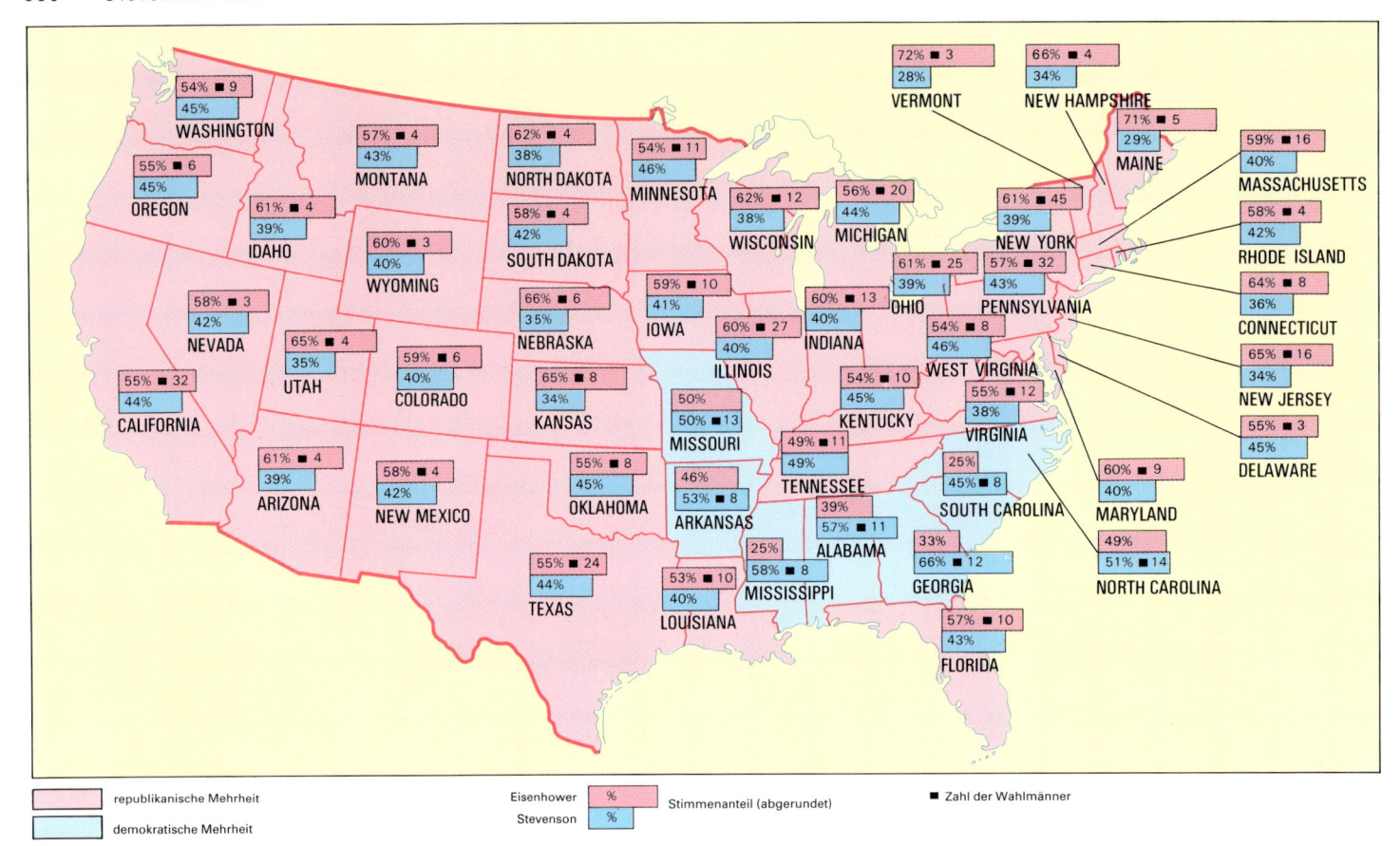

6. 11. *USA*
Ergebnis der Präsidentschaftswahlen.

22. 11. *Sport*
S. 344 – 64

22. 11. *Sport*
In Melbourne finden Olympische Sommerspiele statt. Hier das offizielle Plakat.

11. Sonntag
Ägypten. Die Regierung stimmt der Entsendung einer internationalen UN-Friedenstruppe nach Ägypten zu.
Ungarn. Regierungschef Nagy erhält in der jugoslawischen Botschaft politisches Asyl, nachdem er sich geweigert hat, die von der UdSSR unterstützte Gegenregierung Kádár anzuerkennen.

12. Montag
Ungarn. Die Regierung Kádár verwehrt UN-Beobachtern die Einreise, da sich die sowjetischen Truppen auf Ersuchen des ungarischen Volkes im Lande befänden. Intellektuelle und Künstler fordern Neutralität, ein Mehr-Parteiensystem, freie Wahlen und die Rückkehr von Regierungschef Nagy.

14. Mittwoch
Polen. Parteichef Władysław Gomułka reist mit einer Delegation nach Moskau, um Gespräche über die Anwesenheit sowjetischer Truppen in seinem Land zu führen.
Ungarn. Auf der Insel Csepel in Budapest schlagen sowjetische Truppen den letzten Widerstand nieder.

15. Donnerstag
Ägypten. Die ersten Einheiten einer UN-Friedensstreitmacht landen auf ägyptischem Boden.

17. Samstag
Ägypten. Die Regierung stellt rd. 15 000 französische und britische Bürger unter Hausarrest.

18. Sonntag
Polen. Parteichef Gomułka beendet in Moskau Besprechungen, nach denen offiziell erklärt wird, daß die sowjetischen Truppen weiterhin in Polen bleiben, ohne sich jedoch in inländische Angelegenheiten einzumischen.

19. Montag
Ungarn. Die UN-Vollversammlung fordert von der UdSSR die Einstellung der Deportationen von Ungarn nach Sibirien. Parteichef Kádár gibt indirekt zu, daß solche stattgefunden haben.

20. Dienstag
Bundesrepublik Deutschland. In Bonn konstituiert sich der Deutsche Presserat.
Ungarn. UN-Generalsekretär Dag Hammarskjöld gibt bekannt, daß seit dem Ungarn-Aufstand über 40 000 Flüchtlinge das Land verlassen haben.

22. Donnerstag
Sport. In Melbourne (Australien) werden die 16. Olympischen Sommerspiele eröffnet. Für die gesamtdeutsche Mannschaft erringen bei den Wettkämpfen eine Goldmedaille: Helmut Bantz (Turnen, Pferdsprung), Wolfgang Behrendt (Boxen, Bantamgewicht), Ursula Happe (200-m-Brustschwimmen) und Michel Scheuer/Meinrad Miltenberger (Zweier-Kajak 1000 m).
Ungarn. Regierungschef Imre Nagy wird von den Sowjets mit unbekanntem Ziel verschleppt.

23. Freitag
Ägypten. Die israelische Außenministerin Golda Meir ersucht die UNO um Maßnahmen gegen die Ausweisung von 30 000 Juden aus Ägypten.

24. Samstag
Jugoslawien. Die Regierung protestiert gegen die Entführung des ungarischen Regierungschefs Nagy durch die Sowjets. Dabei wird bekanntgegeben, daß dieser um Erlaubnis zur Einreise nach Jugoslawien nachgesucht hatte.

29. Donnerstag
Jordanien. Das Parlament beschließt, das Verteidigungsabkom-

men mit Großbritannien aufzukündigen und die britischen Truppen des Landes zu verweisen.

Dezember

1. Samstag
Weltpolitik. Der Internationale Bund Freier Gewerkschaften ruft auf einer Konferenz in Brüssel seine Mitglieder in 83 Ländern auf, die Beziehungen zu den sowjetischen Gewerkschaften aus Protest gegen die sowjetische Niederschlagung des Ungarn-Aufstands abzubrechen.

3. Montag
Ägypten. Auf Drängen der USA und der UNO stimmen Großbritannien und Frankreich zu, ihre Truppen aus Ägypten zurückzuziehen.

5. Mittwoch
Südafrika. 156 Mitglieder des African National Congress, der eine Verbesserung der Lage der schwarzen Bevölkerung fordert, werden wegen Hochverrats verhaftet.

7. Freitag
Polen. Die Regierung und die römisch-katholische Kirche schließen eine vorläufige Übereinkunft über die Gestaltung der gegenseitigen Beziehungen.

9. Sonntag
Ungarn. Der Nationale Arbeiterrat ruft in Budapest zu einem 48stündigen Streik auf, da es der Regierung Kádár nicht gelungen sei, die Krise und die Verhaftungen von Antikommunisten zu beenden. Der Ausnahmezustand wird ausgerufen.

10. Montag
Nobelpreise. In Stockholm werden die Nobelpreise an Werner Forßmann, André Cournand und Dickinson W. Richards (Medizin), Walter H. Brattain, John Bardeen und William Shockley (Physik), Cyril Hinshelwood und Nikolaj Semjonow (Chemie) und Juan Ramón Jiménez (Literatur) verliehen. Der Friedensnobelpreis wird nicht vergeben.

11. Dienstag
Polen. In Stettin und anderen Städten kommt es zu antisowjetischen Demonstrationen.

12. Mittwoch
Jugoslawien. Ein Gericht in Belgrad verurteilt den ehemaligen stellvertretenden Präsidenten Milovan Djilas zu drei Jahren Gefängnisstrafe wegen angeblicher Verleumdung der Regierung und parteischädigenden Verhaltens.
Ungarn. Der Nationale Arbeiterrat, dessen Vorsitzender Sandor Racs am 11. 12. verhaftet wurde, verlängert den Streik um 24 Stunden.

13. Donnerstag
Schweiz. Die Bundesversammlung wählt Hans Streuli zum Bundespräsidenten für 1957.

14. Freitag
NATO. Der Belgier Paul-Henri Spaak soll vom April 1957 an NATO-Generalsekretär werden.
Zypern. Die griechische Regierung lehnt britische Pläne zur Teilung der Insel zwischen Griechen und Türken ab.

15. Samstag
Ägypten. Nach dem Abzug der britischen und französischen Truppen besetzen UN-Truppen das Suezkanalgebiet.

17. Montag
Ungarn. Der Nationale Arbeiterrat hebt den Streik auf, nachdem die Regierung andeutet, in beschränktem Maße den Forderungen der Arbeiter entgegenkommen zu wollen.

18. Dienstag
UNO. Die Vollversammlung beschließt die Aufnahme Japans in die Weltorganisation.

20. Donnerstag
Japan. Das Abgeordnetenhaus ernennt Handels- und Industrieminister Tansan Ischibaschi zum Regierungschef und Nachfolger des aus Gesundheitsgründen zurückgetretenen Ichiro Hatoyama.
Ungarn. Die Regierung sieht für Störungen der öffentlichen Ordnung und Gefährdung der Produktion Gefängnisstrafen bis zu sechs Monaten vor, ohne daß es eines Prozesses bedarf.

21. Freitag
UdSSR. Der 77. Geburtstag Stalins wird in der Presse nicht erwähnt (auch → S. 367).

22. Samstag
Ägypten. Die letzten britischen und französischen Truppen verlassen Port Said. Die UN-Friedenstruppe regelt den Abzug.
Bundesrepublik Deutschland. Otto John, der ehemalige Präsident des Verfassungsschutzes, wird wegen Landesverrats zu vier Jahren Gefängnis verurteilt.

24. Montag
Ägypten. Antieuropäische Demonstranten sprengen in Port Said das Denkmal des Suezkanalerbauers Ferdinand de Lesseps.

27. Donnerstag
Israel. Die Regierung bietet einen bedingungslosen Austausch von 5580 ägyptischen Kriegsgefangenen gegen vier in Ägypten inhaftierte Israelis an.
USA. Das Heer gibt bekannt, daß es den Mannschaftsbestand der Kampfdivisionen vermindern will. Das frei werdende Personal soll zu Raketeneinheiten, zur Luftabwehr und ähnlichen Truppenteilen verlegt werden.

7. 12. Polen
Stefan Kardinal Wyszyński, der Primas von Polen. Lange Zeit führte er den Dialog der Kirche mit dem Staat in Polen.

13. 12. Schweiz
Hans Streuli

22.12. Ägypten
S. 145 – 36

27. 12. USA
In der US-Verteidigungspolitik wird der Akzent mehr und mehr auf Fernlenkraketen gelegt. Hier eine Batterie Boden-Luft-Raketen vom Typ »Nike«.

1957

Die EWG wird gegründet: Konrad Adenauer und Walter Hallstein (rechts) bei der Unterzeichnung der römischen Verträge.

1957

Januar

1. Dienstag
Ägypten. Auf Initiative der UNO beginnt eine großangelegte Bergungsaktion von Schiffen, um den Suezkanal wieder passierbar zu machen. Präsident Nasser kündigt an, daß er den britisch-ägyptischen Vertrag von 1954 über die Räumung der Kanalzone und den Unterhalt britischer Stützpunkte aufkündigen werde.
Bundesrepublik Deutschland. Das Saarland wird als zehntes Bundesland in die Bundesrepublik eingegliedert.

4. Freitag
Ägypten. Staatspräsident Nasser hebt die Pressezensur auf.
Österreich. In Wien stirbt Bundespräsident Theodor Körner im Alter von 83 Jahren.

5. Samstag
USA. Präsident Eisenhower bittet den Kongreß um Vollmachten für den Einsatz US-amerikanischer Truppen, falls vorder- oder mittelasiatische Staaten darum bäten, um sich vor einem sowjetischen Angriff oder einem kommunistischen Umsturz schützen zu können.

6. Sonntag
Ägypten. Die Regierung macht die Benutzung des Suezkanals vom Rückzug der israelischen Truppen und der Zahlung von Gebühren an Ägypten abhängig.

7. Montag
DDR. Die Regierung schließt mit der UdSSR ein Abkommen über die Stationierung sowjetischer Truppen in der DDR.

8. Dienstag
Ägypten. Die USA stellen der UNO für die Räumung des Suezkanals fünf Millionen Dollar zur Verfügung.
Bundesrepublik Deutschland. Max Becker wird zum Vorsitzenden der FDP-Fraktion gewählt.

9. Mittwoch
Großbritannien. Premierminister Eden tritt aus Gesundheitsgründen von seinem Amt zurück. Es wird jedoch angenommen, daß der Rücktritt mit dem Scheitern seiner Suezpolitik verbunden ist.

10. Donnerstag
Großbritannien. Finanzminister Harold Macmillan wird neuer Premierminister und Nachfolger des zurückgetretenen Sir Anthony Eden.
Nordkorea. Der nordkoreanische Außenminister lehnt den Beschluß der UN-Vollversammlung, der Schritte zur Wiedervereinigung mit Südkorea fordert, ab.

11. Freitag
Ungarn. In Budapest kommt es zu Demonstrationen gegen die Entlassung von Tausenden von Büroangestellten. Die Demonstrationen werden von sowjetischen Panzereinheiten aufgelöst.
Die Regierung lehnt weiterhin die Einreise von UN-Beobachtern als Einmischung in die inneren Angelegenheiten ab.

12. Samstag
Ungarn. Die Regierung Kádár führt Schnellgerichte ein, die bei Streiks Todesurteile aussprechen können.

13. Sonntag
Indien. Premierminister Nehru weiht den Hirakudstaudamm in Orissa ein. Mit der durch den 5 km langen und 90 m hohen Damm gestauten Wassermenge können über 400 000 ha Ackerland bewässert werden.

14. Montag
Großbritannien. Premierminister Harold Macmillan gibt die Zusammensetzung seines Kabinetts bekannt. John Selwyn Lloyd bleibt Außenminister, Richard Butler wird Innenminister.
USA. In Los Angeles stirbt der Filmschauspieler Humphrey Bogart im Alter von 57 Jahren.

15. Dienstag
Ägypten. Staatspräsident Nasser verstaatlicht alle britischen und französischen Banken und Versicherungsgesellschaften.

Naher Osten. Die israelischen Truppen räumen El-Arisch in Nordsinai. Entgegen einer Aufforderung der UNO zerstören sie bei ihrem Rückzug alle militärischen Einrichtungen auf der Halbinsel.

20. Sonntag
Polen. Bei den Parlamentswahlen werden auf einer Einheitsliste überwiegend Kandidaten der kommunistischen Vereinigten Arbeiterpartei gewählt. Zum ersten Mal waren mehr Kandidaten (723) aufgestellt als Sitze zu vergeben waren (459). Durch Streichungen konnten Kandidaten abgewählt werden. Kardinal Stefan Wyszyński forderte auf, sich an der Wahl zu beteiligen.

21. Montag
USA. Präsident Eisenhower wird für seine zweite Amtszeit vereidigt.

22. Dienstag
Frankreich stimmt Verhandlungen über einen Gemeinsamen Europäischen Markt zu.
Großbritannien. Premierminister Harold Macmillan wird Vorsitzender der Konservativen Partei.
Naher Osten. Die Israelis haben sich aus dem Sinai bis auf einen schmalen Streifen längs des Golfes von Aqaba zurückgezogen.

24. Donnerstag
Bundesrepublik Deutschland. Der 8. Bundesparteitag der FDP findet bis zum 26. 1. in Westberlin statt. Reinhold Maier wird als Nachfolger von Thomas Dehler zum neuen Parteivorsitzenden gewählt.

26. Samstag
Indien. Trotz pakistanischen Protestes annektiert Indien den von ihm besetzten Teil Kaschmirs.

28. Montag
Bundesrepublik Deutschland. Reinhold Gehlen wird erster Präsident des Bundesnachrichtendienstes.

29. Dienstag
China. Ministerpräsident Zhou Enlai erklärt, daß China zehn US-amerikanische Kriegsgefangene vor Ablauf der Haftstrafen, zu de-

1. 1. Ägypten
Präsident Nasser

21.1. USA
S. 248 – 42

22.1. Großbritannien
S. 248 – 39

Februar 1957

26. 1. Indien
Nach der Eingliederung des Ostteils von Kaschmir nach Indien flüchten Tausende nach Pakistan.

16.2. Ungarn
S. 129 – 27

11. 3. Birma
U Win Maung, der neue Staatspräsident.

3.3. Israel
S. 145 – 36

nen sie verurteilt wurden, freilassen werde, weil es eine Verbesserung der Beziehungen zu den USA anstrebe.

30. Mittwoch
Indien. Premierminister Nehru übernimmt auch das Amt des Verteidigungsministers.
USA. Das Repräsentantenhaus nimmt die »Eisenhower-Doktrin« mit 355 gegen 61 Stimmen an.

Februar

2. Samstag
Die UNO fordert erneut den völligen Abzug israelischer Truppen von der Sinaihalbinsel und beschließt, UN-Einheiten an der Demarkationslinie zu stationieren.

3. Sonntag
Ägypten/Israel. Israel lehnt den völligen Truppenabzug aus dem Sinaigebiet ab, solange die Seeblokkade gegen seinen Hafen Elat nicht aufgehoben ist.

5. Dienstag
Der NATO-Oberbefehlshaber in Europa, General Lauris Norstad, kündigt an, daß die Bundesrepublik Deutschland noch in diesem Jahr sieben Divisionen den NATO-Streitkräften unterstellen werde.

6. Mittwoch
Bundesrepublik Deutschland. Die Nachfolgefirmen der IG Farben sagen den noch lebenden jüdischen Zwangsarbeitern Entschädigungszahlungen in Höhe von 6,4 Millionen Dollar zu.

7. Donnerstag
NATO. Der bundesdeutsche General Hans Speidel wird Oberbefehlshaber der Landstreitkräfte in Mitteleuropa, zu denen die 7. US-amerikanische Armee und die britische Rheinarmee gehören.

9. Samstag
Ungarn. In Estoril (Portugal) stirbt Miklos Horthy im Alter von 88 Jahren. Von 1920–1944 war er Reichsverweser von Ungarn.

11. Montag
Polen. Die Regierung schließt mit der UdSSR ein Abkommen über die Stationierung sowjetischer Truppen in Polen.
UdSSR. Der Oberste Sowjet beschließt die »Rehabilitierung« von fünf ethnischen Minderheiten (u. a. der Kalmüken), die während des 2. Weltkrieges nach Kasachstan umgesiedelt wurden.

15. Freitag
Bundesrepublik Deutschland. Ein seit dem 24. 10. 1956 dauernder Streik in der schleswig-holsteinischen Metallindustrie geht zu Ende. Es wird ein Kompromiß bei den Leistungen im Krankheitsfall erreicht.
UdSSR. Der ehemalige Botschafter in London, Andrej Gromyko, wird Außenminister und Nachfolger von Dmitrij Schepilow.

16. Samstag
Ungarn. Das Außenministerium gibt bekannt, daß 196 000 Menschen das Land seit dem 23. 10. 1956 verlassen haben. 180 000 Menschen flohen nach Österreich und 16 000 nach Jugoslawien.

17. Sonntag
Bundesrepublik Deutschland. Bundeskanzler Adenauer lehnt einen Vorschlag der DDR vom 4. 1. ab, als Vorstufe zur Wiedervereinigung eine Konföderation der beiden deutschen Staaten zu bilden.

20. Mittwoch
Polen. Das Parlament wählt Józef Cyrankiewicz zum Ministerpräsidenten.

21. Donnerstag
Indien/Pakistan. Der UN-Sicherheitsrat beauftragt den schwedischen Diplomaten Gunnar Jarring, im Kaschmirkonflikt zwischen Indien und Pakistan zu vermitteln.

23. Samstag
Bundesrepublik Deutschland. Die am 21. 1. verabschiedeten Gesetze zur Neuregelung des Rechts der Rentenversicherung der Arbeiter und der Angestellten werden verkündet.
Aus Teilen der Erzbistümer Köln und Paderborn und des Bistums Münster wird das Bistum Essen errichtet.
Japan. Ministerpräsident Tansan Ischibaschi tritt aus Gesundheitsgründen von seinem Amt zurück.

25. Montag
Japan. Das Parlament wählt Außenminister Nobusuke Kischi zum neuen Ministerpräsidenten.

März

3. Sonntag
Israel. Der israelische Truppenrückzug von der Sinaihalbinsel führt zu Protestkundgebungen in Tel Aviv und Haifa.

5. Dienstag
Irland. Die Fianna-Fáil-Partei von Premierminister Eamon de Valera behält bei den Wahlen die absolute Mehrheit.

6. Mittwoch
Ghana. In der Hauptstadt Accra wird die britische Kolonie Goldküste unter dem neuen Namen Ghana zum unabhängigen Staat proklamiert. Kwame Nkrumah bleibt Premierminister.
Naher Osten. Israel übergibt das Gebiet um Gaza den UN-Streitkräften.

8. Freitag
UNO. Der neue Staat Ghana wird 81. Mitglied der Vereinten Nationen.

9. Samstag
DDR. Der Publizist Wolfgang Harich wird wegen angeblicher »Bildung einer konspirativen staatsfeindlichen Gruppe« zu 10 Jahren Zuchthaus verurteilt. Zwei seiner Mitarbeiter werden ebenfalls mit Zuchthaus bestraft.

11. Montag
Ägypten. Die Regierung protestiert bei der UNO gegen die Präsenz von UN-Streitkräften im Gazastrei-

fen. Staatspräsident Nasser ernennt einen Gouverneur für das Gebiet.
Birma. Das Parlament wählt einstimmig den ehemaligen Transportminister U Win Maung zum Präsidenten.

12. Dienstag
DDR. Die Regierung unterzeichnet einen Vertrag mit der UdSSR über die Stationierung von 22 sowjetischen Divisionen in der DDR.

13. Mittwoch
Israel klagt vor dem UN-Sicherheitsrat über erneute Angriffe ägyptischer »Selbstmordbrigaden« aus dem Gazastreifen.
Jordanien. Großbritannien und Jordanien lösen ihren Freundschaftsvertrag von 1948. Es wird beschlossen, daß die britischen Truppen innerhalb von sechs Monaten abgezogen werden sollen. Mit finanzieller Unterstützung anderer arabischer Länder soll Jordanien die britischen Einrichtungen übernehmen. Beide Länder wollen weiterhin freundschaftliche und friedliche Beziehungen unterhalten.
USA. Jimmy Hoffa, der Vorsitzende der Transportarbeitergewerkschaft, wird unter dem Vorwurf der Bestechlichkeit verhaftet.

15. Freitag
Belgien. Die Regierung beschließt, die Geschwindigkeitsbegrenzung von 80 km/h für Automobile aufzuheben, die unter dem Eindruck des durch die Suezkrise bedingten Benzinmangels eingeführt worden war.
Bundesrepublik Deutschland. Die Bundesregierung teilt mit, daß die in der Bundesrepublik stationierten US-amerikanischen Truppen mit Kernwaffen ausgerüstet sind.

16. Samstag
Frankreich. In Paris stirbt der rumänische Bildhauer Constantin Brancusi im Alter von 81 Jahren (auch → S. 225).

17. Sonntag
Philippinen. Staatspräsident Ramón Magsaysay (49) kommt bei einem Flugzeugunglück ums Leben.

18. Montag
Naher Osten. Nach Übergabe der Grenzstation durch die UN-Streitkräfte an Ägypten ziehen ägyptische Truppen im Gaza-Streifen ein.
Philippinen. Der bisherige stellvertretende Staatspräsident Carlos Garcia wird als vierter philippinischer Staatspräsident vereidigt. Er verkündet eine einmonatige Staatstrauer für seinen verstorbenen Vorgänger.

20. Mittwoch
Ägypten. Die Regierung will die freie Benutzung des Suezkanals garantieren. Benutzungsgebühren müssen jedoch im voraus entrichtet werden.

21. Donnerstag
USA. Vizepräsident Richard Nixon beendet eine zweiundzwanzigtägige Rundreise durch Afrika. Er rät Präsident Eisenhower, die diplomatischen Aktivitäten dort zu verstärken und größere technische und wirtschaftliche Hilfe anzubieten.

22. Freitag
Algerien. Die Nationale Befreiungsfront (FLN) will eine vorläufige Regierung bilden, die Verhandlungen mit Frankreich unter der Bedingung führen soll, daß Frankreich das Recht Algeriens auf Unabhängigkeit anerkennt.

25. Montag
Ägypten. Ein US-amerikanisches Bergungsunternehmen hebt den im Suezkanal gesunkenen Schleppdampfer »Edgar Bonnet«. Damit ist die Fahrrinne wieder für Schiffe bis 20 000 t passierbar.
Westeuropa. In Rom werden die EWG- und Euratomverträge (Römische Verträge) von der Bundesrepublik Deutschland, Frankreich, Italien und den Benelux-Ländern unterzeichnet (auch → S. 187).

27. Mittwoch
Ungarn. Die Regierung erläßt eine Verordnung, nach der die Ernennung von Bischöfen der Genehmigung des Staates bedarf.

29. Freitag
Ägypten. Nach Verhandlungen zwischen Staatspräsident Nasser und UN-Generalsekretär Hammarskjöld wird der Suezkanal für Schiffe bis zu 19 000 t freigegeben.
Singapur erhält von Großbritannien die Selbstverwaltung in inneren Angelegenheiten.

30. Samstag
Marokko/Tunesien. Beide Länder schließen in Rabat einen Freundschaftsvertrag und verpflichten sich, außenpolitisch und wirtschaftlich zusammenzuarbeiten.

31. Sonntag
Afrika. In Französisch-Westafrika, Französisch-Äquatorialafrika und auf Madagaskar werden zum ersten Mal Wahlen für Territorialversammlungen abgehalten, durch die für diese Gebiete eine beschränkte Selbstverwaltung eingeführt werden soll.

April

1. Montag
Bundesrepublik Deutschland. Die ersten Wehrpflichtigen rücken in die Bundeswehrkasernen ein. Der Hessische und der Süddeutsche Rundfunk und der Südwestfunk strahlen ein gemeinsames Fernsehregionalprogramm aus.

2. Dienstag
Jordanien. Ministerpräsident Nabulsi beschließt die Aufnahme diplomatischer Beziehungen zur Sowjetunion. König Hussein verweigert seine Zustimmung und entläßt Nabulsi am 10. 4.

3. Mittwoch
Bundesrepublik Deutschland. Bundeskanzler Adenauer erklärt, daß die Bundeswehr nicht auf taktische Atomwaffen verzichten könne.

4. Donnerstag
Zypern. Gouverneur Harding hebt Notstandsmaßnahmen, u. a. Zensur, Reisebeschränkungen und die Todesstrafe beim Tragen von Waffen, auf.

5. Freitag
Frankreich. Die Regierung setzt eine Untersuchungskommission ein, die Berichte über Folterungen

13. 3. USA
Die US-amerikanische Transportarbeitergewerkschaft kommt in Verruf, als der stellvertretende Vorsitzende Jimmy Hoffa unter Korruptionsverdacht festgenommen wird. In der Senatskommission, die die Gewerkschaftspraktiken untersucht, sitzt auch Robert Kennedy.

22.3. Algerien
S. 248 – 38

◁
25. 3. Westeuropa
In Rom werden die EWG- und Euratomverträge unterzeichnet. Hier der EWG-Vertrag mit den Unterschriften von Paul-Henri Spaak (Belgien), Konrad Adenauer (Bundesrepublik Deutschland), Christian Pineau (Frankreich), Antonio Segni (Italien), Joseph Bech (Luxemburg) und Joseph Luns (Niederlande).

16. 3. Frankreich
»Tor des Kusses« von Constantin Brancusi.

Mai 1957

2.5. USA
S. 248 – 41

5.5. Österreich
S. 129 – 25

*5. 5. Österreich
Der Sozialdemokrat Adolf Schärf wird zum Bundespräsidenten gewählt. Hier eine Aufnahme aus dem Wahlkampf.*

der französischen Armee an FLN-Kämpfern in Algerien untersuchen soll.

6. Samstag
Israel. Der US-amerikanische Tanker »Kern Hills« bestätigt durch seine Fahrt zum israelischen Hafen Elat die Garantie der USA für die freie Zufahrt durch die Meerenge von Tiran.

10. Mittwoch
Bundesrepublik Deutschland. Erich Ollenhauer wird zum Kanzlerkandidaten der SPD für die Bundestagswahlen am 15. 9. gewählt.

11. Donnerstag
UdSSR. Im sowjetischen Atomzentrum Dubna bei Moskau wird der bis dahin größte Teilchenbeschleuniger der Welt mit einer Leistung von 10 Milliarden Volt in Betrieb genommen.

12. Freitag
Bundesrepublik Deutschland. 18 führende deutsche Naturwissenschaftler, unter ihnen Otto Hahn und Werner Heisenberg, warnen in Göttingen mit dem sogenannten »Göttinger Appell« die Bundesregierung vor einer Ausrüstung der Bundeswehr mit Atomwaffen.

14. Sonntag
Jordanien. König Hussein verweist Stabschef Ali Abu Nuwar und den ehemaligen Ministerpräsidenten Suleiman Nabulsi wegen ihrer pro-ägyptischen Politik ins Exil nach Syrien. Bereits am Vortag hatte er eine Gruppe von Offizieren aus dem gleichen Grund verhaften lassen.

15. Montag
Norwegen. Als Antwort auf eine sowjetische Warnung erklärt Ministerpräsident Gerhardsen, daß Norwegen Mitglied der NATO bleibt, aber die Stationierung ausländischer Truppen auf seinem Hoheitsgebiet nicht zuläßt.
Rumänien. Die Regierung schließt mit der UdSSR einen Vertrag über die Stationierung sowjetischer Truppen in Rumänien.

16. Dienstag
Jugoslawien. Die Regierung fordert von Argentinien die Auslieferung von Ante Pavelić, von 1941 bis 1945 Staatschef von Kroatien, der wegen Kriegsverbrechen in Abwesenheit zum Tode verurteilt wurde.

17. Mittwoch
Griechenland/Zypern. Erzbischof Makarios kommt aus der Verbannung auf den Seychellen in Athen an, wo er vom griechischen Außenminister und einer jubelnden Menge empfangen wird.

19. Freitag
Ägypten. Zum ersten Mal seit der Freigabe passiert wieder ein britisches Schiff den Suezkanal.

22. Montag
USA. Außenminister John Foster Dulles nennt das Streben nach friedlicher Befreiung der Ostblockstaaten die Grundlage der Außenpolitik der Regierung Eisenhower.

23. Dienstag
Jordanien. In Amman finden pro-ägyptische Demonstrationen statt, die am nächsten Tag zum Rücktritt der erst am 15. 4. gebildeten Regierung von Hussein Khalidi führen.
Norwegen. Der Vorsitzende des Nobelkomitees verliest über den Rundfunk eine Botschaft Albert Schweitzers (82), in der dieser die Kernwaffentests als die größte Gefahr, die der Menschheit drohe, bezeichnet.

25. Donnerstag
Naher Osten. Von Cannes und Neapel läuft die 6. US-amerikanische Flotte wegen der Unruhen in Jordanien in den östlichen Teil des Mittelmeeres aus.

26. Freitag
Jordanien. Die Regierung verhängt den Belagerungszustand und verbietet die linksgerichteten und pro-ägyptischen Parteien.

27. Samstag
Sport. Der Sowjetrusse Wassilij Smyslow schlägt Michail Botwinnik und wird Schachweltmeister.

30. Dienstag
Jordanien. Die Regierung nimmt ein US-amerikanisches Hilfsangebot für die jordanische Wirtschaft an, nachdem klargestellt wurde, daß es sich nicht um Hilfe im Sinne der Eisenhower-Doktrin handele.

Mai

1. Mittwoch
Nicaragua. Luis Somoza wird Staatspräsident von Nicaragua.

2. Donnerstag
Bundesrepublik Deutschland. Der SPD-Vorsitzende Erich Ollenhauer warnt vor einer atomaren Bewaffnung der Bundesrepublik und wendet sich gegen eine Lagerung von Atomwaffen auf dem Gebiet der Bundesrepublik.
USA. In Washington stirbt der republikanische Senator Joseph McCarthy, bekannt durch seine Kampagnen gegen echte und vermeintliche Kommunisten, im Alter von 47 Jahren (auch →S. 193).

3. Freitag
Naher Osten. Bis auf Amphibieneinheiten mit 1800 Marinesoldaten verläßt der größte Teil der 6. US-Flotte den östlichen Teil des Mittelmeeres, weil in Jordanien wieder Ruhe herrscht.

5. Sonntag
Bundesrepublik Deutschland. Als erstes europäisches Parlament ratifiziert der Bundestag die Verträge über die EWG und die Euratom.
Österreich. Adolf Schärf (SPÖ) wird zum neuen Bundespräsidenten und Nachfolger des am 4. 1. verstorbenen Theodor Körner gewählt. Er setzt sich bei der Wahl gegen Adolf Denk (ÖVP) durch.

6. Montag
Italien. Die Regierung Segni tritt zurück, nachdem die Sozialdemokraten die Regierung verlassen haben.
UdSSR. Der Oberste Sowjet gibt bekannt, daß der Stalin-Friedenspreis künftig Lenin-Friedenspreis heißen werde.

7. Dienstag
Taiwan. Die USA teilen mit, daß eine US-Luftwaffeneinheit, die mit Raketen vom Typ Matador ausgerüstet ist, auf Taiwan stationiert werden soll.

9. Donnerstag
Ungarn. Zum ersten Male seit dem Oktoberaufstand 1956 tritt das Parlament wieder zusammen.

10. Freitag
Kolumbien. Der am 8. 5. wiedergewählte Staatspräsident Gustavo Rojas Pinilla wird von der Armee gestürzt und flieht nach Spanien.

11. Samstag
Kolumbien. Der Chef der Militärjunta, Gabriel Paris, bildet eine neue Regierung.

13. Montag
Ägypten. Ungeachtet der Mei-

nungsverschiedenheiten über die Verwaltung des Suezkanals heben Großbritannien und die USA den Boykott auf, während Frankreich weiter daran festhält.
NATO. Der Brite Lord Ismay wird in seinem Amt als NATO-Generalsekretär von dem Belgier Paul-Henri Spaak abgelöst.

14. Dienstag
Dänemark. Bei den Parlamentswahlen verlieren die Sozialdemokraten von Ministerpräsident Hansen vier Sitze, stellen aber mit 70 Sitzen weiter die stärkste Fraktion.

15. Mittwoch
Großbritannien. Die erste britische Wasserstoffbombe wird im Pazifik nahe Christmas Island gezündet.

18. Samstag
Polen/Kirchenfragen. Der polnische Primas Stefan Wyszyński empfängt während eines Rombesuchs von Papst Pius XII. die Kardinalswürde. Wyszyński war schon 1953 zum Kardinal ernannt worden, durfte jedoch Polen damals nicht verlassen.

19. Sonntag
Bundesrepublik Deutschland. Die Gesamtdeutsche Volkspartei (GVP) löst sich auf und empfiehlt ihren Mitgliedern den Beitritt zur SPD.
Italien. Adone Zoli bildet ein christdemokratisches Minderheitskabinett.

21. Dienstag
Frankreich. Die Nationalversammlung verwirft einen Antrag auf Steuererhöhung wegen des Algerienkrieges und des Außenhandelsdefizits. Die Regierung Mollet tritt zurück.
Haiti. Nach einem Generalstreik in Port-au-Prince übernimmt die Armee unter der Leitung von General Léon Cantave die Macht.

22. Mittwoch
Südafrika. Die Regierung gibt Pläne zur Rassentrennung an Universitäten bekannt.

23. Donnerstag
Finnland. Nach Meinungsverschiedenheiten über die Sanierung der finnischen Wirtschaft tritt das Kabinett Fagerholm zurück.

25. Samstag
Jordanien. Auf Ersuchen Jordaniens zieht Syrien seine Truppen aus dem Land ab.

27. Montag
Dänemark. Der Sozialdemokrat Hans Hansen bildet eine neue Koalitionsregierung, in der unter anderem neun Sozialdemokraten und vier Radikal-Liberale vertreten sind.
Finnland. Vionno Johannes Sukselainen, der Führer der Bauernpartei, bildet eine Minderheitsregierung.

28. Dienstag
Algerien. Im Dorf Melusa töten Angehörige der FLN 303 Bewohner als Vergeltung für die angebliche Information der französischen Behörden über Aktivitäten der FLN.

30. Donnerstag
Sport. Das Endspiel im Fußballeuropapokal der Landesmeister gewinnt in Madrid Real Madrid mit 2:0 gegen den FC Florenz.

31. Freitag
Jordanien. Großbritannien löst seinen Luftwaffenstützpunkt in Mafraq gemäß den Vereinbarungen vom 13. 3. auf.

Juni

2. Sonntag
Bundesrepublik Deutschland. Michael Keller, der Bischof von Münster, erklärt, daß für Mitglieder der katholischen Kirche die SPD keine wählbare Partei sei.
Westeuropa. Mit dem Trans-Europa-Express wird eine schnellere Zugverbindung zwischen den Hauptstädten der EWG-Länder und der Schweiz eingerichtet.

4. Dienstag
Bundesrepublik Deutschland. In Westberlin stirbt die ehemalige Berliner Bürgermeisterin Louise Schroeder (SPD) im Alter von 70 Jahren.

5. Mittwoch
China. Die Regierung legalisiert den Schwangerschaftsabbruch und regt den Gebrauch empfängnisverhütender Mittel an.

10. Montag
Kanada. Bei den Parlamentswahlen erzielen die Konservativen von John Diefenbaker, die seit 1935 in der Opposition sind, überraschend hohe Erfolge. Mit einem Zuwachs von 51 auf 111 Sitzen des ingesamt 265 Sitze zählenden Unterhauses können sie ihren Anteil mehr als verdoppeln.

12. Mittwoch
Frankreich. Nach einem gescheiterten Versuch des ehemaligen Ministerpräsidenten René Pléven gelingt es dem Radikalsozialisten Maurice Bourgès-Maunoury, eine neue Regierung zu bilden.
USA. Bei ihrem ersten Probeflug explodiert die Interkontinentalrakete Atlas nach einem Kilometer.

13. Donnerstag
Frankreich. Die Regierung hebt den Boykott des Suezkanals auf.

15. Samstag
UdSSR. Die Regierung kündigt den Bau eines Kernkraftwerkes mit einer Leistung von 420 000 KW an. Es ist der erste Reaktor einer Serie weiterer geplanter Kernkraftwerke.

16. Sonntag
Algerien. Französische Truppen beginnen eine Großoffensive gegen die FLN.
Haiti. Bei Demonstrationen für den am 14. 6. gestürzten Staatspräsidenten Daniel Fignole und gegen die neue Regierungsjunta kommen

22. 5. Südafrika
Der neue Rassentrennungsplan der Regierung führt auch bei der weißen Bevölkerung zu Protesten.

21.5 Frankreich
S. 248 – 37

16.6 Algerien
S. 248 – 38

Juli 1957

50 Menschen ums Leben, 200 werden verletzt. 1000 Demonstranten werden inhaftiert.

17. Montag
Kanada. Premierminister Louis St. Laurent tritt infolge der Wahlniederlage vom 10. 6. zurück und macht dem konservativen John Diefenbaker den Weg für eine Regierungsbildung frei. Damit geht die 22jährige Regierungszeit der Liberalen zu Ende.

23. Sonntag
Honduras/Nicaragua. Beide Länder legen ihren Grenzkonflikt um die Landschaft Mosquitia, der mehrfach zu Kämpfen führte, dem Internationalen Gerichtshof in Den Haag vor.

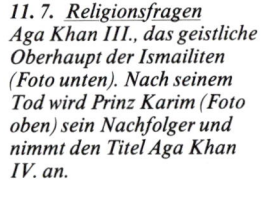

11. 7. Religionsfragen Aga Khan III., das geistliche Oberhaupt der Ismailiten (Foto unten). Nach seinem Tod wird Prinz Karim (Foto oben) sein Nachfolger und nimmt den Titel Aga Khan IV. an.

Sport. Beim Endspiel um die deutsche Fußballmeisterschaft besiegt Borussia Dortmund den Hamburger SV mit 4:1. In der Schweiz und in Österreich heißen die Titelträger Young Boys Bern und Rapid Wien.

24. Montag
Italien. Nach zwei gescheiterten Versuchen von Cesare Merzagora und Amintore Fanfani, eine Regierung zu bilden, beschließt das Kabinett Zoli, an der Regierung zu bleiben. Es hatte am 10. 6. seinen Rücktritt angeboten, weil es auf die Unterstützung der Neofaschisten angewiesen war.

26. Mittwoch
China. Ministerpräsident Zhou Enlai warnt davor, daß »Abweichler« ab jetzt als Volksfeinde betrachtet werden.

Juli

1. Montag
Südostasien. Die SEATO gibt bekannt, daß der thailändische Botschafter in den USA, Pote Sarasin, erster Generalsekretär des Verteidigungsbündnisses werden soll.
Wissenschaft. Um 0.00 Uhr beginnt das Internationale Geophysikalische Jahr (bis 31. 12. 1958). 30 000 Wissenschaftler sollen Ergebnisse über Erde, Atmosphäre und Sonne sammeln (auch → S. 162).

2. Dienstag
Bundesrepublik Deutschland. 18 Frauenorganisationen fordern den sofortigen Abbruch aller Kernwaffentests.

3. Mittwoch
Ägypten. Zum ersten Male seit der Auflösung des Parlaments 1952 finden Wahlen für die Nationalversammlung statt. Als einzige Partei steht die Nationale Union zur Wahl. Erstmals in der Geschichte des Landes werden auch zwei Frauen gewählt.
UdSSR. Das Zentralkomitee der Kommunistischen Partei gibt den Ausschluß der Mitglieder Molotow, Malenkow, Kaganowitsch und Schepilow wegen parteischädigenden Verhaltens bekannt.

6. Samstag
Argentinien. Die Regierung bricht die diplomatischen Beziehungen zu Venezuela ab, weil der frühere Präsident Perón von dort politisch aktiv ist.
Jordanien. In Übereinstimmung mit den Absprachen zur Beendigung des britisch-jordanischen Verteidigungsbündnisses verlassen die letzten britischen Truppen das Land.
Sport. Beim Tennisturnier in Wimbledon gewinnt der Vorjahressieger Lewis Hoad (Australien) das Herreneinzel, die US-Amerikanerin Althea Gibson das Damen-Einzel.

7. Sonntag
Israel. Die Regierung lockert die Reisebeschränkungen für Fahrten israelischer Araber in Grenz- und Militärgebiete.

8. Montag
Irland. Die Regierung erläßt Sondervollmachten zur Festnahme von Mitgliedern der verbotenen Irisch-Republikanischen Armee (IRA).

9. Dienstag
Frankreich. Die Nationalversammlung billigt die Römischen Verträge über EWG und Euratom.

10. Mittwoch
UdSSR. Radio Moskau gibt bekannt, daß der aus dem Präsidium des Obersten Sowjet entfernte Georgij Malenkow zum Direktor eines Wasserkraftwerks in Kasachstan ernannt wurde.

11. Donnerstag
Religionsfragen. In Versoix bei Genf stirbt das geistliche Oberhaupt von rd. 12 Millionen Ismailiten, Aga Khan III., im Alter von 79 Jahren. Sein Nachfolger wird sein 20jähriger Enkel, Prinz Karim, als Aga Khan IV.
Westeuropa. Der Ministerrat der EGKS beschließt nach zweijährigen Verhandlungen ein Abkommen über den Transport von Kohle und Stahl auf dem Rhein.

14. Sonntag
Rumänien. Ion George Maurer wird zum Außenminister ernannt.

15. Montag
China. Parteichef Mao Zedong bricht die Hundert-Blumen-Kampagne ab, weil zu viele abweichende Meinungen aufgekommen seien.
Israel. Regierungschef David Ben Gurion verteidigt in der Knesset sein Vorhaben, zu gegebener Zeit mit der Bundesrepublik Deutschland diplomatische Beziehungen anzuknüpfen.
Spanien. Minister Luis Carrero Blanco erklärt im Parlament, daß im Falle des Rücktritts oder Todes von General Franco ein König dessen Nachfolger werden soll.

16. Dienstag
Japan hebt das Handelsverbot mit China auf.

18. Donnerstag
Ägypten. Die Regierung meldet die Verhaftung des früheren Außenministers Mohammed Salah el Din und anderer der Wafd-Partei nahestehender Militärs und Politiker wegen eines Komplotts gegen Staatspräsident Nasser.

August

1. Donnerstag
Kuba. Präsident Batista setzt die Verfassung wegen der politischen Unruhen im Lande für 45 Tage außer Kraft, da diese seiner Ansicht nach die Vorbereitung der Präsidentschaftswahlen von 1958 stören können.

4. Sonntag
Ungarn. Kulturminister Kállai kündigt unter Intellektuellen eine »Säuberung« an.

5. Montag
Malaya. Der britische Hohe Kommissar und die Oberhäupter der neun malayischen Staaten unterzeichnen in Kuala Lumpur ein Abkommen zur Beendigung der britischen Verwaltung der Föderation zum 31. 8. 1957.

6. Dienstag
Syrien. Nach zweiwöchigen Verhandlungen geben die UdSSR und Syrien ein gemeinsames Kommuniqué heraus, das großzügige sowjetische Hilfe für Industrieprojekte, Straßenbau und Bewässerungsanlagen vorsieht.

7. Mittwoch
Kirchenfragen. Das Zentralkomitee des Weltkirchenrates beendet seine am 30. 7. begonnene Sitzung, die erste seit der Vollversammlung von Evanston 1954, in New Haven (Connecticut). Resolutionen fordern die Beendigung der Kernwaffentests, die Verurteilung der Rassendiskriminierung und die Überprüfung der Religionsfreiheit in römisch-katholischen Ländern.
USA. In Hollywood stirbt der Filmkomiker Oliver Hardy im Alter von 65 Jahren.

8. Donnerstag
UdSSR. Das Amt des Ersten Stell-

19. Freitag
Oman. Ein Aufstand gegen Sultan Said bin Tajmur wird mit britischer Hilfe niedergeschlagen.

20. Samstag
Sport. Der französische Radrennfahrer Jacques Anquetil gewinnt die Tour de France.

23. Dienstag
Großbritannien. Verteidigungsminister Duncan Sandys teilt dem Unterhaus mit, daß sein Land sowohl Atombomben als auch Atomsprengköpfe für Raketen herstellen könne.

24. Mittwoch
Bundesrepublik Deutschland. Der Bundestag verabschiedet ein neues Kartellgesetz (Gesetz gegen Wettbewerbsbeschränkungen).

25. Donnerstag
Tunesien. Auf einer Sitzung der Nationalversammlung wird beschlossen, den Bei von Tunis, Mohammed al Amin Pascha, abzusetzen und die Republik mit Habib Bourguiba als Staatspräsidenten auszurufen. Damit ist die seit 250 Jahren bestehende Monarchie abgeschafft.

26. Freitag
Guatemala. Präsident Carlos Castillo Armás wird in Guatemala City von einem Angehörigen der Palastwache ermordet. Sein Nachfolger, Vizepräsident Luis Arturo Gonzáles, erklärt, dessen antikommunistische Politik fortsetzen zu wollen.
Kanada. Die Regierung beschränkt die Einwanderung auf Personen, die schon einen Arbeitsplatz in Kanada gefunden haben.

28. Sonntag
Argentinien. Acht Millionen Stimmberechtigte nehmen an den Wahlen für die Verfassungsgebende Versammlung teil. Nur zwei Millionen folgen der Empfehlung des ehemaligen Präsidenten Juan Perón, weiße, nicht ausgefüllte Stimmzettel abzugeben.

31. Mittwoch
Bundesrepublik Deutschland/ UdSSR. Die Bonner Regierung ruft den Leiter ihrer Delegation bei den Verhandlungen mit der UdSSR in Moskau zurück, da die Sowjets sich weigern, über die Repatriierung von schätzungsweise 80 000 Deutschen aus der UdSSR zu verhandeln.

◁
25. 7. Tunesien
Staatspräsident Habib Bourguiba (links vorn im weißen Anzug) während der Feierlichkeiten zur Proklamation der Republik Tunesien.

14. 8. Polen
In Łódz ist der öffentliche Nahverkehr durch einen Streik lahmgelegt. Mit Militärfahrzeugen versucht man, den Verkehr provisorisch aufrecht zu erhalten. Nach drei Tagen beenden Heer und Polizei den Ausstand.

September 1957

15. 9. *Bundesrepublik Deutschland*
Die CDU wirbt mit der Figur Konrad Adenauers.

4.9. *USA*
S. 248 – 41

20. 9. *Finnland*
Jean Sibelius

vertretenden Ministerpräsidenten, das bis dahin der gestürzte Molotow innehatte, wird abgeschafft.

10. Freitag
Frankreich. Finanzminister Gaillard gibt die Abwertung des Franc um 20% bekannt.

11. Sonntag
Oman. Die Truppen des Sultans nehmen mit britischer Hilfe die Stadt Naswa, den Sitz des aufständischen Imam, des geistlichen Oberhaupts von Oman.

14. Mittwoch
Marokko. Sultan Mohammed V. ben Jussuf nimmt den Königstitel an.
Polen. Bei dem seit dem 12. 8. andauernden Streik des Bus- und Straßenpersonals in Lódz treiben Polizei und Heer nach Schätzungen 5000 Streikende aus den Endstationen und bringen den öffentlichen Nahverkehr wieder in Gang.

16. Freitag
Dominikanische Republik. General Hector Trujillo Molina bleibt für eine zweite Amtsperiode von fünf Jahren Präsident.

17. Samstag
Bundesrepublik Deutschland/ UdSSR. Die Bundesregierung ruft zum zweitenmal ihren Sonderbotschafter Rolf Lahr aus Moskau zurück, da sich die Sowjetdelegation weiterhin weigert, über eine Repatriierung von Deutschen aus der Sowjetunion zu verhandeln.

19. Montag
USA. In einem mit Helium gefüllten Ballon stellt der Fliegermajor David Simons einen Höhenrekord für bemannte Ballons und einen Rekord für den Aufenthalt im Ballon in großen Höhen auf. Er bleibt 32 Std. auf einer Höhe von 34 km.

22. Donnerstag
Bundesrepublik Deutschland/ DDR. Professor Alfred Kantorowicz, Germanist an der Humboldt-Universität in Ostberlin, geht in die Bundesrepublik.
USA. Außenminister John Foster Dulles beauftragt 24 Nachrichtenkorrespondenten, für eine Probezeit von sieben Monaten in China zu arbeiten.

23. Freitag
Bulgarien. Die 1945 begonnene Kollektivierung der Landwirtschaft gilt als abgeschlossen.

25. Sonntag
Laos. Prinz Souvanna Phouma bildet eine neue Regierung, in der auch Mitglieder des Pathet Lao vertreten sind.

27. Dienstag
Japan. In der Nähe von Tokio wird der erste japanische Kernreaktor in Gebrauch genommen. Er soll für wissenschaftliche Untersuchungen verwendet werden.

30. Freitag
Bundesrepublik Deutschland. In Westberlin stirbt der Regierende Bürgermeister Otto Suhr (SPD) im Alter von 63 Jahren.

31. Samstag
Italien. Die Leiche des Diktators Benito Mussolini, die elf Jahre lang im Kapuzinerkloster von Cerro Maggiore versteckt worden war, wird in der Familiengruft bei San Casciano beigesetzt.
Malaya. Die malayische Föderation wird unabhängiger Staat innerhalb des Commonwealth. Tungku (Prinz) Abdul Rahman bleibt Regierungschef.
UdSSR. Der ehemalige Außenminister und Erste Stellvertretende Ministerpräsident Molotow wird Botschafter in der Mongolischen Volksrepublik.

September

2. Montag
OAS. Die Organisation beschließt die Gründung eines gemeinsamen Marktes für Lateinamerika.

4. Mittwoch
USA. Auf Anweisung von Gouverneur Orval Faubus wird in Little Rock (Arkansas) neun schwarzen Kindern der Zugang zur Central High School verwehrt, obwohl das Oberste Bundesgericht die Rassentrennung aufgehoben hat.

6. Freitag
Weltpolitik. Die Abrüstungskonferenz in London wird wegen des Ausbleibens positiver Resultate auf unbestimmte Zeit vertagt.

9. Montag
Jordanien. Acht Transportflugzeuge der US-Luftwaffe landen mit militärischen Hilfsgütern in Amman als Antwort auf sowjetische Waffenlieferungen an Syrien.
Tunesien. Staatspräsident Bourguiba ruft den Ausnahmezustand aus, weil französische Einheiten algerische Guerillakämpfer bis auf tunesisches Gebiet verfolgen.
USA. Präsident Eisenhower unterzeichnet das Bürgerrechtsgesetz zur Aufhebung der Diskriminierung im sozialen, wirtschaftlichen und juristischen Bereich.

12. Donnerstag
China. Im Zuge einer Kampagne gegen die Bürokratie werden 250 000 Verwaltungsangestellte zur Arbeit in Fabriken, Bergwerken und Landwirtschaftskollektiven verpflichtet.

Keine Experimente! Konrad Adenauer CSU

14. Samstag
UNO. Mit 60 gegen 10 Stimmen verurteilt die UN-Vollversammlung die Niederschlagung des Ungarnaufstands 1956 durch die Sowjetunion.

15. Sonntag
Bundesrepublik Deutschland. Bei den Bundestagswahlen erreicht die CDU/CSU mit 50,2% der Stimmen und 270 der 497 Sitze im Bundestag die absolute Mehrheit. Die SPD kann ihren Stimmenanteil auf 31,8% (169 Sitze) steigern.

Bundestagswahlen 1957
DP/DVP 3,4%
Mandate 17
FDP 7,7% Mandate 41
SPD 31,8% Mandate 169
CDU/CSU 50,2% Mandate 270

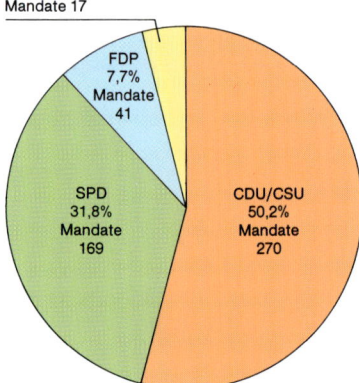

16. Montag
Brasilien. In São Paulo wird zum ersten Mal in Lateinamerika in einem Versuchsreaktor eine nukleare Kettenreaktion in Gang gebracht.

17. Dienstag
USA. Der schwarze Trompeter Louis Armstrong weigert sich, an einer von der US-amerikanischen Regierung veranstalteten Tournee durch die UdSSR teilzunehmen. Grund ist der Rassenkonflikt im Süden der USA.

19. Donnerstag
San Marino. Das Parlament wird aufgelöst, nachdem Spaltungen in den Regierungsparteien die traditionelle Koalition zwischen Sozialisten und Kommunisten ins Wanken gebracht haben.

USA. Die Atomenergiekommission meldet den ersten unterirdischen Kernwaffentest in der Wüste von Nevada.

20. Freitag
Finnland. In Järvenpää stirbt der Komponist Jean Sibelius im Alter von 91 Jahren.

21. Samstag
Bundesrepublik Deutschland. Das Segelschulschiff »Pamir« sinkt bei einem Orkan im Atlantik. Von den 86 Seeleuten können nur sechs gerettet werden.
Norwegen. Im Alter von 85 Jahren stirbt König Haakon VII. Nachfolger wird sein Sohn Olaf V.

22. Sonntag
Haiti. François Duvalier gewinnt die Präsidentschaftswahlen. Sein Gegner Louis Dejoie spricht von Wahlbetrug.

24. Dienstag
USA. Präsident Eisenhower schickt 1000 Fallschirmjäger nach Little Rock (Arkansas) und stellt die Nationalgarde unter Bundesbefehl, um den schwarzen Kindern den Besuch der Central High School zu ermöglichen.

25. Mittwoch
Indien. Premierminister Nehru akzeptiert die Forderung der Nagastämme nach einem eigenen Staat innerhalb der Indischen Union.

26. Donnerstag
UNO. Der schwedische Diplomat Dag Hammarskjöld wird für fünf Jahre als Generalsekretär wiedergewählt.

30. Montag
Frankreich. Das Kabinett Bourgès-Maunoury tritt zurück, nachdem die Nationalversammlung das Reformgesetz für Algerien abgelehnt hat. Das Gesetz sah politische Reformen auf lokaler und regionaler Ebene vor.

Oktober

1. Dienstag
San Marino. Nichtkommunistische Mitglieder des aufgelösten Großen Allgemeinen Rats bilden eine vorläufige Regierung, die sofort von Italien und den USA anerkannt wird.

2. Mittwoch
Schweiz. Der Ständerat verabschiedet einen Gesetzentwurf zum Frauenstimmrecht.

3. Donnerstag
Berlin. Das Berliner Abgeordnetenhaus wählt den Sozialdemokraten Willy Brandt zum Regierenden Bürgermeister und Nachfolger des verstorbenen Otto Suhr.

4. Freitag
Polen. Nach dem Verbot der Studentenzeitschrift *Po Prostu* kommt es in Warschau zu Demonstrationen von Studenten.
Raumfahrt. Die UdSSR startet mit Sputnik 1 den ersten künstlichen Satelliten in den Weltraum (auch → S. 210).

6. Sonntag
Jugoslawien. Die Gefängnisstrafe des ehemaligen Politbüromitgliedes Milovan Djilas wird um sieben Jahre verlängert, nachdem sein Buch *Die neue Klasse* außer Landes geschmuggelt und am 26. 7. in den USA veröffentlicht worden ist. In diesem Buch stellt er fest, daß in den kommunistischen Ländern nicht die Arbeiterklasse, sondern eine Funktionärskaste herrscht.

7. Montag
Norwegen. Bei den Parlamentswahlen gewinnen die Sozialdemokraten mit 78 der insgesamt 150 Sitze die absolute Mehrheit.

8. Dienstag
USA. Das längste und am tiefsten verlegte transozeanische Kabel der Erde (San Francisco–Honolulu) wird in Gebrauch genommen.

10. Donnerstag
Großbritannien. Bei einem Unfall in einer militärischen Plutoniumanlage in Windscale überhitzt sich ein Kernreaktor. Dabei entweicht radioaktives Jod. Zwei Reaktoren werden stillgelegt. Der gesamte Milchvorrat in der Umgebung muß vernichtet werden.

13. Sonntag
DDR. Die Regierung schließt für 24 Stunden die Grenze zur Bundesrepublik, um einen Währungsumtausch zur Bekämpfung des »schwarzen« Handelsverkehrs mit dem Westen vorzunehmen.
San Marino. Eine Koalition aus Christdemokraten, Sozialdemokraten und einer unabhängigen sozialistischen Gruppierung übernimmt die Regierung, nachdem die kommunistische Regierung das Regierungsgebäude am 11. 10. geräumt hatte.

15. Dienstag
DDR. Jugoslawien erkennt die DDR offiziell an.

19. Samstag
Bundesrepublik Deutschland. Als Reaktion auf die Anerkennung der DDR durch Jugoslawien bricht die Bundesrepublik die diplomatischen Beziehungen zu Jugoslawien ab.

20. Sonntag
Taiwan. Staatschef General Tschiang Kaischek wird als Führer der Kuomintang-Partei wiedergewählt.

22. Dienstag
Bundesrepublik Deutschland. Der Bundestag wählt Konrad Adenauer (CDU) zum dritten Mal zum Bundeskanzler.
USA. Vom US-Raketenstützpunkt Cape Canaveral aus wird eine Mittelstreckenrakete vom Typ Jupiter erfolgreich getestet.

24. Donnerstag
Frankreich. In Montecatini (Italien) stirbt der französische Modeschöpfer Christian Dior, der 1947 den »new look« kreierte, im Alter von 52 Jahren.

25. Freitag
Guatemala. Staatschef Luis Arturo Gonzáles López wird von einer dreiköpfigen Militärjunta unter Oberst Oscar Mendoza gestürzt. Am folgenden Tag übernimmt Oberst Guillermo Flores Avendáno vorläufig das Präsidentenamt.

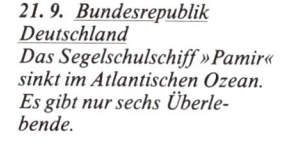

21. 9. Bundesrepublik Deutschland
Das Segelschulschiff »Pamir« sinkt im Atlantischen Ozean. Es gibt nur sechs Überlebende.

21.9. Bundesrepublik Deutschland
S. 89 – 18

4. 10. Raumfahrt
S. 288 – 48

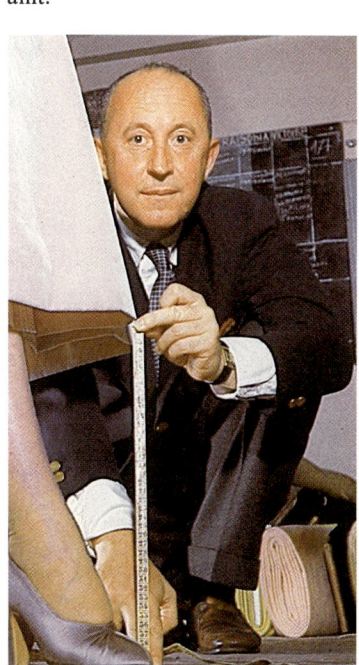

24. 10. Frankreich
Der Modeschöpfer Christian Dior.

1.11. Bundesrepublik Deutschland
Rosemarie Nitribitt

5.11. Frankreich
S. 248 – 37

12.11. Philippinen
Carlos P. García, Gewinner der Präsidentschaftswahlen.

27.11. USA
S. 248 – 41

26. Samstag
Schweden. Ministerpräsident Erlander tritt mit seinem Kabinett zurück, nachdem am 24. 10. die vier Minister der Bauernpartei wegen Meinungsverschiedenheiten mit dem sozialdemokratischen Koalitionspartner über Rentenfragen zurückgetreten waren.
UdSSR. Marschall Georgij Schukow wird als Verteidigungsminister durch Marschall Rodion Malinowskij ersetzt. Am 2. 11. wird er auch aus dem Zentralkomitee der KPdSU ausgeschlossen.

27. Sonntag
Türkei. Die Parlamentswahlen gewinnt die Demokratische Partei von Ministerpräsident Menderes mit 424 von insgesamt 610 Sitzen. Die Republikanische Volkspartei erreicht nur 178 Sitze.

29. Dienstag
Israel. Bei einem Bombenanschlag im Parlament werden fünf Minister, unter ihnen Ministerpräsident David Ben Gurion, verletzt. Der Täter hat keine politischen Motive.

30. Mittwoch
Bundesrepublik Deutschland. Bundeskanzler Adenauer ernennt Wirtschaftsminister Ludwig Erhard zum Vizekanzler.
Schweden. Tage Erlander bildet ein sozialdemokratisches Minderheitskabinett.

31. Donnerstag
USA. Die Luftwaffe testet erfolgreich ein ferngelenktes Projektil vom Typ Snark, mit dem Atomsprengköpfe über einen Abstand von 8000 km ins Ziel gebracht werden können.

November

1. Freitag
Bundesrepublik Deutschland. Das Callgirl Rosemarie Nitribitt wird in Frankfurt in seiner Wohnung erdrosselt aufgefunden. Zu seinen »Kunden« sollen auch hohe Vertreter von Wirtschaft und Politik gehört haben.
Ceylon. Die britischen Militärstützpunkte werden der Aufsicht der ceylonesischen Behörden unterstellt.
DDR. Als Nachfolger von Ernst Wollweber wird Erich Mielke neuer Minister für Staatssicherheit.
Türkei. Die Nationalversammlung wählt Celal Bayar für eine weitere Amtsperiode von vier Jahren zum Staatspräsidenten.

3. Sonntag
Raumfahrt. Die UdSSR startet mit Sputnik 2 ihren zweiten Satelliten. Er hat die Hündin »Laika« an Bord.

4. Montag
Rumänien. Der Sekretär des Zentralkomitees, Grigore Preotease, kommt bei einem Flugzeugunglück ums Leben. Das Flugzeug war auf dem Weg zu den Feierlichkeiten zum 40. Jahrestag der russischen Oktoberrevolution.

5. Dienstag
Frankreich. Der Radikalsozialist Felix Gaillard bildet auf breiter Basis ein neues Kabinett und beendet die über einmonatige Regierungskrise. Er erklärt, durch Verhandlungen mit den Nationalisten einen Waffenstillstand in Algerien erreichen zu wollen.

6. Mittwoch
UdSSR. Bei den Feierlichkeiten zum 40. Jahrestag der russischen Oktoberrevolution in Moskau plädiert Parteichef Chruschtschow für Ost-West-Verhandlungen auf der Basis einer friedlichen Koexistenz.

8. Freitag
Ägypten/Jordanien. Der ägyptische Rundfunk fordert die palästinensischen Flüchtlinge in Jordanien zum Sturz König Husseins auf.

10. Sonntag
Ägypten/Jordanien. In Erwiderung irakischer Vermittlungsvorschläge erklärt König Hussein, daß die Ägypter sich an den Kommunismus verkauft hätten.
Berlin. Zum 20. Gedenktag der sog. Reichskristallnacht wird in Westberlin mit dem Bau eines neuen jüdischen Gemeindezentrums begonnen.
Bundesrepublik Deutschland. Bei den Hamburger Bürgerschaftswahlen erhält die SPD mit 53,9% der Stimmen die absolute Mehrheit.

11. Montag
Raumfahrt. Aus sowjetischen Quellen verlautet, daß die am 3. 11. mit Sputnik 2 in den Weltraum geschossene Hündin »Laika« an Sauerstoffmangel eingegangen sei.

12. Dienstag
Italien. In der Po-Ebene kommt es zu großen Überschwemmungen.
Philippinen. Carlos García (Nationale Partei) gewinnt die Präsidentschaftswahlen. Zum Stellvertreter wird Diosdado Macapagal (Liberale Partei) gewählt.

18. Montag
Ägypten/Syrien. Eine Versammlung von ägyptischen und syrischen Parlamentariern stimmt in Damaskus der Bildung einer föderalen Union beider Länder zu.

19. Dienstag
ČSR. Der stellvertretende Ministerpräsident Antonin Novotný wird zum Staatspräsidenten und Nachfolger des am 13. 11. verstorbenen Antonin Zápatocký ernannt.
Kuba. Bei Key West im US-Staat Florida wird ein Schiff mit 31 Kubanern aufgebracht, das Waffen, Medikamente und Uniformen für die Guerillastreitkräfte Fidel Castro geladen hat.
Laos. Die Nationalversammlung stimmt der Bildung eines neuen Kabinetts unter Prinz Souvanna Phouma zu. In seinem Kabinett sind auch die Pathet-Lao-Führer Prinz Souphanouvong und Phoumi Vong Vichit vertreten.
Ungarn. Die während des Aufstandes von 1956 gegründeten Arbeiterräte werden aufgelöst und durch Betriebsräte unter Kontrolle der Einheitsgewerkschaft ersetzt.

21. Donnerstag
Äthiopien. Das erste gewählte Parlament wählt Sozialminister Haile-Mariam Kebede zum Vorsitzenden der 210 Mitglieder zählenden Abgeordnetenkammer.

22. Freitag
Algerien. Der französische Außenminister Pineau lehnt ein marokkanisch-tunesisches Vermittlungsangebot für den Algerienkonflikt ab, da beide Länder nicht unparteiisch seien.

26. Dienstag
USA. Präsident Eisenhower erkrankt an Hirngefäßverschluß.

27. Mittwoch
USA. Die letzten Bundestruppen werden aus Little Rock zurückgezogen. Um weiteren Unruhen vorzubeugen, bleiben weiterhin 900 Nationalgardisten am Ort.
Das Verteidigungsministerium gibt den Auftrag zur Serienproduktion der Mittelstreckenraketen Thor (Luftwaffe) und Jupiter (Heer).

29. Freitag
UdSSR. Die Nachrichtenagentur Tass meldet den Bau des bis dahin größten Radioteleskops der Welt. Die gesamte Apparatur hat eine Länge von 130 m. Die Oberfläche des Reflektors beträgt 400 m².

Dezember

1. Sonntag
Kolumbien. Eine Volksbefragung macht eine Verfassungsänderung möglich, so daß eine Regierungsbildung aus Konservativen und Liberalen möglich wird. Die Verfassung von 1886 sah nur eine Einparteienregierung vor.

2. Montag
Mongolei. Bei einem Erdbeben im Norden des Landes kommen 1200 Menschen ums Leben.
Spanisch-Marokko. Nach Berichten der spanischen Regierung haben sich die spanisch-marokkanischen Gefechte, die bei der Enklave Ifni begonnen haben, auf das gesamte Gebiet der Spanischen Sahara ausgeweitet.

4. Mittwoch
Indonesien. Wegen des Streits um West-Neuguinea kommt es zu einem heftigen Konflikt mit den Niederlanden.
Die niederländischen Konsulate werden geschlossen. Justizminister Maengkom kündigt die Ausweisung der meisten niederländischen Staatsbürger an.

5. Donnerstag
Großbritannien. Das Oberhaus nimmt ohne Abstimmung einen Gesetzentwurf an, der auch Frauen eine Mitgliedschaft in diesem Gremium erlaubt.
UdSSR. In Leningrad läuft das erste mit Kernenergie betriebene zivile Schiff, der Eisbrecher »Lenin« (16000 t), vom Stapel.

6. Freitag
Raumfahrt. Der Start des ersten US-amerikanischen Satelliten vom Raketenstützpunkt Cape Canaveral mißglückt, weil die Rakete vom Typ Viking explodiert.

9. Montag
Polen. Außenminister Rapacki führt Gespräche mit Vertretern der USA, Großbritanniens und Frankreichs. Er plädiert für eine atomwaffenfreie Zone in Mitteleuropa.

10. Dienstag
Nobelpreise. In Stockholm und Oslo werden die Nobelpreise an Albert Camus (Literatur), die US-Amerikaner chinesischer Herkunft Tsung Dao Lee und Chen Ning Yang (Physik), den Briten Sir Alexander R. Todd (Chemie), den Schweizer Daniel Bovet (Medizin) und den kanadischen Außenminister Lester Pearson (Friedensnobelpreis) verliehen.

11. Mittwoch
DDR. Durch eine Änderung der Paßgesetze wird eine unerlaubte Ausreise mit Gefängnis bis zu drei Jahren bestraft.

12. Donnerstag
Neuseeland. Nach einem Wahlsieg der Labour Party (48,5% der Stimmen) wird Walter Nash Nachfolger von Premierminister Holyoake.
Schweiz. Thomas Holenstein wird zum Bundespräsidenten für 1958 gewählt.

13. Freitag
Iran. Bei einem Erdbeben im Westen des Landes wird das Dorf Farsinadsch vollständig zerstört. Rd. 1300 Menschen kommen ums Leben.

15. Sonntag
Venezuela. Bei einer Volksabstimmung erhält Präsident Pérez Jiménez das Vertrauen einer großen Mehrheit der Bevölkerung und wird damit für weitere fünf Jahre in seinem Amt bestätigt.

17. Dienstag
USA/Raumfahrt. Vom US-amerikanischen Raketenstützpunkt Cape Canaveral aus wird erstmals erfolgreich eine Langstreckenrakete vom Typ Atlas getestet.

19. Donnerstag
NATO. In Paris endet die NATO-Gipfelkonferenz, an der alle NATO-Länder (außer Portugal) teilnahmen. Die Konferenz erreicht Übereinstimmung über die Stationierung US-amerikanischer Raketen in Westeuropa.
Südvietnam. Der Besitz des früheren Kaisers Bao Dai wird vom Staat konfisziert.

25. Mittwoch
Österreich. In Wien stirbt die deutsche Schauspielerin Käthe Dorsch im Alter von 66 Jahren.

26. Donnerstag
Afrika/Asien. Delegationen aus 40 Staaten Asiens, Afrikas und des Nahen Ostens kommen in Cairo zu einer afro-asiatischen Solidaritätskonferenz zusammen. Sie knüpft an die Bandung-Konferenz vom April 1955 an.

27. Freitag
DDR. In Ostberlin stirbt der stellvertretende Ministerpräsident Otto Nuschke (CDU) im Alter von 74 Jahren.

31. Dienstag
Israel. Ministerpräsident Ben Gurion bietet seinen Rücktritt an, nachdem sich zwei kleinere Koalitionsparteien gegen weitere Kontakte mit der Bundesrepublik Deutschland ausgesprochen haben.

12.12. Schweiz
Thomas Holenstein

19.12. NATO
US-Präsident Eisenhower während der NATO-Gipfelkonferenz in Paris. Es wird beschlossen, US-amerikanische Raketenbasen in Westeuropa einzurichten.

25.12. Österreich
Käthe Dorsch mit Viktor de Kowa am 6.4.1955 in der deutschen Erstaufführung von Christopher Frys »Das Dunkel ist licht genug«.

1958

Mit de Gaulles Verfassung beginnt für Frankreich die Fünfte Republik.

1958

2. 1. Italien
Die exzentrische Primadonna Maria Callas.

◁
1. 1. EWG
Die in Kraft getretenen Europäischen Verträge werden u. a. mit einem Fotowettbewerb über die Geschichte der europäischen Einigung gefeiert. Hier ein Plakat mit Motiven aus der europäischen Nachkriegsgeschichte.

Januar

1. Mittwoch
Afrika/Asien. In Cairo endet die afro-asiatische Solidaritätskonferenz. Im ständigen Sekretariat ist auch die UdSSR vertreten.
EWG. Die Verträge über die europäische Wirtschafts- und Atomgemeinschaft treten in Kraft.

2. Donnerstag
Bundesrepublik Deutschland. Die »Verkehrssünderkartei« wird beim Kraftfahrtbundesamt in Flensburg in Gebrauch genommen.
Italien. Die Sopranistin Maria Callas verläßt während der Premiere der Oper „Norma", die in der Oper von Rom im Beisein des italienischen Staatspräsidenten stattfindet, die Bühne und läßt die Aufführung platzen.

3. Freitag
Antarktis. Eine neuseeländische Antarktisexpedition unter Sir Edmund Hillary erreicht den Südpol.

7. Dienstag
Israel. Ministerpräsident Ben Gurion bildet ein neues Kabinett.

8. Mittwoch
EWG. Walter Hallstein wird zum Präsidenten der Kommission der Europäischen Wirtschaftsgemeinschaft, L. Armand (Frankreich) zum Vorsitzenden von Euratom und P. Binet (Belgien) zum Vorsitzenden der EGKS ernannt.

11. Samstag
Rumänien. Außenminister Ion George Maurer wird zum Staatspräsidenten und Nachfolger des am 7. 1. gestorbenen Petru Groza gewählt.

12. Sonntag
Berlin. Der Regierende Bürgermeister von Berlin, Willy Brandt, wird zum Vorsitzenden der Berliner SPD und damit zum Nachfolger von Franz Neumann gewählt.

14. Dienstag
Kuba. Fidel Castro und seine Guerillas greifen die Hafenstadt Manzanillo an.

15. Mittwoch
Frankreich. Das Kabinett legt der Nationalversammlung einen Vorschlag zu einer Verfassungsänderung vor. Danach soll die Macht des Staatspräsidenten vergrößert und die Entlassung einer Regierung ermöglicht werden.

16. Donnerstag
Kanada. Die liberale Partei wählt Lester Pearson zum Parteichef.

17. Freitag
USA. Ein erster Test der U-Boot-Rakete Polaris (Reichweite 2700 km) verläuft erfolgreich.

18. Samstag
Algerien. Französische Kriegsschiffe stoppen vor Oran ein jugoslawisches Schiff mit tschechischen Waffen für die FLN.

21. Dienstag
Venezuela. Ein Generalstreik gegen die Regierung von Diktator Marcos Pérez Jiménez wird von heftigen Unruhen begleitet, bei denen Busse und Straßenbahnen in Brand gesteckt werden.

23. Donnerstag
Venezuela. Eine Militärjunta unter Vizeadmiral Wolfgang Larrazábal übernimmt die Macht. Diktator Marcos Pérez Jiménez verläßt das Land.

24. Freitag
Religiöse Fragen. Prinz Karim wird in Karatschi (Pakistan) mit

15.1. Frankreich
S. 248 – 38

8. 1. EWG
Walter Hallstein (Bundesrepublik Deutschland), der erste Präsident der EWG-Kommission.

Februar 1958

*3. 2. Benelux
Unterzeichnung des gemeinsamen Wirtschaftsvertrages der Beneluxländer. Von links nach rechts: Victor E. Larock (belgischer Außenminister), Joseph Bech (luxemburgischer Ministerpräsident), Willem Drees (niederländischer Ministerpräsident), Achiel van Akker (belgischer Ministerpräsident) und Joseph Luns (niederländischer Außenminister).*

31.1. Raumfahrt S. 288 – 48

dem Namen Aga Khan IV. als 49. Imam der Ismailiten in sein Amt eingesetzt.

25. Samstag
EWG. Die erste Konferenz des Ministerrates von EWG und Euratom wird in Brüssel eröffnet.

26. Sonntag
Israel. Moshe Dajan tritt als Stabschef des Heeres zurück. Ministerpräsident Ben Gurion hatte ihn dazu gedrängt. Er soll eine aktive Rolle in der regierenden Mapai-Partei spielen.

27. Montag
Ungarn. Regierungschef János Kádár tritt von seinem Amt zurück. Sein Nachfolger wird der erste stellvertretende Ministerpräsident Ferenc Münnich. Kádár bleibt Erster Sekretär der KP.

28. Dienstag
Italien. Die Abgeordnetenkammer verabschiedet ein Gesetz, das die Prostitution verbietet.

31. Freitag
Raumfahrt. Vom Raketenstützpunkt Cape Canaveral aus wird der erste US-amerikanische Satellit, Explorer 1, mit einer Jupiterrakete erfolgreich gestartet.

Februar

1. Samstag
Ägypten und Syrien unterzeichnen in Cairo einen Vertrag zur Gründung der Vereinigten Arabischen Republik (VAR), zu der sich beide Staaten zusammenschließen wollen.
Kanada. Nach der Ausschreibung von Neuwahlen wegen zunehmender politischer Spannungen wird das Parlament aufgelöst.

2. Sonntag
Costa Rica. Mario Echandi Jiménez gewinnt die unter UN-Aufsicht abgehaltenen Präsidentschaftswahlen.
Indien. Rd. 100 000 Sikhs unternehmen einen Schweigemarsch durch Delhi, um gegen die Entweihung von Sikh-Heiligtümern durch Hindus zu protestieren.

3. Montag
Benelux. Der Vertrag über die Gründung einer Wirtschaftsunion der Benelux-Länder wird in Den Haag unterzeichnet.

5. Mittwoch
VAR. Das ägyptische und das syrische Parlament verabschieden eine vorläufige Verfassung und bestimmen Oberst Nasser zum Präsidentschaftskandidaten.

6. Donnerstag
Luftfahrt. Beim Absturz einer Chartermaschine kurz nach dem Start vom Flughafen München Riem kommen 23 Menschen, darunter 8 Spieler des englischen Fußballmeisters Manchester United, ums Leben.
USA. Der Kongreß bewilligt für die Förderung der Weltraumforschung 1,4 Milliarden Dollar.

8. Samstag
Rhodesien-Nyasaland. Sir Edgar Whitehead wird Premierminister von Südrhodesien und löst Garfield Todd ab, der von seiner Partei wegen zu liberaler Amtsführung zum Rücktritt gezwungen wurde.
Tunesien. Französische Flugzeuge beschießen den Grenzort Sakiet Sidi Jusuf. Dabei kommen 69 Menschen, unter ihnen 20 Schulkinder, ums Leben. Dem französischen Oberbefehlshaber General Raoul Salan zufolge sollen von dieser Ortschaft aus wiederholt französische Truppen und Flugzeuge beschossen worden sein.

10. Montag
Tunesien. Die Regierung ordnet die Evakuierung aller Franzosen aus dem Grenzgebiet zu Algerien an.

11. Dienstag
China. Der Volkskongreß beschließt die Einführung des lateinischen Alphabets.

12. Mittwoch
Guatemala. Der Kongreß wählt General Miguel Ydegoras Fuentes zum Staatspräsidenten.
Liberia. Das Parlament nimmt ein Gesetz an, das Rassendiskriminierung unter Strafe stellt. Das Delikt kann mit einer Geldstrafe von 30 000 US-Dollar, einer Gefängnisstrafe von einem Jahr und Ausweisung bestraft werden, falls es sich um einen Ausländer handelt.

13. Donnerstag
Zypern. Gouverneur Sir Hugh Foot empfängt in Athen den aus Zypern verbannten Erzbischof Makarios.

14. Freitag
DDR. In Rosendorf bei Dresden wird der erste Kernreaktor der DDR mit einer Leistung von 2000 KW in Betrieb genommen.
Irak/Jordanien. Um ein Gegengewicht zu der am 1. 2. gegründeten VAR zu bilden, schließen sich beide Länder zur Haschemitischen Föderation zusammen. Staatsoberhaupt wird der irakische König Faisal.

21. Freitag
VAR. In einer Volksabstimmung wird die Vereinigung beider Länder sowie die Ernennung von Oberst Nasser zum Staatspräsidenten bestätigt.

23. Sonntag
Argentinien. Bei den Präsidentschaftswahlen siegt Arturo Frondizi von den sog. Linksradikalen mit rd. 50% der Stimmen.
Kuba. Rebellen entführen in Havanna den argentinischen Automobilweltmeister Juan Manuel Fangio.

25. Dienstag
NATO. Der Oberbefehlshaber der NATO-Streitkräfte in Europa, General Lauris Norstad, spricht sich für die Ausrüstung der Bundeswehr mit Atomwaffen aus. Zugleich lehnt er den sog. Rapacki-Plan einer atomwaffenfreien Zone in Mitteleuropa ab.

27. Donnerstag
Sudan. Bei den ersten Parlamentswahlen erhält die Ummapartei, die sich für die Eigenstaatlichkeit einsetzt, mit 63 der insgesamt 173 Sitze die meisten Mandate. Die Nationale Unionisten-Partei, die eine engere Bindung an Ägypten anstrebt, erhält 45 Sitze.

März

2. Sonntag
Antarktis. Einer britisch-neuseeländischen Südpolexpedition unter der Leitung von Vivian Fuchs gelingt zum ersten Mal eine Durchquerung der Antarktis.
Griechenland. Ministerpräsident Konstantin Karamanlis tritt wegen der Kritik an geplanten Wahlrechtsreformen von seinem Amt zurück.
VAR. In Cairo wird der Beitritt des Jemen zur VAR bekanntgegeben. Jemen bleibt jedoch weiterhin eine absolute Monarchie unter Imam Ahmed.

6. Donnerstag
Marokko. König Mohammed V.

April

spricht sich für eine Föderation Algeriens, Marokkos und Tunesiens aus, drängt auf den Abzug ausländischer Truppen aus Marokko und fordert Gebiete in der Sahara.
VAR. Staatspräsident Nasser ernennt zwei Ägypter und zwei Syrer zu Vizepräsidenten sowie 31 Minister. Außenministerium, Verteidigungsministerium und andere Schlüsselpositionen werden mit ägyptischen Politikern besetzt.

9. Sonntag
Japan. Ein 3427 m langer untermeerischer Tunnel, der die Inseln Honschu und Kyuschu verbinden soll, wird für den Verkehr freigegeben.

12. Mittwoch
USA. Die Jazz-Sängerin Billie Holliday, die 1956 wegen des Besitzes von Rauschgift schuldig gesprochen wurde, wird zu einem Jahr Gefängnis mit Bewährung verurteilt.
VAR. In Syrien werden die politischen Parteien verboten.

14. Freitag
Iran. Der Schah trennt sich von Kaiserin Soraya, weil die Ehe kinderlos geblieben ist.

17. Montag
Raumfahrt. Der zweite US-amerikanische Satellit, Beta 1958, wird erfolgreich mit einer Vanguard-Rakete gestartet.

19. Mittwoch
Bundesrepublik Deutschland. Rd. 225 000 Arbeiter und Angestellte des Öffentlichen Dienstes beteiligen sich an einem vierundzwanzigstündigen Warnstreik der ÖTV.
EWG. In Straßburg findet die konstituierende Sitzung des Europäischen Parlaments statt.

22. Samstag
Saudi-Arabien. König Saud überträgt die Machtausübung seinem Bruder Faisal.

24. Montag
USA. Der Rock-'n'-Roll-Star Elvis Presley wird zur Ableistung seines Wehrdienstes eingezogen. Einen Teil davon soll er in der Bundesrepublik Deutschland ableisten.

25. Dienstag
Bundesrepublik Deutschland. Nach viertägigen Debatten beschließt der Bundestag mit den Stimmen der CDU/CSU-Mehrheit, die Bundeswehr mit den modernsten Waffen, ggf. Atomwaffen, auszurüsten, wenn die NATO es fordert.

26. Mittwoch
Irak. Das Parlament verabschiedet eine Verfassungsänderung, die Frauen mit höherer Bildung politische Rechte zugesteht und König Faisal erlaubt, eine Föderation mit anderen arabischen Staaten zu bilden.

27. Donnerstag
UdSSR. Parteichef Nikita Chruschtschow wird zum Ministerpräsidenten und Nachfolger von Nikolaj Bulganin gewählt. Bulganin wird Staatsbank-Präsident, was in der Praxis einer Absetzung gleichkommt.

31. Montag
Kanada. Bei den Parlamentswahlen erhält die Konservative Partei von Premierminister John Diefenbaker die absolute Mehrheit im Unterhaus.
UdSSR. Außenminister Andrej Gromyko erklärt, daß die UdSSR ihre Atomwaffentests einseitig einstellen werde.

1. Dienstag
Japan. Die Bordelle, in denen nach Schätzungen rd. 100 000 Prostituierte beschäftigt sind, werden nach Inkrafttreten der Antiprostitutionsgesetze geschlossen.
Kuba. Die Rebellenarmee unter Führung von Fidel Castro riegelt die Hafenstadt Santiago ab und blockiert deren Verbindung zum Hinterland.

2. Mittwoch
Griechenland. Das neue Wahlgesetz wird verabschiedet. Das Parlament wird im Zusammenhang mit Neuwahlen aufgelöst.
Großbritannien. Das Unterhaus verabschiedet einen Gesetzentwurf, nach dem auch Frauen Mitglied im Oberhaus werden können.
Marokko. Die Regierung erneuert ihren Anspruch auf Spanisch-Westafrika einschließlich Ifni und der Spanischen Sahara.

5. Samstag
Jugoslawien. Die Kommunistische Partei der Sowjetunion lehnt es ab, eine Abordnung zum Parteikongreß der Kommunisten Jugoslawiens zu schicken.

7. Montag
Großbritannien. Der erste »Ostermarsch« von Atomgegnern endet vor dem Kernforschungszentrum Aldermaston (auch → S. 165).

8. Dienstag
Bundesrepublik Deutschland/ UdSSR. Beide Staaten unterzeichnen ein Wirtschafts- und Konsularabkommen, ferner werden Absprachen über eine beiderseitige Repatriierung von Staatsbürgern in ihre Heimat getroffen.

9. Mittwoch
Ceylon. Das Parlament fordert die Nationalisierung der Tee-, Kautschuk- und Kokospalmplantagen.

11. Freitag
Kaschmir. Pakistan legt beim UN-Sicherheitsrat Protest dagegen ein, daß Indien Kaschmir »ein Terrorregime aufoktroyiere«, aufgrund dessen Tausende nach Pakistan flüchten würden, um einer Verhaftung zuvorzukommen.

14. Montag
Bundesrepublik Deutschland. Der SPD-Vorsitzende Erich Ollenhauer kündigt an, daß die SPD eine Volksbefragung über die Ausrüstung der Bundeswehr mit Atomwaffen beantragen werde.
Uganda. Joseph Kiwanuka, der Vorsitzende des Uganda National Congress, wird wegen Anstiftung zum Mord an König Mutesa II. von Buganda und vier weiteren

12. 3. USA
Billie Holiday

◁
2. 3. Antarktis
Der Südpol bildet den Forschungsschwerpunkt des geophysikalischen Jahres. Auf dem Foto eine US-amerikanische Basis am Südpol.

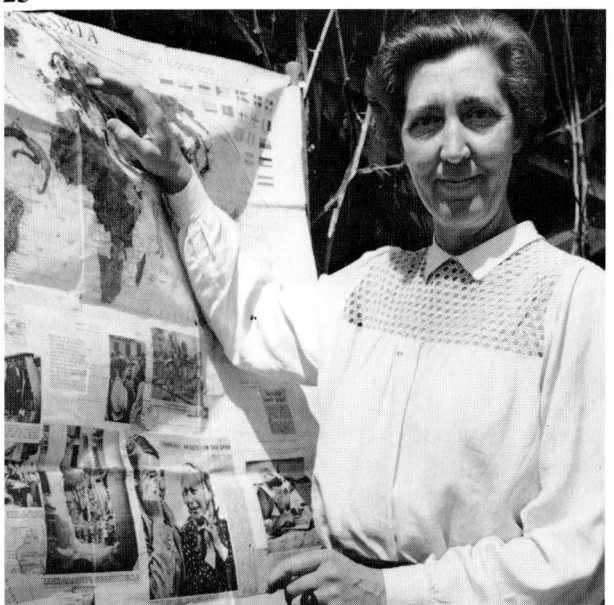

25. Österreich I
Für das Amt des Bundespräsidenten kandidierte 1951 die Unabhängige Ludovika Hainisch-Marchet. Sie wollte mit ihrer – chancenlosen – Initiative den Frauen ein Zeichen geben, erhielt aber nur 2131 Stimmen.

26. Österreich II
Außenminister Leopold Figl zeigt den Staatsvertrag vor. In der Mitte Molotow (UdSSR) und rechts Österreichs Bundeskanzler Raab.

27. Österreich III
Ungarische Flüchtlinge nehmen den Weg über die »grüne Grenze« östlich des Neusiedler Sees.

28. Schweiz I
Die Genfer Außenministerkonferenz von 1955 erbrachte Beschlüsse, die ohne Folgen blieben. Hier: Molotows Ankunft.

29. Schweiz II
25 Jahre Migros-Genossenschaften: Der Begründer Gottlieb Duttweiler verschenkt auf dem Jubiläumsfest von 1950 Bananen.

30. Schweiz III
Das Kabarett-Duo Voli Geiler und Walter Morath.

25. Österreichs Neubeginn

25. Österreich I
a) L. Figl
b) F. Honner
c) L. Hainisch-Marchet
d) A. Schärf
e) W. Krauss

26. Österreich II
a) L. Figl
b) W. Molotow
c) J. F. Dulles
d) H. Macmillan
e) A. Pinay
f) J. Raab
g) Reporterbericht

Dem Kalten Krieg zwischen Ost und West kann auch Österreich nicht entrinnen. Die Republik laviert auf dem Weg zur Unabhängigkeit zwischen den Interessen des Westens, dem sie sich zugehörig fühlt, und dem Wohlwollen des Ostens, auf das sie angewiesen ist.
Es paßt zum Zeitgeist dieser frühen fünfziger Jahre, daß die Politiker im Ringen um die Unabhängigkeit ihrer Staaten gelegentlich auch ungewöhnliche Wege beschreiten und sich geheimer Kanäle bedienen. Auf der offiziellen Ebene schleppen sich die Verhandlungen der vier Mächte über Österreichs Zukunft nur zäh dahin. Neue Hoffnungen weckt erst Indiens Premier Nehru: Er leistet in Moskau wertvolle Vermittlerdienste zugunsten Österreichs. Die Sowjetunion sieht die Chance, durch Österreichs Neutralisierung die Entwicklung in Deutschland in ihrem Sinne positiv zu beeinflussen.
Im Land selbst übt man derweil das neue politische Strickmuster ein: einer rechts (Kanzler), einer links (Vizekanzler), und keinen fallenlassen.

26. Tu felix Austria

Glückliches Österreich, dachten die Deutschen, als die Alpenrepublik 1955 ihre Souveränität erhielt und sich die Sowjetunion – einmalig in der neueren Geschichte – freiwillig aus einem von ihr besetzten Gebiet zurückzog. Doch so sehr sich äußerlich auch die Verhältnisse in den beiden Ländern mit ihren je vier Besatzungszonen und ihren vier Sektoren in den Hauptstädten Berlin und Wien bis zum Abschluß des Staatsvertrags ähnelten, so unterschiedlich waren zuvor die Ausgangsbedingungen gewesen: Anders als in Deutschland durfte in Österreich schon 1945 eine provisorische Staatsregierung gebildet werden, wenn auch unter formeller Oberhoheit des Alliierten Rates der Besatzungsmächte.
Unterschiedlich waren auch die Ergebnisse, die Reisende aus Bonn und Wien von ihren Besuchen in Moskau 1955 mit nach Hause brachten: Adenauer erreichte die Freilassung von Kriegsgefangenen. Die österreichische Delegation legte im Kreml den Grundstein zum Staatsvertrag, der Österreich seine Unabhängigkeit zurückgab.

27. Neutral auf immerdar

27. Österreich III
a) B. Kreisky
b) J. Raab
    Reporterbericht
c) Reporterbericht
d) Flüchtlingshelfer
e) B. Kreisky

28. Schweiz I
a) P. Wacker
b) Mitglied der Schweizer Korea-Delegation
c) D. D. Eisenhower
d) Ausschnitt aus einem Film über G. de Courgenaye
e) A. Lindt

Im Text des Staatsvertrags ist zwar mit keinem Wort davon die Rede, daß Österreich ein neutrales Land zu sein hat. Dennoch war dies die Vorbedingung zum Vertragsabschluß, und sie wurde gleichsam notariell beglaubigt: am 7. Juni 1955 durch eine einstimmige Entschließung des Nationalrats und am 26. Oktober durch das Bundesverfassungsgesetz über die Neutralität. Darin erklärte die Republik »aus freien Stücken« ihre »immerwährende Neutralität«. Diese Erklärung wurde anschließend von fast allen Staaten offiziell anerkannt. Doch sich zur Neutralität zu bekennen und vor den kritischen Augen der Weltöffentlichkeit neutrale Politik zu betreiben, das ist zweierlei. Österreich mußte das in den ersten Jahren seiner Unabhängigkeit mehrfach erfahren. Zwei Dinge galt es dabei zu beweisen: daß das österreichische Wien nicht Bern in der Schweiz ist und daß die politische Neutralität »keine Verpflichtung zur ideologischen Neutralität begründet«, so Bundeskanzler Julius Raab. Dennoch wirkte das Neutralitätsgebot indirekt auch auf die Innenpolitik ein und begünstigte in gewisser Weise auch Ausgewogenheit und Proporz.

28. Schweiz: Schiedsrichter und Schlichter

Ihren Ruf, Hort wirtschaftlicher Stabilität und politischer Zuverlässigkeit zu sein, hatte die Schweiz auch über den 2. Weltkrieg hinweg bewahren können. Entsprechend gefragt war sie als Schlichter, Schiedsrichter und Notar der Weltpolitik. In Genf wurde der Völkerbund durch die UNO abgelöst, und hier fanden auch zwei wichtige internationale Konferenzen statt: 1954 verhandelten die Außenminister über die Zukunft Koreas und Indochinas, ein Jahr später trat der Viermächte-Deutschland-Gipfel zusammen. Auch in der Waffenstillstandskommission in Korea war die Eidgenossenschaft vertreten. 1956 nahm das Land rund 10 000 Flüchtlinge aus Ungarn auf.
Im übrigen blieb die Schweiz ihrem Leitsatz »Neutralität und Solidität« insofern treu, als sie sich weiterhin von militärischen und politischen Bündnissen fernhielt. Abgesehen von der Mitgliedschaft in einigen Unterorganisationen der Vereinten Nationen, gehört die Schweiz zu den Mitunterzeichnern des Freihandelsabkommens GATT (1958) und beschloß 1959 ihren Beitritt zur Europäischen Freihandelszone.

29. Es bleibt alles beim alten

29. Schweiz II
a) F. T. Wahlen
b) Befürworterin des Frauenstimmrechts
c) Interview mit G. Duttweiler
d) Interview mit A. Piccard

30. Schweiz III
a) F. Dürrenmatt
b) V. Geiler und W. Morath
c) V. Torriani
d) L. Assia
e) Jodler

In der wirtschaftlichen Blüte der fünfziger Jahre kristallisierten sich in der Schweiz jene innenpolitischen Hauptthemen heraus, die auch in den folgenden Jahrzehnten die Diskussion und die Urnengänge beherrschen sollten: das Frauenstimmrecht, zuletzt 1959 in 22 der 25 Kantone abgelehnt, die Jurafrage, die Abtrennung eines eigenen Kantons scheiterte ebenfalls 1959 an einer klaren Mehrheit der Stimmbürger, und die Furcht vor »Überfremdung«. Das letzte Stichwort galt allerdings noch nicht den Gastarbeitern, sondern den Deutschen, die – gesegnet vom Wirtschaftswunder – zuhauf Immobilien in der Schweiz erwarben, vorzugsweise im Tessin.
Im Parteienspektrum machte unterdessen eine relativ junge bürgerliche Oppositionsbewegung Furore: der von dem Wirtschaftsreformer Gottlieb Duttweiler geführte »Landesring der Unabhängigen«. Der LdU stand bei den Wahlen im Oktober 1951 im Kreuzfeuer der Kritik, dennoch konnte er sich gut behaupten und zehn Abgeordnete in den Nationalrat entsenden.

30. Das Nachtleben der Schweiz

Geschäftstüchtig, aber züchtig: Diesem Ruf machte die Schweiz 1958 alle Ehre, als im Kanton Zürich die (männlichen) Stimmbürger mit knapper Mehrheit beschlossen, das Nachtleben in der größten Stadt der Eidgenossenschaft nicht ausufern zu lassen. Den drei Lokalen in Zürich, denen probeweise gestattet war, bis 2 Uhr morgens offenzuhalten, wurde diese Sonderkonzession wieder entzogen. Damit war Schluß mit den mitternächtlichen Revueprogrammen, die so lasterhafte Darbietungen wie den »Sterbenden Schwan« oder Melodien aus dem »Weißen Rößl« enthielten. Dem Kabarett in der Schweiz tat die strenge Polizeistunde jedoch keinen Abbruch: Das literarische »Brettl« erlebte in jenen Jahren eine Hochblüte wie die »richtige« Literatur von Max Frisch und Friedrich Dürrenmatt. Letzterer hatte auch jenseits der Landesgrenzen ein breites Publikum: In Deutschland begeisterten sich die Radiohörer an seinem tückischen Psycho-Hörspiel »Die Panne«, und am Broadway wurde sein »Besuch der alten Dame« umjubelt.

Mai 1958

*17. 4. Belgien
Die Weltausstellung Expo 58 wird eröffnet. Die große Attraktion ist das als Eisenatom gestaltete Atomium.*

*18. 4. Bundesrepublik Deutschland
Bundeskanzler Adenauer besucht für 3 Tage Großbritannien. Er wird mit militärischen Ehren empfangen.*

Stammesfürsten zu viereinhalb Jahren Gefängnis verurteilt.

16. Mittwoch
Frankreich. Das Kabinett Gaillard tritt zurück, nachdem die Nationalversammlung ihm im Zusammenhang mit der Algerienfrage das Vertrauen entzieht.

17. Donnerstag
Belgien. In Brüssel eröffnet König Baudouin die Weltausstellung Expo 58. 51 Länder beteiligen sich an der Darstellung der technischen Entwicklung seit der letzten Weltausstellung 1939 in New York.

18. Freitag
Bundesrepublik Deutschland. Bundeskanzler Konrad Adenauer beendet einen dreitägigen Besuch in London, wo über Handelsprobleme und die Vorbereitung einer Gipfelkonferenz gesprochen wurde.

19. Samstag
Jugoslawien. Marschall Tito wird erneut zum Staatspräsidenten gewählt.

21. Montag
Pakistan. Das Internationale Rote Kreuz meldet, daß eine Pockenepidemie in Ostpakistan 15 000 Menschenleben gefordert habe.

25. Freitag
Malta. Aus Protest gegen die Übernahme der Regierungsgewalt durch den britischen Gouverneur Sir Robert Laycock ruft der Allgemeine Arbeiterbund zum Generalstreik auf.

27. Sonntag
UNO. Die Seerechtskonferenz in Genf verbietet die Behinderung der freien Schiffahrt in Meeresstraßen, die nationale oder internationale Gewässer mit der offenen See verbinden. Der Beschluß richtet sich gegen die ägyptische Blockade der Meerenge von Tiran für israelische Schiffe.
Zypern. Vertreter der türkischen Zyprioten beschließen in Nicosia, getrennte türkische Gemeinderäte zu wählen und Steuergelder nicht mehr an durch griechische Zyprioten geführte Gemeinderäte abzuführen.

28. Montag
Schweden. König Gustaf Adolf löst das Parlament auf und ordnet Neuwahlen an, nachdem das Kabinett Erlander eine Rentenregelung nicht durchsetzen konnte und zurücktrat.

30. Mittwoch
Algerien. FLN-Streitkräfte exekutieren drei französische Gefangene als Vergeltung für die Hinrichtung von verurteilten Guerillakämpfern.
Malta. Gouverneur Sir Robert Laycock verkündet aufgrund der Unruhen den Notstand.

Mai

4. Sonntag
Kolumbien. Der Kandidat der Nationalen Front, Alberto Lleras Camargo, wird zum Staatspräsidenten gewählt.
Togo. Bei den Wahlen wird die Unabhängigkeitspartei von Sylvanus Olympio klarer Sieger.
Zypern. Die britischen Behörden führen, nachdem Mitglieder der EOKA in Famagusta zwei britische Soldaten niedergeschossen haben, die Todesstrafe für das Tragen von Waffen wieder ein.

5. Montag
USA. Die Regierung lehnt den Plan des polnischen Außenministers Rapacki zur Schaffung einer atomwaffenfreien Zone in Mitteleuropa ab.

6. Dienstag
Die DDR führt Benutzungsgebühren für alle Schiffe, die ihren Heimathafen nicht in der DDR haben, auf den Transitwasserstraßen von und nach Westberlin ein.

8. Donnerstag
Berlin. Vor dem US-amerikanischen Abgeordnetenhaus erneuert Außenminister John Foster Dulles die US-amerikanische Zusage von 1954, jeden Angriff auf Westberlin als Angriff auf die eigenen Streitkräfte anzusehen.

9. Freitag
Frankreich. Staatspräsident René Coty beauftragt Pierre Pflimlin mit der Bildung einer Regierung.
Libanon. Mit Unruhen in Tripoli beginnt ein blutiger Aufstand von Nasseranhängern gegen Präsident Camille Shamoun.
Sport. Der Sowjetrusse Michail Botwinnik gewinnt in Moskau den Schachweltmeistertitel gegen seinen Landsmann Wassilij Smyslow zurück.

11. Sonntag
Griechenland. Bei den Parlamentswahlen erhält die Nationalradikale Union von Ministerpräsident Konstantin Karamanlis mit 41,1% der Stimmen und 173 der insgesamt 300 Sitze die absolute Mehrheit.

13. Dienstag
Algerien/Frankreich. Gruppen von französischen Siedlern besetzen den Sitz des Generalgouverneurs in Algier und gründen ein Komitee der öffentlichen Sicherheit, dessen Vorsitz General Jacques Massu übernimmt. Die Armee stellt sich nahezu geschlossen hinter die Putschisten. In Paris kommt es zu Zusammenstößen zwischen rechtsgerichteten Demonstranten, die eine Machtübernahme General de Gaulles fordern, und Polizei und Sicherheitskräften.

14. Mittwoch
Frankreich. Staatspräsident René Coty appelliert an die französischen Truppen in Algerien, eine Spaltung der Nation zu verhindern. Die Nationalversammlung bestätigt Pierre Pflimlin als Ministerpräsidenten.

15. Donnerstag
Frankreich. General de Gaulle erklärt sich bereit, auf legale Weise die Regierung der Republik zu übernehmen. Die Nationalversammlung ermächtigt Ministerpräsident Pflimlin, den Notstand auszurufen.
Raumfahrt. Die UdSSR startet mit Sputnik 3 ihren bisher schwersten Satelliten.

16. Freitag
Bundesrepublik Deutschland. Die Bundesregierung erhebt beim Bundesverfassungsgericht Normenkontrollklage gegen die vom Hamburger Senat angestrebte Volksbefragung über die atomare Bewaffnung der Bundeswehr.

17. Samstag
Libanon/USA. Das US-Außenministerium erwägt die Entsendung von Truppen, falls Präsident Shamoun sie fordert, um US-amerikanische Bürger oder Einrichtungen zu schützen.

18. Sonntag
Sport. Mit einem 3:0-Sieg über den Hamburger SV wird Schalke 04 in Hannover Deutscher Fußballmeister. In der Schweiz und in Österreich heißen die Titelträger Young Boys Bern und Wiener Sportklub.

20. Dienstag
Frankreich. Die Nationalversammlung überträgt Ministerpräsident Pierre Pflimlin und General Raoul Salan Sondervollmachten im Algerienkonflikt.

24. Samstag
Korsika. Auf der Insel werden sog. Komitees für öffentliche Sicherheit errichtet. Demonstranten besetzen öffentliche Gebäude in der Hauptstadt Ajaccio. Die Polizei wird von Fallschirmjägern entwaffnet.

26. Montag
Ceylon. Nach fünftägigen schweren Auseinandersetzungen zwischen Tamilen und Singhalesen wird der Notstand ausgerufen.
Frankreich. General Salan, der Oberbefehlshaber in Algerien, ernennt eigenmächtig Oberst Henri Thomazo zum Gouverneur von Korsika.

27. Dienstag
Frankreich. Nach einem Geheimtreffen mit Ministerpräsident Pierre Pflimlin und unter zunehmenden Druck von Politikern erklärt General de Gaulle, daß er mit den erforderlichen Überlegungen zur Bildung einer neuen republikanischen Regierung begonnen habe.
Singapur. Verhandlungen mit Großbritannien führen zur Umwandlung Singapurs in einen autonomen Staat mit Großbritannien als Schutzmacht.

28. Mittwoch
Die DDR schafft die Rationierung von Fleisch, Zucker und Fett ab.
Frankreich. Die Regierung Pflimlin tritt zurück.
In Paris demonstrieren rd. 200 000 Franzosen für die 4. Republik und gegen de Gaulle. Zu den Demonstrationsteilnehmern gehören Pierre Mendès-France, Paul Daladier, François Mitterrand u. a.

29. Donnerstag
Frankreich. Staatspräsident René Coty erklärt in einer Botschaft an das Parlament, daß er zurücktreten werde, falls General de Gaulle nicht als Ministerpräsident bestätigt werde. General de Gaulle zeigt sich zur Regierungsübernahme bereit, sofern er sechs Monate ohne Parlament regieren kann und die Verfassung geändert wird.
Sport. Das Endspiel im Fußballeuropapokal der Landesmeister gewinnt in Brüssel Real Madrid gegen AC Mailand mit 3:2 nach Verlängerung.

30. Freitag
Frankreich. Staatspräsident René Coty beauftragt General de Gaulle mit der Regierungsbildung.

31. Samstag
Frankreich. Nach einer Begegnung General de Gaulles mit den Führern der nichtkommunistischen Parteien beschließt die Fraktion der Sozialisten, es jedem Abgeordneten freizustellen, ob er in der Nationalversammlung für oder gegen die Einsetzung de Gaulles als Ministerpräsident stimmt.

Juni

1. Sonntag
Belgien. Bei den Parlamentswahlen erringt die CVP in beiden Kammern die absolute Mehrheit.
Frankreich. Mit 329 gegen 224 Stimmen spricht sich die Nationalversammlung für das Regierungsprogramm von de Gaulle aus.

2. Montag
Frankreich. Das Kabinett de Gaulle ist zusammengestellt.
In Botschaften an den tunesischen Staatspräsidenten Habib Bourguiba und den marokkanischen König Mohammed V. versichert Ministerpräsident de Gaulle, die Streitigkeiten beilegen und die Beziehungen verbessern zu wollen.

3. Dienstag
Frankreich. Das Parlament verleiht de Gaulle große Vollmachten.
Tunesien. Staatspräsident Bourguiba teilt dem französischen Ministerpräsidenten de Gaulle mit, daß er mit Frankreich über alle Streitpunkte verhandeln will.

4. Mittwoch
Algerien. Der französische Mini-

13. 5. Algerien/Frankreich
In Algier protestiert die französische Bevölkerung gegen die ihrer Meinung zu nachgiebige Haltung der Regierung. Der Fallschirmjägergeneral Jacques Massu stellt sich an die Spitze des Comité de Salut Public.

29.5. Frankreich
S. 248 – 37

4. 6. Algerien
Ministerpräsident Charles de Gaulle spricht vom Balkon des Gouverneurspalastes in Algier zu einer begeisterten Menge. Seine ersten Worte sind vieldeutig: »Ich habe Euch verstanden«.

Juli 1958

17. 6. *UNO*
UN-Generalsekretär Dag Hammarskjöld.

29. 6. *Sport*
S. 368 – 68

29. 6. *Sport*
Der überglückliche Pelé nach dem Sieg im Endspiel.

sterpräsident de Gaulle besucht Algier und wird von rd. 200 000 Menschen empfangen.

8. Sonntag
Portugal. Admiral Américo Tomás wird mit großer Mehrheit zum Staatspräsidenten gewählt.
Sport. Im ersten Spiel der Fußballweltmeisterschaft schlägt der Titelverteidiger Bundesrepublik Deutschland Argentinien mit 3:1.

10. Dienstag
Libanon. Drusische Milizen unter Führung von Kamal Djumblat versuchen, die Straßenverbindung von Beirut nach Damaskus zu unterbrechen.

13. Freitag
Bundesrepublik Deutschland. Der Bundestag lehnt den SPD-Gesetzentwurf für eine Volksbefragung zum Thema Atombewaffnung mit den Stimmen der Regierungsparteien ab.
China. Der erste Kernreaktor des Landes wird fertiggestellt.

15. Sonntag
Libanon. Einheiten von aufständischen Drusen greifen Militärstützpunkte am Flughafen von Beirut an.

17. Dienstag
Tunesien. Die Regierung schließt ein Abkommen mit Frankreich, das den Rückzug der französischen Truppen, außer aus Bizerta, vorsieht.
Ungarn. Nach Meldungen sind der frühere Ministerpräsident Imre Nagy und der frühere Verteidigungsminister Pál Maléter vermutlich in Rumänien nach einem Geheimprozeß wegen ihrer führenden Rolle beim Ungarnaufstand 1956 hingerichtet worden.
UNO. Generalsekretär Hammarskjöld bittet 14 Mitgliedsstaaten, die Zahl ihrer Beobachter im Libanon auf 1000 zu erhöhen.

19. Donnerstag
Italien. Das Kabinett Zoli tritt zurück.
Zypern. Der britische Premierminister Macmillan legt dem Unterhaus einen Plan vor, der Zypern innerhalb von sieben Jahren zu innerer Selbstverwaltung führen soll. Erzbischof Makarios lehnt den Plan am nächsten Tag ab.

20. Freitag
Bundesrepublik Deutschland. Mit dem Jagdbombergeschwader 31 in Nörvenich/Eifel wird der erste Kampfverband der Bundesluftwaffe in Dienst gestellt.

23. Montag
USA. In einem Gespräch im Weißen Haus fordern die Bürgerrechtler Martin Luther King, Philip Randolph, Lester Granger und Roy Wilkins von Präsident Eisenhower eine entschiedenere Menschenrechtspolitik.

25. Mittwoch
Italien. Der Christdemokrat Amintore Fanfani wird mit der Regierungsbildung beauftragt.

28. Samstag
Kuba. Die Rebellen nehmen 29 Amerikaner gefangen, die in einem Bus zur Marinebasis Guantanamo zurückkehren.
Sport. Im Spiel um den dritten Platz der Fußballweltmeisterschaft in Schweden unterliegt die Fußballmannschaft der Bundesrepublik Deutschland in Göteborg Frankreich mit 3:6.

29. Sonntag
Sport. Im Endspiel der Fußballweltmeisterschaft schlägt Brasilien in Stockholm Schweden mit 5:2 Toren.

Juli

1. Dienstag
Großbritannien. In Weybridge bei London stirbt der ungarische Choreograph und Tanzpädagoge Rudolf von Laban im Alter von 78 Jahren.
Weltpolitik. In Genf beginnen Beratungen über Kontrollmöglichkeiten von Kernwaffenversuchen. Neben den Vertretern der drei Atommächte (USA, UdSSR und Großbritannien) nehmen Experten aus der ČSR, Frankreich, Kanada, Polen und Rumänien an den Beratungen teil.

3. Donnerstag
Algerien. Der französische Ministerpräsident de Gaulle beendet einen dreitägigen Besuch, bei dem er ein umfangreiches industrielles Entwicklungsprogramm ankündigte.

6. Sonntag
Bundesrepublik Deutschland. Bei den Landtagswahlen in Nordrhein-Westfalen erreicht die CDU mit 50,5% der Stimmen (104 Sitze) die absolute Mehrheit. Auch die SPD kann mit 39,2% der Stimmen gegenüber 1954 (34,5%) Stimmengewinne verbuchen. Sie kommt auf 81 Sitze. Die FDP erhält 7,1% und 15 Sitze.
Mexiko. Bei den Präsidentschaftswahlen erhält Adolfo López Matéos rd. 90% der Stimmen. Er kündigt Landreformen, Industrialisierung und die Bekämpfung des Analphabetismus an.

7. Montag
Finnland. Bei den Reichstagswahlen werden die Kommunisten mit 50 von 200 Sitzen stärkste Partei. Die Sozialdemokraten und die Bauernpartei erreichen jeweils 48 Sitze im Reichstag.
USA. Präsident Eisenhower unterzeichnet ein Gesetz über die Aufnahme Alaskas als 49. Bundesstaat der USA.

9. Mittwoch
Bundesrepublik Deutschland. Der ehemalige Arzt des Konzentrationslagers Buchenwald, Dr. Hanns Eisele, entzieht sich dem Zugriff der Polizei und flieht nach Ägypten.
Raumfahrt. Die US-amerikanische Luftwaffe startet erfolgreich eine Interkontinentalrakete mit einer Maus an Bord.

10. Donnerstag
DDR. In Ostberlin wird der 5. Parteitag der Sozialistischen Einheitspartei (SED) im Beisein des sowjetischen Regierungschefs Chruschtschow eröffnet.

12. Samstag
Zypern. Der britische Gouverneur Sir Hugh Foot, Themistokles Dorvis, der Bürgermeister von Nicosia, und Rauf Denktas, der Führer der türkischen Zyprioten, rufen dazu auf, die Zypern-Frage gemeinsam zu lösen und die Gewalttaten zu beenden.

13. Sonntag
Frankreich. Ministerpräsident de Gaulle kündigt an, daß ein Status freier Assoziation zwischen Frankreich und seinen Überseegebieten eingerichtet werden soll.
VAR. In Genf wird ein Abkommen über die Entschädigung der Anteilseigner der Suezkanalgesellschaft unterzeichnet.

14. Montag
Irak. Bei einem Staatsstreich von nationalistischen Offizieren unter General Abdul Karim Kassem werden die königliche Familie, u.a. König Faisal II. und sein Onkel Kronprinz Abdul Ilah, sowie Ministerpräsident Nuri es-Said ermordet.

15. Dienstag
Irak. Die neue Regierung gibt bekannt, daß sich das Land aus der Haschemitischen Föderation (Irak und Jordanien) zurückziehe.
Libanon. Auf Ersuchen der Regierung landen US-amerikanische Marineeinheiten im Libanon. Sie besetzen den internationalen Flughafen von Beirut und weitere Stellungen in der Hauptstadt.

17. Donnerstag
Jordanien. Auf Ersuchen von König Hussein, der einen Staatsstreich von Nasseranhängern fürchtet, landen britische Fallschirmjäger in Jordanien.

19. Samstag
Großbritannien verstärkt im Zusammenhang mit der Krise im Nahen Osten seine Garnisonen in Libyen, Kuwait und Aden.

20. Sonntag
Jordanien. König Hussein bricht die diplomatischen Beziehungen zur VAR ab, nachdem diese die neue Regierung im Irak anerkannt hat.

22. Dienstag
Naher Osten. Die USA, Großbritannien, Frankreich und VAR-Präsident Nasser stimmen einem Vorschlag des sowjetischen Ministerpräsidenten Chruschtschow vom 19. 7. für eine Gipfelkonferenz über das Nahostproblem im Rahmen der UNO zu.
UNO. Im Sicherheitsrat scheitert eine japanische Resolution, nach der die Befugnisse der UN-Beobachter im Libanon ausgeweitet werden sollen, am sowjetischen Veto.

26. Samstag
Großbritannien. Der neunjährige Prinz Charles wird zum Prince of Wales ernannt.
Raumfahrt. Der vierte US-amerikanische Erdsatellit, Explorer 4, wird erfolgreich von Cape Canaveral gestartet.

27. Sonntag
Bundesrepublik Deutschland. Der frühere Präsident des Bundesverfassungsschutzes Otto John, der 1956 wegen Spionage zu vier Jahren Freiheitsstrafe verurteilt wurde, wird durch einen Gnadenerlaß des Bundespräsidenten vorzeitig aus der Haft entlassen.

30. Mittwoch
Bundesrepublik Deutschland. Das Bundesverfassungsgericht in Karlsruhe erklärt eine Volksbefragung über die Atombewaffnung für verfassungswidrig.

31. Donnerstag
Libanon. Verteidigungsminister General Fuad Chéhab wird als Nachfolger von Camille Shamoun zum Staatspräsidenten gewählt.
Tibet. Aus Osttibet werden Aufstände gegen die chinesische Besatzung gemeldet.

August

1. Freitag.
Irak. Großbritannien erkennt die neue Regierung an. Am Tage darauf folgen die USA.

3. Sonntag
USA. Das Atom-U-Boot »Nautilus« unterquert den Nordpol (auch → S. 219).

4. Montag
Zypern. Oberst Georgios Grivas, der Führer der griechisch-zypriotischen Untergrundbewegung EOKA, kündigt gegenüber Briten und griechischen Zyprioten einen Waffenstillstand an, der am Tage darauf akzeptiert wird.

5. Dienstag
Ceylon. Das Parlament verabschiedet ein Gesetz, das der Tamilenminderheit die gleichen Rechte wie den Singalesen zubilligt.

8. Freitag
UNO. Die Vollversammlung tritt zu einer Nahost-Sondersitzung zusammen.

11. Montag
China/Taiwan. Küstenbatterien der Volksrepublik beschießen die Insel Quemoy, ohne jedoch wichtige militärische Stellungen Nationalchinas zu gefährden.
China/UdSSR. Es wird ein Abkommen über sowjetische Hilfe beim Bau von 47 Industrieprojekten geschlossen.

22. 7. UNO
Es ist die Aufgabe der UN-Vertreter im Libanon, Konflikte zwischen den zahllosen Privatarmeen zu verhindern. Auf dem rechten Foto ein schwedischer und ein italienischer UN-Kontrolleur; links eine Parade von Milizeinheiten.

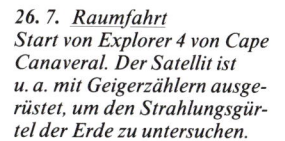

13.7. Frankreich
S. 248 – 38

26. 7. Raumfahrt
Start von Explorer 4 von Cape Canaveral. Der Satellit ist u. a. mit Geigerzählern ausgerüstet, um den Strahlungsgürtel der Erde zu untersuchen.

September 1958

11. 8. China/UdSSR
Die Sowjetunion unterstützt großzügig chinesische Industrieprojekte. China beginnt 1958 den »Großen Sprung nach vorn«, eine verstärkte Industrialisierungskampagne, die in einem Fiasko endet.

5.9. Frankreich
S. 248 – 37

23. 8. China/Taiwan
Der Konflikt zwischen China und Taiwan wird nicht entschärft; hier eine chinesische Propagandatafel, die den Anspruch auf Taiwan bekräftigt.

Israel. Außenministerin Golda Meir droht für den Fall einer Besetzung Jordaniens durch Truppen der VAR oder des Irak mit geeigneten Gegenmaßnahmen.

12. Dienstag
China/Taiwan. Nahe der Insel Quemoy kommt es zu chinesischen Luftangriffen und Luftkämpfen. Es handelt sich hierbei um die ersten größeren Luftkämpfe in diesem Gebiet seit 1954.

14. Donnerstag
Luftfahrt. Beim Absturz einer niederländischen Super Constellation vor Irland kommen 99 Menschen ums Leben.

15. Freitag
UdSSR. Meldungen zufolge ist der frühere Regierungschef Bulganin als Staatsbankpräsident abgesetzt und zum Vorsitzenden des Wirtschaftsrates von Stawropol im Kaukasus ernannt worden.

17. Sonntag
Argentinien/Chile. In einer Vereinbarung geben beide Länder bekannt, daß sie die zwischen ihnen umstrittene Insel Snipe unbesetzt lassen wollen.
Kirchenfragen. In Ost- und Westberlin endet der 78. Deutsche Katholikentag.
Raumfahrt. Die erste US-amerikanische Mondrakete, Able 1, wird von Cape Canaveral gestartet, explodiert jedoch nach 77 Sekunden.

18. Montag
USA. Ein Berufungsgericht in Saint Louis hebt das Urteil eines Distriktrichters in Hope (Arkansas) auf, das die Aufhebung der Rassenschranken in den Schulen von Little Rock für zweieinhalb Jahre aufgeschoben hatte.

19. Dienstag
Libanon. Staatspräsident Shamoun, dessen Nachfolger Chéhab und amerikanische Offiziere stellen fest, daß die Anwesenheit der amerikanischen Truppen nur für kurze Zeit erforderlich ist.

22. Freitag
Frankreich und die VAR normalisieren ihre diplomatischen Beziehungen, nachdem sich Frankreich zu einem Schadensersatz von 57,4 Mill. Dollar für die Schäden der Invasion von 1956 bereit erklärt und Ägypten die Beschlagnahme französischen Eigentums aufhebt.
USA. Präsident Eisenhower bietet der Sowjetunion eine zunächst einjährige Unterbrechung der Kernwaffenversuche an, falls die Sowjetunion ebenfalls auf die Versuche verzichtet und zu Verhandlungen über ein Kontrollsystem für Kernwaffenversuche bereit ist.

23. Sonntag
China/Taiwan. Chinesische Artillerie beschießt die nationalchinesischen Inseln Quemoy und Matsu.

24. Sonntag
Südafrika. In Kapstadt stirbt Premierminister Johannes Strijdom im Alter von 65 Jahren.

29. Freitag
Finnland. Der Sozialdemokrat Karl August Fagerholm bildet eine neue Regierung.
Raumfahrt. Die UdSSR gibt bekannt, daß eine mit zwei Hunden besetzte Rakete nach Erreichen einer Rekordhöhe von 449 km wohlbehalten zur Erde zurückgekehrt sei.

30. Samstag
China. Das Politbüro der KP beschließt die Einführung von Volkskommunen.

September

1. Montag
Island. Die Hoheitsgewässer werden trotz heftiger britischer Proteste auf 12 Meilen ausgedehnt.

2. Dienstag
Island. Britische Fischerboote ignorieren das Verbot, in die 12-Meilen-Zone zum Fischfang einzulaufen.
Südafrika. Hendrik Verwoerd wird zum Führer der Nationalpartei und damit zum Regierungschef gewählt. Er folgt dem am 24. 8. gestorbenen Johannes Strijdom.

4. Donnerstag
Chile. Der Konservativ-Liberale Jorge Alessandri wird zum Präsidenten gewählt.
China. Die Regierung weitet die Küstengewässer auf 12 Meilen aus. Dadurch würden Quemoy, Matsu und andere Inseln unter chinesische Territorialhoheit fallen.

5. Freitag
Frankreich. Die neue Verfassung, über die am 28. 9. abgestimmt werden soll, wird veröffentlicht. Danach sollen die Befugnisse des Parlaments zugunsten derer des Staatspräsidenten eingeschränkt werden.

6. Samstag
UdSSR. Der frühere sowjetische Regierungschef Bulganin wird aus dem Präsidium der KPdSU ausgeschlossen.

7. Sonntag
UdSSR. In Sibirien wird das bis dahin mit 100 000 KW größte Kernkraftwerk der Welt in Betrieb genommen.

8. Montag
China/Taiwan. Bei erneuten Beschießungen der Insel Quemoy vom chinesischen Festland aus werden Handelsschiffe versenkt.
Sport. Das Internationale Olympische Komitee (IOC) schließt China von der Teilnahme an den Olympischen Spielen 1960 aus.
UdSSR. Regierungschef Chruschtschow fordert in einer Note an den US-amerikanischen Präsidenten Eisenhower den Rückzug amerikanischer Kriegsschiffe, die die Versorgung der nationalchinesischen Inseln Quemoy und Matsu sichern sollen.

10. Donnerstag
Marokko. König Mohammed V. fordert von den USA, ihre Militärbasen in Marokko zu schließen.

13. Samstag
Sport. In Portoroz (Jugoslawien) endet ein Schachturnier des Weltschachverbandes FIDE. Dabei

schafft der erst fünfzehnjährige US-Amerikaner Bobby Fischer die Großmeisternorm.
USA. Als Antwort auf die Note vom 8. 9. fordert Präsident Eisenhower Chruschtschow auf, China von der Anwendung von Gewalt gegenüber Taiwan abzuhalten.

14. Sonntag
Frankreich/Bundesrepublik Deutschland. In Colombey-les-deux-Églises kommt es zur ersten Begegnung zwischen Bundeskanzler Adenauer und Ministerpräsident de Gaulle.

16. Dienstag
Frankreich. Ministerpräsident de Gaulle erkennt das Selbstbestimmungsrecht Algeriens ausdrücklich an.

17. Mittwoch
Kuba. Der Guerillaführer Fidel Castro gibt bekannt, daß seine Anhänger den Marsch nach Westen begonnen haben, um der Diktatur von Präsident Fulgencio Batista ein Ende zu bereiten und die Macht zu übernehmen.

19. Freitag
Algerien. Der FLN-Führer Ferhat Abbas bildet in Cairo eine algerische Exilregierung, die daraufhin von der VAR, Irak, Libyen, Jemen, Tunesien und Marokko anerkannt wird.

21. Sonntag
NATO. Neuer stellvertretender Oberbefehlshaber der NATO-Streitkräfte in Europa und Nachfolger von Feldmarschall Bernard Montgomery wird der Brite Sir Richard Gale.

24. Mittwoch
Libanon. Unter Rashid Karame wird eine neue Regierung gebildet. General Fuad Chéhab wird als Staatspräsident vereidigt.
Taiwan. Die Luftwaffe schießt bei Gefechten über der Straße von Taiwan mindestens 10 chinesische MIG-17-Kampfflugzeuge ab.

28. Sonntag
Bundesrepublik Deutschland. Mit 44,4% gegenüber 32,2% (1954) der Stimmen und 33 Sitzen geht die CDU als stärkste Partei aus den Landtagswahlen in Schleswig-Holstein hervor. Auch die SPD kann ihren Anteil auf 35,9% und 26 Sitze verbessern. Der BHE erhält 5, die FDP 3 Sitze.
Frankreich. In einem Volksentscheid sprechen sich in Frankreich 79,2%, in Algerien 96,5% der Wähler für die neue Verfassung aus, die dem Staatspräsidenten einen bedeutenden Zuwachs an Kompetenzen zugesteht. Auch alle anderen Überseegebiete, bis auf Französisch-Guinea, stimmen für die neue Verfassung. Sie werden dadurch Mitglied der Französischen Gemeinschaft.

Oktober

1. Mittwoch
Bundesrepublik Deutschland. In Bremerhaven kommt der US-amerikanische Sänger Elvis Presley als Soldat an.
Zypern. Der britische Siebenjahresplan zur Herbeiführung innerer Selbstverwaltung tritt in Kraft. Die griechisch-zypriotische Bevölkerung tritt in den Generalstreik.

2. Donnerstag
Guinea. Das ehemalige Französisch-Guinea wird vom bisherigen stellvertretenden Regierungschef Sekou Touré zur unabhängigen Republik ausgerufen. Touré selbst wird der erste Staatspräsident.

4. Samstag
Großbritannien. Die britische Luftverkehrsgesellschaft British Overseas Airways Corporation (BOAC) eröffnet als erste Fluggesellschaft den Verkehr mit Düsenpassagierflugzeugen über den Atlantik.
Sport. Gustav (»Bubi«) Scholz wird Boxeuropameister im Mittelgewicht durch K. o. über den Franzosen Charles Humez in der 12. Runde.

7. Dienstag
Europäische Gemeinschaften. In Luxemburg wird der Europäische Gerichtshof eingerichtet. Vorsitzender wird der Niederländer Andreas Donner.
Pakistan. Staatschef Iskander Mirza verhängt den Ausnahmezustand, entläßt die Regierung, löst das Parlament auf und übergibt die Macht Generalstabschef Mohammed Ayub Khan.

8. Mittwoch
UNO. Argentinien, Italien und Tunesien werden nichtständige Mitglieder des Sicherheitsrates.

9. Donnerstag
Vatikan. Papst Pius XII. stirbt in seiner Sommerresidenz Castel Gandolfo im Alter von 82 Jahren (auch → S. 180).

11. Samstag
Raumfahrt. Eine US-amerikanische Rakete erreicht eine Höhe von 127 000 km.

13. Montag
Kuba. Guerillaführer Fidel Castro droht den Kandidaten für die bevorstehenden Wahlen mit der »Hinrichtung wegen Hochver-

13. 9. Sport
Der fünfzehnjährige Bobby Fischer.

◁

5. 9. Frankreich
Die Bevölkerung wird zur Abstimmung über eine neue Verfassung an die Urnen gerufen. Anti-Gaullisten rufen dazu auf, gegen eine solche Verfassung zu stimmen. Sie wird jedoch am 28. 9. mit großer Mehrheit angenommen.

9.10. Vatikan
S. 65 – 11

1. 10. Bundesrepublik Deutschland
Elvis Presley, umringt von seinen Fans.

20. 10. Bundesrepublik Deutschland
Bundespräsident Heuss mit Königin Elizabeth II.

4. 11. Vatikan
Johannes XXIII. wird in Rom zum Papst gekrönt, nachdem er am 28. 10. zum Nachfolger von Pius XII. gewählt wurde.

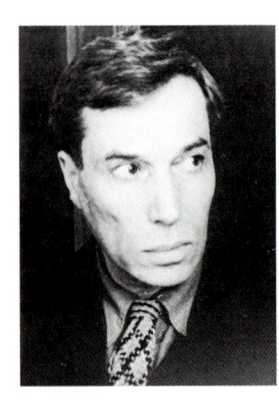

26. 10. UdSSR
Boris Pasternak, Autor des in der Sowjetunion verbotenen Romans »Doktor Schiwago«.

rats«, falls sie nicht auf ihre Kandidatur verzichten.

14. Dienstag
Madagaskar wird mit Philibert Tsiranana als Regierungschef zur autonomen Republik innerhalb der Französischen Gemeinschaft ausgerufen.

15. Mittwoch
Tunesien bricht die diplomatischen Beziehungen zur VAR wegen Einmischung in seine inneren Angelegenheiten ab.

16. Donnerstag
Westeuropa. Die Beratende Versammlung des Europarats spricht sich für eine Zusammenarbeit mit der OEEC aus.

19. Sonntag
Libanon. Die US-amerikanischen Streitkräfte beginnen sich aus dem Land zurückzuziehen.

20. Montag
Bundesrepublik Deutschland. Bundespräsident Heuss trifft zu einem Staatsbesuch in Großbritannien ein.
Jordanien. Die ersten britischen Streitkräfte verlassen das Land.
Thailand. Oberbefehlshaber Sarit Thanarat ruft den Notstand aus, setzt die Verfassung außer Kraft, löst das Parlament auf und übernimmt die Regierung.

22. Mittwoch
Großbritannien. Die ersten vier Frauen werden Mitglieder des Oberhauses. Um dies zu ermöglichen, waren sie am 23. 7. von Königin Elizabeth II. in den Adelsstand erhoben worden.

23. Donnerstag
Algerien. Der französische Ministerpräsident de Gaulle erklärt sich bereit, mit der FLN über einen Waffenstillstand, nicht aber über den Status des Landes zu verhandeln.
VAR/UdSSR. Ministerpräsident Chruschtschow teilt mit, daß die Sowjetunion 400 Mill. Rubel sowie Techniker und Maschinen für den Bau des Assuanstaudamms bereitstellen.

25. Samstag
Libanon. Die letzten US-Truppen verlassen das Land.

26. Sonntag
Bundesrepublik Deutschland. In Westberlin kommt es bei einem Gastspiel des Rock-'n'-Roll-Stars Bill Haley zu Tumulten.
Luftfahrt. Die Pan American World Airways eröffnet mit dem ersten Flug den Liniendienst mit Düsenpassagierflugzeugen zwischen New York und Paris.
UdSSR. Die Parteizeitung *Prawda* verurteilt die Zuerkennung des Literaturnobelpreises an Boris Pasternak, der als Reaktionär bezeichnet wird. Dieser wird am 28. 10. aus dem sowjetischen Schriftstellerverband ausgeschlossen.

27. Montag
Pakistan. General Ayub Khan löst Iskander Mirza als Präsident ab.

28. Dienstag
Jordanien. Die britischen Truppen verlassen das Land.
Vatikan. Der sechsundsiebzigjährige Kardinal und Patriarch von Venedig Angelo Giuseppe Roncalli wird zum Papst gewählt. Er nimmt den Namen Johannes XXIII. an.

31. Freitag
Algerien. Der französische Ministerpräsident de Gaulle ordnet die Freilassung von 1000 politischen Gefangenen an.

November

3. Montag
Kuba. Der Kandidat der Regierung Andrés Rivero Aguero wird zum Staatspräsidenten gewählt.

4. Dienstag
USA. Bei den Kongreßwahlen erringen die Demokraten mit 282 Sitzen gegenüber 152 für die Republikaner einen großen Wahlerfolg.
Vatikan. Papst Johannes XXIII. wird zum Papst gekrönt.

6. Donnerstag
USA. Die Metropolitan Opera löst wegen Arbeitsverweigerung ihren Vertrag mit Maria Callas.

7. Freitag
Großbritannien und die USA fühlen sich an ihren Kernwaffenteststopp nicht mehr gebunden, nachdem die Sowjetunion ihre Atomwaffenversuche wiederaufgenommen hat.

10. Montag
Berlin. Der sowjetische Regierungschef Chruschtschow erklärt die Einbeziehung Ostberlins in die DDR und fordert die Aufhebung des Potsdamer Abkommens bezüglich der Viermächtekontrolle über Berlin.
Jordanien. König Hussein, der mit dem Flugzeug in die Schweiz reisen will, kehrt in sein Land zurück, nachdem seine Maschine über Syrien von MIG-Düsenjägern beschossen wurde.

12. Mittwoch
UdSSR. Das Zentralkomitee der KPdSU verabschiedet einen neuen Siebenjahresplan. Chruschtschow beschuldigt Bulganin, Malenkow und Molotow, einer parteifeindlichen Gruppierung anzugehören.

16. Sonntag
Libanon. Die UN-Beobachter erklären ihre Aufgabe für beendet. Am 19. 11. entbindet sie UN-Generalsekretär Hammarskjöld von ihren Funktionen.

17. Montag
Sudan. Generalstabschef Ibrahim Abboud übernimmt durch einen unblutigen Staatsstreich die Macht.

22. Samstag
Berlin. Der Regierende Bürgermeister von Berlin Willy Brandt und Außenminister Heinrich von Brentano erinnern aus Anlaß wiederholter sowjetischer Drohungen und Angriffe gegen das Viermächtestatut in einem Communiqué an das Versprechen der Westmächte, die Freiheit Berlins durch ihre Anwesenheit zu garantieren.

Dezember 1958

23. Sonntag
Bundesrepublik Deutschland. Bei den Landtagswahlen in Bayern erreicht die CSU 101 der 204 Mandate. In Hessen festigt die SPD mit 48 der 96 Sitze ihre Stellung.
Ghana/Guinea. Beide Nationen verkünden in Accra den Zusammenschluß zur Union Westafrikanischer Staaten.

26. Mittwoch
Berlin. In einer Note an die Bundesrepublik Deutschland, die DDR und die drei Westmächte kündigt die UdSSR den Viermächtestatus von Berlin.
Japan. Kronprinz Akihito verlobt sich mit der Nichtadligen Mitschiko Schoda.

28. Freitag
Französisch-Westafrika. Gabun, Mauretanien, Mittelkongo und Tschad beschließen, autonome Republiken innerhalb der Französischen Gemeinschaft zu werden. Den gleichen Schritt hatten bereits der französische Sudan (24. 11.) und Senegal (26. 11.) getan. Am 1. 12. folgt die Zentralafrikanische Republik, am 4. 12. Dahomey und die Elfenbeinküste.
Österreich. Erzherzog Otto von Habsburg verzichtet auf seinen Thronanspruch, um in seine Heimat zurückkehren zu können.

30. Sonntag
Frankreich. In der 2. Runde der Wahlen zur französischen Nationalversammlung wird die Gaullistische Union mit 20,3% der Stimmen stärkste Fraktion. Die Kommunisten erhalten 18,9% der Stimmen.

Dezember

1. Montag
Frankreich. Staatspräsident Coty gibt bekannt, daß er sich nicht wieder zur Wahl stellen wird.

2. Dienstag
Japan/UdSSR. In einer Note an die japanische Regierung fordert die UdSSR eine Neutralitätspolitik Japans.

4. Donnerstag
Finnland. Die Koalitionsregierung von Ministerpräsident Karl Fagerholm tritt aufgrund der sich verschlechternden Beziehungen zur UdSSR zurück.

7. Sonntag
Berlin. Die Wahlen zum Westberliner Abgeordnetenhaus enden mit einem starken Vertrauensbeweis für die SPD. Mit 52,6% der Stimmen und 78 von insgesamt 133 Sitzen erhält sie eine klare absolute Mehrheit; die CDU erhält 37,7% der Stimmen und 55 Sitze. Der SED gelingt es nicht, ins Abgeordnetenhaus einzuziehen.
Venezuela. Bei den ersten Wahlen seit sieben Jahren wird Romulo Betancourt von der sozialdemokratisch orientierten Demokratischen Aktion zum Präsidenten gewählt.

10. Mittwoch
Nobelpreise. In Stockholm werden die diesjährigen Nobelpreise an B. Pasternak (Literatur, abgelehnt), P. A. Tscherenkow, I. M. Frank und I. Tamm (Physik), F. Sanger (Chemie), G. W. Beadle, E. L. Tatum und J. Lederberg (Medizin) verliehen; in Oslo erhält G. Pire den Friedensnobelpreis.

11. Donnerstag
Schweiz. Paul Chaudet wird zum Bundespräsidenten für 1959 gewählt.

12. Freitag
UNO. Guinea wird 82. Mitglied der Vereinten Nationen.

13. Samstag
Frankreich. Ministerpräsident de Gaulle kandidiert offiziell für das Amt des Staatspräsidenten.

14. Sonntag
Berlin. Die Außenminister der drei Westmächte und der Bundesrepublik Deutschland bekräftigen die Entschlossenheit des Westens, die Position Berlins zu halten.

15. Montag
Schweiz. In Zürich stirbt der österreichische Physiker und Nobelpreisträger Wolfgang Pauli.

16. Dienstag
China. Mao Zedong tritt als Staatsoberhaupt zurück, bleibt aber Parteivorsitzender.

18. Donnerstag
Raumfahrt. Von Cape Canaveral bringen die USA einen fast vier Tonnen schweren Satelliten in eine Erdumlaufbahn.
Tibet. Die nepalesische Regierung meldet, daß zahlreiche Tibeter vom Stamm der Khamba, die sich der chinesischen Herrschaft widersetzen, nach Nepal geflohen sind.

21. Sonntag
Frankreich. Ministerpräsident Charles de Gaulle wird mit großer Mehrheit (77,5% der Stimmen) von einem Wahlmännerkollegium zum ersten Staatspräsidenten der V. Republik gewählt.

25. Donnerstag
UdSSR. Die Regierung erklärt, daß der westliche Beschluß einer Aufrechterhaltung der Truppenpräsenz in Berlin zu einem 3. Weltkrieg und damit zu einem Atomkrieg führen könne.

27. Samstag
Frankreich. Die Regierung verkündet die Abwertung des Franc. Im Zusammenhang damit geben Frankreich und neun europäische Staaten die freie Konvertierbarkeit ihrer Währungen bekannt.

31. Mittwoch
Kuba. Aufgrund der starken Guerilla-Aktionen im ganzen Land und der Einnahme von Santa Clara durch die Aufständischen beschließt Staatschef Fulgencio Batista, das Land zu verlassen.

*23. 11. Ghana/Guinea
Beide Länder verkünden einen Zusammenschluß; hier die beiden Staatschefs Sekou Touré von Guinea (links) und Kwame Nkrumah von Ghana.*

*11. 12. Schweiz
Paul Chaudet*

*22. 11. Berlin
Willy Brandt, Regierender Bürgermeister von Westberlin.*

1959

Das Jahr beginnt mit dem triumphalen Einzug des Guerillaführers Fidel Castro in Havanna.

1959

Januar

1. Donnerstag
Ägypten. Präsident Nasser läßt 200 führende Kommunisten festnehmen und zwei von Moskau und Peking unterhaltene Druckereien in Cairo schließen.
EWG. Die Europäische Wirtschaftsgemeinschaft, der die Bundesrepublik Deutschland, Frankreich, Italien und die Benelux-Staaten angehören, tritt in Kraft.
Kuba. Diktator Fulgencio Batista y Zaldivar flieht in die Dominikanische Republik. In Havanna brechen Unruhen aus.

2. Freitag
Kuba. Rd. 6000 Castro-Rebellen ziehen in Havanna ein. In einer Radiobotschaft ernennt Rebellenführer Fidel Castro Manuel Urrutia zum Interimspräsidenten. Urrutia ernennt seinerseits Castro zum Oberbefehlshaber der Streitkräfte.
Raumfahrt. Der sowjetische Satellit Luna 1 wird gestartet. Er fliegt am Mond vorbei und schwenkt in eine Umlaufbahn um die Sonne ein.

3. Samstag
USA. Alaska wird zum 49. Staat ausgerufen.

5. Montag
Belgisch-Kongo. Generalgouverneur Henri Bosmans ruft nach heftigen Unruhen den Alarmzustand aus und unterbricht die Verkehrsverbindung zwischen Léopoldville und Brazzaville.

6. Dienstag
Belgisch-Kongo. Belgische Fallschirmjäger werden zur Wiederherstellung der Ordnung nach Léopoldville eingeflogen.
Kuba. Präsident Urrutia löst das Parlament auf und entläßt alle Bürgermeister.

7. Mittwoch
USA. Die Vereinigten Staaten erkennen die vorläufige kubanische Regierung diplomatisch an.

8. Donnerstag
Frankreich. Charles de Gaulle wird zum Staatspräsidenten der V. Republik ausgerufen. Er beauftragt Michel Debré mit der Bildung einer neuen Regierung.

9. Freitag
Laos. Nordvietnamesische Truppen dringen in Laos ein und errichten 20 km tief im Lande militärische Posten.

11. Sonntag
Südvietnam. Ministerpräsident Diem kündigt ein Gesetz an, das die Polygamie verbietet.

2. 1. Kuba
Eine jubelnde Menge begrüßt die siegreichen Guerillakämpfer bei ihrem Einzug in Havanna.

8.1. Frankreich
S. 248 – 37

8. 1. Frankreich
Charles de Gaulle (auf dem Farbfoto mit Amtskette) wird als erster Präsident der V. Republik in sein Amt eingeführt. Unten Michel Debré, sein erster Premierminister.

Februar 1959

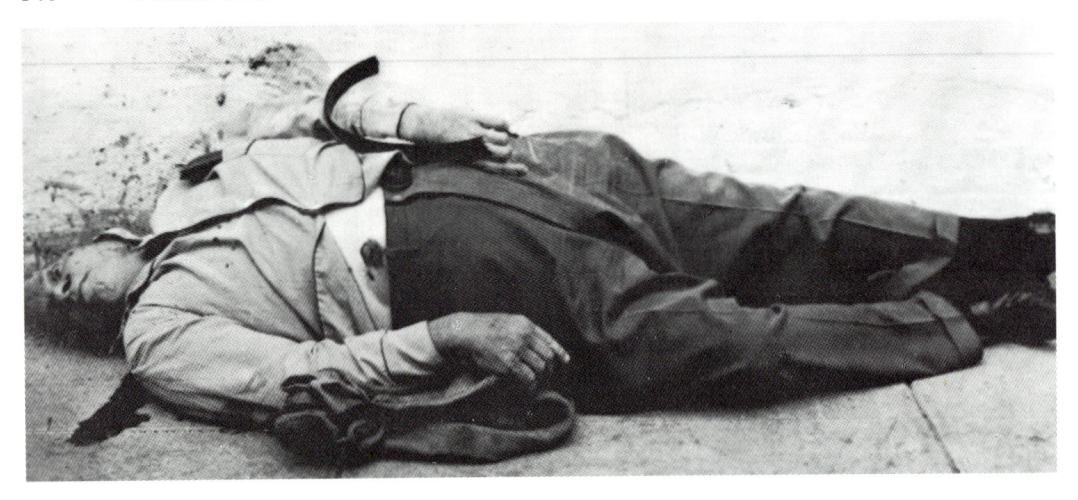

21. 1. Kuba
Nach Castros Machtübernahme werden Hunderte politische Gegner hingerichtet. Im Bild die Leiche von Cornelio Rojas, dem Polizeichef der Stadt Santa Clara.

19.1. Belgisch-Kongo
S. 288 – 45

19.2. Zypern
S. 248 – 40

12. Montag
Berlin. Willy Brandt wird für weitere vier Jahre zum Regierenden Bürgermeister von Berlin gewählt.

15. Donnerstag
Frankreich. Die Nationalversammlung spricht der Regierung Debré das Vertrauen aus.
Italien. Der Führer der Linkssozialisten, Pietro Nenni, löst das Bündnis mit der Kommunistischen Partei.

17. Samstag
Mali. Vier ehemalige französische Kolonien in Afrika (Dahomey, Französisch-Sudan, Obervolta und Senegal) bilden die Mali-Föderation.

18. Sonntag
Malta. Der frühere Premierminister Dom Mintoff ruft zu einem vierundzwanzigstündigen Generalstreik auf, um gegen die britische Verwaltung der Insel zu protestieren.

19. Montag
Belgisch-Kongo. Die Führer der nationalistischen Bewegung stimmen grundsätzlich den belgischen Plänen für eine Vorbereitung der Unabhängigkeit zu.

21. Mittwoch
Kuba. Rebellenführer Fidel Castro läßt Hunderte von Menschen hinrichten, die sich während des Batista-Regimes Verbrechen schuldig gemacht haben sollen. Besonders in den USA rufen diese Hinrichtungen scharfe Proteste hervor.

24. Samstag
Vatikan. Papst Johannes XXIII. kündigt die Einberufung eines Konzils an.

27. Dienstag
UdSSR. In Moskau wird der 21. Parteitag der KPdSU eröffnet. Wichtigstes Thema ist der von Parteichef Chruschtschow vorgelegte Siebenjahresplan. Weiter erklärt Chruschtschow auf eine Einigung Deutschlands dringen will. Dazu sollen Gespräche zwischen den beiden deutschen Staaten stattfinden.

29. Donnerstag
Monaco. Prinz Rainier III. von Monaco setzt zeitweilig die Verfassung außer Kraft, um so das gegen ihn arbeitende Parlament auszuschalten. Er bestimmt den früheren französischen Außenminister Émile Pelletier zum Regierungschef.

31. Samstag
Italien. Der am 26. 1. zurückgetretene Ministerpräsident Amintore Fanfani tritt auch vom Amt des Vorsitzenden der Democrazia Cristiana zurück, da ihm die konservative Parteiführung bei wichtigen Entscheidungen die Unterstützung versagte.

Februar

1. Sonntag
Schweiz. Ein aktives und passives Wahlrecht von Frauen für den Nationalrat wird in einer Volksabstimmung abgewiesen. Der Kanton Waadt gesteht als erster Kanton Frauen ein Wahlrecht in kantonalen Angelegenheiten zu.
Sport. In Prag werden Marika Kilius und Hans-Jürgen Bäumler Europameister im Eiskunstlaufen der Paare.

4. Mittwoch
Spanien. Staatschef General Franco erklärt, daß es keine Rückkehr zur Monarchie geben werde, solange er lebe.

5. Donnerstag
UdSSR. Mit der Billigung von Chruschtschows Siebenjahresplan für die wirtschaftliche Entwicklung der Sowjetunion wird der 21. Parteitag der KPdSU beendet.

6. Freitag
Italien. Staatspräsident Giovanni Gronchi beauftragt den Christdemokraten Antonio Segni mit der Bildung einer neuen Regierung.

11. Mittwoch
Zypern. Die Ministerpräsidenten Konstantin Karamanlis von Griechenland und Adnan Menderes aus der Türkei erreichen nach einer sechstägigen Konferenz in Zürich Übereinstimmung über die Unabhängigkeit Zyperns.

12. Donnerstag
Nepal. König Mahendra kündigt die erste demokratische Verfassung an, durch die Nepal eine konstitutionelle Monarchie nach britischem Vorbild werden soll.

13. Freitag
Kuba. Interimspräsident Urrutia ernennt Castro zum Regierungschef, nachdem die Übergangsregierung Cardona zurückgetreten ist.

15. Sonntag
Italien. Der Christdemokrat Antonio Segni bildet eine neue Regierung.

16. Montag
Malta. Das britische Unterhaus nimmt ein Gesetz an, das die maltesische Verfassung außer Kraft setzt und die Insel direkt dem britischen Gouverneur unterstellt.

18. Mittwoch
Nepal. Männer und Frauen über 21 Jahre, die nun allgemeines Wahlrecht haben, wählen erstmals ein Parlament Nepals.

19. Donnerstag
Zypern. In London unterzeichnen Griechenland, die Türkei und Großbritannien ein Übereinkommen über die Zukunft Zyperns. Die Insel soll innerhalb eines Jahres in die Unabhängigkeit entlassen werden. Großbritannien soll zwei militärische Stützpunkte behalten.

21. Samstag
UdSSR. Die Regierung gibt bekannt, daß sie einer Anzahl Juden die Ausreise nach Israel erlauben will. Eine Massenauswanderung werde sie aber nicht erlauben, um das »militärische Potential von Israel nicht zu stärken«.

22. Sonntag
Zypern. Die britischen Behörden beenden den seit vier Jahren bestehenden Ausnahmezustand und lassen über 900 politische Gefangene frei.

25. Mittwoch
Großbritannien. Der erste von vier geplanten, in Schottland arbeitenden Kernreaktoren liefert Strom an das öffentliche Stromnetz.
Luxemburg. Pierre Werner bildet nach den Wahlen vom 1. 2. aus Christlich-Sozialen und Liberaldemokraten eine neue Regierung.

27. Freitag
Zypern. Den Mitgliedern der

EOKA wird eine Amnestie angekündigt, ihrem Führer, dem griechischen Oberst Grivas, freies Geleit nach Griechenland zugesichert.

März

1. Sonntag
Zypern. Erzbischof Makarios kehrt nach fast dreijähriger Verbannung nach Zypern zurück.

2. Montag
Iran/UdSSR. Der 1921 geschlossene Vertrag, nach dem sowjetische Truppen das Recht haben, das Hoheitsgebiet des Iran zu betreten, wird vom Iran gekündigt.

3. Dienstag
Raumfahrt. Die USA starten eine vierstufige Juno-II-Rakete, um einen Satelliten in eine Sonnenumlaufbahn zu bringen.

4. Mittwoch
Sudan. Regierungschef Abboud übernimmt die Alleinherrschaft, nachdem er den zwölfköpfigen Obersten Rat der Streitkräfte zum Rücktritt gezwungen hatte.

7. Samstag
Frankreich. Die erste Rakete einer Versuchsreihe wird von der französischen Raketenbasis Colomb-Béchar in der Sahara gestartet.

9. Montag
Polen. In Warschau wird Erich Koch, früherer Gauleiter von Ostpreußen und Reichskommissar für die Ukraine, zum Tode verurteilt.

10. Dienstag
Tibet. Anläßlich des tibetanischen Neujahrsfestes kommt es zu Aufständen gegen die chinesischen Garnisonen.

11. Mittwoch
USA. Der Kongreß stimmt für die Zulassung Hawaiis als 50. Bundesstaat.

14. Samstag
Belgisch-Kongo. Die Freilassung von Führern der Vereinigung des Bakongostammes ABAKO, unter ihnen Joseph Kasawubu, und ihre Ankunft in Belgien verursachen gegensätzliche Reaktionen in Brüssel und Léopoldville.

16. Montag
Italien. Aldo Moro wird als Nachfolger des zurückgetretenen Amintore Fanfani zum Vorsitzenden der Democrazia Cristiana gewählt.

17. Dienstag
Tibet. Der Dalai Lama flieht nach Indien.

19. Donnerstag
Zypern. Das britische Unterhaus billigt das britisch-griechisch-türkische Übereinkommen über die Zukunft Zyperns vom 19. 2.

20. Freitag
Portugal. Es wird ein Gesetz angekündigt, das die Wahl des Staatspräsidenten durch ein aus Mitgliedern der Nationalversammlung bestehendes Wahlmännerkollegium vorsieht. In weiteren Schritten soll der Staatspräsident dann vom Volke gewählt werden.

21. Samstag
Zentralafrikanische Republik. Regierungschef Barthélemy Boganda (48) kommt bei einem Flugzeugabsturz 160 km südlich von Bangui ums Leben.

22. Sonntag
Tibet. Die chinesischen Behörden geben bekannt, daß der Aufstand der Tibeter unterdrückt worden sei.

24. Dienstag
Bundesrepublik Deutschland. Mit der Ausgabe von Preußag-Anteilen werden die ersten Volksaktien angeboten.

Irak. Ministerpräsident Kassem teilt mit, daß der Irak aus dem Bagdad-Pakt austrete.
Zypern. Der britische Gouverneur Sir Hugh Foot sichert allen griechischen und türkisch-zypriotischen Untergrundkämpfern Amnestie zu.

26. Donnerstag
Bundesrepublik Deutschland. In Bad Godesberg stirbt der Mitbegründer und ehemalige Vorsitzende der FDP (1949–1954) Franz Blücher im Alter von 63 Jahren.

27. Freitag
Bulgarien/USA. Beide Länder stellen die seit 1950 unterbrochenen diplomatischen Beziehungen wieder her.

29. Sonntag
Tibet. Der Pantschen Lama teilt Vertretern der Volksrepublik China mit, daß er bereit sei, die Regierung in Tibet zu übernehmen, bis der nach Indien geflohene Dalai Lama nach Lhasa zurückkehren wird.

31. Dienstag
Tibet. Der Dalai Lama, der am 17. 3. aus Lhasa floh, erreicht die indische Stadt Tawang.

April

4. Samstag
Mali. Mobido Keita wird der erste Regierungschef der Mali-Föderation.
NATO. In Washington endet eine Tagung der Außenminister der Mitgliedstaaten. In einem Schlußkommuniqué wird die Freiheit Westberlins garantiert.

3. 3. Raumfahrt
Langsam hebt die Juno-II-Rakete von der Startrampe auf Cape Canaveral ab. Sie bringt die Sonde Pioneer 4 ins All.

26. 3. Bundesrepublik Deutschland
Franz Blücher

◁
31. 3. Tibet
Der Dalai Lama kommt nach langer Fahrt in Indien an.

Mai 1959

4. 4. NATO
Vier Außenminister von NATO-Ländern bei den Gesprächen in Washington. Von links nach rechts: Heinrich von Brentano (Bundesrepublik Deutschland), Selwyn Lloyd (Großbritannien), Christian Herter (USA) und Maurice Couve de Murville (Frankreich). Herter nahm für den erkrankten John Foster Dulles dessen Amtsgeschäfte wahr.

▷

10. 4. Japan
Kronprinz Akihito heiratet Mitschiko Schoda. Aufnahme des Paares in der traditionellen Tracht.

27. 4. China
Mitglieder des Volkskongresses: 1. Reihe 3. von links Liu Shaoqi, neben ihm Mao Zedong. Zhu De und Zhou Enlai.

Akihito die Nichtadlige Mitschiko Schoda.

12. Sonntag
Algerien. 35 französische Militärgeistliche protestieren gegen die Folterungen durch die französische Armee in algerischen »Umerziehungslagern«.

15. Mittwoch
USA. Außenminister Dulles tritt aus Gesundheitsgründen von seinem Amt zurück. Seine »Politik der Stärke« wurde in letzter Zeit in der westlichen Welt kritisiert.

18. Samstag
USA. Präsident Eisenhower ernennt Christian Herter als Nachfolger von John Foster Dulles zum Außenminister.

5. Sonntag
Tibet. Der Pantschen Lama, der nach der Entlassung der Regierung durch China als Oberhaupt der autonomen Region Tibet eingesetzt wurde, hält in Lhasa seinen Einzug.
Zypern. Gouverneur Foot kündigt die Bildung einer zwölfköpfigen Interimsregierung an, in der Erzbischof Makarios Außenminister werden soll.

7. Dienstag
Bundesrepublik Deutschland. Bundeskanzler Konrad Adenauer gibt überraschend seine Kandidatur für das Amt des Bundespräsidenten als Nachfolger von Theodor Heuss bekannt.

9. Donnerstag
USA. In Taliesin West (Arizona) stirbt der Architekt Frank Lloyd Wright im Alter von 89 Jahren (auch → S. 223).

10. Freitag
Japan. In Tokio heiratet Kronprinz

19. Sonntag
Bundesrepublik Deutschland. Bei Landtagswahlen können die SPD mit 39,5% der Stimmen und 65 Sitzen (1955: 35,2%) in Niedersachsen und die CDU mit 48,4% und 52 Sitzen (1955: 46,8%) in Rheinland-Pfalz ihre jeweils führende Position weiter verbessern.

20. Montag
Portugal. Der unterlegene Präsidentschaftskandidat General Humberto Delgado bittet in der brasilianischen Botschaft in Lissabon um politisches Asyl und wird nach Brasilien ausgeflogen.

23. Donnerstag
Arabische Liga. In Cairo tagt unter Aufsicht der Arabischen Liga die erste Ölkonferenz. Neun arabische Staaten und Venezuela nehmen daran teil. Der Irak und Bahrain sind nicht anwesend. Man fordert eine stärkere Beteiligung an den Gewinnen aus Transport, Verkauf und Verarbeitung von Erdöl.

26. Sonntag
USA. Der Sankt-Lorenz-Seeweg zwischen dem Atlantik und den großen nordamerikanischen Seen wird für Hochseeschiffe freigegeben.

27. Montag
China. Der Nationale Volkskongreß in Peking wählt Liu Shaoqi zum Staatsoberhaupt der Volksrepublik und Nachfolger von Mao Zedong, der jedoch weiterhin Parteivorsitzender bleibt.

28. Dienstag
Türkei. Rd. 700 Kurden aus dem Irak erhalten politisches Asyl.

30. Donnerstag
Bundesrepublik Deutschland. Als Nachfolger des am 23. 4. tödlich verunglückten Egon Reinert wird Franz Josef Röder (CDU) zum neuen saarländischen Ministerpräsidenten gewählt.

Mai

1. Freitag
Berlin. Rd. 550 000 Westberliner demonstrieren für den Viermächtestatus der Stadt unter dem Motto »Berlin muß frei bleiben«.

3. Sonntag
Frankreich. Der Sozialistenführer Guy Mollet bezeichnet Präsident de Gaulle als den einzigen, der die französische Demokratie erhalten kann, und fordert die Bildung einer

Front gegen den Faschismus, der in Frankreich sein Haupt erhebe.

6. Mittwoch
Südafrika. Regierungschef Hendrik Verwoerd fordert die Annexion der britischen Protektorate Betschuanaland, Swaziland und Basutoland.

9. Samstag
In Berlin wird der Grundstein zur neuen Kaiser-Wilhelm-Gedächtniskirche gelegt.

10. Sonntag
Österreich. Bei den Parlamentswahlen können die Sozialdemokraten zwar Stimmengewinne verbuchen, bleiben aber mit 78 Sitzen um einen Sitz hinter der Österreichischen Volkspartei zurück. Die FPÖ kommt auf 8 Mandate.

11. Montag
Weltpolitik. In Genf wird eine Außenministerkonferenz der Großmächte eröffnet. Behandelt werden das Berlinproblem, die deutsche Wiedervereinigung und Fragen der europäischen Sicherheit.

12. Dienstag
Indien. Die Regierung gewährt den rd. 12 000 tibetischen Flüchtlingen, bei denen es sich in der Mehrzahl um Mönche handelt, in Indien und Bhutan Asyl.
Iran. Mitglieder kurdischer Stämme, die in Kämpfe mit irakischen Truppen verwickelt waren, bitten um politisches Asyl.

14. Donnerstag
Schweden. Der Reichstag verabschiedet ein neues Pensionsgesetz. Jeder Arbeitnehmer soll eine Pension erhalten, die 65% des Durchschnittseinkommens während der besten Verdienstjahre beträgt.

17. Sonntag
Kuba. Das Kabinett verabschiedet das Landwirtschaftsgesetz von Regierungschef Fidel Castro. Es soll ein nationales Institut für Landwirtschaftsreform gegründet werden. Die Größe des Landbesitzes soll 405 ha nicht übersteigen.

19. Dienstag
Kuba. Regierungschef Fidel Castro verkündet, im Widerspruch mit bis dahin getroffenen Maßnahmen, die Verstaatlichung des Grundbesitzes.

22. Freitag
Großbritannien/Island. Vor der isländischen Küste rammt der britische Zerstörer »Chaplet« das isländische Küstenwachboot »Odin«. Das britische Schiff war auf einer Patrouillenfahrt mit dem Ziel, britische Fischkutter in den umstrittenen isländischen Küstengewässern zu schützen.

24. Sonntag
USA. In Washington stirbt der frühere Außenminister Dulles (71).

27. Mittwoch
Südafrika. Justizminister Charles Swart belegt Albert Luthuli, den Vorsitzenden des African National Congress, für fünf Jahre mit dem Verbot politischer Betätigung. Er wird ferner in die Provinz Natal verbannt.

28. Donnerstag
Raumfahrt. Von Cape Canaveral wird eine US-amerikanische Jupiter-Rakete mit den beiden Affen Abel und Baker an Bord gestartet, die wohlbehalten zur Erde zurückkehren.

30. Samstag
Nicaragua. Staatschef Luis Somoza verkündet für das ganze Land den Ausnahmezustand. Er verhängt eine Rundfunk- und Pressezensur sowie ein Versammlungsverbot.
Paraguay. Staatschef Alfredo Stroessner löst das Parlament auf und verhängt wegen andauernder politischer Unruhen einen zweimonatigen Ausnahmezustand.
Singapur. Bei den Wahlen zur Gesetzgebenden Versammlung gewinnt die linksgerichtete People's Action Party 43 der 51 Sitze. Zum ersten Mal besteht die Gesetzgebende Versammlung ausschließlich aus gewählten Mitgliedern.

Juni

1. Montag
Tunesien. Staatschef Habib Bourguiba unterzeichnet eine neue Verfassung, die dem Staatspräsidenten große Machtbefugnisse verleiht und ihn zum Oberbefehlshaber der Streitkräfte macht.

3. Mittwoch
Singapur. Eine neue Verfassung tritt in Kraft, nach der Singapur ein autonomer Staat wird. Lediglich die Verteidigungs- und Außenpolitik bleiben weiterhin den Briten vorbehalten.
Sport. In Stuttgart gewinnt Real Madrid das Endspiel im Fußballeuropapokal der Landesmeister gegen Stade Reims mit 2:0.

4. Donnerstag
Bundesrepublik Deutschland. Bundeskanzler Konrad Adenauer verzichtet »aufgrund der schwierigen außenpolitischen Situation« darauf, für das Amt des Bundespräsidenten zu kandidieren.

5. Freitag
Singapur. Der Generalsekretär der People's Action Party (PAP), Lee Kuan Yew, wird Premierminister.

7. Sonntag
Großbritannien. Einem Luftkissenversuchsboot gelingt die Überquerung des Ärmelkanals.
Sport. Der Luxemburger Radrennfahrer Charly Gaul gewinnt den Giro d'Italia.

8. Montag
Frankreich. Die Regierung gibt bekannt, daß sie in der NATO keine neuen Verpflichtungen auf sich nehmen werde, bevor nicht die gegenwärtigen Probleme gelöst sind. Dazu gehört u. a. die Frage nach der Aufstellung von US-amerikanischen Kernwaffen auf französischem Staatsgebiet.

9. Dienstag
Ceylon. Ministerpräsident Solomon Bandaranaike löst sein Koalitionskabinett auf und bildet eine neue Regierung, die ausschließlich aus Mitgliedern seiner eigenen Sri Lanka Freiheitspartei besteht.

mehrheitlich von Kurden bewohnt

12. 5. Iran
Die Kurden leben in fünf Staaten: Türkei, Irak, Iran, Syrien und UdSSR.

27. 5. Südafrika
S. 288 – 45

7. 6. Großbritannien
Das Hovercraft-Versuchsfahrzeug erregt bei der Ankunft in Dover großes Aufsehen.

31. Korea I
Flüchtlingselend in der südkoreanischen Hauptstadt Soul.

32. Korea II
Syngman Rhee, Präsident von Südkorea.

33. Indochina I
Französische Truppen stehen kommunistischen Vietminh-Truppen gegenüber.

34. Indochina II
Ho Tschi Minh während der Schlacht um Dong Khe, einen französischen Vorposten von Lang Son im Oktober 1950.

35. Ägypten
Rivalen um die Macht: General Nagib (rechts) und Oberst Gamal Abd el-Nasser im Juli 1953.

36. Suezkrise
Präsident Nasser wird gefeiert; die Engländer haben die Suezkanalzone geräumt.

31. **Korea I**
a) J. F. Dulles
b) W. Churchill
c) J. Pholien
d) Korrespondentenbericht
e) H. Truman
f) H. Truman
g) J. F. Dulles
h) H. Truman

32. **Korea II**
a) D. MacArthur
b) H. Truman
c) D. MacArthur
d) S. Rhee
e) D. MacArthur
f) H. Truman

33. **Indochina I**
a) J. de Lattre de Tassigny
b) G. Bidault
c) Sisavang Vong
d) R. Pleven

34. **Indochina II**
a) J. de Castries
b) J. F. Dulles
c) P. Mendès-France
d) P. Mendès-France
e) P. Mendès-France
f) C. Attlee

35. **Ägypten**
a) A. M. Nagib
b) A. M. Nagib
c) A. M. Nagib
d) Korrespondentenbericht
e) G. Abd el-Nasser
f) Ingenieur
g) Techniker

36. **Suezkrise**
a) G. Abd el-Nasser
b) G. Abd el-Nasser
c) A. Ebban
d) A. Eden
e) J. F. Dulles
f) A. Eden

31. Korea: Vom lokalen ...

»Wenn die Walfische miteinander kämpfen, gehen die Krabben zugrunde«, sagt ein koreanisches Sprichwort. Die Sowjetführung, die die nordkoreanischen Rüstungsanstrengungen seit April 1950 verstärkt unterstützte, ermunterte oder billigte zumindest den Angriff nordkoreanischer Truppen am 25. Juni 1950 auf Südkoreas Hauptstadt Soul. Erwartungsgemäß sieht die Regierung der USA darin eine sowjetische Herausforderung an die gesamte freie Welt. Es erweist sich als schwerer taktischer Fehler der Sowjetunion, die Sitzung des UN-Sicherheitsrates wegen der Nichtzulassung der Volksrepublik China auch am 27. Juni zu boykottieren und auf ihr Veto-Recht zu verzichten. So gelingt es, die amerikanische Resolution zu verabschieden: Die UNO verurteilt die Aggression Nordkoreas und beschließt, zugunsten Südkoreas militärisch einzugreifen. Den UN-Streitkräften gehören außer US-Truppen auch Einheiten aus Großbritannien, Kanada, Australien, Frankreich, der Türkei, Griechenland, Holland, Belgien und zahlreichen anderen Ländern an. – Die streitenden Parteien aber lassen den Konflikt eskalieren.

32. ... zum internationalen Konflikt

Südkoreas Präsident Syngman Rhee, der Korea wiedervereinigen will, drängt die USA zu verstärktem militärischem Engagement. Ohne größeren Widerstand räumt er einen großen Teil des Landes, um seine Armee zu schonen, bis genügend amerikanische Truppen für eine Gegenoffensive eingetroffen sind. Der Befehlshaber über die UN-Truppen in Korea, der amerikanische General MacArthur, unterstützt diese Strategie und setzt seine Truppen dann auch nördlich des 38. Breitengrades ein, obwohl die US-Regierung sich mit der Wiederherstellung des ursprünglichen Zustandes zufriedengeben will. Geleitet von dem Ziel, dem Kommunismus in Ostasien einen vernichtenden Schlag zuzufügen, marschiert er bis kurz vor die chinesische Grenze; die Volksrepublik antwortet mit einer Gegenoffensive.
Als MacArthur den Einsatz der Atombombe gegen Rotchina fordert, setzt Truman im April 1951 den General ab. Dem populären MacArthur wird in Amerika trotzdem ein triumphaler Empfang bereitet. Der Krieg erstarrt zum Stellungskrieg, bis er am 27. Juli 1953 durch einen Waffenstillstand sein Ende findet.

33. Frankreichs Dschungelkrieg ...

Indochina ist der europäischen Öffentlichkeit zu Beginn der 50er Jahre kaum ein Begriff – und wenn, dann denkt man damals an mandeläugige Mädchen, französische Lebensart, vermischt mit geheimnisvoller Exotik. Die wenigsten wissen, daß der erste Indochina-Krieg bereits 1946 mit dem französischen Luftbombardement der nordvietnamesischen Hafenstadt Haiphong begonnen hat. Es war der erste Zusammenstoß zwischen kommunistischen Vietminh-Milizen und französischen Kolonialtruppen. Damit begann ein achtjähriger Krieg, der erst 1954 mit der vernichtenden Niederlage der Franzosen bei Diên Biên Phu enden sollte.
1950 übernimmt der französische Oberkommandierende Jean de Lattre de Tassigny eine bereits aussichtslose Situation. Obwohl die USA schon 1950 die Franzosen in Indochina finanziell unterstützen – bis 1954 bringen sie zweieinhalb Milliarden Dollar auf –, weiß de Lattre, daß er keinen Sieg erringen kann. Dem Dschungelkrieg, der Taktik des blitzschnellen Vorstoßes und Rückzugs aus beweglichen Feldlagern, ist er wie auch später die Amerikaner nicht gewachsen.

34. ... und die Schlacht um Diên Biên Phu

Der amerikanische Außenminister John Foster Dulles warnt noch im Dezember 1953 seine Regierung vor der Gefahr, daß Rotchina wie in Korea seine eigene Armee nach Indochina schicken könne – da hat die Entscheidungsschlacht um Diên Biên Phu bereits begonnen. 15 000 Soldaten hat Frankreichs General Navarre dort in der Absicht zusammengezogen, die Vietminh-Armee endlich zum frontalen Angriff zu bewegen. Doch er hat General Nguyen Giap unterschätzt: Die französischen Außenposten fallen bereits unter den ersten Artillerie-Salven der Belagerer. Die Schlacht dauert 55 Tage. In letzter Minute versucht Außenminister Georges Bidault sogar, die Amerikaner zum Abwurf von taktischen Atombomben auf die kommunistischen Positionen um Diên Biên Phu zu bewegen. Allein bei Diên Biên Phu zählt Frankreich 4000 Tote und 10 000 Gefangene; insgesamt fielen in Indochina über 90 000 französische Soldaten.
Der Regierung Mendès-France gelingt es, den Krieg schnell zu beenden. Das Abkommen vom 21. Juli 1954 sieht die vorläufige Teilung Vietnams und den Abzug der französischen Truppen vor.

35. Ägyptens Revolution ...

Ägypten zu Beginn der 50er Jahre: Es gärt in den Reihen junger ehrgeiziger Offiziere, die die Niederlage der Araber gegen Israel hauptsächlich der Unfähigkeit und Korruptheit der Politiker zuschreiben. Ihr Staatsstreich gelingt am 23. Juli 1952. Eine Gruppe »Freier Offiziere« stürzt die Regierung – König Faruk flüchtet nach Rom ins Exil. Der Revolutionsrat stellt daraufhin General Nagib an die Spitze des Staates und betraut ihn mit der Ausführung sozialer Reformen. Aber schnell kommt es zu Meinungsverschiedenheiten und Reibereien im Revolutionsrat: Im November 1954 wird General Nagib abgesetzt und unter Hausarrest gestellt; Oberst Gamal Abd el-Nasser übernimmt das Ruder. Der Ausgang des britisch-französischen Angriffs auf den Suezkanal 1956 macht ihn zum Führer des arabischen Nationalismus und wertet ihn international auf. Die Sowjetunion liefert Waffen und will auch den Assuan-Staudamm mitfinanzieren, China gewährt Dollar-Kredite. Im Westen hingegen wächst die Sorge, daß Nassers Nationalismus auch auf andere Staaten im Nahen Osten übergreifen könnte.

36. ... und die Suezkrise

Der ägyptische Präsident Gamal Abd el-Nasser gilt in den Augen des Westens als enfant terrible der arabischen Welt. Hatte er doch gewagt, das kommunistische China anzuerkennen und Waffen hinter dem Eisernen Vorhang zu kaufen. Um ihrem Mißvergnügen deutlichen Ausdruck zu geben, ziehen die amerikanische Regierung und kurz danach auch die Weltbank ihr Angebot vom Frühsommer 1956 auf finanzielle Hilfe beim Bau des Assuan-Staudamms zurück. In arabischen Augen ist Nasser gedemütigt. Er braucht dringend Geld. Was liegt näher, als sich die Gebühren aus den Schiffahrtsrechten des Suezkanals zu sichern? Am 26. Juli 1956 verstaatlicht Nasser den Kanal. Gleichzeitig verschärft er die feindseligen Aktionen gegen Israel.
In London suchen 24 betroffene Nationen nach einer Lösung der Suezkrise – vergeblich. Am 29. Oktober 1956 dringen Israels Truppen in den Sinai ein, Frankreich und England besetzen die Kanalzone. Zwar werden die ägyptischen Truppen geschlagen, doch auf Druck der USA ziehen sich die Kämpfenden bald wieder zurück. Der diplomatische Sieg gebührt Nasser.

Juli 1959

1. 7. Bundesrepublik Deutschland
Bundeskanzler Adenauer gratuliert Heinrich Lübke (links) zur Wahl zum Bundespräsidenten.

5. 7. Bundesrepublik Deutschland
S. 49 – 4

11. Donnerstag
USA. Präsident Eisenhower will der griechischen Armee Material und Informationen zur Benutzung von Kernwaffen zur Verfügung stellen.

13. Samstag
Nicaragua. Die Invasion von 400 Guerillakämpfern am 1. 6. in der Provinz Chontales war nach Angaben von Präsident Luis Somoza von Fidel Castro und dem Zeitungsverleger Pedro Joaquin Chamorro geplant.

15. Montag
Bundesrepublik Deutschland. Die CDU/CSU nominiert Landwirtschaftsminister Heinrich Lübke als Kandidaten für das Amt des Bundespräsidenten.
Kuba. Regierungschef Fidel Castro weist die US-amerikanische Forderung nach Schadensersatz für verstaatlichte amerikanische Unternehmen zurück.

17. Mittwoch
Irland. Premierminister Eamon de Valera schlägt bei den Wahlen für das Amt des Staatspräsidenten seinen Gegner Sean MacEoin.

18. Donnerstag
Bundesrepublik Deutschland. Bundespräsident Theodor Heuss übernimmt Schloß Bellevue als seinen Amtssitz in Westberlin.

19. Freitag
Südafrika. Im District Cato Manor bei Durban schießt die Polizei auf rebellierende Schwarze, nachdem rd. 4000 Frauen drei gemeindeeigene Bierlokale gestürmt und in Brand gesetzt haben.

21. Sonntag
Sport. Eine gesamtdeutsche Mannschaft wird in Wien durch ein 14:11 über Rumänien Feldhandballweltmeister.

22. Montag
Argentinien. Die Regierung tritt unter dem Druck zunehmender politischer Unruhen, Streiks und steigender Lebenshaltungskosten zurück.
Bundesrepublik Deutschland. Nach einer langen Dürreperiode wird die Lüneburger Heide von einer Waldbrandkatastrophe heimgesucht.

23. Dienstag
Irland. Sean Lemass wird zum Premierminister gewählt.

26. Freitag
Israel. Ministerpräsident Ben Gurion erklärt, daß Israel den Vertrag über die Lieferung von 250 000 Mörsergranaten an die Bundesrepublik Deutschland ohne Rücksicht auf innenpolitische Opposition erfüllen wird.
Sport. Der Schwede Ingemar Johansson schlägt im Kampf um die Boxweltmeisterschaft im Schwergewicht überraschend den US-Amerikaner Floyd Patterson durch k.o. in der 3. Runde.

28. Sonntag
Sport. Durch ein 5:3 nach Verlängerung über die Offenbacher Kickers wird Eintracht Frankfurt Deutscher Fußballmeister. In der Schweiz und in Österreich heißen die Titelträger Young Boys Bern und Wiener Sportklub.

29. Montag
UdSSR/USA. Der stellvertretende sowjetische Ministerpräsident Frol Koslow eröffnet in New York eine sowjetische Ausstellung über Technik, Wissenschaft und Kultur.

Juli

1. Mittwoch
Bundesrepublik Deutschland. In Westberlin wählt die Bundesversammlung Heinrich Lübke zum neuen Bundespräsidenten.

2. Donnerstag
Belgien. In Brüssel heiratet Prinz Albert die italienische Prinzessin Paola Ruffo di Calabria.
Raumfahrt. Eine sowjetische Rakete mit einem Kaninchen und zwei Hunden an Bord kehrt wohlbehalten zur Erde zurück.

3. Freitag
Sport. Beim Tennisturnier in Wimbledon schlägt der Peruaner Alex Olmedo im Finale des Herren-Einzels den Australier Rod Laver. Bei den Damen gewinnt die Brasilianerin Maria Esther Bueno.

5. Sonntag
Bundesrepublik Deutschland. Das Saarland wird auch wirtschaftlich in die Bundesrepublik eingegliedert. Die Wirtschaftsunion mit Frankreich ist damit aufgelöst.
Indonesien. Präsident Sukarno löst die Verfassunggebende Versammlung auf und setzt die Verfassung von 1945 wieder in Kraft.
Israel. Ministerpräsident Ben Gurion erklärt seinen Rücktritt, nachdem es wegen Waffenlieferungen an die Bundesrepublik Deutschland zu einer Kabinettskrise gekommen war.

6. Montag
Bundesrepublik Deutschland. In Berlin stirbt der Maler und Graphiker George Grosz im Alter von 65 Jahren.

8. Mittwoch
Indonesien. Staatschef Sukarno ernennt, nach dem Rücktritt von Regierungschef Djuanda am 6. 7., ein zehn Mitglieder zählendes Rumpfkabinett. Das Amt des Regierungschefs übernimmt er selbst.

11. Samstag
Bundesrepublik Deutschland. In Kassel wird die Kunstausstellung »documenta II« eröffnet.
USA. Die Regierung lehnt die sowjetische Vorstellung einer atomwaffenfreien Zone auf dem Balkan und im Mittelmeergebiet ab.

14. Dienstag
Österreich. Bundeskanzler Julius Raab bildet eine neue Koalitionsregierung aus ÖVP und SPÖ, in der mit Bruno Kreisky erstmals ein SPÖ-Politiker Außenminister ist.
Schweiz. In Impèria an der Riviera stirbt der Musikclown Grock, eigentlich Adrian Wettach, im Alter von 79 Jahren.

15. Mittwoch
Frankreich. Staatspräsident de Gaulle setzt offiziell den ersten Senat der Französischen Gemeinschaft ein. Er besteht aus 155 französischen Mitgliedern und 129 Mitgliedern aus französischen Überseegebieten.

17. Freitag
Kuba. Staatschef Manuel Urrutia tritt wegen Meinungsverschiedenheiten mit Regierungschef Fidel Castro über die Grundbesitzreform und die Frage der Todesstrafe für Regimegegner zurück.
Sport. Die Tour de France gewinnt der Spanier Federico Bahamontes.
USA. In New York stirbt die afro-amerikanische Sängerin Billie Holiday im Alter von 44 Jahren.

21. Dienstag
Westeuropa. Auf einer Minister-

konferenz in Saltsjöbaden (Schweden), an der Großbritannien, die skandinavischen Länder, Österreich, die Schweiz und Portugal teilnehmen, wird die Gründung einer Europäischen Freihandelszone (EFTA) beschlossen.

23. Donnerstag
USA/UdSSR. US-Vizepräsident Nixon beginnt aus Anlaß einer amerikanischen Ausstellung in Moskau eine elftägige Reise durch die Sowjetunion.

26. Sonntag
Kuba. Als Reaktion auf den Machtkampf innerhalb der politischen Führungsspitze erklärt Fidel Castro bei einer Massenversammlung, daß er bereit sei, als Regierungschef im Amt zu bleiben.

27. Montag
EWG. Griechenland wird assoziiertes Mitglied der Europäischen Wirtschaftsgemeinschaft.

29. Mittwoch
Zypern. Georgios Grivas, der verbannte Führer der griechischen Untergrundorganisation EOKA, lehnt das Abkommen über ein unabhängiges Zypern ab.

30. Donnerstag
Sudan. Nach Ghana und Nigeria protestiert auch der Sudan bei der UNO gegen das französische Vorhaben, Kernwaffentests in der Sahara durchzuführen.

31. Freitag
Indien. Präsident Prasad entläßt die kommunistische Regierung des Teilstaats Kerala, da sie nicht in der Lage sei, die Ordnung aufrechtzuerhalten und in Übereinstimmung mit der Verfassung zu regieren.

August

3. Montag
Bundesrepublik Deutschland. Die »Gorch Fock«, das neue Segelschulschiff der Bundesmarine, läuft zur ersten Auslandsreise aus.

5. Mittwoch
UdSSR/USA. Der sowjetische Regierungschef Chruschtschow nimmt die Einladung des US-amerikanischen Präsidenten Eisenhower zu einem Besuch der USA an.
Weltpolitik. Die am 11. 5. begonnene Genfer Außenministerkonferenz der Großen Vier wird ohne konkretes Ergebnis beendet.

6. Donnerstag
Nicaragua. Die Nationalgarde meldet, daß ein Invasionsversuch aus Honduras und Costa Rica vereitelt worden ist.

7. Freitag
Raumfahrt. Von Cape Canaveral wird mit einer dreistufigen Thor-Able-Rakete der US-amerikanische Satellit Explorer 6 erfolgreich gestartet. Spektakulär sind seine Übertragungen von Aufnahmen der Erdoberfläche.

8. Samstag
Ägypten. In Cairo erklärt Staatspräsident Nasser, daß Ägypten Israel niemals die Benutzung des Suezkanals erlauben werde.

9. Sonntag
Laos. US-amerikanische Militärexperten kommen im Lande an; sie sollen beim Aufbau von Ausbildungseinheiten helfen, nachdem in den letzten Wochen zunehmend von Nordvietnam unterstützte Pathet-Lao-Einheiten die Regierungstruppen angreifen.

11. Dienstag
Kuba. Regierungstruppen vereiteln eine angebliche Verschwörung von Großgrundbesitzern und ehemaligen Armeeoffizieren gegen das Castro-Regime.

13. Donnerstag
Raumfahrt. Von der US-amerikanischen Luftwaffenbasis Vandenberg (Kalifornien) aus wird der rd. 750 kg schwere Satellit Discoverer 5 erfolgreich gestartet.

16. Sonntag
Jordanien/VAR. Beide Staaten stellen ihre diplomatischen Beziehungen wieder her.

20. Donnerstag
Kuba. Der frühere Diktator Fulgencio Batista kommt in Lissabon an, wo er politisches Asyl erhält.

22. Samstag
UdSSR/USA. In Moskau beginnt die Tournee des New York Philharmonic Orchestra unter der Leitung von Leonard Bernstein durch die Sowjetunion.

23. Sonntag
Wissenschaft. Der britische Anthropologe Louis Leakey entdeckt in der Olduvaischlucht in Tanganjika menschliche Fossilien, von denen angenommen wird, daß sie über 600 000 Jahre alt sind.

25. Dienstag
Indien. Premierminister Nehru erklärt, daß Indien die im Himalaya gelegenen Königreiche Bhutan und Sikkim gegen Angriffe von außen verteidigen werde.

27. Donnerstag
Bundesrepublik Deutschland. Der US-amerikanische Präsident Eisenhower führt in Bonn Gespräche mit Bundeskanzler Adenauer. Er ist der erste US-Präsident, der die Bundesrepublik besucht.

28. Freitag
Schweiz. In Liestal stirbt der tschechoslowakische Komponist Bohuslav Martinů im Alter von 68 Jahren.

29. Samstag
Bundesrepublik Deutschland. In Dortmund demonstrieren 30 000 Bergleute gegen die Folgen der Kohleabsatzkrise.
Ungarn/Japan. Beide Länder nehmen ihre seit dem 2. Weltkrieg unterbrochenen diplomatischen Beziehungen wieder auf.

30. Sonntag
Südvietnam. Bei den Wahlen zur

2. 7. Belgien
Die Hochzeit von Prinz Albert und Prinzessin Paola ist ein nationales Ereignis.

31.7. Indien
S. 288 – 44

23. 8. Wissenschaft
Louis Leakey

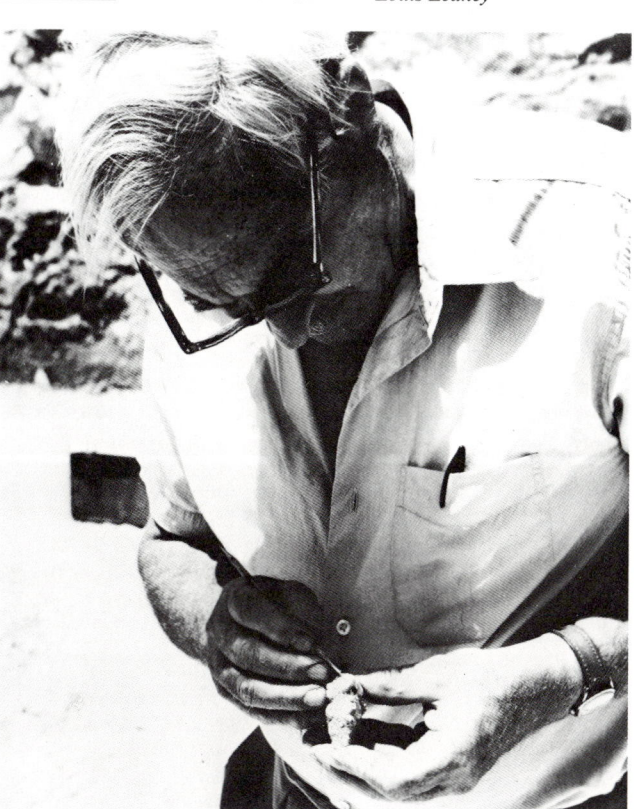

September 1959

5. 9. Laos
Heftige Gefechte mit den Pathet Lao bringen die Regierung dazu, den Ausnahmezustand auszurufen. Hier wurden verdächtige Dorfbewohner verhaftet.

12.9. Bundesrepublik Deutschland
S. 49 – 1

12. 9. Bundesrepublik Deutschland
Der scheidende Bundespräsident Theodor Heuss (mit Zigarre) während der Kieler Woche 1959.

September

2. Mittwoch
DDR. Die beiden ehemaligen, 1958 entmachteten Mitglieder des Politbüros der SED Karl Schirdewan und Fritz Selbmann geben zu, daß sie Generalsekretär Ulbricht ablösen und die Führung der SED übernehmen wollten.
Frankreich. Der US-amerikanische Präsident kommt zu einem offiziellen Besuch nach Frankreich, nachdem er vorher fünf Tage in Großbritannien war.
Nationalversammlung erhält die Nationale Revolutionäre Bewegung von Staatschef Diem 78 der insgesamt 123 Sitze.

4. Freitag
Laos. Die Regierung ersucht die UNO formell um Hilfstruppen, um den Angriffen der von Nordvietnam unterstützten Pathet Lao Einhalt gebieten zu können.

5. Samstag
Laos. Für das ganze Land wird der Ausnahmezustand ausgerufen, nachdem Truppen der Pathet Lao eine neue Offensive gestartet haben.

8. Dienstag
UNO. Der Sicherheitsrat beschließt, eine Untersuchungskommission nach Laos zu senden.

9. Mittwoch
UdSSR/Ägypten. Über Materiallieferungen für den Bau der ersten Stufe des Assuanstaudammes wird Übereinstimmung erzielt. Die Sowjetunion wird 84 Experten nach Ägypten schicken.

12. Samstag
Bundesrepublik Deutschland. Der scheidende Bundespräsident Theodor Heuss übergibt sein Amt seinem Nachfolger Heinrich Lübke (CDU).

13. Sonntag
Italien. In Innsbruck demonstrieren rd. 20000 Südtiroler gegen die italienische Verwaltung Südtirols.
Raumfahrt. Mit dem sowjetischen Satelliten Luna 2 erreicht zum ersten Male ein künstlicher Satellit den Mond. Er schlägt auf der Mondoberfläche auf und zerschellt. Die von ihm zur Erde gefunkten Meßergebnisse zeigen, daß der Mond weder von einem Magnet- noch von einem Strahlungsgürtel umgeben ist.

15. Dienstag
UdSSR. Der 16000-t-Eisbrecher »Lenin«, der als erstes ziviles Überwasserschiff mit Kernkraft angetrieben wird, läuft zu seiner ersten Fahrt von Leningrad in die Ostsee aus.
UdSSR/USA. Der sowjetische Regierungschef Chruschtschow trifft zu einem zweiwöchigen Staatsbesuch in den USA ein. Bei einem Gespräch mit US-Präsident Eisenhower betont er das Prinzip der »friedlichen Koexistenz« der unterschiedlichen Gesellschaftssysteme in Ost und West.

16. Mittwoch
Algerien. Der französische Staatspräsident de Gaulle sichert in einer Rundfunk- und Fernsehansprache Algerien nach Beendigung des Aufstands die Wahl zwischen völliger Trennung von Frankreich, innerer Selbstverwaltung und völligem Anschluß an Frankreich zu.

17. Donnerstag
USA. Das Raketenflugzeug X15 fliegt zum ersten Mal aus eigener Kraft.

21. Montag
Bundesrepublik Deutschland. Bund und Länder beschließen die Einführung eines Führerscheins der Klasse V für Mopeds.
Italien/Österreich. Der österreichische Außenminister Kreisky ruft Italien auf, für die deutschsprechende Bevölkerung Südtirols eine autonome Provinz einzurichten.

23. Mittwoch
Italien. Außenminister Giuseppe Pella erklärt die Südtirol-Frage zur inneren Angelegenheit Italiens, für die die UNO nicht zuständig sei.

25. Freitag
Ceylon. Premierminister Solomon Bandaranaike wird in seinem Haus in Colombo von dem buddhistischen Mönch Taluwe Thero niedergeschossen.

26. Samstag
Bundesrepublik Deutschland. In Bonn demonstrieren 60000 Bergleute gegen die Folgen der Kohlenabsatzkrise.
Ceylon. Premierminister Solomon Bandaranaike stirbt im Alter von 60 Jahren in Colombo an den Folgen des Mordanschlags vom 25. 9. Bildungsminister Wijayananda Dahanayake wird sein Nachfolger.

28. Montag
Bundesrepublik Deutschland. In Kassel stirbt der deutsche Autorennfahrer Rudolf Caracciola (58).

30. Mittwoch
Frankreich. Außenminister Couve de Murville weist darauf hin, daß sein Land einen Kernwaffentest in der Sahara durchführen werde.

15. 9. *UdSSR/USA*
Sowjetische Spitzenpolitiker besuchen Washington. Links drei US-Amerikaner: Vizepräsident Richard Nixon, Außenminister Christian Herter und Präsident Dwight D. Eisenhower. Rechts: Nikita Chruschtschow und Außenminister Gromyko. Das von Chruschtschow mitgebrachte Gastgeschenk erinnert an die sowjetischen Raumfahrterfolge. Es ist ein Modell der Kugel, die von einer sowjetischen Sonde auf den Mond gebracht wurde.

Oktober

1. Donnerstag
Algerien. Der tunesische Staatspräsident Bourguiba ruft Vertreter der Franzosen und der algerischen Nationalisten auf, durch Verhandlungen die Möglichkeit der von Staatspräsident de Gaulle zugesagten Selbstbestimmung zu nutzen.

3. Samstag
Frankreich. In Paris demonstrieren Veteranen des ersten Weltkriegs für höhere Pensionen.

4. Sonntag
Raumfahrt. Der sowjetische Mondsatellit Luna 3 wird gestartet. Er soll die der Erde abgewandte Mondseite fotografieren.
UdSSR. Antisemiten setzen eine Synagoge in Brand und verwüsten den jüdischen Friedhof Malachowka bei Moskau.

5. Montag
UdSSR/Österreich. Der österreichische Bundespräsident Adolf Schärf beginnt einen zehntägigen Staatsbesuch in der UdSSR.

6. Dienstag
Berlin. Die Westberliner Stationen der von der DDR betriebenen S-Bahn werden mit den Staatsemblemen der DDR versehen. Dabei kommt es zu Zusammenstößen, als die Westberliner Polizei die DDR-Flaggen wieder entfernt.

8. Donnerstag
Großbritannien. Bei den Unterhauswahlen erzielen die Konservativen Mandatsgewinne (von 345 auf 366 Sitze), die Liberalen halten ihre 6 Sitze, die Labour Party verliert 19 Sitze (von 277 auf 258).

11. Sonntag
Algerien. Zum ersten Mal bietet die französische Regierung der FLN Waffenstillstandsverhandlungen an.
Bundesrepublik Deutschland. Bei den Bremer Bürgerschaftswahlen erringt die SPD mit 54,9% der Stimmen und 61 Sitzen die absolute Mehrheit. CDU und DP erhalten je 16 und die FDP 7 Sitze.

12. Montag
Laos. Eine Kommission des UN-Sicherheitsrats stellt fest, daß Nordvietnam die Angriffe des Pathet Lao leitet und unterstützt.
UNO. Die Vollversammlung wählt Ceylon und Ecuador als nichtständige Mitglieder in den Sicherheitsrat.

13. Dienstag
Raumfahrt. Von Cape Canaveral aus wird der 41,45 kg schwere US-amerikanische Satellit Discoverer 7 gestartet. Er soll Auskünfte über den die Erde umgebenden Strahlengürtel liefern.

14. Mittwoch
Kanada. In Vancouver stirbt der US-amerikanische Filmschauspieler Errol Flynn (50).

15. Donnerstag
Bundesrepublik Deutschland. In München wird der ukrainische antikommunistische Politiker Stepan Bandera durch einen sowjetischen Agenten ermordet.
USA. Bei Hardinsburg (Kentucky) stoßen ein B52-Bomber (mit zwei Atombomben an Bord) und ein Düsenjäger zusammen. Die atomare Ladung bleibt unversehrt.

16. Freitag
USA. In Washington stirbt der ehemalige Außenminister und General George Catlett Marshall im Alter von 78 Jahren.

17. Samstag
Kuba. Fidel Castro ernennt seinen Bruder Raul zum Minister für die Revolutionären Streitkräfte, wie das Ministerium für Nationale Verteidigung jetzt heißt.

28. 9. *Bundesrepublik Deutschland*
Rudolf Caracciola (rechts) mit Mercedes-Rennleiter Alfred Neubauer.

November 1959

20. Dienstag
China/Indien. Chinesische Truppen greifen indische Patrouillen im Ladakh-Gebiet, 70 km tief auf indischem Territorium, an.
Österreich. In Wien stirbt der Schauspieler und Charakterdarsteller Werner Krauß (75).

21. Mittwoch
USA. In New York wird das Solomon R. Guggenheim Museum of Art offiziell eröffnet. Das von Frank Lloyd Wright entworfene Gebäude gilt als eines der spektakulärsten Bauwerke in den USA.
VAR. Präsident Nasser setzt den ägyptischen Feldmarschall Abd el-Hakem Amir zu seinem Statthalter in Syrien ein.

23. Freitag
Großbritannien. Hugh Gaitskell wird erneut zum Vorsitzenden der Labour Party gewählt.
Indien/Pakistan. In Delhi werden die Grenzstreitigkeiten zwischen beiden Staaten beigelegt.
UdSSR/USA. Im Rahmen des amerikanisch-sowjetischen Kulturabkommens beginnt der sowjetische Komponist Dmitrij Schostakowitsch eine vierwöchige Tournee durch die USA, auf der er verschiedene amerikanische Symphonieorchester dirigieren wird.

26. Montag
China/Indien. China fordert offiziell ein Gebiet von 10 000 Quadratkilometern in Ladakh, durch das die Chinesen 1957 eine Straße gebaut haben, die sie ohne indische Erlaubnis benutzen.
Am folgenden Tag kündigt Peking die Besetzung des Gebiets an.
Island. Bei den Parlamentswahlen erhalten Unabhängigkeitspartei und Sozialdemokraten zusammen 33 der insgesamt 60 Sitze.

27. Dienstag
Bundesrepublik Deutschland. Vertreter des Bundes und des Landes Niedersachsen einigen sich darauf, nach der Preussag auch das Volkswagenwerk zu reprivatisieren.

29. Donnerstag
Belgisch-Kongo. Die Kongolesische Nationalbewegung unterstützt einen Aufruf Patrice Lumumbas zu zivilem Ungehorsam und Wahlboykott als Teil eines Planes zur »unmittelbaren Befreiung des Kongo«.
Laos. In Luang Prabang stirbt König Sisavang Vong im Alter von 74 Jahren.

20. 10. Österreich Werner Krauß

23.10. Indien/Pakistan S. 288 – 44

1.11. Belgisch-Kongo S. 288 – 45

21. 10. USA In New York wird das Guggenheim-Museum eröffnet. Das Schwarzweißfoto zeigt das Innere, entworfen von Frank Lloyd Wright.

November

1. Sonntag
Belgisch-Kongo. Die Polizei verhaftet den Nationalistenführer Patrice Lumumba. Er soll am 30. 10. in Stanleyville bei einer Kundgebung, bei der es mindestens 20 Tote gab, zur Gewalt aufgerufen haben.

2. Montag
Laos. Kronprinz Savang Vatthana wird als Nachfolger seines verstorbenen Vaters, König Sisavang Vong, zum König von Laos ausgerufen.

3. Dienstag
Frankreich. Staatspräsident de Gaulle bezeichnet die Verteidigung Frankreichs als rein französische Angelegenheit. Er will, daß Frankreich mehr Gewicht in der NATO erhält.
Israel. Bei den Parlamentswahlen wird die Mapai von Ministerpräsident David Ben Gurion mit 38,2% der Stimmen und 47 von 120 Mandaten wieder stärkste Partei.

4. Mittwoch
Algerien. Im Ärmelkanal bringen französische Kriegsschiffe das deutsche Schiff »Bilbao« auf und beschlagnahmen die angeblich für die FLN bestimmte Ladung.

6. Freitag
Laos. Eine Sonderkommission des UN-Sicherheitsrates erklärt – ergänzend zu dem Bericht vom 12. 10. –, daß keine deutlichen Beweise für eine direkte Intervention nordvietnamesischer Streitkräfte in Laos gefunden wurden.
Südostasien. In Jakarta verabschieden Vertreter der Mitgliedstaaten des Colombo-Planes die Forderung nach mehr wirtschaftlicher Hilfe für 15 nichtkommunistische Staaten Südostasiens.

8. Sonntag
Tunesien. Habib Bourguiba wird für weitere fünf Jahre als Staatspräsident bestätigt.

10. Dienstag
Kuba. In New York wird eine Exilregierung gebildet, deren Führung Domingo Gomez Gimeranez übernimmt.
Rwanda-Urundi. Die belgische Regierung stellt einen Plan vor, nachdem dieses UN-Treuhandgebiet unabhängig werden soll.

12. Donnerstag
Rwanda-Urundi. In Verbindung mit den andauernden Unruhen zwischen Hutu und Tutsi wird der Ausnahmezustand ausgerufen.

15. Sonntag
Bundesrepublik Deutschland. In Bad Godesberg verabschiedet die SPD nach dreitägiger Debatte mit 324 gegen 16 Stimmen ein neues Grundsatzprogramm, das sogenannte Godesberger Programm.

16. Montag
Naher Osten. Der irakische Ministerpräsident Kassem stellt einen Fusionsplan für den Irak, Syrien und Jordanien vor. Der Staatenbund soll den Namen »Länder des fruchtbaren Halbmondes« führen.

20. Freitag
EFTA. In Stockholm unterzeichnen die Vertreter von Österreich, Dänemark, Norwegen, Schweden, der Schweiz, Portugal und Großbritannien den Vertrag über die Gründung der Europäischen Freihandelszone (EFTA).
Island. Der Führer der Unabhängigkeitspartei, Olafur Thors, bildet eine neue Regierung, nachdem am Tage zuvor die sozialdemokratische Minderheitsregierung Jonsson zurückgetreten war.

21. Samstag
Sport. Nach einer Entscheidung des IOC sollen bei Olympischen Spielen die deutschen Teilnehmer hinter einer gemeinsamen Flagge einmarschieren.
UdSSR/USA. Der sowjetisch-amerikanische Vertrag über einen wechselseitigen Austausch in Wissenschaft, Kultur, Technik und Sport wird um zwei Jahre verlängert.

23. Montag
Iran. Schah Mohammed Reza Pahlewi gibt seine Verlobung mit der in Paris studierenden Farah Diba bekannt.

25. Mittwoch
Frankreich. In Paris stirbt der Schauspieler und Mitbegründer des Théâtre National Populaire, Gérard Philippe, im Alter von 36 Jahren. Berühmt wurde er in klassischen Rollen.

3. 11. Israel
Vor den Parlamentswahlen. Auf dem Foto hinter dem Mikrofon: Menachem Begin, Führer der rechtsgerichteten Cherut-Partei. Auf dem Transparent steht: »Laßt uns die Mapai-Partei zerstören und eine Cherut-Regierung aufbauen!«

3. 12. USA
Während seiner Weltreise wird Präsident Eisenhower von Papst Johannes XXIII. empfangen. Im Hintergrund Sohn John mit seiner Frau Barbara.

Dezember

26. Donnerstag
Kuba. Che Guevara wird zum Vorsitzenden der Nationalbank Kubas ernannt.

29. Sonntag
Bundesrepublik Deutschland. In Hamburg stirbt der Dramatiker Hans Henny Jahnn (64).

30. Montag
Ungarn. In Budapest beginnt der 7. Parteitag der Ungarischen KP in Anwesenheit des sowjetischen Parteichefs Chruschtschow. János Kádár, der Erste Sekretär des ZK, erklärt, die sowjetischen Truppen würden so lange im Lande bleiben, »wie es die internationale Lage erfordere«.

1. Dienstag
Antarktis. In Washington unterzeichnen 12 Staaten einen Vertrag, der die Antarktis der wissenschaftlichen Forschung vorbehält und militärische Aktivitäten untersagt.

3. Donnerstag
USA. Präsident Eisenhower tritt in Rom eine achtzehntägige Weltreise an, die ihn in 11 Länder führt.

4. Freitag
UdSSR. In Usbekistan und Turkmenistan werden große Öl- und Gasvorkommen entdeckt.

Zypern. Der Ausnahmezustand wird aufgehoben.

5. Samstag
Ungarn. Der 7. Parteitag der KP wählt ein neues, 71 Mitglieder zählendes Zentralkomitee, das von János Kádár geführt wird.

7. Montag
Ägypten. Die UNESCO verabschiedet einen Plan für die Rettung der Denkmäler und Kunstwerke, die beim Bau des Assuanstaudammes überflutet würden.

8. Dienstag
Kuba. Militärgerichte verurteilen drei US-amerikanische Bürger zu Haftstrafen von 25–30 Jahren we-

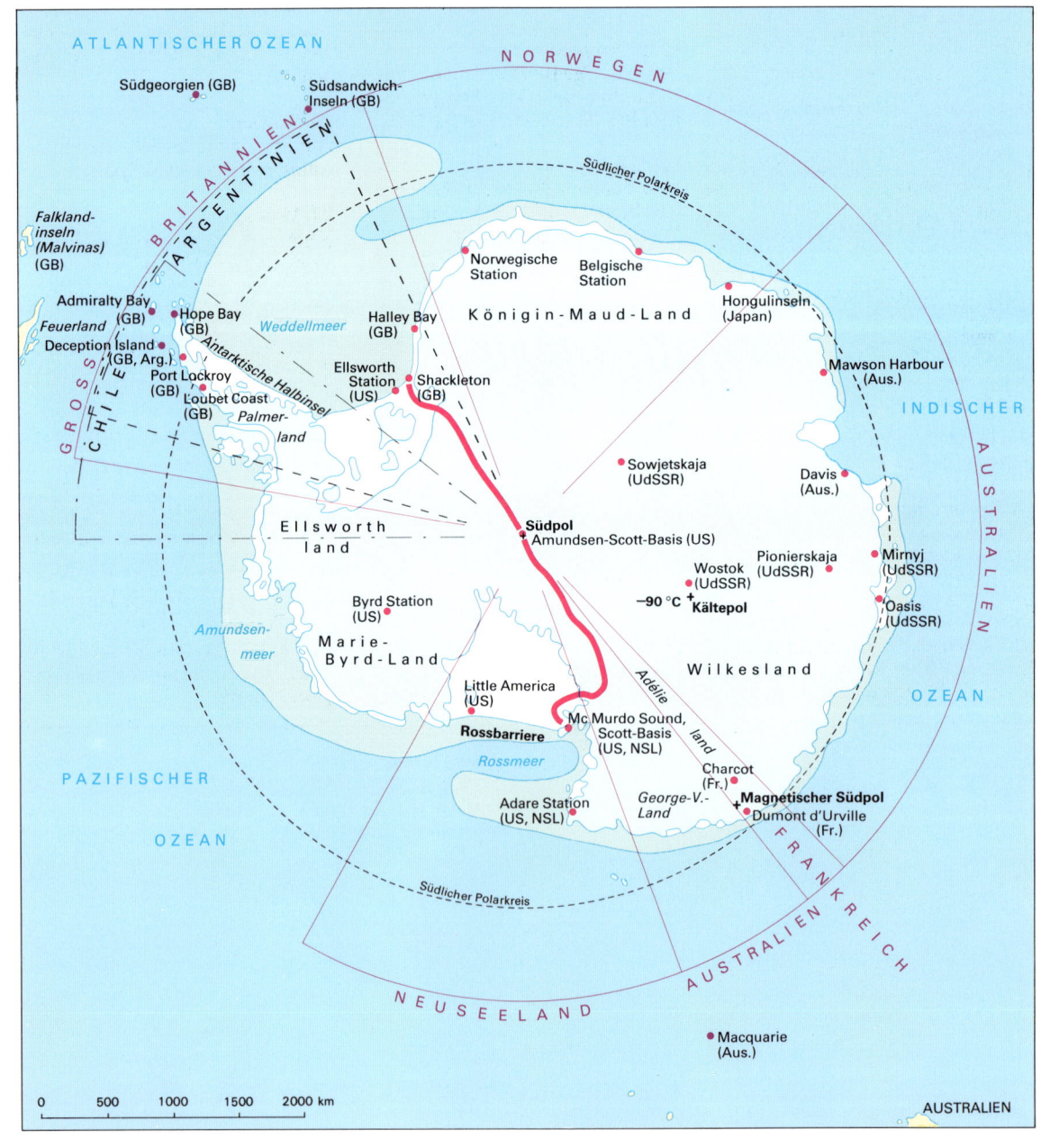

1.12. Antarktis
Die Ansprüche auf das Gebiet der Antarktis zur Zeit des Internationalen Geophysikalischen Jahres.

Dezember 1959

13. Sonntag
Zypern. Die griechisch-zypriotische Bevölkerung wählt Erzbischof Makarios mit 66% aller Stimmen zum ersten Präsidenten der Republik Zypern.

15. Dienstag
Nigeria. Gouverneur Robertson ernennt nach den Wahlen vom 12. 12. Abubakar Tafawa Balewa erneut zum Premierminister. Er gibt ihm den Auftrag, Vorbereitungen für die Unabhängigkeit im Jahre 1960 zu treffen.

16. Mittwoch
Israel. Ministerpräsident David Ben Gurion stellt eine neue Koalitionsregierung aus fünf Parteien vor.

17. Donnerstag
Schweiz. Die Bundesversammlung wählt Bundesrat Max Petitpierre zum Bundespräsidenten für 1960.

21. Montag
Iran. Schah Mohammed Reza Pahlewi heiratet in Teheran Farah Diba.
Weltpolitik. In Paris endet die Gipfelkonferenz der drei Westmächte und der Bundesrepublik Deutschland. Bekräftigt wird der alliierte Schutz Berlins. Der UdSSR werden neue Abrüstungsgespräche für den 15. 3. 1960 in Genf angeboten, was diese auch akzeptiert.

23. Mittwoch
Uganda. Eine von Gouverneur Sir Frederick Crawford eingesetzte Kommission ist der Ansicht, daß der afrikanischen Bevölkerung mehr politische Rechte eingeräumt werden müßten.

25. Freitag
Bundesrepublik Deutschland. In Köln werden eine Synagoge und ein Mahnmal für die Opfer des Nationalsozialismus mit Hakenkreuzen und antijüdischen Parolen beschmiert.

26. Samstag
Antarktis. Eine sowjetische Expedition erreicht den Südpol.

28. Montag
VAR. Aus Protest gegen die Einsetzung des ägyptischen Feldmarschalls Abd el-Hakim Amer zum Chef der syrischen Regionalregierung treten vier syrische Minister aus der Zentralregierung der VAR und der syrischen Regionalregierung aus.

29. Dienstag
USA. Präsident Eisenhower teilt mit, daß der bis zum 31. 12. befristete Kernwaffenteststopp nicht verlängert wird.

30. Mittwoch
USA. Senator Hubert Humphrey gibt bekannt, daß er sich als Kandidat der Demokraten für die bevorstehenden Präsidentschaftswahlen bewerben will.

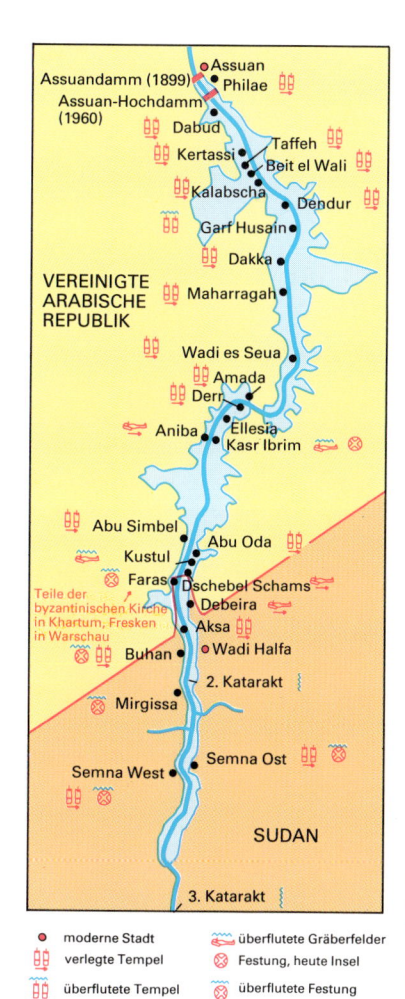

gen angeblicher »konterrevolutionärer Aktivitäten«.

10. Donnerstag
Nobelpreise. In Stockholm werden die diesjährigen Nobelpreise an S. Quasimodo (Literatur), E. Segré und O. Chamberlain (Physik), J. Heyrovsky (Chemie), S. Ochoa und A. Kornberg (Medizin) verliehen; den Friedensnobelpreis erhält in Oslo P. Noël-Baker.

21. 12. Iran
Farah Diba, die neue Ehefrau des Schahs, im Brautkleid.

7. 12. VAR
Übersicht über die durch den Bau des Assuanstaudammes gefährdeten historischen Bauwerke.

Optimismus über das Wirtschaftswachstum war kennzeichnend für das Jahrzehnt. In Großobjekten wie der Anlage des Hafens Europoort kommt die Fortschrittsgläubigkeit zum Ausdruck.

Ereignisse un

Tendenzen in den 50er Jahren

Die Weichen werden gestellt

Der erneute Versuch, auf deutschem Boden eine Demokratie zu entwickeln, in der die Staatsgewalt vom Volke ausgeht, kann nur dann zum Erfolg führen, wenn die Menschen selbst, jeder in seiner Identität, in demokratischer Verfassung leben. Das geschriebene Grundgesetz bleibt lediglich Zeichen guten Willens, wenn ihm und seinem Geist nicht auch die Wirklichkeit entspricht.

Die Bürger des Landes sind gerufen, unmittelbar und ständig an den Geschäften mitzuwirken, die vom Parlament, von der Regierung und von der Gerichtsbarkeit zu besorgen sind. Aber die Teilnahme an der politischen Arbeit setzt die Kenntnis der Möglichkeiten voraus. Der Bürger muß wissen, wie die Dinge stehen, wie die Verantwortung, die er übernimmt, einzusetzen ist. Er kann seine Pflichten nur erfüllen, seine Rechte nur wahrnehmen, seine Meinungen nur erarbeiten, wenn er zuverlässig und vollständig unterrichtet wird.

Als der 2. Weltkrieg im Mai 1945 durch die Kapitulation der Reste des Deutschen Reiches beendet wurde, standen sich im Lager der Sieger zwei grundsätzlich verschiedene und politisch unvereinbare gesellschaftliche Systeme gegenüber: die Union der Sozialistischen Sowjetrepubliken und die Vereinigten Staaten von Amerika mit ihren europäischen und ihren über alle Erdteile verstreuten Verbündeten.

Im Kampf gegen den radikalen Nationalismus, der das Deutsche Reich in den Abgrund gerissen hatte, waren die beiden im Grunde feindselig entgegengesetzten Großmächte und ihre Verbündeten als Alliierte verbunden. Sie stimmten ihre militärischen und politischen Aktionen zur Vernichtung des deutschen Nationalsozialismus miteinander ab, aber sie hatten nach dem Siege kein gemeinsames Ziel mehr, das sie zusammenhalten konnte. Dem Sieg folgte kein Frieden. Es begann das Ringen um eine Vormachtstellung. Der Begriff »Kalter Krieg« erhielt weltweit Bedeutung. Es drohte die Gefahr, daß die zunehmende Spannung zwischen einem West- und einem Ostblock eine neue militärische Auseinandersetzung auslösen würde.

Die amerikanische Armee war hoch gerüstet. Sie hatte am 6. 8. 1945 in Hiroshima die erste Atombombe geworfen und drei Tage später auf Nagasaki eine zweite, diese, obwohl die Wirkung, die totale Vernichtung allen Lebens, bekannt war. Ein Zeichen war gesetzt.

In der Sowjetunion waren Städte und Dörfer, Industrien und Kraftwerke, Straßen und Nutzflächen weithin zerstört. Sie fühlte sich – durchaus zu unrecht – von ihren einstigen Alliierten bedroht und sah sich in der eigenen Besatzungszone in Deutschland durch harte politische Ablehnung verwirrt. Das Wort von der »Weltrevolution« des Kommunismus war im Westen zwar immer häufiger zu hören, es hatte jedoch damals angesichts der Schwächung der Sowjetunion nur regionale Bedeutung, so sehr es auch in der polemischen Auseinandersetzung benutzt wurde.

Das Deutsche Reich wurde aufgelöst. Auf deutschem Boden entstanden zwei Staaten. Der eine, aus freien Wahlen hervorgegangen, lehnte sich an die Demokratie des Westens an, der andere blieb unter der Herrschaft der sowjetischen Besatzungsmacht und wurde in den Ostblock einbezogen, ein Glied des von der Sowjetunion für notwendig gehaltenen »Schutzringes« gegen den Westen.

Der erste Kanzler der jungen Bundesrepublik Deutschland, Konrad Adenauer, der vom September 1949 an nach dem Grundgesetz, das sich die Länder der westlichen Besatzungszonen als Verfassung gegeben hatten, die Richtlinien der Politik bestimmte, war, so in einer Rede am 6. 9. 1952, der Meinung,

»daß wir mit schnellem Zustandekommen der Europäischen Verteidigungsgemeinschaft (EVG) im Zusammenhang mit dem Nordatlantik-Pakt und mit dem schnellen Zustandekommen des Deutschlandvertrages in Wirklichkeit nicht nur den einzigen Weg beschreiten, der zur Wiedervereinigung des zerrissenen Deutschlands führt, sondern, daß wir auch damit einen Weg beschreiten, der lange nicht so viel Zeit erfordert, wie leider Gottes hier und da die Pessimisten jetzt sagen.«

In dieser Erklärung, die vom Beginn seiner Regierungstätigkeit an galt, war der Grundzug der gesamten politischen Arbeit der Regierung für eine lange Zeit formuliert worden.

Obwohl die Bundesrepublik 1949 mit Zustimmung der Besatzungsmächte konstituiert worden war, behielten diese sich zunächst einen entscheidenden Einfluß auf die politische Tätigkeit des jungen Staates vor. Er galt besonders der internationalen politischen Arbeit. Die deutsche Regierung sah ihre Bindung an den Westen als entscheidend für alle anderen politischen Erwägungen und Beschlüsse an. Der Bundeskanzler machte kein Hehl daraus, daß er bereit sei, »das Opfer der deutschen Einheit« zu bringen, »wenn wir in ein starkes westliches Lager eintreten können« (1954 gegenüber dem französischen Ministerpräsidenten Mendès-France).

Nach dem Ende des 2. Weltkrieges hatte US-Präsident Truman eine Doktrin proklamiert, die auch die politischen Vorgänge und Entwicklungen in Europa beeinflußte. Die USA versprachen, den freien Völkern jederzeit Unterstützung zu gewähren, die sich der Unterwerfung durch bewaffnete Minderheiten oder durch Druck von außen widersetzen würden. Militärischer Schutz und Wirtschaftshilfe sollten jedem Lande die Freiheit sichern. Alsbald folgende internationale Paktabschlüsse (1949 der Nordatlantik-Pakt) beruhten auf diesem politischen Prinzip.

Der nächste US-Präsident, Dwight D. Eisenhower, und sein Außenminister John Foster Dulles hielten an diesem Grundsatz auch für ihre Politik fest.

Völlig überraschend versuchte die Sowjetunion, eine Bresche in die Mauer zu schlagen, die durch die Doktrin entstanden war. Am 14. 6. 1951 veröffentlichte die amtliche Nachrichtenagentur der Sowjetunion, die TASS, eine Erklärung: Unter Berücksichtigung der Wahlgesetze der in Mitteldeutschland gebildeten Deutschen Demokratischen Republik und der Bundesrepublik Deutschland sollte ein neues Wahlgesetz ausgearbeitet werden, das »die Freiheit der Willensäußerung jeder demokratischen Partei und Organisation« garantieren sollte. Der amerikanische Präsident Harry S. Truman antwortete am 23. 9. 1951 in einer Rede, in der es hieß:

»Durch die Errichtung einer nichtkommunistischen militärischen Streitmacht, die stark genug zur Verteidigung und zur Vergeltung ist, ist ein Übereinkommen mit der Sowjetunion über einen dauernden Frieden zu erzwingen.«

Der deutsche Bundeskanzler hatte weniger aggressiv, aber um so schneller bereits abgelehnt, bevor der Text des sowjetischen Vorschlags offiziell vorlag.

Die Sowjets blieben hartnäckig. Am 10. 3. 1952 regten sie eine sofortige Erörterung über einen Friedensschluß an. Der Westen lehnte ab, war nur zu Verhandlungen bereit, wenn vorher freie Wahlen in beiden Teilen Deutschlands ein Fundament für eine unabhängige Regierung geschaffen haben würden. Mit dieser könnte dann ein Friedensvertrag ausgehandelt werden. Das aber war dem Kreml nicht genehm. Der Austausch der Vorschläge und Gegenvorschläge verlief im Sande.

Die Bundesrepublik schloß nur mit den Westmächten allein Verträge über die deutschen Interessen und ihre Vertretung. Die Position der Bundesrepublik gegenüber den anderen Mächten in Europa wurde mit dem Deutschland-Vertrag im Mai 1952 festgelegt. Jedes Folgeabkommen war dann ein Beitrag zur Verbesserung der Position der Bundesrepublik. Deren Souveränität wurde aber allein von den Hohen Kommissaren der Besatzungsmächte am 5. 5. 1955 proklamiert. Die Sowjetunion war nicht beteiligt.

In der NATO wogte zu jener Zeit ein heftiger Streit. Aus Amerika kamen Nachrichten, daß eine militärische Aggression der Sowjets befürchtet werde. In der NATO sprach man von Hysterie in den USA. Europäische Politiker der Westmächte orientierten sich zwar an den Erwägungen der Regierung in Washington, ließen aber deutlich Distanz erkennen, als Eisenhower am 23. 6. 1952 öffentlich forderte: »Die Rohstoffquellen der Welt dürfen nicht den Sowjets überlassen werden.« Er wollte nicht mit kommunistisch regierten Staaten nur verhandeln und glaubte, daß auch in Gesprächen nur durch militärischen Druck Erfolge erzielt werden könnten. Gespräche seien jedoch nötig, damit kein Schuß losgehe, meinte Eisenhower.

Erst Ende 1954 und vor allem im Jahre 1955 ließ selbst ein so harter Gegner der sowjetischen Politik wie US-Außenminister John Foster Dulles es mindestens zu, daß in seinem Amt die Notwendigkeit entspannender Gespräche erkannt und sogar ausgesprochen wurde. Ich werde niemals jenes nächtliche Gespräch in Arlington bei Washington vergessen, in dem am 14. 10. 1955 amerikanische und deutsche Diplomaten und Journalisten in kollegialer Runde die west-östliche Problematik unabhängig und mutig zu analysieren versuchten. Den Deutschen wurde der Hinweis gegeben, sie seien doch die Nachbarn der Sowjetunion in Europa und müßten daher auch politisch am stärksten an einer Kontaktaufnahme interessiert sein.

Die Konferenz der Außenminister in Genf im November 1955 blieb ergebnislos. Wenn dort keine Lösung gefunden werde, hatte man einige Tage vor dem Gespräch in Arlington im US-Außenministerium geäußert, sei es doch nötig zu wissen, ob die Bundesregierung in Bonn bereit sei, einen »Kontakt mit dem Osten« zu versuchen, vielleicht »zuerst mit Pankow« (dieser Ostberliner Stadtteil galt damals als Sitz der Behörden der DDR). Mag sein, daß diese Äußerung vorschnell und aus der Enttäuschung über den Mißerfolg der bisherigen Verhandlungen entstanden war, aber sie war ausgesprochen worden. Man verkannte in Washington nicht, daß die Aufnahme von Gesprächen mit einem Staat des Ostblocks »eine ernste Gefahr für das amerikanisch-deutsche Verhältnis bedeuten könnte«. Auf die Frage, was mit dem Wort »Gefahr« gemeint sei, ob es auf einen Verzicht auf die Mitgliedschaft der Bundesrepublik in der NATO hinziele, kam die Antwort:

»Die NATO selbst ist nicht unbedingt unantastbar. Die Zugehörigkeit der Bundesrepublik zur NATO ist nicht Vorbedingung für ein geordnetes oder brauchbares oder befriedigendes Verhältnis Ihres Landes zu den USA.«

Der amerikanische Diplomat fügte jedoch sofort und mit starkem Nachdruck hinzu, daß dies seine persönliche Meinung sei. Andere hatten Tage zuvor jedoch ähnliches gesagt oder angedeutet, und auch nach diesem Gespräch haben Politiker und Journalisten in den USA nicht anders gesprochen, freilich stets in »persönlichem Gespräch« oder mit Betonung, dies sei die eigene Meinung.

Am 6. 4. 1960 nahm Bundeskanzler Adenauer im Deutschen Bundestag dazu Stellung:

»Wenn wir eines Tages zu einer Verständigung auch mit Sowjetrußland kommen – und ich hoffe, daß wir dies mit Geduld erreichen werden – werden Warschauer Pakt und NATO der Vergangenheit angehören. Das müssen Sie sich doch einmal klarmachen! Das sind doch keine Ewigkeitsinstitutionen.«

Die Erkenntnis, daß einer Politik des »Kalten Krieges« oder »der Stärke« eine flexible Haltung folgen werde, hat sich in der Bundesrepublik und vor allem in Bonn nur langsam durchgesetzt. An Anregungen und Mahnungen, die aus den Ämtern der Westmächte kamen, hat es nicht gefehlt.

Im März 1956 aber erklärte andererseits einer der aktivsten und unabhängigsten Außenpolitiker im Washingtoner Auswärtigen Amt in Hamburg: »Mit Rußland wird es niemals eine Zusammenarbeit geben, keine Entspannung.« Dennoch war es gerade Henry Kissinger – er hatte dies bemerkt –, der dann als erfolgreicher Förderer des politischen Gespräches über alle Grenzen hinweg erfreulich dazu beigetragen hat, daß »bisher jedenfalls nicht geschossen« wurde. Die Feststellung traf für Europa zu, sonst kaum. Die politischen Auseinandersetzungen, die in den 50er Jahren besonders erregend, widerspruchsvoll und ergebnislos, dann wieder überraschend vorwärts drängend und verheißungsvoll waren, haben die Notwendigkeit einer sorgfältigen Information über das Geschehen in der Welt überzeugend erkennen lassen. In jenen Jahren rangen beamtete offizielle Vertreter der Regierungen beiderseits des Atlantiks mit den frei tätigen Journalisten um zuverlässige Informationen. Nahezu täglich widersprachen offizielle oder offiziöse Berichte (auch der deutschen Botschaft in Washington) den Nachrichten oder Kommentaren der Korrespondenten der Nachrichtenagenturen oder Zeitungen. Nicht selten beklagten Regierungen, daß von ihnen gegebene Informationen unrichtig oder unvollständig weitergegeben worden seien. Auch ein deutscher Botschafter stand eine Zeitlang unter Beschuß der Regierung seines Berichtslandes. Die frei wirkenden journalistischen Berichterstatter lagen mit Informationen in aller Regel weit vorn, wie die dann folgenden Ereignisse bestätigten. Man sah und sieht diese Leistung in den Ämtern nicht gern, sie ist aber für die Bürger eines Landes, für die öffentliche Meinung, unentbehrlich.

In den 50er Jahren war die deutsche Öffentlichkeit kaum je befriedigend informiert. Sie hörte wohl von allem, aber sie konnte zwischen Nutzen und Gefahr nur selten unterscheiden. Bis in die Gegenwart hinein reichen noch Auseinandersetzungen über das, was damals »wirklich« geschehen ist, was möglicherweise versäumt, übersehen, mißverstanden oder von vornherein abgewiesen wurde.

Was einmal »Politik der Stärke« hieß, hat sich zu einer Politik der Abschreckung und der Drohung verwandelt. Was einst der internationalen Gerichtsbarkeit unterstand, bleibt nun straffrei. Die Möglichkeit der totalen Vernichtung allen Lebens wird hingenommen. Die Zeit sei so, unsere Zeit, heißt es. Die »Zeit« wird jedoch von den Menschen mit ihrem Tun und ihrem Unterlassen geprägt. Es liegt an den Zeitgenossen, zu wissen, zu begreifen und zu handeln.

FRITZ SÄNGER †

1. Mensch und Natur

Der Preis des Wiederaufbaus

Der 2. Weltkrieg war seit Mitte des vorhergehenden Jahrzehnts vorbei. Die Weltwirtschaft blühte auf, mit einer kurzen Rezession, die bald wieder überwunden wurde. An der Beseitigung der vom Krieg hinterlassenen Schäden wurde in allen Ländern Westeuropas hart gearbeitet. Umfangreiche Investitionen in allen Wirtschaftszweigen erbrachten bei mäßiger Inflation gute Gewinne. Alle Bürger sahen ihr Einkommen wachsen, was zu steigenden Ansprüchen an Wohnung, Freizeitgestaltung und Konsum führte. Für die Bundesrepublik Deutschland wurde das »Wirtschaftswunder« zum Schlagwort (auch → S. 206). So kauften z.B. viel mehr Menschen ein Auto als früher. Der geschäftliche und private Verkehr nahm zu und erforderte die Verbesserung und Ausweitung des Straßennetzes.

Umweltverschmutzung und Verstädterung

Die in vieler Hinsicht positive Entwicklung ging zu Lasten der natürlichen Umwelt, insbesondere durch die Verschmutzung von Luft, Wasser und Boden, durch die Verwendung bisher landwirtschaftlich genutzter Flächen als Bauland und schließlich durch die Schädigung oder vollständige Vernichtung wertvoller Naturgebiete als Auswirkung der Industrialisierung oder »Zersiedlung«.

Überall traten die Symptome der Vergiftung der Gewässer durch Abfallstoffe auf, machte sich die Verschmutzung der Luft durch Verbrennungsgase und andere industrielle Emissionen bemerkbar. Sie richteten über Dutzende von Kilometern hinweg in der Vegetation und bei den Lebewesen in Seen und Flüssen Schäden an. Die Einleitung von Abwässern in öffentliche Gewässer fand oftmals ungehindert in großem Umfang statt. Der zunehmende motorisierte Verkehr trug einen wesentlichen Anteil zur Luftverschmutzung bei.

Bis dahin hatte die Landwirtschaft nur geringen Einfluß auf die Boden- und Wasserqualität gehabt. Durch die verstärkte Verwendung von Kunstdünger entwickelte sich die Landwirtschaft nun jedoch zu einem sehr ernsthaften Umweltverschmutzer. Neue chemische Pflanzenschutzmittel (Insektizide und Herbizide), darunter solche, die lange im Boden wirksam bleiben, wurden zunehmend eingesetzt.

Eine zusätzliche Verschmutzungsquelle bildeten vorübergehend die ersten Atomkraftwerke. Anfänglich wurden beim Bau und Betrieb nicht die jetzt üblichen Sicherheitsvorkehrungen getroffen. In den USA ereigneten sich in der Mitte der 50er Jahre einige Unfälle, u.a. im Tennessee Valley, durch Abscheidung von radioaktivem Kühl-

Brände, Explosionen und Bergwerksunglücke

Datum	Art	Ort	Tote
19. 5.1950	Explosion von Munitionstransportern	South Amboy (USA)	30
13. 5.1951	Kinobrand	Kano (Nigeria)	100
29. 5.1951	Grubenexplosion	Easington (Großbritannien)	81
21.12.1951	Grubenexplosion	West Frankfort (USA)	119
20. 3.1953	Brand in einem Pflegeheim	Largo (USA)	35
16. 4.1953	Fabrikbrand	Chicago (USA)	35
17. 2.1955	Brand in einem Altersheim	Yokohama (Japan)	100
11. 6.1955	Unglück während eines Autorennens	Le Mans (Frankreich)	82
7. 8.1956	Explosion von sieben mit Dynamit beladenen Lastkraftwagen	Cali (Kolumbien)	1100
8. 8.1956	Grubenbrand	Marcinelle (Belgien)	262
17. 2.1957	Brand im Altersheim	Warrenton (USA)	72
19. 2.1958	Grubenexplosion	Asansol (Indien)	180
23. 6.1958	Explosion bei einem Feuerwerk	Santo Amaro (Brasilien)	100
1.12.1958	Brand in einer Schule	Chicago (USA)	95
10. 4.1959	Explosion einer Bombe aus dem 2. Weltkrieg	Philippinen	38
23. 6.1959	Hotelbrand	Stalheim (Norwegen)	34
13.12.1959	Explosion zweier Häuserblocks	Dortmund	26

Die Folgen der Umweltverschmutzung treten in den 50er Jahren nur selten offen zu Tage. Kaum einmal kam man mit den Folgen in Berührung; eines der wenigen Beispiele sind die durch Radioaktivität verkrüppelten Frösche, die man im September 1957 in einem Graben beim niederländischen Bussum fand.

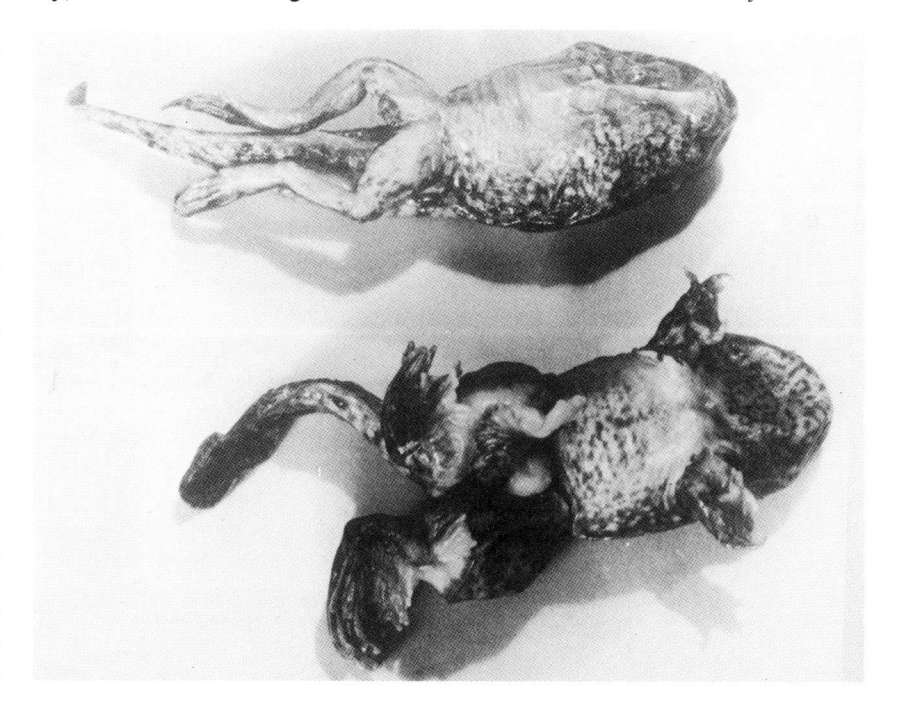

160 Mensch und Natur

Ein vergleichsweise harmloser Fall von Umweltverschmutzung im Süden der Bundesrepublik Deutschland: eine Haarshampoofabrik hat versehentlich ihr Produkt in einen Kanal eingeleitet.

wasser, das in Flüsse und Seen eingeleitet wurde. Bereits damals kam es zu Protestaktionen gegen die Planung neuer Kernkraftwerke.

Viele dieser Verschmutzungserscheinungen griffen auch auf das Meer über, dessen Aufnahmevermögen sehr überschätzt wurde. In den 50er Jahren ging z. B. die Zahl der Seehunde im Nordseegebiet um mehr als die Hälfte zurück, größtenteils infolge von Vergiftung. Auf See machte sich zunehmend noch ein anderer Mißstand bemerkbar: die Einleitung von Erdöl und mit Erdöl vermischtem Wasser, das zum Spülen der Öltanks von Tankern und Schiffen, die mit Öl betrieben werden, diente.

Vielen waren die Gefahren bewußt, die den Menschen und seine Umwelt bedrohten, aber die Konsumorientierung beherrschte das Denken noch so sehr, daß sich erst in den 60er Jahren kritische Einsicht durchsetzte und zielgerichtete Abwehrmaßnahmen ergriffen wurden. In der Schweiz hatte man allerdings bereits 1953 eine Ergänzung der Bundesverfassung beschlossen, nach der der Gewässerschutz Angelegenheit der Kantone ist. Der Bund führt die Aufsicht und leistet Subventionen zu notwendigen Maßnahmen. International wurde in einem einzigen Punkt ein wichtiger Fortschritt erzielt: in der Bekämpfung der Ölverschmutzung der Meere. 1955 kam der Londoner Vertrag zustande, der in den folgenden Jahren durch weitere Verträge und nationale Gesetze ergänzt wurde. Er wurde jedoch erst wirksam durch praktische Maßnahmen, wie die Instruktion des Schiffspersonals, die Einführung von Ölabscheidern an Bord, aber vor allem durch den Bau von Anlagen in den Häfen, in denen Öltanks gereinigt werden können.

Neue Wohnbezirke, neue Industriegebiete, neue und größere Verkehrsflächen nahmen Raum in Anspruch. Die großen Siedlungszentren breiteten sich mit ausufernden Vorstädten und Satellitenstädten aus. Ausgedehnte Gebiete mit landschaftlich reizvollem Charakter wurden von einer losen Einzelhausbebauung erfaßt, da Entfernungen zwischen Wohn- und Arbeitsorten angesichts der Motorisierung keine große Rolle mehr spielten. Eines der größten Probleme war ein weithin rasch steigender Bodenpreis, der den landwirtschaftlichen Wert bei weitem überstieg und seine preistreibende Wirkung vielfach zum Schaden einer gesunden Landwirtschaft ausübte. Dasselbe galt übrigens auch für die Bodenpreise, die bei der Stadterweiterung gezahlt wurden. Als einziges Gegenmittel bot sich eine wohlüberlegte Raumordnung an, die jedoch meist gegen vielfältige Interessen nicht durchgesetzt werden konnte.

Die Einrichtung der Nationalparks

Verstädterung und Industrialisierung, aber auch durch Arbeitszeitverkürzung zunehmende Freizeit prägten die Lebensverhältnisse. Die Folge war ein wachsendes Bedürfnis nach Ruhe und Erholung außerhalb der Stadt. Häufig fehlten jedoch in der näheren oder auch weiteren Umgebung der Ballungsräume genügend Gebiete, die attraktiv und für die Erholung geeignet waren und die dazu einen gewissen Massenausflugsverkehr aufnehmen konnten. Es lag nahe, Erholungsmöglichkeiten auch im Agrarland zu suchen, weil es außer Ruhe und frischer Luft vielfach eine reizvolle Landschaft bot. Das führte zu neuen baulichen Anlagen und einem weiteren Ausbau des Straßennetzes.

Die Forderung, außer Naturschutzgebieten auch Kulturlandschaften in einem guten, für die Erho-

Naturkatastrophen

Datum	Art	Ort	Tote
14. 8. 1950	Überschwemmung	Provinz Anhui (China)	500
15. 8. 1950	Erdbeben	Assam (Indien)	1530
4. 1. 1951	Windhose	Komoren	500
21. 1. 1951	Vulkanausbruch	Mt. Lamington (Papua-Neuguinea)	3000
6. 5. 1951	Erdbeben	Jacuapa (El Salvador)	1000
28. 8. 1951	Überschwemmung	Mandschurei (China)	1800
10. 12. 1951	Wirbelsturm	Philippinen	724
21. 5. 1952	Windhose	Mississippi-Tal (USA)	229
22. 10. 1952	Wirbelsturm	Luzón (Philippinen)	1000
1. 2. 1953	Überschwemmung	Nordwesteuropa	2000
22. 2. 1953	Erdbeben	Trud (Iran)	1000
18. 3. 1953	Erdbeben	Nordwesttürkei	1200
11. 5. 1953	Windhose	Waco (Texas)	114
8. 6. 1953	Windhose	Michigan (Ohio, USA)	142
26. 9. 1953	Wirbelsturm	Vietnam	1000
1. 8. 1954	Überschwemmung	Distrikt Qaswin (Iran)	2000
17. 8. 1954	Überschwemmung	Farahsad (Iran)	2000
12. 9. 1954	Erdbeben	Orléansville (Algerien)	1600
26. 9. 1954	Wirbelsturm	Nordjapan	1218
12. 10. 1954	Wirbelsturm	Haiti	410
19. 8. 1955	Wirbelsturm	Ostküste der USA	184
19. 9. 1955	Wirbelsturm	Mexiko	200
28. 9. 1955	Wirbelsturm	Karibisches Gebiet	500
12. 10. 1955	Überschwemmung	Indien, Westpakistan	1700
17. 6. 1956	Erdbeben	Nordafghanistan	2000
1. 8. 1956	Wirbelsturm	Zhejiang (China)	2000
27. 6. 1957	Wirbelsturm	SW der USA	550
2. 7. 1957	Erdbeben	Kaspisches Meer (Iran)	1500
2. 12. 1957	Erdbeben	Mongolei	1200
13. 12. 1957	Erdbeben	West-Iran	1266
16. 2. 1958	Schneesturm	NO der USA	171
21. 9. 1958	Wirbelsturm	Tokio	681
28. 9. 1958	Wirbelsturm	Honschu (Japan)	679
9. 4. 1959	Wirbelsturm	Bahrain	500
20. 8. 1959	Wirbelsturm	Fujian (China)	2334
27. 9. 1959	Wirbelsturm	Honschu (Japan)	3174
28. 10. 1959	Wirbelsturm	Jalisco, Colima (Mexiko)	1452
2. 12. 1959	Überschwemmung	Fréjus (Frankreich)	412

lung geeigneten Zustand zu erhalten, fand in den 50er Jahren in der Einrichtung von Nationalparks ihren Ausdruck. Es handelte sich dabei um große Gebiete, die außer Naturschutzzonen auch normal genutzte Agrarlandschaften umfaßten, falls sie sorgfältig gepflegt und gegen unnötigen Tourismus geschützt werden konnten. In Großbritannien wurde die Idee bereits in den 40er Jahren verwirklicht; 1951 wurden dort die ersten vier Nationalparks eingerichtet. In der Bundesrepublik Deutschland nahm die Entwicklung der Naturparks einen starken Aufschwung, vor allem dank der Bemühungen eines einzigen Mannes, des Hamburger Kaufmanns Alfred Töpfer. In den Jahren 1957–1959 wurden sechs Naturparks mit einer Gesamtfläche von 3280 km^2 gegründet.

Ein Ereignis, das die Umwelt eines großen Teils von Großbritannien, Belgien und den Niederlanden nachhaltig beeinflußte, war die Sturmflut vom 1. Februar 1953 (auch → S. 163). Sie kostete zahlreiche Menschenleben und richtete unübersehbare Schäden an, auch in einigen besonders wertvollen Landschaften und Naturschutzgebieten. Die Katastrophe hatte zur Folge, daß der Wasserhaushalt des Mündungsgebietes des Rheins durch den Deltaplan grundlegend verändert wurde. Dies aber führte zu vernichtenden Auswirkungen auf die Vielfalt von Landschaftstypen und Lebensgemeinschaften, die ihr Entstehen der Dynamik von Ebbe und Flut, hohen und niedrigen Flußwasserständen, dem Austausch von Süß- und Brackwasser, dem Aufbau und Abbruch von Groden und Platten verdanken und die einen für Europa ganz einzigartigen Reichtum darstellten.

Kampf um die Erhaltung von Naturschutzgebieten

Ein dunkler Schatten legte sich über eines der reichsten Vogelbrutgebiete Europas, das Vogelreservat De Beer am Nieuwe Waterweg (Neuen Wasserweg). In diesem 900 ha großen staatlichen Reservat mit einer überaus abwechslungsreichen Landschaft (Dünen, Strandflächen, Groden, Wald) fand eine Vielzahl teils sehr seltener Vogelarten eine Brutgelegenheit und einen Rastplatz auf der Wanderung. Die Bedeutung des Reservates beweist die Zahl von 20000 bis 50000 jährlich zugelassenen Besuchern, die zum Teil an Führungen zu den imposanten Brutkolonien (u. a. 9000 Paare der Großen Seeschwalbe) teilnahmen.

1957 veröffentlichte Rotterdam einen Plan für Europoort, einen Komplex aus Häfen und Industrieanlagen auf großen Teilen der Insel Rozenburg, der trotz aller Proteste in den 60er Jahren ausgeführt wurde.

Gegenüber vielen Verlusten steht *ein* Gewinn: die Errichtung neuer Naturreservate. In vielen europäischen Ländern wurden Gesetze erlassen, die die öffentlich-rechtliche Erklärung eines Gebietes zum Naturreservat ermöglichen, natürlich mit einem von Land zu Land unterschiedlichen Umfang des Schutzes.

Auch im Tierschutz waren Fortschritte zu verzeichnen. 1950 wurde in Paris ein neues Vogelschutzabkommen geschlossen. Zum Schutz des afrikanischen Wildes (Londoner Vertrag von 1933) wurden 1953 auf einer internationalen Konferenz in Costermanville (Belgisch-Kongo) neue Richtlinien aufgestellt. Norwegen verbot die Jagd auf Eisbären (1958), Italien stellte die letzten Alpenbären unter Schutz (1957). Der Vogelfang mit Netzen blieb jedoch in ganz Europa umstritten. Besonders in Italien ist er nach wie vor eine schlimme Gewohnheit.

MR. M. C. BLOEMERS

Naturparks in der Bundesrepublik Deutschland

Unter Naturpark versteht man ein großräumiges Gebiet, das sich wegen seiner landschaftlichen Voraussetzungen für die Erholung besonders eignet und nach den Grundsätzen und Zielen von Raumordnung und Landesplanung hierfür oder für den Fremdenverkehr vorgesehen ist. Im Naturpark wird die Landschaft als Ganzes vor Verunstaltungen und vor Veränderungen ihrer Tier- und Pflanzenwelt geschützt und durch Anlage von Wanderwegen, Park- und Rastplätzen, Schutzhütten u. ä. für den erholungsuchenden Menschen erschlossen und gepflegt. Naturparks enthalten überwiegend *Naturschutzgebiete* oder *Landschaftsschutzgebiete*, sind aber im ganzen naturnahe Kulturlandschaften, in denen die wirtschaftliche Nutzung nicht eingeschränkt ist. Ein Beispiel ist die durch den Menschen entstandene Lüneburger Heide, das erste Naturschutzgebiet Deutschlands (1910).

In der Bundesrepublik Deutschland erwarb sich in den 50er Jahren der 1909 gegründete *Verein Naturschutzpark (VNP)* um die Naturparks besondere Verdienste. 1956 verkündete der Verein ein Programm, in dem die Forderung nach mehr als 20 weiteren Naturparks mit einer Gesamtfläche von über 1 Million ha (= 4% der Landesfläche) für die Bundesrepublik erhoben wurde. Unterstützt von zahlreichen Veröffentlichungen zur Naturparkidee erfolgte der politische und finanzielle Durchbruch Anfang der 60er Jahre. 1959 betrug die Gesamtfläche der Naturparks rd. 330000 ha; sie hatte bereits 1963 die Millionengrenze überschritten.

1956–1959 finanzierte noch der Bund zu 80% die Naturparks. Dies verlagerte sich in den 60er und 70er Jahren überwiegend auf Dritte und die Bundesländer. Der Erfolg der in den 50er Jahren entwickelten Naturparkidee läßt sich daran ablesen, daß die im Programm von 1956 geforderte Fläche bis heute um nahezu das Fünffache gesteigert wurde.

Eröffnung des Naturparks Bayerischer Wald: hinten rechts in der Kutsche Prof. Dr. Bernhard Grzimek.

Mensch und Natur

Das Internationale Geophysikalische Jahr 1957/58

Die Zeitspanne vom 1. 7. 1957 bis zum 31. 12. 1958 stand im Zeichen eines internationalen Forschungsunternehmens, das sich auf nahezu sämtliche Teilgebiete der Geophysik erstreckte und an dem sich 64 Nationen beteiligten. Die Durchführung dieses sogenannten »Internationalen Geophysikalischen Jahres«, kurz »IGJ«, war von US-amerikanischen Geophysikern beim Internationalen Rat der wissenschaftlichen Unionen angeregt worden. Als Vorgänger des IGJ sind die »Internationalen Polarjahre« 1882/83 und 1932/33 aufzuführen, die eine intensivere Erforschung der Polargebiete durch internationale Zusammenarbeit zum Ziel hatten. Die Planung und Durchführung des IGJ oblag einem »Speziellen Komitee für das IGJ«, dem Geophysiker, Geodäten, Geographen, Biologen u. a. angehörten, die als Vertreter ihrer internationalen Organisationen entsandt worden waren. Ihre Aufgabe bestand in der Entwicklung eines Programms für das IGJ, dessen wichtigste Punkte festlegten, daß
1. spezifisch planetarische Probleme der Erde untersucht werden,
2. solche Probleme behandelt werden, die eine gleichzeitige Beobachtung an vielen Punkten der Erde erfordern,
3. geophysikalische Phänomene vor allem auch in unzugänglichen Gebieten beobachtet werden und
4. grundlegende Daten gewonnen werden, die bei einer späteren Wiederholung des IGJ die Feststellung etwaiger inzwischen erfolgter Änderungen erlauben sollten.

Außer den räumlichen Schwerpunkten der Forschung, wie etwa der Antarktis, legte das Komitee mehrere zeitliche Schwerpunkte fest, an denen in besonders großem Umfang beobachtet werden sollte. An bestimmten Tagen für jeden Monat wurden siebenmal je 10 Tage im Abstand von jeweils einem Vierteljahr hierfür bestimmt. Hinzu kamen noch spezielle Beobachtungstage, die angeordnet wurden, sobald sich besondere Störungen durch die Sonne ankündigten.
Weiter berief das Komitee für die Arbeitsgebiete Meteorologie, Erdmagnetismus, Polarlicht und Nachthimmelsleuchten, Ionosphäre, Sonnenaktivität, kosmische Strahlung, Längen- und Breitenbestimmung, Glaziologie, Ozeanographie, Raketen und Satelliten, Seismologie, Gravimetrie sowie nukleare Strahlung Kommissionen innerhalb des IGJ ein, deren Beobachtungen sich über die ganze Erde erstreckten.
Stellvertretend für die beteiligten wissenschaftlichen Forschungsgebiete können im folgenden nur die Aufgabenbereiche einiger weniger näher erläutert werden:
Die *Physik der festen Erde* untersuchte vor allem die Ausbreitung elastischer Wellen, das Verhalten der Schwerkraft, die erdmagnetischen Störungen sowie die Längen- und Breitenbestimmungen mit Hilfe eines erweiterten Zeitsignaldienstes.
Für die *Meteorologie* stand das Studium der großräumigen physikalischen, dynamischen und thermodynamischen Vorgänge der allgemeinen Zirkulation im Vordergrund der Forschung. Zu diesem Zweck wurde von rund 700 über die Erde verteilten Radiosondenstationen täglich zweimal Druck, Temperatur und Feuchtigkeit und außerdem an etwa 50 Orten die langwellige Strahlung gemessen. Eine aerologische Station in El Salvador, die von der Bundesrepublik Deutschland eingerichtet worden war, ermittelte mit Hilfe einer besonders konstruierten Strahlungssonde, neben den üblichen aerologischen Daten, Angaben über den Strahlungsumsatz in der freien Atmosphäre.
In der *Glaziologie* wurde versucht, durch möglichst zahlreiche Messungen der Ablation, Akkumulation, Bewegung, Massenänderung und Strahlungsverhältnisse Aufschlüsse über den Wärme- und Massenhaushalt der Gletscher verschiedener Klimazonen zu erhalten. Gleichzeitig erfolgte auch eine Bestandsaufnahme, die es erlauben wird, in einem zukünftigen IGJ sichere Aussagen über etwaige Veränderungen zu machen. Das Forschungsprogramm der *Meereskunde* beinhaltete die folgenden fünf Hauptpunkte:
Die Erforschung der Wasserstandsschwankungen der Ozeane, die durch Schwankungen im Wasserhaushalt der Erde (Niederschlag und Verdunstung) und durch meteorologische Ursachen hervorgerufen werden, sowie der »langen Wellen« (»Tsunamis«) im Ozean, die von Seebebenherden und von untermeerischen Vulkanausbrüchen ausgehen, mehrere Meter hoch sind, ganze Ozeane durchlaufen und weit vom Bebenherd entfernt schwere Verwüstungen anrichten können. Dritter Hauptpunkt der Untersuchungen war die Zirkulation der Wassermassen in großen Tiefen, wofür im Atlantischen und Südpazifischen Ozean sowie im Südlichen Eismeer insgesamt 22 Forschungsschiffe aus neun Nationen unterwegs waren, die auf sinnvoll verteilten Querschnitten die wichtigsten physikalischen und chemischen Größen von der Oberfläche bis zum Meeresboden bestimmten. Der vierte Hauptpunkt der meereskundlichen Forschung umfaßte die Klärung der Dynamik der starken Meeresströmungen wie Golfstrom, Kuroshio und Äquatorialer Gegenstrom. Zu diesem Zweck arbeiteten mehrere Forschungsschiffe auf engem Raum in ausgewählten Feldern des Weltmeeres zusammen. Letzter Schwerpunkt war die Polarfrontuntersuchung im Nordpazifischen und Nordatlantischen Ozean und zwar bezüglich der physikalisch-chemischen und biologischen Verhältnisse zwischen den Wassermassen der subpolaren und subtropischen Regionen. Hierfür wurden insgesamt 32 Forschungsschiffe entsandt, wovon 12 im Nordpazifik und 20 im Nordatlantik (darunter die deutschen Schiffe »Anton Dohrn« und »Gauß«) tätig waren.
Nach Beendigung der verschiedenen Expeditionen und natürlich auch während der laufenden Untersuchungen wurden sämtliche gemessene Daten in mehreren Dokumentationszentralen der am IGJ beteiligten Länder gesammelt, geordnet und ausgewertet und, wie im Falle der meteorologischen Beobachtungen, von den beteiligten internationalen wissenschaftlichen Organisationen veröffentlicht.

Geräte bei der Amundsen-Scott-Basis, einer Station der USA am geographischen Südpol (1958).

Das Polarlicht am Südpol, 1958 von Mitgliedern der amerikanischen Expedition Deep Freeze aufgenommen. Die Untersuchungen im geophysikalischen Jahr brachten Hinweise darauf, daß das Polarlicht am Süd- und am Nordpol gleichzeitig auftritt.

Sturmflut 1953

Am 31. 1. und 1. 2. 1953 verwüstete eine Sturmflut die Küsten des südöstlichen Großbritannien und den Küstenstreifen des europäischen Festlandes in weiten Bereichen der südlichen Niederlande, in Belgien und im äußersten Norden Frankreichs.

Ursache der in diesen Ländern seit über 500 Jahren schlimmsten Sturmflut war folgende Wetterlage: Einem an sich ungefährlichen Tiefdruckgebiet im Bereich der Shetlandinseln, das warme subtropische und kalte polare Luftmassen anzog, wurde seine normale Zugbahn Richtung Nordosten von einer über Norwegen liegenden Kaltluftfront versperrt. Infolgedessen nahm das Tiefdruckgebiet immer mehr nachströmende Luft auf und entwickelte sich zu einem Orkan, der entlang der Kaltluftbarriere nach Südosten trieb und an dessen Rückseite durch die kalten Luftströmungen allmählich eine Sturmflut in der Nordsee aufgebaut wurde. Diese wanderte, wie alle Flutwellen der Nordsee, gegen den Uhrzeigersinn entlang der gesamten Nordseeküste; das schottische Aberdeen erreichte sie am 31. 1. gegen 16.00 Uhr, in IJmuiden (Niederlande) war sie am 1. 2. gegen 4.00 Uhr morgens, und Bergen (Norwegen) erreichte sie gegen 20.00 Uhr desselben Tages.

Die Niederlande wurden von dieser fürchterlichen Flutwelle am schwersten heimgesucht. An über 500 Stellen durchbrach sie die Deiche, vor allem im Mündungsgebiet von Rhein, Maas und Schelde, und überflutete zahlreiche Polder auf den Inseln und entlang der Küste. In den Provinzen Nord- und Südholland, Zeeland und Nordbrabant wurden 137 000 ha Land überflutet. Über 1800 Menschen kamen in den Fluten um, 72 000 wurden obdachlos und zehntausende Stück Vieh ertranken. Der Sachschaden belief sich auf rd. 2,2 Milliarden DM. In Großbritannien wurden rd. 82 000 ha Landfläche, vor allem die Poldergebiete in Kent, Essex, Suffolk, Norfolk und Lincolnshire, überschwemmt. 307 Menschenleben waren zu beklagen und Sachschäden in Höhe von rd. 600 Millionen DM. Belgien wurde vor allem im Uferbereich der Schelde überflutet. Hier wurde die Flutwelle infolge der Verengung des Scheldetals im Mündungsbereich geradezu kanalisiert, sie brach 180 Deiche und drang ins Hinterland bis über Gent hinaus vor. 16 Menschen starben, und über 15 000 ha Land wurden überschwemmt.

Auf französischer Seite waren die Überschwemmungen von geringerem Ausmaß. Sie traten bei Dünkirchen infolge zweier Deichbrüche auf, Menschenleben waren in Frankreich jedoch nicht zu beklagen.

In den Niederlanden führte diese Flutkatastrophe zur Einsetzung der sogenannten »Deltakommission« am 21. 2. 1953, die einen Plan zum Schutz des Marschengebiets im Rheindelta erarbeitete. Dieser sogenannte »Deltaplan« sah den Bau eines festen Seedeichs zwischen der Insel Walcheren im Süden und dem Neuen Wasserweg in der Höhe von Hoek van Holland vor, der die Inseln im Rheindelta miteinander verbinden und alle dazwischenliegenden Meeresarme abschneiden soll. Nur die Westerschelde als Zugang nach Antwerpen und der Neue Wasserweg als Schiffahrtsweg zum Rotterdamer Hafen sollten offen bleiben.

Die Kosten für dieses Jahrhundertprojekt, das innerhalb von etwa 20 Jahren vollendet werden sollte, wurden auf 3 Milliarden DM geschätzt, eine Summe, die angesichts der ungeheuren Personen- und Sachschäden der geschehenen Flutkatastrophe und einer künftigen Verhinderung von Überschwemmungen ähnlichen Ausmaßes nur allzu gerechtfertigt schien.

MONIKA UNGER

Unglücke II
S. 288 – 47

Die Flut richtete große Zerstörungen an.

2. Staat und Gesellschaft

Adenauers Kanzlerdemokratie und Ulbrichts DDR-Sozialismus

Wie eine Wasserscheide trennt das Jahr 1950 den Aufstieg der beiden deutschen Staaten von der Zeit der unmittelbaren Besatzungsherrschaft nach 1945. Der Schuman-Plan, die Auswirkungen des Koreakrieges auf Europa und die Entscheidungen für das Verteidigungsbündnis im Westen und den Aufbau des Sozialismus im Osten bestimmten den Weg Deutschlands im nächsten Jahrzehnt. In das Zentrum des Geschehens traten zwei Männer, die das politische Bild der beiden deutschen Staaten geprägt haben wie keiner neben ihnen, Bundeskanzler Konrad Adenauer und Generalsekretär Walter Ulbricht. Beide gehörten 1950 zur Generation der Großväter, die im Kaiserreich aufgewachsen waren, in der Weimarer Republik ihre politischen Erfahrungen gesammelt hatten, als Gegner des NS-Systems zwischen 1933 und 1945 von der politischen Tätigkeit in Deutschland ausgeschlossen waren und erst nach 1945 in wichtige politische Ämter berufen wurden. Aus den Fehlern der Weimarer Republik und der deutschen Katastrophe von 1945 hatten beide die Schlußfolgerung gezogen, daß es für Deutschland in Zukunft keine frei schwebende Position zwischen Ost und West geben könne, nur ihre Optionen waren entgegengesetzt. Konrad Adenauer war der politische Repräsentant des westdeutschen Bürgertums, das nach Wiederherstellung freiheitlicher Demokratie und marktwirtschaftlicher Wirtschaftsordnung an der Seite der Westmächte strebte. Walter Ulbricht war der Repräsentant der stalinistisch geprägten kommunistischen Bewegung in Deutschland, für die der Weg in die Zukunft nur über eine sozialistische Revolution und eine enge Anlehnung an die Sowjetunion führte. Für beide war die deutsche Einheit ein natürliches Ziel ihrer Politik, beide waren aber unter den gegebenen Verhältnissen bereit, nach der von den zerstrittenen Siegermächten verfolgten Devise zu verfahren: »Lieber das halbe Deutschland ganz, als das ganze Deutschland halb oder gar nicht.«

Schon in den ersten Monaten der Regierung Adenauer zeigte sich ein später viel beschriebenes Phänomen, die Kanzlerdemokratie. Auf den Bundeskanzler hin spielte sich das Funktionieren der obersten Staatsorgane und der politischen Kräfte ein. Der Bundeskanzler besitzt schon nach dem Grundgesetz eine gegenüber den anderen Verfassungsorganen hervorgehobene Stellung; die Kanzlerdemokratie konnte sich aber nur unter den einmaligen und nicht wiederholbaren Bedingungen der Aufbauzeit entwickeln. Zur Stärkung des Kanzlers trug das Besatzungsstatut bei, dessen Aufgabe eigentlich die Schwächung und Kontrolle des neuen Staates war. Adenauer setzte bei den Hohen Kommissaren, den eigentlichen Machthabern der Bonner Republik, durch, daß allein er für die Bundesregierung mit ihnen verhandelte. Die Folge war ein starkes Übergewicht des Kanzlers im Kabinett und eine Monopolstellung in der Außenpolitik, die auch später erhalten blieb. Als Oberbürgermeister von Köln hatte Adenauer gelernt, autoritär-patriarchalisch zu regieren (»Politik der einsamen Entschlüsse«). Er wußte taktisch geschickt mit Institutionen umzugehen und war in der Wahl seiner Methoden nicht immer »pingelig«. Mit diesen Fähigkeiten entsprach Adenauer genau den Vorstellungen, die die Mehrheit der des politischen Denkens entwöhnten Westdeutschen von einem Staatsmann hatte. Das große Ziel Konrad Adenauers war die Eini-

Innenpolitik S. 49 – 3

Der Bundeskanzler mit dem französischen Hohen Kommissar François-Poncet, dem französischen Außenminister Schuman und Bundespräsident Heuss (von links) im Januar 1950.

Staat und Gesellschaft 165

Kampf dem Atomtod

»Ban the bomb!« so lautete das Motto der pazifistischen Aktionen in den USA, die ganz im Zeichen der erschütternden Folgen der Atombomben auf Hiroshima und Nagasaki standen.
Einen anderen Verlauf nahm – zumindest zunächst – die Entwicklung der Friedensbewegung der Bundesrepublik Deutschland in den 50er Jahren. Die wachsenden Spannungen zwischen Ost und West – deutlich sichtbar am Koreakrieg – ließen bereits 1950 den Gedanken an eine Einbindung der Bundesrepublik Deutschland in ein westliches Verteidigungsbündnis geraten erscheinen. Führende westliche Politiker (z. a. Churchill, de Gaulle) forderten, die Bundesrepublik an den Verteidigungslasten zu beteiligen. Die Pläne Adenauers für einen deutschen Beitrag im Rahmen einer »Europäischen Verteidigungsgemeinschaft« führten nicht nur am 11. 10. 1950 zum Rücktritt des damaligen CDU-Innenministers Gustav Heinemann, sondern entzündeten auch die »Ohne-uns-Bewegung«, die die Kanzlerpläne durch eine Kampagne für eine Volksbefragung über die »Remilitarisierung« in gewisse Bedrängnis brachte. Am 24. 4. 1951 wurde ein solches Plebiszit untersagt. Trotz Scheiterns des EVG-Konzepts am Veto der französischen Nationalversammlung am 30./31. 8. 1954 liefen die Planungen weiter. Im Mai 1955 wurde die Bundesrepublik Deutschland Mitglied der NATO, im Januar 1956 entstanden die ersten Bundeswehrverbände, und am 21. 7. 1956 folgte die Einführung der Wehrpflicht.
»Die taktischen Waffen sind nichts weiter als die Weiterentwicklung der Artillerie.«

Mit dieser verharmlosenden Äußerung griff Adenauer im April 1957 in die mittlerweile öffentlich geführte Debatte um die Ausrüstung der Bundeswehr mit Atomwaffen ein. Damit rief er eine Flut des Protests hervor. Das »Göttinger Manifest« vom 12. 4. 1957 bildete den Vorreiter für die »Kampf-dem-Atomtod«-Bewegung, die die politische Landschaft der Bundesrepublik Deutschland während der nächsten knapp zwei Jahre in Bewegung bringen sollte. In dem Manifest forderten 18 prominente Atomphysiker, unter ihnen Otto Hahn, Werner Heisenberg und Carl Friedrich von Weizsäcker, den freiwilligen Verzicht der Bundesrepublik Deutschland auf Atomwaffen als Beitrag zur Sicherung des Weltfriedens und bekundeten öffentlich ihre Weigerung, an Herstellung und Erprobung atomarer Waffen mitzuwirken. Der Appell der Wissenschaftler fand in weiten Teilen der Bevölkerung – etwa in Kirchen, Gewerkschaften und einzelnen Städten – ein positives Echo, ohne jedoch schon das Auftreten einer Friedensbewegung auf den Straßen und Plätzen der Bundesrepublik Deutschland zu bewirken. Der NATO-Beschluß vom Dezember 1957, US-Atomwaffen auf deutschem Boden zu lagern, sowie insbesondere die leidenschaftliche und kontroverse Bundestagsdebatte vom 20. bis 25. 3. 1958, die mit dem Beschluß über die atomare Ausrüstung der Bundeswehr im Rahmen der NATO endete, führte zu massivem Auftrieb für die Friedensbewegung. Am 22. 3. 1958 trat die Initiative »Kampf dem Atomtod«, die besonders von SPD und DGB getragen wurde, an die Öffentlichkeit. Mit bundesweiten Plakataktionen,

Mahnwachen und Großdemonstrationen, bei denen allein im April 1958 rd. 200 000 Menschen auf den Beinen waren, wies man auf die Gefahren nuklearer Rüstung hin und forderte eine Volksbefragung über die Problematik der atomaren Ausrüstung der Bundeswehr. Im Rahmen der außerparlamentarischen Aktionen der »Kampf-dem-Atomtod«-Bewegung kam es in einigen Städten zu spontanen Arbeitsniederlegungen. Der vereinzelt lautwerdende Ruf nach einem »politischen Streik« zur Verhinderung der Nuklearrüstung brachte die Führung der SPD wie der Gewerkschaften in wachsende Bedrängnis.
Das Verbot der Volksbefragung durch das Bundesverfassungsgericht am 30. 7. 1958 besiegelte zwar den baldigen Niedergang der »Kampf-dem-Atomtod«-Initiativen, bedeutete jedoch keineswegs das endgültige »Aus« für rüstungskritische Bewegungen innerhalb der Bundesrepublik. So entstand bereits am Karfreitag 1958 in Großbritannien unter Federführung des Philosophen Bertrand Russell die Idee der »Ostermarschierer«, die mit Beginn der 60er Jahre auch in der Bundesrepublik Deutschland die – mittlerweile traditionelle – »Ostermarsch-Bewegung« ins Leben rief.

Die ersten Wehrpflichtigen rücken in die Panzergrenadierkaserne in Hamburg-Rahlstedt ein.

Einer der Anti-Atommärsche zwischen London und der Kernforschungsanlage bei Aldermaston Ostern 1958. Die Märsche wurden von der britischen Anti-Atomtod-Bewegung organisiert (links).

Anti-Atomtod-Demonstration vor der deutschen Botschaft in London am 17. 4. 1958 (rechts).

Der Streit um Gemeinschafts- und Konfessionsschule

Insbesondere die katholische Kirche verfocht in den 50er Jahren noch weitgehend den Vorrang der Bekenntnisschule, in der Lehrer und Schüler derselben Konfession angehören und der Religionsunterricht nicht nur ordentliches Lehrfach ist; Ziel dieses Schultyps sei es vielmehr, den gesamten Unterricht im Geiste des entsprechenden religiösen Bekenntnisses zu prägen.

Vor allem aus sozialliberalen Kreisen wurde die Konfessionsschule, die sich in der Bundesrepublik Deutschland im wesentlichen auf den Volksschulbereich beschränkte, als unzeitgemäß kritisiert. In der katholischen Kirche war sie jedoch unumstritten. So hatte Papst Pius XI. 1929 in seiner Enzyklika eindeutig den kirchlichen Erziehungsanspruch über den des Staates gestellt, was sich auch im Reichskonkordat vom 20. 7. 1933 zwischen NS-Regime und Vatikan konkretisierte.

Im Anschluß daran war die *Gemeinschaftsschule,* eine Schule, der Lehrer und Schüler verschiedener Religionsbekenntnisse angehören und in der nur der Religionsunterricht nach Konfessionen getrennt erteilt wird, als Regelschule schwer durchsetzbar. Zu Beginn der 50er Jahre gab es Gemeinschaftsschulen in Berlin, Bremen, Hamburg, Hessen, Niedersachsen sowie in Nordwürttemberg und Baden. In Bayern, Nordrhein-Westfalen und Rheinland-Pfalz existierten Bekenntnisschulen. Beide Schulformen waren vom Grundgesetz her gleichgestellt. Hier hatte man einen Kompromiß zwischen Schulhoheit des Staates und kirchlichen Ansprüchen gefunden, ohne sich auf einen der beiden Schultypen festzulegen. In Art. 7 Abs. 6 heißt es: »Eine private Volksschule ist nur zuzulassen, wenn die Unterrichtsverwaltung ein besonderes pädagogisches Interesse anerkennt oder, auf Antrag von Erziehungsberechtigten, wenn sie als Gemeinschaftsschule, als Bekenntnis- oder Weltanschauungsschule errichtet werden soll und eine öffentliche Volksschule dieser Art in der Gemeinde nicht besteht.« Trotzdem blieb die Frontstellung zwischen den Befürwortern der jeweiligen Schulform während der 50er Jahre bestehen. Die Säkularisierung des Schulsystems setzte sich nur zögernd durch und wurde oft durch eine starke Emotionalisierung der Diskussion blockiert. Besonders heftig war die Auseinandersetzung in Nordrhein-Westfalen, wo Christine Teusch (CDU), bis 1954 Kultusministerin, eine energische Verfechterin der Bekenntnisschule war. Bundeskanzler Konrad Adenauer war ein Gegner einer betont katholisch orientierten Schulpolitik, da er dadurch den überkonfessionellen Charakter der CDU gefährdet sah.

Wiederaufrüstung S. 65 – 9

gung Westeuropas auf der Grundlage der deutsch-französischen Verständigung. Einer der glücklichsten Tage des Bundeskanzlers war der 9. 5. 1950, als ein Bote aus Paris einen Brief des französischen Außenministers Schuman in die Kabinettssitzung in Bonn brachte. Schuman schlug die Bildung einer westeuropäischen Gemeinschaft für Kohle und Stahl vor (Schuman-Plan). Produktion und Verteilung sollten einer supranationalen Hohen Behörde unterstellt werden. Die Integration auf diesem Teilgebiet sollte einen deutsch-französischen Krieg zukünftig ausschließen und zugleich die Vorstufe zu einem europäischen Bundesstaat bilden. Die Bundesregierung stimmte sofort zu. Bonn kostete die Zustimmung nichts, denn die Verfügungsgewalt über die deutsche Montanindustrie hatten sich die Westmächte im Ruhrstatut selbst vorbehalten. Die SPD entdeckte nach einigem Zögern die langfristigen und negativen Folgen des Schuman-Plans. Die Grundstoffindustrie würde damit der zukünftigen Verstaatlichung entzogen, und zugleich würde die deutsche Teilung vertieft. Der SPD-Vorsitzende Kurt Schumacher brachte seine Ablehnungsgründe auf die kurze Formel: »zu klerikal, zu konservativ, zu kapitalistisch, zu kartellistisch«. In der Tat verfestigte seiner Meinung nach jeder Schritt nach Westen die deutsche Teilung und den gesellschaftlichen Status quo in der Bundesrepublik. Für Schumacher bedeutete Politik Bewahrung der Existenz der Nation, und er sah nicht, daß die Westdeutschen zunächst von der Einheit des Reiches genug hatten und aus der Haftung für die Vergangenheit in ein imaginäres Europa zu fliehen versuchten. Gleichwohl gehörte es zu den politischen Tabus der Adenauer-Ära, davon zu sprechen, daß eine Wiedervereinigung nicht möglich oder sogar nicht erstrebenswert sei. Zur Wiedervereinigung mußte man Bekenntnisse ablegen, die nichts kosteten. Und so versicherte Adenauer unentwegt, die Westintegration sei der einzige Weg dahin. Der Bundestag stimmte der Bildung der Montanunion 1952 zu. Fünf Jahre später wurde sie zur Europäischen Wirtschaftsgemeinschaft (EWG) ausgebaut.

Eine neue Dimension erhielt die Europapolitik im Sommer 1950 durch den Ausbruch des Koreakrieges. In der öffentlichen Meinung Westeuropas wurde dieser Krieg fast einhellig so gedeutet, als habe der aggressive Bolschewismus jetzt weltweit mit einer neuen Phase der Expansion begonnen. Die Furcht vor einem bevorstehenden Krieg in Europa setzte fieberhafte Verteidigungsplanungen in Gang. Das war die Stunde Konrad Adenauers. Ohne die Bundesregierung zu unterrichten, bot er den Amerikanern am 30. 8. 1950 deutsche Truppen für eine Europa-Armee an und verlangte dafür die Ablösung des Besatzungsstatuts durch Verträge. Bundesinnenminister Gustav Heinemann trat aus Protest zurück, die übrigen Minister stimmten zu. Die SPD reagierte gespalten. In den Landtagswahlkämpfen trat sie 1950 und 1951 erfolgreich mit der Parole »Nie wieder Krieg« an. Sie nutzte damit eine weitverbreitete »Ohne-mich«-Stimmung aus. In der Auseinandersetzung mit der »Ohnemich«-Bewegung bewies Adenauer seine Fähigkeit, mit Mut, Entschlossenheit und Geradlinigkeit gegen verblasene Stimmungen anzukämpfen. Seine stärksten Verbündeten im Kampf um die Stimmen der Westdeutschen waren die Erfolge der sozialen Marktwirtschaft Ludwig Erhards, das »Wirtschaftswunder«. Es zeigte sich, daß der alte Produktionsapparat noch weitgehend in Takt war und die Menschen arbeiten wollten, um die wieder erreichbaren Waren zu kaufen. Das Rezept Erhards bestand in der Ankurbelung der deutschen Exportindustrie, um mit den Einnahmen die Rohstoff- und Lebensmittelimporte zu finanzieren. Die Westorientierung der Bundesregierung war eine wichtige Voraussetzung dafür, daß die USA der Bundesrepublik den Zugang zum Weltmarkt freimachten. Der Korea-Boom löste eine allgemeine Expansion der Märkte aus, und die Bundesrepublik konnte in den nächsten Jahren mit Produktionszunahmen und Exportsteigerungen in zweistelliger Höhe aufwarten. Die Löhne stiegen zunächst nur langsam, aber die Westdeutschen konnten ihren aufgestauten Nachholbedarf befriedigen. Die gesamte Innenpolitik der Bundesregierung war darauf ausgerichtet, das marktwirtschaftliche System mit einigen sozialen Komponenten wiederherzustellen. Hierzu gehört auch das Gesetz über die paritätische Mitbestimmung in den Großbetrieben der Montanindustrie. Für einen begrenzten Ausgleich zwischen den vom Krieg Verschonten und den Kriegsgeschädigten sorgte das Lastenausgleichsgesetz.

Im Herbst 1951 konkretisierten sich die Verhandlungen über die Bildung einer Europa-Ar-

Staat und Gesellschaft

mee und die Ablösung des Besatzungsstatuts. Unaufhaltsam schob sich die Frage nach der Vereinbarkeit der geplanten Verträge mit dem Ziel der deutschen Einheit in den Mittelpunkt der Diskussion. Die Bundesregierung brachte die schon früher erhobene Forderung nach freien gesamtdeutschen Wahlen erneut vor den Bundestag. Die Forderung nach Einheit in Freiheit hatte einen Anklang an die Paulskirche von 1848. Alle Bundestagsparteien stimmten zu mit Ausnahme der KPD. Für die Sowjetunion war die Forderung unannehmbar. Zur Glaubwürdigkeit der Bonner Politik trug es nicht bei, daß die Regierung gleichzeitig beim Bundesverfassungsgericht einen Antrag auf Verbot der KPD stellte, ohne die gesamtdeutschen Wahlen nicht vorstellbar waren. In ihrem Antikommunismus stimmten CDU und SPD überein. Am 10. 3. 1952 wandte sich Stalin an die Westmächte mit dem Vorschlag, einen Friedensvertrag mit einem neutralisierten Deutschland abzuschließen. Die Westmächte und auch Bonn sahen darin zuallererst ein Störmanöver und führten ihre Verhandlungen fort. Am 26. und 27. 5. wurden der Deutschlandvertrag und der Vertrag über die Europäische Verteidigungsgemeinschaft (EVG) unterschrieben. Die Bundesrepublik erlebte die heftigsten politischen Debatten über das Für und Wider der Verträge. Am 15. 5. 1953 stimmte die große Mehrheit des Bundestages dafür. Die einzige Chance für die SPD, die Verträge zu Fall zu bringen, war ein Wahlerfolg bei den nächsten Bundestagswahlen. Auch Adenauer wollte den Wahlkampf zu einem Plebiszit für seine Politik

Wiedervereinigung S. 49 – 2

Wiedergutmachung S. 89 – 15

Eingliederung, Lastenausgleich und Wiedergutmachung

Millionen Menschen hatten nach dem 2. Weltkrieg nicht viel mehr gerettet als das nackte Leben. Die Vertriebenen aus den Ostgebieten hatten die Heimat und meist auch ihr ganzes Eigentum verloren. Riesige Vermögensverluste hatten auch viele Bewohner des übrigen Deutschland vor allem durch den Bombenkrieg erlitten. Unzählige Menschen waren von der Hitler-Diktatur verfolgt, gedemütigt, eingekerkert oder aus dem Lande vertrieben worden. Eine der herausfordernden Aufgaben der Bundesrepublik Deutschland war es, diesen Menschen Hilfe zukommen zu lassen.
1950 wurden in der Bundesrepublik Deutschland rd. 8,5 Millionen Vertriebene gezählt. Man hatte sie zunächst in die dünnbesiedelten landwirtschaftlichen Gebiete gelenkt, wo sie eher ein Unterkommen finden konnten als in den zerstörten Städten. Auf die überwiegend agrarisch strukturierten Länder Schleswig-Holstein, Niedersachsen und Bayern entfiel der größte Zuwachs. In den ländlichen Gemeinden gab es jedoch nicht genügend Arbeitsplätze. Deshalb wurde in den Jahren 1949–1951 eine Umsiedlungsaktion durchgeführt, in deren Verlauf etwa eine Million Vertriebene noch einmal den Wohnort wechselten. Die Vertriebenen sollten von Anfang an der eingesessenen Bevölkerung gleichgestellt sein; Ziel war nicht Absonderung, sondern Eingliederung.
Vom Kriegsende bis zum Bau der Berliner Mauer 1961 strömten 3,2 Millionen Menschen aus der sowjetischen Besatzungszone und späteren DDR in die Bundesrepublik Deutschland. War ihre Flucht auf eine Zwangslage zurückzuführen, so konnten sie ähnliche Unterstützung beanspruchen wie die Vertriebenen. Auch sie sind im Laufe der Zeit in die einheimische Bevölkerung integriert worden. Daß die *Eingliederung* insgesamt gelang, ist nicht zuletzt auf den wirtschaftlichen Aufschwung der 50er und 60er Jahre zurückzuführen.

Die Vertriebenen und sonstigen Kriegsgeschädigten erhielten zunächst eine »Soforthilfe«. 1952 wurde dann das Gesetz über den *Lastenausgleich* erlassen. Grundgedanke war: Wer seinen Besitz ganz oder größtenteils über den Krieg hinweggerettet konnte, trat einen Teil davon denen ab, die alles oder fast alles verloren hatten. Die komplizierte Durchführung stellt sich stark vereinfacht so dar: Alle natürlichen und juristischen Personen müssen eine Abgabe in Höhe der Hälfte des Wertes ihres Vermögens nach dem Stand von 1948/49 an einen Ausgleichsfond leisten, allerdings nicht auf einmal, sondern auf bis zu 30 Jahre verteilt. Aus dem Fond, dem auch Zuschüsse des Bundes und der Länder zufließen, werden Entschädigungen, Renten und Eingliederungsbeihilfen an die Geschädigten gezahlt. Von 1949 bis 1959 betrugen die Ausgaben des Ausgleichsfonds rd. 32 Milliarden DM.
Zur *Wiedergutmachung* des vom Hitler-Regime begangenen Unrechts wurden zu Beginn der 50er Jahre mehrere Gesetze erlassen. Wer wegen seiner Gegnerschaft zum Nationalsozialismus oder aus Gründen der Rasse, des Glaubens oder der Weltanschauung verfolgt worden ist, hat Anspruch auf Wiedergutmachung. Sie wird hauptsächlich in Form von Renten, Abfindungen, Kapitalentschädigungen und Darlehen geleistet. Außerdem wurden nach einem Abkommen von 1952 direkte Zahlungen an den Staat Israel und die Conference on Jewish Claims against Germany, die die Ansprüche vernichteter jüdischer Gemeinschaftseinrichtungen vertritt, geleistet. Ferner wurden mit mehreren europäischen Staaten Wiedergutmachungsabkommen zugunsten von verfolgten Angehörigen dieser Staaten und deren Hinterbliebenen geschlossen. Bis 1959 betrugen die Leistungen der Bundesrepublik Deutschland auf dem Gebiet der Wiedergutmachung rd. 12 Milliarden DM.

Das Grenzdurchgangslager Friedland bei Göttingen nach der Ankunft eines Heimkehrertransportes aus der UdSSR im Oktober 1955.

Staat und Gesellschaft

Konrad Adenauer in Washington im Mai 1957 im Gespräch mit US-Außenminister John F. Dulles.

machen. Mit Unterstützung von US-Präsident Eisenhower gelang es Adenauer, zusätzliches Ansehen durch eine Amerikareise zu gewinnen. Gegen die hart und teilweise demagogisch geführte CDU-Wahlkampfagitation hatte die SPD mit ihrem schwachen Spitzenkandidaten Ollenhauer einen schweren Stand. Sie geriet völlig in die Defensive, weil sie außer ihrem NEIN keine plausible Alternative zu bieten hatte. Adenauer wurde der strahlende Sieger der Bundestagswahl vom 6. 9. 1953. Die CDU/CSU erhielt 45,1 Prozent der Stimmen, die SPD dagegen nur 28,8 Prozent. Zusammen mit ihren Koalitionspartnern verfügte die Regierungspartei jetzt über eine Zweidrittelmehrheit im Bundestag. Im westlichen Ausland wurde das Ergebnis als Beweis für die politische Reife der Deutschen gewertet. Die Entwicklung zum Zweiparteiensystem, die Absage der Wähler an rechts- und linksradikale Parteien und die unerwartete politische Stabilität der Bundesrepublik hoben sich positiv von der Vergangenheit ab (»Bonn ist nicht Weimar«).

Die französische Nationalversammlung war durch den Wahlsieg Adenauers nicht zu beeindrucken. Am 30. 8. 1954 lehnte sie den EVG-Vertrag durch einen Geschäftsordnungsbeschluß ab. Überraschend schnell gelang es, eine Ersatzlösung zu finden, die eine direkte Aufnahme der Bundesrepublik in die NATO vorsah. Das Vertragswerk wurde am 23. 10. 1954 in Paris unterzeichnet (»Pariser Verträge«) und trat am 5. 5. 1955 in Kraft. Die Sowjetunion zog daraus ihre Schlußfolgerungen, sie proklamierte die Zwei-Staaten-Theorie und bot Bonn die Aufnahme diplomatischer Beziehungen an. Bei seinem Moskaubesuch im September erhielt der Bundeskanzler als Gegenleistung für die Normalisierung der Beziehungen das Versprechen, daß die letzten 10 000 Kriegsgefangenen freikämen.

War die Wiedervereinigungspolitik Adenauers im großen gescheitert, so gab es auf einem anderen Gebiet doch Erfolge. Die Saarbevölkerung lehnte 1955 das Saarstatut in einer Volksabstimmung ab, und Frankreich erklärte seine Zustimmung zum Anschluß des Saarlandes an die Bundesrepublik.

Die größte innenpolitische Aufgabe der Bundesrepublik in den Jahren nach 1956 war die Aufstellung einer demokratisch kontrollierten Bundeswehr. Mit Wehrgesetzen und Rüstungsausgaben ließ sich kein Bundestagswahlkampf bestreiten. Bundeskanzler Adenauer hatte sich daher schon 1955 entschlossen, die Bundestagswahlen 1957 mit innenpolitischen Argumenten zu gewinnen. Das wichtigste Projekt war die Rentenreform. Das Rentenreformgesetz verhieß den bisher auf der Schattenseite des Wirtschaftswunders lebenden Rentnern regelmäßig bruttolohnbezogene Rentenerhöhungen. Mit der Parole »Keine Experimente« sprach die CDU geschickt das Sicherheitsstreben der Mehrheit der Bevölkerung an. Der Wahlsieg der CDU/CSU brachte Adenauer auf den Höhepunkt seiner Laufbahn. Der CDU war es gelungen, die kleinen Rechtsparteien aufzusaugen und sich als große Volkspartei zu geben. Die SPD wollte jetzt ebenfalls Volkspartei werden und gab sich zunächst einmal ein neues Parteiprogramm, das »Godesberger Programm«.

Die CDU konnte mit ihrer Bundestagsmehrheit allein regieren, dennoch fällt keiner der historischen Erfolge Adenauers in die letzte Phase seiner Amtszeit. In dieser Zeit entstand die außerparlamentarische Bewegung »Kampf dem Atomtod«, und es wurden von den Kritikern seiner Politik all die Stereotypen entwickelt, die zehn Jahre später eine zentrale Rolle beim innenpolitischen Wandel spielten. Es wurde die »unbewältigte Vergangenheit« des III. Reiches entdeckt, die ungenügende Förderung des Schulwesens und der Universitäten (»Bildungsnotstand«), die ungenügende Demokratisierung und die ungerechte Verteilung der nach dem Krieg angesammelten Vermögen. In dieser Kritik spiegelten sich der allgemeine »Modernisierungsschub«, der Ende der 50er Jahre einsetzte, und der Generationswechsel wider. Konrad Adenauer war der letzte Exponent einer Generation von Patriarchen aus der Kaiserzeit, der seine

---

Auswanderungswelle

Die bitteren Erfahrungen der NS-Zeit sowie die zum Teil chaotische Lage in der Nachkriegszeit bewogen in den 50er Jahren viele Bundesbürger, besonders Heimatvertriebene, und Verschleppte aus dem Osten (sogenannte Displaced Persons), Deutschland zu verlassen, um sich anderswo eine neue Existenz aufzubauen. Insbesondere die hohe Arbeitslosigkeit zu Beginn der 50er Jahre war ein entscheidendes Motiv für den Entschluß zur Auswanderung. So betrug die Arbeitslosenquote im September 1950 11,4%. Vor allem jüngere Fach- und Landarbeiter erhofften sich durch eine Auswanderung nach Übersee eine Sicherung bzw. Verbesserung ihrer Existenz. Gerade in dünnbesiedelten Ländern, in denen Mangel an Arbeitskräften herrschte, waren diese Menschen willkommen. Haupteinwanderungsgebiete waren die USA, Kanada, Australien, Südamerika und Südafrika. In den Jahren 1950–1955 wanderten 653 216 Bundesbürger aus. Davon gingen allein 349 339 in die USA. Um diese großen Auswanderungsströme zu kanalisieren, wurden auf nationaler und internationaler Ebene verschiedene Einrichtungen geschaffen, die sich mit den komplexen Problemen, die sich aus der Auswanderungswelle ergaben, beschäftigten. Neben Institutionen der Kirchen und freien Wohlfahrtsverbände kümmerte sich u. a. das Bundesamt für Auswanderung um die Belange der Auswanderungswilligen; 1952 wurde das Intergovernmental Committee for European Migration (ICEM; Zwischenstaatliches Komitee für Europäische Auswanderung) gegründet.

Als sich Mitte der 50er Jahre die wirtschaftliche Situation in der Bundesrepublik Deutschland rapide verbesserte, sank auch die Zahl der Auswanderer. Der neu entstehende soziale Wohlstand erleichterte die Integration der Flüchtlinge aus den Ostgebieten. Im Zeitraum von 1956–1960 verließen nur noch 344 052 Bundesbürger ihre Heimat. Davon ging wiederum der größte Teil (182 772) in die USA.

Staat und Gesellschaft 169

Der Juniaufstand in der DDR

Der Aufstand vom 16./17. Juni 1953 ist nur zu verstehen auf dem Hintergrund der spürbaren Verschlechterung der wirtschaftlichen, sozialen und politischen Lage. Diese Verschlechterung resultierte nicht zuletzt aus den im Sommer 1952 von der SED-Führung beschlossenen Maßnahmen zur beschleunigten Förderung der Schwerindustrie auf Kosten der Konsumgüterproduktion.

Im politischen Bereich wurde gleichzeitig die Unterdrückung potentieller Regimegegner verschärft. Außerdem wurde das sowjetische Staatsmodell ohne Vorbehalte übernommen. Nach dem Tode Stalins am 5. 3. 1953 zeigten sich dann überraschend Liberalisierungstendenzen. Am 11. 6. 1953 gab die SED-Führung politische Fehler zu und nahm einige Maßnahmen der letzten Zeit zurück. Eine im Mai verfügte Erhöhung der Arbeitsnormen um 10%, die in der Praxis einer entsprechenden Lohnkürzung gleichkam, wurde allerdings nicht zurückgenommen, sondern – im Gegenteil – ausdrücklich bestätigt. Dieses Detail war der unmittelbare Auslöser des Aufstands.

Am 16. 6. streikten Bauarbeiter, die in der Ostberliner Stalinallee beschäftigt waren. Weitere Belegschaften aus anderen Betrieben schlossen sich an. Zunächst wurde nur die Herabsetzung der Normen, später der Rücktritt der Regierung und freie Wahlen gefordert. Am 17. 6. weiteten sich Streiks und Demonstrationen über alle größeren Städte der DDR aus.

Hauptzentren waren – neben Berlin – Bitterfeld, Magdeburg, Halle, Leipzig, Merseburg, Jena und Görlitz. Die Demonstration entwickelte sich zu einem politischen Aufstand gegen das SED-Regime, obgleich nun die Aufhebung der Normerhöhungen und die Verbesserung der Lebensbedingungen versprochen wurden. Bis zum Mittag des 17. Juni bestanden die Demonstrationszüge im wesentlichen aus Betriebsbelegschaften, die sich im allgemeinen diszipliniert verhielten. Nur gelegentlich wurden SED-Gebäude besetzt und politische Häftlinge befreit. Dann eskalierte das Geschehen. Es kam zu unkontrollierten Massenaktionen und -kundgebungen. Mittags verhängte die sowjetische Besatzungsmacht den Ausnahmezustand. Sowjetische Panzereinheiten und kasernierte Volkspolizei gingen gegen die Aufständischen vor. Nun erwies es sich als Nachteil, daß der Juniaufstand nicht zentral koordiniert war; so konnte der bewaffneten Macht kein großer Widerstand entgegengesetzt werden. Der Juniaufstand brach in kurzer Zeit zusammen.

Die DDR-Regierung teilte später mit, daß es 21 Tote und 187 Verletzte gegeben habe. Außerdem sind 18 standrechtliche Erschießungen und 3 Hinrichtungen bekanntgeworden. 1400 Menschen wurden zu Freiheitsstrafen verurteilt. Da sich innerhalb der SED und der Volkspolizei Entschlußlosigkeit und Unzuverlässigkeit gezeigt hatten, erfolgten große Säuberungsmaßnahmen.

Der Aufstand erregte die Teilnahme und das Aufsehen der freien Welt. Am 4. 8. 1953 wurde der 17. Juni in der Bundesrepublik Deutschland als »Tag der deutschen Einheit« zum gesetzlichen Feiertag erklärt.

Der Protestmarsch der Bauarbeiter weitet sich zu einem Volksaufstand aus.

DDR II
S. 105 – 20

Straßenbild in Ostberlin während des Aufstandes am 17. Juni. Der Aufstand brach wegen der Erhöhung der Arbeitsnormen aus, richtete sich jedoch bald gegen die SED-Regierung.

Generation längst überlebt hatte. Zunehmend wurde der greise Kanzler von den selbsternannten Kronprinzen aus der eigenen Partei gedrängt, sein Amt als Bundeskanzler aufzugeben. Mit seiner Kandidatur für das Amt des Bundespräsidenten im Frühjahr 1959 leitete Adenauer selbst den schmerzhaften Prozeß der Selbstdemontage ein, der erst 1963 mit seinem Rücktritt endete. Im Grunde konnte er sich keinen geeigneten Nachfolger vorstellen.

Im Juli 1950 berief die SED auf ihrem III. Parteitag Walter Ulbricht in das neu geschaffene Amt des Generalsekretärs. Unter seiner Leitung war die SED, die eine Volkspartei werden wollte, in den vorangegangenen Jahren in eine Kaderpartei (»Partei neuen Typus«) umgeformt worden. Ulbricht galt in der SED als Mustertyp des stalinistischen Apparatschiks, der Organisationstalent, Grundsatztreue, Arbeitseifer, Anpassungsfähigkeit und menschliche Kälte miteinander verband. Gleichzeitig mit der Wahl Ulbrichts zum Generalsekretär der SED wurde auch der

DDR I
S. 105 – 19

Staat und Gesellschaft

Walter Ulbricht als stellvertretender DDR-Ministerpräsident zu Beginn des Jahrzehnts.

Prozeß der Errichtung der SED-Herrschaft abgeschlossen, der Ausschaltung der bürgerlichen Kräfte von wichtigen politischen Posten. Ulbrichts zentrale Rolle beruhte zusätzlich darauf, daß er seit 1946 Chef der Abteilung in der SED war, über die alle Kontakte zur Sowjetischen Militäradministration (SMA) liefen. Es gelang ihm in den nächsten Jahrzehnten, sämtliche Wandlungen der sowjetischen Politik mitzuvollziehen. Nach dem III. Parteitag wurde in der DDR der Übergang von der antifaschistisch-demokratischen Revolution zum Aufbau des Sozialismus nach sowjetischem Vorbild propagiert, eine zweite »Revolution von oben«. Gemäß Stalins Theorie der Verschärfung des Klassenkampfes in der Phase des Aufbaus des Sozialismus begann eine verstärkte politische Verfolgung tatsächlicher oder vermeintlicher Gegner, auch in der Partei selbst. Hauptinstrumente waren die Justiz mit dem neuen Obersten Gericht an der Spitze und eine besondere politische Polizei, der Staatssicherheitsdienst (SSD). Schauprozesse und unverhältnismäßig hohe Strafen galten als wichtige Abschreckungsmittel. Im Zuge der Entstalinisierung nach 1956 gestand der DDR-Generalstaatsanwalt Melsheimer ein, zahlreiche und schwere Fehler begangen zu haben. Die SED-Führung wußte, daß sie für ihre Politik nicht die Unterstützung der Bevölkerungsmehrheit hatte, deshalb ließ sie 1950 bei den ersten Volkskammerwahlen nach Einheitslisten wählen, die ihr automatisch die Mehrheit sicherten. Politischer Druck, gemeinsame Stimmabgabe und offene Wahl führten am 15. 10. 1950 auch in der DDR zu dem bei Abstimmungen in sozialistischen Staaten üblichen Ergebnis: 98 Prozent Wahlbeteiligung und 99 Prozent Ja-Stimmen. Unter diesen Umständen war es nicht verwunderlich, daß die Forderung Bonns nach gesamtdeutschen freien Wahlen unter internationaler Kontrolle bei der Bevölkerung der DDR außerordentlich populär war.

Mit der politischen Strukturveränderung ging eine verstärkte Einbeziehung der DDR in das Vertragssystem des Ostblocks einher. Die DDR wurde 1950 in den Rat für Gegenseitige Wirtschaftshilfe (RGW), das östliche Gegenstück zur Marshallplan-Organisation, aufgenommen, erkannte im Görlitzer Vertrag die Oder-Neiße-Grenze als endgültige deutsche Ostgrenze an und durfte an der Prager Außenministerkonferenz der sozialistischen Staaten teilnehmen.

Walter Ulbricht wußte aber auch, daß es im Systemwettbewerb auf deutschem Boden entscheidend darauf ankäme, welches System langfristig den Deutschen die besseren Lebensverhältnisse anzubieten hatte. In seiner Antrittsrede als Generalsekretär sprach er auf dem Parteitag über den Fünfjahrplan und die Perspektiven der Volkswirtschaft der DDR. Er verhieß der DDR ein Tempo der industriellen Entwicklung, dem bald kein kapitalistisches Land mehr folgen könne. Schon bald werde das Lebensniveau der DDR-Bevölkerung das Lebensniveau im »imperialistischen Deutschland«, wo Arbeitslosigkeit und wirtschaftliches Durcheinander Dauerzustand seien, bedeutend übertreffen. Als allgemeines Ziel formulierte der erste Fünfjahrplan für die Jahre 1951–1955 die Verdoppelung der industriellen Produktion im Vergleich zu 1936. In dem Plan waren auch ausdrücklich die Steigerung des Lebensstandards und die Förderung von Bildung, Kultur und Wissenschaft vorgesehen. Die wirtschaftlichen Startbedingungen der DDR waren, verglichen mit denen in der Bundesrepublik, sehr schlecht. Statt Kredite zu geben, entnahmen die Sowjetunion etwa 10% des Sozialprodukts als Reparationen aus der laufenden Produktion und führte die wichtigsten Industriebetriebe als Sowjetische Aktiengesellschaften in eigener Regie. Die durch die Spaltung Deutschlands entstandenen wirtschaftlichen Disproportionen trafen zuerst die DDR. Hier gab es außer Braunkohle kaum Bodenschätze, und die früheren Zentren der Schwerindustrie Deutschlands in Oberschlesien gehörten nun zu Polen und im Ruhrgebiet zur Bundesrepublik. Die Forcierung des industriellen Wachstums mit dem Vorrang der Schwerindustrie wurde mit einer Vernachlässigung der Konsumgüterproduktion erkauft und führte zu periodischen Versorgungskrisen. Die bedeutendsten Industrieobjekte waren das Eisenhüttenkombinat Ost im neugegründeten Stalinstadt an der Oder, das Braunkohlenkombinat Schwarze Pumpe und Werftanlagen in dem zum Überseehafen ausgebauten Rostock. Im Ergebnis konnte der Fünfjahrplan 1951–1955 trotz aller Schwierigkeiten und Hindernisse zu 102,6 Prozent erfüllt und die Arbeitsproduktivität um 55 Prozent gesteigert werden. Die Planerfüllung wurde durch ein ausgeklügeltes System von »Zuckerbrot und Peitsche« erreicht. Gegen angebliche Bummelanten, Diversanten und Des-

Nikita Chruschtschow, Walter Ulbricht und Otto Grotewohl (von links) auf dem V. Parteitag der SED.

organisatoren der Arbeit wurde mit Sanktionen vorgegangen. Um der aus der allgemeinen Not der Nachkriegszeit entstandenen Tendenz zur Gleichmacherei in der Arbeiterschaft entgegenzutreten, hatte die SED schon 1948 die nach dem Bergmann Adolf Hennecke benannte Aktivistenbewegung initiiert. Zu Beginn des Fünfjahrplans förderte die SED die Entwicklung von Aktivisten- und Wettbewerbsbewegungen und die Bewegung der nach sowjetischen Methoden arbeitenden Neuerer. Die Parole lautete: »So wie wir heute arbeiten, werden wir morgen leben!« Die Arbeiter reagierten mit hartnäckigem und hinhaltendem Widerstand. Im VEB ›Henry Pels‹ in Erfurt mußte sich beispielsweise der Aktivist Horst Eckard immer wieder von »rückständigen Kollegen« sagen lassen: »Laß' deine neuen Arbeitsmethoden, du machst dich bei deinen Kollegen nur unbeliebt«, so ein Bericht aus dem Jahre 1957. Unterstützung und Anleitung erhielten die Arbeiter in ihrem Widerstand von der westdeutschen SPD und über den Sender RIAS. Der beschleunigte Aufbau des Sozialismus nach der II. Parteikonferenz der SED im Juli 1952 hatte schwerwiegende Folgen für die Produktion und die Versorgung der Bevölkerung, wodurch die sowjetische Besatzungsmacht sich zu einer Intervention genötigt sah. Auf Moskauer Weisung kündigte das Politbüro der SED am 9. 6. 1953 den »Neuen Kurs« an: Verbesserungen der Lebenshaltung, mehr Rechtssicherheit und weitere Erleichterungen für die Bevölkerung. Nicht betroffen von der Rücknahme war eine gerade erst verfügte generelle Erhöhung der Arbeitsnormen in der Industrie um 10 Prozent. Gegen diese Normerhöhung richtete sich ein Demonstrationszug der Bauarbeiter der Stalinallee in Ostberlin am 16. 6. 1953. Die Regierung gab schon nach Stunden die Rücknahme der Normerhöhung bekannt. Sie konnte damit nicht mehr aufhalten, daß sich die Arbeiterdemonstration am 17. Juni 1953 zum Fanal einer Arbeiterrevolte gegen das politische System der DDR entwickelte. Die SED setzte ihren Kurs weiter zielstrebig fort, aber behutsamer. Im September 1955 erhielt die DDR von der Sowjetunion ihre volle Souveränität und wurde Mitglied des Warschauer Vertrages. Aus der bisherigen Kasernierten Volkspolizei (KVP) wurde 1956 die Nationale Volksarmee (NVA).

Das große Ereignis des Jahres 1956 für alle Volksdemokratien war der XX. Parteitag der KPdSU. Die Verdammung der Herrschaftspraktiken Stalins und des Personenkults durch Chruschtschow löste in der seit einem Jahrzehnt auf Stalin eingeschworenen SED allgemeine Verunsicherung aus.

Geschickt wußte sich Ulbricht anzupassen durch leichte Distanzierung gegenüber Stalin und Rehabilitierung von unschuldig Verfolgten.

Seit 1956 begann eine Phase der intensiven Planungsabstimmung mit der Sowjetunion und den anderen RGW-Ländern. Auf dem V. Parteitag der SED konnte Ulbricht erhebliche Konsolidierungsnachweise erbringen, die DDR war nach eigenen Berechnungen zum neuntgrößten Industriestaat aufgestiegen. Als Krönung der sozialistischen Umgestaltung gab er jetzt das Ziel an, die DDR solle binnen drei Jahren die Bundesrepublik im Pro-Kopf-Verbrauch in den wichtigsten Bereichen überholen. Außerdem sollte die Landwirtschaft, die bisher noch zu 70 Prozent privatbäuerlich bewirtschaftet wurde, kollektiviert werden. Diese Ziele waren – abgesehen von der Zwangskollektivierung – nicht erreichbar; die mit ihnen verbundenen Maßnahmen lösten einen weiteren Strom von Flüchtlingen nach dem Westen aus. Bisher hatte die DDR das Problem der Republikflucht nicht durch eine hermetische Abriegelung zu lösen versucht. Die krisenhafte Entwicklung in der Wirtschaft erforderte eine neue Planung und ein neues Wirtschaftsverwaltungssystem. Das Problem der Flucht wollte die DDR 10 Jahre nach der Berliner Blockade erneut durch einseitiges Vorgehen gegen Westberlin regeln. Mit der von Ulbricht im Zusammenspiel mit Chruschtschow 1958 in Gang gesetzten zweiten Berlinkrise begann einer der gefährlichsten Konflikte der Nachkriegszeit in Mitteleuropa.

KLAUS KÖRNER

DDR III
S. 105 – 21
Politik im Radio
S. 89 – 16

Wir sind wieder wer – das neue deutsche Selbstbewußtsein

Man hat den 50er Jahren schon viele Etiketten angeheftet: Wirtschaftswunder, Kalter Krieg, Wiederaufbau. Bei näherem Hinsehen greifen jedoch alle Versuche, eine ganze Ära auf *eine* einfache Formel zu reduzieren, zu kurz. Die Eindrücke sind zu vielschichtig, die Erfahrungen zu spannungsreich, als daß man sie auf ein simples Schema verkürzen könnte. Allerdings sind einige Grundtendenzen zu beobachten, die dem Jahrzehnt das spezifische Profil verleihen.

Die 50er Jahre erleben Deutschlands Wiederauf-

Die Hula-Hoop-Bewegung war charakteristisch für das Ende des Jahrzehnts.

Staat und Gesellschaft

Allmählich verlor der Besitz eines Automobils seinen exklusiven Charakter.

stieg nach der größten Katastrophe seiner Geschichte: wirtschaftliches Wachstum, soziale Sicherheit und nach außen die Wiedereingliederung in die Gemeinschaft der Völker, von der sich Deutschland im Zeichen von Hitlers Wahnsinn losgesagt hatte. Es ist die Zeit der harten außenpolitischen, aber vor allem auch der erbitterten innenpolitischen Auseinandersetzungen um die damals denkbaren und angestrebten Alternativen; es ist die Zeit der leidenschaftlichen politischen Kämpfe um die Weichenstellung unseres Lebens,
- um die Westintegration,
- um die Wiederbewaffnung,
- um den Beitritt zu NATO und EWG,
- um die Schaffung und Ausgestaltung der Sozialen Marktwirtschaft,
- um den Ausbau des Föderalismus.

Diese Weichenstellungen werden mit Gründung und politischer Ausgestaltung der Bundesrepublik Deutschland vollzogen – aber zugleich vollzieht sich damit die Teilung Deutschlands in zwei Staaten. Fragen stellen sich ein: Was macht die Idee, die Staatsraison der Bundesrepublik Deutschland aus? Ein Staat wie jeder andere? Politische Teilorganisation einer verkrüppelten Nation? Identisch oder teilidentisch mit dem Deutschen Reich? Ein Provisorium – oder mehr?

Wer nun annimmt, solche Fragen hätten die Deutschen damals tief aufgewühlt, der irrt. Die Entwicklung erscheint vielen geradezu als Ausdruck offenkundiger Zwangsläufigkeiten, fast als Ergebnis eines historischen Automatismus.

Neue Küchengeräte für den Haushalt

In den 50er Jahren hielten die elektrischen Küchengeräte ihren Einzug in die Haushalte. Diese Entwicklung wurde von der Tatsache begleitet, daß viele Frauen berufstätig waren und daher weniger Zeit für die Arbeit im Haushalt aufwenden konnten. Der geringe Zeitaufwand wurde durch eine Anzahl technischer Hilfen im Haushalt kompensiert. Bereits vor dem 2. Weltkrieg gab es Einbauküchen, also Küchenblöcke mit verschiedenen miteinander kombinierbaren Elementen. Man nahm jedoch die Produktion solcher Küchen in großem Stil erst in den 50er Jahren auf.

In der Regel bestand eine solche Einbauküche aus einem Küchenblock aus rostfreiem Stahl mit Anrichte und Spüle und darunter zwei Schränken und zwei bzw. drei Hängeschränken.

Der Schnell- und Dampfkochtopf, den es bereits früher gab, erlebte in den 50er Jahren eine erste Blüte. Den elektrischen Kühlschrank mit Gefrierfach, der den altmodischen Eiskasten, in dem noch dicke Eisstücke für die Kühlung sorgten, ersetzte, fand man ebenfalls in mehr und mehr Küchen, auch wenn die Anschaffung für viele Haushalte – auch zu Beginn des Wirtschaftswunders – noch eine große finanzielle Belastung darstellte. Kleine Küchenhilfen, wie z. B. die elektrische Kaffeemühle oder der Handmixer, traten ihren Siegeszug an. In vielen Haushalten nahmen bei den (Ab)waschmitteln synthetische Produkte den Platz von Wasser und Seife ein. Kaum jemand hatte (wenn überhaupt) ein so großes Badezimmer, daß Waschmaschine und die separate Wäscheschleuder darin Platz finden konnten. Die Hausfrauen wuschen deshalb häufig in der Küche. Die Wäscheschleuder wurde als Gerät zum Trocknen der Wäsche populär und ersetzte in vielen Familien den Wringer. Obwohl man die elektrische Waschmaschine auch schon vorher kannte, begann sie in den 50er Jahren in mehr und mehr Haushalten ihren Einzug zu halten. Sie war jedoch relativ einfach gebaut und besaß meist nur zwei Programme. Zum Schleudern mußte die Wäsche häufig in eine andere Kammer umgefüllt werden. Die Maschinen wurden »halbautomatisch« genannt. In den Badezimmern wurden jetzt auch häufiger Gasöfen eingebaut. Diese Geräte lieferten schnell heißes Wasser, so daß sich die Bezeichnung »fließend kalt und warm Wasser« in den 50er Jahren bei der Beschreibung von Wohnungen immer häufiger fand. Auch Zentralheizungen waren kein unerschwinglicher Luxus mehr, sondern wurden, gerade bei Neubauten, immer mehr zu einer Selbstverständlichkeit.

Die Firma Braun war eine der ersten, die elektrische Küchengeräte auf den Markt brachte (links).

Die farbigen Reklameplakate gaukelten nur vor, daß die Küchenausstattung in allen Haushalten modern war (rechts).

Inneneinrichtung in den 50er Jahren

Obwohl viele an der traditionellen Inneneinrichtung, soweit diese aus dem 2. Weltkrieg gerettet werden konnte, mit ihrer vorwiegend dunklen Farbe festhielten, wollten die meisten in den 50er Jahren ihre Wohnungen moderner, heller und geräumiger gestalten; nicht zuletzt wollte man damit einem positiveren, optimistischeren Lebensgefühl Ausdruck geben.

Für Holz und Tapete kamen mehr und mehr helle Farben auf. Gardinen aus dunklem Plüsch hielt man für altmodisch und ersetzte sie vor allem durch glatte Baumwollgardinen. Dabei wählte man meist einen hellen Hintergrund mit abstrakten Motiven. In den größeren Neubauwohnungen gingen viele dazu über, Gardinen mit Bordüren zu versehen. Hier und da sah man sogar Fenster ohne Gardinen, statt dessen stellte man eine Reihe Topfpflanzen in die Fenster; Blattpflanzen wie Sansevieria oder der im nachhinein für so typisch gehaltene Gummibaum waren besonders beliebt. Für die Wohnzimmer wählte man Parkett mit Teppichen. Korridore und Küchen hatten abwaschbare Venylplatten. Die Treppen waren häufig mit Linoleumböden ausgelegt, die mit Plastikrändern abschlossen.

Die dunkel gebeizten Möbel mit ihren Glasvitrinen wurden nun häufig durch Stühle mit schräg ausgestellten Beinen und Mehrzweckschränke ersetzt, die in heller Eiche oder Buche gehalten waren. In nahezu jeder Wohnung befand sich der für die 50er Jahre so kennzeichnende Nierentisch. Küchentische, aber auch die im Wohnzimmer, bekamen oft eine kratzfeste und abwaschbare Platte aus Kunststoff, der überhaupt den Grundstoff Holz bei den Möbeln langsam zu verdrängen begann. Der bis dahin übliche Plüsch oder Halbsamt für die Polsterung von Stühlen machte ebenfalls Kunststoff Platz. Zudem waren solche Möbel leichter sauber zu halten. In den Wohnzimmern kamen die ersten Sitzecken auf mit Stühlen und einem runden Tisch, wobei die Tischplatte aus Glas und die Beine des Tisches aus Ratan waren. Solche Möbel waren leicht, stabil und billig. Die Lampenschirme sahen aus wie Blumentöpfe oder hatten Glockenform und waren aus abwaschbarem Plastik. Besonders Gummibaum, Nierentisch und Glockenlampe sind heute die Attribute, die mit der Inneneinrichtung der 50er Jahre verbunden werden. Ein nicht zu übersehender, verklärender Hang zur Nostalgie läßt dabei außer Acht, daß sie für die Mehrzahl der Wohnbevölkerung nahezu die einzigen Elemente eines »trauten Heims« waren, das sich für viele noch – in der Phase des Wiederaufbaus – in bedrükkender räumlicher Enge abspielte. Es fehlte noch der Wohnkomfort, der heute selbstverständlich ist, selbst wenn besonders bei der Kücheneinrichtung viele die Arbeit erleichternde Geräte erschwinglicher wurden.

Wohnzimmerschrankwand; vorn rechts typische Zimmerpflanzen (oben).

Wohnecke mit quergestreiften Polstern (unten).

Über den Trümmerfeldern des Zweiten Weltkrieges ist der Hunger nach Wohlstand, nach Wohlergehen gewachsen, nicht der Hunger nach geistigen Konzepten und Theorien. Wer will schon die errungene Freiheit wieder aufs Spiel setzen, und wer will nicht alle Anstrengungen unternehmen, um Not und Elend möglichst bald hinter sich zu lassen? Handfestes Zupacken ist gefragt, nicht Theoretisieren, Moralisieren, Reflektieren. Die Abgründe der jüngsten Geschichte werden – so weit es irgend geht – verdrängt, bestenfalls an den Rändern des Gesichtskreises und von wenigen wahrgenommen. Das Wort von der »unbewältigten Vergangenheit« macht die Runde. Der ganze Elan richtet sich auf den Wiederaufbau. Nierentisch, Vespa und Fernseher werden zum Symbol einer Zeit, die geradezu Lust an materiellen Werten empfindet. So können die 50er Jahre beginnen mit rund 2 Millionen Arbeitslosen und mit der Vollbeschäftigung enden.

Schon früh stellt sich Stabilität ein – politisch, ökonomisch, sozial. Keiner der großen politischen Richtungskämpfe der Nachkriegszeit, keiner der Verteilungskonflikte entwickelt sich zu einer Krise der Demokratie. Das Parteiensystem konzentriert sich immer stärker auf einige wenige große Parteien. Die sozialen Spannungen erreichen eine geringere Intensität als in anderen vergleichbaren Industriestaaten. Auch der Grundbestand der Werte, die die Bürger in der Bundesrepublik Deutschland in den Vordergrund rücken, zeigt ein hohes Maß an Konstanz. Ein ausgeprägter Wunsch nach Sicherheit, eine hohe Einschätzung von Ehe und Familie, das Ziel des materiellen Wohlstandes, Bejahung und Respektierung der Demokratie: Bonn ist offenkundig nicht Weimar. Viele Signale der 50er Jahre besitzen als psychologisches Unterfutter die Chiffre »Stabilität«: Kanzlerdemokratie, Sicherung der Renten, Hebung des Lebensstan-

174 Staat und Gesellschaft

Der Petticoat, eines der Kleidungsstücke des Jahrzehnts (links).

Die ersten Reisegruppen zeigen den wachsenden Wohlstand (rechts).

Das Wirtschaftswunder sorgte für volle Kühlschränke.

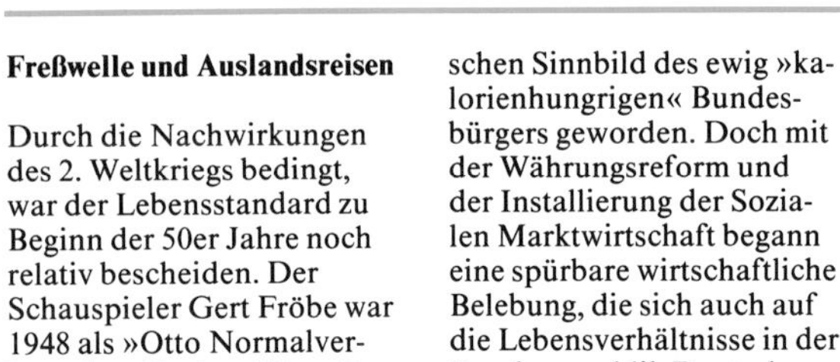

Freßwelle und Auslandsreisen

Durch die Nachwirkungen des 2. Weltkriegs bedingt, war der Lebensstandard zu Beginn der 50er Jahre noch relativ bescheiden. Der Schauspieler Gert Fröbe war 1948 als »Otto Normalverbraucher« in dem Film »Berliner Ballade« zum filmischen Sinnbild des ewig »kalorienhungrigen« Bundesbürgers geworden. Doch mit der Währungsreform und der Installierung der Sozialen Marktwirtschaft begann eine spürbare wirtschaftliche Belebung, die sich auch auf die Lebensverhältnisse in der Bundesrepublik Deutschland auswirkte. Bis zum 1. 3. 1950 wurden alle bestehenden Rationierungsmaßnahmen aufgehoben. Die Ausgaben für Nahrungsmittel stiegen bei einer vierköpfigen Familie von 131 DM 1949 auf 179,86 DM 1954. Dabei ging der Trend verstärkt zu hochwertigen Nahrungsmitteln wie Schweinefleisch, feinen Wurstwaren, Butter, Feingebäck und Süßwaren, während der Verbrauch bei pflanzlichen Nahrungsmitteln wie Brot, Gemüse und Kartoffeln stagnierte bzw. rückläufig war. Doch hatte diese Entwicklung nicht nur Vorteile. Die allmählich weitverbreitete Überernährung förderte Fettsucht und andere Krankheiten.
Das sogenannte Wirtschaftswunder beeinflußte nicht nur die Eßgewohnheiten. Dadurch, daß der Bruttowochenverdienst des Industriearbeiters von 99 DM (1955) bis auf 122 DM (1959) stieg, wuchs auch die Reiselust der Deutschen. Hatte sich der Tourismus zunächst nur auf das Inland konzentriert (die Zahl der Fremdenverkehrsübernachtungen in der Bundesrepublik Deutschland stieg von 21,4 Millionen [1951] auf 27,9 Millionen [1954]), wurden nun auch die Auslandsreisen beliebter. Die Pauschalreisen zuerst in der Hauptsache nach Italien, später dann auch nach Spanien und Jugoslawien, begannen ihren unaufhaltsamen Siegeszug.

dards. Das alles wird begleitet von intellektueller Schelte an der fehlenden geistigen Ausstrahlung der Republik.
Trotz des unübersehbaren Stolzes auf den wirtschaftlichen Erfolg und auf das damit verbundene neue internationale Ansehen – »Wir sind wieder wer« – will sich bei den Deutschen kein Selbstbewußtsein einstellen, das ohne Selbstzweifel wäre. Es fehlt an der gesicherten Identität. Man wird des Erfolges nicht so recht froh. Skepsis und Wehmut kennzeichnen die politische Atmosphäre, je näher die 50er Jahre an ihr Ende rücken. Natürlich weiß man, daß stabile politische Fundamente gelegt sind: Das geeinte Europa wird Schutz gewähren gegenüber den offensiven Ansprüchen der kommunistischen Machthaber. Es wird aber auch Schutz gewähren vor den eigenen fragwürdigen Traditionsbeständen des deutschen Volkes – vor Nationalismus und anti-westlichen Affekten. Aber unmittelbar nach dem geradezu symbolhaften Ausdruck jener markanten Selbstvergewisserung der 50er Jahre – Konrad Adenauer erringt mit seiner Partei bei der Bundestagswahl 1957 die absolute Mehrheit – beginnen die Krisen: Das Ende der Ära Adenauer zeichnet sich ab; der Ost-West-Konflikt tritt in eine neue Phase; das Berlin-Ultimatum macht Gefährdungen deutlich; Fortschrittszweifel beginnen sich einzustellen.
Es stellen sich neue Fragen – oder besser gesagt: alte Fragen brechen wieder auf, verlangen neue Aufmerksamkeit. Zweifellos schwelen die geistigen Irritationen der ersten Nachkriegsjahre weiter – zumal die Betonung des Übergangscharakters der Bundesrepublik Deutschland die Möglichkeit bot, eine eindeutige Klärung des Selbstverständnisses zu vermeiden: Provisorium, Transitorium oder Definitivum, endgültige Endstation einer wechselvollen deutschen Geschichte? Dürfen oder sollen gar die Bürger ihre nationale Loyalität auf den westdeutschen Teilstaat übertragen? Besitzt die Idee der Nation oder aber die des geeinten Europa erste Priorität? Die Gründungsväter überließen diese Fragen dem Pragmatismus der politischen Praxis. Insbesondere in diesen konzeptionellen Unsicherheiten bestehen Ratlosigkeiten weiter. Für die politisch Verantwortlichen geht es im Kern der Deutschen Frage um die politische Freiheit unseres Volkes. Insofern steht die Bundesrepublik Deutschland in einer Pflicht gesamtdeutscher Verantwortung, von der sie sich gar nicht dispensieren kann. Jede durch freie Wahlen legitimierte deutsche Regierung hat danach die Pflicht, vor den Völkern der Welt zu garantieren, daß es auch für einen gesamtdeutschen Staat keinen anderen Weg gibt als den der freiheitlichen rechtsstaatlichen De-

mokratie. Vor dem Hintergrund der nationalsozialistischen Zeit muß der Welt die Sicherheit geboten werden, daß von Deutschland nicht ein weiteres Mal der Geist der Unfreiheit ausgehen wird. Auf dieser Grundlage bestehen dann die unmittelbaren und praktischen Aufgaben der Deutschlandpolitik vor allem darin, die westlichen Alliierten auf das Ziel der Wiedervereinigung zu verpflichten, die Vier Mächte unter keinen Umständen aus ihrer Verantwortung für Deutschland zu entlassen und jegliche Sanktionierung des Status quo der Teilung zu verhindern.

Aber nun am Ende der 50er Jahre scheint das alles nicht mehr auszureichen. Es breitet sich – in der Deutschlandpolitik, der Ostpolitik, der Gesellschaftspolitik – das Bewußtsein aus, in einer Zeit des Übergangs zu leben; die Umrisse der neuen Ära zeichnen sich noch nicht präzise ab, aber man beginnt zumindest zu ahnen, daß ein neuer Aufbruch, daß neue Konzepte und schöpferische Ideen notwendig werden.

Gerade jene Jahre des Übergangs von den 50er zu den 60er Jahren bieten mit dem langen Ende der Ära Adenauer für den Betrachter der politischen Bühne ein faszinierendes, von Spannung getragenes Stück, dem er folgen kann: Ein alter Mann formt eine Zeit des pragmatisch nüchternen Anfangs nach einer inhumanen Epoche voller Illusionen, und er erlebt noch, wie auf diesen Grundlagen eine neue Zeit beginnt, mit neuen Horizonten, neuen Zielen und neuen Sehnsüchten. Ein alter Mann prägt einer politischen Ära den Stempel auf, der unerbittlich fortschreitenden Uhr widerstehend und mit den Menschen ringend, die sich mehr und mehr auf die Zeit einstellen, in der er nicht mehr da sein wird. So gerät das Ende der 50er Jahre zu einer Zeit des Übergangs. Die Fragen des Übergangs sind weitgehend die verdrängten Zweifel aus der Gründungszeit der Bundesrepublik Deutschland. Das Denken kreist immer wieder um das Thema, was denn die Identität der Deutschen ausmache. Und diese Fragen bleiben.

PROF. DR. WERNER WEIDENFELD

»Halbstarke«

Während der 50er Jahre zeigte sich die US-amerikanische Wohlstandsgesellschaft irritiert über die ersten Vorboten der späteren Hippiebewegung. In England boten die Straßenkämpfe zwischen den rivalisierenden Jugendbanden der Teds und Mods Gesprächsstoff. Zur gleichen Zeit trat in der Bundesrepublik Deutschland eine Gruppe Heranwachsender zwischen 15 und 20 Jahren, die »Halbstarken«, als »Bürgerschreck« in Erscheinung.
Petticoats, Röhrenjeans, schwarze Lederjacken, Borstenhaarschnitt, keß gebündelter Pferdeschwanz, Pomaden-Tolle, Filterzigaretten, Kofferradio und Motorrad (oder Moped) ... Aus diesen und ähnlichen Attributen setzte sich die allgemeine Klischeevorstellung vom Erscheinungsbild der »Halbstarken« und ihrer »Bräute« zusammen. Bill Haleys legendärer Song »Rock around the clock« und Elvis Presleys geheultes »You ain't nothin' but a hound dog« gehörten zu den musikalischen Favoriten der »Halbstarken«. Der 1955 tragisch bei einem Verkehrsunfall umgekommene US-amerikanische Schauspieler James Dean wurde durch seine Filmrollen als rebellischer Held Vorbild der Jugendlichen. Das Jahr 1956 war in der Bundesrepublik Deutschland das Jahr der Saal- und Straßenkrawalle, als deren Begleitmusik der Rock'n' Roll auftrat. Mit dem Durchbrechen traditioneller Tabus, etwa dem Kuß mitten auf dem Bürgersteig, sowie ihrem gruppenhaften und lautstarken Auftreten auf Jahrmärkten, in Milchbars und beim Tanzen riefen die »Halbstarken« ein ablehnendes Echo bei großen Teilen der Bevölkerung hervor. 1956 forderte der CSU-Politiker Junker im Landtag gar »die Brechung jeglichen Widerstandes gegen die Staatsgewalt durch ›Halbstarke‹ mit bis an die Grenze des Gesetzlichen gehenden Mitteln«.
In großen Städten, besonders in Berlin, Frankfurt und Hamburg, bildeten sich kriminelle Jugendbanden, die in den 50er Jahren in den Medien das Bild des typischen »Halbstarken« prägten. Trotz des statistisch nachweisbaren Anstiegs der Jugendkriminalität während der 50er Jahre war dies jedoch ein Zerrbild der Wirklichkeit. Die überwiegende Mehrzahl der »Halbstarken« führte ein »Doppelleben«: Tagsüber ging man einer geregelten Tätigkeit nach (Schule, Ausbildung, Arbeit), während man sich in seiner Freizeit – vor allem am Wochenende – in die Träume von einem freien, abenteuerlichen Leben flüchtete. Ungeachtet augenfälliger Unterschiede im Lebensstil zwischen »Halbstarken« und Erwachsenen, belegt ein Blick in zeitgenössische demoskopische Studien, daß die Wertvorstellungen der damaligen Jugendlichen gar nicht so sehr von den Anschauungen der Erwachsenen abwichen. Der Wunsch nach sozialem Aufstieg sowie nach traditionellen Lebensformen (z. B. Eigenheim, Ehe und Kinder) war auch bei der überwiegenden Mehrheit der Jugendlichen vorhanden.

Halbstarkenlokal in Berlin.

Das Deutsche Fernsehen

Als am 13. 8. 1948 der Verwaltungsrat des Nordwestdeutschen Rundfunks (NWDR) mit Billigung der britischen Militärregierung die Aufnahme eines Fernseh-Versuchsbetriebes beschloß, brauchten die mit der Entwicklung beauftragten Ingenieure nicht bei Null anzufangen. Sie konnten auf die Erfahrungen aus dem Fernsehbetrieb der Jahre 1935–45 zurückgreifen. Zwar war die Technik unausgereift und das Fernsehen jener Zeit nicht allgemein zugänglich gewesen. Doch zumindest das Großereignis Olympiade 1936, das über 160 000 Besucher von 28 »Fernsehstuben« auf Großbild-Projektionen verfolgten, zeigte die Attraktivität des Mediums.

Als im März 1950 aus einem Luftschutz-Hochbunker in Hamburg die ersten Nachkriegs-Fernsehbilder übertragen wurden, war das Medium in den Vereinigten Staaten und Großbritannien bereits etabliert. Über vier Millionen Fernsehteilnehmer verfolgten in den USA aktuelle Ereignisse, Filme, Spiele und Theater auf dem Bildschirm. In Großbritannien waren es immerhin schon etwa eine halbe Million Menschen.
Nach Überwindung der ersten Anlaufschwierigkeiten ging die weitere Entwicklung zügig voran. Am 25. 9. 1950 wurde versuchsweise die erste Programmsendung ausgestrahlt, zwei Monate

Staat und Gesellschaft

Irene Koss, die erste Ansagerin des Deutschen Fernsehens.

Deutsches Fernsehen
S. 89 – 17

Vor laufenden Fernsehgeräten in Geschäften bildeten sich Menschentrauben.

später wurde vom NWDR der offizielle Versuchsbetrieb aufgenommen, der jeweils dreimal pro Woche durchgeführt wurde. Zwei Jahre später, am 25. 12. 1952, wurde der allgemein empfangbare Sendebetrieb aufgenommen. Gesendet wurde im 625-Zeilen-Format, auf das sich die von den Intendanten der Arbeitsgemeinschaft der Rundfunkanstalten Deutschlands (ARD) eingesetzte Fernsehkommission im März 1951 verständigt hatte. Obwohl der Sendebetrieb aufgenommen war, blieb die Zukunft des Deutschen Fernsehens rechtlich noch ungeklärt. Am 27. 3. 1953 billigten die Intendanten der in der ARD zusammengeschlossenen Sendeanstalten NWDR, Bayerischer Rundfunk (BR), Hessischer Rundfunk (HR), Süddeutscher Rundfunk (SDR), Südwestfunk (SWF) und Radio Bremen (RB) den Fernsehvertrag, der im Juni unterzeichnet wurde. Im September desselben Jahres stellten die Bevollmächtigten der Ministerpräsidenten der Bundesländer fest, daß Rundfunk und Fernsehen unter dem Aspekt der Kulturhoheit in die Zuständigkeit der Länder falle.

Nachdem der rechtliche Rahmen geschaffen war, konnte das Gemeinschaftsprogramm starten. Am 1. 11. 1954 begann das Deutsche Fernsehen als Gemeinschaftsprogramm der ARD. Entsprechend dem Fernsehvertrag stellten der NWDR 50%, der BR 20%, HR, SDR und SWF jeweils 10% der Programmanteile. Dieser Proporz änderte sich, als sich später der Sender Freies Berlin (SFB), Radio Bremen (RB) und der Saarländische Rundfunk (SR) beteiligten und der NWDR in die selbständigen Anstalten Norddeutscher Rundfunk (NDR) und Westdeutscher Rundfunk (WDR) getrennt wurde.

Die Entwicklung des Fernsehens in der Bundesrepublik hinkte jedoch weiter hinter der des westlichen Auslandes her. So wurde 1954 in den USA bereits in Farbe gesendet, in Großbritannien nahm neben der BBC ein zweiter, kommerzieller Kanal (ITV) den Betrieb auf.

Noch vor Beginn des ARD-Gemeinschaftsprogramms waren bereits die ersten internationalen Großereignisse über die Mattscheiben geflimmert. Am 2. 6. 1953 wurde die Krönung von Elizabeth II. zur Königin von Großbritannien ausgestrahlt. Ein Jahr später regierte König Fußball einen Monat lang die Fernseher in Europa: Die Fußballweltmeisterschaft 1954 in der Schweiz versammelte wahre Menschentrauben vor den Geräten. Wer nicht stolzer Besitzer eines Fernsehgerätes war, deren Zahl zu dieser Zeit noch weit unter 100 000 lag, schaute sich die Ereignisse in Kinos, Kneipen oder vor Ausstellungsgeräten in den Schaufenstern an. Im Februar 1955 wurde der einhunderttausendste Fernseh-Gebührenzahler registriert, die Millionengrenze wurde am 1. 10. 1957 überschritten. Ende des Jahrzehnts waren 3,2 Millionen Fernsehgeräte angemeldet.

Zu den beliebtesten Sendungen gehörten die Familienserie »Familie Schölermann«, das Quiz »Wer gegen Wen« mit Hans-Joachim Kulenkampff und Peter Frankenfelds Show »1:0 für Sie«. Einige Sendungen aus dieser Zeit haben sich bis in die 80er Jahre halten können. Hier ist an erster Stelle die Nachrichtensendung »Tagesschau« zu nennen, deren Erstsendung am 26. 12. 1952 war. Doch erst nach Einführung der magnetischen Bildaufzeichnung im Jahre 1959 verlor sie ihren Wochenschau-Charakter und lieferte aktuelle Berichterstattung. Auch das »Wort zum Sonntag«, Robert Lembkes Beruferaten »Was bin ich?« sowie der »Internationale Frühschoppen« mit Werner Höfer haben ihre Ursprünge in der Mitte der 50er Jahre.

Mit zunehmender Zuschauerzahl wurde das Fernsehen auch als Werbemedium interessant. 1956 beschloß der BR als erste Anstalt die Einführung eines Werbefernsehens. Ihm folgten später die anderen Sender. Gegen Ende der 50er Jahre wurden Bestrebungen verstärkt, unabhängig von der ARD ein zweites bundesweites Programm auszustrahlen. Vertreter der Wirtschaft gründeten Ende 1958 die »Freies Fernsehen GmbH«. Der damalige Bundeskanzler Adenauer billigte den Plan zum Ausbau einer zweiten Fernsehanstalt. Dies rief jedoch die Länder auf den Plan, die ihre Kulturhoheit bedroht sahen. Als Adenauer 1960 auf privat-rechtlicher Basis die »Deutschland-Fernsehen GmbH« gründete, zogen Hessen und Hamburg vor das Bundesverfassungsgericht. Am 28. 2. 1961 entschied das Gericht zugunsten der Länderkompetenz und legte somit die Grundlage dafür, daß das noch im selben Jahr gegründete Zweite Deutsche Fernsehen (ZDF) ebenfalls eine Anstalt des öffentlichen Rechts wurde.

KLAUS-PETER SENGER

Kirche in den 50er Jahren

Protestantismus und Ökumene

Es ist nicht leicht, das protestantische Kirchenleben in den 50er Jahren auf einen Nenner zu bringen. Der 2. Weltkrieg bedeutete auch für die Geschichte der Kirchen einen Bruch und beeinflußte sie nachhaltig. Führende Theologen der Nachkriegszeit waren aus der »Bekennenden Kirche« hervorgegangen und bejahten eine Kirche, die sich gesellschaftlicher und politischer Verantwortung nicht entzog.

Diese Entwicklung zog auch Veränderungen des Gemeindelebens nach sich; die Rolle der Laien nahm an Bedeutung zu, und die Stellung der Frau in der Kirche wurde aufgewertet.

Das Verhältnis zu den Kirchen in den (früheren) Kolonialgebieten änderte sich grundlegend, sobald diese selbständig wurden.

Diese allgemeinen Liberalisierungstendenzen der evangelischen Kirche waren vielleicht aber auch der Grund für eine gegenläufige Bewegung: Sekten und eher konservative Gruppen gewannen Anhänger, vor allem auf Kosten der traditionellen »Volkskirche«, die ohnehin am meisten von den Folgen der Säkularisierung und außerkirchlicher Strömungen betroffen war. Erweckungsprediger (wie z. B. der Amerikaner Billy Graham, auch → S. 179) brachten Tausende von Menschen auf die Beine.

In den 50er Jahren gewann die Theologie des Schweizer Dogmatikers Karl Barth, der die Barmer Erklärung theologisch geprägt hatte, großen Einfluß.

Barth nimmt in seiner Theologie die Offenbarung Gottes in Jesus Christus zur absoluten Grundlage. Damit sagte er der liberalen Theologie aus dem 19. Jahrhundert den Kampf an. Alle Kapitel seiner Dogmatik sind vom christologischen Gesichtspunkt aus geschrieben: Schöpfung, Versöhnung, Erwählung. Er machte damit einer existentialistischen Theologie, wie sie etwa von Rudolf Bultmann vertreten wurde, Konkurrenz.

Die Kirchentagsbewegung

Der am 31. 7. 1949 in Hannover eröffnete Deutsche Evangelische Kirchentag wurde von Reinold von Thadden-Trieglaff als Laienbewegung und »Einrichtung in Permanenz« ins Leben gerufen. Er sollte durch Tagungen die kirchliche Arbeit lebendiger gestalten und die Bedeutung des christlichen Glaubens für die in der Gesellschaft anstehenden Fragen hervorheben. Seine Entstehung geht zurück auf ältere gleichnamige Bemühungen Mitte des 19. Jahrhunderts (Kirchentag in Wittenberg 1849) sowie auf die christliche Studentenbewegung seit der Jahrhundertwende. Die Durchführung und Vorbereitung der seit 1949 zunächst jährlich, seit 1954 mit Unterbrechungen, seit 1959 alle zwei Jahre – im vereinbarten Wechsel mit den Katholikentagen – stattfindenden Kirchentage erfolgt in enger Verbindung mit der Evangelischen Kirche in Deutschland und den Landeskirchen. Darüber hinaus bestehen auch Kontakte zu den evangelischen Freikirchen. Organisatorisch stehen sie jedoch den Kirchen selbständig gegenüber und handeln in eigenem Auftrag.

Eine besondere Bedeutung gewann der Deutsche Evangelische Kirchentag in den 50er Jahren als geistige und religiöse Klammer für die gespaltene Christenheit in beiden Teilen Deutschlands. Seit dem Berliner Kirchentag 1951 »Wir sind doch Brüder«, der die Tragödie der deutschen Spaltung und die Probleme der Wiedervereinigung behandelte, hat das Ost-West-Thema die folgenden Kirchentage weithin bestimmt.

Kirchentage der 50er Jahre:
2. Deutscher Evangelischer Kirchentag 1950 in Essen unter dem Motto »Rettet den Menschen«; 3. Deutscher Evangelischer Kirchentag 1951 in Berlin unter dem Motto »Wir sind doch Brüder«; 4. Deutscher Evangelischer Kirchentag 1952 in Stuttgart unter dem Motto »Wählt das Leben«; 5. Deutscher Evangelischer Kirchentag 1953 in Hamburg unter dem Motto »Werft euer Vertrauen nicht weg« (bestimmt durch volksmissionarische Aufgaben); 6. Deutscher Evangelischer Kirchentag 1954 in Leipzig unter dem Motto »Seid fröhlich im Hoffen, geduldig in Trübsal, haltet an im Gebet« (der bisher einzige gesamtdeutsche Kirchentag in der DDR); 7. Deutscher Evangelischer Kirchentag 1956 in Frankfurt a. M. unter dem Motto »Lasset euch versöhnen mit Gott«; der für 1957 in Erfurt geplante 8. Deutsche Evangelische Kirchentag (Motto: »Der Herr ist Gott«) war aus politischen Gründen nicht zustande gekommen; statt dessen trafen sich 10 000 evangelische Christen aus der Bundesrepublik Deutschland und der DDR zu einer Delegiertenversammlung in Berlin, die als 8. Deutscher Evangelischer Kirchentag gewertet wurde; 9. Deutscher Evangelischer Kirchentag 1959 in München unter dem Motto »Ihr sollt mein Volk sein«. Die Zahl der Besucher der Kirchentage 1950–1959 betrug rd. 370 000 (Dauerteilnehmer), davon rd. 185 000 Besucher aus der DDR. Neben dem staats- und gesellschaftspolitischen Bezug der Kirchentage bildeten den Kern eines jeden Kirchentages: die Einheit von gottesdienstlichem und kommunikativem Leben, Bibelarbeit und thematische Sacharbeit in Bezügen wie Glaube und Einzelexistenz, Kirche und Gemeinde sowie das Verhältnis zu anderen Religionsgemeinschaften.

Evangelischer Kirchentag in Frankfurt am Main, 1956.

Staat und Gesellschaft

Der Amerikaner Paul Tillich fand vor allem das Interesse progressiver Kreise, ebenso sein Landsmann Reinhold Niebuhr. 1951 erschienen die im Gefängnis geschriebenen Briefe Dietrich Bonhoeffers, der am 9. 4. 1945 im KZ Flossenbürg hingerichtet wurde. Er sah voraus, daß die Kirchen in Westeuropa alsbald mit mündigen Menschen in einer nichtreligiösen Welt zu rechnen haben würden.

Die beiden deutschen Staaten

Die Entwicklungen in den protestantischen Kirchen in Deutschland wurden im wesentlichen von zwei Faktoren beeinflußt: der Flucht von Ost nach West und der Teilung von Volk und Kirche in zwei Staaten. Trotz der politischen Trennung gelang es den protestantischen Kirchen anfänglich, ihre Einheit in der 1948 gegründeten Evangelischen Kirche in Deutschland (EKD), der sich zunächst 27 und später 29 lutherische, reformierte und unierte Kirchen anschlossen, zu wahren.

Der Wille, trotz der politischen Verhältnisse die kirchliche Einheit zu erhalten, kam vor allem in der großen Anzahl der Besucher, besonders auch aus der DDR, zum Ausdruck, die im Juli 1951 am Evangelischen Kirchentag in Berlin teilnahmen. Nach und nach wuchsen die Schwierigkeiten, vor allem weil das Verhältnis zwischen Kirche und Staat in der DDR zunehmend gespannter wurde. Gegenstand eines grundsätzlichen Streites zwischen Kirche und Staat war die Jugend. Als Ersatz für die Konfirmation boten die DDR-Behörden die Jugendweihe an, die anfangs von der Kirchenleitung kompromißlos abgelehnt wurde, und setzten sie unter Druck durch. Noch 1956 waren 90% der Jugendlichen kirchlich eingesegnet worden. Als sich jedoch herausstellte, daß eine Ablehnung der Jugendweihe für die Jugendlichen schulische, berufliche und gesellschaftliche Schwierigkeiten zur Folge hatte, meldeten sich bereits zwei Jahre später fast die Hälfte aller dafür in Frage kommenden Jugendlichen zur Jugendweihe an. Die Kirche sah sich gezwungen, Jugendweihe und Konfirmation fortan nicht mehr als zwei einander ausschließende Akte zu betrachten.

Wachsende Einheit

Der 1948 in Amsterdam gegründete Weltrat der Kirchen versammelte sich 1954 in Evanston (USA) zum zweitenmal zu einer Vollversammlung. Die meisten Teilnehmer kamen aus Westeuropa und Nordamerika. Auch einige osteuropäische Kirchen waren vertreten, ebenso mehrere junge Kirchen aus Afrika und Asien. Die Versammlung konzentrierte sich auf den Kern des christlichen Glaubens, befaßte sich aber zugleich mit den politischen Spannungen infolge des Kalten Krieges. Das Motto lautete: Jesus Christus, die Hoffnung der Welt. Die Diskussionen brachten, ebenso wie bei früheren Treffen des Weltkirchenrates, die unterschiedlichen Annäherungsmethoden der führenden theologischen Strömungen an die Verhältnisse in der Welt zum Ausdruck: das biblisch-dogmatisch begründete Verhalten der Europäer und das mehr ethisch-pragmatische Vorgehen der Amerikaner. Die Versammlung sprach nicht nur über Glaubensfragen und über die Wege, die zu einer kirchlichen Einheit führen, sondern sie richtete ihre Aufmerksamkeit auch auf spezielle Probleme und auf die Bildung einer »verantwortlichen Gesellschaft«. Sie appellierte an die Regierungen in Ost und West, auf den Einsatz von Massenvernichtungsmitteln zu verzichten, und rief zu einem friedlichen Zusammenleben auf. Unerwartet erhielt die Ökumene neue Impulse von römisch-katholischer Seite. Am 25. 1. 1959 kündigte Papst Johannes XXIII. ein allgemeines Konzil an. Diese Mitteilung erweckte die Erwartung, die römisch-katholische Kirche werde neue Initiativen entwickeln, die zu Gesprächen und Begegnungen und schließlich zu einer Gemeinschaft der Konfessionen führen könnten.

DR. C. P. VAN ANDEL

Ein Vorkämpfer für die ökumenische Bewegung war Otto Dibelius, Bischof von Berlin-Brandenburg und Vorsitzender des Rates der EKD. Er war auch führendes Mitglied der Bekennenden Kirche.

Kirchen II
S. 65 – 12

Martin Niemöller

Der evangelische Theologe Martin Niemöller war entscheidend am Neuaufbau der Kirche in der Bundesrepublik Deutschland beteiligt und wurde damit eine der prägenden Gestalten für das kirchliche Leben in den 50er Jahren.
Niemöller entstammt einem protestantischen Pfarrhaus im westfälischen Lippstadt, wo er am 14. 1. 1892 geboren wurde. Nach der Schulzeit (Gymnasialbesuch in Elberfeld) trat er als Seekadett in die Kaiserliche Marine ein und brachte es im 1. Weltkrieg zum U-Boot-Kommandanten. 1919 nahm Niemöller das Theologiestudium an der Westfälischen Wilhelms-Universität in Münster auf. Zu jener Zeit politisch weit rechts stehend, sympathisierte er 1920 mit dem Kapp-Putsch und beteiligte sich am Kampf gegen die Kommunisten im Ruhrgebiet. Nach Abschluß seines Studiums erteilte ihm die evangelische Kirche die Ermächtigung zum Predigtamt. Er begann seine kirchliche Laufbahn in der Inneren Mission Westfalens, deren Geschäftsführer er bis 1931 war. Hier kümmerte er sich um die Belange der freien karitativen Tätigkeit in der evangelischen Kirche.
1931 begann für Niemöller ein neuer Lebensabschnitt. Er wurde Pfarrer in Berlin-Dahlem, wo er auch 1933 die Machtübernahme der Nationalsozialisten erlebte. Kirchenfeindliche Tendenzen des Hitler-Regimes, das Fehlen jeglicher christlicher und humanitärer Prinzipien bei dieser Ideologie ließen Niemöller zum Gegner des Nationalsozialismus werden. Als sich innerhalb der evangelischen Kirche Tendenzen zeigten, die Verkündigung und die kirchliche Organisation nach nationalsozialistischen Grundsätzen auszurichten (»Deutsche Christen«), organisierte Niemöller den innerkirchlichen Widerstand. Er gründete im September 1933 den Pfarrernotbund, aus dem die *Bekennende Kirche* hervorging. Letzterer verabschiedete auf der Barmer Synode vom 29. 5. 1934 das sogenannte »Barmer Bekenntnis«, das Leitsätze für eine Auseinandersetzung mit dem nationalsozialistischen Kirchenregiment und dem Anspruch des totalen Staates enthielt. Das Wirken Niemöllers mußte zwangsläufig eine Reaktion der Nationalsozialisten hervorrufen. 1937 wurde er verhaftet und war von 1938 bis 1945 in Konzentrationslagern (Sachsenhausen und Dachau) inhaftiert.
Diese Erlebnisse wurden bestimmend für sein weiteres Wirken, das auf den Wiederaufbau der Kirche in Deutschland zielte. So wurde Niemöller schon kurz nach Kriegsende Mitglied des Rates der Evangelischen Kirche in Deutschland (EKD). Dort war er für die Belange des kirchlichen Außenamtes zuständig – eine Aufgabe, für die er besonders geeignet erschien, weil er im Ausland als einer der Hauptrepräsentanten des kirchlichen Widerstandes gegen Hitler bekannt und geachtet war. Dieses Amt bekleidete er von 1945–1956; außerdem war er von Oktober 1947–1964 erster Kirchenpräsident der Evangelischen Kirche in Hessen und Nassau.
Durch die Kriegseindrücke hatte Niemöller sich zum überzeugten Pazifisten gewandelt. So kritisierte er auch die Bestrebungen zur Aufstellung von Streitkräften in der Bundesrepublik Deutschland und beteiligte sich gegen Ende der 50er Jahre mit humanistisch geprägtem Engagement an den Kampagnen gegen Atomwaffen. Niemöllers politische Stellungnahmen waren in der Öffentlichkeit stark umstritten. Nachdem man seine Arbeit im Kirchlichen Außenamt kritisiert hatte, gab er dessen Leitung 1956 auf. Trotzdem blieb er auch in den 60er und 70er Jahren in verschiedenen Ämtern seiner Berufung als christlicher Pazifist treu. Martin Niemöller starb am 6. 3. 1984 in Wiesbaden.

Martin Niemöller

Gebremste Erneuerungen im Katholizismus

Besonders in der französischen »nouvelle théologie«, die die Anpassung der Theologie an die Gegebenheiten der Moderne forderte, kündigte sich eine neue Zeit des Umbruchs an. In der Enzyklika *Humani generis* (1950) versuchte Papst Pius XII. die Entwicklung in gemäßigtere Bahnen zu lenken; er wandte sich gegen die freien Gedanken über die Evolution und verwies auf den streng systematischen Thomismus. Eine Neuformulierung der dogmatischen Lehrsätze aufgrund historischer Tatsachen lehnte er weitgehend ab. 1950 verkündigte er das Dogma der leiblichen Aufnahme Marias in den Himmel, das als biblisch nicht begründet bei manchen Katholiken wie auch bei den Protestanten auf Kritik stieß.

Das existenzialistische und gesellschaftsbezogene Denken beschäftigte das Glaubensleben auch weiterhin. Im November 1950 wurde in Paris das Institut Supérieur Catéchétique gegründet mit dem vorrangigem Ziel, eine »Erneuerung der Katechese anhand der Ergebnisse von Theologie, Geschichte und Pädagogik« in die Wege zu leiten.

Anschließend an seine Enzyklika *Mediator Dei* (1947), die sich mit der Liturgie befaßte, ging Papst Pius XII. auch in der Praxis zur Erneuerung der Liturgie über. Er verlegte die Auferstehungsfeier zu Ostern, die zu einer dem Anlaß nicht entsprechenden Morgenfeier abgesunken war, in die Abendstunden zurück, so daß wieder die gesamte Glaubensgemeinschaft daran teilnehmen konnte.

Ein aufsehenerregendes Ereignis war die Priesterweihe des verheirateten Diakons Rudolf Goethe in Mainz (1951). Der dazu notwendige Dispens vom Zölibat erweckte so viel Opposition, daß der Mainzer Bischof Stohr seine Weihnachtspredigt der Verteidigung dieser Maßnahme widmen mußte.

Im Oktober 1951 hielt Pius XII. eine öffentliche Ansprache, in der er einen wichtigen Abschnitt der mechanischen Geburtenregelung widmete. Trotz der ständigen Diskussionen über Gewissensfreiheit und Geburtenexplosion bekräftigte der Papst die traditionelle Verurteilung jeglicher Form der Geburtenregelung außer der periodischen Enthaltung. In den folgenden Jahren unterstützten verschiedene Episkopate die päpstlichen Richtlinien in Hirtenbriefen, während viele Gläubige längst von den Vorstellungen des Vatikans abwichen.

In der Bibelübersetzung wurden neue Wege gegangen. 1952 lag die französische »Bible de Jérusalem« fertig vor. Diese Bibelausgabe mit hervorragenden Erklärungen diente als Vorbild für viele weitere Übersetzungen. Im selben Jahr erhielten die katholischen Theologen Unterstützung von der Kommission »Glaube und Kirchenordnung« des Weltkirchenrates, die sich mit dem Einfluß nichttheologischer Faktoren auf die verschiedenen Glaubenstraditionen befaßte. Die Wechselwirkung zwischen Glaube und Gesellschaft erschien in einem neuen Licht. 1952 kam das einflußreiche Werk *Christus, Sakrament der Gottbegegnung* (dt. 1959) des flämischen Dominikaners Edward Schillebeeckx heraus. Diese historische Betrachtung des Sakramentes als Heilsgeschehen diente als theologisches Fundament für die zeitgenössische liturgische Erneuerung. In Frankreich kam es zu den weitaus größten

Die Vollversammlung des Weltrates der Kirchen kam 1954 in Evanston in den USA zum zweiten Mal zusammen; hier ein Transparent mit einer Anspielung auf die amerikanische Luftbrücke während der Blockade Westberlins: So wie die Luftbrücke die Hoffnung Berlins war, ist »Christus die Hoffnung der Welt« – das Motto der Tagung.

Billy Graham – ein US-amerikanischer Prediger

Der am 7. 11. 1918 in Charlotte (North Carolina) geborene William Franklin (besser bekannt unter dem Namen Billy) Graham wurde aufgrund seiner großen Evangelisationskampagnen in den 50er Jahren auch in Europa einer breiteren Öffentlichkeit bekannt. Schon im jugendlichen Alter beteiligte er sich an der Evangelisationsarbeit. Graham verstand unter Evangelisation die auf persönliche Entscheidung dringende Verkündigung des Evangeliums, die sich gegen Universitätstheologie und landeskirchliche Politik richtete. Nach seiner Ordination als Baptistenprediger (1939) wirkte Graham zuerst nur im lokalen Rahmen; von 1947 bis 1951 leitete er dann die theologische Northwestern School of Minneapolis. Danach gelang es ihm, durch seine Tourneen als »Erweckungsprediger« große Aufmerksamkeit auf sich zu ziehen.
Von den modernen Massenmedien unterstützt, verbreitete Graham seine Botschaft nicht nur in den USA, sondern auch in Europa und Asien. Die Bundesrepublik Deutschland besuchte er zum ersten Mal im Jahre 1956. Graham beschränkte sich nicht nur auf die Benutzung von Radio und Fernsehen. Er spannte auch Film, Flugblatt, die Schallplatte sowie die modernen Verkehrsmittel (Flugzeug) für seine Kampagnen ein. Er geht dabei von einer streng fundamentalistischen Theologie aus, die ihren Ursprung im nordamerikanischen Protestantismus des 18. und 19. Jahrhunderts hat. Im Mittelpunkt stehen der Glaube an die irrtumsfreie Bibel (wörtlich inspiriert durch Gott) und das Anliegen, Gottes Liebe zur Welt in Jesus Christus allen Menschen zu bezeugen. Die Probleme der traditionellen Theologie treten in den Hintergrund. In den 60er und 70er Jahren nahm seine Popularität ab.

Billy Graham

Staat und Gesellschaft

Pierre Teilhard de Chardin

Pierre Teilhard de Chardin

Am 10. 4. 1955 starb in New York im Alter von 73 Jahren der französische Jesuit Pierre Teilhard de Chardin. Als Paläontologe hatte er sich seit 1931 unter Fachgelehrten internationalen Ruf erworben. Sein Name ist verbunden mit einem der wichtigsten paläontologischen Funde: der Entdeckung des *Pekingmenschen*.

In Frankreich kennt man Teilhard als religiösen Denker und Naturphilosophen mit der außergewöhnlichen Fähigkeit, beides miteinander zu verbinden. Durch die Veröffentlichung seiner Schriften, kurz nach seinem Tod, wurde Teilhard einer größeren, vor allem römisch-katholischen Öffentlichkeit bekannt. Diese Bekanntheit verdankt er insbesondere der in den Jahren 1938–1940 entstandenen Studie *Le phénomène humain*, die 1959 in Deutschland unter dem Titel *Der Mensch im Kosmos* erschien. Hier erweist sich Teilhard als ein Wissenschaftler, der, demütig und scharfsinnig zugleich, versucht, in die Welt der Erscheinungen vorzudringen und die Vielheit seiner Entdeckungen in einer großen Synthese zusammenzuschließen. Sein Werk erregte gegen Ende der 50er Jahre großes Aufsehen, als dessen Ursache nicht zuletzt der von ihm ausstrahlende Optimismus anzusehen ist. Teilhard versuchte »das Phänomen Mensch« durch die Evolution zu erklären. Auch bei ihm steht zu Beginn der Evolution die Materie. Aber im Gegensatz zu den Materialisten lehrt er, daß die Welt von Gott geschaffen und der Urstoff »beseelte« Materie sei. Die Entwicklung des Stoffs bzw. des Lebens zu komplexeren Strukturen verläuft analog zur Entwicklung des Bewußtseins. Die höchste Komplexität und die höchste Stufe des Bewußtseins werden momentan durch den Menschen verwirklicht. Die weitere evolutionäre Entwicklung wird charakterisiert als Sozialisierung der Menschheit, d. h. die Erfüllung der Individuen durch die Gemeinschaft, bis schließlich die höchste Form von Einheit und Bewußtsein erreicht wird. Dieser Zeitpunkt, die geistige Einheit der Vielen im ewig Einen, ist für Teilhard de Chardin im Punkt *Omega* (in dem Gott und die in einem »Über-Ich« geeinte Menschheit schließlich identisch werden) gegeben.

Das Gedankengebäude Teilhards war vor allem deshalb so erfolgreich, weil es einen positiven Ausblick und großes Vertrauen in die Zukunft der Menschheit bot. Dieser Optimismus stand in krassem Gegensatz zu den pessimistischen Philosophien, an denen die 50er Jahre noch ziemlich reich waren (z. B. Jean-Paul Sartre). Außerdem fanden Christen durch das Werk Teilhards eine willkommene Öffnung zum Evolutionsgedanken, einen Weg, der nicht im Widerstreit zu ihrem Glauben stand, sondern sich harmonisch mit ihm verbinden ließ.

Spannungen zwischen Kirche und Gesellschaft. Die Massenaustritte aus der Kirche und die Entfremdung der Arbeiter von der Kirche führten zur Gründung der Institution der Arbeiterpriester. Nach einem zehnjährigen Experiment griff der Vatikan, der die Entwicklung voller Sorge beobachtet hatte, 1953 ein. Trotz der Intervention französischer Kardinäle wurde in Rom der Beschluß gefaßt, daß die Arbeiterpriester sich wieder in den Rahmen der Gemeindeseelsorge einbinden lassen sollten. Sie durften weder ganztägig körperliche Arbeit verrichten noch Verantwortung in der Gewerkschaftsbewegung übernehmen. Ihr eigenes Seminar wurde stark reduziert, Seminaristen aus anderen Priesterschulen durften keine Probezeit in den Fabriken mehr absolvieren. Viele Arbeiterpriester fühlten sich von ihren Bischöfen im Stich gelassen, obwohl diese versuchten, das Experiment in der Arbeitswelt in abgewandelter Form fortzusetzen. Unabhängig vom Episkopat führten viele Arbeiterpriester ihr Werk fort, weil sie die Solidarität mit ihren Arbeitskollegen höher bewerteten.

Der Vatikan griff hart durch. Die wichtigsten Arbeiterpriester wurden ihres Amtes enthoben. Durch dieses Eingreifen wurde das progressive Potential der französischen Kirche bis zum Beginn des Zweiten Vatikanischen Konzils (1962) lahmgelegt. Inoffiziell setzte die Bewegung ihre Arbeit fort, wie aus den Publikationen des französischen Theologen Pierre Teilhard de Chardin (auch siehe oben) hervorgeht.

Der Tod des letzten Kirchenfürsten

Am 9. 10. 1958 starb im zweiundachtzigsten Lebensjahr in seiner Sommerresidenz Castel Gandolfo Papst Pius XII. (Eugenio Pacelli). Die Weltöffentlichkeit hatte die Leiden des schwerkranken Kirchenfürsten miterlebt, wenn es auch – für einige zumindest bedenklich – dadurch geschah, daß sein Leibarzt heimlich Fotos des todkranken Mannes gemacht und sie an die internationale Presse verkauft hatte. Ein Mikrofon im Sterbezimmer sorgte obendrein noch dafür, daß der Todeskampf des Papstes in alle Wohnzimmer übertragen werden konnte. Trotz seiner angegriffenen Gesundheit hatte Pius zahlreiche Aktivitäten entfaltet. Er verfaßte nicht weniger als 38 Enzykliken (Rundbriefe für die gesamte römisch-katholische Kirche). In den täglich abgehaltenen Audienzen empfing und begrüßte er jährlich Hunderttausende von Pilgern.

Sein seit 1939 dauerndes Pontifikat wurde durch den 2. Weltkrieg und dessen unmittelbare Folgen sowie in den 50er Jahren durch den Kalten Krieg geprägt. Er setzte sich, wenn auch ohne Erfolg, stets für den Weltfrieden ein (sein Wappen war die Friedenstaube). Während des Krieges versuchte er zwar die Unabhängigkeit des Heiligen Stuhls zu bewahren, schwieg jedoch, unverständlich und erschreckend für viele, zur Ausrottung der Juden. Das 1963 in Berlin uraufgeführte Schauspiel von Rolf Hochhuth »Der Stellvertreter« (gemeint ist der Papst als Stellvertreter Christi) beschäftigt sich mit der Frage, warum der Papst nicht gegen die Greuel der Judenverfolgung protestiert hat. Den Kommunismus betrachtete Pius XII. als die größte Gefahr für die Kirche und für Europa. 1949 ließ er Anhänger und Sympathisanten der kommunistischen Parteien als Antwort auf die Kirchenverfolgung in Osteuropa exkommunizieren, was vor allem in Italien und Frankreich zu Kritik führte.

Vor allem aber war Pius XII. Lehrer. In zahlreichen Reden nahm er zu aktuellen Fragen Stellung. Dadurch bestimmte der Papst Denken und Handeln der Menschen römisch-katholischen Glaubens. Höhepunkt seiner Funktion als Kirchenlehrer war die Verkündigung des Dogmas von der Himmelfahrt Marias im Jahre 1950. Im selben Jahre veröffentlichte Pius das wichtigste Dokument seines Pontifikates, die Enzyklika *Humani Generis,* worin er die Vertreter eines gemäßigten Reformkurses abwies und gegen die »Neue Theologie« zu Felde zog.

Papst Pius XII.

Verlagerung der Akzente

Im August 1954 fand in Evanston bei Chicago die zweite Vollversammlung des Weltkirchenrates statt. Die Versammlung befaßte sich vor allem mit der verantwortungsvollen Aufgabe der Laien in einer kritischen Gesellschaft. Die Impulse wurden von der römisch-katholischen Kirche aufgegriffen. In seiner Weihnachtspredigt (1955) lehnte Papst Pius XII. ebenso wie der Weltkirchenrat die Kernwaffen ab, er verurteilte sowohl die Kernversuche als auch die Anwendung von Kernwaffen und sprach sich für eine internationale Kontrolle über die Entwicklung der Waffen aus. Der nordamerikanische Episkopat schloß sich diesem Aufruf an.

Wegen Meinungsverschiedenheiten mit den Bischöfen hatte der Vorsitzende der französischen katholischen Studentenvereinigung, André Vial, 1956 sein Amt aufgegeben. Gegen seine Opposition wünschten die französischen Bischöfe ein von der Hierarchie abhängiges Laienapostolat zur Missionierung der Bevölkerung. Damit konnte sich zwar die konservative Katholische Arbeiterjugend von Jozef Cardijn abfinden, nicht aber die anderen Jugendbewegungen. Die französischen Bischöfe verlangten eine Trennung von Katholischer Aktion und sozialer oder politischer Aktivität. Tatsächlich begann hiermit ein Mündigwerden von der klerikalen Leitung, und ein gesellschaftsorientierter Glaube nahm Gestalt an, der vom Zweiten Vatikanischen Konzil in weitem Umfang übernommen wurde. Der deutsche Theologe Karl Rahner lehnte zur selben Zeit die Katholische Aktion als »verlängerten Arm der Hierarchie« ab. Ein weiteres Problem war der starke Rückgang des Priesternachwuchses, besonders in der Bundesrepublik Deutschland und in Frankreich. Den Grund sah man in einer Neubewertung von Laientum und Ehe. Andererseits schien letztere in den westlichen Ländern ebenfalls in eine Krise zu geraten. Frankreich stand bei der wachsenden Zahl der Ehescheidungen an vorderster Stelle: Etwa 10% der Ehen endeten mit einer Scheidung.

Papst Johannes XXIII.

Am 9. 10. 1958 starb Papst Pius XII. (auch →S. 180). Die indiskrete Veröffentlichung von Fotos von seinem Sterbebett, aufgenommen von seinem Leibarzt Professor Lisi, warf einen Schatten auf das Papsttum. Am 28. 10. wurde Kardinal Angelo Giuseppe Roncalli, zuletzt Patriarch von Venedig, zum Papst gewählt; er nannte sich Johannes XXIII. Als er zum Papst gewählt wurde, war er 77 Jahre alt, aber von jugendlichem Geist. Während einer Ansprache vor einigen Kardinälen in der Kirche San Paolo fuori le mura gab er spontan bekannt, daß er innerhalb absehbarer Zeit eine Synode für das Bistum Rom einberufen werde. Ein allgemeines Konzil sollte folgen. Ausgehend von den dort gewonnenen Einsichten müsse eine »Anpassung des kirchlichen Gesetzbuches« erfolgen. Trotz großer Widerstände aus vatikanischen Kreisen wurden bereits 1959 die ersten vorbereitenden Kommissionen eingesetzt. Die Episkopate auf der ganzen Welt reagierten mit Zustimmung, nicht zuletzt deshalb, weil der Meinung der Laien mehr Gewicht beigemessen werden sollte.

DR. W. L. BOELENS

Kirchen I
S. 65 – 11

3. Politik

Das Ende der Kolonialreiche

Asien und Afrika auf der Suche nach Selbständigkeit

Für das Streben nach nationaler Unabhängigkeit waren die Kriege in Vietnam bis 1954 und in Algerien bis 1962 wichtige Marksteine. Frankreich war in beide Kriege verwickelt. Die Aufeinanderfolge der Ereignisse in Vietnam und Algerien führte zu einer Staatskrise im französischen Mutterland; der Held des 2. Weltkrieges, General Charles de Gaulle, wurde wiederum Staatspräsident, und die Fünfte Republik löste die Vierte ab.

In den 50er Jahren verlagerte sich der Schwerpunkt der Entkolonialisierung von Asien nach Afrika. Der Krieg in Vietnam war gewissermaßen der Abschluß des Unabhängigkeitsprozesses in Südostasien, dessen Wurzeln zwar bis zum Anfang des 20. Jahrhunderts zurückreichen, der jedoch durch die japanische Invasion 1941 be-

Indochina I
S. 145 – 33
Indochina II
S. 145 – 34

Afrika 1950

schleunigt wurde. Der Kampf gegen die französische Herrschaft in Algerien war der Höhepunkt der Unabhängigkeitsbewegungen in Nordafrika. In ihnen fanden die nationalistischen Strömungen auf dem afrikanischen Kontinent mit am deutlichsten Ausdruck.

Eine zweite große Veränderung in der Entkolonialisierungspolitik dieses Jahrzehnts bedeutete das Aufkommen der »Dritten Welt«, einer Gruppe nicht paktgebundener Länder zwischen den Blöcken in Ost und West (auch → S. 184). Die Genfer Konferenz, die 1954 dem blutigen Kampf in Indochina zunächst ein Ende machte, legte nicht nur die Unabhängigkeit der Staaten Vietnam, Laos und Kambodscha fest, sondern auch ihre ideologische Ausrichtung. Vietnam wurde in einen kommunistischen Norden und einen am Westen orientierten Süden aufgeteilt. Laos und Kambodscha suchten in dieser Konfrontation der Einflußsphären eine neutrale Position.

In Bezug auf den Ost-West-Konflikt war Algerien in seinem Unabhängigkeitskampf ein besonderes Phänomen. Die Nationale Befreiungsfront (FLN) entschied sich für keine der beiden Seiten, sondern verfolgte eine mehr neutralistische Linie, wie sie die Mehrzahl der blockfreien Länder mindestens anfänglich kennzeichnete.

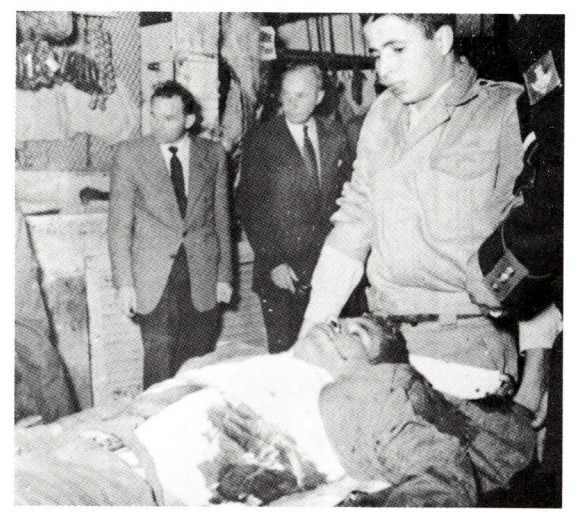

Marokko wurde 1956 unabhängig. Vorher kam es zu Konflikten und bewaffneten Zusammenstößen mit der französischen Kolonialmacht. Hier ein Opfer eines von Nationalisten verübten Bombenanschlages in Casablanca (1953), bei dem 19 Menschen den Tod fanden.

Reaktionen der USA und UdSSR

Die beiden Supermächte reagierten recht zurückhaltend auf die neuen Anzeichen von Selbstän-

Frankreich II S. 248 – 37

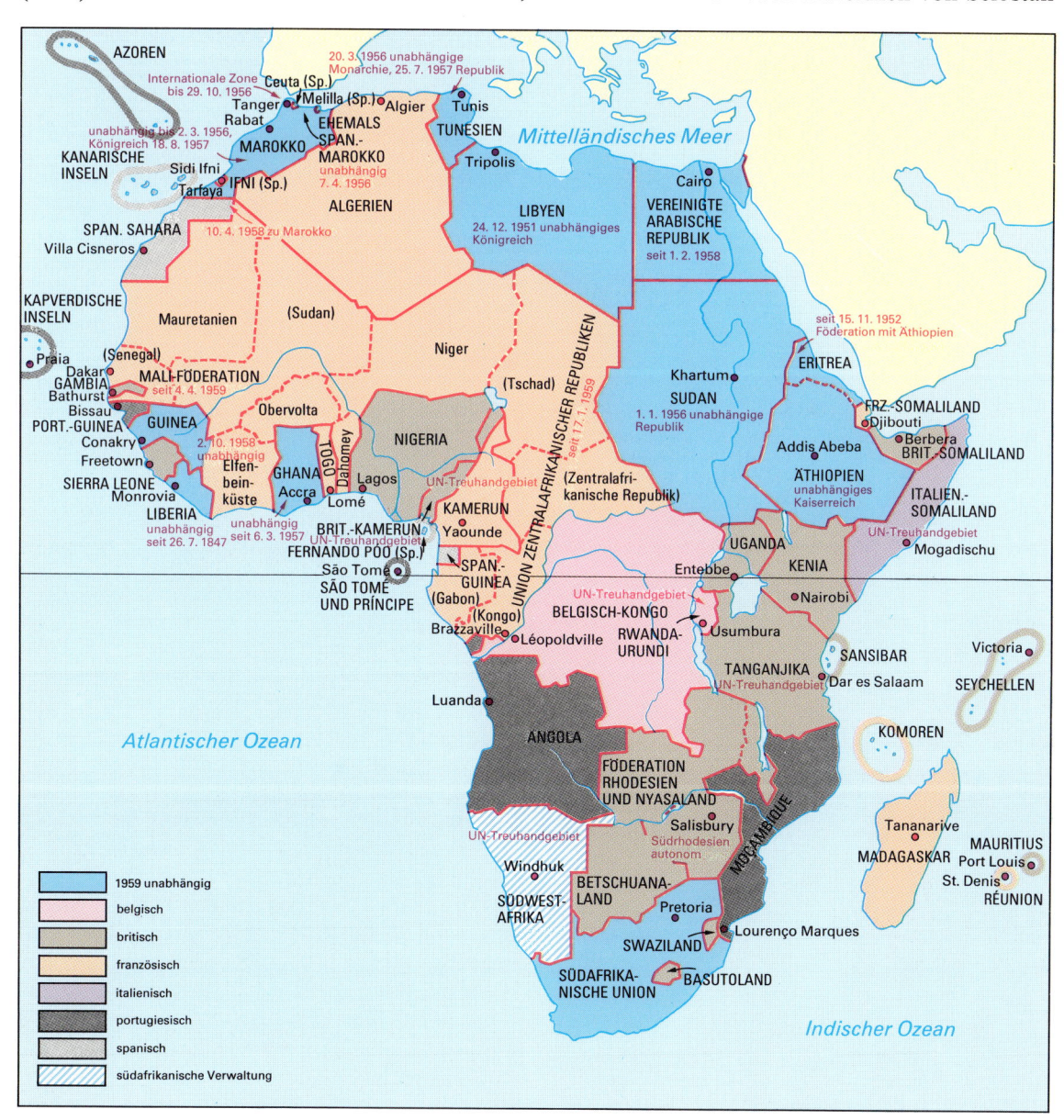

Afrika 1959

Beim Gedanken an das britische Weltreich stellt man sich in der Regel eine geordnet verlaufende Dekolonisierung vor. In Kenia kam es jedoch in den 50er Jahren zu Anschlägen der Mau-Mau-Bewegung, die auch Todesopfer forderten. Die britischen Behörden reagierten mit Massenverhaftungen und demonstrierten militärische Stärke.

digkeit in Asien und Afrika. Die Sowjetunion hatte unter Stalin die nationalistischen Parteien in Indien, Birma, Ceylon und Indonesien als »Handlanger« der ehemaligen Kolonialstaaten verurteilt. Die Entstalinisierung von 1953 brachte auch in dieser Hinsicht Veränderungen. Die nationalistischen Regierungen wurden anerkannt und der indische Volksheld Gandhi in seiner Bedeutung gewürdigt. Es fanden Besuche in asiatischen Ländern statt. Die Sowjetunion bemühte sich zunehmend, die neutralen Staaten für sich zu gewinnen.

In den USA war eine ähnliche Entwicklung festzustellen. Amerika griff angesichts der Konfron-

Busstreik in Montgomery

Am 1. 12. 1955 kehrte Rosa Parks, eine Schwarze, die als Näherin in einem großen Warenhaus in Montgomery im US-Staat Alabama beschäftigt war, wie stets von der Arbeit heim. Sie stieg in den Bus ein und setzte sich hinter den für Weiße abgeteilten Bereich. An der nächsten Haltestelle stiegen einige Weiße ein, und der Busfahrer forderte die Schwarzen, die am weitesten vorn saßen, zum Aufstehen auf. Drei Schwarze standen, wie sie es gewohnt waren, sofort auf. Rosa Parks blieb sitzen. Als sie sich weiter weigerte, holte der Fahrer die Polizei, die sie wegen Übertretens der Rassentrennungsvorschriften verhaftete. Bis zum 5. 12. blieb sie in Haft und wurde dann mit einer Geldstrafe von 10 US-Dollar belegt. Außerdem mußte sie die Kosten des Verfahrens tragen.
Als man sie später fragte, warum sie nicht aufgestanden sei, antwortete sie: »Ich weiß eigentlich nicht genau, warum ich nicht aufgestanden bin. Vorher hatte ich nie daran gedacht. Ich war ziemlich müde vom langen Stehen. Meine Füße taten weh.«
1955 wohnten in Montgomery 80 000 Weiße und 50 000 Schwarze, die als Bürger zweiten Ranges behandelt wurden. Obwohl die Schwarzen beinahe zu 70% zu den Einnahmen der Busgesellschaft beitrugen, mußten sie stets zugunsten von weißen Fahrgästen ihre Sitzplätze aufgeben.
Nach der Verhaftung von Rosa Parks beschlossen die Organisationen der Schwarzen, am 5. 12. für einen Tag die Busse zu boykottieren. Der Boykott war vollständig und wurde um 381 Tage verlängert. Unter der Führung der Baptistenpfarrer Ralph Abernathy und Martin Luther King entwickelte er sich zu einem national beachteten Ereignis. Am 13. 11. 1956 verfügte der Oberste Gerichtshof der USA, daß die staatlichen und städtischen Verordnungen über die Rassentrennung verfassungswidrig seien.

Die Konferenz von Bandung: Dokumentation afroasiatischer Solidarität

Vor allem die USA und eine Anzahl westeuropäischer Länder hatten starke Bedenken gegen das Phänomen der Blockfreienbewegung. Die Vorbereitung der Konferenz von Bandung wurde vom Westen mit unverhohlenem Argwohn betrachtet. Man mußte von der Konferenz wegen der Teilnahme der Volksrepublik China in erster Linie antiwestliche Verlautbarungen erwarten. Bis zuletzt ermunterten die USA die Philippinen und Thailand, eine Teilnahme Chinas an der Konferenz zu verhindern. Taiwan griff mit einem Attentatsversuch auf das Flugzeug des chinesischen Ministerpräsidenten Zhou Enlai zu noch härteren Mitteln.
Die an der Konferenz teilnehmenden Staaten bildeten dann aber ein buntes Gemisch kommunistisch, prokommunistisch, neutral und prowestlich orientierter Politik. Von der befürchteten Einheitsfront gegen den Westen konnte kaum die Rede sein. Am 18. 4. 1955 kamen Delegierte aus 6 afrikanischen und 23 asiatischen Staaten in der westjavanischen Stadt Bandung zusammen.
In seiner Eröffnungsrede stellte der indonesische Staatspräsident Sukarno das Treffen als ersten Schritt zu einem Zusammenschluß der farbigen asiatischen und afrikanischen Völker dar. Alle Weltreligionen und politischen Auffassungen waren auf der Konferenz vertreten, deren Delegierte rd. 1,4 Milliarden Menschen (rd. 60% der Weltbevölkerung, aber nur 15% des Welteinkommens) repräsentierten.
Die Konferenz von Bandung wurde 1954 vom indonesischen Ministerpräsident Ali Sastroamidjojo auf der Konferenz von Colombo angeregt und in Zusammenarbeit mit Indien, Pakistan, Birma und Ceylon vorbereitet. 18 weitere Staaten Asiens nahmen die Einladung an: Afghanistan, die Volksrepublik China, Irak, Iran, Japan, Jemen, Jordanien, Kambodscha, Laos, Libanon, Nepal, Nordvietnam, die Philippinen, Saudi-Arabien, Südvietnam, Syrien, Thailand und die Türkei. Von den afrikanischen Staaten nahmen an der Konferenz teil: Ägypten, Äthiopien, die Goldküste (Ghana), Liberia, Libyen und der Sudan. Allein die Föderation Rhodesien und Nyasaland hatte die Einladung ausgeschlagen.
Im Verlauf der Konferenz gab es zahllose Vorstöße für eine baldige Unabhängigkeit der afrikanischen Länder. So wurden auch deutliche Warnungen an die Kolonialstaaten ausgesprochen. Die meisten Länder befürworteten einen neutralistischen Kurs zwischen den Machtblöcken ohne äußere Einmischung in innere Angelegenheiten. Man einigte sich ferner auf die Bildung eines Machtblocks zur Sicherung der Unabhängigkeit und Entwicklung sowie einer stärkeren gemeinsamen Rolle in der Weltpolitik. Die Teilnehmer der Bandung-Konferenz forderten außerdem die Sicherstellung der Menschenrechte, eine größere Rolle der afrikanisch-asiatischen Staaten in internationalen Organisationen, Abrüstung und Kernwaffenverbot sowie verstärkte Entwicklungshilfe. Zwischen den Teilnehmern strittige Fragen wurden nicht behandelt. Wenn auch die Bandung-Konferenz, die am 24. 4. 1955 endete, nur wenige politische Beschlüsse zuwege brachte, so hatte sie doch einen Machtbildungsprozeß zur Folge, der die Entstehung der Bewegung der Blockfreien entscheidend beeinflußte.

tation mit der Sowjetunion trotz seiner kritischen Haltung gegenüber dem französischen Kolonialismus in den Kampf gegen die vietnamesische Unabhängigkeitsbewegung mit ihrem kommunistischen Übergewicht ein. 1954 schlug US-Außenminister John Foster Dulles vor, den belagerten Franzosen bei Diên Biên Phu Waffenhilfe zu gewähren, unter Umständen mit einer Atombombe. Zur selben Zeit entstand, nicht zuletzt unter dem Einfluß des Koreakrieges, die Domino-Theorie: Man befürchtete, beim Fall eines Staates in Südostasien an den Kommunismus könnten auch seine Nachbarländer alsbald folgen. Als Gegenmaßnahme begann Washington, die befreundeten und sich bedroht fühlenden Regierungen jener Region in einem Bündnis

Politik 185

Länder, die zwischen 1950 und 1959 unabhängig wurden

neuer Staat	unabhängig seit	vorher verwaltet von
Libyen	1951	Großbritannien/Frankreich
Kambodscha	1953	Frankreich
Laos	1953	Frankreich
Nordvietnam	1954	Frankreich
Südvietnam	1954	Frankreich
Marokko	1956	Frankreich/Spanien
Sudan	1956	Großbritannien/Ägypten
Tunesien	1956	Frankreich
Malaya	1957	Großbritannien
Ghana	1957	Großbritannien
Guinea	1958	Frankreich

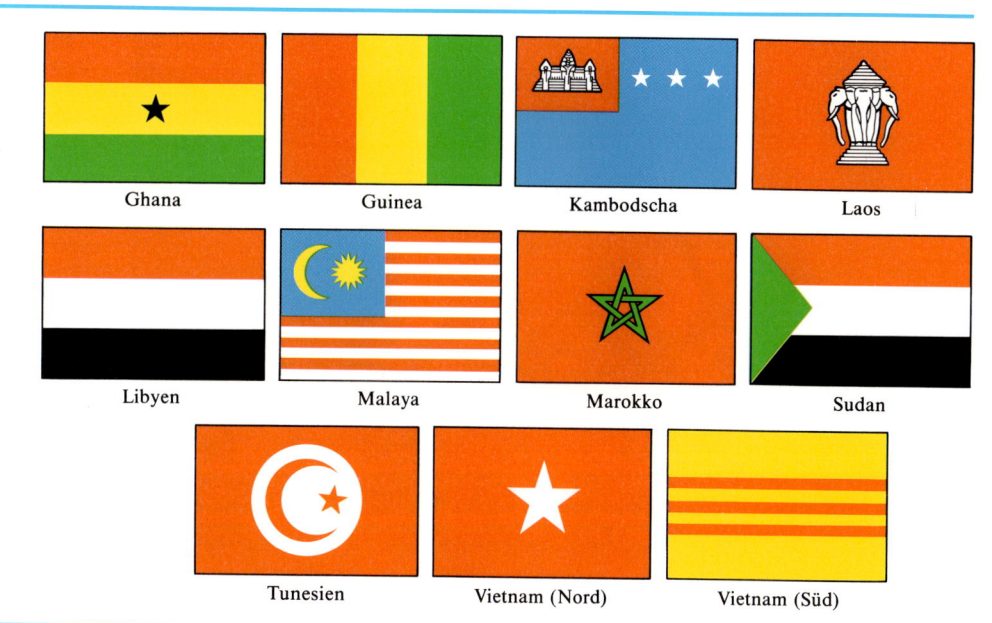

Ghana — Guinea — Kambodscha — Laos
Libyen — Malaya — Marokko — Sudan
Tunesien — Vietnam (Nord) — Vietnam (Süd)

nach dem Vorbild der NATO zu organisieren. Erst am Ende der Regierungsperiode von Eisenhower und Dulles setzte sich in den USA allmählich der Gedanke an die Anerkennung einer Dritten Welt durch, die sich aus dem Ost-West-Konflikt herauszuhalten wünschte.

Der Zerfall des französischen Kolonialreiches

Die Entkolonialisierung des französischen Herrschaftsbereichs läßt sich in drei Phasen aufteilen: die indochinesische, die nordafrikanische und die sogenannte »schwarz-afrikanische«. In Indochina verteidigte Frankreich seine Position verbissen gegen die kommunistische Unabhängigkeitsbewegung Ho Tschi Minhs und strebte die Erhaltung eines vietnamesischen Staates an, in dem es seinen Einfluß mit Hilfe des von ihnen abhängigen Kaisers Bao Dai zu bewahren wünschte. Dieser Kampf endete mit einer Niederlage. Das französische Heer war nicht in der Lage, die Guerillakämpfer unter General Giap in Schach zu halten. Nach dem Genfer Abkommen von 1954 entstand ein Indochina, das teils von der kommunistischen Demokratischen Republik Vietnam beherrscht wurde, teils von Staaten, die durch ihre regierenden königlichen oder prinzlichen Familien Kontinuität repräsentierten und die ihre politische Selbständigkeit unter Beibehaltung der wirtschaftlichen Machtposition der früheren Kolonialmächte erworben hatten. 1955 wurde der vietnamesische Kaiser abgesetzt, mit dem die französiche Verwaltung noch Vereinbarungen hatte treffen können; mit der Errichtung der Republik Vietnam unter Ngo Dien Diem begann sich der amerikanische Einfluß auszuweiten.

Indochina I
S. 145 – 33
Indochina II
S. 145 – 34

Nkrumah, Vorreiter der Entkolonialisierung Afrikas

Nach langjährigem Auslandsaufenthalt und Studium in den USA (Wirtschaftswissenschaften, Soziologie, Theologie und Pädagogik) und England (Jura) kehrte Kwame Nkrumah 1947 in die Goldküste zurück, wo er 1949 die Convention People's Party (CPP) gründete. Er forderte die Unabhängigkeit der Goldküste und kämpfte dafür durch »positive Aktion« nach dem Vorbild der gewaltlosen Kampagne Gandhis. 1950 wurde er subversiver Aktivitäten beschuldigt und verhaftet. 1951 gewann die CPP die ersten Wahlen, und der britische Gouverneur ernannte Nkrumah zum Premierminister der Goldküste. Als Ergebnis seiner Bemühungen wurde die Goldküste als erstes ehemaliges afrikanisches Kolonialgebiet mit dem Namen *Ghana* am 6. 3. 1957 in die Unabhängigkeit entlassen. 1960 wurde Ghana Republik und Nkrumah Staatspräsident mit diktatorischen Vollmachten. Nkrumah führte Ghana in einem stark persönlich gefärbten Regierungsstil. Mittels einer eigenen, vom Marxismus beeinflußten Philosophie, die er »Consciencism« nannte, wollte er den Sozialismus aufbauen und die Einheit Afrikas verwirklichen.
Nkrumah erregte mit seinem Streben nach der Einheit Afrikas und seiner Bedeutung auf den Konferenzen der nichtpaktgebundenen Staaten großes internationales Aufsehen. Seine Vorstellungen vom Aufbau des Sozialismus auf der Grundlage eines unabhängigen Staates hatten nachhaltigen Einfluß auf den kongolesischen Politiker Patrice Lumumba. Ideologisch lehnte sich Nkrumah zunehmend an den Osten an. Mit Einführung des Einparteiensystems in Ghana 1964 schaltete er politische Gegner aus und förderte den Kult um seine Person. Seine ehrgeizigen wirtschaftlichen Projekte sowie der Preisverfall des Hauptausfuhrproduktes Kakao brachten Ghana in große wirtschaftliche Schwierigkeiten.
1966 wurde Kwame Nkrumah durch eine Militärrevolte gestürzt.

1954 begann der Algerienkrieg, ein Kolonialkonflikt, der für Frankreich zum Trauma wurde; hier gefangengenommene Kämpfer der algerischen Befreiungsbewegung FLN.

Politik

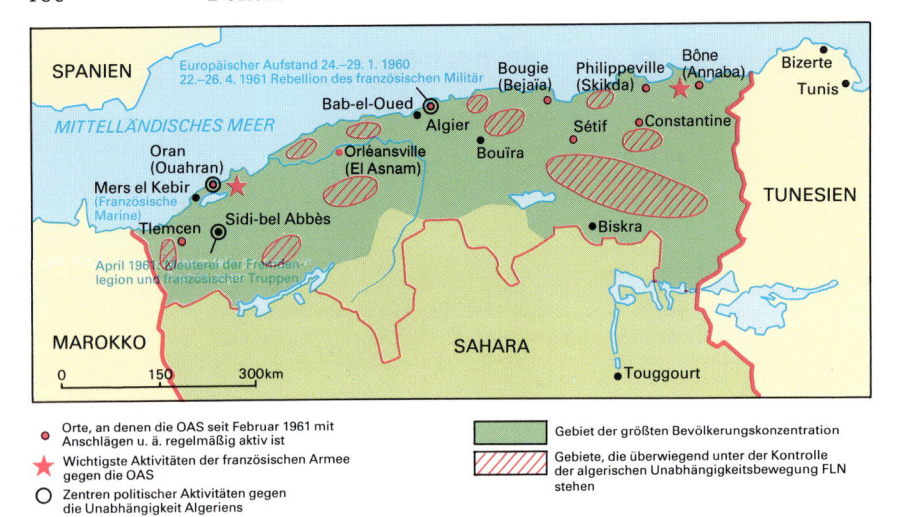

Die Verteilung der Machtzentren während des Algerienkonfliktes.

Am 1. 11. 1954 brach der Aufstand in Algerien aus. Nach französischem Verwaltungsrecht konnte von einem innerfranzösischen Ereignis gesprochen werden: Algerien wurde als Teil des Mutterlandes betrachtet. Darin ist der Hauptgrund für die französische Hartnäckigkeit im Kampf um die Erhaltung Französisch-Algeriens zu suchen. Hinter der administrativen Auffassung stand die Tatsache, daß es in Algerien über eine Million europäischer Kolonisten neben 9 Millionen einheimischen Moslems gab. Die Franzosen waren Siedler, deren Familien zum Teil seit 100 Jahren in Algerien lebten und die sich dort als Einheimische fühlten. Der Kampf um die algerische Unabhängigkeit war deshalb der erste in einer Reihe von Kämpfen, in denen sich eine auf Dauer ansässig gewordene weiße Bevölkerung mit aller Energie gegen die Unabhängigkeit wehrte.

Der algerische Unabhängigkeitskrieg kann andererseits als ein Teil des wiederauflebenden arabischen Nationalismus betrachtet werden. Ein vorangegangener Höhepunkt war der Sturz Faruks 1952 in Ägypten und die Machtübernahme Nassers. Das algerische Vorbild wirkte auf die weiteren französischen Besitzungen in Nordafrika. Der Unterschied bestand jedoch darin, daß

Ägypten S. 145 – 35

Nasser, der »starke Mann« Ägyptens

Gamal Abd el-Nasser war im Palästinakrieg 1948 Bataillonskommandeur. Beim Staatsstreich 1952 gegen König Faruk spielte er als eines der Gründungsmitglieder des Geheimbundes der »Freien Offiziere« eine tragende Rolle und wurde Mitglied des Revolutionsrates. Als 1953 die Monarchie offiziell abgeschafft wurde, wurde Nasser Stellvertretender Ministerpräsident und Innenminister. 1954 stürzte er General Mohammed Nagib, der seit 1952 als Staatspräsident amtierte, und beendete damit einen zweijährigen Kampf um die Macht zu seinen Gunsten. 1956 wurde er zum Staatspräsidenten gewählt. Nasser bekräftigte das 1953 ausgesprochene Verbot der politischen Parteien und unterdrückte insbesondere die radikale Moslembruderschaft und zeitweilig die Kommunisten. Als 1956 die letzten britischen Truppen die Kanalzone verließen, verstaatlichte er den Suezkanal und leitete damit eine Wendung Ägyptens zu einem Sozialismus eigener Prägung ein. Aufgrund der Verstaatlichung und nach zahlreichen ägyptischen Übergriffen auf das israelische Grenzgebiet sowie einer Blockade der Seewege griffen Israel, Frankreich und England Ägypten mit Waffengewalt an. Nasser unterlag militärisch, konnte sich jedoch dank breitester Unterstützung im ägyptischen Volk und vor allem dank der Unterstützung durch die USA und die UdSSR politisch behaupten. Israel mußte die meisten der militärisch errungenen Erfolge preisgeben. Mit diesem Erfolg und dem Zusammenschluß Ägyptens und Syriens zur Vereinigten Arabischen Republik (VAR) 1958 wurde Nasser zum Idol in der arabischen Welt und zum Symbol und anerkannten Führer des Panarabismus. Er spielte auch eine führende Rolle auf der Bandung-Konferenz (1955). Zusammen mit dem indischen Premierminister Nehru und dem jugoslawischen Staatspräsidenten Tito propagierte er eine als neutral bezeichnete Haltung der Länder der Dritten Welt gegenüber den Parteien des Kalten Krieges.

Frankreich sich in den Nachbarländern – Marokko und Tunesien – weniger hartnäckig den Unabhängigkeitsbestrebungen widersetzte, weil diese Länder verwaltungsmäßig nicht so stark in das französische Mutterland eingegliedert waren und die Zahl französischer Ansiedler auch geringer war. In den 50er Jahren versuchte die französische Regierung verschiedene Formen der Zusammarbeit, ehe sie 1956 die vollständige Unabhängigkeit gewährte. In Marokko wurde dabei die Sultanatsregierung beibehalten, die sich für die Selbständigkeit eingesetzt hatte. In Tunesien löste 1957 eine republikanische Regierung den Bei von Tunis ab.

Ho Tschi Minh, führender Kopf im Kampf für die Unabhängigkeit Indochinas

Der am 19. 5. 1890 in Kim Lien (Zentralvietnam) geborene Revolutionär und Politiker hatte zwischen 1913 und 1924 in Europa gelebt und gearbeitet (Kellner, Journalist, Fotograf). Ho Tschi Minh (vietnamesisch »Der Erleuchtete«), der 1920 am Gründungskongreß der Kommunistischen Partei Frankreichs teilgenommen hatte, gründete 1930 in Hongkong die Kommunistische Partei Indochinas und organisierte seit 1941 eine Guerillatruppe (*Viet Minh*), mit der er zuerst gegen die Japaner, seit Ende 1946 gegen die Franzosen und seit 1954 gegen das mit den USA verbündete Südvietnam kämpfte. 1945, nach der Abdankung des Kaisers von Annam, übernahm Ho Tschi Minh die Macht, proklamierte die Unabhängigkeit und rief die *Demokratische Republik Vietnam* aus. 1954, nach der Einnahme von Diên Biên Phu und der Niederlage der französischen Truppen, wurde Ho Tschi Minh Staatspräsident des Landesteiles Nordvietnam. Er leitete eine Bodenreform ein und steuerte als Vorsitzender des ZK der Lao-Dông-Partei (KP) im sowjetisch-chinesischen Konflikt einen Mittelkurs. Die Guerillabewegung des Viet-Cong in Südvietnam unterstützte er seit 1957, und in der zweiten Phase des Vietnamkrieges erlangte er, der als Führer des erfolgreichen Kampfes eines Landes der Dritten Welt gegen eine materiell weit überlegene westliche Macht dargestellt wurde, fast legendären Ruhm, besonders bei jugendlichen Angehörigen der Protestbewegung in westlichen Ländern.

Ho Tschi Minh bei einem Staatsbesuch in Polen 1957; links neben ihm der polnische Parteichef Władysław Gomułka.

Südlich der Sahara verlief die Entwicklung weniger dramatisch. 1956 erließ Paris ein Rahmengesetz, das eine Teil-Autonomie zahlreicher französischer Territorien sowie ein parlamentarisches Regierungssystem ermöglichen sollte. Dies war die Vorstufe für das Entstehen einer großen Anzahl von Staaten im ehemaligen Französisch-West- und Äquatorialafrika. Zwei Jahre später ging de Gaulle noch einen Schritt weiter. Er kündigte die Bildung einer föderativen Gemeinschaft autonomer Staaten unter französischer Oberaufsicht und mit finanzieller Unterstützung Frankreichs an. Das Angebot wurde nur von Guinea abgelehnt; das Land entschied sich in einem Referendum für die Trennung und erlangte 1958 seine Unabhängigkeit, allerdings um den Preis des Verzichts auf finanzielle und wirtschaftliche Unterstützung durch die Fünfte Republik.

Das Vorgehen Großbritanniens, Portugals und Belgiens

Die asiatischen Kolonien des Britischen Reiches waren in den 40er Jahren zum großen Teil unabhängig geworden. Der »wind of change« (Wind der Veränderung), den der britische Premierminister Harold Macmillan am Ende der 50er Jahre verspürte, wehte nun vor allem in Afrika. 1957 erwarb die erste Kolonie nach Liberia ihre Unabhängigkeit: Ghana, im europäischen Sprachgebrauch Goldküste genannt. Für die Selbständigkeit trat eine ghanesische Volksbewegung ein, die von Kwame Nkrumah geführt wurde. Ghana wurde zu einem Zeitpunkt selbständig, als die britische Regierung in anderen Ländern Afrikas mit Modellen der Mitbestimmung und Autonomie experimentierte, die dem historischen Zerfall des Britischen Kolonialreiches eher den Charakter einer Evolution als den eines gewaltsamen Umsturzes gaben.

Von den kleineren westeuropäischen Kolonialmächten hatten die Niederlande schon in den 40er Jahren die Souveränität Indonesiens anerkannt, während Belgien und Portugal zunächst wenig Neigung zeigten, ihren Besitzungen die Unabhängigkeit zu verleihen. Am Ende des Jahrzehnts überstürzte sich die Entwicklung in Belgisch-Kongo, und auch Ruanda und Urundi sahen der Unabhängigkeit entgegen, während sich die portugiesische Kolonialmacht von den allmählich entstehenden Selbständigkeitsbestrebungen noch wenig beeindrucken ließ.

DRS. J. BANK

Die europäische Integration

Die Europäische Gemeinschaft für Kohle und Stahl war der sichtbare Auftakt zum europäischen Einigungsprozeß. Im Jahr 1950 schlug der französische Außenminister Robert Schuman vor, die französische und die bundesdeutsche Kohle- und Stahlproduktion einer gemeinsa-

Castros neues Kuba

Fidel Castro Ruz, genannt Fidel Castro, ließ sich nach Beendigung eines Jurastudiums 1950 als Rechtsanwalt in Havanna nieder. Er versuchte zunächst auf legale Weise, politische Veränderungen zu erreichen, und war 1952 Kandidat für den Stadtrat in Havanna, als Fulgencio Batista durch einen Putsch die Macht an sich riß und die bevorstehenden Wahlen verhinderte. Castro schloß sich einer Untergrundbewegung gegen das diktatorische Regime an und organisierte am 26. 7. 1953 den mißglückten Sturm auf die Moncada-Kaserne, der Signalwirkung für einen Volksaufstand gegen Batista haben sollte. Castros Bewegung nannte sich seither »26. Juli«. Er wurde verhaftet, vor Gericht gestellt und hielt eine von ihm selbst verfaßte, berühmt gewordene Verteidigungsrede: *La historia me absolvera* (Die Geschichte wird mich freisprechen), in der er seine politischen und sozialen Vorstellungen darlegte. Castro wurde zu 15 Jahren Zwangsarbeit verurteilt, 1955 amnestiert und ging nach Mexiko ins Exil. Er organisierte dort eine kleine Guerillatruppe, der auch sein Bruder Raúl und der argentinische Arzt Ernesto »Che« Guevara angehörten, und kehrte 1956 mit ihr in die kubanische Provinz Oriente zurück. Es begann ein dreijähriger Guerillakrieg gegen die Batista-Diktatur, der mit dem Sturz des Regimes und der Flucht Batistas am 1. 1. 1959 endete. Die kubanische Politik wurde seitdem in hohem Maße von Castro bestimmt. Er übernahm die Regierungsgewalt (Ministerpräsident seit 1959) und gab seiner national-sozialen Revolution, die ursprünglich Kuba zur Demokratie zurückführen sollte, einen neuen Inhalt zunächst eigenen sozialistischen Charakters. Erst als die sich zunehmend radikalisierende Politik der Landreformen, der Verstaatlichung und Enteignungen von insbesondere US-amerikanischem Eigentum die Beziehungen zu den USA verschlechterte, lehnte sich Castro außenpolitisch und wirtschaftlich stärker an den Ostblock an und bekannte sich 1961 auch öffentlich zum Kommunismus. Viele von Castros wirtschaftlichen und sozialen Reformen hatten sprunghaften und planlosen Charakter. Demokratische Verhältnisse stellte er nicht her. In zahlreichen Entwicklungsländern wurde Castro trotzdem von linken Bewegungen als Symbol der Befreiung von der wirtschaftlichen Vorherrschaft der USA dargestellt.

Aufnahme aus der Zeit des Guerillakampfes: im Hintergrund Fidel Castro, links Ernesto »Che« Guevara.

men Behörde zu unterstellen. Das bedeutete, daß Frankreich und die Bundesrepublik Deutschland nicht mehr vollständig souverän in bezug auf diese strategisch wichtigen Produkte waren. Hinter dem Schuman-Plan verbarg sich der Gedanke, die Möglichkeit eines Krieges zwischen beiden Ländern dadurch auszuschließen, daß man den Kern des westdeutschen Kriegspotentials, die Kohle- und Stahlindustrie, in eine europäische Organisationsstruktur einband. Das war jedoch nicht die einzige Triebfeder des Planes. Schuman wandte sich nicht nur an die Bundesrepublik Deutschland, sondern forderte auch die anderen europäischen Länder zum Beitritt auf. Beginnend mit dem Kohle- und Stahlsektor wollte Frankreich den ersten Schritt auf dem Weg zu einer umfassenden europäischen Föderation tun.

Die Bundesrepublik Deutschland, Belgien, Italien, Luxemburg und die Niederlande reagierten positiv auf den Schumanplan. Großbritannien hingegen wollte sich nur Kooperationsplänen anschließen, bei denen das Prinzip der staatlichen Souveränität gewahrt blieb. Deshalb trat es der Europäischen Gemeinschaft für Kohle und

Politik

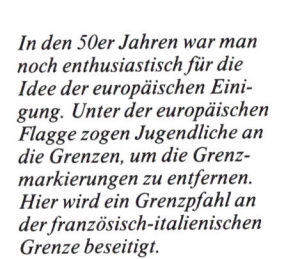

In den 50er Jahren war man noch enthusiastisch für die Idee der europäischen Einigung. Unter der europäischen Flagge zogen Jugendliche an die Grenzen, um die Grenzmarkierungen zu entfernen. Hier wird ein Grenzpfahl an der französisch-italienischen Grenze beseitigt.

Stahl (EGKS), die 1951 gegründet wurde, nicht bei.

Die Europäische Verteidigungsgemeinschaft

Der Krieg in Korea und die damit einhergehende Konfrontation zwischen Ost und West riefen in Westeuropa ein Gefühl der Bedrohung durch die UdSSR hervor. Die Aufstellung einer gesamteuropäischen Armee schien geboten. Die damit verbundene Aufstellung einer Armee in der Bundesrepublik Deutschland war jedoch so kurz nach dem 2. Weltkrieg für die meisten europäischen Länder unannehmbar. Als Ausweg aus dem Dilemma sollten sich nach Meinung der französischen Regierung die Verteidigungskräfte Westeuropas in einer europäischen Verteidigungsgemeinschaft unter einem gemeinsamen europäischen Oberbefehl nach dem Vorbild der EGKS-Struktur zusammenschließen.

Im Herbst 1950 legte der französische Ministerpräsident René Pleven seinen Plan für eine Europäische Verteidigungsgemeinschaft (EVG) vor.

Langsam nimmt die Blockbildung in Europa konkrete Formen an.

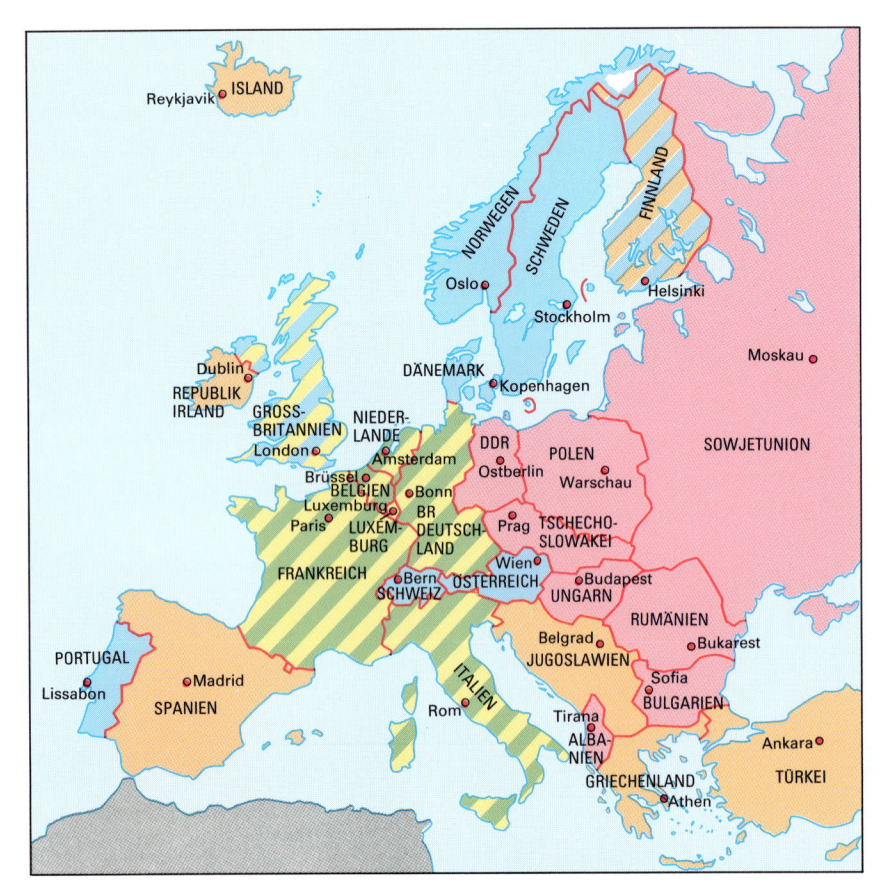

Europa auf dem Weg zur Einheit (1950–1959)

9. 5. 1950	Der vom französischen Kabinett gebilligte Plan des französischen Außenministers Robert Schuman über die Bildung eines gemeinsamen Marktes der deutschen und französischen Kohle- und Stahlindustrie (Schuman-Plan) wird veröffentlicht. Der Markt soll auch anderen europäischen Staaten zum Beitritt offenstehen.
4. 11. 1950	In Rom wird die europäische Konvention zum Schutz der Menschenrechte und Grundfreiheiten unterzeichnet.
15. 2. 1951	In Paris beginnt eine Konferenz über den Aufbau einer Europäischen Verteidigungsgemeinschaft (EVG).
18. 4. 1951	In Paris wird der Vertrag zur Gründung der Europäischen Gemeinschaft für Kohle und Stahl (EGKS), auch Montanunion genannt, von Belgien, der Bundesrepublik Deutschland, Frankreich, Italien, Luxemburg und den Niederlanden unterzeichnet. Der Vertrag geht auf den Schuman-Plan zurück.
27. 5. 1952	In Paris wird der Vertrag über die Bildung einer Europäischen Verteidigungsgemeinschaft (EVG) zwischen Belgien, der Bundesrepublik Deutschland, Frankreich, Italien, Luxemburg und den Niederlanden unterzeichnet.
10. 8. 1952	Der Vertrag über die EGKS tritt in Kraft. Am 18. 8. 1952 nimmt die Hohe Behörde in Luxemburg mit ihrem Vorsitzenden Jean Monnet die Arbeit auf.
10. 2. 1953	Der Gemeinsame Markt für Kohle und Eisenerz wird eröffnet.
15. 3. 1953	Der Gemeinsame Markt für Schrott wird eröffnet.
1. 5. 1953	Der Gemeinsame Markt für Stahl wird eröffnet.
3. 9. 1953	Die Konvention zum Schutz der Menschenrechte und Grundfreiheiten tritt in Kraft.
28. bis 30. 8. 1954	Der EVG-Vertrag wird vom französischen Parlament zu Fall gebracht.
29. 9. 1954	In Genf wird die Europäische Organisation für Kernforschung (CERN) gegründet.
19. bis 23. 10. 1954	Unterzeichnung der Pariser Verträge über die Aufnahme der Bundesrepublik Deutschland in die NATO sowie (mit Italien) in die Westeuropäische Union (vorher: Brüsseler Pakt).
25. 3. 1957	In Rom werden von den sechs Mitgliedsstaaten der EGKS Verträge zur Gründung der Europäischen Wirtschaftsgemeinschaft (EWG) und der Europäischen Atomgemeinschaft (EURATOM) unterzeichnet.
1. 9. 1957	Die Konvention über die Freizügigkeit von Arbeitnehmern innerhalb der EGKS-Staaten tritt in Kraft.
1. 1. 1958	Die Verträge über die EWG und die EURATOM treten in Kraft.
1. 1. 1959	Eine erste zehnprozentige Zollsenkung und eine Erweiterung der Kontingente im Rahmen der EWG treten in Kraft.
20. bis 21. 7. 1959	Sieben OEEC-Staaten (Dänemark, Großbritannien, Norwegen, Österreich, Portugal, Schweden und die Schweiz) beschließen die Errichtung einer europäischen Freihandelsassoziation (EFTA), auch »Kleine Freihandelszone« genannt.
20. 11. 1959	In Stockholm wird der Vertrag zur Gründung der Europäischen Freihandelsassoziation (EFTA) unterzeichnet.

- Europäische Gemeinschaften (EWG, EGKS, Euratom)
- Westeuropäische Union (WEU)
- Comecon (Rat für gegenseitige Wirtschaftshilfe)
- Europäische Freihandelszone (EFTA)
- assoziiert an die EFTA
- übrige Länder

Politik

Die Saarfrage
S. 49 – 4

Das Saargebiet hat große wirtschaftliche Bedeutung.

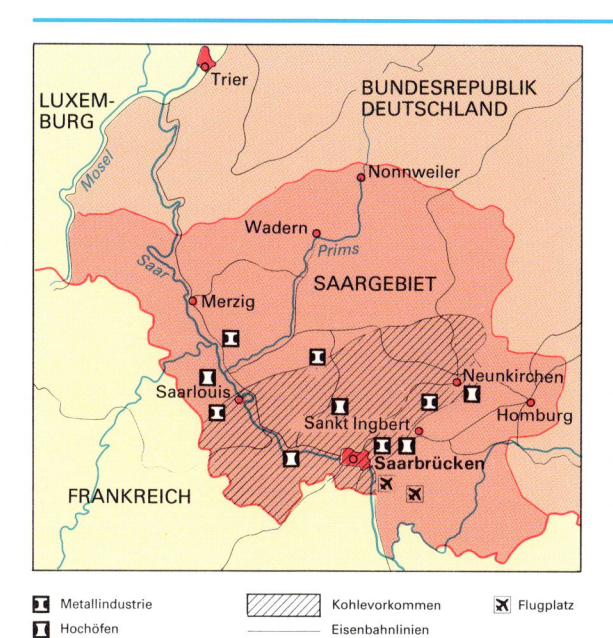

Saarland wird Bundesland

Die umstrittene Saarfrage wurde am 27. 10. 1956 endgültig gelöst. Sie hat ihren Ursprung eigentlich schon in den Bestimmungen des Versailler Vertrages, wenn man davon absieht, daß die Franzosen das Gebiet bereits während der Französischen Revolution vorübergehend in Besitz hatten.
Im Versailler Vertrag wurde festgelegt, daß das größtenteils preußische Industriegebiet an der Saar von Deutschland abgetrennt und der Verwaltung des Völkerbundes unterstellt wurde. Frankreich erhielt wichtige wirtschaftliche Vorrechte und großen politischen Einfluß. Nach 15 Jahren sollte die Bevölkerung des »Saargebiets«, wie es damals offiziell hieß, selbst über das weitere Schicksal ihres Landes entscheiden. Diese Volksabstimmung fand 1935 statt und erbrachte eine große Mehrheit für die Rückkehr zum Deutschen Reich, obwohl dort schon seit zwei Jahren der Nationalsozialismus die Macht ergriffen hatte.
Nach dem 2. Weltkrieg kam das Saargebiet unter französische Besatzung. Frankreich löste es aus seiner Besatzungszone heraus und gliederte es seinem eigenen Wirtschafts- und Währungssystem an, mit dem Ziel, später den vollen politischen Anschluß zu erreichen. Die Grenzen zu Deutschland wurden geschlossen. Parteien, die sich der engen Bindung an Frankreich widersetzten, wurden in ihrer politischen Tätigkeit behindert.
Natürlich konnte Bonn mit dieser Entwicklung nicht einverstanden sein, doch wollte Paris dieses Gebiet mit seiner bedeutenden Stahl- und Kohleindustrie nicht preisgeben. Verhandlungen schlugen zunächst fehl. In den Augen Frankreichs war das Saarland wichtig für die Erhaltung des wirtschaftlichen und politischen Gleichgewichts zwischen den beiden Staaten. Eine Wende kam, als die Bundesrepublik Deutschland in die westeuropäische Integration einbezogen wurde. Sie machte ihre Kooperation von der Lösung der Saarfrage abhängig. So kam es unter Mitwirkung des Europarates 1954 zu einer ersten Einigung zwischen Frankreich und der Bundesrepublik Deutschland. Das *Saarstatut* sah vor, daß das Saarland bis zum Abschluß eines Friedensvertrags keinem der beiden Länder, sondern einem Kommissar der Westeuropäischen Union unterstehen sollte. Aber die Bevölkerung lehnte diese Lösung, die die politische Trennung des Landes von Deutschland und den wirtschaftlichen Anschluß an Frankreich sanktionierte, mit über 67% der Stimmen ab und forderte die Rückkehr zu Deutschland. Daraufhin trat die Saar-Regierung des Ministerpräsidenten Hoffmann, der eine Autonomie befürwortete, zurück.
In neuen deutsch-französischen Verhandlungen wurde diese Willenskundgebung respektiert. Am 27. 10. 1956 unterzeichneten der französische Außenminister Pineau und sein deutscher Amtskollege von Brentano sechs deutsch-französische Saarverträge. Am 1. 1. 1957 wurde das Saarland zehntes Bundesland der Bundesrepublik Deutschland. Um Frankreich allzu große wirtschaftliche Verluste zu ersparen, erfolgte die wirtschaftliche Rückgliederung erst zweieinhalb Jahre später, am 5. 7. 1959. Außerdem erhielt Frankreich das Recht, in einem Zeitraum von 25 Jahren 66 Millionen Tonnen Steinkohle zu fördern.

In den Wochen vor der Volksabstimmung am 23. 10. 1955 über das Saarstatut wurde das Straßenbild mehr und mehr von Plakaten dafür (links) und dagegen (rechts) geprägt. Das europäische Statut wurde mit großer Mehrheit abgelehnt.

Positiv reagierten wiederum die fünf Länder, die auch das EGKS-Projekt unterstützten. Bereits im Mai 1952 konnte der Vertrag zur Gründung der EVG unterzeichnet werden. Die Ratifizierung durch die Parlamente von Belgien, der Bundesrepublik Deutschland, von Luxemburg und den Niederlanden folgte, Italien und Frankreich zögerten jedoch. In Italien lehnte man vor allem aus nationalistischen Gefühlen den Verzicht auf ein unabhängiges italienisches Heer ab. Die französische Nationalversammlung weigerte sich wegen des Krieges in Indochina und nicht zuletzt wegen der Aufstellung einer deutschen Armee, den Vertrag zu ratifizieren.

Keine Föderation

Zugleich mit dem Scheitern des EVG-Projektes fanden auch die Pläne zur Gründung einer Europäischen Politischen Gemeinschaft (EPG) ein vorzeitiges Ende. Im Vertragsentwurf zur Gründung der EVG war vorgesehen, entsprechende Vorschläge für eine Europäische Politische Föderation auszuarbeiten. Vom pragmatischen und demokratischen Gesichtspunkt aus erschien dies nur logisch: Ein europäisches Heer ohne eine gemeinsame europäische Außenpolitik und ohne ein europäisches politisches Kontrollorgan schien wenig sinnvoll. Bereits im Frühjahr 1953 konnte ein Vertragsentwurf vorgelegt werden, der eine Fusion der EGKS und der EVG vorsah, ferner das allmähliche Zustandekommen einer gemeinsamen Außen- und Verteidigungspolitik sowie eine wirtschaftliche Integration. Jedoch mit dem Scheitern der EVG erlitt auch die EPG Schiffbruch.
Der Beitrag der Bundesrepublik Deutschland zur Verteidigung Europas blieb jedoch weiter ein politisches Problem. Um ihn komplikationslos leisten zu können, wurden die Bundesrepublik Deutschland und Italien 1954 in die Westeuropäische Union (WEU) aufgenommen, eine euro-

Politik

25. 3. 1957: Mit der Unterzeichnung der Römischen Verträge werden EWG und Euratom gegründet. Ganz links der belgische Außenminister Paul-Henri Spaak, dritter von links Christian Pineau (Frankreich), fünfter Konrad Adenauer (Bundesrepublik Deutschland), siebter Antonio Segni (Italien), neunter Joseph Bech (Luxemburg), elfter Joseph Luns (Niederlande).

päische militärische Organisation, der außer den sechs EGKS-Ländern auch Großbritannien angehörte. Die WEU war eine herkömmlich aufgebaute Organisation: ein Bündnis zur Zusammenarbeit zwischen den Staaten, ohne die nationale Souveränität in irgendeiner Form an eine übergeordnete europäische Behörde abzutreten.

Neue Initiativen

Die Enttäuschung nach dem Scheitern der EVG und EPG war nicht von langer Dauer. Der anhaltende Erfolg der EGKS zeigte, nach welcher Methode man auf dem Gebiet der Integration in erster Linie vorgehen mußte: zuerst Vertiefung und Ausbau der wirtschaftlichen Integration, an die sich die politische Integration anschließt. Dies hatte u.a. der niederländische Außenminister Beyen in verschiedenen Denkschriften, die einen gemeinsamen europäischen Markt vorsahen, angeregt. Beyen erhielt für seinen Plan die Unterstützung der Beneluxländer. Der Plan für die wirtschaftliche Integration wurde im Rahmen der EGKS auf einer Außenministerkonferenz am 1. und 2. 6. 1955 in modifizierter Form angenommen. Anschließend wurde in Messina (Italien) ein Komitee gegründet, das aus Vertretern der sechs EGKS-Länder bestand. Ihm wurde die Aufgabe übertragen, die vertraglichen Grundlagen für eine Wirtschaftsunion vorzubereiten. Das Komitee stand unter der Leitung des belgischen Außenministers Paul-Henri Spaak. Auf dem Ministertreffen der EGKS-Länder im Mai 1956 in Venedig diente der Bericht des Komitees als Verhandlungsbasis für die Verträge zur Gründung von EWG und Euratom.

Die Römischen Verträge

Am 25. 3. 1957 konnten in Rom der Vertrag zur Gründung der Europäischen Wirtschaftsgemeinschaft (EWG) und der Vertrag zur Gründung der Europäischen Atomgemeinschaft (Euratom) unterzeichnet werden.

Das wichtigste Element der Römischen Verträge war die Errichtung eines gemeinsamen Marktes, der einen freien und ungehinderten Waren-, Dienstleistungs-, Personen- und Kapitalverkehr gewährleisten sollte. Das Kernstück des gemeinsamen Marktes war die Zollunion: freier Verkehr von industriellen und landwirtschaftlichen Produkten und ein gemeinsamer Außentarif gegenüber Drittländern.

Ein Streitpunkt war die institutionelle Formgebung der Gemeinschaften, das heißt: das Ausmaß, in dem die einzelstaatliche Souveränität an europäische Organisationen abgetreten werden sollte. Ein gemeinsames europäisches Kontrollorgan – die Europäische Kommission – wurde geschaffen, damit die Mitgliedsstaaten die Verträge und die darauf basierende Rechtsordnung respektierten und nicht etwa den gemeinsamen Außentarif der EWG durch Einfuhr- oder Ausfuhrsubventionen verfälschten. Ein Ministerrat erhielt die Befugnis zur letzten Beschlußfassung.

Die britische Zurückhaltung

Die britische Zurückhaltung gegenüber der EGKS ließ vermuten, daß das Vereinigte Königreich auch gegenüber der Benelux-Initiative von 1955 eine ablehnende Haltung einnehmen werde. Sie wollte keine Supranationalität und keine Zollunion, sondern eine Freihandelszone. Bei einem solchen Zusammenschluß können die beteiligten Länder ihre Handelsbeziehungen mit Drittländern selbst bestimmen (ein für Großbritannien überaus wichtiger Gesichtspunkt wegen der traditionellen Bindungen zu den im Commonwealth vereinigten Ländern). Während der Verhandlungen versuchte Großbritannien, eine Freihandelszone durchzusetzen, in der die sechs Länder als Einheit operieren sollten. Der Versuch stieß bei den Sechs auf heftigen Widerspruch: Man fürchtete, eine solche Konstruktion werde die Zusammenarbeit und Integration innerhalb EWG, EGKS und Euratom erschweren. Die Verhandlungen scheiterten, die Sechs gingen ihren eigenen Weg, und die Briten ergriffen selber die Initiative zur Gründung einer Europäischen Freihandelsassoziation (EFTA), die 1959 beschlossen wurde. Außer Großbritannien traten der EFTA Norwegen, Österreich, Portugal, Schweden, die Schweiz und Dänemark sowie später Island bei.

DRS. P. M. HOMMES UND DRS. IJ. H. BERGHORST

Der Kalte Krieg

Bildung neuer Blöcke

Unter dem Begriff »Kalter Krieg« verstand man in den 50er Jahren die Auseinandersetzung zwischen den Westmächten und dem Ostblock um die Hegemonie in der Welt, bei der direkte bewaffnete Auseinandersetzungen vermieden werden sollten.

Während des Zweiten Weltkrieges hatten die USA und die Sowjetunion zusammen mit ihren Verbündeten das Deutsche Reich und seine europäischen Verbündeten geschlagen. Zur gleichen Zeit besiegten die Amerikaner Japan. In den Jahren bis 1949 zeigte sich jedoch, daß die UdSSR eine expansive Großmachtpolitik verfolgte, der die USA durch die wirtschaftliche Stabilisierung demokratischer Regierungen mit Hilfe des Marshallplans, in Griechenland auch durch militärische Hilfe, entgegenzuwirken versuchten. Mit der Unterzeichnung des Nordatlantikpaktes am 4. 4. 1949, mit dem ein gegen die UdSSR gerichtetes Verteidigungsbündnis (NATO) zustande kam, wurde der Kalte Krieg offensichtlich. Der Bürgerkrieg auf dem chinesischen Festland ging mit dem Sieg der Kommunisten zu Ende. Ganz Osteuropa – mit Ausnahme Jugoslawiens – stand unter direkter Kontrolle sowjetischer Besatzungstruppen. Ein großer Teil Europas und Asiens war damit in Einflußsphären der Vereinigten Staaten von Amerika und der Sowjetunion aufgeteilt.

Ein Gleichgewicht stellt sich ein

Zu Beginn der 50er Jahre stellte sich zwischen beiden Blöcken ein militärisches Gleichgewicht ein, nachdem auch die UdSSR seit 1949 über die Atombombe verfügte. Auf beiden Seiten ging man nun davon aus, daß ein militärisches Eingreifen einer Supermacht in der direkten Einflußsphäre der anderen durch einen massiven Gegenangriff mit Kernwaffen beantwortet werde. Aber die genauen Grenzen der Einflußsphären standen noch keineswegs fest. Deshalb versuchte die Sowjetunion, ihr Herrschaftsgebiet unter möglichst völliger Vermeidung direkter Konfrontation ständig auszuweiten, während die USA in ihrer Politik auf die Aufrechterhaltung des Status quo orientiert war.

Zwar haben die USA und Sowjetunion während der gesamten Periode nie offen gegeneinander gekämpft, doch waren sie beide wiederholt an »Heißen Kriegen« beteiligt. Ein solcher Krieg war der Koreakrieg.

Am frühen Morgen des 25. Juni 1950 überschritten nordkoreanische Truppen den 38. Breitengrad, der die Grenze zwischen dem kommunistischen Nordkorea und dem an den Westen angelehnten Südkorea bildete. In wenigen Monaten gelang es den Nordkoreanern mit sowjetischer Unterstützung, die Südkoreaner in ein kleines Gebiet im Südosten um die Hafenstadt Pusan zurückzudrängen.

Aber die Amerikaner reagierten schnell. Unterstützt durch die Mehrheit der UNO, entsandten sie große Truppenverbände unter General MacArthur nach Korea. Diese Armee schlug die Nordkoreaner – trotz der offenen Unterstützung

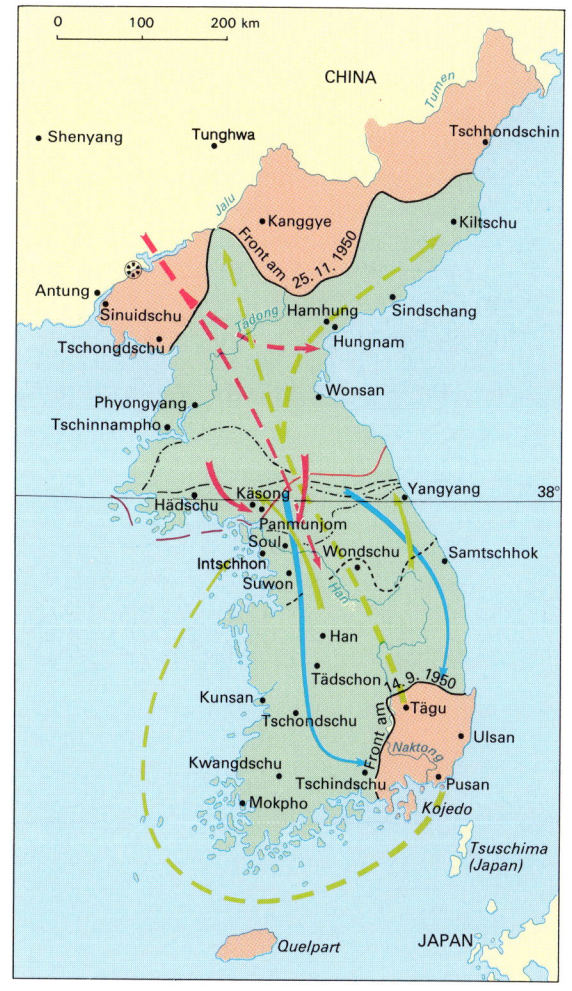

Kampfverlauf im Koreakrieg.

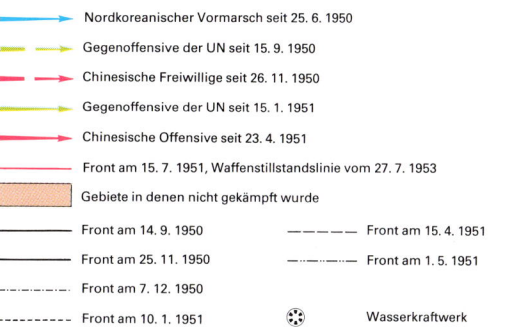

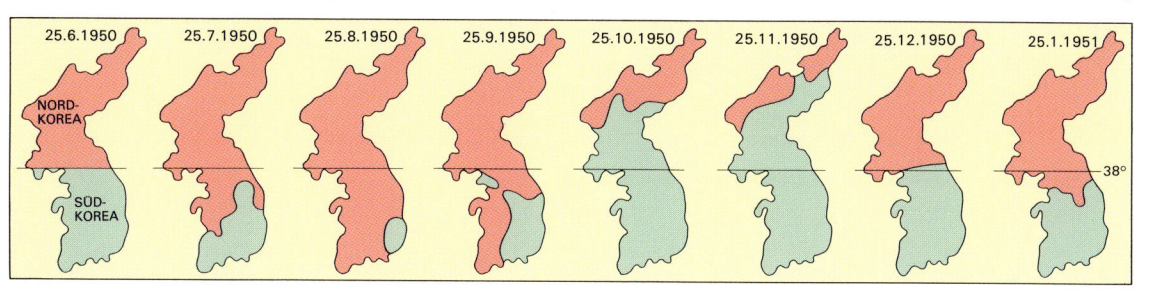

Vor- und Zurückweichen der Fronten im Koreakrieg.

durch UdSSR und China – so weit zurück, daß sogar ein Einfall in China von MacArthur erwogen wurde. US-Präsident Truman vermied jedoch, vor allem durch die Entlassung MacArthurs, eine gefährliche Eskalation. Die nordkoreanische Armee rückte daraufhin wieder nach Süden vor. Schließlich kamen die Fronten nahe dem 38. Breitengrad zum Stillstand.

Im Herbst 1952 wählten die Amerikaner den populären Oberbefehlshaber der Alliierten im Zweiten Weltkrieg, Dwight D. Eisenhower, zum Präsidenten. Er überließ die Außenpolitik völlig seinem Außenminister John Foster Dulles. Dessen Programm zur Zurückdrängung des »Eisernen Vorhangs« der Sowjets (das sog. Roll-back) ließ eine Eskalation des Kalten Krieges erwarten. Aber das Gegenteil geschah.

Das sowjetische »Tauwetter«

Am 5. 3. 1953 starb der sowjetische Diktator Stalin. Ihm folgte zunächst ein Kollektiv, aus dem nach einiger Zeit Nikita Chruschtschow als eigentlicher Führer hervorging. Fast unmittelbar nach Stalins Tod begann die Sowjetführung, den Terror im Inland zu mildern, während sie gegenüber dem Ausland zeitweise nachgiebiger erschien. Stalins Politik hatte die Sowjetunion zur Weltmacht erhoben, die jedoch weitgehend isoliert dastand. Die neue Führung versuchte, die Isolierung zu mindern, um dadurch eine größere Handlungsfreiheit zu erlangen. Außerdem wollten die neuen sowjetischen Führer durch die Formel von der friedlichen Koexistenz glauben machen, daß alle Probleme zwischen den Blöcken friedlich gelöst werden könnten.

Als Ergebnis ließen die Spannungen zwischen den Blöcken etwas nach, so daß auch die Koreafrage gelöst wurde. Das Land blieb weiterhin in ein kommunistisches Nordkorea und ein westliches Südkorea geteilt.

Komplizierter waren die Probleme, die sich bei der Auflösung des französischen Kolonialreiches in Indochina ergaben. Die französische Armee war nicht imstande, die Verbindungswege der aufständischen Viet Minh zum kommunistischen China abzuschneiden.

Als deshalb Frankreich auf die Unterstützung der USA angewiesen war, jedoch seinen Einfluß zugunsten der USA nicht aufgeben wollte, gab es nicht nur den Konflikt zwischen Ost und West, sondern auch Probleme im westlichen Lager.

Unterdessen erreichten die Kämpfe 1954 einen Höhepunkt mit der Belagerung der französischen Festung Diên Biên Phu durch die Viet Minh. Schließlich beschloß man, die Probleme in Indochina auf einer Konferenz der vier Großmächte (Sowjetunion, USA, Großbritannien und Frankreich) zu erörtern, an der auch China und die unmittelbar betroffenen Parteien teilnehmen sollten. Der Beginn dieser Konferenz in Genf fiel zusammen mit dem Fall von Diên Biên Phu. Vor allem durch die Bemühungen des Chinesen Zhou Enlai und des französischen Ministerpräsidenten Pierre Mendès-France kam ein Kompromiß zustande. Vietnam wurde wie Korea in einen kommunistischen und einen nichtkommunistischen Staat entlang des 17. Breitengrades aufgeteilt, während Laos und Kambodscha zur Neutralität verpflichtet wurden. Für Frankreich bedeutete das Abkommen das Ende seines Kolonialreiches in Asien. Für die USA, die sich in Genf für die Gründung eines südvietnamesischen Staates eingesetzt hatten, entstand eine weitere schwierige Front im Kalten Krieg. Durch ein Verteidigungsbündnis nach Art der NATO, das nicht zuletzt auch durch den Koreakrieg notwendig geworden zu sein schien, den Südostasienpakt (SEATO), versuchten die USA, die Lasten auf eine größere Anzahl von Staaten zu verteilen. Die Sowjetunion konnte das nach dem Tode Stalins eingeleitete »Tauwetter« in den Auslandsbeziehungen fortsetzen, ohne an Macht einzubüßen.

Die relative Nachgiebigkeit der Sowjetunion in der Indochinafrage entsprang dem Wunsch, die Gründung der Europäischen Verteidigungsge-

Indochina 1945–1954

— Grenze von Französisch-Indochina
▨ 1946–1950 unter Kontrolle der Viet Minh
▨ 1952–1954 von den Viet Minh erobert
▨ verbliebenes Französisch-Indochina
-- Grenze zwischen Nord- und Südvietnam nach dem Genfer Abkommen 1954

meinschaft (EVG) zu hintertreiben, die die militärische Eingliederung der Bundesrepublik Deutschland in das westliche Bündnis bedeutet hätte. In dieser Hinsicht errang die Sowjetunion jedoch nur einen Scheinerfolg, weil die Gründung der EVG zwar scheiterte, die Bundesrepublik jedoch 1955 in die NATO aufgenommen wurde.

Damit war vorläufig jeder Versuch vereitelt, im Zuge einer Neutralisierung allmählich Deutschland in die Einflußsphäre der Sowjetunion einzubeziehen. Der Juni-Aufstand (1953) in der DDR, der nur mit Hilfe sowjetischer Panzer niedergeschlagen werden konnte, trug seinen Teil dazu bei. Die Teilung Deutschlands erhielt damit vorerst endgültigen Charakter. Dagegen einigten sich die Blöcke zur selben Zeit über die Neutralisierung Österreichs. Auf den Eintritt der Bundesrepublik in die NATO reagierte die Sowjetunion mit der Gründung des Warschauer Paktes.

Mit der Aufnahme der Bundesrepublik Deutschland in die NATO und später in die EWG sowie mit der Bildung des Warschauer Paktes und der Neutralisierung Österreichs im Jahr 1955 hatte sich in Europa ein Gleichgewicht der Blöcke eingestellt. Es hatte den Anschein, als habe der Kalte Krieg seinen Höhepunkt überwunden. Ziel der Genfer Konferenz der vier Großmächte im Juli 1955 war eine Entspannung der Verhältnisse. Die sowjetischen Spitzenfunktionäre Bulganin und Chruschtschow, der britische Premierminister Eden, der französische Ministerpräsident Faure und US-Präsident Eisenhower trafen in Genf zusammen, um der gesamten Welt zu demonstrieren, daß internationale Politik auch ohne Gewaltandrohungen betrieben werden könne. Obwohl die Gespräche inhaltlich wenig erbrachten, schien mit dem »Geist von Genf« doch ein erster Durchbruch gelungen. Aber bald schon stellte sich Ernüchterung ein.

Im Februar 1956 fand in Moskau der 20. Parteitag der Kommunistischen Partei der Sowjetunion statt. Auf dem ersten Kongreß nach Stalins Tod hielt Chruschtschow eine Geheimrede, in der er das stalinistische Regime anprangerte und damit den Prozeß der Entstalinisierung (auch → S. 367) in Gang setzte. Die Ereignisse in Polen und Ungarn (auch → S. 194) zeigten 1956

Anastas Mikojan, Erster stellvertretender Ministerpräsident der UdSSR (links), besuchte im Januar 1959 die USA, um vor allem das »gegenseitige Verständnis« zu verbessern. Er sprach u. a. mit US-Außenminister John Foster Dulles (Mitte). Rechts M. Menschikow, der sowjetische Botschafter in Washington.

McCarthyismus

Während der ersten Hälfte der 50er Jahre betrieb der republikanische Senator Joseph R. McCarthy als Vorsitzender des Senatsausschusses für »unamerikanische Umtriebe« eine »Hexenjagd« auf wirkliche und – vor allem – vermeintliche Kommunisten, die das innenpolitische Klima in den Vereinigten Staaten vergiftete.

Der Beginn des Kalten Krieges, der Sieg Mao Zedongs in China, der Koreakrieg sowie der Verlust des US-amerikanischen Atomwaffenmonopols bildeten den weltpolitischen Hintergrund für diese Ära der Intoleranz. Grundlage für die Popularität McCarthys war die tiefe Enttäuschung über die Sowjetunion, die man ehrlich und naiv für einen verläßlichen Bundesgenossen im Kampf gegen den Nationalsozialismus gehalten hatte und die sich seit 1945 zunehmend als eine schon von ihrer Ideologie her expansive Weltmacht zeigte. In breiten Teilen der Bevölkerung entwickelte sich daher ein Gefühl des inneren Verrats an den »wahren Werten« der USA, für den pauschal liberale Politiker sowie Intellektuelle verantwortlich gemacht wurden, die mit der Sowjetunion sympathisierten. Der Brief McCarthy's an US-Präsident Truman, in dem ein Bild der kommunistischen Unterwanderung des Außenministeriums gezeichnet wurde, trug zu Beginn des Jahres 1950 zu einer massiven Ausbreitung dieser Stimmung bei. Noch im selben Jahr nahm der Senatsausschuß zur Untersuchung »unamerikanischer Umtriebe« unter Leitung McCarthy's seine oft denunziatorische Arbeit auf. Wegen seiner rigorosen Verhörmethoden wurde dieser Ausschuß während der folgenden vier Jahre zum gefürchtesten Gremium der USA.

Das politische Leben in den USA drohte unter der Last des McCarthyismus zu ersticken. Auch prominente Persönlichkeiten blieben von der Kommunistenjagd McCarthy's nicht verschont. So veranlaßte beispielsweise im Juni 1954 der McCarthy-Ausschuß, daß Robert J. Oppenheimer, dem »Vater der Atombombe«, die Erlaubnis zur weiteren Einsicht bzw. Mitarbeit an Geheimprojekten entzogen wurde. Als Grund wurde angegeben, er habe durch seine privaten Kontakte zum französischen Atomphysiker Chevalier, einem Kommunisten, »Charakterschwäche« bewiesen. Ein Jahr zuvor, also 1953, lehnte Charlie Chaplin Einladungen zu Filmfestspielen prinzipiell ab. Zuvor hatte er erfahren, daß, aus Angst vor dem McCarthyismus, Freunde und Kollegen Kontakte zu ihm zu vermeiden suchten.

Den Höhe- und zugleich Wendepunkt erreichte die Kampagne 1954. Senator McCarthy lud – letztlich vergeblich – den ehemaligen Präsidenten Truman vor. McCarthy's Attacken gegen die US-Armee riefen nicht nur die offizielle Distanzierung Präsident Eisenhowers von dessen Methoden hervor, sondern führten im Juni 1954 zu einer öffentlichen Untersuchung gegen ihn. Trotz dieser persönlichen Schlappe des Senators unterzeichnete Präsident Eisenhower am 24. 8. 1954 das »Antikommunistengesetz«, das eine öffentliche Registrierung aller Kommunisten in den USA vorsah. Bald darauf wurde gegen McCarthy wegen versuchter Bestechung ermittelt. Der Senat löste durch Tadelsantrag vom 2. 12. 1954 den Untersuchungsausschuß auf und beendete damit formell die Aktivitäten McCarthy's.

Joseph McCarthy als »Saubermann« vor dem Capitol.

Polen und Ungarn 1956

Polen

Mit der Absetzung Władysław Gomułkas als Parteiführer im September 1948 und seinem Ausschluß aus dem ZK der PZPR (Polnische Vereinigte Arbeiterpartei) im November 1949 setzte in Polen eine Periode der völligen Angleichung an die Sowjetunion ein. Unter Gomułkas Nachfolger, dem moskautreuen Bolesław Bierut, kam es zu einer Verfestigung des Stalinismus. Kennzeichnend für diese Ära ist die Zentralisierung des gesamten Staatswesens, verbunden mit einem starken Ausbau des Staatssicherheitsapparates und radikaler Unterdrückung Andersdenkender. Der Sechsjahresplan für 1950–1955 forcierte die Kollektivierung der Landwirtschaft sowie eine Beschleunigung der Industrialisierung. Einseitige Erfolge im Bereich der Schwerindustrie konnten nicht über die mangelnde Versorgung der Bevölkerung mit Konsumgütern und Lebensmitteln hinwegtäuschen. Der ständige Kaufkraftschwund brachte zwangsläufig eine starke Unzufriedenheit vor allem der Arbeiter- und Bauernschaft mit sich, während die Kritik der Intellektuellen sich zunehmend gegen die »Sowjetisierung« des kulturellen und politischen Lebens wandte.

Nach dem Tod Stalins am 5. 3. 1953 setzte nur sehr langsam eine Lockerung des totalitären Systems ein. Der eigentliche Prozeß der »Entstalinisierung« begann erst mit Chruschtschows Kritik an Stalin auf dem XX. Parteitag der KPdSU in Moskau am 14.–25. 2. 1956 sowie dem Tod Bieruts am 12. 3. 1956. Der neue Parteiführer, Edward Ochab, sah sich angesichts der wachsenden Opposition der Bevölkerung zu erheblichen Kursänderungen gezwungen, die eine Rückkehr zur Rechtsstaatlichkeit erwarten ließen. Da sich jedoch die wirtschaftlichen Verhältnisse nicht besserten, entlud sich die Unzufriedenheit der Arbeiter im *Posener Aufstand* am 28. 6. 1956 während der Posener Messe. Unmittelbare Ursache des Aufstandes war ein Generalstreik der Arbeiter des größten Posener Betriebs, der Lokomotiv- und Waggonwerke Cegielski. Der zunächst friedlichen Demonstration schlossen sich mehr und mehr Menschen an. Es kam zu bewaffneten Aktionen gegen Polizei- und Parteigebäude. Der Aufstand wurde mit Hilfe polnischen und sowjetischen Militärs gewaltsam niedergeworfen. Die Urteile gegen während des Aufstandes verhaftete Demonstranten fielen jedoch milde aus.

Am 19. 10. 1956 übernahm Gomułka für Ochab als 1. Sekretär die Parteiführung. Die Hochstimmung der Bevölkerung, genährt durch die Hoffnung auf eine weitgehende Liberalisierung, ließ die Losung vom »Frühling im Oktober« laut werden. Gomułka bekannte sich in seiner Rede beim Regierungsantritt zur Demokratisierung, verurteilte den starken Zentralismus sowie doktrinäre Praktiken. Im Oktober/November 1956 lösten sich etwa zwei Drittel der vorhandenen ländlichen Kollektivwirtschaften auf. Die starke Unterdrückung der katholischen Kirche wurde durch die Rückkehr Kardinal Wyszyńskis aus der Verbannung (28. 10. 1956) und die Zulassung von Religionsunterricht in Schulen gemildert. Im Bereich der Industrie kam es zur Gründung von »Arbeiterräten«, die jedoch bereits 1958 wieder abgebaut wurden. Erneute Einschränkungen der Pressefreiheit (seit 1957) zeigten die Grenzen der Liberalisierung.

Trotz Zurücknahme einiger Zugeständnisse des »polnischen Oktobers« und Einschränkungen im wirtschaftlichen Bereich – die Versorgungslage besserte sich nur kurzfristig – fand während der »Ära Gomułka« keine Rückkehr zu den totalitären Maßnahmen der Bierut-Periode statt.

Ungarn

Nach Ungarns Niederlage im 2. Weltkrieg entstand unter sowjetischer Regie die kommunistische Diktatur Mátyás Rákosis. Die »Sowjetisierung« wurde mit der Verfassung vom 18. 8. 1949 endgültig besiegelt. Planwirtschaft und Kollektivierung führten zu einer schweren Wirtschaftskrise. Die Gebrauchsgüterindustrie wurde zugunsten der Schwerindustrie zurückgestellt. Rákosi erwies sich als treuester Statthalter Stalins. Sein Terrorregime wurde von der »Staatsschutz-Behörde« getragen, deren Agentennetz das ganze Land durchzog. Nach Stalins Tod erfolgte auf Anweisung Moskaus die Trennung der Ämter des Regierungs- und Parteichefs.

Am 3. 7. 1953 endete die Doppelherrschaft Rákosis, der sich auf das Amt des 1. Sekretärs beschränken mußte, während dem Antistalinisten Imre Nagy das Amt des Ministerpräsidenten zugeteilt wurde. Nagy, der einen »Neuen Kurs« der Liberalisierung vertrat, wurde bereits im April 1955 wieder abgesetzt. Es gelang Rákosi allerdings nach dem von ihm eingeleiteten Sturz Nagys nicht, sein Terrorregime erneut zu stabilisieren. Chruschtschows Rede auf dem XX. Parteitag der KPdSU im Februar 1956 hatte Rákosi als Parteichef untragbar gemacht. Auch der »Petöfi-Klub«, ein Klub junger Intellektueller, trug durch schonungslose Aufdeckung der Fehler des Rákosi-Regimes zu dessen Absetzung am 18. 7. 1956 bei. Der ehemalige Stalinist Ernö Gerö wurde Rákosis Nachfolger.

Der Posener Aufstand gab der Gärung in Ungarn weiteren Auftrieb. Das Staatsbegräbnis des rehabilitierten Kommunistenführers László Rajk (er wurde 1949 als Haupt einer angeblichen imperialistisch-titoistischen Verschwörung zum Tode verurteilt und hingerichtet) am 6. 10. 1956 uferte in eine spontane Straßendemonstration gegen das kommunistische Regime aus. Der eigentliche Aufstand begann jedoch mit der am 23. 10. 1956 von Budapester Studenten veranstalteten Solidaritätskundgebung für die polnische Nation. Zehntausende schlossen sich der Kundgebung an, marschierten zum Kolossalstandbild Stalins und stürzten es vom Sockel. Als die Staatsschutzwache das Feuer auf die Studenten eröffnete, kam es zu heftigen Straßenkämpfen, in die schließlich sowjetische Truppen eingriffen. Die inzwischen bewaffneten Demonstranten stürmten zahlreiche kommunistische Institutionen. Der Aufstand erfaßte alle Teile der Bevölkerung und breitete sich im ganzen Land aus. Am 24. 10. wurde Nagy Ministerpräsident und am 25. 10. János Kádár 1. Sekretär. Als sich die sowjetischen Truppen am 28. 10. aus Budapest zurückzogen, glaubte Ungarn fest an eine neue Ära der Unabhängigkeit. Es kam zur Abschaffung des Einparteiensystems, und am 3. 11. stand Nagy an der Spitze einer neuen Koalitionsregierung. Auf die Entsendung neuer sowjetischer Truppen nach Ungarn antwortete der Ministerpräsident mit dem Austritt Ungarns aus dem Warschauer Pakt. Am 4. 11. umzingelten sowjetische Truppen alle wichtigen Zentren des Freiheitskampfes. Gleichzeitig hatte sich unter sowjetischer Regie eine Gegenregierung gebildet, als deren Haupt sich Kádár erwies. Der Aufstand wurde blutig niedergeschlagen und endete etwa Mitte November. Aktiv griff der Westen in die Auseinandersetzungen nicht ein.

In den nächsten Jahren folgte eine Zeit des Terrors. Verhaftungen, Deportationen und Hinrichtungen waren an der Tagesordnung. Nagy wurde zum Verräter erklärt und am 16. 6. 1958 hingerichtet. Erst als der Widerstandswille der Bevölkerung gebrochen war, kam es ab 1959 zu Haftentlassungen politischer Gefangener sowie einer allmählichen Lockerung des totalitären Regimes. An der Abhängigkeit von der Sowjetunion änderte sich zunächst nichts.

Polnischer Panzer vor der Volksbank in Posen.

Zerstörte Panzer in Budapest.

jedoch, daß die UdSSR bei der Gefahr einer Schmälerung ihrer Einflußsphäre weiter vor harten politischen oder militärischen Maßnahmen nicht zurückscheute.

Am Rande eines Weltenbrandes

Gleichzeitig mit den Ereignissen in Polen und Ungarn kam es auch im Nahen Osten im Herbst 1956 zu einer ernsthaften Krise. Ihre Ursachen waren sehr unterschiedlicher Natur. Zum einen wollten sich die arabischen Staaten mit der Existenz des 1948 ausgerufenen Staates Israel nicht abfinden. Zum anderen waren die arabischen Länder dabei, die letzten Reste kolonialer Macht Englands und Frankreichs zu überwinden. Dazu gehörten die britische militärische Position am Suezkanal und die noch bis 1968 geltende Verfügungsgewalt der britisch-französischen Suezkanalgesellschaft über den Schiffahrtsweg. Schließlich suchte die Sowjetunion im Nahen Osten politisch und militärisch Fuß zu fassen, während auch die USA um politischen Einfluß, besonders auf die erdölfördernden Länder, bemüht war (auch → S. 198 ff.).

In dieser Interessenkonstellation kam es zur Suezkrise. Ausgangspunkte waren die Verstaatlichung des Suezkanals und die bewaffneten Angriffe und Blockademaßnahmen gegen Israel, die der ägyptische Präsident Gamal Abd el-Nasser unternahm. Das militärische Vorgehen Großbritanniens, Frankreichs und Israels gegen Ägypten wurde durch den politischen Druck der Sowjetunion und vor allem der USA rasch gestoppt. Nutznießer der Krise waren neben den beiden Weltmächten, die ihren politischen Einfluß festigten, der von Nasser vertretene arabische Nationalismus trotz der militärischen Niederlage und – trotz seines erzwungenen Rückzugs von der besetzten Halbinsel Sinai – auch Israel, das sowohl die militärische Sicherheit seiner Grenze zu Ägypten wie seinen Schiffahrtsweg zum Roten Meer für mehr als zehn Jahre gesichert sah. Frankreich und England waren die politisch Leidtragenden.

Gewöhnung an den Kalten Krieg

So wie die Kompromisse in bezug auf Korea und Südostasien 1955 den »Geist von Genf« ermöglicht hatten, so leiteten nun die westliche Zurückhaltung gegenüber den Ereignissen in Ungarn, die den »Besitzstand« der Sowjetunion respektierte, und die gemeinsame Krisenbewältigung der Großmächte im Nahen Osten eine Periode relativer Ruhe in den internationalen Beziehungen ein. Eisenhower entschloß sich sogar, Chruschtschow in die USA einzuladen, und dieser akzeptierte. Beide Staatsmänner hofften, auf diese Weise das gegenseitige Verständnis zu fördern. In Camp David, dem Landsitz des amerikanischen Präsidenten, betonten beide, daß sie zwar jeweils ihr eigenes gesellschaftliches und politisches System für besser hielten als das des ande-

Spionage im Kalten Krieg

Nach Beginn des 2. Weltkrieges entwickelte sich sehr schnell eine rege internationale Geheimdiensttätigkeit. Die Großmächte bauten ihre Nachrichtendienste zu professionellen, weitverzweigten Organisationen aus. Bereits während des Krieges richteten sich die sowjetische und die Spionage der Westmächte nicht nur auf den gemeinsamen Feind (Deutschland und Japan), sondern auch gegeneinander. Das wichtigste Betätigungsfeld der Nachkriegsspionage war die amerikanische Kernforschung. Gelegentlich führte das rätselhafte Verschwinden von enttarnten Spionen vor deren Verhaftung zu großen Skandalen, die ein wenig Einblick in Umfang und Bedeutung der Spionagetätigkeit gaben und die Sorge über kommunistische Aktivitäten in den USA verstärkten.

Mysteriös war 1950 das Verschwinden des Kernphysikers Bruno Pontecorvo, eines Briten italienischer Abstammung. Später stellte sich heraus, daß er in Moskau wohnte und arbeitete. Unklar blieb, ob er ein sowjetischer Spion gewesen oder vom sowjetischen Geheimdienst entführt worden war. Dergleichen Unklarheit bestand nicht bei Klaus Fuchs. Fuchs wurde 1932 Mitglied der Kommunistischen Partei Deutschlands. Als Hitler an die Macht kam, emigrierte er nach Großbritannien und beendete dort sein Studium der Physik. Bei Ausbruch des 2. Weltkriegs wurde er als deutscher Staatsbürger interniert, kurze Zeit später jedoch wieder freigelassen. Ab 1941 arbeitete der Wissenschaftler an der Universität Birmingham als Mitarbeiter des britischen Teams für nukleare Forschung (insbesondere an der Entwicklung der Atombombe). 1942 wurde ihm die britische Staatsangehörigkeit verliehen. 1943 wurde er mit anderen Wissenschaftlern in die USA geschickt, wo er zunächst an der Columbia-Universität, später in Los Alamos, New Mexico, an der Entwicklung der ersten Atombombe mitarbeitete. Nach dem Krieg (1946) kehrte Fuchs nach Großbritannien zurück und wurde zum Chef der Abteilung für theoretische Physik am britischen Atomzentrum in Harwell ernannt. Am 27. 1. 1950 wurde er wegen Spionageverdachts verhaftet. Nach seinem umfassenden Geständnis hatte er bereits 1943 begonnen, Ergebnisse britischer und US-amerikanischer Atomforschung an die UdSSR weiterzuleiten. Während seines Prozesses behauptete er, er habe durch seine Spionage beiden Großmächten die Entwicklung der Atombombe ermöglichen wollen, damit keine Großmacht in Versuchung käme, eine aggressive Kriegspolitik zu betreiben. Fuchs wurde zu 14 Jahren Freiheitsstrafe verurteilt und 1959 vorzeitig entlassen. Er begab sich sogleich in die DDR, wo er stellvertretender Direktor und Leiter eines wissenschaftlichen Bereichs im Zentralinstitut für Kernphysik in Rosendorf bei Dresden wurde.

Klaus Fuchs lieferte mit seinem Geständnis auch eine Anzahl von US-Amerikanern, die für die UdSSR Spionage betrieben, der Verhaftung aus. Am 23. 5. 1950 wurde Harry Gold, ein US-Bürger schweizerischer Abstammung und Kontaktmann von Fuchs, verhaftet. Aufgrund der Hinweise von Gold wurden dann auch David Greenglass und das Ehepaar Ethel und Julius Rosenberg verhaftet. Der in Los Alamos beschäftigte Greenglass soll dort geheime Informationen über die Atomforschung gesammelt haben und an seine Schwester und seinen Schwager (die Rosenbergs), zwei aktive Mitglieder der amerikanischen Kommunistischen Partei, weitergeleitet haben. Die Rosenbergs wiederum sollen die Informationen an Gold weitergeleitet haben, der sie dann dem sowjetischen Vizekonsul in New York, Anatolij Jakowlew, zuspielte. Greenglass und Gold waren geständig und wurden zu 15 bzw. 30 Jahren Freiheitsstrafe verurteilt. Die Rosenbergs, die jede Schuld abstritten, wurden zum Tode verurteilt und ungeachtet zahlreicher Proteste am 19. 6. 1953 hingerichtet.

Ein ebenso spektakuläres Ereignis wie der Rosenberg-Prozeß war die Flucht der Briten Donald MacLean und Guy Burgess am 25. 5. 1951. Beide hatten in den 30er Jahren am Trinity College in Cambridge studiert und gehörten dort dem elitären Debattierzirkel junger Intellektueller »Die Apostel« an, in

Guy Burgess

dem linksradikales und marxistisches Gedankengut gepflegt wurde. Schon zu dieser Zeit wurden sie vom KGB rekrutiert und waren wegen homosexueller Neigungen stärker erpreßbar. Für die UdSSR wertvoll wurden MacLean und Burgess, als sie nach ihrem Studium in den britischen diplomatischen Dienst eintraten. Burgess brachte es bis zum 2. Botschaftssekretär in Washington, MacLean zum Leiter der Amerika-Abteilung im Foreign Office in London. Zu Beginn der 50er Jahre erhob sich Verdacht gegen das Duo. Kurz vor ihrer Verhaftung setzten sie sich nach Moskau ab. Unmittelbar nach ihrer Flucht kamen Gerüchte über einen »dritten Mann« auf, der die beiden rechtzeitig gewarnt haben soll und deren Flucht möglicherweise durch die Flucht gedeckt werden sollte. Erst 1963 wurde bekannt, daß es in der Tat einen Dritten gegeben hatte. Am 23. 1. 1963 verschwand Kim Philby, Auslandskorrespondent des »Observer« und britischer Geheimagent, aus Beirut, um kurze Zeit später in Moskau wiederaufzutauchen. Philby, der ebenfalls in den 30er Jahren dem Cambridge-Club angehört hatte, erklärte in Moskau der Presse, und seit 1940 für die UdSSR gearbeitet habe. Vor allem in den Jahren 1949–1951, als er in Washington Chef der britischen Nachrichtendienstgruppe MI5 war und alle wichtigen britischen und US-amerikanischen Geheimdokumente zu sehen bekam, muß er für die UdSSR von unersetzlichem Wert gewesen sein.

Donald MacLean

Politik

ren, daß sie aber ihre Überlegenheit nicht durch Konfrontationen beweisen wollten, die zum Untergang beider Systeme führen könnten. In den folgenden Jahren sollte sich zeigen, daß der »friedliche Wettkampf der Systeme« nicht immer reibungslos verlief und daß es vom »Geist von Camp David« bis zu einer echten Entspannung noch ein langer Weg sein würde – falls eine solche überhaupt denkbar ist.

DR. W. H. ROOBOL

Das neue strategische Denken

Die nukleare Dimension

Mit den Atombombenabwürfen auf Hiroshima und Nagasaki im August 1945 war das nukleare Zeitalter angebrochen. Trotzdem schienen Kernwaffen vorerst noch in den Rahmen vertrauter militärischer Überlegungen zu passen. In den USA dachte man vor allem an strategische Bombenangriffe und ging davon aus, daß Flugzeuge am wirkungsvollsten gegen politische und industrielle Zentren des Gegners eingesetzt werden könnten. Diese Doktrin paßte zum Streben nach einem raschen und entscheidenden Sieg, das eine Reaktion auf die Erfahrungen des Ersten Weltkriegs war, in dem der lange Kampf an festen Fronten zu hohen Verlusten geführt hatte. Die Fähigkeit, rasche Entscheidungen zu erzwingen, beruhte nach den Erfahrungen des Zweiten Weltkriegs auf den mobilen Kampfmitteln Panzer und Flugzeug. Die Entwicklung der Atombombe wurde in diesem Rahmen gesehen; sie galt als Weiterentwicklung des militärischen Instrumentariums. Zur gleichen Zeit vertraten Wissenschaftler, die keine Militärs waren, wie Thomas Schelling oder Herman Kahn, den Standpunkt, daß Kernwaffen wegen ihrer gewaltigen Zerstörungskraft nur zur *Verhinderung* eines Konfliktes dienen dürften.

Der sowjetische Bomber Tupolew TU 95 Bear D. Er konnte für die ihn begleitenden Jagdflieger mit Radar Ziele ausmachen und Fernlenkraketen steuern.

Sowohl innerhalb als auch außerhalb der militärischen Fachkreise wurde bald deutlich, was die Kennzeichen des atomaren Zeitalters werden sollten: die Unmöglichkeit einer Verteidigung gegen Kernwaffen, die Schutzlosigkeit der Städte mit ihrer Millionenbevölkerung und die Versuchung eines alles entscheidenden Überraschungsangriffs. Die Entwicklung des strategischen Denkens nach 1945 hängt eng zusammen mit einem auf die Erfahrungen des Zweiten Weltkriegs gegründeten Glauben an die Unvermeidlichkeit eines massiven Überraschungsangriffs als Erstschlag in einem eventuellen Krieg. Ferner wurde bald erkannt, daß die beste Abschreckung vor der Verwendung von Atomwaffen darin bestand, dem Gegner entsprechende Vergeltungsmaßnahmen in Aussicht zu stellen. Dabei ging man davon aus, daß eine ähnliche Konzeption im Zweiten Weltkrieg die Anwendung von Giftgas verhindert hatte.

Von »massiver Vergeltung« zu »angepaßter Antwort«

Allmählich wurden die Konturen einer Abschreckungsstrategie erkennbar. Im Januar 1954 formulierte US-Außenminister Dulles eine Doktrin, die als Strategie der massiven Vergeltung *(massive retaliation)* bekannt wurde. Danach drohten die Amerikaner, auf jede kommunistische Aggression mit dem Einsatz von Kernwaffen zu reagieren. Die Formulierung dieser Strategie hing u. a. von dem Umstand ab, daß die USA um 1953 über eine breite Waffenskala von Wasserstoffbomben mit großer Zerstörungskraft bis zu kleinen Kernwaffen, die zum taktischen Einsatz auf dem Schlachtfeld bestimmt waren, verfügten. Ziel der Strategie war auch, die Notwendigkeit konventioneller Rüstung aus Kostengründen zu begrenzen. Bedeutungsvoll war andererseits, daß man nach dem Koreakonflikt zu dem Schluß gelangt war, daß die Atombombe weder politisch noch militärisch eine Waffe sei, mit der sich das gesamte internationale politische Geschehen und jeder lokale Konflikt beherrschen lassen. Die Atomwaffe sei vielmehr eine Waffe, die nur im äußersten Notfall eingesetzt werden sollte. Dulles selbst lehnte, entgegen den Befürchtungen derer, die jederzeit einen atomaren Krieg drohen sahen, die Behauptung ab, daß Abschreckung *nur* aus der Drohung mit einem totalen atomaren Krieg bestehe. Es ging ihm vielmehr um eine »flexible Vergeltung«, wobei die »massive Vergeltung« nur eine von mehreren Optionen darstellte. Dazu war eine ganze Reihe von nuklearen und konventionellen Waffensystemen erforderlich.

Die erste sowjetische Wasserstoffbombe (1953) beunruhigte die amerikanische Öffentlichkeit. 1954 entstand in den USA sogar die Befürchtung eines vermeintlichen amerikanischen Rückstandes gegenüber der UdSSR auf dem Gebiet der Langstreckenbomber. Den größten psychologischen Schock erlitten die Amerikaner jedoch, als die UdSSR am 4. 10. 1957 den ersten künstlichen Satelliten der Erde in eine Umlaufbahn schoß. Von nun an lagen die USA in Reichweite sowjetischer Interkontinentalraketen. Damals entstand die Vorstellung, es gebe eine »Raketenlücke«, einen Rückstand der USA auf dem Gebiet interkontinentaler ballistischer Raketen (ICBM). Die Amerikaner beschleunigten deshalb ihre Raketenentwicklung, während die Sowjetunion in Wirklichkeit bis weit in die 60er Jahre mit technischen Schwierigkeiten bei ihren Raketen zu kämpfen hatte.

Der Glaube an die Raketenlücke und das damit verbundene Gefühl der Verletzbarkeit Amerikas gaben der Diskussion über die Strategie der massiven Vergeltung neue Impulse. Eine Abschreckungsstrategie müsse, sagten die Kritiker wie Richard Osgood, glaubwürdig sein, und Glaubwürdigkeit wiederum erfordere, daß die Abschreckungsmittel im Verhältnis zu den Zielen, um die es gehe, stehen. Damit wurde der Gedanke eines begrenzten nuklearen Krieges eingeführt. Die Theoretiker, die einen solchen Krieg für möglich hielten, gingen von der Vorstellung eines atomaren Patt aus, das ein »Gleichgewicht des Schreckens« zur Folge hat. Ein mehr moralischer kritischer Einwand gegen die Strategie der massiven Vergeltung bezog sich auf die Gefahr eines unvorstellbaren Massensterbens der Zivilbevölkerung. Deshalb sprachen sich die Theoretiker des begrenzten Nuklearkrieges nachdrücklich für die Suche nach Möglichkeiten aus, die Armeen des Feindes und nicht seine Zivilbevölkerung zu vernichten. Sie kehrten dabei teilweise zur früheren Strategie der strategischen Bombenangriffe zurück.

Allmählich revidierten viele der anfänglichen Befürworter der Begrenzbarkeit eines Nuklearkrieges ihre Auffassung. Zugleich setzte sich die Ansicht durch, man müsse im Fall eines feindlichen Angriffes auch über die Fähigkeit verfügen, einen Zweitschlag als Antwort durchzuführen.

Das setzte praktisch eine Unverletzlichkeit der eigenen Waffensysteme voraus.

Mittlerweile war seit etwa Mitte der 50er Jahre die Forderung nach einer Rüstungskontrolle laut geworden. Ausgangspunkt war die als wünschenswert angesehene Pattsituation zwischen den beiden Supermächten. Ein Streben nach Vorherrschaft sei damit unvereinbar. Deshalb sollten in internationalen Verhandlungen ein völliger Verzicht auf weitere Kernwaffenversuche, eine ausgewogene Begrenzung konventioneller Waffen, die Verstärkung der Abschreckung und das Verhindern eines Überraschungsangriffs angestrebt werden.

Die britische Bloodhound-Rakete auf der australischen Basis Woomera. Sie ist eine ferngelenkte Boden-Luft-Rakete mit vier Austrittsdüsen. Die Bloodhound wurde in der zweiten Hälfte der 50er Jahre eingeführt.

Nuklearstrategie in der UdSSR

Mitte der 50er Jahre wurden auch von sowjetischer Seite die ersten spezifischen nuklearen Doktrinen formuliert. Ihre Erklärungen ließen erkennen, daß die Ideen der Abschreckung und der massiven Vergeltung auch dort eine wichtige Rolle spielten. Die Sowjets lehnten jedoch den Gedanken an einen begrenzten atomaren Krieg ab: Nach ihrer Auffassung würde ein begrenzter atomarer Krieg sich stets zu einem atomaren Weltkrieg ausweiten. Chruschtschow verwarf deshalb öffentlich den Gedanken, ein Krieg sei unvermeidlich, und proklamierte sogar die Möglichkeit einer »friedlichen Koexistenz« der beiden Blöcke. Das Ziel einer atomaren Aufrüstung wurde jedoch auch in der UdSSR verstärkt vorangetrieben. Es wurden auch Mittelstreckenraketen aufgestellt, die Ziele in Westeuropa erreichen konnten.

Die militärisch-strategische Situation

Die Gedanken über nukleare Strategien entstanden vor dem Hintergrund der Konfrontation der Bündnisse Warschauer Pakt und NATO in Europa. 1952 erklärte die NATO formell, sie sei gegenüber den konventionellen Streitkräften der

Ein rückstoßfreies, auf einen Jeep montiertes Langrohrgeschütz vom Kaliber 105 mm einer US-Einheit bei Grafenwöhr (1955).

UdSSR in Rückstand geraten. In der Folge richtete sich deshalb die Hoffnung auf die Einführung taktischer Kernwaffen. Die neue Strategie sah einen »Schild« aus konventionellen Streitkräften vor, der einen Angriff aus dem Osten auffangen sollte. Einem Gegenangriff der amerikanischen nuklearen Kräfte sollte anschließend eine Offensive folgen. Bereits 1953 sahen sich die USA veranlaßt, diese Strategie wieder aufzugeben. Das von Präsident Eisenhower im selben Jahr angekündigte Programm zur Verringerung des amerikanischen Verteidigungsbudgets sah eine drastische Reduzierung der konventionellen Streitkräfte bei gleichzeitiger Erhöhung des Kernwaffenpotentials vor. In der später entwickelten Strategie der massiven Vergeltung spielten nicht nur strategische, sondern auch taktische Kernwaffen eine Rolle. Taktische Kernwaffen galten zunächst als Mittel, um einen atomaren Krieg auf dieselbe Weise wie konventionelle Kriege führen zu können. Allmählich wurden sie jedoch mehr als Ergänzung und weniger als Alternative zu strategischen Bombeneinsätzen aufgefaßt.

Seit Beginn der 50er Jahre waren taktische amerikanische Kernwaffen auf westeuropäischem Gebiet stationiert, wodurch die Verknüpfung zwischen amerikanischer und westeuropäischer Sicherheit, die bereits durch die Anwesenheit amerikanischer Truppen in Europa garantiert war, wesentlich verstärkt wurde. Die Entwicklung und Stationierung der Waffen fand statt, bevor noch eine geeignete Strategie entwickelt worden war. Da auch der Warschauer Pakt über taktische Kernwaffen verfügte, konnte die NATO nicht auf sie verzichten. Im Dezember 1957 wurde beschlossen, auch nicht-amerikanische NATO-Einheiten mit taktischen nuklearen Waffen auszustatten. Die zu diesen Waffensystemen gehörenden Kernladungen blieben jedoch unter strikter amerikanischer Kontrolle. Die Grundsatzfrage, zu welchem Zeitpunkt und auf wessen Entscheidung hin sie eingesetzt werden sollten, blieb dabei offen. Um Europa im Rahmen der NATO noch stärker in die nukleare Verteidigungskonzeption einzubeziehen, wurden gegen Ende der 50er Jahre auch Kernwaffen für Mittelstreckenentfernungen als Gegengewicht zu den auf Westeuropa gerichteten SS4- und SS5-Mittelstreckenraketen der UdSSR auf europäischem Gebiet stationiert. Raketen der Typen Thor und Jupiter wurden in Großbritannien, Italien und der Türkei aufgestellt.

DRS. D. LEURDIJK

Pulverfaß Nahost

Die Ereignisse, die zur Gründung des Staates Israel führten, hatten in den 40er Jahren das Geschehen im Nahen Osten beherrscht und den Raum in den Mittelpunkt des Weltinteresses gerückt. Beides wurde in den 50er Jahren anders. Im Nahen Osten traten innere Ereignisse in einzelnen Ländern und die Geschehnisse rund um den Suezkanal in den Vordergrund, während das Interesse der Welt vom sich verschärfenden Kalten Krieg in Anspruch genommen wurde und die Vereinten Nationen seit 1950 durch den Koreakrieg ein neues Hauptthema erhielten.

Israel sah sich nach außen stabilisiert, es war 1950 Mitglied der Vereinten Nationen geworden und von den meisten Staaten diplomatisch anerkannt. Eine außerordentlich starke Einwanderungswelle, vor allem aus arabischen Ländern, aus denen die dort ansässigen Juden vertrieben wurden, ließ die jüdische Bevölkerung des Staates sich von 600 000 zum Zeitpunkt der Unabhängigkeitserklärung am 14. 5. 1948 auf 1,2 Millionen Ende 1950 verdoppeln. Ende der 50er Jahre hatte sie sich auf 1,8 Millionen verdreifacht. Außerordentliche Probleme der Eingliederung der Neueinwanderer und des wirtschaftlichen Aufbaus mußten in einem geradezu pionierhaften Stil überwunden werden, was nur mit kräftiger finanzieller Hilfe des amerikanischen Judentums und deutscher Wiedergutmachungsleistungen möglich wurde. Der Aufbau mußte angesichts eines Ringes feindlich gesinnter arabischer Staaten geschehen, die sich allmählich politisch, wirtschaftlich und militärisch konsolidierten.

In den Augen der Araber stellte sich die Situation in der ersten Hälfte der 50er Jahre so dar: Die UNO forderte immer wieder die Internationalisierung Jerusalems, aber Israel hatte die Stadt zu seiner Hauptstadt erklärt. Die UNO wiederholte alljährlich ihre Forderung nach Rückkehr der Flüchtlinge, aber Israel verweigerte diese und vertrieb weitere Araber. Es schuf eine Rechtsordnung, die geflohenen Arabern das Land nahm und in Israel gebliebene als Bürger zweiter Klasse behandelte. Es zog sich nicht auf die Grenzen des Teilungsbeschlusses zurück, sondern erklärte die militärischen Demarkationslinien der Waffenstillstände von 1949 zu endgültigen internationalen Grenzen. Es gliederte die entmilitarisierten Zonen im Grenzbereich zu arabischen Nachbarländern seinem Verwaltungsgebiet ein. Es besiedelte bevorzugt die Grenzgebiete, um dauerhafte Tatsachen zu schaffen. Es leitete Maßnahmen zur Bewässerung des Negev mit Wasser aus dem Oberlauf des Jordan ein, was Bewässerungsvorhaben auf arabischer Seite behinderte.

Andererseits stand für sie fest: Die Araber hatten nur eine Schlacht verloren. Jordanien und Ägypten hatten sogar Gebiet gewonnen. Die Flüchtlinge, die alle Nachbarländer aufgenommen hatten, wurden zwar nicht integriert und überwiegend von der UNO ernährt, doch stellten sie in einigen Ländern wertvolle und oft qualifizierte zusätzliche Arbeitskräfte dar, die der Entwicklung förderlich waren. Die Araber konnten daher keinen Grund erkennen, sich mit Israels Existenz abzufinden, mit ihm Frieden zu schließen, Zugeständnisse zu machen.

Hinzu kam, daß sich die weltpolitischen Einflüsse verschoben. Großbritannien und Frankreich versuchten vergeblich, ihre traditionellen Positionen zu halten oder gar zu festigen. Die USA galten als Förderer und Beschützer Israels, der wirksame Maßnahmen gegen den Staat der Juden verhinderte. Ihre Versuche, neuen Einfluß in der arabischen Welt zu gewinnen, waren in den 50er Jahren nicht immer geschickt und noch seltener erfolgreich. Die UdSSR hatte zwar auch ihren wesentlichen Anteil an der Gründung Israels gehabt, doch war der israelische Versuch, eine Politik der Neutralität zwischen den beiden Weltmächten zu treiben, rasch gescheitert. Beide Mächte stellten Israel vor die Entscheidung, die sie zu einer Frage der Moral erhoben: Sozialismus und Frieden oder Imperialismus und Krieg – so lautete die Parole der Sowjetunion; Freiheit und Demokratie oder Unfreiheit und Diktatur – das war die Alternative der USA. Trotz der sozialistischen Grundüberzeugung der Mehrheit seiner führenden Politiker entschied sich Israel schon 1950 in der Koreakrise für die Seite der USA. Damit war der Weg für die Sowjetunion zur Etablierung ihres Einflusses im arabischen Raum frei.

Im Zeichen des Kalten Krieges suchten die Westmächte ein der NATO ähnliches Paktsystem im Nahen Osten einzurichten. 1951 forderten die USA, Großbritannien, Frankreich und die Türkei alle Staaten der Region in einer gemeinsamen Erklärung auf, ein Alliiertes Mittelostkommando zu bilden. Die meisten Araber sahen darin nur den Versuch des Westens, seine Positionen, vor allem in Nordafrika, am Suezkanal

Die Kampfhandlungen am Suezkanal und auf der Sinaihalbinsel.

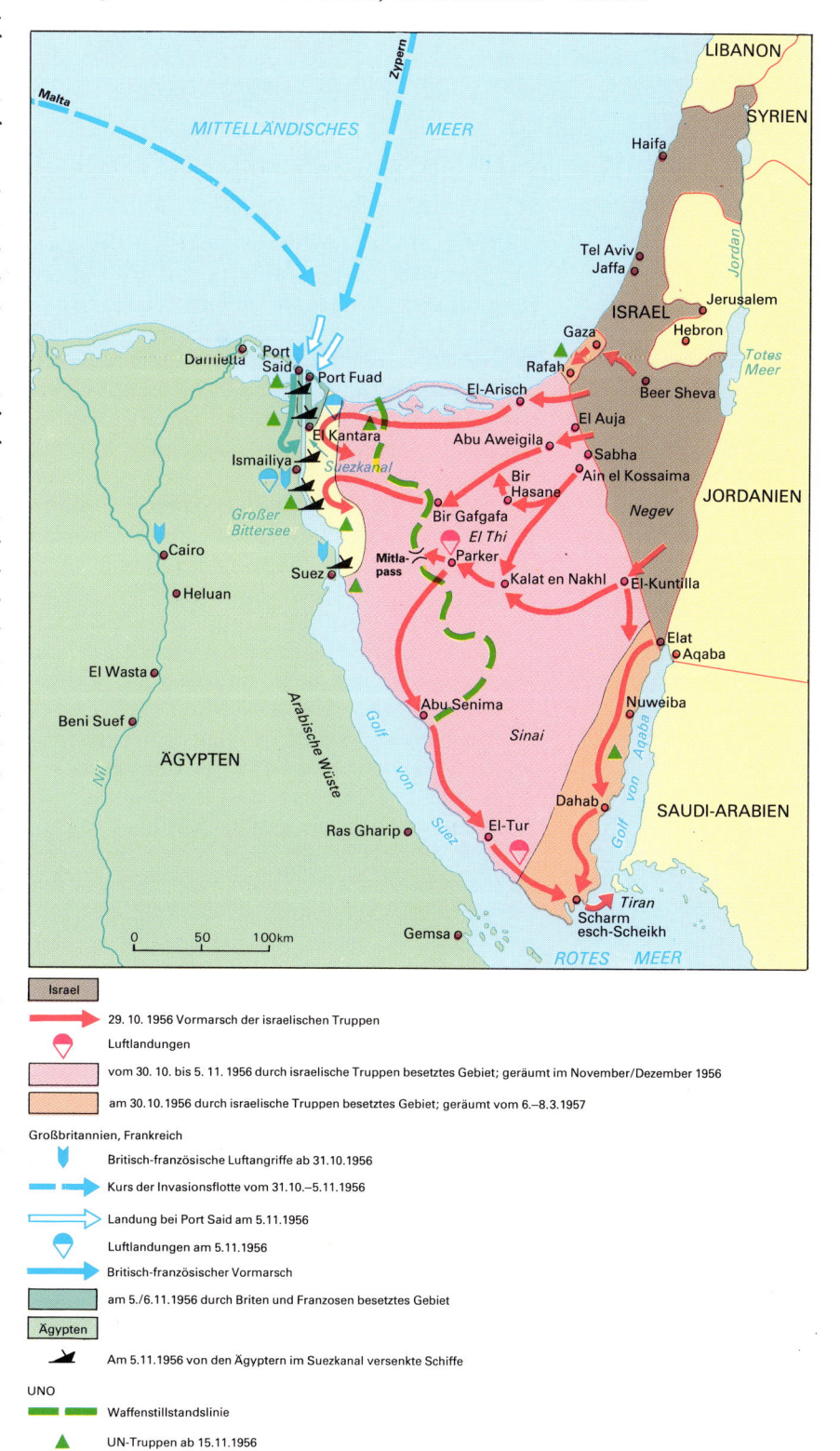

Politik 199

Politik

Britische Fallschirmjäger bei Port Said.

und in Palästina, zu festigen. Die Gefahr eines sowjetischen Angriffs erkannten sie nicht. Deshalb scheiterte der 1955 zustande gekommene Bagdadpakt rasch. Nur die haschemitischen Königreiche Jordanien und Irak hatten sich interessiert gezeigt. In Jordanien kam es zu einem Aufstand, den die Armee unter dem britischen General Glubb zwar niederschlug, der aber letzten Endes zur Entlassung von Glubb führte. Im Irak wurde die Monarchie 1958 gestürzt. Übrig blieb die wenig wirksame zentrale Paktorganisation CENTO, der nur die Türkei, der Iran, Pakistan und Großbritannien angehörten.

Israels Grenzprobleme

Inzwischen hatte sich die Situation an den Demarkationslinien zwischen Israel und seinen Nachbarländern verschärft. Die Vollversammlung der UN hatte eine Schlichtungskommission eingesetzt, deren Aufgabe es war, sowohl bei der Regelung der Flüchtlingsfrage wie bei der endgültigen Festlegung der Grenzen Israels zu vermitteln. Die arabische Seite vertrat Maximalforderungen und honorierte israelische Zugeständnisse, wie die Bereitschaft zur Aufnahme von 100 000 Flüchtlingen, zu Grenzkorrekturen begrenzten Umfangs und die tatsächlich erfolgte Rückgabe von Flüchtlingsvermögen, nicht. Die Araber gingen davon aus, daß der Kriegszustand trotz des Waffenstillstandes andauere. Daraus leiteten sie nicht nur das Recht ab, die Demarkationslinien als nicht endgültig anzusehen und direkte Verhandlungen zu verweigern, sondern auch, den Suezkanal für israelische Schiffe und für neutrale Schiffe, die israelische Häfen anlaufen, ebenso zu sperren wie die Straße von Tiran am Südausgang des Golfes von Elat, sowie eine Wirtschaftsblockade gegen Israel zu verhängen. Darüber hinaus förderten sie die unmittelbar nach dem Abschluß der Waffenstillstände allmählich einsetzenden und sich immer mehr verstärkenden Grenzzwischenfälle. Zunächst waren es Überfälle von Einzelnen oder kleinen Gruppen von Flüchtlingen, später gingen die arabischen Staaten dazu über, die Infiltranten auszubilden und militärisch auszurüsten. Israel griff zu militärischen Gegenaktionen, die aber nur zur Verlegung einiger Flüchtlingslager weiter ins Landesinnere und lediglich in Jordanien zeitweise zu einer wirksameren Kontrolle der Grenze führten. Im übrigen machte sich der UN-Sicherheitsrat die arabische Auffassung zu eigen, daß die Überfälle der Infiltranten keine militärischen Maßnahmen seien, wohl aber die israelischen Vergeltungsschläge. Er verurteilte regelmäßig Israel in einseitiger Weise. Ursache war der Wettlauf aller Großmächte um die Gunst der Araber.

Als besonders gefährlich erwies sich die Sperre der Straße von Tiran. Der schmale Küstenstreifen des Negev am Golf von Aqaba, den Israel 1949 besetzt hatte, war unbesiedelt gewesen. Israel errichtete dort den Hafen Elat, der dem Ölimport und dem Handel mit Ostafrika und Südasien dienen sollte. Ägypten legte nahe der Südspitze der Sinai-Halbinsel den Stützpunkt Scharm esch-Scheikh an und besetzte und befestigte die gegenüberliegende saudiarabische Insel Tiran. Die Sperrung der Meeresstraße war nach übereinstimmender Auffassung aller Völkerrechtsexperten rechtswidrig. Israel forderte die Öffnung und erklärte 1955, daß es nur noch ein Jahr warten werde. 1956 war die freie Durchfahrt von und nach Elat erklärtes Ziel und letzten Endes größter Erfolg des Sinai-Feldzuges.

Israelische landwirtschaftliche Entwicklungsmaßnahmen, insbesondere die Entwässerung des versumpften Hulasee-Gebietes und die Nutzung des Wassers des oberen Jordan, führten in den 50er Jahren immer wieder zu Streitigkeiten und Kämpfen im israelisch-syrischen Grenzgebiet. Hier gab es einige sogenannte entmilitarisierte Zonen. Es handelte sich um Gebiete innerhalb der Grenzen des Palästina-Mandats, die bei Eintritt des Waffenstillstands 1949 von Syrien besetzt gewesen und aufgrund des Waffenstillstands geräumt worden waren. Israel betrachtete die Zonen als Staatsgebiet, in dem es lediglich militärische Beschränkungen gab. Syrien forderte ein Mitspracherecht, das es mit der Fürsorge für arabische Bewohner der Zonen begründete, das aber erklärtermaßen das Hauptziel hatte, die israelischen Entwicklungsmaßnahmen zu behindern. Syriens militärisch sinnlose Artillerieüberfälle aus hochgelegenen Stellungen auf israelische Siedlungen im Jordantal und am Genezarethsee sind die Ursache dafür, daß Israel seit dem Krieg von 1967 nicht zur Räumung der Golanhöhen bereit ist.

Grundlage des israelischen Jordanwasserprojekts ist der Plan, den der US-amerikanische Sonderbotschafter Johnston 1953 bis 1956 entwickelte. Er sah vor allem Quoten für die Aufteilung des Wassers zwischen Israel und den arabischen Staaten vor. Der Plan wurde von allen Beteiligten angenommen, die vorgesehenen ge-

Die Suez-Affäre

Das zentrale politisch-militärische Ereignis der 50er Jahre im Nahen Osten war die Suez-Affäre – aus israelischer Sicht der Sinai-Feldzug – von 1956. Obwohl Ägypten seit 1922 formell völlig unabhängig war, unterhielt Großbritannien auch nach dem 2. Weltkrieg noch Stützpunkte und Streitkräfte in der Suezkanalzone. Nach dem Militärputsch von 1952, der zum Sturz der ägyptischen Monarchie führte und dessen Anführer Gamal Abd el-Nasser 1953 auch die Macht im Lande übernahm, drängte Ägypten verstärkt auf den Abzug der britischen Truppen. Er wurde 1954 vereinbart. Die britische Regierung betrachtete dies als ein Zugeständnis und war über Nasser verärgert, weil sie in ihm den Verantwortlichen für die Ablösung von General Glubb als Oberbefehlshaber der jordanischen Armee sah. – Nassers Verhältnis zu Frankreich war sehr gespannt, weil er die Aufständischen in Algerien unterstützte. – Die USA zogen die prinzipiell zugesagte Hilfe für den Bau des Assuan-Staudamms zurück, nachdem Nasser Rotchina anerkannt und im Ostblock 1955 in großem Umfang Waffen gekauft hatte. Im Gegenzug verstaatlichte Nasser die Suezkanal-Gesellschaft. Diese in erster Linie gegen Großbritannien und Frankreich gerichtete Maßnahme wird als völkerrechtlich zulässig angesehen, zumal Nasser den Inhabern der ohnehin 1968 auslaufenden Konzession Entschädigung anbot. Großbritannien und Frankreich behaupteten wahrheitswidrig, Ägypten sei nicht in der Lage, den Kanal offenzuhalten, und verlangten die Einsetzung einer internationalen Kontrollkommission. Die Forderungen einer Konferenz der Kanalbenutzer, d.h. der wichtigsten seefahrttreibenden Staaten, im August 1956 in London waren für Ägypten unannehmbar. Daraufhin entschlossen sich Großbritannien und Frankreich in Übereinstimmung mit Israel, das mit der Öffnung der Straße von Tiran und der Sicherung seiner Grenze am Gazastreifen durchaus berechtigte Interessen wahrnahm, zu einer militärischen Aktion. Israelische Truppen drangen am 29. 10. 1956 in den Gazastreifen und auf die Sinai-Halbinsel vor. Großbritannien und Frankreich richteten an Ägypten und Israel ein auf zwölf Stunden befristetes Ultimatum, ihre Truppen aus einer beiderseits des Kanals 16 km breiten Zone zurückzuziehen. Ägypten sollte zudem britischen und französischen Truppen die Landung gestatten. Für Israel, das zu diesem Zeitpunkt noch 35 km vom Kanal entfernt war und das Ultimatum annahm, bedeutete dies, daß ein weiterer Vorstoß möglich war, für Ägypten den Rückzug hinter den Kanal. Nachdem Ägypten abgelehnt hatte und der UN-Sicherheitsrat am 30. 10. durch ein Veto Frankreichs und Großbritanniens blockiert worden war, bombardierten die Briten am 1. 11. die ägyptischen Flughäfen, britische und französische Truppen landeten. Ein Appell der UN-Vollversammlung vom 2. 11. führte am 7. 11. zum Waffenstillstand. Unter dem Druck der USA zogen die Angreifer ihre Truppen zurück, Israel räumte auch den Gazastreifen und zuletzt im März 1957 Scharm esch-Scheikh, nachdem die freie Zufahrt nach Elat garantiert worden war. Ein wichtiger Beschluß der UN-Vollversammlung vom 4. 11. 1956 führte zur Bildung einer UN-Friedenstruppe, die auf ägyptischer Seite entlang der Grenze zu Israel aufgestellt wurde. Sie verhinderte fast elf Jahre lang Zwischenfälle zwischen Ägypten und Israel. Die Anwesenheit der UN-Truppe war von der Zustimmung des »Gastlandes« abhängig. Israel hatte diese verweigert. Aus diesem Grunde war

Israelische Truppen im Gazastreifen.

Suez-Krise
S. 145 – 36

Versenkte Schiffe blockieren den Suezkanal bei Port Said.

Politik

Der später ermordete König Faisal (links) mit seinem Onkel Prinz Abdul Illah bei einer Parade am 3. 5. 1956.

es formell zulässig, daß Nasser 1967 ihren Abzug forderte. Andererseits ist es sehr die Frage, ob der Generalsekretär U Thant der Aufforderung Nassers ohne Rücksprache mit den zuständigen UN-Organen entsprechen durfte.

Die Eisenhower-Doktrin

Der massive Einsatz der USA zugunsten Ägyptens und ihre Beteiligung an einer Kampagne, die Israel trotz seiner berechtigten Interessen zusammen mit Großbritannien und Frankreich als Aggressor auf die Anklagebank setzte, hatte das Ziel, im Nahen Osten verlorenes Terrain zurückzugewinnen. Diese Rechnung ging nicht auf – sie konnte nicht aufgehen, weil in der damaligen Situation die arabischen Staaten nur einen völligen Bruch mit Israel honoriert hätten.

Zweifelhaft war auch der Erfolg der Eisenhower-Doktrin, die der amerikanische Präsident etwa ein halbes Jahr nach der Suezkrise verkündete. Es handelte sich um ein wirtschaftliches Hilfsprogramm für die Länder des Nahen Ostens, verbunden mit der Zusage, die Unabhängigkeit der Länder gegen einen sowjetischen Angriff oder einen kommunistischen Umsturzversuch im Inneren auf Anforderung mit militärischen Kräften zu schützen.

Es ist umstritten, ob sich der israelische Sinai-Feldzug als ein Präventivkrieg rechtfertigen läßt. Zwar war am 24. 10. 1956 ein Militärabkommen zwischen Ägypten, Jordanien, Syrien und Saudi-Arabien abgeschlossen worden, durch das die Truppen dieser Länder dem Oberbefehl des ägyptischen Generals Hakim Amer unterstellt wurden, doch ist ein unmittelbar bevorstehender Angriff auf Israel nicht nachweisbar.

Nasser galt den meisten Arabern als Sieger im Sinaikrieg. Die Anhänger seiner auf eine Einigung aller Araber gerichteten Politik unter seiner Führung wurden immer stärker. Dies wirkte sich 1957/1958 in zahlreichen Ländern aus. Zu einer schweren Krise kam es im April 1957 in Jordanien. Ministerpräsident Suleiman Nabulsi, ein Palästinenser und Bewunderer Nassers, wollte diplomatische Beziehungen zur Sowjetunion aufnehmen. Er wurde von König Hussein entlassen, ebenso wenig später der ägyptenfreundliche Armeestabschef. Es kam zu heftigen inneren Auseinandersetzungen, bei denen sich Beduinentruppen, die Hussein treu ergeben waren, durchsetzten. Die USA übten dabei durch die Entsendung der 6. Flotte vor die Küste Libanons Druck aus. – In Syrien wuchs im gleichen Jahr der Einfluß Nasser-treuer Offiziere in der Armee. Auf ihren Druck hin nahm die Regierung Verhandlungen mit Nasser über einen Zusammenschluß beider Staaten auf, die am 1. 2. 1958 zur Proklamation der Vereinigten Arabischen Republik führten. Der Machtzuwachs Nassers alarmierte die Westmächte. Als am 14. 7. 1958 im Irak der linksgerichtete General Kassem, der kein Anhänger Nassers war, durch einen Putsch die Macht ergriff, wobei König Faisal II. und Ministerpräsident Nuri as-Said ermordet wurden, richtete der jordanische König einen Hilferuf an seine Schutzmacht Großbritannien, während die Regierung des Libanon unter Präsident Camille Shamoun, die sich von Nasseranhängern und Kommunisten bedroht fühlte, unter Berufung auf die Eisenhower-Doktrin die USA um Hilfe bat. Britische Fallschirmjäger wurden von Zypern nach Jordanien geflogen, die 6. US-Flotte landete Truppen bei Beirut. In beiden Ländern beruhigte sich die Lage rasch, da den Oppositionskräften gewisse Zugeständnisse gemacht wurden. Insofern ist es schwer zu sagen, ob die Anwendung der Eisenhower-Doktrin in diesen Fällen ein Erfolg war.

Insgesamt endete das Jahrzehnt im Nahen Osten relativ ruhig. Nassers Stellung war sehr stark, die Lage in den meisten Ländern des Nahen Ostens recht gefestigt. An Israels Grenzen herrschte vergleichsweise Ruhe, so daß sich das Land seinem Aufbau widmen konnte. Wie trügerisch diese Ruhe war und wie gefährlich der Zündstoff, der sich im Nahen Osten angesammelt hatte, wirklich war, das sollte sich im kommenden Jahrzehnt sehr rasch zeigen.

WERNER LUDEWIG

US-Marinesoldaten bei Beirut 1958.

Politik

Wer starb?

Der französische Politiker LÉON BLUM starb am 30. 3. 1950 in Jouy-en-Josas im Alter von 77 Jahren. Zusammen mit J. Jaurès gründete er 1902 die sozialistische Partei und wurde nach der Ermordung Jaurès 1914 ihr führender Kopf. 1936/37 und 1938 bildete er als erster sozialistischer Ministerpräsident Frankreichs Volksfrontregierungen. 1940 wurde er von der Vichy-Regierung verhaftet und 1943 bis 1945 in den KZs Buchenwald und Dachau interniert. 1946 wurde er für kurze Zeit Ministerpräsident eines Übergangskabinetts. Als Politiker und in seinem literarischen Werk trat er für einen humanistischen Sozialismus ein.

Der italienische Politiker ALCIDE DE GASPERI starb am 19. 8. 1954 in Sella di Valsugana im Alter von 73 Jahren. Er war 1919 Mitgründer der katholischen Volkspartei und nach dem 2. Weltkrieg der Democrazia Cristiana. 1944–1946 und 1951–1953 war er Außenminister, 1945–1953 Ministerpräsident. Bei den Verhandlungen über den Pariser Frieden führte er die italienische Delegation. Am 5. 9. 1946 schloß er mit Österreichs Außenminister Gruber ein Abkommen über die Autonomie für Südtirol. Seine innenpolitischen Verdienste sind die Festigung der Demokratie gegen kommunistische Umsturzpläne und die Durchsetzung der Unabhängigkeit seiner Partei als bürgerlicher Sammelpartei gegen vatikanische Lenkungsansprüche.

Der US-amerikanische Politiker JOHN FOSTER DULLES starb am 24. 5. 1959 in Washington im Alter von 71 Jahren. Dulles war Chefberater der US-Delegation bei der Gründung der UNO und führte 1951 die Friedensverhandlungen mit Japan. Als Außenminister 1953–1959 unter Eisenhower nahm er starken Einfluß auf den Gang der Weltpolitik. Gegenüber China und der UdSSR steuerte er einen harten Kurs (Kalter Krieg), vermied jedoch eine Eskalierung in den Ost-West-Beziehungen. Während der Aufstände in der DDR 1953 und in Ungarn 1956 hielt er sich zurück. Militärisches Eingreifen in den Indochinakrieg schien ihm zu gefährlich. Er förderte jedoch die Schaffung eines Gürtels von Militärstützpunkten gegen eine mögliche Expansion der UdSSR. Auch schloß er neue Bündnisse (SEATO, CENTO).

Léon Blum

Der ungarische Politiker und Offizier MIKLÓS HORTHY VON NAGYBÁNYA starb am 9. 2. 1957 in Estoril (Portugal) im Alter von 88 Jahren. Horthy war der letzte Oberbefehlshaber der österreichisch-ungarischen Flotte. 1919 organisierte er die gegenrevolutionäre Nationalarmee und zerschlug die gerade gebildete kommunistische Räterepublik. Als ungarischer Reichsverweser (1920–1944) strebte er die Rückgewinnung verlorener ungarischer Gebiete an. 1939 beteiligte er sich deshalb an der Aufteilung der ČSR. 1940 erhielt er von Rumänien Siebenbürgen zurück. Er führte Ungarn 1941 auf starkes Drängen Deutschlands in den Krieg. Als er 1944 versuchte, zu einem Sonderfrieden mit den Alliierten zu kommen, wurde er von Hitler in Deutschland interniert. Seit 1949 lebte er in Portugal.

Der österreichische Offizier und Politiker (SPÖ) THEODOR KÖRNER starb am 4. 1. 1957 in Wien im Alter von 83 Jahren. Von 1915 bis 1918 war er Generalstabschef der Isonzo-Armee und ab 1923 Heeresinspektor. Im Januar 1924 nahm er seinen Abschied und trat im gleichen Jahr in die Sozialistische Partei Österreichs (SPÖ) ein. 1924 bis 1934 war er Mitglied des Bundesrates. Körner, der im »Republikanischen Schutzbund« eine führende Rolle eingenommen hatte, wurde 1934 nach dem Scheitern des sozialdemokratischen Februaraufstandes in Haft genommen, jedoch im gleichen Jahr wieder auf freien Fuß gesetzt. 1945 bis 1951 war Körner Bürgermeister von Wien, 1951 bis 1957 Bundespräsident.

Der US-amerikanische General und Politiker GEORGE CATLETT MARSHALL starb am 16. 10. 1959 in Washington im Alter von 78 Jahren. 1939–1945 war er Chef des Generalstabs der US-Army und an allen strategischen Entscheidungen der USA im 2. Weltkrieg beteiligt. 1947–1949 war er Außenminister, 1950/51 Verteidigungsminister der USA. In Europa wurde er besonders durch das nach ihm benannte Europäische Wiederaufbauprogramm (ERP/Marshallplan) bekannt. Mit ihm sollten ERP-Länder durch US-amerikanische Lieferungen, Aufträge und Kredite in die Lage versetzt werden, ihre Wirtschaft wiederaufzubauen und weiterzuentwickeln sowie dem Kommunismus Widerstand zu leisten. Der Marshallplan führte zur schnellen wirtschaftlichen Gesundung des durch den Krieg zerstörten Europa und brachte einen engeren wirtschaftlichen Zusammenschluß der beteiligten europäischen Länder.

Die argentinische Politikerin EVA MARIA DUARTE DE PERÓN (»Evita«) starb am 26. 7. 1952 in Buenos Aires im Alter von 33 Jahren. Als Ehefrau des Staatspräsidenten Juan Domingo Perón war sie maßgeblich an seinem Aufstieg und seiner Politik beteiligt. Sie förderte sozialpolitische Maßnahmen. Von der Bevölkerung wurde sie als »Engel von Argentinien« leidenschaftlich verehrt.

Der österreichische Politiker (SPÖ) KARL RENNER starb am 31. 12. 1950 in Wien im Alter von 80 Jahren. Renner wurde 1907 als sozialistischer Abgeordneter in den Reichsrat gewählt, wurde nach dem Zusammenbruch Österreich-Ungarns 1918–1920 Leiter der Staatskanzlei und Staatskanzler, zugleich zeitweilig

John Foster Dulles (links) bei dem ägyptischen General Nagib. Als Geschenk brachte er eine Pistole mit.

auch Staatssekretär für Inneres und Unterricht (1919) und nach dem Rücktritt Otto Bauers auch für Äußeres (1919/20). Bei den Verhandlungen um den Friedensvertrag in St.-Germain 1919 war er Leiter der österreichischen Delegation. Nach dem Bruch der Koalition und seinem Rücktritt widmete er sich vorwiegend wirtschaftlichen Aufgaben im Bereich des Genossenschaftswesens. Die siebenjährige NS-Zeit in Österreich verbrachte er zurückgezogen und wurde 1945 mit der Bildung einer neuen österreichischen Regierung beauftragt. Noch im gleichen Jahr wurde er zum Bundespräsidenten gewählt. An der Neugründung der SPÖ 1945 war er maßgeblich beteiligt. Renner wird das Verdienst zugeschrieben, für den demokratischen Weg des neuen Österreichs ein auf Ausgleich bedachter Garant gewesen zu sein.

Der Politiker (SPD) KURT SCHUMACHER starb am 20. 8. 1952 in Bonn im Alter von 56 Jahren. Schumacher war 1930–1933 Mitglied des Reichstages. Die Jahre von 1933 bis 1944 verbrachte er in mehreren Konzentrationslagern. 1945 begann er den Wiederaufbau der SPD, war seit 1946 ihr Vorsitzender in den Westzonen und 1949 Mitglied des Bundestags und Vorsitzender der SPD-Bundestagsfraktion. 1949 war er Kandidat der SPD für das Amt des Bundespräsidenten. Schumacher widersetzte sich seit 1945 strikt der Zusammenarbeit mit der KPD. Als wichtigster Gegenspieler Adenauers trat er für die Wiederherstellung des deutschen Nationalstaats unter nichtkommunistischem Vorzeichen ein und lehnte die Westintegration ab. Von den Besatzungsmächten forderte er die politische und wirtschaftliche Selbstbestimmung der Deutschen. Sein Eintreten für eine sozialistische Wirtschafts- und Gesellschaftsordnung blieb ohne Erfolg.

Der sowjetische Diktator JOSEF STALIN starb am 5. 3. 1953 in Moskau im Alter von 73 Jahren. Als Mitglied der Russischen Sozialdemokratischen Partei, seit 1904 der bolschewistischen Gruppe, betätigte sich Stalin in der revolutionären Bewegung im Kaukasus und wurde 1912 in das ZK der bolschewistischen Partei kooptiert. In der ersten Sowjetregierung war er 1917–1923 Volkskommissar für Nationalitätenfragen. Seit 1922 brachte er als Generalsekretär den Parteiapparat der KPdSU unter seine Kontrolle und schaltete nach dem Tod Lenins in der KPdSU nacheinander die prominentesten Bolschewiki aus. Seit Ende der 20er Jahre war er Diktator der Partei und des Landes. Die Zwangskollektivierung der Landwirtschaft wurde unter Anwendung schärfster Gewalt durchgeführt. Der Liquidierung des freien Bauerntums (Kulaken) sowie der Deportation in Zwangsarbeitslager fielen zwischen 1928 bis 1930 Millionen Menschen zum Opfer. Schlimmste Auswüchse zeigten seine diktatorischen Vollmachten in der »Großen Säuberung« 1935–1938, in der Stalin alle vermeintlichen und wirklichen Gegner in Partei, Staat und Armee töten ließ.

Seit 1941 bekleidete Stalin auch die Ämter des Vorsitzenden des Rats der Volkskommissare (seit 1946 Ministerpräsident) und des Oberbefehlshabers der Streitkräfte (1943 Marschall, 1945 Generalissimus). Er nahm für sich in Anspruch, die höchste Autorität auf allen Gebieten des politischen, wirtschaftlichen und kulturellen Lebens zu sein, und ließ sich als »Genius der Menschheit« feiern. Im 2. Weltkrieg verfolgte Stalin zunächst eine Gleichgewichtspolitik mit dem Nationalsozialismus unter Verzicht auf Bündnisse, sah sich jedoch durch den deutschen Angriff auf die Sowjetunion gezwungen, mit den Westmächten zusammenzugehen.

Chaim Weizmann

Der israelische Politiker CHAIM WEIZMANN starb am 9. 11. 1952 in Rehovot im Alter von 77 Jahren. Als einer der wichtigsten Repräsentanten der zionistischen Bewegung erwirkte Weizmann 1917 die Balfour-Deklaration und schuf damit die Voraussetzung für das britische Palästinamandat als Vorstufe eines Judenstaats. 1920–1930 und 1935–1946 war er Präsident der Zionistischen Weltorganisation. An der Errichtung des Staates Israel war er maßgeblich beteiligt. Er wurde dessen erster Staatspräsident 1948–1952.

4. Wirtschaft

Für wen gab es in den 50er Jahren Luxus? Jedenfalls nicht für den Mann auf der Straße. Für die Traumfabriken der Werbung spielte das keine Rolle.
▷

Wirtschaftswachstum und Soziale Marktwirtschaft

In der Entwicklung der Weltwirtschaft gibt es keine vergleichbare Phase, die in Wachstum und Stabilität ähnliche Qualitäten aufweisen kann wie die Zeit der 50er Jahre. Dies gilt zwar zunächst vor allem für die hochentwickelten Industrieländer in West und Ost, doch wirkte die weltpolitische Grundstimmung auch auf die Entwicklungsländer, die sich in einer Zeit der raschen Entkolonisierung befanden.

In der Bundesrepublik Deutschland nannte man die unverhoffte Nachkriegsentwicklung »Wirtschaftswunder«. Zusammen mit der neu entworfenen Politik der »Sozialen Marktwirtschaft« kennzeichnete dieser Begriff auch weltweit das Wachstum neuer Strukturen der Wirtschaftspolitik, die durch die günstigen Umstände erst möglich wurden.

Aufbau und Ordnung nach dem großen Krieg

Nach dem 2. Weltkrieg wurde wirtschaftlich all das in die Wege geleitet, was schon nach dem 1. Weltkrieg hätte geschehen können und was vielleicht die Weltwirtschaftskrise und die politischen Folgen von Massenpleiten und Massenarbeitslosigkeit verhindert hätte. Anstatt Deutschland wie nach 1918 mit unrealistisch hohen Reparationsleistungen zu belasten und damit die ohnehin schon schwache Wirtschaft noch weiter zu schwächen, hatten die Reparationen nach 1945 im Westen relativ geringen Umfang. Lediglich die Sowjetunion demontierte und beschlagnahmte Güter im Werte von 13 Mrd. Dollar im östlichen Teil Deutschlands.

Dagegen gab es von den USA nach dem sogenannten Marshall-Plan hohe Wiederaufbauleistungen für die zerstörten europäischen Länder, auch für die Bundesrepublik Deutschland. Dadurch kamen im Westen die Nationen relativ rasch wieder wirtschaftlich in Schwung.

Außerdem war nach Jahrzehnten der wirtschaftlichen Depression, der politischen Unruhe und der Kriege die Mentalität der Menschen in vielen Ländern auf Krisenüberwindung und Aufbau gerichtet. Politische Stabilität wurde in einem direkten Zusammenhang mit der Wirtschaft gesehen und sollte gezielt herbeigeführt werden.

Dazu wurde bereits in den 40er Jahren der Grundstein gelegt mit zwei weltwirtschaftlichen

Zu Beginn der 50er Jahre herrschte in vielen Ländern noch Mangel am Nötigsten. So stand man im Winter 1950/51 noch in London für Kohle an.

Abkommen, die dann in den 50er Jahren einen beispiellosen Anstieg der internationalen Produktion und des Handels möglich machten: Es gab zum einen das Abkommen zur Einrichtung eines Weltwährungsfonds (IWF), der feste Wechselkurse mit dem Gold als Grundstandard und dem Dollar als Reservewährung realisierte. Daneben wurde das allgemeine Zoll- und Handelsabkommen (GATT) unterzeichnet, das durch Senkung der internationalen Handelsschranken den Welthandel rasch wachsen ließ. Ausgehend von den USA gab es in den westlichen Ländern, vor allem auch in Deutschland, starke Bestrebungen zur Reform der Strukturen der Wirtschaft. Neben den Gedanken der freien Marktwirtschaft wurde der Sozialstaatsgedanke gestellt, der der freien Entfaltung der Kapitalkräfte eine humane Komponente hinzufügen wollte, was teilweise auch gelang. Die Beteiligung der Massen von Beschäftigten an den wachsenden Einkommen wurde sogar zu einer wesentlichen Antriebskraft des wirtschaftlichen Aufschwungs. Daneben verfolgte man vor allem in Europa den Gedanken an einen gemeinsamen Markt, der zur Bildung verschiedener europäischer Wirtschaftsorganisationen in den 50er Jahren führte.

Rohstoffe, Technologie und Menschen

Die 50er Jahre waren, was die wirtschaftlichen Rahmenbedingungen betraf, einmalig in diesem Jahrhundert. Dies gilt insbesondere für die günstigen Preise der industriellen Rohstoffe, der Energie und der Nahrungsmittel.
Während die Preise für Rohstoffe und Nahrungsmittel weltweit in den 50er Jahren um rd. 20 Prozent sanken, während die Energiepreise (z. B. für Rohöl) ebenfalls um einige Prozent sanken, stiegen die Preise für Industriegüter, die Hauptausfuhrprodukte der Industrieländer. Dies schuf für die westlichen, aber auch die östlichen Industrieländer große Vorteile im Welthandel.
Hinzu kamen als wesentliche Antriebskräfte die Technologie und die massenhafte Verbreitung von Gebrauchsgütern. In den langen zyklischen Wellen der Wirtschaftsentwicklung, wie sie in der Wirtschaftstheorie beschrieben werden, zeigen sich die 50er Jahre als die Zeit, in der technologische Entwicklungen der Jahrhundertwende ihren völligen Durchbruch erleben: Auto, Telefon, Elektrifizierung, Serienfertigung. Überlagert wurde diese Tendenz von einem neuen technologischen Schub, der von der Elektronik mit dem Fernsehen, von Kernkraft, Raumfahrt und Chemie getragen wurde. Es war die Zeit der Anwendung von Transistoren, der Entwicklung und Erprobung von Kernreaktoren, die auf unbegrenzte Energiequellen hoffen ließen, der Entwicklung der Raumfahrt als technologisches Schubmittel auch für viele andere Bereiche und mit großer wirtschaftlicher Nutzanwendung, und nicht zuletzt der Neuentwicklungen in der Chemie mit ihren zahllosen Zweigen, von den Textilfasern über Bodenbeläge, Düngemittel, Farben bis hin zu den Arzneimitteln.
Dabei wurden auf der einen Seite immer neue, preisgünstige Produkte entwickelt und auf der anderen Seite billigere Fertigungsverfahren angewendet.
Parallel dazu lief die Verbreitung der bekannten Technologien in breiten Bevölkerungsschichten der Industrieländer. Was in den USA schon in den 30er und 40er Jahren vorangeschritten war, nämlich die Ausstattung der Haushalte mit Ge-

Volle Läden nach Zeiten der Entbehrung.

Gastarbeiter

»Zastarbeiter«, »Deutschwerker«, »Mulis«, »Republikhelfer«, so lauteten einige der Vorschläge, als es bei einem Peisausschreiben des Westdeutschen Rundfunks vor Jahren galt, den Begriff »Gastarbeiter« durch einen anderen zu ersetzen. Die erwähnten Beispiele aus der Flut von über 32 000 Einsendungen signalisierten schlaglichtartig die große Bandbreite der Einschätzung der in der Bundesrepublik Deutschland lebenden Ausländer durch die Bevölkerung. Im Laufe der Zeit setzte sich der Begriff »ausländischer Arbeitnehmer« durch.
Bis Ende der 50er Jahre konnte die »genesene« Wirtschaft in der Bundesrepublik Deutschland ihren Arbeitskräftebedarf noch weitgehend aus dem Reservoir von Flüchtlingen und Vertriebenen aus den ehemaligen deutschen Ostgebieten decken. Allein aus der Sowjetischen Besatzungszone und der späteren DDR hatten bis zum Bau der Mauer (1961) rd. 3,2 Millionen Flüchtlinge den Weg in den Westen gewählt. Mit dem Versiegen des Flüchtlingszustroms wuchs erstmalig die Anzahl der offenen Stellen über die der Arbeitslosen. Doch bereits 1956 konnten rd. 220 000 vor allem schwervermittelbare Stellen nicht mehr besetzt werden, so daß die deutsche Wirtschaft auf eine stärkere Anwerbung von Ausländern aus den Ländern des Mittelmeergebiets drängte. Ein erster Anwerbevertrag wurde 1955 mit Italien geschlossen. Es folgten 1960 Vereinbarungen mit Griechenland und Spanien, 1961 mit der Türkei, 1963 mit Marokko, 1964 mit Portugal, 1965 mit Tunesien und 1968 mit Jugoslawien. 1955/56 betrug die Zahl der ausländischen Arbeitnehmer rd. 100 000, 1959 rd. 165 000, 1961 bereits 500 000.
In den Hauptstädten der Anwerbeländer wurden von der Bundesanstalt für Arbeit sog. Anwerbebüros eingerichtet, die auswanderungswillige Arbeitskräfte auf ihre »Tauglichkeit« untersuchten. Für die Bundesregierung wie auch für die Gewerkschaften bedeutete die Anwerbung zunächst ein Provisorium. Man ging von einer vorübergehenden Erscheinung der Ausländerbeschäftigung aus. Die Gewerkschaften konzentrierten sich vorwiegend auf die Lohngleichheit deutscher und ausländischer Arbeitnehmer, um zu verhindern, daß ausländische Arbeitnehmer als »Lohndrücker« die erkämpften Positionen der deutschen Arbeitnehmerschaft gefährden könnten. Die Probleme der 60er und 70er Jahre, wie Ausländerintegration, Ghettobildung, Chancengleichheit der 2. und 3. Generation, Beschäftigungsprobleme u. a. wurden in den 50er Jahren noch nicht bewußt. Es herrschte das Klischeebild des alleinstehenden, scheinbar bedürfnislos in Barackenlagern lebenden Ausländers. Mit Argwohn wurde allenfalls beobachtet, daß Ausländer, in Ermangelung geeigneter Kommunikationsmöglichkeiten, die Hauptbahnhöfe der Großstädte zu ihren Kommunikationszentren machten. 1964 wurde der millionste »Gastarbeiter« noch mit einem »großen Bahnhof« bei seiner Ankunft in Köln-Deutz gefeiert. In den 70er Jahren kamen dann mit der Wirtschaftskrise die gesellschaftlichen Spannungen deutlich zum Ausbruch.

Wirtschaft

Auch die Industrie (hier das VW-Werk in Wolfsburg) kam wieder auf Touren.

*Wirtschaftswunder I
S. 49 – 5
Wirtschaftswunder II
S. 49 – 6*

brauchsgütern und technischen Hilfsmitteln, das entwickelte sich in den anderen westlichen Ländern erst in den 50er Jahren und später.

Das Wirtschaftswunder

Daß der wirtschaftliche Aufschwung nach dem Krieg dann zum »Wirtschaftswunder« in einigen europäischen Ländern führte, ist wiederum nicht erstaunlich. Denn zusammen mit der Massenproduktion, die auch für langlebige Gebrauchsgüter erschwingliche Preise ermöglichte, gab es eine Steigerung der Massenkaufkraft. So wurden Güter, die noch in den 30er und 40er Jahren, bis auf die USA, in allen anderen Ländern zu den Luxusgegenständen gerechnet wurden, mehr und mehr für jedermann zugänglich.

Während noch in den 40er Jahren z. B. Kühlschränke, Waschmaschinen und Autos nur in wenigen Prozent aller Haushalte vertreten waren, wuchs der Anteil der Haushalte mit solchen Gütern auf fünfzig und mehr Prozent in den frühen 60er Jahren. Daneben waren nicht nur ausreichende, sondern auch hochwertige Kleidung und Ernährung ebenfalls zu einer erschwinglichen Selbstverständlichkeit geworden, im Gegensatz zu den Jahrzehnten davor, in denen auch in den Industrienationen oft Hunger und Armut den Lebensstandard eines Teils der Bevölkerung charakterisierte. So bekam die wirtschaftliche Blüte der Industrienationen zu Recht den Titel »Wunder«, da die Erwachsenen jener Zeit noch nie eine solche Periode des zunehmenden Überflusses erlebt hatten. Heute, nach über drei Jahrzehnten des Wohlstandes in den Industrienationen, kann nicht einmal der Bericht von Hungerkatastrophen in der Dritten Welt und das Wissen von Hunderten von Millionen unterernährten Menschen wieder jenes Bewußtsein schaffen, mit dem die Menschen nach dem Krieg die Wirtschaft der 50er Jahre wahrnahmen.

Die Dritte Welt befand sich damals im Zustand der Entkolonisierung und wirtschaftlichen Schwäche, was jedoch wegen der noch geringen Bevölkerung und der einigermaßen intakten bodenständigen Wirtschaftsformen lange nicht den labilen Zustand späterer Jahrzehnte hervorrief. Die USA waren nach dem 2. Weltkrieg als einziges unzerstörtes Industrieland dem Rest der Welt entwicklungsmäßig ein Jahrzehnt voraus. Es gab dort deshalb nur noch mäßige Wachstumsraten, während die europäischen Länder und Japan mit Riesenschritten aufholen wollten. In den USA gab es bereits 1957 in dreiviertel aller Haushalte Autos, in 81 Prozent Fernsehapparate, in 96 Prozent Kühlschränke und in 77 Prozent Waschmaschinen.

Der technologische Aufschwung zeigte sich auch z. B. im Luftverkehr, bei dem sich die Zahl der Flugkilometer in diesem Jahrzehnt verdoppelte.

Ludwig Erhard – der »Vater des Wirtschaftswunders«

Ludwig Erhard, dessen Wirtschaftspolitik den Bundesdeutschen nach dem Kriege schnell wieder Wohlstand brachte, wurde am 4. 2. 1897 in Fürth, Bayern, geboren. Nach dem 1. Weltkrieg, an dem er als Artillerist teilnahm, studierte er in Nürnberg und Frankfurt Betriebswirtschaft, Nationalökonomie und Soziologie. Von 1928 bis 1942 war er Assistent, später Leiter des Instituts für Wirtschaftsbeobachtung an der Handelshochschule Nürnberg. Seine Distanz zu den Machthabern des 3. Reiches verhinderte eine Universitätslaufbahn. Nach dem 2. Weltkrieg wurde Erhard zunächst bayerischer Wirtschaftsminister, 1948 Direktor der Verwaltung für Wirtschaft des Vereinigten Wirtschaftsgebietes in Frankfurt a. M. Mit der Währungsreform (1948) begann Erhards eigentliche Karriere. Gegen den Willen der westlichen Besatzungsmächte erklärte er das Ende der Zwangswirtschaft. Seit 1949 bekleidete er in jedem Kabinett Bundeskanzler Adenauers (bis 1963) das Amt des Wirtschaftsministers. Seit 1957 war Erhard auch Vizekanzler.
Seine Politik der *sozialen Marktwirtschaft*, die einen erstaunlichen wirtschaftlichen Aufschwung zur Folge hatte, brachte ihm schließlich den Ruf ein, »Vater des deutschen Wirtschaftswunders« zu sein.
Obwohl Ludwig Erhard als Wirtschaftsfachmann unumstritten war, zweifelte Adenauer an der Qualifikation seines Stellvertreters für das Amt des Bundeskanzlers. Als Erhard dann – gegen Adenauers Willen – am 16. 10. 1963 zum Bundeskanzler gewählt wurde, verließ ihn die politische Fortüne. Er setzte die Politik der Westintegration fort, begann aber auch die vorsichtige Öffnung zum Osten und nahm diplomatische Beziehungen zu Israel auf. Wegen der ersten Wirtschaftskrise der Bundesrepublik Deutschland wurde der Druck auf Erhard so groß, daß er 1966 zurücktreten und der »Großen Koalition« unter Kurt Georg Kiesinger Platz machen mußte. Er starb am 5. 5. 1977 in Bonn.

Ludwig Erhard

Seit 1952 wurde mit Linienjets ein sicherer und schneller Personen- und Güterverkehr begonnen und Fliegen allmählich für größere Bevölkerungsschichten möglich. Auch hier spielten die USA eine Vorreiterrolle.

Wachstum, Vollbeschäftigung, Währungsstabilität

Die genannten wirtschaftlichen Komponenten, günstige Energie- und Rohstoffpreise, billige Nahrungsmittel, Massenproduktion und technologischer Fortschritt ergaben für die Entwicklung der 50er Jahre Idealdaten der Weltwirtschaft.

Die Zahlen für das Wachstum der Volkswirtschaften waren beeindruckend; sie lagen zwischen 5 und 10 Prozent pro Jahr in den besser entwickelten Industrieländern. Aber selbst in den Entwicklungsländern betrug die Wachstumsrate meist über 5 Prozent. Parallel zu den hohen Wachstumsraten gab es in den 50er Jahren in den Industrieländern nur eine geringe Arbeitslosigkeit und eine sehr hohe Geldwertstabilität. Auch der Fortschritt der Produktivität der Wirtschaft lag zwischen 3 und 10 Prozent und stützte die wachsenden Einkommen und Gewinne.

Die Lebensumstände in den 50er Jahren waren dennoch, gemessen am Standard der 80er Jahre, in den Industrieländern eher bescheiden, die Einkommen lagen immer noch relativ niedrig, die soziale Sicherung und der Aufwand für das Gesundheitswesen waren noch erheblich weniger weit entwickelt, und die Ausbildung breiter Bevölkerungsschichten lag wesentlich unter dem Niveau der Jahrzehnte danach. Für die expansiven Volkswirtschaften der 50er Jahre bedeutete das dennoch kein Problem, da die Jahrzehnte davor noch erheblich ungünstiger verlaufen waren, da nun jedermann Chancen im Erwerbsleben hatte, da offene und wachsende Märkte und die allgemein verbreitete Zuversicht für viele Menschen Gegenwart und Zukunft erträglich erscheinen ließen.

Auch die Arbeiter und Angestellten waren durch die ständig wachsenden Einkommen, durch ihre Unentbehrlichkeit als Produktivkräfte und damit durch die wachsende politische Macht der abhängig Beschäftigten, wie sie sich in der Bedeutung der Gewerkschaften ausdrückte, zufrieden.

Dennoch bleibt in der Rückschau ein Wermutstropfen, da aus der Sicht der 80er Jahre eine Reihe von strukturellen Fehlentwicklungen angelegt wurde, die damals allerdings niemand erkennen konnte. Der Fortschrittsglaube gegenüber Naturwissenschaft, Technik und Industrie war ungebrochen, Grenzen waren nicht erkennbar. Computermodelle für wirtschaftliche Entwicklungen gab es noch nicht, kybernetische Denkmodelle waren noch weitgehend unbekannt.

Gerade die Blindheit der 50er Jahre, die man »goldenen« nennen könnte, ist ein Beleg für die Tatsache, daß ein mangelndes Risikobewußtsein vor allem in der Wirtschaftsentwicklung schwerwiegende Folgen haben kann, auch wenn diese zehn oder zwanzig Jahre auf sich warten lassen. So gesehen ist dieses Jahrzehnt eine wirtschaftliche Idealzeit, die sich nie mehr wiederholen kann. Denn sie beruhte auf einer relativen politischen Stabilität, einer noch begrenzten Weltbevölkerung, billigen Ressourcen bei Arbeitskräften, Rohstoffen und Energie, ausreichend sauberer Umwelt und einer liberalen Wachstumsmentalität einer großen Zahl wichtiger Wirtschaftsnationen.

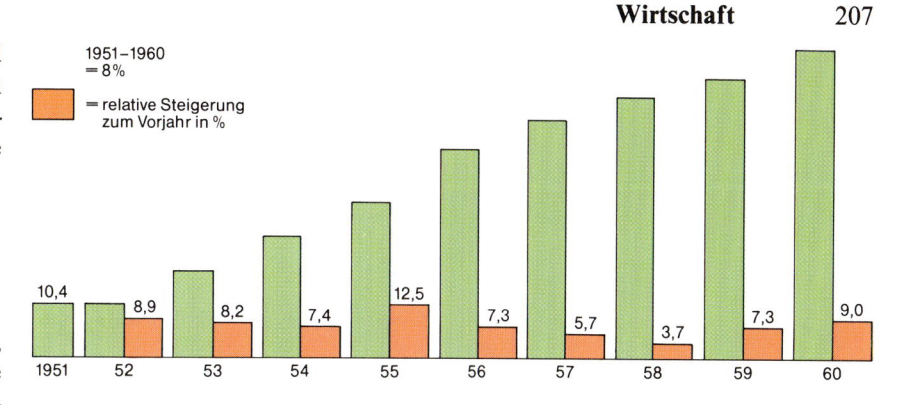

JOCHEN KÖLSCH / BARBARA VEIT

Der Anstieg des Bruttosozialprodukts 1951–1960 in der Bundesrepublik Deutschland.

1951–1960 = 8%
= relative Steigerung zum Vorjahr in %

1951	52	53	54	55	56	57	58	59	60
10,4	8,9	8,2	7,4	12,5	7,3	5,7	3,7	7,3	9,0

Mitbestimmung und Betriebsverfassung

Nach dem 2. Weltkrieg erreichte die Mitbestimmungsdiskussion in Deutschland einen neuen Höhepunkt, wobei jetzt die Demokratisierung der Unternehmensleitungen in den Mittelpunkt rückte. Da die Mehrheit der Bevölkerung aufgrund der konkreten Erfahrungen mit der Hitler-Diktatur von der Notwendigkeit einer grundlegenden demokratischen Neugestaltung der Wirtschafts- und Gesellschaftsordnung überzeugt war, boten die Kapitalvertreter – dem aktuellen politischen Kräfteverhältnis entsprechend – 1947 die paritätische Mitbestimmung an, um so die im Potsdamer Abkommen vorgeschriebenen Entflechtungsmaßnahmen abzuwenden.

Am 21. 5. 1951 wurde nach Streikandrohung das Gesetz über die Mitbestimmung in der Montanindustrie verabschiedet. Das heute noch geltende *Montanmodell* bezieht sich auf die Mitbestimmung der Arbeitnehmer in den Unternehmen des Bergbaus sowie der Eisen und Stahl erzeugenden Industrie, die in Form einer Aktiengesellschaft, einer GmbH oder einer bergrechtlichen Gewerkschaft betrieben werden und in der Regel über 1000 Arbeitnehmer beschäftigen. Danach muß der Aufsichtsrat dieser Unternehmen aus 11, 15 oder 21 Mitgliedern bestehen (je nach Kapitalhöhe), von denen 5,7 bzw. 10 Vertreter der Anteilseigner und ebenso viele Vertreter der Arbeitnehmer sind, während das 11., 15. bzw. 21. Mitglied durch die übrigen Aufsichtsratsmitglieder hinzugewählt wird. Die Arbeitnehmervertreter werden zum Teil vom Betriebsrat, zum Teil von der Gewerkschaft vorgeschlagen. In den Vorstand ist als gleichberechtigtes Mitglied ein Arbeitsdirektor zu berufen, dessen Bestellung nicht gegen die Stimmen der Mehrheit der Arbeitnehmervertreter im Aufsichtsrat erfolgen kann. Bei der Verabschiedung des *Betriebsverfassungsgesetzes* am 11. 10. 1952, das die institutionellen Einwirkungsmöglichkeiten am Arbeitsplatz (innerbetriebliche Mitbestimmung) regelte, konnten die Gewerkschaften ihre Forderungen nur teilweise durchsetzen, da hier

- die Trennung von betrieblicher und überbetrieblicher Interessenvertretung festgeschrieben wurde,
- den Gewerkschaften kein eindeutiges Zutrittsrecht zum Betrieb zugesichert wurde,
- dem Betriebsrat durch Friedens- und Schweigepflicht sowie dem Zwang zur vertrauensvollen Zusammenarbeit zum Wohle des Betriebs die Möglichkeit einer völlig autonomen Interessenvertretung verweigert wurde,
- den Arbeitnehmern außerhalb des Geltungsbereichs der Montanmitbestimmung nur eine Drittel-Repräsentanz in den Aufsichtsräten von Kapitalgesellschaften mit mehr als 500 Beschäftigten eingeräumt wurde.

Damit konnten die Kapitalvertreter außerhalb des Montanbereichs eine gleichberechtigte Beteiligung der Arbeitnehmer an den Aufsichtsratsmandaten bis zur Verabschiedung des Mitbestimmungsgesetzes 1976 verhindern. Die Gewerkschaften gaben als Konsequenz aus dieser »Schlappe« die Losung eines stärker politischen Engagements heraus und wollten 1953 »ohne in den Parteikampf einzugreifen, den Arbeitern, Angestellten und Beamten raten, die Haltung der bisherigen Vertreter des Volkes zu den berechtigten und verantwortungsbewußten Forderungen der Gewerkschaften zum Prüfstein ihrer Entscheidungen über die nächsten vier Jahre zu machen« (DGB-Pressedienste, Bd. 4, 1953).

Die Liberalisierung des Handelsverkehrs

Zweiseitige Handels- und Zahlungsabkommen ermöglichten nach dem Zweiten Weltkrieg die Wiederbelebung des Wirtschaftsverkehrs in Europa.

Die Gründung einer internationalen Handelsorganisation als Sondereinrichtung der UNO war jedoch gescheitert. Das Streben nach Liberalisierung des Welthandelsverkehrs war auf die 1947 erfolgte Gründung des Allgemeinen Zoll- und Handelsabkommens (GATT) beschränkt geblieben. Es wurde zunächst von 23 Ländern, die damals 80% des Welthandels bestritten, unterzeichnet. Nach 1950 – in diesem Jahr trat die Bundesrepublik Deutschland bei – gewann das Abkommen ständig an Bedeutung. Die Kernpunkte des GATT sind Richtlinien für die Zusammenarbeit auf dem Gebiet der Handelspolitik und die Herabsetzung der Einfuhrzölle durch periodische Tarifkonferenzen. Von großer Bedeutung ist ferner die Bestimmung, daß, bis auf wenige Ausnahmen, handelspolitische Zugeständnisse, die zwei Vertragspartner einander gewähren, auch für alle anderen Mitglieder gelten müssen *(Grundsatz der unbedingten Meistbegünstigung)*.

Organisation für Europäische Wirtschaftliche Zusammenarbeit (OEEC)

Der wichtigste Fortschritt auf dem Weg zur Liberalisierung des Handels- und Zahlungsverkehrs wurde zunächst im Rahmen der OEEC erreicht. Die Organisation wurde 1948 von 16 westeuropäischen Staaten gegründet, die USA und Kanada waren assoziierte Mitglieder. Spanien trat 1959 bei.

Eine der Hauptaufgaben der Organisation bestand darin, Pläne für die Verteilung der Marshallplanhilfe zu erarbeiten. 1952 wurde der Beschluß gefaßt, für jedes Mitgliedsland unverbindliche Empfehlungen für die Wirtschaftspolitik zu entwickeln.

Die OEEC hat seit 1950 vor allem die Schranken im europäischen Handels- und Zahlungsverkehr abgebaut. Dabei ging es ihr hauptsächlich um die Abschaffung der Importkontingente. Darunter versteht man quantitative Einfuhrbeschränkungen, bei denen ein Land eine absolute Grenze für die Einfuhr eines bestimmten Artikels innerhalb eines bestimmten Zeitraumes, meist eines Jahres, festsetzte. 1950 wurde der *Code of Liberalisation of Trade* angenommen, in dem u. a. Diskriminierung und Dumping verboten wurden. Nach dem Abbau nahezu aller Einfuhrzölle waren bis zum Ende des Jahrzehnts rd. 95% des innereuropäischen Handels liberalisiert. Obwohl die meisten Länder ihren Verpflichtungen nachkamen, beriefen sich einige zeitweilig auf Ausnahmeklauseln wegen ernsthafter Schwierigkeiten in ihrer Zahlungsbilanz. Beispiele dafür sind die Bundesrepublik Deutschland (1951/52) und Frankreich (1952/53 und 1957–1959).

Die Liberalisierung des Handels mit dem Dollarraum, für den keine Prozentsätze festgelegt waren, verlief langsamer. Der Grund dafür war die relative Dollarknappheit während der 50er Jahre. Betrug der Anteil am 30. 9. 1954 nur 44% und Ende 1957 64%, so waren dann aber doch um 1960 bereits 90% des Handels mit dem Dollarraum liberalisiert.

Die Europäische Zahlungsunion (EZU)

Die europäischen Staaten versuchten, dem innereuropäischen Handels- und Zahlunsverkehr seine natürliche Multilateralität wiederzugeben. Überschüsse in einer Währung hätten dann be-

---

Das Comecon

Die Gründung des Comecon (Abkürzung für das englische *Council for Mutual Economic Assistance*) bzw. des CMEA (*Council for Mutual Economic Aid*) erfolgte am 25. 1. 1949 in Moskau auf einer Konferenz von Vertretern der Sowjetunion, Bulgariens, Polens, Ungarns, Rumäniens und der Tschechoslowakei. Bis zu diesem Zeitpunkt hatte sich in den betreffenden Staaten das sozialistische Planwirtschaftssystem etabliert.

Kennzeichen dieses Systems sind staatliches Eigentum an den Produktionsmitteln, zentrale Planung der Wirtschaftsabläufe, Zentralisation von Preissetzungen und Investitionsentscheidungen, Monopolisierung des Außenhandels, Benachteiligung der Konsumgüterindustrie sowie das völlige Fehlen eines freien Wettbewerbs.

Das Comecon oder der *Rat für gegenseitige Wirtschaftshilfe (RGW)*, wie die Eigenbezeichnung lautet, war als Gegenorganisation zu der 1948 im Westen gegründeten *OEEC (Organisation für europäische wirtschaftliche Zusammenarbeit)* gedacht. Dabei war es vorrangiges Ziel der sowjetischen Politik, die Ostblockstaaten von der westlichen Welt zu isolieren und ihren Handel in die Sowjetunion zu lenken. Die Gründung des Comecon sollte zugleich ein Gegengewicht gegen die US-amerikanische Marshallplan-Hilfe darstellen, deren Entgegennahme die UdSSR ihren Satelliten untersagte, weil sie fürchtete, dadurch ihren politischen Einfluß zu verlieren. Erst nach Stalins Tod, als die kommunistischen Länder nach größerer wirtschaftlicher Selbständigkeit strebten, entwickelte sich das Comecon zu einem Instrument der sowjetischen Großraumplanung. Auf der Tagung des Rates im Mai 1956 in Ostberlin wurden die nationalen Planziele der Ostblockstaaten koordiniert. 1958 wurden zweiseitige Abkommen zwischen der Sowjetunion und den Ostblockstaaten über die Koordinierung der Perspektivpläne und des gegenseitigen Warenaustauschs getroffen, und am 13. 4. 1960 wurde die Koordinierung der Wirtschaftsplanungen aller Partner vereinbart, durch die die sog. sozialistische Arbeitsteilung ihre besondere Ausprägung erhielt.

Zu den sechs Gründungsmitgliedern stieß noch 1949 Albanien, das aber 1962 wegen seiner antisowjetischen Haltung im Streit zwischen Peking und Moskau ausgeschlossen wurde. 1950 wurde auch die DDR Mitglied. Es folgten 1962 die Mongolische Volksrepublik, 1972 Kuba, 1978 Vietnam.

Formell oberstes Organ ist die *Tagung des Rates*, sie hat jedoch zugunsten der Gipfelkonferenz der Partei- und Regierungschefs und des Exekutivkomitees an Bedeutung verloren. Die Verwaltungsarbeit liegt bei einem Generalsekretariat in Moskau. Die wichtigste Arbeit wird von den 1956 gebildeten *Ständigen Kommissionen* geleistet, die ihren Sitz in den Hauptstädten der einzelnen Ostblockstaaten haben. Ihre Aufgabe ist es, die verschiedenen Gebiete der Volkswirtschaft in den Mitgliedstaaten zu koordinieren und Maßnahmen zu treffen, die die Beschlüsse der Tagung des Rates vorbereiten. Im Gegensatz zur OEEC hat das Comecon nicht zu einem gemeinsamen Markt seiner Mitgliedsländer geführt, viel weniger noch zu einer Erweiterung des internationalen Handels.

nutzt werden können, um Schulden in anderen Devisen zu tilgen. Zu diesem Zweck wurde 1950 die Europäische Zahlungsunion, eine Art Abrechnungsstelle, gegründet. Als gemeinsame EZU-Währungseinheit wurde 1 $ benutzt. Die Spitzen sollten durch Gold- oder Dollarzahlungen ausgeglichen werden.

Die amerikanische Regierung war bereit, der EZU einen Teil der Marshallplangelder (350 Mill. $) als Anfangskapital zur Verfügung zu stellen. Länder, von denen zu erwarten war, daß sie ein mehr oder minder langfristiges »Gesamt«-Defizit im europäischen Verkehr haben würden, erhielten besondere Vergünstigungen zur Deckung ihres Defizits. Außerdem zeigten die USA sich bereit, Mitgliedern in einer besonders ungünstigen wirtschaftlichen Lage (Griechenland, Österreich, Türkei und Island) Mittel vorzuschießen, damit sie ihren monatlichen Verpflichtungen gegenüber der EZU nachkommen konnten.

Die EZU wurde als befristete Einrichtung betrachtet, die den Übergang zur allgemeinen Konvertibilität der Währungen erleichtern sollte. Während des Bestehens der EZU wurden die Regelungen mehrfach den veränderten Umständen angepaßt. Ende 1958 wurde schließlich die externe Konvertibilität von allen EZU-Ländern mehr oder weniger akzeptiert. Das bedeutete, daß Salden in den betreffenden Währungen, die dem laufenden Zahlungsverkehr entstammten und in Händen ausländischer Bürger waren, fortan in alle fremden Währungen umgetauscht werden konnten. Die Abschaffung aller Devisenbeschränkungen war dies aber noch nicht. Diese blieben für den Kapitalverkehr und für inländische Bürger weiterhin in Kraft.

Das Europäische Währungsabkommen (EWA)

Die EZU wurde aufgelöst und Ende 1958 durch das Europäische Währungsabkommen ersetzt. Es war schon 1955 unterzeichnet worden, trat jedoch später in Kraft, da einige Länder erneut ein Zahlungsbilanz-Defizit aufwiesen. Die EWA gewährte keine automatischen Kreditvergünstigungen mehr wie die EZU, übernahm jedoch deren Verrechnungssystem. Auch aus anderen Gründen wurde das Jahr 1958 zu einem Wendepunkt in der Geschichte der internationalen monetären Beziehungen der Nachkriegszeit: Erstmals seit dem Zweiten Weltkrieg schlossen die USA das Jahr nicht zuletzt wegen ihres ausländischen Engagements mit einem großen Zahlungsbilanz-Defizit ab. Die Folge war ein gewaltiger Dollar- und Goldstrom in die übrige Welt, der das Ende der Dollarknappheit bedeutete und zur Wiederbelebung und Stimulierung der internationalen Geld- und Kapitalmärkte führte.

1956 kam das Pfund Sterling infolge des Suezkonfliktes in große Schwierigkeiten, die sogar das europäische System der Währungsstabilität ernsthaft gefährdeten. Dank der großzügigen Hilfe, die von dem Internationalen Währungsfonds zur Verfügung gestellt wurde, konnten diese Gefahren abgewendet werden.

DRS. J. G. MORREAU

5. Wissenschaft und Technik

Die ersten Schritte ins All

Raketenentwicklung in der Anfangsphase

Zu Beginn der 50er Jahre entwickelten USA und UdSSR die zu Ende des 2. Weltkrieges erbeuteten und von Wernher von Braun entworfenen deutschen V2-Raketen weiter, um Raketen mit größerer Reichweite zu bauen. In den USA war es die Redstone, in der UdSSR die T-1. Von der amerikanischen Basis Cape Canaveral wurden von 1947 bis einschließlich 1951 nicht weniger als sechzig V-2 abgeschossen, von denen einige mit einer zweiten Stufe ausgerüstet waren. Die Raketen dienten zur Erforschung der höheren atmosphärischen Schichten, aus denen sie Meßdaten zur Erde funkten, ehe sie zerschellten. Die UdSSR unternahm ähnliche Versuche vom Stützpunkt Kapustin-Jar in der Nähe des damaligen Stalingrad aus.

Wernher von Braun in den USA und Sergej Koroljow in der UdSSR wollten beide zunächst einen Satelliten und später einen Menschen in den Weltraum bringen. Wenn das verwirklicht werden sollte, mußte eine stärkere Trägerrakete entwickelt und das Problem der Rückkehr auf die Erde gelöst werden. Immerhin muß ein Satellit, der in eine Erdumlaufbahn gebracht wird und dort bleiben soll, eine Geschwindigkeit von etwa 28 000 Kilometern pro Stunde erreichen. Bei der Rückkehr wollte man die Erdatmosphäre dazu benutzen, um den Satelliten durch Reibung abzubremsen. Die hohe Reibung sollte von einem Hitzeschild aufgefangen werden.

1951 entschlossen sich einige Länder für 1957/58 zur Durchführung des Internationalen Geophysikalischen Jahres (auch →S. 162). Sowohl die UdSSR als auch die USA kündigten an, daß sie in diesem Rahmen einen oder mehrere künstliche Satelliten starten wollten. 1954 wurde dies in den USA offiziell beschlossen. Den Auftrag erhielt die amerikanische Marine und nicht die Luftwaffe oder das Heer, die ihre eigenen Raumfahrtprogramme entwickelten.

Raumfahrt S. 288 – 48

Sputnik und seine Folgen

Die Weltraumfahrt oder Weltraumforschung ist aus ersten Versuchen mit Höhenraketen zur Erforschung der oberen Atmosphärenschichten (Aufstieg auf wenige hundert Kilometer Höhe), im wesentlichen nach dem 2. Weltkrieg, hervorgegangen. Ihr erstes großes Ziel war die Etablierung künstlicher Erdsatelliten in kreisförmigen bzw. elliptischen Bahnen um die Erde. Dabei kam es zu einem technischen und zeitlichen Wettlauf der USA und der Sowjetunion. Zum Entsetzen der Amerikaner gelang den Sowjets am 4. 10. 1957 der Start von *Sputnik 1*, einer mit wissenschaftlichen Instrumenten bestückten Kapsel von rund 84 kg Gewicht, die für eine Erdumkreisung 95 Minuten brauchte. Dieser Überraschungserfolg löste in den USA hektische Reaktionen aus:

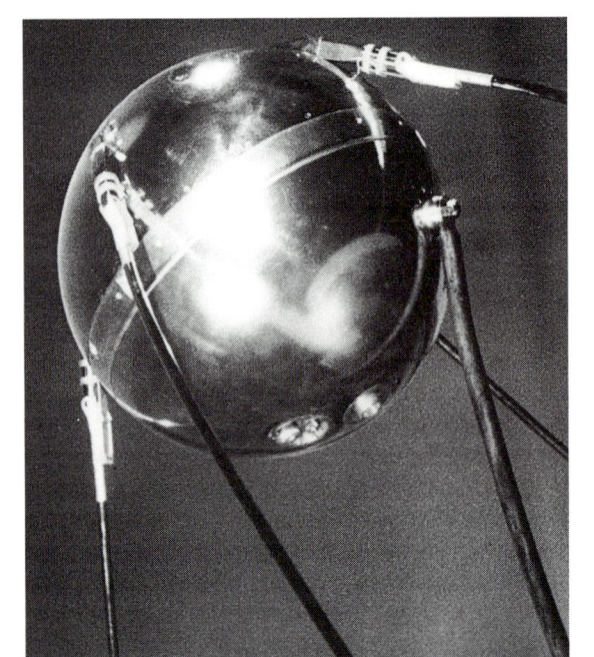

9. Oktober: US-Präsident Eisenhower beglückwünscht die Sowjetunion zum Start des Sputnik; er erklärt aber gleichzeitig, daß das US-amerikanische Satellitenprogramm niemals mit dem sowjetischen konkurrieren wolle.

Der Start von »Sputnik 1« wirkte auf die USA wie ein Schock.

7. November: US-Präsident Eisenhower gibt zu, daß die UdSSR auf dem Gebiet der Raumfahrt einen Vorsprung habe. Er ernennt deshalb einen Sonderbeauftragten für Wissenschaft und Technik.
25. November: Ein Unterausschuß des Senats, der sich mit der Einsatzbereitschaft des US-amerikanischen Militärs beschäftigt, beginnt mit einer Untersuchung über die offensichtliche Unterlegenheit der USA auf dem Gebiet der militärischen Forschung und Technologie.
6. Dezember: Hyman Rickover, der Leiter des Kernwaffenentwicklungsprogramms der Marine, fordert die völlige Erneuerung des US-amerikanischen Unterrichtssystems aus Sorge darüber, daß die Amerikaner auf dem Ausbildungssektor den Sowjets zukünftig unterliegen könnten.
27. Januar 1958: US-Präsident Eisenhower fordert in einer Botschaft an den Kongreß einen Vierjahresplan zur Verbesserung des Unterrichts, insbesondere auf den Gebieten Wissenschaft und Technik.
26. Februar: Außenminister John Foster Dulles erklärt, daß die Sowjets wahrscheinlich den ersten Menschen auf den Mond schicken werden. Nach seiner Ansicht wäre eine solche spektakuläre Aktion typisch für totalitäre Regime.
13. April: Die US-Regierung erklärt, daß die Sowjets auf dem Gebiet der Raketentechnik zwar einen Vorsprung haben, dieser Vorsprung aber nur sehr gering sei.

Diese Reaktionen zeigen, wie sehr die politische Elite der USA durch den Start des Sputniks verunsichert war, wurde doch dadurch die tief im Bewußtsein eines jeden Amerikaners verankerte Vorstellung, daß die USA auf allen Gebieten die erfolgreichste Nation der Erde sein müssen, schwer erschüttert. Erst die erfolgreiche Mondlandung 1969 konnte das angeschlagene Selbstbewußtsein der Raumfahrtnation USA völlig wiederherstellen.

Der erste Sputnik

Inzwischen hatte die UdSSR eine große Rakete entwickelt, die, mit einem Atomsprengkopf ausgestattet, interkontinentale Entfernungen überwinden konnte. Alles in allem lieferte die erste Stufe der dreistufigen Rakete über 500 t Schubkraft, neben der sich die Vanguard-Rakete der US-Marine mit 13 t Schubkraft bescheiden ausnahm. Infolgedessen konnten die USA nur einen Satelliten etwa von der Größe einer Grapefruit starten, während die sowjetische Rakete eine Masse von mehreren Tonnen in eine Erdumlaufbahn tragen konnte.

Der Start von Sputnik 1 – dem ersten künstlichen Satelliten – am 4. 10. 1957 kam für die Amerikaner völlig überraschend. Niemand hatte erwartet, daß die Sowjetunion eine solche technische Pionierleistung vollbringen könnte. Nicht minder bemerkenswert war das Gewicht der Kugel mit 58 cm Durchmesser: 83,6 kg. Die Amerikaner glaubten zuerst, die Nachrichtenagentur TASS habe das Gewicht falsch angegeben, es müsse 8,36 kg lauten!

Explorer

Unterdessen erlebte die Vanguard-Rakete einen Fehlschlag nach dem anderen. Schließlich erhielten von Braun und das Heer einen Eilauftrag. Von Braun baute rasch seine Redstone zu einer sog. Jupiter C um, fügte eine Anzahl gebündelter Raketen mit festem Brennstoff hinzu und brachte am 31. 1. 1958 den Satelliten Explorer 1 in eine Erdumlaufbahn. Erst am 17. 3. 1958 gelang es der schwachen Vanguard-Rakete, einen kleinen Satelliten mit dem Gewicht von 1,47 kg in eine Erdumlaufbahn zu bringen. Von Brauns Explorer hatte schon 14 kg gewogen und beachtliche wissenschaftliche Ergebnisse erbracht: Sie führten zur Entdeckung der Strahlungsgürtel um die Erde, die nach dem Initiator des Experimentes »Van-Allen-Gürtel« genannt werden.

Die Anzahl der zwischen 1957 und 1959 gestarteten Raumfahrzeuge

	UdSSR	USA
Erdbahn	3	15
Mondflug	2	3
Interplanetar	–	–
Sonnenumlaufbahn	1	–
Insgesamt	6	18

Laika

Die amerikanischen Leistungen standen jedoch im Schatten der sowjetischen Erfolge. Einen Monat nach dem ersten Sputnik startete die Sowjetunion einen Satelliten mit einer halben Tonne Gewicht, der mit der Polarhündin Laika als erster ein Lebewesen an Bord hatte. Der Sputnik 2 war noch nicht für eine Rückkehr zur Erde vorgesehen. Nach zehn Tagen starb der Hund an Sauerstoffmangel. Aber vorher hatte man durch Funksignale Daten über die Reaktionen eines Lebewesens unter den besonderen Bedingungen im Weltraum erhalten, insbesondere unter denen der Schwerelosigkeit.

Die Gründung der NASA

1958 erkannten die USA, daß sie Maßnahmen ergreifen mußten, um der Zersplitterung Einhalt zu gebieten, die durch die eigenständigen Raum-

Eine Jupiterrakete auf dem Weltraumbahnhof Cape Canaveral am 17. 3. 1958. Mit einer solchen Rakete wurde am 31. 1. des gleichen Jahres mit Explorer 1 der erste amerikanische Satellit gestartet. Die Rakete wurde von Werner von Braun als Projekt Juno weiterentwickelt.

Sputnik 2 brachte mit der Hündin Laika am 3. 11. 1957 zum ersten Mal ein Lebewesen ins All. Sie blieb zehn Tage am Leben. Sputnik 2 wog 507 kg, sein größter Durchmesser war rd. 1,2 m, seine Länge betrug 5,90 m. Der Satellit blieb bis zum 14. 4. 1958 im All.

Wissenschaft und Technik

Modell des sowjetischen Satelliten Sputnik 3, der am 15. 5. 1958 gestartet wurde. Sein größter Durchmesser betrug rd. 1,7 m; er war 3,57 m lang.

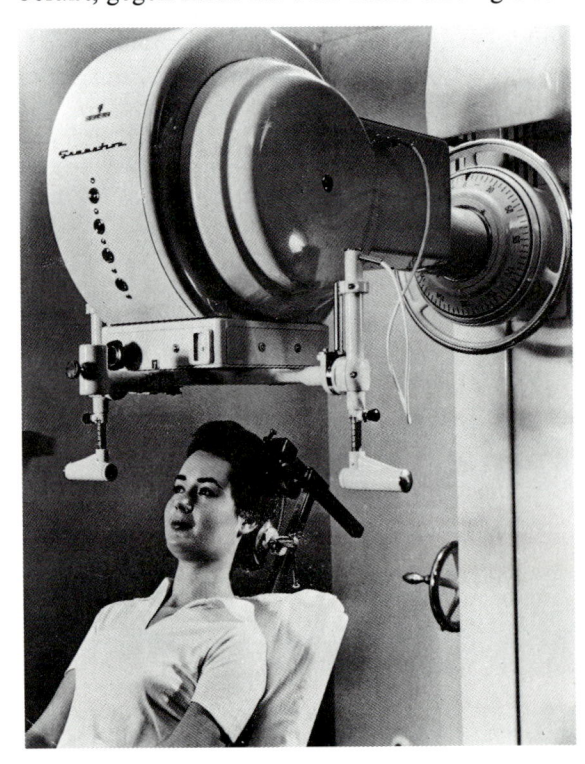

▷ *Kobaltbestrahlungsröhre zur Krebsbekämpfung. Dieser Apparat wurde 1957 in der Bundesrepublik Deutschland vorgestellt.*

fahrtprojekte von Heer, Luftwaffe und Marine entstanden war. Am 29. 7. 1958 unterzeichnete Präsident Eisenhower ein Gesetz zur Gründung der National Aeronautics and Space Administration (NASA). Von diesem Augenblick an wurden alle wichtigen Raumfahrtprojekte durch die NASA koordiniert. Von Braun wurde die Leitung des wichtigsten Raketenentwicklungszentrums der NASA in Huntsville (Alabama) übertragen.

Luna landet als erste Sonde auf dem Mond

Mittlerweile beeindruckte die UdSSR vor allem durch propagandistisch verwertbare Überraschungseffekte weiterhin die Öffentlichkeit. Im Januar 1959 überwand zum ersten Mal ein Flugkörper das Schwerefeld der Erde, die Sonde Luna 1. Die kleine Kugel, etwa ebenso groß wie der erste Sputnik, verfehlte den Mond und geriet als erster künstlicher Planet in eine Bahn um die Sonne. Schon im September desselben Jahres schlug Luna 2 hart auf den Mond auf. Zum ersten Mal war damit die Strecke Erde-Mond überbrückt worden. Einen Monat später flog Luna 3 um den Mond herum und sandte Photographien der noch nie gesehenen Rückseite des Himmelskörpers zur Erde. Am 15. 5. 1958 war ein fliegendes Labor ins All geschossen worden: Sputnik 3 mit dem zu jener Zeit unglaublichen Gewicht von 1327 kg. Der Satellit hatte kein Lebewesen an Bord, sondern war mit einer großen Anzahl von Meßinstrumenten versehen. Unter anderem untersuchte Sputnik 3 das Magnetfeld der Erde, Mikrometeoriten (überschnelle, kleine kosmische Steinbrocken), die kosmische Strahlung und geladene atomare Teilchen. Sputnik 3 hatte die Form eines Kegels und war 3,57 m lang. Erstmals wurden keine schweren Batterien zur Stromversorgung der Instrumente verwendet, sondern leichte Solarbatterien. Sie hatten eine Lebensdauer von mehr als zwei Jahren und bewiesen, daß die Sonne eine ideale Energiequelle im Weltraum ist. Bei der Rückkehr zur Erde am 6. 4. 1960 verglühte der Raumflugkörper. Er hatte nicht weniger als 10037 Runden um die Erde zurückgelegt. Nach diesem Flug war es möglich, mit ernsthaften Vorbereitungen für den Flug eines bemannten Raumschiffes zu beginnen.

P. L. L. SMOLDERS

Die Medizin in den 50er Jahren

Nach dem Zweiten Weltkrieg wurden viele diagnostische Techniken entwickelt, mit deren Hilfe man Einsichten in die verschiedensten biochemischen Vorgänge des menschlichen Körpers gewann. So entdeckte J. Gross im Jahr 1953 das neue Schilddrüsenhormon Trijodthyronin. Ferner erlangte man Einsicht in den komplizierten Stoffwechsel innerhalb der Zelle, indem man radioaktive Moleküle als Markierungsstoffe für die Bausteine der Zelle benutzte. Das Markieren von Molekülen mit fluoreszierenden Substanzen, die unter dem Licht- oder Elektronenmikroskop wahrgenommen werden konnten, führte u. a. zur Entdeckung einer Art weißer Blutkörperchen, der Plasmazellen, die Antikörper produzieren.

Es wurden verschiedene Autoimmunkrankheiten – bei ihnen werden körpereigene Gewebe angegriffen – nachgewiesen, wie z. B. bestimmte Schilddrüsenentzündungen und rheumatische Krankheiten. Außerdem wurden neue chemische Färbungsmethoden für Zellen und Zellkerne entwickelt. Dadurch nahm die Zytogenetik, die Wissenschaft, die sich mit der Diagnose von Erbkrankheiten mittels Zelluntersuchungen befaßt, gegen Ende der 50er Jahre einen großen

Aufschwung. 1959 wurde die erste zytogenetische Abweichung im Zellkern von Kindern mit Down-Syndrom (Trisomie 21, »Mongolismus«) gefunden. Bei ihnen kommt das einundzwanzigste Chromosom nicht wie im Normalfall zweimal, sondern dreimal vor.

Der wichtigste Fortschritt auf dem Gebiet der Genetik war die Entdeckung der Struktur der DNS, der Desoxyribonukleinsäure, ein Makromolekül, das Träger der Erbeigenschaften ist. 1953 entdeckten die Briten J. Watson und F. Crick, daß die Struktur des Moleküls aus einer sehr langen Atomkette in Form einer Wendeltreppe besteht. Sie nannten diese Struktur eine Doppelhelix. Die Atome, die das Geländer der Wendeltreppe bildeten, waren in Zuckern und Phosphatgruppen eingelagert, während die Stufen aus zwei möglichen Basenpaaren aufgebaut waren. Die Kombination von jeweils 3 solchen Basenpaaren bildete den genetischen Code, den Schlüssel zur Synthese der Aminosäuren und damit der Körpereiweiße.

1948 hatte der Amerikaner N. Wiener ein einflußreiches Buch über die Biokybernetik vorgelegt. Der zentrale Gedanke des Buches war, daß physiologische Prozesse immer über Rückkoppelungsmechanismen verlaufen. Einer zu großen Veränderung eines Organismus, z.B. dem Ansteigen der Körpertemperatur, wirken andere Vorgänge entgegen, die die Temperatur senken, wie z.B. Schwitzen. Die Rückkoppelung erwies sich als eine universelle biologische Erscheinung, die sowohl bei Reaktionen des gesamten Organismus (z.B. beim Gehen) als auch bei biochemischen Vorgängen in Zelle und Gewebe die entscheidende Rolle spielt.

Der Zusammenhang zwischen Nervensystem und Hormonsystem beruht gleichfalls auf Rückkoppelung. Der Hypothalamus im Gehirn wurde als das Zentrum erkannt, das mittels eiweißartiger Substanzen die Hirnanhangdrüse zur Produktion verschiedenster Hormone anregt. Diese Hormone stimulieren wiederum die Funktionen anderer Organe, wie der Nebennieren, der Schilddrüse und der Geschlechtsorgane. Die hier gebildeten Hormone üben ihre Wirkung über den Zellstoffwechsel aus und hemmen außerdem die Produktion der Hypophysenhormone. Diese wiederum können die Wirkung des Hypothalamus hemmen.

Außerdem wurde in den 50er Jahren die Struktur vieler weiterer Hormone bekannt. Die beiden Hormone der Bauchspeicheldrüse, das Insulin (die chemische Zusammensetzung wurde 1956 durch F. Sanger entdeckt) und das 1955 entdeckte Glucagon, wurden isoliert. Die Struktur des Hypophysenhormons ACTH (adrenocorticotropes Hormon), das u.a. bei Streß-Erscheinungen auftritt, wurde ermittelt (1955).

Medizinisch-technische Entwicklungen

Die von dem Niederländer W. J. Kolff 1943 entwickelte künstliche Niere fand als »twin-coil-dialysator« (Zwillingsspulendialysator) in der Klinik Anwendung. Dabei wird das Blut in zwei spiralenförmigen Zellophanschläuchen durch eine Spülflüssigkeit geleitet, die an den Schläuchen entlangströmt. Durch die Zellophanwand können die Stoffwechselgifte aus dem Blut in die Flüssigkeit diffundieren.

Viele Arten von Plastikstoffen wurden entwickelt, die als Nahtfäden, Herzklappen, bei Bruchoperationen und z.B. als Hüftgelenkersatz verwendet wurden. 1952 gelang es, Schlagadern aus dem Kunststoff Vinyon-N einzusetzen.

In den 50er Jahren wurden drei Entwicklungen in die Wege geleitet, die in der Herzchirurgie eine große Bedeutung erlangten: die Technik der Unterkühlung (Hypothermie; erstmals 1955 durch die Amerikaner H. Schwann und F. J. Lewis angewendet), die Entwicklung der Herz-Lun-

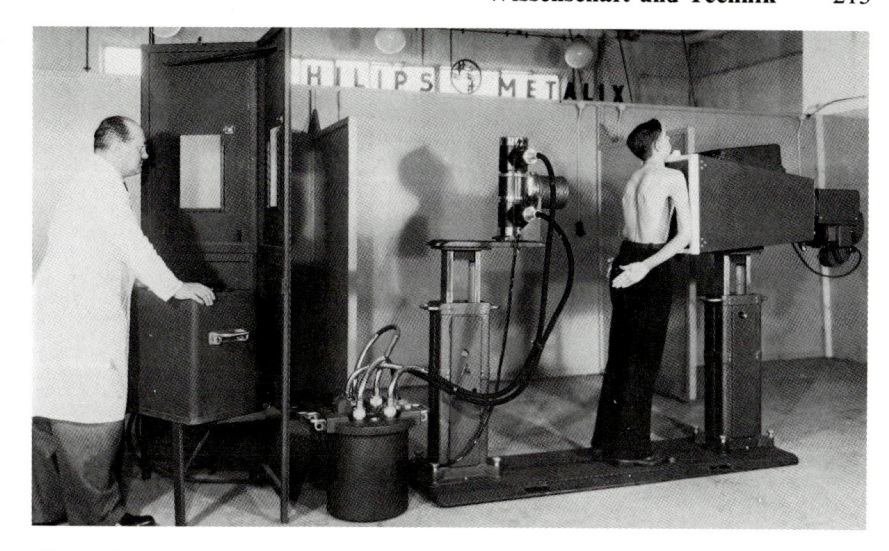

Vorsorgeuntersuchung beim Betriebsarzt Mitte der 50er Jahre; Durchleuchten mit Röntgenstrahlen.

Psychopharmaka

Die 50er Jahre waren für die Psychiatrie von großer Bedeutung, weil zum ersten Mal eine Reihe von Medikamenten zum Einsatz kam, die bestimmte psychiatrische Krankheitsbilder günstig beeinflussen konnten. Die Entdeckung eines der bedeutendsten Mittel gelang erst auf Umwegen. Man untersuchte nämlich zuerst die Wirkungsweise eines bestimmten Neuroleptikums (ein das zentrale Nervensystem dämpfendes Mittel). Daraus entwickelte sich im Jahre 1950 die Synthese des Chlorpromazins. Diese Substanz wurde 1951 zur Stabilisierung des vegetativen Nervensystems bei Operationen verwendet. Am Rande fiel dabei auf, daß Patienten, die mit diesem Stoff behandelt wurden, obwohl bei vollem Bewußtsein, auf ihre Umgebung relativ gleichgültig und gelassen reagierten. Kleine chirurgische Eingriffe konnten damit selbst ohne weitere Betäubungen durchgeführt werden. Aufgrund dieser Beobachtungen führten die Franzosen J. Delay und P. Deniker Chlorpromazin 1952 in die psychiatrische Behandlung ein. Anfänglich ängstliche und schwer behandelbare Patienten wurden ruhiggestellt, wodurch auch der Umgang mit ihnen unproblematischer wurde. Chlorpromazin wurde von diesem Jahr an zu einem der am häufigsten verwendeten *Psychopharmaka*. Es handelt sich hierbei um Arzneimittel, die eine Beeinflussung der seelischen Vorgänge bewirken. Im selben Jahr wurde bei Patienten mit manischen Symptomen (Übererregbarkeit, starke Motorik u.ä.) zum ersten Mal Lithiumbromid zur Behandlung eingesetzt. Neben diesen beiden Stoffen wurden in den 50er Jahren viele andere Psychopharmaka entwickelt, die dazu beitrugen, daß sich die Symptome verschiedener psychischer Krankheitsbilder milderten. Sie dienten außerdem dazu, die Patienten auch für psychotherapeutische Maßnahmen leichter zugänglich zu machen und ihre Anpassungsfähigkeit an die menschliche Gemeinschaft zu fördern.

Seit den 50er Jahren wurden auf dem Gebiet der Psychiatrie große Fortschritte erzielt, u.a. durch die Weiterentwicklung der Psychopharmaka. Immer mehr Mittel kamen auf den Markt, die nach ihrer Wirkung in verschiedene Gruppen eingeteilt werden können. Zu den am häufigsten verwendeten Mitteln gehören u.a. Angst und innere Spannung beseitigende *Tranquilizer*, antriebshemmende *Neuroleptika* und *Antidepressiva*, deren Wirkung sowohl stimmungshebend als auch antriebsfördernd sein kann. Eine allzu großzügige und leichtfertige Anwendung von Psychopharmaka ist inzwischen sehr umstritten, da weder schädliche Nebenwirkungen noch eine verhängnisvolle Abhängigkeit der Patienten ausgeschlossen werden können. Außerdem wird von psychotherapeutisch ausgerichteten Wissenschaftlern kritisiert, daß Psychopharmaka zwar Symptome, jedoch nicht die Ursachen der seelischen Störungen beheben können.

gen-Maschine (1953) und ein Verfahren zur zeitweiligen Stillegung des Herzens während einer Operation.

Infektionskrankheiten

1957/58 grassierte weltweit die asiatische Grippe. Gegen den Erreger, ein Virus mit dem Codenamen H2N2, waren keine Antikörper im menschlichen Organismus vorhanden. Neue Virusgruppen wurden entdeckt, wie die Adeno- und Parainfluenzaviren (1953), die Infektionen der Atemwege verursachen, sowie die ECHO-Viren, die Erreger der Gehirnhautentzündung. Von den 1948 erstmals isolierten Coxsackie-Viren, die Muskelentzündungen hervorrufen, wurden in den 50er Jahren mehrere Typen entdeckt.

Seit 1954 konnte gegen die gefürchtete Poliomyelitis (Kinderlähmung) eine Impfung mit abgetöteten Erregern durchgeführt werden, die der Amerikaner J. Salk entwickelt hatte.

Die Möglichkeiten zur Behandlung bakterieller Infektionen mit Hilfe chemischer Arzneimittel nahmen in den 50er Jahren zu. 1944 war das Streptomyzin entdeckt worden, das erste wirksame Antibiotikum gegen die Tuberkulose. Seit 1950 wurde eine kombinierte Therapie mit Streptomyzin und Paraaminosalizylsäure (PAS) möglich. Diese Therapie war erforderlich, weil die Tuberkelbakterien gegen ein einziges Chemotherapeutikum rasch resistent wurden. Ein dritter Wirkstoff wurde 1952 entwickelt, das Isonazid.

DRS. J. M. KEPPEL HESSELINK

Polio

Im Jahre 1909 entdeckte die Forschung, daß der Erreger der Kinderlähmung (Poliomyelitis) ein Virus ist. Dieser Virus wurde wenige Jahrzehnte später isoliert und war damit der erste Virus bei Tieren und Menschen, der 1955 kristallisiert werden konnte. Daß Viren im allgemeinen auch Kristallstruktur annehmen können, gab seit den 30er Jahren Anlaß zu heftigen Debatten in der Forschung. Es ging dabei um die Frage, ob Viren lebende Wesen seien oder nicht. Es steht auf jeden Fall fest, daß sie nicht selbständig existieren können, sondern vom Stoffwechsel der Zellen abhängig sind, in denen sie sich vermehren können. Da sie keinen eigenen Stoffwechsel besitzen, fehlt ihnen eine der wichtigsten Eigenschaften lebender Wesen.
Seit der Entdeckung des Poliovirus suchten Forscher nach einem wirksamen und sicheren Impfstoff. 1935 startete man den Versuch, Menschen mit Hilfe eines Serums, das aus dem abgetötete Viren enthaltenden Rückenmark von Affen gewonnen wurde, gegen Polio zu impfen. Bei einigen der geimpften Personen kam es nach der Impfung zu Lähmungserscheinungen, so daß sich das Mittel als ebenso schlimm erwies wie die Krankheit selbst.
Im Jahre 1949 war es erstmalig möglich, Viren in großen Mengen herzustellen. Damit war der Weg für die Entdeckung eines Impfstoffes gebahnt. Bei der Produktion im großen Maßstab stellte sich jedoch das Problem, wie der Virus inaktiviert werden könne, ohne daß dabei seine Antigen-Eigenschaften verloren gehen. Der amerikanische Biochemiker Jonas Edward Salk fand schließlich die Lösung. 1953 gelang es dem Forscher, ein Impfpräparat aus formaldehyd-inaktivierten Polioviren der drei verschiedenen Erregerstämme (Poliovirus I, II und III) herzustellen, das den Körper in ausreichendem Maß zur Produktion von Antikörpern anregt. 1954 wurde dieser Impfstoff erstmalig in den Vereinigten Staaten experimentell an der Bevölkerung getestet.
Die Impfung erwies sich tatsächlich als Schutz gegen Kinderlähmung. Leider ergaben sich einige Komplikationen. Die ersten Impfstoffe enthielten bisweilen, verursacht durch unsorgfältige Herstellung, noch lebende Viren. Nach der Impfung wurden hier und da Fälle von Kinderlähmung gemeldet. Die allgemeine Einführung des Impfstoffes wurde deshalb in den Vereinigten Staaten 1955 vorübergehend gestoppt, bis 1957, durch Entwicklung besserer Filtrationsmethoden, die Salk-Impfung keine Infektionsgefahr mehr mit sich brachte. Durch den belgischen Professor P. de Somer erfuhr die Salk-Impfung 1958 noch einige Verbesserungen. In den 60er Jahren kam der von dem US-amerikanischen Bakteriologen Albert Bruce Sabin entwickelte Impfstoff zur Anwendung. Er enthält noch aktive, d. h. vermehrungsfähige, in ihren krankmachenden Eigenschaften aber sehr stark abgeschwächte Krankheitskeime. Die Anwendungsweise ist vereinfacht, da der Impfstoff oral verabreicht wird (Schluckimpfung). Während der bisher letzten großen Polioepidemie in der Bundesrepublik 1960 erkrankten etwa 4200 Menschen. Nach der ersten großen Schluckimpfungsaktion 1964 sank die Zahl der Erkrankungen rapide. Wie in fast allen Ländern der Erde wird auch bei der Schluckimpfung in der Bundesrepublik der Sabin-Impfstoff verwendet.

Schluckimpfungen gegen Polio wurden in den 50er Jahren die Regel (links).

Jonas E. Salk, der Entdecker eines Impfstoffes gegen Kinderlähmung, in seinem Labor. Durch Anfärbversuche stellte er die Existenz des Poliovirus fest (rechts).

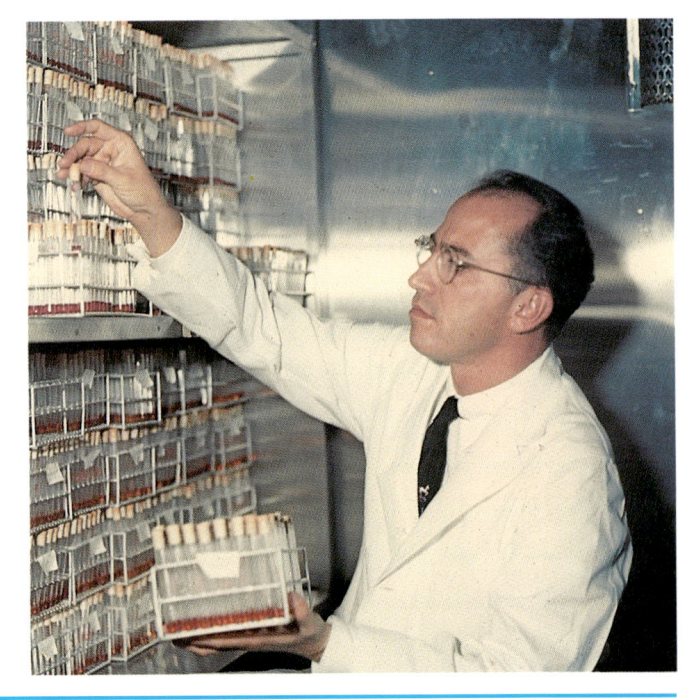

Vom Transistor zum Chip

Der Transistor, 1947 von den US-amerikanischen Physikern William Shockley, John Bardeen und Walter Brattain entwickelt, konnte um 1952 in großen Mengen für industrielle Abnehmer hergestellt werden. Er hatte die Form eines kleinen Zylinders, aus dem drei Kontaktdrähte hervorragten. Diese waren mit den drei Bestandteilen des Transistors verbunden: Emitter, Basis und Kollektor. Transistoren wurden zuerst bei der Produktion von Radiogeräten und Computern in großem Umfang angewendet. Sie ermöglichten die Verkleinerung der Geräte. Radiogeräte mit Elektronenröhren oder »Radiolampen« veralteten rasch und wurden von Transistorradios abgelöst.

In den 50er Jahren konnten aufgrund der Transistoren die Computer der zweiten Generation eingeführt werden, schnellere und kleinere datenverarbeitende Automaten, die in Serie hergestellt wurden. Die Transistoren auf Leiterplatten aus Pertinax mit vorgedruckten Leiterbahnen in den Computern waren nicht nur viel schneller als die Elektronenröhren, sondern auch dauerhafter und zuverlässiger. Das wichtigste Element in einem Transistor ist der Halbleiter, ein fester Stoff, der teils die Eigenschaften eines Isolators, teils die eines Leiters (oder Konduktors) besitzt. Im Transistor übernimmt der Halbleiter die Funktionen der Signalverstärkung und raschen Schaltung. Die Schaltungsgeschwindigkeit oder Oszillationsfrequenz konnte durch die Entwicklung verschiedener Arten von Transistoren, wie Spitzen-, Flächen- und bipolaren Transistoren, weiter erhöht werden.

Die Verwendung von Silizium als Halbleiter

Ein wichtiger Durchbruch erfolgte 1954, als zum ersten Mal kristallines Silizium als Halbleiter in einem Transistor benutzt wurde. Silizium, ein glasartiges Element, bot als aktiver Halbleiter viele Vorteile gegenüber dem bis dahin verwendeten Germanium. Reines und monokristallines Silizium war leicht zu erzeugen, indem man die Kristalle unter kontrollierten Bedingungen wachsen ließ. Es entstanden Siliziumzylinder, die zu dünnen Scheiben zersägt werden konnten. Eine solche Scheibe konnte geätzt und mit dünnen Metall- und Oxidschichten versehen werden.

Die Erforschung der vielversprechenden Eigenschaften des Siliziums wurde ausgelöst durch den Wunsch, komplette elektronische Schaltkreise im flachen Halbleitermaterial unterzubringen. Dies gelang mit dem sogenannten Planartransistor. Dabei handelte es sich um einen kleinen, flachen Transistor, der aus konzentrischen Kreisen aufgebaut ist. Der Planartransistor bestand aus einem Germaniumscheibchen, auf das mehrere dünne Schichten aus unterschiedlichen Materialien aufgetragen wurden.

Eine Handvoll Transistoren: Schaltelemente, die zu Tausenden in die Computer der zweiten Generation eingebaut wurden. Die Punkte auf dem Daumen (unten) sind Mikrotransistoren.

Wenn man die Schichten nach einem bestimmten Muster an gewissen Stellen ganz oder teilweise abätzte, verhielt sich das Scheibchen wie ein gewöhnlicher, aber sehr schneller Transistor.

Schnellere und zuverlässigere Computer

Unterdessen wurden die einfachen Transistoren in Massenproduktion hergestellt. Sie fanden größtenteils Verwendung in Computern und Produkten, die für die Konsumelektronik bestimmt waren. Auch Computer konnten jetzt in Serien hergestellt werden. Es waren mittelgroße Computer mit (für die damalige Zeit) beeindruckenden Rechen- und Arbeitsleistungen.

Da sie aus vielen tausend elektronischen Einzelelementen zusammengesetzt wurden, waren es sehr teure Maschinen. Der interne Speicher bestand aus kleinen Ferritringen, den sog. Kernen, die auf kupfernen Lese- und Schreibdrähten aufgereiht waren. Vor allem die Speichergrößen, die für die Arbeitsleistung maßgeblich sind, machten die Computer damals noch zu sehr kostspieligen Apparaten.

N. BAAIJENS

Kernenergie

Zu Beginn der 50er Jahre waren alle Industrieländer bestrebt, sich die technischen Kenntnisse anzueignen, die für die friedliche Nutzung der Kernspaltung erforderlich sind. Diese Kenntnisse, aber auch die erforderlichen Rohstoffe waren jedoch fast ausschließlich im Besitz jener Länder, die sich mit der militärischen Verwendung der Kernspaltung beschäftigten, insbesondere der USA, aber auch der UdSSR. Die USA war jedoch kaum am Export ihres Wissens um die Kernenergie interessiert. Ein langsamer Sinneswandel vollzog sich erst mit der Explosion der ersten sowjetischen Atombombe (1949). Am 8.12.1953 legte Präsident Eisenhower der UNO seinen »Atom-for-Peace«-Plan vor. Dieser schuf

Wissenschaft und Technik

Beginn der atomaren Rüstungsspirale: die Wasserstoffbombe

Am 16.7.1945 gelang den USA in der Wüste von New Mexico die Auslösung der ersten Kernexplosion. Mit einer Kernexplosion in der Sowjetunion am 29.8.1949 wurde das bis dahin geltende US-amerikanische Atommonopol gebrochen. Kurz darauf wurde in US-amerikanischen Regierungskreisen der Ruf nach Gegenmaßnahmen laut. Präsident Truman ordnete an, die seit Kriegsende eingestellten Arbeiten über thermonukleare Verschmelzungen wiederaufzunehmen. Physiker wie Lewis Strauss, Ernest Lawrence, Luis Alvarez und Edward Teller drängten auf eine schnelle Entwicklung der Wasserstoffbombe. Ihr Vorhaben stieß auf heftigen Widerspruch des einflußreichsten wissenschaftlichen Beratungsorgans auf dem Gebiet der Kernenergie, des General Advisory Commitee (GAC) der Atomenergiekommission (Atomic Energy Commission, AEC). In seinem Bericht vom November 1949 sprach das Komitee die einmütige Hoffnung aus, daß eine Entwicklung von thermonuklearen Waffen verhindert werden könnte. Eine deutliche Mehrheit, angeführt vom Vorsitzenden des Komitees, Robert Oppenheimer, erklärte ihre klare Ablehnung der Entwicklung einer derartigen Waffe. Enrico Fermi und Isidor Rabi zeigten sich in ihrem Minderheitsvotum gemäßigter. Sie plädierten für einen Teststopp thermonuklearer Waffen, wobei die USA, unter der Voraussetzung einer ähnlichen Zusage der UdSSR, von einer tatsächlichen Entwicklung der Wasserstoffbombe absehen sollten. Eine Kontrolle über die Einhaltung eines solchen Übereinkommens wurde nicht in Erwägung gezogen, da jeder Test der Öffentlichkeit nicht verborgen bleiben könnte. Das Übereinkommen sollte auch eine weitere theoretische Forschung nicht behindern. Die USA sollten damit in die Lage versetzt werden, bei einem Vertragsbruch der UdSSR in ausreichender Zeit eine eigene Wasserstoffbombe zu entwickeln, um den strategischen Rückstand aufzuholen. Im Entscheidungsbildungsprozeß über diese Fragen saßen die Befürworter der Wasserstoffbombe am längeren Hebel. Von einer offenen Diskussion konnte keine Rede sein. Ähnlich wie in anderen Fragen der Kernenergie vollzog sich die Entscheidungsbildung über die Entwicklung der Wasserstoffbombe unter strengster Geheimhaltung. Das bedeutete in der Praxis, daß das Militär gegenüber der Politik die ausschlaggebende Rolle spielte. Zurückhaltung bei den Politikern ergab sich aus der wachsenden ideologischen Konfrontation zwischen Ost und West (Kalter Krieg). Im Mittelpunkt des öffentlichen Interesses stand die sowjetische Bedrohung. Oppenheimers apokalyptische Vision der Zerstörungskraft der Wasserstoffbombe gelangte kaum ins öffentliche Bewußtsein. Außerdem konnte Oppenheimer weder beweisen, daß ein Verzicht auf die Entwicklung der Wasserstoffbombe auch einen Verzicht der UdSSR bewirken würde, noch konnte er die Vorstellung widerlegen, daß die Sowjets bereits mit großen Anstrengungen die Entwicklung einer Wasserstoffbombe forcierten. Am 31.1.1950 gab Präsident Truman bekannt, daß er die Atomenergiekommission mit der Entwicklung der Wasserstoffbombe beauftragt habe. Die erste US-amerikanische Wasserstoffbombe wurde am 1.11.1952 zur Explosion gebracht. Kein Jahr später, am 12.8.1953, folgte die UdSSR mit der Zündung einer eigenen Wasserstoffbombe, ein Beweis dafür, daß auch dort die Entwicklung bereits weit vorangeschritten war.

Der US-amerikanische Konteradmiral Lewis L. Strauss wie auch eine Anzahl Naturwissenschaftler plädierten für die schnelle Entwicklung der Wasserstoffbombe, nicht zuletzt, weil man erwartete, daß auch die Sowjetunion diese Waffe produzieren würde.

die Grundlage für bilaterale Abkommen mit anderen Ländern zum Austausch der Kenntnisse und zur Lieferung von Material, das ausschließlich für die friedliche Anwendung bestimmt war. Ferner wurde mit den Vorbereitungen für eine UN-Konferenz zur friedlichen Nutzung der Atomenergie begonnen, die im August 1955 in Genf stattfand.

In vielen Ländern wurden daraufhin Organisationen, die sich mit der friedlichen Nutzung der Kernenergie befassen sollten, gegründet, so in der Bundesrepublik Deutschland die beiden Kernforschungsanlagen in Jülich und Karlsruhe im Jahre 1956.

Obwohl bereits am 20.12.1951 in Idaho (USA) eine Glühlampe mit Kernenergie zum Leuchten gebracht worden war, war es die UdSSR, die am 27.6.1954 das erste Kernkraftwerk in Obninsk in Betrieb nahm. Der Reaktor lieferte Dampf an einen Turbogenerator, der eine elektrische Leistung von 5 Megawatt erzeugte.

Das erste Land, das seine Stromversorgung in größerem Umfang auf die Kernkraft umstellte, war Großbritannien. Das erste Kernkraftwerk mit einer Leistung von 50 Megawatt wurde 1956 bei Calder Hall in Betrieb genommen.

In den USA verfügte man dank der Isotopentrennanlagen, die dort für die Herstellung von Kernwaffen gebaut worden waren, über große Mengen angereicherten Urans, das einen größeren Gehalt des Isotops Uran-235 besaß als das natürliche. Bei der Verwendung von angereichertem Uran in einem Reaktor ist der Verlust an Neutronen, die durch Uran-238 absorbiert werden, geringer. Deshalb konnte die Reaktorentwicklung in den USA auf breiter Basis stattfinden; man war vor allem nicht gezwungen, zur Abbremsung der Neutronen schweres Wasser oder Graphit zu verwenden. In dem Reaktor, der die erwähnte Glühlampe zum Leuchten brachte, wurden die Neutronen überhaupt nicht gebremst. Er erhielt einen Block aus reinem Uran-

Der Kernreaktor von Dounreay (Schottland) im Bau 1957. Es handelt sich um den Prototypen eines kommerziellen schnellen Brüters.

Wissenschaft und Technik

Kernphysiker

ENRICO FERMI starb in Chicago am 28. 11. 1954 im Alter von 53 Jahren. In den 30er Jahren war er Hochschullehrer in Rom, seit 1932 widmete er sich intensiv kernphysikalischen Studien. Er stellte fest, daß bei fast allen Elementen durch Beschuß mit langsamen Neutronen künstliche Radioaktivität erzeugt werden kann. Außerdem wies er nach, daß ein Neutron in ein Proton und ein Elektron unter gleichzeitigem Energieverlust aufgespalten werden kann. Dafür wurde ihm 1938 der Nobelpreis für Physik verliehen. Danach ging er in die USA, wo er Professor an der Columbia-Universität in New York wurde. Im 2. Weltkrieg spielte er eine aktive Rolle bei der Entwicklung der Atombombe. Im Rahmen des Entwicklungsprogramms baute er in Chicago den Kernreaktor, in dem am 2. 12. 1942 die erste Erzeugung von Atomenergie durch Kettenreaktion bei Uranspaltung gelang. Seit 1945 war er Professor in Chicago.

ALBERT EINSTEIN starb am 18. 4. 1955 in Princeton, New Jersey, im Alter von 76 Jahren. Er stellte 1905 die spezielle und 1915 die allgemeine Relativitätstheorie auf, mit der er die Massenanziehung (Gravitation) erklärte. Zudem lieferte Einstein 1905 eine theoretische Erklärung für die Brownsche Molekularbewegung. Diese Erklärung stellte zugleich den abschließenden Beweis für die kinetische Wärmetheorie dar. Seine späteren Arbeiten galten dem Ausbau der Relativitätstheorie. 1921 bekam er den Nobelpreis für Physik. Als Jude mußte er Deutschland 1933 verlassen; er emigrierte über Belgien und Großbritannien in die USA, wo er Professor für theoretische Physik am Institute for Advanced Studies in Princeton wurde. Als einer der führenden Köpfe der »Liga für Menschenrechte« war er ein entschiedener Antimilitarist und setzte sich stets für die Unantastbarkeit der Gewissensfreiheit ein.

Die Chemikerin IRÈNE JOLIOT-CURIE starb am 17. 3. 1956 in Paris im Alter von 58 Jahren. Mit ihrem Ehemann Frédéric Joliot, den sie 1926 geheiratet hatte, leistete sie Pionierarbeit bei der Entdeckung neuer radioaktiver Stoffe. Beide erhielten deshalb 1935 den Nobelpreis für Chemie. 1937 wurde sie Professorin an der Sorbonne und 1946 Direktorin des Pariser Institut du Radium. Am Bau der französischen Atombombe war sie maßgeblich beteiligt. Darüber hinaus kämpfte sie für die Gleichberechtigung der Frau.

Ihr Ehemann, FRÉDÉRIC JOLIOT-CURIE, starb am 14. 8. 1958 in Paris im Alter von 58 Jahren. Eigentlich war sein Nachname Joliot, nach seiner Heirat (1926) fügte er jedoch den Namen Curie bei. 1935 erhielt er zusammen mit seiner Frau den Nobelpreis für Chemie. 1937 wurde er Professor in Paris. Joliot-Curie wies die Möglichkeit einer Kettenreaktion nach und schuf somit die Verbindungen zur Nutzung von Atomenergie. Er konstruierte das erste Zyklotron Europas; auch der erste Kernreaktor Frankreichs wurde 1948 unter seiner Aufsicht gebaut. Im Krieg war Frédéric Joliot-Curie aktives Mitglied im französischen Widerstand und 1950 Präsident des kommunistisch orientierten Weltfriedensrates. Seine enge Bindung an die KP Frankreichs führte 1950 zu seiner Amtsenthebung als Leiter der französischen Atomenergiekommission.

Hier das Schema eines Atomkerns: Der rote Pfeil stellt den Spin dar, also die Achse, um die sich der Kern in der angezeichneten Richtung dreht. Diese Richtung bleibt gleich, auch wenn man den Kern an der gelb gezeichneten Fläche spiegelt. Die Annahme der Energieerhaltung besagte, daß beim Zerfall eines Atomkerns zu jeder Seite der Ebene die gleiche Anzahl Teilchen ausgesandt werden. Diese Annahme wurde durch Experimente mit radioaktiven Präparaten, in denen alle Spins gleichgerichtet waren, widerlegt. Für die Emmission von Elektronen wurde ein Intensitätsfeld wie bei a, für die von Positronen wie bei b gefunden.

235, aus dem die Spaltungswärme mittels flüssigem Natrium abgeleitet wurde. Das war der Vorläufer des späteren »schnellen Brüters«, in dem durch Absorption der Neutronen in Uran-238 mehr Plutonium entsteht, als an spaltbarem Material verbraucht wird.

PROF. DR. J. A. GOEDKOOP

Kommunikationstechnik

Rundfunk und Fernsehen

Die Entwicklungen in der Kommunikationstechnik wurden vor allem durch das Aufkommen des Fernsehens bestimmt (auch → S. 175). Um einen Programmaustausch der verschiedenen Anstalten zu ermöglichen, kam der Arbeitsverband Eurovision zustande (1953). Das technische Zentrum dieser Organisation befindet sich in Brüssel. Beim Radio zielten die Entwicklungen vorwiegend auf die Qualitätsverbesserung der Übertragung zwischen Sender und Empfängern. Außerdem kamen die ersten Radioempfänger mit Leiterplatten und Transistoren auf den Markt.

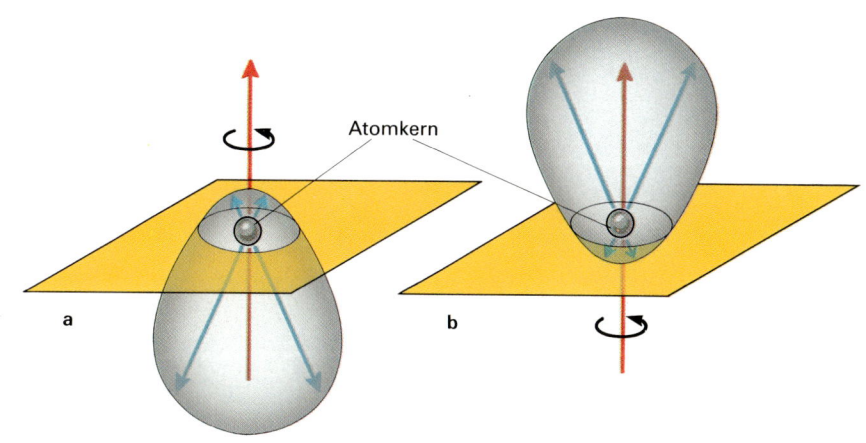

Ton und Bild

Zu Beginn der 50er Jahre erschienen die Bandaufnahme- oder Tonbandgeräte für die Aufzeichnung von Sprache und Musik auf dem Markt. Dazu verwendete man ein dünnes Plastikband, auf dem sich fein verteiltes Eisen(oxid) befindet. Im Gegensatz zu den bis dahin verwendeten magnetischen Systemen mit Stahlband oder Stahldraht war die Wiedergabe von Sprache und Musik von guter Qualität. Vor allem der Rundfunk fand in den Tonbandgeräten ein nützliches Mittel für die Aufzeichnung später gesendeter Programme. Ende der 50er Jahre konnte diese Technik auch für das Aufzeichnen von Fernsehbildern benutzt werden. So kam 1959 in den USA das Ampex-Band in Gebrauch. Auch die ersten Stereoplatten wurden produziert.

Telefonie und Telegraphie

Die Telefonie stand vor allem im Zeichen der Erneuerung, des Wachstums und der Entwicklung. Die Zahl der Fernsprecher auf der Welt verdoppelte sich in den 50er Jahren auf rund 140 Millionen (1960). Die dadurch verursachte Zunahme des Telefonverkehrs belastete die Leitungen stark, auch die interkontinentalen Verbindungen, besonders die zwischen den USA und Europa. Bis in die Mitte der 50er Jahre wurde der transatlantische Verkehr ausschließlich über Kurzwellen-Funkverbindungen abgewickelt.
Die Qualität dieser an sich unstabilen Verbindungswege wurde durch einige technische Neuerungen verbessert. Die Kapazität der Funkverbindungen reichte jedoch nicht mehr aus, und im Transatlantikverkehr übernahmen Unterseekabel die Rolle der Funkwellen. Das erste Kabel wurde zwischen Oban in Schottland und Clareville auf Neufundland in Betrieb genommen (1956). Drei Jahre später folgte ein ähnliches Ka-

Wissenschaft und Technik

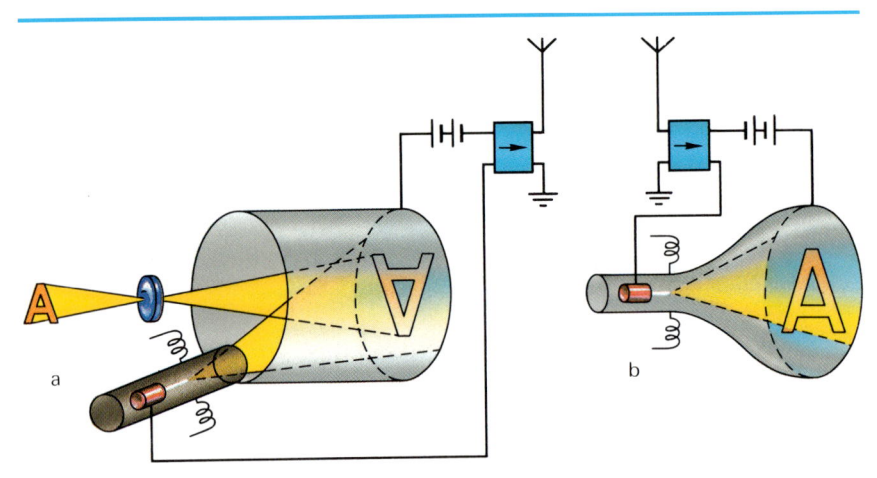

Die physikalischen Vorgänge bei der Ausstrahlung eines Fernsehbildes.

Fernsehgerät aus den 50er Jahren.

Das Innere einer in den 50er Jahren üblichen Fernsehkamera.

Ein neues Medium setzt sich durch: Fernsehen

Vom technischen Standpunkt unterscheidet man beim Fernsehen die Aufnahme-, Übertragungs- und Empfangsseite. Für die *Aufnahme* wird eine Fernsehkamera verwendet, die neben einer lichtstarken Optik und dem Elektronenstrahlbildzerleger auch Synchronimpulsgeber, Kippgeräte und einen Vorverstärker enthält. Das zu übertragende Bild wird auf eine aus Mikrophotozellen bestehende Platte projiziert und in rd. 520 000 Einzelpunkte zerlegt. Die einzelnen Photozellen, deren Aufladung von der Helligkeit des entsprechenden Bildpunktes abhängt, werden dann durch einen Elektronenstrahl zeilenweise abgetastet. Das geschieht 25mal je Sekunde.

Die *Übertragung* eines Fernsehbildes ist nur im UKW- und Dezimeterwellenbereich gewährleistet, bei einer erforderlichen Bandbreite bis ungefähr 5 MHz. Da auf der Empfangsseite jedes Bild wieder Zeile um Zeile zusammengesetzt werden muß, steuert man die Zeilen-Abtastbewegung des Elektronenstrahls mit Gleichlaufimpulsen (Horizontal-Synchronimpulse). Das Ende der Übertragung eines Bildes wird durch einen Vertikal-Synchronimpuls gekennzeichnet. Diese Synchronimpulse werden zusammen mit den Impulsen, die der Helligkeitsverteilung des Bildes entsprechen, über den Sender zu den Empfängern übertragen.

Beim *Empfang* nimmt der Fernsehempfänger sowohl die Bild- als auch die Tonträgerwellen mit einer gemeinsamen Antenne auf. Der Elektronenstrahl der Braunschen Röhre erzeugt auf der Leuchtschicht des Bildschirms genau die gleiche Anzahl von Bildpunkten wie auf der Platte der Kamera. Die Fernsehbildaufteilung erfolgt in der Bundesrepublik Deutschland nach der sogenannten Gerbernorm mit 625 Zeilen pro Bild und 25 Bildwechseln pro Sekunde. Durch die gleiche Geschwindigkeit des Bildwechsels auf der Aufnahme- und auf der Empfangsseite wird die Übertragung »lebender« Bilder (Filme u.ä.) möglich gemacht.

In der Bundesrepublik Deutschland begannen die ersten Versuchssendungen 1950 von Hamburg aus. Ab 1952 breitete sich das Fernsehen schnell über die Bundesrepublik Deutschland aus. 1954 beschlossen die damals fünf in der ARD zusammengeschlossenen Rundfunkanstalten mit bis auf wenige Regionalsendungen einheitliches Programm unter der Bezeichnung »Deutsches Fernsehen«. Dieses ARD-Gemeinschaftsprogramm wird seit dem Vertrag vom 17. 4. 1959 von allen (nunmehr neun) ARD-Landesrundfunkanstalten gestaltet und ausgestrahlt.

Bereits 1955 konnte der 100 000. Fernsehteilnehmer in der Bundesrepublik Deutschland verzeichnet werden. Die Millionengrenze wurde 1957 erreicht, und im Jahre 1960 gab es bereits rd. 4 Millionen Bundesdeutsche mit einer Empfangsgenehmigung. In Österreich begann man am 1. 8. 1955 mit Versuchssendungen, der ordentliche Programmbetrieb wurde am 1. 1. 1957 eröffnet. In der Schweiz begann das Fernsehzeitalter 1954.

bel, das TAT 2, zwischen Frankreich und den USA. In den folgenden Jahren wurden viele Seekabelverbindungen verlegt, so daß schließlich von einem weltumfassenden Fernsprechsystem gesprochen werden konnte. Eine ganz neue Möglichkeit für die Nachrichtenübertragung über große Entfernungen kündigte sich an, als die ersten Satelliten ins All geschossen wurden.

Auch auf dem Festland war eine Erweiterung des Verbindungsnetzes dringend erforderlich. Die für den Telefonverkehr verwendeten »Trägerwellen«-Kabel (im Prinzip konstruiert für 12 Ferngespräche pro Aderpaar) wurden u.a durch Erhöhung der Anzahl der Verstärker auf der Strecke für 32 und 48, später sogar für 120 Kanäle pro Doppelader verbessert.

Auch in anderen Bereichen der Telekommunikation fand eine rasche Entwicklung statt. Mit der Automatisierung des internationalen Fernsprechverkehrs wurde begonnen. Zwischen London und Amsterdam wurde 1954 der halbautomatische Fernsprechverkehr aufgenommen. Belgien stellte als erstes Land seinen Fernsprechteilnehmern zwei vollständig automatisierte internationale Telefonverbindungen zur Verfügung. Mit der Einrichtung des vollautomatischen Fernsprechverkehrs zwischen Belgien, Frankreich, Luxemburg, den Niederlanden und der Bundesrepublik Deutschland wurde 1958 begonnen.

E. H. BLANKEN

Düsenflugzeuge

Zu Beginn der 50er Jahre war für jedermann deutlich, daß das Düsentriebwerk in der Luftfahrt die Oberhand gewinnen würde. Alle neuen Kampfflugzeuge wurden mit Strahltriebwerken ausgerüstet, und bald erschienen auch die ersten Verkehrsflugzeuge mit Düsenantrieb. Die zunächst recht unwirtschaftlichen Strahltriebwerke mußten aber verbessert werden.

Bei den schnellsten militärischen Flugzeugen bereiteten die sog. Kompressibilitätserscheinungen Schwierigkeiten. Wenn man sich der Schallgeschwindigkeit nähert, staut sich die Luft vor den Flügeln mit der Folge, daß Unstabilität des Flugzeuges auftritt. Man löste dieses Problem größtenteils durch die Verwendung sog. Pfeilflügel, etwa bei den neuen Typen »Hunter« (Erstflug 1951), »Mystère« (1952), »Sabre« (1953) und »Thunderstreak« (1950). Auch Bombenflugzeuge mit Pfeilflügeln wurden gebaut, wie der »Valiant« (1951) und die »Boeing B 52« (1952). In Großbritannien entwickelte man die Delta- oder Dreiecksflügel, die beim Vulcan-Bomber und beim Javelin-Jäger (1956) angewendet wurden. In den USA war die »Convair F 102« (1953) mit Deltaflügeln ausgerüstet.

In der zivilen Luftfahrt beschränkte man sich zunächst auf die Weiterentwicklung der Transportmaschinen aus dem 2. Weltkrieg: Die »Douglas DC 6B« (1951) und die »Super Constellation«

(1950) fanden ebenso wie die zweimotorige »Convair Liner« (1959) häufig Verwendung. Da die Strahltriebwerke noch zu unrentabel waren, entwickelte man eine Zwischenform, das Turboproptriebwerk oder die Schraubenturbine. Dieses war im Grunde ein Strahltriebwerk, das einen Propeller antreibt. Es fand Verwendung u. a. bei der »Vickers Viscount« (Prototyp 1948, in Betrieb genommen 1953). In den USA baute Douglas seine DC7 (1953) mit sog. Turbocompoundmotoren, d. h. Kolbenmotoren, deren Abgase drei Turbinen antrieben und so eine zusätzliche Leistung erbrachten.

Diese Triebwerke waren jedoch rasch überholt, als 1954 mit der Einführung des Düsenflugzeugs begonnen wurde. Boeing hatte seine 707 entwickelt, die am 15. 7. 1954 ihren ersten Flug absolvierte. Aufgrund großer militärischer Aufträge konnte das Flugzeug weiterentwickelt werden; 1955 kamen die ersten Aufträge der zivilen Luftfahrt. Die Firma McDonnell Douglas folgte mit der »DC 8« (1958). In Frankreich wurde die »Caravelle« gebaut (1955); eine Neuerung waren die am Hinterrumpf angebrachten Motoren. Das Rennen im Zivilluftverkehr machten die Briten, die am 2. 5. 1952 mit ihrer »Comet« die erste Düsenverkehrslinie eröffneten (London–Johannesburg). 1954 wurde die »Comet« nach zwei Unfällen aus dem Verkehr gezogen und 1958 in verbesserter Form als »Comet 4« wiedereingesetzt. Den Briten gelang es auch, kurz vor den Amerikanern die erste transatlantische Düsenverkehrslinie zu eröffnen.

B. VAN DER KLAAUW

Kernenergieantriebe im Schiffbau

In Kernreaktoren von Schiffsantriebsanlagen werden Kerne einiger schwerer Elemente – vor allem des Uran-Isotops U-235 – durch Neutronen gespalten. Die dabei freigesetzte Bindungsenergie wird in Wärme umgesetzt, die zum Betrieb einer Wärmekraftanlage-Dampfturbine oder Gasturbine dient. Bei Kernenergieanlagen treten neuartige technische Probleme auf, die mit dem Neutronenhaushalt im Reaktor sowie der Neutronen- und Strahlungsenergie (α-, β-, γ-Strahlung) zusammenhängen. Das erfordert zum Teil besondere Werkstoffe, Konstruktionen und Schutzmaßnahmen. Die Anforderungen an Schiffsreaktoren (überwiegend heterogene, leichtwassermoderierte Druckwasserreaktoren) unterscheiden sich beträchtlich von denen an Reaktoren, die sich an Land befinden. Der Schiffsbetrieb erfordert kernphysikalisch und wärmetechnisch besonders sichere und mechanisch robuste Reaktoren. Mit Rücksicht auf das Gewicht des den Reaktor umgebenden Strahlenschutzes müssen seine Abmessungen möglichst klein sein. Für den Kern kommt also nur angereicherter Brennstoff in Frage.

Der Fiat G 91Y, ein Düsenjäger der italienischen Luftwaffe. Er war für große Höhen und Überschallgeschwindigkeiten konstruiert.

Weil in den 50er Jahren genügende Mengen flüssiger Brennstoffe kostengünstig zur Verfügung standen und die gesamten Betriebskosten (Baukosten, Zinsen, Genehmigungsverfahren, Versicherung, Hafen- und Kanalgebühren, Instandhaltungs- und Reparaturkosten, Betriebsmittelkosten u. a.) von Kernenergieschiffen über denen von Schiffen mit herkömmlichen Antriebsanlagen lagen, blieben solche Schiffe für Reeder kommerziell uninteressant. Trotzdem wurden Kernenergie-Schiffsantriebe entwickelt, um sie technisch zu erproben.

Bei Kriegsschiffen lagen die Verhältnisse anders – dort sind nachstehende Eigenschaften der Kernenergieantriebe u. U. ausschlaggebend: Der Verbrauch an Kernbrennstoff ist gewichtsmäßig sehr gering; der Reaktor kann mit einer Brennstoffbeschickung von wenigen Megapond mehrere Jahre voll betrieben werden. Kernenergieschiffe erreichen daher sehr große Aktionsradien (100000 Seemeilen) bei hohen Geschwindigkeiten. Kernenergieanlagen benötigen keine Sauerstoffzufuhr und erzeugen fast keine Abgase; sie sind also besonders für den Antrieb von Unterseebooten geeignet. Wegen des notwendigen Strahlungsschutzes sind aber die absoluten Gewichte solcher Unterseebootantriebe beträchtlich. Deswegen haben diese Boote eine Tonnage von mehreren 1000 Mp; sie sind dadurch nur auf den offenen Ozeanen einsetzbar. Der Stapellauf des ersten kernenergiegetriebenen Schiffes, des

Die »Nautilus«

US-amerikanischen U-Boots »Nautilus«, erfolgte nach fast zweijähriger Bauzeit (Kiellegung 14. 6. 1952) am 21. 1. 1954. Es verdrängte aufgetaucht 3530 t Wasser, getaucht 4040 t. Zwei durch einen Druckwasserreaktor betriebene Dampfturbinen entwickelten 15000 PS (11041 kW), die dem Boot eine Geschwindigkeit von mehr als 20 kn über Wasser und 27 kn getaucht verliehen. Am 3. 8. 1958 um 23.15 Uhr erreichte die »Nautilus« nach einer Tauchfahrt unter der arktischen Eiskappe 90° Nord und damit den Nordpol. Nachdem die »Nautilus« 91324 Sm zurückgelegt hatte, bekam sie 1959 ihre dritte Aufladung mit angereichertem Uran. Erneut aufgeladen wurde sie nach Erreichen der 150000 Sm-Marke.

Die ersten kernenergiegetriebenen Überwasserkriegsschiffe waren der US-Kreuzer »Long Beach« (Baubeginn 1957; Stapellauf 1959; Fertigstellung 1961; Aktionsradius 140000 Sm) und der US-Flugzeugträger »Enterprise« (1958; 1960; 1961; 400000 Sm). Die sowjetische »Lenin«, das erste Überwasserschiff mit Kernenergieantrieb überhaupt, nahm im Dezember 1959 ihren Dienst auf und wird heute noch als Eisbrecher in arktischen Gewässern für die zivile Schiffahrt eingesetzt.

Die »Savannah«, die am 21. 7. 1959 vom Stapel lief und im August 1962 ihre Jungfernfahrt unternahm, war das erste Handelsschiff der Welt mit Kernenergieantrieb. Sie wurde von der US-Atomenergiekommission und der US-Schiffahrtsverwaltung in Auftrag gegeben, um die Möglichkeiten des friedlichen Einsatzes der Kernenergie und ihrer vielseitigen Anwendung zu demonstrieren. Nach einer Anzahl von Höflichkeitsbesuchen überall in der Welt wurde sie bis 1972 zwischen den USA und dem Mittelmeer eingesetzt. Wegen der hohen Betriebskosten wurde sie, wie auch die deutsche »Otto Hahn« (Dienstzeit 1968–79), außer Dienst gestellt.

EDUARD STEINGRÄBER

Motorisierung und Autobahnbau in der Bundesrepublik Deutschland

Der immer stärker anwachsende Kraftfahrzeugverkehr hatte in europäischen und außereuropäischen Ländern zum Bau von Autobahnen geführt. Die erste europäische Autobahn zwischen Köln und Bonn wurde 1928 begonnen und 1932 fertiggestellt. 1934 bis 1939 baute man etwa 3200 km »Reichsautobahnen«. In der Bundesrepublik Deutschland betrug die Länge der Autobahnen 1950 rd. 2100 km, 1955 rd. 2175 km und 1959 rd. 2500 km. Überproportional dazu war der Bestand an Kraftfahrzeugen angestiegen von rd. 2 Millionen im Jahr 1950 über rd. 5,2 Millionen (1955) auf rd. 7 Millionen (1959).

Während die USA nach dem 2. Weltkrieg ihre Produktion in unzerstörten Werken nur umzustellen brauchten, kam die Produktion in Europa, insbesondere in der Bundesrepublik Deutschland, nur schleppend in Gang. Hier dominierten entsprechend den wirtschaftlichen Verhältnissen vor allem Kleinstfahrzeuge, was eine starke Typenreduzierung und eine Schrumpfung der Pkw-Anbieter zur Folge hatte. 1959 waren von insgesamt 400 Wagen- und Karosseriebauern, die es seit 1880 in Deutschland gab, nur noch die Firmen Volkswagen, Opel, Ford, Daimler-Benz, BMW, Porsche, Borgward (Goliath, Lloyd), Auto-Union (DKW), NSU, NSU-Fiat/Neckar und Glas vertreten.

1952–1958 war die Phase der wirtschaftlichen Konsolidierung in der Bundesrepublik Deutschland, in der es gelang, andere europäische Autokonzerne vom deutschen Markt weitgehend zu verdrängen. Maßgeblichen Anteil an diesem Erfolg hatte das Volkswagenwerk mit einem einzigen Autotyp, dem »Käfer«. Bereits 1951 produzierte das Volkswagenwerk in Wolfsburg mit 8000 Arbeitnehmern alle zwei Minuten einen »Käfer«, der in 22 Länder der Erde exportiert wurde. Jeweils nach den Werksferien wurde ein verbessertes Modell vorgestellt. 1953 wurde die Fertigstellung des 500000sten Käfers, 1955 die erste Million und zwei Jahre später die zweite Million produzierter »Käfer« gefeiert.

Erfolgreich waren auch einige Kleinwagen, z. B. Lloyd mit 300000, NSU Prinz mit rd. 665000 und Goggomobil mit rd. 275000 hergestellten Fahrzeugen, desgleichen die Mobile, so die BMW Isetta mit rd. 150000 und der Messerschmitt-Kabinenroller mit rd. 30000 hergestellten Fahrzeugen.

Eine der Folgen der zunehmenden Fahrzeugdichte war der sprunghafte Anstieg von Verkehrsunfällen. 1950 kamen in der Bundesrepublik Deutschland rd. 6300 Menschen im Straßenverkehr ums Leben, 1955 waren es bereits rd. 12300 und 1959 rd. 13500 Menschen, die durch die Motorisierung ihr Leben lassen mußten.

Durch umfangreiche Straßenbauprogramme wurde das Autobahnnetz erweitert.

Autotechnik

Die niederländische Automobilindustrie sorgte in den 50er Jahren für eine wichtige technische Neuerung bei Personenwagen. Für kleinere Wagen war ein automatisches Getriebe bis dahin kaum denkbar, vor allem aus Kostengründen. DAF änderte dies 1958 durch die Einführung des Modells 600. Dieses preiswerte Auto war mit einem stufenlos variablen, vollautomatischen Getriebe, der »Variomatic« ausgestattet. Der DAF 600 war das einzige Auto in der Klasse der Kleinwagen, das kein Kupplungspedal hatte. Er besaß einen Zweizylinder-Boxermotor.

Vier Jahre vor der Einführung des DAF 600 hatte Citroen mit dem DS 19 ein technisch wegweisendes Auto auf den Markt gebracht. Der Wagen hatte eine gute Straßenlage und eine komfortable Federung. Der Motor befand sich vorn hinter der Vorderachse und war in Längsrichtung eingebaut. Der DS 19 hatte Vorderradantrieb. Durch das hydropneumatische Federungssystem hatte dieses Auto einen besonderen Fahrkomfort. Der DS 19 war so fortschrittlich konstruiert, daß sein Konzept sogar noch in den 80er Jahren völlig ausreichte.

Ein weiteres Auto, das Geschichte machte, kam ebenfalls in den 50er Jahren auf den Markt. Es war die 1959 vorgestellte Schöpfung des Designers Alec Issigonis, der durch besondere technische Tricks einen relativ großen Innenraum in dem kleinen Auto schuf, das wegen seiner Maße mit dem Namen Mini bedacht wurde. Wie der oben erwähnte Citroen besaß es eine gute Straßenlage und Vorderradantrieb. Das Federungssystem bestand anfangs aus Gummi-Federelementen. Um Raum zu sparen, wurde der Motor quergestellt und das Getriebe darunter gebaut, eine damals höchst ungewöhnliche Lösung. Später diente diese Konstruktion als Vorlage für den modernen »compact car«.

Die Premiere des Citroën DS auf dem Pariser Autosalon 1955 (links).

Der BMW 600. Der kaum 3 m lange Wagen ist einer der vielen Kleinwagen aus den 50er Jahren. Der hinten eingebaute Zwei-Zylinder-Motor mit 582 ccm bringt den Wagen auf 100 km/h (rechts).

Eine andere Entwicklung ist mehr allgemeiner Art. Die Autohersteller erkannten, daß Privatleute einen besonderen Laderaum für den Transport von Gütern aller Art benötigten, und begannen Kombiwagen zu produzieren. Die Amerikaner lieferten als erste diesen Typ, in begrenztem Umfang bereits lange vor 1950. Die europäische Autoindustrie folgte später. Vor allem die zunehmende Freizeit und das Aufkommen von vielen Geräten, die die Freizeit angenehm machten, ließ das Interesse für diesen Autotyp ansteigen.

J. VAN DOOREN

Verkehrsunfälle

12. 1. 1950	Das britische U-Boot »Truculent« stößt in der Themsemündung mit einem schwedischen Tanker zusammen: über 60 Tote.
12. 3. 1950	Eine britische Avro Tudor V stürzt in der Nähe von Sigingstone bei Cardiff ab: 80 Tote.
6. 4. 1950	Bei Tanguá (Brasilien) entgleist ein Zug und stürzt in den Rio Indios: 108 Tote.
24. 6. 1950	Eine US-amerikanische DC 4 stürzt in den Michigansee: 58 Tote.
31. 8. 1950	Eine US-amerikanische Constellation stürzt in der Nähe von Cairo ab: 55 Tote.
22. 11. 1950	Zwei Vorortzüge stoßen in Richmond Hill (USA) zusammen: 79 Tote.
6. 2. 1951	In Woodbridge (USA) entgleist ein Vorortzug auf einer Überführung: 84 Tote.
16. 4. 1951	Das britische U-Boot »Affray« sinkt in der Nähe der Insel Wight: 75 Tote.
24. 8. 1951	Eine US-amerikanische DC 6B stürzt in der Nähe von Decoto (Kalifornien) ab: 50 Tote.
4. 3. 1952	Bei Rio de Janeiro stoßen zwei Züge zusammen: 119 Tote.
27. 3. 1952	Zwei sowjetische Flugzeuge prallen über dem Flugplatz von Tula (südlich von Moskau) zusammen: 70 Tote.
11. 4. 1952	Bei San Juan (Puerto Rico) stürzt eine amerikanische DC 4 ab: 52 Tote.
26. 4. 1952	Der US-amerikanische Zerstörer »Hobson« stößt im Atlantischen Ozean mit dem Flugzeugträger »Wasp« zusammen: 176 Tote.
9. 7. 1952	Bei Rzepin (Polen) entgleist ein Zug: 160 Tote.
8. 10. 1952	Bei Harrow-Wealdstone (Großbritannien) stoßen zwei Züge auf einen dritten: 96 Tote.
20. 12. 1952	Ein US-amerikanisches Militärflugzeug stürzt direkt nach dem Start in den Moses Lake (Washington) ab: 87 Tote.
9. 1. 1953	Vor Pusan (S-Korea) sinkt eine Fähre: 249 Tote.
31. 1. 1953	Vor der nordirischen Küste in Höhe von Donaghadee sinkt eine Fähre: 132 Tote.
21. 2. 1953	Zwei Oberleitungsbusse stoßen in Mexico City zusammen: über 60 Tote.
18. 6. 1953	Bei Tokio stürzt ein US-amerikanisches Militärflugzeug ab: 129 Tote.
1. 8. 1953	Das französische Schiff »Monique« verschwindet spurlos im südlichen Teil des Stillen Ozeans: 120 Vermißte.
21. 1. 1954	Bei Karatschi (Pakistan) verunglückt ein Postzug: 60 Tote.
27. 5. 1954	Vor der Küste in Höhe von Quonset Point (USA) ereignet sich eine Explosion auf dem US-amerikanischen Flugzeugträger »Bennington«: 93 Tote.
2. 9. 1954	Auf der Insel Negros (Philippinen) verunglückt ein Zug: 55 Tote.
26. 9. 1954	In der Straße von Tsugaru (Japan) sinkt die Fähre »Toya Maru«: 1168 Tote.
22. 3. 1955	Ein US-amerikanisches Marineflugzeug prallt gegen einen Berg auf Hawaii: 66 Tote.
3. 4. 1955	Bei Guadalajara (Mexiko) stürzt ein Zug in eine Schlucht: etwa 300 Tote.
11. 8. 1955	Bei Edelweiler (Bundesrepublik Deutschland) stoßen zwei US-amerikanische Militärflugzeuge in der Luft zusammen: 66 Tote.
6. 10. 1955	Eine US-amerikanische DC4 stürzte bei Laramie (Wyoming) in den Bergen ab: 66 Tote.
20. 3. 1956	Eine französische DC 6B stürzt in der Nähe von Cairo ab: 52 Tote.
20. 6. 1956	Eine venezolanische Super-Constellation stürzt südlich von New York in den Atlantischen Ozean: 74 Tote.
30. 6. 1956	Eine US-amerikanische Super-Constellation und eine DC 7 stoßen über dem Grand Canyon zusammen: 128 Tote.
26. 7. 1956	Vor der Küste von Massachusetts (USA) stoßen das italienische Schiff »Andrea Doria« und das schwedische Schiff »Stockholm« zusammen: »Andrea Doria« sinkt; 50 Tote und Vermißte.
23. 11. 1956	In Süditalien entgleist ein D-Zug: 143 Tote.
9. 12. 1956	Ein kanadisches Linienflugzeug verunglückt bei Vancouver: 62 Tote.
14. 7. 1957	Das sowjetische Schiff »Aschchabad« läuft im Kaspischen Meer auf Grund: 270 Tote.
11. 8. 1957	Eine kanadische DC 4 verunglückt über Quebec: 79 Tote.
1. 9. 1957	Bei Kendal (Jamaika) stürzt ein Zug in eine Schlucht: rd. 175 Tote.
29. 9. 1957	Bei Jambar (Westpakistan) fährt ein Schnellzug in einen mit Öl beladenen Güterzug: 250 Tote.
4. 12. 1957	In einem Londoner Vorort stoßen zwei Züge zusammen: 92 Tote.
1. 3. 1958	Bei Istanbul sinkt die türkische Fähre »Üsküdar«: 238 Tote.
7. 3. 1958	Bei Santa Cruz (Brasilien) stoßen zwei Züge zusammen: 67 Tote.
8. 5. 1958	Bei Rio de Janeiro stoßen zwei Züge zusammen: 128 Tote.
14. 8. 1958	Eine niederländische Super-Constellation stürzt vor der irischen Küste bei Shannon ab: 99 Tote.
17. 10. 1958	Bei Kanasch (UdSSR) stürzt eine sowjetische TU 104 ab: 65 Tote.
30. 1. 1959	Das dänische Fracht- und Passagierschiff »Hans Hedtoft« rammt bei Cape Farewell einen Eisberg: 95 Tote.
28. 5. 1959	Auf Westjava entgleist ein Zug: 92 Tote.
5. 6. 1959	In São Paulo (Brasilien) stoßen zwei Züge zusammen: rd. 60 Tote.
24. 9. 1959	Eine französische DC 7 stürzt bei Bordeaux ab: 53 Tote.

Unglücke I S. 89 – 18
Unglücke II S. 288 – 47

6. Kunst und Kultur

Architektur auf neuen Wegen

Die Innenstädte im Zeichen des Wiederaufbaus

Die 50er Jahre standen im Zeichen des Wiederaufbaus nach den Schäden des 2. Weltkriegs. Qualität der Bauten zählte nur wenig, entscheidend war allein die Schaffung möglichst vieler neuer Wohn- und Geschäftshäuser. Die Bauwerke wurden von den Kritikern ausnahmslos mit größtmöglichem Lob überhäuft, einzig aufgrund der Tatsache, daß sie gebaut worden waren.

Es war die Zeit der Stadterweiterungen und zugleich eine Zeit, in der alles unmittelbar nach der Fertigstellung nicht konsequent weiterentwickelt wurde, weil die Menschen sich bereits wieder neuen Aufgaben zugewandt hatten. Allen nach dem Krieg wieder aufgebauten Innenstädten ist gemeinsam, daß sie nach der Fertigstellung kaum noch einen wesentlichen kulturellen Faktor bildeten. Der Krieg hatte gewissermaßen eine Lücke gerissen, die nicht mehr aus der Welt zu schaffen war und die von der Architektur, bei aller Begeisterung für das zukünftige Wirtschaftswunder, nicht überbrückt werden konnte.

Die Zerstörungen in den Innenstädten z. B. von Danzig, Rotterdam und Le Havre waren zu groß. In Osteuropa, und das alte Danzig ist das beste Beispiel dafür, sah man als adäquateste Lösung die vollständige und minuziöse Restaurierung des Stadtkerns in seiner einstigen Form an. Aber dadurch sah die Stadt aus, als hätte die Zeit jahrelang stillgestanden und als sei die Entwicklung im Augenblick der Zerstörung abgebrochen worden, kurzum, als sei aus den Verwüstungen ein Museum auferstanden.

In Rotterdam fiel das Ergebnis völlig anders aus. Die Stadtbaumeister hatten die leeren Flächen, die durch die Bombenangriffe 1940 entstanden waren, als willkommenen Anlaß begrüßt, um neue städtebauliche Prinzipien zu verwirklichen, die sonst nur in Außenbezirken durchgesetzt werden konnten. Der Vorwurf wurde laut, Rotterdam sei zweimal verwüstet worden, einmal durch den Krieg und zum zweiten Mal durch den Wiederaufbau. Der zerstörte Teil ähnelte nach der Stadterneuerung dem Laden- und Geschäftszentrum eines großen Außenbezirkes.

Neben der getreuen Restaurierung von Danzig und dem kommerziell orientierten Aufbau des Rotterdamer Stadtzentrums erscheint Le Havre als sauberste Lösung. Der Wiederaufbauplan von Auguste Perret strebte vor allem nach Wahrung der Einheit und Kontinuität der Stadt im architektonischen Sinn. Aber die Giebelfronten aus Beton und die wenig abwechslungsreichen Gebäudeblöcke machten aus Le Havre eine sonderbar eintönige Stadt, die man gar nicht als Stadt, sondern mehr als Plan erlebt.

In der Bundesrepublik Deutschland traten denkmalpflegerische Aspekte wegen der durch den Flüchtlingsstrom zusätzlich verstärkten Wohnungsnot in den Hintergrund. Zerstörte historische Stadtkerne wurden durch kühle Zweckbauten ersetzt; dadurch erscheint, wie z. B. in Hildesheim, die nur spärlich übriggebliebene Bausubstanz recht isoliert.

Fragwürdige Höhepunkte

Die Bauwerke dieser Zeit glichen Jahrmarktsattraktionen. Das Guggenheim-Museum, das Frank Lloyd Wright in New York baute (1959),

Das Lever House in New York (fertiggestellt 1952) der Architekten Skidmore, Owings und Merrill hat glatte Fassaden. Im unteren Querteil befinden sich Läden.

Kunst und Kultur

Frank Lloyd Wright vollendete 1956 den Price Tower in Bartlesville (Oklahoma).

Frank Lloyd Wright

Am 9. 4. 1959 starb der US-amerikanische Architekt Frank Lloyd Wright im Alter von 89 Jahren in Taliesin West, Arizona. Wright hatte maßgeblichen Einfluß auf die Architektur des 20. Jahrhunderts. Er war Schüler L. Sullivans, von dem er sich 1893 trennte. In der Umgebung von Chicago baute er nach 1900 eine Reihe von flachen, kubischen Häusern. Sie wurden Präriehäuser genannt, weil sie sich organisch in die leicht hügelige Prärielandschaft einfügten. Diese Entwürfe revolutionierten die US-amerikanische Privathausarchitektur. 1908 baute Wright sein eigenes Wohnhaus in Taliesin bei Spring Green. Durch Erweiterungen entstand hier ein großer Gebäudekomplex, in dem er mit einigen Architekten und Studenten zusammenarbeitete. Um 1910 wurde sein Werk auch in Europa anerkannt, vor allem in Deutschland und den Niederlanden. Besonders seine in komplizierter Weise rechtwinklig ineinander verschachtelten Großbauwerke mit Betonarmierung fanden Beachtung.
Einer der Höhepunkte in Wrights Œuvre ist das 1936/37 über einen Wasserfall gebaute Falling Water House bei Bear Run, Pennsylvania. Zu seinen bedeutendsten Werken gehören das Guggenheim-Museum in New York (1956–1959) und der Price Tower (1956) in Bartlesville. In späteren Werken fügte er anstelle der rechtwinkligen Formen Winkel von 30° oder 60° und (so beim Guggenheim-Museum) spiralförmig auslaufende Galerien ein. Charakteristika seines Baustils sind die spezielle Raumaufteilung und Dekorationsarmut bei Verwendung neuer Baumaterialien und -methoden. Wright ging davon aus, daß die Form und die Materialien eines Bauwerks sich in Harmonie mit ihrer natürlichen Umgebung befinden müßten. Außerdem stellte er die Theorie auf, daß jedes Material nach seiner eigenen Auflösung verlange und durch seine Beschaffenheit den Charakter des zu entwerfenden Bauwerks bestimme.

---

hat die Gestalt einer Rutschbahn. Das TWA-Building von Eero Saarinen am Flughafen in New York aus den Jahren 1956–1962 ähnelt entfernt einem sich niederlassenden Vogel. Le Corbusiers Kapelle in Ronchamp (1953) erinnert an eine von Picasso gemalte Klosterschwester, die die »Wilden« mit farbigen Glasstückchen zu sich lockt. Die Berliner Philharmonie von Hans Scharoun (1956–1963) mutet mit ihren wie zufällig aufeinander gestapelten Schalterhallen, Galerien, Tribünen und Plattformen an wie ein eilig aufgezogenes Zirkuszelt und wird deshalb auch vom Berliner Volksmund »Zirkus Karajani« genannt (nach dem Dirigenten Herbert von Karajan). Der Entwurf, mit dem Jörn Utzon in diesen Jahren den Wettbewerb für die Oper in Sydney gewann, wird von jedermann mit einem Segelschiff assoziiert. Dynamik, Stromlinienform und Transparenz sind ständig wiederkehrende Elemente.

In den 30er Jahren hatte Le Corbusier städtebauliche Entwürfe angefertigt, in denen Bauten und Verkehrswege zu großen linearen Strukturen integriert waren. In den 50er Jahren ging es jedoch darum, daß die Bewegung an sich Bedeutung erhielt, als ob man eine Stadt am besten erleben könnte, wenn man mit dem Auto hindurchführe. Louis J. Kahns Verkehrsstrukturen von Philadelphia (1952) setzen voraus, daß die Straßenflächen für das städtische Leben wichtiger sind als die Baumassen und daß der bewegte Verkehr in den Straßen wichtiger ist als der ruhende. Auch auf den internationalen Kongressen der modernen Architekten (CIAM) war das Hauptproblem zu dieser Zeit, daß die Menschen im Stadtzentrum nur kurz verharren sollten, um so rasch wie möglich wieder in die Außenbezirke befördert zu werden. In solchem Umfeld wurde eine Architektur, die nicht auf einen funktionalen, sondern auf einen historischen Bedeutungswert gerichtet war, mit Argwohn betrachtet.

Neuer Realismus

Die Torre Velasca in Mailand (1958) von Ludovico Belgiojoso, Enrico Peressutti und Ernesto Rogers wurde auf der letzten CIAM-Versammlung in Otterlo heftig kritisiert wegen der historischen Anklänge, die dieses Bürohaus hervorzurufen schien. Trotzdem ist es der am meisten in die Zukunft weisende Bau des ganzen Jahrzehnts, weil er weder Vögeln noch Segelschiffen, sondern einem Bauwerk ähnelt. Die Torre Velasca charakterisiert den Anfang eines gut durchdachten Realismus in der westlichen Architektur, der gewisse Ansätze des osteuropäischen Realismus, der in der UdSSR einige Jahre zuvor abrupt abgebrochen war, übernahm und in anderer Weise weiterentwickelte. Der Kern des sozialistischen Realismus zur Zeit Stalins war nicht das individuelle Erleben des kauflustigen Menschen, sondern die Zurschaustellung großer kollektiver Einrichtungen. Der hoch aufragende

Die fließenden Linien der Kirche Notre-Dame-du-Haut in Ronchamp (1955) harmonieren mit der Landschaft. Dieses Bauwerk des Architekten Le Corbusier markiert einen Wendepunkt in dessen Werk. Seine frühen Entwürfe zeichneten sich durch scharf begrenzte Flächen aus.

Kunst und Kultur

Typische Zweckform: Neubau des Kaufhauses Wertheim in Berlin-Steglitz.

Komplex, wie z. B. die Moskauer Lomonossow-Universität von L. Rudnew aus dem Jahr 1952, war nicht nur Brennpunkt für die Versammlung von Volksmassen, sondern auch ein Experiment der städtebaulichen Arbeit, das wegen des Fehlens psychologischer Nebenbedeutungen von jedermann verstanden und erörtert werden sollte. Hinter der prunkvollen Fassade, die im Westen als »Zuckerbäckerstil« charakterisiert wurde, stand der Anspruch, das historische Erbe als intellektuelle Tradition an die Bevölkerung zu übermitteln. Die Worte, mit denen Chruschtschow im Dezember 1954 diesen Luxus abschaffte, sind vielleicht die aufschlußreichste Aussage eines Nicht-Architekten über die Architektur der 50er Jahre. »Der Architekt«, sagte er, »hat ein Bedürfnis nach schönen Silhouetten, während die Menschen Bedarf an Wohnungen haben. Sie müssen in den Häusern wohnen und sie nicht nur bewundern...« Aber auch wenn niemand sich in erster Linie um schöne, das Auge ansprechende Silhouetten kümmert, sondern jedermann sich um gute Häuser bemüht, bleibt es immer noch Aufgabe des Architekten, auch die Silhouette zu gestalten. Das Neue an der Mailander Torre Velasca war, daß die Aufgabe ernst genommen wurde.

IR. J. MEUWISSEN

Bildende Kunst in den 50er Jahren

Die Documenta in Kassel

In den 50er Jahren brach sich endgültig die – von vielen auch weiter abgelehnte, unverstandene oder belächelte – abstrakte Kunst Bahn. Manche faszinierte diese Richtung gerade durch das, was sie ausdrücken will: die menschliche Freiheit. Das betonte der deutsche Kunsthistoriker Werner Haftmann. 1959 erhielt er Gelegenheit, seine Ansicht überzeugend auf der Documenta II in Kassel in die Tat umzusetzen. Dort wollte ein Kreis um Haftmann ein Forum für zeitgenössische Kunst schaffen. So entstand in der nordhessischen Stadt eine im Vierjahresrhythmus stattfindende Ausstellung, die stets so überzeugend präsentiert wurde, daß sie weltweit Ansehen erlangte. Haftmann proklamierte in der Documenta '59, daß der Weg der Kunst sich von der abbildenden zur herausfordernden Kunst gewandt habe. Er legte dar, daß die nonfigurative Kunst eine »Weltkultur über alle Grenzen hinweg« begründet habe; darin bestehe ihre eigentliche »Sendung«. Haftmann unterschied drei Kategorien in der Abstraktion:

1. Die Formgestaltung durch das Erlebnis des Wachsens und Strömens in der Natur (Beispiel: das Werk des französischen Künstlers Jean Bazaine).
2. Bewegungen, die spontan durch den »Daseinsprozeß« entstehen (das Werk des Amerikaners Jackson Pollock und des Deutschen Wols).
3. Das Spiel des Geistes, der nach Harmonie und Schönheit sucht (z. B. die geometrischen Figuren des französisch-ungarischen Künstlers Victor Vasarély oder das verträumte Werk des Engländers Ben Nicholson).

Nur 28 von den 196 in Kassel ausgestellten Malern arbeiteten nicht abstrakt, nämlich fast alle älteren Künstler, wie die belgischen Surrealisten Paul Delvaux und René Magritte, sowie Künstler, die bereits vor dem Krieg berühmt waren, wie der Franzose Georges Braque und Pablo Picasso.

Die Expo 58

Vom 17. 4. bis zum 19. 10. 1958 fand in Brüssel eine Weltausstellung statt. Auch in der Bundesrepublik Deutschland machte die Expo Schlagzeilen, und viele Bundesbürger fanden den Weg über die Grenze in die belgische Hauptstadt.
Das starke Interesse war der

Der niederländische Pavillon auf der Weltausstellung 1958 in Brüssel.

Tatsache zu verdanken, daß es sich bei der Expo 58 um die erste Weltausstellung nach dem 2. Weltkrieg handelte, die naturgemäß die spektakulären Entwicklungen auf technologischem, kulturellem und wirtschaftlichem Gebiet zeigte, die es seit der letzten Ausstellung in New York 1939 gegeben hatte.
So bewunderten die 41 Millionen Besucher nicht allein die zahlreichen neuen Erfindungen (unter anderem war ein Modell des ersten künstlichen Satelliten, des Sputnik, zu sehen; die Amerikaner führten das Farbfernsehen und ihre fortgeschrittene Technik bei den Haushaltsgeräten vor), sondern auch die zum Teil gewagte Architektur der Ausstellungspavillons, die die rund 45 an der Expo teilnehmenden Staaten hatten bauen lassen. Einige dieser Bauten zeigten ein avantgardistisches Äußeres (so die der Niederlande, Frankreichs, der USA und der Sowjetunion), andere verkörperten in ihrem Erscheinungsbild die kulturellen Traditionen ihrer Länder (so etwa die Pavillons Marokkos und Thailands). Mit Recht konnte behauptet werden, daß hier alle zur Zeit gültigen Auffassungen über Baukunst und Baustile mit beispielhaften Zeugnissen vertreten waren.
Hauptblickfang der Ausstellung war jedoch das von den Belgiern gebaute Atomium. Dabei handelte es sich um eine 110 m hohe Metallplastik in Form eines Eisenkristallmoleküls, das auf einen Entwurf des Belgiers A. Waterkeyn zurückging. Es blieb auch nach Beendigung der Expo an seinem Platz und ist bis heute eine der Hauptsehenswürdigkeiten Brüssels geblieben.

Ein herausragendes Beispiel für action painting ist das Bild »Number 27«, eine Ölmalerei des US-Amerikaners Jackson Pollock aus dem Jahre 1950 (Whitney Museum of American Art, New York).

Große Aufmerksamkeit zollte man in Kassel dem Werk des 1956 verunglückten US-amerikanischen Malers Jackson Pollock, der auf großdimensionalen Bildern Farbe verspritzte und verströmen ließ, so daß auf ihnen ein undurchdringlicher Wirbel von Flecken, Streifen und Linien »tanzte« und herabtroff. Das »Thema« seiner abstrakten Kunst war die »action«, die Bewegung an sich (action painting). Dabei fehlte eine emotionelle Komponente völlig. Darin stimmte er in gewissem Maße mit dem aus den Niederlanden stammenden Maler Willem de Kooning überein, und das unterschied sie beide von den europäischen Abstrakten mit ihrer »art autre« (andere Kunst), »art informel« oder sogar »art brut" und dem »Tachismus« (Fleckenkunst).

Mittelpunkt: Paris

Mittelpunkt der internationalen Kunstszene war wieder Paris geworden. Die Künstler kamen aus allen Richtungen und Ländern. Unter ihnen befanden sich der Kubaner Wilfredo Lam (spitze Phantasiefiguren), der Chilene Roberto Matta (schwer erkennbare surreale Kompositionen, die bisweilen an Science-fiction erinnern, z.B. eine verfremdete Maschinenwelt), der Spanier Antonio Saura (leidenschaftlich dahingeworfene Gemälde, in denen manchmal eine Kreuzigung zu erkennen ist) und der Japaner Kumi Sugai (magische Zeichen). Sturmartig wuchs eine neue École de Paris (Pariser Schule) heran; auf dem rive gauche (linken Ufer der Seine) entstanden neue Galerien, deren Eigentümer oft zu Bahnbrechern wurden, wie Michel Tapié und Édouard Jaquer.

Durch Ausstellungszentren und Museen für zeitgenössische Kunst sowie über Sammler wurden auch die Namen und Werke bekannt von Pierre Soulages, Serge Poliakoff, Jean Dubuffet, Hans Hartung, Viera da Silva, um nur einige der in Paris lebenden Pioniere der École de Paris zu nennen. Sie fanden den Weg zu Interessenten in Westeuropa. Die neuen Richtungen hatten aber auch entschiedene Gegner: Diese waren der Ansicht, auf Geld und Ehre versessene Insider würden dem Publikum eine Kunst vorgaukeln, die auch von einem Schulkind gemalt werden könne. Als dem Maler Karel Appel während eines Interviews die Bemerkung entschlüpfte: »Ich schmiere einfach was hin«, war das für viele die Bestätigung. Trotzdem war der Ausdruck recht bezeichnend, denn bei der abstrakten Gefühlskunst ging es nicht um einen zuvor festgelegten Plan für ein Kunstwerk, sondern darum, während des Schaffens eine Ausdrucksweise zu finden, die die Gefühle des Künstlers vermittelte oder zumindest ihn selbst befriedigte. Vermutlich fand gerade der Gefühlsinhalt dieser abstrakten Kunst der 50er Jahre Anklang. Nicht nur die Künstler hatten Krieg und Besatzung als schrecklichen Abschluß der Vergangenheit erlebt. Nicht nur sie forderten neue Lebensformen in einer neuen Freiheit.

Constantin Brâncusi

Constantin Brâncusi

Am 16. 3. 1957 starb der Bildhauer Constantin Brâncusi im Alter von 81 Jahren. Der gebürtige Rumäne lebte seit 1904 in Paris. Sein frühes Werk ist beeinflußt durch Auguste Rodin, der damals auf dem Höhepunkt seines Ruhms stand. Nach und nach entwickelte Brâncusi jedoch seinen eigenen Stil. Konsequente Vereinfachung, das Weglassen von gefälligen Effekten, führte den Künstler zu strengen, kräftigen Grundformen. Brâncusi bediente sich bei seinen Plastiken verschiedener Materialien, insbesondere Holz, Marmor und Bronze. Eines seiner ersten ursprünglichen Werke war *Der Kuß* (1908), entworfen für ein Grabmal des Montparnasse-Friedhofes in Paris. Es ist ein kompakter Block, in dem die einander gegenübergestellten Gestalten eines Mannes und einer Frau unlöslich miteinander verbunden sind. Das einzige aus dem geschlossenen Volumen heraustretende Element ist die Andeutung der Umarmung.

Brâncusi schuf häufig Skulpturen von gleicher Thematik: Er verwendete dann ein anderes Material und führte kleine Formveränderungen, meist Vereinfachungen, aus. Ein Beispiel hierfür ist der stilisierte Kopf der *Schlummernden Muse* (1910), eine Form, aus der schließlich die in Marmor gearbeitete eiförmige Skulptur *Weltanfang* (1924) hervorging. Unter Opferung individueller, überflüssiger und zufälliger Details gelangte Brâncusi schließlich zu der in seinen Werken ständig wiederkehrenden Eiform als Symbol letzter Vollkommenheit. Brâncusis Werk war vor allem in den Vereinigten Staaten sehr gefragt und übte auf einige Künstler großen Einfluß aus, u. a. auf Barbara Hepworth, Hans Arp und Henry Moore.

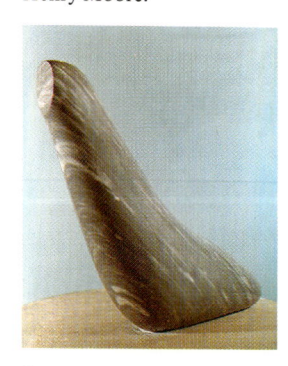

Die Marmorskulptur »Der Seehund« zeigt Brâncusis Vorliebe für schlanke Formen. Sie stammt aus dem Jahre 1943 und befindet sich im Museé National d'Art Moderne in Paris.

Kunst und Kultur

Richard Hamilton hatte großen Einfluß auf die Pop-Art. Das hier abgebildete Werk »She« datiert aus den Jahren 1959/60 und hängt in der Tate Gallery in London (links).

Skulptur von Henry Moore in der Kasseler Orangerie auf der »Documenta II« (1959) (rechts).

Henri Matisse

Henri Matisse starb in Nizza am 3.11.1954 im Alter von 84 Jahren an einem Herzanfall. Er war seit Beginn des 20. Jahrhunderts neben Pablo Picasso, Max Ernst und Georges Braque eine der zentralen Figuren der europäischen Malerei.
Ursprünglich vom Impressionismus beeinflußt, wurde Matisse bald zum geistigen Haupt der 1905 erstmals geschlossen an die Öffentlichkeit getretenen Künstlergruppe »Fauves« (die »Wilden«), die sich bewußt vom Neoimpressionismus und dessen gefälliger, methodischer Malweise absetzte. Entscheidend war dabei der expressionistische Gebrauch von leuchtenden, reinen Farben, die flächig aufgetragen wurden. Nach dem 1. Weltkrieg wandte sich Matisse bald auch vom Kubismus ab und entwickelte einen eigenen, dekorativ-vereinfachenden Stil, der zunehmend auf räumliche Wirkung verzichtete und im Spätwerk linearen Charakter annahm.
Henri Matisse war nicht nur Maler. Er schuf auch Skulpturen, Radierungen, Glasmalereien, Holzschnitte und Illustrationen (u. a. für den Gedichtzyklus *Poésies* von Stéphane Mallarmé), Gobelins, Bühnenbilder und -kostüme. Im Mittelpunkt seines Spätwerks stehen Collagen aus farbigen Papierschnitzeln, sogenannte »gouaches découpées« (*Die Traurigkeit des Königs* 1952, *L'escargot* 1954).
Sein Meisterwerk ist wohl die Ausstattung der Chapelle du Rosaire in Vence (1946 bis 1951). Diese Kapelle, deren Fenster er ebenfalls entwarf, wurde weltberühmt. Sie rief einen heftigen Streit über die Verbindung von Kunst und Religion hervor. 1952 wurde ein Matisse-Museum in Le Cateau-Cambrésis eröffnet.

Der Entwurf von Fenstern und Wänden für die Kapelle des Dominikanerklosters in Vence war das letzte Werk von Henri Matisse.

Cobra

Die bedeutendste Künstlergruppe der 50er Jahre war die Gruppe Cobra. Der Name wurde aus den Anfangsbuchstaben der Heimatstädte ihrer Hauptwortführer (*Co*penhagen, *Br*üssel, *A*msterdam) gebildet. 1949 fand im Amsterdamer Stedelijk Museum ihre erste Ausstellung statt. Der belgische Schriftsteller Christian Dotremont schrieb in einem Begleittext u. a.: »Wer nicht am Faden der Wirklichkeit festhält, versinkt in der Tiefe, und wer an der Oberfläche verbleibt, lebt platt wie ein Pfannkuchen... Dennoch kann die Wirklichkeit sich unmöglich beschränken auf die Melancholie einer Gasse, auf den Overall eines Metallarbeiters... Vor dieser Situation erhält ein ordentlich dicker Farbklecks er seine volle Bedeutung. Er ist wie ein Schrei von der Hand des Malers, dem vom Formalismus ein Maulkorb angelegt wird...« Die dicken Farbkleckse wurden kennzeichnend für das Werk von Karel Appel, einer der Hauptpersönlichkeiten Cobras. Zu weiteren tragenden Figuren dieser Gruppe gehören u. a. aus Belgien Pierre Alechinsky (im Katalog Paul genannt) und Guillaume Corneille, aus den USA Shinkichi Tajiri (ein Amerikaner japanischer Herkunft) und die Dänen Asger Jorn und Carl Henning Pedersen.

Bildhauerkunst

Häufig wurden wichtige Ausstellungen zur Bildhauerkunst veranstaltet. In Arnheim fand 1949 im Park Sonsbeek zum ersten Mal eine Ausstellung internationaler Bildhauerkunst statt, 1950 folgte eine ähnliche Ausstellung im Middelheim-Park in Amsterdam.

Auf diesen Ausstellungen, die periodisch wiederholt wurden, sah man eine mannigfaltige Entwicklung der Skulptur, ausgehend von den großen Vorgängern aus dem 19. Jahrhundert über mehr oder weniger figurative zeitgenössische Meister wie Henry Moore bis zu den abstrakten experimentellen Künstlern. 1954 wurde ferner in Rotterdam eine Ausstellung der neuen italienischen Bildhauerkunst gewidmet, deren absoluter Höhepunkt die Werke des Italieners Giacomo Manzù waren.

Auch auf der Expo 58 in Brüssel konnte man ausführliche Informationen über die Tendenzen in der Kunst des 20. Jahrhunderts erhalten. Dort sah man auch zum ersten Mal, je nach Einstellung verwirrt oder zustimmend, Originalwerke des sowjetischen Realismus. Man empfindet Heiterkeit bei dem Gedanken, daß Pablo Picasso im Juni 1945 auf dem X. Kongreß der KP Frankreichs offiziell begrüßt wurde, daß aber derselbe Kongreß die Teilnehmer nichtsdestoweniger aufrief, dem stalinistischen Kunstkonzept treu zu bleiben. Allerdings hörte niemand darauf.

PIERRE JANSSEN

Angry Young Men und Nouveau-Roman-Literatur in England und Frankreich

Die Literatur des Jahrzehnts wurde in beiden Ländern durch zwei Strömungen entscheidend geprägt: durch die Angry Young Men (»Zornige junge Männer«) in England und durch die Vertreter des Nouveau Roman (»Neuer Roman«) in Frankreich. Der Begriff »Angry Young Man« täuscht jedoch eine Einheitlichkeit vor, die es nicht gab. Die Autoren, die, besonders nach der erfolgreichen Uraufführung von John Osbornes Drama *Blick zurück im Zorn* am 8. 5. 1956 im Londoner Royal Court Theatre, mit diesem Etikett versehen wurden, lehnten die Festlegung der Kritiker auf ein gemeinsames Programm ab.

Es gibt jedoch auf zwei Gebieten unleugbar Gemeinsamkeiten und zwar einerseits in der Biographie der meisten Autoren und andererseits in Verhaltensweise und Lebenslauf vieler ihrer Helden. Die meisten Autoren (u. a. John Osborne, Kingsley Amis, John Braine) kommen aus eher kleinbürgerlichen Verhältnissen, denen erst die Bildungsreform von 1944 mit der Abschaffung des Schulgeldes und Gewährung großzügiger Stipendien – das Wort vom scholarship-boy machte die Runde – den Weg zu einem Hochschulstudium eröffnete. Dies fand unmittelbar Niederschlag in der Charakterisierung der Hauptfiguren. Die meisten arbeiten entweder als Universitätsdozenten oder haben zumindest ein Studium erfolgreich abgeschlossen.

Alle empfinden ein großes Unbehagen gegenüber althergebrachter Ordnung und der Verläßlichkeit des Sozialstaates. Ihre Kritik ist jedoch nicht konstruktiv, Gegenentwürfe werden nicht gemacht. Ihrem orientierungslosen Protest folgt nicht die Darstellung alternativer Modelle. Diese Helden bemängeln, daß ihnen nicht die Position in der Gesellschaft zugewiesen wird, die ihnen gebührt. Der Grund für den »Zorn« der Protagonisten ist sicher darin zu suchen, daß auch sie als »scholarship-boy« große Schwierigkeiten haben, sich in der angestrebten »höheren« Schicht zurechtzufinden. Sich anzupassen erscheint ihnen unmöglich; sie haben sich der Schicht, aus der sie kommen, entfremdet. Ihnen bleibt, so meinen sie, zwischen den Stühlen sitzend nichts als Verachtung der gesamten Welt.

Jimmy Porter – der zornige junge Mann auf der Bühne

Seinen sinnfälligsten und wohl auch bekanntesten Vertreter fand der zornige junge Mann in Jimmy Porter, der Hauptfigur von Osbornes Stück *Blick zurück im Zorn*. Zwar gab es auch andere Dramatiker, die in den 50er Jahren zornige junge Männer auftreten ließen, wie z. B. Arnold Wesker die Figur des Ronald in *Hühnersuppe mit Graupen* (1959); Jimmy Porter jedoch wurde zum Inbegriff des Angry Young Man schlechthin. Osborne gelang es mit seinen späteren Stücken nicht mehr, diesen im übrigen auch kommerziell einmaligen Erfolg zu wiederholen.

Der Universitätsabsolvent Jimmy Porter lebt mit seiner Frau Alison, der Tochter des pensionierten Oberst Redfern, in einer schäbigen Wohnung in einer Industriestadt in Mittelengland. Für seinen Haß auf eine Gesellschaft, die ihn die ihm – so meint er – zustehende Position nicht erreichen läßt, sind zum einen seine Jazztrompete, zum anderen Alison die Zielscheiben. Der Unterschied der sozialen Herkunft ist der Grund für dauernde Zänkereien, Haßtiraden Jimmys auf alles und jeden und die immer wieder darauf folgenden Versöhnungen mit seiner Frau. Als Alison Jimmy ihre Schwangerschaft mitteilen will, trei-

John Osborne

Premiere von Osbornes »Blick zurück im Zorn« am Düsseldorfer Schauspielhaus (1958). Hans Dieter Zeidler spielte den Jimmy Porter, Klaramaria Skala dessen Ehefrau.

ben sie dessen Beschimpfungen aus dem Hause, und Helena Charles tritt als Geliebte und Hausbesorgerin an ihre Stelle. Als Alison jedoch zurückkehrt und ihr Kind verloren hat, räumt die Geliebte entsagungsvoll das Feld. Jimmy und Alison flüchten sich in eine Traumwelt. Die Fabel erscheint simpel und kann naturalistische Einflüsse nicht verleugnen, sie gibt jedoch Jimmy Porter Raum, sein Mißbehagen gegen den amerikanischen Einfluß auf das gesellschaftliche Leben, gegen voreheliche Liebe, gegen die Wasserstoffbombe, gegen ein falsches Heldenideal oder gegen die Entfremdung zwischen Eltern und Kindern in einer direkten, ja zum Teil obszönen Sprache zu artikulieren. Worum es ihm jedoch letztlich wirklich geht, wird am Ende deutlich. Er stellt sich vor, er lebt mit Alison als Bär und Eichhörnchen in einer warmen Höhle mit einem Überfluß an »Honig und Nüssen – jede Menge Nüsse«. Er wünscht sich nichts anderes als einen geachteten, finanziell gesicherten Platz in der Gesellschaft.

Der Zorn im Roman

Die »Angries« machten aber lange vor Osborne bereits im Roman auf sich aufmerksam. John Wains erster von insgesamt fünf Romanen ist bei weitem der erfolgreichste und beste geblieben. In *Runter mit dir* (1953) schildert er den Werdegang Charles Lumleys, der sich, nach mäßigem Universitätsabschluß, weigert, durch Heirat und Berufswahl in die Mittelschicht integriert zu werden. Er versucht sich, auf der Suche nach seiner Selbstbestimmung, in verschiedenen Berufen vom Rausschmeißer bis zum Chauffeur. Am Schluß findet er eine Stellung als gag-writer beim Rundfunk, die ihm vorerst einen festen gesellschaftlichen Ort zuweist. Auch in diesem Roman wird das für Außenseiter kaum durchlässige hierarchische Gesellschaftssystem gelegentlich nicht ohne Komik durchleuchtet. Haß auf die Gesellschaft ist zwar in großem Maße vorhanden, der Wille zur Änderung aber nicht. »Ich habe nie gegen das normale Leben rebelliert, es hat mich eben nie zugelassen, das ist alles«, sagt der Held. In Kingsley Amis' *Glück für Jim* (1954) begegnet man dem Universitätsdozenten Jim Dixon, der das hohle Ritual des Universitätsbetriebes, verkörpert durch seinen Vorgesetzten Professor Welch, lächerlich macht, etwa dadurch, daß er stark angetrunken in einem Vortrag den Dozierstil von Welch imitiert. Er kritisiert zwar damit überkommene Strukturen, manövriert sich selber aber ins gesellschaftliche und berufliche Abseits. Erst als er die Stelle eines Sekretärs bei einem Kunstmäzen bekommt und dessen Nichte heiratet, ist er aller Schwierigkeiten ledig. Man kann in diesem auch kommerziell erfolgreichen, witzig und humorvoll geschriebenen Roman zwar stets illusionslose, gelegentlich auch beißende Kritik erkennen; mehr als die Konstatierung des gesellschaftlichen Befundes wird jedoch nicht geleistet.

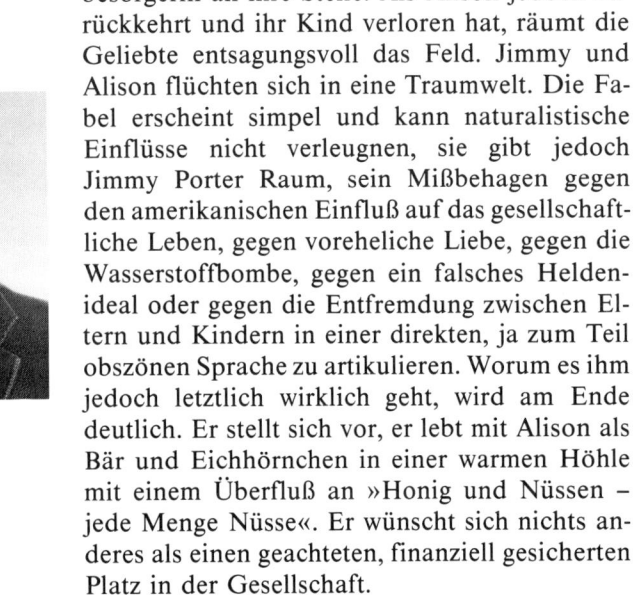

Kingsley Amis

John Braine

Viel moralisierender ist John Braines Erstling *Der Weg nach oben* (1957). Er schildert den sozialen Aufstieg des Arbeitersohns Joe Lampton, der, obwohl er beständig gegen den Mechanismus der Leistungsgellschaft wettert, schließlich, von ihr korrumpiert, Karriere macht und schuldig am Tode seiner Freundin wird. Die Gesellschaftskritik ist hier mit dem moralischen Abstieg des Helden verknüpft, der doch den Verlockungen des Wohlstandes erliegt. Auch dieses Romanwerk bleibt bei kritischer Analyse stehen.

Nouveau Roman – der Bruch mit traditionellem Erzählen

Die Vertreter des nouveau roman (neuer Roman) – auch andere Begriffe wie »anti-roman« (nach Jean Paul Sartre) oder Dingroman sind geläufig – fühlen sich sehr wohl einem theoretischen Konzept verpflichtet. Ihre herausragenden Vertreter, u. a. Nathalie Sarraute, Alain Robbe-Grillet, Claude Simon, Michel Butor oder der Ire Samuel Beckett, haben zudem ihr Erzählkonzept in theoretischen Überlegungen niedergelegt. Daß bei aller Gemeinsamkeit ihre Romane große Verschiedenheiten haben, ist dabei mehr Hinweis auf die unterschiedlichen Individualitäten als Indiz für die Mehrdeutigkeit ihres Ansatzes.
Zu Beginn der 50er Jahre konnte man die Abkehr von einer philosophisch-politisch engagierten Dichtung, wie sie etwa Jean Paul Sartre oder Albert Camus vertraten, beobachten. Die Tatsache, daß der zweite Weltkrieg mit seinen Folgen für viele das Ende einer festgefügten Welt mit stabilen Werten bedeutete, zeitigte auch ein erhebliches Mißtrauen in traditionelle, bis dahin in der Regel unreflektiert eingenommene Erzählhaltungen. Die moderne Welt erschien sinnlos. Kann sich, so fragten die Repräsentanten des nouveau roman, ein Schriftsteller noch vermessen, in seinen Werken eine festgefügte, begründbar geordnete Welt vorzuführen? Für die Autoren des Neuen Romans hat alles Vordergründige, also Personen, Dinge, Bewußtsein u. ä., seine tiefe moralische Bedeutung verloren. Die Dinge können in einer orientierungslosen Welt für den Menschen keine Stütze mehr sein. Was dem Schriftsteller bleibt, ist nur noch die minutiöse Beschreibung eben dieser Dingwelt und das oberflächliche In-Beziehung-Setzen von Versatzstücken. Es gibt somit meist keinen eindeutigen Handlungszusammenhang mehr, ja der Leser wird bewußt als Gestaltender in die Entstehung des Werkes einbezogen. Der Romanheld kann sich der Bedeutung der Welt nicht sicher sein; da auch er nur die Oberfläche sieht, bleiben psychische Reaktionen aus. Die Helden erscheinen als konturenlose Automaten, die auf die Umwelt reagieren; die Individualität der Helden traditioneller Romane geht ihnen ab. Dem Dichter fällt damit nur noch die Rolle eines distanzierten Beobachters zu, der die Welt schildert, wie sie vorgefunden wird, ohne tieferen Sinn, als eine Abschilderung ihrer Oberfläche. Daß vielen Roma-

nen doch eine symbolische Deutung zugemessen wird, mag ein Hinweis darauf sein, daß theoretischer Anspruch und erzählerische Wirklichkeit auseinanderklaffen.

Sarraute, Robbe-Grillet, Butor, Simon – die Hauptvertreter

Den Beginn des Neuen Romans markieren die Werke von Nathalie Sarraute. Zunächst trat sie mit den wenig beachteten Stücken *Tropismen* (1939) und *Portrait eines Unbekannten* (1947) an die Öffentlichkeit. Den großen Durchbruch erreichte sie mit dem Roman *Das Planetarium* (1959), der auch ihr 1953 erschienenes Werk *Martereau* nachträglich aufwertete. Die Handlung des *Planetarium* ist so simpel wie banal. Auf immerhin rd. 250 Druckseiten wird geschildert, wie ein Schriftsteller und dessen Frau ihrer Tante die Wohnung abspenstig machen wollen, um dort Freunde empfangen zu können. Die »Helden« des Romans haben keine Vorgeschichte mehr.

Der Leser muß sich die Bezüge und gesellschaftlichen Verbindungen der Personen mühsam erarbeiten. So wird erst nach einem Teil des Romans klar, daß es sich um die männliche Hauptperson handelt, wenn von jemand die Rede ist, der gern Karottensalat ißt. Es wird nichts als eine reduzierte Dingwelt, die für sich selber sprechen soll, geliefert.

Wesentlich zugänglicher, nicht zuletzt weil handlungs- und spannungsreicher, sind die Romane Alain Robbe-Grillets. Seine Romane *Ein Tag zuviel* (1953), *Der Augenzeuge* (1955), *Die Jalousie oder die Eifersucht* (1957) und *Die Niederlage von Reichenfels* (1959) zeichnen sich auch durch thematische Vielfalt aus. Sind die ersten beiden und der letzte dem Detektivroman verpflichtet, so handelt es sich bei *Die Jalousie* um eine Dreiecksgeschichte. Bei allen jedoch werden die Personen nicht durch ihre Handlungen, sondern durch die Dinge, die sie umgeben, beschrieben. In *Die Jalousie* sind z. B. halb gefüllte Gläser, die Anzahl der Gedecke oder stets wiederkehrende banale Redewendungen Hinweise auf Protagonisten. Von Handlung läßt sich nur insofern reden, als deutlich wird, daß die Frau des Farmers mit Namen A... und Franck, der Besitzer der Nachbarfarm, A...s Mann hintergangen haben, weil sie von einer Fahrt in die Hafenstadt wegen einer angeblichen Autopanne an folgenden Morgen zurückkehren. In *Der Augenzeuge* versucht der Uhrenhändler Matthias, der auf einer Insel Uhren verkaufen will, dabei einen genauen Zeitplan einzuhalten. Indizien lassen darauf schließen, daß er ein kleines Mädchen ermordet hat (an Stelle der Tat ist im Roman ein weißes Blatt). Sicher ist dies jedoch nicht. Matthias verwickelt sich in Widersprüche, ein angeblicher Zeuge schweigt, ja selbst der Name des Opfers ist nicht klar. Der Leser, dessen Phantasie freier Lauf gelassen wird, bleibt verunsichert zurück.

Michel Butor, wie Robbe-Grillet im übrigen lange Lektor im Verlag Editions le Minuit in Paris, ist sicherlich *der* Vertreter des Dingromans, der sich durch die größte Stilsicherheit auszeichnet. In seinen drei in den 50er Jahren veröffentlichten Romanen *Paris-Passage de Milan* (1954), *Der Zeitplan* (1956) und *Paris-Rom oder die Modifikation* (1957) stehen das Problem der Zeit und die Thematisierung von Ortsmythos im Vordergrund. Damit steht er in einer Entwicklungslinie mit Marcel Proust und James Joyce. Anders als bei seinen großen Vorgängern bleiben seine Protagonisten bei ihren Analysen stets an der Oberfläche. Selbst der gelegentliche Gebrauch von Symbolen führt die Helden nicht zu psychologischer Selbstanalyse, vielmehr bleiben sie bei ihren Entscheidungen von der sie umgebenden sichtbaren Welt bestimmt. Besonders deutlich wird dies in *Paris-Rom oder die Modifikation*, wo der Held auf einer Zugreise von Paris nach Rom den Entschluß, mit seiner Frau zugunsten der Geliebten zu brechen, rückgängig macht. Je mehr er sich Rom nähert, desto deutlicher ergreift die Stadt Paris wieder vom ihm Besitz. Der in sehr manieriertem Stil geschriebene Roman – die zum Teil sehr quälenden Beschreibungen z. B. des Eisenbahnabteiles ermüden jeden Leser – zeigt nicht zuletzt die Grenzen des nouveau roman. Bei seinem hohen gedanklichen Anspruch vergaß der Autor manchmal den Leser; speziell bei Butor kam daher gelegentlich der Vorwurf, er erzeuge schlicht Langeweile.

Auch Claude Simon gehörte in den 50er Jahren mit seinem Roman *Der Wind* (1957) zu den wichtigsten Vertretern des Neuen Romans. Im Stil an sein erklärtes Vorbild Michel Butor erinnernd, erzählt ein nicht genannter Berichterstatter den Niedergang des Photographen Antoine Montès. Dies geschieht jedoch nicht streng chronologisch, sondern gewollt bruchstückhaft, so daß der Leser wieder zum Mitgestalter der Fabel werden muß. Eindringlich wird auch in diesem Roman darauf hingewiesen, daß es keine objektive Wahrheit gibt, weder in der realen Welt noch im Roman, denn der Dichter ist sich letztlich seiner selbst nicht sicher.

Wenn auch die Autoren des nouveau roman stets attackiert wurden – Etiketten wie unverständlich, unlogisch oder langweilig waren nicht selten zu hören –, so haben sie doch die Diskussion um Themen und Erzählhaltungen des Romans neu entfacht. Und sichert das nicht ihren Platz in der Literaturgeschichte?

HEINZ DIETER BULKA

Nathalie Sarraute

Alain Robbe-Grillet

Michel Butor

Deutsche Literatur der 50er Jahre

Die Jahre nach 1945 waren noch geprägt von der als absolut empfundenen Zäsur des Zusammenbruchs, der selbst auferlegten oder als Mimikry betriebenen Pflicht geistig-moralischen Umdenkens – zum Thema erhoben etwa von Wolfgang

Literatur I
S. 304 – 49

Weyrauch in der Forderung nach einer von Grund auf ehrlichen Literatur, der »Literatur des Kahlschlags«.

Zu Beginn der 50er Jahre verändert sich das Bild, wandeln sich Klima und Umstände. Die »Adenauer-Zeit«, wie sie schlagwortartig in der Rückschau genannt wird, zeigt eine Hinwendung zur Restauration, zum gesicherten, wenn nicht sogar konfessionell abgesicherten Konservatismus. Zwar sind literarisch konservative Autoren damit nicht unbedingt persönlich im Bunde, verdanken aber ihre Prominenz diesem Geist der Zeit. Werner Bergengruen etwa beherrscht mit seinem 1935 geschriebenen Roman *Der Großtyrann und das Gericht*, einer in klassischer Form verschlüsselten Diktaturkritik, die Szene nicht unkritischer, an ewige Ordnungen erinnernder gehobener Volksliteratur. Der Titel seines Gedichtbandes *Die heile Welt* (1951) wird wie ein Programm der Abkehr von Trümmerlandschaft und Gewissensschuld verstanden, vielleicht mißverstanden. Auch der volkstümliche Erzähler Stefan Andres erfährt mit seiner bereits 1943 publizierten und 1950 dramatisierten Novelle *Wir sind Utopia* neuen Ruhm. Als »Modell menschlicher Wandlung« und zugleich als Beleg literarischen Widerstandes wird sie Klassenlektüre.

Bilden sich um Autoren wie Bergengruen und Andres Gemeinden, so macht es Reinhold Schneider sich und seinen Verehrern schwerer. Schneiders *Las Casas vor Karl V.* von 1938, das engagierte Plädoyer des Mönches Las Casas für die unterdrückten Indios im Reich des Konquistadorenkaisers, war eines der lautersten Beispiele moralisch-literarischen Widerstandes. Auch der Autor selber war Widerstandskreisen verbunden. In den fünfziger Jahren setzt er sich durch sein Eintreten u. a. gegen die offizielle Aufrüstungspolitik in Gegensatz zur »heilen Welt« des neuen bundesdeutschen Konformismus. Eine Kontroverse mit Gottfried Benn – »Soll die Dichtung das Leben bessern. Zwei Reden von Gottfried Benn und Reinhold Schnei-

Friedenspreis des deutschen Buchhandels

Im August 1949 wurde die Idee geboren, einen »Friedenspreis deutscher Verleger« zu stiften, der jährlich eine Persönlichkeit oder Organisation auszeichnen sollte, die für Frieden und Verständigung unter den Völkern gewirkt hat. Geistiger Vater dieses Gedankens sowie Initiator der ersten Preisverleihung im Jahr 1950 war der Schriftsteller Hans Schwarz. 15 Verleger aus Berlin, Gütersloh, Hamburg, Leipzig, München, Stuttgart, Weimar und Zürich stifteten diesen ersten Preis in Höhe von 10 000 DM. 1951 nahm sich der Börsenverein des deutschen Buchhandels der Idee an und gründete die Stiftung »Friedenspreis des deutschen Buchhandels«. Der Preis wird jährlich zur Frankfurter Buchmesse verliehen.

Die Preisträger von 1950–1959:

1950 der deutsche Schriftsteller Max Tau (* 19. 1. 1897 Beuthen, † 13. 3. 1976 Oslo). 1938 mußte er Deutschland verlassen, emigrierte nach Norwegen, bis ihn 1942 auch von dort der Nationalsozialismus nach Schweden vertrieb. Nach dem Krieg kehrte er nach Oslo zurück, wo er bis 1956 als Cheflektor des Johan Grundt-Tanum-Verlags und danach des H. Aschehoug Verlags tätig war. Seine Verdienste um Frieden und Völkerverständigung spiegeln sich in seiner Persönlichkeit wie auch in seinem literarischen Schaffen wieder. Tau, der zahlreiche Schriftsteller entdeckt und gefördert hat, setzte sich in Norwegen engagiert für die deutschsprachige Exilliteratur ein und verschaffte so u. a. Thomas Mann und Franz Werfel Ansehen bei der skandinavischen Leserschaft.

1951 der dt. Tropenarzt und Kulturphilosoph Albert Schweitzer (* 14. 1. 1875 Kayersberg im Oberelsaß, † 4. 9. 1965 Lambaréné, Republik Gabun). Er ging 1913 als Missionsarzt nach Französisch-Äquatorialafrika und gründete mit Hilfe von Freunden in Lambaréné ein Urwaldspital. Schweitzer, ehemals Theologieprofessor, setzte seine humanistischen Ideale, die er unter der Formel »Ehrfurcht vor dem Leben« zusammenfaßte, in die Tat um. Sein selbstloser Einsatz als Urwaldarzt, sein starker Friedenswille und nicht zuletzt seine persönliche Ausstrahlung machten ihn zu einem der größten Leitbilder seiner Zeit.

1952 der deutsche Theologe und Religionsphilosoph Romano Guardini (* 17. 2. 1885 Verona, † 1. 10. 1968 München). Nach kurzer Zeit ausschließlicher Seelsorgetätigkeit und Promotion zum Dr. theol. begann er 1923 seine Lehrtätigkeit an der Berliner Universität als Professor für Religionsphilosophie und »katholische Weltanschauung«. 1939 wurde sein Lehrstuhl aus politischen Gründen aufgehoben, ab 1945 lehrte er wieder in Tübingen und 1948 bis zur Emeritierung in München. Guardini wurde bekannt als Leiter der katholischen Jugendbewegung »Quickborn« und leistete wesentliche Beiträge zur liturgischen Erneuerung. Sein breitgefächertes literarisches Werk nimmt neben religiösen Themen auch zu vielen Bereichen des menschlichen Lebens und zu kulturellen Fragen Stellung.

1953 der jüdische Philosoph und Religionsforscher Martin Buber (* 8. 2. 1878 Wien, † 13. 6. 1965 Jerusalem). Enkel eines jüdischen Privatgelehrten; bereits in seiner Kindheit wurde der Grundstein zu seiner lebenslangen Beschäftigung mit dem Chassidismus gelegt. Wesentliche Elemente des Chassidismus, die Bewahrung des mystischen Erbes seines Volkes, die Wiederanknüpfung des Dialoges zwischen Gott und Mensch und das Vertrauen von Mensch zu Mensch haben auch sein philosophisches Werk (am bekanntesten: *Ich und Du* 1923) geprägt. Nachdem Buber Deutschland 1938 verlassen mußte, lehrte er bis 1951 in Jerusalem. Der in der zionistischen Bewegung engagierte Philosoph war einer der wichtigsten Fürsprecher des christlich-jüdischen Dialogs wie auch der jüdisch-arabischen Verständigung.

1954 der Schweizer Diplomat, Historiker und Schriftsteller Carl Jacob Burckhardt (* 10. 9. 1891 Basel, † 3. 3. 1974 Genf). Sein Wirken für Frieden, Freiheit und Menschenrechte spiegelt sich in seinem politischen und sozialen Engagement wider. Bereits

Verleihungsurkunde für C. J. Burckhardt.

Carl Jacob Burckhardt

der als Historiker, Biograph und Essayist
die geschichtliche Erscheinung und die menschliche Begegnung
in ihrer schöpferischen Bedeutung zu erfassen
und mit meisterhafter Gestaltungskraft zu zeitloser Wirksamkeit
zu bringen vermag, und der sein weltoffenes Leben
als Humanist, Diplomat und Helfer der leidenden Menschheit
dem Gedanken des Friedens, der Verständigung unter den Völkern
und der Bereitschaft des Herzens verpflichtet hat,
verleiht der Börsenverein Deutscher Verleger- und Buchhändler-Verbände
in Ehrfurcht vor seiner Persönlichkeit und seinem Wirken den

Friedenspreis des Deutschen Buchhandels

Frankfurt am Main, in der Paulskirche, am 26. September 1954

Vorsitzender des Börsenvereins Deutscher Verleger- und Buchhändler-Verbände

der" 1956 –, in der Schneider die ethische Aufgabe der Literatur postuliert, zeigt eine ein Jahrzehnt später auf andere Weise wieder aktuell werdende Front der Auseinandersetzung.
Gottfried Benn, der skeptisch-zynisch-mondäne Poet, in den dreißiger Jahren vom Nationalsozialismus fasziniert, verkörpert die große, vom Expressionismus ausgehende Tradition der deutschen Lyrik. Seine zivilisationskritischen, von Großstadtjargon ebenso wie von der Imagination traumhafter Weltweite bestimmten Verse klingen wie ein Abgesang auf das zertrümmerte Abendland und machen mit ihren kunstvollen Rhythmen und Metaphern und ihrem melancholischen Heroismus Schule – eine Wirkung, die dem umstrittenen Prosa-Stilisten Ernst Jünger versagt bleibt.
Das Gedicht der fünfziger Jahre aber schreibt Paul Celan, der aus Rumänien gebürtige, in Paris lebende deutschsprachige Jude, mit seiner *Todesfuge* in dem Gedichtband *Mohn und Gedächtnis* (1952):

Ilse Aichinger (Mitte) mit Heinrich Böll und Günter Eich (rechts) bei einer Tagung der »Gruppe 47« (1952).

»Schwarze Milch der Frühe wir trinken sie abends / Wir trinken sie mittags und morgen wir trinken sie nachts / Wir trinken und trinken / Wir schaufeln ein Grab in den Lüften da liegt man nicht eng...«
Sprache vor dem Sprachloswerden könnte man das Grundthema Celanschen Dichtens nennen.

1918 bereiste er im Auftrag des Roten Kreuzes Kleinasien, um dem Elend in den Gefangenenlagern des griechisch-türkischen Krieges entgegenzuwirken. Am 18. 2. 1937 wurde Burckhardt zum Hohen Kommissar des Völkerbundes in Danzig ernannt, wo er sich bis zum Ausbruch der Krise am 1. 9. 1939 für die Aufrechterhaltung des Friedens einsetzte. 1944–1949 war er Präsident des Internationalen Roten Kreuzes. Burckhardt galt nach dem 2. Weltkrieg als einer der Hauptvertreter des europäischen Gedankens.

1955 der deutsche Schriftsteller Hermann Hesse, Pseudonym: Emil Sinclair (* 2. 7. 1877 Calw, Württemberg, † 9. 8. 1962 Montagnola). Sein dichterisches Werk spiegelt die innere Zerrissenheit des modernen Menschen (*Der Steppenwolf* 1927) wider. Das z. T. stark autobiographisch geprägte Frühwerk (*Peter Camenzind* 1904, *Unterm Rad* 1906) läßt insbesondere den Zwiespalt zwischen Geist und Sinnlichkeit, Verstand und Gefühl hervortreten, der sich später zur Konfrontation des ethischen mit dem ästhetischen Menschen (*Narziß und Goldmund* 1930)

Hermann Hesse

wandelt. Im Spätwerk (*Das Glasperlenspiel* 1943) findet eine Vereinigung zwischen östlicher und westlicher Weisheit statt, eine Synthese von Wissenschaft und Kunst sowie von Geist und Sinnlichkeit. 1946 erhielt Hesse den Nobelpreis für Literatur. Der zur Zeit des Nationalsozialismus verfemte und verbotene Schriftsteller wurde, insbesondere in den 60er Jahren, zum Patron der Nichtmitläufer.

1956 der deutsche Schriftsteller Reinhold Schneider (* 13. 5. 1903 Baden-Baden, † 6. 4. 1958 Freiburg i. Br.). Seine unter dem Druck des Hitlerregimes entstandenen Bücher (z. B. »Las Casas vor Karl V.« 1938) und Gedichte gehören zu den wichtigsten Dokumenten des geistigen Widerstands zur Zeit des Nationalsozialismus. Ein wesentlicher Teil seines literarischen Werkes ist Geschichtsdeutung, wobei die Gestaltung christlicher Gläubigkeit in der Geschichte im Mittelpunkt der Betrachtung steht. Schneiders Geschichtsverständnis ist tragisch: Der Konflikt liegt in der Notwendigkeit der Macht und ihrem ebenfalls notwendigen, schuldhaften Zerbrechen.

1957 der US-amerikanische Schriftsteller Thornton Wilder (* 17. 4. 1897 Madison, Wisconsin, † 7. 12. 1975 New Haven, Connecticut). Sein literarisches Werk ist einer christlich-humanistischen Grundeinstellung verpflichtet. Die Frage nach dem Sinn des Lebens sowie das Streben nach Erkenntnis als

Thornton Wilder

Grundvoraussetzungen menschlicher Existenz stehen im Mittelpunkt seines Schaffens. Die Bühnenstücke *Unsere kleine Stadt* (1938) und *Wir sind noch einmal davongekommen* (1943) machten Wilder, vor allem in Deutschland, zu einem der meistaufgeführten Autoren der Nachkriegszeit. Sein internationaler literarischer Erfolg wurde durch die Erzählung *Die Brücke von San Luis Rey* (1927) begründet.

1958 der deutsche Philosoph Karl Jaspers (* 23. 2. 1883 Oldenburg, † 26. 2. 1969 Basel). Ursprünglich Professor der Psychologie in Heidelberg, wechselte er 1921 ins »philosophische Lager« über. Der mit einer jüdischen Frau verheiratete Philosophieprofessor mußte sich 1937–1945 einem Lehrverbot durch die Nationalsozialisten fügen; 1948 folgte er einem Ruf an die Universität Basel. Jaspers, einer der international bedeutendsten Vertreter des Existentialismus (u. a. *Existenzphilosophie* 1938, *Von der Wahrheit* 1947), war ein »Philosoph im Elfenbeinturm«. In zahlreichen Werken nahm er zu Fragen der Tagespolitik Stellung (u. a. *Die geistige Situation der Zeit* 1931, *Die Schuldfrage* 1946, *Die Atombombe und die Zukunft des Menschen* 1958) und wandte sich insbesondere kritisch gegen restaurative Tendenzen der deutschen Nachkriegspolitik.

1959 der Politiker (Altbundespräsident) und Schriftsteller Theodor Heuss (* 31. 1. 1884 Brackenheim, † 12. 12. 1963 Stuttgart). Der Friedenspreis ehrt in ihm einen Vertreter demokratischer Tradition und liberaler Gesinnung. Der während des Nationalsozialismus politisch ausgeschaltete Heuss gehörte nach 1945 zu den Mitbegründern der Freien Demokratischen Partei (FDP), deren Vorsitzender er 1946 wurde. Er hatte maßgeblichen Anteil an der Ausarbeitung des Grundgesetzes der Bundesrepublik Deutschland. Heuss wurde am 12. 9. 1949 zum Bundespräsidenten gewählt und am 17. 7. 1954 für weitere fünf Jahre im Amt bestätigt. Er verlieh dieser Institution durch Persönlichkeit und Geist großes Gewicht, und es gelang ihm, u. a. durch zahlreiche Reisen, das Vertrauen des Auslands für die Bundesrepublik zu gewinnen. Sein literarisches Werk umfaßt historische und kunsthistorische Schriften.

In der Lyrik zeigt sich mit und neben ihm ein neuer Stil, ein neuer Ton in der deutschen Literatur, meldet sich eine neue Generation zu Wort. Genannt seien vor allem Günter Eich (Botschaften des Regens, 1955), vom Alter her einer der Senioren, die Österreicherin Ingeborg Bachmann (*Die gestundete Zeit*, 1953; *Anrufung des großen Bären*, 1956), die das bedrohte Weltgefühl einer noch jungen Generation artikuliert, und Helmut Heißenbüttel als Vertreter einer »experimentellen Lyrik« (*Kombinationen*, 1954; *Topographien*, 1956), die Sprache, Wörter und ihre Strukturen und Inhalte in poetischen Kombinationen und Konfrontationen auf die Probe ihrer Bedeutung stellt.

Günter Eich ist auch der große Meister eines neuen literarischen Mediums, das in diesem Jahrzehnt seinen Höhepunkt erlebt: des Hörspiels. In vielerlei Formen, von der Funkerzählung (Ernst Schnabel, *Der sechste Gesang*, 1956) bis zur kontrapunktischen Verflechtung von Stimmen (Günter Eich, *Stimmen*, 1958), bietet es den Autoren Spielraum zur Entfaltung ihrer poetischen, witzigen, grotesken, tragischen akustischen Imaginationen. Ilse Aichinger, Alfred Andersch, Wolfgang Hildesheimer, Wolfgang Weyrauch, Marieluise Kaschnitz, Ingeborg Bachmann tragen mit wesentlichen Werken zur Blüte des Hörspiels bei.

Wo von so viel Neuem berichtet wird: Wie steht es um die Tradition, um das Erbe und das Werk der vielen großen Emigranten deutscher Sprache? Manche von ihnen konnten nach Europa, nach Deutschland zurückkehren, die wenigsten erlebten eine Renaissance. Wirkung ging aus von Bertolt Brecht, seinen erstmals in Deutschland

Nobelpreisträger für Literatur

1950
Bertrand Russell (Großbritannien). Als Mathematiker und Philosoph stellte er seine Wissenschaft in den Dienst des Pazifismus. Er war ein sehr engagierter Kernwaffengegner. Als einer der Hauptvertreter der mathematischen Logik, philosophisch im wesentlichen Neurealist, reduzierte Russell in den *Principia Mathematica* (3 Bde. 1910–1913) zusammen mit A. N. Whitehead die Mathematik auf reine Logik.

1951
Pär Lagerkvist (Schweden). Seine Schrift *Ordkonst och Bildkonst* (1913, dt. Wortkunst und Bildkunst) war das erste literarische Manifest Schwedens. Es schloß an neue Strömungen in den bildenden Künsten an und polemisierte gegen eine allzu realistische Darstellungsweise. In seinen pessimistisch gefärbten Romanen werden Menschen gezeigt, die in großer Verzweiflung die Frage nach dem Sinn des Lebens stellen.

1952
François Mauriac (Frankreich). Seine psychologisierenden Romane spielen meist in der Umgebung von Bordeaux im bürgerlichen Milieu. Als überzeugter Katholik zog Mauriac gegen das begüterte französische Bürgertum im Felde, das Geld und äußerlichen Schein über alles stellte. Dies wurde nicht immer positiv aufgenommen, und Kritiker warfen ihm bisweilen vor, wenig erbauliche Themen zu behandeln und moralische Fragen dadurch zu verwässern, daß er vorzugsweise ungewöhnliche Menschen beschrieb. Während des spanischen Bürgerkriegs stand er auf der Seite der Republikaner. Während des 2. Weltkriegs war er im Widerstand aktiv.

1953
Sir Winston Churchill (Großbritannien). Der britische Premierminister empfing den Nobelpreis, so die Königlich Schwedische Akademie, für seine meisterhaften biographischen und historischen Beschreibungen, nicht zuletzt aber auch für seine brillante Rhetorik, die ihm als Verteidiger menschlicher Werte zugute kam.

1954
Ernest Hemingway (USA). Zu Beginn der 30er Jahre erlangte er internationalen Ruhm durch seinen Kriegsroman *In einem anderen Land*. Er nahm als Korrespondent am spanischen Bürgerkrieg teil und kämpfte auf der Seite der Republikaner. Er war fasziniert von Gefahr und begab sich bewußt in sie hinein. Das Überwinden von Gefahren hatte in seinen Werken und in seinem Leben die Funktion des Prüfens des eigenen Mutes und der eigenen Charakterfestigkeit. 1961 beging er Selbstmord, weil er, seiner Meinung nach, nicht mehr die notwendige menschliche Würde aufbringen konnte. Er war von Krankheiten geschwächt und litt an psychischen Störungen. Zu seinen bekanntesten Werken gehören *Wem die Stunde schlägt* (1940) und *Der alte Mann und das Meer* (1952).

1955
Halldór Laxness (Island). Im Jahre 1923 hatte er sich als Einundzwanzigjähriger taufen lassen und lebte einige Zeit im Kloster Clervaux (Luxemburg) als Mönch. Später wurde er radikaler Sozialist, weil er zu der Ansicht gekommen war, daß die Ideen des Katholizismus nicht mit der Natur des Menschen in Einklang zu bringen seien. Seine stark sozialkritisch gefärbten Romane spielen meist in isländischen Fischerdörfern und bäuerlichen Gemeinschaften. Im deutschen Sprachraum sind besonders die Romane *Islandglocke* (1943–1946, dt. 1951) und *Atomstation* (1948, dt. 1955) bekannt geworden.

1956
Juan Ramón Jiménez (Spanien). Gegenüber der pessimistischen und negativen Grundhaltung seiner Generation vertrat Jiménez die Ideale der modernen Zeit. Vor allem aber beschäftigte er sich mit dem typisch Spanischen: der Folklore und der Volksdichtung Andalusiens. Seine berühmte andalusische Elegie *Platero und ich* (1914) umfaßte 138 kurze Gedichte um das Leben und Sterben des Esels Platero.

1957
Albert Camus (Frankreich). Während des 2. Weltkriegs machte er durch Artikel in dem illegalen französischen Blatt *Combat* auf sich aufmerksam. In seinem Roman *Der Fremde* (1942) legte er seine Ideen über das Absurde dar. In weiteren Romanen und Essays nahm er die Leitmotive Absurdität, Revolte, Glück und Gerechtigkeit erneut auf. Camus' Lebenssicht umfaßt einen wichtigen Aspekt des Nachkriegshumanismus und ist stark von existentialistischen Einflüssen geprägt. Dies führte jedoch zu anderen Konsequenzen als bei seinem zeitweiligen Weggefährten Jean-Paul Sartre. Während Sartre stets mehr einem kommunistischen Kurs folgte, war Camus von der Politik der UdSSR enttäuscht. Die von Sartre und Camus in der Zeitschrift *Les temps modernes* geführte Diskussion gehört zu den großen geistigen Ereignissen im Nachkriegsfrankreich.

1958
Boris Pasternak (UdSSR). In seinem Werk beschäftigte Pasternak sich intensiv mit dem Wesen des Künstlers. Es sollte unabhängig und frei von Ideologien sein. Pasternaks Auffassungen vom Sozialismus stimmten nicht mit denen des Sowjetsystems überein. Seit Mitte der 30er Jahre erschienen von ihm in der UdSSR fast nur noch Übersetzungen, vor allem der Werke Shakespeares, Goethes und Schillers. Im Jahre 1957 erschien dann in Italien sein Roman *Doktor Schiwago*, der in der UdSSR verboten wurde. Wegen der um dieses Werk entfesselten Auseinandersetzungen weigerte sich Pasternak, den Preis in Empfang zu nehmen, da er seine weitere Existenz in der Sowjetunion bedroht sah.

1959
Salvatore Quasimodo (Italien). Ihm wurde der Nobelpreis für seine Gedichte verliehen, die mit Begeisterung für den Stil der Klassik die tragischen Erfahrungen des Lebens in unserer Zeit zum Ausdruck bringen. Mit G. Ungaretti und E. Montale war er einer der Hauptvertreter der italienischen Moderne. Einer seiner charakteristischen Aussprüche lautet: »Ein Dichter spielt keine passive Rolle in der Gesellschaft. Er verändert die Welt.«

François Mauriac

Ernest Hemingway

Albert Camus

Juan Ramón Jiménez

gespielten Stücken, seiner Lyrik und vom Theaterspiel seines (Ost-) »Berliner Ensembles«. Thomas Manns anspruchsvolle Analyse deutschen Wesens *Doktor Faustus* (1947) blieb ohne große Breitenwirkung. Sein letzter Roman *Die Bekenntnisse des Hochstaplers Felix Krull* (1954) wurde als souverän erzähltes, heiteramüsantes Werk ein Publikumserfolg, aber ohne Ausstrahlung auf die aktuelle literarische Szene. Einfluß dagegen gewannen das wiederentdeckte Werk Kafkas, der lakonische Erzählstil Hemingways und mit dem französischen Existentialismus Sartre und Camus.

Als außerordentlich wichtig für die deutsche Literatur dieses Jahrzehnts erweist sich die zu ihrer Zeit ebenso häufig attackierte und verfemte wie fast kultisch verklärte »Gruppe 47«, eine lose Vereinigung von Schriftstellern um Hans Werner Richter, der mit sicherem Gespür die hoffnungsvollsten Begabungen zusammen mit Kritikern und Etablierten zu alljährlichen Arbeitstagungen einlädt. Aus diesem Kreis kommen u.a. Eich, Ilse Aichinger, Ingeborg Bachmann, aber auch Böll, Walser, Grass, von denen noch zu reden ist. Die ersten großen Romane aus der Bundesrepublik Deutschland stammen von einem Einzelgänger. Bei ihrem Erscheinen gewinnen die Bücher von Wolfgang Koeppen nur Achtungserfolge bei der Kritik als Beispiele modernen, zeitbezogenen Erzählens. Aus der Rückschau erst wird ihre wahre Bedeutung und die Genauigkeit ihrer Diagnose erkennbar: *Tauben im Gras* (1951) hat die Zeit der Währungsreform und der dominierenden amerikanischen Besatzung zum Gegenstand; *Das Treibhaus* (1953) beschreibt mit außerordentlicher Klarsicht das Innen- und Außenleben des neuen politischen Establishments in Bonn; *Tod in Rom* (1954) zeigt das traumatische Weiterwirken deutscher Schuld hinter den Kulissen des neuen deutschen Lebensstils der Wirtschaftswunderzeit.

Mit Erzählungen und Romanen, die noch vom Kriegserlebnis bestimmt sind, beginnt Heinrich Böll (*Wanderer, kommst du nach Spa...*, 1950; *Wo warst du Adam*, 1951). Mit *Haus ohne Hüter* (1954) und *Billard um halbzehn* (1959) blickt er in die doppelbödige Vergangenheit und Gegenwart des vom rheinisch-katholischen Milieu geprägten Bürgertums.

1959 erscheint auch Uwe Johnsons Roman *Mutmaßungen über Jakob*, eine epische Suche nach der Wahrheit im privaten und politischen Dickicht jener Zeit zwischen beiden Teilen, beiden Staaten Deutschlands. Die eigentliche Sensation des Jahres, mit der die deutsche Nachkriegsliteratur mit einem Schlage in das Licht der literarischen Weltöffentlichkeit tritt, ist *Die Blechtrommel* von Günter Grass. Mit Mitteln des Schelmenromans und allen Künsten an moderner Lyrik geschulter Sprache hat sie die letzten Jahrzehnte deutscher Geschichte zum Thema, vom Vorkriegs-Danzig bis zu den fetten Pfründen des westlichen Nachkriegsdeutschlands. Ein Jahr später wird Martin Walser, der bereits 1957 mit *Ehen in Philippsburg* eine ätzende Gesellschaftsstudie vorlegte, mit dem umfangreichen Roman *Halbzeit* eine weitere Wegmarke setzen in der literarischen Auseinandersetzung mit der gegenwärtigen und alltäglichen Welt der deutschen Gesellschaft.

Vom gleichen Geist der Kritik, der gegen den Muff der Restauration und die selbstzufriedene Innerlichkeit mit oft satirischen Mitteln angeht, ist das Werk des großen Einzelgängers Arno Schmidt beseelt. Seine an James Joyce geschulten pointillistischen Realitäts- und Bewußtseins-Collagen sind erfüllt von fast barocker Sprach- und Formphantasie (*Brand's Haide*, 1951; *Die Gelehrtenrepublik*, 1957).

Die deutsche Bühne dieser Jahre wird beherrscht von drei großen Namen: Bertolt Brecht und den beiden Schweizern Max Frisch und Friedrich Dürrenmatt. Max Frisch, der mit *Stiller* 1954 auch einen bedeutenden Roman vorlegte, zielt mit seinem »Lehrstück ohne Lehre« *Bieder-

---

Arthur Miller

Zu den großen Bühnenautoren in den 50er Jahren gehört auch der US-Amerikaner Arthur Miller. Berühmtheit als Stückeschreiber erlangte er bereits in der zweiten Hälfte der 40er Jahre mit einer Reihe sozialkritischer Werke. Zu seinen bekanntesten Dramen aus dieser Zeit gehören *Alle meine Söhne* (1947) und *Der Tod eines Handlungsreisenden* (1949), die sich an den europäischen Naturalismus, vor allem Henrik Ibsens, anschließen. 1953 schrieb er das Drama *The crucible* (dt. *Hexenjagd* 1954), das auch verfilmt wurde. Es behandelt die durch eine Massenpsychose hervorgerufene Hexenjagd im Jahre 1692 in Salem (Mass.). Nach Angaben Millers ist das Drama Gleichnis für die zeitgenössische politische Inquisition des Senators McCarthy, die der Schriftsteller am eigenen Leib zu spüren bekam. Das Schauspiel *Blick von der Brücke* (1955, dt. 1962) hat Liebe, Eifersucht, Verrat und Blutrache unter sizilianischen Emigranten in New York zum Thema.

Von 1956 bis 1961 war Miller mit dem Filmstar Marilyn Monroe verheiratet. *Nicht gesellschaftsfähig* (verfilmt 1960) war das einzige Stück, das er während dieser Zeit schrieb. *Nach dem Sündenfall* (1964) wurde als Schlüsseldrama um seine geschiedene Ehefrau, die 1962 Selbstmord beging, gedeutet. Viele Kritiker empfanden das Stück als peinlich und geschmacklos. Andere hielten es für sein bestes Drama.

Literatur II
S. 304 – 50

Umschlag der Erstausgabe von Grass' »Die Blechtrommel« (1959).

Das Absurde

Nach 1950 waren die Vertreter des Absurden Theaters vor allem in den USA, Frankreich und Großbritannien sehr erfolgreich: Dichter, die in ihren Werken Sinnlosigkeit und Leere der bürgerlichen Gesellschaft enthüllen wollten. Dabei stellten sie den Menschen als unergründliches Phänomen, als Rätsel für sich und seine Umwelt dar. Die zum Teil tragikomischen Theaterstücke hatten keine überschaubare, psychologisch motivierte Handlung im herkömmlichen Sinne, sie bestanden lediglich aus einer Serie scheinbar zusammenhang- und sinnloser Handlungsfetzen. Die Sinnentleerung der Sprache sollte den Mangel an menschlicher Kommunikation und die damit zusammenhängende Gefährdung menschlicher Existenz aufdecken. Die relativ kurzen Stücke sind häufig auf ritualisierte Geschehensabläufe reduziert, die manchmal auch an Traumbilder erinnern. Sie sind Bilder einer inneren Welt, in der Wirklichkeit und Schein oft nahe beieinanderliegen. Von linksgerichteten Schriftstellern wurde bisweilen die Vernachlässigung der sozialen und politischen Probleme kritisiert. Daß jedoch auch die Darstellung innerer Wirklichkeit Auswirkungen auf die politischen Verhältnisse haben kann, zeigte z. B. das Stück des irischen (jedoch in französischer Sprache schreibenden) Dramatikers Samuel Beckett *Warten auf Godot* (1953, dt. 1953). So sah das polnische Publikum in diesem Stück, das von enttäuschten Erwartungen handelt, die Repräsentation der schon so oft verweigerten, jedoch ständig herbeigesehnten nationalen Unabhängigkeit. Zu den bekanntesten Vertretern des Absurden Theaters gehörten in Frankreich Samuel Beckett (*Endspiel* 1956, dt. 1957), Eugène Ionesco (*Die Nashörner* 1959, dt. 1959), in Spanien Fernando Arrabal (*Picknick im Felde* 1958, dt. 1963), in England Harold Pinter (*The birthday party* 1957, dt. 1961), in den USA Edward Albee und in der Bundesrepublik Deutschland Wolfgang Hildesheimer, der Kabarettist Karl Valentin und – in den 60er und 70er Jahren – Peter Handke.

Vielleicht hatte das Absurde Theater in den 50er Jahren gerade deshalb so großen Erfolg, weil es die Gefühle der Gefährdung und der Unsicherheit widerspiegelte. Diese waren damals besonders stark, weil der Enthusiasmus über das Ende des Krieges – besonders in Frankreich und England – einer Enttäuschung und Unsicherheit über die politische und wirtschaftliche Lage gewichen war. Dies ist umgekehrt auch ein Grund dafür, daß das Absurde Theater in einer wirtschaftlich erstarkenden Bundesrepublik zunächst auf weit verbreitetes Unverständnis und Spott stieß.

Ein Beispiel für Absurdes Theater: der Schauspieler Paul Chevalier in Eugène Ionescos »Der neue Mieter«, in der Regie von Jean-Marie Serreau in Paris (1957).

mann und die Brandstifter (1958) auf die selbstmörderische Sicherheit des saturierten Bürgertums gegenüber dem gewalttätigen Eindringling. Friedrich Dürrenmatts *Der Besuch der alten Dame* (1956) wird zur bitterbösen Parabel über die Zweideutigkeit bürgerlicher Moral. Er entlarvt kollektives Versagen als die Summe von individuellem Opportunismus und stets erfolgsorientierter sozialer Mimikry.

WERNER GRAU

Der Tanz in den 50er Jahren

Das klassische Ballett

Die wichtigste Erscheinung im klassischen Ballett der 50er Jahre war die radikale Entwicklung zur Abstraktion. Dies hing eng zusammen mit dem Aufkommen des »absoluten« Tanzes. Im absoluten oder abstrakten Tanz geht es weder um die Darstellung einer Geschichte oder einer (symbolischen) Handlung noch um den Ausdruck von Stimmungen oder Gefühlen. Der ganze Akzent liegt auf Bewegungsabläufen in ihrer reinsten Form, als sichtbar gemachte Energie-Entladungen. Deshalb sind im absoluten Tanz gestalterische Formen, verbunden mit Variationen in Tempo und Rhythmus, sowie das Linienspiel der Glieder und räumlichen Figuren von ausschlaggebender Bedeutung. Dadurch ist er vergleichbar mit der abstrakten Malerei und Bildhauerkunst oder mit der »absoluten« Musik z.B. Igor Strawinskys.

Als geistiger Vater des absoluten Tanzes im akademisch-klassischen Ballett gilt der russisch-amerikanische Choreograph George Balanchine. Er schuf zwei Meisterwerke, die perfekte Vorbilder für den absoluten Tanz darstellen: »Agon« (1957), das zugleich ein neuer Höhepunkt seiner Zusammenarbeit mit Strawinsky ist, und »Episodes« (1959, Musik von Anton Webern). Außerdem trat Balanchine in diesen Jahren als bedeutendster Erneuerer des klassischen Tanzstiles im 20. Jahrhundert hervor. Sein neoklassischer Stil ist bizarr und turnerisch aufgrund der vom Jazz- und Showtanz inspirierten, dynamischen und zuckenden Bewegungsimpulse. Damit machte Balanchine sein New York City Ballet zu einer Tanz-Compagnie von Weltrang. Der zweite wichtige Choreograph am New York City Ballet war der Solist Jerome Robbins, der vor allem großen Erfolg hatte mit erotischen Stücken wie »The cage« (Der Käfig, 1951, Musik von Strawinsky) und »Afternoon of a faun« (Nachmittag eines Fauns, 1953, Musik von Claude Debussy). Robbins erlangte großes Ansehen als Choreograph und Regisseur von Musicals; besonders »West side story« (1957, Musik von Leonard Bernstein, verfilmt 1961) gehört zu den Spitzenleistungen dieser Jahre.

Der Kulturhunger der Nachkriegszeit hielt beim Publikum auch in den 50er Jahren an und wurde vom Ballett durch eine große Anzahl international gefeierter Startänzer befriedigt. Vor allem Yvette Chauviré in Frankreich, Margot Fonteyn in England und die russische Tänzerin Galina Ulanowa wurden als Primaballerina assoluta berühmt und, auf vergleichbarem Niveau, der dänische Tänzer Erik Bruhn als Danseur noble.

Das expressionistische englische Handlungsballett blieb weiterhin populär. Damit wurde die Blütezeit des Sadler's Wells Ballet (seit 1956 Royal Ballet) nach dem Zweiten Weltkrieg fortgesetzt. Wichtigster Choreograph war Frederick Ashton, der u.a. »Hommage to the queen« (1953, Musik von M. Arnold Malcolm) anläßlich der Krönung von Elizabeth II. aufführte. Neben ihm traten noch zwei weitere Haus-Choreographen in den Vordergrund: John Cranko, der mit »The prince of the pagodas« (1957, Musik von Benjamin Britten) das erste abendfüllende Ballett rein britischer Prägung herausbrachte, und Kenneth Macmillan, der das dramatische Talent der jungen Tänzerin Lynn Seymour entdeckte.

Beim Pariser Opera Ballet gab zunächst noch Serge Lifar den Ton an, aber seinen neueren Balletten fehlte die frühere Inspiration. Weiterhin erfolgreich waren die französischen Choreographen Janine Charrat, die 1953 das Ballet de France gründete und ihre beste Arbeit mit »Les algues« (Musik von Guy Bernard) leistete, und Roland Petit mit seinen Ballets de Paris. Er heiratete seine Startänzerin Renée (Zizi) Jeanmaire, die sich später vor allem in Revuen einen Namen machte.

In der Bundesrepublik Deutschland blühte vor allem das Tanztheater, mit Nachdruck auf dem Wort »Theater«. Das wichtigste Zentrum war Westberlin, wo Tatjana Gsovsky 1954 die Leitung des Balletts der Städtischen Oper übernahm. Sie erregte Aufmerksamkeit durch ihre ersten Tanzproduktionen zu Musikwerken moderner Komponisten wie Werner Egk, Hans Werner Henze und Luigi Nono. Zu den beliebtesten Tänzern zählten Gisela Deege, Rainer Köchermann und Gert Reinholm. Ein zweites wichtiges Zentrum des Tanzes wurde Hannover, wo die Ballettleiterin Yvonne Georgi seit 1954 sowohl mit großen Aufführungen als auch mit »Kammerballetten« viel Erfolg hatte.

Als Sensation für das westliche Publikum wurden die ersten Gastspiele des Moskauer Bolschoj-Balletts (London, 1956; New York, 1959) gewertet. Der eindrucksvolle Tanzstil, der in großen, fließenden Bewegungen oft athletische Vitalität und Virtuosität zeigte, stieß auf großes Interesse. Bedeutende Choreographen waren Leonid Lawrowskij (der 1954 mit seinem ersten Ballett »Die steinerne Blume« nach Ballettmusik von Sergej Prokofjew wenig Erfolg hatte) und Wassilij Wainonen, der u. a. das populäre Ballett »Gajaneh« (1957, Musik von Aram Chatschaturjan) inszenierte. Beim Leningrader Kirowballett machten Jurij Grigorowitsch (mit der Standardversion von »Die steinerne Blume« 1957) und Igor Belskij sich erstmals einen Namen als Choreographen.

Der moderne Tanz

Auch im modernen (nicht-akademischen) Tanz ist die Entwicklung des abstrakten Tanzes die wichtigste Neuerung. Geistiger Vater war der ehemalige Graham-Solist Merce Cunningham. Er ging aber noch weiter als Balanchine und verzichtete sogar auf die Verbindung zur Musik. In ständiger Zusammenarbeit mit dem Komponisten und Musikerneuerer John Cage entwickelte Cunningham das kompositorische Zufallsprinzip (Aleatorik), bei dem der Zufall die Entscheidungen für den Aufbau einer (Tanz-)Komposition trifft. Dadurch – aber auch, weil der Choreograph keinerlei »Absichten« hat – ist jeder Zusammenhang zwischen dem Tanz einerseits und Handlung, Charakter, Stimmung, Gefühl und musikalischer Begleitung andererseits rein zufällig. Dieses Zufallsprinzip wandte Cunningham erstmals an in seinen »Sixteen dances for soloist and company of three« (1951). Durch das Zufallsprinzip und den humoristischen Charakter hatten Cunninghams Stücke, die seit 1953 von seiner eigenen Truppe aufgeführt wurden, oft einen dadaistischen Anklang.

Im allgemeinen herrschte jedoch noch der Expressionismus mit seiner Darstellung von geistigen Auseinandersetzungen und Emotionen vor. Der Graham-Tanz behauptete seine dominierende Rolle aus den 40er Jahren. Martha Graham setzte die Reihe ihrer »griechischen« Tanzdramen fort. Ihr erstes abendfüllendes Werk war »Clytemnestra« (1958, Musik von Halim El-Dabh), in dem die 64jährige Martha Graham in der Titelrolle einen Höhepunkt ihrer Darstel-

◁

Margot Fonteyn in der Titelrolle des Balletts »Aschenputtel« (1950).

Als »Primaballerina assoluta« bezeichnet: Galina Ulanowa, eine der bekanntesten Solotänzerinnen der 50er Jahre, in ihrer Garderobe. Sie tanzte den Part der Odette-Odile in »Schwanensee« 1956 im Londoner Covent Garden.

Humphrey Bogart und Katherine Hepburn bei den Dreharbeiten zu »African Queen« (1952). John Huston drehte diesen Film in britischen Studios und auf Originalschauplätzen in Afrika.

lungskunst erreichte. Außer Martha Grahams Tanzgruppe spielte in New York vor allem die Gruppe von José Limón mit Doris Humphrey als künstlerischer Leiterin eine führende Rolle. Limóns Spitzenleistungen waren »Kaiser Jones« (1956, Musik von Heitor Villa-Lobos) nach dem gleichnamigen populären Theaterstück von Eugene O'Neill und die von mystischem Gottesvertrauen inspirierte »Missa brevis« (1958, Musik von Zoltán Kodály).

Die abstrakten Ausdrucksformen nahmen jedoch zu. Außer Cunningham traten nun auch andere Choreographen in den Vordergrund, unter ihnen Erick Hawkins, der sich von Martha Graham lossagte und, ursprünglich von Indianertänzen inspiriert, sich auf abstrakte Stücke verlegte, die oft einen heiteren und spielerisch leichten Eindruck machen. Diese Impression entstand durch Hawkins »Free-Floating-Technik«, die gleitende oder schwebende Bewegungselemente bevorzugte.

Die Blüte des Tanzes in Shows und Musicals, die in den 40er Jahren begonnen hatte, setzte sich weiter fort; insbesondere durch Choreographien von Holm (u. a. für »My fair lady« 1956, Musik von Frederick Loewe), dem bereits erwähnten Robbins (u. a. auch »Der König und ich«, 1951, Musik von Richard Rodgers) und Helen Tamiris (u. a. »Fanny«, 1954, Musik von Harold J. Rome). Einen Höhepunkt bildete der Auftritt von Fred Astaire und Leslie Caron in dem Showfilm »Daddy Langbein« (1955, Musik von Alfred Newman). Neben Astaire trat vor allem Gene Kelly als Showtänzer und Choreograph hervor, besonders in dem Film »Ein Amerikaner in Paris« (1952, Melodien von George Gershwin).

L. UTRECHT

Der Film der 50er Jahre

Vereinigte Staaten

Seit der Pionierzeit des Films bestand in den USA ein unmittelbarer Zusammenhang zwischen Produktion, Vertrieb und Aufführung. Die Produktion lag überwiegend in Händen von Filmgesellschaften, die ihre eigenen Filme herstellten. Die großen Studios verfügten über ständig wachsende Ketten von Filmtheatern – auch mit Filialen im Ausland –, wobei alle hauptsächlich für den eigenen Bedarf produzierten. Aufgrund des Kartellgesetzes ordnete das Oberste Bundesgericht jedoch 1948 die Trennung der unterschiedlichen Bereiche an. Um 1950 machten sich die Folgen deutlich bemerkbar. Da es nicht mehr notwendig war, den Bedarf der eigenen Theater zu decken, ging die Zahl der produzierten Filme drastisch zurück: von 425 im Jahr 1946 und 278 (1952) auf 211 (1960). Um die hohen Regiekosten zu senken, wurden von den Studios keine langfristigen Kontrakte mehr verlängert oder neu abgeschlossen. Es entstand ein Trend zu unabhängigen Produktionen (1957 etwa 58% der Gesamtzahl).

Um 1950 begann das rasche und unaufhaltsame Vordringen des Fernsehens. 1947 gab es in den USA nur 14 000 Fernsehgeräte, 1950 waren es schon 4 Mill., 1952 18 Mill., 1954 32 Mill. und 1960 60 Mill. Am Ende der 50er Jahre besaßen etwa 90% aller Familien ein Fernsehgerät. Vor allem live gesendete Shows oder Quizsendungen, die im Film naturgemäß nicht möglich sind, waren außerordentlich beliebt. Diese Entwicklung wirkte sich entsprechend nachteilig auf den Kinobesuch aus.

Als um 1952 klar wurde, daß das Fernsehen keine vorübergehende Modeerscheinung war, begann die Filmindustrie sich auf die neue Lage einzustellen. Die Filme wurden zunehmend in Farbe gedreht; außerdem suchte man nach Möglichkeiten, das Bild zu vergrößern und durch Spezialeffekte dem Zuschauer ein besonderes Erlebnis zu bieten. 1952 wurden sowohl das Cinerama als auch das stereoskopische 3-D-System präsentiert, die jedoch beide das Publikum nur kurzfristig anlockten. Völlig anders stand es mit dem Cinemascope-Verfahren und anderen darauf folgenden Breitbildsystemen. Die Umstellung auf Breitwand schadete, wie seinerzeit das Aufkommen des Tonfilms, vor allem den kleinen Lichtspieltheatern.

Eine andere bezeichnende Entwicklung war das Filmen im Ausland, insbesondere in Europa. Der Grund dafür waren nicht nur die niedrigeren Kosten, sondern häufig auch die Schwierigkeiten mit den Gewerkschaften. Der Ausbruch aus dem unmittelbaren Einflußbereich der Studios war sicherlich auch ein Motiv für die unabhängigen Produzenten. Der Hauptgrund war jedoch, daß die USA die europäischen Länder mit Filmen überflutet hatten. Nach einem Streit über die Einfuhrbeschränkungen wurde als Kompromiß von vielen Ländern ein Verbot für Kapitalausfuhr erlassen. Infolgedessen konnten die Amerikaner das in Europa verdiente Geld nur verwenden, um es für Produktionen an Ort und Stelle auszugeben. Eines der frühesten Beispiele dafür ist John Hustons »African Queen« (1952), der in britischen Studios und mit Außenaufnahmen in Afrika gedreht wurde.

Aber auch in den USA wurden wichtige Filme gemacht. In »Boulevard der Dämmerung« (1950) spiegelt Billy Wilder die Veränderungen der Filmindustrie im Schicksal eines ehemals gefeierten, vergessenen Stummfilmstars wider.

Großen Einfluß hatte die neue naturalistische Darstellungsweise, die u. a. in dem von Elia Kazan gegründeten Actors' Studio entwickelt wurde. Dieser Regisseur hatte sehr großen Erfolg mit Filmen wie »Endstation Sehnsucht« (1951, nach dem Drama von Tennessee Williams) und »Die Faust im Nacken« (1954).

Um eine der für die 50er Jahre so charakteristischen »Sexbomben« wurden Filme wie »Blondinen bevorzugt« (Howard Hawks, 1953), »Das verflixte siebente Jahr« (1955) und »Manche mögen's heiß« (1959) des Altmeisters der Komödie Billy Wilder gedreht. Daneben setzten anspruchsvolle Filme wie »Ein Herz und eine Krone« (William Wyler, 1953) die Tradition der Komödie aus den 30er und 40er Jahren fort.

Die 50er Jahre brachten eine Blütezeit des Western. Vor allem zu Beginn des Jahrzehnts wurden Probleme in Form einer Allegorie in den Western verpackt. Das gilt besonders für Fred Zinnemanns legendären Film »Zwölf Uhr mittags« (1952), der die Durchsetzungskraft des Einzelnen in einer indifferenten Gesellschaft feiert. Andere bekannte Western waren u. a. »Westlich St. Louis« (John Ford, 1950), »Der Mann aus Laramie« (Anthony Mann, 1955), »Einer muß dran glauben/Billy the Kid« (Arthur Penn, 1958) und »Rio Bravo« (Howard Hawks, 1959). Natürlich machte man beim Western auch gern Gebrauch vom größeren Bildformat.

Der Altmeister des Films Alfred Hitchcock drehte brillante Werke wie »Der Fremde im Zug« (1951), »Das Fenster zum Hof« (1954) und »Der unsichtbare Dritte« (1959), die seinen Namen als »Meister der Spannung« erneut rechtfertigten.

»Das verflixte siebte Jahr« (Regie Billy Wilder, 1955) mit Marilyn Monroe und Tom Ewell war einer der Filme, die im Cinemascope-Verfahren gedreht wurden.

Im Zuge der Entwicklung von Technik und Wissenschaft erhielten Horrorfilme häufig den Charakter eines Science-fiction-Films. »Kampf der Welten« (Byron Haskin, 1953) zeigte die Bedrohung durch Wesen aus anderen Welten. Mehr in einer Phantasiewelt spielt »20 000 Meilen unter dem Meer« (Richard Fleischer, 1954) aus den Disney-Studios. Dort hatte man 1950 mit dem Abdrehen von action-Filmen wie »Die Schatzinsel« von Byron Haskin begonnen, die bald einen gewichtigen Anteil der Produktion ausmachten. Unterdessen setzte Walt Disney die Zeichenfilmproduktion fort, u. a. mit »Cinderella« (1950) und »Susi und Strolch« (1955). Das Disney-Studio war auch auf dem Gebiet des Dokumentarfilms führend. Mehrere Jahre nacheinander erhielt Disney den Oscar, u. a. für den ersten abendfüllenden Naturfilm »Die Wüste lebt« (James Algar, 1953).

Gewinner der wichtigsten Oscars

Jahr	bester US-amerikanischer Film	bester ausländischer Film	bester Schauspieler	beste Schauspielerin
1950	Alles über Eva, Joseph L. Mankiewicz	Die Mauern von Malapago, René Clément	José Ferrer, Cyrano de Bergerac	Judy Holliday, Born Yesterday
1951	Ein Amerikaner in Paris, Vincente Minnelli	Rashomon, Akira Kurosawa	Humphrey Bogart, African Queen	Vivien Leigh, Endstation Sehnsucht
1952	Die größte Show der Welt, Cecil B. de Mille	Verbotene Spiele, René Clément	Gary Cooper, 12 Uhr mittags	Shirley Booth, Komm zurück, kleine Sheba
1953	Verdammt in alle Ewigkeit, Fred Zinnemann	nicht verliehen	William Holden, Stalag 17	Audrey Hepburn, Ein Herz und eine Krone
1954	Die Faust im Nacken, Elia Kazan	Das Höllentor, Teinosuke Kinugasa	Marlon Brando, Die Faust im Nacken	Grace Kelly, Ein Mädchen vom Lande
1955	Marty, Delbert Mann	Samurai, Hiroshi Inagaki	Ernest Borgnine, Marty	Anna Magnani, Die tätowierte Rose
1956	In 80 Tagen um die Welt, Michael Anderson	La Strada, Federico Fellini	Yul Brunner, Der König und ich	Ingrid Bergman, Anastasia
1957	Die Brücke am Kwai, David Lean	Die Nächte der Cabiria, Federico Fellini	Alec Guiness, Die Brücke am Kwai	Joanne Woodward, Eva mit den drei Gesichtern
1958	Gigi, Vincente Minnelli	Mein Onkel, Jacques Tati	David Niven, Getrennt von Tisch und Bett	Susan Hayward, Laßt mich leben
1959	Ben Hur, William Wyler	Schwarzer Orpheus, Marcel Camus	Charlton Heston, Ben Hur	Simone Signoret, Der Weg nach oben

Kunst und Kultur

▷
Giulietta Masina bewies in Federico Fellinis »La Strada« eindrucksvoll ihr tragikomisches Talent.

Großbritannien

In den 50er Jahren brachte der britische Film nur wenige Höhepunkte. Als einziger errang David Lean internationale Anerkennung mit seinem Kriegsfilm »Die Brücke am Kwai« (1957), während Laurence Olivier – von Haus aus Schauspieler – nur mit seiner Verfilmung von Shakespeares »Richard III.« (1956) wirklich erfolgreich war.

Gute Filmkomödien kamen aus den Ealing Studios. Zu den Höhepunkten zählen zweifellos Charles Crichtons »Einmal Millionär sein« (1951) und Alexander Mackendricks »Der Mann im weißen Anzug« (1951) und »Ladykillers« (1955).

1958 sahen sich Verleiher und Vertriebsfirmen zur Gründung der »Film Industry Defence Organization« gezwungen, die durch den Kauf der Fernsehrechte die Ausstrahlung der Filme im Fernsehen verhinderte, denn die Konkurrenz des Fernsehens nahm ständig zu. Die desolaten Verhältnisse gaben den Anstoß zur Free-Cinema-Bewegung, die sich in den 50er Jahren vor allem in Sozialreportagen manifestierte: »Mama erlaubt's nicht« (Karel Reisz und Tony Richardson, 1955), »Jeden Tag außer Weihnachten« (Lindsay Anderson, 1957), »Wir sind die Lambeth Boys« (Karel Reisz, 1959). Der Durchbruch gelang erst in Verbindung mit den Angry Young Men der englischen Literatur (auch →S. 227), zuerst mit »Der Weg nach oben« (Jack Clayton, 1958) und vor allem mit John Osbornes »Blick zurück im Zorn« (Tony Richardson, 1959).

Frankreich

In den 50er Jahren kehrten viele Altmeister des Films nach Frankreich zurück, die vor dem Zweiten Weltkrieg in die USA emigriert waren. Jean Renoir drehte u.a. »Die goldene Karosse« (1952) und »French Can Can« (1955). Mit »Das Frühstück im Grünen« (1959) wandte er sich als einer der ersten der Fernsehtechnik zu. Max Ophüls erreichte mit »Der Reigen« (1950, nach Arthur Schnitzler) und »Lola Montez« (1955) neue Höhepunkte. Er starb jedoch bereits 1957.

Unter den jüngeren Regisseuren trat Robert Bresson am deutlichsten hervor. Zwischen »Tagebuch eines Landpfarrers« (1950) und »Pickpocket« (1959) drängte er den dramatischen Aspekt in seinen Werken immer weiter zurück. Damit stand er im Gegensatz zu Zeitgenossen wie Jean-Pierre Melville, der nach »Die schrecklichen Kinder« (1950) mit »Drei Uhr nachts« (1955) die Basis für den europäischen Gangsterfilm, sein bevorzugtes Genre, schuf. Anderen Regisseuren, wie René Clement (»Verbotene Spiele«, 1952) und Henri-George Clouzot (»Lohn der Angst«, 1953), gelangen nur Einzelerfolge.

Auf dem Gebiet der Komödie startete Julien Duvivier eine erfolgreiche Reihe mit »Don Camillo und Peppone« (1951), der wie viele andere Filme in Koproduktion mit Italien zustande kam. Einen besonderen Platz nimmt Jacques Tati ein, der in seinen zivilisationskritischen, skurrilen Filmen »Die Ferien des Herrn Hulot« (1953) und »Mein Onkel« (1958) selbst Regie führte.

Eine wichtige Belebung der französischen Filmindustrie war das Debüt von Roger Vadim mit »Und immer lockt das Weib« (1956). Zusammen mit Louis Malle (»Fahrstuhl zum Schaffott«, 1957; »Die Liebenden«, 1958) gilt er als Vorläufer der Nouvelle Vague. Alain Resnais machte sich einen Namen mit Dokumentarfilmen über Kunst wie »Guernica« (1950) und vor allem mit ergreifenden Impressionen über ein Konzentrationslager in »Nacht und Nebel« (1956).

Italien

Am Anfang der 50er Jahre ging in Italien die Periode des Neorealismus zu Ende. Roberto Rosselini schlug mit »Franziskus, der Gaukler Gottes« (1950) einen anderen Weg ein und fand mit Werken wie »Europa 51« (1952) zur Problematik der intimen Beziehungen. Luchino Visconti erhielt in diesem Jahrzehnt trotz großer Werke wie »Sehnsucht« (1954), einem romantischen Melodram mit wirksamer Farbgestaltung, nur wenig echte Anerkennung. Er hatte jedoch Erfolg als Opern- und Theaterregisseur. Trotz anerkennender Kritiken im Ausland konnte sich Vittorio De Sica mit den Filmen »Das Wunder von Milano« (1950) und »Umberto D.« (1952) nicht als Regisseur durchsetzen. Er mußte seinen Beruf als Schauspieler wieder aufnehmen.

Als der italienische Film sich allmählich von den Folgen des Zweiten Weltkriegs durch die Produktion von Komödien, Melodramen und »Maciste«-Abenteuern (nach dem Held aus dem Film »Cabiria«, 1913) erholt hatte, fanden beinahe gleichzeitig zwei wichtige Erstaufführungen statt. Michelangelo Antonioni (»Chronik einer Liebe«, 1951) zeigte sich vor allem in dem Film »Der Schrei« (1956) als meisterhafter Schilderer menschlicher Beziehungen, während Federico Fellini (»Lichter des Varieté«, 1951) in Werken wie »La Strada« (1954) und »Die Nächte der Cabiria« (1956) mehr zu theatralischen und freskenhaften Effekten neigte.

Gewinner der Goldenen Palme in Cannes

1950 kein Festival
1951 *Das Wunder von Mailand*, Vittorio de Sica, und *Fräulein Julie*, Alf Sjöberg
1952 *Zwei Groschen Hoffnung*, Renato Castellani, und *Othello*, Orson Welles
1953 *Lohn der Angst*, Henri-Georges Clouzot
1954 *Das Höllentor*, Teinosuke Kinugasa
1955 *Marty*, Delbert Mann
1956 *Die Welt des Schweigens*, Jacques-Yves Cousteau
1957 *Lockende Versuchung*, William Wyler
1958 *Wenn die Kraniche ziehn*, Michail Kalatosow
1959 *Schwarzer Orpheus*, Marcel Camus

Kunst und Kultur

Szene aus »Himmel ohne Sterne« (1955), einem der Filme von Helmut Käutner, die die Problematik des 2. Weltkrieges behandeln. Hier Wolfgang Neuss (rechts) und Erik Schumann.

Deutscher Film S. 328 – 56

Deutschland

Anfang der 50er Jahre ging die Zeit der »Trümmerfilme« der Nachkriegsjahre zu Ende. Auf den Wogen des Wirtschaftswunders erfolgte der Umschwung zu Unterhaltungsfilmen. Besonders die sentimentalen Heimatfilme, deren Reihe mit »Grün ist die Heide« (Hans Deppe, 1951) begann, hatten viel Erfolg. Ein neues Genre, das 1955 gewaltigen Anklang fand, entstand in den Sissi-Filmen von Ernst Marischka in enger Zusammenarbeit mit der österreichischen Filmindustrie. Ferner wurden Thriller von Edgar Wallace und die Abenteuerromane von Karl May verfilmt. Unter den Filmen mit einem sexuellen Thema fiel vor allem »Das Mädchen Rosemarie« auf (Rolf Thiele, 1958).

Wirklich bemerkenswerte Werke lieferten nur wenige Regisseure, die der Vergangenheit und der Wirklichkeit nicht aus dem Weg gingen. Hier muß Wolfgang Staudte genannt werden, der die antimilitaristische Tragikomödie »Der Untertan« (1951, nach Heinrich Mann) in der DDR drehte. 1953 wechselte er in die Bundesrepublik Deutschland über und schilderte dort u.a. in »Rosen für den Staatsanwalt« (1959) das Problem ehemaliger Nazis in hohen Ämtern. In »Wir Wunderkinder« (Kurt Hoffmann, 1958) wird dasselbe Thema aufgegriffen, diesmal als schwarze Komödie. Helmuth Käutner lieferte mit »Die letzte Brücke« (1954) und »Des Teufels General« (1955, nach Carl Zuckmayer) ebenfalls einen wichtigen Beitrag. Als eindringlichster deutscher Anti-Kriegsfilm gilt der im Dokumentarstil gehaltene Film »Die Brücke« (1959) des Schauspielers Bernhard Wicki.

R. BISHOFF

Klassische Musik

Die Avantgarde

Schon zu Beginn des 20. Jahrhunderts machte die Tonkunst eine Krise durch. Das tonale System schien nahezu erschöpft. Claude Debussy, Edgar Varèse, Arnold Schönberg und viele andere schlugen jeder auf ihre Weise neue Wege ein, die die Chance für einen Ausweg aus der Sackgasse boten.

Der Faschismus und der 2. Weltkrieg ließen diese Entwicklung zum Erliegen kommen. Erst die Musikergeneration nach dem Krieg vermochte den Faden wieder aufzunehmen und konsequent weiterzuführen. Sie ging dabei radikal vor.

Schönberg hatte zur Überwindung des tonalen Systems um 1923 die Zwölftonmusik geschaffen: Alle zwölf Töne einer Oktave brachte er in Reihen unter, in denen jeder Ton gleichwertig ist. Mit den Reihen konnte dann rhythmisch und harmonisch gestaltet werden. Das war der Ausgangspunkt für die serielle Musik. Aber nicht Schönberg, sondern sein Schüler Anton Webern wurde zur großen Inspirationsquelle. Die Schule von Darmstadt entwickelte seine Art zu komponieren weiter. Bald entdeckte man, daß nicht nur die Töne selbst, sondern auch die Rhythmen, Lautstärken und die Instrumentierung die Bausteine einer Reihe bilden konnten. Eine endlose Variation serieller Techniken entstand in diesen Jahren, begleitet von einem unablässigen Strom theoretischer Abhandlungen. Für den Laien wurde trotzdem der Zugang zur seriellen Musik immer schwieriger. Aber auch die Avantgarde fand rasch heraus, daß sie sich in ein enges Korsett zwängte. Das Ideal der vollkommen determinierten Musik nahm seit 1956 allmählich mildere Formen an. Karlheinz Stockhausen in seinem »Klavierstück XI« (1956) und Pierre Boulez in seiner »Dritten Klaviersonate« (1957) gestanden dem ausführenden Künstler bereits wesentlich mehr Gestaltungsfreiheit zu. Die serielle Musik fand erst 1958 ein nennenswertes Gegenstück in der Musik des Amerikaners John Cage und seiner Nachfolger. Diese Gruppe strebte gerade das Gegenteil an: eine völlige Unverbindlichkeit der Musik, sowohl für den Komponisten als auch für die ausführenden Künstler. Die »Aleatorik«, die Zufallsmusik, trat auf den Plan.

Auffallend ist, daß ausgerechnet in der Bundesrepublik Deutschland, trotz oder vielleicht gerade wegen ihrer jüngsten Vergangenheit, innerhalb kurzer Zeit einige der wichtigsten Zentren zeitgenössischer Musik entstanden. In Darm-

Karlheinz Stockhausen

Der Pianist Arthur Rubinstein.

E-Musik
S. 304 – 51

Renata Tebaldi, mit Maria Callas die berühmteste Sopransängerin der 50er Jahre.

Deutsche Schlager
S. 304 – 53

stadt fanden jährlich (schon seit 1946!) Internationale Ferienkurse für Neue Musik statt: ein idealer Platz für junge Talente wie Pierre Boulez, Karlheinz Stockhausen, Hans Werner Henze, Luigi Nono, Bruno Maderna, Luciano Berio und Henri Pousseur. Alle theoretischen Experimente, die hier unter der Leitung von Lehrern wie Wolfgang Fortner, Olivier Messiaen, Ernst Křenek, Edgar Varèse und René Leibowitz in Gang kamen, konnten seit 1950 auf den Donaueschinger Musiktagen in der Praxis erprobt werden.
Daneben begann der Westdeutsche Rundfunk in Köln eine immer aktivere Rolle zu spielen; 1953 wurde das erste Studio für elektronische Musik eingerichtet. Hier entstand drei Jahre später ein Meisterwerk: »Gesang der Jünglinge im Feuerofen« von Stockhausen.

Deutsche Schlager der 50er Jahre

Der Schlager galt immer schon als Verkörperung einer wirklichkeitsfremden, bewußt verschönernden Traumwelt und hat diesen Charakter auch mehr oder minder beibehalten. Als typisches Massenprodukt der modernen Industriegesellschaft ist der Schlager extrem kurzlebig, und nur wenige Stücke überdauern als *Evergreens* diese charakteristische Kurzlebigkeit. Jedoch lassen sich zwischen den deutschen Schlagern der 30er und 40er Jahre und denen der 50er Jahre prinzipielle Unterschiede festhalten.
Mußte bis 1945 der deutsche Schlager neben den Gesetzen des Musikmarktes auch noch Propaganda-Strategien gerecht werden, so ist die Orientierung am Markt, die seiner Erscheinung als Massenware entspricht, nach Kriegsende noch wesentlich deutlicher. Wie sehr etwa die Schallplattenindustrie expandierte, zeigen nur zwei Zahlen: 1949 wurden 6 Millionen Platten in Deutschland verkauft, 1958 bereits 58 Millionen. Freilich lassen sich auch in den 50er Jahren gewisse ideologische Inhalte nicht übersehen. Eine schlaglichthafte Gegenüberstellung einiger deutscher »Hits« vor und nach 1945 macht das deutlich. So gingen Fernweh (Seemannsthematik) und der subtile Appell ans Standhalten 1939 in einem Titel von Michael Jary, der beim nüchternen Lesen des Textes schon gespenstisch weitsichtig anmutet, erfolgreich zusammen: »Das kann doch einen Seemann nicht erschüttern, keine Angst, keine Angst, Rosmarie! Wir lassen uns das Leben nicht verbittern, keine Angst, keine Angst, Rosmarie! Und wenn die ganze Erde bebt und die Welt sich aus den Angeln hebt: Das kann doch . . .« Während des Krieges ist dann die Durchhaltethematik noch deutlicher: »Es geht alles vorüber, es geht alles vorbei! Auf jeden Dezember folgt wieder ein Mai« (1942, Fred Raymond). In den 50er Jahren spielt demgegenüber ein neues Lebensgefühl eine wichtige Rolle. Das Mut-Machen, die unbeschwerte, nicht künstlich aufmunternde Geste tritt in den Vordergrund: »Mir ist so komisch zumute, ich ahne und vermute: Heut' liegt was in der Luft, ein ganz besond'rer Duft, der liegt heut' in der Luft« (1954, Michael Jary). Aber auch der Alltag wird besungen, ohne gefühlvolle Anspielungen, zum Teil in bewußter Realitätsschilderung: »Pack' die Badehose ein, nimm dein kleines Schwesterlein und dann nichts wie raus nach Wannsee!« Dieser Titel des berühmten Kinderstars Cornelia Froboess von 1951 lenkt zugleich auf eine andere wichtige Komponente des Schlagergeschäftes: Die Stars. Zu den international renommiertesten Schlagerstars dieses Jahrzehnts gehörte Caterina Valente. Ihr Erfolg läßt sich, abgesehen von tänzerischem Können und breiter Erfahrung im Showgeschäft, wohl auch dadurch erklären, daß sie am besten den Einbruch lateinamerikanischer Tänze und Rhythmen verarbeitete, vor allem Elemente des Samba, Cha-Cha-Cha und Calypso. Dieser neue musikalische Wind bewirkte zugleich auch eine Gegenbewegung. Aus den sehr gefühlsbetonten deutschen Schlagern, die Fern- und Heimweh besangen, entstand eine neue, verstärkte Variante: Die *Schnulze* (der Begriff kam gegen 1953 auf). Die Lage der Heimatvertriebenen (»Dort wo die Blumen blühn, dort wo die Täler grün' – dort war ich einmal zu Hause«) wird ebenso berücksichtigt wie die Reiselust (»Nimm mich mit, Kapitän, auf die Reise«). Beide Titel (1955 und 1953) stammen von Freddy Quinn (der Österreicher Franz Eugen Nidl-Petz), der aufgrund seines Lebensweges das Genre sicher am besten vertrat. Ganz neue Töne entstanden schließlich auch aus der Amerika-Begeisterung der 50er Jahre, insbesondere aus der Aufnahme der Western Music (»Von den blauen Bergen kommen wir« 1949). Diese Richtung und die lateinamerikanische Musik veränderten schließlich auch das übliche Klangbild. Der »Background« wurde mit elektronischen Mitteln verändert (Hall-Effekte), und der letztlich noch aus der Operette stammende Streicherklang trat zurück. Die große Herausforderung an den deutschen Schlager war aber der Rock 'n' Roll, die Etablierung einer spezifischen Jugendmusik, als provozierende Alternative zur Scheinwelt des Schlagers. Die Umbrüche in der Musikszene, die diese erste Stufe der Rockmusik bewirkte, wurden erst in den 60er Jahren ganz deutlich.

Caterina Valente

Auch die International Society for Contemporary Music, die 1922 in Salzburg gegründet worden war und seit 1923 jährlich in einem anderen Land ein Musikfestival organisiert hatte, lieferte einen wichtigen Beitrag zur Propagierung der neuen Musik. Dadurch, daß sie ihre Festivals an wechselnden Orten veranstaltete, konnte die Society jeweils andere Schwerpunkte setzen und so ein einseitiges Bild verhindern. In den Jahren zwischen 1950 bis 1959 fanden Darbietungen in Brüssel, Frankfurt am Main, Salzburg, Oslo, Haifa, Baden-Baden, Stockholm, Zürich, Straßburg und Rom statt.
Außer den bereits genannten und ihren Vorläufern gab es in diesen Jahren natürlich auch viele Komponisten, die entweder wegen ihres Alters oder wegen ihrer Mentalität nicht zur neuen Strömung gerechnet werden können wie Igor Strawinsky und Paul Hindemith.

Die Langspielplatte

Um 1950 kamen in Westeuropa die ersten Langspielplatten auf den Markt. Sie hatten wesentliche Vorteile im Vergleich zu den alten Schallplatten mit einer Drehzahl von 78 U/min. Die Aufnahmetechnik hatte sich rasch entwickelt. Die neuen Verfahren boten eine hochwertige Klangqualität, die Spieldauer der Platten erhöhte sich beträchtlich. Schallplatten wurden in Massenproduktion (und folglich billiger als früher) hergestellt. Große sinfonische Werke, Konzerte, Opern, Kammermusik, alles konnte nun bequem im Wohnzimmer gehört werden. Musik wurde zum ersten Mal für jedermann erschwinglich, eine Musik, die zuvor überhaupt nicht oder kaum bekannt war, konnte jetzt über die Schallplatte an den Hörer gebracht werden. Ein typisches Beispiel dafür ist das Vivaldi-Fieber, das in diesen Jahren ausbrach. Damit dehnte sich das Interesse des Publikums auf die gesamte Barockmusik aus. 1952 wurde in Rom das Streichensemble I Musici di Roma gegründet. Sein Vorbild machte Schule: I Virtuosi di Roma, The Academy of St. Martin-in-the-Fields und zahllose ähnliche Orchester wetteiferten miteinander. Zur selben Zeit begann auch der niederländische Blockflötist Frans Brüggen seine Karriere.

Kunst und Kultur

Neuanfang in Bayreuth

Der Nachmittag des 30. 7. 1951, an dem – 75 Jahre nach den ersten Festspielen – der Dirigent Hans Knappertsbusch in Wieland Wagners Neuinszenierung des *Parsifal* den Stab erhob, gilt als Geburtsstunde des »Neuen Bayreuth«. Am Tag zuvor hatte Wilhelm Furtwängler mit einer Aufführung von Beethovens 9. Symphonie die Festspiele eröffnet. Von 1945 bis 1950 hatte das Festspielhaus lediglich für gelegentliche Opernaufführungen anderer Komponisten (»Fidelio« von Beethoven, »Tiefland« von d'Albert u. a.) und für Musikdarbietungen im Rahmen der Truppenbetreuung der US Army gedient.

Wieland und Wolfgang Wagner

In diesen Jahren hatte es einen erbitterten Streit darüber gegeben, ob es sinnvoll und möglich sei, die Tradition der Bayreuther Festspiele wieder aufzunehmen, und welche Rolle die Familie Wagner dabei spielen sollte. Winifred, die Witwe Siegfried Wagners, die seit 1930 die Festspiele geleitet hatte, war am 8. 12. 1948 in der Berufungsinstanz des Entnazifizierungsverfahrens als »Minderbelastete« verurteilt worden. Die gebürtige Engländerin, Trägerin des Goldenen Parteiabzeichens, war eine alte Freundin Hitlers seit den 20er Jahren und bereits seit 1926 Mitglied der NSDAP. Sie hatte dem Irrglauben angehangen, ihre persönliche Verehrung und freundschaftlichen Gefühle für den Diktator von ihrer Arbeit in Bayreuth, bei der sie künstlerische Freiheit und Unabhängigkeit der Festspiele wahren wollte, trennen zu können. Obwohl sie nie öffentlich als Propagandistin des Nationalsozialismus aufgetreten war, konnte ihr die Berufungskammer vorhalten, »daß sie das Gewicht eines der berühmtesten Namen der Kulturgeschichte für Hitler in die Waagschale warf«. Hitlers persönliche Anwesenheit hatte den Festspielen ihren eigenen Glanz verliehen, seine finanzielle Unterstützung die wirtschaftliche Existenz des Unternehmens gesichert. Als Winifred das Festspielhaus ab 1940 für die Dauer des Krieges schließen wollte, hatte Hitler die Durchführung von sogenannten Kriegsfestspielen angeordnet, die für Wehrmachtsangehörige und Rüstungsarbeiter veranstaltet wurden. Dabei wurden 1943 und 1944 nur noch die *Meistersinger* gespielt.

Hitlers Verehrung für Wagner geht auf die Zeit vor dem 1. Weltkrieg zurück. Von Albert Speer ist ein Ausspruch Hitlers überliefert, nach dem ihm bei einer Aufführung des *Rienzi* im Theater von Linz die »gottbegnadete Musik« die Eingebung vermittelt habe, »daß es auch mir gelingen müsse, das deutsche Reich zu einen und groß zu machen«. Wie sehr er Wagner mißverstanden haben mag, von dem er meinte, er habe gezeigt, »daß echtes Schöpfertum scheinbar unüberwindliche Widerstände am Ende doch zu bezwingen vermag«, deutet ein Bericht der »Frankfurter Zeitung« vom 7. 8. 1943 über eine Aufführung der »Meistersinger« an. Anknüpfend an die Schlußworte des Hans Sachs auf der Festwiese in Nürnberg – »Zerging' im Dunst das Heil'ge Röm'sche Reich, uns bliebe gleich die heil'ge deutsche Kunst!« – meint der Berichterstatter: »Den darin mitschwingenden romantischen Primat der Kunst über die Politik kann der Deutsche unserer Zeit nicht mehr mitvollziehen.« Nach dem Krieg wollten manche in dem Verhalten von Winifred Wagner die logische Folge der politischen Theorien und der künstlerischen Konzeptionen ihres Schwiegervaters sehen. Andere meinten, eine Wiederaufnahme des Festspielbetriebes sei nur ohne die überlebenden Mitglieder der Familie Wagner möglich. Auch Wolfgang, der jüngere der beiden Söhne Winifreds, hielt »unsere Familie für diese Aufgabe unfähig«. Der Ruf nach der öffentlichen Hand wurde laut. Franz W. Beidler, Schweizer Staatsbürger, Sohn der Isolde von Bülow und Enkel von Richard und Cosima Wagner, wollte sich als Generalsekretär einer »Richard-Wagner-Festspiel-Stiftung« und Thomas Mann als deren Ehrenpräsidenten sehen. Schließlich entschied der Ministerpräsident des Freistaats Bayern, Dr. Hans Ehard, am 24. 2. 1949, »der Familie Wagner in der Person der Söhne Wieland und Wolfgang die Handlungsfreiheit wiederzugeben«. Die im Entnazifizierungsverfahren festgelegte Sperre des dem Unternehmen der Bayreuther Festspiele gewidmeten Vermögens wurde aufgehoben. Während sich Wolfgang zunächst überwiegend der Organisation des Festspielbetriebs widmete, prägte der ältere Bruder Wieland mit seinen künstlerischen Einsichten und Zielen das neue Bayreuth. 1952 konnte ein Kritiker schreiben: »Die dritte Wagner-Generation hat erkannt, daß es nicht damit getan sei, lediglich die Kontinuität der Festspiele nach der siebenjährigen Pause wieder aufzunehmen, sondern daß es diesmal um weit mehr ging, nämlich um die Gewinnung eines wiederum neuen, weder legendär noch nationalistisch verfälschten Wagner-Bildes, um die Verlebendigung der Wagnerschen Idee aus dem Geist und nach den Gestaltungsgrundsätzen des musikalischen Theaters unserer Zeit.« Wieland erntete faszinierten Beifall ebenso wie fassungsloses Entsetzen: »Es ist indiskutabel, wenn sich Amfortas von der ›Waldesmorgenpracht‹ beglückt fühlt und kein Wald vorhanden ist«, meinte ein Kritiker, und ein anderer fand: »... grenzt es schon an Surrealismus, wenn Parsifal vor einem blauen Rundhimmel singt: ›Wie dünkt mich doch die Aue heut so schön!‹« Radikal war der Bruch mit der Tradition nicht nur im theatertechnischen, sondern auch im ideologischen Sinn. Über den Streit über die runde Bühnenscheibe, die aufgesplittert und verformt, zerteilt und wieder zusammengefügt wird, um die »Meistersinger ohne Nürnberg«, ohne Fachwerkbauten, vergingen Jahre. Rückblickend kann man aber sagen, daß 1951 die entscheidende Phase in der Deutung und Inszenierung des Wagnerschen Werkes eingeleitet wurde, die internationale Maßstäbe setzte. Damit erfüllten Wieland und Wolfgang Wagner die Aufgabe, die ihnen Albert Schweitzer 1951 gestellt hatte: »Bayreuth ist nicht Musik, sondern ein Erleben einer Ergriffenheit und Erhebung durch die Ideen über das Menschendasein, die in den Dramen Richard Wagners Gestalt angenommen haben. Dieses Erbe in reiner Gestalt der Welt zu erhalten ... ist die große und so schwere Aufgabe, die Ihnen zugefallen ist.«

Tristan und Isolde, III. Akt (1952).

Polemik um den Neuanfang: »Gestern nacht erhängte sich im Festspielhaus nach Schluß der Vorstellung in aller Stille der Geist Richard Wagners.« (Aus: Simplizissimus, 1956).

Infolge der enormen Wiederbelebung der Barockmusik begann man sich zu fragen, wie diese Musik nun eigentlich geklungen habe. 1953 gründete der Cellist Nikolaus Harnoncourt sein Ensemble Concentus Musicus in Wien. Nach vier Jahren intensiver Forschung gab das Ensemble 1957 eine erste Probe, wie alte Musik mit Originalinstrumenten geklungen haben könnte. In den Niederlanden schlug der Cembalist Gustav Leonhardt dieselbe Richtung ein.

Die Oper

Als Kunstform hat die Oper in den 50er Jahren kaum eine Erneuerung erfahren. Die bedeutendsten Komponisten, die sich mit der Oper beschäftigten, waren überwiegend Traditionalisten: Benjamin Britten, Gian Carlo Menotti, Francis Poulenc, Gottfried von Einem und Hans Werner Henze. Aber auf der Ebene der Interpretation ergaben sich in diesem Jahrzehnt dennoch überraschende Neuerungen. 1951 wurden zum erstenmal seit dem 2. Weltkrieg in Bayreuth die Richard-Wagner-Festspiele veranstaltet. Die beiden Enkel des Komponisten, Wieland und Wolfgang Wagner, übernahmen die Leitung. Vor allem Wieland Wagner stellte mit seiner Regie-Auffassung völlig neue Maßstäbe auf (auch → S. 241). Wieland Wagners Vorbild fand rasch Nachahmer, und die Oper ging einer neuen Blütezeit entgegen. Auch die griechisch-amerikanische Sopranistin Maria Callas muß in diesem Zusammenhang genannt werden. Sie war in diesen Jahren der absolute Star auf der Opernbühne, nicht nur wegen ihrer phänomenalen Gesangskunst, sondern mindestens ebensosehr wegen ihres großen Schauspieltalents. Sie war die erste Primadonna, die sich nicht ausschließlich mit schönen Tönen zufriedengab. Jede Rolle, die sie sang, machte sie wohlüberlegt zu einer persönlichen Gestaltung. Außerdem trug sie erheblich zur Wiederentdeckung des Belcanto-Repertoires aus dem 19. Jahrhundert bei.

R. VAN DER LEEUW

Jazz in den 50er Jahren

Stabilisierung

Der vorherrschende Stil war zunächst noch der Bop (oder Bebop), der sich um die Mitte der 40er Jahre voll entwickelt hatte, dann jedoch stagnierte. Als Bewegung war vom Bop um 1950 nicht mehr viel übrig, obwohl seine Hauptvertreter – vor allem Charlie Parker – noch immer als Musiker aktiv waren.

West Coast Jazz, Cool Jazz

Etwa 1950 war in der Entwicklung des Jazz ein Stillstand eingetreten. Bald darauf kam in Kalifornien eine neue Variante des Bop auf: der West Coast Jazz. Er zeichnete sich durch eine gemäßigtere Rhythmik und stilistische Einflüsse des Swing aus. Der Charakter dieser Musik war spielerischer, manchmal sogar etwas zu flach und glatt. Dadurch ergab sich ein erheblicher Kontrast zum Bop der 40er Jahre. Das musikalische Klima wurde durch die dominierende Rolle der weißen Musiker im West Coast Jazz bestimmt. Die bekanntesten Vertreter wurden Dave Brubeck und Gerry Mulligan.

Der zurückhaltende, jeder expressionistischen Tongestaltung abholde Stil des Cool Jazz verstand sich als Kontrast zum Bebop. Bedeutende Vertreter dieser Richtung waren Stan Getz, Lester Young, Lee Konitz und der blinde Lennie Tristano. Der »Kühle«, vibratolose, kontrapunktische Stil des Cool Jazz beeinflußte sogar die E-Musik.

Blues, Funk und Hard Bop

Die Reaktion auf den West Coast Jazz ließ nicht lange auf sich warten. In New York, Detroit und anderen Großstädten der USA lehnten sich die Musiker gegen die zurückhaltende Spielweise auf. Ihr Stil, vorübergehend Funk bzw. Soul genannt, war gleichfalls eine Variante des Bop, wobei die Musiker sich vor allem an die Bluesmusik jener Jahre und an die Gospelmusik anlehnten. Von Bedeutung für das Aufkommen von Soul war der blinde Sänger und Pianist Ray Charles. Er verschmolz als erster Blues und Gospel zu einer neuen Art schwarzer Musik. Wenn es je eine Musikform gab, mit der die schwarze Bevölkerung der USA in Berührung kam, so war es die Gospelmusik in den Kirchen. Das Tabu, das seit jeher auf der Verwendung von Gospelmotiven in der weltlichen Musik geruht hatte, wurde zum ersten Mal von Ray Charles gebrochen.

Etwa um 1954 begannen viele, überwiegend jüngere Musiker, einen Bop zu spielen, der mit Blues und Gospel vermischt war, den Hard Bop. Die Jazz Messengers von Art Blakey und Horace Silver waren charakteristisch für diese neue Ten-

▷ *Lionel Hampton bei einem Konzert im Kurhaus von Scheveningen am 21. 11. 1954.*

Jazz S. 304 – 52

denz. Sie verdrängte innerhalb von zwei Jahren den populären West Coast Jazz aus dem Interesse des Publikums. Das neue Zentrum des Jazz wurde New York. So wie The Lighthouse früher das Zentrum des West Coast Jazz gewesen war, wurde nun Bohemia in Greenwich Village zum Hauptquartier der neuen Bopper.

Einige wichtige Ensembles und Solisten dieser Periode waren das Max Roach-Clifford Brown Quintet, das Modern Jazz Quartet, Sonny Rollins und das Miles Davis Quintet mit dem neuen Saxophonisten John Coltrane.

Große Namen

Zwar dominierten in den Entwicklungen des Jazz die oben erwähnten Gruppen und Musiker, in der Jazzwelt als solcher standen jedoch die älteren Musiker im Vordergrund. Lionel Hampton mit seiner Harlem Jump Band feierte Triumphe. Duke Ellington blieb der wichtigste Orchesterleiter. Count Basie, der die Mitglieder seines Orchesters in der zweiten Hälfte der 40er Jahre wegen der ungünstigen Konjunktur entlassen hatte, stellte 1954 ein neues Orchester zusammen, in dem nun Solisten wie Thad Jones und Frank Foster spielten. Zum ersten Mal wurde das Jazzkonzert zum wichtigen Ereignis in den Konzertsälen. Initiator war Norman Granz mit seinem Jazz at the Philharmonic, der Künstler wie Oscar Peterson, Ella Fitzgerald und Dizzy Gillespie präsentierte.

Europa

Die meisten europäischen Musiker folgten ihren amerikanischen Vorbildern. Bezeichnend war die Entwicklung in Schweden, wo eine Gruppe begabter Instrumentalisten eine gefällige Interpretation des Bop entwickelte, die manchmal mit schwedischen Volksliedmotiven angereichert wurde. Der Saxophonist Lars Gullin wurde zum Symbol der Gruppe; der Pianist Bengt Hallberg und der Klarinettist Putte Wickmann spielten ebenfalls eine bedeutende Rolle.

In anderen westeuropäischen Ländern wurden kaum Gruppen gebildet. Der prominenteste der europäischen Musiker war der Saxophonist Bobby Jaspar. In Frankreich spielte er mit André Hodeir, Henri Renaud und anderen; Mitte der 50er Jahre ließ er sich in New York nieder. Weiter müssen der Vibraphonist Sadi, der Bassist Roger van Haverbeke und der Saxophonist Jaques Pelzer genannt werden, allesamt ausgesprochene Individualisten, die sich im Bop-Idiom ausdrückten.

RUDY KOOPMANS

Der Durchbruch des Rock and Roll

Das Swing-Zeitalter, die Periode der Big Bands, gehörte zum größten Teil der Vergangenheit an. Daran waren teils wirtschaftliche, teils auch künstlerische Faktoren schuld. Unterhaltungsmusik und Jazz, die jahrzehntelang Hand in Hand gegangen waren, entfernten sich nach dem Aufkommen des Bopstils im Jazz (in den 40er Jahren) langsam aber sicher voneinander. Die neue Generation der Jazzliebhaber war der großen (Tanz-)Orchester überdrüssig geworden und bevorzugte die auf mehr Improvisation angelegte Musik der Small Combo. Die meisten Sängerinnen und Sänger, die den Hit-Rummel der 50er Jahre einleiteten, waren keine Neulinge im Showgeschäft; sie hatten oft eine jahrelange Erfahrung als Sänger mit einem großen Orchester hinter sich und wußten deshalb, was das Publikum von ihnen erwartete. So waren Jo Stafford und Frank Sinatra feste Vokalisten beim Tommy-Dorsey-Orchester; Rosemary Clooney hatte ihre ersten praktischen Erfahrungen bei der Band von Tony Pastor gewonnen und Doris Day beim Orchester von Les Brown. Mit Nat King Cole, Perry Como und Bing Crosby gehörten sie zu den populären Sängern, die in der ersten Hälfte der 50er Jahre der weißen amerikanischen Unterhaltungsmusik ihren Stempel aufdrückten. Daß der Jazz seine Rolle im Sektor der Unterhaltungsmusik noch nicht ausgespielt hatte, ließ manche populäre Melodie in den 50er Jahren erkennen; oft wurde nach erprobten Rezepten »altmodisch« geswingt, während Filme wie »Die Glenn-Miller-Story« und »Die Benny-Goodman-Story« die Vergangenheit der Big Bands vorübergehend neu erstehen ließen. Zu Beginn der 50er Jahre kam bei den Amerikanern ein Songtypus auf, der sich durch Händeklatschen und einen schnellen, akzentuierten Rhythmus auszeichnete. Er forderte einen lauten, dynamischen Gesangsstil. Die wichtigsten Vertreter waren u.a. Doris Day und Rosemary Clooney. Zu den größten instrumentalen Hits der 50er Jahre gehörten das Thema aus dem Film »Der dritte Mann« mit dem Zitherspieler Anton Karas, »The song from Moulin Rouge« vom Orchester Percy Faith,

Filmhits
S. 304 – 54

Ein Quartett mit Charlie Parker (Altsaxophon) in dem Jazzlokal »Open door« in New York. Weiter spielen Charles Mingus (Bass), Roy Haynes (Schlagzeug) und Thelonious Monk (Klavier).

Nat »King« Cole, zunächst Jazzsänger, Pianist und Leiter des »King Cole Trio«, war einer der bekanntesten Sänger in den 50er Jahren.

»Charmaine« vom Orchester Mantovani, »Blue tango« vom Orchester Leroy Anderson und das Thema aus dem Chaplin-Film »Rampenlicht«.

Rock and Roll

Der Sänger, der den Siegeszug des Rock 'n' Roll einleitete, war Johnny Ray. Infolge eines Unfalls fast taub geworden, stolperte er mit einem baumelnden Hörapparat auf dem Podium herum, um seine Lieder leidenschaftlich schluchzend vorzutragen. Ray brachte sein Repertoire mit ebensoviel Emotionen auf die Bühne wie die schwarzen Rhythm-and-Blues-Künstler. Sein Song »Cry« wurde zum Welterfolg. Schon Jahre zuvor hatten schwarze Künstler und Künstlergruppen, u.a. die Mills Brothers, die Ink Spots and Nat King Cole, auf dem weißen Musikmarkt mit weichen, leicht ins Ohr gehenden Musiknummern Erfolge gehabt. Das Management lag jedoch in den Händen der Weißen. Die populäre Musik für die schwarze Bevölkerung in den USA erschien in obskuren Plattenlabels und wurde von den großen Rundfunksendern lange Zeit abgelehnt.

Diese Musik, der Rhythm and Blues, zog seit Anfang der 50er Jahre immer mehr das Interesse der weißen Schallplattengesellschaften auf sich. Bereits 1952 merkte der Diskjockey Alan Freed in Cleveland, daß Imitationen des schwarzen Repertoires von weißen Künstlern bei der weißen Jugend den Wunsch nach den ursprünglichen schwarzen Fassungen weckten. Er begann in seinen Programmen schwarzen Rhythm and Blues aufzulegen, verschwieg aber ihre Titel aus Furcht davor, daß seine Arbeitgeber diese »Race music« verbieten könnten. Statt dessen nannte Freed die »neue Musik« Rock and Roll. Als er von einem großen Rundfunksender in New York angestellt wurde, übertrafen seine Zuhörerzahlen bald die aller seiner Kollegen. Rock and Roll wurde zur aufregendsten Parole, die die heranwachsende weiße Jugend kennengelernt hatte. Die Wogen schlugen hoch, als Bill Haley mit seiner Gruppe »The Comets« »Shake, rattle and roll« und »Rock around the clock« auf einer Platte herausgebracht hatte.

Bald nach Haleys Durchbruch trat ein anderer weißer Sänger auf, der seine Songs mit denselben Emotionen und derselben Spontaneität vortrug wie die schwarzen Künstler. Er sang Country and Western, Gospel, Rhythm and Blues und Unterhaltungsmusik. Er wurde zum großen Idol der Teenager: Elvis Presley.

Innerhalb weniger Jahre hatte der Rhythmus des Rock and Roll die Unterhaltungsmusik verändert. Künstler wie Doris Day, Perry Como, Patti Page und fast alle Popsänger, die in der ersten Hälfte der 50er Jahre die größten Erfolge hatten, verschwanden von den Hitlisten. Ihren Platz nahmen die Rock-and-Roll-Künstler ein, wobei viele junge, erst am Anfang ihrer Laufbahn stehende Sängerinnen und Sänger rasch bekannt wurden. Unter ihnen müssen vor allem Pat Boone und Harry Belafonte genannt werden: Boone wegen seiner »gefälligen« Interpretation vieler schwarzer Rhythm-and-Blues-Stücke, Belafonte, weil er mit seinem »The banana boat song« das Interesse für den Calypso und verwandte Volksmusik weckte.

SKIP VOOGD

Bill Haley and his Comets (links).

Elvis »The Pelvis« Presley in einer Szene des Films »Jailhouse Rock«, 1957 (rechts).

Wer starb?

ALBERT BASSERMANN (84) starb am 15. 5. 1952 in Zürich. Er begann seine Schauspielerkarriere 1899 in Berlin, wo er u. a. unter Max Reinhardt am Deutschen Theater spielte. Bekannt wurde er als Charakterdarsteller. Bassermann versuchte stets, die Eigenarten und Beweggründe der von ihm verkörperten Figuren dem Zuschauer begreiflich zu machen. Dies gelang ihm vor allem in den Stücken Henrik Ibsens. Nach 1914 gastierte er an Theatern in ganz Europa. 1934 emigrierte er in die Schweiz, später in die USA und kehrte 1946 nach Europa zurück. Danach spielte er vornehmlich in der Schweiz.

Der niederländische Dirigent EDUARD VAN BEINUM (58) starb am 13. 4. 1959 während einer Probe des Amsterdamer Concertgebouw-Orchesters. Seine Vielseitigkeit machte ihn zu einem der führenden Orchesterleiter Europas. Sein Ruf ließ ihn zum ständigen Dirigenten des London Philharmonic Orchestra und des Philharmonic Orchestra in Los Angeles werden. Seine größten Erfolge errang er jedoch mit dem Amsterdamer Concertgebouw-Orchester, das er von 1931 bis 1945 leitete. Nachdem er die Leitung niedergelegt hatte, blieb van Beinum erster Dirigent und festigte auch weiterhin den Ruf des Orchesters in der ganzen Welt.

Trotz seines Filmdebüts in den 30er Jahren gelang HUMPHREY BOGART erst im folgenden Jahrzehnt der Durchbruch. Er wurde zum Mythos des zynischen, sich selbst und seine Umwelt verachtenden Einzelgängers. Vor allem als Privatdetektiv Philip Marlowe in dem Film *Tote schlafen fest* (1946) wurde er einer der Hauptdarsteller der »Schwarzen Serie«. Zu seinen besten Leistungen gehörten die männlichen Hauptrollen in *Casablanca* (1943) und in *African Queen* (1951), für die er seinen einzigen Oscar bekam.

Benedetto Croce

Er starb am 14. 1. 1957 in Hollywood, 57 Jahre alt.

PAUL CLAUDEL (86) starb am 23. 2. 1955 in Paris. Er war einer der wichtigsten Erneuerer der französischen Lyrik im 20. Jahrhundert. Mit den dichterischen Mitteln des Symbolismus und der mittelalterlichen Hymnik schuf er Lyrik, in der das irdische und himmlische Leben, die göttliche Gnade sowie Groteskes und Alltägliches nebeneinanderstehen. Zu seinen bekanntesten Werken gehören *Fünf große Oden* (1910, dt. 1939) und das Mysterienspiel *Der seidene Schuh* (1930, dt. 1939).

Der Philosoph, Historiker und Politiker BENEDETTO CROCE (86) starb am 20. 11. 1952 in Neapel. Als Neo-Idealist interpretierte er vor allem Marx und Hegel. Sein wichtigstes Werk ist die vierbändige *Filosofia come Szienza dello Spirito* 1902–1917. 1902 bis 1944 gab er die literarische Zeitschrift *La Critica* heraus. Croce übte nachhaltigen Einfluß auf Ästhetik und Literaturtheorie aus. Nachdem er anfänglich mit dem Faschismus sympathisiert hatte, veröffentlichte er 1925 einen berühmten Protest gegen Giovanni Gentiles faschistisches Manifest und wurde Haupt des intellektuellen Antifaschismus.

WILHELM FURTWÄNGLER (78) starb am 30. 11. 1954 in Baden-Baden. Als Nachfolger von Arthur Nikisch leitete er das Gewandhausorchester (1922–1928) in Leipzig und die Berliner Philharmoniker (1922–1945 und 1947–1954). Für die Musik der Klassik und Romantik wurde er einer der wegweisenden deutschen Dirigenten. Furtwängler komponierte u. a. drei Sinfonien, ein Tedeum und ein Klavierkonzert.

Der schweizerisch-französische Komponist ARTHUR HONEGGER starb am 27. 11. 1955 in Paris. Er war zunächst von C. Debussy, später von I. Strawinsky beeinflußt, ging jedoch bald eigene Wege. Er erregte vor allem mit dem Orchesterwerk *Pacific 231* (1923) großes Aufsehen und wurde mit seinem Oratorium *König David* (1921) zum Vorreiter der Moderne in Frankreich. Honegger war Mitglied der Gruppe »Les Six«. In Zusammenarbeit mit dem Dichter P. Claudel entstanden die Oratorien *Johanna auf dem Scheiterhaufen* (1938, als Oper 1950) und *Totentanz* (1940).

RUDOLF VON LABAN (70) starb am 1. 7. 1958 in Weybridge bei London. Er war einer der wichtigsten Tanztheoretiker, der vor allem den Ausdruckstanz propagierte und das klassische Ballett ablehnte. Seine Tanzschrift, die Laban-Notation, wurde zur Grundlage des freien Kunsttanzes. 1938 verließ er Deutschland und ging nach Großbritannien, wo er als Lehrer seine Theorien weitergab. In Manchester gründete er 1942 das Tanzstudio »Studio Art of Movement«.

THOMAS MANN (80) starb in Kilchberg bei Zürich am 12. 8. 1955. Als einer der größten Schriftsteller des Jahrhunderts schrieb er Romane, die vor allem die Psychologie der Figuren in den Vordergrund stellen. Die Spannung zwischen Leben und Geist, Künstlertum und Krankheit sowie die Rolle des Bürgertums im Europa des 20. Jahrhunderts sind die wesentlichsten Leitmotive seines Werkes. In seinem Roman *Buddenbrooks* (1901) schildert er den Verfall einer Lübecker Patrizierfamilie. Zu seinen bekanntesten Werken gehören *Der Tod in Venedig* (1912), *Der Zauberberg* (1924), *Lotte in Weimar* (1939) und *Doktor Faustus* (1947). Nach Hitlers Machtergreifung (1933) wandte er sich offen gegen den Nationalsozialismus und emigrierte in die Schweiz, später in die USA. 1929 erhielt er den Nobelpreis für Literatur.

Der französische Schauspieler GÉRARD PHILIPE (36) starb

Gérard Philipe

am 25. 11. 1959 in Paris. Seit 1942 spielte er vor allem klassische Rollen am Théâtre Nationale Populaire. Im Film hatte er seine größten Erfolge in *Fanfan der Husar* (1951) und *Rot und Schwarz* (1954).

Der österreichische Komponist ARNOLD SCHÖNBERG (76) starb am 13. 7. 1951 in Los Angeles. Er war 1933 über Frankreich in die USA emigriert. Als Komponist und Musiktheoretiker hatte er durch die Entwicklung der Zwölftonmusik entscheidenden Einfluß auf die Musik des 20. Jahrhunderts. In die-

Rudolf von Laban

sem System stehen alle 12 Töne der chromatischen Tonleiter gleichberechtigt nebeneinander. Zu seinen bekanntesten Werken gehören *Pierrot Lunaire* (1912), *Serenade* (1923) und *Suite für Klavier* (1925).

Der finnische Komponist JEAN SIBELIUS (91) starb am 20. 9. 1957 in Järvenpää. Berühmt wurde er durch seine spätromantischen synfonischen Dichtungen, die starke Einflüsse der finnischen Volksmusik zeigen. 1925 hörte er mit dem Komponieren auf. Zu seinen berühmtesten Werken gehören seine 7 Sinfonien (1899–1924), die sinfonische Dichtung *Finlandia* (1900) und sein Violinkonzert d-moll (1903).

Der Dirigent ARTURO TOSCANINI (89) starb am 16. 1. 1957 in New York. Obwohl er den größten Teil seines Lebens in den USA verbracht hatte, blieb er doch im Grunde seines Herzens Italiener. Sein Name ist mit der Scala in Mailand, der Metropolitan Opera in New York, der New York Philharmonic Society und dem NBC Symphony Orchestra verbunden. Ferner entfaltete er eine vielfältige Gastspieltätigkeit, u. a. bei den Salzburger Festspielen. Toscanini war eine der schillerndsten Figuren des Musiklebens, nie bereit zu Konzessionen, weder an die Musiker, mit denen er arbeitete, noch an sein Publikum. Er trat insbesondere als Interpret Wagners und Verdis hervor. Seine Interpretationen zeichnen sich durch große Werktreue aus.

Arturo Toscanini

7. Sport

Höhepunkte des Jahrzehnts

Die erste große internationale Sportveranstaltung der 50er Jahre fand in der finnischen Hauptstadt Helsinki statt, wo vom 19. Juli bis zum 3. August 1952 die XV. Olympischen Sommerspiele der Neuzeit abgehalten wurden. Aus 69 Ländern kamen 4925 Sportler, darunter 518 Frauen. Zum ersten Mal seit ihrer Gründung war die Sowjetunion vertreten. Deutschland und Japan, die vier Jahre zuvor von den Spielen in London ausgeschlossen worden waren, durften wieder teilnehmen. Aus Deutschland kamen zwei Mannschaften: aus der Bundesrepublik mit 205 Sportlern und aus dem Saarland mit 36 Sportlern. Taiwan sagte im letzten Augenblick ab, als die Volksrepublik China in die Olympische Bewegung aufgenommen wurde. Paavo Nurmi, der finnische Läufer, der 1932 aufgrund des Amateurgesetzes disqualifiziert worden war, entzündete das Olympische Feuer.

Der Held der Spiele war der Tschechoslowake Emil Zátopek. Er gewann im Langstreckenlauf drei Goldmedaillen: über 5000 m (14:06,6 min), über 10 000 m (29:17,0 min) und im Marathonlauf (2:23:03,2 Std.). Seine Frau, die Speerwerferin Dana Zátopková, gewann die Goldmedaille in ihrer Sportart. Eine Überraschung in der Leichtathletik war der Sieg des Luxemburgers Josy Barthel, der unter der Obhut des deutschen Trainers Woldemar Gerschler stand. Er gewann den Mittelstreckenlauf über 1500 m in 3:45,2 min.

Die Hoffnungen der deutschen Mannschaft erfüllten sich nicht. Sie erhielt keine einzige Goldmedaille, nur sieben Silberne und siebzehn Bronzene. Trotzdem gab es einige bemerkenswerte Erfolge. Dazu zählen die dritten Plätze der Läufer Heinz Ulzheimer (800 m), Werner Lueg (1500 m) und Herbert Schade (5000 m). Im Reiten begann die große Karriere von Fritz Thiedemann mit den Bronzemedaillen im Springreiten und mit der Dressurmannschaft.

Das Turnen wurde schon beim ersten Auftreten von den sowjetischen Sportlern beherrscht. Wiktor Tschukarin mit vier Gold- und zwei Silbermedaillen war die dominierende Persönlichkeit. Die Schweizer mit Josef Stalder an der Spitze waren die stärkste Konkurrenz mit zwei Gold-, zwei Silber- und drei Bronzemedaillen. Der Deutsche Alfred Schwarzmann, dreifacher Olympiasieger von 1936, gewann im Alter von 40 Jahren am Reck die Silbermedaille. Im Schwimmen kam es in Helsinki zu einem gewaltigen Fortschritt. Die Zeiten der Gewinner von London (1948) wurden von vielen Teilnehmern verbessert. Den aufsehenerregendsten Sieg errang der 19jährige Franzose Jean Boiteux über 400 m Freistil. Bei den Frauen gaben die Ungarinnen den Ton an: viermal Gold in fünf Wettbewerben. Im Boxen, in dem die Amerikaner an der Spitze lagen, war Floyd Patterson die große Entdeckung im Mittelgewicht. Schon damals ließ der junge schwarze Amerikaner erkennen, daß er in einigen Jahren zu den größten Boxern der Geschichte gehören werde. Anders stellte sich sein späterer großer Rivale, der Schwede Ingemar Johansson, vor. Er wurde im Endkampf des Schwergewichts wegen Passivität disqualifiziert und erhielt die Silbermedaille erst nachträglich 1966.

Erfolgreicher war die deutsche Mannschaft vorher bei den Winterspielen in Oslo gewesen. Der bayerische Gastwirt Andreas Ostler erhielt als Pilot von Zweier- und Viererbob zweimal Gold, das Eisläuferpaar Ria Baran und Paul Falk, zweimal Welt- und Europameister, krönte seine Laufbahn mit dem Olympiasieg, und die alpinen Skiläuferinnen Annemarie Buchner und Ossi Reichert erzielten vier Medaillen. Noch stärker waren die österreichischen Alpinen (2 Gold, 3 Silber, 2 Bronze), während die Schweiz mit den Bronzemedaillen für beide Bobs zufrieden sein mußte.

Als das Internationale Olympische Komitee

Olympische Winterspiele 1952 S. 344 – 61
Olympische Sommerspiele 1952 S. 344 – 62
Wintersport S. 368 – 71

Josef Stalder am Seitpferd.

1949 die Olympischen Spiele von 1956 an die australische Stadt Melbourne vergab, rechnete man mit einer großen Teilnahme. Die Jahreszeit, in der das Ereignis stattfand (22. 11. bis 8. 12.), schreckte viele Teilnehmer aus der nördlichen Erdhälfte jedoch ebenso ab wie die Entfernung. Außerdem hielt die politische Weltsituation (Einfall der russischen Truppen in Ungarn) einige Länder von der Teilnahme ab. Zum ersten Mal in der Geschichte mußte die olympische Bewegung zulassen, daß ein Teil des Programms (Reiten) nicht am selben Ort abgehalten werden konnte. Wegen eines australischen Gesetzes, das die Einfuhr ausländischer Pferde praktisch verbot, mußten die Reiter getrennte Spiele in Stockholm veranstalten. An den Spielen in Melbourne nahmen 3184 Sportler (davon 371 Frauen) aus 67 Ländern teil. Der damals 18jährige, später als Rekordläufer berühmt gewordene Ron Clarke entzündete das Olympische Feuer. Die Bundesrepublik Deutschland und die DDR traten mit einer gemeinsamen Mannschaft an. Der Amerikaner Bobby Morrow (drei Goldmedaillen) und der Sowjetrusse Wladimir Kutz (zwei Goldmedaillen) waren die führenden Leichtathleten. Die australischen Frauen waren in der Leichtathletik wie im Schwimmen mindestens ebensogut wie vier Jahre zuvor in Helsinki. Betty Cuthbert, Shirley Strickland, Dawn Fraser und Lorraine Crapp machten sich einen unvergeßlichen Namen. Der Vorsprung der Australier im Schwimmen war auch bei den Männern mit Jon Henricks, Murray Rose und David Theile deutlich. Der Wasserballwettbewerb bot ungewollt eine Gelegenheit zur Abrechnung zwischen Ungarn und der UdSSR. Die Ungarn gewannen mit 4:0.
Zu den größten Erfolgen der deutschen Mannschaft, die in Melbourne vier Gold-, zehn Silber- und sechs Bronzemedaillen erhielt, zählen die Silbermedaille des Läufers Karl Friedrich Haas über 400 m, der Sieg der Schwimmerin Ursula Happe über 200 m Brust, Wilfried Dietrichs erste Silbermedaille im Schwergewicht des Griechisch-Römischen-Ringens und vor allem der Sieg des Turners Helmut Bantz im Pferdsprung. Glanzstück aber waren die Reiterspiele in Stockholm. In jedem der sechs Wettbewerbe gab es eine Medaille (2 Gold, 3 Silber, 1 Bronze). Hans Günter Winkler sicherte, obwohl er sich im ersten Umlauf des Nationenpreises der Springreiter verletzt hatte, sich selbst im Einzelwettbewerb und auch der Mannschaft die Goldmedaillen.
Die Winterspiele in Cortina d'Ampezzo beherrschte der Österreicher Toni Sailer als Gewinner der drei alpinen Wettbewerbe. Andere österreichische Alpine fügten sechs weitere Medaillen hinzu: die Schweizer brachten es auf je zwei Goldene und Silberne in den Alpinen Wettbewerben, dazu kamen je ein 1. und 3. Platz der Bobfahrer, während für Deutschland Ossi Reichert den Riesenslalom der Damen gewann. Schließlich glänzten die Österreicher Elisabeth Schwarz und Kurt Oppelt im Eiskunstlauf der Paare.
In der Leichtathletik wurden während den 50er Jahren einige historische Leistungen erbracht. Am 6. Mai 1954 lief der Engländer Roger Bannister auf der Iffley-Road-Bahn in Oxford als erster eine englische Meile (1609 m) in weniger als vier Minuten: 3:59,4, also fast um 10 Sek. schneller als der vorige Weltrekordinhaber, der Franzose Jules Ladoumègue. 1955 verbesserte der Belgier Roger Moens den seit 1939 ungebrochenen Weltrekord im 800-Meter-Lauf des in der UdSSR gefallenen Deutschen Rudolf Harbig und schraubte die Marke auf 1:45,7 min. Sensationell war die Leistung der Amerikaner Willie Williams und Ira Murchison, die 1956 beim internationalen Militärsportfest im Olympia-Stadion in Berlin den 20 Jahre alten Weltrekord von Jesse Owens im 100-Meter-Lauf (10,2 sek) verbesserten (10,1 sek). Im selben Jahr lief noch ein dritter Amerikaner die Strecke in 10,1 sek. Einer der besten Läufer jener Zeit war der Australier Herb Elliot, der den Weltrekord über die 1500 Meter-Distanz in 3:36,0 min lief. In den Langstreckenläufen führten Zátopek und Kutz, die jeweils den Weltrekord über 5000 und 10 000 m verbesserten. Unter den deutschen Leichtathle-

Olympische Winterspiele 1956
S. 344 – 63
Olympische Sommerspiele 1956
S. 344 – 64
Olympische Reiterspiele 1956
S. 344 – 65

◁
Das Eislaufpaar Ria Baran und Paul Falk.

Sommersport
S. 368 – 70
Berühmtheiten
S. 344 – 66

Toni Sailer während der Olympischen Winterspiele in Cortina d'Ampezzo beim Abfahrtslauf.

37. Das Ende der Vierten Republik...

Das Kardinalproblem der Wirtschaft, die Geldentwertung, bekam keine der Regierungen der Vierten Französischen Republik in den Griff. Bauern und kleine Händler geraten durch die Modernisierung in Bedrängnis. Der Aufbau großer Industrien in einigen Großstädten verursacht eine bis dahin beispiellose Landflucht. Es gelingt erst Antoine Pinay 1952, der Inflation einigermaßen Herr zu werden.
Die Ausweitung des Algerienkrieges verschleißt die politischen Repräsentanten der Vierten Republik; die Wähler entziehen ihnen das Vertrauen. Die Regierung Pierre Pflimlins muß im Mai 1958 sogar mit einer Intervention der in Algerien stehenden französischen Armee und Luftwaffe rechnen; in Algier fühlt man sich von Paris nur ungenügend unterstützt.
In dieser verfahrenen Situation präsentiert sich Frankreichs lebender Mythos de Gaulle als Retter der Nation: Die Nationalversammlung stimmt Sonderrechten zu und wählt de Gaulle mit großer Mehrheit zum ersten Regierungschef der Fünften Republik, ausgestattet mit mehr Machtbefugnis, als sie ein französischer Ministerpräsident jemals hatte.

38. ... und Frankreichs Algerienpolitik

Am 31. Januar 1956 bildet der Sozialist Guy Mollet eine Minderheitsregierung, die sich mit beinahe 17 Monaten länger im Amt halten kann als alle anderen Regierungen der Vierten Republik.
Während seiner Regierungszeit bricht der Krieg in Nordafrika mit aller Wucht los. 1956 stehen eine halbe Million Mann, der größte Teil der französischen Armee, in Algerien. Auf zwei Siedler kommt ein Soldat. Die Armeeführung betreibt eine »Befriedung« Algeriens nach ihren eigenen Vorstellungen, die auch die Folter von Gefangenen der Untergrundorganisation FLN (Front de Libération Nationale) nicht ausschließt. Die französische Regierung in Paris versucht, das harte Vorgehen der Armee geheimzuhalten: Sie greift in die Berichterstattung der Presse ein und läßt Kritiker durch Justizbehörden verfolgen. Schließlich verstärken die gerade erst entdeckten Öl- und Erdgasfelder das Interesse, an dem Land festzuhalten, das für eine Million Franzosen Heimat geworden war.
Acht Jahre zieht sich der scheinbar unlösbare Konflikt um Algerien hin. Erst die Politik de Gaulles führt 1962 zur Unabhängigkeit.

37. Frankreich I
a) Korrespondentenbericht
b) P. Pflimlin
c) Korrespondentenbericht
d) C. de Gaulle

38. Frankreich II
a) F. Mitterand
b) G. Mollet
c) Korrespondentenbericht
d) Reporterbericht
e) R. Coty

39. Junge Königin...

Nach dem Wahlerfolg der Konservativen am 25. Oktober 1951 löst Winston Churchill, fast 77jährig, die Labour Party ab und zieht als Premierminister erneut in die Downing Street. Unter seiner Ägide geht es mit der britischen Wirtschaft noch einmal aufwärts: Fast alle staatlichen Wirtschafts- und Finanzkontrollen und die Verstaatlichung von Stahlindustrie und Transportwesen werden aufgehoben. Auch Nahrungsmittelrationierungen sind nicht länger erforderlich. Viele Engländer sehen gar ein neues Elisabethanisches Zeitalter anbrechen, als die erst 26 Jahre alte Elizabeth II. am 2. Juni 1953 zur Königin gekrönt wird.
Im April 1955 tritt Churchill aus Altersgründen zurück. Sein Nachfolger Anthony Eden führt die Konservative Partei zur absoluten Mehrheit im Unterhaus. Noch ist nicht ins öffentliche Bewußtsein gedrungen, was Wirtschaftsexperten längst wissen: Der britische Anteil am Welthandel schrumpft, das britische Pfund verliert als Reservewährung schleichend an Bedeutung, die Unternehmer investieren nur zögernd. Frankreich und die Bundesrepublik haben Großbritannien wirtschaftlich längst überrundet.

40. ... altes Kolonialreich

Churchill beruft 1951 den als seinen Kronprinzen angesehenen Anthony Eden ins Foreign Office. Eden versucht erfolgreich, die Partnerschaft mit den Vereinigten Staaten zu wahren, ohne zu sehr in direkte Abhängigkeit von der amerikanischen Politik zu geraten. Als Eden 1955 Premierminister wird, verläßt ihn die Fortune. Die Suezkrise setzt seiner politischen Laufbahn ein Ende und offenbart Englands Niedergang als Weltmacht in aller Schärfe. Als Eden am 9. Januar 1957 seinen Rücktritt erklärt, hinterläßt er ein Großbritannien, dessen Einfluß in der arabischen Welt geschwunden ist und dessen Beziehungen zu den USA auf einem Tiefpunkt angelangt sind. Es gelingt dem neuen konservativen Premierminister Harold Macmillan und seiner Gruppe junger Politiker zwar bald, das gute Verhältnis zur westlichen Führungsmacht wiederherzustellen, doch auch sie können die britische Position im Nahen Osten nicht halten. Unruhen in seinen noch verbliebenen Kolonialgebieten machen Großbritannien am Ende des Jahrzehnts zunehmend zu schaffen, und auch der Konflikt um Zyperns Zukunft kann 1959 nur vorläufig beigelegt werden.

39. Großbritannien I
a) Reporterbericht
b) Elizabeth II.
c) W. Churchill
d) C. Attlee
e) H. Macmillan

40. Großbritannien II
a) W. Churchill
b) A. Eden
c) C. F. Keightley
d) A. Eden
e) Makarios III.

41. Freedom, Democracy...

Die aufgedeckten Fälle von Atomspionage, der Sieg Maos in China und die zögernde Haltung Trumans im Korea-Konflikt vergrößern in den USA die Zahl derer, die sich vom Kommunismus bedroht sehen. Die Bewegung sammelt sich um den republikanischen Senator Joseph McCarthy, der im Februar 1950 eine Liste mit 205 Beamten, die er verdächtigte, Mitglieder der kommunistischen Partei zu sein, der amerikanischen Regierung präsentiert hatte. Hunderte von Linken und Liberalen aller Schattierungen zitiert er vor den »Ausschuß für unamerikanische Umtriebe«, ohne daß er vorher die Beweislast für seine Anschuldigungen zu tragen hätte. Erst Jahre später verliert McCarthy die Rückendeckung des Senats, weil seine Untersuchungen nicht einmal vor hohen Militärs haltmachen.
Auch die Frage der Rassentrennung beherrscht die öffentliche Meinung Amerikas. Der Oberste Gerichtshof erklärt 1954 die Rassentrennung in öffentlichen Schulen für ungesetzlich. Vor allem im Süden der USA wehren sich militante Weiße gegen die Rassenintegration, die Gleichbehandlung der Schwarzen.

42. ... und die Pax Americana

Amerika wird sich nie wieder von der Weltbühne zurückziehen: Der japanische Überfall auf Pearl Harbor und die deutsche Kriegserklärung hatten die amerikanische Illusion zerstört, daß die USA im Schutze der beiden Ozeane sicher sei.
Als dann die Sowjetunion auch nach dem Krieg als zweite Weltmacht auftritt und aggressiv ihr Imperium ausweitet, sucht Präsident Truman nach neuen Formeln amerikanischer Außenpolitik: Die »Eindämmung« sowjetischer Machtentfaltung ist nun vordringliches Ziel; die Freiheit nichtkommunistischer Staaten zu garantieren, sei Amerika aufgerufen.
Aber: Für dieses Programm – sprich Wiederaufrüstung – braucht Truman die Zustimmung des noch zögernden Kongresses zum Verteidigungshaushalt. Der Ausbruch des Koreakriegs läßt Trumans Pläne Realität werden. Von 13 Milliarden Dollar 1950 steigt der Verteidigungsetat auf 50 Milliarden im Jahr 1953.
Trotz Chruschtschows Koexistenzbeteuerungen verfolgt auch Präsident Eisenhower, der Truman 1953 ablöst, die Politik der Stärke gegen die Sowjetunion.

41. USA I
a) D. D. Eisenhower
b) J. McCarthy
c) J. N. Welsch
d) Wortführer der National Association for Advancement of Coloured People
e) O. E. Faubus

42. USA II
a) J. F. Dulles
b) H. Truman
c) H. Truman
d) D. D. Eisenhower
e) D. D. Eisenhower
f) D. D. Eisenhower
g) D. D. Eisenhower
h) D. D. Eisenhower

37. Frankreich I
Mai 1958: Die Vierte
Republik liegt im Sterben. Symbol des Aufbruchs ist das Lothringerkreuz.

38. Frankreich II
Soldaten der Nationalen
Befreiungsfront (FLN)
hören Radiomeldungen.

39. Großbritannien I
Krönung von
Elizabeth II. in Westminster Abbey am 2.
Juni 1953.

40. Großbritannien II
Der britische Altpremierminister Winston Churchill und sein zweiter
Amtsnachfolger Harold
Macmillan.

41. USA I
Senator McCarthy führt
den Vorsitz im Senatsausschuß zur Untersuchung unamerikanischer
Umtriebe.

42. USA II
Der spätere amerikanische Präsident Dwight
D. Eisenhower war von
1950 bis 1952 Oberbefehlshaber der NATO.

Sport

Fußball-WM 1958
S. 368 – 68
Fußball
S. 368 – 69

Louison Bobet 1959 während der Tour de France. Er gewann sie 1953, 1954 und 1955. 1954 wurde er zudem Straßenweltmeister.

Manfred Germar gewinnt den 200-m-Lauf bei den deutschen Leichtathletikmeisterschaften 1956 (links).

Heinz Fütterer bei den Leichtathletik-Europameisterschaften im August 1954 in Bern (rechts).

ten fielen die Kurzstreckenläufer besonders auf. Heinz Fütterer war 1954 Europameister über 100 und 200 m und stellte 1954 den Weltrekord über 100 m (10,2 sek) ein, Manfred Germar brachte 1956 die gleiche Leistung. Er wurde 1958 auch Europameister über 200 m. Martin Lauer stellte über 110 m Hürden 1959 einen Weltrekord auf (13,2 sek), der lange Bestand hatte.

Noch bevor die Anwendung des Glasfiberstabes dem Stabhochsprung völlig andere Dimensionen eröffnete, verbesserte der Amerikaner Bob Gutowski mit einem Metallstab den 15 Jahre alten Weltrekord seines Landsmanns Cornelius Warmerdam (4,78 m).

In den 50er Jahren ragten einige besonders talentierte Radsportler aus den Reihen ihrer Konkurrenten hervor. Im Berufsradrennen waren vier Länder führend: Belgien, Frankreich, Italien und die Schweiz. Unter den Belgiern gehörten Rik van Steenbergen und Rik van Looy zu den besten Fahrern. Dem Italiener Fausto Coppi, Weltmeister von 1953, gelang es als erstem Radrennfahrer, in einem Jahr den Giro d'Italia und die Tour de France zu gewinnen (1952). Seine wichtigsten Konkurrenten waren der Schweizer Ferdi Kübler, der Gewinner der Tour de France 1950 und Weltmeister 1951, der Franzose Louison Bobet, dreifacher Sieger in der Tour de France (1953, 1954 und 1955), und ein anderer Schweizer, Hugo Koblet, der 1951 die Tour de France gewann. Der Deutsche Heinz Müller wurde 1952 Weltmeister. Aufsehenerregend waren drei aufeinander folgende Siege des Italieners Fiorenzo Magni bei der Flandern-Rundfahrt, dem klassischen Eintagesrennen (1949, 1950 und 1951). 1957 gewann erstmals der Franzose Jacques Anquetil die Tour de France.

Im Fußball wurde der erste internationale Wettbewerb für Vereinsmannschaften eingeführt. Am 15. Juni 1954 wurde die UEFA (Union of European Football Associations) gegründet, die 1955/56 den ersten Europapokal-Wettbewerb für Landesmeister organisierte. Die ersten fünf Endspiele gewann der spanische Club Real Madrid. Das Endspiel 1957 zwischen Real Madrid und dem FC Florenz lockte 125 000 Zuschauer an.

1950 wurden in Brasilien die ersten Weltmeisterschaften nach dem Krieg veranstaltet. Zum ersten und einzigen Mal wurde nicht dem Gewinner eines Endspiels der Welttitel zuerkannt. Er ging an den Sieger einer Endrunde, die zwischen den Siegern von vier Gruppen ausgetragen wurde, in die die Teilnehmer eingeteilt worden waren. Uruguay bekam den Titel.

Bei der Weltmeisterschaft in der Schweiz vier Jahre später erkämpfte sich die Bundesrepublik Deutschland, die 1950 noch nicht teilnehmen durfte, den »Jules-Rimet-Pokal«. Sie gewann in Bern das Endspiel gegen die besonders hoch eingeschätzte ungarische Elf mit 3:2, nachdem die Ungarn bereits 2:0 geführt hatten. Die Weltmeisterschaft in Schweden 1958 brachte eine Wende in der Fußballtaktik. Die Brasilianer, die das Finale gegen Schweden mit 5:2 gewannen, führten ein völlig neues Spielkonzept vor, das 4-2-4-System, das in der gesamten Welt übernommen wurde. In ihrer Mannschaft spielte erstmals der später weltberühmte Pelé.

Deutschlands überragender Fußballer der 50er Jahre mit der längsten Karriere im Trikot der Nationalmannschaft war Fritz Walter, der 1954 mit ihr Weltmeister und später Ehrenspielführer der Nationalmannschaft wurde. Er debütierte am 14. 7. 1940 beim 9:3-Sieg über Rumänien in Frankfurt mit drei Toren und beendete seine aktive Laufbahn fast 18 Jahre später beim 1:3 gegen Schweden in Göteborg im WM-Halbfinale am 24. 6. 1958. In 61 Länderspielen schoß er 33 Tore. 1951 und 1953 wurde er mit seinem Verein 1. FC Kaiserslautern auch zweimal deutscher Meister. Neben Fritz Walter wurde Helmut Rahn besonders bekannt, der bei den Weltmeisterschaften 1954 und 1958 zehn Tore schoß.

Im allmählich an Bedeutung verlierenden Feldhandball gewann die Bundesrepublik Deutschland alle drei Weltmeisterschaften (1952, 1955, 1959).

Der zweifache Olympiasieger von 1956 im Springreiten Hans Günter Winkler war 1954 und 1955 auch Weltmeister und 1957 erster Europameister. Alle diese Erfolge errang er auf seiner als »Wunderstute« bezeichneten Halla. Kaum weniger erfolgreich war Fritz Thiedemann auf Meteor, der 1956 der siegreichen Olympiamannschaft angehörte und WM-Zweiter 1953, WM-Dritter 1956, Europameister 1958 und EM-Dritter 1959 wurde.

Im Automobilsport gab es 1951 die erste Weltmeisterschaft für Formel-I-Fahrer. Der Argentinier Juan Manuel Fangio eroberte fünf Weltmeistertitel (1951, 1954–1957).

Das Boxen erlebte in den 50er Jahren glanzvolle Zeiten. In der Kategorie der Schwergewichte traten die größten Namen hervor: Ezzard Charles (Weltmeister 1949–1951), Jersey Joe Walcott (1951–1952), Rocky Marciano (1952–1955), Floyd Patterson (1956–1959) und Ingemar Johansson (1959).

Im Tennis beherrschten die Australier (Frank Sedgman, Ken Rosewall, Lewis Hoad, Ashley Cooper, Neale Fraser) zusammen mit den Amerikanern (Tony Trabert, Maureen Connolly, Althea Gibson) die internationale Szene. Maureen Connolly gewann dreimal hintereinander das Dameneinzel des Tennisturniers von Wimbledon (1952–1954) und 1953 den »Grand Slam«, die internationalen Meisterschaften Australiens, Frankreichs, Großbritanniens und der USA in einem Jahr.

C. DE VEENE/WERNER LUDEWIG

Neale Fraser (Australien) und Maria E. Bueno (Brasilien) im Halbfinale des Gemischten Doppels im Wimbledon am 3. 7. 1959.

Juan Manuel Fangio ◁

Motorsport
S. 368 – 72

Der 1. FC Kaiserslautern wird 1953 durch ein 4:1 über den VfB Stuttgart Deutscher Fußballmeister. Hier Render, Eckel, Walter und Liebrich (von links).

Max Morlocks Anschlußtreffer zum 1:2.

Das von Sepp Herberger gelenkte »Wunder«

Das »wir sind wieder wer« von 1954 wurde nicht vom deutschen Wirtschaftswunder, sondern vom deutschen Fußballwunder angeregt. Ein Fußballspiel entfachte zwischen Flensburg und Bodensee einen mit nichts vergleichbaren Orkan der Euphorie, und wenn er auch manchen Kopf verdrehte, so sind seine chauvinistischen Züge doch deutlich überdeckt worden von jener legitimen Begeisterung, mit der beispielsweise Brasilianer ähnliche Selbstbestätigung feiern.

Olympische Siege können, das weiß man besonders in der DDR, nicht mit der Ausstrahlung einer Weltmeisterschaft im größten Spiel der Welt konkurrieren. Fußball bleibt König, bleibt unerreicht in der Gunst der Massen.

Er bleibt es vor allem deshalb, weil er nicht berechenbar und dennoch auf partielle und höchst subtile Weise lenkbar ist. Keiner hat mehr darüber nachgedacht als der kleine Mann mit dem verwitterten Gesicht, dessen Augen wie Röntgenstrahlen blickten, wenn es um Fußball ging. Und nie hat ein Trainer mit größerer Berechtigung zum Vater des Sieges erklärt werden dürfen als Sepp Herberger am 4. Juli 1954 nach dem sensationellen 3:2-Endspielsieg der deutschen Nationalmannschaft gegen die hochfavorisierten Ungarn in Bern.

Selbst von anerkannten internationalen Fachleuten ist viel Unsinn über dieses Finale geschrieben worden. Sie konnten es nicht fassen, daß der Außenseiter die beste Mannschaft der Welt zum Straucheln gebracht, ihr die verdiente Krone entrissen hatte.

Ursachenforschung ist kaum betrieben worden. Ganz abgesehen davon, daß Imponderabilien im Fußball oft genug die Logik umwerfen, kann man, was in diesem Endspiel passierte, nur begreifen, wenn man sich in seinem Vorfeld umsieht.

Nehmen wir zuerst die Ungarn. Die beste Nationalmannschaft aller Zeiten, die praktisch identisch mit dem Armeesportklub Honved Budapest war, hatte ihr Endspiel eigentlich schon ein halbes Jahr vor dieser Schweizer Weltmeisterschaft geliefert. An einem trüben Novembertag des Jahres 1953 hatte sie mit einem grandiosen 6:3-Sieg in Wembley Englands stolzen Heimrekord, den Nimbus der Unbesiegbarkeit auf der Insel, zerstört. 100 000 Menschen hatten sie bei der Heimkehr in Budapest gefeiert, wie noch nie eine Nationalmannschaft gefeiert worden war.

Niemand ahnte, daß sie mithalfen, das Gift der Überheblichkeit in die Mannschaft zu spritzen. Ferenc Puskás hatte in den sechs Monaten, die zwischen dem Londoner Triumph und der Weltmeisterschaft lagen, in Budapest mehr zu sagen als ein Minister. Er glich dem Kapitän eines Schiffes, der nicht nur der Mannschaft, sondern auch dem Reeder seine Befehle erteilte, und wenn ein hoher Regierungsbeamter, aus welchem Grund auch immer, sich gegen die wahrhaft fürstlichen Privilegien der Nationalmannschaft stellte, dann genügte eine Intervention von Puskás, ihn zum Schweigen zu bringen. Denn der Kapitän befand sich mit seinen Mannen auf dem Weg zur Weltmeisterschaft.

Sie waren satt, und die Deutschen waren hungrig. Nicht mehr im ganz ursprünglichen Sinn wie in der unmittelbaren Nachkriegszeit, als Fritz Walter auf dem Kaiserslauterner Betzenberg die Saat legte. Inzwischen hatte man wieder genug zum Essen, aber auf der internationalen Fußballszene war man ein Nobody. Vor allem gegen die seit Jahren ungeschlagenen Ungarn.

Man muß, um zu begreifen, was 1954 in Bern geschah, trotzdem zurückgehen auf den Betzenberg der ersten Nachkriegsjahre. In diesen Notzeiten fand der Fußball dort eine Pflegestätte, deren Bedeutung wohl nur von Sepp Herberger in vollem Maß erkannt wurde. Aus allernächster Nähe verfolgte er die Weiterentwicklung seines Lieblingsschülers Fritz Walter und damit die der jungen Mannschaft, die der Spieler um sich geschart hatte.

Fußball-WM 1954
S. 368 – 67

Das zweite deutsche Tor durch Rahn; hier jubelt Hans Schäfer.

Fritz Walter hat im einzigen Verein, dem er je angehörte, einen ungewöhnlichen Einfluß auf seine Kameraden ausgeübt. Seine Rolle war nicht die des Diktators, die ein Alfredo Di Stefano später mit der Berechtigung des Alleskönners bei Real Madrid spielte. Seine Ausstrahlung war, wie das seinem sensiblen Naturell entsprach, diskreter und niemals herrschsüchtig. Auf der Tastatur einer außergewöhnlichen Begabung hat er sich niemals vergriffen, und seine wohl bedeutendste Fähigkeit war die, im voraus zu ahnen, was sein Nebenspieler tun würde.

Und was Sepp Herberger sich insgeheim erhoffte, blieb nicht aus: Die jungen Kaiserslauterner Spieler sahen nicht nur bewundernd zu ihm auf, sondern sie bemühten sich, mit der Schwungkraft einer urwüchsigen Begeisterung auf seine Ideen einzugehen. Ohne daß man große taktische Probleme an der Wandtafel gewälzt hätte, begann man, einander auf dem Spielfeld zu finden, ohne sich suchen zu müssen, und Paßfolgen, die den Gegner verwirrten, liefen mit verblüffender Selbstverständlichkeit durch die eigenen Reihen. Als Sepp Herberger im Sommer 1954 auszog, um dem deutschen Fußball den größten Triumph seiner Geschichte zu bescheren, standen fünf Spieler des 1. FC Kaiserslautern nicht nur im Aufgebot, sondern in der Stammannschaft: Werner Kohlmeyer, Horst Eckel, Werner Liebrich, Ottmar Walter und Fritz Walter. Dazu kamen Toni Turek, Jupp Posipal, Karl Mai, Helmut Rahn, Max Morlock und Hans Schäfer.

Es mag Pech für die Ungarn gewesen sein, daß sie erstens nach acht Minuten schon 2:0 führten und zweitens nicht wußten, wie entschlossen diese elf Männer waren. Nichts hielten die mehr für unmöglich, als Max Morlock, dieser Prototyp des unermüdlichen Rackerers, schon zwei Minuten später den Anschlußtreffer erzielt hatte. Das 2:2 durch Rahn folgte schon in der 19. Minute.

Der ungarische Rhythmus zerbrach. Er zerbrach nicht, weil die körperlichen Kräfte nachgelassen hätten, sondern weil die unsichtbaren Fäden zerrissen, die Bozsik im Mittelfeld zu spinnen pflegte und die dann Hidegkuti übernahm, um Puskás und Kocsis, die beiden Torjäger, zu lancieren. Ihr Spiel verkrampfte sich in dem Maße, wie das deutsche frei von allen Hemmungen wurde, die damals jede Mannschaft belasteten, die den Ungarn gegenübertrat.

Ein Rahn-Tor führte zum Sieg, der viele neutrale Zuschauer konsternierte und die deutschen Schlachtenbummler Haus- und Siedlungsrecht im Wankdorf-Stadion fordern ließ. Ungarische Schlachtenbummler gab es nicht, weil der Eiserne Vorhang undurchlässig war. Ein Volk saß an den Radioapparaten und hörte zu, ohne zu begreifen.

HANS BLICKENSDÖRFER

Helmut Rahns entscheidendes Tor zum 3:2 über Ungarn.

◁
Sepp Herberger auf den Schultern seiner Spieler.

Europapokale

Europapokal der Landesmeister

1956 Real Madrid – Stade Reims	4:3
1957 Real Madrid – FC Florenz	2:0
1958 Real Madrid – AC Mailand	3:2 n. Verl.
1959 Real Madrid – Stade Reims	2:0

Messepokal

1958 Barcelona – London	2:2 und 6:0
1959/60 Barcelona – Birmingham City	0:0 und 4:1

Fußball-WM, Brasilien 1950

Nach zwölf Jahren – durch die Kriegs- und Nachkriegsjahre in ihrem regelmäßigen 4-Jahres-Turnus unterbrochen – fand 1950 in Brasilien die IV. Fußballweltmeisterschaft statt.
Da Deutschland noch nicht wieder in die FIFA aufgenommen war, konnte der DFB keine Mannschaft entsenden. Das Teilnehmerfeld von ursprünglich 33 gemeldeten Mannschaften schrumpfte auf 13 zusammen. Mehrere Länder zogen sich bereits während der Qualifikationsspiele zurück. Birma und die Philippinen wollten aus politischen Gründen nicht gegen Indien antreten; andere rechneten sich aufgrund des geänderten Austragungsmodus – in der Vorrunde wurde das K.-o.-System zugunsten von Gruppenspielen aufgegeben – keine Chancen aus und sagten ihre Teilnahme am Endturnier ab, so z. B. die ČSR, die Türkei, Schottland, Frankreich und Portugal.
England, das erstmals an einem WM-Turnier teilnahm, zählte ebenso zu den Favoriten wie der zweimalige Weltmeister Italien. Um so größer war die Überraschung, als ersteres gegen Spanien und sogar die USA verloren und auch Italien frühzeitig ausschied. Das Gastgeberland Brasilien mußte sich mit einem Unentschieden gegen den WM-Neuling Schweiz zufrieden geben, erreichte aber das entscheidende Spiel der Endrunde, das die Mannschaft Uruguays überraschend mit 2:1 gewann.

Das einzige Tor durch den US-Amerikaner Gaetjens im Spiel USA-England, das sensationell 1:0 endete (oben). – Szene aus dem entscheidenden Spiel Brasilien-Uruguay. Uruguay gewinnt mit 2:1 (unten).

Eine deutsche Vertretung nahm nicht teil

Endrunde in Brasilien

Gruppe 1
Brasilien – Mexiko	4:0
Jugoslawien – Schweiz	3:0
Brasilien – Jugoslawien	2:0
Mexiko – Schweiz	1:2
Brasilien – Schweiz	2:2
Mexiko – Jugoslawien	1:4

Endstand
1. Brasilien	8– 2	5:1
2. Jugoslawien	7– 3	4:2
3. Schweiz	4– 6	3:3
4. Mexiko	2–10	0:6

Gruppe 2
Chile – England	0:2
USA – Spanien	1:3
USA – England	1:0
Chile – Spanien	0:2
England – Spanien	0:1
Chile – USA	5:2

Endstand
1. Spanien	6–1	6:0
2. England	2–2	2:4
3. Chile	5–6	2:4
4. USA	4–8	2:4

Gruppe 3
Schweden – Italien	3:2
Paraguay – Italien	0:2
Paraguay – Schweden	2:2

Endstand
1. Schweden	5–4	3:1
2. Italien	4–3	2:2
3. Paraguay	2–4	1:3

Gruppe 4
Uruguay – Bolivien	8:0

Endstand
1. Uruguay	8–0	2:0
2. Bolivien	0–8	0:2

Endrunde
Brasilien – Schweden	7:1
Uruguay – Spanien	2:2
Brasilien – Spanien	6:1
Uruguay – Schweden	3:2
Schweden – Spanien	3:1
Brasilien – Uruguay	1:2

Endstand
1. Uruguay	7– 5	5:1
2. Brasilien	14– 4	4:2
3. Schweden	6–11	2:4
4. Spanien	4–11	1:5

Die Mannschaft von Uruguay:
Maspoli, M. Gonzales, Tejera, Gambetta, Varela, Andrade, Ghiggia, Perez, Miguez, Schiaffino, Moran

Fußball-WM, Schweiz 1954

Aufgebot der deutschen Mannschaft:
Bauer, Eckel, Herrmann, B. Klodt, Kohlmeyer, Kwiatkowski, Laband, Liebrich, Mai, Möbus, Morlock, Pfaff, Posipal, Rahn, Schäfer, Turek, F. Walter, O. Walter (auch → S. 252).

Mannschaft der BR Deutschland:
Turek, Posipal, Kohlmeyer, Eckel, Liebrich, Mai, Rahn, Morlock, O. Walter, F. Walter, Schäfer

Mannschaft von Ungarn:
Grosics, Buzánszky, Lantos, Bozsik, Lóránt, Zakariás, Czibor, Kocsis, Hidegkuti, Puskás, Toth

Torschützen: Rahn (2), Morlock (1), Czibor (1), Puskás (1)

Im Halbfinale besiegt die Bundesrepublik Deutschland Österreich mit 6:1. Hier verwandelt Fritz Walter gegen den österreichischen Torhüter Zeman einen Strafstoß (oben). – Verteidiger Kohlmeyer im Kampf mit dem Ungarn Kocsis (Mitte). – Die deutsche Mannschaft jubelt nach dem 3:2 Sieg im Endspiel gegen Ungarn (unten).

Qualifikationsspiele der deutschen Mannschaft in der Gruppe 1:

Norwegen – Saar	2:3
Saar – Norwegen	0:0
BR Deutschland – Saar	3:0
Saar – BR Deutschland	1:3
Norwegen – BR Deutschland	1:1
BR Deutschland – Norwegen	5:1

Endstand
1. BR Deutschland   12–3   7:1
2. Saar   4–8   3:5
3. Norwegen   4–9   2:6

Endrunde in der Schweiz

Gruppe 1
Jugoslawien – Frankreich	1:0
Brasilien – Mexiko	5:0
Frankreich – Mexiko	3:2
Brasilien – Jugoslawien	1:1 n. Verl.

Endstand
1. Brasilien   6–1   3:1
2. Jugoslawien   2–1   3:1
3. Frankreich   3–3   2:2
4. Mexiko   2–8   0:4

Gruppe 2
Ungarn – Südkorea	9:0
BR Deutschland – Türkei	4:1
Ungarn – BR Deutschland	8:3
Türkei – Südkorea	7:0

Endstand
1. Ungarn   17–3   4:0
2. Türkei   8–4   2:2
3. BR Deutschland   7–9   2:2
4. Südkorea   0–16   0:4

Entscheidungsspiel:
BR Deutschland – Türkei   7:2

Gruppe 3
Uruguay – ČSR	2:0
Österreich – Schottland	1:0
Uruguay – Schottland	7:0
Österreich – ČSR	5:0

Endstand
1. Uruguay   9–0   4:0
2. Österreich   6–0   4:0
3. ČSR   0–7   0:4
4. Schottland   0–8   0:4

Gruppe 4
England – Belgien	4:4 n. Verl.
Schweiz – Italien	2:1
Schweiz – England	0:2
Italien – Belgien	4:1

Endstand
1. England   6–4   3:1
2. Italien   5–3   2:2
3. Schweiz   2–3   2:2
4. Belgien   5–8   1:3

Entscheidungsspiel:
Schweiz – Italien   4:1

Viertelfinale
Uruguay – England	4:2
Schweiz – Österreich	5:7
BR Deutschl. – Jugoslawien	2:0
Ungarn – Brasilien	4:2

Halbfinale
BR Deutschland – Österreich	6:1
Ungarn – Uruguay	4:2 n. Verl.

Spiel um den 3. Platz
Österreich – Uruguay   3:1

Endspiel
BR Deutschland – Ungarn   3:2

Fußball-WM, Schweden 1958

Aufgebot der deutschen Mannschaft:
Cieslarczyk, Eckel, Erhardt, Herkenrath, Juskowiak, Kelbassa, Klodt, Kwiatkowski, Rahn, Schäfer, Schmidt, Schnellinger, Seeler, Stollenwerk, Sturm, Szymaniak, F. Walter, Wewers

Uwe Seeler (nicht im Bild) gleicht gegen Nordirland im Gruppenspiel zum 2:2 aus (oben). – Der ungarische Schiedsrichter Istvan Szolt stellt Erich Juskowiak wegen eines Fouls an Kurre Hamrin vom Platz (Mitte). – Der neue Weltmeister Brasilien mit seinem Star Pelé (unten).

16 Mannschaften nahmen an der Endrunde der VI. Fußballweltmeisterschaft 1958 in Schweden teil, Schweden als Gastgeber und die Bundesrepublik Deutschland als Titelverteidiger waren direkt qualifiziert. Gleich vier britische Mannschaften waren vertreten: England, Schottland, Nordirland und Wales, das sich erst durch Losentscheid und ein zusätzliches Qualifikationsspiel gegen Israel die Teilnahme sicherte. Die deutsche Mannschaft wurde Erster ihrer Gruppe, besiegte im Viertelfinale mit 1:0 Jugoslawien und traf im Halbfinale auf den Gastgeber Schweden. Dieses Spiel war gekennzeichnet von übertriebener Hektik und Härte auf dem Spielfeld und fanatisch agierenden Zuschauern auf den Rängen. Die deutsche Mannschaft verlor – nach dem Platzverweis des Düsseldorfers Juskowiak nur noch mit zehn Mann spielend – mit 3:1. Die Überraschungsmannschaft in diesem Turnier war Frankreich, das in dem Marokkaner Fontaine – er erzielte 13 Tore – einen überragenden Stürmer hatte. Frankreich setzte sich gegenüber Jugoslawien, Schottland und Nordirland durch, konnte erst im Halbfinale von dem späteren Sieger Brasilien gestoppt werden und erreichte gegen Deutschland den 3. Platz.

Die Brasilianer – sie wandten zum ersten Mal das 4-2-4 System an – überzeugten durch ihr überragendes Spielvermögen und ihr Ballgefühl, wohl keine Mannschaft hätte sie bei diesem Turnier schlagen können; auch die Schweden hatten ihnen im Endspiel, das sie mit 2:5 verloren, nichts entgegenzusetzen können. Mitglieder dieser brasilianischen Mannschaft waren übrigens zwei Nachwuchsspieler, die in den kommenden Jahren zu Weltstars des Fußballs werden sollten, die 18jährigen Garrincha und Pelé.

Mannschaft von Brasilien:
Gilmar, D. Santos, N. Santos, Zito, Bellini, Orlando, Garrincha, Didi, Vava, Pelé, Zagallo

Mannschaft von Schweden:
K. Svensson, Bergmark, Aksbom, Gustavsson, Börjesson, Parling, Hamrin, Gren, Simonsson, Liedholm, Skoglund

Torschützen: Liedholm (1), Simonsson (1), Vava (2), Pelé (2), Zagallo (1)

Qualifikation
keine, da Titelverteidiger

Endrunde

Gruppe 1
BR Deutschl. – Argentinien		3:1
BR Deutschland – ČSR		2:2
BR Deutschl. – Nordirland		2:2
Nordirland – ČSR		1:0
Nordirland – Argentinien		1:3
ČSR – Argentinien		6:1

Endstand
1. BR Deutschland	7– 5	4:2
2. ČSR	8– 4	3:3
3. Nordirland	4– 5	3:3
4. Argentinien	5–10	2:4

Entscheidungsspiel:
Nordirland – ČSR 2:1 n. Verl.

Gruppe 2
Frankreich – Jugoslawien		2:3
Frankreich – Paraguay		7:3
Frankreich – Schottland		2:1
Jugoslawien – Paraguay		3:3
Jugoslawien – Schottland		1:1
Paraguay – Schottland		3:2

Endstand
1. Frankreich	11– 7	4:2
2. Jugoslawien	7– 6	4:2
3. Paraguay	9–12	3:3
4. Schottland	4– 6	1:5

Gruppe 3
Schweden – Wales		0:0
Schweden – Ungarn		2:1
Schweden – Mexiko		3:0
Wales – Ungarn		1:1
Wales – Mexiko		1:1
Ungarn – Mexiko		4:0

Endstand
1. Schweden	5– 1	5:1
2. Ungarn	6– 3	3:3
3. Wales	2– 2	3:3
4. Mexiko	1– 8	1:5

Entscheidungsspiel:
Ungarn – Wales 1:2

Gruppe 4
Brasilien – UdSSR		2:0
Brasilien – England		0:0
Brasilien – Österreich		3:0
UdSSR – England		2:2
UdSSR – Österreich		2:0
England – Österreich		2:2

Endstand
1. Brasilien	5– 0	5:1
2. England	4– 4	3:3
3. UdSSR	4– 4	3:3
4. Österreich	2– 7	1:5

Entscheidungsspiel:
UdSSR – England 1:0

Viertelfinale
BR Deutschl. – Jugoslawien	1:0
Schweden – UdSSR	2:0
Frankreich – Nordirland	4:0
Brasilien – Wales	1:0

Halbfinale
Schweden – BR Deutschland	3:1
Brasilien – Frankreich	5:2

Spiel um den 3. Platz
Frankreich – BR Deutschland 6:3

Endspiel
Brasilien – Schweden 5:2

VI. Olympische Winterspiele, Oslo 1952

Medaillengewinner aus der Bundesrepublik Deutschland (D), Österreich (A) und der Schweiz (CH)

Männer

Eiskunstlauf

Silber – H. Seibt	(A)

Paare
Gold – R. und P. Falk	(D)

Bob

Zweierbob
Gold – A. Ostler/L. Nieberl	(D)
Bronze – F. Feierabend/S. Waser	(CH)

Viererbob
Gold – Deutschland I	
Bronze – Schweiz I	

Ski alpin

Slalom
Gold – O. Schneider	(A)

Riesenslalom
Silber – C. Pravda	(A)
Bronze – A. Spiess	(A)

Abfahrt
Silber – O. Schneider	(A)
Bronze – C. Pravda	(A)

Frauen

Ski alpin

Slalom
Silber – O. Reichert	(D)
Bronze – A. Buchner	(D)

Riesenslalom
Silber – D. Rom	(A)
Bronze – A. Buchner	(D)

Abfahrt
Gold – T. Jochum-Beiser	(A)
Silber – A. Buchner	(D)

Medaillenspiegel

Land	Gold	Silber	Bronze	gesamt
Norwegen	7	3	6	16
USA	4	6	1	11
Finnland	3	4	2	9
BR Deutschland	3	2	2	7
Österreich	2	4	2	8
Italien	1	–	1	2
Kanada	1	–	1	2
Großbritannien	1	–	–	1
Niederlande	–	3	–	3
Schweden	–	–	4	4
Schweiz	–	–	2	2
Frankreich	–	–	1	1
Ungarn	–	–	1	1

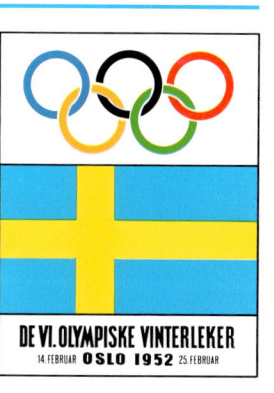

Eigil Nansen, der Enkel des Polarforschers Fridtjof Nansen, empfängt von dem Skiläufer Lauritz Bergendahl die Fackel, um das Olympische Feuer zu entzünden (oben). – Anderl Ostler (vorn) und Lorenz Nieberl gewinnen Gold im Zweierbob (unten links). – Annemarie (»Mirl«) Buchner gewinnt im Riesenslalom eine Bronzemedaille (unten rechts).

Olympische Winterspiele 1952 S. 344 – 61

XV. Olympische Sommerspiele, Helsinki 1952

Medaillengewinner aus der Bundesrepublik Deutschland (D), Österreich (A) und der Schweiz (CH)

Männer

Leichtathletik

800 m
Bronze – H. Ulzheimer	(D)

1500 m
Bronze – W. Lueg	(D)

5000 m
Bronze – H. Schade	(D)

4 × 400 m
Bronze – Deutschland	

10 km Gehen
Silber – F. Schwab	(CH)

Hammerwerfen
Silber – K. Storch	(D)

Boxen

Fliegengewicht
Silber – E. Basel	(D)

Weltergewicht
Bronze – G. Heidemann	(D)

Kanu

Zweier-Kajak, 1000 m
Bronze – Österreich

Einer-Kajak, 10 000 m
Bronze – M. Scheuer	(D)

Zweier-Kanadier, 1000 m
Bronze – Deutschland

Zweier-Kanadier, 10 000 m
Bronze – Deutschland

Rudern

Zweier ohne Steuermann
Bronze – Schweiz

Zweier mit Steuermann
Silber – Deutschland

Vierer mit Steuermann
Silber – Schweiz

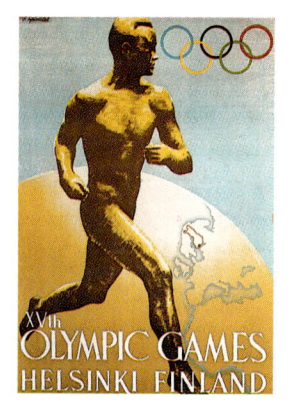

Sport

Der Luxemburger Josy Barthel gewinnt überraschend den 1500-m-Lauf vor dem US-Amerikaner Robert McMillen und dem Deutschen Lueg (links).

Der US-Amerikaner Bob Richards gewinnt den Stabhochsprung mit 4,55 m (neuer olympischer Rekord) vor seinem Landsmann Laz und dem Schweden Lundberg (rechts).

Olympische Sommerspiele 1952
S. 344 – 62

Walter Davis (USA) erreichte mit 2,04 m neuen olympischen Hochsprungrekord (links).

Die letzte Runde im 5000-m-Lauf. Emil Zátopek führt vor dem Franzosen Mimoun. Vor dem stürzenden Chris Chataway ist Herbert Schade Dritter (rechts).

Fechten
Degen, Einzel
Bronze – O. Zappelli (CH)
Degen, Mannschaft
Bronze – Schweiz

Reiten
Military, Einzel
Bronze – W. Büsing (D)
Military, Mannschaft
Silber – Deutschland
Dressur, Mannschaft
Silber – Schweiz
Bronze – Deutschland
Springreiten, Einzel
Bronze – F. Thiedemann (D)

Turnen
Zwölfkampf, Einzel
Bronze – J. Stalder (CH)
Zwölfkampf, Mannschaft
Silber – Schweiz
Barren
Gold – H. Eugster (CH)
Bronze – J. Stalder (CH)
Reck
Gold – J. Günthard (CH)
Silber – J. Stalder (CH)
Silber – A. Schwarzmann (D)
Ringe
Bronze – H. Eugster (CH)

Schießen
Großkaliber, Dreistellungskampf
Silber – R. Bürchler (CH)

Radrennen
Sprint
Bronze – W. Potzernheim (D)
Straßenrennen, Einzel
Bronze – E. Ziegler (D)

Segeln
Drachen
Bronze – Deutschland

Schwimmen
200 m Brust
Bronze – H. Klein (D)
Turmspringen
Bronze – G. Haase (D)

Frauen

Leichtathletik
80 m Hürden
Bronze – M. Sander (D)
4 × 100 m
Silber – Deutschland
Kugelstoßen
Silber – M. Werner (D)

Kanu
Einer-Kajak, 500 m
Silber – G. Liebhardt (A)

Medaillenspiegel

Land	Gold	Silber	Bronze	gesamt
USA	40	19	17	76
UdSSR	22	30	19	71
Ungarn	16	10	16	42
Schweden	12	13	10	35
Italien	8	9	4	21
ČSR	7	3	3	13
Frankreich	6	6	6	18
Finnland	6	3	13	22
Australien	6	2	3	11
Norwegen	3	2	–	5
Schweiz	2	6	6	14
BR Deutschland	–	7	17	24
Österreich	–	1	1	2

VII. Olympische Winterspiele, Cortina d'Ampezzo 1956

Medaillengewinner aus der gesamtdeutschen Mannschaft (D), Österreich (A) und der Schweiz (CH)

Männer

Eiskunstlauf

Paarlauf
Gold – E. Schwarz/K. Oppelt (A)

Bob

Zweierbob
Bronze – Schweiz 1
Viererbob
Gold – Schweiz 1

Ski alpin

Slalom
Gold – A. Sailer (A)
Riesenslalom
Gold – A. Sailer (A)
Silber – A. Molterer (A)
Bronze – W. Schuster (A)
Abfahrt
Gold – A. Sailer (A)
Silber – R. Fellay (CH)
Bronze – A. Molterer (A)

Ski nordisch

Spezialsprunglauf
Bronze – H. Glaß (D)

Frauen

Eiskunstlauf

Bronze – I. Wendl (A)

Ski alpin

Slalom
Gold – R. Colliard (CH)
Silber – R. Schöpf (A)
Riesenslalom
Gold – O. Reichert (D)
Silber – J. Frandl (A)
Bronze – D. Hochleitner (A)
Abfahrt
Gold – M. Berthod (CH)
Silber – F. Dänzer (CH)

Medaillenspiegel

Land	Gold	Silber	Bronze	gesamt
UdSSR	7	3	6	16
Österreich	4	3	4	11
Finnland	3	3	1	7
Schweiz	3	2	1	6
Schweden	2	4	4	10
USA	2	3	2	7
Norwegen	2	1	1	4
Italien	1	2	–	3
Deutschland	1	–	1	2
Kanada	–	1	2	3
Japan	–	1	–	1
Polen	–	–	1	1
Ungarn	–	–	1	1

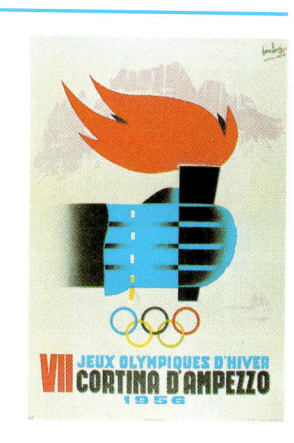

◁
Für die Schweiz gewannen bei den alpinen Frauenwettbewerben Medaillen (von links nach rechts): Frieda Dänzer (Silber Abfahrtslauf), Renée Colliard (Gold Slalom) und Madeleine Berthod (Gold Abfahrtslauf).

Ossi Reichert, Siegerin im Riesenslalom der Frauen (Mitte).

Olympische Winterspiele 1956 S. 344 – 63

Die Bobbahn bei den Olympischen Winterspielen in Cortina d'Ampezzo (links).

»Sissy« Schwarz und Kurt Oppelt, die österreichischen Goldmedaillengewinner im Paarlauf (rechts).

XVI. Olympische Sommerspiele, Melbourne 1956

Medaillengewinner aus der gesamtdeutschen Mannschaft (D), Österreich (A) und der Schweiz (CH)

Männer

Leichtathletik

400 m
Silber – K. F. Haas (D)
1500 m
Silber – K. Richtzenhain (D)
4 × 100 m
Bronze – Deutschland

Boxen

Bantamgewicht
Gold – W. Behrendt (D)
Leichtgewicht
Silber – H. Kurschat (D)

Hockey

Bronze – Deutschland

Rudern

Zweier ohne Steuermann
Bronze – Österreich
Zweier mit Steuermann
Silber – Deutschland

Kanu

Zweier-Kajak, 1000 m
Gold – Deutschland
Bronze – Österreich
Einer-Kajak, 10 000 m
Bronze – M. Scheuer (D)
Zweier-Kajak, 10 000 m
Silber – Deutschland

260 Sport

Eröffnungszeremonie bei den Olympischen Sommerspielen in Melbourne (oben). – Der Australier Ron Clarke läuft mit der Olympischen Flamme ins Stadion ein (darunter).

Ein dramatischer Augenblick beim Finale des 400-m-Hürdenlaufs der Männer (rechts oben): Der Südafrikaner Potgieter stürzt an der letzten Hürde. Sieger wird der US-Amerikaner Davis (Nr. 278) vor seinen Landsleuten Southern (Nr. 279) und Culbreath (Nr. 277).

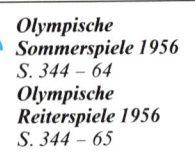

Reiten

Die olympischen Reiterspiele fanden wegen der australischen Quarantänebestimmungen für die Pferde im schwedischen Stockholm statt.
Military, Einzel
Silber – A. Lütke-Westhues (D)
Military, Mannschaft
Silber – Deutschland
Dressur, Mannschaft
Silber – Deutschland
Bronze – Schweiz
Springreiten, Einzel
Gold – H.G. Winkler (D)
Springreiten, Mannschaft
Gold – Deutschland

Turnen

Pferdsprung
Gold – H. Bantz (D)

Radfahren

Straßenrennen, Mannschaft
Bronze – Deutschland

Ringen

Schwergewicht grch.-röm.
Silber – W. Dietrich (D)

Frauen

Leichtathletik

100 m
Silber – C. Stubnick (D)
200 m
Silber – C. Stubnick (D)
80 m Hürden
Silber – G. Köhler (D)
Kugelstoßen
Bronze – M. Werner (D)

Kanu

Einer-Kajak, 500 m
Silber – T. Zenz (D)

Reiten

Dressur, Einzel
Bronze – L. Linsenhoff (D)

Schwimmen

200 m Brust
Gold – U. Happe (D)
Bronze – E.-M. ten Elsen (D)

Medaillenspiegel

Land	Gold	Silber	Bronze	gesamt
UdSSR	37	29	32	97
USA	32	25	17	74
Australien	13	8	14	35
Ungarn	9	10	7	26
Italien	8	8	9	25
Schweden	8	5	6	19
Deutschland	6	13	7	26
Großbritannien	6	7	11	24
Rumänien	5	3	5	13
Japan	4	10	5	19
Österreich	–	–	2	2
Schweiz	–	–	1	1

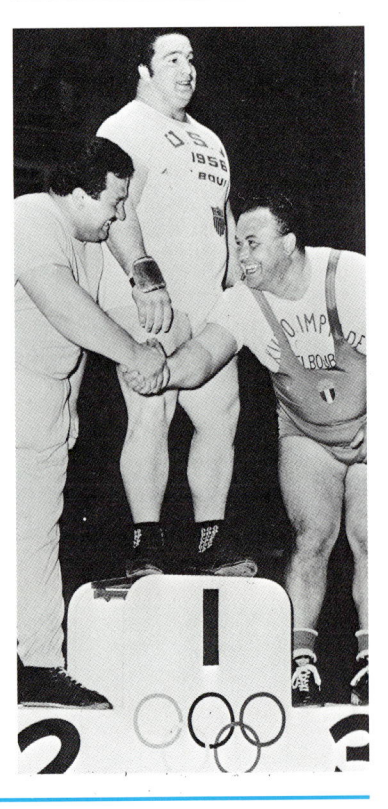

🔊 *Olympische Sommerspiele 1956*
S. 344 – 64
Olympische Reiterspiele 1956
S. 344 – 65

Das 1500-m-Finale gewinnt der Ire Delany. Zweiter wird Klaus Richtzenhain (Nr. 134; links).

Im Gewichtheben siegt in der Schwergewichtsklasse der US-Amerikaner Anderson vor dem Argentinier Selvetti und dem Italiener Pigaiani (rechts).

Leichtathletik- und Schwimm-Weltrekorde

Leichtathletik:

Weltrekorde 1950

Männer:

100 m	J. Owens, H. Davis, E. Norwood (alle USA), L. La Beach (Panama)	10,2 sek
200 m	J. Owens (USA)	20,7 sek
400 m	H. McKenley (Jamaika)	45,9 sek
800 m	R. Harbig (Deutschland)	1:46,6 min
1500 m	G. Haegg, L. Strand (beide Schweden)	3:43,0 min
5000 m	G. Haegg (Schweden)	13:58,2 min
10 000 m	E. Zátopek (ČSR)	29:21,2 min
110 m Hürden	F. Towns, F. Wolcott (beide USA)	13,7 sek
400 m Hürden	G. Hardin (USA)	50,6 sek
3000 m Hindernis	E. Elmsaeter (Schweden)	8:59,6 min
4 × 100 m	USA	39,8 sek
4 × 400 m	USA	3:08,2 min
Hochsprung	L. Steers (USA)	2,11 m
Weitsprung	J. Owens (USA)	8,13 m
Stabhochsprung	C. Warmerdam (USA)	4,77 m
Dreisprung	N. Tajima (Japan)	16,00 m
Kugelstoßen	J. Fuchs (USA)	17,79 m
Diskuswerfen	F. Gordien (USA)	56,97 m
Speerwerfen	Y. Nikkanen (Finnland)	78,70 m
Hammerwerfen	J. Nemeth (Ungarn)	59,57 m
Zehnkampf	G. Morris (USA)	7900 P.

Frauen:

100 m	F. Blankers-Koen (Niederlande)	11,5 sek
200 m	S. Walaciewicz (Polen)	23,6 sek
400 m	N. Halstead (Großbritannien)	56,8 sek
800 m	A. Larsson (Schweden)	2:13,8 min
80 m Hürden	F. Blankers-Koen (Niederlande)	11,0 sek
4 × 100 m	Deutschland	46,4 sek
Hochsprung	F. Blankers-Koen (Niederlande)	1,71 m
Weitsprung	F. Blankers-Koen (Niederlande)	6,25 m
Kugelstoßen	K. Tochonowa (UdSSR)	14,86 m
Diskuswerfen	N. Dumbadse (UdSSR)	53,25 m
Speerwerfen	N. Smirnitskaja (UdSSR)	53,41 m
Fünfkampf	G. Mauermayer (Deutschland)	4391 P.

Weltrekorde 1959

Männer:

100 m	L. W. Williams, I. Murchison, L. King, R. Norton (alle USA)	10,1 sek
200 m	D. Sime (USA)	20,0 sek
400 m	L. Jones (USA)	45,2 sek
800 m	R. Moens (Belgien)	1:45,7 min
1500 m	H. Elliot (Australien)	3:36,0 min
5000 m	W. Kutz (UdSSR)	13:35,0 min
10 000 m	W. Kutz (UdSSR)	28:30,4 min
110 m Hürden	M. Lauer (BR Deutschland)	13,2 sek
400 m Hürden	G. Davis (USA)	49,2 sek
3000 m Hindernis	J. Chromik (Polen)	8:32,0 min
4 × 100 m	USA, BR Deutschland	39,5 sek
4 × 400 m	Jamaika	3:03,9 min
Hochsprung	J. Stepanow (UdSSR)	2,16 m
Weitsprung	J. Owens (USA)	8,13 m
Stabhochsprung	R. Gutowski (USA)	4,78 m
Dreisprung	O. Fedosejew (UdSSR)	16,70 m
Kugelstoßen	P. O'Brien (USA)	19,30 m
Diskuswerfen	E. Piatkowski (Polen)	59,91 m
Speerwerfen	A. Cantello (USA)	86,04 m
Hammerwerfen	H. Connolly (USA)	68,68 m
Zehnkampf	W. Kusnetzow (UdSSR)	8357 P.

Frauen:

100 m	S. Delahunty (Australien) W. Krepkina (UdSSR)	11,3 sek
200 m	B. Cuthbert (Australien)	23,2 sek
400 m	M. Itkina (UdSSR)	53,4 sek
800 m	N. Otkalenko (UdSSR)	2:05,0 min
80 m Hürden	K. Gastl (BR Deutschland) G. Bistrowa (UdSSR)	10,6 sek
4 × 100 m	Australien	44,5 sek
Hochsprung	I. Balas (Rumänien)	1,84 m
Weitsprung	E. Krzesinska (Polen)	6,35 m
Kugelstoßen	T. Press (UdSSR)	17,25 m
Diskuswerfen	N. Dumbadse (UdSSR)	57,04 m
Speerwerfen	B. Salogaitite (UdSSR)	57,49 m
Fünfkampf	I. Press (UdSSR)	4880 P.

Schwimmen:

Weltrekorde 1950

Männer:

100 m Freistil	A. Ford (USA)	55,4 sek
200 m Freistil	A. Jany (Frankreich)	2:05,4 min
400 m Freistil	H. Furuhaschi (Japan)	4:33,3 min
1500 m Freistil	H. Furuhaschi (Japan)	18:19,0 min
100 m Rücken	A. Stack (USA)	1:03,6 min
200 m Rücken	A. Stack (USA)	2:18,5 min
100 m Brust	L. Meskow (UdSSR)	1:07,2 min
200 m Brust	J. Verdeur (USA)	2:30,0 min
100 m Delphin	—	
200 m Delphin	—	
400 m Lagen	—	
4 × 100 m Freistil	USA	3:48,6 min
4 × 100 m Lagen	—	

Frauen:

100 m Freistil	W. den Ouden (Niederlande)	1:04,6 min
200 m Freistil	R. Hveger (Dänemark)	2:21,7 min
400 m Freistil	R. Hveger (Dänemark)	5:00,01 min
800 m Freistil	R. Hveger (Dänemark)	10:52,5 min
100 m Rücken	C. Kint (Niederlande)	1:10,9 min
200 m Rücken	C. Kint (Niederlande)	2:38,8 min
100 m Brust	N. van Vliet (Niederlande)	1:18,2 min
200 m Brust	N. van Vliet (Niederlande)	2:49,2 min
100 m Delphin	—	
200 m Delphin	—	
400 m Lagen	—	
4 × 100 m Freistil	Dänemark	4:27,6 min
4 × 100 m Lagen	—	

Weltrekorde 1959

Männer:

100 m Freistil	J. Devitt (Australien)	54,6 sek
200 m Freistil	T. Yamanaka (Japan)	2:01,5 min
400 m Freistil	T. Yamanaka (Japan)	4:16,6 min
1500 m Freistil	J. Konrads (Australien)	17:28,7 min
100 m Rücken	J. Monckton (Australien)	1:01,5 min
200 m Rücken	F. McKinney (USA)	2:17,4 min
100 m Brust	W. Minaschkin (UdSSR)	1:11,5 min
200 m Brust	T. Gathercole (Australien)	2:36,5 min
100 m Delphin	T. Ischimoto (Japan)	1:00,1 min
200 m Delphin	M. Troy (USA)	2:16,4 min
400 m Lagen	I. Black (Großbritannien)	5:08,8 min
4 × 100 m Freistil	USA	3:44,4 min
4 × 100 m Lagen	Australien	4:10,4 min

Frauen:

100 m Freistil	D. Fraser (Australien)	1:01,2 min
200 m Freistil	D. Fraser (Australien)	2:14,7 min
400 m Freistil	L. Crapp (Australien)	4:47,2 min
800 m Freistil	I. Konrads (Australien)	10:11,4 min
100 m Rücken	C. Cone (USA)	1:11,4 min
200 m Rücken	S. Tanaka (Japan)	2:37,1 min
100 m Brust	K. Beyer (DDR)	1:19,6 min
200 m Brust	A. Lonsbrough (Großbritannien)	2:50,3 min
100 m Delphin	N. Rameu (USA)	1:09,1 min
200 m Delphin	B. Collins (USA)	2:37,0 min
400 m Lagen	S. Ruuska (USA)	5:40,2 min
4 × 100 m Freistil	Australien	4:17,1 min
4 × 100 m Lagen	USA	4:44,6 min

Parade in der chinesischen Hauptstadt Peking 1958. Die Volksrepublik China wurde in den 50er Jahren ein neuer Machtfaktor in der Weltpolitik.

Die Länder

der Erde von A–Z · 1950-1959

Die Länder der Erde von A-Z · 1950-1959

Aden

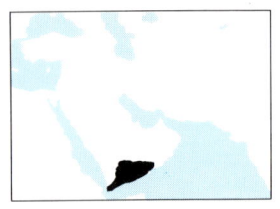

Fläche: 332 968 km²
Hauptstadt: Aden

Im Hinterland der britischen Kronkolonie Aden versuchte London, die 23 kleinen Fürstentümer zur Bildung einer Föderation zu bewegen. Durch eine Koalition zwischen und mit den traditionellen Herrschern wollte es seine Position in dem wegen seiner Lage zu den Ölvorkommen wichtigen Gebiet behaupten. Zudem sollte dieses Bündnis ein Gegengewicht zum aufkommenden Nationalismus in der Stadt Aden schaffen.
Das wichtigste der verschiedenen kleineren Staatenbündnisse war die Föderation der Südarabischen Emirate, zu der sich sechs kleine Staaten im westlichen Protektoratsgebiet am 11. 2. 1959 zusammenschlossen. Die Föderation mußte von Anfang an auch als Prellbock gegen die Ansprüche dienen, die der unabhängige Jemen auf einige Grenzgebiete erhob. Die radikale nationalistische Bewegung, die von Ägypten unterstützt wurde, formierte sich 1955 in der United National Front (UNF). Sie strebte nach Unabhängigkeit, einer Föderation zwischen Stadt und Hinterland (zwischen Kronkolonie und Protektorat), einer Beschneidung der Rechte der Feudalherren und einem Bündnis mit dem Jemen. Die britische Rolle bei der Suezkrise stärkte die Bewegung. 1956 kam es zu Demonstrationen und Streiks, die sich gegen Großbritannien richteten, das Aden zum regionalen Militärstützpunkt ausbaute.

Afghanistan

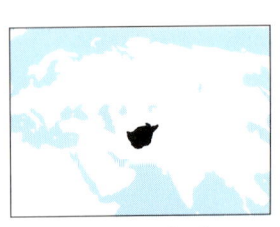

Fläche: 647 497 km²
Hauptstadt: Kabul

Anfang der 50er Jahre wurde der 1946 vorsichtig begonnene Demokratisierungsprozeß abgebrochen. Bereits 1951 verbot die Regierung eine Reihe von unabhängigen Zeitungen und löste die 1950 u. a. von Babrak Karmal gegründete Studentenvereinigung auf. Im September 1953 wurde Regierungschef Mahmud Daud durch seinen Neffen Mohammed Daud ersetzt. Dauds autokratische Politik richtete sich vor allem auf die Verstärkung der Zentralgewalt und soziale Reformen (1959 wurde der Schleierzwang offiziell aufgehoben). Er führte 1956 den ersten afghanischen Fünfjahresplan ein. Widerstand gegen seine Politik von seiten der religiösen Führer und Stammeshäuptlinge unterdrückte er mit harten Methoden.
In seiner Außenpolitik orientierte sich Daud auf die Sowjetunion. Mit der Unabhängigkeit Indiens und Pakistans 1947 hatte das traditionelle Machtgleichgewicht in Zentralasien zwischen Großbritannien und der UdSSR ein Ende gefunden. Weil die UdSSR in dieser Region nun ein Übergewicht hatte, lehnte sich Daud an Moskau an. Die Abhängigkeit von der UdSSR wurde infolge des Konflikts zwischen Afghanistan und Pakistan über die Lage der Pathanen in Nordwest-Pakistan noch größer. Die afghanische Regierung unterstützte das pathanische Streben nach einem eigenen Staat dieses afghanischen Volksstammes. Auch wegen Grenzstreitigkeiten kam es gelegentlich zu Konflikten mit Pakistan, die jedoch auf Druck Großbritanniens und der UdSSR beigelegt wurden.

▷
Die sowjetischen Spitzenpolitiker Chruschtschow und Bulganin bei einem Besuch in Kabul. Die Beziehungen zwischen Afghanistan und der UdSSR waren in den 50er Jahren problemloser, als es die strengen Mienen auf dem Foto vermuten lassen.

Albanien

In raschem Tempo nahm die albanische Regierung von 1951 an die Durchführung der ersten beiden Fünfjahrespläne in Angriff. Nicht zuletzt dank der beträchtlichen technischen und finanziellen Hilfe der UdSSR kamen die Industrialisierung, der Bergbau und die Ölförderung in Gang. Die Landreform erreichte in der zweiten Hälfte der 50er Jahre ihren Höhepunkt: 1959 waren 80% der Nutzfläche kollektiviert.

Ohne große Mühe konsolidierte die KP Albaniens unter Enver Hoxha und Mehmet Shehu ihre Machtposition. Die Beziehungen zur UdSSR kühlten jedoch allmählich ab. Tirana schloß sich der Verurteilung Stalins auf dem XX. Parteitag der KPdSU im Jahre 1956 nicht an (auch → S. 367). Im Hintergrund spielte eine Rolle, daß Albanien 1949 die Zusammenarbeit mit Jugoslawien abgebrochen hatte, die es als Einmischung des überlegenen Nachbarn empfand. Von der Aussöhnung Jugoslawiens und der UdSSR zeigten sich die albanischen Führer irritiert und begannen, sich vom sowjetischen »Revisionismus« abzuwenden und eine Annäherung an China zu suchen.

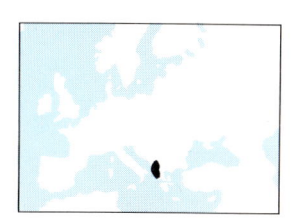

Fläche: 28 748 km²
Hauptstadt: Tirana

Algerien

Auf dem Weg zur Unabhängigkeit

Der algerische Unabhängigkeitskampf sorgte in den 50er Jahren für Schlagzeilen. Daß er so lange dauerte, lag an der Hartnäckigkeit der französischen Ansiedler, der »Colons«, für die es völlig unverständlich war, daß die Verleihung der Unabhängigkeit unausweichlich war. Auch das Mutterland war nicht bereit, Algerien aufzugeben, das es bereits seit 1848 als integralen Teil Frankreichs betrachtete. Das Übersee-Departement Algerien, das 1830 dem Osmanischen Reich abgerungen worden war, hatte eine ethnisch gemischte Einwohnerschaft. Die einheimische Bevölkerung wurde in der Zeit der französischen Herrschaft als Bürger zweiter Klasse betrachtet. Die nach dem 2. Weltkrieg versprochene Einrichtung von gemischten Gemeinderäten (Franzosen und Algerier) und die Ausweitung des Schulunterrichts in arabischer Sprache waren nicht zustande gekommen. Frankreichs ablehnende Haltung gegenüber jeder Form der Unabhängigkeit trieb auch die gemäßigten Nationalisten, die eine Assoziation mit Frankreich befürwortet hatten, zu einer radikaleren Haltung.

Der Anteil der europäischen Bewohner an der Gesamtbevölkerung Algeriens betrug Anfang der 50er Jahre nur noch gut 10%. Dennoch besaßen die Europäer ein Viertel der landwirtschaftlichen Nutzfläche, Industrie und Export lagen praktisch völlig in ihren Händen. Die einheimische Bevölkerung betrug Mitte der 50er Jahre 8,5 Millionen, von denen 90% Analphabeten und 75% Bauern waren. Ihr politischer Einfluß war noch geringer, als das »Algerienstatut« von 1947 theoretisch zugestand.

Die verschiedenen Flügel der nationalistischen Bewegung arbeiteten zusammen. Die Gruppe um Ferhat Abbas stützte sich vor allem auf den einheimischen Mittelstand; er forderte die Autonomie eines mit Frankreich verbundenen Algerien. Radikaler war Messali Hadj, der Gründer der im Untergrund tätigen Parti Populaire Algérienne (PPA), die ein von Frankreich unabhängiges sozialistisches Algerien anstrebte. Seit 1948 verfügte er über eine paramilitärische Organisation, die Organisation Spéciale (OS), deren Leitung dem ehemaligen Stabsfeldwebel Mohammed Ben Bella übertragen wurde. In der PPA kam es 1954 jedoch zu einem Bruch zwischen Messali Hadj, der den exklusiven arabischen Charakter des zu gründenden Staates betonte, und dem Zentralkomitee, das auch der Minderheit der Berber Raum lassen wollte. Unterdessen gründeten neun ehemalige Mitglieder der OS, darunter Ben Bella, in Cairo das Comité Révolutionnaire d'Unité et d'Action (CRUA), das von Ägypten unterstützt wurde.

Aufstand gegen das Mutterland

Die neun CRUA-Gründer gingen als »die historischen Führer der Revolution« in die Geschichte ein: Am 31.10.1954 gaben sie das Signal zum Aufstand. Am 1.11.1954 benannte sich das CRUA in Front de Libération Nationale (FLN) um. Die französische Obrigkeit reagierte auf die nun ausbrechenden Gewalttaten mit Razzien und Massenverhaftungen und verkündete den Notstand. Der französische Ministerpräsident Mendès-France ernannte am 25.1.1955 den Gaullisten Jacques Soustelle zum Generalgouverneur von Algerien, um den Aufstand niederzuschlagen und Reformen einzuleiten. Der politische Charakter des Aufstandes wurde völlig verkannt.

Anfangs reagierten die algerische Bevölkerung und gemäßigte Politiker ziemlich ablehnend auf die Aktionen der FLN. Dennoch weitete sich der Aufstand aus. Von Ende 1956 bis zu den Maitagen 1958 dauerte die »Schlacht um Algier«. Es gelang der FLN, die europäische Bevölkerung in regelrechte Panik zu versetzen. Die französische Armee verteidigte die Stadt hartnäckig. Besonders die Fallschirmjäger von General Massu waren wegen ihres Vorgehens berüchtigt.

Im Herbst 1958 trug die FLN den Terror auch ins französische Mutterland. Sie beanspruchte für sich das Monopol auf die Organisation des algerischen Aufstands. Diesen Anspruch machte ihr die PPA streitig. In der FLN wurde außerdem ein Machtkampf zwischen Militärs und Politikern ausgetragen. Die im Exil in Cairo lebenden Vertreter wurden faktisch ausgeschaltet, als die FLN im August 1956 im Bergland der Kabylei ihre Organisation neu strukturierte. Die Armée de Libération Nationale (Nationale Befreiungsarmee) wurde gegründet, die auch reguläre Truppen in Tune-

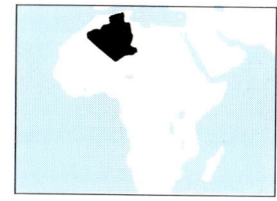

Fläche: 2 381 741 km²
Hauptstadt: Algier

Frankreich II
S. 248 – 38

Zehn Jahre im Überblick

31.10.1954 Das Comité Révolutionnaire d'Unité et d'Action (CRUA) gibt das Signal zum bewaffneten Aufstand.

1.11.1954 Das CRUA wird in die Front de Libération Nationale (FLN) umgewandelt.

22.10.1956 Franzosen entführen ein marokkanisches Verkehrsflugzeug mit fünf FLN-Führern, darunter Ben Bella.

13.5.1958 Beginn der Revolte von französischen Kolonisten in Algier gegen Paris.

19.9.1958 In Cairo wird eine algerische Exilregierung unter Ferhat Abbas gegründet.

Soldaten der FLN beim Exerzieren.

Andorra

Jacques Soustelle (Mitte), der französische Gouverneur Algeriens, im Gespräch mit dem Fallschirmjägergeneral Jacques Massu (links). Sie stellten sich 1958 hinter die Forderungen der französischen Kolonisten, die sich gegen das Mutterland erhoben.

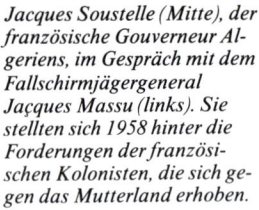

Der bewaffnete Konflikt zwischen Franzosen und Aufständischen wirkte sich auch auf das tägliche Leben aus. So konnten Erntearbeiten nur unter militärischer Bewachung durchgeführt werden (rechts).

sien und Marokko unter Oberst Houari Boumedienne umfaßte. Die strategische Führung oblag einem politischen Führungskollektiv; die unmittelbare taktische Leitung wurde von einem Komitee wahrgenommen. Die Stellung dieses Komitees wurde gestärkt, als die Franzosen am 22. 10. 1956 das Flugzeug abfingen, mit dem die wichtigsten politischen Repräsentanten aus Cairo (unter ihnen Ben Bella) auf dem Weg von Marokko nach Tunis waren.
Frankreich sah sich gezwungen, seine algerischen Truppen laufend zu verstärken. Auf dem Höhepunkt des Kampfes waren 400 000 Soldaten in Algerien stationiert.
Ägypten und die Arabische Liga unterstützten die Aufständischen immer offener. Auch Tunesiens Staatspräsident Bourguiba stellte sich am 24. 4. 1956 öffentlich hinter das algerische Unabhängigkeitsstreben. Die Bombardierung des tunesischen Grenzdorfs Sakhiet Sidi Youssef bewirkte schließlich die internationale Isolation Frankreichs. Der algerische Aufstand war zu einer internationalen Angelegenheit geworden. Frankreich wurde immer stärkerem Druck, auch von seiten der Bündnispartner, ausgesetzt.

De Gaulle: Hoffnung und Enttäuschung für die »Colons«

Frankreichs wachsende Bereitschaft zu Zugeständnissen wurde von den Siedlern hintertrieben. Einen ersten Erfolg erzielten sie im Februar 1956, als sie die Ernennung von General Georges Catroux zum Ministerresidenten für Algerien rückgängig machen konnten. Catroux befürwortete die Verleihung der Autonomie an Algerien. In der Krise, die in Frankreich nach dem Sturz der Regierung Gaillard entstand, forcierten die »Colons« und die Armee in Algerien durch einen Putsch den Fall der Vierten Republik und ebneten damit General de Gaulle den Weg zurück zur Macht; er war für sie die letzte Hoffnung auf ein französisches Algerien. Unmittelbar nach seinem Amtsantritt besuchte Ministerpräsident de Gaulle im Juni 1958 das aufständische Algier und konnte die erhitzte Atmosphäre beruhigen. Am 23. 10. 1958 bot er der Armée de Libération Nationale einen »Frieden der Tapferen« an. Das Angebot wurde, wohl zu Unrecht, als Aufforderung zur Kapitulation aufgefaßt und zurückgewiesen. Ein Jahr darauf, am 16. 9. 1959, erkannte de Gaulle das algerische Recht auf Selbstbestimmung an. Doch erst 1962 sollte die algerische Unabhängigkeit Wirklichkeit werden.

Grunddaten	1950	1953	1956	1958
1. Einwohnerzahl (in Mill.)	8,8	9,4	9,9	10,6
4. Bruttosozialprodukt (in Mrd. Neuer Francs)	4,6	6,4	—	12,2
5. Anteil des Bruttosozialproduktes in				
Landwirtschaft	33	30	—	20
Industrie	24	25	—	21
Handel und Dienstleistungen	52	47	—	59
9. Lebenserwartung	—	63	—	—
10. Jährlicher Energieverbrauch pro Einw. (in kg Ske)	160	180	210	241
11. Einfuhr (in Mill. US-Dollar)	434	579	778	1140
12. Ausfuhr (in Mill. US-Dollar)	333	397	429	366
13. Einwohner pro Arzt	5 200	5 300	5 000	5 500

Andorra

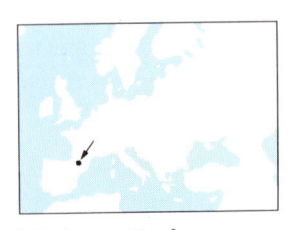

Fläche: 453 km²
Hauptort: Andorra la Vella

In den 50er Jahren wuchs der Touristenstrom in den Kleinstaat in den östlichen Pyrenäen auf etwa eine halbe Million Besucher jährlich an. Das lukrative Geschäft mit den Touristen wurde vorübergehend unterbrochen, als Frankreich 1953 die Grenze zu Andorra schloß; die Zahl der französischen Touristen sank in einem Jahr von 200 000 auf 15 000. Es handelte sich hierbei um eine Vergeltungsmaßnahme der französischen Regierung, weil die andorranische Volksvertretung, der Generalrat der Täler, den Bau einer Rundfunkstation unter französischer Leitung abgelehnt hatte.
Das Land war unabhängig, aber nicht souverän. Die beiden »Prinzen«, der französische Präsident und der Bischof der nahe gelegenen spanischen Stadt Urgel, übten zusammen die absolute Macht aus. Im Generalrat der Täler, der seit 1939 von Francesco Cairat geleitet wurde, nahm eine konservative Gruppierung alle 24 Sitze ein.

Angola

Die Kolonialpolitik des portugiesischen Mutterlandes sorgte in den 50er Jahren aus machtpolitischen Gründen kaum für eine Besserung der Lebensverhältnisse der afrikanischen Angolaner.
Die Weiträumigkeit des dünnbesiedelten Landes, die strenge Zensur und das rigorose Handeln der Geheimpolizei verhinderten lange Zeit den Aufbau einer wirksamen Unabhängigkeitsbewegung. Dennoch gab es Dutzende von Untergrundorganisationen. So wurde 1954 die UPONA (1958 umbenannt in União das Populações de Angola, UPA) gegründet, eine stammesgebundene Organisation, die anfangs die Wiederherstellung und Befreiung des alten Bakongo-Königreichs in Nordangola anstrebte. Ein entscheidender Schritt war der 1956 erfolgte Zusammenschluß verschiedener Organisationen zur nationalen Befreiungsbewegung Movimento Popular de Libertação de Angola (MPLA), deren Führer 1959 verhaftet wurden.

In den 50er Jahren entwickelte sich Angola zum wichtigsten Kaffeeproduzenten Afrikas. Kaffee bildete neben Diamanten den wichtigsten Ausfuhrartikel. Der weitere Ausbau und das Gedeihen der Plantagen im Norden des Landes bedeuteten jedoch für die einheimische Bevölkerung keine Verbesserung der wirtschaftlichen Verhältnisse.
1955 arbeiteten nach offiziellen Angaben 379 000 Afrikaner als »Zwangsarbeiter« in den großen Kaffeeplantagen, im Bergbau und bei der Eisenbahn.

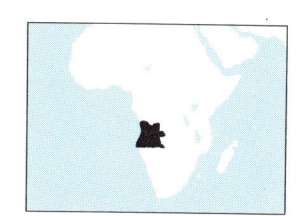

Fläche: 1 246 700 km²
Hauptstadt: Luanda

Argentinien

Wirtschaftliche Probleme und wachsende Opposition

Bereits seit 1949 zeichnete sich für die argentinische Wirtschaft eine Konjunkturverschlechterung ab. Die Ursachen waren der Fall der Weltmarktpreise für die wichtigsten Erzeugnisse des Landes, Getreide und Fleisch, und die schlechten Ernten. Präsident Juan Perón reagierte auf die schlechte Wirtschaftslage mit viel wirtschaftlichem Pragmatismus. Um die Zahlungsbilanz zu verbessern, schränkte er die Staatsausgaben ein und erhöhte die Investitionen in der Elektrizitäts- und Erdölproduktion und in der Automobilindustrie. Er öffnete diese Sektoren für ausländisches Kapital. Dadurch verbesserten sich auch die Beziehungen zu den USA. Offiziell hielt Perón jedoch an seiner Politik der Neutralität fest.
Die sozialen Folgen dieser wirtschaftlichen Kursänderung trafen die Angehörigen der Mittelschicht am härtesten. Ihre Einkommensverbesserungen wurden durch eine in Argentinien bis dahin ungekannte Inflationsrate von 39% (1949–1952) zunichte gemacht.

Zehn Jahre im Überblick

- 11. 11. 1951 Bei den Präsidentschaftswahlen siegte Juan Perón.
- 26. 7. 1952 Evita Duarte, die Ehefrau von Präsident Juan Perón, stirbt in Buenos Aires.
- 16. 9. 1955 In Córdoba bricht ein Militäraufstand gegen die Regierung von Präsident Juan Perón aus.
- 19. 9. 1955 Präsident Juan Perón tritt zurück.
- 20. 9. 1955 General Eduardo Lonardi wird als vorläufiger Präsident eingesetzt.
- 13. 11. 1955 General Pedro Eugenio Aramburu übernimmt das Amt des Präsidenten.
- 10. 6. 1956 Ein peronistischer Putsch scheitert.
- 23. 2. 1958 Bei den Präsidentschaftswahlen siegt Arturo Frondizi.

Auch die große Masse ungelernter Arbeiter profitierte nicht mehr länger von der Umverteilung des nationalen Reichtums. Sie wurde allerdings von den Einheitsgewerkschaften der CGT, durch die Rhetorik Peróns und durch das soziale Engagement seiner Ehefrau Evita Duarte im Zaum gehalten. Als diese erkrankte und am 26. 7. 1952 starb, war die Propaganda bemüht, ihr Leiden mit dem des Volkes zu identifizieren.
Unter Perón blieb der Rechtsstaat zunächst nahezu unangetastet. Dennoch gingen Bürokratie und Polizei immer härter gegen Oppositionelle vor. So wurde die einflußreiche Tageszeitung »La Prensa« im Januar 1951 enteignet. Bei den Präsidentschaftswahlen vom 11. 11. 1951 siegte Perón dann auch mühelos. Auch bei den Wahlen vom April 1952 waren die Peronisten noch erfolgreich.
Doch damals begann sich das Blatt bereits zu wenden. In den Ober- und Mittelschichten und unter den Intellektuellen wuchs die Unzufriedenheit. Entscheidend wurde jedoch, daß Perón die Unterstützung von Armee und Kirche verlor.
Die Kirche hatte Perón bei seiner Wiederwahl noch unterstützt. Sie geriet jedoch in Besorgnis wegen des zunehmenden ideologischen Herrschaftsanspruchs des Peronismus und der Beschneidung kirchlicher Tätigkeit in Unterricht und Fürsorge, die sie traditionell wahrnahm. Das Engagement der Kirche bei der Organisation einer christdemokratischen Partei war Perón wiederum ein Dorn im Auge, und er verbot die Juventud Obrera Católica. Daraufhin eskalierten die gegenseitigen Feindseligkeiten. Der Präsident hob das seit 1947 gültige Gesetz, das den Religionsunterricht in staatlichen Schulen regelte, auf. Er schaffte mehrere kirchliche Feiertage ab und ermöglichte durch Gesetz die Ehescheidung. Zwei Bischöfe wurden des Landes verwiesen, was zur Exkommunikation Peróns führte.

Dazu kam, daß Peróns Stellung bei den Streitkräften immer schwächer wurde. Er hatte die Armee immer als einen der Stützpfeiler seiner Regierung angesehen. Das Ausspielen der Armeeteile gegeneinander, bei dem besonders die Luftwaffe und die Infanterie von Perón bevorzugt wurden, verursachte jedoch bei der Armeeführung böses Blut. Die späteren Einsparungen im Militärbereich und die Absicht, die Armee teilweise durch eine Volksmiliz zu ersetzen, stießen gleichfalls auf Ablehnung. Die Opposition konzentrierte sich in der mehr aristokratisch geprägten Marine.

Die Armee ergreift die Macht

Ein erster Militärputsch am 16. 6. 1955 scheiterte und forderte blutige Opfer. Während seine Anhänger Kirchen in Brand steckten, bemühte sich Perón, ausgleichend zu wirken. Doch die Opposition ging auf seine Angebote nicht mehr ein. Daraufhin mobilisierte Perón seine

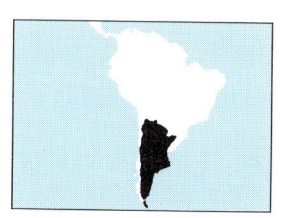

Fläche: 2 766 889 km²
Hauptstadt: Buenos Aires

Juan Domingo Perón und seine Frau Evita konnten die Massen mobilisieren.

Anhänger und drohte seinen Gegnern mit Gewalt. Der Aufstand brach am 16. 9. 1955 in Córdoba unter General Eduardo Lonardi aus. Aber erst nachdem die Kriegsflotte unter Admiral Isaac Rojas vor Buenos Aires erschien, bot Perón am 19. 9. seinen Rücktritt an. Er erhielt Asyl in der Botschaft von Paraguay und konnte von dort aus ins Exil gehen, zuletzt nach Spanien. Über seine Mittelsmänner beeinflußte er freilich das politische Leben in Argentinien auch weiterhin.

Die Militärjunta setzte am 20. 9. Lonardi als vorläufigen Präsidenten ein. Lonardi wollte vor allem Korruption und Bürokratie bekämpfen, war aber kein Antiperonist. Die liberalen Antiperonisten dagegen strebten eine völlige Säuberung an. Um ihre »Revolución Libertadora« zu ermöglichen, wurde Lonardi am 13. 11. 1955 durch General Pedro Aramburu abgelöst. Dieser war von den Gedanken des Wirtschaftswissenschaftlers Raúl Prebisch beeinflußt: Argentinien sollte den agrarischen Interessengruppen wieder freie Hand lassen, um zu modernisieren und die Ausfuhr zu steigern. Um das internationale Vertrauen wiederzugewinnen, trat das Land der Weltbank und dem IWF bei. Zugleich sah man von einer forcierten Industrialisierung ab und ging zur Reprivatisierung vieler Sektoren über. Die Macht der peronistischen Gewerkschaften wurde stark eingeschränkt. Die peronistische Bewegung selbst wurde verboten. Ein Aufstand peronistischer Kreise wurde am 10. 6. 1956 durch einige Dutzend Hinrichtungen ohne Prozesse niedergeschlagen.

Die ›Revolución Libertadora‹

Die Notwendigkeit zur Durchführung von freien Wahlen wuchs, als die vorläufige Regierung nicht schnell positive Ergebnisse vorweisen konnte. Die peronistischen ›Justicialistas‹ waren ausgeschlossen; die beiden großen Favoriten für das Präsidentenamt waren Ricardo Balbín für die Unión Cívica Radical Popular, der von den Militärs vorgezogen wurde, und Arturo Frondizi für die weiter links angesiedelte Unión Cívica Radical Intransigente. Frondizi siegte dank der Unterstützung, die Perón ihm von seinem Exil aus gewährte, mit überwältigender Mehrheit. Als er kurz nach seinem Amtsantritt am 1. 5. 1958 einen Teil der Gewerkschaftsrechte wiederherstellte und den Peronisten mehr politische Bewegungsfreiheit zugestand, schien Frondizi denn auch einer stillschweigenden Absprache nachzukommen.

Der neue Präsident suchte auch Annäherung an Unternehmer und Kirche. Letzterer wurde zugestanden, ihre eigenen weiterführenden Schulen auszubauen. In der Wirtschaftspolitik bemühte er sich um eine schnelle Industrialisierung; ausländischen Firmen wurde es nun leichter gemacht, in Argentinien Produktionsstätten zu errichten. Frondizi hoffte, so auch die Arbeiter und die Industriellen in einer nationalen Integration zusammenzubringen. Er vernachlässigte jedoch zugunsten von Armee, Kirche und peronistischen Gewerkschaften seine eigene Partei. Das sollte ihn teuer zu stehen kommen, weil er so seinen Handlungsspielraum beschränkte und sich von den Militärs und Peronisten abhängig machte.

Arturo Frondizi

Grunddaten	1950	1953	1956	1959
1. Einwohnerzahl (in Mill.)	17,2	18,2	19,3	20,3
4. Bruttosozialprodukt (in Mrd. Pesos)	62,5	119,0	—	367,0
5. Anteil des Bruttosozialproduktes in				
Landwirtschaft	14	20	—	16
Industrie	37	33	—	39
Handel und Dienstleistungen	48	46	—	44
7. Geburtenziffer (in ‰)	25,5	25,0	24,0	22,7
8. Sterbeziffer (in ‰)	9,0	8,8	8,2	8,0
10. Jährlicher Energieverbrauch pro Einw. (in kg Ske)	760	850	1 042	1 070
11. Einfuhr (in Mill. US-Dollar)	1 187	795	1 128	993
12. Ausfuhr (in Mill. US-Dollar)	1 361	1 125	944	1 009
13. Einwohner pro Arzt	—	800	760	—

Äthiopien

Fläche: 1 221 900 km²
Hauptstadt: Addis Abeba

Kaiser Haile Selassie hielt die Zügel fest in der Hand. Politische Parteien und Gewerkschaften wurden nicht geduldet. Erst 1955 stellte der Kaiser für 1957 allgemeine Wahlen in Aussicht. Die Bedingungen dafür waren in einer neuen Verfassung verankert; von den 310 Parlamentssitzen waren 210 für gewählte Unabhängige (Parteilose) vorgesehen, die übrigen 100 wurden vom Kaiser zugewiesen. Haile Selassie behielt jedoch seine weitreichenden Exekutiv- und Legislativvollmachten.

Außenpolitisch trat Äthiopien durch die zahlreichen Reisen des Kaisers aus seiner traditionellen Isolation. Der Kaiser bemühte sich um gute Beziehungen zu beiden Machtblöcken und vor allem zu den Blockfreien. Er war jedoch überwiegend auf die USA orientiert. So unterstützte er die den Nahen Osten betreffende Eisenhower-Doktrin (1957); bereits vorher (Mai 1954) unterzeichnete er in Washington ein Militärabkommen, das den USA das Nutzungsrecht für Militärbasen für die Dauer von 90 Jahren zusicherte. Die zahlreichen Reisen des Kaisers führten 1959 zu einer Reihe von Verträgen über technische und finanzielle Hilfe u. a. der USA, der UdSSR und der Bundesrepublik Deutschland.

Mit der vom Kaiser angestrebten Zentralisierung der Verwaltung ging eine vorsichtige Modernisierung einher. Schulsystem und Armee wurden ausgebaut.
Das bedeutete eine Stärkung der Zentralgewalt, aber zugleich auch das Aufkommen potentieller Gegner. Die feudale Struktur behinderte die soziale und wirtschaftliche Entwicklung jedoch erheblich. Dank der hohen Kaffeepreise hatte

Auf seinem Thron empfängt Kaiser Haile Selassie US-amerikanische Diplomaten in Addis Abeba.

das Land keine finanziellen Probleme. Kaffee bildete zwei Drittel der gesamten Ausfuhr.

Dem Kaiser gelang es, trotz der großen religiösen, völkischen und kulturellen Verschiedenartigkeit der Bevölkerungsgruppen zunächst, dem ständig drohenden Zerfall des Landes entgegenzuwirken. Das Hoheitsgebiet wurde sogar noch vergrößert, als 1955 die Haud-Region von Britisch-Somaliland an Äthiopien übertragen wurde. Außerdem kam 1952 auf Vorschlag der UNO eine Föderation zwischen Äthiopien und dem umstrittenen Eritrea zustande. Eritrea erhielt die innere Selbstverwaltung, während Äthiopien Verteidigung und Außenpolitik wahrnahm. Die arabische Welt dagegen hatte die Selbständigkeit Eritreas gefordert. 1955 gab der Kaiser zu erkennen, daß er Eritrea Äthiopien fest eingliedern wolle.

Problematisch blieb die Position der Somal im Ogaden. Das gleiche galt für das Verhältnis zwischen der führenden Bevölkerungsgruppe der christlichen Amharen und den sich benachteiligt fühlenden islamischen Gruppierungen, die 40% der Bevölkerung ausmachten.

Grunddaten	1950	1953	1956	1959
1. Einwohnerzahl (in Mill.)	16,3	17,3	19,4	20,4
10. Jährlicher Energieverbrauch pro Einw. (in kg Ske)	—	5-10	5	9
11. Einfuhr (in Mill. US-Dollar)	35	56	69	79
12. Ausfuhr (in Mill. US-Dollar)	31	68	61	72
13. Einwohner pro Arzt	—	—	90 000	—

Australien

Die 40er Jahre waren mit einer Wahlniederlage der regierenden Labour Party von Joseph Chifley ausgeklungen. Eine Koalition der Liberal Party und der National Country Party übernahm nun das Ruder. Sie sollte bis 1972 ununterbrochen regieren, bis 1966 unter Robert Menzies. Nach der Auflösung von Abgeordnetenhaus und Senat im März 1951 bekam er gut einen Monat später in beiden Kammern eine Mehrheit. Menzies' Wahlsiege im Dezember 1949 und April 1951 waren nicht zuletzt auf weltpolitische Einflüsse zurückzuführen. Labour war als Anwalt der staatlichen Kontrolle des Wirtschaftslebens und Fürsprecher des Versorgungsstaats einer nicht ausreichenden Wachsamkeit gegenüber Sozialismus und Kommunismus verdächtig.

Obwohl Labour im Laufe der 50er Jahre in den meisten Bundesstaaten wieder eine Mehrheit bekam, blieb Menzies' Stellung auf Bundesebene unangetastet. Breite Unterstützung erhielt die Regierung für ihre immer nachdrücklicher auf die USA orientierte Außenpolitik. Australien betrachtete sich als westliches Bollwerk gegen eine mögliche sowjetische und chinesische Expansion im Pazifischen Ozean. Australische Soldaten kämpften in Korea und auf Malakka. Das Land gehörte zu den Initiatoren des Colomboplans, der die Leistung von technischer und militärischer Hilfe an die nichtkommunistischen Länder Südostasiens vorsah. 1951 schloß es mit Neuseeland und den USA den damals vor allem gegen Japan gerichteten ANZUS-Pakt. 1954 wurde es Mitglied des nach dem ersten Vietnamkrieg zur Eindämmung des Kommunismus gegründeten Südostasienpakts (SEATO).

Das größte innenpolitische Problem für die Regierung Menzies war die beinahe anhaltend hohe Inflationsrate, die immer wieder zu Arbeitskämpfen führte. Hauptursache der Inflation war die Hochkonjunktur der australischen Wirtschaft als Folge des hohen Weltmarktpreises für Wolle und die dadurch stimulierte Wirtschaftsentwicklung. Die Regierung ergriff daraufhin Maßnahmen zur Bekämpfung der Inflation, Beschränkung der Einfuhr und Förderung der Landwirtschaft. Eine strukturelle Stabilisierung der Wirtschaft gelang jedoch erst nach 1957, als der Wollpreis sank.

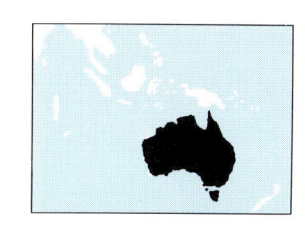

Zehn Jahre im Überblick

- **28. 4. 1951** Parlamentswahlen: Die Koalition von Premierminister Robert Menzies erlangt in Senat und Abgeordnetenhaus eine Mehrheit.
- **1. 9. 1951** In San Francisco unterzeichnen Australien, Neuseeland und die USA den ANZUS-Pakt.
- **8. 9. 1954** Australien wird Mitglied der SEATO.
- **10. 12. 1955** Parlamentswahlen: Die Koalition von Premierminister Robert Menzies verliert im Senat die Mehrheit, hält sie aber im Abgeordnetenhaus.
- **22. 11. 1958** Parlamentswahlen: Die Koalition von Premierminister Robert Menzies erlangt eine Mehrheit in Senat und Abgeordnetenhaus.

Fläche: 7 682 300 km²
Hauptstadt: Canberra

Robert Menzies (Mitte), während des ganzen Jahrzehnts australischer Regierungschef.

Grunddaten	1950	1953	1956	1959
1. Einwohnerzahl (in Mill.)	8,2	8,8	9,4	10,1
2. Urbanisationsgrad (in %)	—	78,9	—	—
3. Berufstätige (in % der Gesamtbevölkerung)	—	41,2	—	—
4. Volkseinkommen (in Mill. Pfund Sterling)	3 083	3 797	4 680	5 368
5. Anteil des Bruttosozialproduktes in				
Landwirtschaft	29	19	—	14
Industrie	33	38	—	41
Handel und Dienstleistungen	47	43	—	46
7. Geburtenziffer (in ‰)	23,3	22,9	22,5	22,6
8. Sterbeziffer (in ‰)	9,6	9,1	9,1	8,9
9. Lebenserwartung bei Neugeborenen (in Jahren)				
Männer	—	67,1	—	—
Frauen	—	72,8	—	—
10. Jährlicher Energieverbrauch pro Einw. (in kg Ske)	3 120	3 380	3 558	3 775
11. Einfuhr (in Mill. US-Dollar)	1 410	1 293	1 713	1 851
12. Ausfuhr (in Mill. US-Dollar)	1 668	1 979	1 887	2 002
13. Einwohner pro Arzt	—	—	850	—

Bahamas

Fläche: 13 935 km²
Hauptstadt: Nassau

Auf den Bahamas begannen sich in den 50er Jahren politische Parteien zu formieren. 1953 gründeten einige Farbige die Progressive Liberal Party (PLP) als Oppositionspartei gegen die etablierten weißen Handelsbelange. Als Reaktion darauf wurde 1956 die von Weißen kontrollierte United Bahamian Party (UBP) gegründet. Bei den Wahlen von 1956 siegte die UBP; die PLP erlangte nur 6 der 30 Sitze in der Volksvertretung. Dieses Wahlergebnis war nicht zuletzt darauf zurückzuführen, daß es noch kein allgemeines Wahlrecht gab. Dies wurde erst 1959 für Männer und 1962 für Frauen eingeführt. Die PLP forderte mit Nachdruck die Unabhängigkeit und die Einführung einer Mehrheitsregierung. Diese Regierung wäre offenkundig den Farbigen zugute gekommen, die 85% der Gesamtbevölkerung ausmachten.

Ende der 50er Jahre profitierte das Land vom Umsturz auf Kuba. Durch Fidel Castros Revolution fiel Kuba als Urlaubsland aus. Dadurch nahm der Tourismus auf den Bahamas stark zu und wurde zur wichtigsten Einnahmequelle.

Bahrain

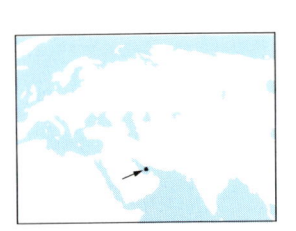

Fläche: 622 km²
Hauptstadt: Al Manama

Bahrain war ein autonomes Scheichtum, faktisch war es seit 1862 britisches Protektorat.
Im Gegensatz zu den anderen kleinen Scheichtümern am Persischen Golf konnte man in Bahrain von einer nationalistischen Bewegung sprechen. Die Existenz einer ölverarbeitenden Industrie hatte die Entstehung einer kleinen Arbeiterbewegung bewirkt, die politische Veränderungen befürwortete. Die Bestrebungen richteten sich auf einen Abbau der dominierenden Stellung der Familie Chalifa, auf die Verminderung des weitreichenden britischen Einflusses und auf eine andere Verwendung der Ölgewinne: Ein Drittel der Öleinnahmen floß dem regierenden Scheich Sulman Ibn Hamad und seiner Familie zu.
1956 kam es während des Besuchs des britischen Außenministers Selwyn Lloyd zu Demonstrationen und Streiks. Später richteten sich die Aktionen auch gegen die britische Invasion in der Suezkanalzone. Die wichtigsten Anführer der Opposition wurden nach Sankt Helena verbannt. Dadurch wurde die Stellung der Nationalisten trotz der Gründung der »Nationalen Befreiungsfront« geschwächt. Der direkte britische Einfluß nahm in der zweiten Hälfte der 50er Jahre zwar ab, aber die freigewordenen Ämter wurden von der Familie Chalifa eingenommen.
Die Wirtschaftslage des Landes war dank des Öls verhältnismäßig günstig. Der von jeher wichtige Transithandel geriet jedoch durch die Anlage neuer Häfen im Golfgebiet in Bedrängnis. Bahrain war bemüht, dem Rückgang durch die Einrichtung einer Freihafenzone (1958) entgegenzutreten.

Basutoland

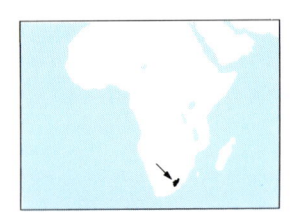

Fläche: 30 355 km²
Hauptstadt: Maseru

Basutoland, von Südafrika völlig umgeben und wirtschaftlich von ihm abhängig, war ein vom britischen Botschafter in Pretoria verwaltetes Protektorat. Großbritannien unternahm kaum Bemühungen zur Entwicklung des bettelarmen Landes. Gut 40% der Männer arbeiteten in südafrikanischen Bergwerken und Fabriken. Pretoria benutzte seine Machtstellung, um sich in die Innenpolitik einzumischen. Es unterstützte u. a. die 1955 von Häuptling Leabua Jonathan gegründete konservative Basotho National Party (BNP).
1959 verlieh die britische Regierung dem Protektorat beschränkte Selbstverwaltung. Basutoland erhielt eine neue Verfassung und einen Nationalrat, dessen 60 Mitglieder gewählt wurden, sowie einen 33köpfigen Senat. London behielt die Verantwortlichkeit u. a. für Verteidigung und innere Sicherheit. Bemerkenswert war allerdings die Tatsache, daß Weiße in Basutoland keinen Grundbesitz haben durften.

Belgien

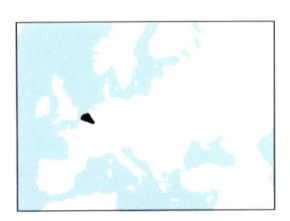

Fläche: 30 513 km²
Hauptstadt: Brüssel

Die Abdankung von Leopold III.

Gegen Ende des 2. Weltkrieges war König Leopold III. von den Deutschen als Gefangener verschleppt worden. Nach der Befreiung Belgiens zeigte sich bald, daß eine bedingungslose Rückkehr Leopolds nach Brüssel große politische Probleme aufwarf. Vor allem linksgerichtete, traditionell antimonarchistische Kreise, besonders in Wallonien, sahen ihn als Kollaborateur an. Durch eine Volksbefragung hoffte man Anfang 1950 eine Lösung zu finden. Am 12. 3. 1950 sprachen sich zwar gut 57% der Belgier dafür aus, daß Leopold III. als konstitutioneller Monarch nach

Zehn Jahre im Überblick

12. 3. 1950	57,7% der Bevölkerung entscheiden sich für die Rückkehr von König Leopold III.
4. 6. 1950	Die Christdemokraten (CVP und PSC) erlangen die absolute Mehrheit in Abgeordnetenkammer und Senat.
22. 7. 1950	König Leopold III. trifft in Brüssel ein.
29. 7. 1950	Eine halbe Million Arbeiter folgen dem Aufruf der Gewerkschaften und legen aus Protest gegen den König die Arbeit nieder.
31. 7. 1950	König Leopold III. verzichtet auf seine königlichen Vollmachten.
15. 8. 1950	Joseph Pholien (CVP) wird Ministerpräsident.
17. 7. 1951	Baudouin wird König.
14. 1. 1952	Jean Van Houtte (CVP) wird Ministerpräsident.
11. 4. 1954	Die Sozialisten erzielen bei den Wahlen Stimmengewinne.
22. 4. 1954	Ministerpräsident Achiel Van Acker (BSP) bildet eine Koalitionsregierung mit den Liberalen.
1. 6. 1958	Die Christdemokraten gewinnen die Wahlen.
26. 3. 1958	Die Minderheitsregierung Eyskens (CVP) übernimmt das Amt.
6. 11. 1958	Der Schulpakt wird unterzeichnet.

Belgien zurückkehren sollte, aber diese Mehrheit war überwiegend flämisch. Leopold erhielt in Flandern 72% Ja-Stimmen, während er in Brüssel und Wallonien nicht einmal die Hälfte erlangte.

Bei den vorgezogenen Parlamentswahlen vom 4. 6. 1950 erreichten die Christdemokraten die absolute Mehrheit in Abgeordnetenkammer und Senat. Ohne sie konnte keine Regierung mehr gebildet werden. Doch zugleich waren die Christdemokraten wegen ihrer Wahlversprechen verpflichtet, Leopold III., der noch immer im Exil lebte, als konstitutionellen Monarchen nach Belgien zurückzuholen. Das Kabinett unter dem Wallonen Jean Duvieusart löste dieses Versprechen tatsächlich ein: In den frühen Morgenstunden des 22. 7. 1950 traf Leopold III. in Brüssel in einem nahezu revolutionären Klima ein. Besonders in Wallonien kam es zu Gewalt, die erkennbar darauf gerichtet war, die Amtsübernahme Leopolds zu verhindern. Es wurde deutlich, daß andernfalls die Spaltung Belgiens drohen würde: Führende Kreise in Wallonien hatten bereits eine Namensliste für eine republikanische Regierung angefertigt. Notgedrungen verzichtete Leopold III. in der Nacht vom 31. 7. auf den 1. 8. 1950 zugunsten seines Sohnes Baudouin auf seine Thronrechte. Am 17. 7. 1951 legte Baudouin endgültig als fünfter König der Belgier seinen Eid auf die Verfassung ab.

Auseinandersetzungen über die Wehrpflicht und Schulprobleme

Besonders vom flämischen Bevölkerungsteil wurde der erzwungene Thronverzicht als Niederlage empfunden. Ministerpräsident Duvieusart mußte zugunsten seines Parteifreundes Joseph Pholien zurücktreten. In dessen Amtszeit entsandte Belgien Truppen nach Korea. Die Regierung sah sich deshalb verpflichtet, den Militärdienst auf nicht weniger als 24 Monate zu verlängern. Unter dem Druck von Protesten wurde dieser Zeitraum bald um drei Monate gekürzt. Das sozialistisch-liberale Kabinett Van Acker, das 1954 an die Macht kam, machte später daraus 18 Monate. Joseph Pholien stürzte über das Unvermögen seiner Regierung, dem starken Anstieg der Lebenshaltungskosten Einhalt zu gebieten. Er wurde durch einen anderen Christdemokraten ersetzt, Jean Van Houtte, den vierten christdemokratischen Ministerpräsidenten in knapp drei Jahren.

Mit der absoluten parlamentarischen Mehrheit konnten sich die Christdemokraten nach der Klärung der Königsfrage der Garantie der freien Schulwahl zuwenden. In Belgien besuchte die große Mehrheit der schulpflichtigen Kinder traditionell eine katholische Schule. Dieser konfessionelle Unterricht wurde jedoch vom Staat in geringerem Maße finanziell unterstützt. Der Besuch einer katholischen Schule war deshalb mit der Zahlung von Schulgeld verbunden. Um hier Gleichheit für alle zu schaffen, erließ das katholische Kabinett Van Houtte ein Paket von Regelungen zugunsten freier Schulträger (vor allem der katholischen Kirche).

Erwartungsgemäß verloren die Christdemokraten bei den Parlamentswahlen vom 11. 4. 1954 Stimmen zugunsten der Sozialisten. Die Bildung eines Koalitionskabinetts war unumgänglich. Sozialisten und Liberale einigten sich auf der Grundlage ihres gemeinsamen Antiklerikalismus. Auf sozialem und wirtschaftlichem Gebiet hatte es das neue Kabinett unter Achiel Van Acker recht leicht: Seit 1955 erlebte die Weltwirtschaft und somit auch die Wirtschaft Belgiens eine wahre Hochkonjunktur. Doch die sozialistisch-liberale Regierung Van Acker ging als die Regierung des Schulstreits in die Geschichte ein. Sie beantwortete das Paket von Unterrichtsregelungen ihrer christdemokratischen Vorgänger mit einem ebenso einschneidenden Paket zum Nachteil der katholischen und zugunsten der staatlichen Schulen, was wiederum bei der Kirche zu Protesten führte.

Die Schulpolitik des Kabinetts Van Acker wurde von den Wählern sichtlich nicht honoriert: Bei den Parlamentswahlen vom 1. 6. 1958 erhielten die Christdemokraten wieder die absolute Mehrheit im Senat. Weil die abtretenden Koalitionspartner, Sozialisten und Liberale, nicht sogleich mit den Christdemokraten zusammenarbeiten wollten, bildete Gaston Eyskens (CVP) ein Minderheitskabinett. Während Ministerpräsident Eyskens nach einem Kompromiß in der Schulfrage suchte, löste sein Minderheitskabinett einstweilen einige Wahlversprechen ein: Die Wehrpflicht wurde weiter auf 12 Monate herabgesetzt, und die Altersrenten verschiedener Arbeitergruppen wurden erhöht. Wichtiger aber war, daß im Schulstreit überraschend schnell ein Kompromiß gefunden wurde. Der Schulpakt vom 6. 11. 1958 beruhte u. a. auf dem Nebeneinander eines konfessionellen (vor allem katholischen) und eines weltanschaulich neutralen (vor allem staatlichen) Schulnetzes, Schulgeldfreiheit, Gleichbehandlung aller Lehrkräfte und Gewährung von staatlichen Mitteln für sämtliche Schulen.

Außenpolitik

Einhellig hatte das Parlament am 11. 6. 1952 den belgischen Beitritt zum EGKS-Vertrag gebilligt. Ebenfalls trat man EVG und WEU

Die Probleme um König Leopold bewegten die Gemüter. Der Ausgang der Volksabstimmung vom 12. 3. 1950 machte deutlich, daß man vor allem in Flandern die Rückkehr des Königs wünschte. Leopold mußte jedoch am 16. 7. 1951 die offizielle Abdankungsurkunde unterschreiben, um ein Auseinanderfallen des Landes zu verhindern.

◁

Plakat von Gegnern des Königs.

Grunddaten	1950	1953	1956	1959
1. Einwohnerzahl (in Mill.)	8,6	8,8	8,9	9,1
3. Berufstätige (in % der Gesamtbevölkerung)	41,0	41,2	40,4	39,6
4. Volkseinkommen (in Mrd. Belgischer Francs)	275,5	331,9	390,7	427,2
5. Anteil des Bruttosozialproduktes in verschiedenen Bereichen				
Landwirtschaft	—	8	—	7
Industrie	—	42	—	40
Handel und Dienstleistungen	—	51	—	52
6. Arbeitslosenquote (in % der berufstätigen Bevölkerung)	8,3	11,8	7,0	9,4
7. Geburtenziffer (in ‰)	16,9	16,6	16,8	17,4
8. Sterbeziffer (in ‰)	12,5	12,1	12,2	11,8
10. Jährlicher Energieverbrauch pro Einw. (in kg Ske)	3 500	3 640	4 236	3 853
11. Einfuhr (in Mill. US-Dollar)	1 942	2 413	3 273	3 452
12. Ausfuhr (in Mill. US-Dollar)	1 653	2 260	3 162	3 307
13. Einwohner pro Arzt	—	—	980	900

Belgisch-Kongo

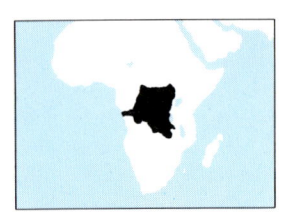

Fläche: 2 345 409 km²
Hauptstadt: Léopoldville

Afrika
S. 288 – 45

Konjunkturwende und Wende der Kolonialpolitik

Am 1. 1. 1950 begann die Durchführung eines Zehnjahresplans für die wirtschaftliche Entwicklung von Belgisch-Kongo. Der Kongo konnte diesen Plan finanzieren, weil sich der große Rohstoffbedarf, der während des wirtschaftlichen Aufschwungs der Nachkriegszeit auf dem Weltmarkt herrschte, voll zu seinen Gunsten auswirkte. Mitte der 50er Jahre erfolgte ein konjunktureller Umschwung. Investitionen erfolgten zögernder, die Einnahmen gingen zurück, und die Auslandsschulden stiegen. 1959 mußte das Mutterland zum ersten Mal seit dem 2. Weltkrieg einen finanziellen Zuschuß zum Haushalt der Kolonie leisten.
Die Modernisierung der Landwirtschaft sollte der Wirtschaft eine gesunde Grundlage verschaffen, die Kaufkraft der Landbevölkerung steigern und Impulse für den Aufbau einer auf den Inlandsmarkt gerichteten Industrie geben. In der Praxis erfolgten jedoch kaum Anstrengungen, um die Schaffung von nationalem Kapital zu fördern. Die Landflucht, die beunruhigende Formen annahm, konnte nicht eingedämmt werden, was die Zahl der Arbeitslosen in den Städten verstärkte und sozialen Sprengstoff schuf.

Parallel zum konjunkturellen Umschwung änderte sich auch die politische Lage. Die Macht des Kolonialsystems beruhte auf der engen Zusammenarbeit zwischen Kolonialverwaltung, katholischen Missionen und großen Unternehmen. Als 1954 im Mutterland ein sozialistisch-liberales Kabinett antrat, wurde das konservative Monopol auf die Entscheidung der Kolonialangelegenheiten durchbrochen. Der liberale und antikirchlich eingestellte Minister für die Kolonien, Auguste Buisseret, errichtete neben den Missionsschulen ein Netz von Laienschulen für Afrikaner und erlaubte die Gründung von politischen Parteien und Gewerkschaften. Diese Maßnahmen förderten den afrikanischen Bewußtwerdungsprozeß.

Vor der Unabhängigkeit

Die wachsende Unzufriedenheit der kongolesischen Oberschicht hatte König Baudouin dazu veranlaßt, nach seiner Kongoreise 1955 nachdrücklich auf die Notwendigkeit einer Verbesserung der Rassenbeziehungen hinzuweisen. Die Kolonialverwaltung aber fand sich mit der von Brüssel diktierten neuen Politik, die die Rassendiskriminierung aufheben sollte, nicht ab. Die Vertreter der Kolonialbehörden wurden deshalb von den blutigen Unruhen in Léopoldville Anfang Januar 1959 völlig überrascht. Am 13. 1. stellte König Baudouin die Gewährung der Unabhängigkeit in Aussicht. Die Kolonialregierung in Léopoldville wurde übergangen. Mehr und mehr fanden die Verhandlungen direkt zwischen Kongolesen und der Regierung in Brüssel statt. Mitte 1959 war deutlich, daß nur noch massive und anhaltende militärische Eingriffe die Bevölkerung ruhig halten könnten. Diesen Schritt hätte aber die belgische Öffentlichkeit nicht gebilligt. Die Furcht vor einem zweiten Algerien beeinflußte stark die Entscheidung der Regierung, die Kongofrage rasch zu erledigen.
Auch die Wirtschaft war verunsichert. Erst 1958 begannen die großen Betriebe, sich der neuen Entwicklung anzupassen. Sie waren aber nicht imstande, eine angemessene Strategie auszuarbeiten und verlangten statt dessen von der Kolonialverwaltung wie auch von den nationalistischen Führern Garantien für die Zukunft.
Noch in der ersten Hälfte der 50er Jahre betrafen die Beschwerden der kongolesischen Oberschicht ausschließlich ihre Benachteiligung im Vergleich zu Weißen mit entsprechendem Bildungsniveau. Ihr Protest bewegte sich in den Grenzen des Kolonialsystems, das sie als solches nicht bekämpften. Die Oberschicht war um Assimilation an die weiße Gesellschaft bemüht. Die Gleichberechtigung mit dem Mutterlande sollte vorsichtig und sehr langfristig erreicht werden. Die ABAKO (Association des Bakongo), eine kulturelle Vereinigung des Bakongostammes, die sich zur ersten großen Unabhängigkeitsbewegung entwickelte, forderte jedoch eine raschere Emanzipation.
1958 konsolidierte sich die Front der Nationalisten. Auf der Weltausstellung in Brüssel trafen sich zum ersten Mal kongolesische Prominente aus allen Landesteilen. Im Kongo selbst waren solche Begegnungen aufgrund der strengen Kontrolle der Bewegungsfreiheit unmöglich gewesen. Patrice Lumumba, der Gründer der wichtigsten stammesübergreifenden politischen Bewegung, des MNC (Mouvement National Congolais), nahm im selben Jahr an der Konferenz von Accra teil. Er knüpfte dort Kontakte zu den bedeutendsten afrikanischen Politikern.
Ab 1958 war es offenkundig, daß die Unabhängigkeit des Kongo unausweichlich war. Die Diskussion betraf nun hauptsächlich die Form des zukünftigen Staates. Zwischen Föderalisten und Befürwortern des Einheitsstaats entbrannte ein heftiger Streit. 1959 machten Gerüchte über separatistische Tendenzen in Niederkongo, Kivu und Katanga die Runde. Daß für die verschiedenen Phasen des Emanzipationsprozesses kein deutlicher Zeitplan vorlag, insbesondere aber, daß die Erklärungen vom 13. 1. 1959 kein Enddatum enthielten, führte in breiten Schichten der Bevölkerung zu Unruhe. Entscheidend war, daß zwar die Kolonialverwaltung die unterschiedlichen Stämme zusammenhalten konnte, daß aber für die

Grunddaten	1950	1953	1956	1959
1. Einwohnerzahl (in Mill.)	11,2	11,9	12,7	13,7
3. Berufstätige (in % der Gesamtbevölkerung)	—	—	49,4	—
4. Volkseinkommen (in Mill. Belgischer Francs)	32 860	49 030	59 940	65 065
5. Anteil des Volkseinkommens in verschiedenen Bereichen				
Landwirtschaft	30	27	24	30
Industrie	36	39	39	30
Handel und Dienstleistungen	34	34	37	40
7. Geburtenziffer (in ‰)	31,6	34,3	33,1	—
8. Sterbeziffer (in ‰)	23,0	21,6	12,8	—
9. Lebenserwartung bei Neugeborenen (in Jahren)				
Männer	37,6	—	—	—
Frauen	40,0	—	—	—
10. Jährlicher Energieverbrauch pro Einw. (in kg Ske)	90	90	83	99
11. Einfuhr (in Mill. US-Dollar)	188	363	416	308
12. Ausfuhr (in Mill. US-Dollar)	261	398	535	489
13. Einwohner pro Arzt	23 000	20 000	20 000	—

Zeit nach der Unabhängigkeit keine Konzeption für einen Ausgleich der Interessen der Volks- und Sprachgruppen vorlag. Die folgende Entwicklung zeigte, daß eine friedliche Lösung nur in der Schaffung mehrerer selbständiger Staaten mit eigener nationaler Tradition im Rahmen einer wirtschaftlichen Union – also in der Lösung des kolonialen Zwangsverbundes – hätte liegen können. Aber daran dachte damals niemand ernsthaft, weder bei den Belgiern noch bei den Kongolesen.

Ein Schritt zur Unabhängigkeit waren die Wahlen vom Dezember 1959. Foto rechts: Wähler vor einem Wahllokal; Porträts der Kandidaten sind auf die Wahlurne geklebt.

Betschuanaland

Die politische und wirtschaftliche Entwicklung im Protektorat Betschuanaland wurde weitgehend von Großbritannien und Südafrika bestimmt. Das Gebiet wurde von der britischen Botschaft in Pretoria verwaltet. Die Briten gingen zwar auf die von Südafrika seit langem erhobene Forderung nach einer Angliederung Betschuanalands nicht ein, konnten jedoch nicht verhindern, daß das Protektorat wirtschaftlich von Südafrika weitgehend beherrscht wurde. 
Trotz der Abhängigkeit nahmen die Politiker eine negative Haltung gegenüber der südafrikanischen Apartheidsregierung ein, die sich sogar in die inneren Angelegenheiten Betschuanalands einmischte. Das zeigte sich u. a. in dem Nachspiel, das die 1948 erfolgte Eheschließung zwischen Thronfolger Seretse Khama und der britischen Staatsbürgerin Ruth Williams hatte. Der südafrikanische Premierminister Malan erhob Einwände gegen die Heirat und drängte auf Maßnahmen gegen Seretse Khama, den Führer der größten Bevölkerungsgruppe Betschuanalands, der Bamangwato. Die Mischehe verstieß nämlich gegen die südafrikanischen Rassengesetze. Die britische Regierung gab vorübergehend nach und verbannte die Eheleute nach London. 1956 kehrten sie jedoch nach Betschuanaland zurück.

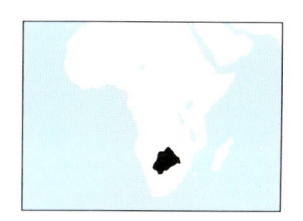

Fläche: 600 372 km²
Hauptstadt: Mafeking

◁
Unter südafrikanischem Druck wurde das Stammesoberhaupt Seretse Khama aus Betschuanaland verbannt. Der Grund war seine Heirat mit der Londoner Sekretärin Ruth Williams.

Bhutan

Die Besetzung Tibets durch China (1950/51) brachte das Land in den Blickpunkt der Weltöffentlichkeit. Von jeher nämlich hatte China auch auf Bhutan Ansprüche erhoben. Deshalb war es für Bhutan unmöglich, Abstand zu Indien zu halten, das auf Grund des Freundschaftsvertrages von 1949 die Außenpolitik Bhutans wahrnahm. Die Beziehungen zu Indien wurden während des Besuchs, den der indische Ministerpräsident Nehru im September 1958 dem Königreich abstattete, noch intensiviert. Nehru versprach der Regierung Bhutans für den Fall einer chinesischen Aggression militärische Unterstützung. Außerdem wurde die Erweiterung der technischen Hilfe und die Anlage mehrerer Verkehrswege vereinbart.

Auch im Innern schienen die Verhältnisse unter den Einfluß der modernen Zeit zu geraten. 1952 starb König Jigme Wangchuk. Sein Enkel Jigme Dorji Wangchuk wurde sein Nachfolger. Er schaffte 1953 die Sklaverei ab und gründete eine Nationalversammlung.
Den nicht abreißenden Strom von Einwanderern aus Nepal und Sikkim empfand man zunehmend als

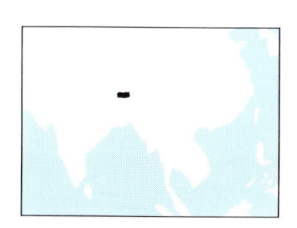

Fläche: 47 000 km²
Hauptstädte: Thimbu und Punakha

Birma

Fläche: 676 552 km²
Hauptstadt: Rangun

Trotz Bürgerkrieg, lebhafter kommunistischer Guerillaaktivitäten und Sezessionsbestrebungen der Schan, Karen und Katschin, die kulturelle Autonomie forderten, konnte sich die Regierung unter Premierminister U Nu behaupten. Beherrschten die Aufständischen 1949 noch 90% des Landes, so stand Birma 1951 wieder größtenteils unter der Kontrolle der Regierungstruppen. 1953 wurde unter Aufsicht der UNO eine Einigung mit Taiwan über die Repatriierung der nach Birma geflohenen Kuomintang-Truppen erzielt. Schließlich verließen aber nur 7000 Chinesen das Land; 6000 blieben zurück und bildeten einen ständigen Unruheherd. Daß die USA diese Kuomintang-Truppen angeblich unterstützten, diente der neutralistischen Regierung Birmas im März 1953 als Vorwand, künftig keine amerikanische Hilfe mehr anzunehmen. Seitdem suchte Birma mehr als zuvor eine Annäherung an China und die UdSSR. Das Chaos der ersten Jahre nach der Unabhängigkeit war überwunden. Im März 1952 ersetzte Premierminister U Nu sein 1948 gebildetes Expertenkabinett durch eine Koalitionsregierung, in der die regierende AFPFL den Ton angab. Mit Hilfe eines Achtjahresplans unter sozialistischen Vorzeichen bemühte sich dieses Kabinett um die Gesundung der Wirtschaft. Diese Politik brachte aber wenig Erfolg. Zwar war Birma 1954 wieder der größte Reisexporteur der Welt, doch durch den Fall des Reispreises auf dem Weltmarkt sank der Lebensstandard unaufhörlich. Bei den Wahlen von 1956 erlitt die AFPFL starke Einbußen. Daraufhin trat Premierminister U Nu zurück. Im Januar 1957 kehrte er jedoch in sein Amt des Premierministers zurück. Das führte innerhalb der AFPFL zu großen Spannungen. Im April 1958 spaltete sich die Partei. U Nus Bemühungen, sich mit kommunistischer Unterstützung gegenüber der zunehmenden Opposition zu behaupten, waren vergeblich. Gerüchte über einen bevorstehenden Militärputsch veranlaßten ihn im Oktober 1958, einer Regierung von Fachleuten unter Oberbefehlshaber General Ne Win die Regierungsgewalt zu übertragen. Dieses Kabinett ergriff Maßnahmen zur Verbesserung der wirtschaftlichen Situation: Die Preise wurden streng kontrolliert, der Export ausgeweitet, und die USA und internationale Organisationen wie der IWF und die Weltbank wurden um Finanzhilfe gebeten. General Ne Win führte Birma bis zu den Wahlen vom 6. 2. 1960, bei denen der ehemalige Premierminister U Nu wieder siegte.

Grunddaten	1950	1953	1956	1959
1. Einwohnerzahl (in Mill.)	18,8	19,7	20,7	21,9
3. Berufstätige (in % der Gesamtbevölkerung)	—	36,5	36,1	—
4. Bruttosozialprodukt (in Mill. Kyats)	3 775	5 291	—	6 323
5. Anteil des Bruttosozialproduktes in verschiedenen Bereichen				
Landwirtschaft	40	34	—	32
Industrie	17	16	—	19
Handel und Dienstleistungen	43	50	—	49
7. Geburtenziffer (in ‰)	—	—	50	—
8. Sterbeziffer (in ‰)	—	—	35	—
9. Lebenserwartung bei Neugeborenen (in Jahren)				
Männer	—	40,8	—	—
Frauen	—	43,8	—	—
10. Jährlicher Energieverbrauch pro Einw. (in kg Ske)	20	30	38	53
11. Einfuhr (in Mill. US-Dollar)	111	178	198	224
12. Ausfuhr (in Mill. US-Dollar)	158	238	250	224
13. Einwohner pro Arzt	—	8 400	7 800	—

Bolivien

Fläche: 1 098 581 km²
Hauptstadt: Sucre
Regierungssitz: La Paz

Die Präsidentschaftswahl vom 6. 5. 1951 bildete den Auftakt zu Veränderungen in der bolivianischen Gesellschaft. Zum Staatspräsidenten wurde der im Exil lebende Führer der in den 30er Jahren gegründeten Partei Movimiento Nacional Revolucionario (MNR), Victor Paz Estenssoro, gewählt, der eine nationalistische Politik befürwortete. Die Armee erklärte jedoch aus Furcht vor sozialistischen Tendenzen die Wahlen für ungültig, setzte den noch amtierenden Präsidenten Mamerto Urriolagoitia ab und ernannte General Hugo Ballivián Rojas zum Präsidenten. Nach heftigen Unruhen im April 1952 kehrte Paz Estenssoro zurück und leistete am 16. 4. den Eid auf die Verfassung. Die Revolution brachte anfangs bedeutende Neuerungen. Am 21. 7. 1952 wurde für alle Einwohner über 21 das allgemeine Wahlrecht ohne Ansehen von Rasse und Geschlecht eingeführt. Am 3. 10 wurden die drei wichtigsten Zinnminen verstaatlicht. Am 2. 8. 1953 trat das Gesetz zur Landenteignung in Kraft; bis auf einen kleinen Teil wurde der Großgrundbesitz unter die Bauern verteilt, die den Boden bestellten. Doch die Ergebnisse der Revolution blieben hinter den zu hoch gespannten Erwartungen erheblich zurück.
Zu wirtschaftlichen Problemen führte vor allem die Weigerung der USA, nach der Verstaatlichung der Zinnminen weiterhin Zinn zu den von Bolivien verlangten überhöhten Preisen abzunehmen. Der bolivianische Zinnexport betrug 90% des Gesamtexports, der zu zwei Dritteln in die USA ging. Schließlich erklärte sich Bolivien bereit, zum Weltmarktpreis zu liefern, und erhielt dafür eine Verdoppelung der von den USA geleisteten tech-

Zehn Jahre im Überblick

6. 5. 1951	Bei den Präsidentschaftswahlen siegt der im Exil lebende Führer des MNR, Victor Paz Estenssoro.
16. 5. 1951	Die Armee erklärt das Wahlergebnis für ungültig, setzt den noch amtierenden Präsidenten Mamerto Urriolagoitia ab und ernennt General Hugo Ballivián Rojas zum Präsidenten.
9. 4. 1952	Das MNR beginnt einen Aufstand gegen die Militärregierung.
11. 4. 1952	Hernán Siles Zuazo bildet eine vorläufige Regierung des MNR.
16. 4. 1952	Victor Paz Estenssoro wird als Präsident vereidigt.
17. 6. 1956	Bei den Präsidentschaftswahlen siegt der MNR-Kandidat Hernán Siles Zuazo.

nischen Hilfe gewährt. Doch der Zinnpreis sank unaufhörlich, so daß die Einfuhr von Lebensmitteln beschränkt werden mußte und Engpässe entstanden. US-amerikanische Lebensmittelhilfe bewahrte das Land vor einer Hungersnot. Doch die Wirtschaft hatte noch weitere Probleme. Die Produktion war seit den Verstaatlichungen beträchtlich zurückgegangen.

Die Zentralbank mußte hohe Mittel bereitstellen, um die Wirtschaft angesichts dieser Schwierigkeiten in Gang zu halten. Das führte zu einer hohen Inflationsrate. Man bekämpfte sie durch Preiskontrollen, die wiederum Schmuggelgeschäfte nach sich zogen. Der Kampf gegen die galoppierende Inflation wurde deshalb bald zum wichtigsten Programmpunkt der Wirtschaftspolitik.
Immer mehr privates Investitionskapital aus dem Ausland, besonders aus den USA, floß in die Erdölförderung, in die landwirtschaftlichen Großbetriebe im Department Santa Cruz und in die nicht verstaatlichten mittelgroßen Bergwerksunternehmen. Das hatte einen wachsenden US-amerikanischen Einfluß auf die wirtschaftliche und politische Entwicklung Boliviens zur Folge.
Die Ölförderung nahm stark zu. Dagegen ging die Ausfuhr von Zinn und Wolfram zwischen 1953 und 1958 um die Hälfte zurück, wobei beide Exportartikel zugleich einen starken Preissturz verzeichneten. Die Währung mußte mehrmals abgewertet werden, und die Lebenshaltungskosten stiegen drastisch.
Die Ursachen der politischen Instabilität lagen vor allem in der ungünstigen Wirtschaftsentwicklung. Daneben spielten ideologische Probleme eine Rolle. Arbeiter, Bauern und Kleinbürger verfolgten zunächst gemeinsam innerhalb des MNR ihre politischen Ziele. Dieses

besaß aber keine deutliche ideologische Ausrichtung und entwickelte sich unter Paz Estenssoro nach einiger Zeit als Interessenvertretung einer neuen Elite. Es kam zu Reibungen mit den von dem Trotzkisten Juan Lechin geführten Gewerkschaften und Kritik an Boliviens »Auslieferung an den amerikanischen Imperialismus«.
Im Laufe der 50er Jahre gab es dann auch insgesamt sechs erfolglose Umsturzversuche. Die meisten wurden von rechtsgerichteten Falangisten unternommen, die erbitterte Gegner der auf Reformen ausgerichteten Politik der Regierung waren.

Brasilien 275

Grunddaten	1950	1953	1956	1959
1. Einwohnerzahl (in Mill.)	3,0	3,2	3,4	3,7
2. Urbanisationsgrad (in %)	33,9	—	—	—
3. Berufstätige (in % der Gesamtbevölkerung)	50,3	—	—	—
4. Bruttosozialprodukt (in Mill. Pesos)	—	—	—	3 361
5. Anteil des Bruttosozialproduktes in verschiedenen Bereichen				
Landwirtschaft	—	—	—	32
Industrie	—	—	—	29
Handel und Dienstleistungen	—	—	—	39
7. Geburtenziffer (in ‰)	41,9	38,5	29,3	19,7
8. Sterbeziffer (in ‰)	15,0	14,4	10,0	5,0
9. Lebenserwartung bei Neugeborenen (in Jahren)	49,7	—	—	—
10. Jährlicher Energieverbrauch pro Einw. (in kg Ske)	90	120	169	145
11. Einfuhr (in Mill. US-Dollar)	64	78	84	65
12. Ausfuhr (in Mill. US-Dollar)	75	84	81	59
13. Einwohner pro Arzt	—	4 000	3 900	—

◁
Staatspräsident Victor Paz Estenssoro (mit erhobenem Arm) und seine Regierung bei der Feier des zweiten Jahrestages seiner Amtsübernahme.

Brasilien

Die Rückkehr eines Diktators

Nach fünf Jahren demokratischer Regierung unter General Enrico Gaspar Dutra wurden die Präsidentschaftswahlen vom 3. 10. 1950 von dem früheren Diktator Getúlio Vargas gewonnen. Dieser verdankte seinen Sieg teilweise seiner Nominierung zum Kandidaten durch die Partido Trabalhista Brasileiro (PTB), die er 1945 selbst gegründet hatte, und die Partido Social Progressista (PSP), zugleich aber auch der Unterstützung der verbotenen KP. Vor allem unterstützten ihn Arbeiter und Mittelschicht. Vargas mußte allerdings einen mächtigen Kongreß berücksichtigen. Die PTB war darin nur die drittstärkste Partei. Außerdem hatte er das Militär gegen sich, das sich als Hüter der Verfassung und Schiedsrichter fühlte. Sehr geschickt stellte Vargas eine heterogene Regierung zusammen. Nur das Arbeitsministerium fiel an die PTB; dahinter stand die Absicht, die Gewerkschaften wieder unter die Kontrolle der Regierung zu be-

kommen. Das Amt des Kriegsministers erhielt der nationalistische General Estillac Leal. Über die Köpfe der Parteien hinweg mobilisierte Vargas in einer Kampagne für wirtschaftlichen Nationalismus die Öffentlichkeit. Hauptziel war, einen Gesetzentwurf, durch den die Ölförderung und -verarbeitung in die Hände des Staates kommen sollten, populär zu machen. Dieser wurde im Oktober 1953 angenommen.
Die hohen Weltmarktpreise für Kaffee, aus dessen Export Brasilien noch zu 40% seine Devisen bezog, luden zu einer Politik ein, die auf die großangelegte Einfuhr von Investitionsgütern gerichtet war. Überdies ermöglichten sie es der brasilianischen Regierung, ausländischen Investoren Steuerfreiheit zu gewähren. Von 1951 an war die Handelsbilanz jedoch negativ. Der wichtigste Abnehmer, die USA, begann, den teuren Kaffee zu boykottieren. Deshalb sollten die Staatsfinanzen durch ein Sparprogramm geordnet werden. Als der neue Arbeitsminister, João Gou-

lart, dennoch eine Erhöhung des Minimallohns um 100% vorschlug, beschuldigte ihn die Opposition der Demagogie und des Peronismus. Nach der Ablösung Goularts am 22. 2. 1954 konzentrierten sich die Angriffe auf Vargas selbst. Als sich herausstellte, daß Vargas in das Attentat auf den oppositionel-

Zehn Jahre im Überblick

3. 10. 1950	Bei den Präsidentschaftswahlen siegt der frühere Diktator Getúlio Vargas.
24. 8. 1954	Präsident Getúlio Vargas verübt Selbstmord; Nachfolger wird Vizepräsident João Café Filho.
3. 10. 1955	Juscelino Kubitschek siegt bei den Präsidentschaftswahlen.
11. 11. 1955	General Enrique Texeira Lott setzt den amtierenden Präsidenten Carlos Coimbra da Luz ab, um einem Putsch, der die Übertragung der Macht an Juscelino Kubitschek verhindern soll, zuvorzukommen.
31. 1. 1956	Juscelino Kubitschek wird als Präsident eingesetzt.

Fläche: 8 511 965 km²
Hauptstadt: Rio de Janeiro

Getúlio Vargas, von 1950 bis zu seinem Selbstmord 1954 zum zweiten Mal Staatspräsident.

▷ *1957 wurde mit dem Prestigeprojekt Brasília, dem Bau einer neuen modernen Hauptstadt im Landesinneren, begonnen. Der Architekt Oscar Niemeyer entwarf sie.*

len Journalisten Carlos Lacerda verwickelt war, der die Korruption des populistischen Regimes kritisiert hatte, forderten die Militärs den Rücktritt des Präsidenten. Dieser weigerte sich und beging am Morgen des 24. 8. 1954 Selbstmord.

Der ›Getulismo‹ nach Vargas

Vargas' Nachfolger wurde Vizepräsident João Café Filho. Obwohl Filho zur PSP gehörte, beteiligte er prominente Anti-Getulisten an seiner neuen Regierung. Ziel seiner Politik war die Stabilisierung der Wirtschaft. Es wurden Einfuhrbeschränkungen erlassen und ausländischen Unternehmen neue Vergünstigungen eingeräumt. 1955 wurden zwei Getulisten, Juscelino Kubitschek und João Goulart, als Kandidaten der konservativen PSD und der PTB zum Staatspräsidenten bzw. Vizepräsidenten gewählt. Trotz erheblicher Opposition wurde beiden auf massiven Druck der Militärs das Amt am 31. 1. 1956 übertragen.
Kubitschek hatte sich als Bürgermeister von Belo Horizonte und Gouverneur von Minas Gerais einen Namen gemacht. Mit seinem Vertrauen in die Zukunft Brasiliens wollte er das industrielle Potential für die Erschließung des an Rohstoffen reichen Binnenlandes einsetzen. Mit Hilfe von nationalem und ausländischem Kapital sollte Brasilien zu einem modernen Industriestaat gemacht werden. Die Krönung dieses Programmes sollte der Bau einer neuen Hauptstadt, Brasília, im Zentrum des Landes sein, wie er bereits in der Verfassung von 1891 vorgesehen war.
Für diese ehrgeizige Entwicklungspolitik benötigte Kubitschek breite Unterstützung. Er fand sie bei einer willigen PSD-PTB-Mehrheit im Kongreß, bei den bürgerlichen Arbeitgeberorganisationen, bei den Gewerkschaften, bei weiten Kreisen der Bevölkerung, aber auch in der Armee. Überdies nahm er eine antikommunistische Haltung ein, so daß auch die USA Finanzhilfe leisteten. Während man dort die Entwicklungen auf Kuba mit Sorge zu beobachten begann, schlug Kubitschek US-Präsident Eisenhower eine »Operação Panamericana« vor, die durch rasche wirtschaftliche Entwicklung den gesamten Kontinent vor kommunistischem Einfluß bewahren sollte.

Der wirtschaftliche Erfolg und seine Kehrseite

Die politische Ruhe ermöglichte ein industrielles Wachstum von 80% innerhalb von fünf Jahren. Das Realeinkommen pro Kopf der Bevölkerung stieg trotz eines explosiven Bevölkerungswachstums und der völligen Stagnation der Wirtschaft im Nordosten erheblich an. Der Bau von Brasília nach dem kühnen Entwurf von Lúcio Costa und Oscar Niemeyer machte rasche Fortschritte. Bezeichnend für das neue Selbstvertrauen war der bis in die USA und Europa erfolgende Durchbruch des Bossa Nova, einer modernen Version des traditionellen Samba.
Kubitscheks Entwicklungsmodell des »desenvolvimentismo« hatte freilich auch seine Schattenseiten: Auslandsverschuldung, eine negative Zahlungsbilanz (besonders 1957 und 1958) und zunehmende Inflation. Um hier Abhilfe zu schaffen, wurde ein Stabilisierungsplan ausgearbeitet. Doch die abwartende Haltung des IWF und der Druck zu Lohnerhöhungen im Land selbst verhinderten seine Ausführung. Kubitschek brach daraufhin mit dem IWF. Er hinterließ damit seinem Nachfolger eine schwere Hypothek. Am schlechtesten erging es der Landbevölkerung mit ihrem sehr niedrigen Lebensstandard. In großer Zahl zog sie in die Städte, wo sie, besitzlos und entwurzelt, nur unzureichend Aufnahme und Arbeit fand.

Grunddaten	1950	1953	1956	1959
1. Einwohnerzahl (in Mill.)	51,9	57,2	62,5	68,2
2. Urbanisationsgrad (in %)	36,2	—	—	—
3. Berufstätige (in %)	33,0	—	—	—
4. Volkseinkommen (in Mrd. Cruzeiros)	214,7	361,8	—	1062,1
5. Anteil des Volkseinkommens in				
Landwirtschaft	29	29	—	26
Industrie	24	24	—	25
Handel und Dienstleistungen	48	47	—	50
7. Geburtenziffer (in ‰)	43	29,9	30,1	—
8. Sterbeziffer (in ‰)	20,6	11,4	11,9	—
9. Lebenserwartung bei Neugeborenen (in Jahren)				
Männer	39,3	—	—	—
Frauen	45,5	—	—	—
10. Jährl. Energieverbrauch pro Einw. (in kg Ske)	220	310	311	314
11. Einfuhr (in Mill. US-Dollar)	1 098	1 319	1 234	1 375
12. Ausfuhr (in Mill. US-Dollar)	1 347	1 539	1 482	1 282
13. Einwohner pro Arzt	3 000	2 500	—	—

Britisch-Guyana

Fläche: 214 969 km²
Hauptstadt: Georgetown

Die 50er Jahre waren für Britisch-Guyana in politischer Hinsicht ein bedeutender Wendepunkt. 1950 wurde das allgemeine Wahlrecht eingeführt, worauf am 30 4. 1953 die ersten Wahlen stattfanden. In den politischen Diskussionen kam es nicht nur mit der Kolonialmacht Großbritannien zu Konfrontationen, sondern auch intern zwischen Kreolen, hauptsächlich Stadtbewohnern, und Indern, die größtenteils auf dem Lande lebten.
Bei den Wahlen siegte die 1950 gegründete und extrem linksnationalistisch ausgerichtete People's Progressive Party (PPP) unter dem Hindu Cheddi Jagan und dem Kreolen Lindon Forbes Burnham. Die Wirtschaft wurde von einigen britischen Großkonzernen kontrolliert.
Auf den Sieg der PPP reagierten Großbritannien und die USA mißtrauisch. Sie sahen in Jagan einen Kommunisten. Die Regierung Jagan nährte durch radikale und unrealistische, aber populäre Forderungen die Unruhe in der Bevölkerung. Angesichts dieser Entwicklungen begann die britische Regierung eine einseitige Unabhängigkeitserklärung zu befürchten.

Britisch-Somaliland 277

Sechs Monate nach dem Amtsantritt des Kabinetts Jagan setzte der britische Gouverneur die Verfassung außer Kraft. Britische Truppen landeten, um einem Aufstand, der zu drohen schien, vorzubeugen. Die PPP gab dem Druck nach: 1955 spaltete sich der realistischere Burnham mit seinen Anhängern ab und gründete den People's National Congress. Am schlimmsten war, daß durch die Entwicklung die Rassengegensätze in der Parteipolitik verschärft wurden: Die Inder standen hinter Jagan, die Kreolen hinter Burnham.
Großbritannien hielt nun die größte Gefahr für überwunden und erlaubte für den 12. 8. 1957 wieder Wahlen. Diese standen im Zeichen des Kampfes um volle Unabhängigkeit. Aufgrund des Distriktwahlsystems erlangte Jagan 9 der 14 Sitze und Burnham 3. Die Selbstverwaltung wurde teilweise wiederhergestellt. Der Gouverneur ernannte fünf PPP-Minister; PPP-Führer Jagan wurde Ministerpräsident und wurde in seinen politischen Forderungen maßvoller. Die britische Verwaltung änderte unterdessen das Wahlgesetz und ersetzte das Distriktwahlsystem durch das Verhältniswahlsystem, das für die Zukunft dem kleineren kreolischen Bevölkerungsteil gerechte Wahlchancen bot.

Das Kabinett Jagan 1953. Fünfter von links der britische Gouverneur Sir Alfred Savage. Dritter von links Cheddi Jagan, der nicht unumstrittene hindustanische Regierungschef.

Britisch-Kamerun

In den 50er Jahren stand die Auflösung des 1919 gebildeten Mandats- und späteren UN-Treuhandgebietes an. Zunächst schien die Bevölkerung es vorzuziehen, Britisch-Kamerun als autonome Region an Nigeria anzugliedern. Sprachrohr dieser Bestrebungen war die KNC von Emmanuel Endeley. 1955 wurde Endeley Regierungschef. Gegenkräfte innerhalb der KNC trennten sich im selben Jahr von der Partei und gründeten die KNDP. Die KNDP unter John Ngu Foncha, die eine Föderation mit Französisch-Kamerun befürwortete, unterlag bei den Wahlen von 1957 nur knapp, siegte aber bei den zwei Jahre später abgehaltenen Neuwahlen.
Die Auseinandersetzung über die Angliederung an Nigeria oder die Bildung einer Föderation mit Französisch-Kamerun wurde schließlich durch eine Volksabstimmung unter Aufsicht der UNO friedlich beigelegt.
Der Süden des Landes schloß sich 1961 der föderativen Republik Kamerun an, deren Vizepräsident Foncha wurde. Nord-Kamerun wurde zur nordnigerianischen Provinz Sardauna.

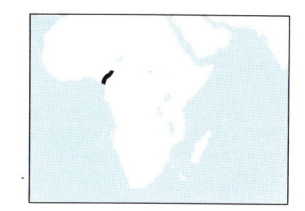

Fläche: 87 247 km²
Hauptstadt: Douala

Britisch-Nordborneo

In den 50er Jahren widmeten sich die Kolonialbehörden von Britisch-Nordborneo hauptsächlich der sozialen und wirtschaftlichen Entwicklung der Kronkolonie. Das Straßennetz wurde ausgebaut; außerdem wurden die im 2. Weltkrieg stark in Mitleidenschaft gezogenen Häfen wieder aufgebaut und erweitert. Die neuen Transportmöglichkeiten erhöhten die landwirtschaftliche Produktion. Besonders der Export von Holz erlebte einen kräftigen Zuwachs. Wichtigster Abnehmer der Ausfuhrgüter (neben Holz auch Kautschuk und Kopra) wurde Japan. Der zunehmende Wohlstand und die Verbesserung der medizinischen Versorgung führten zu einem raschen Bevölkerungswachstum.
Die wichtigste politische Diskussion entspann sich um die angestrebte Zusammenarbeit zwischen Nordborneo und den beiden anderen britischen Gebieten auf der Insel, dem Protektorat Brunei und der Kronkolonie Sarawak. Diese von den Briten unterstützten Bemühungen sollten die Voraussetzungen für einen lebensfähigen selbständigen Staat schaffen, scheiterten jedoch 1958 an der Weigerung Bruneis, des wirtschaftlich stärksten Partners, seine reichen Ölvorkommen mit Nordborneo und Sarawak zu teilen. Deshalb wurde Nordborneo mit Sarawak in den 60er Jahren ein Teil Malaysias.

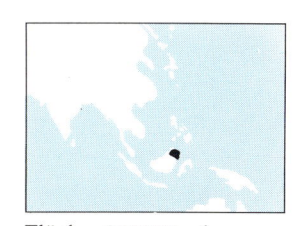

Fläche: 75 230 km²
Hauptstadt: Jesselton

Britisch-Somaliland

Das Jahrzehnt wurde von der Entwicklung zur Unabhängigkeit geprägt. Großbritannien hatte an dem sehr armen Land wenig Interesse. Außerdem wollte die Bevölkerung ernsthaft einen Zusammenschluß mit dem angrenzenden Italienisch-Somaliland; dieser Gedanke war auch dort sehr populär. Dadurch vollzogen sich die Ereignisse schneller, als die Briten vorausgesehen hatten. Nach dem Beschluß der UNO, das Treuhandgebiet Italienisch-Somaliland ein halbes Jahr eher als geplant unabhängig werden zu lassen, forderten die wichtigsten politischen Parteien im Protektorat, die Somali National League und die United Somali Party, die Beschleunigung des Unabhängigkeitsverfahrens. Verhandlungen mit den Politikern des Nachbarlandes über die Gründung einer Union verliefen erfolgreich. Großbritannien entsprach den Wünschen, und man einigte sich auf den 25. 6. 1960 als Datum der Unabhängigkeit. Am 1. 7. folgte dann der Zusammenschluß zur Republik Somalia.

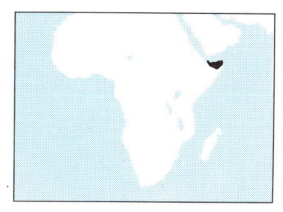

Fläche: 174 000 km²
Hauptstadt: Hargeisa

Bulgarien

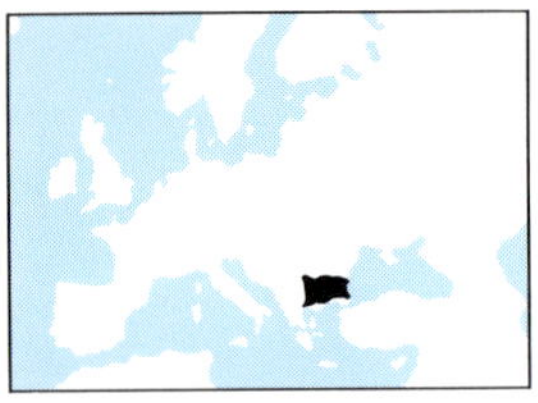

Fläche: 110912 km²
Hauptstadt: Sofia

Titelblatt einer bulgarischen Zeitschrift aus dem Jahre 1950 mit dem 1949 gestorbenen Ministerpräsidenten Dimitrow.

In den 50er Jahren festigte sich in Bulgarien das System kommunistischer staatlicher Planwirtschaft. Entsprechend den Schwankungen der sowjetischen Innenpolitik gab es auch in Bulgarien einige Veränderungen der innerparteilichen Machtverhältnisse und der Auffassungen der Partei. Bis 1953 ging man scharf gegen die angeblichen Anhänger des Titoismus vor. Nach dem Tod des Ministerpräsidenten und Parteivorsitzenden Dimitrow im Jahre 1949 wurde der stellvertretende Ministerpräsident Traitscho Kostow aus diesem Grund verurteilt und hingerichtet. Die Offensive gegen die als Titoisten verunglimpfte innerparteiliche Opposition wurde im Rahmen der letzten großen Schauprozeßwelle im Ostblock nach dem Tod von Ministerpräsident Vasil Kolarow (1950) von dessen Nachfolger Wylko Tscherwenkow weitergeführt. Nach dem Tod Stalins (1953) und dem XX. Parteitag der KPdSU (1956) begann eine zurückhaltende Entstalinisierung (auch → S. 367). Ministerpräsident Tscherwenkow wurde 1954 als Erster Sekretär der Kommunistischen Partei Bulgariens von Todor Schiwkow gestürzt. Die stille Entstalinisierung erreichte Ende 1956 ihren Höhepunkt, als Kostow rehabilitiert wurde und Tscherwenkow auch das Amt des Ministerpräsidenten verlor, nachdem die Partei seine schädliche Einmann-Regierung »scharf« kritisiert hatte. Er blieb aber stellvertretender Ministerpräsident und gewann auch in der Partei wieder an Einfluß, bevor er 1961 endgültig entmachtet wurde.
Die politischen und personellen Veränderungen hatten keinen Einfluß auf die rigorose Durchsetzung der Fünfjahrespläne. Die Industrialisierung verlief planmäßig. Die Kollektivierung der Landwirtschaft war 1957 praktisch abgeschlossen. Die Ausweitung der Nutzfläche verlief nicht zuletzt deshalb so planmäßig, weil auch Schüler, Studenten und Beamte jährlich für eine gewisse Zeit auf dem Land arbeiten mußten. Die Erträge blieben jedoch stets hinter den Planzielen zurück, weil die materiellen Anreize für eine Leistungssteigerung der Bauern zu gering waren. Auch die seit 1953 flexiblere Staatsführung, die Lohnerhöhungen und die Abschaffung von Pflichtablieferungen brachten nicht das von der Regierung erhoffte Ergebnis. Ein zwischen Starrheit und Flexibilität wechselnder Kurs mündete 1959 mit der Gründung von dreißig Wirtschaftsdistrikten in eine weitreichende Dezentralisierung der Agrarpolitik.
Die stark belasteten Beziehungen zu Griechenland, der Türkei und Jugoslawien entspannten sich im Laufe der 50er Jahre. 1952 einigten sich Ankara und Sofia über die Auswanderung der türkischen Minderheit (250 000 Menschen), eine Lösung, für die sich Bulgarien bereits früher stark gemacht hatte, weil dadurch eine dem Kommunismus wenig aufgeschlossene Volksgruppe verschwand. Der Konflikt mit Griechenland über die Inseln im Grenzfluß Maritza wurde Ende 1953 beigelegt.
Im übrigen war Bulgarien für die Sowjetunion ein zuverlässiges Mitglied des 1955 gegründeten Warschauer Paktes.

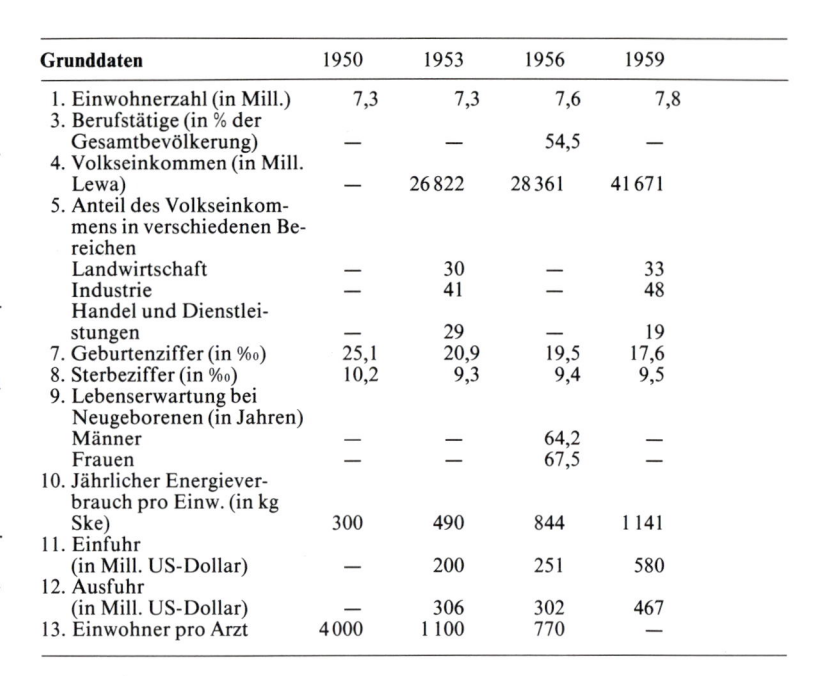

Grunddaten	1950	1953	1956	1959
1. Einwohnerzahl (in Mill.)	7,3	7,3	7,6	7,8
3. Berufstätige (in % der Gesamtbevölkerung)	—	—	54,5	—
4. Volkseinkommen (in Mill. Lewa)	—	26 822	28 361	41 671
5. Anteil des Volkseinkommens in verschiedenen Bereichen				
Landwirtschaft	—	30	—	33
Industrie	—	41	—	48
Handel und Dienstleistungen	—	29	—	19
7. Geburtenziffer (in ‰)	25,1	20,9	19,5	17,6
8. Sterbeziffer (in ‰)	10,2	9,3	9,4	9,5
9. Lebenserwartung bei Neugeborenen (in Jahren)				
Männer	—	—	64,2	—
Frauen	—	—	67,5	—
10. Jährlicher Energieverbrauch pro Einw. (in kg Ske)	300	490	844	1 141
11. Einfuhr (in Mill. US-Dollar)	—	200	251	580
12. Ausfuhr (in Mill. US-Dollar)	—	306	302	467
13. Einwohner pro Arzt	4 000	1 100	770	—

Ceylon

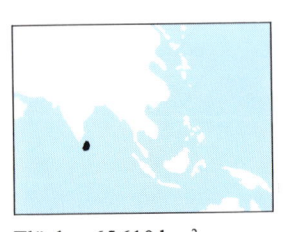

Fläche: 65 610 km²
Hauptstadt: Colombo

In den ersten Jahren nach der Unabhängigkeit schien Ceylon politisch sehr stabil zu sein. Unter der Regierung von Stephen Senanayakes United National Party (UNP) richtete sich die Politik auf die Versöhnung der ethnischen und religiösen Gegensätze und den Aufbau einer pluralistischen ceylonesischen Nation. Der Erfolg dieser Politik schien sich zu bestätigen, als zwei Monate nach Senanayakes Tod im März 1952 sein Sohn und Nachfolger Dudley Senanayake bei den Wahlen für das Repräsentantenhaus mit großem Vorsprung siegte.
Doch die Stabilität war größtenteils nur Schein. Grund dafür waren die großen sozialen Gegensätze. Als der Preis eines so wichtigen Importprodukts wie Reis stieg und gleichzeitig die Preise der beiden wichtigsten Ausfuhrgüter Tee und Kautschuk sanken, waren Versorgungsengpässe die Folge. Die steigende Arbeitslosigkeit verschlimmerte die Situation noch. In dieser Lage war die große Mehrheit der singhalesischen Bevölkerung für einen wiederauflebenden, auch religiös begründeten Nationalismus anfällig.
Sprachrohr dieses traditionellen singhalesischen Nationalismus wurde die 1951 gegründete Sri

Lanka Freedom Party (SLFP) von Solomon Bandaranaike. Bandaranaikes als sozialistisch bezeichnetes Programm versprach Verstaatlichungen und soziale Reformen sowie Maßnahmen zur Stärkung der Position der singhalesischen Mehrheit. Damit erlangte er bei den Wahlen von 1956 einen überwältigenden Sieg.
Eine der ersten Handlungen der neuen Regierung war die Verabschiedung eines Gesetzes, das Singhalesisch zur einzigen offiziellen Sprache Ceylons erklärte. Damit begann eine Zeit heftiger und blutiger Zusammenstöße zwischen buddhistischen Singhalesen und hinduistischen Tamilen. Auch die kleine, aber einflußreiche christliche Gemeinschaft auf Ceylon widersetzte sich immer schärfer Bandaranaikes Bildungspolitik. In der SLFP selbst gab es Auseinandersetzungen zwischen Reformern und buddhistischen Traditionalisten. Am 25. 9. 1959 wurde Bandaranaike im Auftrag des politischen Führers der starken Front buddhistischer Mönche ermordet. Nach seinem Tod wütete in der SLFP ein heftiger Kampf um die Nachfolge, aus dem seine Witwe, Sirimavo Bandaranaike, als Siegerin hervorging. Es gelang ihr, die Einheit innerhalb der SLFP äußerlich wiederherzustellen und die Wahlen 1960 zu gewinnen.

◁

Solomon Bandaranaike, Führer der Sri Lanka Freedom Party; hier versucht er sich als Friseur.

Grunddaten	1950	1953	1956	1959
1. Einwohnerzahl (in Mill.)	7,7	8,3	8,9	9,6
2. Urbanisationsgrad (in %)	—	15,3	17,6	—
3. Berufstätige (in % der Gesamtbevölkerung)	—	36,8	—	—
4. Bruttosozialprodukt (in Mill. Ceylon-Rupien)	3 848,6	4 484,9	—	5 606,5
5. Anteil des Bruttosozialproduktes in verschiedenen Bereichen				
Landwirtschaft	58	54	—	47
Industrie	12	13	—	14
Handel und Dienstleistungen	31	32	—	40
7. Geburtenziffer (in ‰)	39,7	38,7	36,4	36,9
8. Sterbeziffer (in ‰)	12,4	10,7	9,8	9,1
9. Lebenserwartung bei Neugeborenen (in Jahren)				
Männer	56,4	58,8	—	—
Frauen	54,8	57,5	—	—
10. Jährlicher Energieverbrauch pro Einw. (in kg Ske)	80	120	78	101
11. Einfuhr (in Mill. US-Dollar)	245	338	342	421
12. Ausfuhr (in Mill. US-Dollar)	328	329	364	368
13. Einwohner pro Arzt	—	5 300	5 100	4 700

Chile

In Chile, das seit 1931 von Staatsstreichen verschont war, wurde bei den Wahlen von 1952 der letzte vertriebene Diktator zum Präsidenten gewählt. Es war der nationalistische, 75jährige Carlos Ibáñez del Campo.
Während der Präsidentschaft von Ibáñez erlebte Chile eine tiefgreifende wirtschaftliche Entwicklung. Zu Beginn der 50er Jahre wurde der traditionelle Salpeterabbau, bis dahin der wichtigste Wirtschaftszweig, von der Kupfergewinnung verdrängt. Diese lieferte 60% des Gesamtexports (hauptsächlich in die USA). Die sinkenden Weltmarktpreise ließen jedoch die wirtschaftliche und soziale Situation immer schwieriger werden. Auf sozialem Gebiet gab es unter Ibáñez, der sich auf die traditionelle Rechte stützte, kaum Veränderungen. Die Gegensätze zwischen arm und reich blieben unvermindert groß. Durch die Industrialisierung und die Investitionen aus dem Ausland wuchs die Staatsschuld. Dadurch stiegen die Zinsen, und es kam zu einer galoppierenden Inflation. Große soziale Unruhe war die Folge. Die zunehmende Arbeitslosigkeit auf dem Land führte zu Massenabwanderungen in die Städte. Das warf enorme Probleme hinsichtlich des Wohnungsbaus, des Arbeitsmarktes und der Nahrungsmittelversorgung auf. Die beunruhigende Preissteigerung zwang die Gewerkschaften ständig zu neuen Lohnforderungen, die teilweise auch erfüllt wurden. 1954 wurde aus Anlaß von Massenstreiks der Belagerungszustand verhängt. Demonstrationen und Aufstände blieben aber an der Tagesordnung. Die Parlamentswahlen von 1957 machten deutlich, wie sehr Ibáñez an Popularität eingebüßt hatte.
Die Präsidentschaftswahlen 1958 wurden von dem konservativ-liberalen Senator Jorge Alessandri Rodríguez gewonnen. Dabei hatte es ein Kopf-an-Kopf-Rennen mit dem sozialistischen Präsidentschaftskandidaten Salvador Allende gegeben, der nur 35 000 Stimmen weniger erhielt. Auch die Regierung von Alessandri (bis 1964) war den großen Problemen nicht gewachsen.
Zur Bekämpfung der Arbeitslosigkeit ließ er ein umfangreiches Programm von staatlich finanzierten Bauprojekten durchführen, wodurch die Staatsausgaben freilich verzehnfacht wurden. Auch er kämpfte gegen die Inflation; es gelang ihm zwar, sie von 70% auf 30% zu senken, aber sie lag dennoch ständig um einiges höher als der Anstieg der Löhne und Gehälter.
Die Anhängerschaft der Sozialistischen Partei und der Kommunistischen Partei (1948 verboten; 1958 wieder zugelassen; die einzige einflußreiche kommunistische Partei Lateinamerikas) wuchs deshalb sehr rasch.

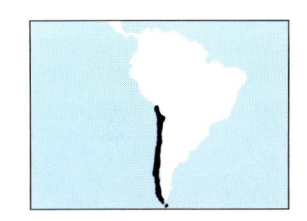

Fläche: 756 945 km²
Hauptstadt: Santiago

Grunddaten	1950	1953	1956	1959
1. Einwohnerzahl (in Mill.)	6,1	6,5	6,9	7,4
2. Urbanisationsgrad (in %)	—	60,2	—	—
3. Berufstätige (in % der Gesamtbevölkerung)	—	36,9	—	—
4. Volkseinkommen (in Mrd. Pesos)	138	307	2 508	—
5. Anteil des Volkseinkommens in				
Landwirtschaft	14	14	13	—
Industrie	26	26	28	—
Handel und Dienstleistungen	60	60	60	—
7. Geburtenziffer (in ‰)	34,0	34,6	34,2	35,4
8. Sterbeziffer (in ‰)	15,0	12,4	12,1	12,5
9. Lebenserwartung bei Neugeborenen (in Jahren)				
Männer	—	49,8	—	—
Frauen	—	53,9	—	—
10. Jährlicher Energieverbrauch pro Einw. (in kg Ske)	760	880	849	808
11. Einfuhr (in Mill. US-Dollar)	247	335	353	413
12. Ausfuhr (in Mill. US-Dollar)	283	410	544	497
13. Einwohner pro Arzt	1 800	1 900	—	—

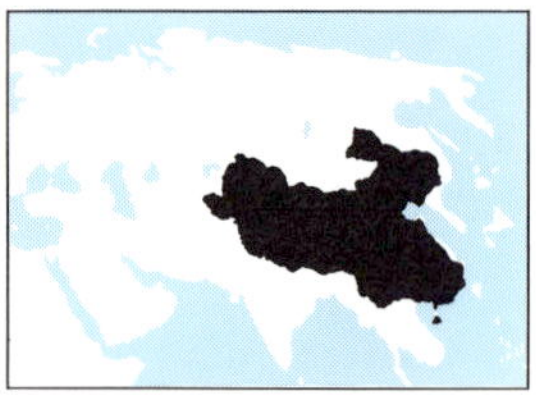

China

Fläche: 9 561 000 km²
Hauptstadt: Peking

Die Phase des Wiederaufbaus

Nach der Proklamierung der Volksrepublik China durch Mao Zedong am 1. 10. 1949 sah sich die neue Regierung erheblichen Problemen gegenüber, dem Erbe eines halben Jahrhunderts Krieg und politischer Uneinigkeit: eine fast völlig zerstörte Industrie, ein kaum funktionierender Handel und eine hohe Inflation. Zusätzliche Schwierigkeiten entstanden dadurch, daß die Macht faktisch in Händen der Chinesischen Kommunistischen Partei und der unter ihrem Kommando stehenden Volksbefreiungsarmee lag. Es gab zwar eine provisorische Regierung, aber von einem Verwaltungsapparat konnte kaum die Rede sein. Er wurde von der KP jedoch in relativ kurzer Zeit errichtet.

Die Grundlage des sehr engen Verhältnisses zur Sowjetunion, das die 50er Jahre bestimmte, war der chinesisch-sowjetische »Vertrag über Freundschaft und gegenseitigen Beistand«, der im Februar 1950 in Moskau geschlossen wurde. Einer der wichtigsten Vertragspunkte war, daß die Sowjetunion China militärische Unterstützung zusagte für den Fall, daß es von Japan »oder von irgendeiner mit Japan verbündeten Macht« – womit natürlich die USA gemeint waren – angegriffen werden sollte. Außerdem wurde ein Handelsabkommen geschlossen.

Die wichtigste wirtschaftliche Maßnahme in dieser Phase des Wiederaufbaus war eine Bodenreform. Sie wurde im Juni 1950 eingeleitet. Während dieses Ende 1952 abgeschlossenen Feldzugs wurde der Grundbesitz von »Gutsherren«, »reichen Bauern« und Klöstern konfisziert und unter Landarbeiter und Kleinbauern verteilt. Auf die landwirtschaftliche Produktion wirkte sich diese Kampagne jedoch negativ aus, zum einen, weil der Boden dadurch stark zersplittert wurde, zum anderen, weil es den meisten neuen Grundbesitzern an Investitionsmitteln für landwirtschaftliche Geräte, Saatgut und dergleichen mangelte. Gleichzeitig begann man mit der Verstaatlichung der Privatunternehmen in Handel und Industrie. Die Eisenbahn und die Stahlproduktion wurden schon bald in Staatseigentum überführt, während die mittelgroßen und kleineren Privatunternehmen zu »gemischten staatlich-privaten Betrieben« umgebildet wurden. Dieser Prozeß war Ende 1956 abgeschlossen. Die wichtigste gesellschaftspolitische Maßnahme war die Einführung des neuen Ehegesetzes im April 1950. Es bereitete der völlig untergeordneten Stellung der Frau im traditionellen chinesischen Familiensystem ein Ende. Erzwungene Eheschließungen und Kinderehen wurden verboten; die Frau hatte künftig das Recht auf freie Partnerwahl, auf Einkommen aus eigener Arbeit, auf Annahme eines Erbes und auf Unterhaltszahlungen nach der Ehescheidung.

Der Koreakrieg

Im Oktober 1950 wurde der chinesisch-sowjetische Vertrag wirksam, als China sich in den Koreakrieg verwickeln ließ. Die Volksrepublik kam ihren Verpflichtungen gegenüber der Sowjetunion nach, indem sie große Einheiten nach Korea schickte. Dadurch konnte sich die Sowjetunion offiziell aus dem Konflikt heraushalten, so daß ihre diplomatischen Beziehungen zu den USA nicht gefährdet wurden. Als Gegenleistung versorgte die UdSSR ihren Bündnispartner in großem Umfang mit Militärgütern und Ausrüstungsgegenständen, die es der Volksrepublik nicht nur ermöglichten, relativ erfolgreich am Krieg teilzunehmen, sondern die auch in hohem Maße zum Aufbau und zur Modernisierung ihrer Land- und Luftstreitkräfte beitrugen.

Außenpolitisch hatte die Teilnahme Chinas am Koreakrieg schwerwiegende Konsequenzen.

Zehn Jahre im Überblick

14. 2. 1950	Chinesisch-sowjetischer Vertrag über Freundschaft und gegenseitigen Beistand.
30. 6. 1950	Das Gesetz über die Agrarreform tritt in Kraft.
10. 10. 1950	Chinesische Truppen beginnen mit der Besetzung Tibets.
25. 10. 1950	Chinesische »Freiwillige« greifen in den Koreakrieg ein.
1. 1. 1953	Beginn des ersten Fünfjahrplanes.
20. 9. 1954	Der Nationale Volkskongreß nimmt die neue Verfassung an.
Mai 1956	Beginn der »Hundert Blumen«-Kampagne, die eine Liberalisierung des politischen und kulturellen Lebens einleiten soll.
18. 6. 1957	Ende der »Hundert Blumen«-Kampagne. Beginn eines Feldzugs »gegen rechte Elemente«.
1. 1. 1958	Beginn des zweiten Fünfjahrplans.
Mai 1958	Beginn des »Großen Sprungs nach vorn«.
27. 4. 1959	Mao Zedong tritt als Staatsoberhaupt zurück; sein Nachfolger wird Liu Shaoqi.

Grunddaten	1950	1953	1956	1959
1. Einwohnerzahl (in Mill.)	566,6	—	627,4	688,0
2. Urbanisationsgrad (in %)	11,2	13,2	14,2	—
4. Bruttosozialprodukt (in Mrd. Yuan)	—	61,1	88,8	—
5. Anteil des Bruttosozialproduktes in verschiedenen Bereichen				
Landwirtschaft	—	59	48	—
Industrie	—	21	32	—
Handel und Dienstleistungen	—	20	20	—
7. Geburtenziffer (in ‰)	—	37	32	—
8. Sterbeziffer (in ‰)	—	17	11,4	—
10. Jährlicher Energieverbrauch pro Einw. (in kg Ske)	—	120	160	—

Die chinesische Führungstroika in den 50er Jahren: Mao Zedong (mit Strohhut), Parteivorsitzender und Staatschef; Zhou Enlai, Ministerpräsident und Außenminister (oben); Liu Shaoqi (rechts), Nachfolger Maos als Staatschef.

Die USA stationierten ihre Siebte Flotte in der Straße von Taiwan und verstärkten ihre Unterstützung der nationalchinesischen Regierung von Tschiang Kaischek. Außerdem verhängten sie eine Wirtschaftsblockade. Schwerwiegender und langfristig wirksam war die Nichtzulassung der Volksrepublik zur UNO, die ihre ohnehin große internationale Isolation verstärkte und sie in noch größere Abhängigkeit von der Sowjetunion trieb. Trotz all dieser Widrigkeiten gelang es in dieser Zeit, die Grundlage für eine gewisse wirtschaftliche und politische Stabilität zu schaffen. Im Januar 1953 konnte der erste Fünfjahrplan bekanntgegeben werden.

Der erste Fünfjahrplan (1953–1957)

Nach dem Vorbild der Sowjetunion lag in dieser Phase der Nachdruck auf dem Aufbau der Schwerindustrie, die die Grundlage einer allgemeinen wirtschaftlichen Entwicklung bilden sollte. Die finanziellen Mittel dafür mußten zum größten Teil von der Landbevölkerung aufgebracht werden; lediglich 3% der gesamten Investitionen wurden in dieser Zeit durch Kredite der UdSSR gedeckt. Die übrige sowjetische Hilfe war jedoch für die Erfüllung des Fünfjahrplanes ausschlaggebend. Die UdSSR lieferte nicht nur vollständig ausgerüstete Fabriken, sondern sandte auch rd. 10 000 Experten, die den Chinesen die nötigen Fachkenntnisse vermittelten, damit sie diese Fabriken errichten und betriebsfertig machen konnten.
1953 begann die schrittweise Kollektivierung der Landwirtschaft. In der Regel wurde ein Dorf in eine Genossenschaft nach sowjetischem Vorbild umgewandelt. Land, Vieh und Geräte wurden Gemeinschaftsbesitz der Bauern, die einen kleinen Teil des Bodens (3 bis 5%) selbständig bewirtschaften durften. Wichtigstes Ziel war es, durch eine rationellere Nutzung des verfügbaren Ackerbodens die Agrarproduktion zu erhöhen, um mit den Überschüssen die Industrialisierung zu finanzieren.
Im September 1954 tagte der erste Nationale Volkskongreß, auf dessen erster Sitzung die provisorische Regierung (seit 1949 im Amt) bestätigt und eine Verfassung verabschiedet wurde.
Außenpolitisch überwand die Volksrepublik allmählich ihre diplomatische Isolation. So nahm 1954 eine chinesische Delegation unter Ministerpräsident Zhou Enlai an der Indochina-Konferenz in Genf teil; auch auf der afro-asiatischen Konferenz in Bandung (auch →S. 184) im April 1955 vertrat Zhou Enlai China. Seit 1955 unterhielt die Volksrepublik, die sich zunehmend auf die »Dritte Welt« orientierte, gute Beziehungen zu Indien. Ab 1957 gab es jedoch Anzeichen, daß China auf einen radikaleren Kurs einzuschwenken und sich der sowjetischen Politik der »friedlichen Koexistenz« allmählich zu entziehen begann.

China auf eigenem Wege zum Sozialismus

In Übereinstimmung mit der relativ gemäßigten Politik, die die Sowjetunion im Zeichen der Entstalinisierung verfolgte, hatte die chinesische Regierung unter dem Motto »Laßt hundert Blumen blühen, laßt hundert Schulen miteinander wetteifern« im Mai 1956 die Intellektuellen aufgefordert, Staats- und Parteiführer zu kritisieren. Die allmählich zunehmende Welle der negativen Kritik bildete den direkten Anlaß für die berühmte Rede Maos im Februar 1957 »Über die richtige Behandlung der Widersprüche im Volk«. In dieser Rede bezeichnete er die Intellektuellen, die sich negativ geäußert hatten, als »Reaktionäre« und »Volksfeinde«. Mao betonte die Wichtigkeit des Klassenkampfes und griff damit indirekt die ideologische Position der Sowjetunion an, wo man den Klassenkampf mittlerweile als beendet ansah.
Nachdem die Kritik im Frühjahr 1957 einen Höhepunkt erreicht hatte, reagierte die Führung im Juni desselben Jahres mit einem Feldzug »gegen rechte Elemente«, der den Auftakt der ideologischen Entfremdung zwischen China und der Sowjetunion bilden sollte. Zudem versuchte man die Wirtschaft in Ansätzen zu dezentralisieren. Diese Abweichung von dem bis dahin befolgten sowjetischen Vorbild des extremen Zentralismus leitete einen eigenständigen wirtschaftlichen Kurs ein, der von 1958 an bestimmend war.

Das Experiment des »Großen Sprungs nach vorn«

Der neue Kurs der Volksrepublik erreichte in der im Frühjahr 1958 begonnenen Kampagne des »Großen Sprungs nach vorn« seinen Höhepunkt. Treibende Kraft war der Parteivorsitzende Mao Zedong. Sein Ausgangspunkt war, daß die Mobilisierung der gesamten Bevölkerung mit Hilfe von politisch-ideologischen Anreizen das wichtigste Instrument bildete, um die wirtschaftliche Produktion in Rekordzeit zu steigern. Um die Produktivität in der Landwirtschaft zu

Charakteristisches Bild aus der Zeit des »Großen Sprunges nach vorn«: Miniaturhochöfen auf dem Lande. Der von ihnen produzierte Stahl war von minderwertiger Qualität.

Neben finanzieller Unterstützung durch die UdSSR war menschliche Arbeitskraft das wichtigste Kapital beim Aufbau der Schwerindustrie. Bei Großprojekten, wie z. B. der Anlage eines Staudamms, wurden 50 000 Arbeiter eingesetzt.

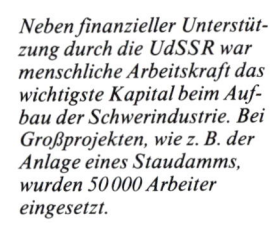

erhöhen, wurden im Frühjahr und Sommer 1958 die Genossenschaften zu Volkskommunen zusammengelegt, die durchschnittlich aus 25 000 Menschen bestanden. Sie ersetzten die traditionellen Landgemeinden als verwaltungsmäßige, wirtschaftliche und politische Einheit. Die anfangs extreme Kollektivierung des Lebens in den Volkskommunen wurde jedoch verhältnismäßig rasch wieder abgemildert.

Zugleich nahm man in fieberhafter Eile verschiedene Projekte in Angriff. Die zahllosen, im ganzen Land errichteten primitiven Eisenschmelzöfen sind das bekannteste Beispiel. Weil sich der in diesen Mini-Hochöfen produzierte Stahl als völlig unbrauchbar erwies, endete das Projekt in einem Fiasko, das für die gesamte Kampagne bezeichnend war. Das ehrgeizige und unrealistische Programm des »Großen Sprungs nach vorn« brachte in Wirklichkeit einen großen Rückschritt und führte das Land fast in den Ruin.

Der chinesisch-sowjetische Konflikt

Die innere Krise, in der sich das Land befand, wurde durch die Verschärfung des seit 1957 schwelenden chinesisch-sowjetischen Konflikts, der in den Jahren 1958 und 1959 offen ausbrach und Ende 1960 zum definitiven Bruch führen sollte, noch verstärkt. Obgleich er offiziell als ein ideologischer Konflikt bezeichnet wurde, der mit der heftigen Ablehnung der Politik des »Großen Sprunges« durch die Sowjetunion zusammenhing, war dieser Konflikt viel eher eine Folge des Aufeinanderprallens nationaler Belange; die Haltung der UdSSR gegenüber den USA und die Taiwanfrage waren dabei die wichtigsten Streitpunkte. Unmittelbarer Anlaß zur Verschärfung des Konflikts war der Artilleriebeschuß der nationalchinesischen Insel Quemoy durch China im August 1958. Die UdSSR war nicht bereit, eine chinesische Invasion nach Taiwan zu unterstützen und reagierte im Juni 1959 mit der einseitigen Kündigung des im Oktober 1957 geschlossenen (Geheim-) Abkommens über die Lieferung nuklearer Technologie an die Volksrepublik. China betrachtete die Kündigung des Abkommens als Einmischung in seine inneren Angelegenheiten. Das Mißtrauen der Volksrepublik gegenüber der Politik der Sowjetunion wurde durch das Treffen zwischen dem sowjetischen Parteichef Chruschtschow und dem amerikanischen Präsidenten Eisenhower in Camp David im September 1959 noch verstärkt. Im August 1960 sollte der Konflikt seinen Höhepunkt erreichen, als die Sowjetunion alle Fachleute aus China zurückrief, alle Verträge kündigte und damit der chinesischen Industrie einen schweren Schlag zufügte.

Costa Rica

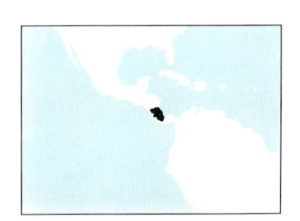

Fläche: 50 900 km²
Hauptstadt: San José

In den 50er Jahren war José Figueres Ferrer, der Führer der von ihm selbst gegründeten antikommunistischen Partido Liberación Nacionál (PLN), die bestimmende Persönlichkeit. Diese Partei setzte sich für die Belange der kleinen ländlichen Interessengruppen ein. Bereits 1948 hatte Figueres durch einen Putsch das Präsidentenamt für den Wahlsieger Otilio Ulate Blanco, den Führer der Partido Uníon Nacionál (PUN), gesichert. Ulate war von 1949 bis 1953 Präsident. Die fortschrittliche Sozialgesetzgebung, mit der Ulate begonnen hatte, wurde in der Amtszeit von Präsident Figueres (1953 bis 1958) noch ausgebaut.

1955 fielen Anhänger des ehemaligen Präsidenten Rafael Calderón ins Land ein. Sie wurden angeblich von Kuba, der Dominikanischen Republik, Nicaragua, Kolumbien, Venezuela und der US-amerikanischen United Fruit Company unterstützt. Doch die Invasoren konnten vertrieben werden. Nach diesem Zwischenfall wurden durch Vermittlung der Organisation der Amerikanischen Staaten die seit langem bestehenden Grenzkonflikte mit Nicaragua beigelegt.

Bei den Präsidentschaftswahlen von 1958 siegte Mario Enchandi Jiménez. Dessen Sieg war durch eine Zusammenarbeit von Ulates PUN mit der Partido Republicano Nacionál (PRN) von Calderón möglich geworden. Die beiden Parteien waren seit 1948 verfeindet gewesen. Unter Enchandi wurden die von Figueres durchgeführten Reformen teilweise wieder zurückgenommen.

Dänemark

Fläche: 43 069 km²
Hauptstadt: Kopenhagen

Schwerwiegende Wirtschaftsprobleme führten im Dänemark der 50er Jahre zu staatlichen Sparmaßnahmen. Die Abwertung der Dänischen Krone im September 1949 hatte einen starken Rückgang der Einnahmen aus dem Agrarexport zur Folge. Die NATO-Verpflichtungen warfen Finanzprobleme auf und verursachten Gegensätze. Die Gewerkschaften forderten eine Beschränkung der Rüstung und die Bekämpfung der Arbeitslosigkeit. Der Vorschlag, die Steuern zugunsten des Verteidigungshaushalts zu erhöhen, löste im August 1950 eine Kabinettskrise aus. Die sozialistische Minderheitsregierung von Ministerpräsident Hans Hedtoft mußte einer Koalition aus Liberalen und Konservativen mit dem Liberalen Erik Eriksen an der Spitze weichen. Der Verteidigungsetat wurde erhöht und sollte in den drei darauffolgenden Jahren verdoppelt werden. 1951 schloß das Kabinett mit den USA einen Vertrag über die Verteidigung Grönlands. 1953 mußten im Zusammenhang mit einer Verfassungsänderung

Grunddaten	1950	1953	1956	1959
1. Einwohnerzahl (in Mill.)	4,3	4,4	4,5	4,5
2. Urbanisationsgrad (in %)	67,3	—	—	—
3. Berufstätige (in % der Gesamtbevölkerung)	48,2	49,5	—	—
4. Bruttosozialprodukt (in Mrd. Dänischer Kronen)	21,6	26,5	—	—
5. Anteil des Bruttosozialproduktes in verschiedenen Bereichen				
Landwirtschaft	21	21	—	16
Industrie	36	35	—	37
Handel und Dienstleistungen	43	44	—	47
6. Arbeitslosenquote (in % der berufsfähigen Bevölkerung)	8,7	9,2	11,1	6,1
7. Geburtenziffer (in ‰)	18,6	17,9	17,2	16,3
8. Sterbeziffer (in ‰)	9,2	9,0	8,9	9,4
9. Lebenserwartung bei Neugeborenen (in Jahren)				
Männer	67,8	—	70,4	—
Frauen	70,1	—	73,8	—
10. Jährlicher Energieverbrauch pro Einw. (in kg Ske)	2 090	2 130	2 534	2 489
11. Einfuhr (in Mill. US-Dollar)	853	1 001	1 311	1 602
12. Ausfuhr (in Mill. US-Dollar)	665	895	1 111	1 401
13. Einwohner pro Arzt	—	950	—	—

zweimal Wahlen durchgeführt werden. Sie brachten Gewinne für die Sozialdemokraten, aber auch die liberale Venstre-Partei buchte Erfolge. Durch die Verfassungsänderung wurde das Zweikammersystem durch eine Kammer abgelöst. Das Wahlalter wurde von 25 auf 23 Jahre herabgesetzt. Grönland wurde Bestandteil des Königreichs und erhielt eine direkte Vertretung im Parlament. Die neue Verfassung führte auch die weibliche Thronfolge ein.
Die neue sozialdemokratische Minderheitsregierung wurde wieder von Hedtoft geleitet. Nach dessen Tod im Januar 1955 wurde Hans Hansen Ministerpräsident. Das Kabinett war mit 80 000 Arbeitslosen und einer stagnierenden Wirtschaft konfrontiert. Durch Kürzungen beim Wohnungsbau und im Verteidigungshaushalt und durch eine straffe Geld- und Kreditpolitik wollte man Abhilfe schaffen.
Nach den Wahlen von 1957 kam eine Mehrheitsregierung von Sozialisten (die Mandate verloren hatten), Radikalen und sogenannten Georgisten (die ein anderes Steuersystem anstrebten) zustande. Unterdessen wurde die Sparpolitik fortgesetzt. 1959 schien die dänische Wirtschaft die Talsohle verlassen zu haben. Im Bausektor und in der Industrie war die Produktion beträchtlich gestiegen, und die Zahl der Arbeitslosen sank zusehends. 1959 trat Dänemark der Europäischen Freihandelsassoziation (EFTA) bei.

Ein spektakulärer archäologischer Fund im Jahre 1950 war der Tollund-Mann, der im Tollundmoor gefunden wurde. Die rd. 2000 Jahre alte Moorleiche war außergewöhnlich gut erhalten: Es konnten sogar Fingerabdrücke genommen werden, und der Mageninhalt konnte noch untersucht werden. Der Mann wurde wahrscheinlich erdrosselt.

Deutsche Demokratische Republik

Aufbau des Sozialismus und Juniaufstand

Im Oktober 1949, im Monat nach der Gründung der Bundesrepublik Deutschland, wurde die Deutsche Demokratische Republik (DDR) ausgerufen, als zweiter deutscher Staat, geführt von der kommunistischen Sozialistischen Einheitspartei Deutschlands (SED).

Nachdem schon für die Wirtschaftsentwicklung der Jahre 1949/50 ein Zweijahrplan maßgeblich gewesen war, verabschiedete der 3. Parteitag der SED vom 20. bis 24. 7. 1950 einen Fünfjahrplan für die Jahre 1951 bis 1955. Am 29. 9. 1950 trat die DDR dem Rat für gegenseitige Wirtschaftshilfe (RGW bzw. Comecon) bei, der Wirtschaftsgemeinschaft des Ostblocks, die die Aufgabe hat, die Wirtschaft der einzelnen Staaten auf die Bedürfnisse der Sowjetunion auszurichten.
Der Stand der Industrialisierung war im Gebiet der späteren DDR schon vor dem 2. Weltkrieg niedriger gewesen als im Gebiet der späteren Bundesrepublik. Die Sowjetunion hatte zahlreiche Betriebe rigoros demontiert. Aus der laufenden Produktion entnahm sie große Mengen als Reparationen. Zahlreiche Großbetriebe wurden von ihr direkt als Sowjetische Aktiengesellschaften (SAG) verwaltet. 66 von ihnen wurden erst am 29. 4. 1952, die letzten 33 am 1. 1. 1954 an die DDR zurückgegeben, die sie in Volkseigene Betriebe (VEB) umwandelte.
Unter dem Druck der politischen Verhältnisse und des wirtschaftlichen Mangels flohen zahlreiche Menschen aus allen Bevölkerungsschichten in die Bundesrepublik. In den Jahren 1950 bis 1952 lag ihre Zahl stets bei etwa 200 000. Unter den Flüchtlingen waren für die Wirtschaft wichtige Arbeiter und Bauern ebenso wie Intellektu-

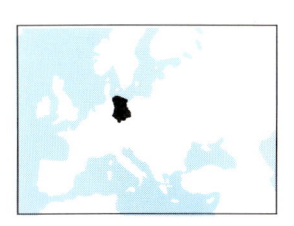

Fläche: 108 179 km²
Hauptstadt: Ostberlin

DDR I
S. 105 – 19

◁
Wilhelm Pieck (links), Präsident der DDR, und Otto Grotewohl, der erste Regierungschef.

Deutsche Demokratische Republik

Grunddaten	1950	1953	1956	1959
1. Einwohnerzahl (in Mill.)	18,4	18,2	17,7	17,3
2. Urbanisationsgrad (in %)	68,8	—	—	71,7
3. Berufstätige (in % der Gesamtbevölkerung)	46,1	—	—	—
4. Volkseinkommen (in Mill. Mark)	29 109	42 443	—	62 011
5. Anteil des Volkseinkommens in verschiedenen Bereichen				
Landwirtschaft	13	9	—	11
Industrie	62	64	—	73
Handel und Dienstleistungen	27	31	—	21
7. Geburtenziffer (in ‰)	16,9	16,8	16,2	17,1
8. Sterbeziffer (in ‰)	11,8	11,5	11,8	13,1
9. Lebenserwartung bei Neugeborenen (in Jahren)				
Männer	—	65,1	66,1	—
Frauen	—	69,1	70,7	—
10. Jährlicher Energieverbrauch pro Einw. (in kg Ske)	—	3 010	4 018	4 418
11. Einfuhr (in Mill. US-Dollar)	608	920	1 188	1 783
12. Ausfuhr (in Mill. US-Dollar)	406	706	1 253	1 913

Plakat der kommunistischen Jugendorganisation FDJ (Freie Deutsche Jugend).

elle und Angehörige des Mittelstandes.
Generalsekretär Walter Ulbricht hatte auf der 3. Parteikonferenz der SED vom 9. bis 12. 7. 1952 den »Planmäßigen Aufbau des Sozialismus sowie die Notwendigkeit einer Verschärfung des Klassenkampfes« verkündet. Damit wurde der Ausbau der landwirtschaftlichen Produktionsgenossenschaften (LPG), also die Zwangskollektivierung der Landwirtschaft, und die Kollektivierung des Handwerks in Produktionsgenossenschaften begonnen. Trotz der Aufhebung der Rationierung eines Teils der Grundnahrungsmittel (bis auf Fleisch, Fett und Zucker) und der hohen Ablieferungsverpflichtungen der Bauern kam es zu einer empfindlichen Verknappung der Lebensmittel. Produktionserhöhungen in der Industrie waren nur durch mehrere Heraufsetzungen der Leistungsnormen der Arbeiter zu erreichen. Diese Entwicklung, aber auch eine zunehmende Verschärfung des innenpolitischen Klimas, die sich vor allem in dem Versuch äußerte, den Einfluß der Kirchen auf die Jugend zu brechen, und die allgemeine Unsicherheit, die den Ostblock nach Stalins Tod erfaßte, führten zu einer Krisensituation.
Eine neuerliche Erhöhung der Arbeitsnormen um durchschnittlich 10%, die das ZK der SED am 17. 5. 1953 beschloß und die praktisch zu einer entsprechenden Lohnkürzung führte, rief Unruhe in der Arbeiterschaft hervor. Zwar versuchte die SED eine Kursänderung, indem sie in den ersten Junitagen zusicherte, daß keine weiteren Enteignungen, Verhaftungen und Verurteilungen von Bauern wegen Rückständen bei der Zwangsablieferung vorgenommen würden, daß die Rechtssicherheit gestärkt und die Versorgung der Bevölkerung verbessert würde, doch es war zu spät, zumal die Erhöhung der Arbeitsnormen blieb. Am 16. 6. legten Tausende von Bauarbeitern an der Ostberliner Stalinallee die Arbeit nieder und versammelten sich zu einem Demonstrationszug. Am nächsten Tag griffen die Streiks und Demonstrationen auf über 250 Orte über. Die Demonstrationen weiteten sich zu einem allgemeinen Aufstand aus. Parteibüros wurden gestürmt, Funktionäre verprügelt und Polizisten entwaffnet. Streik-

Zehn Jahre im Überblick

23./24. 7. 1950 Der 3. Parteitag der SED bildet den Parteivorstand in ein Zentralkomitee (ZK) um und beschließt den Fünfjahrplan 1951–1955. Das ZK wählt Walter Ulbricht am 25. 7. zum Generalsekretär.

29. 9. 1950 Die DDR tritt dem Rat für gegenseitige Wirtschaftshilfe (Comecon) bei.

15. 10. 1950 Wahlen zur ersten Volkskammer.

9. 5. 1952 Willi Stoph wird zum Innenminister ernannt.

12. 7. 1952 Walter Ulbricht verkündet auf der 3. Parteikonferenz der SED den »Aufbau des Sozialismus und die Notwendigkeit der Verschärfung des Klassenkampfes«.

23. 7. 1952 Auflösung der fünf Länder der DDR und Bildung von 14 Bezirken. Ostberlin bildet den 15. Bezirk.

10. 6. 1953 Die SED stoppt die Kollektivierung der Landwirtschaft und nimmt Maßnahmen gegen die Kirchen und Maßnahmen zur Sozialisierung der Wirtschaft zurück.

16. 6. 1953 Tausende von Arbeitern demonstrieren in Ostberlin gegen die Anhebung der Arbeitsnormen.

17. 6. 1953 Der Aufstand weitet sich auf das ganze Land aus.

23. 6. 1953 Ministerpräsident Grotewohl verspricht in einer Rundfunkansprache ein neues Programm, das die Fehler der Regierung beheben soll.

27. 7. 1953 Wilhelm Zaisser, der drei Tage zuvor seinen Posten als Minister für Staatssicherheit verloren hat, der am 15. 7. verhaftete ehemalige Justizminister Max Fechner und der Chefredakteur der Parteizeitung »Neues Deutschland«, Rudolf Herrnstadt, werden wegen »Fraktionsbildung« aus der SED ausgeschlossen.

25. 3. 1954 Die UdSSR erklärt die DDR zum souveränen Staat. Sowjetische Truppen bleiben in der DDR stationiert.

9. 6. 1954 Der ehemalige Außenminister Georg Dertinger (CDU) wird wegen angeblicher Spionage zu einer hohen Zuchthausstrafe verurteilt.

6. 10. 1955 Durch eine Verfassungsänderung wird die allgemeine Wehrpflicht eingeführt.

18. 1. 1956 Die Volkskammer beschließt die Aufstellung der sog. Nationalen Volksarmee.

29. 11. 1956 Der Philosoph und Parteifunktionär Wolfgang Harich wird wegen »Bildung einer staatsfeindlichen Gruppe«, die innerhalb der Partei in Opposition zu Ulbricht steht, verhaftet und am 9. 3. 1957 zu 10 Jahren Zuchthaus verurteilt.

1. 2. 1957 Walter Ulbricht schlägt eine »Konföderation« beider deutscher Staaten mit einem paritätisch besetzten Rat vor.

8. 2. 1958 Die SED-Politbüromitglieder Karl Schirdewan, Ernst Wollweber und Fred Oelßner werden wegen »Fraktionsbildung« gegen Walter Ulbricht aus dem Zentralkomitee ausgeschlossen.

29. 5. 1958 Aufhebung der letzten Lebensmittelrationierungen.

27. 10. 1958 Walter Ulbricht erklärt, daß ganz Berlin zum Hoheitsgebiet der DDR gehöre.

8. 12. 1958 Die Länderkammer als letztes Relikt einer föderativen Verfassung wird aufgelöst.

komitees übernahmen die Betriebe. Die Demonstranten forderten den Rücktritt der Regierung und freie Wahlen. Der sowjetische Militärbefehlshaber übernahm die Regierungsgewalt und setzte Truppen zur Niederschlagung des Aufstandes ein. Am 21. 6. wurden die Arbeitsnormen auf den Stand vor dem 1. 4. 1953 zurückgenommen und die Lohnkürzungen rückgängig gemacht.
Das ZK der SED, das am 20. 11. 1952 den Vorrang der Schwerindustrie vor allen anderen Industriezweigen betont hatte, beschloß bei seiner 15. Tagung vom 24. bis 26. 7. 1953 eine Steigerung der Nahrungs- und Genußmittelerzeugung und der Gebrauchsgüterproduktion auf Kosten der Schwerindustrie. Gleichzeitig mit der Rückgabe der letzten SAG's stellte die Sowjetunion mit Wirkung vom 1. 1. 1954 die Entnahme von Reparationen aus der Industrieproduktion ein. Alle diese Maßnahmen führten zu einer allmählichen Verbesserung der Lebensverhältnisse in der DDR. Die Einrichtung der Staatlichen Plankommission am 13. 2. 1958 und der Vereinigungen Volkseigener Betriebe (VVB) als leitende Wirtschaftsorgane der einzelnen Industriezweige bewirkten trotz aller weiterbestehenden Planungsmängel eine Steigerung der Produktivität in der Industrie. Am 29. 5. 1958 wurden die letzten Rationierungen aufgehoben.
Am Ende des Jahrzehnts behauptete die DDR von sich, unter den Industriestaaten der Erde an 9. Stelle zu stehen. Der am 1. 10. 1959 von der Volkskammer gebilligte neue Siebenjahrplan hatte das illusorische Ziel, die Bundesrepublik in der Produktivität einzuholen. In Wirklichkeit hatte sich an den Verhältnissen wenig geändert. Die Fluchtbewegung, die von dem Streben nach mehr Freiheit und mehr Wohlstand genährt war, hielt unvermindert an. Sie hatte neue Nahrung erhalten durch das Gesetz über die landwirtschaftlichen Produktionsgenossenschaften, das am 3. 6. 1959 beschlossen worden war und die Zwangskollektivierung zu einem raschen Ende bringen sollte.

Die Alleinherrschaft Walter Ulbrichts

Nach der Gründung der DDR waren die beiden Vorsitzenden der SED, Wilhelm Pieck und Otto Grotewohl, zum Staatspräsidenten bzw. Ministerpräsidenten gewählt worden. Tatsächliche Macht übten weder der greise Pieck, zwei Tage älter als Konrad Adenauer, noch Grotewohl, das sozialdemokratische »Aushängeschild« der SED, aus. Die tatsächliche Herrschaft lag in den Händen Walter Ulbrichts, der seit April 1946 Stellvertretender Vorsitzender der SED und seit Oktober 1949 Stellvertretender Ministerpräsident war.
Eine Opposition außerhalb der Partei hatte er nicht zu fürchten. Bereits die Wahlen zum 3. Volkskongreß am 15./16. 5. 1949 hatten nach einer Einheitsliste stattgefunden, auf der alle existierenden Parteien nach einem von der SED festgesetzten Schlüssel vertreten waren. Die Wahlen zur ersten Volkskammer am 15. 10. 1950 erfolgten nach einer gemeinsamen Liste der im Oktober 1949 als Zusammenschluß aller Parteien und Massenorganisationen gegründeten Nationalen Front. Auf ihr hatte sich die SED zwar nur 110 der 466 Sitze vorbehalten, 149 entfielen jedoch auf die von ihr beherrschten Massenorganisationen (Freier Deutscher Gewerkschaftsbund/FDGB, Freie Deutsche Jugend/FDJ u. a.). Von den vier sogenannten Blockparteien waren zwei, die Nationaldemokratische Partei für Bürgerliche, ehemalige Soldaten und Mitläufer der NSDAP und die Demokratische Bauernpartei von damit beauftragten SED-Angehörigen gegründet worden. In der Liberaldemokratischen Partei und der Christlich-Demokratischen Union regte sich kaum noch Opposition, nachdem ihre Spitzenfunktionäre aus der Nachkriegszeit in die Bundesrepublik geflohen waren und zahlreiche Verhaftungen stattgefunden hatten. Für die Volkskammerwahlen von 1950 wurde eine Wahlbeteiligung von 98,44% und ein Anteil von Ja-Stimmen von 99,3% angegeben. Die hohe Wahlbeteiligung wurde durch erheblichen Druck herbeigeführt, was den Charakter dieser Wahlen als erzwungener Akklamation unterstreicht.

Innerhalb der SED war das Prinzip der paritätischen Besetzung führender Positionen durch ehemalige Mitglieder von KPD und SPD bereits am 24. 1. 1949 aufgehoben worden. Für Walter Ulbricht schuf das auf dem 3. Parteitag gebildete Zentralkomitee (ZK) den Posten des Generalsekretärs, der nach dem Juniaufstand am 24. 7. 1953 in Erster Sekretär umbenannt wurde. Da sich Ulbricht stets der uneingeschränkten Unterstützung Stalins und seiner Nachfolger erfreute, bedurfte es zur Unterdrückung der innerparteilichen Opposition nicht großer Schauprozesse, wie sie in anderen Ostblockstaaten Anfang der 50er Jahre üblich waren. Verhaftungen und Prozesse betrafen in der Regel Personen, die nicht zum engsten Führungskreis gehörten, wie den Justizminister Max Fechner, der sich nach dem Juniaufstand für das Streikrecht der Arbeiter ausgesprochen hatte, und im November 1956 den Philosophen Wolfgang Harich. Im allgemeinen genügten Parteiausschluß und Amtsenthebung, um innerparteiliche Rivalen, denen »Fraktionsbildung« vorgeworfen wurde, kaltzustellen. Dies betraf nach dem Aufstand vom Juni 1953 den Staatssicherheitsminister Wilhelm Zaisser und die Spitzenfunktionäre Rudolf Herrnstadt, Anton Ackermann und Hans Jendretzky. Vor allem Zaisser und Herrnstadt wurde vorgeworfen, mit dem nach Stalins Tod erschossenen ehemaligen Geheimdienstchef Berija in Verbindung gestanden zu haben. Noch gefährlicher für Ulbricht war eine Gruppe gewesen, der er sich Anfang Februar 1958 entledigen konnte und die von Karl Schirdewan, der als zweiter Mann der Partei galt, dem Staatssicherheitsminister Ernst

Der Aufstand des Jahres 1953. Am 17. Juni fahren sowjetische Panzer auf den Potsdamer Platz in Ostberlin.

DDR II
S. 105 – 20

Deutsche Demokratische Republik

Arbeit in einer Landwirtschaftlichen Produktionsgenossenschaft, 1952. Die Landwirtschaft war lange Zeit das Sorgenkind der DDR. Die Versorgungssituation blieb gespannt.

DDR III
S. 105 – 21
Wiedervereinigung
S. 49 – 2

Wollweber und dem Wirtschaftsfachmann Fred Oelssner angeführt wurde.
In die 50er Jahre fällt der Aufstieg von drei Männern, die am Anfang des Jahrzehnts etwa 40 Jahre alt waren und auf die in den 70er Jahren sich die Macht in der DDR dann konzentrierte. Willi Stoph wurde 1952 Innenminister und 1953 Mitglied des Politbüros der SED. Nach der Gründung der Nationalen Volksarmee war er seit 1956 erster Verteidigungsminister und wurde 1959 Armeegeneral, der höchste militärische Rang der DDR. Erich Honecker leitete bis 1955 die Freie Deutsche Jugend, 1958 zog er ins Politbüro ein und wurde Sekretär des ZK. Heinz Hoffmann war seit 1949 Generalinspekteur der Volkspolizei und seit 1952 Chef der Kasernierten Volkspolizei, wie die Armee der DDR damals noch verschleiernd genannt wurde. Er folgte 1960 Willi Stoph als Verteidigungsminister.
Außer Spitzenfunktionären fielen aber auch mittlere Funktionäre und einfache Parteimitglieder den Säuberungen Ulbrichts zum Opfer. Im April 1952 wurde der Parteiausschluß von 150 000 Mitgliedern bekanntgegeben. Bei einem großen Teil von ihnen handelte es sich um ehemalige Mitglieder der SPD.
Zur Festigung der zentralistischen Herrschaft der SED und Ulbrichts gehörte auch die Beseitigung föderativer Ansätze, die ursprünglich in der Verfassung der DDR enthalten waren. Die in der Nachkriegszeit gebildeten fünf Länder Sachsen, Sachsen-Anhalt, Thüringen, Brandenburg und Mecklenburg wurden am 23. 7. 1952 aufgelöst und durch 14 Bezirke ersetzt. Auch die als zweite Kammer des Parlaments ursprünglich bestehende Länderkammer verfiel 1958 der Auflösung.

Die DDR im Ostblock

Aufgrund der straffen Führung Walter Ulbrichts war die DDR ein sehr zuverlässiger Bündnispartner der UdSSR, deren politischer Kurs mit allen seinen Schwankungen von der DDR getreulich nachvollzogen wurde. Schon in der ersten Zeit ihrer Existenz schloß die DDR Verträge mit Polen und der Tschechoslowakei, in denen sie die Ostgrenze Polens an Oder und Neiße und die Vertreibung der Deutschen aus den Ostgebieten und dem Sudetenland anerkannte.
Lange vor der Bundesrepublik führte sie eine rasche und kräftige Aufrüstung durch. Bereits im Oktober 1952 zählte die »Kasernierte Volkspolizei« sieben Divisionen mit insgesamt 100 000 Mann und verfügte über 120 Flugzeuge und 350 Schiffe. Nachdem die Bundesrepublik Deutschland im Mai 1952 den EVG-Vertrag unterzeichnet hatte, riegelte die DDR die Grenze zur Bundesrepublik hermetisch ab und erklärte einen 5 km breiten Grenzstreifen zum Sperrgebiet. Die Sperranlagen wurden im Laufe der Zeit immer weiter ausgebaut. Am 6. 10. 1955 wurde die Wehrpflicht in die Verfassung der DDR aufgenommen und am 18. 1. 1956 die Kasernierte Volkspolizei in Nationale Volksarmee umbenannt. Formell erhielt die DDR schrittweise ihre Unabhängigkeit. Unmittelbar nach der Gründung der DDR war die Sowjetische Militäradministration (SMAD) in Sowjetische Kontrollkommission umbenannt worden. Diese wurde am 28. 5. 1953 aufgelöst. Ihr Vorsitzender Wladimir Semjonow wurde zum Hohen Kommissar der Sowjetunion in Deutschland ernannt. Am 25. 3. 1954 erfolgte eine Erklärung der UdSSR über die Souveränität der DDR. Am 20. 9. 1955 wurde das Amt des sowjetischen Hochkommissars aufgehoben und an seiner Stelle ein Botschafter entsandt. Gleichzeitig wurde die DDR für völlig souverän erklärt.

Die Deutsche Frage

Ende 1951 trug eine Regierungsdelegation der DDR der Politischen Kommission der UNO den Standpunkt des zweiten deutschen Staates zur Frage der Wiedervereinigung Deutschlands und zu gesamtdeutschen Wahlen vor. Anfang 1952 wandte sich der DDR-Ministerrat an die vier Besatzungsmächte mit der Bitte, so schnell wie möglich einen Friedensvertrag mit Deutschland abzuschließen. Die Volkskammer billigte den Entwurf eines Gesetzes zur Durchführung gesamtdeutscher Wahlen. Alle diese Schritte wurden von der Bundesregierung als Störmanöver gegen die Eingliederung der Bundesrepublik Deutschland in das westliche Bündnis aufgefaßt.
Nachdem Walter Ulbricht am 1. 2. 1957 eine neue Deutschlandkonzeption der SED vorgelegt hatte, in der eine Konföderation beider deutscher Staaten mit einem paritätisch besetzten Rat vorgeschlagen wurde, verdeutlichte der Sekretär des ZK der SED Kurt Hager im Mai 1958 die Vorstellungen der DDR über eine Wiedervereinigung Deutschlands. Sie sei nur als Ergebnis einer Volksbewegung gegen die NATO-Politik der Bundesregierung möglich. Eine Veränderung der Gesellschaftsordnung im Sinne der SED in der Bundesrepublik sei die Voraussetzung für die Wiedervereinigung. Der 5. Parteitag der SED im Juli 1958 forderte die Beendigung der »Frontstadtrolle« Westberlins, das nach einer den Viermächtestatus Berlins mißachtenden Erklärung Ulbrichts vom 27. 10. 1958 zum Hoheitsgebiet der DDR gehöre.

Die »Sozialistische Nationalkultur«

Nach dem Vorbild der Sowjetunion hatte das ZK der SED bereits im März 1951 den »Sozialistischen Realismus« als Grundlage der Kultur der DDR erklärt und jede abstrakte und unpolitische Kunst als »formalistisch« verurteilt. Diese Festlegungen stellten einen schweren Eingriff in die Freiheit des künstlerischen und literarischen Schaffens dar. Für Wissenschaft und Forschung wurden der dialektische und historische Materialismus nach der Lehre von Marx, Engels, Lenin und bis 1953 auch Stalin zur absoluten Grundlage erklärt. Diese einengende, wissenschaftsfeindliche Grundhaltung verstärkte die Fluchtbewegung aus Kreisen der Intelligenz. Ein wesentlicher Bestandteil der Kulturpolitik der SED war der Kampf gegen kirchliche Einflüsse, insbesondere auf die Jugend. Das Innenministerium der DDR hatte am 21. 4. 1953 die Junge Gemeinde der Evangelischen Kirche als illegal erklärt. Diese Einschränkung wurde zwar nach dem Juniaufstand aufgehoben, doch führte die SED am 27. 3. 1955 die Jugendweihe als Ersatz für Konfirmation und Kommunion ein und setzte sie unter massivem Druck durch, da ohne diesen Akt der Besuch einer weiterführenden Schule praktisch unmöglich war.
Am 24. 4. 1959 veröffentlichte die 1. Bitterfelder Kulturkonferenz der SED, die sich mit der weiteren Entwicklung der Literatur in der DDR beschäftigte, einen Appell unter dem Motto: »Greif zur Feder Kumpel! Die Sozialistische Nationalkultur braucht Dich!« Mit dem Begriff »Sozialistische Nationalkultur« war die bleibende Basis der Kulturpolitik der SED aufgezeigt.

Bundesrepublik Deutschland

Das Jahrzehnt Adenauers

Die Geschichte der Bundesrepublik Deutschland wurde in den 50er Jahren eindeutig von der überragenden Persönlichkeit ihres ersten Bundeskanzlers Konrad Adenauer geprägt. Bei den Wahlen zum 1. Deutschen Bundestag vom 14. 8. 1949 war die Christlich-Demokratische Union (CDU) zusammen mit ihrer bayerischen Schwesterpartei, der Christlich-Sozialen Union (CSU), nur geringfügig stärker gewesen als die Sozialdemokratische Partei (SPD). Konrad Adenauer war deshalb auch nur mit einer sehr geringen Mehrheit zum Bundeskanzler gewählt worden. An seiner Regierung beteiligte er die Freie Demokratische Partei (FDP) und die Deutsche Partei (DP). Nach den Wahlen zum 2. Deutschen Bundestag vom 6. 9. 1953, die Konrad Adenauer einen großen persönlichen Erfolg brachten, fehlte der CDU/CSU nur eine Stimme an der absoluten Mehrheit der voll stimmberechtigten Abgeordneten (ohne Abgeordnete aus Berlin). Adenauer schuf aber seiner Regierung eine breite Mehrheit, indem er eine Koalition mit der FDP, der DP und der Vertriebenenpartei Gesamtdeutscher Block/Bund der Heimatvertriebenen und Entrechteten (GDB/BHE) bildete. Die Wahlen vom 15. 9. 1957 zum 3. Deutschen Bundestag brachten der CDU/CSU schließlich die absolute Mehrheit. Adenauer nahm in sein 3. Kabinett zwei Minister der DP auf, die nur durch ein Wahlbündnis mit der CDU in den Bundestag gekommen war. Beide Minister und die Mehrzahl der Abgeordneten der DP traten im Laufe der Wahlperiode zur CDU über.

Die CDU/CSU verdankte ihre großen Wahlerfolge nicht nur der erfolgreichen Politik Konrad Adenauers, der es gelang, der Mehrheit der Wähler das Gefühl außenpolitischer und wirtschaftlicher Sicherheit zu geben, ein neues Ansehen Deutschlands in der westlichen Welt zu begründen, den Wohlstand zu mehren, die Millionenzahl von Flüchtlingen und Vertriebenen zu integrieren und das Aufkommen nennenswerter nationalistischer Strömungen zu unterbinden. Ebenso wichtig war, daß es ihr nach einigen sozialistischen Ansätzen in ihrem Ahlener Programm von 1947 möglich war, als bürgerlich-konservative und gleichzeitig soziale Reformpartei ein außerordentlich breites Spektrum politischer Meinungen und Ziele in sich zu vereinigen. Kritiker meinten, sie sei nur ein Kanzlerwahlverein gewesen. Richtiger ist sicher die Deutung, daß der Erfolg die Möglichkeit bot, auch sehr unterschiedliche Ziele zu verwirklichen, und daß er die Kompromißfähigkeit der Parteiflügel stärkte.

Die SPD wurde in den ersten Jahren der Bundesrepublik von Kurt Schumacher ähnlich autoritär geführt wie die CDU von Konrad Adenauer. Da der erfolgreichen Regierung auf sozial- und wirtschaftspolitischem Gebiet wenig Wählerwirksames entgegenzusetzen war, konzentrierte sich Schumacher ganz auf die Frage der deutschen Wiedervereinigung. Schon Ende 1949 hatte ein anderer führender Sozialdemokrat, der Bremer Bürgermeister Wilhelm Kaisen, Schumacher vor dem »verhängnisvollen Bestreben, den Patriotismus für die SPD zu monopolisieren« gewarnt. Mit dieser Politik waren ebensowenig wie mit einer innenpolitischen Opposition auf marxistischer Grundlage genügend Wähler zu gewinnen, um eine regierungsfähige Alternative zu bilden.

Auch außerparlamentarische Aktivitäten, wie die gegen einen deutschen Verteidigungsbeitrag im Rahmen des westlichen Bündnisses gerichtete Paulskirchenbewegung und die »Kampagne gegen den Atomtod«, konnten daran wenig ändern, zumal sich die SPD dabei auf eine Zusammenarbeit mit Bundesgenossen einließ, die von der Mehrzahl der Wähler als fragwürdig angesehen wurden.

Erst als es ihr gelang, sich mit ihrem Godesberger Programm von 1959 zur gemäßigt-linken Reformpartei zu entwickeln und deutschland- und außenpolitisch ein hohes Maß an Übereinstimmung mit der Regierung zu erreichen, konnte sie in den 60er Jahren ihren Wähleranteil steigern. Dies war um so bemerkenswerter, als den Kommunisten schon Anfang der 50er Jahre die Wähler davongelaufen waren – sicher nicht zuletzt wegen des abschreckenden Beispiels, das die Bruderpartei SED in der DDR bot. Daß die KPD vom Bundesverfassungsgericht am 17. 8. 1956 verboten wurde (wie schon am 23. 10. 1952 die rechtsradikale Sozialistische Reichspartei/SRP), mag eine fragwürdige Maßnahme gewesen sein. Die Partei, die 1949 noch 5,7%, 1953 aber nur noch 2,3% der Wähler mobilisiert hatte, war politisch schon keine bemerkenswerte Kraft mehr.

Westintegration und Deutsche Frage

Konrad Adenauer strebte von Beginn seiner Regierung an eine kon-

Fläche: 248 625 km²
Hauptstadt: Bonn

Innenpolitik
S. 49 – 3

Ein diplomatischer Höhepunkt in Adenauers Regierungszeit war sein Besuch in Moskau (1955). Tausende deutscher Kriegsgefangener wurden danach von der UdSSR freigelassen (links).

Ludwig Erhard, unter Adenauer Wirtschaftsminister. Er setzte auf die freie Marktwirtschaft (rechts).

43. Weiße Revolutionäre

Unruhige Jahre im Iran: Der Parteiführer der Nationalen Front, Mohammed Mossadegh, sucht die Wirtschaft zu stärken und gleichzeitig die Position von Schah Mohammed Reza Pahlewi zu schwächen. Mossadegh kann sich auf die Nationalisten und die bürgerliche städtische Intelligenz stützen. Er lanciert einen Plan zur Enteignung der Anglo-Iranian Oil Company. Tatsächlich beschließt 1951 das Parlament die Verstaatlichung der Ölförderung. Mossadegh wird Ministerpräsident. Der Betrieb der Anlagen kommt zum Erliegen. Im August 1953 wird Mossadegh vom Militär gestürzt und später zu drei Jahren Gefängnis verurteilt. Der Schah, der für einige Tage das Land verlassen hatte, kehrt im Triumph zurück. Persien nimmt die Ölproduktion wieder auf, die Anglo-Iranian Oil Company erhält eine finanzielle Entschädigung.
Unter der Herrschaft des Schah, die sich auf den Ölreichtum des Landes stützt, schlägt der Iran den Weg zu einer wirtschaftlichen und gesellschaftlichen Modernisierung nach westlichem Vorbild ein. Gegner dieser Entwicklung werden von Geheimpolizei und Armee unerbittlich verfolgt.

44. Indien unter Nehru

Seit dem 26. Januar 1950 ist Indien, die ehemalige britische Kronkolonie, Republik, Jawaharlal Nehru – umfassend gebildeter Sproß einer vornehmen Brahmanenfamilie – ihr erster Ministerpräsident. Das Erbe Mahatma Gandhis, dessen Wunsch es war, daß Nehru die Kongreßpartei führt, drückt ihn.
Die junge Republik steht vor unlösbar scheinenden Problemen: Noch schwelt der religiös motivierte Haß zwischen Moslems und Hindus, dem nach der Unabhängigkeit 1947 Millionen Inder zum Opfer fielen. Hunderttausende von Hindus und Sikhs, die aus Pakistan nach Indien flüchteten, vegetieren in Lagern. Eine babylonische Sprachverwirrung – neben der Amtssprache Hindi mehr als 60 Sprachen und Hunderte von Dialekten – führt zu schweren Konflikten. Korruption und Vetternwirtschaft, Bevölkerungsexplosion, Mißernten und Überschwemmungen erschüttern das Land. An vielen Fronten muß sich Indien konsolidieren: nach innen durch Integration der 562 Fürstenstaaten in die Union, nach außen durch die Übernahme der letzten kolonialen Enklaven auf indischem Boden.

43. Iran
a) Korrespondentenbericht
b) M. Mossadegh
c) M. Mossadegh
d) M. Mossadegh
e) Korrespondentenbericht

44. Indien
a) J. Nehru
b) J. Nehru
c) J. Nehru
d) J. Nehru
e) K. Adenauer

45. Die Uhr läuft ab

Für die alten Kolonialmächte England, Frankreich und Belgien läuft die Uhr in Afrika ab. In vielen Gebieten sind Befreiungsbewegungen aktiv. Sie fordern Unabhängigkeit und das Recht auf Selbstbestimmung. Nicht überall ziehen sich die Kolonialherren friedlich zurück. In Algerien, in Kenia und im Kongo kommt es zu langwierigen, teilweise sogar blutigen Auseinandersetzungen.
Frankreich gelingt es, wenn auch unter Schwierigkeiten, im März 1956 zunächst Tunesien und Marokko und im Oktober 1958 auch Guinea die Unabhängigkeit zu übertragen. In Algerien allerdings verstrickt es sich in einen grausamen Kolonial- und Bürgerkrieg.
Für Belgien sind die Probleme im Kongo besonders unübersichtlich. Zwar sagt König Baudouin im Januar 1959 den Aufständischen zu, daß die Kolonie für die Unabhängigkeit »vorbereitet« werden solle, doch an wen die Macht übertragen werden soll, bleibt unklar.
In Südafrika zerschlägt die Regierung des Buren Malan seit 1950 systematisch alle politischen Verbände der Nichtweißen mit dem Ziel, die Vorherrschaft der weißen Afrikaner zu erhalten.

46. Der Urwalddoktor

»Er sieht aus wie ein naher Verwandter des lieben Gottes.« Als DER SPIEGEL dies 1960 bemerkt, ist Albert Schweitzer 85 Jahre alt. Seine Wahlheimat Gabun im ehemaligen Französisch-Äquatorialafrika ehrt im selben Jahr nicht Schweitzers Ähnlichkeit mit dem lieben Gott, sondern seine Verdienste als Arzt und Forscher in Lambaréné. Die erste Briefmarke der Republik zeigt sein Bild: Ein markanter Kopf mit kantigem Kinn und eindringlichen Augen. Die schwarzen Lepra-Kranken halten ihn noch oft genug für den lieben Gott persönlich: »Großer Doktor« nennt man ihn respektvoll in Afrika, »Urwalddoktor« eher verniedlichend in Europa.
Schon während des Ersten Weltkriegs hatte er in seiner kräftigen Sprache den »verblödeten Autoritäten« vorgehalten, sie verherrlichen die Menschenrechte nur bei Banketten; sonst träten sie sie mit Füßen. Wissen wollte er nicht im Dienst der Macht sehen – amerikanischen Politikern schmeckt seine Warnung vor der Atombombe schlecht. Walter Jens stellt ihn deshalb zu jener Handvoll Aufrechter, deren Wissenschaft ethisch begründet ist.

45. Afrika
a) S. Mulumba
b) D. F. Malan
c) A. J. Luthuli
d) Baudouin I.

46. Albert Schweitzer
a) A. Schweitzer
b) A. Schweitzer
c) A. Schweitzer
d) A. Schweitzer
e) A. Schweitzer
f) A. Schweitzer

47. Menschenmacht – Menschenohnmacht

Auffallend für die 50er Jahre: Schiffsunglücke kommen häufiger vor als Flugzeugabstürze: Das Flugzeug hatte sich noch nicht als internationales Verkehrsmittel durchgesetzt.
Über Jahre sollten sich die Ermittlungen über die Unfallursache des Passagierschiffs »Andrea Doria« hinschleppen. Im Mittelpunkt der Untersuchungen: menschliches oder technisches Versagen? Endgültig konnte diese Frage nie geklärt werden.
Trotz neuer Technologien menschliche Ohnmacht gegenüber Naturgewalten? Im Februar 1953 werden große Teile Hollands von einer Sturmflut verwüstet – trotz gut durchdachter Deichanlagen. Nach den Schrecken dieser Katastrophe arbeiten die Niederländer beharrlich und mit großem Aufwand an der Abdämmung des Deltas von Rhein, Maas und Schelde. Der sogenannte Deltaplan wird 1958 sogar zum Gesetz erhoben. Er reicht bis in die 80er Jahre hinein und soll bei Fertigstellung mehr als 40% der bedrohten Landflächen sichern.

48. Wettlauf ins All

Zu Beginn des Jahrhunderts, als Jules Verne mit seinen utopischen Romanen das Publikum faszinierte, dachten deutsche und russische Forscher bereits ernsthaft über die technischen Möglichkeiten der Raumfahrt nach. Und es war der deutsche Ingenieur Wernher von Braun, der in den 50er Jahren einer der Väter der amerikanischen Weltraumfahrt wurde.
Das Hauptproblem der Forscher war der Antrieb. Um in eine Erdumlaufbahn zu gelangen, braucht die Rakete eine Geschwindigkeit von rund 28 000 Stundenkilometern. Seit Sputnik 1 im Oktober 1957 haben die Amerikaner und die Sowjetunion Tausende von Satelliten und Raumsonden ins All geschossen. Sie dienen der wissenschaftlichen Forschung, der Wettervorhersage, der Kommunikationstechnik und vielfältigen wirtschaftlichen Zielen. Sie sollen die Frage klären, ob außerhalb der Erde nicht doch Leben existiert. Schließlich aber – und nicht zuletzt – ist die militärische Nutzung des Weltraums eine wichtige Triebfeder für den Fortschritt in der Weltraumfahrt.

47. Unglücke II
a) BBC-Bericht
b) Reporterbericht
c) Reporterbericht
d) Augenzeugin
e) Reporterbericht

48. Raumfahrt
a) Funksignal Sputnik 1
b) Funksignal Sputnik 2
c) Funksignal Sputnik 3
d) Funksignal Luna 1
e) Passant
f) W. Hartner
g) Sowjetischer Nachrichtensprecher
h) W. v. Braun

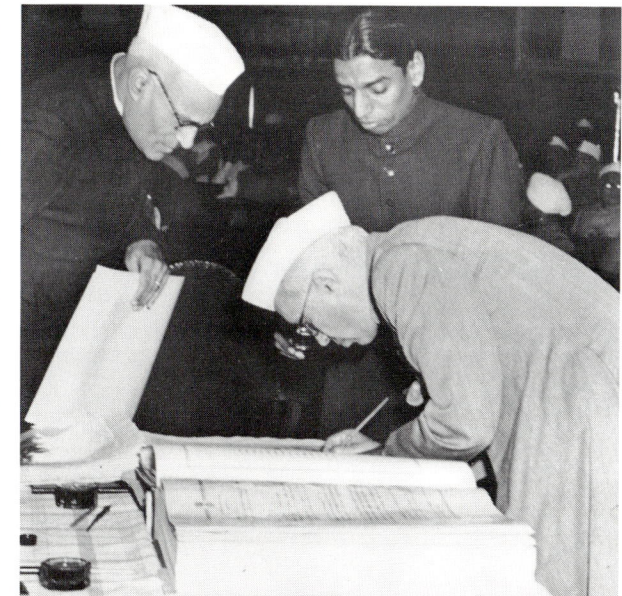

43. Iran
Dem von Schah Reza Pahlewi gestürzten Premierminister Mohammed Mossadegh wird der Prozeß gemacht.

44. Indien
Premierminister Nehru unterzeichnet die neue indische Verfassung.

45. Afrika
Kolonialismus: Der britische Gouverneur von Kenia nimmt eine Parade ab.

46. Albert Schweitzer
Vor seinem Privathaus in der von ihm 1913 gegründeten Leprasiedlung Lambaréné.

47. Unglücke II
Der amerikanische Frachter »Flying Enterprise« treibt manövrierunfähig im Atlantik, südwestlich von Irland.

48. Raumfahrt
Sputnik 1 führte erstmals sowjetische und amerikanische Funkamateure zusammen. Hier Studenten vom Verkehrsinstitut in Moskau.

Bundesrepublik Deutschland

Grunddaten	1950	1953	1956	1959
1. Einwohnerzahl (in Mill.)	50,0	51,4	53,0	54,9
2. Urbanisationsgrad (in %)	71,1	—	—	—
3. Berufstätige (in %)	46,3	—	50,0	—
4. Bruttosozialprodukt (in Mrd. DM)	97,8	147,0	—	245,6
5. Anteil des Bruttosozialproduktes in				
Landwirtschaft	10	9	—	7
Industrie	50	52	—	52
Handel und Dienstleistungen	40	40	—	41
6. Arbeitslosenquote (in % der berufsfähigen Bevölkerung)	10,2	7,5	4,0	2,4
7. Geburtenziffer (in ‰)	16,5	15,8	16,5	17,6
8. Sterbeziffer (in ‰)	10,5	11,2	11,2	10,8
9. Lebenserwartung bei Neugeborenen (in Jahren)				
Männer	64,6	—	—	66,7
Frauen	68,5	—	—	71,9
10. Jährlicher Energieverbrauch pro Einw. (in kg Ske)	2 550	2 870	3 435	3 374
11. Einfuhr (in Mill. US-Dollar)	2 697	4 110	6 970	8 580
12. Ausfuhr (in Mill. US-Dollar)	1 976	4 740	7 358	9 980
13. Einwohner pro Arzt	800	750	730	710

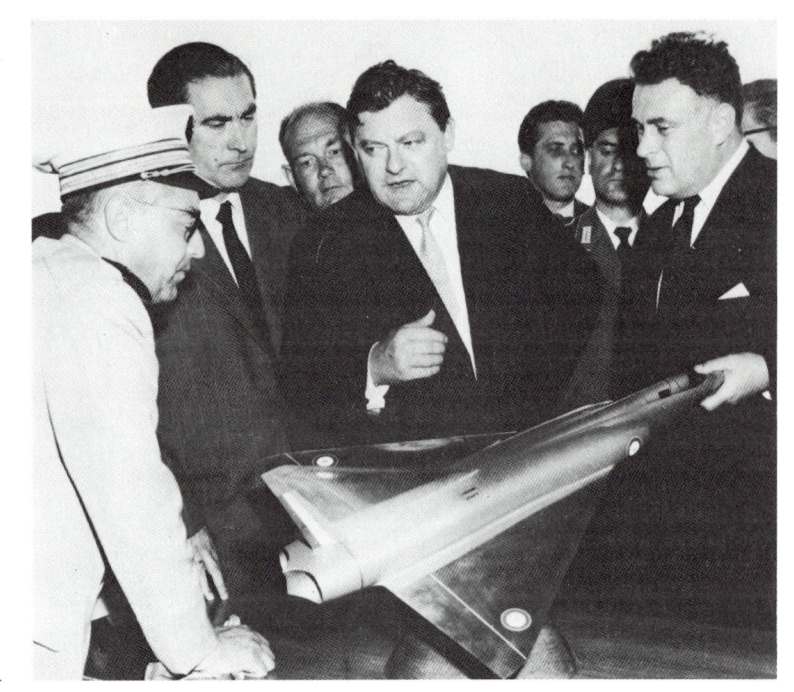

Franz Josef Strauß (Mitte) war seit 1956 Verteidigungsminister. Er wollte eine modern ausgerüstete Bundeswehr.
▷

Wiederaufrüstung
S. 65 – 9

Kurt Schumacher, als SPD-Vorsitzender gleichzeitig Oppositionsführer, war ein harter Widersacher Adenauers.

sequente Westintegration der Bundesrepublik an. Er setzte sie auch durch. Adenauer wollte den jungen demokratischen deutschen Staat aus der Isolierung des geschlagenen und moralisch geächteten Deutschland herausführen, ihm Handlungsfähigkeit, Gleichberechtigung und Sicherheit verschaffen. Nichts fürchtete er mehr, als eine weitere Verständigung der Siegermächte auf deutsche Kosten. Die Bedrohung kam für ihn von der Sowjetunion, deshalb sah er Schutz und Sicherheit nur bei den Westmächten, besonders bei den USA: Von der Stärke und Einigkeit des Westens hinge die Bereitschaft der Sowjetunion ab, den von ihr beherrschten Völkern und damit auch den Deutschen in der DDR die Freiheit zu geben. Der wirtschaftliche Wohlstand in der Bundesrepublik werde zusätzlich eine unwiderstehliche Anziehungskraft auf den Osten ausüben.

Schon am 22. 11. 1949 schloß Konrad Adenauer mit der Alliierten Hohen Kommission das Petersberger Abkommen. Es steht am Anfang des Weges sowohl zur Partnerschaft mit dem Westen wie zur Selbständigkeit der Bundesrepublik. Die Regierung durfte konsularische und Handelsbeziehungen mit anderen Staaten aufnehmen und trat der Ruhrbehörde bei. Sie stimmte damit der internationalen Kontrolle über den deutschen Kohlenbergbau und die Schwerindustrie zu. Als Gegenleistung wurde die baldige Einstellung der Demontage zugesichert.

1950 schlug der Kanzler, der den Nationalismus abbauen wollte und dem eine Aussöhnung mit Frankreich besonders am Herzen lag, eine deutsch-französische Union vor. Der französische Außenminister griff diesen Gedanken mit dem nach ihm benannten »Schuman-Plan« auf, der 1951 zur Gründung der Europäischen Gemeinschaft für Kohle und Stahl (»Montanunion«, EGKS) führte, an der auch Italien und die Benelux-Länder teilnahmen. Im gleichen Jahr wurde die Bundesrepublik Vollmitglied des Europarats.

Die Absicht Adenauers, Deutschland aus der Isolierung herauszuführen, traf sich mit dem Wunsch der Westmächte nach Verbündeten im immer heftiger werdenden Kalten Krieg. Auf einer Konferenz der westlichen Außenminister in London 1950 wurde die Eingliederung der Bundesrepublik in das westliche Bündnissystem beschlossen und erstmals auch ihre Bewaffnung erwogen. Dieser Gedanke gewann nach dem Ausbruch des Koreakrieges an Aktualität. Der Kanzler, der angesichts der vergleichbaren Situation des geteilten Deutschlands selbst einen östlichen Angriff durch die bereits vorhandenen Streitkräfte der DDR (Kasernierte Volkspolizei) befürchtete, bat um Verstärkung der westlichen Truppen und bot den Westmächten gegen eine Erweiterung der deutschen Souveränität an, »im Fall der Bildung einer internationalen westeuropäischen Armee einen Beitrag in Form eines deutschen Kontingents zu leisten«. Dieses Angebot, das Adenauer ohne Rücksprache mit seinem Kabinett gemacht hatte, führte zum Rücktritt des damaligen Innenministers Gustav Heinemann (CDU) und zu heftigen Auseinandersetzungen in der Öffentlichkeit, die auf einen deutschen Verteidigungsbeitrag noch nicht vorbereitet war. Vor allem die SPD war grundsätzlich gegen die Aufstellung deutscher Streitkräfte, sie wirkte dann aber doch bei der Gestaltung der Wehrgesetze mit. Noch im Oktober 1950 sprach sich der französische Ministerpräsident Pleven für die Schaffung einer Europaarmee aus, die auf der Integration der nationalen Streitkräfte beruhte. Das löste in Bonn ein positives Echo aus, wo bereits die »Dienststelle Blank« des »Beauftragten des Bundeskanzlers für die mit der Vermehrung der Alliierten Truppen zusammenhängenden Fragen« gegründet wurde. 1951 erklärten die Westmächte den Kriegszustand mit Deutschland für formell beendet. Um das Vertrauen des Westens zu erringen, war Adenauer bereit, auf eine selbständige deutsche Ostpolitik weitgehend zu verzichten. Die seit 1950 regelmäßig in der Bundes-

Bundesrepublik Deutschland

Zehn Jahre im Überblick

1. 5. 1950	Ende der Lebensmittelrationierung.
11. 10. 1950	Robert Lehr wird als Nachfolger Gustav Heinemanns, der wegen Meinungsverschiedenheiten über einen deutschen Verteidigungsbeitrag zurückgetreten ist, Bundesinnenminister.
26. 1. 1951	Der Bundestag ratifiziert das Marshall-Plan-Abkommen mit den USA.
10. 4. 1951	Mitbestimmungsgesetz für die Montanindustrie.
18. 4. 1951	Unterzeichnung des Schuman-Plans.
2. 5. 1951	Die Bundesrepublik wird Vollmitglied des Europarates.
9. 7. 1951	Großbritannien beendet den Kriegszustand mit Deutschland, Frankreich folgt am 13. 7., die USA am 19. 10.
11. 1. 1952	Der Bundestag ratifiziert den Vertrag über die Gründung des EGKS.
8. 2. 1952	Der Bundestag beschließt gegen die Stimmen der SPD grundsätzlich einen Verteidigungsbeitrag.
10. 3. 1952	Angebot der UdSSR, über einen Friedensvertrag mit Gesamtdeutschland zu verhandeln.
26. 5. 1952	In Bonn wird der Deutschland- oder Generalvertrag über die Beziehungen zwischen der Bundesrepublik und den drei Westmächten unterzeichnet.
10. 7. 1952	Der Bundestag verabschiedet das Lastenausgleichsgesetz.
19. 7. 1952	Betriebsverfassungsgesetz.
10. 9. 1952	In Luxemburg wird das Wiedergutmachungsabkommen mit Israel unterzeichnet.
23. 10. 1952	Verbot der rechtsradikalen Sozialistischen Reichspartei (SRP).
27. 2. 1953	Londoner Schuldenabkommen regelt deutsche Auslandsschulden.
23. 4. 1953	Neufassung des Tarifvertragsgesetzes.
6. 9. 1953	Bundestagswahlen: CDU/CSU erhält 243 der 487 Mandate. Adenauer bildet am 20. 10. sein 2. Kabinett, eine Koalition aus CDU/CSU, FDP, DP und GDB/BHE.
26. 2. 1954	Der Bundestag beschließt eine Ergänzung zum Grundgesetz, die die Wehrhoheit der Bundesrepublik begründet.
17. 7. 1954	Theodor Heuss wird als Bundespräsident wiedergewählt.
28. 9.– 3. 10. 1954	Londoner Neun-Mächte-Konferenz beschließt die Souveränität der Bundesrepublik sowie ihren Beitritt zur NATO und zum Brüsseler Pakt.
19. 10.– 23. 10. 1954	Pariser Verträge bestätigen die Londoner Vereinbarungen und das Saarstatut sowie eine Neufassung des Generalvertrages.
5. 5. 1955	Proklamation der vollen Souveränität der Bundesrepublik und Auflösung der Alliierten Hohen Kommission nach Ratifizierung der Pariser Verträge.
9. 5. 1955	Bundesrepublik wird Mitglied der NATO.
9. 9.– 13. 9. 1955	Bundeskanzler Adenauer besucht Moskau: Aufnahme diplomatischer Beziehungen mit der UdSSR, Vereinbarung über die Heimkehr von 10 000 deutschen Kriegsgefangenen.
23. 10. 1955	67,7% der Stimmberechtigten im Saarland lehnen das Saarstatut ab.
12. 11. 1955	Die ersten Freiwilligen der Bundeswehr erhalten von Verteidigungsminister Blank die Ernennungsurkunden.
7. 7. 1956	Bundestag nimmt Wehrpflichtgesetz an.
17. 8. 1956	Verbot der KPD durch das Bundesverfassungsgericht.
27. 10. 1956	Deutsch-französische Verträge über das Saarland, das am 1. 1. 1957 in die Bundesrepublik eingegliedert wird.
23. 2. 1957	Neuregelung der Rentenversicherung.
20. 5. 1957	Bundesregierung lehnt Verhandlungen über eine Konföderation mit der DDR ab.
5. 7. 1957	Bundestag nimmt Römische Verträge über EWG und EURATOM an.
15. 9. 1957	Bundestagswahlen: CDU/CSU erhält 270 von 497 Mandaten. Adenauer bildet am 29. 10. sein 3. Kabinett.
19. 10. 1957	Abbruch der diplomatischen Beziehungen zu Jugoslawien, da dieses Land die DDR anerkannt hat (»Hallstein-Doktrin«).
27. 11. 1958	Berlin-Ultimatum der UdSSR.
1. 7. 1959	Heinrich Lübke (CDU) wird zum Bundespräsidenten gewählt; Amtsantritt am 15. 9.
13. 11.– 15. 11. 1959	SPD-Parteitag in Bad Godesberg beschließt neues Grundsatzprogramm.

Wiedervereinigung
S. 49 – 2
Nato-Beitritt
S. 65 – 10
Außenpolitik
S. 89 – 14

hauptstadt eingehenden Angebote der DDR-Regierung zu gesamtdeutschen Beratungen wurden entweder gar nicht zur Kenntnis genommen oder mit der Forderung nach vorhergehenden gesamtdeutschen freien Wahlen beantwortet. Diese aber wollte die DDR ihrerseits nur unter so vielen Vorbedingungen akzeptieren, daß es einer glatten Ablehnung gleichkam.
Als sich die völlige und gleichberechtigte Eingliederung einer bewaffneten Bundesrepublik in das westliche Bündnis abzuzeichnen begann, unterbreitete Stalin im März 1952 den Vorschlag eines Friedensvertrages mit einem wiedervereinigten, aber neutralisierten Gesamtdeutschland. Sein Zweck, den bevorstehenden Eintritt in die Europäische Verteidigungsgemeinschaft zu verhindern, war offensichtlich. Wie weit das Angebot überhaupt ernstgemeint war, bleibt ungewiß, da von westlicher Seite kein Versuch unternommen wurde, seine Ernsthaftigkeit zu prüfen.
Aus diesem Grunde blieb bei manchen Kritikern, insbesondere innerhalb der SPD, die Auffassung lebendig, hier sei eine reale Chance zur Wiedervereinigung verpaßt worden. Für Adenauer war, wie er in seinen »Erinnerungen« schrieb, klar, »was die Russen wollten..., sie wollten über die Neutralisierung Deutschlands schließlich dessen Einbeziehung in den sowjetischen Herrschaftsbereich«.
Zu diesem Zeitpunkt stand die Unterzeichnung des »General-« oder »Deutschlandvertrags« mit den Westmächten und der Europäischen Verteidigungsgemeinschaft unmittelbar bevor. Als das Vorhaben der Europäischen Verteidigungsgemeinschaft, das bereits von allen übrigen Partnern, darunter auch vom Bundestag, ratifiziert worden war, am 30. 8. 1954 in der Französischen Nationalversammlung scheiterte, kam es noch im gleichen Jahr zum Abschluß der Pariser Verträge über die Bildung der Westeuropäischen Union. Dabei handelte es sich um eine Erweiterung des Brüsseler Pakts von 1948, eines Verteidigungsabkommens zwischen Großbritannien, Frankreich und den Benelux-Ländern, um Italien und die Bundesrepublik Deutschland. Die Verträge traten zusammen mit einer Neufassung des Generalvertrags am 5. 5. 1955 in Kraft. Damit war das Besatzungsstatut erloschen, die Bundesrepublik souverän und gleichberechtigt, und die Bündnispartner waren auf den Alleinvertretungsanspruch der Bundesregierung sowie auf die Wiedervereinigung Deutschlands verpflichtet. Vier Tage später wurde die Bundesrepublik in die NATO aufgenommen.
In der Bundesrepublik war noch 1955 aus der Dienststelle Blank das Bundesverteidigungsministerium hervorgegangen. Die ersten Wehrgesetze waren in Kraft getreten und die ersten freiwilligen Soldaten ernannt worden. 1956 wurden die Bezeichnung »Bundeswehr« für die der NATO zugeordneten Streitkräfte sowie die allgemeine Wehrpflicht eingeführt.
Die Einigung Westeuropas fand ihren vorläufigen Abschluß und ihren wirtschaftlichen Höhepunkt in den Römischen Verträgen über die Gründung der Europäischen Wirtschaftsgemeinschaft (EWG) sowie

Bundesrepublik Deutschland

Am 5. 1. 1957 gratulieren die Generäle Heusinger (2. v. links, neben Verteidigungsminister Strauß), Speidel und Kammhuber Bundeskanzler Adenauer zu seinem 81. Geburtstag.

Wirtschaftswunder I
S. 49 – 5
Wirtschaftswunder II
S. 49 – 6

Die CDU (hier ein Plakat aus dem Jahre 1958) setzte sich gegen den Kommunismus und für ein ungeteiltes Deutschland ein.

DIE FREIHEIT IST UNTEILBAR
UNSER RECHT BLEIBT STÄRKER ALS DIE GEWALT
CDU

der Europäischen Atomgemeinschaft (EURATOM), die 1958 in Kraft traten.
Adenauers Ziel, die Bundesrepublik fest im westlichen Lager zu verankern, war damit erreicht. Im Ostblock hatte sie nur mit der Sowjetunion 1955 diplomatische Beziehungen aufgenommen und damit die Zusage der Entlassung der letzten deutschen Kriegsgefangenen erreicht. Gegen die DDR wurde die sogenannte Hallstein-Doktrin angewandt, die die Aufnahme diplomatischer Beziehungen mit ihr als unfreundlichen Akt bezeichnete und den Abbruch der Beziehungen durch die Bundesrepublik vorsah. Dies wurde 1957 erstmals gegenüber Jugoslawien praktiziert. Schon vorher hatte die Bundesregierung im gleichen Jahr einen Plan der sowjetischen Regierung abgelehnt, die deutsche Einheit durch Verhandlungen mit der DDR und Bildung einer Konföderation herzustellen.
Die Bundesrepublik hatte bereits vor der Schaffung der Bundeswehr auf die Ausrüstung ihrer Streitkräfte mit atomaren, biologischen und chemischen Waffen verzichtet. Nachdem Bundesverteidigungsminister Franz Josef Strauß in einer Bundestagsdebatte im März 1958 eine atomare Bewaffnung der Bundeswehr, allerdings unter alliierter Kontrolle, gefordert hatte, erhob sich erheblicher innenpolitischer Widerspruch. Die SPD gründete gemeinsam mit dem DGB und anderen Gruppen den Aktionsausschuß »Kampf dem Atomtod«.
Die innenpolitische Diskussion um Verteidigungspolitik, Westintegration und Deutsche Frage verschärfte sich nach dem Berlin-Ultimatum Chruschtschows vom 27. 11. 1958. Bereits kurz vorher hatte Ulbricht erklärt, ganz Berlin liege im Hoheitsgebiet der DDR. Nun kündigte Chruschtschow das Viermächtestatut von Berlin mit einer Frist von sechs Monaten und forderte Verhandlungen über eine entmilitarisierte »Freie Stadt Westberlin«. Unter dem Eindruck dieser Drohungen legte die SPD im März 1959 einen Deutschlandplan vor, der von einem wiedervereinigten, aber neutralisierten Gesamtdeutschland ausging. Der Plan fand bei der überwiegenden Mehrheit der Öffentlichkeit keine positive Resonanz und ist als letzter Versuch der SPD zu werten, ihre Politik einer konsequenten Ablehnung der Westintegration durchzuhalten, bevor sie sich dann 1960 entschloß, weitgehend auf die Linie der Regierung Adenauer einzuschwenken.

Überwindung der Kriegsfolgen und Wirtschaftswunder

Frankreich hatte sich das Saarland 1947 wirtschaftlich angeschlossen. 1950 erfolgte durch französisch-saarländische Konventionen die politische Trennung von Deutschland. Das Saarland erhielt Autonomie und überließ Frankreich die außenpolitische Vertretung. Obwohl sich Adenauer bereits am 16. 1. 1950 gegen eine Abtrennung des Saargebiets ausgesprochen hatte, verfolgte er im Zusammenhang mit der Saarfrage gegenüber Frankreich eine zurückhaltende Politik, um die deutsch-französische Verständigung nicht zu gefährden. Bestandteil der Pariser Verträge vom Oktober 1954 war das Saarstatut, das den Fortbestand der politischen Trennung von Deutschland und des wirtschaftlichen Anschlusses an Frankreich bis zu einer Regelung im Friedensvertrag vorsah. Es mußte allerdings einer Volksabstimmung unterzogen werden, bei der sich am 23. 10. 1955 67,7% der Stimmberechtigten gegen das Saarstatut aussprachen. Daraufhin wurden am 27. 10. 1956 sechs deutsch-französische Saarverträge abgeschlossen, nach denen das Land am 1. 1. 1957 zehntes Land der Bundesrepublik Deutschland wurde. In wirtschaftlichen Angelegenheiten wurde eine dreijährige Übergangszeit festgelegt.
Eine wesentliche Voraussetzung für die Wiederherstellung des deutschen Ansehens in der Welt war die Regelung der Wiedergutmachung für die dem jüdischen Volk unter dem Nationalsozialismus zugefügten materiellen Schäden. Der Staat Israel hatte im März 1951 von den Alliierten deutsche Wiedergutmachungszahlungen gefordert. Während die Sowjetunion und die DDR auf diese Forderungen nicht eingingen, verwiesen die Westalliierten Israel auf direkte Kontakte mit der Bundesregierung. Adenauer erkannte in einer Regierungserklärung vom 27. 9. 1951 die prinzipielle Verpflichtung des deutschen Volkes gegenüber Israel und dem jüdischen Volk an. Verhandlungen führten am 10. 9. 1952 zur Unterzeichnung des Wiedergutmachungsabkommens zwischen der Bundesrepublik und dem Staat Israel in Luxemburg, das am 4. 3. 1953 vom Bundestag ratifiziert wurde, obwohl nicht nur die extremen Parteien von rechts und links, sondern auch Teile der Regierungskoalition dagegen stimmten, weil sie Bedenken hinsichtlich einer Verschlechterung des deutsch-arabischen Verhältnisses hatten. Vergleichbare Abkommen wurden in den 50er Jahren auch mit einigen westeuropäischen Ländern abgeschlossen, wobei mit Belgien und den Niederlanden auch kleinere Grenzprobleme geregelt wurden. Neben den unmittelbaren Kriegszerstörungen stellte die große Zahl von Vertriebenen und Flüchtlingen aus den deutschen Ostgebieten, den osteuropäischen Ländern und der DDR das größte Problem für die Bundesrepublik Deutschland und ihre wirtschaftliche Entwicklung dar. Die Eingliederung dieser Menschen, deren Zahl bis 1959 auf über 12 Millionen angewachsen war, ist zweifellos die größte innenpolitische Leistung des Bundesrepublik gewesen. Voraussetzung dafür und für die Verhinderung einer

gefährlichen Radikalisierung war nicht nur die materielle Entschädigung durch das Lastenausgleichsgesetz von 1952, sondern auch und vor allem die gesunde wirtschaftliche Entwicklung, die in den meisten Fällen eine volle und rasche Eingliederung in den Wirtschaftsprozeß erlaubte. Andererseits waren die Vertriebenen und Flüchtlinge für die schon seit der Währungsreform von 1948 im Aufschwung befindende westdeutsche Wirtschaft ein außerordentlich wertvolles Arbeitskräftepotential. Der Marshall-Plan, dem die Bundesregierung bereits am 15. 12. 1949 offiziell beitrat, bildete nicht nur eine wertvolle materielle Hilfe, sondern hatte auch eine starke psychologische Signalwirkung. Die Hoffnung auf eine Wiederaufnahme des lebenswichtigen Außenhandels im großen Stil führte zum Einfließen bisher gehorteter Rohstoffe und Materialien in den Produktionsprozeß. Das Angebot an Konsumgütern steigerte sich und reizte seinerseits die Produktivität an. Schon 1950 begann man deshalb im Ausland vom »Deutschen Wirtschaftswunder« zu reden. Diese Entwicklung wurde von der Bundesregierung unter dem maßgebenden Einfluß des Wirtschaftsministers Ludwig Erhard kräftig gefördert. Bereits in seiner ersten Regierungserklärung hatte sich Adenauer zur Sozialen Marktwirtschaft bekannt und als wichtigste Aufgaben die Förderung der Kapitalbildung, die Regelung des Lastenausgleichs, die Förderung des Wohnungsbaues, die Entwicklung des Außenhandels und die Unterstützung von Mittelstand und Bauern herausgestellt.
Eine der Grundlagen des Aufschwungs war eine Änderung des Einkommensteuer- und Körperschaftsteuergesetzes vom 3. 3. 1950, durch die nicht entnommene Gewinne aus Betrieben und damit die Investitionsbereitschaft durch Eigenfinanzierung begünstigt wurden. Am 1. 5. 1950 entfielen die letzten Lebensmittelrationierungen. Eine Reihe von Gesetzen in den Jahren 1951/52 ordneten die Agrarmärkte. Durch eine vorsichtigte Steuerung und Subventionierung der Agrarpreise wurden die Preise für Lebensmittel niedrig gehalten, damit nicht durch steigende Verbraucherpreise höhere Lohnforderungen angereizt und damit die Exportindustrie mit Kosten belastet würde. Die von der Bundesrepublik übernommenen Vorkriegsschulden des Deutschen Reiches in Höhe von 13,3 Milliarden RM und die Nachkriegsschulden in Höhe von 6,8 Milliarden DM wurden durch das Londoner Schulden-Abkommen vom 27. 2. 1953 geregelt. Damit war die Voraussetzung für die Eingliederung der Bundesrepublik in den internationalen Wirtschafts- und Zahlungsverkehr geschaffen. Am 5. 9. 1955 wurde das Landwirtschaftsgesetz verabschiedet, das die Grundlage für die Verbesserung der Agrarstruktur durch Flurbereinigung und andere Maßnahmen und der Einkommenslage der Landbevölkerung bildet. Ein weiterer wichtiger Markstein der Wirtschaftspolitik war das Gesetz gegen Wettbewerbsbeschränkungen vom 27. 7. 1957, das marktbeherrschende Unternehmen und Kartellabsprachen verbietet. Kritiker meinen zwar, es ließe zu viele Ausnahmen zu, die seine Wirkung aushöhlten, doch sprechen andererseits die Anhänger der Sozialen Marktwirtschaft von diesem Gesetz als dem »Grundgesetz« der Wirtschaftsordnung der Bundesrepublik. Die allgemein günstige Wirtschaftslage gestattete eine relativ partnerschaftliche Regelung des Verhältnisses zwischen Arbeitgebern und Gewerkschaften. Andererseits wäre das »Wirtschaftswunder« ohne diese Sozialpartnerschaft auch nicht denkbar gewesen. Einer der ersten wichtigen Schritte war die Verabschiedung des »Gesetzes über die Mitbestimmung der Arbeitnehmer in den Aufsichtsräten und Vorständen der Unternehmen des Bergbaus und der eisen- und stahlerzeugenden Industrie« am 10. 4. 1951, das eine paritätische Besetzung der Aufsichtsräte in den Unternehmen der Montan-Industrie vorschrieb. Von ähnlicher Bedeutung war das am 19. 7. 1952 beschlossene Betriebsverfassungsgesetz, das in allen Privatbetrieben mit fünf und mehr Beschäftigten die Wahl von Betriebssprechern oder Betriebsräten vorsieht. Nach Vorläufern aus den Jahren 1949 und 1952 regelte das neugefaßte Tarifvertragsgesetz vom 23. 4. 1953 das Tarifvertragswesen. Es sieht die Autonomie von Arbeitgebern und Gewerkschaften bei der Aushandlung von Arbeitsbedingungen und Löhnen vor. Den größten sozialpolitischen Fortschritt stellten die Gesetze zur Neuregelung des Rechts der Rentenversicherung der Arbeiter und der Angestellten vom 23. 2. 1957 dar, durch die eine laufende Anpassung der Renten an die Entwicklung des Lohn- und Preisniveaus gesichert wurde. Bundeskanzler Adenauer hatte am Ende des Jahrzehnts praktisch alles erreicht, was er sich vorgenommen hatte – mit Ausnahme der Deutschen Einheit. So spielte er in der ersten Hälfte des Jahres 1959, als sich die zweite Amtszeit des Bundespräsidenten Heuss dem Ende zuneigte, mit dem Gedanken, sich selbst zum Bundespräsidenten wählen zu lassen. Die Angelegenheit wurde für Adenauer zu einer großen Enttäuschung. Nicht nur mußte er erkennen, daß die verfassungsmäßigen Grenzen seiner Macht als Bundespräsident sehr eng waren. Er sah sich auch der Tatsache gegenüber, daß seine Partei nicht seinen Favoriten, Bundesfinanzminister Etzel, sondern den von ihm wenig geliebten Wirtschaftsminister Erhard zum Nachfolger als Kanzler wählen würde. Nach einigem Hin und Her verzichtete Adenauer auf seine Kandidatur und blieb Bundeskanzler. Am 1. 7. 1959 wurde Bundeslandwirtschaftsminister Heinrich Lübke zum zweiten Präsidenten der Bundesrepublik Deutschland gewählt.

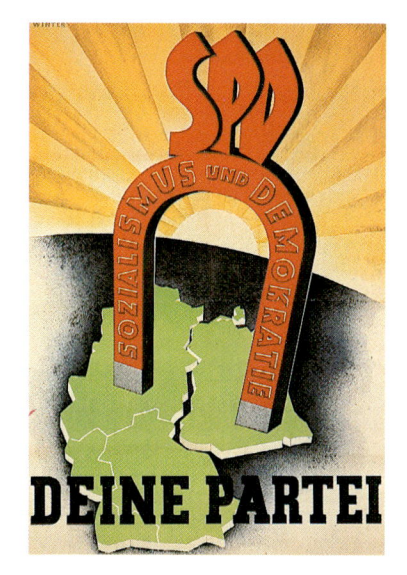

Zwei SPD-Plakate aus den 50er Jahren. Hauptforderungen der Partei waren Wiederherstellung der Deutschen Einheit, Kampf gegen den Atomtod und prinzipieller Antikommunismus.

Dominikanische Republik

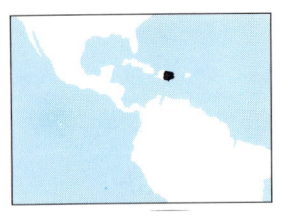

Fläche: 48 734 km²
Hauptstadt: Santo Domingo

Auch in den 50er Jahren beherrschte Rafael Leónidas Trujillo, der seit 1930 an der Macht war, zusammen mit seiner Familie Politik und Wirtschaft. Der Diktator verteilte alle Wirtschaftsbereiche unter seine Familienmitglieder. Er war einer der unpopulärsten Politiker Lateinamerikas, obwohl die Wirtschaft des Landes durchaus florierte. 1952 wurde sein Bruder Héctor pro forma Präsident. 1957 wurde er für eine neue Amtszeit wiedergewählt. Bis zum Ende der 50er Jahre genossen die Trujillos die Unterstützung der USA. Unter dem Druck von Protesten und nach dem Sturz Batistas auf Kuba gingen sie jedoch zu Trujillo auf Distanz. Im Juni 1959 kam es in der Dominikanischen Republik zu vergeblichen Invasionen politischer Exilanten. Trujillo, der die Regierung Kubas und Venezuelas dafür verantwortlich machte, bat auf der Grundlage des interamerikanischen Verteidigungsabkommens die Organisation der Amerikanischen Staaten um Hilfe.

Ecuador

Fläche: 283 561 km²
Hauptstadt: Quito

Der Liberale José Maria Velasco Ibarra beherrschte lange Zeit die Politik Ecuadors: Von 1934 bis 1972 war er fünfmal Präsident. In den Jahren, in denen er das Präsidentenamt nicht inne hatte, weil ihn die Armee jeweils gestürzt hatte, lebte er meist in Buenos Aires. Die Präsidentschaftswahlen von 1952 gewann er mit Unterstützung der 1942 gegründeten, peronistisch orientierten Acción Revolucionaria Nacionalista Ecuatoriana (ARNE).
Velascos Regierungsstil war autoritär und konservativ. Dennoch war er bemüht, den extremen Unterschied zwischen arm und reich (50% des Landes befanden sich im Besitz von nur 1% der Bevölkerung) zu verringern. Für die Armee war dies eine ständige Herausforderung zum Eingreifen. Das Schulsystem war bereits früher verbessert und der Grundschulunterricht (für den Schulpflicht bestand) ausgeweitet worden. Das Bewässerungssystem wurde ausgebaut, und die staatlichen Kredite für die Bauern wurden erhöht. Aufgrund der günstigen Entwicklung der Handelsbilanz und der vielen Darlehen, die das Ausland gewährte, besserte sich die Wirtschaftslage in den 50er Jahren. Bei den Präsidentschaftswahlen 1956 siegte – nachdem 60 Jahre lang die Liberalen den Präsidenten gestellt hatten – der Konservative Camilo Ponce Enriquez. Seine vierjährige Amtszeit verlief verhältnismäßig ruhig.

El Salvador

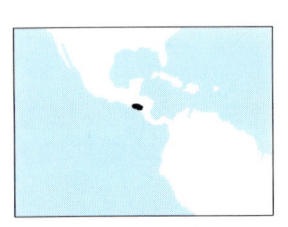

Fläche: 21 393 km²
Hauptstadt: San Salvador

Major Oscar Osorio, seit dem Putsch von 1948 Führer einer Militärjunta, gewann die Wahlen vom März 1950. Zum ersten Mal waren auch Frauen stimmberechtigt. Osorio war der Gründer der gemäßigten Partido Revolucionario de Unificación Democrática (PRUD), der Partei, die in den 50er Jahren das politische Leben El Salvadors beherrschte. Er entwarf eine ausgesprochen sozialwirtschaftlich orientierte Verfassung, die die bereits seit 1931 ungültige Verfassung von 1895 ersetzte. Während seiner Präsidentschaft waren in vielen Bereichen Fortschritte zu verzeichnen. Die Gewerkschaften wurden legalisiert, und die ersten Sozialgesetze kamen zustande. Osorios Nachfolger, sein Parteifreund Oberst José Maria Lemus (1956–1960), setzte diese Politik fort.
Ungeachtet des Fortschritts in Wirtschaft, Energieversorgung und Verkehrswesen und der offiziell bestehenden Demokratie blieb das Land eine Oligarchie, die von den führenden sog. 14 Familien regiert wurde. Der Großgrundbesitz überwog, und die Besitzer sicherten ihre Macht durch Privatmilizen. Aristokratie und Armee bildeten eine enge Einheit. Deshalb blieben die Lebensumstände der großen Masse von unterbezahlten Landarbeitern wenig verändert. Gegen Ende der 50er Jahre führte dies zu wachsenden sozialen und politischen Spannungen.

Fidschi

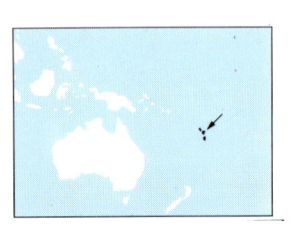

Fläche: 18 274 km²
Hauptstadt: Suva

Auch in den 50er Jahren zeigten die Ureinwohner der Inselgruppe wenig Neigung zur Unabhängigkeit. Vielmehr sahen sie im Fortbestand der britischen Kolonialverwaltung die beste Garantie für die Wahrung ihrer Vorzugsstellung gegenüber der indischen Bevölkerungsgruppe.
Die wirtschaftliche Situation war jedoch schwierig; die Zahl der Arbeitsplätze stagnierte, während die Bevölkerung rasch zunahm. Die Folge war wachsende Arbeitslosigkeit, die wiederum ständige soziale Unruhe, besonders unter der indischen Bevölkerungsgruppe, mit sich brachte. Zur Beschaffung von Arbeitsplätzen waren die Inder in weitaus größerem Maße als die Fidschianer von Plantagenunternehmen und Industrie abhängig. Die landbesitzenden Fidschianer konnten von ihrer Selbstversorgungswirtschaft meist gut leben. Zielscheibe indischer Protestaktionen war zuerst die Colonial Sugar Refining Company, ein Privatunternehmen, das die Zuckerproduktion auf Fidschi kontrollierte. Daß jedoch neben den Indern auch die einheimische Bevölkerung unter der wachsenden Arbeitslosigkeit zu leiden hatte, zeigte sich im Dezember 1959, als in Suva schwere Unruhen ausbrachen, bei denen ethnische Gegensätze vorübergehend nebensächlich geworden zu sein schienen.

Finnland

Zentrale Elemente der Außenpolitik waren der Neutralitätsgrundsatz und die Unterhaltung freundschaftlicher Beziehungen zur UdSSR. Besonders die Bauernpartei war für gute Beziehungen zur Sowjetunion. Der ehemalige Ministerpräsident Urho Kekkonen, seit 1956 Nachfolger von Staatspräsident Juho Paasikivi, war Garant einer solchen Politik.
1952 waren die finnischen Reparationsleistungen an die UdSSR, die Finnland durch die Lieferung von Maschinen abgalt, abgeschlossen. Zudem räumte die UdSSR 1956 den Militärstützpunkt auf der Halbinsel Porkkala, den Finnland 1947 im Frieden von Paris der UdSSR hatte abtreten müssen. Anläßlich eines Besuches von Präsident Kekkonen in Moskau (Mai 1958) erhielt Finnland das Durchfahrtsrecht für den Saimaakanal.

Das Verhältnis zur UdSSR hatte bisweilen innenpolitische Folgen. Eine zunehmende Verärgerung über die sowjetische Einmischung blieb nicht aus, beispielsweise 1952, als die UdSSR sich gegen eine beschränkte Autonomie der Ålandinseln unter internationaler Aufsicht wandte. Finnland verzichtete daraufhin auf die internationale Aufsicht.
Die Beziehungen zur UdSSR gestalteten sich noch schwieriger als die kommunistischen Volksdemokraten aus den Wahlen von 1958 als stärkste Partei hervorgingen, aber von der Regierungsbeteiligung ausgeschlossen wurden.
Die UdSSR berief ihren Botschafter ab und trat vom Handels- und Fischereivertrag zurück. Das führte zu einer Krise der Koalitionsregierung des Sozialdemokraten Fagerholm. Die Bauernpartei verließ das Kabinett. Im Januar 1959 kam eine Minderheitsregierung unter dem Agrarier Sukselainen ins Amt.

Die Bauernpartei regierte abwechselnd zusammen mit den Sozialdemokraten und den Rechtsparteien. Insgesamt gab es in den 50er Jahren 14 verschiedene Kabinette. Besonders häufig wechselten die Regierungen 1957/58, als das Kabinett Fagerholm über eine Preisregelung bei landwirtschaftlichen Erzeugnissen zu Fall kam.
Ein Streitpunkt in der Innenpolitik waren die Probleme der Landwirtschaft. Aber auch die wirtschaftlichen Flauten von 1952/53 und 1956/57 führten zu Meinungsverschiedenheiten. Die zunehmende Inflation und die Sparpolitik stießen auf Proteste der Gewerkschaften und führten schließlich zu einer Streikwelle für höhere Löhne. Durch die Stellung des Präsidenten, der über beträchtliche Exekutivvollmachten verfügte, hielt sich die politische Instabilität aber in Grenzen.

Fläche: 337 032 km²
Hauptstadt: Helsinki

◁
Im Januar 1956 gab die UdSSR die Marinebasis Porkkala an Finnland zurück. Ministerpräsident Urho Kekkonen während einer Inspektion des Gebiets.

Grunddaten	1950	1953	1956	1959
1. Einwohnerzahl (in Mill.)	4,0	4,1	4,3	4,4
3. Berufstätige (in %)	49,2	—	48,5	—
4. Bruttosozialprodukt (in Mill. Finnmark)	4 772	7 101	—	—
5. Anteil des Bruttosozialproduktes in				
Landwirtschaft	26	25	—	21
Industrie	40	38	—	38
Handel und Dienstleistungen	34	36	—	41
7. Geburtenziffer (in ‰)	24,5	21,9	20,7	18,9
8. Sterbeziffer (in ‰)	10,1	9,6	9,0	8,8
9. Lebenserwartung bei Neugeborenen (in Jahren)				
Männer	59,0	—	64,9	—
Frauen	65,9	—	71,6	—
10. Jährlicher Energieverbrauch pro Einw. (in kg Ske)	1 170	1 445	1 237	—
11. Einfuhr (in Mill. US-Dollar)	388	530	885	835
12. Ausfuhr (in Mill. US-Dollar)	392	572	774	835

Frankreich

Wechselnde Mehrheiten

Bei den Wahlen vom Juni 1951 erlangten Gaullisten und Kommunisten zusammengerechnet 46,3% der Stimmen; die Regierungskoalition der Zentrumsparteien hatte mit lediglich 51% keinen großen Vorsprung. Was jedoch die Zahl der Parlamentssitze betrifft, so war die Regierungsmehrheit überwältigend. Dies erklärt sich durch die Änderung des Wahlgesetzes vom Jahre 1950. An die Stelle des Verhältniswahlsystems war ein System der Listenverbindung in den Wahlbezirken getreten: Den siegreichen Parteien fielen, im Verhältnis der für sie abgegebenen Stimmen, alle verfügbaren Mandate des Bezirks zu. So kamen die Regierungsparteien auf 400 der 625 Sitze.

Die aufeinanderfolgenden Regierungen waren jedoch stets von Konflikten geprägt und nie von langer Dauer. Bis dahin hatten die Ablehnung des Kommunismus und der Wiederaufbau für ausreichenden Zusammenhalt in den Regierungskoalitionen gesorgt. Frankreich war fest in der NATO verankert. Dirigistische Maßnahmen und Verstaatlichungen hatten die Grundlage für eine Erneuerung der Wirtschaft geschaffen, aber auch zu Inflation und Finanzierungslücken im Staatshaushalt geführt. Die Wirtschaftspolitik, die Frage der Subventionierung konfessioneller Schulen, die Europapolitik, die Eingliederung der Bundesrepublik Deutschland in das Verteidigungsbündnis und die Kolonialfrage waren nach 1950 Probleme, von denen jedes für sich eine Regierung zu Fall bringen konnte.
Nur einige Regierungen hatten nach 1950 bedeutende Erfolge. Das war zuerst die Regierung Pleven (13. 7. 1950 bis 28. 2. 1951), auf deren Initiative das Europa der Sechs entstand, ferner die Regierung Pinay (8. 3. 1952 bis 23. 12. 1952). Antoine Pinay konnte die Inflation bezwingen und das Vertrauen in die französische Wirtschaft wiederherstellen. Der energischste Ministerpräsident der Vierten Republik war jedoch Pierre Mendès-France (18. 6. 1954 bis 5. 2. 1955). Er beendete innerhalb eines Monats nach seinem Amtsantritt den Indochinakrieg. Tunesien stellte er die Selbstverwaltung in Aussicht. Im August 1954 lehnte

Fläche: 547 026 km²
Hauptstadt: Paris

Frankreich

Grunddaten	1950	1953	1956	1959
1. Einwohnerzahl (in Mill.)	41,7	42,7	43,8	45,2
2. Urbanisationsgrad (in %)	—	55,9	—	—
3. Berufstätige (in %)	—	45,3	—	—
4. Bruttosozialprodukt (in Mrd. Francs)	100,7	151,1	—	—
5. Anteil des Bruttosozialproduktes in				
Landwirtschaft	15	12	—	10
Industrie	48	47	—	48
Handel u. Dienstl.	38	42	—	43
7. Geburtenziffer (in ‰)	20,7	18,9	18,5	18,4
8. Sterbeziffer (in ‰)	12,8	13,1	12,5	11,3
9. Lebenserwartung bei Neugeborenen (in Jahren)				
Männer	63,6	—	—	—
Frauen	69,3	—	—	—
10. Jährlicher Energieverbrauch pro Einw. (in kg Ske)	2030	2200	2439	2332
11. Einfuhr	3030	4190	5850	5210
12. Ausfuhr (in Mill. US-Dollar)	3037	4020	4541	5660
13. Einwohner pro Arzt	—	1100	—	920

Regierungschef Pierre Mendès-France während eines Besuches in den USA. Links neben ihm US-Vizepräsident Richard Nixon, auf der anderen Seite US-Außenminister John Foster Dulles.
▷

Frankreich I
S. 248 – 37

Mendès-France die Ratifikation des EVG-Vertrages ab und ließ das Projekt damit scheitern. Als nächstes stimmte er dem NATO-Beitritt der Bundesrepublik Deutschland zu. Er leitete auch die französische Nuklearforschung ein und schuf damit die Grundlage für eine selbständige französische Atomstreitmacht. In der Algerienfrage war er zu keinem Zugeständnis bereit: Algerien bildete für ihn einen integralen Bestandteil Frankreichs. Die Ernennung des Gaullisten Jacques Soustelle zum Generalgouverneur von Algerien brachte seine Regierung zu Fall.

Verlagerungen nach rechts und links

In der Zeit von 1951 bis 1956 verlagerte sich der Schwerpunkt der Regierungen zunehmend nach rechts. Die Kommunistische Partei (PCF) konnte sich in ihrer prinzipiellen Isolation als stärkste Partei konsolidieren. Die anderen Parteien, die während der Besatzungszeit dem Widerstand angehört hatten, wie die Sozialistische Partei (SFIO) und die Progressive Christdemokratische Partei (MRP) von Georges Bidault, fielen in den 50er Jahren stark zurück. Das kam den Radikalen und Gemäßigten links und rechts der Mitte zugute. Auch bei der Bildung von Kabinetten spielten sie eine wichtige Rolle. Erst bei den Wahlen von 1956 trat die extreme Rechte, die nach 1944 keine Rolle mehr gespielt hatte, vorübergehend wieder in Erscheinung, und zwar um die Person von Pierre Poujade, der zu Streiks gegen das Steuersystem aufgerufen hatte. Seinen Erfolg verdankte er den Mittelständlern und den Bau-

In Vietnam wird nach der schockierenden Niederlage bei Diên Biên Phu die französische Flagge eingeholt.

Zehn Jahre im Überblick

13. 7. 1950	Erste Regierung Pleven (UDSR).
17. 6. 1951	Die Parlamentswahlen bringen Gewinne für die Gaullisten.
8. 3. 1952	Regierung Antoine Pinay (unabhängig).
24. 12. 1953	René Coty (unabhängig) wird nach 13 Wahlgängen als Nachfolger von Vincent Auriol zum Staatspräsidenten gewählt.
18. 6. 1954	Regierung Mendès-France (radikal).
2. 1. 1956	Die Wahlen zur Nationalversammlung bringen Gewinne für die Kommunisten mit 150 Mandaten und die Poujadisten mit 52 Mandaten.
31. 1. 1956	Regierung Mollet (SFIO).
14. 5. 1958	Regierung Pflimlin (MRP).
15. 5. 1958	Verhängung des Notstandes.
1. 6. 1958	Dritte Regierung de Gaulle.
23. 11. 1958	Zweiter Wahlgang für die Nationalversammlung: u. a. UNR 189 Mandate, PCF 10, MRP 14 und Sozialisten 44 Sitze, Unabhängige 132.
21. 12. 1958	Charles de Gaulle wird zum Staatspräsidenten gewählt.
8. 1. 1959	Regierung Debré (UNR).

ern, die durch die Wirtschaftsreformen in Schwierigkeiten geraten waren. Seine Partei kam auf 52 Sitze in der Nationalversammlung.
Die gaullistische Partei Rassemblement du Peuple Français (RPF) fiel bei den Wahlen von 1956 von gut 20% auf 4% der Stimmen zurück, weil de Gaulle sich von der Parlamentsfraktion distanziert hatte. Die Fraktion hatte sich nämlich zur Unterstützung von Koalitionsregierungen und später sogar zur Teilnahme verleiten lassen. Staatspräsident Coty konnte somit das Wahlergebnis von 1956 als einen Sieg der Linken interpretieren.
Die Sozialisten bildeten nun eine Regierung unter Guy Mollet. Die MRP unterstützte ihn, um ein Gegengewicht gegen die KP zu schaffen, auf die sich die Regierung anderenfalls zu sehr hätte stützen müssen. Mollet war erfolgreich bei der Lösung der Frage des Saargebiets. Durch die Unterzeichnung der Römischen Verträge trug er zum Fortschritt der europäischen Einigung bei. Die Inflation und die Steuererhöhungen, die wegen des Einsatzes einer immer größeren Zahl von Wehrpflichtigen in Algerien notwendig geworden waren, ließen jedoch die Popularität Mollets schwinden und führten zu seinem Sturz am 21. 5. 1957.

Mit Blick auf Europa

Besondere Verdienste erwarb sich die Vierte Republik auf dem Felde der Europapolitik. Vor allem die MRP und die SFIO traten als Befürworter des europäischen Einigungsgedankens hervor. Als Großbritannien den Weg zu einer europäischen Föderation blockierte, stellte der französische Außenminister Robert Schuman am 9. 5. 1950 den nach ihm benannten Plan zur Diskussion. Dieser Plan sah vor, die für die Rüstungsindustrie wichtige Kohle- und Stahlproduktion der Kontrolle der einzelnen europäischen Regierungen zu entziehen, um einen neuen gewaltsamen Konflikt zwischen Frankreich und der Bundesrepublik Deutschland zu verhindern und die Grundlage für ein vereinigtes Europa zu schaffen. Im April 1951 schlossen die Regierungen Frankreichs, der Bundesrepublik Deutschland, Italiens und der Beneluxstaaten den EGKS-Vertrag.
Ein zweiter »europäischer Plan« des Ministerpräsidenten Pleven vom 24. 10. 1950 sah die Aufstellung einer gemeinsamen europäischen Armee im Rahmen einer Europäischen Verteidigungsgemeinschaft (EVG) vor. Damit wollte Pleven sowohl den Amerikanern als auch den Gegnern einer selbständigen deutschen Streitmacht entgegenkommen. Der Plan rief in Frankreich großen Protest hervor. Nationalisten sahen in ihm eine Verletzung der französischen Souveränität. Antideutsche Gefühle brachten interne Gegensätze in den Parteien an die Oberfläche, was sich auch die Kommunisten bei ihrer heftigen Agitation zunutze machten. Dieses unglückliche Bündnis besiegelte sowohl das Schicksal der EVG als auch das der Europäischen Politischen Gemeinschaft, die als der EVG und der EGKS übergeordnete Instanz konzipiert gewesen war.

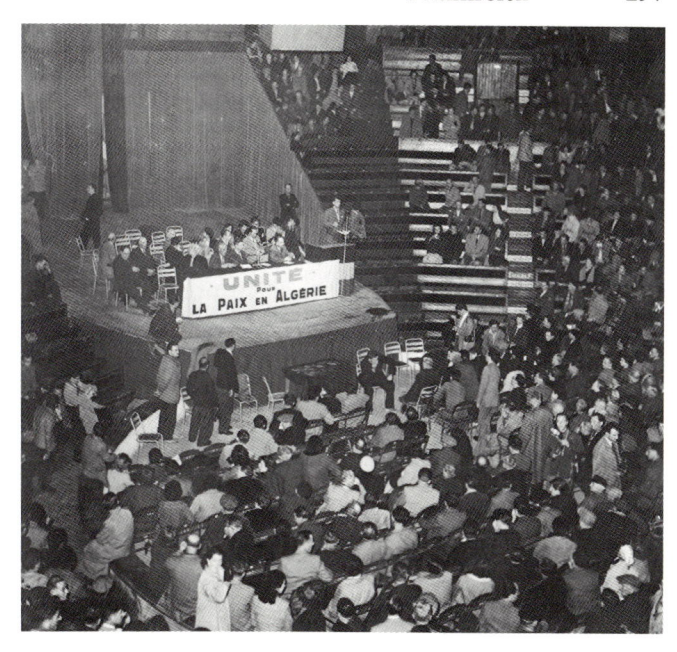

Eine verhängnisvolle Kolonialpolitik und der Untergang der Vierten Republik

Das Scheitern der Vierten Republik äußerte sich vor allem im Versagen der Kolonialpolitik. Daß so-

Auch im französischen Mutterland gab es eine große Zahl von Protestdemonstrationen gegen den Krieg in Algerien.

*Frankreich II
S. 248 – 38*

Bürgerkriegsähnliche Zustände bildeten den Hintergrund für die Entstehung der 5. Republik. Die französische kommunistische Partei war im Kampf gegen de Gaulle ziemlich isoliert.

Die »Grandeur« der 5. Republik: Staatspräsident de Gaulle mit seinem Kultusminister, dem Dichter André Malraux, bei einem Empfang.

Indochina I
S. 129 – 33

Indochina II
S. 129 – 34

wohl die Regierung als auch die breite Öffentlichkeit am Kolonialreich festhalten wollte, ist einer der auffälligsten Züge im Nachkriegsfrankreich. Die Unterstützung der Viet Minh durch den Ostblock schien die Präsenz Frankreichs in Indochina zur Wahrung der Belange des Westens zu rechtfertigen. Der Fall von Diên Biên Phu (1954) zwang die Franzosen zu einer Einigung mit den Viet Minh. In der öffentlichen Meinung hatte diese Niederlage einen Schock ausgelöst; die Armee war fest entschlossen, keine neue Erniedrigung hinzunehmen.

Dies trug wesentlich zu dem harten Vorgehen im algerischen Unabhängigkeitskampf bei. Die französische Invasion in Ägypten während der Suezkrise im Herbst 1956 beruhte nicht zuletzt auf dem Bedürfnis, Cairo wegen seiner Unterstützung der algerischen Rebellen zu schwächen. Nach der Bombardierung des tunesischen Grenzdorfs Sakhiet Sidi Youssef und internationalen Protestaktionen kam die Regierung Gaillard am 15. 4. 1958 zu Fall. Die Geschehnisse in der so entstandenen Krise wurden von den Siedlern und der Armee in Algerien bestimmt.

Am 13. 5. 1958 begann eine Rebellion der französischen Bevölkerung Algiers, der sich die Armee anschloß. In der Nacht des 13. 5. gelang es Ministerpräsident Pflimlin, ein Vertrauensvotum der Nationalversammlung zu erhalten. Als sich am 24. 5. auch Korsika nach einem Putsch der dort stationierten Fallschirmjägereinheit dem Aufstand anschloß, stand Frankreich kurz vor einem Bürgerkrieg. In den Wirren bot sich Charles de Gaulle immer mehr als Alternative an. Er erklärte sich bereit, auf legale Weise die Macht zu übernehmen, wenn man ihm gestatten würde, sechs Monate lang ohne Parlament zu regieren; außerdem forderte er eine Verfassungsänderung. Die Regierung Pflimlin trat am 28. 5. zurück. Präsident Coty drohte, ebenfalls zurückzutreten, wenn die Nationalversammlung de Gaulle nicht als Ministerpräsidenten akzeptieren würde. De Gaulle wurde am 1. 6. 1958 mit großer Mehrheit gewählt: 329 gegen 224 Stimmen. Damit war das Ende der Vierten Republik gekommen.

Präsidialregierung

De Gaulle begann sofort, sein Programm in die Tat umzusetzen. Am 5. 9. veröffentlichte er eine neue Verfassung, die dem Präsidenten der Republik faktisch die Kontrolle über die Exekutive verschaffte. Am 28. 9. 1958 wurde die neue Verfassung in einem Volksentscheid mit 79,2% der Stimmen angenommen. Nur die Mehrzahl der Kommunisten und ein kleiner Teil der Sozialisten stimmten dagegen. Bei den Wahlen zur Nationalversammlung vom November war die Wählerschaft der Kommunisten auf 18,9% geschrumpft. Den Rang als stärkste Partei hatte ihr nun die neue gaullistische Partei, die Union pour la Nouvelle République (UNR) abgelaufen, die 20,3% der Stimmen erlangte. Zum ersten Mal seit 1945 waren die Rechtsparteien stärker als die Linken. Am 21. 12. 1958 wurde de Gaulle als Nachfolger von René Coty zum Staatspräsidenten gewählt. Am 8. 1. 1959 hielt er offiziell seinen Einzug in den Élysée-Palast. Michel Debré wurde sein erster Ministerpräsident. Damit war die Fünfte Republik eine Tatsache geworden.

De Gaulle konnte sich nun der Wiederherstellung von Frankreichs Ansehen widmen. Durch die Abwertung des Franc verschaffte er Frankreich wieder eine harte Währung. Am 16. 9. 1959 erkannte er ausdrücklich das Selbstbestimmungsrecht Algeriens an. In seiner Außenpolitik sagte de Gaulle dem, was er als die »Hegemonie der Großmächte« ansah, den Kampf an. In der Praxis bedeutete das vor allem eine antiamerikanische Haltung. In NATO-Angelegenheiten forderte er für Frankreich ein Vetorecht. Zudem war er argwöhnisch gegenüber dem guten Einvernehmen, das sich 1959 zwischen den USA und der Sowjetunion anzubahnen schien. An den Abrüstungsverhandlungen in Genf wollte er nicht teilnehmen, trat aber als Vermittler im Ost-West-Konflikt auf. In der Europapolitik unterstützte de Gaulle alle Bestrebungen, die geeignet waren, die europäische und besonders die französische Abhängigkeit von den USA zu vermindern.

Französisch-Äquatorialafrika

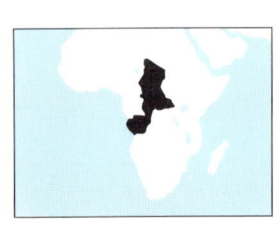

Fläche: 2 510 000 km²
Hauptstadt: Brazzaville

▷

Der Priester Fulbert Youlou war ab 1959 Regierungschef von Kongo-Brazzaville.

Der Drang zur Unabhängigkeit war Anfang der 50er Jahre in den vier Gebieten von Französisch-Äquatorialafrika (Gabun, Tschad, Mittelkongo und Ubangi-Schari) gering. Der Anstoß kam von anderen afrikanischen Unabhängigkeitsbewegungen und aus Paris. Das politische Leben bekam Impulse durch das französische Rahmengesetz von 1956, das den einzelnen Ländern ein größeres Maß an Selbstverwaltung zuerkannte. Am 31. 3. 1957 wurden in den vier Gebieten Territorialversammlungen gewählt.

Das Auseinanderbröckeln des von Brazzaville aus zentral verwalteten Gebietes wurde stark beschleunigt, als die Regionen im September 1958 die neue Verfassung des französischen Staatspräsidenten de Gaulle durch Volksentscheid akzeptierten. Die vier Länder schlossen sich der Französischen Gemeinschaft an und bekamen volle innere Selbstverwaltung. Eine Ablehnung der neuen Verfassung hätte die sofortige Unabhängigkeit und damit den Fortfall jeglicher französischer Unterstützung bedeutet.

De Gaulles Pläne sahen nicht die volle Unabhängigkeit vor, weil Frankreich an der Nutzung der Öl- und Uranvorkommen in Gabun und der Öl- und Manganvorräte in Mittelkongo beteiligt bleiben sollte. Die Entwicklung schritt indessen rascher voran. Die Bevölkerung der vier Länder forderte die volle Unabhängigkeit und erhielt sie bereits im August 1960. Jedes Land blieb Mitglied der Französischen Gemeinschaft.

Im Tschad gewann die Parti Progressiste Tchadien (PPT) die Wahlen von 1957. Der aus Panama stammende Lisette wurde Premierminister. Auch aus den Wahlen von 1959 ging die PPT als stärkste Partei hervor. Inzwischen war François Tombalbaye Premierminister geworden. Er verwies seinen Vorgänger des Landes.

In Ubangi-Schari stellte das Mouvement pour l'Évolution Sociale de L'Afrique Noire den Premierminister: zuerst Barthélemy Boganda und nach dessen Tod im Jahre 1959 seinen Vetter David Dacko.

In Gabun hielten sich die Union Démocratique et Social Gabonais von Jean Aubame und der Bloc Démocratique Gabonais von Léon Mba die Waage. Seit 1957 bildeten die Parteien eine Regierungskoalition unter Mba, der das Land in die Unabhängigkeit führte.

In Mittelkongo sorgte das Wahlergebnis von 1957 für ein Gleichgewicht zwischen der Union Démocratique de la Défense des Intérêts Africaines (UDDIA) von Fulbert Youlou im Süden und dem Mouvement Socialiste African (MSA) von Jacques Opangault im Norden. Als ein MSA-Parlamentsmitglied zur UDDIA überwechselte, wurde Youlou anstelle von Opangault Premierminister. Nach blutigen Zusammenstößen in Brazzaville während des Wahlkampfes wurde Opangault im Februar 1959 von französischen Fallschirmjägern verhaftet. Kurz vor der Unabhängigkeit im August 1960 ging die MSA in der UDDIA auf; Opangault wurde in die Regierung des Abbé Fulbert Youlou aufgenommen.

Französisch-Somaliland

In Französisch-Somaliland beherrschten Mahmud Harbi und sein Gegenspieler Hassan Gouled Aptidon die Politik. Die Gründung von Parteien kam durch das französische Rahmengesetz von 1956 in Gang. Dieses Gesetz sah Wahlen für einen neugebildeten Territorialrat vor. Harbis Union Républicaine siegte bei den Wahlen von 1957 und erlangte aufgrund des Wahlsystems sämtliche Sitze auf Kosten von Gouled Aptidons Défense des Intérêts Économiques et Sociaux du Territoire (DIEST).

Der Rat wählte aus seiner Mitte einen achtköpfigen Exekutivrat, der vom französischen Gouverneur geleitet wurde. Mahmud Harbi wurde Vizepräsident.

Ein vom französischen Staatspräsidenten de Gaulle verfügtes Referendum, das als Alternativen die Aufnahme in die Französische Gemeinschaft oder die Unabhängigkeit anbot, führte zu Spannungen. Harbi entschied sich entgegen den Wünschen eines Teiles seiner Partei für die Unabhängigkeit und unterlag beim Volksentscheid.

Im Oktober 1958 kam es in Djibouti zu Unruhen. Daraufhin löste Paris den Territorialrat auf und schrieb Neuwahlen aus. Diesmal siegte die DIEST. Harbis neue Partei, die Union Démocratique des Somali, erlangte nur sieben der 32 Mandate.

Harbi ging daraufhin ins Exil. Im April 1959 trat Hassan Gouled Aptidon als Vizepräsident zurück und übernahm einen Sitz in der französischen Nationalversammlung. Sein Nachfolger wurde Achmed Dini Achmed.

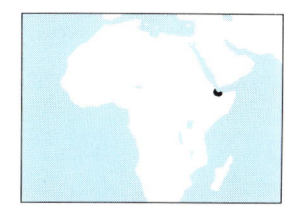

Fläche: 22 000 km²
Hauptstadt: Djibouti

Französisch-Westafrika

In den acht Ländern Französisch-Westafrikas (Elfenbeinküste, Guinea, Senegal, Französisch-Sudan, Obervolta, Dahomey, Mauretanien, Niger) bestand bereits Anfang der 50er Jahre der Wunsch nach Unabhängigkeit. Erfolglos bemühte sich das koloniale Mutterland, die Entstehung von nationalistischen Parteien zu verhindern.

Ein Teil der Parteien war in allen 8 Ländern vertreten. Die wichtigste war das Rassemblement Démocratique Africain (RDA) unter Félix Houphouët-Boigny von der Elfenbeinküste. Houphouët-Boigny nahm allmählich eine gemäßigtere Haltung ein; dadurch kam es häufiger zu Konflikten zwischen ihm und Sékou Touré aus Guinea, dem stellvertretenden Vorsitzenden der RDA, der, ebenso wie Modibo Keita im Sudan, stark auf die Unabhängigkeit drängte. Der wichtigste Gegner Houphouët-Boignys war der senegalesische Schriftsteller und Politiker Léopold Sédar Senghor, der Führer der Parti du Regroupement Africain (PRA).

Das französische Rahmengesetz von 1956 brachte den acht Ländern ein größeres Maß an Selbstverwaltung. Modibo Keita in Französisch-Sudan (später Mali), Senghor in Senegal, Sékou Touré in Guinea und Houphouët-Boigny von der Elfenbeinküste wurden jeweils Ministerpräsident; auch die übrigen Länder erhielten eigene Regierungschefs.

Mit der neuen Verfassung nahm die Auflösung des Gebiets ihren Fortgang. Diese Verfassung sah die innere Selbstverwaltung – über die im September 1958 abgestimmt wurde – und die Aufnahme in die Französische Gemeinschaft vor.

Nur die Bevölkerung von Guinea entschied sich gegen die Verfassung und sprach sich für die Unabhängigkeit aus. Frankreich reagierte hart: Alle Beamten wurden zurückbeordert und jegliche Hilfe sofort eingestellt. Guinea proklamierte am 2. 10. 1958 die Unabhängigkeit. Das Land konnte zunächst dank des Bauxitabbaus und der Unterstützung durch den Ostblock allzu große wirtschaftliche Schwierigkeiten vermeiden.

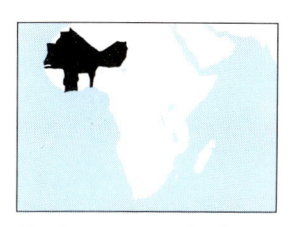

Fläche: 4 633 985 km²
Hauptstadt: Dakar

Vorbereitungen für die Unabhängigkeit Mauretaniens. Der Regierungsrat tagt mit dem französischen Gouverneur in einem Zelt in der Wüste nahe der zukünftigen Hauptstadt Nouakchott.

Gambia

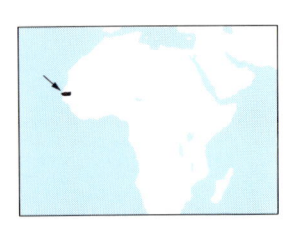

Fläche: 11 295 km²
Hauptstadt: Bathurst

In Gambia kam das politische Leben nur langsam in Gang. Landesweite allgemeine Wahlen fanden in den 50er Jahren nicht statt. Die Wahlen und teilweise auch die Parteienbildung beschränkten sich auf die Hauptstadt Bathurst und deren Umgebung.
Die 1951 gegründete United Party von Pierre S. N'Jie entwickelte sich zur wichtigsten politischen Partei in Bathurst. Ihr Drang zur Unabhängigkeit war jedoch gering. Es waren vielmehr die Briten, die dem Land die Unabhängigkeit nahelegten, weil sie an diesem armen Gebiet, dessen einzige Einnahmen auf dem Export von Erdnüssen beruhten, wenig Interesse hatten.
Erst 1959, als Sir Dawda Kairaba Jawara die Protectorate People's Party (später People's Progressive Party) gründete und im Jahr darauf Wahlen bevorstanden, rückte die Frage der Unabhängigkeit in den Mittelpunkt des Interesses.

Ghana

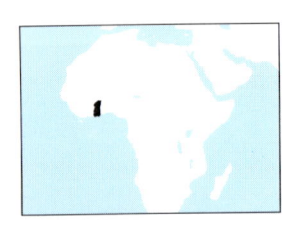

Fläche: 238 537 km²
Hauptstadt: Accra

Im Februar 1951 wurden zum ersten Mal Wahlen abgehalten, die Nkrumahs Convention People's Party (CPP) gewann.

Die britische Goldküste in Westafrika wurde am 6. 3. 1957 als erste schwarzafrikanische Kolonie unabhängig. Die Entkolonisierung hatte mehr als nur lokale Bedeutung, denn der Einfluß des ghanesischen Nationalismus reichte bis nach Südafrika. Die 1947 gegründete United Gold Coast Convention (UGCC) unter J. B. Dankwah und Kwame Nkrumah stützte sich auf die in allen Schichten der Bevölkerung vorhandene Unzufriedenheit über die politischen und wirtschaftlichen Zustände. Als 1949 eine neue Verfassung verabschiedet wurde, die seiner Meinung nach die Vorherrschaft der Weißen festschrieb, verließ Nkrumah die UGCC und gründete die Convention People's Party (CPP). Bereits 1950 nahm diese Partei durch Streiks, Demonstrationen und Boykotte den Kampf um die innere Autonomie auf. Nkrumah wurde verhaftet und wegen Aufwiegelei, Verleumdung und Rebellion zu einem Jahr Gefängnis verurteilt. Diese britische Strafmaßnahme steigerte Nkrumahs Popularität, und die CPP siegte bei den Wahlen vom Februar 1951.
Die Politik der CPP war nicht nur gegen die britische Herrschaft, sondern auch gegen die traditionellen Stammeshäuptlinge gerichtet. Sie wollte die Landwirtschaft modernisieren, die Entwicklung der Industrie vorantreiben und Gesundheitsfürsorge und Schulbildung verbessern. Mit diesem Programm wurde sie zu einer Massenbewegung.
Wegen des Aufschwungs der Partei und ihres überwältigenden Wahlsieges konnten die Briten Nkrumah nicht länger im Gefängnis festhalten. Er wurde freigelassen und kurz darauf zum Ministerpräsidenten ernannt.
Nkrumahs CPP-Regierung nutzte die neuen Möglichkeiten der Selbstverwaltung, in dem sie ein Entwicklungsprogramm in Angriff nahm. Da dies auf Kosten islamischer Kreise und der Stammesfürsten, aber auch des städtischen Mittelstandes geschah, bildete sich eine Opposition, an deren Spitze sich Kofi Busia setzte. Er konnte die britische Regierung davon überzeugen, daß es nicht mehr deutlich sei, wer die Unterstützung der ghanesischen Wähler genoß. Nkrumahs Protest war vergeblich: Die britische Regierung schrieb für Juli 1956 Neuwahlen aus.
Wiederum siegte Nkrumahs CPP; auf sie entfielen 72 der 104 Sitze im Legislativrat. Im Januar 1957 erzielten die Regierung Nkrumah und die Opposition unter Busia eine Einigung: Es sollten regionale Vollversammlungen und sogar regionale Häuptlingsversammlungen eingerichtet werden. Auf Antrag Dankwahs und Nkrumahs bekam die britische Kolonie Goldküste den Namen Ghana, der an das gleichnamige alte Königreich erinnerte, das im Westafrika des 9. bis 13. Jahrhunderts seine Blütezeit er-

Zehn Jahre im Überblick

18. 3. 1950	Der britische Gouverneur hebt den Notstand auf, der zwei Monate zuvor nach Streiks und Krawallen, bei denen der Nationalistenführer Kwame Nkrumah verhaftet wurde, verhängt worden war.
8. 2. 1951	Bei den ersten Parlamentswahlen siegt Nkrumahs CPP.
5. 3. 1952	Das erste Kabinett wird gebildet. Nkrumah wird Ministerpräsident.
15. 6. 1954	Die CPP siegt bei den Parlamentswahlen.
13. 7. 1956	Bei den Parlamentswahlen erlangt die CPP 72 der insgesamt 104 Mandate.
6. 3. 1957	Ghana wird als erste schwarzafrikanische Kolonie unabhängig.

lebt hatte. Am 6. 3. 1957 wurde Ghana innerhalb des britischen Commonwealth unabhängig. Nkrumah bemühte sich in den ersten Jahren der Unabhängigkeit um die »Afrikanisierung« der Wirtschaft. Außerdem wollte er ein sozialistisches Wirtschaftssystem einführen. Großen Beifall brachten ihm die Anlage des Hafens Tema, der Bau diesem Hafen angegliederten Industriezentrums und die Eindämmung des Voltaflusses mit Hilfe von Mitteln aus der britischen und US-amerikanischen Entwicklungshilfe.

Im Ausland waren der Einfluß Ghanas als erster schwarzafrikanischer Kolonie, die ihre Unabhängigkeit erlangt hatte, und der ihres Regierungschefs Nkrumah anfangs sehr groß. Ghana spielte bei interafrikanischen Angelegenheiten und in der Bewegung der blockfreien Länder eine erhebliche Rolle. Von großer Wichtigkeit war die panafrikanische Konferenz im April 1958 in Accra, wo Nkrumahs Gedanken über den afrikanischen Sozialismus und die panafrikanische Zusammenarbeit u. a. den damals noch kaum bekannten kongolesischen Politiker Patrice Lumumba stark beeinflußten. Die großen Erwartungen in der ersten Phase der Unabhängigkeit wichen allerdings bald einer wachsenden Kritik am Personenkult um Nkrumah, der sich Osagyefo (Erlöser) nennen ließ.

Grunddaten	1950	1953	1956	1959
1. Einwohnerzahl (in Mill.)	4,4	5,0	5,8	6,6
4. Volkseinkommen (in Mill. Pfund Sterling)	—	—	351,3	433,9
7. Geburtenziffer (in ‰)	29,7	35,3	46,3	52,4
8. Sterbeziffer (in ‰)	19,9	20,8	21,3	20,9
10. Jährlicher Energieverbrauch pro Einw. (in kg Ske)	—	—	107	97
11. Einfuhr (in Mill. US-Dollar)	135	207	249	317
12. Ausfuhr (in Mill. US-Dollar)	192	224	222	286
13. Einwohner pro Arzt	—	23 000	22 000	—

Gilbert- und Ellice-Inseln

Bei ihren Anstrengungen zur Entwicklung der Wirtschaft nutzten die Inselbewohner geschickt die zögernde Haltung der ausländischen Firmen, die sich nach dem 2. Weltkrieg über die Rückkehr auf die Gilbert- und Ellice-Inseln unschlüssig waren. Diese hatten bis 1941 die Kokosplantagen kontrolliert, deren Erträge im allgemeinen gering gewesen waren. So willigten nahezu alle Unternehmen in den Vorschlag der Genossenschaften von Inselbewohnern ein, die Plantagen selbst zu übernehmen.

Damit war die Grundlage für eine umfassende Landreform geschaffen. Fast der gesamte Boden ging dadurch wieder in den Besitz der eingeborenen Bevölkerung über. Mit den Bestrebungen zur Expansion der Wirtschaft ging die Entwicklung von Tarawa im Gilbert-Archipel zum Verwaltungszentrum mit der entsprechenden Infrastruktur einher. Die unaufhörliche Abwanderung nach Tarawa führte jedoch zu Spannungen mit den kleineren Inseln. Schwerwiegender noch war die Selbstverständlich-

keit, mit der die Bewohner der Ellice-Inseln sich besonders die höheren Verwaltungsämter aneigneten. Das führte bei den polynesischen Bewohnern der Gilbert-Inseln zu Protesten und verschärfte die traditionellen ethnischen Gegensätze zwischen den beiden Bevölkerungsgruppen, also den Polynesiern und den Mikronesiern. 1956 wurde ein beratendes Organ, die Colony Conference, eingerichtet. Damit war die einheimische Bevölkerung zum ersten Mal an der britischen Verwaltung beteiligt.

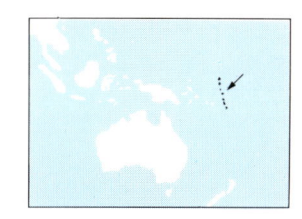

Fläche: 886 km²
Hauptstadt: Tarawa

Griechenland

Der 2. Weltkrieg und der anschließende Bürgerkrieg (1946–1949) hatten Griechenland in eine katastrophale wirtschaftliche Situation gestürzt und zu politischer Instabilität geführt. Es kam ständig zu Neu- und Umbildungen von Parteien, die unter wechselnden Namen und mit anderen Bündnispartnern auftraten. Im Jahre 1950 lösten sechs Regierungen einander ab. Sie konnten jedoch den Vormarsch des ultrakonservativen Marschalls Alexandros Papagos nicht aufhalten, dessen Hellenistische Sammlungsbewegung die Wahlen von 1951 gewann. Papagos wollte aber keine Koalitionen eingehen. Daraufhin wurde Nikolaos Plastiras von der Nationalen Fortschrittlichen Union Ministerpräsident.

Die politischen Entwicklungen in Griechenland wurden auch durch die USA beeinflußt. Sie unterstützten offen den Vorschlag Papagos', ein Mehrheitswahlsystem einzuführen. Obgleich die Regierung und eine Mehrheit im Parlament dagegen waren, wurde dieses System eingeführt, als die USA drohten, ihre Finanzhilfe einzustellen. Ende 1952 erhielt der Marschall

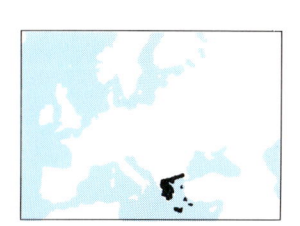

Fläche: 131 944 km²
Hauptstadt: Athen

Zehn Jahre im Überblick

- 9. 9. 1951 Die Hellenistische Sammlungsbewegung wird mit 34% der Stimmen und 115 (der 250) Sitze die stärkste Partei im Parlament.
- 14. 11. 1952 Papagos erlangt bei den Parlamentswahlen 49% der Stimmen und 241 der 300 Parlamentssitze.
- 19. 2. 1956 Die Nationalradikale Union erlangt bei den Parlamentswahlen mit 45,5% der Stimmen 165 der 300 Sitze.
- 11. 2. 1959 Der griechische und der türkische Ministerpräsident einigen sich in Zürich über die Zypernfrage.

◁

Das griechische Königspaar beim Staatsbesuch in Bonn. Im Vordergrund Bundespräsident Theodor Heuss, in der Mitte König Paul I., links Königin Friederike.

302 Großbritannien

General Nikolaos Plastiras (links) mit Marschall Alexandros Papagos zu Beginn der 50er Jahre.

Grunddaten	1950	1953	1956	1959
1. Einwohnerzahl (in Mill.)	7,6	7,8	8,0	8,3
2. Urbanisationsgrad (in %)	36,8	—	—	—
3. Berufstätige (in % der Gesamtbevölkerung)	37,2	—	—	—
4. Bruttosozialprodukt (in Mrd. Neuer Drachmen)	29,6	48,8	—	53,0
5. Anteil des Bruttosozialproduktes in verschiedenen Bereichen				
Landwirtschaft	31	34	—	28
Industrie	22	20	—	25
Handel und Dienstleistungen	48	46	—	48
7. Geburtenziffer (in ‰)	20,0	18,4	19,7	19,4
8. Sterbeziffer (in ‰)	7,1	7,3	7,4	7,4
10. Jährlicher Energieverbrauch pro Einw. (in kg Ske)	220	270	325	437
11. Einfuhr (in Mill. US-Dollar)	428	296	464	567
12. Ausfuhr (in Mill. US-Dollar)	90	132	190	204
13. Einwohner pro Arzt	1000	—	900	—

aufgrund des neuen Wahlsystems 49% der Stimmen und damit 241 der 300 Parlamentssitze. Unter der Regierung Papagos' brach eine Zeit der scheinbaren Stabilität an; dieser Eindruck hielt sich auch nach Papagos' Tod 1955, als Konstantinos Karamanlis, der bis 1962 im Amt bleiben sollte, die Regierung übernahm.
Doch weder Papagos noch Karamanlis gelang es, ihre ehrgeizigen Industrialisierungspläne zu verwirklichen. Es gab zwar eine gewisse Aufwärtsentwicklung, an der beträchtlichen Arbeitslosigkeit änderte sich aber nichts. Die ständigen Defizite der Handelsbilanz wurden durch die Finanzhilfe der USA, die Einnahmen aus der Schiffahrt, den Tourismus und die Geldüberweisungen einer großen Anzahl von Griechen, die als Gastarbeiter im Ausland lebten, ausgeglichen.
In seiner Außenpolitik lehnte sich Athen an den Westen an. Griechenland trat 1952 der NATO bei und schloß 1953 mit den USA ein Abkommen über die Überlassung von Militärstützpunkten. Im selben Jahr schlossen Griechenland, Jugoslawien und die Türkei den Balkanpakt.

Die Zypernfrage, die 1955 akut wurde, brachte Griechenland jedoch mit seinen NATO-Partnern Großbritannien und Türkei in einen heftigen Konflikt.
Athen unterstützte die Bestrebungen des griechischen Bevölkerungsteils auf Zypern, der den Anschluß an Griechenland forderte. Es drohte, einen neutralistischen Kurs einzuschlagen, und zog seine Truppen von der NATO-Basis in der Türkei zurück. Nach Vermittlungsbemühungen von NATO-Generalsekretär Spaak im Jahre 1959 wurde Zypern ein Jahr später unabhängig.

Großbritannien

Fläche: 244 046 km²
Hauptstadt: London

Großbritannien I
S. 248 – 39

▷ *Nach dem Sturz der Labour-Regierung Attlee entbrannte in der Labour Party ein Machtkampf. Hugh Gaitskell wurde neuer Labour-Vorsitzender.*

Die Rückkehr Churchills

Das Wahlergebnis von 1950 mit großen Verlusten der regierenden Labour-Party kündigte bereits die Rückkehr der Konservativen an. Daß der Rückhalt der Labour Party in der Bevölkerung geschwunden war, bestätigten die vorgezogenen Neuwahlen von 1951. Diese Wahlen, die wegen der zu schmalen Regierungsbasis notwendig geworden waren, fanden am 25. 10. 1951 statt. Erwartungsgemäß siegten die Konservativen. Ihr Vorsprung vor Labour betrug 26 und ihre Mehrheit im Parlament 17 Sitze.
Im Alter von 77 Jahren wurde Winston Churchill wieder Premierminister. Anthony Eden erhielt das Außenministerium. Die ersten beiden Jahre waren für die neue Regierung schwierig. Das wirtschaftliche Klima war ungünstig. Als Folge des Koreakrieges stiegen die Weltmarktpreise für Rohstoffe. 1952 sank zum ersten Mal seit den 30er Jahren das Volkseinkommen. Auch die hohen Verteidigungsausgaben waren eine schwere Bürde für die Wirtschaft. Dies beeinträchtigte Großbritanniens Wettbewerbsfähigkeit, weil die wichtigsten Konkurrenten, Japan und die Bundesrepublik Deutschland, noch keine Streitkräfte hatten und demzufolge auch keine Verteidigungsausgaben.
Im Jahre 1952 starb König George VI. Elizabeth II. wurde im Juni 1953 seine Nachfolgerin.
Nach 1952 verzeichnete die Wirt-

Zehn Jahre im Überblick

23. 2. 1950 Bei den Parlamentswahlen schrumpft die Mehrheit der Labour Party auf 6 Mandate.
25. 10. 1951 Die Konservativen gewinnen die Wahlen mit einer knappen Mehrheit.
26. 10. 1951 Der unterlegene Clement Attlee überträgt Winston Churchill das Amt des Premierministers.
6. 2. 1952 König George VI. stirbt im Alter von 56 Jahren.
2. 6. 1953 Krönung von Königin Elizabeth II.
5. 4. 1955 Premierminister Winston Churchill tritt im Alter von 80 Jahren zurück.
6. 4. 1955 Anthony Eden wird Premierminister.
26. 5. 1955 Bei den Wahlen können die Konservativen ihre Mehrheit ausbauen.
31. 10. 1956 Britische (und französische) Truppen greifen die Suezkanalzone an.
10. 1. 1957 Harold Macmillan wird als Nachfolger Edens Premierminister.
8. 10. 1959 Die Konservativen vergrößern ihre Mehrheit im Unterhaus um 21 Sitze.

schaft wieder ein Wachstum. Die wirtschaftliche Aufwärtsentwicklung erlaubte es der Regierung, eine Reihe von Wahlversprechen einzulösen: Die Eisen- und Stahlindustrie und der Güterfernverkehr wurden größtenteils reprivatisiert, und im Laufe der Jahre 1953 und 1954 hob man die Rationierung, Preiskontrolle und staatliche Verteilung bestimmter Lebensmittel auf. Im Juli 1954 stimmte die Regierung der Gründung von kommerziellen Fernsehgesellschaften zu. Dieser Entschluß rief einige Unruhe hervor, denn viele gesellschaftliche Gruppierungen (die Anglikanische Kirche, die Gewerkschaften, die Bildungsinstitutionen, die Medien und die Labour Party) meldeten Proteste an. Trotzdem hatte die Regierung in der Bevölkerung starken Rückhalt.

Das Verhältnis zu Europa

In der Außenpolitik hielt man sich an die von Churchill formulierte »Theorie der drei Kreise«. Sie besagte, daß man sich die britischen Interessen in drei konzentrischen Kreisen vorstellen könne: Die Beziehungen zu den Kolonien und zum Commonwealth bildeten den inneren Kreis; den nächsten stellte die »besondere Beziehung« zu den USA dar, während das britische Verhältnis zu Europa an dritter Stelle käme. Diese Auffassung hatte schon die Labour-Regierung vertreten, als Großbritannien 1950 der Europäischen Gemeinschaft für Kohle und Stahl (EGKS) nicht beitrat. 1952 war der Plan für eine Europäische Verteidigungsgemeinschaft (EVG) in der Diskussion. Außenminister Eden wies nachdrücklich darauf hin, daß Großbritannien aufgrund seiner anderweitigen Belange niemals Mitglied dieser Gemeinschaft werden könne. 1954 unterbreitete Eden den Vorschlag, den Brüsseler Pakt von 1948, an dem neben Großbritannien und Frankreich auch die Benelux-Staaten beteiligt waren, zu einer Westeuropäischen Union (WEU) umzubilden, die auch die Bundesrepublik Deutschland und Italien einbeziehen sollte. Eden verpflichtete sich ferner zur Beibehaltung der Stationierung britischer Streitkräfte auf dem Kontinent. Die Franzosen sahen darin einen ausreichenden Schutz gegen ein deutsches Vormachtstreben und stimmten der Aufnahme der Bundesrepublik Deutschland in die NATO im Mai 1955 zu.

Die schwierige Entkolonisierung

Weniger erfolgreich verlief in einigen Fällen der Entkolonisierungsprozeß, der mit der Unabhängigkeit von Pakistan, Ceylon, Birma und Indien 1947/48 begonnen hatte. In der Malaiischen Föderation wütete bis 1954 ein Guerillakrieg gegen die britische Oberherrschaft. Ungefähr zum gleichen Zeitpunkt, als der Aufstand auf der Halbinsel niedergeschlagen wurde, nämlich im September 1954, erfolgte die Gründung des Südostasienpaktes (SEATO), der das erklärte Ziel hatte, die Region gegen eine kommunistische Aggression zu verteidigen. In Kenia wütete zwischen 1952 und 1955 der berüchtigte Mau-Mau-Terror, der rd. 12 000 Menschenleben forderte. Ghana erhielt 1951 unter Kwame Nkrumah die Selbstverwaltung und 1957 die volle Souveränität. Auch die britische Position im Nahen Osten wurde durch den aufkommenden Nationalismus bedroht. Am größten waren die Probleme im Iran, wo die Anglo-Iranian Oil Company (AIOC) das Monopol auf die Ölgewinnung besaß. 1951 verstaatlichte der iranische Ministerpräsident Mossadegh die AIOC. 1953 wurde Mossadegh durch einen Staatsstreich abgesetzt, und die Briten konnten in den Iran zurückkehren, allerdings nur als Juniorpartner in einem von amerikanischen Ölgesellschaften dominierten Konsortium.
Im April 1955 kündigte Premierminister Sir Winston Churchill aus Gesundheitsgründen seinen Rücktritt an. An seine Stelle trat Anthony Eden, der sofort Neuwahlen ausschrieb. Die Wahlen vom 26. 5. brachten einen überwältigenden Sieg der Konservativen. Sie gewannen 23 Sitze hinzu, während die Labour Party 17 Mandate verlor. Labour-Führer Clement Attlee sah in diesem Wahlergebnis einen Anlaß zum Rücktritt. Hugh Gaitskell wurde sein Nachfolger.

Eden verfügte über beachtliche Regierungserfahrung. 1955 war seine Gesundheit jedoch stark angegriffen, so daß er die Belastungen des Regierungsamtes jetzt, wo es ihm zuteil geworden war, kaum bewältigen konnte.

Die Suezfrage

1954 war in Ägypten Gamal Abd el-Nasser an die Macht gekommen, der sein Land von westlichen Einflüssen lösen wollte. Im Juli 1956

Im Juni 1953 wurde Elizabeth II. zur Königin gekrönt. Auf dem Balkon des Buckingham-Palastes zwischen der Königin und ihrem Gemahl ihre Kinder Prinz Charles und Prinzessin Anne.

Grunddaten	1950	1953	1956	1959
1. Einwohnerzahl (in Mill.)	50,6	50,9	51,4	52,1
2. Urbanisationsgrad (in %)	80,8	—	—	—
3. Berufstätige (in % der Gesamtbevölkerung)	46,2	—	—	—
4. Bruttosozialprodukt (in Mill. Pfund Sterling)	11 341	14 833	—	20 103
5. Anteil des Bruttosozialproduktes in verschiedenen Bereichen				
Landwirtschaft	6	5	—	4
Industrie	49	46	—	47
Handel und Dienstleistungen	42	46	—	47
6. Arbeitslosenquote (in % der berufsfähigen Bevölkerung)	1,6	1,8	1,3	2,3
7. Geburtenziffer (in ‰)	16,3	15,9	16,1	16,9
8. Sterbeziffer (in ‰)	11,8	11,4	11,7	11,7
9. Lebenserwartung bei Neugeborenen (in Jahren)				
England und Wales				
Männer	66,5	67,3	67,8	68,1
Frauen	71,2	72,4	73,3	73,8
Nordirland				
Männer	65,4	67,4	67,6	67,4
Frauen	68,8	71,0	71,8	72,1
Schottland				
Männer	64,5	65,9	66,0	66,0
Frauen	68,3	70,7	71,2	71,4
10. Jährlicher Energieverbrauch pro Einw. (in kg Ske)	4420	4680	4931	4587
11. Einfuhr (in Mill. US-Dollar)	7035	9025	10 413	11 076
12. Ausfuhr (in Mill. US-Dollar)	6048	7153	8800	9584
13. Einwohner pro Arzt	1150	—	—	1000

49. Literatur und Tradition

Thomas Mann war zurückgekehrt – nur halb, murrten einige, denn sein Domizil war Kilchberg bei Zürich geworden. Bertolt Brecht fand seinen Platz in Ostberlin. Wie viele damals setzte auch er Vertrauen und Energie in den Aufbau des Sozialismus ostdeutscher Prägung, begann seine Arbeit am Deutschen Theater und führte – ab 1954 im Theater am Schiffbauerdamm – mit dem »epischen Theater« sein Ensemble zu hervorragenden Leistungen. Ein anderer, Gottfried Benn, sah sich zunächst massiven Vorwürfen ausgesetzt – er hatte als »innerer Emigrant« Hitler-Deutschland nicht verlassen. Drei große alte Männer der deutschen Literatur, jeder unverwechselbar in Persönlichkeit, Werk und Zeitgenossenschaft.

Keiner der drei erfüllte so recht die an ihn gestellten Erwartungen. Brecht blieb ohne SED-Parteibuch und kritisierte das Vorgehen der Ostberliner Regierung am 17. Juni 1953, Thomas Mann wollte sich nicht als kulturpolitische Integrationsfigur von der jungen Bundesrepublik vereinnahmen lassen, und Benn zog auch die moralische Verpflichtung der Literatur rigoros in Zweifel.

50. Neue Tendenzen

Realistisches Schreiben oder magisches Dichten? Die Literaten dieser Jahre taten beides und schwuren jeder Ideologie ab. Die Kritiker feierten »das lyrische Jahrzehnt« und begrüßten das Radio als Forum für anspruchsvolle Hörspiele.

Für einige der jungen Autoren waren die Hörfunkhonorare lebenswichtig. Die künstlerisch-technischen Spannweiten der neuen Literaturgattung erprobten Günter Eich mit »Träume« (1951) und Ingeborg Bachmann mit »Der gute Gott von Manhattan« (1958). Die »Gruppe 47«, diese Literaturwerkstatt, in der, ausgewählt und persönlich geladen von Hans Werner Richter, die jungen Autoren sich trafen und der gegenseitigen Kritik stellten, sie vergab auch Preise. So ging 1950 die Auszeichnung der Gruppe an Eich und 1951 an Böll. Viele der hoffnungsvollen Autoren wurden selbstbewußte Schriftsteller, die wie Heinrich Böll und Hans Magnus Enzensberger auch kritische Bemerkungen über die »Gruppe 47« fallenließen. Aus der »Rasselbande«, wie sie der kultivierte Kunstbürger Thomas Mann noch verharmlosend tituliert hatte, war ein erlesener Schriftstellerkreis geworden.

49. Literatur I
a) T. Mann
b) G. Benn
c) B. Brecht
d) H. Kasack

50. Literatur II
a) H. W. Richter
b) H. Böll
c) H. W. Richter
d) G. Eich
e) I. Bachmann
f) G. Grass

51. Avantgarde

Hindemith und Strawinsky konnten zu »Klassikern der Moderne« werden; Schönberg und Webern fanden nur begrenzt Eingang in die Konzertsäle. Was aber die junge deutsche und internationale Komponistengeneration gelegentlich zu Gehör brachte, überstieg in den 50er Jahren entschieden die allgemeine Toleranzgrenze. Aus dem Studio für Elektronische Musik beim Westdeutschen Rundfunk in Köln drangen Klänge, die allenfalls vereinzelte esoterische Hörer des kulturellen Nachtprogramms erreichen mochten.

Die Internationalen Ferienkurse für Neue Musik in Darmstadt wurden zum Forum für die Avantgarde: Sie diskutierte über synthetische Klangerzeugung und serielle Musik. Die Kluft zwischen Komponisten und Publikum schien unüberbrückbar. Den rationalen Kompositionstechniken stand nach wie vor die Sehnsucht nach Tonalität und Harmonie gegenüber. »Wie soll das weitergehen?« fragten sich Komponisten und Kritiker auf den Donaueschinger Musiktagen 1955. Die Auflösung des Werk-Begriffs und Formen des Theaters und Happenings schienen Ende des Jahrzehnts Wege aus der Sackgasse zu bieten.

52. Schräge Musik

Während in der SBZ die »Rauschmusik im Interesse des amerikanischen Imperialismus« verteufelt und verboten blieb – so hatten es bereits 1936 die Nazis verfügt –, waren die Jazzfans im Westen längst der musikalischen Droge verfallen. Mit Jazzmusik hielt der AFN nicht nur die GIs bei Laune – auch die deutschen Jugendlichen entdeckten »ihren« Musiksender.

Das Revival des Swing wurde auch von der älteren Generation enthusiastisch gefeiert: Bei Louis Armstrong und Count Basie gerieten beide, Väter und Söhne, aus dem Häuschen. Für die Bebopper waren die »Jazz at the Philamonic«-Konzerte Höhepunkte der Saison. In New York, dem Zentrum der modernen Jazzmusik, hatten Musiker wie Miles Davis und Lennie Tristano eine neuartige, kühl-distanzierte Spielweise entwickelt. In Deutschland wurde der Cool Jazz besonders durch das Modern Jazz Quartet bekannt. Ein Massenpublikum konnte 1957 das Konzert dieser Combo bei den Donaueschinger Musiktagen am Fernsehschirm erleben. Die Klarheit und Ruhe dieser Art von Jazz mußte selbst jene faszinieren, die sonst die »schräge Amimusik« ablehnten.

51. E-Musik
a) I. Strawinsky
b) H. W. Henze
c) Y. Menuhin
d) W. Furtwängler
e) K. Böhm
f) H. v. Karajan

52. Jazz
a) S. Kenton
b) Modern Jazz Quartet
c) Oscar Peterson Trio
d) E. Fitzgerald und G. Krupa
e) E. Fitzgerald, D. Gillespie, R. Eldridge, F. Phillips, I. Jacquet

53. Die Beine von Dolores

Wenn Michael Jary komponiert und Bruno Balz den Text schreibt, weiß man: »Es liegt was in der Luft«. Wenn Mona Baptiste und Bully Buhlan das Lied dann in dem Film »Das Fräulein vom Amt« (1954) singen, ist die Sache perfekt: Jung und alt pfeift die flotte Melodie, den Text lernt man im Nu, und die bösen Gassenbuben dichten flink noch ein paar Verse hinzu – der Schlager lebt! Dem bewährten Team Jary/Balz ist in den 50er Jahren noch mancher Hit gelungen: »Das machen nur die Beine von Dolores« (1951) war ihr größter.

Die Sehnsucht der Deutschen nach Romantik und exotischen Abenteuern erfüllen erfolgreich Schlagertexte von Kurt Feltz. Er hat sich darauf spezialisiert, internationale Hits wie »Jambalaya« von Hank Williams und »Island in the sun« von Harry Belafonte ins Deutsche – »Wo meine Sonne scheint« – zu übertragen. Die meisten der Texte, die Caterina Valente singt, stammen von ihm – auch ihre Version von Cole Porters »I love Paris« (1955).

54. Sterne, Diamanten, rauchende Colts

Macht der Film den Song zum Hit? Oder geht jeder Film einfach besser mit Musik? Warum wurde gerade dieser eine Song so populär und nicht ein anderer? Musik- und Tanzfilme zeigen in den 50er Jahren noch einen Rest Revueherrlichkeit: Gene Kelly singt und tanzt auf der regennassen Straße, die platinblonde Marilyn Monroe setzt zusammen mit Jane Russell eine ganze Männerkompanie in Bewegung – doch »Diamonds are a girl's best friend«. Ein Tanzparkett ist nicht mehr nötig, und auch der vielen federgeschmückten langbeinigen Girls bedarf es nicht mehr. Böse Zungen behaupten, selbst Stimme sei nicht mehr vonnöten. Versucht man, das, was als Filmhit in die Unterhaltungsgeschichte eingegangen ist, zu durchleuchten, so läßt sich nur wenig erkennen: Die Story, allemal ihr Leitmotiv, muß durchschimmern. Der singende Star muß groß genug sein, um Phantasieräume auszufüllen, und nicht zuletzt hat die eindringliche Melodie alles zu umspannen. Gegen die modische Mixtur setzte sich das Zitherspiel in »Der dritte Mann« durch.

53. Deutsche Schlager
a) Friedel Hensch & die Cyprys
b) W. Schneider
c) C. Froboes
d) G. Wendland
e) C. Valente
f) V. Torriani
g) F. Quinn
h) F. Bertelmann
i) P. Kraus
j) D. Mann
k) Dalida
l) B. Ramsey

54. Filmhits
a) A. Karas
b) F. Lane
c) G. Kelly
d) M. Monroe
e) G. Miller Orchester
f) B. Crosby, G. Kelly
g) L. Adler
h) D. Day
i) Mitch Miller Orchester
j) E. Presley

49. Literatur I
Hermann Kasack (links) überreicht dem Westberliner Schriftsteller Martin Kessel den Büchnerpreis 1954.

50. Literatur II
Drei Preisträger der »Gruppe 47«: Heinrich Böll, Ilse Aichinger und Günter Eich.

51. E-Musik
Karlheinz Stockhausen (rechts) und Cornelius Cardew 1959 auf den Internationalen Ferienkursen für Neue Musik, dem jährlichen Treffen der Avantgarde in Darmstadt.

52. Jazz
Louis Armstrong trifft zu seiner Deutschland-Tournee 1952 in Düsseldorf ein.

53. Deutsche Schlager
Universaltalent Caterina Valente mit Rockstar Bill Haley.

54. Filmhits
»Do not forsake me, oh my darling«: Schlußszene aus »High Noon« mit Grace Kelly und Gary Cooper.

Großbritannien

kam es zu Spannungen, als die USA und Großbritannien ihr ursprüngliches Angebot, den Assuanstaudamm zu finanzieren, zurückzogen. Nasser reagierte darauf mit der Verstaatlichung des Suezkanals am 26. 7. Er traf damit vor allem Frankreich und Großbritannien. Sie waren die wichtigsten Aktionäre der Gesellschaft, die den Kanal betrieb, über den ein Viertel der britischen Exportgüter transportiert wurde. Beide Länder reagierten mit der Verhängung wirtschaftlicher Sanktionen gegen Ägypten. Nach einer Verhandlungsperiode unternahm Israel im Interesse der eigenen Sicherheit (s. S. 198) am 29. 10. einen Angriff auf Ägypten. Nach einem an Israel und Ägypten gerichteten und von Ägypten zurückgewiesenen Ultimatum, sich vom Kanal zurückzuziehen, landeten britische und französische Truppen am Kanal.

In politischer Hinsicht erwies sich die militärisch erfolgreiche Operation als Katastrophe. Die Kritik in Großbritannien selbst war groß und führte auch innerhalb der Konservativen Partei zu offenen Gegensätzen. Das Ausland reagierte auf das französisch-britisch-israelische Vorgehen äußerst negativ. Durch die Vermittlung der UNO kam es zu einer Feuerpause, und am 22. 12. wichen die britischen und französischen Truppen einer UN-Friedenstruppe. Finanziell hatte die Operation verheerende Folgen. Allein im Monat November flossen 280 Millionen britische Pfund aufgrund von Spekulationen gegen die britische Währung ins Ausland. Harold Macmillan, der inzwischen Finanzminister geworden war, sprach sich deshalb gegen jede weitere Intervention aus. Die Suezaffäre kann man mit Recht als das Ende von Großbritanniens (und Frankreichs) Rolle als Großmacht bezeichnen. Sie hatte die Regierung Eden geschwächt. Als sich zudem der Gesundheitszustand des Premierministers verschlechterte, gab er am 9. 1. 1957 seinen Rücktritt bekannt. Harold Macmillan wurde sein Nachfolger.

Der Erneuerungswille Macmillans äußerte sich darin, daß er eine ganze Gruppe junger Politiker in seine Regierung aufnahm, so u. a. Edward Heath, Reginald Maudling, Enoch Powell und Christopher Soames. Er erwarb sich schnell den Ruf des besten Premierministers, den die Briten jemals gehabt hatten. Im Inland basierte diese Reputation in erster Linie auf dem großen allgemeinen Wohlstand. Zum Ende des Jahrzehnts begann sich jedoch eine Krise abzuzeichnen, die sich zuerst im Rückgang des Handels äußerte. Während der Anteil Großbritanniens am Welthandel 1950 noch 25% betragen hatte, war er 1959 auf 17% gesunken.

Großbritannien wird Atommacht

Im Sommer 1957 zündete Großbritannien seine erste Wasserstoffbombe. Macmillan erreichte auch, daß die USA den Atomic Energy Act änderten und es Großbritannien damit ermöglichten, zumindest teilweise über die amerikanische Atomtechnologie zu verfügen.

Diese Schritte zum Ausbau der atomaren Bewaffnung riefen im Vereinigten Königreich eine starke Protestbewegung ins Leben. Sie führte im Februar 1958 zur Gründung der Campaign for Nuclear Disarmament (CND), an deren Spitze u. a. der Philosoph Bertrand Russel, der Labour-Politiker Michael Foot und der Schriftsteller John B. Priestley standen.

Außenpolitisch stand gegen Ende der 50er Jahre vor allem Europa im Mittelpunkt. Am 1. 1. 1958 wurde die Europäische Wirtschaftsgemeinschaft (EWG) gegründet. Großbritannien blieb den Prinzipien seiner Außenpolitik treu und wurde nicht Mitglied. Macmillan versuchte gleichwohl, zu einer engen Zusammenarbeit mit der EWG zu gelangen: Durch seinen Unterhändler Maudling regte er die Schaffung eines Freihandelsgebiets in ganz Westeuropa an. Als die EWG diesen Vorschlag ablehnte, ergriff Großbritannien 1959 die Initiative zur Gründung der Europäischen Freihandelsassoziation (EFTA; auch → S. 187).

In den noch verbliebenen Kolonialgebieten kam es in den Jahren 1957–1960 verschiedenenorts zu Unruhen. Auf Zypern konnte der Konflikt mit dem Unabhängigkeitsvertrag von 1959 vorläufig beigelegt werden; auf diesen Vertrag hatten sich Großbritannien, die Türkei und Griechenland sowie die Führer der griechischen und türkischen Gemeinschaft auf Zypern geeinigt. Das letzte politisch wichtige Ereignis waren die Wahlen vom 8. 10. 1959. Ihr Ergebnis war eine Bestätigung von Macmillans Politik. Die Konservativen konnten erneut einen beachtlichen Sieg verbuchen und gewannen 21 Mandate hinzu, während Labour weitere 19 Sitze einbüßte.

▷ *Churchills Nachfolger Anthony Eden.*

Suez-Krise
S. 145 – 36
Großbritannien II
S. 248 – 40

Winston Churchill mit Ehefrau.

Guatemala

Jacobo Arbenz Guzmán

Bei den Wahlen vom 12. 11. 1950 siegte Oberst Jacobo Arbenz Guzmán über General Miguel Ydígoras Fuentes.
Arbenz, ein jüngerer Oberst schweizerischer Abstammung, begann nach seiner Amtsübernahme am 15. 3. 1951 eine betont reformfreudige Politik. Am 17. 6. 1952 verkündete er eine begrenzte Landreform. Brachliegender Boden, der zu Besitzungen gehörte, die größer als 90 ha waren, sollte unter 100 000 Kleinbauern verteilt werden, die durch die Gründung der Banco Nacional Agrario (1953) zudem leichter an Kredite gelangen konnten. Obgleich für den enteigneten Besitz eine Entschädigung zugesagt wurde, fühlten sich die wohlhabenden Pflanzungsbesitzer an der Westküste und die US-amerikanische United Fruit Company bedroht, zumal die weitere Entwicklung der Landreformpolitik nicht überschaubar war. Besonders United Fruit, die an der Ostküste Bananenplantagen besaß, protestierte, als sie 1953 und 1954 über 150 000 ha abgeben sollte.
Auch die ausländischen Elektrizitätsgesellschaften gerieten unter größeren Druck. Die Regierung wollte ihr Monopol durch den Bau eines staatseigenen Wasserkraftwerks in Marinalá brechen und unterstützte zudem die Forderungen streikender Arbeiter. Das System der sozialen Sicherheit wurde verbessert, und die Regierung förderte die Bildung eines einflußreichen zentralen Gewerkschaftsbundes.
In der Außenpolitik strebte Guatemala größere Eigenständigkeit an. Es spielte eine aktive Rolle bei der Gründung der Organización de Estados Centro Americanos (ODECA), die den ersten Schritt zu einer wirtschaftlichen Integration der zentralamerikanischen Staaten darstellte. Von Großbritannien forderte man das angrenzende Britisch-Honduras, obgleich die Bewohner dieses Gebiets den Anschluß an Guatemala gar nicht wollten. Nach Ablehnung dieser Forderung richtete sich Guatemalas Außenpolitik immer deutlicher gegen den Westen. Das Land beteiligte sich nicht an den Sanktionen der UNO gegen die kommunistische Aggression in Korea; Stalin wurde anläßlich seines Todes öffentlich geehrt, und im Indochinakrieg wurde die Partei des Viet Minh ergriffen.
Arbenz galt selbst nicht als Kommunist; er ließ sich jedoch in seiner Politik zunehmend von Kommunisten beeinflussen, unter ihnen der Gewerkschaftsvorsitzende Víctor Manuel Gutierrez und José Manuel Fortuny, der Generalsekretär der kommunistischen Partido Guatemalteco del Trabajo, deren Anhängerzahl in der Wählerschaft gering war. Er verdankte seine Kongreßmehrheit vor allem den heterogenen Gruppierungen Partído de Acción Revolucionaria und Partido Revolucionario Guatemalteco. Die Kommunisten hatten jedoch großen Einfluß durch die (teilweise von ihnen gegründeten) Organisationen von Bauern, Frauen und Studenten.

Die Reaktion der USA

Der Linksrutsch erregte bei der republikanischen Regierung der USA große Besorgnis. Aus den Reisen einiger guatemaltekischer Kommunisten nach Osteuropa schloß die amerikanische Regierung, daß in Guatemala eine direkte kommunistische Machtübernahme bevorstehe und daß Moskau über Guatemala die US-amerikanischen Interessen in der lebenswichtigen Panamakanalzone zu beeinträchtigen beabsichtige.
Auf der 10. Panamerikanischen Konferenz in Caracas im März 1954 erreichte US-Außenminister Dulles nur mit einiger Mühe eine verklausulierte Verurteilung der Regierung in Guatemala. Nachdem Arbenz größere Waffenmengen im Ostblock gekauft hatte und die Nachbarländer scharf gegen die Aufrüstung Guatemalas protestiert hatten, verhängten die USA ein Waffenembargo gegen das Land. Diese Entwicklung war der Anlaß für eine Intervention, an deren Vorbereitung die CIA maßgeblich beteiligt war. Die USA unterstützten dabei Oberst Castillo Armás, der seit einem gescheiterten Militärputsch im Exil lebte. Zweitausend von Castillos gut bewaffneten Soldaten überschritten am 17. 6. 1954 von Honduras aus die Grenze zu Guatemala.

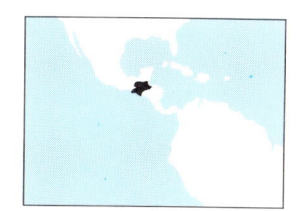

Arbenz' Sturz

Sogleich zeigte sich die Schwäche von Arbenz' Position. Sein Einfluß

Fläche: 108 889 km²
Hauptstadt: Guatemala

Zehn Jahre im Überblick

12. 11. 1950	Oberst Jacobo Arbenz Guzmán wird zum Präsidenten gewählt.
17. 6. 1952	Das Gesetz über die Landreform wird verabschiedet.
15. 5. 1954	In Puerto Barríos treffen die ersten Waffenlieferungen aus Osteuropa ein.
22. 5. 1954	Die USA verhängen ein Waffenembargo gegen Guatemala.
17. 6. 1954	Aufständische unter Carlos Castillo Armas fallen von Honduras aus in Guatemala ein.
27. 6. 1954	Präsident Arbenz tritt zurück. Eine Militärjunta übernimmt die Macht.
8. 7. 1954	Castillo Armas wird als Präsident eingesetzt.
26. 7. 1957	Präsident Castillo Armas wird ermordet; Vizepräsident Luis Arturo Gonzalez López wird sein Nachfolger.
12. 2. 1958	Der Kongreß wählt Miguel Ydígoras Fuentes zum Staatspräsidenten.

Grunddaten	1950	1953	1956	1959
1. Einwohnerzahl (in Mill.)	2,8	3,1	3,4	3,7
2. Urbanisationsgrad (in %)	25,0	—	—	—
3. Berufstätige (in % der Gesamtbevölkerung)	34,7	—	34,7	—
4. Volkseinkommen (in Mill. Quetzal)	369,6	387,2	536,9	561,5
5. Anteil des Bruttosozialproduktes in verschiedenen Bereichen				
Landwirtschaft	—	—	—	29
Industrie	—	—	—	17
Handel und Dienstleistungen	—	—	—	46
7. Geburtenziffer (in ‰)	50,9	51,1	48,8	49,8
8. Sterbeziffer (in ‰)	21,8	23,1	19,8	17,3
9. Lebenserwartung bei Neugeborenen (in Jahren)				
Männer	43,8	—	—	—
Frauen	43,5	—	—	—
10. Jährlicher Energieverbrauch pro Einw. (in kg Ske)	140	120	134	158
11. Einfuhr (in Mill. US-Dollar)	71	80	138	134
12. Ausfuhr (in Mill. US-Dollar)	79	100	122	108
13. Einwohner pro Arzt	6 000	—	—	4 900

Nach seinem Sturz ging Ex-Präsident Jacobo Arbenz Guzmán mit Frau und Kind zurück in die Schweiz, das Heimatland seiner Vorfahren.

auf die Bevölkerung war noch relativ gering, um so mehr, als er entgegen den Ratschlägen der Kommunisten die Pressefreiheit nicht aufgehoben hatte. Er hatte auch die durch die Landreform begünstigten Bauern nicht in größerem Umfang bewaffnet, und die Armee stand aus Sorge über den Einfluß der Kommunisten nicht hinter ihm. Bereits am 25. 6. 1954 forderte die Armeeführung Arbenz zum Rücktritt auf. Zwei Tage später trat der Präsident, ohne größeren Widerstand zu leisten, zurück; die mexikanische Botschaft gewährte ihm Asyl, und er konnte ins Ausland entkommen. An Arbenz' Stelle traten vorübergehend Oberst Carlos Díaz und anschließend Oberst Elfego Monzón. Die Armee schlug lokale kommunistische Aufstände bis zum 2. 7. nieder und einigte sich mit den Invasoren. Am 8. 7. wurde Castillo Armás als Präsident eingesetzt. Er löste die Kommunistische Partei und die kommunistischen Verbände und Gewerkschaften auf, stellte die von Arbenz eingeschränkten Privilegien der Kirche wieder her und machte die Landreform teilweise rückgängig. Allerdings wurden Bodenflächen, die aus verstaatlichtem deutschem Besitz stammten oder der United Fruit gehört hatten, für mehrere Projekte zur Agrarentwicklung genutzt. Um die Ziele eines Fünfjahrplans zu erreichen, konnte Castillo Armás auf die Hilfe der USA zählen. Die Rolle Amerikas bei Castillo Armás' Machtübernahme hinterließ bei vielen einen bitteren Nachgeschmack, weil in Guatemala möglicherweise eine Chance zu positiver demokratischer und sozialer Entwicklung versäumt wurde, als man einen wohlmeinenden Politiker kommunistischem Einfluß überließ.

Castillo Armás wurde am 26. 7. 1957 in seinem Palast von einem Leibwächter, der mit Arbenz sympathisierte, ermordet. Bei den Wahlen vom 19. 1. 1958 siegte General Miguel Ydígoras Fuentes. Da er keine absolute Mehrheit erlangt hatte, konnte er die Macht erst am 2. 3. 1958 übernehmen, nachdem der Kongreß seine Wahl bestätigt hatte. Fuentes betrieb eine relativ liberale Innenpolitik und setzte die außenpolitische Anlehnung seines Vorgängers an die USA fort, indem er z. B. die militärische Ausbildung von Castro-Gegnern auf guatemaltekischem Boden zuließ, was auch bei einem Teil des Militärs auf Widerspruch stieß.

Haiti

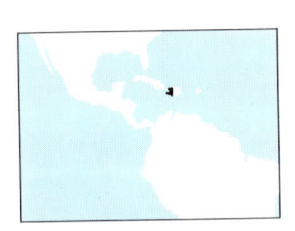

Fläche: 27 750 km²
Hauptstadt: Port-au-Prince

1950 setzte die Armee Präsident Dumarasais Estimé ab. Oberst Paul Magloire wurde Chef einer Militärjunta und sorgte für die ersten allgemeinen Präsidentschaftswahlen in der Geschichte Haitis. Er gewann diese Wahlen, wobei er sowohl von der Oberschicht der Mulatten wie auch von der negroiden Bevölkerungsgruppe unterstützt wurde. Unter seiner Regierung wurde versucht, Wirtschaft und Bildungswesen zu verbessern. Gut 85% der Berufstätigen waren in der Landwirtschaft, Viehzucht und Fischerei beschäftigt, doch in diesen Sektoren wurde nur 50% des Bruttosozialprodukts erwirtschaftet. Das lag daran, daß die Landwirtschaft von Kleinbetrieben geprägt war und mit primitiven Methoden betrieben wurde.
Magloires Politik war teilweise erfolgreich. Ende der 50er Jahre war die Zahl der Analphabeten auf 80% gesunken, und das Bruttosozialprodukt wies einen durchschnittlichen Anstieg von rd. 2% pro Jahr auf. Mit Unterstützung der UNO wurde eine erfolgreiche Kampagne zur Malariabekämpfung durchgeführt und die Volkskrankheit Frambösie praktisch ausgerottet. Die Häfen wurden ausgebaut und Wasserleitungen und Kanalisationssysteme angelegt oder verbessert. Von den ehrgeizigen Entwicklungsprojekten wurde jedoch nur wenig verwirklicht.
Magloire legte ebenso wie sein Vorgänger großen Wert auf aufwendige Repräsentation. Als er 1956 versuchte, seine Amtszeit zu verlängern, kam es zu einem Generalstreik. Daraufhin zwang die Armee den Präsidenten zum Rücktritt. Bis September 1957 lösten sich mehrere Präsidenten ab, und ein Machtkampf in der Armee gipfelte in einem viertägigen Bürgerkrieg.
Schließlich wurde am 22. 9. 1957 der Landarzt François Duvalier (›Papa Doc‹), einer der wenigen Neger mit Hochschulbildung, zum Präsidenten gewählt. Er versprach, der traditionellen Herrschaft der Mulatten ein Ende zu bereiten, wollte die politische und wirtschaftliche Macht in die Hände der Schwarzen legen und die Lebensumstände dieser bisher benachteiligten Mehrheit verbessern. Unter Magloire war er Chef des Gesundheitsdienstes und Arbeitsminister gewesen. In dieser Eigenschaft hatte er für die ersten Sozialgesetze gesorgt, und er genoß das Vertrauen der Arbeiter und Bauern. Seine Politik wurde denn auch anfangs positiv aufgenommen. Doch angesichts der anhaltenden Opposition und der Gewalttätigkeiten der Anhänger seines Rivalen griff er bald zum Mittel der Unterdrückung. Nachdem er 1958 einen Putschversuch niedergeschlagen hatte, errichtete Duvalier eine private Truppe, die schon bald berüchtigten ›Tontons Macoutes‹ (Buhmänner). Diese Privatarmee terrorisierte die Bevölkerung und sorgte für eine wahre Schreckensherrschaft.

Honduras

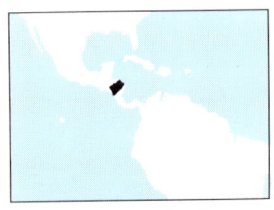

Fläche: 112 088 km²
Hauptstadt: Tegucigalpa

Nachdem er 16 Jahre lang das Amt des Präsidenten ausgeübt hatte, machte Tibuccio Carías Andino am 1. 1. 1949 dem 1948 gewählten Juan Manuel Gálvez Platz. Gálvez setzte die Verfassung wieder in Kraft.
Als aber bei den nächsten Wahlen im Jahre 1954 keiner der Kandidaten die erforderliche Mehrheit erlangte, ergriff Vizepräsident Julio Lozano Díaz die Macht. Er regierte das Land, bis er seinerseits 1956 durch einen unblutigen Militärputsch abgesetzt wurde. In seiner Regierungszeit wurde ein neues Arbeitsgesetz verabschiedet, das die Gründung von Gewerkschaften und den Abschluß von Tarifverträgen erlaubte. 1957 wurde Ramón Villeda Morales zum Präsidenten gewählt. Im gleichen Jahr verhinderte das Eingreifen der Organisation Amerikanischer Staaten den Ausbruch von Feindseligkeiten mit Nicaragua. Streitpunkt war das Gebiet zwischen den Flüssen Coco und Patuca, das beide Länder für sich beanspruchten. 1960 sprach der Internationale Gerichtshof in Den Haag Honduras das umstrittene Gebiet zu.

Hongkong

Nachdem die Kommunisten den chinesischen Bürgerkrieg 1949 für sich entschieden hatten, beschloß die britische Verwaltung 1952, Pläne für politische Reformen in Hongkong vorläufig zurückzustellen. Die großen Probleme für die Behörden der britischen Kronkolonie waren in den 50er Jahren die Folgen des explosiven Bevölkerungswachstums für die Wohnungssituation und die Auswirkungen des Koreakrieges auf die Wirtschaft. Durch den Bürgerkrieg in China war die Bevölkerung Hongkongs von 600 000 auf 2 Millionen angewachsen. Das hatte zur Folge, daß die Behörden 1950 die Grenzen schlossen. Die Zahl der Flüchtlinge ging dadurch auf 50 pro Tag zurück. Doch der Zustrom der Flüchtlingsmassen hatte inzwischen ausgedehnte Elendsquartiere am Stadtrand Hongkongs entstehen lassen.

Der Koreakrieg und das in seiner Folge vom Westen verhängte Handelsembargo gegen China führten zu einem rapiden Rückgang des Transithandels, der bis dahin der wichtigste Stützpfeiler der Wirtschaft Hongkongs gewesen war. Dank der Finanzinstitutionen und der weltweiten Handelskontakte und dank des billigen Arbeitskräftepotentials, das sich aus den zahlreichen Flüchtlingen rekrutierte, konnten lokale Geschäftsleute und aus China geflüchtete Fabrikanten stattdessen eine starke Exportindustrie aufbauen. Neben der Textil- und Bekleidungsindustrie hatte sich noch vor Ende der 50er Jahre die Herstellung von Plastikwaren (Kunstblumen, Puppen, Spielzeug, Haushaltsartikel) entwickelt. Außerdem begann 1959 die Fabrikation von Transistorradios.

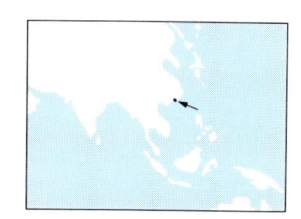

Fläche: 1045 km²
Hauptstadt: Victoria

Indien

Indien wird föderative Republik

Am 26. 1. 1950 trat die republikanische Verfassung, die auf britischen Vorstellungen basierte, in Kraft. Indien blieb Mitglied des Commonwealth. In dieser Verfassung, die während der 50er Jahre mehrmals den indischen Verhältnissen angepaßt wurde, waren die Zuständigkeiten der Zentralregierung und der Bundesstaaten festgelegt. Zentral geregelt wurden vor allem Verteidigung, Außenpolitik und Justiz. Die Bundesstaaten waren u. a. für die Bereiche Polizei, Bildungswesen, Forstwirtschaft und lokale Angelegenheiten zuständig. In der Verfassung war auch die Abschaffung des Kastensystems verankert. Doch in der Praxis blieb dieses System, vor allem auf dem Lande, weiter bestehen.
Die Funktion des Staatspräsidenten war repräsentativ, enthielt aber die Vollmacht, in unsicheren Zeiten die Regierungsgewalt zu übernehmen, das Parlament aufzulösen und Neuwahlen auszuschreiben. Premierminister und seit 1947 zentrale Figur Indiens war Jawaharlal Nehru. Der Premierminister stand einem Ministerkollegium vor, das dem Unterhaus (Lok Sabha) verantwortlich war. Nehru war Vorsitzender der Kongreßpartei, die die Mehrheit im Parlament besaß. Er vertrat sozialistisch-pazifistische Auffassungen. In seiner Innenpolitik äußerte sich dies in Sozialreformen und in seinen Bemühungen, die Anhänger der verschiedenen Religionen miteinander zu versöhnen und die Rechte der Minderheiten zu schützen. Anfang der 50er Jahre war die Regierung weiterhin mit dem Flüchtlingsproblem konfrontiert, das durch die Teilung von Britisch-Indien entstanden war. Nach zahlreichen Gemetzeln gingen Hunderttausende von Hindus und Sikhs nach Indien, während viele Moslems nach Pakistan flüchteten. 1956 stimmte Nehru einer Reorganisierung des Landes in 14 Teilstaaten zu, für deren Grenzen die Sprachgrenzen maßgebend waren.
Im Nordwesten Indiens bildete in den 50er Jahren die Kaschmirfrage ein ständiges Problem. Über die Moslembevölkerung dort herrschte ein Hindufürst. Pakistan erhob Ansprüche auf das Gebiet, doch die UNO hatte 1949 beschlossen, daß es zu Indien gehören solle.
1956 wurden die letzten französischen Besitzungen Pondicherry, Karikal, Mahé und Janaon einvernehmlich Indien eingegliedert.
Über Goa, Diu und Damao bestanden weiterhin Meinungsverschiedenheiten mit Portugal.

Das Verhältnis zum Ausland

Unter Nehru war 1949 der Grundstein für eine panasiatische Bewegung gelegt worden. Er propagierte die Solidarität zwischen asiatischen und afrikanischen Staaten und wollte weder an die USA noch an die UdSSR gebunden sein. Die Amerikaner mißtrauten Indiens Neutralitätspolitik und lehnten Nehrus Auffassungen über friedliche Koexistenz ab. Dennoch waren der Westen wie auch der Ostblock bereit, Indien umfangreiche Wirtschaftshilfe zu gewähren. Indiens Premierminister spielte eine führende Rolle auf der Bandungkonferenz (1955) in Indonesien. Als Neutraler konnte Nehru

Fläche: 3 276 298 km²
Hauptstadt: Delhi

Indien
S. 288 – 44

Zehn Jahre im Überblick

26. 1. 1950	Die neue Verfassung tritt in Kraft; Radschendra Prasad wird Indiens erster Staatspräsident (1952 und 1957 wiedergewählt).
28. 5. 1956	Französisch-Indien wird Indien angegliedert.
26. 1. 1957	Jammu und Kaschmir werden formal zu einem indischen Bundesstaat erhoben.
2. 2. 1959	Indira Gandhi, die Tochter von Premierminister Nehru, wird zur Vorsitzenden der Kongreßpartei gewählt.
31. 3. 1959	Der Dalai Lama trifft in Indien ein und erhält politisches Asyl.
31. 7. 1959	Präsident Prasad setzt die seit 1957 amtierende kommunistische Regierung des Bundesstaates Kerala ab.

Radschendra Prasad, der erste Staatspräsident Indiens.

Grunddaten	1950	1953	1956	1959
1. Einwohnerzahl (in Mill.)	358,3	375,6	379,3	423,0
2. Urbanisationsgrad (in %)	17,3	—	—	—
3. Berufstätige (in % der Gesamtbevölkerung)	—	43,8	—	—
4. Volkseinkommen (in Mrd. Rupien)	95,5	104,8	—	126,2
5. Anteil des Volkseinkommens in verschiedenen Bereichen				
Landwirtschaft	51	51	—	49
Industrie	16	17	—	17
Handel und Dienstleistungen	33	32	—	33
7. Geburtenziffer (in ‰)	39,9	40,9	—	39,1
8. Sterbeziffer (in ‰)	27,4	24,0	—	19,4
9. Lebenserwartung bei Neugeborenen (in Jahren)				
Männer	32,4	41,9	—	45,6
Frauen	31,7	40,6	—	46,6
10. Jährlicher Energieverbrauch pro Einw. (in kg Ske)	100	110	121	132
11. Einfuhr (in Mill. US-Dollar)	1 173	1 208	1 749	1 987
12. Ausfuhr (in Mill. US-Dollar)	1 178	1 116	1 317	1 304
13. Einwohner pro Arzt	6 000	7 100	5 500	5 300

Indonesien

Jawaharlal Nehru 1950 mit seiner Tochter Indira Gandhi und den Enkeln Sanjay (gestorben 1980) und Rajiv Ratan (links).

im Koreakrieg und auf der Genfer Indochinakonferenz (1954) Vermittlungsversuche unternehmen. Das Verhältnis zu China war wegen des Tibet-Problems kompliziert. Indien erkannte 1952 die Souveränität Chinas über Tibet an, hielt aber an der 1941 festgelegten Grenze, der MacMahon-Linie, fest. Als 1959 nach einem gescheiterten Aufstand in Tibet der Dalai Lama nach Indien flüchtete und chinesische Truppen Ende August 1959 die MacMahon-Linie überschritten, leistete Nehru nicht Widerstand, was im Inland keinen Beifall fand.

Wirtschaftliche und soziale Entwicklung

Nehru wollte Indiens Aufbau mit Hilfe von Fünfjahrplänen bewerkstelligen. Der erste Fünfjahrplan begann 1951. Das größte Problem des dichtbevölkerten Landes war die Nahrungsmittelversorgung. Deshalb richtete sich der erste Fünfjahrplan auf die Steigerung der Agrarproduktion, auf eine Landreform und auf die Verbesserung der industriellen Produktion. 1955 wurden die Banken, die Versicherungsgesellschaften und die Luftfahrt verstaatlicht.

Nehrus zweiter Fünfjahrplan (1956–1961) verlagerte den Akzent von der Landwirtschaft auf die Industrie. Indem man vor allem die Schwerindustrie förderte, wollte man die industrielle Produktion noch steigern. Die Gewinnung von Rohstoffen und Energie wurde mit Vorrang betrieben. Diese Akzentverlagerung sollte in den 60er Jahren zu großen Problemen führen. Trotz des planmäßigen Vorgehens erlebte der indische Bauer nur geringe Fortschritte.

Indonesien

Fläche: 1 491 564 km²
Hauptstadt: Jakarta

Die Entstehung des Einheitsstaates

Die Round-table-Konferenz, die vom 23. 8. bis zum 2. 11. 1949 in Den Haag stattfand, beschloß die Bildung der Vereinigten Staaten von Indonesien, die bis 1954 in Personalunion mit den Niederlanden bleiben sollten. Dieser neuen Föderation fehlte jedoch das Einheitsideal, das den nationalistischen Republikanern so wichtig war. Die föderative Struktur wurde nach und nach untergraben. Nahezu alle Teilstaaten schlossen sich 1950 zu einer zentralen Republik zusammen. Im April bestand die Föderation nur noch aus drei Bundesstaaten: der erweiterten Republik, Ostindonesien und Ostsumatra. In Ostindonesien, wo der föderale Gedanke eine breite Basis hatte, war Chris Sumokil vergeblich bestrebt, den Anschluß an die Republik zu verhindern, der am 9. 5. erfolgte. Eine ähnliche Entwicklung fand auch in dem Bundesstaat Ostsumatra statt, der sich am 19. 5. der Republik anschloß. Am 15. 8. 1950 wurde die Personalunion mit den Niederlanden aufgelöst und der Einheitsstaat Indonesien proklamiert. Sumokil hatte indessen am 24. 4. die unabhängige Republik der Südmolukken ausgerufen.

Nach der neuen vorläufigen Verfassung lag die Legislative bei der Regierung und der Volksvertretung; letztere sollte bis 1955 aus ernannten Mitgliedern bestehen. Dem Kabinett, dessen Minister vom Staatspräsidenten ernannt werden sollten, oblag die Exekutive. Dieses Regierungssystem funktionierte nur unvollkommen, da zwischen den verschiedenen Parteien großes Mißtrauen bestand. In den ersten vier Jahren ihrer Existenz wurde die neue Republik von einer Koalition zweier Parteien regiert: der Masjumi (Konsultativrat Indonesischer Moslems) unter Sukiman und Natsir und der PNI (Indonesische Nationalpartei) unter Wilopo, Ali Sastroamidjojo und Burhanuddin. Immer wieder aufflackernde Sezessionsbestrebungen auf Sumatra und Celebes sowie den Südmolukken wurden unterdrückt; es dauerte aber bis 1961, bevor die letzten Autonomieforderungen gebrochen waren.

Zehn Jahre im Überblick

24. 4. 1950	Auf Ambon wird die unabhängige Republik der Südmolukken ausgerufen.
15. 8. 1950	Der indonesische Einheitsstaat wird proklamiert.
4. 11. 1950	Regierungstruppen besetzen Ambon.
18. 4. 1955	In Bandung tagt die erste afro-asiatische Gipfelkonferenz.
29. 9. 1955	Parlamentswahlen: Masjumi und PNI erlangen 57 Mandate, Nahdatul Ulama 45, PKI 39 und die kleineren Parteien 62.
14. 3. 1957	Unter dem Druck von Aufständen auf Sumatra, Borneo und Celebes tritt die Regierung von Premierminister Ali Sastroamidjojo zurück.
9. 4. 1957	Präsident Sukarno setzt ein außerparlamentarisches Notstandskabinett ein und entwickelt ein System der »gelenkten Demokratie«.
5. 7. 1959	Präsident Sukarno löst die Verfassunggebende Versammlung auf und führt per Dekret die Verfassung von 1945 wieder ein.

▷ *Straßenbild mit Wahlplakaten in Jakarta im Juni 1956.*

Grunddaten	1950	1953	1956	1959
1. Einwohnerzahl (in Mill.)	75,4	79,5	84,6	90,5
4. Volkseinkommen (in Mrd. Rupiah)	—	—	—	220,8
5. Anteil des Volkseinkommens in verschiedenen Bereichen				
Landwirtschaft	—	—	—	54
Industrie	—	—	—	16
Handel und Dienstleistungen	—	—	—	31
7. Geburtenziffer (in ‰)	40	29,8	26,3	29,5
8. Sterbeziffer (in ‰)	20	13,5	13,3	11,9
10. Jährlicher Energieverbrauch pro Einw. (in kg Ske)	60	80	122	126
11. Einfuhr (in Mill. US-Dollar)	440	765	860	482
12. Ausfuhr (in Mill. US-Dollar)	800	765	924	931
13. Einwohner pro Arzt	—	66 000	—	—

Präsident Achmed Sukarno bei einem Besuch der Insel Celebes.

Innenpolitische Probleme

Am 29. 9. 1955 fanden Parlamentswahlen statt. Die PNI erhielt 23% der Stimmen, die Masjumi 21%, die Nahdatul Ulama (NU; Islamische Rechtspartei) 18% und die Kommunisten (PKI) 16%. Die PNI, die NU und die PKI waren javanische Parteien, während sich die Anhängerschaft der Masjumi über den gesamten Archipel verteilte. Durch die Wahlen wurden die Gegensätze zwischen Java und den Außenprovinzen noch verschärft. Letztere strebten größere Autonomie an. Die erste gewählte Regierung unter Ali Sastroamidjojo (PNI) war den Konflikten wegen der Autonomieforderungen nicht gewachsen und trat zurück. Nachdem in der Folge verschiedene Versuche zur Kabinettsbildung gescheitert waren, übernahm Staatspräsident Sukarno im April 1957 die Macht. Er ernannte einen Nationalrat, in dem eine breite Skala gesellschaftlicher Gruppierungen vertreten war. Am 5. 7. 1959 wurde eine Präsidialregierung eingeführt; der Nationalrat schaltete das Parlament weitgehend aus. Streitigkeiten über den Status von Neuguinea führten zu diplomatischen Verwicklungen mit den Niederlanden, 1956 zum Abbruch der staatsrechtlichen Bindungen (Auflösung der Niederländisch-Indonesischen Union) und 1957 zur Beschlagnahme niederländischer Unternehmen und zur Ausweisung der meisten Niederländer.

Neutralismus und Planwirtschaft

Im April 1954 schlug Ministerpräsident Ali Sastroamidjojo (PNI) die Einberufung einer großen afroasiatischen Konferenz nach Bandung (auch → S. 184) vor. Diese Tagung war auch von Bedeutung für die Lage der chinesischen Indonesier (1955: 2,3 Millionen), deren Rechtsposition geregelt wurde. Dennoch war in der indonesischen Gesellschaft weiterhin eine unterschwellige antichinesische Stimmung zu verspüren. Die neutralistische Haltung, die Indonesien seit 1955 einnahm, führte zu einer Öffnung gegenüber den politischen Vorstellungen der Sowjetunion. In der Zeit von 1949 bis 1953 waren Rohstofflieferungen an die USA, Westeuropa und Japan die Grundlage der indonesischen Wirtschaft. Die finanziellen Probleme wurden durch die schlechten Reisernten noch größer. Nach 1953 war die Regierung bemüht, den Anteil von Indonesiern in den ausländischen Firmen zu vergrößern. Diese Politik scheiterte und führte noch zu einem Anstieg der Inflationsrate und der Reispreise. Ende der 50er Jahre versuchte die Regierung, durch Mehrjahrespläne eine als sozialistisch bezeichnete Planwirtschaft aufzubauen. Viele niederländische Betriebe wurden verstaatlicht, der Einfluß anderer ausländischer Unternehmen sollte zurückgedrängt werden. Das Ergebnis war unbefriedigend. An die Stelle ausländischer Fachkräfte traten oft inkompetente und korrupte Offiziere und Funktionäre. Die Politik der Planwirtschaft konnte Indonesiens wirtschaftliche Abhängigkeit vom Ausland nicht verringern.

Irak

Erdölboom und Westbündnis

Irak, zeitweise der drittgrößte Erdölproduzent der Welt, erlebte dank seiner steigenden Öleinnahmen in den 50er Jahren ein rasches Wirtschaftswachstum. Zwischen 1950 und 1958 stieg das durchschnittliche Pro-Kopf-Einkommen um 50%. Der Reichtum war freilich sehr ungleich verteilt. Die gesellschaftliche Unzufriedenheit führte am 22. 11. 1952 zu blutigen Unruhen in Bagdad. General Mahmud Nuruddin, der daraufhin die Regierung übernahm, verhängte das Standrecht. Auch unter den Kurden in der ölreichen Provinz Mosul herrschte Unruhe. Die Kommunistische Partei, die hier viele Anhänger hatte, wurde im Januar 1955 verboten. Eine Strömung, die in den 50er Jahren rasch Anhang gewann, war der vom ägyptischen Staatsoberhaupt Nasser entfachte arabische Nationalismus. Diese Bewegung wandte sich auch gegen die im Irak noch bestehenden britischen Militärbasen. Auf Drängen der Nationalisten baten die irakischen Regierungen bereits seit 1951 Großbritannien um eine Revision des Vertrages von 1930 und den Abbau der Stützpunkte. Die guten Beziehungen zu Großbritannien blieben jedoch erhalten. Der »starke Mann« Nuri as-Said, mehrmals Regierungschef, strebte vor allem ein antisowjetisches Bündnis mit dem Westen an. Am 24. 2. 1955 unterzeichnete der Irak den Bagdadpakt, ein Bündnis zwi-

Fläche: 438 446 km²
Hauptstadt: Bagdad

Grunddaten	1950	1953	1956	1958
1. Einwohnerzahl (in Mill.)	5,2	5,6	6,1	6,7
2. Urbanisationsgrad (in %)	—	—	37,3	—
4. Bruttosozialprodukt (in Mill. Dinar)	—	323,0	—	484,7
5. Anteil des Bruttosozialproduktes in verschiedenen Bereichen				
Landwirtschaft	—	22	—	19
Industrie	—	50	—	51
Handel und Dienstleistungen	—	28	—	30
7. Geburtenziffer (in ‰)	7,1	11,3	12,7	11,8
8. Sterbeziffer (in ‰)	3,7	5,1	3,8	4,1
10. Jährlicher Energieverbrauch pro Einw. (in kg Ske)	180	260	334	456
11. Einfuhr (in Mill. US-Dollar)	105	191	317	326
12. Ausfuhr (in Mill. US-Dollar)	140	392	478	606
13. Einwohner pro Arzt	6 400	6 000	—	5 300

▷ Im Februar 1958 schlossen Jordanien und Irak die Haschemitische Föderation, um ein Gegengewicht zur Vereinigten Arabischen Republik (Ägypten und Syrien) zu schaffen. Auf dem Foto König Hussein von Jordanien (links) mit seinem Vetter König Faisal II. während einer Militärparade in Bagdad im Februar 1955.

schen Irak, Iran, Pakistan, der Türkei und Großbritannien. Dies führte nicht nur zum diplomatischen Bruch mit der Sowjetunion, sondern auch zu einer gewissen Isolation in der arabischen Welt. Auch im Inland hatte der Bagdadpakt Unruhe zur Folge. Deshalb verhängte die Regierung am 3. 12. 1956 erneut den Belagerungszustand. 1957 kam es zu einer verstärkten Annäherung zwischen Irak und den konservativen arabischen Königreichen Saudi-Arabien und Jordanien. Als Gegengewicht zu dem im Januar 1958 erfolgten Zusammenschluß von Ägypten und Syrien zur Vereinigten Arabischen Republik gründeten die Könige von Irak und Jordanien am 14. 2. 1958 in Amman die Haschemitische Föderation, die aber nur fünf Monate Lebensdauer haben sollte.

Revolution und Diktatur des Generals Kassem

Am 14. 7. 1958 putschte die irakische Armee. Anführer der Revolution waren General Abd al-Karim Kassem, der Ministerpräsident wurde, und Oberst Abdul Salam Aref, der das Amt des Stellvertreters übernahm. König Faisal II., sein Onkel, Kronprinz Abd al Illah und Ministerpräsident Nuri as-Said wurden ermordet. Zahlreiche Anhänger der alten Regierung wurden hingerichtet. Die Föderation mit Jordanien wurde aufgelöst, doch es sollte noch bis zum 24. 3. 1959 dauern, ehe der Irak auch formell aus dem Bagdadpakt austrat. General Kassem nahm die diplomatischen Beziehungen zu Moskau wieder auf und erneuerte auch die Kontakte zu den sog. progressiven arabischen Staaten. Politische Flüchtlinge wie der Kurdenführer Mullah Mustafa Barzani durften ins Land zurückkehren.

Trotz allem hatte Kassems Regime nur eine schmale Basis. Er geriet mit Nasser und dessen zahlreicher Anhängerschaft im Irak in Konflikt, als er dem arabischen Einheitsstreben seinen irakischen Nationalismus entgegensetzte. Am 4. 11. 1958 ließ Kassem seinen inzwischen entlassenen Stellvertreter Aref verhaften. Er wurde wegen Verschwörung zum Tode verurteilt, aber später begnadigt. Sowohl die konservative Istiqlal-Partei als auch die panarabische Baath-Partei wandten sich gegen das zunehmend diktatorische Regime in Bagdad.

Auch mehrere Kurdenstämme im Norden und schiitische Führer im Süden weigerten sich, die Militärherrschaft zu unterstützen. General Kassem war immer mehr auf die Unterstützung der Kommunistischen Partei angewiesen. Obwohl die Anhänger Nassers und die aufständischen Kurden zunehmend verfolgt wurden, blieben die innenpolitischen Verhältnisse instabil. Am 7. 10. 1959 wurde Kassem bei einem Attentat verletzt.

Zehn Jahre im Überblick

2. 5. 1953	Faisal II. wird im Alter von 18 Jahren zum König gekrönt.
24. 2. 1955	Irak unterzeichnet den Bagdadpakt.
3. 12. 1956	Der Belagerungszustand wird verhängt.
14. 2. 1958	Die Könige von Irak und Jordanien bilden die Haschemitische Föderation.
14. 7. 1958	Das Militär übernimmt die Macht.
24. 3. 1959	Irak tritt aus dem Bagdadpakt aus.

Iran

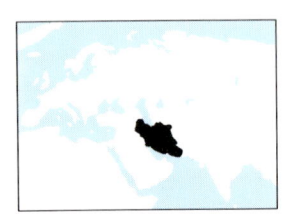

Fläche: 1 648 000 km²
Hauptstadt: Teheran

Der Pfauenthron wankt

In den 50er Jahren kam es im Iran zu einer Konfrontation zwischen der durch die USA gestützten Regierung von Schah Mohammed Reza Pahlewi und der Nationalen Front von Mohammed Mossadegh. Anlaß für die Kraftprobe zwischen dem Schah und den Nationalisten war die Stellung der britischen Ölgesellschaft Anglo-Iranian Oil Company (AIOC). Die von Mossadegh 1949 gegründete Nationale Front forderte die Verstaatlichung der Ölindustrie, die vom Parlament am 30. 4. 1951 beschlossen wurde. Großbritannien protestierte scharf, und Ministerpräsident Hussain Ala trat zurück. Der schnell populär gewordene Mossadegh wurde sein Nachfolger. Während der Iran im Sommer 1951 die Förderanlagen der AIOC übernahm, gerieten die

Zehn Jahre im Überblick

27. 4. 1951	Mohammed Mossadegh wird Premierminister.
30. 4. 1951	Das Parlament verstaatlicht die britische Ölgesellschaft Anglo-Iranian Oil Company.
16. 8. 1953	Der Schah flüchtet in den Irak, nachdem er Premierminister Mossadegh entlassen und General Tazollah Zahedi zu dessen Nachfolger ernannt hat.
19. 8. 1953	Die Armee unter Führung von General Zahedi unternimmt zur Unterstützung des Schah einen Staatsstreich.
22. 8. 1953	Der Schah kehrt nach Teheran zurück.
21. 12. 1953	Mossadegh wird zu drei Jahren Einzelhaft verurteilt.
11. 10. 1956	Der Iran tritt dem Bagdadpakt bei.
21. 12. 1959	Der Schah heiratet Farah Dibah.

Iran

Mohammed Mossadegh (rechts), Führer der Nationalen Front und Ministerpräsident von 1951 bis 1953, auf dem Höhepunkt des Erdölkonfliktes im Gespräch mit dem britischen Unterhändler R. Stokes.

mit Großbritannien über diese Sache geführten Verhandlungen in eine Sackgasse. Zudem weigerten sich die westlichen Staaten, iranisches Erdöl zu kaufen. Die britische Regierung brachte den Fall vor den Internationalen Gerichtshof und die Vereinten Nationen und verhängte einen Boykott gegen den Iran. Die Besatzung britischer Tanker weigerte sich, iranisches Öl zu transportieren. Britische Techniker verließen das Land, so daß die Raffinerien bei Abadan binnen kurzem stillagen. Die iranische Ölproduktion sank besorgniserregend; überdies war das Öl schwer verkäuflich, weil die AIOC es überall in der Welt beschlagnahmen ließ. Durch die Stagnation der Öleinnahmen geriet der Iran wirtschaftlich in eine schwierige Situation. Unterdessen verbesserten sich die Beziehungen zur Sowjetunion. Im Inland gewann die wiederzugelassene kommunistische Tudeh-Partei rasch an Einfluß. Die USA übten daraufhin auf die Regierung Mossadegh großen Druck aus. Im Zusammenhang mit der Ölfrage stellten die USA im Juni 1953 ihre finanzielle und technische Hilfe vorerst ein.

Mittlerweile spitzte sich der Machtkampf zwischen dem Schah und dem Ministerpräsidenten auf die Frage nach den Kompetenzen des Ministerrates zu. Mossadegh, der die Macht des Schahs beschränken wollte, eignete sich Sondervollmachten an. Doch seine Unterstützung im Parlament begann zu schrumpfen. Großgrundbesitzer, Händler und schiitische Mullahs gingen in Opposition zu ihm. Durch eine Volksabstimmung verschaffte sich Mossadegh das Recht zur Auflösung des Parlaments. Der Schah wollte seinen Ministerpräsidenten unter diesen Umständen entlassen. Als der populäre Mossadegh im Amt blieb, verließ der Schah am 16. 8. 1953 das Land. Drei Tage später unternahm die Armee einen Staatsstreich, worauf der Schah nach Teheran zurückkehrte. Mossadegh wurde verhaftet und im November 1953 zu einer Gefängnisstrafe verurteilt. Sämtliche politischen Parteien wurden (bis 1957) verboten. Es kam zu zahllosen Verhaftungen und drastischen Säuberungen in Armee und Verwaltung.

Konsolidierung und Modernisierung

Unmittelbar nach der Rückkehr des Schah am 22. 8. 1953 sagte die US-Regierung dem Iran einen Kredit von 45 Millionen Dollar zu und stellte Militärhilfe in Aussicht. Mit Großbritannien kamen die Verhandlungen über die Verstaatlichung der AIOC wieder in Gang. Im Oktober 1954 einigte man sich. Es wurde ein Konsortium von verschiedenen (hauptsächlich US-amerikanischen) Ölgesellschaften

Iran S. 288 – 43

Schah Mohammed Reza Pahlewi im Oktober 1959.

Irland

Grunddaten	1950	1953	1956	1959
1. Einwohnerzahl (in Mill.)	16,3	17,5	19,3	20,9
2. Urbanisationsgrad (in %)	20,0	—	30,1	—
3. Berufstätige (in % der Gesamtbevölkerung)	—	—	32,0	—
4. Bruttosozialprodukt (in Mrd. Rial)	—	—	—	281,0
5. Anteil des Bruttosozialproduktes in verschiedenen Bereichen				
Landwirtschaft	—	—	—	32
Industrie	—	—	—	30
Handel und Dienstleistungen	—	—	—	39
7. Geburtenziffer (in ‰)	32,8	34,8	34,8	43,3
8. Sterbeziffer (in ‰)	9,5	7,0	7,7	8,5
10. Jährlicher Energieverbrauch pro Einw. (in kg Ske)	—	—	178	332
13. Einwohner pro Arzt	—	7 400	—	4 500

folgten. Die wieder steigenden Öleinnahmen ermöglichten eine schnelle Modernisierung des Landes. Verschiedene Projekte in den Bereichen Straßenbau, Industrialisierung und Ölverarbeitung wurden in Angriff genommen. Hilfe für diese Entwicklungsprojekte leisteten vor allem die Weltbank, die Bundesrepublik Deutschland, Großbritannien und die USA.
Seit dem Sturz Mossadeghs erwies sich der Iran als zuverlässiger Bündnispartner der USA. Am 11. 10. 1956 schloß sich das Land dem Bagdadpakt an, der nach der irakischen Revolution von 1958 in Zentrale Vertragsorganisation (Central Treaty Organization – CENTO) umbenannt wurde. Das Verhältnis zur arabischen Welt wurde durch den iranischen Anspruch auf die ölreiche Insel Bahrain im Persischen Golf stark beeinträchtigt.
Nach dem Staatsstreich von General Zahedi 1953 profilierte sich der Schah immer stärker als Haupt der Exekutive. Sein Regime wurde von der Armee gestützt. Ende der 50er Jahre hatte der Schah seine Regierung konsolidiert. In seinem Bemühen, den Iran zu einem modernen Staat nach westlichem Vorbild umzuwandeln, sagte er dem Feudalismus und der orthodoxen schiitischen Geistlichkeit den Kampf an. Korruption und Rückständigkeit sollten überwunden werden. Im März 1958 ließ sich der Schah wegen Kinderlosigkeit von Kaiserin Soraya scheiden. Im Dezember 1959 ehelichte er Farah Dibah in der Hoffnung, daß sie ihm einen Thronfolger schenken würde.

gegründet, das die Erdölgewinnung in die Hand nahm. Verträge mit weiteren Ölgesellschaften

Irland

Fläche: 70 283 km²
Hauptstadt: Dublin

▷
John Costello, Premierminister von 1949 bis 1951 und von 1954 bis 1957.

Die britische Anerkennung der Republik Irland (1949) bedeutete keinesfalls eine Lösung der Probleme auf der geteilten Insel. Viele Iren, angeführt von dem legendären Freiheitskämpfer Eamon de Valera (Premierminister von 1932 bis 1948), strebten weiterhin eine friedliche Vereinigung mit dem nordöstlichen Teil der Insel an. Die Premierminister Costello (von 1949 bis 1951 und von 1954 bis 1957) und de Valera (erneut von 1951 bis 1954 und von 1957 bis 1959) mußten sich mit dieser Frage auseinandersetzen.
1954 nahm die verbotene bewaffnete Irische Republikanische Armee (IRA) ihre Aktivitäten wieder auf. Obgleich sich die katholischen Bischöfe gegen die IRA aussprachen und die Regierung 1956 aufgrund einer Notstandsverordnung von 1940 Hunderte von IRA-Mitgliedern und -Führern verhaften ließ, blieb die Bewegung lebendig. Der legale politische Zweig der IRA, Sinn Féin, erlangte sogar bei den Parlamentswahlen von 1957 vier Sitze, die aber nicht besetzt wurden.
Trotz der Auswanderung (rd. 40 000 Personen jährlich) und dem geringen Geburtenüberschuß blieb die Arbeitslosigkeit eine schwere Belastung.
Sämtliche Regierungen stellten zwar die Entwicklung der Wirtschaft in den Mittelpunkt, konnten sich aber nicht immer über den Weg einigen. So kam das Koalitionskabinett Costello 1951 durch Meinungsverschiedenheiten über die Landwirtschaftspolitik zu Fall. Sechs Jahre später scheiterte eine Fünfparteienkoalition, an deren Spitze wieder Costello von der Fine-Gael-Partei stand, an Fragen der Wirtschaftspolitik. Auch de Valera fand keine Lösung. Zwar kam in der zweiten Hälfte des Jahrzehnts der Aufbau einer verarbeitenden Industrie in Gang, andererseits aber hatte die Abwanderung vom Land in die Städte eine Abnahme der landwirtschaftlichen Produktion zur Folge. Die Handelsbilanz wies ständig ein Minus auf, konnte aber durch die Einnahmen aus dem wachsenden Fremdenverkehr und die Geldüberweisungen der in die USA ausgewanderten Iren ausgeglichen werden.
1959 wurde Premierminister de Valera (77), der beinahe blinde Führer der Fianna Fáil, zum Präsidenten gewählt. Er löste Sean O'Kelly ab, der das Amt seit 1945 innegehabt hatte.

Grunddaten	1950	1953	1956	1959
1. Einwohnerzahl (in Mill.)	3,0	3,0	2,9	2,9
2. Urbanisationsgrad (in %)	47,5	—	—	—
3. Berufstätige (in %)	43,0	—	—	41,0
4. Bruttosozialprodukt (in Mill. Pfund Sterling)	333,6	432,4	—	486,1
5. Anteil des Bruttosozialproduktes in				
Landwirtschaft	29	31	—	26
Industrie	25	28	—	29
Handel u. Dienstl.	46	41	—	45
6. Arbeitslosenquote (in % der berufsfähigen Bevölkerung)	7,5	9,6	7,7	8,1
7. Geburtenziffer (in ‰)	21,3	21,2	21,0	21,1
8. Sterbeziffer (in ‰)	12,7	11,7	11,7	12,0
9. Lebenserwartung bei Neugeborenen (in Jahren)				
Männer	64,5	—	—	—
Frauen	67,1	—	—	—
10. Jährlicher Energieverbrauch pro Einw. (in kg Ske)	1 110	1 130	1 224	2 048
11. Einfuhr (in Mill. US-Dollar)	447	511	512	595
12. Ausfuhr (in Mill. US-Dollar)	204	320	303	366
13. Einwohner pro Arzt	1 000	—	—	—

Island

Das Abkommen mit den USA von 1951 über die Stationierung amerikanischer Truppen auf Island im Rahmen der NATO war von Anfang an umstritten. Die Opposition gegen den Vertrag, den eine Koalitionsregierung der Fortschrittspartei und der konservativen Unabhängigkeitspartei geschlossen hatte, führte 1956 zu einer Regierungskrise. Die Fortschrittspartei plädierte nämlich nun für eine Revision des Vertrages, und die Regierung kam zu Fall. Das Kabinett Hermann Jónasson, eine Koalition aus Fortschrittlichen, Sozialdemokraten und Kommunisten, einigte sich mit den USA darauf, daß die Basis Keflavik vorläufig weiter genutzt werden könne. 1959 kündigten die USA den Abzug eines Teils ihrer Truppen an.

Die US-Soldaten verschafften der Insel zwar Einnahmen, aber das bedeutete keine Lösung der Wirtschaftsprobleme. Island war wirtschaftlich vom Fischfang abhängig, der 1953 95% des Exports ausmachte, aber durch Überfischung gefährdet war. Die Regierung führte deshalb 1952 eine Viermeilenzone ein, die sechs Jahre später auf 12 Meilen ausgedehnt wurde. Großbritannien stellte daraufhin die Einfuhr isländischer Fischprodukte ein und ließ seine Fischereiflotte beim Fang in den isländischen Hoheitsgewässern von Kriegsschiffen begleiten.

Im Dezember 1958 kam die Regierung zu Fall. Aufgabe des neugewählten Parlaments war es u. a., das Wahlgesetz zu ändern: Das Parlament wurde um 8 Sitze auf 60 erweitert. Aus den zweiten Wahlen 1959 ging die Unabhängigkeitspartei als stärkste Gruppierung hervor. Sie stellte den Premierminister, Olafur Thors, der ein Koalitionskabinett mit den Sozialdemokraten bildete.

Fläche: 103 000 km²
Hauptstadt: Reykjavik

Israel

Der Aufbau des jüdischen Staates

Die 50er Jahre waren für den erst 1948 gegründeten Staat Israel eine Zeit, in der große Probleme bewältigt werden mußten. An erster Stelle stand die Eingliederung der Einwanderer, deren Zustrom für den jungen Staat ebenso lebensnotwendig war, wie sie ihrerseits auf diesen Staat als Lebensbasis angewiesen waren. Am 5. 7. 1950 verabschiedete die Knesset das »Rückkehrgesetz«, das jedem Juden das Recht einräumte, sich in Israel niederzulassen.

Die Einwanderungswelle hielt mit Schwankungen während des ganzen Jahrzehnts an; Ende 1959 zählte Israel knapp 1,9 Millionen jüdische Einwohner – fast dreimal so viel wie zur Zeit der Unabhängigkeitserklärung 1948. Nach den jemenitischen Juden kamen 1951 durch die Operation »Ali Baba« gut 100 000 vertriebene irakische Juden nach Israel. In den Jahren 1954 bis 1956 überwogen Flüchtlinge aus Nordafrika, ab 1957 Juden aus Osteuropa.

Viele der Einwanderer, die keine Arbeit oder keine Verwandten in Israel hatten, wurden zunächst in Barackensiedlungen und Zeltlagern untergebracht. Der Staat, die Jewish Agency und die Gewerkschaft Histadrut unternahmen große Anstrengungen, um den Neuankömmlingen Wohnungen und Arbeitsplätze zu verschaffen und sie in die israelische Gesellschaft einzugliedern. Auf den Unterricht in Iwrit, dem modernen Hebräisch, legte man großen Wert. 1954 konnten die Auffanglager aufgelöst werden. Einwanderer konnten sich von nun an sofort in neugegründeten oder bereits bestehenden Städten, Dörfern und Siedlungen niederlassen. Für neue Orte hatte der Jüdische Nationalfonds große Bodenflächen bereitgestellt. Die Verschiedenartigkeit von kulturellen Hintergründen, Bildung, beruflicher Qualifikation und wirtschaftlichen Verhältnissen der orientalischen Juden führte nicht selten zu Spannungen, zu Eingliederungsschwierigkeiten in dem vom europäischen Judentum geprägten Land und seiner Gesellschaft. Im Juli 1959 kam es unter den marokkanischen Juden im Slumgebiet Wadi Salib in Haifa zu schweren Unruhen, die sich an anderen Orten fortsetzten und die tiefen Probleme deutlich machten.

Trotz der religiösen Opposition gegen die staatlichen Schulen wurde ein modernes Unterrichtssystem aufgebaut. Seit 1949 besteht Schulpflicht, und der Unterricht ist kostenlos. Auch beim Militär legte man großen Wert auf schulische Bildung. 1953 wurden weitreichende Modernisierungen bei den Streitkräften durchgeführt. Gegen den heftigen Widerspruch der religiösen Parteien wurde auch für Frauen die Wehrpflicht eingeführt,

Zehn Jahre im Überblick

10. 9. 1952	Die Bundesrepublik Deutschland und Israel schließen ein Abkommen, in dem sich die Bundesrepublik zu Wiedergutmachungszahlungen verpflichtet.
9. 11. 1952	Tod von Präsident Chaim Weizmann, Itzhak Ben Zwi wird am 8. 12. zu seinem Nachfolger gewählt.
6. 12. 1953	Ministerpräsident David Ben Gurion tritt zurück.
9. 12. 1953	Moshe Sharett bildet eine Regierung.
21. 2. 1955	Ben Gurion wird Nachfolger des entlassenen Verteidigungsministers Pinhas Lavon.
3. 11. 1955	Ben Gurion wird wieder Ministerpräsident.
29. 10. 1956	Israelische Truppen marschieren im Sinai ein.
5. 11. 1956	Israelische Truppen besetzen Sharm esch-Scheikh.
6. 3. 1957	Israel zieht sich aus dem Gazastreifen zurück.

Fläche: 20 677 km²
Hauptstadt: Jerusalem

Im August 1953 kam in Jaffa die erste Ladung Güter aus der Bundesrepublik Deutschland an, die im Rahmen der Wiedergutmachung Israel übergeben wurde.

Israel

Rekruten der israelischen Armee in britischer Ausrüstung üben das Gefecht Mann gegen Mann.

Wiedergutmachung S. 89 – 15

von der allerdings eine Befreiung aus religiösen Gründen möglich ist. Als Rückschritt wurde es dagegen von vielen empfunden, daß es im selben Jahr den religiösen Parteien gelang, das gesamte Personenstandsrecht der Zuständigkeit religiöser Rechtsprechung zu unterstellen, so daß es in Israel keine Zivilehe gibt.

Der Aufbau des Landes wurde mit großer Energie betrieben. Binnen kurzem entstanden zahlreiche Siedlungen, meist genossenschaftlichen Charakters vom Typ der Moschawim und Kibbuzim. Mehr als 30 neue Städte entstanden, wie Qiryat Shemona, Dimona und Ashdod, während ältere, wie Tel Aviv, Beer Sheva, Ashqelon und Safed, sich stark vergrößerten. Das 1949 gegründete Elat wuchs nach 1956 zu einer wichtigen Hafenstadt heran. Zwischen 1950 und 1958 wurde das Sumpfgebiet am Hula-see trockengelegt und für die Landwirtschaft erschlossen. Man legte Wasserleitungen, um Teile der Wüste Negev zu bewässern. Das Straßennetz wurde ausgebaut, und im Negev begann der Abbau von Kupfer und Phosphat. Zwischen Elat und Haifa wurde eine Erdöl-Pipeline verlegt. Mit französischer und US-amerikanischer Unterstützung begann die Nuklearforschung. Der Ausbau der Industrie machte rasche Fortschritte.

Die Aufnahme der Einwanderer, die Entwicklung des Landes und die erheblichen Verteidigungsausgaben führten zu großen Defiziten. Die ungünstige Handelsbilanz und der Devisenmangel verursachten während des ganzen Jahrzehnts große Probleme. Der Einfuhrüberschuß betrug 1950–1959 insgesamt über 2,6 Milliarden Dollar. Die Regierung war bemüht, neben den staatlich oder gewerkschaftlich kontrollierten Wirtschaftsbereichen eine lebensfähige Privatwirtschaft zu fördern. Israel war sehr abhängig von finanzieller Unterstützung aus dem Ausland, die u. a. durch die Sammelaktionen der United Jewish Appeal beschafft wurde. Die USA stellten Israel u. a. im Rahmen des Punkt-4-Programms über 300 Millionen Dollar zur Verfügung. Daneben sah sich die Regierung genötigt, eine Zwangsanleihe auf sämtliche Bankeinlagen zu erheben.

Innenpolitische Krisen und das Verhältnis zu Deutschland

In einer Note vom 12. 3. 1951 an die vier Großmächte forderte die israelische Regierung deutsche materielle Wiedergutmachung. Die drei Westmächte lehnten eine Zwangsregelung ab und empfahlen direkte Kontakte mit Bonn. Während Sowjetunion und DDR nicht reagierten, erkannte Bundeskanzler Konrad Adenauer am 27. 9. vor dem Bundestag und am 6. 12. in einem Brief an Nahum Goldmann, den Präsidenten des Jüdischen Weltkongresses, die Verpflichtung des deutschen Volkes gegenüber Israel und den Juden prinzipiell an. Die Knesset billigte am 7. 1. 1952 mit knapper Mehrheit die Aufnahme von Verhandlungen, die am 20. 3. im niederländischen Wassenaar begannen.

Am 10. 9. 1952 kam dann das deutsch-israelische Wiedergutmachungsabkommen in Luxemburg zustande, in dem die Bundesrepublik Deutschland sich zur Bezahlung von Warenlieferungen im Wert von 3 Milliarden DM an den Staat Israel innerhalb von 12 Jahren sowie zur Zahlung von 450 Millionen DM an die Conference on Jewish Claims against Germany als Entschädigung für vernichtete jüdische Gemeinschaftseinrichtungen verpflichtete.

Noch größere Bedeutung für die israelische Wirtschaft hatten deutsche Leistungen an Einzelpersonen nach dem Bundesentschädigungsgesetz von 1956 und dem Bundesrückerstattungsgesetz, von denen bis in die Gegenwart etwa 30 Milliarden DM an in Israel lebende Empfänger geflossen sind.

Bei der Ratifizierung des Abkommens gab es im Deutschen Bundestag am 4. 3. 1953 255 Ja- und 35 Nein-Stimmen bei 89 Enthaltungen. Offene oder verschämte Ablehnung kamen von der KPD und den rechten Splitterparteien sowie aus den Reihen der Regierungskoalition aus CDU/CSU und FDP, wo Belastungen des deutsch-arabischen Verhältnisses befürchtet wurden. Geschlossen für das Abkommen war nur die SPD.

Die Regierung von David Ben Gurion wurde in dieser stark emotional belasteten Angelegenheit von der rechtsgerichteten Opposition unter Menachem Begin heftig angegriffen. Es kam zu Demonstrationen und Straßenkämpfen. Ben Gurion versetzte in seiner Eigenschaft als Verteidigungsminister die Armee in Bereitschaft.

Ein anderer Fall, der zeigte, wie sehr die traumatischen Erfahrungen aus der Zeit des Nationalsozialismus in Israel weiterlebten, war die Affäre Karstner im Jahre 1955. Der Zionistenführer Karstner hatte während des 2. Weltkrieges eine Vereinbarung mit den Nazis geschlossen und dadurch eine größere Zahl ungarischer Juden retten können. Dieser Fall führte zu einem umstrittenen Prozeß und zu einer Regierungskrise.

Seit Anfang 1957 äußerte Ministerpräsident Ben Gurion mehrfach den Wunsch nach Aufnahme diplomatischer Beziehungen zur Bundesrepublik Deutschland.

Grunddaten	1950	1953	1956	1959
1. Einwohnerzahl (in Mill.)	1,3	1,7	1,8	2,1
2. Urbanisationsgrad (in %)	71,7	71,0	71,5	75,9
3. Berufstätige (in % der Gesamtbevölkerung)	—	—	34,2	34,9
4. Volkseinkommen (in Mill. Pfund Sterling)	—	1096	—	2741
5. Anteil des Volkseinkommens in verschiedenen Bereichen				
Landwirtschaft	—	12	—	13
Industrie	—	33	—	33
Handel und Dienstleistungen	—	57	—	56
7. Geburtenziffer (in ‰)	34,7	32,1	28,8	26,8
8. Sterbeziffer (in ‰)	6,9	6,7	6,6	5,9
9. Lebenserwartung bei Neugeborenen (in Jahren)				
Männer	66,3	68,0	68,3	70,2
Frauen	69,5	70,5	71,1	72,3
10. Jährlicher Energieverbrauch pro Einw. (in kg Ske)	800	910	1056	1135
11. Einfuhr (in Mill. US-Dollar)	299	280	276	427
12. Ausfuhr (in Mill. US-Dollar)	37	60	107	176
13. Einwohner pro Arzt	—	420	450	440

Bundeskanzler Adenauer lehnte am 29. 10. 1957 im Bundestag diesen Schritt ab, da Bonn »jeden Schritt vermeiden wolle, der die Spannungen im Nahen Osten vergrößern könnte«. In Wahrheit befürchtete er, daß arabische Staaten die DDR anerkennen würden. Dabei blieb es, solange Adenauer Kanzler war.

Eng waren dagegen die Beziehungen auf dem Gebiet der Rüstung. Anfang 1957 gab es erste Geheimkontakte zwischen dem israelischen Verteidigungsministerium und Bundesverteidigungsminister Franz Josef Strauß. Zweimal mußte Ben Gurion seinen Rücktritt ankündigen, um seine Koalition auf seinen Kurs zu zwingen, im Dezember 1957, als er Abgesandte zu Verhandlungen über israelische Waffenkäufe nach Bonn schickte, und im Juni/Juli 1959, als es um Lieferungen israelischer Mörsergranaten an die Bundeswehr ging. 1953 schied Ministerpräsident Ben Gurion vorübergehend aus der Politik aus und zog sich in den Kibbuz Sde Boker in der Wüste Negev zurück. Sein Außenminister Moshe Sharett wurde Regierungschef. Sharett neigte zu einem kompromißfreudigeren Kurs gegenüber den arabischen Ländern.

1954 wurden in Ägypten elf Juden verhaftet, die an einer Aktion des israelischen Geheimdienstes beteiligt gewesen waren; angeblich sollten sie durch einen Angriff auf US-amerikanische Einrichtungen die ägyptisch-amerikanischen Beziehungen beeinträchtigen. Ministerpräsident Sharett, der über diese Angelegenheit nicht rechtzeitig informiert worden sein soll, entließ deshalb im Februar 1955 seinen Verteidigungsminister Pinhas Lavon, der jedoch jede Beteiligung an der Affäre leugnete. Ben Gurion kehrte daraufhin am 21. 2. als Verteidigungsminister zurück, geriet aber schon bald wieder mit Sharett über die Politik gegenüber den Arabern in Konflikt. Bereits eine Woche nach seiner Amtsübernahme löste Ben Gurion, der Sharetts Reaktionen auf die Blockade der Zufahrt zum Hafen Elat und auf arabische Übergriffe gegen israelische Siedlungen für schwächlich hielt, eine militärische Aktion gegen den Gazastreifen aus. Im November 1955 wurde er erneut Ministerpräsident. Im Juni 1956 mußte Moshe Sharett auch vom Amt des Außenministers zurücktreten. An seine Stelle trat Golda Meir.

Der Sinaifeldzug und seine Folgen

Die Spannungen zwischen Israel und der arabischen Welt führten, trotz aller Bemühungen um Mäßigung, 1956 zu einem Krieg mit Ägypten. Großbritannien, Frankreich und die USA hatten am 25. 5. 1950 eine Dreimächte-Erklärung vorgelegt, in der sie Zurückhaltung bei Waffenlieferungen in den Nahen Osten versprachen, in der Hoffnung, dadurch ein Wettrüsten in dem Gebiet zu verhindern. Das Gleichgewicht wurde jedoch gestört, als Ägypten 1955 in großem Umfang im Ostblock Waffen ankaufte. Die Spannungen hatten mittlerweile durch den arabischen Wirtschaftsboykott gegen Israel und die Schließung des Suezkanals (1950) und des Golfs von Aqaba (1955) für israelische Schiffe und Transporte nach Israel zugenommen.

Überdies kam es zu Meinungsverschiedenheiten wegen der Absicht Israels, Jordanwasser zu Bewässerungszwecken abzuleiten. Vorschläge des US-amerikanischen Sonderbeauftragten Eric Johnston wurden zwar von den Interessenten im Prinzip angenommen, Verhandlungen über ein gemeinsames arabisch-israelisches Jordanwasserprojekt kamen aber nicht zustande, weil die Araber nicht direkt verhandeln wollten. Syrische Artillerieangriffe in der Nähe des Sees Genezareth und palästinensische Sabotageaktionen und Überfälle von jordanischem Gebiet aus erhöhten die Spannung. 1955 steigerten die palästinensischen Guerillakämpfer (Fedajin) ihre Angriffe auch vom Gazastreifen aus. Israel reagierte mit Vergeltungsaktionen, u. a. in Qibiya (Jordanien), wo am 15. 10. 1953 66 Menschen getötet wurden. Die UNO verurteilte nicht die arabischen Angriffe, sondern Israels Gegenangriffe, und Generalsekretär Dag Hammarskjöld reiste im März 1956 in den Nahen Osten, wo er sich vergeblich bemühte, zum Abbau der Spannungen beizutragen. Nachdem Ägypten am 26. 7. 1956 die Suezkanalgesellschaft verstaatlicht hatte, einigten sich Großbritannien, Frankreich und Israel auf zeitlich koordinierte Maßnahmen gegen Ägypten. Das gemeinsame Interesse der drei Länder bestand darin, Nassers aggressive Politik zu bremsen. Israel sah sich vor allem durch die Bemühungen um einen arabischen Militärpakt bedroht, die am 24. 10. 1956 zur Unterstellung der jordanischen und syrischen Armeen unter ägyptischen Oberbefehl führten. Außerdem wollte es die ägyptische Blockade seiner Schiffahrtswege brechen. Am 29. 10. marschierte die israelische Armee unter Befehl von Moshe Dajan in den Sinai ein und rückte auf den Suezkanal vor. Während der britisch-französischen Militäraktion in der Kanalzone besetzte Israel Scharm esch-Scheikh und öffnete den Golf von Aqaba wieder für die israelische Schiffahrt. Am 7. 11. kam ein Waffenstillstand zustande. Sowohl die USA als auch die Sowjetunion verurteilten das israelische und britisch-französische Vorgehen scharf und forderten den Rückzug der fremden Truppen aus Ägypten. Unter starkem Druck zog Israel sich von der Sinaihalbinsel zurück und räumte im März 1957 auch den Gazastreifen und Scharm esch-Scheikh. Die USA garantierten die freie Schiffahrt im Golf von Aqaba. Die UNO stationierte auf der ägyptischen Seite der Grenze die UNEF-Truppe.

Nach dem Sinaifeldzug versuchte Ben Gurion einige Male vergeblich, direkte Verhandlungen mit den arabischen Staaten aufzunehmen. Vorschläge Dag Hammarskjölds für eine Friedenslösung im Nahen Osten blieben ebenfalls erneut ergebnislos.

Während das Verhältnis zu den USA aufgrund des Sinaifeldzugs und des von Israel als völlig unangemessen empfundenen Drucks der USA zum Rückzug vorübergehend abkühlte, wurden die Beziehungen zur Bundesrepublik Deutschland und zu Frankreich enger. Frankreich lieferte Düsenjäger und wurde Israels wichtigster Waffenlieferant.

Die Beziehungen zur Sowjetunion hatten sich kontinuierlich verschlechtert, seitdem sich Israel Anfang der 50er Jahre im Kalten Krieg auf die Seite des Westens gestellt hatte. Die Prozesse gegen Juden in Moskau und Prag 1952 und 1953, die tschechischen Waffenlieferungen für Ägypten und die sowjetische Unterstützung der Araber vertieften die Kluft. Daß die USA 1957 den Regierungen im Nahen Osten, die sich vom internationalen Kommunismus bedroht fühlten, ihre Unterstützung zusagten (Eisenhower-Doktrin), wurde von Israel mit Beifall aufgenommen. Is-

Itzhak Ben Zwi und David Ben Gurion.

> Suez-Krise
> S. 145 – 36

Italien

Fläche: 301 252 km²
Hauptstadt: Rom

Pietro Nenni, der Führer der sozialistischen PSI, während des Wahlkampfes 1953.

Die Triest-Frage

Das erste wichtige außenpolitische Problem der 50er Jahre war die Triest-Frage. Das Gebiet von Triest war in zwei Zonen aufgeteilt, wobei die Stadt unter angloamerikanischer und das Hinterland unter jugoslawischer Besatzung stand. Italien forderte die Rückgabe des Gebietes. Ursprünglich hatten die Westmächte diesen Anspruch unterstützt. Doch nach dem Bruch zwischen Tito und Stalin strebten sie einen Kompromiß an. Nach dem Sturz von Alcide de Gasperi (Ministerpräsident seit 1945) im Sommer 1953 trat das Minderheitskabinett des Christdemokraten Giuseppe Pella an. Die italienische Unterstützung der Europäischen Verteidigungsgemeinschaft machte er von einer befriedigenden Lösung der Triestfrage abhängig. Doch als Frankreich den Vertrag nicht ratifizierte, mußte Pella dem Druck der Alliierten weichen und trat zurück. Sein Nachfolger Mario Scelba brachte im Parlament die Teilung von Triest durch: Die Stadt fiel an Italien, das Umland an Jugoslawien.

Obwohl Scelba ein Kabinett der Mitte aus DC, Liberalen (PLI), Republikanern (PRI) und Sozialdemokraten (PSDI) leitete, kann man die Jahre von 1954 bis 1958 als die Zeit betrachten, in der die »Öffnung nach links« begann.

So zeigte sich Nennis PSI unter bestimmten Bedingungen zur Regierungsteilnahme bereit und löste damit ihr Bündnis mit den Kommunisten (PCI).

Die langsame Verschiebung nach links äußerte sich bei den Präsidentschaftswahlen von 1955, nachdem Luigi Einaudi zurückgetreten war. Der rechte Flügel der DC nominierte Cesare Merzagora, während der linke DC-Flügel den gemäßigten Giovanni Gronchi unterstützte. Merzagora erhielt schließlich kaum Stimmen, und Gronchi wurde gewählt.

Wirtschaftlicher Aufschwung

Die Wirtschaft entwickelte sich günstig. Um jedoch dauerhaftes Wachstum zu garantieren, mußte die Kaufkraft gesteigert werden. Dadurch entstand Raum für Lohnerhöhungen. Zugleich sollten die Staatsausgaben steigen, und zwar sowohl im sozialen Sektor als auch in den vielen Staatsbetrieben, die in dem noch von Mussolini gegründeten IRI (Istituto per la Ricostruzione Industriale) zusammengeschlossen waren.

Die Regierung von Antonio Segni, die im Juli 1955 nach dem Scheitern der Politik Mario Scelbas bei den Präsidentschaftswahlen gebildet worden war, nahm in diesem Bereich eine Reihe von wesentlichen Änderungen vor. Als erstes zog sie die Staatsbetriebe (das IRI und die staatliche Ölgesellschaft ENI) aus der zentralen Arbeitgeberorganisation Confindustria zurück.

Dadurch wurde sie in ihrer Politik unabhängiger von den tonangebenden Betrieben im Norden. Zum Ausbau des Binnenmarktes war die Entwicklung des Südens notwendig. Dies versuchte man vor allem durch Landreformen und Investitionsanreize zu erreichen.

In seiner Europapolitik folgte

Grunddaten	1950	1953	1956	1959
1. Einwohnerzahl (in Mill.)	47,1	48,0	48,9	48,8
3. Berufstätige (in % der Gesamtbevölkerung)	43,5	44,1	40,7	42,2
4. Bruttosozialprodukt (in Mrd. Lire)	—	11 141	—	16 198
5. Anteil des Bruttosozialproduktes in verschiedenen Bereichen				
Landwirtschaft	—	23	—	19
Industrie	—	37	—	37
Handel und Dienstleistungen	—	40	—	44
6. Arbeitslosenquote (in % der berufsfähigen Bevölkerung)	8,8	10,0	9,9	8,7
7. Geburtenziffer (in ‰)	19,6	17,7	18,1	18,4
8. Sterbeziffer (in ‰)	9,8	10,0	10,3	9,3
9. Lebenserwartung bei Neugeborenen (in Jahren)				
Männer	63,8	—	65,8	—
Frauen	67,2	—	70,0	—
10. Jährlicher Energieverbrauch pro Einw. (in kg SKE)	630	870	814	957
11. Einfuhr (in Mill. US-Dollar)	1488	2420	3175	3369
12. Ausfuhr (in Mill. US-Dollar)	1209	1507	2145	2913
13. Einwohner pro Arzt	820	—	—	—

Zehn Jahre im Überblick

- 14. 1. 1950 Die fünfte Regierung Alcide de Gasperi tritt zurück.
- 26. 1. 1950 Sechste Regierung de Gasperi.
- 26. 7. 1951 Siebente Regierung de Gasperi.
- 7. 6. 1953 Die Linke und die Rechte buchen bei den Parlamentswahlen Stimmengewinne. Wahlergebnis: Christdemokraten 262 Sitze, Kommunisten 143, Nenni-Sozialisten 75, Monarchisten 40, Neofaschisten 29, Sozialdemokraten 19, Liberale 14 und Republikaner 5.
- 16. 7. 1953 Achte Regierung de Gasperi.
- 17. 8. 1953 Regierung Giuseppo Pella.
- 18. 1. 1954 Regierung Amintore Fanfani.
- 10. 2. 1954 Regierung Mario Scelba.
- 6. 7. 1955 Regierung Antonio Segni.
- 19. 5. 1957 Regierung Adone Zoli.
- 26. 5. 1958 Parlamentswahlen. Ergebnis: Christdemokraten 273 Sitze, Kommunisten 140, Nenni-Sozialisten 84, Sozialdemokraten 25, Neofaschisten 25, Liberale 16, Volksmonarchisten 13, Nationalmonarchisten 10, Republikaner 7, übrige 5.
- 1. 7. 1958 Zweite Regierung Fanfani.
- 15. 2. 1959 Zweite Regierung Segni.

Segni weitgehend dem Kurs Frankreichs und konnte dabei auf die Zustimmung von Sozialdemokraten und Sozialisten zählen. Die Unterzeichnung des EWG-Beitrittsvertrages im März 1957 wurde von den Sozialisten (Enthaltung) und den Kommunisten (Ablehnung) nicht unterstützt.

Koalitionsbildungen

Die Regierung Segni kam durch die Landreform zu Fall. Der rechte Flügel der DC schlug eine Änderung des bestehenden Gesetzes vor, die eine Stärkung der Position der Großgrundbesitzer bedeutet hätte. Die Republikaner und die Sozialdemokraten verweigerten ihre Zustimmung, und die Regierung kam zu Fall. Adone Zoli wurde Ministerpräsident eines Minderheitskabinetts der DC, das sich mit knapper Not bis zu den Wahlen von 1958 halten konnte, weil es die Unterstützung der neofaschistischen Sozialbewegung annahm. Die Wahlen von 1958 brachten keine eindeutigeren Mehrheitsverhältnisse. Es gab eine geringfügige Verschiebung zur gemäßigten Linken. Kritik konservativer DC-Mitglieder verhinderte, daß DC und PSDI ein Kabinett unter Amintore Fanfani bildeten. Fanfani trat zurück; sein Amt des Parteisekretärs übernahm der gemäßigte Aldo Moro, und Segni, der als Politiker der Mitte weniger starkem Druck von rechts ausgesetzt war, wurde Ministerpräsident. Der Machtkampf innerhalb der DC ging aber weiter. Erst 1959 konnten sich die Gruppen von Moro und Fanfani einigen und die rechten Gruppen von Pella, Andreotti und Scelba vorläufig ausschalten. Die »Öffnung nach links« wurde endgültig möglich, als Moro und Segni erklärten, auf die Unterstützung der äußersten Rechten verzichten zu wollen.

Die Triest-Frage: Demonstration im Rom 1951 für die Rückgabe Triests an Italien.

Italienisch-Somaliland

1950 beschlossen die Vereinten Nationen, die ehemalige Kolonie als Treuhandgebiet weiter von Italien verwalten zu lassen, das die Aufgabe hatte, das Land auf die Unabhängigkeit im Jahre 1960 vorzubereiten. Bereits 1956 wurden alle Provinzen und Distrikte von Somal verwaltet. Man versuchte ebenfalls, das Bildungswesen zu verbessern und die Wirtschaft zu entwickeln. Die 1943 gegründete Somalische Jugendliga entwickelte sich zur wichtigsten politischen Gruppierung. Die Partei setzte sich für die Vereinigung aller Gebiete ein, in denen Somal lebten, nämlich Britisch- und Französisch-Somaliland und sogar Teile von Kenia und Äthiopien. Die Jugendliga gewann 1956 die ersten allgemeinen Wahlen und bildete eine Regierung. Meinungsverschiedenheiten über Verfassungsentwürfe führten zu einer Spaltung und zur Gründung der Großsomalischen Liga (GSL). Nach Unruhen in Mogadischu im Februar 1959 wurde die GSL jedoch von den bevorstehenden Wahlen ausgeschlossen, die die Jugendliga deutlich gewann. Am 27. 11. 1959 verlegte die UNO das Datum auf den 1. 7. 1960 vor. An diesem Tag wurde mit Britisch-Somaliland die Republik Somalia gebildet.

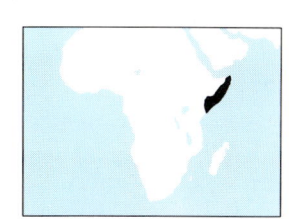

Fläche: 461 541 km²
Hauptstadt: Mogadischu

Japan

Das Verhältnis zu den USA

Die Entwicklung Japans zu einer wirtschaftlichen Großmacht begann in den 50er Jahren. Als Gegenleistung für die Beendigung der amerikanischen Besetzung akzeptierte Japan 1952 einen gegenseitigen Sicherheitsvertrag. Damit wurde Japan ein Glied des westlichen Verteidigungsbündnisses. Dem Aufbau der japanischen »Selbstverteidigungsstreitkräfte« waren durch die Verfassung, die einen äußerst streng defensiven Charakter vorschrieb, enge Grenzen gesetzt.
In den letzten Jahren der amerikanischen Besatzungszeit war die Kommunistische Partei Japans (JCP) vorübergehend verboten. Nach der Wiederzulassung waren ihre Wahlerfolge sehr gering. Auch die in der ersten Nachkriegszeit vor allem in den Städten relativ starke Sozialistische Partei (SP), die bereits 1949 eine Wahlniederlage erlitten hatte, blieb stets auf eine Oppositionsrolle beschränkt. Ende der 50er Jahre wurde die SP durch

Fläche: 369 813 km²
Hauptstadt: Tokio

Japan

Grunddaten	1950	1953	1956	1959
1. Einwohnerzahl (in Mill.)	82,9	86,7	90,0	92,4
2. Urbanisationsgrad (in %)	37,5	—	56,3	—
3. Berufstätige (in % der Gesamtbevölkerung)	43,7	45,7	47,8	49,3
4. Volkseinkommen (in Mrd. Yen)	—	5681	—	9345
5. Anteil des Volkseinkommens in				
Landwirtschaft	—	21	—	18
Industrie	—	30	—	34
Handel und Dienstleistungen	—	49	—	48
6. Arbeitslosenquote (in % der berufsfähigen Bevölkerung)	1,2	1,1	1,5	1,3
7. Geburtenziffer (in ‰)	28,2	21,5	18,5	17,5
8. Sterbeziffer (in ‰)	10,9	8,9	8,0	7,4
9. Lebenserwartung bei Neugeborenen (in Jahren)				
Männer	60,8	61,9	63,9	65,2
Frauen	64,9	65,7	68,4	69,9
10. Jährlicher Energieverbrauch pro Einw. (in kg Ske)	780	970	825	968
11. Einfuhr (in Mill. US-Dollar)	974	2410	3230	3600
12. Ausfuhr (in Mill. US-Dollar)	820	1275	2501	3457
13. Einwohner pro Arzt	1100	1000	950	—

Ichiro Hatoyama 1956 bei einer Zwischenlandung auf dem Weg nach Moskau zur Unterzeichnung des Normalisierungsvertrages mit der UdSSR.

▷

Die japanische kaiserliche Familie am Fernsehgerät. Aufnahme anläßlich des Neujahrstages 1954.

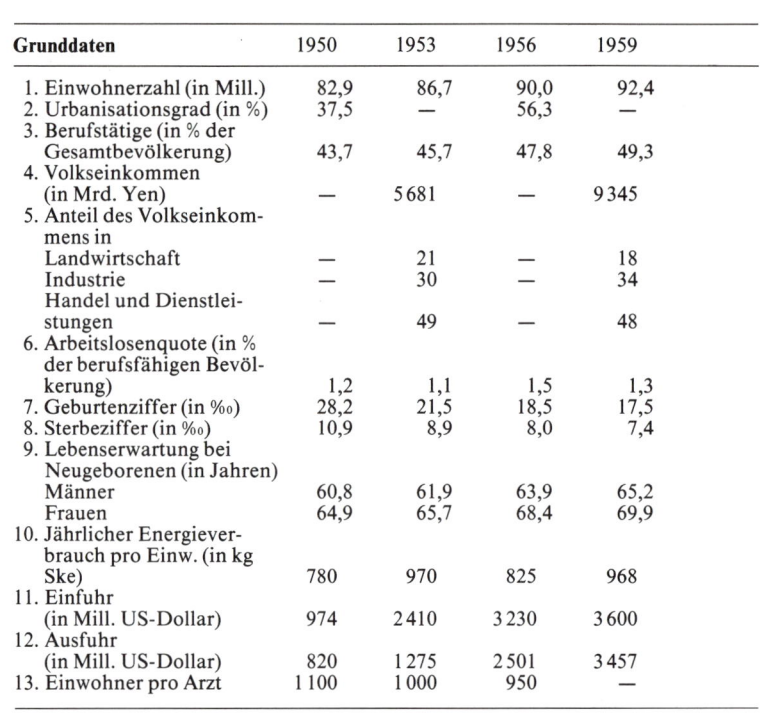

Ein besonderes Ereignis war die Hochzeit des japanischen Kronprinzen Akihito mit der aus bürgerlichem Hause stammenden Mitschiko Schoda.

eine Abspaltung des rechten Flügels und die Gründung einer Demokratisch-Sozialistischen Partei deutlich geschwächt. Die beiden größten Mitte-Rechts-Parteien schlossen sich 1955 zur Liberaldemokratischen Partei (LDP) zusammen. Die neue Partei bekam die Mehrheit im Parlament. Sie ist eine Partei der Wirtschaft, des Mittelstandes und des Bauerntums.
Der erste Führer der LDP, Ichiro Hatoyama, konnte die Beziehungen zur Sowjetunion normalisieren. Ende 1956 mußte er jedoch aus Gesundheitsgründen zurücktreten. Danach prägte Nobusuke Kischi vier Jahre lang die Politik. Er vertiefte die Beziehungen zu den USA und stärkte die Unabhängigkeit Japans durch einen neuen Sicherheitsvertrag, der die Stationierung von US-Truppen 1960 beendete.

Geschäftswelt und Gewerkschaften

Ein zentraler Begriff in der japanischen Politik ist »Zaikai«, was so viel bedeutet wie »die Interessen der großen Unternehmen«. Gleichzeitig ist dies der Name der japanischen Arbeitgeberorganisation. Die großen Betriebe waren in erster Linie an Stabilität und unternehmerischer Freiheit interessiert und hielten die konservativen Parteien für die besten Garanten solcher Bedingungen. Unter dem Einfluß dieser »Zaikai« entstand die LDP. Im Laufe der 50er Jahre wurden die großen Firmen und die LDP immer abhängiger voneinander.
Die größten Gegner der Zaikai waren die SP und die Gewerkschaften. Die meisten Arbeiter schlossen sich dem Gewerkschaftlichen Dachverband Sohjo an. Er setzte gewerkschaftliche Kampfmittel nicht in erster Linie für Arbeitnehmerinteressen im engeren Sinn, sondern für übergeordnete politische Ziele ein und beteiligte sich durch Streikaufrufe an Aktionen gegen die Gesetzentwürfe über sog. subversive Aktivitäten (1952) und über die Tätigkeit der Polizei (1954). Diese Gesetze schienen geeignet, den ungehemmten Einsatz gewerkschaftlicher Macht für politische Zwecke, z. B. gegen die Verteidigungs- und Bündnispolitik, einzuschränken.
Die Zaikai, die LDP und die Regierung beobachteten diese Entwick-

Zehn Jahre im Überblick

- 8. 9. 1951 In San Francisco unterzeichnet Ministerpräsident Yoschida einen Friedensvertrag mit 49 Ländern. Die UdSSR hat ihre Teilnahme verweigert.
- 1. 10 1952 Wahlen: Die Liberalen und Demokraten halten ihre absolute Mehrheit. Links- und Rechtssozialisten buchen Gewinne, die Kommunisten verlieren sämtliche Mandate.
- 19. 5. 1953 Yoschida bildet ein neues Kabinett.
- 9. 12. 1954 Ichiro Hatoyama, Mitglied der Demokratischen Partei, wird zum Ministerpräsidenten gewählt.
- 20. 10. 1956 Japan und die UdSSR erklären den Kriegszustand für beendet.
- 18. 12. 1956 Japan wird Mitglied der UNO.
- 25. 2. 1957 Nobusuke Kischi wird zum Ministerpräsidenten gewählt.
- 22. 5. 1958 Bei allgemeinen Wahlen erleidet die Liberaldemokratische Partei leichte Einbußen.

lungen innerhalb der wichtigsten Gewerkschaftsorganisationen mit Besorgnis. Sie bekämpften die Sohjo mit allen demokratischen Mitteln, da diese Gewerkschaft nicht nur ein Gegenspieler bei wirtschaftlichen Interessengegensätzen, sondern auch vor allem ein Unsicherheitsfaktor auf politischem Gebiet war. Für die LDP und die von dieser Partei gestellte Regierung bedeutete Sohjo als uneingeschränkter Verbündeter der stärksten Oppositionspartei, der SP, eine Bedrohung ihrer politischen Position, die nicht ausgeschaltet werden konnte.

Jemen

Nur mit Mühe konnte sich Imam Saif al-Islam Ahmed in den 50er Jahren als Alleinherrscher seines äußerst rückständigen Landes behaupten. Der bewirtschaftete Boden war zu 84% in den Händen der Großgrundbesitzer und der Geistlichkeit. Die Weideflächen hingegen waren überwiegend Gemeinschaftsbesitz der einzelnen Stämme.
Wenn es auch keine politischen Parteien gab, so existierte doch eine Opposition. Sie forderte die Modernisierung der Landwirtschaft und machte sich teilweise die Auffassungen des ägyptischen Präsidenten Nasser zu eigen. Immer mehr Intellektuelle, städtische Händler und junge Offiziere wandten sich gegen den Imam. Die wichtigste Auseinandersetzung vollzog sich jedoch in der königlichen Familie selbst. Im März 1955 unternahm Emir Abdullah, der Außenminister und jüngere Bruder des Imam, mit Unterstützung von Militärkreisen einen Staatsstreich. Doch mit Hilfe ihm treu gebliebener Stämme eroberte Ahmed sein Amt binnen einer Woche zurück. Er ernannte seinen Sohn Mohammed zum Thronfolger und ersetzte den mächtigen Rat der Elf, der den Staatsstreich unterstützt hatte, durch einen neuen Rat aus sechs religiösen Führern und Stammeshäuptlingen. Der König suchte dennoch Anschluß an den arabischen Nationalismus. 1958 wurde der Jemen assoziiertes Mitglied der ägyptisch-syrischen VAR. Drei Jahre später fiel diese lose Föderation unter Präsident Nasser jedoch wieder auseinander.
Den Hintergrund der Außenpolitik des Jemen bildete ein ständiger Konflikt mit Großbritannien. Der Jemen erhob nämlich Ansprüche auf einen Teil des britischen Protektorats Aden. Vor allem 1956 kam es wiederholt zu bewaffneten Zusammenstößen zwischen der jemenitischen Armee und britischen Kolonialtruppen. Der Jemen bemühte sich in diesem Zusammenhang auch um sowjetische Unterstützung und erneuerte 1955 den Freundschaftsvertrag mit der UdSSR.

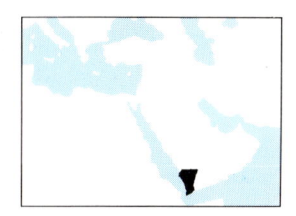

Fläche: 195 000 km²
Hauptstadt: Sana

Jordanien

Als König Abdallah den Teil des palästinensischen Mandatsgebietes, der im Krieg von 1948 erobert worden war, 1950 formell annektierte, wurden die internen Machtverhältnisse in Jordanien tiefgreifend verändert. Palästinenser machten nun 50% der Bevölkerung aus; sie waren Anhänger des arabischen Nationalismus und später des Nasserismus. Die Palästinenser wandten sich gegen die prowestliche Politik von König Abdallah. Nachdem einer von ihnen Abdallah 1951 ermordet hatte, wandten sie sich auch gegen Hussein, der 1952 den Thron von seinem Vater Talal übernommen hatte. Der Gegensatz zwischen dem König und den Gefolgsleuten Nassers beherrschte die Ereignisse in der zweiten Hälfte der 50er Jahre. Großbritannien hatte großen Einfluß auf die Politik Jordaniens gehabt. London finanzierte u. a. die Streitkräfte; ein Teil der höheren Offiziere waren Briten. 1955 wollte London Jordanien dazu bewegen, dem Bagdadpakt beizutreten; daraufhin kam es zu antibritischen Unruhen. Nach mehreren Regierungsumbildungen erklärte das Kabinett Sami al Rifai am 9. 1. 1956, daß sich das Land keiner Vertragsorganisation anschließen werde. Der Einfluß der proägyptischen Parteien nahm weiter zu. Die britischen Offiziere in der jordanischen Armee wurden entlassen. Die Wahlen im Oktober 1956 brachten einen Sieg der Nasseristen. Kurz nach den Wahlen wurde der britisch-jordanische Vertrag gekündigt. Die Regierung Nabulsi trat dem Militärpakt mit Ägypten und Syrien bei und unterstellte die jordanische Armee ägyptischem Oberbefehl.
Inzwischen war die politische Lage durch die erhöhten Spannungen mit Israel kompliziert geworden. Infolge häufiger Übergriffe von jordanischem Gebiet aus kam es im August und im September 1956 zu Zusammenstößen mit israelischen Einheiten. Auch der Suezkrieg stärkte die Position der jordanischen Nasseranhänger, deren Verhältnis zum König immer gespannter wurde.
Hussein hielt weiterhin an einer prowestlichen Haltung fest. Als

Zehn Jahre im Überblick

- 24. 4. 1950 König Abdallah annektiert die besetzten Teile Palästinas.
- 20. 7. 1951 König Abdallah wird in Jerusalem ermordet.
- 21. 12. 1951 Im Rahmen des Punkt-4-Programms wird ein Abkommen mit den USA geschlossen.
- 2. 3. 1953 König Hussein I. besteigt offiziell den Thron.
- 24. 10. 1956 Die jordanische Armee wird dem Oberbefehl des ägyptischen Generals Amer unterstellt.
- 29. 10. 1956 Die Regierung kündigt den Vertrag mit Großbritannien.
- 10. 4. 1957 Hussein setzt die Regierung Nabulsi ab.
- 6. 7. 1957 Abzug der letzten britischen Truppen.
- 17. 7. 1958 Britische Truppen landen in Amman.

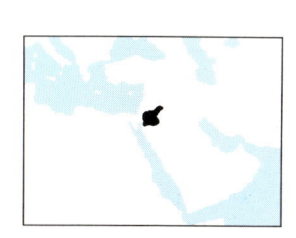

Fläche: 97 740 km²
Hauptstadt: Amman

Grunddaten	1950	1953	1956	1959
1. Einwohnerzahl (in Mill.)	1,3	1,4	1,5	1,6
2. Urbanisationsgrad (in %)	—	37,7	—	—
4. Bruttosozialprodukt (in Mill. Dinar)	—	—	—	85,2
5. Anteil des Bruttosozialproduktes in verschiedenen Bereichen				
Landwirtschaft	—	—	—	18
Industrie	—	—	—	14
Handel und Dienstleistungen	—	—	—	69
7. Geburtenziffer (in ‰)	39,0	36,2	37,4	38,9
8. Sterbeziffer (in ‰)	12,0	10,7	8,3	7,4
10. Jährlicher Energieverbrauch pro Einw. (in kg Ske)	—	80	135	179
11. Einfuhr (in Mill. US-Dollar)	36	52	78	113
12. Ausfuhr (in Mill. US-Dollar)	4	6	14	10
13. Einwohner pro Arzt	6 100	7 400	7 200	—

Ministerpräsident Nabulsi diplomatische Beziehungen zur Sowjetunion aufnehmen wollte, setzte der König im April 1957 die Regierung ab. Daraufhin kam es zu Unruhen gegen den König. Ein Teil der Streitkräfte, der aus Palästinensern bestand, revoltierte. Mit Hilfe von Beduineneinheiten konnte der König die Ruhe wiederherstellen. Das Parlament wurde aufgelöst. Nach der Krise wurden die Beziehungen zu Ägypten und Syrien abgebrochen; an ihre Stelle trat der »Drei-Königs-Bund« mit Irak und Saudi-Arabien. Nachdem sich Ägypten und Syrien zur Vereinigten Arabischen Republik (VAR) zusammengeschlossen hatten, ging Jordanien mit dem Irak die Haschemitische Föderation ein. Dieses Bündnis brach jedoch durch den Sturz der Monarchie im Irak am 14. 7. 1958 auseinander. Um einer ähnlichen Entwicklung in Jordanien vorzubeugen, entsandte Großbritannien auf Husseins Wunsch für kurze Zeit Fallschirmjäger. Diese britische Militärhilfe konnte jedoch nicht darüber hinwegtäuschen, daß Londons dominierende Stellung in Jordanien allmählich von Washington übernommen wurde.

Jugoslawien

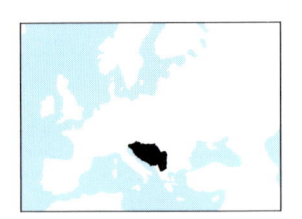

Fläche: 255 804 km²
Hauptstadt: Belgrad

Der populäre Staatschef Josip Broz Tito beim Volkstanz in Split im September 1954.

Der schwierige Weg der »aktiven Koexistenz«

Jugoslawiens Weigerung, sich der Vorherrschaft der Sowjetunion unterzuordnen, und die Entwicklung eines eigenen Sozialismusmodells mit etwas größerer demokratischer Bewegungsfreiheit hatten 1948 zum Bruch mit den osteuropäischen Staaten geführt. Das Kominform schloß Jugoslawien aus seinen Reihen aus. Bis 1955 erfolgte ein Wirtschaftsboykott.
Ein Schlüsselwort der Außenpolitik der Regierung Tito war der Begriff der »aktiven Koexistenz«: Er enthielt einerseits die Ablehnung der Machtblöcke und die Beibehaltung einer selbständigen Position, andererseits das Streben nach Zusammenarbeit, auch mit den Ländern des Westens. Die jugoslawischen Kommunisten versuchten, die Auswirkungen der Wirtschaftsblockade durch Kredite aus dem Westen aufzufangen und akzeptierten auch Militärhilfe aus den USA. Vor allem jedoch strebte Tito einen intensiven Kontakt zu Ländern der Dritten Welt an. Durch einen Zusammenschluß mit diesen Ländern wollte er eine Bewegung der blockfreien Staaten aufbauen.
Nach Stalins Tod (1953) wurden die diplomatischen Beziehungen zu den sozialistischen Ländern wiederhergestellt.
Die UdSSR gewährte Jugoslawien Kredite, und der Handel mit Osteuropa nahm geringfügig zu, wenngleich vor allem Westeuropa nach wie vor der wichtigste Handelspartner war. Zur Unterstützung der wiederhergestellten Beziehungen erkannte Tito die DDR an; die Bundesrepublik Deutschland brach deshalb die diplomatischen Beziehungen zu Jugoslawien ab. Doch das gute Einvernehmen war nur von kurzer Dauer. Die sowjetische Intervention in Ungarn 1956 führte zu neuen Spannungen; außerdem wiesen die jugoslawischen Kommunisten auf ihrem Parteitag von 1958 den Führungsanspruch der KPdSU zurück. China, Albanien und Bulgarien – die beiden letztgenannten Länder erhoben territoriale Ansprüche auf Teile Jugoslawiens – leiteten eine Kampagne gegen Tito ein, was zur Folge hatte, daß die UdSSR 1958 die zugesagten Kredite zurückzog.
Das Verhältnis zu Italien verbesserte sich, nachdem 1954 der Konflikt um Triest beigelegt worden war. Ein Jahr zuvor war der Balkanpakt mit den NATO-Ländern Türkei und Griechenland zustande gekommen.

Die Dezentralisierung wird fortgesetzt

Die Bevölkerung Jugoslawiens stand trotz vieler Gegensätze zwi-

Zehn Jahre im Überblick

14. 11. 1951	Vertrag mit den USA, der u. a. amerikanische Waffenlieferungen vorsieht.
4. 1. 1953	Tito wird zum Staatspräsidenten gewählt.
25. 2. 1953	Jugoslawien, die Türkei und Griechenland unterzeichnen den Balkanpakt.
26. 5. 1955	Der sowjetische Ministerpräsident Bulganin und ZK-Sekretär Chruschtschow führen in Belgrad Gespräche mit Tito.
6. 11. 1955	Der amerikanische Außenminister John Foster Dulles trifft mit Präsident Tito zusammen.
19. 10. 1957	Wegen der diplomatischen Anerkennung der DDR bricht die Bundesrepublik Deutschland die Beziehungen zu Jugoslawien ab.
25. 5. 1958	In einer Note nimmt die UdSSR Kreditzusagen zurück.

schen den Völkerschaften der Teilrepubliken mehrheitlich hinter der Regierung des populären Tito. Die Politik der Dezentralisierung der Verwaltung und besonders der Wirtschaft wurde in einer Verfassungsänderung 1952/53 verankert. Die sechs Republiken erhielten erweiterte Befugnisse.
Trotz der liberalen Auffassungen gab es weder für Befürworter der Kominformlinie noch für Anhänger einer weitergehenden Demokratisierung Raum, wie Milovan Djilas erfahren mußte. Djilas, Vizepräsident des Politbüros und Parlamentsvorsitzender, verlor wegen öffentlicher Kritik am Kommunismus 1954 alle Ämter. Nachdem sein Buch »Die neue Klasse« im Ausland erschienen war, wurde er nach kurzfristiger Haftentlassung 1957 zu einer siebenjährigen Gefängnisstrafe verurteilt.
Doch die Politik der Dezentralisierung und der Arbeiterselbstverwaltung konnten die Probleme der Wirtschaft, die durch die Haltung Osteuropas noch verschärft wurden, nicht lösen. Der Entwicklungsstand der Teilrepubliken blieb sehr unterschiedlich. Die Industrie blieb hinter den Planzielen zurück. Die Landwirtschaft, in der 60% der Erwerbstätigen beschäftigt waren, lieferte enttäuschende Ergebnisse. Die Produktion stagnierte trotz beachtlicher Investitionen und dem teilweisen Abbau der Kollektivierung.

Grunddaten	1950	1953	1956	1959
1. Einwohnerzahl (in Mill.)	16,3	17,0	17,7	18,2
2. Urbanisationsgrad (in %)	—	18,5	—	—
3. Berufstätige (in % der Gesamtbevölkerung)	—	46,3	—	—
4. Volkseinkommen (in Mill. Neuer Dinar)	—	10266	—	18337
5. Anteil des Volkseinkommens in verschiedenen Bereichen				
Landwirtschaft	—	31	—	29
Industrie	—	49	—	50
Handel und Dienstleistungen	—	20	—	21
6. Arbeitslosenquote (in % der berufsfähigen Bevölkerung)	—	4,0	3,9	6,7
7. Geburtenziffer (in ‰)	30,2	28,4	25,9	23,1
8. Sterbeziffer (in ‰)	13,0	12,4	11,2	9,8
9. Lebenserwartung bei Neugeborenen (in Jahren)				
Männer	—	56,9	—	61,6
Frauen	—	59,3	—	64,4
10. Jährlicher Energieverbrauch pro Einw. (in kg Ske)	410	390	664	802
11. Einfuhr (in Mill. US-Dollar)	279	395	474	687
12. Ausfuhr (in Mill. US-Dollar)	159	186	323	477
13. Einwohner pro Arzt	3200	2600	2000	1900

Tito begründete mit dem ägyptischen Staatschef Nasser und dem indischen Premierminister Nehru die Bewegung der blockfreien Staaten.
◁

Kambodscha

Kambodscha wurde seit dem Ende des Zweiten Weltkrieges von einem inneren Parteienstreit zerrissen, in dessen Mittelpunkt die Stellung des Königs und die Beziehungen zu Frankreich standen. Die »Liberalen« – Anhänger König Norodom Sihanouks – plädierten für ein monarchistisches System. Die »Demokraten« hingegen, die bei den Wahlen von 1946 und 1951 eine große Mehrheit erlangten, wollten eine parlamentarische Demokratie nach westlichem Vorbild; außerdem forderten sie die volle Unabhängigkeit des Landes.
Der ständige Streit zwischen den Parteien und die Bedrohung, die dieser Zustand für seine persönliche Stellung bedeutete, veranlaßten Sihanouk 1952 dazu, sämtliche Machtbefugnisse an sich zu ziehen und das Parlament aufzulösen. Um seine innenpolitische Position zu stärken, setzte er zudem Frankreich stark unter Druck, damit es Kambodscha, seit 1949 ein autonomer Staat innerhalb der Französischen Union, die volle Unabhängigkeit verlieh. Um sowohl den Franzosen wie den Kambodschanern seine Unentbehrlichkeit zu zeigen, ging er 1953 für einige Monate freiwillig ins Exil. Angesichts der Probleme in Laos und Vietnam befürchtete Frankreich, daß in Kambodscha der Einfluß der Viet Minh weiter zunehmen würde und gab nach. Am 9. 11. 1953 wurde das Königreich Kambodscha ein unabhängiger Staat. Diese Unabhängigkeit wurde auf der Genfer Indochinakonferenz vom Juli 1954 von den Großmächten anerkannt.

Die Vereinbarungen von Genf sahen allerdings auch allgemeine Wahlen für ein kambodschanisches Parlament im Rahmen einer Verfassung vor, die dem König künftig ein direktes politisches Auftreten untersagte. Sihanouk befürchtete eine Wiederkehr der politischen Verhältnisse der Zeit vor

Fläche: 181035 km²
Hauptstadt: Phnom Penh

Die Beziehungen zwischen dem neutralistischen Kambodscha und der Volksrepublik China waren herzlich. Diese Aufnahme entstand anläßlich des zweiten Staatsbesuches von Norodom Sihanouk in China im August 1958. Links neben ihm der chinesische Ministerpräsident Zhou Enlai.

Kamerun

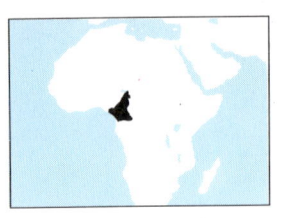

Fläche: 432 000 km²
Hauptstadt: Yaoundé

Kamerun war seit dem 2. Weltkrieg ein von Frankreich verwaltetes UN-Treuhandgebiet. Die wichtigste Trägerin des Nationalismus war die 1948 von Gewerkschaftskreisen gegründete Union des Populations de Cameroun (UPC), die eine baldige Unabhängigkeit und die Wiedervereinigung mit dem britisch verwalteten Teil von Kamerun forderte. Diese von dem Vorsitzenden Felix-Roland Moumié und dem Generalsekretär Um Njobe geleitete Partei war vor allem im Südwesten straff organisiert. Die französischen Kolonialbehörden versuchten, die Aktivitäten der UPC zu beschränken. Das führte 1955 zu Demonstrationen und Gewalt. Die UPC wurde verboten, und ihre Führer flüchteten. Der Kampf wurde nun von einem der Parteiflügel unter Um Njobe mit Waffengewalt fortgesetzt. Die Guerillaaktivitäten beschränkten sich zwar auf bestimmte Landesteile, endeten aber mitunter in Aufständen, wie beispielsweise im Dezember 1956, kurz vor den Wahlen zum erweiterten Territorialrat. Die Union Nationale Camerounaise von Ahmadou Ahidjo gewann die Wahlen. Der Führer der Démocrates Camerounais, André Mbida, wurde 1957 der erste Premierminister, und Ahidjo wurde sein Stellvertreter.

Nach einer Kabinettskrise im Jahre 1957 wurde Ahidjo Premierminister (1958). Auf sein Versöhnungsangebot gingen jedoch nur einzelne UPC-Führer ein. Am 1. 1. 1960 führte er Kamerun in die Unabhängigkeit.

Grunddaten	1950	1953	1956	1959
1. Einwohnerzahl (in Mill.)	5,0	5,1	5,3	5,6
3. Berufstätige (in % der Gesamtbevölkerung)	59,1	—	51,3	—
7. Geburtenziffer (in ‰)	—	21,6	28,4	—
8. Sterbeziffer (in ‰)	—	—	7,1	—
10. Jährlicher Energieverbrauch pro Einw. (in kg Ske)	30	30	39	61
11. Einfuhr (in Mill. US-Dollar)	60	80	95	82
12. Ausfuhr (in Mill. US-Dollar)	47	75	75	108
13. Einwohner pro Arzt	25 000	20 000	18 000	—

Die Einwohner Kameruns gehören einer Vielzahl von Völkern und Stämmen an; hier ein Jäger vom Stamm der Kaka.

Kanada

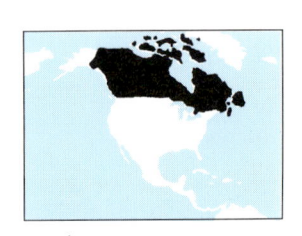

Fläche: 9 976 139 km²
Hauptstadt: Ottawa

In den 50er Jahren erlebte Kanadas Wirtschaft trotz leichter Einbrüche in den Jahren 1954 und 1958 einen stürmischen Aufschwung. Vor dem Hintergrund des gestiegenen Wohlstandes konnte die seit 1935 regierende Liberale Partei von Premierminister Louis St. Laurent bei den Wahlen von 1953 ihre absolute Mehrheit halten. Bei den vier Jahre später stattfindenden Wahlen gewann jedoch die Konservative Partei John Diefenbakers eine relative Mehrheit und bildete eine Minderheitsregierung. Gründe für das Scheitern der Liberalen waren Streitigkeiten mit den Provinzen um die Aufteilung der Staatseinnahmen und wirtschaftliche Probleme. Das Kernproblem bildete jedoch das Verhältnis zu den USA. Unter der Bevölkerung und in Wirtschaftskreisen hatte die Unzufriedenheit über den großen Einfluß US-amerikanischer Firmen auf die Wirtschaft Kanadas zugenommen. Zudem beeinträchtigten hohe amerikanische Einfuhrzölle den Export von kanadischen Industrieprodukten. Auch die Bauern in den Küstenprovinzen spürten die nachteiligen Folgen der amerikanischen Handelspolitik. Sie konnten regelmäßig ihre großen Weizenüberschüsse nicht verkaufen, da der Ab-

Grunddaten	1950	1953	1956	1959
1. Einwohnerzahl (in Mill.)	13,7	14,9	16,1	17,5
2. Urbanisationsgrad (in %)	62,9	—	—	—
3. Berufstätige (in % der Gesamtbevölkerung)	37,2	36,4	36,0	35,8
4. Bruttosozialprodukt (in Mill. Kanadischer Dollar)	16 458	22 206	—	29 354
5. Anteil des Bruttosozialproduktes in				
Landwirtschaft	13	11	—	7
Industrie	40	41	—	41
Handel und Dienstleistungen	46	48	—	52
6. Arbeitslosenquote (in % der berufsfähigen Bevölkerung)	3,6	3,0	3,4	6,0
7. Geburtenziffer (in ‰)	27,1	28,1	28,0	27,5
8. Sterbeziffer (in ‰)	9,1	8,6	8,2	8,0
9. Lebenserwartung bei Neugeborenen (in Jahren)				
Männer	66,3	—	67,6	—
Frauen	70,8	—	72,9	—
10. Jährlicher Energieverbrauch pro Einw. (in kg Ske)	6 470	7 200	5 793	5 502
11. Einfuhr (in Mill. US-Dollar)	2 882	4 317	5 638	5 746
12. Ausfuhr (in Mill. US-Dollar)	2 897	4 220	4 916	5 365
13. Einwohner pro Arzt	940	950	930	—

satz durch den Ausverkauf von amerikanischem Weizen behindert wurde.
Unmittelbar nach den Wahlen von 1957 löste Ministerpräsident Diefenbaker zwei Versprechen ein: Er erhöhte die Altersrenten und traf Hilfsmaßnahmen zugunsten der Bauern. Anschließend schrieb er Wahlen aus, die ihm 1958 die absolute Mehrheit verschafften. Die Regierung versuchte, die stark angestiegene Arbeitslosigkeit durch Einwanderungsbeschränkungen aufzufangen. Es gelang ihr jedoch nicht, das grundlegende wirtschaftliche Mißverhältnis zu den USA zu verändern. Dennoch konnte man von einem veränderten Konzept und einer Annäherung an London sprechen. Diefenbaker bevorzugte nämlich eine weitergehende wirtschaftliche Zusammenarbeit mit den Commonwealth-Ländern zu Lasten der USA. In der Außenpolitik blieb man im ganzen Jahrzehnt am westlichen Bündnis orientiert.

Premierminister John Diefenbaker (links).

Kap Verde

1951 wurde die Kolonie in eine portugiesische Überseeprovinz umgewandelt. Die vernachlässigten Inseln waren größtenteils in den Händen von rd. 100 portugiesischen Familien. Die Abholzung der Wälder hatte dem Boden schweren Schaden zugefügt und die Erträge der Landwirtschaft drastisch vermindert. Die ständige Unterernährung steigerte sich während der Dürreperioden von 1952 und 1959 zu Hungersnöten. Trotz der geringen Nahrungsmittelerzeugung schrieben die Portugiesen 1959 den Anbau von Kaffee auf den am besten bewässerten Bodenflächen vor, wodurch die Nahrungsmittel noch knapper wurden. Von jeher bestanden enge Kontakte mit der Bevölkerung von Portugiesisch-Guinea. Diese Bindung äußerte sich 1956 in der Gründung einer gemeinsamen Unabhängigkeitsbewegung: der Partido Africano da Independência do Guiné e Cabo Verde (PAIGC).

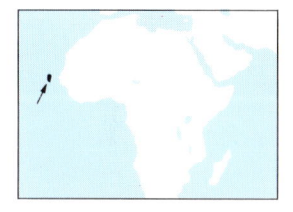

Fläche: 4033 km²
Hauptstadt: Praia

Katar

Als am 31. 12. 1949 die ersten Öllieferungen verschifft wurden, brach für das Scheichtum Katar am Persischen Golf eine Zeit des Wohlstands an. Einnahmen aus der Erdölförderung stärkten vor allem die Stellung der herrschenden, weitverzweigten Familie Al Thani. Die Hälfte der Förderabgaben floß Scheich Ali ibn Abdullah zu, der Rest kam dem Staatsbudget zugute, das damit zu 95% gedeckt wurde. Ein Teil der Einnahmen wurde zur Modernisierung verwendet. Der größte Teil der 40 000 Einwohner kam jedoch nur mittelbar durch den Ausbau der öffentlichen Wasserversorgung und des Gesundheitswesens in den Genuß des

Fläche: 11 000 km²
Hauptstadt: Doha

◁

Erdöl, das »schwarze Gold«, verhalf dem Scheichtum Katar in kurzer Zeit zu ungeheurem Reichtum. Hier eine Pumpstation in der Wüste (1953).

Kenia

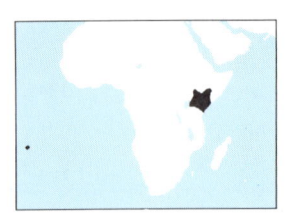

Fläche: 582 646 km²
Hauptstadt: Nairobi

Die britischen Behörden reagierten mit Massenverhaftungen gegen die Aktionen der Mau-Mau. Hier eine Gruppe Gefangener im Langatalager außerhalb Nairobis im April 1954.

Sir Evelyn Baring, der britische Gouverneur, beim Abschreiten einer Ehrenwache zu Beginn der 50er Jahre.

Der Mau-Mau-Aufstand

Bereits in den 30er Jahren begann sich in Kenia eine Unabhängigkeitsbewegung zu formieren. Ihrem Ziel stand die Existenz einer außerordentlich breiten weißen Siedlerschicht (1950 etwa 70 000) entgegen. So wurde bereits 1927 die radikale Kikuyu Central Association (KCA) gegründet. Sie wurde 1940 von der britischen Kolonialverwaltung verboten. Die Organisation bestand jedoch im Untergrund weiter und ging, wie man allgemein annimmt, allmählich in die Mau-Mau-Bewegung über. Eines der ersten Mitglieder der KCA war Jomo Kenyatta, der den Beinamen »Der Flammende Speer Kenias« trug. 1947 wurde er Vorsitzender der Kenya African Union (KAU). Welche Beziehungen Kenyatta und die zunächst legale KAU zu der im Untergrund operierenden KCA und der Mau-Mau-Bewegung hatten, ist nie völlig deutlich geworden. Sicher ist, daß die KAU unter Kenyattas Leitung das Nationalbewußtsein stark gefördert hat.

Die Mau-Mau-Bewegung war eine straff organisierte Geheimgesellschaft. Ihre Mitglieder legten in magischen Ritualen Geheimschwüre ab, wie sie traditionell bei den Kikuyu vorkommen. So entwickelte sich der kenianische Nationalismus von einer friedlichen Bewegung zu einer Organisation, deren Ziel es war, alle Weißen auch mit Gewalt aus Kenia zu vertreiben. Im Oktober 1952 begann der Terror der Mau-Mau gegen Schwarzafrikaner, die als Sympathisanten der Weißen galten oder dem Kampf ablehnend gegenüberstanden. Als auch weiße Farmen und Missionsstationen angegriffen wurden, verhängte die britische Kolonialverwaltung den Ausnahmezustand, der bis 1960 in Kraft bleiben sollte. Der Krieg gegen die Mau-Mau dauerte vier Jahre und forderte viele Todesopfer, hauptsächlich unter den Afrikanern. Dabei gingen auch die britischen Kolonialbehörden mit äußerst harten Mitteln gegen die schwarzen Untergrundkämpfer vor. Sie ergriffen weitgehende Strafmaßnahmen gegen die Kikuyu. Beinahe 100 000 von ihnen wurden aus der Hauptstadt ausgewiesen. Die dadurch freiwerdenden Arbeitsplätze wurden von den Luo eingenommen, jener Bevölkerungsgruppe, die zahlenmäßig dem Hauptvolk der Ki-

Zehn Jahre im Überblick

21. 10. 1952	Die britische Kolonialverwaltung ruft wegen des Mau-Mau-Aufstandes den Ausnahmezustand aus.
8. 4. 1953	Der nationalistische Führer Jomo Kenyatta und vier Mitangeklagte werden zu sieben Jahren Zwangsarbeit verurteilt.
14. 4. 1959	Kenyatta wird unter Hausarrest gestellt.
24. 8. 1959	Der nationalistische Führer Tom Mboja kündet die Bildung einer neuen Partei, des Kenya Independence Movement, an.

kuyu unterlegen war, eine etwaige Vorherrschaft der Kikuyu als Bedrohung empfand und deshalb in der Kolonialverwaltung teilweise einen Schutz sah.

Langsamer politischer Wandel

Daß Kenyatta an der Gründung und Führung der Mau-Mau-Bewegung beteiligt war, ist zumindest zweifelhaft. Trotzdem wurde er bei der Verhängung des Notstandes 1952 zusammen mit 89 anderen politischen Führern verhaftet und zu sieben Jahren Gefängnis verurteilt. Doch ab Mitte des Jahrzehnts führten die Kolonialbehörden eine gemäßigtere Politik ein und beruhigten damit das Land allmählich. Im Juni 1955 durften auf lokalem Niveau wieder politische Aktivitäten organisiert werden. Damit gewann die Unabhängigkeitsbewegung neue Anhänger, die versuchten, die Stammesgegensätze zwischen Kikuyu und Luo zu verwischen. Die Gewerkschaftsbewegung z. B. organisierte sich landesweit in der Kenya Federation of Labour (KFL). Tom Mboja, ein Luo, war ihr Generalsekretär. Das Verbot politischer Organisationen für ganz Kenia wurde zwar aufgehoben, doch afrikanische politische Parteien wurden nur dann zugelassen, wenn sie auch anderen Bevölkerungsgruppen, wie den Weißen und den Asiaten, offenstanden.

Grunddaten	1950	1953	1956	1959
1. Einwohnerzahl (in Mill.)	6,0	6,6	7,2	7,9
4. Bruttosozialprodukt (in Mill. Pfund Sterling)	82,7	158,0	193,4	208,1
5. Anteil des Bruttosozialproduktes in verschiedenen Bereichen				
Landwirtschaft	44	47	—	42
Industrie	17	14	—	16
Handel und Dienstleistungen	39	39	—	43
10. Jährlicher Energieverbrauch pro Einw. (in kg Ske)	50	130	160	134
11. Einfuhr (in Mill. US-Dollar)	—	145	195	172
12. Ausfuhr (in Mill. US-Dollar)	—	64	92	107
13. Einwohner pro Arzt	14 000	10 000	14 000	—

Kolumbien

Kolumbien war in den 50er Jahren der Schauplatz eines verkappten Bürgerkrieges, der »Violencia«. In den Jahren 1948–1958 forderten die Gewalttätigkeiten nach Schätzungen 200 000 Menschenleben. Hintergrund der ständigen Kämpfe war der traditionelle Konflikt zwischen den beiden größten Parteien des Landes, den Konservativen und den Liberalen. In erster Linie ging es dabei nicht um ideologische oder Klassengegensätze. Die »Violencia« war ein Kampf um die Macht zwischen zwei Eliten und den mit ihnen verbundenen Mittelschichtgruppen. Das Opfer war die Landbevölkerung: Sie diente als Schießscheibe und Rekrutierungsfeld für die verschiedenen Privatmilizen. Auch in wirtschaftlicher Hinsicht entwickelte Kolumbien sich deswegen wenig positiv.
Der ultrakonservative Laureano Gómez Castro, der 1949 bei den von den Liberalen boykottierten Wahlen zum Präsidenten gewählt worden war, versuchte, den Machtkampf durch die allmähliche Einführung einer konservativen Diktatur zu entscheiden. Den Einfluß der Liberalen beschränkte er, indem er durch die Verhängung des Belagerungszustandes das Parlament weitgehend ausschaltete und eine strenge Pressezensur einführte. Gómez' diktatorische Ambitionen stießen jedoch auf den Widerstand des einflußreichen Generals Gustavo Rojas Pinilla. Als der Präsident versuchte, diesen potentiellen Rivalen durch Entlassung aus dem Militärdienst auszuschalten, reagierte Rojas mit einem Staatsstreich. Am 14. 6. 1953 übernahm er die Macht.
Durch seine gemäßigte Politik beruhigte sich die Lage zunächst. Doch der Fall der Kaffeepreise, der 1954 einsetzte, nahm seiner Politik die Grundlage. Als deutlich wurde, daß der Präsident seine Versprechungen niemals würde einlösen können, schmolz die Unterstützung, die er bislang durch große Teile der Bevölkerung genossen hatte, dahin, und die Gewalt nahm wieder zu. Rojas griff nun zu immer härteren Unterdrückungsmaßnahmen. Nur durch Manipulationen erreichte er am 8. 5. 1957 seine Bestätigung als Präsident. Nach einem erneuten Putsch mußte er am 10. 5. einer Militärjunta unter General Gabriel Paris weichen. Die Militärjunta versprach, bis 1958 freie Wahlen durchzuführen. Des ständigen Parteienstreits überdrüssig, waren Liberale und Konservative jetzt bereit, sich über die Teilung der politischen Macht zu einigen. Alberto Lleras Camargo als Vertreter der Liberalen und Laureano Gómez Castro als Delegierter der Konservativen unterzeichneten in Sitges ein Abkommen über den Zusammenschluß beider Parteien in der Nationalen Front. Die Sitze in der Regierung, im Kongreß, in den Departementverwaltungen und den Gemeinderäten sollten paritätisch von beiden Parteien besetzt werden, und sie sollten abwechselnd den Präsidenten stellen.
Der Pakt von Sitges wurde am 1. 12. 1957 durch Volksentscheid angenommen und in der Verfassung verankert; durch einen Änderungsantrag wurde die Laufzeit des Pakts noch von 12 auf 16 Jahre verlängert.
Nach der Wahl des liberalen Politikers Alberto Lleras Camargo zum Präsidenten am 4. 5. 1958 geriet die Politik in ruhigere Fahrwasser.

Fläche: 1 138 914 km²
Hauptstadt: Bogotá

Komoren

Die Komoren hatten seit 1946, als die Inselgruppe verwaltungs- und finanzpolitisch von Madagaskar getrennt wurde, eine beschränkte Form der Selbstverwaltung. Das Gebiet entsandte einen Delegierten in die französische Nationalversammlung, Said Mohammed Scheich.
Zusammen mit den französischen Beamten, den Siedlern und Pflanzungsgesellschaften und den traditionellen aristokratischen und religiösen Führern bestimmte er viele Jahre lang das politische Leben auf den Inseln. In einem Referendum am 28. 9. 1958 entschied sich die Bevölkerung unter dieser Führung dann auch aus wirtschaftlichen Gründen für die Beibehaltung des Status eines französischen Überseeterritoriums.
Eine Opposition gab es praktisch nicht. Der Lebensstandard der Bevölkerung war äußerst niedrig. Zwar wurden landwirtschaftliche Erzeugnisse ausgeführt, hauptsächlich Vanille, Kopra, Kakao und Kaffee, doch sie wurden auf Plantagen der Großgrundbesitzer und Gesellschaften, die 35% des ertragreichsten Bodens in Besitz hatten, angebaut.

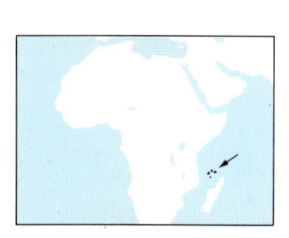

Fläche: 2171 km²
Hauptstadt: Dzaoudzi

55. Nathan oder Estragon?

Die Zeit der Behelfsbühnen ist vorbei: Theaterneubauten, vor allem aber Wiederaufbauten schaffen an vielen Orten das begehrte »Große Haus«, in dem neben Shakespeare und Goethe auch Beckett, Ionesco oder Frisch aufgeführt werden. Das schon bald renommierte Schauspielhaus Bochum setzt seine neue Schiebebühne erstmals Ende 1953 ein, Mannheims Nationaltheater eröffnet 1957, und auch Gelsenkirchen erhält 1959 sein »Musiktheater im Revier«.
Die Grundelemente des Theaterspiels – eine Bühne, zwei Leute, eine Tür –, sie sind trotz Dreh- und Schiebebühnentechnik die gleichen geblieben. Ein raffinierter Beleuchtungsapparat setzt den schwarzen Humor, das Theater des Absurden, ins Licht. Vladimir und Estragon, die beiden von Samuel Beckett geschaffenen zankenden Landstreicher in »Warten auf Godot«, haben keine Geschichte: Es geschieht nichts.
Großes Theater macht Gustaf Gründgens ab 1955 im Hamburger Schauspielhaus. Seine komplette Faust-Inszenierung – er selbst als Mephisto – verlebendigt den Klassiker und erlangt dank internationaler Gastspielaufführungen von »Faust I« große Beachtung.

56. Sissi und die Sünderin

Die ideologische Kluft zwischen dem staatlich verordneten Film der Ostberliner Defa und den westdeutschen Filmproduktionen der Adenauer-Ära war viel tiefer, als die Nähe der Drehorte ahnen ließ.
Schon 1950 gibt es Subventionen für den westdeutschen Film. Eine Serie von Heimatfilmen kommt in die Kinos, deren Zahl bis Ende der 50er Jahre auf stattliche 7000 ansteigt. Den größten Geschäftserfolg der Nachkriegszeit verbucht das sittsame »Schwarzwaldmädel« (1950) für sich. Gegen die Sitte verstieß »Die Sünderin« (1951). Der größte Skandalfilm der deutschen Nachkriegszeit beschäftigte sogar die Karlsruher Richter, die ihn allerdings als Erzeugnis der Kunst anerkannten. Auch »Der Untertan« (1951), Wolfgang Staudtes Film nach dem gleichnamigen Roman von Heinrich Mann, erregte die Öffentlichkeit. Diese Defa-Produktion wurde zunächst für das westdeutsche Kinopublikum gesperrt; über die Einfuhr von Filmprodukten aus der DDR wachte damals ein interministerieller Filmausschuß in Bonn. Erst 1956 erlebte »Der Untertan« seine westdeutsche Erstaufführung.

55. Theater
a) J. Fehling
b) E. Balser
c) B. Barlog
d) S. Wigger, H. Bollmann: »Warten auf Godot«
e) F. Kortner
f) G. Gründgens

56. Deutscher Film
a) Ufa-Wochenschau-Fanfare
b) »Sissi«-Filmmusik
c) R. Schneider, K.-H. Böhm: »Sissi«
d) M. Held, H. Rühmann: »Der Hauptmann von Köpenick«
e) V. Lechtenbrink, K. M. Balzer: »Die Brücke«
f) M. Held: »Rosen für den Staatsanwalt«

57. Pausenclowns

Für viele Deutsche waren – und bleiben – die 50er Jahre die schönste Zeit ihres Lebens. Besonders die Bundesbürger, die ihr politisches und moralisches Selbstwertgefühl am wirtschaftlichen Aufschwung messen konnten, glaubten, sich wieder wohl fühlen zu dürfen. Nun wollte man sich auch mal wieder richtig amüsieren. Gern erinnern sich manche noch heute der lustigen Zeiten: Ham wir gelacht!
Ob bei der Kaffeetafel, im Kursaal oder der Gaudi im Bierzelt, bei der Fahrt ins Blaue oder dem Innungsball – Jubel, Trubel, Heiterkeit waren Trumpf. Bunt und lustig ging es zu: Blasmusik und kleine Combo, Tombola und Polonäse und in den Tanzpausen die professionellen Frohnaturen, die die letzten Lachreserven des Publikums mobilisierten. Mit robustem Witz und routinierter Nonchalance gaben die volkstümlichen Komiker Gereimtes und Ungereimtes zum besten. Menschliches und Allzumenschliches aus dem Alltag des Durchschnittsbürgers war ihr Material – für jeden etwas. Einen Trick benutzten sie alle. Er stammt von den Clowns aus dem Zirkus und lautet: Stell' dich so blöd wie möglich!

58. Stimmakrobaten

Stimme und Sprache identifizieren und charakterisieren den Menschen; sie sind seine persönlichsten individuellen Ausdrucksmittel. Gelegentlich »verraten« sie ihn auch.
Komödiantische Talente haben sich stets gern ein Vergnügen daraus gemacht, Tonfall und Diktion anderer Menschen zu kopieren oder zu imitieren.
Parodisten leisten mehr als die Stimmimitatoren: Mit Charme und Esprit treffen sie das Typische, Unverwechselbare des persönlichen Stils und lassen die Originale in neuem Glanz strahlen. So war es jedenfalls in den 50er Jahren. Ob Politiker oder Ufa-Star – das Spektrum reichte von A (wie Adenauer) bis Z (wie Zarah Leander) –, man zeigte meist Respekt vor der Persönlichkeit und vermied es, die »Opfer« bloßzustellen und der Lächerlichkeit preiszugeben.
Das Publikum würdigte die artistische Virtuosität ebenso wie die heitere Grazie, mit der sich die Parodisten der verschiedenen Stimmen bedienten. Diese Stimmakrobaten waren Komödianten par excellence ...

57. Conférenciers
a) A. Münster
b) C. Haupt
c) H. Hisel
d) G. Blädel

58. Parodisten
a) R. Stiefel
b) G. Fersch
c) J. Plaut

59. Herz mit Schnauze

Spätestens seit der Blockade 1948/49 war den Berlinern im Westen der Stadt klargeworden: Sie leben auf einer Insel. Zu jener Zeit gründete Günter Neumann ein Funk-Kabarett – die »Insulaner«. Es wurde das populärste »Herz mit Schnauze«, das jemals in Berlin – und für Berlin – schlug. In über 100 Programmen telefonierte »Herr Kummer« mit »Pollowitzer«, verheddert sich »Jenosse Funzionär« beim Agitieren im Gestrüpp der Begriffe, trafen sich die beiden Klatschtanten »mitten auf dem Kurfürstendamm« ...
Das Motto des Ensembles »Der Insulaner verliert die Ruhe nicht« kannten in den 50er Jahren fast alle Rundfunkhörer in Ost und West – und mit dem Insulaner hofften die meisten Deutschen noch, ». . . daß seine Insel wieder 'n schönes Festland wird«. Politik aber wurde inzwischen längst in Bonn und »Pankow«, Washington und Moskau gemacht. Nicht totzukriegen waren indessen die »Berliner Schnauzen«: der gegen die Herren in Ost und West respektlose Wolfgang Neuss und Wolfgang Gruner, die Quasselstrippe von den »Stachelschweinen«.

60. Blumen des Bösen

Engagiert und kritisch soll das Kabarett sein – in Deutschland. In Wien gibt man sich gern leger und macht sich einen Spaß aus Affären und Skandalen: das Kabarett als unmoralische Anstalt. In den 50er Jahren gingen Nummern über die Wiener Brettl, die dem Freund starker Reize exquisite Genüsse boten. Die Lieder und Chansons aus dem »Simpl« und der »Marietta Bar« oder die aus den häufig wechselnden Etablissements des »Vienna Midnight Cabaret« drohten zu jener Zeit auch Deutschland zu verderben. So fügte die Schwabinger Wirtin Gisela den monströsen Gelüsten der Cissy Kraner noch ein paar eigene hinzu. Gerhard Bronners »Rhapsodie in Halbstark« fand selbst in Kiel und Wilhelmshaven Liebhaber. Die hatten allerdings mit Qualtingers Idiom ihre Schwierigkeiten, und Georg Kreislers Mordsspaß an Tauben rief sogar deutsche Tierschutzvereine auf den Plan.
Wenn auch die jenseits von Gut und Böse angesiedelten Teufeleien ihre schockierende Wirkung verloren – musikalische Brillanz und poetische Extravaganz haben sie bewahrt: kabarettistische Blumen des Bösen.

59. Berliner Kabarett
a) W. Finck
b) W. Neuss, J. Herbst
c) E. Schollwer
d) Stachelschweine
e) Stachelschweine

60. Wiener Brettl
a) G. Bronner
b) H. Qualtinger
c) C. Kraner
d) G. Kreisler

55. Theater
Ein Spielplan aus dem Jahr 1950.

56. Deutscher Film
»Sissi, Schicksalsjahre einer Kaiserin« mit Romy Schneider und Karl-Heinz Böhm.

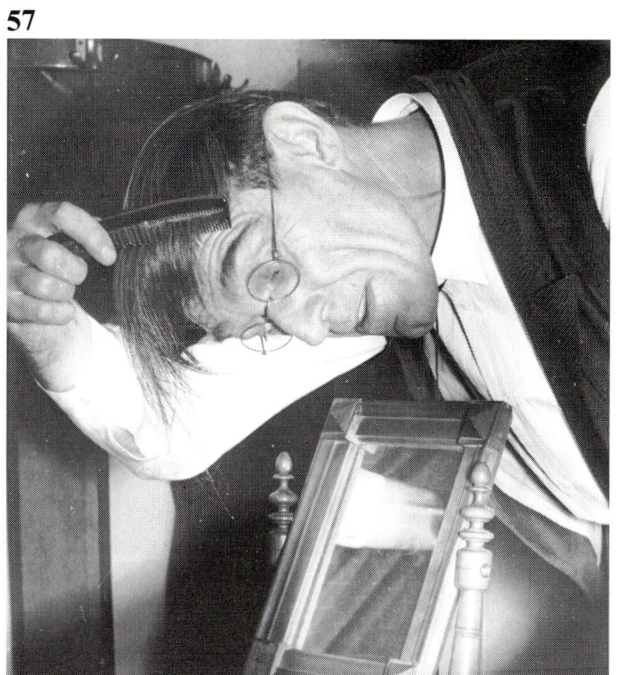

57. Conférenciers
Valentins Nachfolger: Georg Blädel.

58. Parodisten
Der Vortragskünstler Josef Plaut.

59. Berliner Kabarett
Die »Insulaner«: Von links nach rechts Ilse Trauschold, Edith Schollwer, Joe Furtner, Tatjana Sais, Bruno Fritz.

60. Wiener Brettl
Helmut Qualtinger (links) und Gerhard Bronner als »twens«.

Korea

Fläche: 219 022 km²
Hauptstadt: Phyongyang/
Soul

▷
Ende 1950: Chinesische Truppen waren in großer Zahl am Koreakrieg beteiligt. Hier ein chinesischer Soldat (mit erbeutetem US-amerikanischem Gewehr) auf einem nicht mehr funktionstüchtigen US-amerikanischen Panzer.

Vom Bürgerkrieg zum internationalen Konflikt

Korea stand in den 50er Jahren lange Zeit im Brennpunkt des Interesses. Das Land war 1945 entlang dem 38. Breitengrad in eine nördliche sowjetische und eine südliche US-amerikanische Besatzungszone geteilt worden. In beiden Landesteilen entstanden provisorische Regierungen und 1948 selbständige Staaten, deren Truppen sich oft in Gefechten gegenüberstanden. Außerdem konnte in dem relativ demokratisch organisierten Süden eine bewaffnete kommunistische Untergrundbewegung entstehen, während im Norden jegliche Opposition ausgeschaltet war.

Am 25. 6. 1950 überfielen Truppen des Nordens den Süden. Noch am selben Tag berief die UNO eine Sitzung des Sicherheitsrates ein. Die Sowjetunion, die als ständiges Mitglied des Sicherheitsrats Vetorecht hatte, boykottierte die Sitzung im Zusammenhang mit der Nichtzulassung der Volksrepublik China. Deshalb konnte eine amerikanische Resolution verabschiedet werden, die den militärischen Beistand der UNO für die Truppen der südkoreanischen Regierung unter Präsident Syngman Rhee vorsah.
Der Vormarsch der nordkoreanischen Truppen war zunächst erfolgreich. Innerhalb von drei Monaten hatten sie über 90% des Südens besetzt und die Armee Südkoreas praktisch ausgeschaltet. Daraufhin landeten UN-Streitkräfte unter dem Befehl des amerikanischen Generals Douglas MacArthur. Nach der Landung bei Intschhon wurde die nordkoreanische Armee geschlagen und bis über den 38. Breitengrad zurückgetrieben. Die UN-Armee machte hier jedoch nicht halt, sondern trieb die Nordkoreaner bis kurz vor die chinesische Grenze zurück, nachdem im Oktober die nördliche Hauptstadt Phyongyang eingenommen worden war. Daraufhin fielen chinesische Verbände in den Norden Koreas ein, um mit Unterstützung der nördlichen Restarmee die Truppen MacArthurs zurückzuschlagen. Im Januar 1951 wurde von ihnen Soul, die Hauptstadt des Südens genommen, einige Monate später aber wieder geräumt. Der Kampf spielte sich jetzt hauptsächlich um

Grunddaten Südkorea	1950	1953	1956	1959
1. Einwohnerzahl (in Mill.)	20,4	20,7	22,0	24,0
2. Urbanisationsgrad (in %)	—	—	32,3	—
3. Berufstätige (in %)	—	—	37,5	37,7
4. Volkseinkommen (in Mrd. Won)	—	357,2	1 109,3	1 572,7
5. Anteil des Volkseinkommens in				
Landwirtschaft	—	49	—	44
Industrie	—	11	—	16
Handel und Dienstleistungen	—	40	—	40
7. Geburtenziffer (in ‰)	36,2	33,1	36,6	—
8. Sterbeziffer (in ‰)	26,6	19,1	21,2	—
9. Lebenserwartung bei Neugeborenen (in Jahren)				
Männer	—	—	51,1	—
Frauen	—	—	53,7	—
10. Jährl. Energieverbrauch pro Einw. (in kg Ske)	—	110	157	212
11. Einfuhr (in Mill. US-Dollar)	54	345	386	304
12. Ausfuhr (in Mill. US-Dollar)	23	40	25	20

Korea I
S. 145 – 31
Korea II
S. 145 – 32

Die große Zahl Kriegsgefangener stellte die UN-Soldaten vor besondere Probleme. Wiederholt kam es in den Lagern zu Unruhen. Hier ein Transport von Gefangenen auf die Insel Kodsche.

Zehn Jahre im Überblick

25. 6. 1950	Rd. 75 000 nordkoreanische Soldaten überfallen Südkorea.	
14. 9. 1950	Die südkoreanischen Truppen sind in ein kleines Gebiet im Südosten zurückgedrängt worden.	
16. 9. 1950	Die amerikanische 8. Armee durchbricht die nördlichen Stellungen.	
25. 9. 1950	Amerikanische Streitkräfte erobern Soul zurück.	
26. 10. 1950	Südkoreanische Truppen erreichen die Grenze zur Mandschurei.	
2. 11. 1950	Amerikanische Truppen stoßen zum ersten Mal auf chinesische Einheiten.	
4. 1. 1951	Soul fällt erneut in die Hände Nordkoreas.	
14. 3. 1951	UN-Truppen erobern Soul zurück.	
11. 4. 1951	MacArthur wird seines Kommandos über die amerikanischen Truppen im Fernen Osten enthoben; General Ridgway wird sein Nachfolger.	
13. 6. 1951	Amerikanische Truppen erobern nochmals Phyongyang.	
21. 6. 1951	Mit der Aufgabe von Käsong verlieren die nordkoreanischen Truppen ihre letzte Bastion in Südkorea.	
10. 7. 1951	Delegationen der UNO und der chinesisch-nordkoreanischen Armee nehmen in Käsong Verhandlungen über einen Waffenstillstand auf.	
27. 12. 1951	Die Waffenstillstandsverhandlungen scheitern, weil man sich nicht über die Rückführung der nordkoreanischen Kriegsgefangenen einigen kann.	
8. 6. 1953	Die Parteien einigen sich in Panmunjom über die freiwillige Repatriierung von Kriegsgefangenen.	
13. 6. 1953	Eine Demarkationslinie wird festgelegt.	
27. 7. 1953	Das Waffenstillstandsabkommen wird ohne Teilnahme Südkoreas unterzeichnet.	
15. 5. 1956	Syngman Rhee wird zum dritten Mal zum Präsidenten Südkoreas gewählt.	

den 38. Breitengrad ab. General MacArthur wurde im April als Armeekommandant von General Matthew Ridgway abgelöst. Grund dafür waren die strategischen Auffassungen MacArthurs, der die chinesischen Militärbasen in der Mandschurei bombardieren und gegebenenfalls Kernwaffen einsetzen wollte.

Waffenstillstand und Wiederaufbau

In Käsong, einem Ort südlich des 38. Breitengrades, begannen im Juli 1951 Verhandlungen über einen Waffenstillstand. Sie scheiterten an der Frage der Rückführung nichtrückkehrwilliger nordkoreanischer Kriegsgefangener. Danach schleppte sich der Krieg noch zwei Jahre weiter, bevor ein Waffenstillstand zustandekam. An der Front wurde eine Demarkationslinie festgelegt. Am 27. 7. 1953 konnte das Waffenstillstandsabkommen offiziell unterzeichnet werden. Südkorea mußte es anerkennen. Die chinesischen Truppen zogen sich 1958 aus dem Norden zurück; die US-amerikanischen Truppen blieben in Südkorea stationiert.
In den folgenden Jahren gewährten die USA dem Süden umfangreiche finanzielle Unterstützung für den Wiederaufbau. Mit Hilfe amerikanischer Unternehmen und Techniker wurden in schnellem Tempo neue Industriebetriebe aufgebaut. Im Norden verlief der Aufbau mühsamer, weil China und die Sowjetunion nicht so großzügige Hilfe leisteten. Dennoch konnte sich auch der Norden von dem erlittenen materiellen Schaden erholen, weil er über umfangreichere Bodenschätze verfügte und die kommunistische Planwirtschaft die Arbeitskraft der Bevölkerung rigoros ausbeutete.
Im Süden blieb der mit Hilfe der USA in den 40er Jahren in den Vordergrund gerückte Präsident Syngman Rhee als ein autoritärer Staatschef an der Macht, ohne aber die innenpolitische Opposition völlig auszuschalten. Im Norden nahm der Personenkult um Kim Il Sung groteske Formen an.

Marschall Kim Il Sung, Plakat aus der Kriegszeit.

Kuba

Die Rückkehr Batistas

Kuba galt Anfang der 50er Jahre als eines der modernsten Länder Lateinamerikas mit einem hohen durchschnittlichen Pro-Kopf-Einkommen. Hinter der Devisenflut aus dem Zuckerexport, dem florierenden Touristikgewerbe in Havanna mit seinen Stränden und dem aufwendigen Lebensstil der Neureichen verbarg sich die triste Wirklichkeit einer Menge von Saisonarbeitern und verarmten Kleinbauern. Terror und Korruption waren an der Tagesordnung. Carlos Prío Socarrás, seit 1948 Präsident und Mitglied des ›Auténticos‹-Flügels der traditionellen Revolutionären Partei, machte da keine Ausnahme. Vor diesem Hintergrund rechnete sich General Fulgencio Batista, der von 1933 bis 1940 zuerst durch Strohmänner und danach selbst als Präsident regiert hatte, neue Chancen aus. Mit der Begründung, bei den anstehenden Wahlen seien Betrugsmanöver zu erwarten, ergriff er am 10. 3.

Zehn Jahre im Überblick

10. 3. 1952	Der ehemalige Präsident Fulgencio Batista ergreift die Macht.	
26. 7. 1953	Aufständische unter Fidel Castro greifen die Moncada-Kaserne in Santiago an.	
1. 11. 1954	Fulgencio Batista wird zum Präsidenten gewählt.	
2. 12. 1956	Unter Fidel Castro landen Aufständische in der Provinz Oriente.	
1. 1. 1959	Präsident Fulgencio Batista tritt zurück und emigriert in die Dominikanische Republik.	
4. 1. 1959	Fidel Castro zieht in Havanna ein.	
13. 2. 1959	Fidel Castro wird als Ministerpräsident vereidigt.	
17. 5. 1959	Das Gesetz über die Landreform wird verabschiedet.	
17. 7. 1951	Osvaldo Dorticós wird Präsident.	

Fläche: 114 524 km²
Hauptstadt: Havanna

Kuba

Grunddaten	1950	1953	1956	1959
1. Einwohnerzahl (in Mill.)	5,5	6,1	6,5	6,9
2. Urbanisationsgrad (in %)	—	57,0	—	—
3. Berufstätige (in % der Gesamtbevölkerung)	—	33,8	—	—
4. Volkseinkommen (in Mill. Pesos)	1692	1794	2015	2210
7. Geburtenziffer (in ‰)	29,6	25,1	—	—
8. Sterbeziffer (in ‰)	7,1	6,3	5,8	—
10. Jährlicher Energieverbrauch pro Einw. (in kg Ske)	480	600	672	801
11. Einfuhr (in Mill. US-Dollar)	563	547	649	742
12. Ausfuhr (in Mill. US-Dollar)	667	675	695	638
13. Einwohner pro Arzt	—	1000	1000	—

▷

Diktator Fulgencio Batista mit Frau und Kind nach dem Staatsstreich von 1952.

1952 durch einen Staatsstreich die Macht. Angesichts seines populistischen Regierungsstils hatte er gewisse Sympathien, sogar bei der Kommunistischen Partei. Er bereicherte sich jedoch weiter; Korruption und Terror blieben an der Tagesordnung.

Für die USA schien Batista zunächst eine Garantie sowohl gegen das Vordringen des Kommunismus in Lateinamerika als auch für die Sicherung ihrer wirtschaftlichen Interessen auf Kuba zu sein. Bei der Einführung der neuen Verfassung im Oktober 1952 hatte Batista für 1954 Wahlen versprochen, so daß damit auch die Gewähr für eine Demokratisierung gegeben schien.

Der nun in die Opposition gedrängte »Auténticos«-Flügel hielt seine Position zunächst nicht für geschwächt. Prío Socarrás selbst plante einen Putsch, bei dem ihm seine Kontakte zu unzufriedenen Militärs und zur Diktatorfamilie Trujillo in der benachbarten Dominikanischen Republik helfen sollten. Als Vertreter einer städtischen Mittelschicht, die Korruption verabscheute, waren die »Ortodoxos« von der Revolutionären Partei zweifellos die seriösesten und prinzipiellsten Gegner. Nach dem Selbstmord von Eddy Chibás (1951) fehlte ihnen indes ein mitreißender Führer. Der trat mit dem Juristen Fidel Castro auf die politische Bühne. Castro träumte von einem Kuba, das – frei von Korruption und US-amerikanischem Einfluß – unabhängiger von den Schwankungen des Weltmarktpreises für Zucker sein sollte, das seinen Reichtum entwickeln würde und keine Grundnahrungsmittel mehr einzuführen brauchte. Er glaubte aber nicht mehr daran, diese Ziele durch Parteigründung und Wahlen erreichen zu können. Als erkennbar wurde, daß Batista kaum eine populistisch-soziale Politik verwirklichte und sich indessen vornehmlich selbst bereicherte, setzte Castro alles daran, das Regime zu stürzen. Seine erste Aktion war am 26. 7. 1953 ein Überfall auf das Militärlager Moncada in Santiago. Sie scheiterte und kostete einige seiner Mitkämpfer das Leben. Castro selbst wurde dank seiner familiären Beziehungen zu Prominenten des Regimes und der Einschaltung des Erzbischofs von Santiago »nur« zu einer Haftstrafe verurteilt.

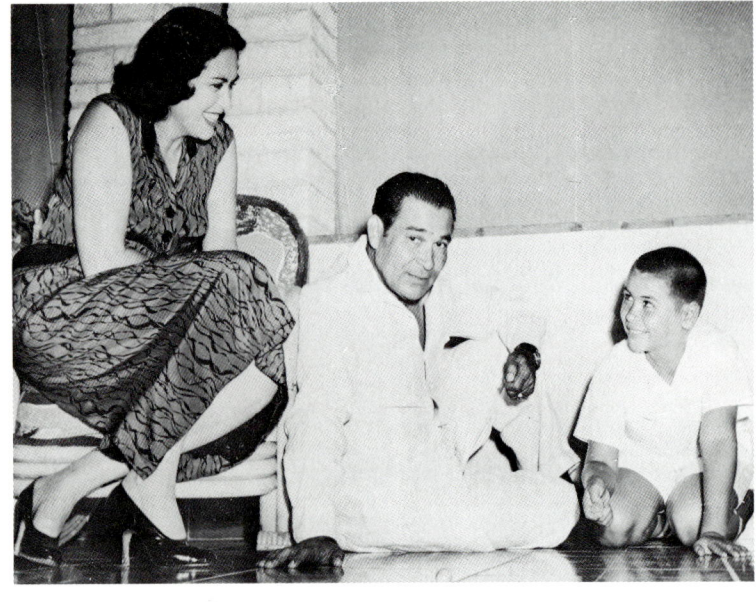

Batista nahm die Ereignisse zum Vorwand, die verfassungsmäßigen Freiheiten aufzuheben. Besorgt um sein demokratisches Ansehen, trat er am 14. 8. 1954 zurück, um an den Präsidentschaftswahlen vom 1. 11. teilnehmen zu können. Er siegte mit großer Mehrheit und erließ eine Amnestie, durch die auch Fidel Castro, der nach Mexiko emigrierte, freikam.

Castros Kampf und Sieg

In Mexiko sammelte Castro, der inzwischen eine eigene Gruppe unter dem Namen »Bewegung des 26. Juli« gebildet hatte, Anhänger und Geld, um einen neuen Umsturzversuch vorzubereiten. Nach längerer Ausbildung landeten 80 Mann am 2. 12. 1956 in der Provinz Oriente. Nach ersten Gefechten mit der Armee zog sich Castro mit nur 15 überlebenden Gefährten in die

Januar 1959: Feiern in Havanna zum Sieg der Revolution.

schwer zugängliche Sierra Maestra zurück. Zu dieser Gruppe gehörten sein Bruder Raúl Juan Almeida, als Mulatte eine Ausnahme unter den vorwiegend weißen Revolutionären, und Ernesto »Che« Guevara, ein an Marx und Lenin geschulter Arzt aus Argentinien. Die Revolutionäre mußten zunächst ihre ganze Kraft aufbieten, um zu überleben. Weil die Guerillakämpfer eine Umverteilung des Landes in Aussicht stellten, schlossen sich ihnen einzelne Bauern an.

Die Kommunisten hielten damals eine solche Strategie für aussichtslos, aber durch die Bauern kam die Gruppe zu Waffen und neuen Anhängern. Auch in den USA gewann Castro wegen seiner zunächst humanistisch-nationalistischen Äußerungen viele Sympathien.

Präsident Batista schickte zwar Soldaten in die Sierra, war aber vollauf mit der Opposition in den Städten beschäftigt. Ein fehlgeschlagener Angriff auf seinen Palast am 13. 3. 1957 durch Anhänger von Prío Socarrás und der revolutionären Studentenbewegung war Anlaß für rigorose Polizeimaßnahmen.

Das Geschäftsleben in Havanna florierte indessen ungestört, und Batista bereitete die Präsidentschaftswahlen von 1958 vor, die sein Strohmann Andrés Rivero Aguero gewinnen sollte.

Die entscheidende Wende kam erst 1958. Im Februar wurde eine zweite Guerillafront in der Sierra Escambray eröffnet. Castros Aufruf zu einem Generalstreik am 9. 4. war ein völliger Mißerfolg, weil sich Gewerkschaften und Kommunisten nicht beteiligten. Andererseits blieb die einzige militärische Großoffensive Batistas im Mai ergebnislos, u. a. aufgrund eines Waffenembargos der USA. Überall wurden, zum Schaden des Exports, Zuckerrohrfelder in Brand gesteckt. Gewaltmaßnahmen gegen Sympathisanten und Unbeteiligte brachten Batista beim Volk und auch bei der Kirche in Mißkredit. Auch die Kommunisten erkannten nun Castros Erfolgsaussichten. Der Guerillaführer schaltete während des Herbstes konkurrierende Oppositionsgruppen aus. Gegen Weihnachten rückten seine Kolonnen unter Führung von »Che« Guevara, Castros Bruder Raúl und Camilo Cienfuegos in Richtung Hauptstadt vor. Batista flüchtete am Neujahrsmorgen 1959 in die Dominikanische Republik. Am 4. Januar zog Guevara in Havanna ein. Manuel Urrutia wurde als Präsident eingesetzt. Am 13. 2. wurde Fidel Castro Ministerpräsident. Er ordnete sofort einen Preisstopp, eine Herabsetzung der Mieten und der Fernsprechtarife und die Schließung der Spielkasinos an. Der Prozeß gegen die Anhänger Batistas und 300 Hinrichtungen machten die Radikalisierung der Revolution deutlich.

Auf einer Reise durch die USA lehnte Castro jedoch nicht nur den Kapitalismus, sondern auch den Kommunismus ab und sprach sich für eine Zusammenarbeit aus. Seine Maßnahmen, u. a. die am 17. 5. 1959 verkündete Landreform, sprachen gegen diese Äußerungen. Viele US-Bürger waren von der Beschränkung ihres Grundbesitzes auf Kuba und der zweifelhaften Entschädigung durch langfristige Schatzanweisungen betroffen. Landlose Bauern bekamen auf Kosten größerer Ländereien einen gewissen Teil Ackerland. Trotz des gemäßigten Beginns der Landreform und mancher Ausnahmeregelungen kam es auch in Kuba selbst zu heftigen Protesten. Präsident Urrutia, der sich für die mittleren Grundbesitzer einsetzte und die Hinrichtung zahlreicher tatsächlicher und angeblicher politischer Gegner ablehnte, mußte am 17. 7. dem Castro ergebenen Osvaldo Dorticós weichen.

Durch die Verstaatlichung der Elektrizitäts- und Telefongesellschaften und der Zuckerraffinerien wurde die Ablehnung in den USA noch größer. Als zwei in Florida gestartete Castro-feindliche Piloten über Havanna Flugblätter und Bomben abwarfen, verschlechterte sich das politische Klima noch mehr.

Auf einer der großen Volksversammlungen auf der Plaza Cívica, die anstelle von Wahlen die von ihm bevorzugte Form der »direkten Demokratie« werden sollten, kündigte Castro die erneute Einrichtung von Revolutionstribunalen und die Organisation einer Bauern- und Arbeitermiliz an. Die Verhaftung und das rätselhafte Verschwinden zweier Revolutionsführer, Huber Matos und Camilo Cienfuegos, ließen erkennen, daß Castro keinerlei Konkurrenz neben sich duldete und eine persönliche Diktatur anstrebte.

Kuwait

Scheich Abdullah as Salim as Sabah setzte die Investitionspolitik seines 1950 verstorbenen Vorgängers Achmad fort. Das ermöglichten die enormen Einnahmen aus der Erdölförderung, die, nicht zuletzt wegen der Iran-Krise, 1958 auf 70 Millionen Tonnen angestiegen war. Mit den Öldollars baute man das Bildungs- und das Gesundheitswesen auf. Auch die wichtige (Trink-)Wasserversorgung wurde in Angriff genommen. Zur Durchführung all dieser Arbeiten reichte jedoch die eigene Bevölkerung nicht aus. So stieg die Zahl der Gastarbeiter schnell an. Weder der aufkommende Nationalismus in der arabischen Welt noch die wirtschaftlichen Umwälzungen im Land konnten der Machtposition der Familie As-Sabah, die weder durch Parteien noch durch Gewerkschaften begrenzt wurde, etwas anhaben. Das Scheichtum war als Protektorat mit Großbritannien verbunden. London bestimmte weitgehend die Außenpolitik und beeinflußte durch seinen Vertreter auch die Innenpolitik. Kuwait verwaltete zusammen mit dem großen Nachbarland Saudi-Arabien die Neutrale Zone zwischen beiden Ländern, und die beiden Länder teilten sich auch in die Erdölförderung in diesem Gebiet.

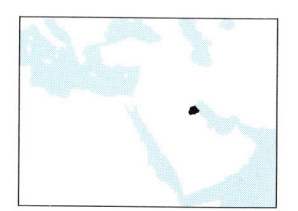

Fläche: 15 540 km²
Hauptstadt: Kuwait

Laos

1949 hatte Frankreich Laos die Autonomie im Rahmen der Französischen Union verliehen. Mitglieder der antifranzösischen Unabhängigkeitsbewegung Lao Issara, unter ihnen Prinz Souvanna Phouma, bildeten daraufhin eine Regierung. 1950 bildete sich unter Prinz Souphanouvong der Pathet Lao, eine Bewegung, die sich den kommunistischen vietnamesischen Viet Minh in ihrem Kampf gegen die Franzosen anschloß. Sie fand vor allem in Nordost-Laos Unterstützung. Weil sie befürchteten, daß der Pathet Lao zusammen mit den Viet Minh eine Offensive gegen Luang Prabang, die Residenz von König Sisavang Vong, wagen würde, sandten die Franzosen im Frühjahr 1953 Truppenverstärkungen nach Nordwestvietnam, die sich bei Diên Biên Phu verschanzten und dort zur Kapitulation gezwungen wurden.

Auf die französische Niederlage folgte im Juli 1954 die Genfer Indochinakonferenz. Laos sollte nach ihren Ergebnissen ein neutraler Pufferstaat zwischen dem kom-

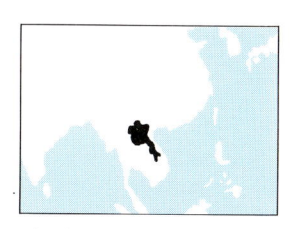

Fläche: 236 800 km²
Hauptstadt: Vientiane

König Sisavang Vong in Luang Prabang im Juli 1958.

munistischen Nordvietnam und dem prowestlichen Thailand werden.
Um diesen neutralen Kurs zu gewährleisten, sollten sich die Führer in Vientiane mit dem Pathet Lao über die Bildung einer Koalitionsregierung einigen.

Die Absprachen von Genf erwiesen sich als undurchführbar. Es dauerte bis November 1957, ehe in Laos eine »Regierung der nationalen Einheit« gebildet werden konnte, an deren Spitze Souvanna Phouma stand. Doch diese mühsam zustande gekommene Regie-

Zehn Jahre im Überblick

22. 10. 1953	Laos erhält die volle Souveränität.
19. 11. 1957	Prinz Souvanna Phouma bildet eine Koalitionsregierung, in der der Pathet Lao vertreten ist.
22. 7. 1958	Ministerpräsident Souvanna Phouma tritt zurück; Phoui Sananikone bildet eine rechtsgerichtete Regierung.
29. 10. 1959	König Sisavang Vong stirbt in Luang Prabang.
4. 11. 1959	Savang Vatthana wird zum König ausgerufen.
30. 12. 1959	Ministerpräsident Sananikone tritt zurück.

rung kam schon im Mai 1958 zu Fall, als bei den Wahlen die bisher nicht im Parlament vertretene kommunistische Neo Lao Haksat 8 von 21 neu zu besetzenden Sitzen im 59 Abgeordnete umfassenden Parlament erhielt. Diese Partei war aus dem im Untergrund tätigen Pathet Lao hervorgegangen.
Im Juli 1958 wurde Souvanna Phouma von prowestlichen Kreisen gestürzt. An seine Stelle trat Phoui Sananikone, den Mitglieder des von General Phoumi Nosavan geleiteten antikommunistischen »Komitees zur Verteidigung der Nationalbelange« unterstützten. Am 30. 12. 1959 mußte Sananikone zurücktreten und einer Regierung weichen, in der General Phoumi Nosavan direkt den Ton angab. Laos wurde von neuem Schauplatz eines Bürgerkriegs, der bis 1975 dauern sollte.

Libanon

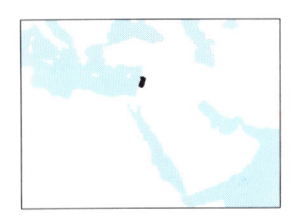

Fläche: 10 400 km²
Hauptstadt: Beirut

Gefährdetes Gleichgewicht

Libanon erlebte in den 50er Jahren politische Spannungen zwischen den verschiedenen Glaubensgemeinschaften. Die Auseinandersetzungen gipfelten in der Krise von 1958, die auf einen Bürgerkrieg hinauszulaufen drohte. Im Mittelpunkt der politischen Konflikte

Zehn Jahre im Überblick

23. 9. 1952	Camille Shamoun wird Präsident.
16. 3. 1957	Eine Vereinbarung über amerikanische Militär- und Finanzhilfe wird unterzeichnet.
10. 6. 1957	Die Regierungsparteien erlangen bei den Parlamentswahlen 46 der 66 Sitze.
15. 7. 1958	US-amerikanische Marineinfanteristen landen bei Beirut.
31. 7. 1958	Generalmajor Fuad Chéhab wird Staatspräsident.
25. 10. 1958	Die letzten amerikanischen Truppen verlassen das Land.

standen die mehr oder weniger neutrale Stellung, die Libanon in den Konflikten der arabischen Welt einnahm, und die Machtkämpfe zwischen den verschiedenen konfessionellen Gruppen.
Zum Nachbarland Syrien bestand aufgrund des dort lebendigen großsyrischen Gedankens oftmals ein gespanntes Verhältnis. Am 16. 7. 1951 wurde der ehemalige Ministerpräsident Libanons, Riad as Solh, während eines Besuchs in Amman von einem syrischen Nationalisten ermordet. 1950 hatte Syrien die Zollunion mit Libanon aufgehoben, und von Zeit zu Zeit wurden die Grenzen zwischen beiden Staaten geschlossen. Zahlreiche syrische Flüchtlinge ließen sich unterdessen in Beirut nieder und betrieben von dort aus Opposition gegen die Regierung in Damaskus. Während die Regierungsparteien noch bei den Wahlen von 1951 mit großem Vorsprung gesiegt hatten, wurde ihre Stellung im folgenden Jahr untergraben. Am 18. 9. 1952 zwang die Opposition, unterstützt auch von prominenten christlichen Politikern, Staatspräsident Beschara al Khoury zum Rücktritt. General Fuad Chéhab, der Oberkommandierende der Armee, nahm an der Spitze eines Triumvirats die Regierungsgeschäfte wahr, bis am 23. 9. Camille Shamoun zum neuen Staatspräsidenten gewählt wurde.
Entgegen den Wünschen der USA schloß sich Libanon nicht dem Bagdadpakt an. Darin machte sich der besonders nach der Suezkrise von 1956 wachsende Einfluß des ägyptischen Staatspräsidenten Nasser unter den libanesischen Moslems bemerkbar. Präsident Shamoun und seine christlichen Anhänger konnten sich jedoch dem wachsenden Druck nach einem engeren Anschluß an die arabische Welt widersetzen. Das am 19. 11. 1956 gebildete Kabinett von Sami as Solh mit dem prowestlichen Charles Malik als Außenminister wandte sich gegen den aufkommenden arabischen Nationalismus. So stimmte es auch der im

Januar 1957 vom amerikanischen Präsidenten verkündeten »Eisenhower-Doktrin« zu. Vor den Parlamentswahlen vom Juni 1957 kam es zu Gewalttätigkeiten. Die Regierungsparteien hielten zwar ihre Mehrheit, doch die überwiegend islamische Opposition, die sich in der Vereinigten Nationalen Front zusammengeschlossen hatte, agierte weiterhin heftig gegen die Politik von Präsident Shamoun. Ihre Führer wie der Druse Kamal Djumblat und der Sunnit Rashid Karame engagierten sich stark für den Panarabismus.

Drohender Bürgerkrieg

Der arabische Nationalismus bekam Aufwind, als sich Ägypten und Syrien am 1.2.1958 zur Vereinigten Arabischen Republik (VAR) zusammenschlossen. Nasser-Anhänger waren auch im Libanon aktiv, wo die Spannungen schnell zunahmen. Nach schweren Gefechten beherrschten die Milizen von Rashid Karame die Hafenstadt Tripoli. Unterdessen nahm die 6. US-Flotte Kurs aufs östliche Mittelmeer. Nach der irakischen Revolution am 14.7.1958 ersuchte Shamoun die USA im Rahmen der Eisenhower-Doktrin um Hilfe. Am folgenden Tag landeten amerikanische Marineinfanteristen bei Beirut, um die gefährdete Stellung Präsident Shamouns zu stützen. Am 31.7.1958 wählte das libanesische Parlament den Generalstabschef der Armee, Generalmajor Fuad Chéhab, zum Nachfolger von Staatspräsident Shamoun. Als ein für alle Parteien annehmbarer Kandidat sollte er versuchen, eine nationale Versöhnung herbeizuführen. Chéhab beauftragte den Moslem-Politiker Rashid Karame, eine »Regierung der nationalen Rettung« zu bilden. Sowohl die Nationale Front wie auch Anhänger Shamouns und der Falangist Pierre Gemayel wurden in diese Regierung aufgenommen. Karame lehnte formell nachträglich die Eisenhower-Doktrin ab, nachdem feststand, daß die Gefahr eines Umsturzes im Sinne Nassers nicht mehr bestand. Die amerikanischen Truppen verließen Ende Oktober das Land. Die neue Regierung kam Beschwerden der Moslems entgegen und erhöhte durch das Wahlgesetz von 1959 die Zahl der Parlamentssitze von 66 auf 88. Dabei blieb aber der im »Nationalpakt« von 1943 festgelegte Proporz erhalten: Auf 6 christliche Abgeordnete kommen 5 Moslems; Staatspräsident ist ein Christ, Ministerpräsident ein Sunnit.

Die libanesische Wirtschaft entwickelte sich in den 50er Jahren günstig. Die geographische Lage, die traditionelle Neutralität und internationale Handelskontakte machten Beirut zu einem Zentrum von Handel und Bankwesen. Man war bemüht, ausländische Unternehmen anzuziehen, indem man ihnen entsprechend einem Gesetz aus dem Jahr 1953 sechs Jahre Steuerfreiheit in Aussicht stellte. 1955 wurde mit dem Bau von Wasserkraftwerken im Fluß Litani begonnen. Mit Westeuropa und den USA bestanden wichtige Handelskontakte, aber auch mit der UdSSR wurde 1954 ein Handelsvertrag geschlossen. Der Handel mit Syrien wurde zuweilen durch Einfuhrbeschränkungen oder Grenzschließungen aus politischen Gründen behindert. Eine Ölpipeline, die die irakischen Ölfelder mit dem Hafen von Tripoli verband, verschaffte dem libanesischen Staat hohe Einnahmen.

Camille Shamoun, Präsident vom September 1952 bis zum Juli 1958.

Grunddaten	1950	1953	1956	1959
1. Einwohnerzahl (in Mill.)	1,4	1,5	1,6	1,8
4. Volkseinkommen (in Mill. Pfund Sterling)	1 042	1 168	1 417	1 325
5. Anteil des Volkseinkommens in verschiedenen Bereichen				
Landwirtschaft	—	19	—	17
Industrie	—	18	—	17
7. Geburtenziffer (in ‰)	23,0	25,2	42,8	25,6
8. Sterbeziffer (in ‰)	7,7	5,4	5,5	4,5
10. Jährlicher Energieverbrauch pro Einw. (in kg Ske)	—	340	521	644
11. Einfuhr (in Mill. US-Dollar)	136	143	235	260
12. Ausfuhr (in Mill. US-Dollar)	24	26	39	40
13. Einwohner pro Arzt	1 200	1 300	1 200	—

Liberia

Die Oligarchie der durch die True Whig Party vertretenen amerikoliberianischen Minderheit, die kaum 5% der Bevölkerung ausmachte, beherrschte das Land auch in den 50er Jahren. Präsident William Tubman, seit 1944 im Amt, wurde 1951, 1955 und 1959 wiedergewählt. Auf Opposition stieß er nur bei den Wahlen von 1951, als Duhdwo Twe, der Führer der Kru-Bevölkerungsgruppe, kandidierte. Twe wurde des Verrats bezichtigt und floh ins Ausland. Nach den Wahlen von 1955 wurde auf Tubman ein Attentat verübt, das scheiterte. Die Anstifter, darunter zwei ehemalige Minister, wurden hingerichtet.

Tubmans Politik der nationalen Einheit blieb erfolglos. Der zweite Grundsatz seiner Politik, die Öffnung zum Ausland, ließ sich eher verwirklichen. Dank der Entdeckung erheblicher Eisenerzvorräte hatte Liberia an Attraktivität gewonnen. Mit Hilfe von ausländischen Firmen wurde das Erz u. a. im Nimbagebirge abgebaut. Damit war die einseitige Abhängigkeit vom Kautschukexport überwunden. Außerdem führte die Billigflaggen-Politik zu einer spektakulären Ausweitung der Handelsflotte, die die drittgrößte der Welt wurde.

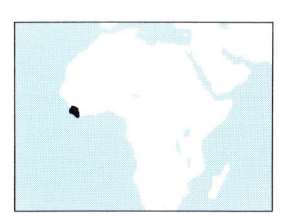

Fläche: 111 369 km²
Hauptstadt: Monrovia

◁

Staatspräsident William Tubman und seine Frau (Mitte), umrahmt vom französischen Präsidentenpaar bei einem offiziellen Empfang in Paris im Oktober 1956.

Libyen

Fläche: 1 759 540 km²
Hauptstadt: Tripolis

Als erste Kolonie auf dem afrikanischen Kontinent erreichte Libyen am 24. 12. 1951 die Unabhängigkeit.
In dem bettelarmen Libyen waren 10% der Menschen blind; 93% konnten weder lesen noch schreiben. Nur die Oasen und der Küstenstreifen eigneten sich für die Landwirtschaft.
Die Diskussionen über die Zukunft Libyens betrafen zunächst die Frage, ob das Land eine Föderation oder ein Einheitsstaat werden sollte. Die Kongreßpartei in dem dichtbesiedelten Tripolitanien gab dem Einheitsstaat den Vorzug. Schließlich entschied man sich jedoch für eine föderative Monarchie mit König Idris I. als Staatsoberhaupt. Diese Lösung war von Großbritannien angebahnt worden, als es 1949 der Cyrenaica unter Idris Autonomie verlieh. Bei den ersten Wahlen für das Abgeordnetenhaus 1952 erlangte die Unabhängige Partei von Idris und Regierungschef Muntasser 37 der 55 Sitze.
Die aufeinanderfolgenden Regierungen machten sich die strategisch wichtige Lage des Landes zu Nutze, indem sie zahlreiche Militärstützpunkte verpachteten. In dem 1953 mit Großbritannien geschlossenen Freundschaftsvertrag wurde diese Überlassung von Militärbasen geregelt. Ein Jahr später kam ein Vertrag mit den USA zustande, der 1956 und 1959 noch erweitert wurde. Auch Frankreich pachtete ab 1955 drei Militärstützpunkte. Außerdem nahm das Land seit 1956 Lizenzgebühren von Gesellschaften ein, die nach Öl bohrten. 1959 entdeckte man südlich von Bengasi ein großes Ölfeld.
Der prowestliche König Idris war um ein gutes Einvernehmen mit den Nachbarländern bemüht. Libyen schloß sich im März 1952 als achtes Mitglied der Arabischen Liga an. Der König verhielt sich geschickt, indem er äußerst behutsam manövrierte und sich bei internen arabischen Konflikten so neutral wie möglich verhielt. Zur Zeit der Suezkrise stellte sich Tripolis hinter Ägypten und forderte von London, daß die in Libyen stationierten britischen Streitkräfte nicht eingesetzt werden sollten. Andererseits unterstützte Libyen die sogenannte Eisenhower-Doktrin.

Grunddaten	1950	1953	1956	1959
1. Einwohnerzahl (in Mill.)	1,0	1,1	1,2	1,3
3. Berufstätige (in % der Gesamtbevölkerung)	—	32,7	—	—
4. Bruttosozialprodukt (in Mill. Pfund Sterling)	—	—	—	52
5. Anteil des Bruttosozialproduktes in verschiedenen Bereichen				
Landwirtschaft	—	—	—	26
Industrie	—	—	—	23
Handel und Dienstleistungen	—	—	—	51
10. Jährlicher Energieverbrauch pro Einw. (in kg Ske)	—	184	157	299
11. Einfuhr (in Mill. US-Dollar)	20	31	46	114
12. Ausfuhr (in Mill. US-Dollar)	11	10	12	12
13. Einwohner pro Arzt	—	—	10 000	8 000

Zehn Jahre im Überblick

29. 3. 1951 Die erste Regierung unter Ministerpräsident Mohammed Muntasser wird gebildet.
24. 12. 1951 Libyen wird ein unabhängiges Königreich mit König Idris als Staatsoberhaupt.
28. 3. 1952 Libyen wird Mitglied der Arabischen Liga.
29. 7. 1953 Durch einen Freundschaftsvertrag mit Großbritannien erhält London das Verfügungsrecht über Militärstützpunkte.
9. 9. 1954 Durch einen Vertrag erhalten die USA das Nutzungsrecht für den Luftwaffenstützpunkt Wheelus.
10. 8. 1955 Ein Freundschaftsvertrag mit Frankreich regelt den Rückzug der französischen Truppen aus der Provinz Fezzan; die Franzosen behalten drei Luftwaffenstützpunkte.

Liechtenstein

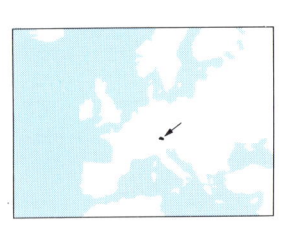

Fläche: 157 km²
Hauptstadt: Vaduz

Stabilität blieb das hervorstechendste Merkmal der politischen und wirtschaftlichen Entwicklungen in dem wohlhabenden Fürstentum Liechtenstein. Fürst Franz Joseph II. war seit 1938 im Amt, und Regierungschef Alexander Frick leitete seit 1945 die Regierung. Stabilität bedeutete aber keineswegs Stillstand. Die Industrialisierung, die nach dem 2. Weltkrieg in Gang gekommen war, wurde in den 50er Jahren auf Kosten der Landwirtschaft fortgesetzt. Der Wohlstand des Fürstentums beruhte außerdem auf dem absoluten Bankgeheimnis und dem vorteilhaften Steuersystem, das große Kapitalien und zahlreiche Postfachfirmen anzog. Auch der Fremdenverkehr und der Verkauf von Briefmarken waren wichtige Einnahmequellen.

Luxemburg

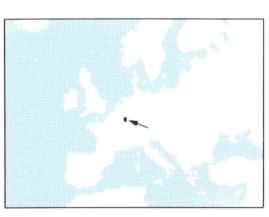

Fläche: 2586 km²
Hauptstadt: Luxemburg

Ebenso wie im vorangegangenen Jahrzehnt war die katholische Christlich-Soziale Partei (CSP) auch in den 50er Jahren die bestimmende politische Gruppierung. Alle Ministerpräsidenten gehörten der CSP an. Bis Dezember 1958 regierte die CSP zusammen mit den Sozialisten. Zu einer Krise kam es, als die CSP und die oppositionelle Demokratische Partei dem sozialdemokratischen Minister Bodson vorwarfen, einen Bestechungsversuch nicht pflichtgemäß gemeldet zu haben. Die Sozialdemokraten

Grunddaten	1950	1953	1956	1959
1. Einwohnerzahl (in Mill.)	0,3	0,3	0,3	0,3
3. Berufstätige (in % der Gesamtbevölkerung)	—	—	46,8	—
4. Bruttosozialprodukt (in Mill. Franc)	11 570	15 542	19 288	21 477
5. Anteil des Bruttosozialproduktes in verschiedenen Bereichen				
Landwirtschaft	12	10	9	9
Industrie	46	48	55	52
Handel und Dienstleistungen	42	41	36	40
7. Geburtenziffer (in ‰)	14,8	16,0	15,5	15,6
8. Sterbeziffer (in ‰)	11,6	12,5	12,4	11,1
13. Einwohner pro Arzt	1 200	1 100	1 100	1 000

verließen daraufhin die Regierung, und die Liberalen nahmen ihre Plätze ein.
Die Wirtschaft des Landes, in der die Eisen- und Stahlindustrie 85% der Industrietätigkeit ausmachte, entwickelte sich über das ganze Jahrzehnt günstig. 1950 wurde mit den USA ein Vertrag über militärische Zusammenarbeit geschlossen. Nachdem die Stahlindustrie ihre Vorbehalte aufgegeben hatte, wurde Luxemburg Mitglied der EGKS und anschließend der EWG. 1959 schloß Luxemburg mit der Bundesrepublik Deutschland einen Vertrag über die Begleichung der Kriegsschäden.
Erbgroßherzog Jean heiratete 1953 Prinzessin Joséphine Charlotte von Belgien.

Madagaskar

Nachdem der 1947 von den Franzosen niedergeschlagene Aufstand das politische Leben lahmgelegt hatte, belebte es sich zu Beginn der 50er Jahre wieder. Im Mittelpunkt stand die Frage nach der Unabhängigkeit. Die Parti Socialiste Démocrate (PSD), an deren Spitze der Lehrer Philibert Tsiranana stand, befürwortete gute Beziehungen zum Mutterland.
Die linksradikale Ankotonny Kongresiny Fahaleovantan Madagascara (AKFM), in der Sozialisten und Kommunisten zusammenarbeiteten, wollte dagegen eine baldige Unabhängigkeit ohne französische Vorherrschaft. Das französische Rahmengesetz von 1956 regelte die begrenzte Selbstverwaltung der Kolonie. Tsiranana wurde Zweiter Vorsitzender eines Regierungsrates.
Die Gegensätze zwischen der PSD und der AKFM spitzten sich zu, als am 28. 9. 1958 eine Volksabstimmung über de Gaulles Modell der inneren Selbstverwaltung im Rahmen der französischen Gemeinschaft stattfand. Trotz einer negativen Empfehlung der AKFM entschieden sich 79% der Wähler für den Status eines Mitgliedsstaats der Französischen Gemeinschaft. Philibert Tsiranana wurde 1959 Präsident und führte Madagaskar im darauffolgenden Jahr in die Unabhängigkeit.

Fläche: 587 041 km²
Hauptstadt: Tananarive

Grunddaten	1950	1953	1956	1959
1. Einwohnerzahl (in Mill.)	4,6	4,8	5,0	5,4
3. Berufstätige (in % der Gesamtbevölkerung)	41,6	—	41,1	—
7. Geburtenziffer (in ‰)	30,5	33,0	36,6	33,0
8. Sterbeziffer (in ‰)	17,6	12,8	12,6	13,7
10. Jährlicher Energieverbrauch pro Einw. (in kg Ske)	30	40	32	35
11. Einfuhr (in Mill. US-Dollar)	86	129	132	119
12. Ausfuhr (in Mill. US-Dollar)	71	85	93	76
13. Einwohner pro Arzt	7 300	7 800	8 200	—

Malaya

Die britische Kolonialverwaltung mußte sich zunächst mit kommunistischen Rebellen, die sich aus der chinesischen Bevölkerungsgruppe rekrutierten, auseinandersetzen. Mit Hilfe von Gurkha-Einheiten konnte die Untergrundbewegung in den Dschungel gedrängt werden. Nachdem die Guerillabanden unschädlich gemacht waren, versuchten die Briten, die Gegensätze zwischen Malaien und Chinesen auszugleichen.
Die bürgerliche United Malay National Organization (UMNO), seit 1946 die dominierende politische Partei in Malaya, zeigte sich 1952 unter ihrem neuen Führer Tunku Abdul Rahman zum Zusammenschluß mit der antikommunistischen Malayan Chinese Association (MCA) in der sogenannten Alliance bereit. Später trat auch der Malayan Indian Congress der Alliance bei. Damit war eine gemä-

Fläche: 129 766 km²
Hauptstadt: Kuala Lumpur

◁

Britische Soldaten, die die kommunistische Guerillabewegung bekämpfen, während einer Ruhepause im Dschungel.

Grunddaten	1950	1953	1956	1959
1. Einwohnerzahl (in Mill.)	5,2	5,6	6,1	6,7
2. Urbanisationsgrad (in %)	—	—	42,7	—
3. Berufstätige (in % der Gesamtbevölkerung)	—	—	34,5	—
4. Volkseinkommen (in Mill. Malaiischer Dollar)	—	—	4 250	—
7. Geburtenziffer (in ‰)	42,3	44,4	46,7	42,2
8. Sterbeziffer (in ‰)	15,9	12,6	11,6	9,7
9. Lebenserwartung bei Neugeborenen (in Jahren) Männer	—	—	55,8	—
Frauen	—	—	58,2	—
10. Jährlicher Energieverbrauch pro Einw. (in kg Ske)	280	350	311	240
11. Einfuhr (in Mill. US-Dollar)	428	474	572	568
12. Ausfuhr (in Mill. US-Dollar)	852	522	739	808
13. Einwohner pro Arzt	9 800	8 500	8 100	—

338 Malediven

ßigte, antikommunistische und antikoloniale Koalition zwischen den Führern der drei wichtigsten Bevölkerungsgruppen auf der Halbinsel zustande gekommen.
Am 27. 7. 1955 fanden zum ersten Mal allgemeine Wahlen statt; die Alliance erlangte 51 der 52 durch Wahl zu vergebenden Sitze in der Verfassunggebenden Versammlung. Ministerpräsident wurde UMNO-Führer Abdul Rahman, der sich Anfang 1956 mit den Briten über die volle Souveränität für die Halbinsel einigte. Am 31. 8. 1957 verlieh Großbritannien Malaya die Unabhängigkeit.

Februar 1956: ein gut gelaunter Ministerpräsident Abdul Rahman in London zu Beginn der Konferenz, an deren Ende der Beschluß stand, daß Malaya 1957 innerhalb des Commonwealth unabhängig werden sollte.

Zehn Jahre im Überblick

27. 7. 1955	Allgemeine Wahlen: Die Alliance erlangt 51 der 52 Sitze.		16. 4. 1959	Abdul Razak wird als Ministerpräsident vereidigt; er wird Nachfolger von Abdul Rahman, der Führer der UMNO bleibt.
1. 8. 1955	UMNO-Führer Tunku Abdul Rahman bildet die erste malaiische Regierung.			
11. 7. 1957	Die neue Verfassung wird verabschiedet.		19. 8. 1959	Bei den Parlamentswahlen erhält die regierende Alliance die meisten Stimmen.
31. 8. 1957	Malaya wird unabhängig.			

Malediven

Fläche: 298 km²
Hauptstadt: Male

Im Dezember 1952 brach auf den Malediven, einem britischen Protektorat mit voller innerer Selbstverwaltung, ein Volksaufstand gegen die Regierung von Sultan Amir Abdul Majid Didi aus. Am 1. 1. 1953 wurde die Republik ausgerufen, die von Großbritannien sofort anerkannt wurde. Amir Amin Didi wurde Präsident der neuen Republik, jedoch am 2. 9. 1953 durch konservative islamische Kreise wieder abgesetzt. Man entschloß sich, das Sultanat wiedereinzuführen: Amir Mohammed Farid Didi wurde am 22. 2. 1954 zum neuen Sultan gewählt. Die Beziehungen zu Großbritannien waren wegen der Einrichtung britischer Militärstützpunkte auf der Insel Gan gespannt. Deswegen spalteten sich 1959 bis 1963 einige Inseln als Republik der Vereinigten Suvadive-Inseln ab.

Malta

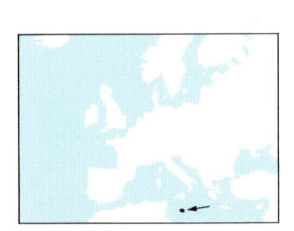

Fläche: 316 km²
Hauptstadt: Valletta

Seit 1947 besaß Malta innere Selbstverwaltung. In der Gesetzgebenden Versammlung verfügte die sozialistische Labour Party nach den Wahlen von 1955 über 23 Sitze. Die übrigen 17 Sitze nahm die Nationalistische Partei unter George Borg Olivier ein. Die Regierung Mintoff befürwortete den völligen Anschluß an Großbritannien. Malta sollte in diesem Fall drei Mitglieder in das britische Parlament entsenden können. Dieser Standpunkt fand in einer Volksabstimmung Anfang 1956 die Zustimmung der Mehrheit (nicht jedoch der Nationalistischen Partei). Der Ausführung des Plans standen Maltas Bedingungen entgegen. Mintoff forderte von London großzügige Finanzhilfe, um die Arbeitsplatzverluste als Folge des Abzugs der britischen Truppen auffangen zu können. Die Verhandlungen scheiterten, und das Kabinett Mintoff trat am 21. 4. 1958 zurück. Danach weigerte sich Labour weiterzuregieren, duldete aber auch keine Minderheitsregierung. Der Streit der Politiker machte die Bildung einer neuen Regierung unmöglich. Die Situation wurde in britischen Augen noch auswegloser durch die Demonstrationen und Krawalle auf der Insel. Darum rief der Gouverneur am 1. Mai den Notstand aus und übernahm die Macht.
Nachdem das britische Parlament Anfang 1959 die Verfassung aufgehoben hatte, trat eine provisorische Verfassung in Kraft. Ein Exekutivrat, dessen Mitglieder von London ernannt wurden, sollte dem Gouverneur zur Seite stehen.

Britische, französische und italienische Kriegsschiffe im Hafen von La Valletta nach Ablauf der NATO-Manöver im Mittelmeer im April 1956. Für die NATO war Malta ein strategisch wichtiger Stützpunkt.

Marokko

Marokko war teils französisches, teils (der Küstenstreifen) spanisches Protektorat; der Freihafen Tanger hatte einen internationalen Status. Der Drang zur Unabhängigkeit war vor allem im französischen Teil lebendig. Sultan Sidi Mohammed ben Jussuf regierte formal über ganz Marokko. Er stand im großen und ganzen hinter der bedeutenden nationalistischen Bewegung Istiqlal, die von Frankreich nicht geduldet wurde. Die französische Verwaltung stützte sich auf Thami el Glaoui, den Pascha von Marrakesch, der großen Einfluß auf die Berberbevölkerung hatte. Der französische Generalresident nahm die Unruhen vom Dezember 1952 in Casablanca zum Vorwand, um die Aktivitäten der Istiqlal zu verbieten. Im August 1953 wurde in Zusammenarbeit mit El Glaoui der Sultan durch Prinz Mohammed ben Arafa ersetzt und nach Korsika verbannt.

Die Unabhängigkeitsbewegung ging nun zum bewaffneten Kampf gegen die französische Kolonialherrschaft über. Die Situation wurde dadurch kompliziert, daß es etwa 400 000 französische Siedler in Marokko gab. Frankreich, das inzwischen mit den algerischen Nationalisten in einen heftigen Krieg verwickelt worden war, suchte eine Zwischenlösung. Diese kam bei einer Besprechung mit marokkanischen Führern im August 1955 im französischen Aix-les-Bains auch zustande. Im selben Monat brachen jedoch Aufstände der Berber-Stämme aus, die von französischen Truppen niedergeschlagen wurden. Trotzdem gab Frankreich nun nach und setzte den verbannten Sultan am 6. 11. 1955 wieder in seine Thronrechte ein. Am 7. 12. trat eine Regierung des parteilosen Ministerpräsidenten Si Bekkai an, um das Land in die Unabhängigkeit zu führen. Am 2. 3. 1956 erkannte Frankreich, Anfang April gefolgt von Spanien, die Unabhängigkeit an. Ein halbes Jahr später wurde Tanger an Marokko übertragen. Am 14. 8. 1957 nahm Sultan Mohammed ben Jussuf den Königstitel an. Im April 1958 verzichtete Spanien auf Tarfaja. Die Sahara-Frage blieb jedoch ungelöst.

Innenpolitisch war die Istiqlal um die Begrenzung der königlichen Macht bemüht. Doch der König konnte seine Macht über Armee, Polizei und innere Verwaltung aufrechterhalten. 1959 spaltete sich der radikale Flügel von der Partei ab. Die neue Partei, die UNFP, zu der u. a. Ben Barka und Ministerpräsident Abdullah Ibrahim gehörten, forderte eine Landreform und die Kontrolle der Industrie, setzte sich aber nicht durch. Dagegen hatten Verhandlungen mit den USA über die Auflösung seit 1951 bestehender Stützpunkte Erfolg.

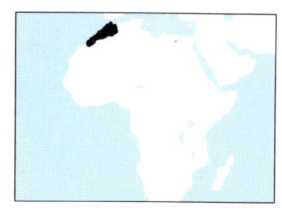

Zehn Jahre im Überblick

- 16. 3. 1952 Sultan Mohammed ben Jussuf fordert eine Revision des Protektoratsvertrags.
- 20. 8. 1953 Die französischen Kolonialbehörden setzen Sultan Mohammed ben Jussuf ab und verbannen ihn. Prinz Mohammed ben Arafa tritt an seine Stelle.
- 26. 8. 1955 Bei Verhandlungen zwischen marokkanischen Führern und der französischen Regierung wird eine Einigung erzielt. Sultan ben Arafa soll zurücktreten; es wird ein Thronrat unter Leitung des Großwesirs eingesetzt, der eine neue Regierung bilden soll, in der alle Parteien vertreten sind.
- 6. 11. 1955 Sultan ben Jussuf wird wieder in seine Thronrechte eingesetzt.
- 2. 3. 1956 Marokko wird unabhängig.
- 13. 5. 1958 Der Führer des gemäßigten Flügels der Istiqlal, Ahmed Balafrej, wird Ministerpräsident eines Einparteienkabinetts.
- 23. 12. 1958 Abdullah Ibrahim, der dem linken Flügel der Istiqlal angehört, tritt sein Amt als Ministerpräsident an.
- 6. 9. 1959 Ben Barka gründet eine neue Partei, die Union Nationale des Forces Populaires (UNFP).

Fläche: 444 630 km²
Hauptstadt: Rabat

Grunddaten	1950	1953	1956	1959
1. Einwohnerzahl (in Mill.)	9,0	9,6	10,4	11,4
2. Urbanisationsgrad (in %)	23,1	18,5	—	—
3. Berufstätige (in % der Gesamtbevölkerung)	27,3	39,0	—	—
4. Bruttosozialprodukt (in Mrd. Francs)	430	566	630	735
5. Anteil des Bruttosozialproduktes in verschiedenen Bereichen				
Landwirtschaft	—	34	—	36
Industrie	—	26	—	24
Handel und Dienstleistungen	—	40	—	40
7. Geburtenziffer (in ‰)	17,9	15,6	31,1	—
8. Sterbeziffer (in ‰)	8,3	6,7	12,0	—
10. Jährlicher Energieverbrauch pro Einw. (in kg Ske)	130	220	—	126
11. Einfuhr (in Mill. US-Dollar)	329	489	459	326
12. Ausfuhr (in Mill. US-Dollar)	190	269	340	329
13. Einwohner pro Arzt	8 200	9 000	10 300	—

Sultan Mohammed ben Jussuf besucht den spanischen Staatschef Franco im April 1956 aus Anlaß der Unabhängigkeitserklärung Marokkos.

Mauritius

Fläche: 2045 km²
Hauptstadt: Port Louis

Die hauptsächlich vom indischen Bevölkerungsteil getragene Arbeiterpartei konnte in den 50er Jahren ihre vorherrschende Position halten.
Unter Sir Seewoosagur Ramgoolam erlangte sie bei den Wahlen von 1955 13 der 19 durch Wahlen zu besetzenden Sitze im Legislativrat. Auf ihre Initiative gingen Verfassungsänderungen zurück, die der Bevölkerung allmählich größeren Einfluß auf die Verwaltung einräumten. Dazu gehörte die Einführung des Ministerialsystems im Jahre 1957. Nach einer Debatte zwischen der Arbeiterpartei und der Partei der franko-mauritischen und kreolischen Oberschicht, dem Ralliement Mauricien (später Parti Mauricien), wurde 1959 das allgemeine Wahlrecht eingeführt. Das im gleichen Zeitraum gegründete Comité d'Action Muselman schloß vor den Wahlen von 1959 ein Bündnis mit der Arbeiterpartei. Zusammen erlangten diese Parteien 23 der 40 durch Wahlen zu besetzenden Sitze in dem inzwischen erweiterten Legislativrat. Die politische Stellung des großen indischen Bevölkerungsteils schien konsolidiert zum Nachteil der franko-mauritischen Bevölkerungsgruppe, die jedoch weiterhin großen Einfluß in der Wirtschaft, vor allem dem Zuckerrohranbau und der Zuckerindustrie sowie dem Außenhandel, hatte.

Mexiko

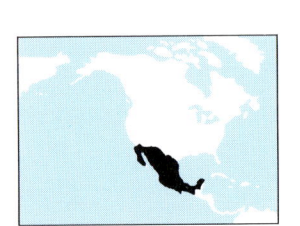

Fläche: 1 972 547 km²
Hauptstadt: Ciudad de Mexico

Anhänger von Adolfo López Matéos am Vorabend der Präsidentschaftswahlen 1958. ▷

Die PRI (Partico Revolucionario Institucional) konnte ihre jahrzehntealte Machtstellung in den 50er Jahren aufrechterhalten. Die beiden gewählten Präsidenten Adolfo Ruiz Cortinez (1952) und Adolfo López Matéos (1958) gehörten zum konservativen Flügel der PRI. Die faktische Monopolstellung der Partei zeigte sich auch in der Verteilung der Parlamentssitze. So erlangte die PRI bei den Wahlen von 1955, als zum ersten Mal auch Frauen stimmen durften, 159 der 162 Sitze. Eine nennenswerte Opposition bestand nicht. Das Jahrzehnt war durch Industrialisierung und Stabilität gekennzeichnet. Die Industrialisierung war nicht zuletzt durch die ausländischen (US-amerikanischen) Investitionen möglich geworden, besonders aber durch die umfangreichen Vorkommen von Eisen und Erdöl. Mexiko war auch in den 50er Jahren der größte Silberexporteur und führte daneben u. a. Kupfer, Zink, Gold und Blei aus. Die Ölproduktion verdoppelte sich. Die Landwirtschaft entwickelte sich zufriedenstellend. Die Erzeugung von u. a. Mais, Weizen und Reis nahm zu.
Dennoch verbargen sich hinter dem Anschein von Stabilität und Homogenität große Probleme. Die Extreme von Wohlstand und Armut und der scharfe Kontrast zwischen den modernen Städten und den primitiven Dörfern fielen ins Auge. Ein kleiner Teil der Landbevölkerung (1955 fast 400 000 Menschen) suchte sein Heil als (Saison-)Arbeiter in den USA. Viele zogen in die großen Städte und reihten sich dort in das Heer der Arbeitslosen ein. Die Bevölkerung wuchs während des Jahrzehnts um etwa neun Millionen.
Außenpolitisch befürwortete Mexiko eine engere wirtschaftliche Zusammenarbeit mit den lateinamerikanischen Ländern. Das Verhältnis zum Nachbarland Guatemala wurde Ende 1958 getrübt, als mexikanische Schiffe angeblich in den Territorialgewässern Guatemalas fischten, unter Beschuß genommen wurden und es Tote und Verwundete gab. Mexiko brach vorübergehend die diplomatischen Beziehungen ab.

Grunddaten	1950	1953	1956	1959
1. Einwohnerzahl (in Mill.)	26,3	28,7	31,6	34,9
2. Urbanisationsgrad (in %)	42,6	43,3	44,1	—
3. Berufstätige (in % der Gesamtbevölkerung)	32,4	—	—	—
4. Bruttosozialprodukt (in Mrd. Pesos)	41,1	46,0	—	66,9
5. Anteil des Bruttosozialproduktes in verschiedenen Bereichen				
Landwirtschaft	22	21	—	21
Industrie	30	31	—	31
Handel und Dienstleistungen	47	48	—	48
7. Geburtenziffer (in ‰)	45,5	45,0	46,8	47,0
8. Sterbeziffer (in ‰)	16,2	15,9	12,1	11,9
9. Lebenserwartung bei Neugeborenen (in Jahren)				
Männer	—	—	55,1	—
Frauen	—	—	57,9	—
10. Jährlicher Energieverbrauch pro Einw. (in kg Ske)	600	650	658	892
11. Einfuhr (in Mill. US-Dollar)	556	808	1 072	1 007
12. Ausfuhr (in Mill. US-Dollar)	521	585	752	756
13. Einwohner pro Arzt	—	2 400	1 800	—

Moçambique

Der Prozeß der Entkolonisierung vollzog sich in Moçambique langsamer als in anderen Gebieten Afrikas. Portugal regierte mit harter Hand und hegte die Vorstellung eines lusitanischen Reiches mit überseeischen Provinzen.
Die portugiesische Diktatur verbot politische Organisationen, um die Entstehung einer nationalistischen Bewegung zu verhindern. Dennoch entwickelte sich die Opposition in Untergrundorganisationen und bei den wenigen afrikanischen Studenten, unter ihnen Eduardo Mondlane, in Lissabon. In Südafrika arbeitende Bürger Moçambiques gründeten 1959 als erste Unabhängigkeitsbewegung die Mozambique African National Union (MANU).
Die weißen Kolonisten (ihre Zahl verdoppelte sich bis 1959 auf gut 80 000) sträubten sich jedoch gegen Veränderungen. So blieb die Zwangsarbeit für Afrikaner bestehen, obwohl diese durch das »Estatuto Indígena« von 1954, das das Verhältnis zwischen Portugal und den Kolonien regelte, (erneut) offiziell abgeschafft worden war. Die schwarzen Bauern im Norden des Landes waren trotzdem weiterhin verpflichtet, Baumwolle anzubauen und gegen geringes Entgelt zu verkaufen.

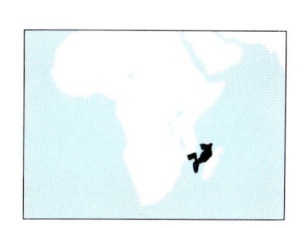

Fläche: 801 590 km²
Hauptstadt: Lourenço Marques

Monaco

Die Trauung zwischen Fürst Rainier III. und der amerikanischen Filmschauspielerin Grace Kelly war das Ereignis des Jahres 1956. Die Nachkommen aus dieser Ehe (Prinzessin Caroline, Januar 1957, und Prinz Albert, März 1958) sicherten den Fortbestand des Fürstentums Monaco, das ohne einen Thronfolger Frankreich zufallen würde. Die Freude wurde 1959 durch einen heftigen Konflikt zwischen den 18 gewählten Mitgliedern des Nationalrats (dem Parlament) und dem Fürsten getrübt. Der Nationalrat, in dem die Union National et Démocratique eine große Mehrheit hatte, wollte die umfangreichen Exekutiv- und Legislativvollmachten des Fürsten beschränken. Der Konflikt gipfelte in der Weigerung des Nationalrats, über den Haushalt zu beraten. Daraufhin setzte Fürst Rainier die Verfassung von 1911 außer Kraft und löste das Parlament und gleich auch den Gemeinderat Monacos auf. Der Staatsrat übernahm die Aufgaben des Parlaments. Émile Pelletier, der ehemalige französische Innenminister im Kabinett de Gaulle, wurde als Staatsminister (Regierungschef) eingesetzt. Die Aufgaben des monegassischen Gemeinderats wurden durch einen Erlaß an eine achtköpfige Kommission aus ernannten Mitgliedern übertragen. Für die Wirtschaft des Landes hatte die Krise keine Folgen.

Fläche: 1,81 km²
Hauptstadt: Monaco

◁
Grace Kelly wurde im April 1956 Prinzessin Gracia.

Mongolische Volksrepublik

In den 50er Jahren wurde die Entwicklung vom engen Verhältnis zur UdSSR bestimmt. Ständig durch mehr oder weniger deutliche chinesische Ansprüche bedroht, war die Mongolei allein schon für ihr Fortbestehen von sowjetischer Unterstützung abhängig. Nach dem 2. Weltkrieg war ein Prozeß der wirtschaftlichen Entwicklung in Gang gekommen. Doch der Mongolei mangelte es an Arbeitskräften, technischem Wissen und finanziellen Mitteln, um die in den Fünfjahrplänen angestrebten Ziele zu erreichen. China füllte die Lücke an Arbeitskräften durch Tausende von Gastarbeitern, während die fi-

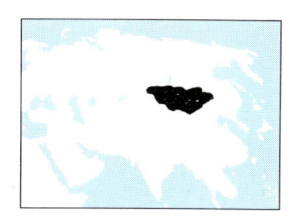

Fläche: 1 565 000 km²
Hauptstadt: Ulan Bator

Unterzeichnung eines Abkommens zwischen der UdSSR und der Mongolei über ein Bodenurbarmachungsprogramm im Februar 1959. Der Unterzeichnende links ist der mongolische Parteiführer Jumschagin Zedenbal.

Nauru

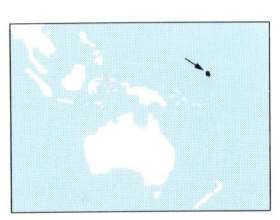

Fläche: 20,9 km²
Hauptstadt: Jaren

Die 50er Jahre waren für Nauru Jahre des wachsenden Selbstbewußtseins. Die ersten Stimmen für die Unabhängigkeit der Phosphatinsel wurden laut.
Am 15. 12. 1953 fanden zum ersten Mal Wahlen für einen lokalen Verwaltungsrat statt, der den Rat der Stammeshäuptlinge ersetzen sollte. Wirkliches politisches Gewicht bekam der Rat jedoch erst 1956, als er unter Hammer DeRoburt, der seit den Wahlen vom 10. 12. 1955 Vorsitzender war, auf eine schnelle Entscheidung über die Zukunft der Inselbevölkerung drängte.
Die britische Abbaufirma BPC hatte im Laufe der 50er Jahre die Phosphatproduktion auf 1,6 Millionen Tonnen jährlich gesteigert. Dadurch würden die Phosphatvorräte 1996 erschöpft sein, und es war beim Entwickeln von wirtschaftlichen Alternativen für die Insel Eile geboten. Diese Situation veranlaßte DeRoburt, einerseits nach Möglichkeiten zur Neuansiedlung der Inselbevölkerung in oder nahe Australien zu suchen, andererseits eine Erhöhung der Zahlungen anzustreben, die die BPC den Inselbewohnern leisten mußte. Gegenüber beiden Möglichkeiten verhielt sich Australien, das die Insel als UN-Treuhandgebiet verwaltete, zunächst ablehnend.

Nepal

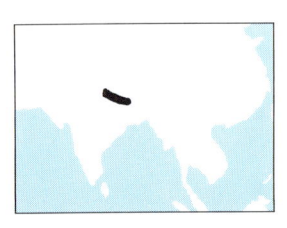

Fläche: 140 797 km²
Hauptstadt: Katmandu

König Mahendra Bir Bikram Schah Dev im März 1955.

Ende der 40er Jahre bekam in Nepal eine antiautokratische Bewegung Aufwind, die sich gegen die Ranas wandte, eine Familie, die seit 1846 herrschte, indem das Amt des Ministerpräsidenten in der Familie vererbt wurde. König Tribhuvana, der in der Hoffnung auf eine Wiederherstellung der alten königlichen Macht schon seit längerem mit der Anti-Rana-Bewegung sympathisierte, emigrierte im November 1950 nach Delhi. An der Grenze zu Indien brachen daraufhin Aufstände aus. Da die Armee hinter ihnen stand, konnten sich die Ranas anfangs behaupten. Indien fürchtete jedoch, daß sich China eine ständige Unruhe in Nepal zunutze machen könnte, um seine Forderung auf Annexion des Himalaya-Königreichs durchzusetzen, und zwang die Ranas zu einem Kompromiß: Der König kehrte zurück, eine Amnestie für politische Gefangene wurde erlassen, und 1952 sollten freie Wahlen stattfinden. Es wurde eine Regierung eingerichtet, in der sowohl Mitglieder der Ranafamilie als auch des oppositionellen Nepali Congress vertreten waren.
Das Ende der Alleinherrschaft der Rana löste jedoch nicht alle Probleme. Der Nepali Congress zerfiel in verschiedene Fraktionen auf persönlicher und ideologischer Grundlage. Nepal wurde zudem von Hungersnot, Überschwemmungen und Unruhen heimgesucht. Die politische Zersplitterung stärkte die Monarchie, das einzige stabile Element in Nepal. Im August 1952 rief König Tribhuvana den Notstand aus; das politische System Nepals erhielt den Charakter einer königlichen Diktatur.
1955 starb Tribhuvana. Nachfolger wurde sein Sohn Mahendra Bir Bikram Schah Dev. Dieser ließ im Februar 1959 freie Parlamentswahlen abhalten; die geltende Verfassung sicherte jedoch nahezu alle königlichen Vorrechte.
Bei diesen Wahlen siegte der Nepali Congress. Premierminister wurde der Congress-Führer B. P. Koirala. Er nahm ein ehrgeiziges Programm von Steuer- und Landreformen in Angriff, um die Rückständigkeit zu bekämpfen.

Neuseeland

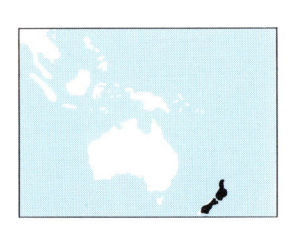

Fläche: 268 676 km²
Hauptstadt: Wellington

Die Labour Party verlor die Parlamentswahlen des Jahres 1949. Die konservative National Party unter Sidney Holland übernahm das Ruder. Änderungen der Politik hatte das jedoch nur in begrenztem Umfang zur Folge. Allerdings machten die Konservativen die Verstaatlichung des Kohlenbergbaus rückgängig, verminderten die staatlichen Subventionen für bestimmte Güter und lockerten die Lohn- und Preispolitik. Vorgezogene Wahlen am 1. 9. 1951 zeigten, daß viele Bürger mit der Politik der Regierung einverstanden waren.
Beide Parteien unterschieden sich außenpolitisch kaum. Mit der Zunahme der internationalen Spannungen in Asien suchte man immer engeren Anschluß an die USA. 1950 wurden neuseeländische Truppen in Korea eingesetzt, die dort unter der Fahne der UNO kämpften. 1951 schloß Neuseeland mit Australien und den USA ein Verteidigungsbündnis, den ANZUS-Pakt; 1954 trat das Land der Südostasiatischen Vertragsorganisation (SEATO) bei.

Grunddaten	1950	1953	1956	1959
1. Einwohnerzahl (in Mill.)	1,9	2,0	2,2	2,3
2. Urbanisationsgrad (in %)	55,2	—	55,1	55,2
3. Berufstätige (in % der Gesamtbevölkerung)	38,2	—	37,6	—
4. Bruttosozialprodukt (in Mill. Pfund Sterling)	—	1480	—	2356
5. Anteil des Bruttosozialproduktes in verschiedenen Bereichen				
Landwirtschaft	—	24	—	20
Industrie	—	31	—	33
Handel und Dienstleistungen	—	46	—	46
7. Geburtenziffer (in ‰)	25,9	25,4	26,0	26,5
8. Sterbeziffer (in ‰)	9,5	9,0	9,0	9,1
9. Lebenserwartung bei Neugeborenen (in Jahren)				
Männer	68,3	—	68,2	—
Frauen	72,4	—	73,0	—
10. Jährlicher Energieverbrauch pro Einw. (in kg Ske)	2430	2620	1924	1884
11. Einfuhr (in Mill. US-Dollar)	455	538	751	648
12. Ausfuhr (in Mill. US-Dollar)	511	659	777	821
13. Einwohner pro Arzt	790	720	700	—

Unzufriedenheit mit dem herrschenden Zweiparteiensystem kam bei den Wahlen von 1954 zum Ausdruck. Die neue Social Credit Party erhielt zwar keine Mandate, wohl aber 11% der Stimmen. Die National Party blieb Regierungspartei mit Sidney Holland als Premierminister. Die Wahlen von 1957 brachten dagegen Labour wieder eine knappe Mehrheit.
Die daraufhin von Walter Nash gebildete Regierung sah sich gleich zu Anfang ihrer Amtszeit mit schwerwiegenden Wirtschaftsproblemen konfrontiert.

Bereits im Laufe des Jahres 1957 entwickelte sich die Handelsbilanz ungünstig, hauptsächlich, weil die Preise für Milchprodukte sanken. Ende 1957 wies die Handelsbilanz ein beträchtliches Defizit auf. Als Gegenmaßnahme verhängte die Regierung zum 1.1.1958 eine rigorose Einfuhrbeschränkung. Außerdem wurden die Steuern erhöht und die Verteidigungsausgaben beschnitten.
Diese Wirtschaftspolitik erwies sich als erfolgreich: Eine wirkliche Krise konnte verhindert werden, und bereits 1959 war wieder eine Senkung der Steuern und eine Lockerung der Einfuhrbeschränkungen möglich. Die Regierung mußte ihre Politik jedoch mit Verlust an Popularität bezahlen, der 1960 zu einer Wahlniederlage und einer erneuten Machtübernahme durch die National Party führte.

Walter Nash

Sidney Holland

Nicaragua

Nicaragua wurde finanziell großzügig von den USA unterstützt. Die Zunahme des Wohlstandes kam jedoch größtenteils der das Land beherrschenden Familie Somoza zugute. An ihrer Spitze stand Anastasio Somoza, der Chef der Nationalgarde und einer der größten Viehzüchter des Landes. Für die Masse der Kleinbauern wirkte sich die wirtschaftliche Entwicklung jedoch nachteilig aus. Die Vergrößerung der Plantagen geschah auf Kosten der autarken Kleinbetriebe, die für den größten Teil der Bevölkerung die Existenzgrundlage waren.
Nach der Verfassung von 1950, die die Somozas zusammen mit dem Oppositionsführer Emiliano Chamorro entworfen hatten, konnte ein Präsident nicht mehr wiedergewählt werden. Ebensowenig konnte jemand gewählt werden, der in den sechs Monaten vor den Wahlen das Präsidentenamt wahrgenommen hatte oder der ein Blutsverwandter des amtierenden Präsidenten war. Trotzdem wurde Anastasio Somoza, der 1950 nach dem Tod seines Onkels Victor Manuel Román y Reyes amtierender Präsident geworden war, 1951 erneut zum Präsidenten gewählt.
Große Unruhe entstand 1956, als die Absicht Somozas deutlich wurde, sich wiederwählen zu lassen. Einige Stunden nach seiner erneuten Nominierung zum Präsidentschaftskandidaten der Partido Liberal Nacionalista im September 1956 wurde ein Attentat auf Somoza verübt. Acht Tage nach dem Anschlag starb Somoza. Anastasios Tod änderte freilich nichts an der Herrschaft der Somozas. Luis, ein Sohn Anastasios, wurde Präsident.
1954 drohte aufgrund von Hilfeleistungen für costaricanische Rebellen ein Konflikt mit Costa Rica. Vermittlungsbemühungen der Organisation der Amerikanischen Staaten (OAS) konnten einen Krieg verhindern. 1957 flammte ein Grenzstreit mit Honduras auf, bei dem es um das Gebiet zwischen den Flüssen Coco und Patuca ging. Die Länder einigten sich nach einer Intervention der OAS darauf, den Konflikt dem Internationalen Gerichtshof in Den Haag vorzulegen, der das Gebiet 1960 Honduras zuwies.

Zehn Jahre im Überblick

9. 1. 1956	In Washington unterzeichnen die Botschafter von Costa Rica und Nicaragua einen Grenzvertrag.
21. 9. 1956	Präsident Anastasio Somoza wird bei einem Attentat schwer verwundet.
25. 4. 1957	Nicaraguanische Truppen fallen in die honduranische Provinz Gracia a Dios ein.
1. 5. 1957	Luis Somoza wird als Präsident eingesetzt.

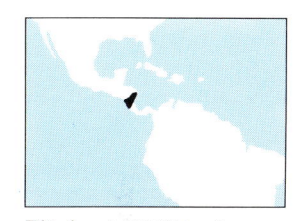

Fläche: 148 000 km²
Hauptstadt: Managua

Grunddaten	1950	1953	1956	1959
1. Einwohnerzahl (in Mill.)	1,1	1,1	1,3	1,4
2. Urbanisationsgrad (in %)	34,9	37,7	38,8	—
3. Berufstätige (in % der Gesamtbevölkerung)	31,2	—	—	—
4. Bruttosozialprodukt (in Mill. Córdoba)	—	1895	—	2404
5. Anteil des Bruttosozialproduktes in verschiedenen Bereichen				
Landwirtschaft	—	42	—	39
Industrie	—	15	—	17
Handel und Dienstleistungen	—	42	—	45
7. Geburtenziffer (in ‰)	41,2	42,3	41,8	44,5
8. Sterbeziffer (in ‰)	10,8	10,2	8,1	8,6
10. Jährlicher Energieverbrauch pro Einw. (in kg Ske)	90	120	137	174
11. Einfuhr (in Mill. US-Dollar)	29	51	69	67
12. Ausfuhr (in Mill. US-Dollar)	27	46	58	65
13. Einwohner pro Arzt	—	2900	2800	—

61. Politik bleibt ausgeschlossen

Für Aegil Nansen waren die VI. Olympischen Winterspiele in Oslo fast ein Familienfest. Sein Onkel, der große Polarforscher und Nobelpreisträger Fridtjof Nansen, hatte 1891 mit seinem Buch »Auf Schneeschuhen durch Grönland« den Skilauf in Mitteleuropa populär gemacht. Am 14. Februar 1952 entzündete der 19jährige Aegil das Olympische Feuer.
Was für den jungen Sportler sein Familienfest, wurde für die Norweger ein Volksfest. 28 Jahre hatten sie warten müssen, bis die Olympischen Winterspiele erstmals in ihrer »Heimat« ausgetragen wurden. Die Norweger lohnten das durch Sachverstand und Begeisterung: Auf Skiern strömten Hunderttausende zu den Wettkampfstätten – Zuschauer und Sportler kaum zu unterscheiden.
Die deutschen Sportler waren nach dem Krieg erstmals wieder bei Olympischen Spielen dabei. Zögernd zunächst, denn man hatte ja allen Grund, antideutsche Kundgebungen zu fürchten. Doch die Norweger waren so fair wie sachkundig: Es ging ihnen um Sport, nicht um Politik.

62. Der Kalte Krieg mischt sich ein

Olympische Spiele sind auch neben dem sportlichen Geschehen immer reich an Ereignissen gewesen, die ihren Charakter prägten. Helsinki markiert vielleicht einen Wendepunkt in der olympischen Idee.
Da war einerseits die Herzlichkeit und Wärme, mit der die Finnen organisatorische Engpässe bravourös bewältigten, andererseits die selbstgewählte Isolation der sowjetischen Sportler, die erstmals an Olympischen Spielen teilnahmen, sich aber in einem eigenen Olympiadorf verriegelten. Es gab zwei deutsche Mannschaften, aus der Bundesrepublik und von der Saar – immer noch fehlten die Sportler aus der DDR.
Der kalte Krieg um Europa und der heiße in Korea drückten dem Sport verstärkt den Stempel auf. Daß es neben dem dadurch ausgelösten Prestigegerangel die Sportler gibt, die weitgehend unberührt von nationalen Eitelkeiten um den Sieg kämpfen, gehört zu jenen Paradoxien, die die Olympischen Spiele lebendig halten, heute wie auch 1952 in Helsinki. Olympiasieger wie Emil Zátopek, Bob Mathias, Floyd Patterson stehen für diesen sportlichen Wettkampf ebenso wie die vielen namenlosen Vierten, Fünften, Sechsten.

61. Olympische Winterspiele 1952
a) Reportage Ostler
b) Reportage Falk
c) Reportage Buchner
d) A. Buchner
e) Reportage Andersen

62. Olympische Sommerspiele 1952
a) Reportage 4 × 100-m-Staffel der Frauen
b) M. Werner
c) Reportage Ulzheimer
d) Reportage Boxen
e) Th. Heuss
f) Reportage Zátopek

63. Skistar, Volksheld, Herzensbrecher

Im Skisport ist Natur ein Privileg. Nicht ohne Grund sind die nordischen Sportarten eine Domäne der Skandinavier und der Russen, stammen die Sieger in den alpinen Wettbewerben meist aus den Bergregionen. Und manchmal wird einer, der besonders auffällt, mit seinem Herkunftsort geadelt.
Toni Sailer, der »Blitz von Kitz« (Kitzbühel), fuhr bei den Olympischen Winterspielen 1956 in Cortina d'Ampezzo allen davon. Er gewann den Abfahrtslauf mit dreieinhalb Sekunden Vorsprung, war im Spezialslalom vier Sekunden schneller als die Konkurrenten und deklassierte das Feld im Riesenslalom um 6,2 Sekunden. Die Fernsehkameras, die zum erstenmal bei Olympischen Spielen an den Pisten standen, trugen die Leistung und den Ruhm des 21jährigen Österreichers in alle Welt.
In Cortina begann auch die Karriere einer jungen Frau, die zu ähnlicher Berühmtheit gelangen sollte: Marika Kilius. Was die 15jährige konnte, hatte das Publikum im Eisstadion – wie so oft – schneller bemerkt als die Punktrichter. Nach einer mageren Wertung hagelte es Apfelsinen auf die Juroren.

64. Im Schatten des Weltgeschehens

Es war schon ein eigenartiges Bild: der Weihnachtsmann unter den olympischen Ringen. Aber auf der südlichen Halbkugel lebt man in einem anderen Rhythmus: Die Olympischen Sommerspiele 1956 fanden im australischen Frühling statt, in Europa fiel der erste Schnee.
Leichtgefallen war den IOC-Verantwortlichen die Entscheidung für die treuen Anhänger der Olympischen Idee nicht, und sie haben sie in den folgenden Jahren des öfteren bereut. Die Australier taten sich schwer mit der Organisation, und auch ihre Gesetze machten dem Projekt Olympia zu schaffen: Die Reiter mußten schließlich in Stockholm um die Medaillen kämpfen. Ungünstig standen für die Australier auch die politischen Konstellationen: Angriff auf Ägypten, Niederschlagung des Aufstandes in Ungarn, die Spanier, Schweizer und Niederländer blieben aus Protest zu Hause, ebenso der Libanon und Irak. Die Rotchinesen reisten wieder ab, als sie im olympischen Dorf die Flagge der Nationalchinesen sahen.
Aber die Australier waren von Olympia begeistert, anders als die Italiener in Cortina.

63. Olympische Winterspiele 1956
a) Reportage Sailer
b) Reportage Sailer
c) Reportage Sailer
d) Reportage Reichert
e) Reportage Grischin
f) Reportage Eishockey

64. Olympische Sommerspiele 1956
a) Reportage Happe
b) Reportage Banz
c) Reportage Behrendt
d) Reportage Zweier-Kajak
e) Reportage Dietrich
f) C. Stubnick
g) Reportage Haas

65. Dank der Stute – und den Schweden

Nur wenige hörten Hans Günter Winklers Worte: »Ich weiß nicht, wie ich das der Stute je danken soll«. Sein Pferd Halla hatte den verletzten, schmerzverzerrten und durch Morphium gedämpften Winkler gerade über den schweren Parcours getragen – fehlerfrei. Das bedeutete Gold für die Mannschaft im Nationenpreis, Gold für den Reiter in der Einzelwertung.
Kaum jemand hatte an diesen Ausgang noch geglaubt, nachdem der Reiter sich im ersten Durchgang die Schulter verrenkt hatte – es sah so aus, als sollte Winkler nicht mehr starten können. Und der fassungslose Sieger hatte am Ende wohl recht mit seiner Frage – denn ein solcher Ritt war ohne Beispiel.
Geholfen hatten dabei die schwedischen Organisatoren, die es mit der Perfektion noch genauer nahmen, um Zeit zu schinden für die Erholung des Reiters. Die Akribie, mit der sie ihre Teilolympiade organisierten wie farbenprächtige mittelalterliche Reiterspiele, das besondere Flair, das sie bekamen durch den Besuch der englischen Königin, mag am Ende auch das IOC versöhnt haben mit den geteilten Spielen.

66. Idole

In Zeiten politischer und wirtschaftlicher Not führt der Sport ein Schattendasein. Die Helden der Wirklichkeit waren in den Jahren nach 1945 jene, die zupackend Trümmer beiseite räumten, aufbauten. Mit dem Wiederbeginn des gesellschaftlichen Lebens in den 50er Jahren nahm auch der Sport seinen Aufschwung. Diese Renaissance betraf zunächst den Breitensport; Ausnahmeathleten vom Schlage eines Emil Zátopek, Fausto Coppi oder Toni Sailer gab es im Deutschland der 50er Jahre nicht – dennoch hervorragende Sportler: die Turner Helmut Bantz und Adalbert Dickhut, den Motorradweltrekordler Wilhelm Herz, Mirl Buchner, Ossi Reichert, Ria und Paul Falk, die Medaillengewinner von Oslo, die Eiskunstläuferin Gundi Busch, die Sprinter Heinz Fütterer und Manfred Germar; nicht zu vergessen die Reiter Hans Günter Winkler und Fritz Thiedemann, den Box-Europameister Bubi Scholz, Wilfried Dietrich, den Kran von Schifferstadt, Fritz Walter und Sepp Herberger, die »Helden von Bern«. Sie wurden berühmt – Idole nicht nur für die Sportler.

65. Olympische Reiterspiele 1956
a) Reportage Lütke-Westhues
b) Reportage Linsenhoff
c) Reportage Winkler

66. Berühmtheiten
a) Kommentar Fangio
b) Kommentar Marciano
c) Reportage Coppi
d) Kommentar Bobet
e) Reportage Clarke

61. Olympische Winterspiele 1952
Goldmedaillen für Anderl Ostler (Mitte) und das Ehepaar Falk.

62. Olympische Sommerspiele 1952
Heinz Ulzheimer (rechts) im 800-m-Vorentscheidungslauf.

63. Olympische Winterspiele 1956
Sowjetischer Doppelsieg im 500-m-Eisschnellauf: Gold für Jewgenij Grischin, Silber für Rafael Gratsch.

64. Olympische Sommerspiele 1956
Ursula Happe schwimmt dem Sieg über 200-m-Brust entgegen.

65. Olympische Reiterspiele 1956
Hans Günter Winkler auf Halla.

66. Berühmtheiten
Der Luxemburger Charly Gaul, einer der Großen im Berufsradsport, auf der Italienrundfahrt 1959.

Niederlande

Wirtschaftsaufschwung und soziale Sicherheit

Fläche: 40 844 km²
Hauptstadt: Amsterdam

Die ersten Jahre des Jahrzehnts wurden überschattet vom Verlust Niederländisch-Indiens (Indonesien), vom Koreakrieg (1950–1953) und von der Flutkatastrophe im Februar 1953. Trotzdem nahm zwischen 1950 und 1960 das Bruttosozialprodukt jährlich um gut 4,5% zu. Um das Wirtschaftswachstum zu erhalten, war man bereit, die »gelenkte« Wirtschaft der sozialdemokratisch geführten Regierungen Drees hinzunehmen. Willem Drees förderte eine aktive Wirtschaftspolitik, die auf einer raschen Industrialisierung, der Erhaltung des Arbeitsfriedens, gelenkter Lohnpolitik und sozialer Sicherheit basierte.

1950 war der Koreakrieg ausgebrochen. Auch ein niederländisches Kontingent nahm daran teil. Im Land brach eine wahre Hamsterwut aus. Die Preise stiegen, und die Verteidigungsausgaben wurden um 50% erhöht. Als Folge wies die Zahlungsbilanz ein kräftiges Defizit auf. Durch die gezielte Wirtschafts- und Finanzpolitik, u. a. eine Senkung des Realeinkommens um rd. 4%, verwandelte die Regierung dieses Defizit jedoch schon 1952 in einen Überschuß. Die Niederlande waren zur Deckung ihres Bedarfs an Lebensmitteln und Rohstoffen stark auf die Einfuhr angewiesen; die Stimulierung der Ausfuhr war deshalb von großer Bedeutung. Um die Qualität der Exporte zu steigern, förderte der Staat intensiv die Forschung. 1957 wurde neben der Delfter eine zweite technische Hochschule in Eindhoven gegründet.

Die Zusammenarbeit zwischen Arbeitgebern, Arbeitnehmern und Regierung war in dem 1950 verabschiedeten Gesetz über die Bildung von Selbstverwaltungskörperschaften der Wirtschaft (PBO) verankert worden. Die einzige Institution der PBO, die die Erwartungen erfüllte, war ihr Spitzenorgan, der Social-Economische Raad (SER – Sozial-Wirtschaftlicher Rat). Der SER beriet die Regierung in sozialen und wirtschaftlichen Fragen. Im SER waren Delegierte der Arbeitgeber, der Arbeitnehmer und des Staats vertreten: Jede Partei ernannte 15 Mitglieder. Mit dem Gesetz über die Betriebsräte von 1950 bedeutete die Einrichtung des SER für die Arbeitnehmer den ersten Schritt zur Mitbestimmung. Besonders wichtig in der Sozialgesetzgebung war das Gesetz zur Altersversicherung (AOW), das 1957 verabschiedet wurde. Es erkannte jedem Niederländer nach seinem 65. Lebensjahr das Recht auf eine wertbeständige Rente zu. Die soziale Sicherheit für die wirtschaftlich schwächeren Bevölkerungsschichten wurde weiter verstärkt durch das Arbeitslosengesetz von 1952 und das Allgemeine Witwen- und Waisengesetz von 1959. Überdies wurde 1957 die Vormundschaft aufgehoben, die ein Ehemann bis dahin über den Besitz und die Einnahmen seiner Frau ausübte: Die verheiratete Frau wurde juristisch voll gleichberechtigt.

Durch das Rentengesetz dazu in die Lage versetzt, zogen viele ältere Leute es vor, nicht bei ihren Kindern, sondern selbständig zu wohnen. Dadurch sowie durch die Bevölkerungszunahme und die Rückkehr von Niederländern aus den Kolonien konnte der Wohnbedarf trotz wiederholter Ankündigungen der Nachkriegsregierungen, dies sei nur eine Frage von einigen Jahren, nicht voll befriedigt werden. Ein anderes Sorgenkind war die Landwirtschaft. Der durch den Städtebau verlorengegangene Kulturboden wurde durch die weitere Einpolderung des IJsselmeers wiedergewonnen: 1942 war die Eindeichung und Trockenlegung des Nordostpolders vollendet, 1958 wurde die von Ostflevoland abgeschlossen.

Die Schlüsselindustrien wurden ausgeweitet, beispielsweise die Stahlindustrie, die chemische Industrie und die Ölraffinerien im Botlek-Gebiet. Dort ließen sich auch andere Industrien rund um den Hafen nieder, der dem modernen Massengütertransport (Öl, Getreide) angepaßt wurde. 1958 begann man mit der Anlage des Zugangshafens zur EWG, des Europoort. Am meistbefahrenen Fluß und Meer der Welt gelegen, wurde die Handelsstadt Rotterdam zum größten Welthafen. Auch die Binnenschiffahrt und der Straßentransport erlebten einen kräftigen Aufschwung. Die Industrialisierungspläne hätten ohne die Marshallplanhilfe der USA nicht verwirklicht werden können.

Am 30. 1. 1953 brachen im Südwesten während einer der größten Sturmfluten in der niederländischen Geschichte die Deiche. 1835 Menschen kamen ums Leben, und annähernd 100 000 Menschen mußten evakuiert werden. Im In- und Ausland kam rasch eine breite Hilfsaktion in Gang. Noch im selben Monat wurde die »Deltakommission« gegründet, deren Empfehlungen dann zum »Deltaplan« führten. Dieser Plan, der 1958 auf gesetzliche Grundlage gestellt wurde, regelte die Abriegelung aller Meeresarme zwischen den Inseln Südhollands und Zeelands mit Ausnahme des »Nieuwe Waterweg« und der Westerschelde; über die Oosterschelde sollte später entschieden werden.

Willem Drees (sitzend 3. v. r.) mit seinen Kabinett im September 1952.

Zehn Jahre im Überblick

26. 7. 1951	Der Kriegszustand mit Deutschland wird beendet.
25. 6. 1952	Parlamentswahlen: Die PvdA gewinnt 3 Sitze hinzu und kommt auf 30, die KVP verliert 2 und kommt ebenfalls auf 30 Sitze (von 100).
1. 9. 1952	Willem Drees (PvdA) bildet ein neues Kabinett. Er selbst wird Ministerpräsident.
1. 2. 1953	Flutkatastrophe: 1835 Menschen kommen ums Leben.
13. 6. 1956	Wahlen. Ergebnis: PvdA 34, KVP 33 Sitze (von 100).
11. 7. 1956	Die Zweite Kammer wird auf 150 Mitglieder erweitert.
12. 10. 1956	Drees bildet ein neues Kabinett.
22. 12. 1958	Beel (KVP) bildet ein Übergangskabinett ohne die PvdA.
12. 3. 1959	Parlamentswahlen. Ergebnis: KVP 49, PvdA 48, VVD 19 Sitze (von 150).
19. 5. 1959	De Quay (KVP) bildet ein Kabinett von Liberalen und Konfessionellen.

Sikkim

Fläche: 7107 km²
Hauptstadt: Gangtok

▷ *Buddhistische Mönche. 30% der Bevölkerung waren Buddhisten, etwa die Hälfte Hindus.*

Seit 1890 hatte Sikkim als britisches Protektorat zu Britisch-Indien gehört. Mit der Unabhängigkeit Indiens 1947 ging die britische Schutzherrschaft auf Indien über. Formal wurden die neuen Verhältnisse durch den Vertrag von Gangtok (5. 12. 1950) geregelt; Indien war damit für Außenpolitik, Verteidigung und Verkehrswege verantwortlich.

Der Chogjal (König) von Sikkim, seit 1914 Tashi Namgyal, nahm den Vertrag von Gangtok zum Ausgangspunkt für das Streben nach größerer Selbständigkeit. Doch die internationalen Entwicklungen bewirkten statt dessen, daß Sikkims Bewegungsfreiheit zunehmend beschnitten wurde. Vor allem China erhob Anspruch auf das Königreich. Die dadurch gegebene Bedrohung durch die Volksrepublik machte Sikkim noch mehr von Indien abhängig. Als die chinesisch-indischen Spannungen Ende der 50er Jahre nach dem gescheiterten Aufstand in Tibet zunahmen, stationierte Indien größere Truppeneinheiten in dem Protektorat. In dieser Zeit wurden in Sikkim, besonders aber auch in Indien die ersten Stimmen laut, die die Aufnahme des Fürstentums als Bundesstaat in die indische Föderation befürworteten.

Singapur

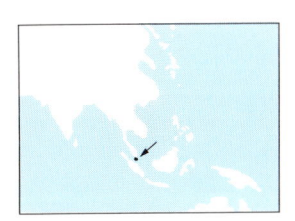

Fläche: 581 km²
Hauptstadt: Singapur

Bereitschaftspolizei im chinesischen Teil der Stadt.

Am 2. 4. 1955 fanden die ersten allgemeinen Wahlen statt. Stärkste Partei wurde die gemäßigte Labour Front David Marshalls, die eine Koalition mit der konservativen Malayan Chinese Association einging. Marshall mußte jedoch schon 1956 das Feld räumen. Es war ihm nicht gelungen, sich mit der britischen Regierung, die wegen der starken Stellung linker Kräfte besorgt war, über unmittelbare Selbstverwaltung für die Kronkolonie zu einigen. Marshall wurde von Lim Yew Hock abgelöst, der eine heftige Offensive gegen die Kommunisten einleitete. Schwere Unruhen, die daraufhin ausbrachen, wurden mit Hilfe von malaiischen Polizei- und Armee-Einheiten niedergeschlagen.

Die Regierung in London zeigte sich nun zu einem Kompromiß über die Selbstverwaltung bereit. Im Frühjahr 1957 einigte man sich auf eine Regelung, die der Regierung von Singapur die Verantwortung für die innere Sicherheit einräumte. Den britischen Einfluß auf diese Sicherheitspolitik garantierte die Einführung eines Rates für innere Sicherheit, in dem auch britische Delegierte vertreten sein sollten.

Am 30. 5. 1959 wurden zum ersten Mal sämtliche Mitglieder der Gesetzgebenden Versammlung gewählt. Die Volksaktionspartei (PAP), die nach der Säuberung von 1956 von dem später viel gemäßigter auftretenden Lee Kuan Yew geleitet wurde, siegte mit großem Vorsprung. Diese Partei hatte offenbar erfolgreich an den chinesischen Nationalismus appelliert; in ihrem Wahlkampf hatte sie Sympathiebekundungen für die kommunistische Regierung in Peking mit heftigen Angriffen auf Europäer und auf die Korruption in Regierungskreisen verbunden. Die PAP erlangte schließlich nicht weniger als 43 der 51 Sitze. Lee Kuan Yew trat am 3. 6. 1959 sein Amt als Premierminister von Singapur an. Singapur wurde damit de facto ein selbständiger Staat des Commonwealth.

stimmung des Parlaments überlassen, sondern nur nach Volksabstimmung gestatten wollte. Obwohl niemand ernsthaft an die atomare Bewaffnung dachte, wurden beide Referenden am 1. 4. 1962 bzw. 26. 5. 1963 vom Volk verworfen.
Das Prinzip der schweizerischen Neutralität hatte zur Folge, daß die Schweiz weder der NATO, der EGKS, der EWG oder der UNO noch zunächst dem Europarat beitrat. Sie war allerdings seit 1949 Mitglied des OEEC und wurde Mitglied von UN-Organen mit Spezialaufgaben; 1953 wurde sie in zwei UN-Kommissionen aufgenommen, die über die Einhaltung des Waffenstillstands in Korea zu wachen hatten. Ein Jahr später stattete der sowjetische Außenminister Molotow der Schweiz einen Staatsbesuch ab, den ersten seit der Oktoberrevolution von 1917. Nach 1951 übernahm sie für Großbritannien die Schutzmachtfunktion im Erdölstreit mit dem Iran. Sie war 1954 Gastgeber der Genfer Indochinakonferenz und 1955 eines Gipfeltreffens der großen Vier. 1959 beschloß die Schweiz den Beitritt zur Europäischen Freihandelszone (EFTA).
Das Image der Neutralität erlitt 1957 Abbruch, als bekannt wurde, daß das Telefon der ägyptischen Botschaft im Zusammenhang mit der Suezkrise auf Ersuchen des französischen Geheimdienstes abgehört worden war. Bundesanwalt Dubois, der die Untersuchung dieser aufsehenerregenden Affäre leitete, beging Selbstmord, als sich herausstellte, daß er selbst in die Sache verstrickt war.
Die wirtschaftliche Entwicklung der Schweiz verlief äußerst günstig. Sie wurde von internationalen Rückschlägen kaum berührt. Landwirtschaft und Industrie florierten, so daß die Beschäftigung von 300 000 ausländischen Arbeitnehmern notwendig wurde. Das Volkseinkommen stieg um 70%, die Reallöhne nahmen um 20% zu, und Arbeitslosigkeit war so gut wie unbekannt.
Den Schweizer Frauen war nach wie vor das aktive und passive Wahlrecht und das Stimmrecht verwehrt. Nur der Kanton Basel gestand ihnen 1957 ein begrenztes Stimmrecht zu. Ein Vorschlag des Parlaments zur Einführung des Frauenwahlrechts wurde am 1. 2. 1959 durch Referendum abgelehnt; 654 924 Männer stimmten dagegen und 323 307 dafür. Nur im Kanton Waadt erklärten sich die Wähler mit dem Frauenstimmrecht in Kantonsangelegenheiten einverstanden.
Die Ablehnung des Frauenstimmrechts wurde als ein schwerer Rückschlag der Bemühungen zur Stärkung der direkten Demokratie verstanden. Nach 1945 waren die im Krieg erweiterten Vollmachten des Bundesrates schrittweise abgebaut worden. Das hatte am 11. 9. 1949 zur Annahme der »Rückkehr-zur-Demokratie-Initiative« geführt, die eine Aufwertung des sog. fakultativen Referendums (Volksabstimmung über Fragen nicht verfassungsrechtlicher Art) bewirkte. Ergebnis war eine rapide Zunahme der Urnengänge auch in Fragen untergeordneter Bedeutung. Hatte es zwischen 1945 und 1949 nur insgesamt 12 Volksabstimmungen auf Bundesebene gegeben, so waren es allein von 1950 bis Mai 1953 53 Volksabstimmungen.

Die Bundesräte Enrico Celio und Philipp Etter.

Seychellen

Auf den 92 Inseln der Kronkolonie Seychellen zeigten die Briten wenig Neigung, dem Land die Selbständigkeit zu verleihen. Die Inseln exportierten u. a. Kokos, Zimt und Guano.
Die Verwaltung oblag einem britischen Gouverneur, der zugleich Vorsitzender des Exekutiv- und Legislativrats war. Der Legislativrat bestand aus 13 Mitgliedern, von denen vier gewählt waren. Nur 10% der Bevölkerung waren stimmberechtigt, da das Stimmrecht an Bedingungen von Einkommen, Besitz und Bildung geknüpft war. Ein Antrag zur Einführung eines – sehr bescheidenen – Minimallohns wurde 1954 vom Legislativrat unter Vorsitz des gewählten Mitglieds Frau Delhomme abgelehnt. Die Union of Democratic Control, übrigens keine politische Partei, protestierte wiederholt vergebens im britischen Parlament gegen die Verwaltungsmißstände und die Korruption, die das tägliche Leben auf der Inselgruppe mit ihren 40 000 Einwohnern nach Meinung der Opposition bestimmten.

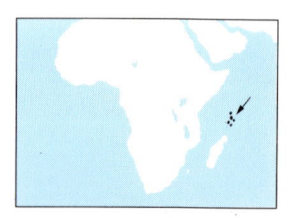

Fläche: 308 km²
Hauptstadt: Victoria

Sierra Leone

Die neue Verfassung, die die Briten 1951 eingeführt hatten, und die ersten Wahlen zerstörten die politische Machtposition der kreolischen Minderheit, die rd. 2% der Bevölkerung umfaßte. Diese Nachkommen ehemaliger Sklaven dominierten nicht nur in ihrem Wohngebiet an der Küste (der Kolonie), sondern auch im Hinterland, das unter britischem Protektorat stand. Durch ihre überwältigenden Siege bei den Wahlen für das Abgeordnetenhaus 1951 und 1957 saß die Sierra Leone People's Party (SLPP) von Milton Margai fest im Sattel. Die SLPP arbeitete mit den Briten auf die Unabhängigkeit hin. 1958 erhielt das Land die Autonomie. Der Einfluß der oppositionellen United Progressive Party (UPP) blieb begrenzt. Das gleiche galt für die People's National Party (PNP), die 1958 von unzufriedenen Mitgliedern beider Parteien gegründet wurde. Zwei Jahre später kehrte ein nicht geringer Teil der PNP zur SLPP zurück. Eine Ausnahme bildete jedoch Siaka Stevens, der Sekretär der Bergarbeitergewerkschaft, der den All-People's Congress (APC) gründete. Seine Partei profilierte sich als Partei der Unterschicht und wurde die wichtigste oppositionelle Kraft. Die verstärkt betriebene Diamantengewinnung hatte Folgen. Zehntausende von Afrikanern traten in Lohndienst oder arbeiteten als illegale Diamantensucher. Diese Abwanderung von Arbeitskräften ließ die Landwirtschaft stagnieren.

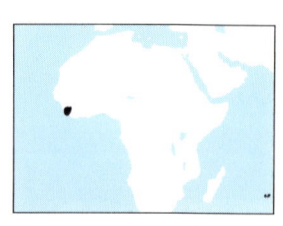

Fläche: 71 740 km²
Hauptstadt: Freetown

Schweiz

Fläche: 41 288 km²
Hauptstadt: Bern

Schweiz I
S. 129 – 28
Schweiz II
S. 129 – 29
Schweiz III
S. 129 – 30

In anderen Ländern die Regel, in der Schweiz Grund zu Kontroversen ist das Wahlrecht für Frauen. Im Kanton Waadt (Foto) konnten Frauen ab 1959 wählen, wenn auch nur bei regionalen Angelegenheiten.
▷

Die Wahlen von 1951, 1955 und 1959 brachten keine nennenswerten Veränderungen der stabilen politischen Machtverhältnisse in der Schweiz. Seit 1929 regierte meistens eine Koalition aus drei Parteien: Die Freisinnige Partei (Radikaldemokraten), die Katholisch-Konservativen bzw. Christlich-Sozialen und die Bauern-, Gewerbe- und Bürgerpartei (BGB). Im Nationalrat schwankte die Mandatszahl der Freisinnigen zwischen 50 und 51, der Katholisch-Konservativen zwischen 47 und 48 und der Sozialdemokraten zwischen 49 und 52. Die BGB erhielt 22 bzw. 23 Mandate. In der zweiten Kammer, dem Kantonsrat, dominierten die beiden erstgenannten Parteien. Mit Ernst Nobs als Vorsteher des Finanzdepartements war 1943 erstmals ein Sozialdemokrat in die Regierung, den siebenköpfigen Bundesrat, eingetreten. Ihm folgte 1952 bis 1954 sein Parteifreund Max Weber. Danach bestand bis 1959 wieder die bürgerliche Dreiparteienkoalition. Nach den Wahlen von 1959 einigten sich die vier großen Parteien, die zusammen stets weit über 80% der Mandate innehaben, auf eine Koalition, in der Freisinnige, Katholisch-Konservative und Sozialdemokraten je 2 Bundesräte und die BGB einen Bundesrat stellen. Diese außerordentlich glückliche Lösung, die keine nennenswerte Wählergruppe von der Mitverantwortung ausschließt, überdauerte die folgenden Jahrzehnte und ließ Extremisten von links und rechts keine Chance, das stabile Staatswesen der Schweiz zu erschüttern. Grundlage der dauerhaften Regierungsbeteiligung der SPS war die Absage an den Klassenkampf und andere marxistische Vorstellungen im Parteiprogramm von 1959.
Hinter dem Bild der Schweiz als stabilem Wohlstandsland verbargen sich in den 50er Jahren Gegensätze, z. B. in Fragen der Rüstungspolitik und des Frauenwahlrechts, die zwar oft lautstark und temperamentvoll ausgetragen wurden, aber nie zu ernsthaften Krisen führten. Die Schweiz setzte ihre traditionelle Politik der strikten Neutralität fort, wenngleich diese Politik als Folge der Erfahrungen des 2. Weltkrieges verstärkt als eine Haltung der bewaffneten Neutralität verstanden wurde. Diese Politik fand in der französischsprachigen Westschweiz, wo die Linksparteien stärker waren und die kommunistische Gefährdung weniger stark empfunden wurde, stärkeren Widerspruch und führte zu ausgedehnten Parlamentsdebatten.
Ab 1950 wurden die Verteidigungsausgaben drastisch erhöht. Die Opposition erreichte 1955 einen Höhepunkt mit der Chevallier-Initiative, die eine Volksabstimmung über die Senkung der Verteidigungsausgaben um 50% vorschlug. Der Bundesrat ließ das Referendum aus formaljuristischen Gründen nicht zu. Das führte im Dezember desselben Jahres zu hitzigen Debatten im Parlament, das sich nur mit geringer Mehrheit hinter die Regierung stellte. Unter dem Eindruck der Niederwerfung des Ungarnaufstands ließ der Westschweizer Antimilitarismus stark nach.
1958 widersetzte sich die Opposition jedoch dem Vorhaben des Bundesrats, unter bestimmten Umständen die Streitkräfte mit Atomwaffen auszurüsten. Nachdem die Regierung eine geplante Konferenz gegen die Atombewaffnung in

Zehn Jahre im Überblick

28. 10. 1951	Die bürgerlichen Parteien erreichen bei den Wahlen für den Nationalrat leichte Gewinne.
6. 12. 1953	Die Sozialdemokraten beschließen das Ende der seit zehn Jahren bestehenden Regierungsbeteiligung.
26. 5. 1954	Zum ersten Mal seit der Oktoberrevolution (1917) stattet ein sowjetischer Außenminister (Molotow) der Schweiz einen Staatsbesuch ab.
30. 10. 1955	Die Sozialdemokraten erzielen bei den Wahlen leichte Gewinne. Die Regierungskoalition von Freisinnigen, Katholisch-Konservativen und BGB hält ihre Mehrheit.
11. 7. 1958	Die Regierung bringt einen Plan zur Anschaffung von Atomwaffen in die Diskussion.
1. 2. 1959	Die Einführung des aktiven und passiven Frauenwahlrechts wird durch Volksentscheid abgelehnt.
25. 10. 1959	Bei den Wahlen ergeben sich keine nennenswerten Verschiebungen.
18. 12. 1959	Die Sozialdemokraten treten wieder in den Bundesrat ein.

Bern verboten hatte, brachten die Gegner am 29. 4. 1959 ein Referendum zum Verbot der Atomwaffenbeschaffung ein, das auch zu Meinungsverschiedenheiten innerhalb der Sozialdemokraten führte. Die SPS leitete ihrerseits am 24. 7. 1959 eine Initiative ein, die eine Atomwaffenbeschaffung nicht der Zu-

Grunddaten	1950	1953	1956	1959
1. Einwohnerzahl (in Mill.)	4,7	4,9	5,0	5,3
2. Urbanisationsgrad (in %)	36,5	—	—	—
3. Berufstätige (in % der Gesamtbevölkerung)	45,7	—	—	—
4. Volkseinkommen (in Mill. Franken)	17 160	20 780	25 320	29 250
6. Arbeitslosenquote (in % der berufsfähigen Bevölkerung)	1,8	0,9	0,6	0,4
7. Geburtenziffer (in ‰)	18,1	17,0	17,4	17,7
8. Sterbeziffer (in ‰)	10,1	10,2	10,2	9,6
9. Lebenserwartung bei Neugeborenen (in Jahren)				
Männer	66,4	—	—	69,5
Frauen	70,9	—	—	74,8
10. Jährl. Energieverbrauch pro Einw. (in kg Ske)	2 130	2 380	1 712	1 677
11. Einfuhr (in Mill. US-Dollar)	1 047	1 179	1 766	1 923
12. Ausfuhr (in Mill. US-Dollar)	903	1 204	1 442	1 683
13. Einwohner pro Arzt	—	770	700	

Schweden 363

Grunddaten	1950	1953	1956	1959
1. Einwohnerzahl (in Mill.)	7,0	7,2	7,3	7,5
2. Urbanisationsgrad (in %)	47,5	—	—	—
3. Berufstätige (in % der Gesamtbevölkerung)	44,1	—	—	—
4. Bruttosozialprodukt (in Mill. Kronen)	27 675	37 943	—	53 003
5. Anteil des Bruttosozialproduktes in verschiedenen Bereichen				
Landwirtschaft	12	12	—	9
Industrie	44	44	—	46
Handel und Dienstleistungen	41	42	—	45
6. Arbeitslosenquote (in % der berufsfähigen Bevölkerung)	2,2	2,8	1,5	2,0
7. Geburtenziffer (in ‰)	16,4	15,4	14,8	14,1
8. Sterbeziffer (in ‰)	10,0	9,7	9,6	6,9
9. Lebenserwartung bei Neugeborenen (in Jahren)				
Männer	70,5	—	70,9	—
Frauen	73,4	—	74,4	—
10. Jährlicher Energieverbrauch pro Einw. (in kg Ske)	3 220	3 690	3 071	2 968
11. Einfuhr (in Mill. US-Dollar)	1 182	1 579	2 209	2 405
12. Ausfuhr (in Mill. US-Dollar)	1 103	1 486	1 945	2 207
13. Einwohner pro Arzt	—	1 400	1 200	

der neutralen Position Schwedens wurde Dag Hammerskjöld 1953 Generalsekretär der UNO; außerdem wurde das Land Mitglied der Waffenstillstandskommission in Korea. Von Zeit zu Zeit führten Zwischenfälle, vor allem Streitigkeiten um die Ausdehnung der Territorialgewässer sowie Spionageaffären, zu einer Belastung der Beziehungen zur Sowjetunion. Ein Tiefpunkt wurde erreicht, als die Sowjetunion 1959 den geplanten Besuch von Ministerpräsident Chruschtschow in Schweden absagte, nachdem ein Teil der schwedischen Presse diesen Besuch kritisiert hatte.

Im wirtschafts- und sozialpolitischen Bereich waren sämtliche Regierungen voll damit beschäftigt, die wirtschaftlichen Probleme zu bewältigen und den umstrittenen Rentenfonds einzurichten. Bis zur Mitte des Jahrzehnts geriet die Wirtschaft in eine Talsohle. Darauf reagierte die Regierung mit einer drastischen Sparpolitik. Bei den Wahlen von 1956 erhielten die Regierungsparteien die Quittung dafür: Sie verloren 11 Sitze an die Konservative Partei. Die 1951 gebildete Koalition blieb jedoch bestehen; sie brach erst 1957 auseinander, als die Agrarpartei aus dem Kabinett ausschied, weil sie mit der Regelung für einen allgemeinen Rentenfonds nicht einverstanden war. Es kam zur ersten Kabinettskrise nach 24 Jahren. Die Sozialdemokraten regierten allein weiter. Als jedoch im April 1958 die Zweite Kammer den Rentenvorschlag ablehnte, trat das Kabinett zurück. Die Sozialdemokraten gingen aus den Wahlen gestärkt hervor, und im Mai 1959 wurde der Entwurf schließlich vom Reichstag angenommen. Der allmähliche Aufbau eines Wohlfahrtsstaates war durch die Rezession von 1958 nur kurz gefährdet. Die Industrieproduktion ging im Rezessionsjahr zurück, erholte sich aber im folgenden Jahr. Die Produktion in so wichtigen Sektoren wie der Eisenerzgewinnung und der Roheisenerzeugung, der Werftindustrie und dem Maschinenbau war einigermaßen gleich geblieben. Einen, wenn auch ungenügenden, Ausgleich der Zahlungsbilanz verschafften die Einnahmen aus der Schiffahrt. 1955 stimmte das Parlament der Verstaatlichung der Eisenerzbergwerke in Lappland zu, die drei Viertel der Erze lieferten.

◁
Tage Erlander: Als Ministerpräsident drückte er Schweden von 1946 bis 1969 seinen Stempel auf.

1951 kamen Mitglieder der Agrarpartei in das sozialdemokratisch geführte Kabinett. Hier die Vereidigung der neuen Mitglieder durch den König (links).

Saudi-Arabien

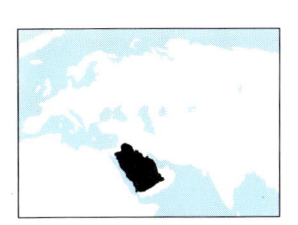

Fläche: 2 149 690 km²
Hauptstadt: Riad

Saudi-Arabien wußte seine Politik den jeweiligen Ereignissen im Nahen Osten anzupassen. Das Land spielte eine bedeutende Rolle auf Grund seiner strategisch wichtigen Lage und seiner großen Erdölvorräte. Von jeher hatte Riad gute Beziehungen zu den USA unterhalten. Vor allem die amerikanische Ölgesellschaft ARAMCO hatte die Ölvorkommen des Königreichs erschlossen. Nach dem Tod König Ibn Sauds (1953) suchte sein Nachfolger Saud die Zusammenarbeit mit den Nationalisten, die inzwischen in Ägypten und Syrien an die Macht gekommen waren. Das neue Bündnis zwischen Ägypten und Saudi-Arabien wurde 1955 durch einen Militärvertrag vertieft. Im selben Jahr hatte sich Riad gegen den Abschluß des Bagdadpakts gewandt. Obwohl sich das Verhältnis zu den USA abkühlte, kam Riad seinen Verpflichtungen aus dem Vertrag von 1951 nach, der den USA das Nutzungsrecht über die Luftwaffenbasis Dhahran einräumte. Auch die US-amerikanischen Waffenlieferungen wurden fortgesetzt.
Die Suezkrise 1956 leitete einen politischen Umschwung ein. Zwar verurteilte König Saud die Invasion in Ägypten, zugleich aber drängte er bei Nasser auf Mäßigung, um den Ölabsatz und -transport nicht zu gefährden. Die Suezkrise bewirkte zudem eine Radikalisierung des arabischen Nationalismus, der in Saudi-Arabien als Bedrohung für die Monarchie empfunden wurde. König Saud intensivierte darum die Beziehungen zu Washington. Danach zog sich Saudi-Arabien von der Allianz mit Ägypten und Syrien zurück. Es entschloß sich zur Zusammenarbeit mit den alten haschemitischen Feinden, den Königshäusern von Jordanien und Irak.
Der politische Umschwung kam im Land selbst, wo auch die Innenpolitik des Königs immer häufiger kritisiert wurde, schlecht an. Trotz der enormen Öleinnahmen hatte es Saud, nicht zuletzt wegen seines maßlosen Lebensstils geschafft, ein Defizit der Zahlungsbilanz herbeizuführen. Auch die kleine Arbeiterschicht begehrte auf. Die Ölarbeiter legten 1953 und 1956 die Arbeit nieder. Die Streiks wurden gewaltsam beendet und die Gewerkschaften verboten. Diese Entwicklungen hätten die Stellung des Königshauses unterhöhlen können. Deshalb griff 1958 die königliche Familie ein und übertrug einem Halbbruder Sauds, Faisal, der seit 1953 als Ministerpräsident amtierte, die Regentschaft. Faisal verbesserte die Beziehungen zu Ägypten wieder und nahm 1959 die diplomatischen Beziehungen zu Großbritannien wieder auf. Der »Drei-Königs-Bund« war mit dem Sturz der irakischen Monarchie (1958) auseinandergefallen. Faisal modernisierte die Verwaltung und sanierte die Finanzen. Dies ermöglichte die Erdölproduktion, die in den 50er Jahren von rd. 26 Millionen auf rd. 60 Millionen Tonnen jährlich gestiegen war.

Zehn Jahre im Überblick

- 12. 7. 1951 Die USA und Saudi-Arabien schließen einen Militärvertrag. Die USA erhalten das Nutzungsrecht über eine Militärbasis.
- 9. 11. 1953 König Ibn Saud stirbt. Prinz Saud wird sein Nachfolger.
- 28. 10. 1955 Ein Militärvertrag mit Ägypten kommt zustande.
- 22. 3. 1958 Kronprinz Faisal übernimmt die Befugnisse des Königs.
- 4. 9. 1959 Die Regierung beschließt, die seit der Suezkrise unterbrochenen diplomatischen Beziehungen zu Großbritannien wiederaufzunehmen.

▷ *Saudi-Arabien öffnete sich der Moderne. Autoverkehr wurde auch in der Hauptstadt Riad zum Problem.*

Schweden

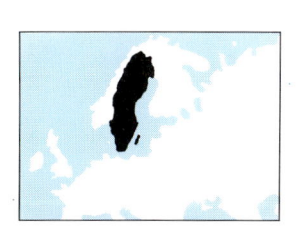

Fläche: 449 964 km²
Hauptstadt: Stockholm

In der Außenpolitik setzte Schweden in den 50er Jahren die Linie der strikten Neutralität fort. Zwar geriet dieses Konzept durch die Gründung der NATO und den Ausbruch des Koreakrieges unter einigen Druck, doch Schweden blieb seinen Grundsätzen treu, wie Ministerpräsident Tage Erlander 1952 Präsident Truman in Washington darlegte. Allerdings verstärkte die sozialistische Regierung ihre Verteidigungsbereitschaft. 1954 kamen Vorschläge zur Anschafung von Fernlenkgeschossen und zum Aufbau einer selbständigen Atommacht zur Sprache. Vor allem eine eventuelle Atomrüstung hatte eine jahrelange Diskussion zur Folge, die besonders 1959 die Gemüter erregte. Nicht zuletzt dank

Zehn Jahre im Überblick

- 29. 10. 1950 König Gustaf V. stirbt. Sein ältester Sohn wird unter dem Namen Gustaf VI. Adolf sein Nachfolger.
- 1. 10. 1951 Die Agrarpartei tritt der sozialdemokratischen Regierung unter Tage Erlander bei.
- 16. 9. 1956 Die Regierungsparteien verlieren 11 Sitze an die Konservativen, halten aber ihre Mehrheit. Wahlergebnis: Sozialdemokraten 106 Sitze, Liberale 58, Konservative 42, Agrarier 19 und Kommunisten 6.
- 24. 10. 1957 Die Minister der Agrarpartei verlassen nach Meinungsverschiedenheiten über einen allgemeinen Rentenfonds die Regierung.
- 30. 10. 1957 Erlander wird Ministerpräsident einer sozialdemokratischen Minderheitsregierung.
- 1. 6. 1958 Die Agrarier buchen bei den Wahlen Gewinne und kommen auf 32 Sitze. Weitere Ergebnisse: Sozialdemokraten 112, Konservative 45, Liberale 38 und Kommunisten 4 Sitze. Erlander wird wieder Ministerpräsident.

San Marino

Die zwölf Jahre bestehende Koalitionsregierung von Kommunisten und Sozialisten fand 1957 ein abruptes Ende. Sechs Mitglieder der Volksfrontaktion wechselten zur Opposition von Christdemokraten und Sozialdemokraten über. Die Mehrheit im Parlament mit 35 Sitzen war nun in eine Minderheit, nämlich 29 der 60 Sitze, umgeschlagen. Kurz vor der alle 6 Monate stattfindenden Wahl von zwei neuen Regenten suspendierten die amtierenden kommunistischen Regenten das Parlament, weil sie vorgezogene Neuwahlen herbeiführen wollten. Die Opposition rief daraufhin in der Nacht vom 30. 9. auf den 1. 10. 1957 eine Gegenregierung aus, die von den USA und Italien anerkannt wurde. Die beiden Parteien bildeten eine Freiwilligentruppe; ein Bürgerkrieg konnte jedoch vermieden werden. Unter dem Druck Italiens einigten sich die Parteien. Die Suspendierung des Parlaments wurde zurückgenommen, und es wurden zwei neue Regenten aus der ehemaligen Opposition gewählt. Die Koalition von Christdemokraten und Sozialdemokraten konnte ihre Position bei den Wahlen von 1959, an der zum ersten Mal auch die Frauen teilnehmen durften, festigen. Sie erlangte 36 Sitze, während auf die Kommunisten 16 und die Sozialisten 8 Sitze entfielen.

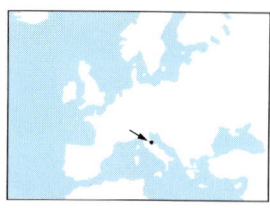

Fläche: 60,57 km²
Hauptstadt: San Marino

September 1957: In dem Zwergstaat droht ein Bürgerkrieg. Ettore Sozzi, der Polizeichef von San Marino, inspiziert die vollzählig angetretene Truppe, die hofft, daß sie nicht eingesetzt wird.

Sansibar

Unter der britischen Kolonialherrschaft wurde die traditionelle Machtposition der starken arabischen Minderheit (rd. 15% der Bevölkerung) in dem Protektorat beibehalten. Zu dieser Gruppe gehörten die Eigentümer der großen Plantagen, die für den Export Gewürznelken, Kopra und Kokosöl erzeugten. Neben einer weiteren Minderheit, den Asiaten, bestand die Bevölkerung aus Afrikanern, die als Kleinbauern das Land bestellten. Trotz der großen sozialen Gegensätze befürworteten alle Bevölkerungsgruppen die Unabhängigkeit. Im Juli 1957 fanden die ersten Wahlen für den Legislativrat statt, von dessen 25 Sitzen 6 durch Wahl zu erlangen waren. Die übrigen Mitglieder wurden von der Protektoratsverwaltung ernannt. Fünf der sechs Sitze gingen an zwei Parteien, die sich direkt nach den Wahlen zur Afro-Shirazi Party (ASP) zusammenschlossen, einer Partei, die vor allem die afrikanische Bevölkerung vertrat. Den sechsten Sitz erhielt die arabische Minderheit. Die 1955 gegründete Zanzibar Nationalist Party (ZNP) entwickelte sich zu einer wichtigen politischen Kraft. Eine radikale Gruppe verließ 1959 die ASP und gründete die Zanzibar and Pemba People's Party (ZPPP).

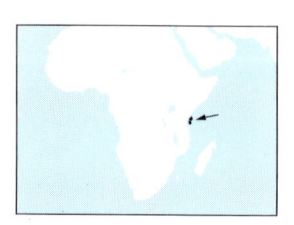

Fläche: 2610 km²
Hauptstadt: Sansibar

São Tomé und Príncipe

Auf den beiden kleinen zum portugiesischen Kolonialreich gehörenden Inseln lag die Wirtschaft in den Händen einer kleinen Gruppe weißer Kolonisten. Dreihundert überwiegend portugiesische Großgrundbesitzer verfügten über 93% des Kulturbodens. Kakao und Kaffee waren die wichtigsten Exportprodukte. Die Arbeit in den Plantagen wurde von Negern und portugiesischen Strafgefangenen verrichtet. Gegen die Arbeitsverhältnisse gab es gelegentlich Unruhen, die jedoch unterdrückt wurden und zum Verbot jeglicher politischer Aktivitäten führten. Dieses Verbot, die Isolation der Inseln und der Mangel an Schulunterricht verhinderten in den 50er Jahren die Entstehung einer nationalistischen Bewegung. Das änderte sich erst 1960, als das Komitee für die Befreiung von São Tomé und Príncipe (CLSTP) gegründet wurde.

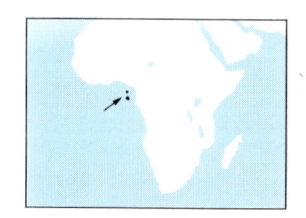

Fläche: 964 km²
Hauptstadt: São Tomé

Sarawak

Obgleich Sarawak zur Bekämpfung der kommunistischen Guerillas in Malaya Soldaten stellte, blieb das Land selbst völlig unberührt von den Ereignissen. Die Aufmerksamkeit richtete sich nahezu ausschließlich auf die soziale und wirtschaftliche Entwicklung. Die politische Entwicklung verlief schleppend. 1956 fanden zum ersten Mal Wahlen mit geheimer Abstimmung für den Gemeinderat von Kuching statt. Erst 1957 bekam das Council Negri, das Parlament von Sarawak, eine aus Einheimischen bestehende Mehrheit. Die wichtigste Tendenz im politischen Bereich war das Streben nach Zusammenarbeit zwischen Sarawak und den beiden anderen britischen Gebieten auf Borneo, dem Protektorat Brunei und der Kronkolonie Nordborneo. Man wollte zunächst eine größere Effizienz der Verwaltung erreichen. Das Streben nach Zusammenarbeit und einem Zusammenschluß scheiterte jedoch 1958 an der Weigerung Bruneis, seinen Ölreichtum mit Sarawak und Nordborneo zu teilen.

Fläche: 120 320 km²
Hauptstadt: Kuching

Verstärkte Industrialisierung war ein Kennzeichen des Jahrzehnts in Rumänien. Hier eine Aufnahme aus dem Jahre 1958 vom Bau des Wasserkraftwerkes »W. I. Lenin« an der Bistriţa im Norden des Landes. Es sollte eine Leistung von 210 MW bringen.

Bukarest 1956: offizieller Empfang des jugoslawischen Staatspräsidenten Tito und seiner Ehefrau Jovanka. Außerdem von links nach rechts: Chivu Stoica, Gheorgiu Dej, Emil Bodnaras und Gheorghiu Apostol (rechts).

ser Spielraum kam mit dem Tod Stalins 1953 und mit dem XX. Parteitag der KPdSU drei Jahre später. Einen ersten Schritt bildete der 1954 gefaßte Beschluß zur Aufhebung der gemischten sowjetisch-rumänischen Betriebe, die der UdSSR bis dahin einen weitreichenden Einfluß in 14 Schlüsselindustrien verschafft hatten. Vollends einen selbständigeren wirtschaftlichen Weg ging man seit 1958. Die Verselbständigung der rumänischen Position in den 50er Jahren wurde einerseits durch die Ereignisse in Ungarn (1956) und die rumänische Billigung des sowjetischen Eingreifens dort beschränkt, andererseits aber durch den sich abzeichnenden Bruch zwischen China und der UdSSR angeregt. So besuchten rumänische Führer Ende der 50er Jahre China.

Grunddaten	1950	1953	1956	1959
1. Einwohnerzahl (in Mill.)	16,3	16,8	17,6	18,2
2. Urbanisationsgrad (in %)	—	—	31,3	31,7
3. Berufstätige (in % der Gesamtbevölkerung)	—	—	59,7	—
5. Anteil des Volkseinkommens in verschiedenen Bereichen				
Landwirtschaft	28	34	—	33
Industrie	50	40	—	52
Handel und Dienstleistungen	22	17	—	14
7. Geburtenziffer (in ‰)	26,2	23,8	24,2	20,2
8. Sterbeziffer (in ‰)	12,4	11,6	9,9	10,2
9. Lebenserwartung bei Neugeborenen (in Jahren)				
Männer	—	—	61,5	—
Frauen	—	—	65,0	—
10. Jährlicher Energieverbrauch pro Einw. (in kg Ske)	460	1 090	1 105	1 322
11. Einfuhr (in Mill. US-Dollar)	—	385	352	502
12. Ausfuhr (in Mill. US-Dollar)	—	341	395	523
13. Einwohner pro Arzt	1 100	—	800	—

Salomonen

Fläche: 28 446 km²
Hauptstadt: Honiara

Der 2. Weltkrieg hatte die Wirtschaftsstruktur der Salomoninseln zerstört. Die britische Kolonialverwaltung bemühte sich in den 50er Jahren um die Entwicklung der Wirtschaft, hatte aber nur begrenzten Erfolg. Sie begab sich zu sehr in die Abhängigkeit von ausländischen Firmen und ging zu wenig auf örtliche Initiativen ein, die von den seit 1948 bestehenden lokalen Verwaltungsräten getragen wurden. Versuche, durch die Einführung des Kakaoanbaus die Wirtschaft zu fördern, erwiesen sich als undurchdacht. Wirklich erfolgreich verlief nur die Entwicklung der Hauptstadt Honiara auf Guadalcanal. 1952 wurde Honiara anstelle von Suva auf Fidschi der Sitz des britischen Hochkommissariats für den Westpazifik. Dadurch erlebte die Stadt ein starkes Wachstum, was aber den Nachteil hatte, daß sich die regionalen Gegensätze im Archipel verschärften. Besonders auf Malaita, wo ein Drittel der Bevölkerung wohnte, herrschten weiterhin große Armut und Unzufriedenheit.

Samoa, West-

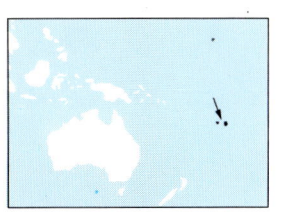

Fläche: 2842 km²
Hauptstadt: Apia

Westsamoa, seit dem ersten Weltkrieg ein neuseeländisches Mandatsgebiet, hatte 1947 ein hohes Maß an innerer Selbstverwaltung erhalten. 1953 veröffentlichte die Regierung Neuseelands ein Weißbuch, das die Stationen des Weges zur Unabhängigkeit festlegte. Die Befugnisse des 1952 gebildeten Exekutivrates, der den Hochkommissar beriet, wurden schrittweise erweitert. 1959 wurde der Exekutivrat endgültig zu einem Kabinett umgebildet, das der Gesetzgebenden Versammlung verantwortlich war. Erster Regierungschef wurde Fiame Mataäfe Faumui Mulinuoe. Mit der Entwicklung zur politischen Selbständigkeit ging eine Entwicklung zur wirtschaftlichen Unabhängigkeit einher. Die Rolle der einheimischen Bevölkerung im wichtigsten Exportsektor, der Landwirtschaft, wurde immer wichtiger. Von großer Bedeutung war 1959 die Gründung der Bank of Western Samoa, die der Regierung Westsamoas und der Nationalbank Neuseelands gemeinsam gehörte.

bei den ersten Wahlen (1953), bei denen die afrikanische Bevölkerung praktisch kein Stimmrecht hatte. Es siegte die wichtigste politische Gruppierung der Weißen, die Föderale Partei.
Infolge der afrikanischen Opposition mußte jedoch bereits im ersten Jahr der Föderation der Notstand ausgerufen werden. Besonders deutlich war sie in der schwarzen Bevölkerung Nordrhodesiens und Nyasalands zu spüren. Die gut organisierten schwarzen Bergarbeiter Nordrhodesiens bildeten dabei eine wichtige politische Kraft. Entscheidend für die Opposition war die berechtigte Erwartung, daß Südrhodesien mit seiner zahlenmäßig starken weißen Minderheit die Föderation dominieren würde, da es in Nordrhodesien und Nyasaland nur wenige Weiße gab. Gegen die kleinen weißen Bevölkerungsgruppen in Nordrhodesien und Nyasaland schien die Unabhängigkeit leichter erreichbar – eine Erwartung, die sich 1964 als richtig erwies.
Der Widerstand der Afrikaner und die Reaktionen der Regierung beschleunigten die Bildung politischer Parteien. Als Hastings Banda im Juli 1958 nach vierzigjähriger Abwesenheit ins Land zurückkehrte, bedeutete das eine Verstärkung der Opposition in Nyasaland. Der konservative Banda wurde der Führer des Nyasaland African Congress (NAC). In Nordrhodesien war Kenneth Kaunda an die Spitze des African National Congress (ANC) getreten.
Die Unzufriedenheit der Afrikaner entlud sich 1959. Gefängnisse und Flughäfen wurden gestürmt. Die 6600 afrikanischen Arbeiter am Karibastaudamm traten in den Streik. Erneut wurde der Notstand ausgerufen. Weiße Soldaten marschierten in Nyasaland ein. Die schwarzen politischen Parteien wurden verboten, traten aber noch im selben Jahr unter anderen Namen wieder in Erscheinung. Die Föderation war praktisch gescheitert.
Die Wirtschaft entwickelte sich unterdessen günstig. Das kam aber nicht den Afrikanern, sondern vor allem den weißen Pflanzern, der entstehenden Industrie in Südrhodesien und den Besitzern der Kupferminen zugute.

Grunddaten Südrhodesien	1950	1953	1956	1959
1. Einwohnerzahl (in Mill.)	2,2	2,5	3,4	3,7
3. Berufstätige (in %)	43,6	—	43,4	—
4. Bruttosozialprodukt (in Mill. Pfund Sterling)	—	168,5	—	249,1
5. Anteil des Bruttosozialproduktes in				
Landwirtschaft	—	23		19
Industrie	—	34		35
Handel und Dienstleistungen	—	44		46
7. Geburtenziffer bei Europäern (in ‰)	28,3	28,4	27,3	28,0
8. Sterbeziffer bei Europäern (in ‰)	6,6	6,0	6,1	5,4
9. Lebenserwartung bei Neugeborenen der Einheimischen (in Jahren)				
Männer	37	48	—	—
Frauen	—	49	—	—
10. Jährlicher Energieverbrauch pro Einw. (in kg Ske)	—	450	579	512
11. Einfuhr (in Mill. US-Dollar)	231	328	446	420
12. Ausfuhr (in Mill. US-Dollar)	242	395	509	523
13. Einwohner pro Arzt	—	13 000	10 000	

Ruanda-Urundi

Bestimmend für die politischen Entwicklungen des kleinen, sehr dicht bevölkerten Gebiets waren die Gegensätze zwischen der vom Landbau lebenden Hutu-Mehrheit (84% der Bevölkerung) und der sie beherrschenden, Viehzucht betreibenden Tutsi-Oberschicht, die in zwei Königreichen organisiert war. Die belgischen Kolonialbehörden hatten lange Zeit die Tutsi unterstützt. Erst in den 50er Jahren begann Belgien, das das Gebiet als Völkerbundsmandat bzw. als UN-Treuhandgebiet seit 1919 verwaltete, die politischen Kräfte der Hutu zu unterstützen. Die dominierende Stellung der Tutsi wurde auch durch die veränderte Haltung der katholischen Kirche geschwächt, die nach dem 2. Weltkrieg die Hutu in das Schulsystem einbezog.
Der Kontrast zwischen den Bevölkerungsgruppen war in Urundi weniger stark ausgeprägt. In den 50er Jahren zeigte sich dies sogar in der Parteibildung: 1959 wurde die Parti de l'Unité et du Progrès National du Burundi (UPRONA) gegründet, die von Hutu und Tutsi unterstützt wurde.
Anders lagen die Verhältnisse im Königreich Ruanda, wo die Tutsi-Oberschicht die Unabhängigkeit anstrebte und sich gegen eine Demokratisierung wandte. Diese Gruppe fand ihre Basis in der Nationalen Union von Ruanda. Auch bei den Hutu kam nun die Parteibildung in Gang. Als erstes entstand 1958 die Association pour la Promotion Sociale de la Masse (APROSOMA), die jedoch bald von der Parti d'Emancipation des Hutus (PARMEHUTU) unter Grégoire Kayibanda überflügelt wurde. Vier Monate nach dem Tod des Königs Mwami von Ruanda, Charles Mutara, mündeten die Spannungen zwischen den beiden Bevölkerungsgruppen in eine gewaltsame Auseinandersetzung. Belgien verkündete am 12. 11. 1959 den Notstand und entsandte Fallschirmjäger in das Gebiet. Fast zum selben Zeitpunkt, nämlich am 10. November, gab die belgische Regierung ihre neue Kolonialpolitik bekannt. Deren wesentliches Ziel war die schrittweise Übertragung der Regierungsgewalt an die Einheimischen.

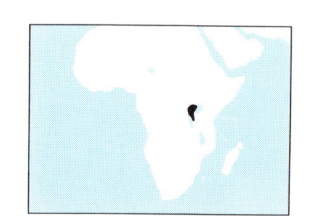

Fläche: 54 172 km²
Hauptstadt: Usumbura

Rumänien

Die Bestrebungen, Rumänien mit extremem Tempo aus der vorindustriellen Phase herauszubringen, gingen auf Kosten der Landwirtschaft. Die beabsichtigte Kollektivierung verlief anfangs langsam und wurde 1951 sogar vorübergehend unterbrochen. Von 1958 an wurde sie jedoch beschleunigt durchgeführt. Die Erträge der Landwirtschaft blieben in den 50er Jahren hinter den Zielsetzungen zurück. Die Rumänische Kommunistische Partei hielt dessen ungeachtet ihre Machtposition. Ihr Generalsekretär war seit 1945 Gheorghiu Dej, seit 1952 auch Regierungschef. Im Rahmen der kollektiven Führung, einem Konzept, das nach dem Tod Stalins (1953) im Ostblock zur Regel wurde, erhielt Gheorghiu Apostol den Posten des Ersten Sekretärs. Gut ein Jahr später (im Oktober 1955) übergab Dej das Amt des Ministerpräsidenten an Chivu Stoica und trat wieder das einflußreichere Amt des Parteichefs an. Dej behauptete sich auch im Zuge der Entstalinisierung gegenüber seinen Gegnern innerhalb der Partei. Bereits 1952 wurde die stark an der stalinistischen UdSSR orientierte Gruppe um die Außenministerin Anna Pauker kaltgestellt. Fünf Jahre später geschah das gleiche mit dem relativ liberalen Constantinescu.
In der innerparteilichen Auseinandersetzung um die Wirtschaftsplanung war die Frage des Verhältnisses zu den Comecon-Ländern entscheidend. Für Rumänien ging es dabei um den Spielraum für einen selbständigen wirtschaftlichen und somit auch politischen Kurs. Die-

Fläche: 237 500 km²
Hauptstadt: Bukarest

Portugiesisch-Guinea

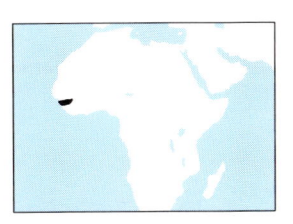

Fläche: 36 125 km²
Hauptstadt: Bissau

Die portugiesischen Kolonialbehörden versuchten, das Entstehen einer Unabhängigkeitsbewegung zu verhindern. Doch die Kolonie – seit 1951 sprach Portugal von »Überseeprovinz« – blieb von den Umwälzungen auf dem afrikanischen Kontinent nicht unberührt. 1956 gründete eine kleine Gruppe von Afrikanern die Afrikanische Unabhängigkeitspartei (PAIGC). Zu ihrem Generalsekretär wurde Amílcar Cabral ernannt. Die aus dem städtischen Kleinbürgertum hervorgegangene illegale PAIGC war um die Zusammenarbeit mit der kleinen Schicht von Arbeitern bemüht und strebte zunächst Veränderungen auf friedlichem Wege an. Anlaß, auch zum Mittel der Gewalt zu greifen, waren Zusammenstöße zwischen streikenden Hafenarbeitern und portugiesischen Sicherheitskräften, bei denen 60 Hafenarbeiter zu Tode kamen. Für diese neue Strategie maß die PAIGC den zu mobilisierenden Bauern, die die Mehrheit der Bevölkerung bildeten, eine wichtige Rolle zu.

Portugiesisch-Indien

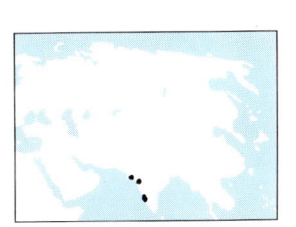

Fläche: 4194 km²
Hauptstadt: Goa

Als Indien 1947 unabhängig wurde, blieben auf dem südasiatischen Subkontinent einige Enklaven übrig, die weiterhin unter französischer oder portugiesischer Verwaltung standen. Im Laufe der 50er Jahre konnte sich Indien mit Frankreich über die Eingliederung der französischen Besitzungen einigen. Portugal dagegen weigerte sich, über eine Übertragung der Souveränität über Portugiesisch-Indien zu verhandeln.
Zu einer Krise kam es erstmals Mitte der 50er Jahre. 1954 und 1955 versuchten Anhänger der radikal-nationalistischen Partei Jan Sang durch Grenzüberschreitungen die Annexion der portugiesischen Gebiete zu erzwingen. Als die Nationalisten im Juli 1954 die Enklaven Dadra und Nagra Aveli besetzten, weigerte sich die indische Regierung zwar, den portugiesischen Truppen den Durchmarsch zu diesen Enklaven zu gestatten, gliederte die Gebiete offiziell aber nicht sofort ihrem Staatsgebiet ein. Als ein Gefecht zwischen portugiesischen Truppen und Nationalisten an der Grenze Goas am 15. 8. 1955 13 Tote und 100 Verletzte forderte, beschränkte sich Delhi darauf, die diplomatischen Beziehungen zu Portugal abzubrechen.
Grund dieser Zurückhaltung war in der Hauptsache die Befürchtung, daß eine Annexion Portugiesisch-Indiens Vergeltungsmaßnahmen gegen die Inder nach sich ziehen könnte, die in Portugals afrikanischen Kolonien oder in Südafrika und Brasilien lebten, zwei Länder, die Portugal in seinem Konflikt mit Indien unterstützten. Überdies übte Großbritannien einen gewissen Druck auf Indien aus, um es von jeglicher Gewaltanwendung gegen die portugiesischen Enklaven abzuhalten. Portugal hatte um diese britische Unterstützung aufgrund eines Bündnisvertrags nachgesucht, der aus dem Jahre 1373 (!) datierte und noch immer gültig war. Anfang der 60er Jahre griff Nehru unter zunehmendem inländischem Druck dann doch zur Gewalt und zwang die Portugiesen zur Aufgabe ihrer Besitzungen.

Portugiesisch-Timor

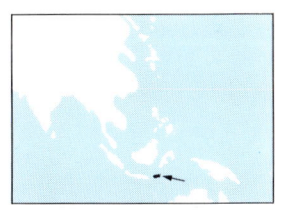

Fläche: 14 925 km²
Hauptstadt: Dili

Die portugiesische Regierung zeigte sich nach dem 2. Weltkrieg kaum zu irgendwelchen Anstrengungen bereit, die den Wiederaufbau ihrer Kolonie auf Osttimor ermöglicht hätten. Osttimor konnte jedoch dem Einfluß des Entkolonisierungsprozesses nicht entzogen werden. Indonesien, seit 1949 unabhängig, erhob ständig Ansprüche auf das Gebiet. Ende der 50er Jahre schien sich der portugiesisch-indonesische Konflikt um Osttimor zuzuspitzen. Kurz nachdem 1959 Mitglieder der aufständischen Permesta-Bewegung auf Westtimor im portugiesischen Gebiet politisches Asyl erhalten hatten, brach an der Südküste Osttimors ein Aufstand gegen die portugiesische Herrschaft aus. Es wurde allgemein vermutet, daß indonesische Agenten den Anstoß zu diesem Aufstand gegeben hatten. In einem blutigen Kampf stellte die portugiesische Armee die Autorität wieder her.

Rhodesien-Nyasaland

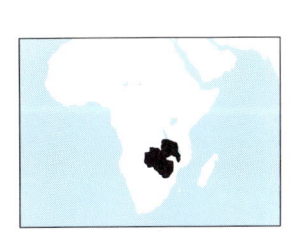

Fläche: 1 224 000 km²
Hauptstadt: Salisbury

Der große Zankapfel in Britisch-Zentralafrika war die Gründung der Föderation von Rhodesien und Nyasaland im Oktober 1953. Die Vereinigung von Nordrhodesien (später Sambia) mit Südrhodesien (Simbabwe) und Nyasaland (Malawi), auch Zentralafrikanische Föderation genannt, wurde von den Afrikanern heftig bekämpft. Sie bedeutete die Erfüllung eines alten Wunsches vor allem der weißen Siedler in Nordrhodesien nach mehr politischem Einfluß für den Fall einer Autonomie oder Unabhängigkeit.
Die Weißen und die britische Regierung stellten den neuen Kurs als eine »Partnerschaft« mit der afrikanischen Bevölkerung dar; die Wirklichkeit lief jedoch auf eine eindeutige Vorherrschaft der Weißen hinaus. Das zeigte sich schon

Zehn Jahre im Überblick

23. 11. 1953	Die Föderation von Rhodesien und Nyasaland tritt offiziell in Kraft.
1. 11. 1956	Sir Roy Welensky wird Nachfolger des zurückgetretenen Lord Malvern als Premierminister.
6. 7. 1958	Nach über 40jährigem Exil kehrt Hastings Banda zurück. Er übernimmt die Führung der NAC in Nyasaland.
16. 2. 1959	Afrikanische Nationalisten in Nyasaland demonstrieren gegen die Regierung. Sie fordern Selbstverwaltung und eine Verkehrsverbindung mit Kenia und Tanganjika.
20. 2. 1959	Premierminister Welensky setzt zur Unterdrückung der rebellierenden Nationalisten in Nyasaland die Armee ein.

Das Verhältnis zur Kirche besserte sich erheblich. Auf die Aufhebung der Verbannung von Kardinal Wyszyński (28. 10. 1956) folgte am 7. 12. ein Abkommen zwischen Kirche und Staat, in dem der polnische Episkopat der neuen Regierung seine volle Unterstützung zusagte. Die Kirche erhielt wieder die Erlaubnis, in den Schulen Religionsunterricht abzuhalten. Der Erlaß vom 9. 12. 1953, der dem Staat die nahezu unbegrenzte Kontrolle über kirchliche Ernennungen gegeben hatte, wurde zurückgenommen.

In einem bilateralen Abkommen (18. 11. 1956) zwischen Polen und der UdSSR wurden Polen die noch ausstehenden Schulden erlassen und die Pflicht zu Kohlenlieferungen an die UdSSR wieder aufgehoben. Die Außenpolitik Polens blieb jedoch auch nach 1956 deutlich auf einer Linie mit der sowjetischen. In diesem Rahmen entfaltete der polnische Außenminister Adam Rapacki mehrere Initiativen, wie den nach ihm benannten Plan für eine atomwaffenfreie Zone in Mitteleuropa (1957). Obwohl der Ostblock nach wie vor Polens wichtigster Außenhandelspartner war, verstärkte Polen seine wirtschaftlichen und finanziellen Beziehungen zu nichtkommunistischen Ländern.

Im Laufe des Jahres 1957 wurde der Liberalisierungsprozeß verlangsamt. Die von Oskar Lange entwickelten Pläne für die Reform der Wirtschaftsstruktur wurden nicht in die Praxis umgesetzt; die Regierung fiel auf das zentralistische Modell zurück. Die Arbeiterräte wurden im Dezember 1958 mit Gewerkschafts- und Parteiabteilungen in den Betrieben zu einem neuen Organ mit sehr begrenzten Befugnissen zusammengeschlossen. Die Straffung der Innenpolitik hatte auch für die Stellung der Kirche negative Folgen. Im September 1958 wurde der Religionsunterricht in den Schulen erneut Beschränkungen unterworfen. Anfang 1959 verfügte die Regierung, daß Einnahmen und Besitzungen kirchlicher Einrichtungen künftig der Steuer unterlagen. Der »Rückzug vom Oktober« zeigte, daß der reformistische Flügel der PVAP im Laufe des Jahres 1957 den Machtkampf mit den Vertretern eines harten Kurses verloren hatte. Um die Einheit in der Partei wiederherzustellen, führte Gomułka ab Oktober 1957 tiefgreifende Säuberungen auf beiden Parteiflügeln durch. Zur Zeit des III. Parteitages (März 1959), auf dem die letzten Orthodoxen aus dem Zentralkomitee entfernt wurden, war Gomułkas Stellung als Parteiführer völlig gefestigt.

Polen
S. 105 – 22

Portugal

Diktator António Salazar, Ministerpräsident seit 1932, regierte Portugal und seine Kolonien autoritär. Als einzige politische Partei war seine Nationale Union zugelassen. Oppositionelle Strömungen wurden unterdrückt. Die Nationale Union blieb nach den Wahlen von 1953 und 1957 im Besitz sämtlicher Mandate.

Die Opposition wollte auch an den Präsidentschaftswahlen teilnehmen. Das scheiterte 1951, als ein Nachfolger für den im selben Jahr verstorbenen Präsidenten Antonia Carmona gewählt werden mußte. Der linksgerichtete Gegenkandidat, Rui Gomez, wurde durch eine rasche Verfassungsänderung für »politisch ungeeignet« erklärt und von der Wahl ausgeschlossen. Francisco Lopes wurde der neue Präsident. Sieben Jahre später trat zum ersten Mal ein Gegenkandidat an: Humberto Delgado. Er erlangte 23% der Stimmen. Der Regierungskandidat, Américo Tomás, wurde Präsident.

Als Mitglied von NATO und UNO (seit 1955) erhielt Portugal die Unterstützung der USA als Gegenleistung für einen Militärvertrag, der die Errichtung von amerikanischen Luftstützpunkten auf den Azoren regelte. Auch in den Kolonien erlaubte Lissabon keine Opposition, und Indiens Ansprüche auf die drei portugiesischen Enklaven Goa, Daman und Diu in Indien lehnte Lissabon ab. 1955 wurden die diplomatischen Beziehungen zwischen beiden Ländern abgebrochen, nachdem Indien zwei andere Enklaven, Dadra und Nagar Haveli, annektiert hatte. An der Grenze zwischen Goa und Indien kam es zu Scharmützeln. China erhob zur gleichen Zeit Ansprüche auf die Enklave Macao.

Trotz eines Haushaltsüberschusses und ehrgeiziger Sechsjahrpläne gelang es der Regierung Salazar nicht, das Land durchgreifend zu modernisieren. Die Wirtschaft war nach wie vor hauptsächlich auf die Landwirtschaft und die Kolonien in Übersee ausgerichtet. Die Mehrzahl der Bevölkerung lebte in Armut auf dem Land; 40% konnten weder lesen noch schreiben.

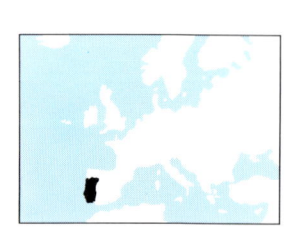

Fläche: 92 082 km²
Hauptstadt: Lissabon

◁

Auf einem auf zwei Panzern errichteten Altar gibt Erzbischof Trindade Salgueiro im August 1952 16 000 Rekruten des portugiesischen Heeres den Segen.

Grunddaten	1950	1953	1956	1959
1. Einwohnerzahl (in Mill.)	8,4	8,5	8,6	8,8
2. Urbanisationsgrad (in %)	31,2	—	—	—
3. Berufstätige (in % der Gesamtbevölkerung)	39,0	—	—	—
4. Bruttosozialprodukt (in Mrd. Escudos)	37,1	46,1	—	57,6
5. Anteil des Bruttosozialproduktes in verschiedenen Bereichen				
Landwirtschaft	33	32	—	27
Industrie	35	31	—	31
Handel und Dienstleistungen	31	37	—	37
7. Geburtenziffer (in ‰)	24,4	23,4	22,9	23,5
8. Sterbeziffer (in ‰)	12,2	11,3	12,1	10,8
9. Lebenserwartung bei Neugeborenen (in Jahren)				
Männer	—	—	59,8	60,7
Frauen	—	—	65,0	66,4
10. Jährlicher Energieverbrauch pro Einw. (in kg Ske)	260	320	305	361
11. Einfuhr (in Mill. US-Dollar)	274	332	443	476
12. Ausfuhr (in Mill. US-Dollar)	186	219	300	291
13. Einwohner pro Arzt	1 500	1 400	1 400	—

Polen

Grunddaten	1950	1953	1956	1959
1. Einwohnerzahl (in Mill.)	24,8	26,3	27,8	29,2
2. Urbanisationsgrad (in %)	39,0	—	42,8	47,5
3. Berufstätige (in % der Gesamtbevölkerung)	50,4	—	—	—
4. Volkseinkommen (in Mrd. Złoty)	—	—	229,2	318,4
5. Anteil des Volkseinkommens in verschiedenen Bereichen				
Landwirtschaft	—	—	25	28
Industrie	—	—	60	59
Handel und Dienstleistungen	—	—	15	14
7. Geburtenziffer (in ‰)	30,7	29,7	28,0	24,9
8. Sterbeziffer (in ‰)	11,6	10,2	9,0	8,6
9. Lebenserwartung bei Neugeborenen (in Jahren)				
Männer	—	58,6	61,6	62,8
Frauen	—	64,2	67,1	68,9
10. Jährlicher Energieverbrauch pro Einw. (in kg Ske)	—	2460	2777	2996
11. Einfuhr (in Mill. US-Dollar)	663	774	1022	1420
12. Ausfuhr (in Mill. US-Dollar)	630	831	985	1145
13. Einwohner pro Arzt	2600	1700	1300	—

Władysław Gomułka vertrat in der polnischen KP eine gemäßigtere, nationalistische Position. Die Ereignisse des Jahres 1956 brachten ihm wieder die Leitung der Partei. Hier ist der populäre Parteiführer (mit Zeitung) auf dem Wege zum Wahllokal anläßlich der Wahlen des Jahres 1957.
▷

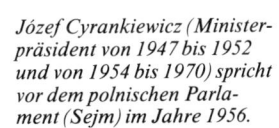

Józef Cyrankiewicz (Ministerpräsident von 1947 bis 1952 und von 1954 bis 1970) spricht vor dem polnischen Parlament (Sejm) im Jahre 1956.

sozialistischen Volksrepublik erklärte. Die katholische Kirche, der über 90% der polnischen Bevölkerung angehörten, wurde unterdrückt. Ungeachtet eines Abkommens vom April 1950, in dem der polnische Primas, Erzbischof Stefan Wyszyński, dem Staat die volle Autorität in weltlichen Angelegenheiten zuerkannt hatte, wurden Hunderte von katholischen Priestern eingesperrt oder deportiert. Den Höhepunkt der Kirchenverfolgung bildete ein Schauprozeß in Krakau im Januar 1953. Im September 1953 zwang man Wyszyński, der inzwischen Kardinal geworden war, alle Ämter niederzulegen und sich in ein Kloster zurückzuziehen. 1955 wurde der Religionsunterricht in den Schulen abgeschafft.
Nach dem Tod Stalins wurde in Polen genau wie in der UdSSR eine kollektive Staatsführung eingeführt; Parteichef Bierut wurde als Ministerpräsident von Jozef Cyrankiewicz abgelöst. Auf dem II. Parteitag der PVAP (März 1954) wurde, nach dem Vorbild von Malenkows »Neuem Kurs« in der UdSSR, der Sechsjahrplan den Bedürfnissen der Konsumenten und der Landwirtschaft angepaßt; zu grundlegenden Reformen kam es jedoch nicht. Aus diesem Grund, aber auch wegen des sehr niedrigen Lebensstandards, wuchs die Unruhe in der Bevölkerung. Die Versöhnung zwischen der UdSSR und Jugoslawien (Mai 1955), bei der Titos Recht auf einen »eigenen Weg zum Kommunismus« anerkannt wurde, und vor allem die Verurteilung Stalins auf dem XX. Parteitag der KPdSU (Februar 1956) waren auch in Polen wichtige Impulse für eine langsam anlaufende Liberalisierung. Auf dem Parteitag der KPdSU wurde überdies Polens KP der Vorkriegszeit, die 1938 von Stalin aufgelöst worden war, offiziell rehabilitiert. Bierut beging während seines Aufenthalts in Moskau am 12. 3. 1956 Selbstmord. Edward Ochab wurde sein Nachfolger.

Ende Juni 1956 mündete eine Demonstration von Arbeitern in Posen gegen höhere Produktionsnormen und niedrigere Löhne in eine bewaffnete Auseinandersetzung mit Polizei und Armee, bei der 54 Menschen ums Leben kamen. Unter dem Eindruck dieser Ereignisse bekam der auf Reformen drängende Flügel in der PVAP die Überhand. Trotz des großen Drucks, den Chruschtschow, Molotow, Mikojan und Kaganowitsch persönlich in Warschau ausübten, und ungeachtet der Drohung eines militärischen Eingreifens durch die UdSSR wurde Gomułka schließlich am 19. 10. 1956 erneut zum Ersten Sekretär des ZK gewählt.

Gomułkas zaghafte Liberalisierung

Gomułkas schrittweise Rückkehr läutete schon vorher den liberalen »Polnischen Oktober« ein. Nachdem die Bauern 1956 bereits in großer Zahl aus den kollektiven Betrieben ausgetreten waren, ordnete Gomułka an, daß die Kollektivierung in Zukunft freiwillig geschehen solle. Die neue Agrarpolitik, die dazu führte, daß Ende 1956 nur noch rd. 1500 kollektive Betriebe (von 10 000) übriggeblieben waren, brachte überdies eine Verminderung der Pflichtablieferungen durch die selbständigen Bauern, eine Preiserhöhung für landwirtschaftliche Erzeugnisse und einen Ausbau der Landmaschinenindustrie.
Die Arbeiterräte, die sich spontan in vielen Betrieben gebildet hatten, wurden am 19. 11. 1956 offiziell durch ein Gesetz, das den Räten nicht unerhebliche Befugnisse in der Leitung der Unternehmen zuerkannte, legalisiert. Die Löhne wurden erhöht und die Produktionsnormen gelockert.

Philippinen

Nach den turbulenten 40er Jahren brachten die 50er Jahre eine Stabilisierung der innenpolitischen Verhältnisse. Verteidigungsminister Ramón Magsaysay hatte die linksnationalistische Guerillabewegung der Hukbalahap erfolgreich bekämpft. Seine Politik, die militärische Aktionen mit Versprechungen gesellschaftlicher Reformen verband, wies ihn für die USA als geeignetsten Nachfolger des bisherigen Präsidenten Elpidio Quirino aus. Als Vorsitzender der Liberal Party weigerte sich Quirino jedoch, zugunsten seines Verteidigungsministers zurückzutreten. Die Partido Nacionalista (PN) nominierte daraufhin Magsaysay als ihren Präsidentschaftskandidaten. Im Mittelpunkt des Parteiprogrammes standen den Landreformen und die wirtschaftliche Entwicklung. Dank seiner großen Popularität konnte Magsaysay bei den Präsidentschaftswahlen vom November 1953 Quirino schlagen.

Magsaysay verfolgte eine proamerikanische Politik, stieß dabei aber auf wachsende nationalistische Vorbehalte. Hauptangriffspunkt der nationalistischen Kampagne war dabei die wirtschaftliche Abhängigkeit der Philippinen von den USA. Aufgrund von Verträgen aus den Jahren 1934 und 1946 bestand zwischen den USA und den Philippinen freier Handelsverkehr. Dadurch war einerseits für philippinische Rohstoffe und Agrarerzeugnisse der Zugang zum amerikanischen Markt garantiert, andererseits aber war der philippinische Markt für die Einfuhr amerikanischer Industrieprodukte offen. Die amerikanische Einfuhr wurde zwar seit 1955 gewissen Beschränkungen unterworfen, doch die Gegner des Präsidenten forderten statt dessen vor allem hohe Schutzzölle. Ihr Feldzug erreichte vor den Präsidentschaftswahlen von 1957 einen Höhepunkt. Magsaysays Parteifreund Claro Recto und der Liberale José Yulo traten als Gegenkandidaten gegen Magsaysay an. Der Wahlkampf wurde jedoch vom Tod Magsaysays, der bei einem Flugzeugunglück ums Leben kam, überschattet. Sein Nachfolger wurde Vizepräsident Carlos García, der auch die Wahlen gewann. García bemühte sich vorsichtig um eine Ausweitung der wirtschaftlichen Unabhängigkeit des Landes.

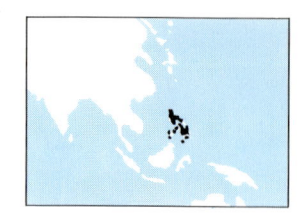

Fläche: 300 000 km²
Hauptstadt: Manila

Zehn Jahre im Überblick

- 10. 11. 1953 Bei den Präsidentschaftswahlen siegt Ramón Magsaysay.
- 17. 3. 1957 Präsident Ramón Magsaysay (49) kommt bei einem Flugzeugunglück ums Leben. Vizepräsident Carlos García wird sein Nachfolger.
- 12. 11. 1957 Die Präsidentschaftswahlen werden von dem amtierenden Präsidenten Carlos García gewonnen.

Grunddaten	1950	1953	1956	1959
1. Einwohnerzahl (in Mill.)	20,3	22,2	24,3	26,6
2. Urbanisationsgrad (in %)	—	—	35,3	—
3. Berufstätige (in % der Gesamtbevölkerung)	—	—	44,0	39,4
4. Bruttosozialprodukt (in Mill. Pesos)	5 689	6 981	—	9 932
5. Anteil des Bruttosozialproduktes in Landwirtschaft	39	34	—	32
Industrie	21	24	—	24
Handel und Dienstleistungen	30	43	—	44
7. Geburtenziffer (in ‰)	21,9	22,1	23,8	25,0
8. Sterbeziffer (in ‰)	8,2	8,8	9,0	7,3
10. Jährlicher Energieverbrauch pro Einw. (in kg Ske)	90	100	139	141
11. Einfuhr (in Mill. US-Dollar)	342	452	506	577
12. Ausfuhr (in Mill. US-Dollar)	331	398	453	530
13. Einwohner pro Arzt	12 000	—	—	—

Polen

Stalinismus und Entstalinisierung

Ende 1948 war Parteichef Władysław Gomułka, der für Polen einen Kommunismus eigener Prägung befürwortete, aus den kommunistischen Führungsgremien ausgeschlossen worden; 1951 hatte man ihn sogar inhaftiert. Sein Nachfolger Bolesław Bierut war ein treuer Gefolgsmann Stalins und der Politik der UdSSR. Im Sechsjahrplan für 1950 bis 1955 lag der Nachdruck auf der Entwicklung der Schwerindustrie. Der Konsumsektor wurde deshalb sehr vernachlässigt. In einer großangelegten Kollektivierungskampagne wurden die selbständigen Bauern durch hohe Steuern und umfangreiche Pflichtablieferungen an den Staat dazu veranlaßt, sich kollektiven Landwirtschaftsbetrieben anzuschließen. Weil jedoch nur unzureichend in die Produktion von Landwirtschaftsmaschinen investiert wurde, blieb die Agrarproduktion sehr zurück.

Am 22. 7. 1952 verabschiedete der Sejm, das Parlament, die neue Verfassung, die Polen offiziell zu einer

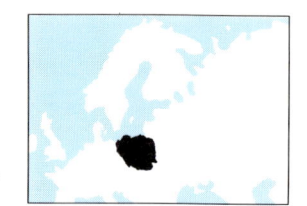

Fläche: 312 677 km²
Hauptstadt: Warschau

Zehn Jahre im Überblick

- 12. 3. 1956 Parteiführer Bolesław Bierut begeht im Alter von 63 Jahren Selbstmord.
- 20. 3. 1956 Edward Ochab wird Erster Sekretär des ZK der Kommunistischen Partei.
- 28. 6. 1956 Bei Demonstrationen in Posen kommen 54 Menschen ums Leben.
- 19. 10. 1956 Władysław Gomułka wird Erster Sekretär des ZK der Kommunistischen Partei.
- 28. 10. 1956 Stefan Kardinal Wyszyński wird aus der Verbannung entlassen.

◁

Stefan Kardinal Wyszyński, Haupt der römisch-katholischen Kirche in Polen, inmitten von Gläubigen. Das Verhältnis zwischen Kirche und Staat war während des ganzen Jahrzehnts eine der wichtigsten politischen Fragen.

Papua-Neuguinea

Fläche: 461 691 km²
Hauptstadt: Port Moresby

Am 1. 7. 1949 war das »Papua and New-Guinea Act« in Kraft getreten, das die australische Kolonie Papua und das australische UN-Treuhandgebiet Neuguinea zu einer administrativen Einheit zusammenschloß. Am 26. 11. 1951 wurde eine Gesetzgebende Versammlung, die überwiegend aus Beamten und ernannten Mitgliedern bestand, eingerichtet. Außerdem wurden im Laufe der 50er Jahre ebenfalls im Rahmen des neuen Gesetzes 40 einheimische Verwaltungsräte eingesetzt, 16 in Papua und 24 in Neuguinea, die über lokale Angelegenheiten zu entscheiden hatten.
Die australische Politik erfuhr in bezug auf ihr Mandatsgebiet nach dem Regierungswechsel von 1949 insofern eine Akzentverschiebung, als die liberal-konservative Regierung dazu neigte, im Hinblick auf strategische Belange die Bindung des Gebiets an Australien aufrechtzuerhalten. Zumindest wollte sie die Unabhängigkeit hinausschieben, bis die Bewohner des Gebiets ein Gefühl der Identifikation mit Australien entwickelt hätten.

Paraguay

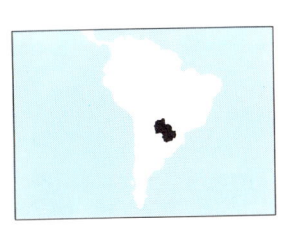

Fläche: 406 752 km²
Hauptstadt: Asunción

Nachdem die politischen Verhältnisse seit 1948 sehr instabil gewesen waren und es häufig zu Unruhen gekommen war, wurde Präsident Federico Chavez 1954 von einer Militärjunta unter General Alfredo Stroessner abgesetzt. Einige Monate später wurde Stroessner zum Präsidenten gewählt. Ihn unterstützten die Armee, deren Oberbefehlshaber er blieb, und die Asociación Nacional Republicana (ANR), besser bekannt als Coloradopartei. Bei den Wahlen von 1958 wurde Stroessner im Amt bestätigt. Stroessner regierte das Land autoritär, aber ohne größere Gewaltanwendung. Er ließ der Opposition kaum Spielraum und stützte sich hauptsächlich auf ein Bündnis der Großgrundbesitzer und des Militärs. Dank einer flexibleren Gesetzgebung in bezug auf Investitionen aus dem Ausland stieg in den 50er Jahren die Industrieproduktion um durchschnittlich 3% jährlich. 1956 wurde ein Landreformprogramm verkündet. Es sah u. a. Kolonisierungsprojekte in den dünner besiedelten Landstrichen, besonders im Osten, vor. Die Hilfe der USA ermöglichte eine Verbesserung der Infrastruktur, die das Land aus seiner geographischen Isolation löste und auch für die Steigerung des Exports notwendig war. In diesem Rahmen entstanden Autostraßen zum Atlantischen Ozean und zum Río de la Plata und ein Netz von Flugverbindungen. Das Schulsystem wurde stark erweitert. Trotz anfänglicher Opposition erwarb sich Stroessner dank der politischen Stabilität seiner Regierung, die den wirtschaftlichen Fortschritt ermöglicht hatte, wachsendes Ansehen.

Peru

Fläche: 1 285 216 km²
Hauptstadt: Lima

Die Präsidentschaftswahlen von 1950 gewann General Manuel Odría, der 1948 durch einen Putsch an die Macht gelangt war und nun für sechs Jahre Präsident wurde. Die an sich autoritäre Regierung Odrías verfolgte eine liberale Handelspolitik, um ausländisches Investitionskapital anzuziehen, was tatsächlich in großem Umfang gelang. Durch den Anstieg des US-amerikanischen Bedarfs an Mineralien während des Koreakriegs wurde Peru der wichtigste Erzproduzent Lateinamerikas. Lebensmittel, hauptsächlich Fleisch und Getreideprodukte, mußten eingeführt werden, weil in den großen Plantagen an der Küste, von denen viele in britischen Händen waren, hauptsächlich Zucker und Baumwolle für den Export produziert wurden. Die Bauern in den Bergen mit ihren primitiven Arbeitsmitteln bauten praktisch nur für den Eigenbedarf an. Um diese Situation zu ändern, stellte man 1951 einen Sechsjahrplan auf, der die Verbesserung der Landwirtschaft, die Erschließung neuer landwirtschaftlicher Gebiete mit Hilfe von Bewässerungsprojekten und den Bau von Straßen, besonders im Amazonasgebiet, wo man auf Erdöl gestoßen war, zum Ziel hatte.
Bei den Präsidentschaftswahlen von 1956 siegte der ehemalige Präsident (1939–1945) Manuel Prado y Ugarteche, der von Odría und der illegalen APRA (Alianza Popular Revolucionaria Americana) unterstützt wurde. Die APRA, 1924 als eine ultralinke Partei von Raúl Haya de la Torre gegründet, war stark nationalistisch und proindianisch ausgerichtet. Ihre Anhänger waren u. a. Intellektuelle, aber auch Angehörige der Mittelschicht, die durch die Entwicklung der Landwirtschaft und des Bergbaus

Zehn Jahre im Überblick

2. 7. 1950	Die Präsidentschaftswahlen gewinnt Manuel Odría.
28. 10. 1954	Einführung des Frauenwahlrechts.
3. 12. 1954	Chile, Ecuador und Peru dehnen ihre Territorialgewässer auf 200 Meilen vor der Küste aus.
16. 2. 1956	In Ostperu rebellieren Armee und Flotte unter General Marcial Merino Pereira. Präsident Odría verkündet den Notstand.
14. 3. 1956	Der Notstand wird aufgehoben.
17. 6. 1956	Präsidentschaftswahlen: Manuel Prado y Ugarteche siegt über Fernando Belaúnde Terry.

und die fortschreitende Industrialisierung stark angewachsen war und neben der kleinen traditionellen Oberschicht zunehmend eine Rolle im politischen Leben zu spielen begann. Eine der ersten Handlungen Prados war die Verkündung einer politischen Amnestie und die Legalisierung der APRA. Seine Regierung war in den ersten Jahren mit Inflation, Dürren und einem Preissturz bei Kupfer, Blei, Zink, Zucker und Baumwolle konfrontiert. Nach 1959 trat aber durch den Export von Fischmehl eine spürbare Besserung ein.

Grunddaten	1950	1953	1956	1959
1. Einwohnerzahl (in Mill.)	8,0	8,4	9,0	9,7
2. Urbanisationsgrad (in %)	—	—	43,6	44,3
3. Berufstätige (in % der Gesamtbevölkerung)	40,8	41,0	41,3	41,6
4. Volkseinkommen (in Mill. Sol)	14 195	20 078	—	35 086
5. Anteil des Volkseinkommens in Landwirtschaft	35	34	—	28
Industrie	23	21	—	25
Handel und Dienstleistungen	41	44	—	47
7. Geburtenziffer (in ‰)	33,3	36,0	36,9	39,2
8. Sterbeziffer (in ‰)	12,9	12,2	12,1	10,8
10. Jährlicher Energieverbrauch pro Einw. (in kg Ske)	190	300	280	317
11. Einfuhr (in Mill. US-Dollar)	176	293	361	294
12. Ausfuhr (in Mill. US-Dollar)	189	219	308	312
13. Einwohner pro Arzt	—	4 500	2 900	—

sammlung wurde im Juni 1955 von den Provinzparlamenten gewählt. Die Moslemliga verlor ihre Mehrheit, blieb jedoch die stärkste Partei. Am 29. 2. 1956 wurde die neue Verfassung verabschiedet, und am 23. 3. wurde die Islamische Republik Pakistan ausgerufen. Ihr erster Präsident wurde General Iskander Mirza, der im September 1955 Ghulam Mohammed als Generalgouverneur abgelöst hatte. Die Verfassung sah ein Zentralparlament vor, dessen 310 Abgeordnete je zur Hälfte in Ost- und Westpakistan gewählt werden sollten. Das Land blieb Mitglied des britischen Commonwealth.
Doch die politischen Spannungen bestanden weiter. Regierungskoalitionen konnten sich nicht lange halten. In Ostpakistan forderte eine starke Gruppierung weiterhin die volle Unabhängigkeit. Schließlich wurde der östliche Landesteil unter eine Präsidialregierung gestellt. In Westpakistan setzten die Pathanen im Nordwesten ihren Kampf für ein unabhängiges Paschtunistan, der schon zur Ermordung Liaquat Ali Kahns geführt hatte, fort, wobei sie vom Nachbarland Afghanistan unterstützt wurden. Am 7. 10. 1958 übernahmen die Streitkräfte die Macht. Mirza verhängte den Belagerungszustand und setzte die Verfassung außer Kraft. Der Oberbefehlshaber der Armee, General Mohammed Ayub Khan, wurde am 27. 10. Staatspräsident. Er regierte autoritär.

Das Verhältnis zum Ausland

Pakistans Außenpolitik war prowestlich orientiert. Das Land wurde Mitglied der Südostasiatischen Vertragsorganisation (SEATO) und des Bagdadpakts. Von den USA erhielt Pakistan bedeutende wirtschaftliche und militärische Unterstützung. Das Verhältnis zur UdSSR kühlte ab, als sich diese in dem Kaschmirkonflikt zwischen Indien und Pakistan auf die Seite Indiens stellte.
Im Suezkonflikt 1956 ergriff Pakistan als eines von nur wenigen asiatisch-afrikanischen Ländern nicht für Ägypten Partei, weil dieses von Indien unterstützt wurde. Das Verhältnis zu Indien war weiterhin schlecht, zum einen wegen Kaschmir und zum anderen wegen der Streitigkeiten um die Verteilung des Induswassers. Auch mit Afghanistan gab es Spannungen, weil dieses Land die pakistanisch-afghanischen Grenzen nicht anerkannte und separatistische Bewegungen unterstützte.

Wirtschaftslage

Bis zur Teilung war das Gebiet Pakistans größtenteils ein Agrarland, das vor allem landwirtschaftliche Erzeugnisse (Baumwolle und Jute) für die später indisch gewordene Industrie lieferte. Anfang der 50er Jahre setzte ein Industrialisierungsprozeß ein. Man errichtete Jute- und Baumwollfabriken, deren Produkte überwiegend exportiert wurden. Weil Mitte des Jahrzehnts trotzdem ein Handelsbilanzdefizit vorlag, verhängte die Regierung Einfuhrbeschränkungen. Dies förderte den Aufbau einer eigenen Industrie für Konsum- und Investitionsgüter, zu dem ausländisches Kapital beitrug. Dennoch nahm bis 1959 das Pro-Kopf-Einkommen kaum zu. Das Wirtschaftswachstum beschränkte sich auf den industriellen Sektor. In den 50er Jahren stagnierte die Landwirtschaft. Erst nach dem Staatsstreich von 1958 wurde eine Landreform eingeleitet. Durch Preiserhöhungen für landwirtschaftliche Erzeugnisse stiegen die Einkommen der Bauern.

Grunddaten	1950	1953	1956	1959
1. Einwohnerzahl (in Mill.)	34,4	36,0	38,6	41,4
2. Urbanisationsgrad (in %)	10,4	—	—	—
3. Berufstätige (in % der Gesamtbevölkerung)	30,7	—	31,7	—
4. Bruttosozialprodukt (in Mrd. Rupien)	20,8	21,9	—	28,0
5. Anteil des Bruttosozialproduktes in verschiedenen Bereichen				
Landwirtschaft	58	53	—	52
Industrie	9	11	—	12
Handel und Dienstleistungen	33	36	—	35
7. Geburtenziffer (in ‰)	19,0	—	—	—
8. Sterbeziffer (in ‰)	12,2	—	—	—
10. Jährlicher Energieverbrauch pro Einw. (in kg Ske)	40	50	52	58
11. Einfuhr (in Mill. US-Dollar)	403	350	417	353
12. Ausfuhr (in Mill. US-Dollar)	489	439	340	321
13. Einwohner pro Arzt	21 000	15 000	11 000	—

Panama

In Panama lag die Schlüsselposition des politischen Lebens bei der Nationalgarde und ihrem Führer, José Remón, der 10 Jahre lang die Politik bestimmte. 1951 wurde Präsident Arnulfo Arías Madrid auf Betreiben Remóns vom Parlament abgesetzt. Remón, der befürchtet hatte, daß Arías eine persönliche Diktatur errichten wollte, wurde 1952 selbst zum Präsidenten gewählt. Während seiner Amtszeit wurden die Verhandlungen mit den USA über einen neuen Kanalvertrag abgeschlossen. Man vereinbarte eine Erhöhung der Pachtzinsen und Zollgebühren, die die USA jährlich an Panama zahlen mußten, von 430 000 Dollar auf 1,9 Millionen Dollar. Die USA zogen sich aus den Gebieten zurück, die nicht unmittelbar dem Betrieb und der Unterhaltung des Kanals dienten. Panamesen, die in der Kanalzone arbeiteten, bekamen die gleichen Rechte wie die Amerikaner, und Panama durfte bei Arbeitnehmern, die in der Kanalzone tätig waren und die keine US-Bürger waren, Steuern erheben. Der Vertrag bewirkte einen starken Anstieg des Volkseinkommens. Außerdem wuchsen auch die Einnahmen aus der immer größer werdenden Flotte, die in Panama registriert war und unter Billigflagge fuhr. Nach der Enteignung des Suezkanals 1956 wurden in Panama die Stimmen immer lauter, die die volle Souveränität über Kanal und Kanalzone forderten.

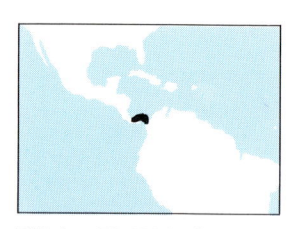

Fläche: 75 650 km²
Hauptstadt: Panamá

Zehn Jahre im Überblick

- 11. 5. 1952 Bei den Präsidentschaftswahlen siegt Oberst José Antonio Remón; er tritt sein Amt am 1. Oktober an.
- 2. 1. 1955 Präsident Remón wird in Ciudad de Panamá ermordet; sein Nachfolger wird am 3. 1. José Ramón Guizado.
- 15. 1. 1955 Präsident Guizado wird abgesetzt und verhaftet, weil man ihn verdächtigt, an der Ermordung seines Vorgängers beteiligt gewesen zu sein. Sein Nachfolger wird Ricardo Arías Espinosa.
- 25. 1. 1955 Der neue amerikanisch-panamesische Kanalvertrag wird unterzeichnet.
- 13. 5. 1956 Bei den Präsidentschaftswahlen siegt Ernesto de la Guardia; er tritt sein Amt am 1. Oktober an.

Pakistan

Österreich III
S. 129 – 27

▷ *Bundeskanzler Julius Raab (links) besuchte 1958 die UdSSR. Der Staatsvertrag hatte die Beziehungen zwischen beiden Ländern entkrampft.*

67224, und 1958 lag es bei 130955 zu 84586 Stimmen. In den gesamten 50er Jahren, besonders 1957/58, kam es in Südtirol zu Anschlägen, Streiks und Demonstrationen. Die österreichische Seite bemühte sich vergebens um ein größeres Maß an Autonomie für Südtirol, als es Italien 1946 im sog. Gruber-de Gasperi-Abkommen zugestanden hatte.

In Österreich, bis 1918 Mittelpunkt der Doppelmonarchie Österreich-Ungarn und noch immer eng mit dem Donaugebiet verbunden, erregte der Ungarnaufstand von 1956 große Betroffenheit. Als Berichte über eine sowjetische Intervention Wien erreichten, berief der österreichische Außenminister Figl die Botschafter der Sowjetunion, Großbritanniens, der USA und Frankreichs zu sich und versuchte vergeblich, Verhandlungen in Gang zu bringen. In der UNO setzte sich Österreich für die Leistung humanitärer Hilfe an Ungarn ein. Viele Flüchtlinge wurden in Österreich aufgenommen.

So waren die 50er Jahre für Österreich eine Periode, in der es seine Unabhängigkeit zurückerhielt und internationales Ansehen erwerben konnte. Damals begann auch der Aufstieg Bruno Kreiskys, der 1953 Staatssekretär im Bundeskanzleramt für Auswärtige Angelegenheiten geworden war und 1959 Außenminister wurde. Damit brach für Österreichs Außenpolitik eine neue Epoche an.

Pakistan

Fläche: 946719 km²
Hauptstadt: Karatschi

Unruhe im Innern

Die bei der Teilung Britisch-Indiens (1947) in die beiden Staaten Pakistan und Indien entstandene räumliche Trennung der beiden Teile Pakistans hatte auf die politischen Ereignisse in Pakistan Anfang der 50er Jahre großen Einfluß. Die politische Führung wurde durch die Ermordung von Liaquat Ali Khan, dem Premierminister und Führer der Moslemliga, am 16. 10. 1951, geschwächt. Der starke Mann hinter den Kulissen war nun der neue Generalgouverneur Ghulam Mohammed.

Die Ermordung Ali Khans führte zu einer gespannten Situation. Die Regierungen der Provinzen begannen sich von der Zentralregierung zu distanzieren, und der Entwurf einer Verfassung machte kaum Fortschritte. Besonders die Beziehung zwischen Ostpakistan und den westpakistanischen Provinzen verschlechterte sich. Die wachsende Unzufriedenheit in Ostpakistan führte bei den Wahlen zum Provinzparlament von 1954 zu einer schweren Niederlage der regierenden Moslemliga. Die vom Sieger, der Vereinigten Front, gebildete Regierung wurde jedoch schon bald von der Zentralregierung abgesetzt.

Als im Oktober 1954 die Verfassunggebende Versammlung eine Verfassung verabschieden wollte, die die Macht des Generalgouverneurs erheblich geschmälert hätte, verkündete Ghulam Mohammed den Notstand und löste dieses Gremium auf. Sein anschließender Versuch, eine seinen persönlichen Einfluß weiter stärkende Verfassung durchzubringen, wurde jedoch vom Obersten Gerichtshof vereitelt.

Eine neue Verfassunggebende Ver-

Im Gegensatz zu Indien war Pakistan in seiner Außenpolitik stark westlich orientiert. Auf dem Foto unterzeichnen der pakistanische Außenminister Zafizullah Khan (links) und der US-amerikanische Vertreter Harold Stassen ein Abkommen.

Zehn Jahre im Überblick

16. 10. 1951	Premierminister Liaquat Ali Khan wird von dem paschtunischen Nationalisten Said Akbar Khan ermordet.
24. 10. 1954	Generalgouverneur Ghulam Mohammed löst die Verfassunggebende Versammlung auf und verkündet den Notstand.
21. 6. 1955	Wahlen für die Verfassunggebende Versammlung; die Moslemliga verliert ihre absolute Mehrheit.
19. 9. 1955	Generalgouverneur Ghulam Mohammed tritt aus Gesundheitsgründen zurück; sein Nachfolger wird Iskander Mirza.
23. 3. 1956	Die neue Verfassung tritt in Kraft; Iskander Mirza wird als Staatspräsident vereidigt.
11. 3. 1957	Staatspräsident Mirza stellt Westpakistan unter direkte Präsidialverwaltung.
24. 6. 1958	Staatspräsident Mirza stellt Ostpakistan unter direkte Präsidialverwaltung.
7. 10. 1958	Staatspräsident Mirza verhängt den Belagerungszustand.
27. 10. 1958	Präsident Iskander Mirza tritt zurück; General Mohammed Ayub Khan übernimmt sein Amt.

Österreich

miermininister Nehru, sich für die Sache Österreichs bei den Sowjets einzusetzen. Außerdem erklärte sich die Regierung in einem Memorandum an die Sowjetunion zu Verhandlungen bereit.

Doch erst der Tod Stalins und das darauffolgende Tauwetter im Kalten Krieg, vor allem aber die Einsicht, daß mit einem kommunistischen Putsch nach dem Vorbild der Tschechoslowakei (1948) nicht zu rechnen war, brachten Österreich die Chance der Freiheit. Die Besatzungsmächte erklärten sich mit einem Neutralitätsstatus nach Schweizer Vorbild einverstanden. Am 15. 5. 1955 unterzeichneten die Außenminister Molotow, Macmillan, Dulles und Pinay sowie ihr österreichischer Kollege Leopold Figl im Schloß Belvedere in Wien den Staatsvertrag, der Österreich seine Unabhängigkeit zurückgab. Daraufhin nahm das Parlament am 7. 6. 1955 einstimmig eine Neutralitätserklärung an. Ein eigenes Heer wurde aufgestellt, und am 19. 9. 1955 verließen die letzten sowjetischen Soldaten das Land. Die immerwährende freiwillige Neutralität wurde am 26. 10. 1955 durch das Bundesverfassungsgesetz über die Neutralität bekräftigt. Im Dezember 1955 wurde Österreich Mitglied der Vereinten Nationen. Am 21. 2. 1956 schloß es sich dem Europarat an.

Nach dem Staatsvertrag

Die SPÖ hatte bei den Wahlen 1953 ihren Rückstand gegenüber der ÖVP fast aufgeholt (SPÖ 73, ÖVP 74 Sitze). Julius Raab (ÖVP) hatte Leopold Figl als Bundeskanzler abgelöst, der seinerseits Ende November 1953 das Außenministerium übernahm. Bei den Wahlen vom Mai 1956 konnten beide Parteien, vor allem aber die ÖVP, ihren Anhang auf Kosten der kleineren Parteien noch vergrößern. Die ÖVP erhielt 82 und die SPÖ 74 Sitze. Raab blieb Bundeskanzler. Im Jahr darauf wurde der SPÖ-Vorsitzende Adolf Schärf, der seit 1945 Vizekanzler gewesen war, zum Nachfolger des verstorbenen Bundespräsidenten Körner gewählt. Auf der Grundlage der neu erworbenen Unabhängigkeit konnte Österreich seine Position weiter festigen. Mit der Bundesrepublik Deutschland wurden wirtschaftliche und rechtliche Fragen, die aus der Zeit des Anschlusses 1938 bis 1945 herrührten, geregelt; die Sowjetunion konnte man zur Verminderung der Erdöl-Pflichtlieferungen bewegen; Österreich trat der 1948 geschlossenen Donaukonvention bei und erhielt von den USA das beschlagnahmte österreichische Vermögen zurück. Nach den Wahlen von 1959 waren ÖVP (79 Sitze) und SPÖ (78 Sitze) wieder fast gleich stark. Die KPÖ, deren Wähleranteil kontinuierlich gesunken war, schied endgültig aus dem Nationalrat aus. Bundeskanzler blieb Julius Raab, Vizekanzler – wie seit der Wahl Schärfs zum Bundespräsidenten 1957 – Bruno Pittermann (SPÖ).

Ein besonderes Problem für Österreich war Südtirol, das nach dem 1. Weltkrieg abgetrennt und an Italien gefallen war. Nach dem 2. Weltkrieg war dies so geblieben. Österreich fühlte sich verpflichtet, sich für Südtirol einzusetzen, stieß aber zunächst auf eine nur geringe Verständigungsbereitschaft Italiens. Nach dem 2. Weltkrieg war die Zahl der Italiener in diesem Gebiet stark angestiegen. 1948 wurden bei Wahlen 108 053 Stimmen für die deutschen Parteien und 50 593 Stimmen für die italienischen Parteien abgegeben. 1956 betrug dieses Verhältnis 125 180 zu

Zehn Jahre im Überblick

31. 12. 1950	Tod von Bundespräsident Karl Renner (SPÖ).
27. 5. 1951	Theodor Körner (SPÖ) wird zum Bundespräsidenten gewählt.
22. 2. 1953	Die SPÖ bucht bei den Wahlen einen Stimmenzuwachs und erlangt 73 Sitze gegenüber 74 der ÖVP. Auf die rechtsgerichteten Unabhängigen entfallen 14 Sitze und auf die Kommunisten 4.
2. 4. 1953	Nach gescheiterten Versuchen des bisherigen Bundeskanzlers Leopold Figl (ÖVP) bildet Julius Raab (ÖVP) eine Koalitionsregierung mit der SPÖ.
11. 4. 1955	Bundeskanzler Julius Raab stattet Moskau einen dreitägigen Staatsbesuch ab.
15. 5. 1955	Österreich erhält durch die Unterzeichnung des Staatsvertrages durch die UdSSR, Großbritannien, die USA, Frankreich und Österreich seine volle Unabhängigkeit.
7. 6. 1955	Das Parlament erklärt Österreich für neutral.
26. 10. 1955	Bundesverfassungsgesetz über die Neutralität.
15. 12. 1955	Österreich wird Mitglied der UNO.
21. 2. 1956	Österreich schließt sich dem Europarat an.
1. 3. 1956	Sturz der Koalitionsregierung.
13. 5. 1956	Die ÖVP erzielt bei den Wahlen bedeutende Gewinne und erhält 82 Sitze im Nationalrat. Die SPÖ erlangt 74 Sitze, die Unabhängigen 6 und die Kommunisten 3.
4. 1. 1957	Tod von Bundespräsident Theodor Körner (SPÖ).
5. 5. 1957	Adolf Schärf (SPÖ) wird zum Bundespräsidenten gewählt.
10. 5. 1959	Bei den Wahlen verlieren die Kommunisten ihre Mandate. Die ÖVP erlangt 79 und die SPÖ 78; die Unabhängigen kommen auf 8 Sitze.
14. 7. 1959	Bundeskanzler Julius Raab bildet eine neue Koalitionsregierung mit der SPÖ.

Theodor Körner

Österreich II
S. 129 – 26

Grunddaten	1950	1953	1956	1959
1. Einwohnerzahl (in Mill.)	6,9	6,9	7,0	7,0
2. Urbanisationsgrad (in %)	49,2	—	—	—
3. Berufstätige (in % der Gesamtbevölkerung)	48,5	48,8	50,8	51,5
4. Bruttosozialprodukt (in Mrd. Schilling)	47,6	73,6	—	120,2
5. Anteil des Bruttosozialproduktes in				
Landwirtschaft	18	16	—	14
Industrie	49	51	—	50
Handel und Dienstleistungen	32	44	—	36
6. Arbeitslosenquote (in % der berufsfähigen Bevölkerung)	6,2	9,0	5,4	4,8
7. Geburtenziffer (in ‰)	15,6	14,8	16,6	17,6
8. Sterbeziffer (in ‰)	12,4	12,0	12,4	12,5
9. Lebenserwartung bei Neugeborenen (in Jahren)				
Männer	61,9	—	—	—
Frauen	67,0	—	—	—
10. Jährlicher Energieverbrauch pro Einw. (in kg Ske)	1 540	1 730	1 908	1 949
11. Einfuhr (in Mill. US-Dollar)	447	546	974	1 145
12. Ausfuhr (in Mill. US-Dollar)	326	538	849	968
13. Einwohner pro Arzt	—	650	610	—

Der Abschluß des Staatsvertrages im Jahre 1955 wurde wie eine Befreiung gefeiert. Hier ein Fackelzug österreichischer Katholiken in Wien im September 1955.

Oman

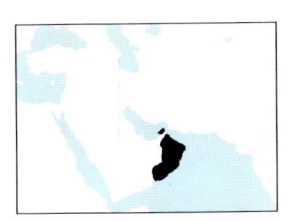

Fläche: 212 457 km²
Hauptstadt: Maskat

Sultan Said ibn Taimur.

Im Sultanat Oman und Maskat lag die Macht formal seit 1932 in den Händen von Sultan Said ibn Taimur. In der Praxis regierte er aber nur die Küstenzone. Der Sultan herrschte wie ein mittelalterlicher Despot. Das Land kannte keine Sozialgesetzgebung, und es gab noch Sklaverei.
Der geistliche Führer des Landes, bis 1952 Imam Kahili und danach Imam Galeb ibn Ali, hatte die Macht im gebirgigen Inland. Der traditionelle Gegensatz zwischen Sultan und Imam wurde in den 50er Jahren durch die Einmischung Saudi-Arabiens akut. Von 1952 bis 1955 besetzten die Saudis die Oase Buraimi, wo große Ölvorkommen vermutet wurden. Imam Galeb ibn Ali nutzte diese Besetzung für seine Zwecke, indem er sich vom Sultan löste und seine Herrschaft ausweitete. Aufgrund alter Verträge, die 1951 verlängert worden waren, unterstützten britische Truppen den Sultan. 1957 unternahm der Imam mit seinen Anhängern, politisch unterstützt von Saudi-Arabien und der Arabischen Liga, einen Aufstand. Der zweijährige Wüstenkrieg, der darauf folgte, wurde durch die militärische Unterstützung der Briten zum Vorteil von Sultan Said beigelegt. Die Verwicklungen im Sultanat gaben der Spekulation Nahrung, daß es hier u. a. um eine Rivalität zwischen amerikanischen und britischen Ölfirmen ging.

Österreich

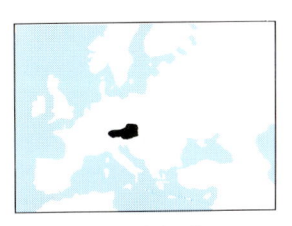

Fläche: 83 849 km²
Hauptstadt: Wien

Österreich I
S. 129 – 25

Leopold Figl (links) und Julius Raab.

Souverän, aber besetzt

1945 war Österreich im Prinzip wieder ein souveräner Staat geworden, der jedoch von Truppen der USA, Großbritanniens, Frankreichs und der Sowjetunion besetzt war. Viele Betriebe wurden nationalisiert, so daß rd. 20% der Industrie in Staatsbesitz waren. Die Österreichische Volkspartei (ÖVP) und die Sozialistische Partei Österreichs (SPÖ) waren mit Abstand die größten Parteien. Bei den Wahlen vom Oktober 1949 erlangten sie 77 bzw. 67 Sitze; 16 Sitze entfielen auf die Unabhängigen und 5 auf den sowjetisch beeinflußten Linken Block, in dem Kommunisten und einige Linkssozialisten zusammenarbeiteten. Von 1945 bis zu seinem Tod im Dezember 1950 war Karl Renner, der der SPÖ angehörte und von April bis Dezember 1945 erster Staatskanzler des neuen Österreich gewesen war, Staatspräsident. Theodor Körner (SPÖ), bisher Bürgermeister von Wien, wurde sein Nachfolger.
Auch Österreich erfuhr die Folgen des Kalten Krieges. Das äußerte sich einerseits in sowjetischen Versuchen, durch den Einsatz des moskauhörigen linksextremen Flügels der Arbeiterbewegung Einfluß auf das ganze Land und seine Regierung zu gewinnen, aus der die schwache KP im Jahr 1947 ausgeschieden war, und andererseits in den Verhandlungen über den Status des Landes. Als die Regierung neue Lohn- und Preisregelungen verabschiedet hatte, rief der Linke Block die Arbeiter zu einem Generalstreik auf, der am 4. 10. 1950 beginnen sollte. Die Initiatoren hofften, so die Leitung der Gewerkschaften in die Hand zu bekommen. Nachdem der Streikaufruf nur in wenigen Betrieben befolgt worden war, versuchten die Kommunisten, die Arbeiter mit Gewalt zum Streiken zu zwingen und den Verkehr in Wien und zwischen den Besatzungszonen lahmzulegen. Gegenaktionen der Gewerkschaften nötigten den Linken Block, den Streikaufruf zurückzuziehen. Am 6. 10. waren Ruhe und Ordnung wiederhergestellt.

Wiederherstellung der Unabhängigkeit

Österreich war zwar ein souveräner, aber keineswegs ein unabhängiger Staat. Die Außenminister der vier Besatzungsmächte und ihre Stellvertreter hatten sich über diesen Punkt 1949 und 1950 nicht einigen können, da die Sowjetunion nicht bereit war, einem Österreich die Unabhängigkeit zuzugestehen, auf dessen Innenpolitik sie keinen Einfluß hatte. Am 31. 7. 1952 forderte die Regierung in einem Memorandum an alle Regierungen, mit denen sie Beziehungen unterhielt, das Ende der Besetzung und die Wiederherstellung der Unabhängigkeit. Daraufhin schlug Brasilien in der UNO vor, einen dringenden Appell an die vier Besatzungsmächte zu richten. Die brasilianische Initiative führte dazu, daß die UNO-Vollversammlung ohne Gegenstimmen und bei zwei Enthaltungen (Afghanistan und Pakistan) am 20. 12. 1952 eine Resolution verabschiedete, in der festgestellt wurde, daß die vier Besatzungsmächte auf Grund der Moskauer Deklarationen vom 1. 11. 1943 verpflichtet seien, an der Wiederherstellung eines freien und unabhängigen Österreich mitzuwirken. Die kommunistischen Länder waren bei der Abstimmung nicht zugegen, weil sie die Zuständigkeit der UNO in dieser Angelegenheit bestritten. 1953 bat Außenminister Karl Gruber den indischen Pre-

Nigeria

Beherrschend für die politische Diskussion der 50er Jahre war die Kontroverse zwischen Anhängern eines Einheitsstaats und Befürwortern einer Föderation zwischen den drei von Großbritannien eingerichteten Provinzen. Die intellektuelle Elite und ein Teil der Geschäftswelt, vor allem aus dem relativ hochentwickelten Volk der Ibo, organisiert im National Council for Nigeria and the Cameroons (NCNC) unter Nnamdi Azikiwe und Herbert Macaulay, optierten für eine dominierende Zentralregierung. Die 1951 gegründete Action Group (AG) in der vom Yorubavolk bewohnten Westregion hatte ähnliche Vorstellungen. Dagegen strebte der konservative Northern People's Congress (NPC) unter dem späteren Regierungschef Tafawa Balewa damals nach einer weitgehenden regionalen Autonomie. Die NPC vertrat vor allem die traditionelle Aristokratie der Haussa und der Fulani in der islamischen Nordregion, in der mehr als die Hälfte der Bevölkerung lebte.

Nicht zuletzt als Folge des Regionalismus im Norden kam es nicht zur Bildung landesweit tätiger Parteien. Der föderative Standpunkt der NPC setzte sich in den Verfassungsentwürfen von 1952 und 1954 durch. Auch die Verfassungskonferenzen im 1956 und 1957 in London legten das Prinzip des Föderalismus fest. 1957 erhielten die West- und die Ostregion regionale Autonomie. Der Norden folgte 1959. Als Datum der Unabhängigkeit wurde der 1. 10. 1960 bestimmt.

Bei den zuvor stattfindenden Wahlen im Jahre 1959 siegte die NPC mit 142 der 312 Sitze. NPC und NCNC bildeten daraufhin ein Koalitionskabinett unter Regierungschef Tafawa Balewa.

Zehn Jahre im Überblick

1. 10. 1954	Nigeria wird eine Föderation unter einem britischen Generalgouverneur.
8. 8. 1957	Ost- und Westnigeria erhalten Selbstverwaltung.
2. 9. 1957	Abubakar Tafawa Balewa vom Northern People's Congress wird der erste nigerianische Regierungschef der Föderation.
15. 3. 1959	Der nördliche Bundesstaat erhält Selbstverwaltung.
12. 12. 1959	Bei den allgemeinen Wahlen wird der NCP die stärkste Partei.
15. 12. 1959	Abubakar Tafawa Balewa wird als Regierungschef wiederernannt.

Die wirtschaftlichen Aussichten der neuen Bundesregierung waren günstig, da seit 1958 Erdöl ausgeführt wurde. Die Mehrheit der Bevölkerung lebte jedoch weiterhin von der Landwirtschaft; Kakao war der wichtigste Exportartikel.

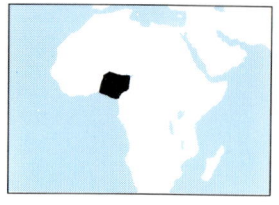

Fläche: 868 273 km²
Hauptstadt: Lagos

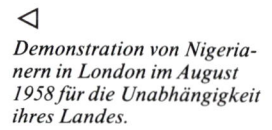

◁
Demonstration von Nigerianern in London im August 1958 für die Unabhängigkeit ihres Landes.

Grunddaten	1950	1953	1956	1959
1. Einwohnerzahl (in Mill.)	33,2	35,5	38,2	41,3
3. Berufstätige (in % der Gesamtbevölkerung)	—	47,9	—	—
4. Bruttosozialprodukt (in Mill. Pfund Sterling)	512,1	665,0	—	924,3
5. Anteil des Bruttosozialproduktes in verschiedenen Bereichen				
Landwirtschaft	67	65	—	68
Industrie	7	8	—	8
Handel und Dienstleistungen	28	27	—	23
7. Geburtenziffer (in ‰)	62,1	44,4	48,7	55,1
8. Sterbeziffer (in ‰)	15,5	13,6	11,7	13,4
10. Jährlicher Energieverbrauch pro Einw. (in kg Ske)	40	30	37	44
11. Einfuhr (in Mill. US-Dollar)	173	303	428	500
12. Ausfuhr (in Mill. US-Dollar)	253	348	377	458
13. Einwohner pro Arzt	—	57 000	61 000	—

Norwegen

Führende Partei war in Norwegen auch in den 50er Jahren die sozialdemokratische Arbeiterpartei (DNA), die seit 1945 eine absolute Mehrheit im Parlament besaß. Die stabilen politischen Verhältnisse blieben nach den Wahlen von 1953 und 1957 im wesentlichen unverändert. Nach einer sechsjährigen Amtszeit trat Ministerpräsident Einar Gerhardsen 1951 zurück. Nachfolger wurde sein Parteifreund Oscar Torp. Torp setzte die Wirtschaftspolitik, die auf einen raschen Aufbau neuer Industriezweige zielte, fort.

Die vielen Investitionen rissen jedoch eine Lücke in den während des Krieges aufgebauten Devisenvorrat. Die schwankenden Einnahmen aus dem Export und dem Schifftransport verschlimmerten diese Situation noch. Vertreter der Wirtschaft forderten eine andere Politik und verlangten mehr Spielraum für die Betriebe und für ausländisches Kapital. Als die Verhandlungen darüber mit der Regierung scheiterten, trat das Kabinett Torp im Januar 1955 zurück. Die neue Regierung Gerhardsen zeigte sich nachgiebig. Trotz der wechselhaften Entwicklung der Wirtschaft nahm der Wohlstand zu. 1957 starb der populäre König Haakon VII., der sein Amt seit 1905 innegehabt hatte. Sein Sohn, Kronprinz Olaf, wurde sein Nachfolger.

Fläche: 324 219 km²
Hauptstadt: Oslo

Zehn Jahre im Überblick

19. 11. 1951	Ministerpräsident Einar Gerhardsen wird von seinem Parteifreund, dem Sozialisten Oscar Torp, abgelöst.
18. 12. 1951	Der Internationale Gerichtshof erkennt die Viermeilenzone Norwegens an; gegen diese Ausdehnung der Territorialgewässer hatte sich Großbritannien 30 Jahre lang zur Wehr gesetzt.
12. 10. 1953	Die Sozialdemokraten halten mit 77 der 150 Sitze die Mehrheit im Parlament.
21. 1. 1955	Ministerpräsident Einar Gerhardsen bildet ein Kabinett.
21. 9. 1957	König Haakon VII. stirbt im Alter von 85 Jahren. An seine Stelle tritt sein Sohn Olaf V.
7. 10. 1957	Wahlen: Die Sozialdemokraten bleiben mit 78 Sitzen stärkste Partei.

ten sich die Niederlande eindeutig für die europäische Zusammenarbeit entschieden.
Durch das Statut des Königreichs der Niederlande vom 15. 12. 1954 wurden die kolonialen Verhältnisse zwischen den Niederlanden und den Überseegebieten Surinam und den Niederländischen Antillen (Aruba, Curaçao, Bonaire, St. Martin, St. Eustatius und Saba) neu geregelt. Sie erhielten nun Selbstverwaltung innerhalb des Königreichs unter der konstitutionellen Oberhoheit der niederländischen Krone. Verteidigung und Außenpolitik übernahm weiter die Regierung in Den Haag. In wirtschaftlicher Hinsicht blieben die Antillen und Surinam jedoch völlig von den Niederlanden abhängig.

Niederländische Antillen

Fläche: 961 km²
Hauptstadt: Willemstad

Die 50er Jahre wurden auf den Niederländischen Antillen durch Veränderungen des politischen Systems geprägt. 1951 kam die Inselregelung zustande, die den sechs einzelnen Inseln eine weitgehende Autonomie gegenüber der zentralen Verwaltung gab. Die Einführung dieser Regelung wurde durch die separatistischen Bestrebungen auf Aruba beschleunigt.
Am 15. 12. 1954 unterzeichnete Königin Juliana das Statut, das den Niederländischen Antillen und Surinam die volle innere Autonomie gab. Die drei Bestandteile des Königreichs (Niederlande, Surinam, Antillen) waren fortan für die eigenen Belange auf der Grundlage der Gleichberechtigung selbst zuständig; die gemeinsamen Belange (u. a. die Außenpolitik) sollten sie gemeinsam wahrnehmen. Der Gouverneur als Vertreter der niederländischen Krone blieb die höchste Autorität.
Die Ölindustrie war seit den 20er Jahren die treibende wirtschaftliche Kraft auf Aruba und Curaçao. 1950 zahlte die Shell an Gehältern, lokalen Einkäufen u. a. einen Betrag, der dem gesamten Budget Curaçaos entsprach. Durch einen starken Preisrückgang waren die Raffinerien im Laufe der 50er Jahre jedoch zur Rationalisierung gezwungen. Technische Modernisierung, Automatisierung und die Aufgabe betriebsfremder Aktivitäten wirkten sich katastrophal auf die Beschäftigungslage aus. Die Ausländer (darunter viele Surinamer) wurden als erste entlassen, doch danach folgten auch viele Antillianer. Durch die einseitige Orientierung konnten Tausende, vornehmlich Jugendliche, keine Arbeit mehr bekommen; die strukturelle Arbeitslosigkeit stieg dadurch bis 1960 auf rd. 20%.
Für einen partiellen Ausgleich sorgte der in den 50er Jahren stark wachsende Tourismus, vor allem aus den USA.

Niederländisch-Neuguinea

Fläche: 416 000 km²
Hauptstadt: Hollandia

Auf der Round-table-Konferenz von 1949 über die Unabhängigkeit Indonesiens hatten sich die Niederlande und Indonesien über die Zukunft Neuguineas nicht einigen können. In den darauffolgenden Jahren wurde das niederländisch-indonesische Verhältnis immer schlechter. Die 1953 einsetzende Verhaftungswelle und die Prozesse gegen Niederländer in Indonesien, denen man vorwarf, Untergrundbewegungen unterstützt zu haben, säten viel Haß und Mißtrauen.
Die Niederlande verteidigten den Besitz Neuguineas unter Berufung auf das Selbstbestimmungsrecht der Papuas. Es war, so meinte man, die Aufgabe der niederländischen Kolonialregierung, die Bevölkerung Neuguineas auf ein Zivilisationsniveau zu bringen, das es ihnen ermöglichte, selbst über die Zukunft ihres Landes zu entscheiden. In diesem Rahmen war man bestrebt, sie immer mehr an der Ausübung der Regierungsgewalt zu beteiligen. Außerdem wurden das Bildungs- und Gesundheitswesen kräftig gefördert. Die grundsätzlich richtige niederländische Auffassung über die nicht vorhandene Berechtigung der indonesischen Ansprüche hatte allerdings auch wirtschaftliche und politische Aspekte: Der Besitz Neuguineas garantierte die bleibende niederländische Präsenz in Ostasien und damit, so dachte man vor allem in Kreisen der konfessionellen Parteien und der VVD, den Rang der Niederlande als einer mittelgroßen Macht. Exponent dieser Politik war Joseph Luns, der seit 1952 für die Außenpolitik verantwortlich war.
In der zweiten Hälfte der 50er Jahre bekam der niederländisch-indonesische Konflikt um Neuguinea einen immer schärferen Charakter. Er führte in den Niederlanden zu einer wachsenden Kritik an der Neuguineapolitik. Diese Kritik kam von kirchlicher Seite, aber auch aus Kreisen der Unternehmer, die ihre Belange in Indonesien gefährdet sahen. Ihre Furcht bewahrheitete sich, als Sukarno Ende 1957, nachdem er in der UNO erneut keine Mehrheit für seine Forderungen gefunden hatte, einen Kurs der Konfrontation einschlug. Die niederländischen Unternehmen in Indonesien wurden verstaatlicht, und gut 40 000 niederländische Staatsbürger wurden ausgewiesen. Doch die niederländische Regierung weigerte sich nachzugeben. Außenminister Luns sah, nicht völlig zu Unrecht, in Indonesien einen von Moskau unterstützten Aggressor.

▷ *Ankunft einer Delegation aus Niederländisch-Neuguinea auf dem Flughafen Schiphol; ganz links Nicolaas Jouwe, der bekannteste Verfechter des Autonomiegedankens für dieses Gebiet.*

Niederlande

Probleme mit Indonesien

Die bei der Round-table-Konferenz von 1949 zustande gekommene Niederländisch-Indonesische Union stand von Anfang an auf unsicherer Grundlage. Der erste Streitpunkt betraf die vereinbarte föderative Staatsform Indonesiens. Für die radikalen Nationalisten Indonesiens war diese auf den Schutz von kulturellen Minderheiten orientierte Staatsform unannehmbar. Präsident Sukarno proklamierte im August 1950 den Einheitsstaat und begann mit der erfolgreichen Ausschaltung aller auf Autonomie gerichteten Tendenzen, u. a. der kurz zuvor ausgerufenen Republik der Südmolukken (RMS). Viele Südmolukker flüchteten in die Niederlande. Dort wurde diese schnell wachsende Gruppe von 15 000 Menschen in abgesonderten Wohnvierteln untergebracht, wo man sie in der Illusion beließ, irgendwann einmal ihre Republik wiederaufrichten zu können.

Der zweite Streitpunkt betraf die Zukunft des noch niederländischen West-Neuguinea, auf das Indonesien nur deshalb Ansprüche erhob, weil es zum ehemaligen niederländischen Kolonialgebiet gehörte, obwohl keinerlei völkische, kulturelle und historische Beziehungen zu Indonesien bestanden. Da die Niederländer zunächst nicht zu Konzessionen bereit waren, löste Indonesien die Union mit den Niederlanden 1956 und begann 1957 mit der Nationalisierung der niederländischen Unternehmen und der Ausweisung der niederländischen Staatsbürger.

Krisen um die Königin

Ein großes Gesprächsthema war der Einfluß, den die Gesundbeterin Greet Hofmans in diesen Jahren auf Königin Juliana ausübte. 1952 hatte die Königin während eines Besuchs in den USA ihre pazifistischen Auffassungen deutlich zu erkennen gegeben, um so bemerkenswerter in einer Zeit, in der der Kalte Krieg seinen Höhepunkt erreicht hatte. Etwa gleichzeitig setzte sie sich für eine Begnadigung des zum Tode verurteilten Kriegsverbrechers Willy Lages zu lebenslanger Haft ein. Die äußerst weitgehende Diskretion der niederländischen Presse in der Angelegenheit Greet Hofmans konnte nicht verhindern, daß 1956 durch ausländische Zeitungen Gerüchte über einen ernsthaften Konflikt zwischen Königin Juliana auf der einen und Prinz Bernhard und der Regierung auf der anderen Seite durchsickerten. Es drohte eine Staatskrise, doch gab die Königin schließlich nach und brach alle Kontakte zu Greet Hofmans ab.

Innenpolitik

1956 waren durch eine Verfassungsänderung die Zweite Kammer um 50 Sitze auf 150 Sitze und die Erste Kammer um 25 auf 75 Sitze erweitert worden. Die PvdA wurde nach den Wahlen mit 50 Sitzen erneut die stärkste Partei im Parlament und war wieder an der Regierung beteiligt. Die PvdA-Minister mußten aber hinnehmen, daß sich ihr Name mit den unpopulären Ausgabenkürzungen durch Steuererhöhungen verband, die wegen des Defizits der Zahlungsbilanz notwendig geworden waren. 1958 brachte die KVP das letzte Kabinett Drees deswegen zu Fall. Unter dem konfessionellen Rumpfkabinett Beel wurden Neuwahlen ausgeschrieben. Die PvdA verlor und wurde zum ersten Mal seit ihrem Bestehen Oppositionspartei. Der große Sieger war die liberale VVD, die in der Regierung den Platz der PvdA einnahm. Das neue Kabinett de Quay (1959–1963) nahm sich vor, den Einfluß des Staates zurückzudrängen. Und tatsächlich bewiesen die Einschränkung der Staatsausgaben, die Erleichterung des Steuerdrucks, die Liberalisierung der Wohnungsbaupolitik und besonders die Politik der freieren, »differenzierten« Lohnbildung, daß sie mit ihrem Programm ernst machen wollte.

Außenpolitik

Als die VVD 1952 aus den Verhandlungen zur Bildung des damaligen Kabinetts Drees ausschied, forderte die KVP das Außenministerium. Nach Einwänden der PvdA entschloß man sich zu einer Zweiermannschaft: J. W. Beijen als parteiloser Außenminister und der KVP-Politiker Joseph Luns als Minister ohne Portefeuille waren zusammen für das Ressort »Auswärtiges« zuständig. 1956 wurde Luns allein Außenminister und füllte dieses Amt 15 Jahre lang aus. Er gab der niederländischen Außenpolitik eine Gestalt, die charakterisiert wurde durch Treue zum Atlantischen Bündnis und Bemühungen um die europäische Einigung. Seit dem Verlust Indonesiens hat-

Königin Juliana während ihrer Thronrede 1958 im Rittersaal in Den Haag.

Grunddaten	1950	1953	1956	1959
1. Einwohnerzahl (in Mill.)	10,1	10,5	10,9	11,4
2. Urbanisationsgrad (in %)	32,2	—	—	—
3. Berufstätige (in % der Gesamtbevölkerung)	—	—	36,7	—
4. Bruttosozialprodukt (in Mill. Gulden)	16 639	21 115	—	32 590
5. Anteil des Bruttosozialproduktes in				
Landwirtschaft	14	12	—	11
Industrie	40	42	—	41
Handel und Dienstleistungen	46	46	—	48
6. Arbeitslosenquote (in % der berufsfähigen Bevölkerung)	2,0	2,8	0,9	1,8
7. Geburtenziffer (in ‰)	22,7	21,7	21,2	21,3
8. Sterbeziffer (in ‰)	7,5	7,7	7,8	7,6
9. Lebenserwartung bei Neugeborenen (in Jahren)				
Männer	71,0	—	71,4	—
Frauen	73,9	—	74,8	—
10. Jährlicher Energieverbrauch pro Einw. (in kg Ske)	1 960	2 220	2 556	2 698
11. Einfuhr (in Mill. US-Dollar)	2 056	2 375	3 725	3 939
12. Ausfuhr (in Mill. US-Dollar)	1 413	2 153	2 862	3 607
13. Einwohner pro Arzt	—	1 200	1 000	900

Sowjetunion

Das »Tauwetter« nach Stalins Tod

In den letzten Jahren der Herrschaft Josif Stalins galt die Wirtschaftspolitik hauptsächlich der Behebung der Kriegsschäden. Zudem nahm man große Projekte in Angriff, wie etwa den Bau des Wolga-Don-Kanals, der am 31. 5. 1952 eröffnet wurde. Im Oktober 1952 fand der XIX. Parteitag der sowjetischen KP statt. Dieser erste Parteitag seit 1939, der eine Demonstration der Ergebenheit gegenüber Stalin war, verabschiedete den 5. Fünfjahrplan (1951–1955); Kernpunkt dieses Plans war die weitere Entwicklung der Schwerindustrie auf Kosten der Herstellung von Konsumgütern.

Mit den umfangreichen wirtschaftlichen Anstrengungen gingen im kulturellen und innenpolitischen Bereich starke Unterdrückungsmaßnahmen einher. Die neue Terrorkampagne bekämpfte hauptsächlich westliche Einflüsse und richtete sich darüber hinaus gegen prominente Vertreter der jüdischen Intelligenz in der UdSSR. Im Januar 1953 wurde in Moskau das »Ärztekomplott« aufgedeckt: Man beschuldigte eine Gruppe jüdischer Ärzte, Mordpläne gegen führende Politiker der UdSSR geschmiedet zu haben. Dieser vermutliche Anlauf zu einer neuen großen Säuberung wurde durch Stalins Tod am 5. 3. 1953 abgebrochen. Unmittelbar nachher wurde die Existenz dieses »Komplotts« offiziell dementiert.

Stalins Nachfolger als Ministerpräsident und Parteichef wurde Georgij Malenkow. Nach wenigen Tagen legte er aber sein Amt als 1. Parteisekretär nieder. Die neue Führung wollte eine Konzentration von Partei- und Regierungsämtern auf eine Person verhindern. Das Prinzip der kollektiven Führung sollte wieder gelten: Die Regierung wurde vom Präsidium geleitet, das aus Ministerpräsident Malenkow und den Ersten stellvertretenden Ministerpräsidenten Lawrentij Berija (Innenminister), Wjatscheslaw Molotow (Außenminister), Nikolai Bulganin (Verteidigungsminister) und Lasar Kaganowitsch (verantwortlich für die allgemeine Koordinierung der industriellen Planung) bestand. Nikita Chruschtschow übernahm die Leitung der Partei (im September 1953 wurde er auch formell Erster ZK-Sekretär). Im Juni 1953 kam der von allen gefürchtete Berija zu Fall, der als Chef der Geheimpolizei für Stalins Terror mitverantwortlich gewesen war. Nach einem geheimen Prozeß soll er im Dezember 1953 hingerichtet worden sein.

Der von Ministerpräsident Malenkow verkündete »Neue Kurs« läutete eine Zeit der Liberalisierung ein. Die Arbeitslager wurden offiziell abgeschafft und weitreichende Amnestien erlassen. Die von Stalin im 2. Weltkrieg deportierten Kaukasus-Völker durften in ihre Heimat zurückkehren. Die Bauern in den kollektiven Landwirtschaftsbetrieben (Kolchosen) bekamen mehr Entfaltungsmöglichkeiten, weil die Pflichtablieferungsnormen gesenkt wurden. Malenkows Wirtschaftspolitik stieß jedoch in anderen Wirtschaftssektoren, vor allem bei der Schwerindustrie, auf großen Widerspruch. Auf der Grundlage dieser Gegensätze gelang es Chruschtschow, Malenkow zu stürzen. Im Februar 1955 trat Bulganin seine Nachfolge als Ministerpräsident an.

Eine flexiblere Außenpolitik

Auch in ihrer Außenpolitik zeigte die Sowjetunion von 1953 an größere Flexibilität. Im Juli 1953 kam es nach zweijährigen Verhandlungen zu einem Waffenstillstand im Koreakrieg. Im Mai 1955 wurde der österreichische Staatsvertrag unterzeichnet, der die Besetzung Österreichs durch die Alliierten beendete.

Chruschtschow und Bulganin statteten, ebenfalls im Mai 1955, Jugoslawien einen Versöhnungsbesuch ab, der den seit 1948 bestehenden Konflikt zwischen beiden Ländern beendete. Auch zur Dritten Welt pflegte man engere Beziehungen. Die Lockerung der Innen- und Außenpolitik erreichte auf dem XX. Parteitag der KPdSU im Februar 1956 ihren Höhepunkt. Der Parteitag verabschiedete die Doktrin der friedlichen Koexistenz als Richtlinie für die Außenpolitik.

Die Entstalinisierung

Chruschtschow hielt auf dem XX. Parteitag am 23. 2. 1956 eine aufsehenerregende Rede, in der er den Personenkult um den Diktator, den Terror und die Schauprozesse unter Stalin anprangerte. Er schilderte Stalin als selbstgefälligen, grausamen und geistig beschränkten Tyrannen. Dabei verwies er unter anderem auf die endlose Zahl von Prozessen gegen Regimegegner und auf den gnadenlosen Terror und die Unzahl von Folterungen, die viele Tausende das Leben gekostet hatten. Als Beispiel führte Chruschtschow den XVII. Parteitag an. Von den damals ernannten 139 Mitgliedern und Kandidaten des Zentralkomitees wurden 98 verhaftet und erschossen. Diese Enthüllungen der Verbrechen Stalins, der in den kommunistischen Parteien der ganzen Welt als unfehlbarer Führer gegolten

Fläche: 22 402 200 km²
Hauptstadt: Moskau

Mit dem Tode Stalins 1953 geht eine Ära zu Ende.

Zehn Jahre im Überblick

14. 2. 1950	China und die UdSSR schließen einen Vertrag über Freundschaft, Zusammenarbeit und gegenseitige Hilfe.
5. 3. 1953	Josif Stalin stirbt im Alter von 73 Jahren.
6. 3. 1953	Georgij Malenkow wird Ministerpräsident und 1. Parteisekretär.
14. 3. 1953	Malenkow tritt von seinem Amt als 1. Parteisekretär zurück.
10. 7. 1953	Moskau gibt die Verhaftung von Lawrentij Pawlowitsch Berija, dem Chef der Geheimpolizei, bekannt.
13. 9. 1953	Nikita Chruschtschow wird Erster Sekretär des ZK.
24. 12. 1953	Berija wird hingerichtet.
8. 2. 1955	Nikolaj Bulganin wird Ministerpräsident. Sein Nachfolger als Verteidigungsminister wird Georgij Schukow.
26. 5. 1955	Chruschtschow und Bulganin treffen zu einem Staatsbesuch in Jugoslawien ein.
23. 2. 1956	Auf dem XX. Parteitag enthüllt Chruschtschow Stalins Verbrechen.
15. 2. 1957	Andrej Andrejewitsch Gromyko wird Außenminister.
26. 10. 1957	Marschall Rodion Malinowskij wird Verteidigungsminister.
27. 3. 1958	Parteichef Chruschtschow übernimmt auch das Amt des Ministerpräsidenten.
15. 9. 1959	Chruschtschow stattet als erster sowjetischer Regierungschef den USA einen Staatsbesuch ab.

67. Die Helden von Bern

Weltmeister zu werden – daran hatten sie im Traum höchstens gedacht. Auf dem Fußballfeld waren andere stärker: Ungarn, Uruguay, Brasilien, Jugoslawien und auch Österreich, das in den vergangenen Spielen mit vielen eindrucksvollen Siegen auf sich aufmerksam gemacht hatte.

Selbst im eigenen Land hätte niemand auch nur noch einen Pfifferling für die deutsche Mannschaft gegeben nach dem 3:8-Debakel gegen Ungarn im Vorrundenspiel. Doch die Elf um ihren Kapitän Fritz Walter kämpfte nicht nur aufopfernd, sie war den favorisierten Ungarn beim zweiten Zusammentreffen auch spielerisch ebenbürtig.

Mit seinem Tor zum 3:2-Endspielsieg schoß Helmut Rahn die junge Bundesrepublik ins Blickfeld der Weltöffentlichkeit. Der Sieg auf dem Fußballfeld stärkte das deutsche Selbstbewußtsein und wurde zum Symbol für den stetigen Aufstieg des Landes nach den Entbehrungen – und auch Demütigungen – der Nachkriegszeit.

68. Ideal und Wirklichkeit

Er fegte über das Spielfeld wie ein Wirbelwind, versetzte seine Gegner nach Belieben, schoß die schönsten Tore, eroberte die Herzen der Zuschauer im Sturm: Pelé, die 17jährige »schwarze Perle« aus Brasilien, war der gefeierte Star der VI. Fußball-Weltmeisterschaft 1958 in Schweden. An seinem Einfallsreichtum, seinem Können, seinem intelligenten und eleganten Spiel wurde in den folgenden Jahren jeder Fußballer gemessen – Pelé blieb unerreicht.

Auch von dem damals 21jährigen Uwe Seeler, der in Stockholm ebenfalls seine erste WM bestritt, eine von vieren insgesamt. Die beiden Stürmer sind zu Vorbildern für den Fußball geworden: Pelé, der ballverliebte Artist, Uwe Seeler, der unermüdliche Arbeiter, das Ideal eines Mittelstürmers, schnörkellos und brandgefährlich.

Die Mannschaft des einen wurde durch den 5:2-Sieg gegen Schweden Weltmeister, die des anderen nach Niederlagen gegen Schweden (1:3) und Frankreich (3:6) Vierte. Bern 1954 – das war der unerwartete Höhenflug, Stockholm 1958 – das war die Realität für Deutschlands Fußball.

67. Fußball-WM 1954
a) Reportage Vorrundenspiel
b) Reportage Halbfinale
c) Reportage Endspiel
d) Reportage Endspiel
e) Reportage Endspiel
f) T. Wimmer

68. Fußball-WM 1958
a) Reportage Vorrundenspiel
b) Reportage Vorrundenspiel
c) Reportage Halbfinale
d) Reportage Halbfinale
e) Reportage Halbfinale
f) Reportage Endspiel

69. Fußball vor der Bundesliga

Manch einer denkt heute wehmütig zurück an die Zeit vor dem sportlichen Sündenfall: Die Einführung der Fußball-Bundesliga in der Saison 1963/64 hat dem Spiel zwar Professionalität gebracht, die Spannung hingegen oft genommen.

Fritz Walter, Max Morlock, Uwe Seeler, Hans Schäfer – sie waren taktisch geschickte Spielgestalter, aber die Taktik beherrschte nicht ihr Spiel. Die Endspiele um die Meisterschaft zwischen Stuttgart und Saarbrücken (1952; 3:2), Rot-Weiß Essen und Kaiserslautern (1955; 4:3) oder zwischen Frankfurt und Offenbach (1959; 5:3 n. V.) waren packende Duelle. Es gab keine Elf, die das Fußball-Geschehen so eindeutig beherrscht hatte wie Bayern München und Borussia Mönchengladbach in den 70er Jahren.

Anders im Nachbarland Österreich: In den Jahren 1950 bis 1959 hieß der Meister fünfmal Rapid Wien, zweimal Austria Wien, zweimal Wiener SK und einmal Vienna Wien. Mehr noch: Alle 47 österreichischen Fußballmeister zwischen 1912 und 1959 (1945 fanden keine Meisterschaften statt) kamen aus Wien.

70. Erste Titel und Medaillen

Als die Schweizer im Sommer 1950 die Kunstturnweltmeisterschaften ausrichteten, saßen die deutschen Turner auf der Tribüne. Danach machten Helmut Bantz und Adalbert Dickhut – in Straßenanzügen – ein paar Übungen am Reck. Wollten sich die Deutschen als die eigentlichen Weltmeister empfehlen?

Anfang der 50er Jahr hatten sie – als politische Folge des Krieges – kaum Gelegenheit zum internationalen Leistungsvergleich. Erst 1952 durften sie wieder an Olympischen Spielen teilnehmen – aufgrund mangelnder Übung mit mäßiger Medaillenausbeute.

In den folgenden Jahren erkämpften sich die deutschen Athleten ihre starke Position zurück. Die Feldhandballer wurden 1952, 1955 und 1959 Weltmeister, die Fußballer errangen ihren großen Triumph 1954. Die Springreiter Hans Günter Winkler und Fritz Thiedemann gehörten zu den besten der Welt. Gegen Ende des Jahrzehnts begannen die großen Radkarrieren von Rudi Altig und Rolf Wolfshohl, und dem Hürdenläufer Martin Lauer gelang 1959 ein Einbruch in die Riege der amerikanischen Weltrekordler.

69. Fußball
a) Reportage Länderspiel 1950
b) Reportage Länderspiel 1951
c) Reportage Länderspiel 1953
d) F. Walter
e) Reportage Deutsche Meisterschaft 1957

70. Sommersport
a) Reportage Köhler-Birkemeyer
b) Reportage Schade
c) Reportage Lauer
d) Reportage Fütterer
e) Reportage Thiedemann
f) Reportage Potzernheim
g) Reportage ten Hoff

71. Anmut und Grazie

Die Begeisterung von Millionen für die Stars auf dem Eis hat nicht nur sportliche Gründe. Mehr als andere Sportler bestechen Eiskunstläufer durch Ausdruck und Grazie – die besten erringen nicht nur Medaillen, sie erobern auch die Herzen im Sturm.

Schnell sind dann die »Traumpaare« geboren: Ria Baran und Paul Falk wurden 1951 und 1952 Europameister und Weltmeister, gewannen bei den Olympischen Spielen 1952 in Oslo die Goldmedaille. Sie waren zwischenzeitlich auch privat ein Paar geworden und haben – auch dadurch – dem Eiskunstlauf in Deutschland zu enormer Popularität verholfen. Begeistert feierte das Publikum Gundi Busch, die 1954 überraschend Weltmeisterin wurde.

Der Star unter den Wintersportlern der 50er Jahre war ohne Zweifel der Österreicher Toni Sailer. Bei den Olympischen Winterspielen 1956 in Cortina d'Ampezzo holte er Gold in allen drei alpinen Wettbewerben, wurde Doppelweltmeister in der Abfahrt und im Riesenslalom 1958 in Badgastein. Als Trainer führte er die österreichischen Skiläufer von Erfolg zu Erfolg.

72. Meister der Rennpiste

Wenn er lachte, sah er so verwegen aus, wie er fuhr: Juan Manuel Fangio, 1911 in Argentinien geboren, beherrschte souverän die Rennpisten. Ob in Spa oder auf dem Nürburgring, in Silverstone oder Reims, Monza oder Zandvoort – kaum eine Rennstrecke, die der Argentinier nicht als Sieger durchfahren hätte.

1950 war die Automobil-Weltmeisterschaft für die Formel 1 eingeführt worden; Fangio gewann den Titel 1951, 1954, 1955, 1956 und 1957 – auf Alfa Romeo, Ferrari, Maserati, Mercedes.

Wie Fangio die Formel 1 beherrschte, so dominierten die Italiener und die Briten die Zweirad-Konkurrenzen – mit einer Ausnahme: Seitenwagen-Rennen sind seit den 50er Jahren eine Domäne der Fahrer aus der Bundesrepublik. Sie stellten die Weltmeister ununterbrochen von 1954 bis 1964.

Ein Einbruch in der Phalanx der Abonnementssieger gelang Werner Haas. Er gewann auf NSU 1953 den WM-Titel sowohl in der 125-cm³-Klasse als auch in der Klasse bis 250 cm³, in der er ebenfalls 1954 siegreich war. 1953 war er »Sportler des Jahres«.

71. Wintersport
a) Reportage Heiss
b) Reportage Busch
c) Reportage Jernberg
d) Reportage Bradl
e) Reportage Feierabend

72. Motorsport
a) R. Caracciola
b) Kommentar Ascari
c) Kommentar Moss
d) Reportage Haas

67. Fußball-WM 1954
Oberbürgermeister Thomas Wimmer empfängt die deutschen Fußballweltmeister im Münchner Rathaus.

68. Fußball-WM 1958
Uwe Seeler versucht im Halbfinale gegen Schweden, vor dem herauslaufenden Kalle Svensson den Ball zu bekommen. Hinter ihm Sigvard Parling und Osvar Bergmark.

69. Fußball
Länderkampf Deutschland–Österreich 1958 im Berliner Olympiastadion: Schiedsrichter Milan Fencl mit den Mannschaftsführern Helmut Rahn (rechts) und Gerhard Hanappi.

70. Sommersport
Hein ten Hoff, Punktsieger über Gene Jones in der Berliner Waldbühne 1951.

71. Wintersport
Fritz Feierabend mit seinem erfolgreichen Team beim Training.

72. Motorsport
Hockenheimring 1954: Werner Haas auf seiner NSU-Maschine.

Sowjetunion

Grunddaten	1950	1953	1956	1959
1. Einwohnerzahl (in Mill.)	180,1	189,5	200,0	210,5
2. Urbanisationsgrad (in %)	—	—	43,5	47,9
3. Berufstätige (in % der Gesamtbevölkerung)	—	—	—	47,5
4. Volkseinkommen (in Mill. Rubel)	—	—	—	127,7
5. Anteil des Volkseinkommens in verschiedenen Bereichen				
Landwirtschaft	—	—	—	24
Industrie	—	—	—	59
Handel und Dienstleistungen	—	—	—	16
7. Geburtenziffer (in ‰)	26,7	25,1	25,2	25,0
8. Sterbeziffer (in ‰)	9,7	9,1	7,6	7,6
9. Lebenserwartung bei Neugeborenen (in Jahren)				
Männer	—	61	63	64,4
Frauen	—	67	69	71,7
10. Jährlicher Energieverbrauch pro Einw. (in kg Ske)	—	1670	2462	2787
11. Einfuhr (in Mill. US-Dollar)	—	—	3612	5073
12. Ausfuhr (in Mill. US-Dollar)	—	—	3612	5450
13. Einwohner pro Arzt	760	—	610	—

Seit 1955 gab es wieder eine Annäherung zwischen der UdSSR und Jugoslawien. Die Aufnahme stammt von Gesprächen im Jahr 1957 zwischen dem jugoslawischen Staatschef Tito und den sowjetischen Spitzenpolitikern Chruschtschow und Mikojan.
▷

Sowjetunion
S. 105 – 24

Die Entstalinisierung bedeutete auch das Ende der Karriere des Biologen Trofim Lysenko. Seinen Theorien zufolge sollte durch Genmanipulationen ein »sowjetischer Menschentyp« geschaffen werden, der sich ideal für das Leben in einem kommunistischen System eignen würde.

hatte, lösten einen Schock aus. Sie führten im März 1956 zu Unruhen in der Sowjetrepublik Georgien, aus der Stalin stammte. Die Unruhe und Verwirrung, die die Verurteilung Stalins in den osteuropäischen Satellitenstaaten auslöste, wurde noch gesteigert durch Chruschtschows Erklärung auf dem Parteitag, daß verschiedene Wege zum Kommunismus möglich seien und die Wahl von den nationalen Verhältnissen des jeweiligen Landes abhinge.

Direkt nach Stalins Tod begann ein Prozeß der Entstalinisierung. Zahllose von Stalin liquidierte Parteimitglieder wurden rehabilitiert, Rechtspraxis und Kulturpolitik in begrenztem Umfang liberalisiert, das System der Internierungslager reorganisiert und soziale Belange und Konsumförderung in der politischen Planung stärker berücksichtigt. Auch in Osteuropa setzte die Entstalinisierung ein. In verschiedenen Ländern kam es zu Machtwechseln, Stalinisten verloren ihre Ämter. In Polen gelangte unter Zustimmung Moskaus eine Regierung national gesinnter Kommunisten an die Macht. In Ungarn führte die Entstalinisierung im Oktober 1956 zu einem antikommunistischen Aufstand, der nur durch sowjetisches Eingreifen gestoppt werden konnte (auch → S. 194). Damit wurden aber auch schon die Grenzen und die Schwierigkeiten des Entstalinisierungsprozesses deutlich. Das kommunistische System durfte nicht in Frage gestellt werden.

Besonders die Vorgänge in Ungarn und Polen schwächten Chruschtschows Stellung als Parteiführer erheblich. Nach einer Niederlage im Präsidium (Juni 1957) weigerte er sich jedoch zurückzutreten; das Zentralkomitee unterstützte ihn. Daraufhin wurden seine Gegner Malenkow, Molotow, Kaganowitsch und Schepilow als Parteifeinde aus Präsidium und Zentralkomitee ausgeschlossen. Verteidigungsminister Marschall Georgij Schukow wurde im November 1957 seines Postens enthoben und aus dem Zentralkomitee ausgeschlossen. Im März 1958 wurde Chruschtschow auch Bulganins Nachfolger im Amt des Ministerpräsidenten, so daß die höchsten Staats- und Parteiämter wieder auf eine Person vereint waren.

Die Landwirtschaft bekommt Vorrang

Schon vor Stalins Tod hatten im Agrarbereich Reformen stattgefunden. 1950/51 wurde die Zahl der Kolchosen durch die Zusammenlegung mehrerer Kollektivbetriebe drastisch vermindert; dadurch sollte eine effizientere Betriebsleitung, eine Mechanisierung und eine Ertragssteigerung möglich werden. Ein umfangreiches Reformprogramm von 1953/54 umfaßte u. a. die Erhöhung der vom Staat gezahlten Preise für landwirtschaftliche Erzeugnisse und eine Senkung der Steuerabgaben für privaten Boden.

1954 setzte eine große Kampagne zur Urbarmachung des »jungfräulichen Landes« von Kasachstan und Westsibirien ein. In die Produktion landwirtschaftlicher Maschinen und die Kunstdüngerherstellung wurde in großem Ausmaß investiert, wodurch auch die noch recht unterentwickelte chemische Industrie stark gefördert wurde. Anfang 1958 wurden die MTS (Maschinen-Traktoren-Stationen) abgeschafft, die seit den 30er Jahren eine wichtige Rolle bei der Kollektivierung der Landwirtschaft und der Kontrolle der Partei über die ländlichen Gebiete gespielt hatten. Die Maschinen der MTS wurden an die Kolchosen verkauft, die fortan ohne Kontrolle durch diese Stationen arbeiteten. All diese Reformen brachten kurzfristig positive Ergebnisse. Langfristig aber war Chruschtschows Landwirtschaftspolitik weniger erfolgreich. Seine berühmten Propagandafeldzüge, vor allem für den Maisanbau, waren schädlich, weil sie oftmals in Gebieten durchgeführt wurden, die für den Anbau dieses Produkts weniger geeignet waren. Die damit einhergehende Monokultur führte außerdem zu Bodenerosion.

Die industriellen Zielvorgaben des auf dem XX. Parteitag verabschiedeten 6. Fünfjahrplans (1956 bis 1960) wurden bereits nach einem Jahr als unerreichbar eingeschätzt und fallengelassen. Im Februar 1957 führte Chruschtschow eine Dezentralisierung der Industrie durch. Die zentralen Industrieministerien wurden abgeschafft und ihre Befugnisse auf (zunächst 105) regionale Wirtschaftsräte übertragen, die für die Industrieunternehmen in ihrer Region verantwortlich waren. Weil jedoch die staatliche Plankommission weiterhin für die allgemeine Planung und die Zuteilung der Rohstoffe verantwortlich war, konnte von einer wirklichen Dezentralisierung keine Rede sein.

Auf dem XXI. (außerordentlichen) Parteitag im Januar 1959 wurde ein neuer Siebenjahrplan (1959–1965) verabschiedet, der der neuen Dezentralisierung Rechnung trug. Durch die Anwendung ausländischer Technologie sollten die großen Erdöl- und Erdgasvorräte ausgebeutet werden. Allgemeines Ziel des neuen Plans war es, die USA als stärkste Industriemacht zu überflügeln. Die Atom- und Raumfahrttechnologie erlebte in den 50er Jahren eine beachtliche Entwicklung. Im Oktober 1953 wurde die erste sowjetische Wasserstoffbombe gezündet. Am 4. 10. 1957 startete die Sowjetunion den ersten künstlichen Erdsatelliten Sputnik 1.

Nach Stalins Tod besserten sich auch die Lebensbedingungen der Arbeiter allmählich. Stalins Erlasse von 1938 und 1940 über Arbeitsdisziplin und das Verbot des Arbeitsplatzwechsels wurden nicht mehr angewandt und 1957 formell abgeschafft. Nach 1956 kamen eine Reihe wichtiger Sozialgesetze zustande. Der chronische Arbeitskräftemangel in der Industrie wirkte sich zum Vorteil der Arbeiter aus und war zudem ein wichtiger Grund für die drastischen Demobilisierungen in der Armee, die seit 1955 stattfanden. Auch die eingreifenden Reformen im Schulsystem (1958/59), durch die u. a. Unterricht und produktive Arbeit schon in der Schulzeit eng miteinander verbunden wurden, bezweckten nicht zuletzt, den Bedarf an Arbeitskräften zu decken. So mußte man zwei Jahre gearbeitet haben, bevor man zum Besuch einer Hochschule zugelassen wurde. Die Wohnungssituation warf nach wie vor große Probleme auf.

Kursschwankungen

Die Kulturpolitik nach 1953 ließ wenig Zusammenhang erkennen. Vor 1956 fand eine stillschweigende Entstalinisierung statt, in der aber nur zeitweise größere kulturelle Toleranz und Bewegungsfreiheit für die Intellektuellen galten. Die Russifizierungspolitik Stalins gegenüber den nichtrussischen Völkern in der Sowjetunion wurde abgeschwächt. Seit 1956 waren kulturelle und touristische Kontakte mit dem Westen möglich. Dem stand die Religionspolitik der Regierung gegenüber, die die Freiheit der russisch-orthodoxen Kirche weiter einengte. Im Oktober 1958 wurde der Schriftsteller Boris Pasternak gezwungen, den Nobelpreis für Literatur zurückzuweisen, der ihm für den Roman »Doktor Schiwago« zuerkannt worden war.

In der Außenpolitik folgten auf Zeiten der Entspannung, wie nach dem Gipfeltreffen von Genf im Juli 1955, Phasen, in denen Chruschtschow mit dem Einsatz von Atomwaffen drohte, wie bei der Suezkrise 1956. Mit seinem Berlin-Ultimatum vom November 1958, in dem er die Viermächtevereinbarungen über Berlin kündigte und vorschlug, aus Westberlin eine entmilitarisierte und »freie« Stadt zu machen, ließ Chruschtschow die internationalen Spannungen weiter erheblich zunehmen.

Der Warschauer Pakt, der am 14. 5. 1955 als Reaktion auf den NATO-Beitritt der Bundesrepublik Deutschland geschlossen wurde, band die Länder Osteuropas militärisch eng an die Sowjetunion. Das Comecon, offiziell: Rat für gegenseitige Wirtschaftshilfe, das vom Ostblock 1949 als Gegenstück zum Marshallplan für Westeuropa proklamiert worden war, entwickelte erst im Laufe der 50er Jahre einige Aktivitäten. Erst 1959 wurde der offizielle Gründungsvertrag geschlossen. Nur allmählich entstand ein etwas gleichberechtigteres Verhältnis der Partnerländer.

Das seit 1955 bestehende gute Verhältnis zwischen der UdSSR und Jugoslawien, das durch den Besuch Präsident Titos in Moskau im Sommer 1956 besiegelt wurde, kühlte sich nach dem ungarischen Aufstand wieder merklich ab. Das hatte zur Folge, daß Tito auf einer Tagung der kommunistischen Parteien in Moskau anläßlich des 40. Jahrestages der Oktoberrevolution (November 1957) nicht anwesend war.

Das Verhältnis zwischen der Sowjetunion und der im Oktober 1949 gegründeten Volksrepublik China verschlechterte sich im Laufe der 50er Jahre zunehmend. Als Folge des Vertrages über Freundschaft, Zusammenarbeit und gegenseitige Hilfe, den Stalin und der chinesische Parteivorsitzende Mao Zedong im Februar 1950 in Moskau unterzeichnet hatten, waren zwischen den beiden kommunistischen Großmächten enge Bindungen entstanden. Durch wirtschaftliche, finanzielle und technische Hilfe leistete die Sowjetunion in den 50er Jahren einen wichtigen Beitrag zum industriellen und militärischen Aufbau Chinas.

In politischer und ideologischer Hinsicht strebten die beiden Län-

Die traditionelle Arbeitsweise in der Landwirtschaft konnte nur teilweise durch mechanisierte Arbeitsmethoden abgelöst werden.

Der Besuch Chruschtschows in den USA (1959) war ein erster Vorbote der Entspannung. Hier US-Vizepräsident Richard Nixon mit dem sowjetischen Parteichef.

der jedoch voneinander weg, besonders seit 1956. Mao übte heftige Kritik am Entstalinisierungsprozeß, an der als schwächlich bezeichneten Politik der friedlichen Koexistenz und insbesondere an der Versöhnung mit Jugoslawien. Wegen der Anziehungskraft, die der chinesische Bauernkommunismus auf die gerade unabhängig gewordenen Staaten ausübte, bildete China eine Gefahr für die Stellung der Sowjetunion als Führungsmacht des Weltkommunismus. Der XXI. Parteitag der KPdSU im Jahre 1959 wies denn auch das chinesische Modell zurück.
Im September 1959 besuchte Chruschtschow als erster sowjetischer Regierungschef die USA. Seine Begegnung mit Präsident Eisenhower führte zu einer kurzzeitigen Entspannung im Kalten Krieg.

Spanien

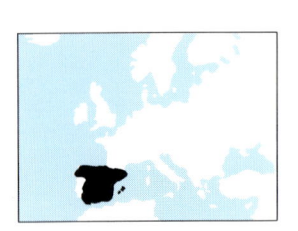

Fläche: 504 782 km²
Hauptstadt: Madrid

In den 50er Jahren überwand Spanien seine Isolation auf internationaler Ebene. Der Kalte Krieg und die Haltung der USA, die auch Spanien in ihre strategische Konzeption einbezogen, brachten den Durchbruch. Ende 1951 entsandten die USA und bald darauf die übrigen westlichen Länder Botschafter nach Madrid. Durch zwei Militärverträge mit den USA (1953 und 1955) wurde Spaniens Stellung weiter aufgewertet. Spanien wurde durch die weitgehende militärische Zusammenarbeit mit den USA und mit dem NATO-Mitglied Portugal inoffiziell in das Atlantische Bündnis eingegliedert. Die Erwartung des spanischen Staatschefs Franco, daß die Briten nun doch Gibraltar zurückgeben würden, erfüllte sich jedoch nicht. Spanien wurde Mitglied der UNO (1955), des IWF und der Weltbank (1958) sowie der OEEC (1959).
Nach dem Vorbild Frankreichs löste Spanien 1956 den Protektoratsvertrag mit Marokko, das unabhängig wurde. Es kam zu einem Konflikt mit den neuen marokkanischen Machthabern über die spanischen Enklaven, u. a. Ceuta und Ifni; Tarfaja wurde 1958 an Marokko übertragen.
Die Regierung bemühte sich um die weitere Industrialisierung des Landes. Die Struktur der Industrie war jedoch größtenteils veraltet. Obwohl die Produktion in allen Bereichen zunahm, blieb der Export hinter dem steigenden Import zurück. Nur dank massiver finanzieller Unterstützung durch die USA konnten größere Schwierigkeiten vermieden werden. Als Gegenleistung gab Spanien 1958 seine nationalistische Wirtschaftspolitik auf und bot ausländischen Investoren Raum.
Die Inflation, die niedrigen Löhne und die hohen Lebenshaltungskosten führten wiederholt zu Protesten der Arbeiter. Auch an den Universitäten regte sich gelegentlich Kritik, und es gab Gruppen, die auf eine Liberalisierung im Land drängten, wo nach wie vor als einzige politische Formation die Falangistische Partei zugelassen war.
Francos Absicht, die Monarchie in der Person von Prinz Juan Carlos wiederherzustellen, wenn er selbst einmal als Staatsoberhaupt abgetreten sein würde, änderte daran nichts, stärkte aber die Stel-

Die faschistische Falange war die einzige zugelassene Partei. Hier eine Demonstration von Falangisten im Februar 1956 für die während des Bürgerkrieges gefallenen Studenten.

Grunddaten	1950	1953	1956	1959
1. Einwohnerzahl (in Mill.)	28,0	28,7	29,4	30,2
2. Urbanisationsgrad (in %)	37,0	—	—	—
3. Berufstätige (in % der Gesamtbevölkerung)	38,6	—	—	38,6
4. Bruttosozialprodukt (in Mrd. Pesetas)	—	316,1	—	537,8
5. Anteil des Bruttosozialproduktes in verschiedenen Bereichen				
Landwirtschaft	—	26	—	25
Industrie	—	32	—	33
Handel und Dienstleistungen	—	42	—	42
7. Geburtenziffer (in ‰)	20,2	20,6	20,7	21,8
8. Sterbeziffer (in ‰)	10,9	9,7	9,9	9,0
9. Lebenserwartung bei Neugeborenen (in Jahren)				
Männer	58,8	—	—	—
Frauen	63,5	—	—	—
10. Jährlicher Energieverbrauch pro Einw. (in kg Ske)	570	760	616	807
11. Einfuhr (in Mill. US-Dollar)	389	596	767	795
12. Ausfuhr (in Mill. US-Dollar)	389	482	442	501
13. Einwohner pro Arzt	990	990	920	—

Zehn Jahre im Überblick

26. 9. 1953 Militärvertrag mit den USA.
29. 12. 1954 Begegnung zwischen Thronanwärter Don Juan und Franco.
3. 5. 1955 Flottenabkommen mit den USA.
7. 4. 1956 Spanien hebt den Protektoratsvertrag mit Marokko auf.
10. 2. 1958 Spanische und französische Soldaten kämpfen gegen marokkanische Truppen in der Spanischen Sahara.

April 1959: In der Sierra de Guadarrama eröffnet Franco die Gedenkstätte für die Gefallenen des Bürgerkrieges. Sie soll zum Symbol der nationalen Versöhnung werden.

lung der Monarchisten. Diese Entwicklung und der zunehmende Einfluß parteiloser Technokraten bewirkten eine leichte Verschiebung in dem Gefüge von Bündnissen innerhalb der herrschenden Oberschicht. Die Stellung des Staatsoberhaupts und das System an sich blieben davon aber unberührt.

Spanische Sahara

Spanien erlaubte keine oppositionellen Aktivitäten in der Westsahara. Das 1956 unabhängig gewordene Marokko erhob Ansprüche auf die Spanische Sahara (und Mauretanien). Faktisch war das Gebiet eine Militärkolonie; fast 10 000 Soldaten waren dort stationiert. Die Spanische Sahara gliederte sich in die Regionen Río de Oro und Saguía el Hamra. Von 1934 bis 1958 wurde das Gebiet zusammen mit dem Protektoratsteil Tarfaja von der Enklave Ifni in Marokko aus durch einen Militärgouverneur zentral verwaltet.
Im Januar 1958 teilte Spanien das gesamte Gebiet in zwei Provinzen auf, nämlich die Spanische Sahara und Ifni. Tarfaja blieb davon unberührt. Diese Änderung hing mit den militärischen Angriffen Marokkos Ende 1957 und Anfang 1958 zusammen. Im selben Zeitraum rebellierte ein Teil der Bevölkerung in der Spanischen Sahara. Die Gefechte dehnten sich bis in den Norden Mauretaniens aus. Spanien wurde dabei von der französischen Kolonialarmee unterstützt. Im März zogen sich die marokkanischen Truppen zurück; ihnen folgten Tausende von Flüchtlingen aus der Sahara. Rabat bekam zwar im April 1958 den Tarfajastreifen, beharrte aber auf seinen Ansprüchen auf die Spanische Sahara.

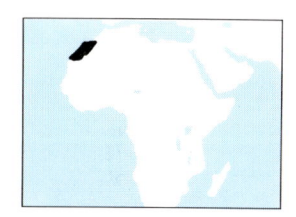

Fläche: 266 000 km²
Hauptstadt: El Aiun

Spanisch-Guinea

Spanien hatte wenig Sympathien für die wachsende nationalistische Bewegung. Wichtig war für das Mutterland ausschließlich die Erhaltung der Kakaoplantagen auf der Insel Fernando Póo. Zehntausende von nigerianischen Kontraktarbeitern verrichteten dort die Arbeit und brachten 90% der gesamten Kakaoernte ein. Kakao war das wichtigste Ausfuhrgut. Um zu verhindern, daß der Nationalismus an Boden gewann, wollte Spanien durch geringfügige Zugeständnisse der Opposition den Wind aus den Segeln nehmen. So schaffte es z. B. das sogenannte Indigenato-System ab (unter diesem System galten alle Afrikaner, mit Ausnahme einiger »Emanzipierter«, als juristisch unmündig). Außerdem wurde die Kolonie am 30. 7. 1959 durch einen Verwaltungsakt als Äquatorialprovinz in einen Bestandteil Spaniens verwandelt. Im darauffolgenden Jahr wurden die ersten Wahlen abgehalten. Da alle Afrikaner nun »Spanier« geworden waren, konnten sie eine Delegation ins spanische Parlament entsenden. Doch die Nationalisten wollten nicht als schwarze Spanier betrachtet werden. Sie organisierten sich im Movimento Nacional de Liberación de la Guinea Ecuatorial von Atanasio Ndong und in der Idea Popular de la Guinea Ecuatorial von Francisco Macías Nguema.

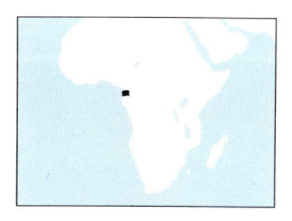

Fläche: 28 051 km²
Hauptstadt: Santa Isabel

Südafrika

Das System der Apartheid und die Homelandpolitik

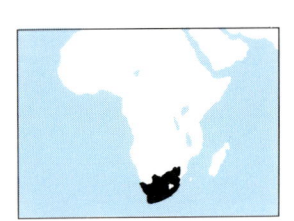

Fläche: 1 221 037 km²
Hauptstadt: Pretoria

Afrika S. 288 – 45

Am 26. 5. 1948 siegte bei den nur für Weiße abgehaltenen Parlamentswahlen die Nasionale Partij (NP) von Daniel Malan, die eine klare Apartheidspolitik befürwortete. Durch Veränderungen des Mehrheitswahlsystems konnte die NP bei allen folgenden Parlamentswahlen ihre Mehrheit noch vergrößern. Dagegen verlor die bis 1948 regierende Verenigde Partij (VP) immer mehr an Einfluß, weil sie keine klare Alternative zur Apartheidspolitik anbot.
Offiziell bezeichnete man als Apartheid die »Trennung aller, auch territorialer, Lebensbereiche« der Bevölkerungsgruppen, die sich auf diese Weise nach ihren eigenen Möglichkeiten würden entwickeln können. Diese politische Auffassung, die von der reformierten Kirche unterstützt wurde, sollte verhindern, daß die Existenz der weißen Minderheit durch Integration oder Assimilation der Bevölkerungsgruppen gefährdet würde. Besonders aktiv für die Verwirklichung dieser Politik setzte sich Hendrik Frensch Verwoerd ein, der von 1950 bis 1958 Minister für Eingeborenenfragen war. Danach wurde Verwoerd Premierminister.
1950 wurde das sog. Gruppengebietegesetz vorgelegt, das der Regierung die Möglichkeit verschaffte, Teile des Landes zum ausschließlichen Wohngebiet einer bestimmten Bevölkerungsgruppe zu erklären. Dieses Gesetz war der Grundstein der sogenannten Homeland-Politik, mit der 1950 begonnen wurde. In den »weißen« Gebieten wurden die schwarzen Einwohner als Fremde betrachtet. Lediglich in dem Homeland, das aufgrund der Stammeszugehörigkeit als ihre »Heimat« galt, selbst wenn sie dort weder geboren noch jemals gewesen waren, sollten sie politische Rechte geltend machen können. Im Zuge der Umsiedlungspolitik der Regierung wurden Schwarze, die in weißen Gebieten keine Arbeit hatten oder aus anderen Gründen »überflüssig« waren, z. B. ältere Leute und Kinder, in ihre Homelands deportiert.
1950 wurde das Gesetz zur Bevölkerungsregistrierung verabschiedet, das jeden Bewohner Südafrikas einer der rassisch bestimmten Bevölkerungsgruppen zuordnete: Weiße, Afrikaner, Asiaten und Mischlinge (»Farbige«). Vor allem die letzte Gruppe hatte darunter zu leiden, weil die Einstufung als Mischling zum erzwungenen Wegzug aus weißen Wohngebieten führen konnte. Zudem versuchte man, den Mischlingen das Wahlrecht für die gemeinsame weiße Wahlliste zu nehmen. Das gelang zunächst aus Gründen der Verfassung nicht, wurde jedoch 1956 verwirklicht.
Es folgten weitere Gesetze, die der nichtweißen Bevölkerung u. a. den Zugang zu bestimmten Berufen oder eine bessere Bildung verwehrten.

Zehn Jahre im Überblick

- 13. 6. 1950 Das Abgeordnetenhaus nimmt einen Gesetzentwurf an, der getrennte Siedlungsgebiete für Angehörige der verschiedenen Rassen vorsieht.
- 26. 6. 1952 Der African National Congress beginnt mit großer Massenbeteiligung eine Kampagne des bürgerlichen Ungehorsams gegen die Apartheidsgesetze.
- 30. 11. 1954 Johannes Strijdom wird als Nachfolger von Daniel Malan zum Premierminister gewählt.
- 26. 6. 1955 Die Kongreßbewegung verabschiedet die »Freiheitscharta«.
- 27. 2. 1956 Das Parlament beschließt die Einführung gesonderter Wählerlisten für Mischlinge.
- 2. 9. 1958 Hendrik Verwoerd wird zum Premierminister gewählt.

Die Opposition

Da die offizielle Oppositionspartei im weißen Parlament, die Verenigde Partij (VP), keine Alternative zur Apartheid bot, wurden verschiedene oppositionelle Gruppierungen aktiv.
Von ihnen schaffte die Progressive Partij (PP) den Sprung ins Parlament. Diese Partei wurde 1959 von

Blick auf die Reihen der Opposition im Parlament in Pretoria, 1953.

ehemaligen VP-Mitgliedern gegründet, die über die Machtlosigkeit der VP unzufrieden waren und die unter bestimmten Bedingungen auch die anderen Bevölkerungsgruppen an den politischen Entscheidungen beteiligen wollten. Die PP wurde im Parlament jahrelang von Helen Suzman vertreten.
Der African National Congress (ANC), die wichtigste politische Bewegung der Schwarzen, wuchs in den 50er Jahren beachtlich. 1952 organisierte der ANC zusammen mit dem Kongreß der Inder und der Volksorganisation der Mischlinge (SACPO) eine Ungehorsamkeitskampagne, in deren Verlauf 8500 Menschen wegen Übertretung der Apartheidsgesetze verhaftet wurden. Kurz darauf veranstalteten diese Organisationen, zusammen mit dem mittlerweile gegründeten kleinen weißen Kongreß der Demokraten (COD) und mit der gemischtrassigen Gewerkschaft SACTU, eine Konferenz in Kliptown, auf der die »Freiheitscharta« verabschiedet wurde. Diese Erklärung gilt seitdem als das Programm der Kongreßbewegung. Ein Jahr später, am 5. 12. 1956, wurden 156 Mitglieder dieser Kongreßbewegung, unter ihnen der ANC-Vorsitzende Albert Luthuli, wegen Hochverrats verhaftet. Ihr Prozeß dauerte bis 1961 und endete mit Freispruch wegen Mangels an Beweisen.

Südafrika geriet in den 50er Jahren immer stärker in politische Isolation. Das Land unterhielt nur zu westlichen Ländern diplomatische Beziehungen. Aber auch in diesen Ländern wurde die Kritik an Südafrika immer lauter, je mehr die gesetzliche Fundierung der Apartheid fortschritt.
Eine Rolle spielte auch die Weigerung Südafrikas, an der Entlassung Südwestafrikas, das als UN-Treuhandgebiet verwaltet wurde, in die Unabhängigkeit mitzuwirken.
Im Juni 1950 erhob Indien vor der Vollversammlung der Vereinten Nationen Anklage gegen den südafrikanischen Gesetzentwurf über die sog. Gruppengebiete. Die Vollversammlung sprach sich gegen die Verabschiedung dieser Gesetzesvorlage aus, was Südafrika als Einmischung in seine inneren Angelegenheiten bewertete und im übrigen ignorierte. Gegenüber den schwarzafrikanischen Ländern betrieb Südafrika zunächst eine Politik der Selbstisolierung. Zwar wurde die Entkolonialisierung als unvermeidlich hingenommen, als jedoch Ghana als erstes ehemaliges afrikanisches Kolonialgebiet 1957 unabhängig wurde, weigerte sich die südafrikanische Regierung, eine Einladung ihres Außenministers durch den ghanesischen Präsidenten anzunehmen.

◁

Daniel Malan, Premierminister von 1948 bis 1954. Er begründete die Apartheidspolitik (links).

Albert Luthuli, Führer des afrikanischen Nationalkongresses (rechts).

Grunddaten	1950	1953	1956	1959
1. Einwohnerzahl (in Mill.)	13,3	14,2	15,3	16,4
2. Urbanisationsgrad (in %)	42,6	—	—	—
4. Volkseinkommen (in Mill. Pfund Sterling)	1 248	1 552	1 986	2 027
5. Anteil des Volkseinkommens in				
Landwirtschaft	17	17	—	13
Industrie	35	34	—	37
Handel und Dienstleistungen	47	49	—	50
7. Geburtenziffer (in ‰)				
Farbige	46,9	47,6	45,7	47,9
Asiaten	37,9	35,0	31,2	33,0
Weiße	25,1	25,1	24,2	25,4
8. Sterbeziffer (in ‰)				
Farbige	20,3	17,9	16,9	15,6
Asiaten	11,5	9,3	8,4	8,9
Weiße	8,7	8,6	8,6	8,6
9. Lebenserwartung bei Neugeborenen (in Jahren)				
Farbige	44,8	—	—	—
Asiaten	55,8	—	—	—
Weiße	64,6	—	—	—
10. Jährlicher Energieverbrauch pro Einw. (in kg Ske)	1 890	2 050	2 467	2 357
11. Einfuhr (in Mill. US-Dollar)	853	1 194	1 386	1 368
12. Ausfuhr (in Mill. US-Dollar)	628	830	1 154	1 201
13. Einwohner pro Arzt	—	1 900	2 000	—

Sudan

Am 1. 1. 1956 wurde die Republik Sudan unabhängig. Damit war die gemeinsame Herrschaft (Kondominium), die Ägypten und Großbritannien seit 1899 über das Land ausgeübt hatten, beendet. Auf dem Weg zur Selbständigkeit war die Frage beherrschend gewesen, ob man sich Ägypten anschließen solle oder nicht. Die Vertreter eines Anschlusses konnten sich jedoch nicht durchsetzen. Die innere Selbstverwaltung wurde auf der Grundlage der Parlamentswahlen von 1953 eingeführt. Die Nationale Unions-Partei (NUP) erlangte gut die Hälfte der 97 Sitze und stellte mit Ismail al-Azhari den ersten Ministerpräsidenten. Die NUP, die zunächst auch für ein Zusammengehen mit Ägypten war, machte angesichts der Kritik im eigenen Lande eine Kehrtwendung. Im Hintergrund spielten auch Meinungsverschiedenheiten über die Verteilung des Nilwassers und die Angst, Ägypten würde einen zu großen Einfluß auf die Baumwollproduktion im Sudan ausüben, eine Rolle.

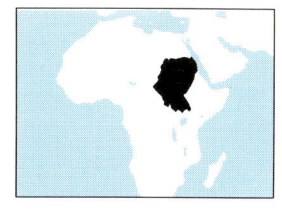

Fläche: 2 505 813 km²
Hauptstadt: Khartum

Der erste Ministerpräsident des Sudan, Ismail al Azhari, schreitet eine ägyptische Ehrenkompanie ab (1954).

Grunddaten	1950	1953	1956	1959
1. Einwohnerzahl (in Mill.)	9,3	9,8	10,4	11,0
2. Urbanisationsgrad (in %)	—	—	8,3	—
3. Berufstätige (in % der Gesamtbevölkerung)	—	—	37,4	—
4. Bruttosozialprodukt (in Mill. Pfund Sterling)	—	—	—	318,5
5. Anteil des Bruttosozialproduktes in verschiedenen Bereichen				
Landwirtschaft	—	—	—	59
Industrie	—	—	—	12
Handel und Dienstleistungen	—	—	—	29
10. Jährlicher Energieverbrauch pro Einw. (in kg Ske)	—	40	38	52
11. Einfuhr (in Mill. US-Dollar)	78	146	130	164
12. Ausfuhr (in Mill. US-Dollar)	103	128	192	192
13. Einwohner pro Arzt	—	50 000	42 000	—

Ein weiteres Problem bildete der Gegensatz zwischen dem arabischen Norden und dem schwarzafrikanisch-nichtislamischen Süden des Landes. Die dort aufkommenden Forderungen nach einem föderativen System wurden von der Zentralregierung unterdrückt und ließen separatistische Bewegungen entstehen.
Nachdem das Land unabhängig geworden war, gelang es den aufeinanderfolgenden Regierungen nicht, die großen Probleme zu lösen. Bereits ein halbes Jahr nach der Unabhängigkeitserklärung mußte Azhari nach Meinungsverschiedenheiten in seiner Partei zurücktreten. Sein Nachfolger wurde Abdul Khalil von der Umma-Partei, der seine Partei bei den Parlamentswahlen von 1958 zu einem Sieg führte. Doch Khalil zerstritt sich mit seinem Koalitionspartner, der Demokratischen Partei (PDP), wegen des Verhältnisses zu Ägypten und der Frage, unter welchen Bedingungen man ausländische Hilfe annehmen könne. Mit Zustimmung der mächtigen Mahdisten und der Khatmiya-Sekte griff die Armee ein. General Ibrahim Abboud kam im November 1958 für einen Zeitraum von sechs Jahren an die Macht.

Südwestafrika

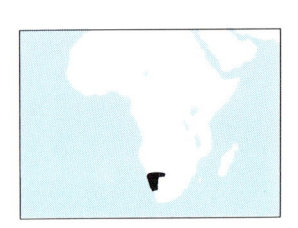

Fläche: 824 292 km²
Hauptstadt: Windhuk

Ungeachtet internationaler Proteste setzte Südafrika die faktische Annexion und die Einführung des Apartheidssystems im UN-Treuhandgebiet Südwestafrika fort.
In dem rohstoffreichen Land, das von der einheimischen Bevölkerung Namibia genannt wird, waren die Afrikaner so gut wie rechtlos. Die gemäßigte Opposition, angeführt von Herero-Häuptling Kutako, trat in den Hintergrund gegenüber den Aktivitäten der Einwohner des Ovambolandes. Die Vorreiterrolle der Ovambo, die als Kontraktarbeiter in den Süden zogen, resultierte aus der Tatsache, daß sie als weitaus stärkstes Volk 80% der Erwerbstätigen ausmachten. Auf Initiative von Herman Toivo ja Toivo organisierten sie sich 1957 im Ovamboland People's Congress, der ein Jahr darauf zur Ovamboland People's Organization (OPO) umgebildet wurde. Der gewerkschaftliche Kampf war mit der Forderung nach Unabhängigkeit verbunden. Die von afrikanischen Intellektuellen gegründete South West Africa National Union (SWANU) wandte sich mit der OPO gegen die Zwangsumsiedlung von 15 000 Afrikanern aus Windhuk in die neu errichtete Afrikanervorstadt Katutura.

Surinam

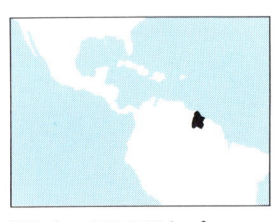

Fläche: 163 265 km²
Hauptstadt: Paramaribo

Zwei wichtige Ereignisse bestimmten die 50er Jahre: 1954 erhielt Surinam den Status eines gleichberechtigten Reichsteils des Königreichs der Niederlande und damit die innere Autonomie; außerdem sorgte ein Zehnjahrplan, mit dessen Verwirklichung man unmittelbar nach der Verkündung des neuen Status begann, zum ersten Mal für eine systematische Entwicklung von Wirtschaft und Gesellschaft.
Obwohl Surinam ein Agrarland war, basierte die gesamte Wirtschaft auf der Ausfuhr von Bauxit. 1953 bildete Bauxit 93% des Exportwerts; 1960 war dieser Anteil auf 80% gesunken.
Der Zehnjahrplan sollte Surinam zu mehr wirtschaftlicher Selbstän-

Vorarbeiten für das ehrgeizige Brokopondoprojekt. In den 60er Jahren sollte u. a. ein Staudamm gebaut werden.

digkeit verhelfen. Nach Ablauf der Planzeit sollte die Grundlage vorhanden sein für eine Weiterentwicklung aus eigener Kraft, eine Verbesserung der sozialen Einrichtungen und eine Erhöhung des Lebensstandards der Ärmsten. Konkrete Punkte des Zehnjahrplans waren u. a. die Anlage der wichtigen Ost-West-Verbindung zwischen den beiden Grenzflüssen und der Bau von Rollbahnen im südlichen Inland. Am beeindruckendsten war jedoch das Brokopondo-Projekt: ein Stausee im Fluß Surinam zur Stromgewinnung für die Bauxitverarbeitung und andere noch zu errichtende Industrien. Diese sollten die einseitige Ausrichtung des Landes weiter reduzieren.

Swaziland

König Sobhusa II., der das britische Protektorat Swaziland regierte, hielt die Zügel fest in der Hand. Das kleine, dünnbevölkerte Gebiet ist nahezu völlig von Südafrika umgeben, das großen Einfluß auf die Wirtschaft, vor allem die Asbest- und die Steinkohlengewinnung, hatte. Die geographische Lage beschränkte den politischen Spielraum Swazilands erheblich.

So war das Land, das von der britischen Botschaft in Pretoria aus verwaltet wurde, eher eine Kolonie Südafrikas als ein britisches Protektorat. Dennoch konnte die südafrikanische Regierung Swaziland nicht dem eigenen Territorium angliedern. Ebensowenig konnte man offiziell zur Situation von 1894 zurückkehren, als Swaziland ein Jahrzehnt lang von den Briten als ein politisch abhängiges Gebiet der Republik Transvaal zugewiesen worden war.
In den 50er Jahren bildeten sich in der absoluten Monarchie keine politischen Parteien. Es gab zwar Gruppierungen, die sich gegen den Einfluß der 10 000 Weißen wandten, doch von einer starken Unabhängigkeitsbewegung konnte nicht die Rede sein.

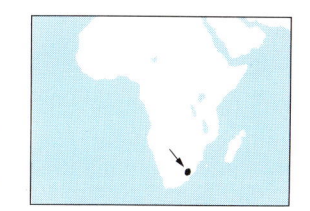

Fläche: 17 363 km²
Hauptstadt: Mbabane

Taiwan

Tschiang Kaischek hatte am Ende des Bürgerkriegs das chinesische Festland räumen müssen (1949). 1950 war die Insel Hainan als vorletzte Bastion verlorengegangen. Der völlige Untergang seiner nationalchinesischen Regierung galt damals lediglich als eine Frage der Zeit. Niemand schien bereit, eine Hand zu rühren, um seine Regierung zu retten. Diese Situation änderte sich durch den Ausbruch des Koreakriegs. Für die USA wurde die Insel zum militärischen Eckpfeiler in Südostasien. Mit Japan wurde 1952 ein Friedensvertrag geschlossen. Am 2. 12. 1954 schlossen die USA mit Taiwan einen Vertrag über gegenseitigen militärischen Beistand. Die amerikanische Unterstützung war jedoch nicht unbegrenzt; sie beschränkte sich auf die Garantie des Status quo. Die Amerikaner unterstützten Taiwan, als die Regierung in Peking 1955 und 1958 mit dem Beschuß der kleinen Inseln Quemoy und Matsu den seit langem erwarteten Angriff auf das nationalchinesische Bollwerk vor der Küste einzuleiten schien. Sie erlaubten den Nationalchinesen aber nicht, ihrerseits den Bürgerkrieg wiederaufzunehmen.
Das größte innenpolitische Problem war das schlechte Verhältnis zwischen der eingesessenen Bevölkerung Taiwans und den Nationalchinesen, die 1949 in großer Zahl auf die Insel geflüchtet waren. Taiwan hatte von 1895 bis 1945 zu Japan gehört, und die Festlandchinesen warfen den Taiwanesen enge Zusammenarbeit mit den Japanern vor. Die Gegensätze wurden durch die Verwaltungsreformen von 1951/52 mehr oder weniger institutionalisiert. Es wurden nämlich zwei Regierungen eingesetzt: In Taipeh die Zentralregierung, die dem Anspruch nach ganz China regierte, und in Taitschung die Provinzregierung von Taiwan. Diese Verwaltungsreform führte dazu, daß die einheimischen Taiwanesen, die rd. 80% der Inselbevölkerung ausmachten, in der Zentralregierung praktisch nicht vertreten waren.

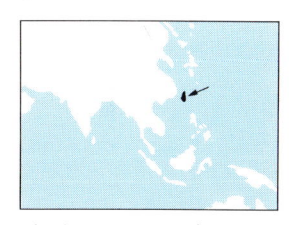

Fläche: 35 981 km²
Hauptstadt: Taipeh
◁
Tschiang Kaischek und Douglas MacArthur (links), der Oberbefehlshaber der UN-Streitkräfte in Korea.

Diese Schmähkarikatur aus der sowjetischen Zeitschrift Krokodil (1957) über das Bündnis zwischen Tschiang Kaischek und dem südkoreanischen Staatschef Syngman Rhee spiegelt die Enttäuschung der UdSSR über die vergeblichen Versuche wider, zwei Verbündete des Westens zu beseitigen. Im Gleichschritt gehend halten sie ein zerbrochenes Schwert und einen Zettel mit der Aufschrift »Marsch gegen den Kommunismus«.

Die rasche Entwicklung der Wirtschaft verhinderte, daß die so geschaffenen innenpolitischen Gegensätze einen explosiven Charakter bekamen.
Ihr Gedeihen schuf sogar die Grundlage für einen Prozeß der friedlichen Angleichung, der in den folgenden Jahrzehnten vollendet wurde. Ermöglicht wurde dieses Wirtschaftswachstum durch umfangreiche Wirtschaftshilfe und Investitionen aus dem Ausland und die eingreifenden Landreformen der Jahre 1949–1953. Viele Kleinbauern wurden Besitzer des Bodens, den sie bestellten; dadurch bekam die landwirtschaftliche Produktion starke Impulse. Die Großgrundbesitzer wurden für die Enteignungen entschädigt und angeregt, ihr Geld in die sich sprunghaft entwickelnde Industrie zu investieren.

Tanganjika

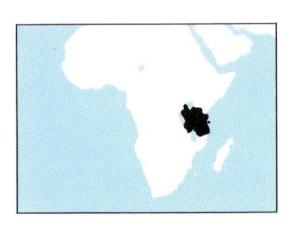

Fläche: 942 477 km²
Hauptstadt: Dar es Salaam

In Tanganjika kamen die nationalistische Bestrebungen schnell in Gang. Unter der Bevölkerung entwickelte sich eine Massenbewegung; sie konzentrierte sich anfangs auf ländliche Gebiete und fand seit 1954 ihr politisches Zentrum in der Tanganyika African National Union (TANU) unter Julius Nyerere.

Für ein allmählich entstehendes Nationalbewußtsein war die Tatsache am wichtigsten, daß keine der zahlreichen Bevölkerungsgruppen eine dominierende Stellung hatte. Das neben den vielen Gruppensprachen von allen gesprochene Swahili diente der gemeinsamen Verständigung. Auch die Tatsache, daß das Land den Briten als UN-Treuhandgebiet lediglich zur Verwaltung übertragen war, schränkte ihren Einfluß ein. Andererseits lebten in Tanganjika, zum Teil seit Jahrzehnten, etwa 20 000 Europäer. Die afrikanischen Bauern begannen sich zu Anfang des Jahrzehnts zu Erzeugergenossenschaften zusammenzuschließen. Die Bewegung der Landbewohner stärkte die Tanganyika African Association (TAA), zunächst eine sozial-kulturelle Organisation, deren Leitung 1953 Nyerere übernahm. Nyerere wandelte die TAA 1954 in die politische Partei TANU um. Die Kolonialbehörden versuchten, die Verbreitung der TANU zu behindern. Als das nicht gelang, wurde eine probritische Partei, die United Tanganyika Party (UTP), gegründet. Wahlen für den teils aus gewählten, teils aus ernannten Mitgliedern bestehenden Legislativrat im September 1958 und Februar 1959 schafften jedoch Klarheit. Die TANU ging als Sieger aus diesen Wahlen hervor, während die UTP von der politischen Bühne verschwand. Die TANU stellte nun fünf Minister des Ministerrats. Damit hatte die Machtübertragung begonnen.

Die Wahlen von 1958/59 gewann die TANU-Partei Julius Nyereres. Hier ein Wahllokal in der Provinz Tanga im September 1958.

Thailand

Fläche: 514 000 km²
Hauptstadt: Bangkok

Bereits seit den 30er Jahren war Thailand ein strikt antikommunistischer Staat. Das sicherte dem Land nach dem 2. Weltkrieg die Unterstützung durch die Vereinigten Staaten. 1950 wurden mit den USA Verträge über wirtschaftlichen und technischen Beistand geschlossen; 1954 trat Thailand der südostasiatischen Vertragsorganisation bei.
Dennoch war Thailand in den 50er Jahren politisch instabil. Diese Instabilität ergab sich aus den Gegensätzen innerhalb der Streitkräfte, die sowohl zwischen den einzelnen Waffengattungen als auch zwischen jüngeren und älteren Offizieren bestanden. Der mächtigste Mann im Staat, Marschall Pibul Songgram, Ministerpräsident 1938 bis 1944 und 1947 bis 1957, spielte in dem so gegebenen Kräftefeld die Rolle des allgemein anerkannten Schiedsrichters.

Doch auf die Dauer wurde er immer abhängiger von den Führern der beiden Fraktionen, die durch eine Reihe von gescheiterten Putschen in den Jahren 1948 bis 1951 als die wichtigsten hervorgetreten waren: General Phao Surijanond, Kommandant der paramilitärisch organisierten Polizei, und General Sarit Thanarat, Kommandant von Bangkok.
Um seine allmähliche abbröckelnde Stellung zu stärken, kündigte Pibul 1955 für Februar 1957 allgemeine Wahlen an. Er gründete eine eigene politische Partei, die Seri Mananghasila. Trotz großangelegtem Wahlbetrug erlangte die

Zehn Jahre im Überblick

5. 5. 1950 Phumiphol Aduljadedsch wird in Bangkok zum König Rama IX. gekrönt; nach der Krönung kehrt der König in die Schweiz zurück, um sein Studium zu beenden.	26. 2. 1957 Allgemeine Wahlen: Durch Manipulation erlangt Ministerpräsident Pibul Songgram eine knappe Mehrheit im Parlament.
7. 3. 1951 Prinz Rangsit von Chainat, Regent seit 1947, stirbt.	17. 9. 1957 Feldmarschall Sarit Thanarat ergreift die Macht.
2. 12. 1951 König Phumiphol kehrt nach Thailand zurück.	25. 12. 1957 Thanom Kittikachorn wird Ministerpräsident.
22. 9. 1954 Thailand ratifiziert als erstes Land den Vertrag zur Gründung der SEATO.	20. 10. 1958 Kittikachorn überträgt Sarit Thanarat die Macht.

Grunddaten	1950	1953	1956	1959
1. Einwohnerzahl (in Mill.)	19,6	21,5	23,4	25,6
2. Urbanisationsgrad (in %)	—	—	8,7	—
3. Berufstätige (in % der Gesamtbevölkerung)	—	—	51,0	—
4. Bruttosozialprodukt (in Mill. Baht)	—	32 228	—	47 171
5. Anteil des Bruttosozialproduktes in verschiedenen Bereichen				
Landwirtschaft	—	43	—	40
Industrie	—	17	—	16
Handel und Dienstleistungen	—	39	—	40
7. Geburtenziffer (in ‰)	28,4	31,0	37,4	—
8. Sterbeziffer (in ‰)	10,0	9,4	9,8	—
10. Jährlicher Energieverbrauch pro Einw. (in kg Ske)	20	40	53	57
11. Einfuhr (in Mill. US-Dollar)	209	330	365	426
12. Ausfuhr (in Mill. US-Dollar)	304	323	335	359
13. Einwohner pro Arzt	12 000	6 800	8 500	

◁

Phumiphol Aduljadedsch war thailändischer König seit 1946. 1950 heiratete er die Prinzessin Sirikit Kitiyakara. Hier das Paar bei einer offiziellen Feier.

Mananghasila schließlich nur eine ganz knappe Mehrheit. General Sarit stellte sich daraufhin an die Spitze der wachsenden Opposition gegen Pibul. Durch einen unblutigen Staatsstreich übernahm er im September 1957 die Macht. Nach Neuwahlen im Dezember übertrug Sarit die Macht zunächst einer parlamentarischen Regierung unter Thanom Kittikachorn. Diese Regierung erwies sich als handlungsunfähig.
Daraufhin zog Sarit Thanarat im Oktober 1958 von neuem alle Machtbefugnisse an sich. Diesmal wurde die Verfassung außer Kraft gesetzt und das Parlament aufgelöst.

Togo

In dem französischen Treuhandgebiet setzte sich das Comité de l'Unité Togolaise (CUT) von Sylvanus Olympio für die baldige Unabhängigkeit ein. Anfangs strebte die Partei, die vor allem unter den Ewe viele Anhänger hatte, einen Zusammenschluß mit Britisch-Togoland an, wo auch viele Ewe wohnten. Doch die Bevölkerung von Britisch-Togoland entschied sich 1956 in einem Referendum für die Angliederung an Ghana. Kurz darauf war die Frage aber nicht mehr aktuell, denn Französisch-Togo erhielt Ende August 1956 durch das französische Rahmengesetz die volle innere Selbstverwaltung. Nicolas Grunitzky, ein Schwager Olympios, wurde Ministerpräsident. Seine Parti Togolais de Progrès (PTP) hatte zusammen mit der anderen profranzösischen Partei, der Union des Chefs et des Populations du Nord (UCPN), die zuvor abgehaltenen Wahlen gewonnen; die Wahlergebnisse von 1951 und 1952 hatten sich damit wiederholt. Man entschied sich für die Aufnahme in die Französische Gemeinschaft. CUT und ihre Jugendorganisation Juvento waren allerdings gegen diese Entscheidung und siegten mit einer gemeinsamen Liste bei den Wahlen von 1958, die unter UNO-Aufsicht standen. Sie erlangten 29 der 46 Sitze. Olympio wurde Regierungschef und führte sein Land zwei Jahre später in die Unabhängigkeit. Im Oktober 1959 schlossen sich die UCPN und die PTP zur Union Démocratique des Populations Togolaises zusammen. Diese von Grunitzky geführte Partei bildete von diesem Zeitpunkt an die wichtigste Opposition. Für die wirtschaftlichen Zukunftsaussichten war die Entdeckung großer Phosphatvorräte wichtig.

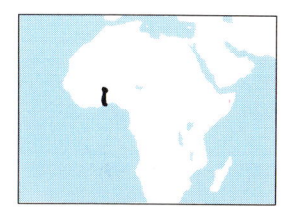

Fläche: 56 785 km²
Hauptstadt: Lomé

Tonga

Tonga blieb in den 50er Jahren ein britisches Protektorat mit einem hohen Grad an innerer Selbstverwaltung. Das Maß an Autonomie, die das 169 Inseln umfassende Königreich genoß, nahm am 26. 8. 1958 noch bedeutend zu. An diesem Tag schloß die Regierung Tongas, seit 1918 unter Königin Salote Tupu III., einen neuen Freundschaftsvertrag mit Großbritannien, der einen aus dem Jahre 1905 datierten Vertrag ersetzte. Der Gouverneur von Fidschi, der seit 1952 (vertreten durch einen Agenten am Ort) die britischen Beziehungen zu Tonga wahrnahm, verzichtete künftig auf sein Recht, Tonga in Finanzangelegenheiten zu beraten. Großbritannien war danach nur noch für außenpolitische Fragen zuständig.
Die Regierung verfolgte weiterhin das Ziel, die Agrarproduktion zu steigern und vielseitiger zu machen, um die rasch zunehmende Bevölkerung ernähren und attraktive Exportgüter anbieten zu können. Das Bemühen um einen höheren Lebensstandard sollte dabei ständig mit dem Wunsch, den polynesischen Charakter der Gesellschaft nicht zu zerstören, vereinbart werden.

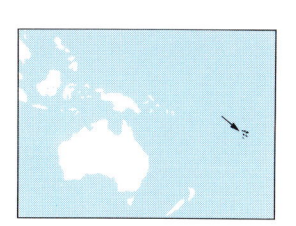

Fläche: 699 km²
Hauptstadt: Nukualofa

Tschechoslowakei

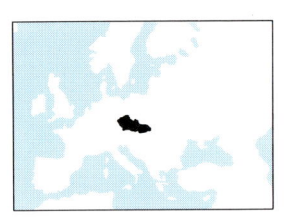

Fläche: 127 869 km²
Hauptstadt: Prag

Klement Gottwald war von 1948 bis zu seinem Tode 1953 (er bekam bei dem Begräbnis Stalins eine Lungenentzündung) Staatspräsident.

In den 50er Jahren war die Innenpolitik der Tschechoslowakei durch Flügelkämpfe innerhalb der Kommunistischen Partei bestimmt, die jedoch auf die uneingeschränkte Machtposition der Partei (bei den letzten einigermaßen freien Wahlen 1946 erreichte sie nur 38% der Stimmen) keinen nachteiligen Einfluß hatten.
Die Instabilität der Partei zeigt die Tatsache, daß in der Zeit von 1949 bis 1954 über die Hälfte der Mitglieder des Zentralkomitees aus diesem höchsten Parteiorgan verschwanden. Symptomatisch waren auch die ständigen Regierungsumbildungen und die Aneinanderreihung von politischen Prozessen, in denen Gegner und ehemalige Mitstreiter ausgeschaltet wurden. 1951 wurde im Zuge der letzten großen Schauprozeßwelle im Ostblock der Generalsekretär der Kommunistischen Partei, Rudolf Slánský, seiner Ämter enthoben. Staatspräsident Klement Gottwald übernahm die Leitung der Partei und Slánský wurde kurz darauf verhaftet. Man warf ihm, wie zu jener Zeit üblich, u. a. Landesverrat und Titoismus vor. Nach einem aufsehenerregenden Prozeß mit stark antisemitischen Untertönen wurde Slánský am 27. 11. 1952 zusammen mit zehn Mitangeklagten zum Tode verurteilt und kurze Zeit später hingerichtet. Unter den Verurteilten war auch der ehemalige Außenminister Vladimir Clementis.
Der Tod Stalins (5. 3. 1953), dem der Tod von Staatspräsident und Parteichef Gottwald unmittelbar folgte, leitete eine vorübergehende Kursänderung ein. Neuer Staatspräsident wurde Antonin Zápotocký, der sein Amt als Ministerpräsident an Viliam Siroký abgeben mußte. Antonin Novotný wurde mit der Leitung des Sekretariats des ZK der KP betraut. Er verband diese Position seit 1957 (nach dem Tod Zápotockýs) mit dem Amt des Staatspräsidenten. Die Prager Führer standen der Liberalisierung und den Resultaten des XX. Parteitages der sowjetischen KP ratlos gegenüber. Dennoch übernahm man vorübergehend das Prinzip der kollektiven Führung. Die Kursänderung bewirkte, daß man der Konsumgüterindustrie größere Aufmerksamkeit widmete. Aber bereits 1955 verlagerte sich der Akzent wieder auf die Schwerindustrie, die nun mehr im tschechischen Teil des Landes konzentriert wurde.
Die Ziele des 1953 auslaufenden Fünfjahrplans wurden erreicht.

Zehn Jahre im Überblick

27. 2. 1951 Die Regierung gibt die Verhaftung des ehemaligen Außenministers Clementis bekannt. Gustav Husák wird aus der Partei ausgeschlossen.
27. 11. 1952 Elf ehemalige Funktionäre, darunter Slánský und Clementis, werden zum Tode verurteilt.
14. 3. 1953 Staatspräsident und Parteichef Gottwald stirbt.
22. 3. 1953 Antonin Zápotocký wird Staatspräsident und überträgt das Amt des Ministerpräsidenten Viliam Siroký. Antonin Novotný wird Parteichef.
13. 11. 1957 Staatspräsident Zápotocký stirbt.
19. 11. 1957 Parteichef Novotný übernimmt auch das Amt des Staatspräsidenten.

Die folgenden Pläne mußten aber ständig abgewandelt werden. Die Zwangskollektivierung der Landwirtschaft wurde nach 1953 teilweise rückgängig gemacht, doch von 1958 an wieder beschleunigt durchgeführt. Die Agrarproduktion blieb hinter den Planzielen zurück, teils wegen der mangelnden Mitarbeit der Bauern, teils wegen des Arbeitskräftemangels.

Der Langstreckenläufer Emil Zátopek war in den 50er Jahren sehr beliebt. 1953 erhielt er von Parteichef Antonín Novotný den »Stafettenstab der tschechoslowakisch-sowjetischen Freundschaft«.

Grunddaten	1950	1953	1956	1959
1. Einwohnerzahl (in Mill.)	12,4	12,8	13,2	13,5
2. Urbanisationsgrad (in %)	51,2	—	—	—
3. Berufstätige (in % der Gesamtbevölkerung)	47,1	—	45,7	44,9
4. Volkseinkommen (in Mrd. Kronen)	85,4	128,8	—	149,1
5. Anteil des Volkseinkommens in verschiedenen Bereichen				
Landwirtschaft	17	14	—	15
Industrie	70	77	—	73
Handel und Dienstleistungen	13	10	—	12
7. Geburtenziffer (in ‰)	23,3	21,2	19,8	16,0
8. Sterbeziffer (in ‰)	11,5	10,5	9,6	9,7
9. Lebenserwartung bei Neugeborenen (in Jahren)				
Männer	—	—	66,7	67,2
Frauen	—	—	71,6	72,3
10. Jährlicher Energieverbrauch pro Einw. (in kg Ske)	2 960	3 340	4 141	4 503
11. Einfuhr (in Mill. US-Dollar)	897	897	1 186	1 602
12. Ausfuhr (in Mill. US-Dollar)	779	994	1 387	1 727
13. Einwohner pro Arzt	1 100	—	700	—

Tunesien

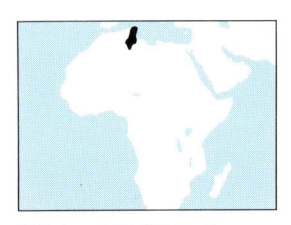

Fläche: 163 610 km²
Hauptstadt: Tunis

Anfang der 50er Jahre schien es, daß sich die tunesischen Nationalisten, vereint in der Neo-Destur-Partei, und die französische Regierung auch gegen die Opposition der französischen Siedler über die allmähliche Machtübertragung einigen würden. Doch dann wollte die französische Regierung nur eine äußerst beschränkte Form der inneren Selbstverwaltung zulassen und schob die Frage der Unabhängigkeit auf die lange Bank. Empörte Nationalisten und Gewerkschaftsmitglieder reagierten darauf im Januar 1952 mit Streiks und Demonstrationen. Daraufhin verhafteten die französischen Kolonialbehörden u. a. Habib Bourguiba, der 1934 an der Gründung der Neo-Destur-Partei mitgewirkt hatte. Frankreich ließ seine Reformvariante vom Bei von Tunis absegnen, der dem Namen nach über Tunesien herrschte.
Die verbotene nationalistische Bewegung ging jetzt zum bewaffneten Kampf über. Mitte 1954 mußte Frankreich die innere Autonomie versprechen. Frankreichs zögernde Haltung und Meinungsverschiedenheiten innerhalb der Neo-Destur führten jedoch dazu, daß die

innere Selbstverwaltung erst ein Jahr später eingeführt wurde. Der nach Frankreich verbannte Bourguiba konnte am 1. 6. 1955 zurückkehren. Am 20. 3. 1956 erhielt Tunesien dann die volle Unabhängigkeit.
Nach der Unabhängigkeit festigte Bourguiba seine Stellung noch. An die Nationale Front, deren wichtigste Gruppierung die Neo-Destur war, fielen alle 98 Sitze in der Verfassunggebenden Versammlung. Er trat als Ministerpräsident an und wurde nach der Abschaffung der Monarchie im Juli 1957 zum Staatspräsidenten ernannt. Sein Amt war mit umfassenden Vollmachten ausgestattet, so daß man von einem Präsidialsystem sprechen konnte; dies wurde in der neuen Verfassung von 1959 auch verankert. Bei den Wahlen im selben Jahr erhielt die Neo-Destur wieder alle Mandate, und Bourguiba wurde im Präsidentenamt bestätigt.
Zunächst war das Verhältnis zu Frankreich schwierig. Ursache war die Weigerung Frankreichs, den Flottenstützpunkt Bizerte zu räumen. Paris benötigte diese Basis für seinen Krieg gegen die Aufständischen in Algerien, die von Tunis unterstützt wurden. Die französischen Bombenangriffe auf tunesische Grenzdörfer und die Entführung von fünf algerischen Nationalisten, die im Flugzeug auf dem Weg von Rabat nach Tunis waren (Ende 1956), hatten eine kurzzeitige Unterbrechung der diplomatischen Beziehungen zu Paris zur Folge. Nach der Rückkehr de Gaulles als Regierungschef verbesserte sich jedoch das Klima, und die Konflikte wurden weitgehend beigelegt. Bizerte blieb bis 1963 in französischem Besitz.

◁
Staatspräsident Habib Bourguiba (1959).

Zehn Jahre im Überblick

1. 2. 1952		Generalstreik aus Protest u. a. gegen die Verhaftung Bourguibas.
20. 3. 1956		Tunesien wird unabhängig.
25. 3. 1956		Die Nationale Front (zu der die Neo-Destur gehört) erlangt alle 98 Sitze in der Verfassunggebenden Versammlung.
25. 7. 1957		Die Monarchie wird abgeschafft und Bourguiba zum Staatspräsidenten ernannt.

Türkei

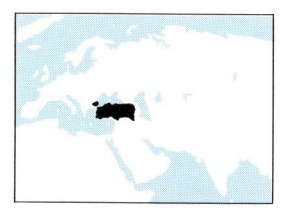

Grunddaten	1950	1953	1956	1959
1. Einwohnerzahl (in Mill.)	3,5	3,7	3,9	4,1
2. Urbanisationsgrad (in %)	—	—	35,6	—
3. Berufstätige (in % der Gesamtbevölkerung)	—	—	38,4	—
7. Geburtenziffer (in ‰)	30,6	32,1	37,0	46,8
8. Sterbeziffer (in ‰)	9,7	8,6	8,8	10,6
10. Jährlicher Energieverbrauch pro Einw. (in kg Ske)	150	170	168	154
11. Einfuhr (in Mill. US-Dollar)	147	172	194	153
12. Ausfuhr (in Mill. US-Dollar)	113	111	112	142
13. Einwohner pro Arzt	6600	6700	6900	—

Das Wahlergebnis von 1950 brachte eine große Überraschung. Die seit 1923 regierende Republikanische Volkspartei (RVP) – bis 1946 die einzige zugelassene Partei – wurde vernichtend geschlagen; die Demokratische Partei (DP) übernahm die Macht. Der DP-Vorsitzende Celal Bayar trat an die Stelle von Ismet Inönü im Amt des Staatspräsidenten. Adnan Menderes wurde Ministerpräsident. Bei den Wahlen von 1954 und 1957 hielt die DP ihre – allerdings 1957 stark schrumpfende – Mehrheit. Unter Menderes begann man, sich von den politischen Grundsätzen des Staatsgründers Kemal Atatürk abzusetzen: Der große Einfluß des Staates wurde abgebaut. Ein Teil der verstaatlichten Industrien wurde reprivatisiert. Menderes befürwortete ein System, das wirtschaftlich und militärisch eng mit dem Westen verbunden war. Schwerpunkt der Wirtschaftspolitik war die schnelle Industrialisierung und damit einhergehend u. a. der Bau von Straßen und Brücken. Mehr als sein Vorgänger widmete

Fläche: 780 576 km²
Hauptstadt: Ankara

Zehn Jahre im Überblick

14. 5. 1950	Die Demokratische Partei (DP) gewinnt die Wahlen und steigert ihren Anteil von 63 auf 434 Mandate. Die Republikanische Volkspartei (RVP) fällt von 402 auf 69 Mandate zurück; die übrigen Parteien erlangen insgesamt 10 Sitze. Adnan Menderes wird Ministerpräsident.
22. 5. 1950	Celal Bayar wird Staatspräsident.
22. 10. 1951	Die Türkei wird Mitglied der NATO.
2. 5. 1954	Die DP erlangt bei den Wahlen 503 Sitze (63% der Stimmen), die RVP 31 und die übrigen Parteien 7.
9. 8. 1954	Griechenland, Jugoslawien und die Türkei verlängern den am 28. 2. 1953 geschlossenen Balkanpakt auf 20 Jahre.
27. 10. 1957	Bei Wahlen Stimmengewinne für die RVP, die mit rd. 42% der Stimmen 178 Mandate erhält. Die DP kommt auf 424 der insgesamt 610 Sitze; auf die übrigen Parteien entfallen 8 Mandate.

Uganda

Grunddaten	1950	1953	1956	1959
1. Einwohnerzahl (in Mill.)	20,8	22,6	24,4	26,7
2. Urbanisationsgrad (in %)	21,9	—	28,8	—
3. Berufstätige (in % der Gesamtbevölkerung)	60,8	—	50,7	—
4. Bruttosozialprodukt (in Mill. Lira)	9 390	15 329	42 500	42 203
5. Anteil des Bruttosozialproduktes in verschiedenen Bereichen				
Landwirtschaft	49	48	—	44
Industrie	15	18	—	22
Handel und Dienstleistungen	35	35	—	34
9. Lebenserwartung bei Neugeborenen (in Jahren)				
Männer	46,0	—	—	—
Frauen	50,4	—	—	—
10. Jährlicher Energieverbrauch pro Einw. (in kg Ske)	260	340	231	239
11. Einfuhr (in Mill. US-Dollar)	311	533	407	470
12. Ausfuhr (in Mill. US-Dollar)	263	396	305	354
13. Einwohner pro Arzt	4 300	3 100	3 600	—

Celal Bayar (rechts) war ab 1951 Staatspräsident. Hier empfängt er auf dem Flughafen von Ankara 1957 Bundespräsident Theodor Heuss.
▷

Menderes sich aber auch der Entwicklung der Landwirtschaft. Die kostspieligen Maßnahmen und der gleichzeitige Rückgang der Ausfuhr landwirtschaftlicher Erzeugnisse brachten das Land an den Rand des Bankrotts. Nur dank der umfangreichen Unterstützung vor allem durch die USA konnte ein Zusammenbruch vermieden werden. Die Wirtschaftspolitik hatte außerdem zur Inflation geführt. Diese Entwicklungen bewirkten eine wachsende Kritik an der autoritären Politik Menderes', der seine Stellung durch die diktatorische Unterdrückung jeder oppositionellen Bewegung zu halten suchte. Menderes konnte sich zwar behaupten, aber das Land trieb unaufhaltsam einer Krise entgegen, die sich dann im Militärputsch von 1960 entlud.
In der Außenpolitik stand Ankara eindeutig zur NATO, der die Türkei seit 1951 angehörte. Der traditionelle britische Einfluß wurde von dem der USA abgelöst, die die wirtschaftlichen und militärischen Verpflichtungen Großbritanniens gegenüber der Türkei (und Griechenland) übernommen hatten. Ankara wurde 1955 – auf Drängen Londons – Mitbegründer des Bagdadpakts. Das Verhältnis zur NATO und zum NATO-Mitgliedsstaat Griechenland verschlechterte sich allerdings seit 1955 wegen der Zypernfrage. Dieses gespannte Verhältnis zwischen den Bündnispartnern an der Südostflanke der NATO fand 1959 nur vorübergehend ein Ende, als sich alle Beteiligten auf die volle Unabhängigkeit für Zypern einigen konnten.

Uganda

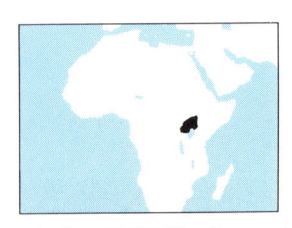

Fläche: 236 036 km²
Hauptstadt: Entebbe

Die Entkolonialisierung dieses britischen Protektorats, das sich aus mehreren einheimischen Staaten zusammensetzte, unter denen Buganda der reichste und größte war, kam nur allmählich in Gang. Das Königreich Buganda hatte von jeher ein großes Maß an Autonomie. Aus seinen Bewohnern, dem Volk der Baganda, rekrutierte die Kolonialverwaltung die Mehrzahl der Soldaten und leitenden Beamten, was beim Rest der Bevölkerung Argwohn erregte. Anders als in den umliegenden ostafrikanischen Ländern gab es kaum weiße Kolonisten.
Der Entkolonialisierungsprozeß wurde durch den Gegensatz zwischen den Anhängern der Tradition eines unabhängigen Königreichs Buganda auf der einen und den Nationalisten, die sich für ein zentralistisches, republikanisches Uganda aussprachen, auf der anderen Seite bestimmt. Als 1953 britische Pläne zur Schaffung eines ugandischen Einheitsstaates bekannt wurden, protestierten Vertreter Bugandas. Daraufhin nahm die britische Regierung die Anerkennung des Königs (Kabaka), Sir Edward Frederick Mutesa II., zurück und verbannte ihn am 30. 11. nach London.
Die britische Regierung mußte

1958 wurden zum ersten Mal in Uganda Wahlen abgehalten. Für die Wahlberechtigten, die nicht lesen konnten, waren auf den Stimmzetteln Symbole für die Kandidaten vorgedruckt.

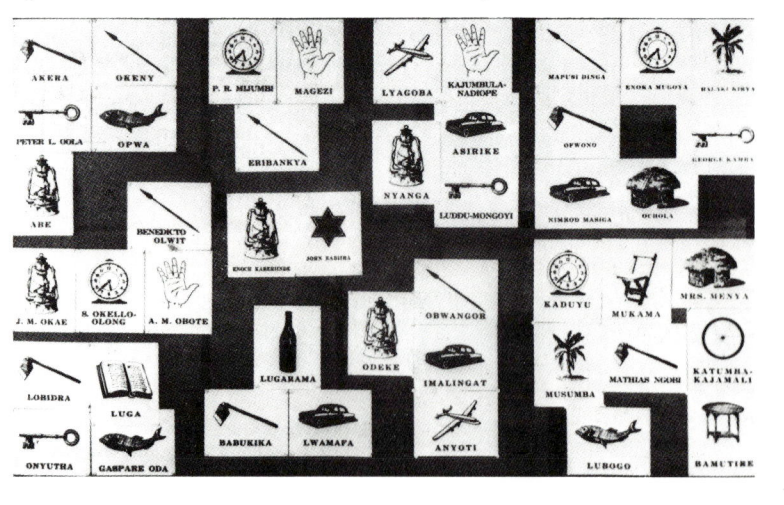

Grunddaten	1950	1953	1956	1959
1. Einwohnerzahl (in Mill.)	5,2	5,6	6,1	6,5
4. Volkseinkommen (in Mill. Pfund Sterling)	67,4	95,2	111,6	116,8
5. Anteil des Volkseinkommens in verschiedenen Bereichen				
Landwirtschaft	—	72	—	—
Industrie	—	8	—	—
Handel und Dienstleistungen	—	20	—	—
8. Sterbeziffer (in ‰)	12,1	—	—	—
10. Jährlicher Energieverbrauch pro Einw. (in kg Ske)	—	30	—	32
11. Einfuhr (in Mill. US-Dollar)	—	72	79	72
12. Ausfuhr (in Mill. US-Dollar)	—	94	116	121
13. Einwohner pro Arzt	23 000	23 000	21 000	—

Ungarn

Rákosi und Nagy

1949 hatte die Kommunistische Partei Ungarns mit Unterstützung der Roten Armee die Macht endgültig übernommen und die letzten nichtkommunistischen Einflüsse ausgeschaltet. Unter Mátyás Rákosi vollendete sie die Umwandlung Ungarns in eine kommunistische Volksrepublik. Dem Vorbild der UdSSR entsprechend, verfolgte Rákosi eine Politik der forcierten Industrialisierung und widmete der Entwicklung der Schwerindustrie die größte Aufmerksamkeit. Im Agrarbereich wurde eine Zwangskollektivierung durchgeführt. Nichtkommunistische Institutionen wie die Kirchen wurden unterdrückt. Erzbischof Mindszenty, der Primas von Ungarn, war seit 1948 inhaftiert. Auch innerhalb der Partei fanden in großem Umfang Säuberungen und Schauprozesse statt. Der Tod Stalins und die anschließende Einführung der kollektiven Staatsführung in der UdSSR bedeuteten den Anfang vom Ende der Diktatur Rákosis. Nach einem Besuch in Moskau wurde er am 3. 7. 1953 gezwungen, das Amt des Ministerpräsidenten an Imre Nagy abzutreten, blieb aber Generalsekretär der Partei. Die sogenannten Juniresolutionen enthielten eine scharfe Kritik an Rákosis Politik und bildeten die Basis für Nagys »Neuen Kurs«. Dieser beinhaltete u. a., daß die Produktion von Konsumgütern ausgebaut wurde und daß die Bauern die Erlaubnis erhielten, die kollektiven Landbaubetriebe zu verlassen, wovon sie in großer Zahl Gebrauch machten. Die Durchführung dieser Politik wurde jedoch durch den hartnäckigen Widerstand Rákosis behindert, der die Kontrolle über den Parteiapparat behalten hatte. Nach einer Reihe von Konflikten zwischen ihm und Nagy, bei denen Nagy zunächst noch von Moskau unterstützt wurde, konnte Rákosi schließlich Nagy entmachten. Am 18. 4. 1955 enthob die Nationalversammlung Nagy seines Amtes als Ministerpräsident und ernannte András Hegedüs, einen Kompromißkandidaten, zu seinem Nachfolger.
Die Verurteilung Stalins durch Chruschtschow auf dem XX. Parteitag der KPdSU, die Freilassung von politischen Gefangenen und die offizielle posthume Rehabilitierung des ehemaligen Parteivorsitzenden László Rajk fachten die

Zehn Jahre im Überblick

- 14. 8. 1952 Parteichef Mátyás Rákosi übernimmt auch das Amt des Ministerpräsidenten.
- 3. 7. 1953 Imre Nagy wird Ministerpräsident.
- 18. 4. 1955 Nagy wird als Ministerpräsident abgesetzt, András Hegedüs wird sein Nachfolger.
- 17. 6. 1956 Rákosi verliert sein Amt als Generalsekretär der Kommunistischen Partei. Ernö Gerö tritt an seine Stelle.
- 23. 10. 1956 100 000 Menschen demonstrieren in Budapest gegen die Regierung.
- 24. 10. 1956 Imre Nagy wird Ministerpräsident. János Kádár wird Parteichef.
- 25. 10. 1956 Sowjetische Panzer und ungarische Sicherheitstruppen eröffnen das Feuer auf Demonstranten.
- 30. 10. 1956 Ministerpräsident Imre Nagy kündigt die Bildung eines Kabinetts auf breiter Basis an; das Einparteiensystem wird abgeschafft.
- 1. 11. 1956 Ministerpräsident Nagy verkündet Ungarns Neutralität und erklärt den Austritt aus dem Warschauer Pakt.
- 4. 11. 1956 Sowjetische Truppen besetzen Budapest. Parteichef János Kádár wird zum Ministerpräsidenten ernannt.
- 27. 1. 1958 Ferenc Münnich löst Kádár als Ministerpräsident ab.
- 17. 6. 1958 Es wird offiziell bekanntgegeben, daß Nagy, Maléter und zwei andere Führer des Aufstandes vor einiger Zeit hingerichtet worden sind.

Fläche: 93 030 km²
Hauptstadt: Budapest

Drei Hauptakteure der ungarischen Tragödie von 1956; von rechts nach links: Imre Nagy, Ernö Gerö und Mátyás Rákosi.

Ungarn

Grunddaten	1950	1953	1956	1959
1. Einwohnerzahl (in Mill.)	9,3	9,6	9,9	9,9
2. Urbanisationsgrad (in %)	—	—	40,3	—
3. Berufstätige (in % der Gesamtbevölkerung)	—	—	45,3	—
4. Volkseinkommen (in Mrd. Forint)	46,5	83,0	—	110,0
5. Anteil des Volkseinkommens in verschiedenen Bereichen				
Landwirtschaft	25	25	—	31
Industrie	55	64	—	62
Handel und Dienstleistungen	20	11	—	7
7. Geburtenziffer (in ‰)	20,9	21,5	19,5	15,2
8. Sterbeziffer (in ‰)	11,4	11,7	10,5	10,4
9. Lebenserwartung bei Neugeborenen (in Jahren)				
Männer	—	63,5	65,0	65,2
Frauen	—	67,3	68,9	69,6
10. Jährlicher Energieverbrauch pro Einw. (in kg Ske)	980	1540	1763	2176
11. Einfuhr (in Mill. US-Dollar)	—	488	481	793
12. Ausfuhr (in Mill. US-Dollar)	—	498	487	770
13. Einwohner pro Arzt	—	840	700	—

János Kádár ▷

Ungarn S. 105 – 23

Spuren der Kämpfe in Budapest: Gräber auf den Straßen.

Unruhe auch in der Partei selbst nur noch weiter an.

Die größere geistige Freiheit manifestierte sich im Petöfi-Kreis, der sich von einer innerparteilichen Diskussionsrunde zu einer Plattform der Opposition gegen das Rákosi-Regime entwickelte. Die scharfen Angriffe auf die Politik und die Person des gehaßten Parteiführers führten im Juni 1956 schließlich zu Rákosis Sturz. Doch sein Nachfolger, Ernö Gerö, konnte weder die Einheit der Partei wiederherstellen noch die Unruhe unter der Bevölkerung beschwichtigen.

Der Aufstand

Den direkten Anlaß für den Ausbruch des Ungarnaufstandes bildeten die großen Kundgebungen in Budapest am 23. 10. 1956 zur Unterstützung der Entwicklungen in Polen, wo Władysław Gomułka ungeachtet des starken Drucks der Sowjetunion zum Ersten Sekretär der Partei gewählt worden war. Die Demonstranten forderten den Abzug der sowjetischen Truppen aus Ungarn, die Auflösung der Geheimpolizei, die Ablösung von Gerö, die Bildung einer Regierung unter Nagy und freie Wahlen. Sicherheitskräfte eröffneten das Feuer. Das war der Beginn blutiger Kämpfe, bei denen Partei- und Regierungsgebäude in Brand gesteckt und Mitglieder der verhaßten Geheimpolizei gelyncht wurden. Die Regierung rief die im Land stationierten Truppen der UdSSR zur Hilfe. Am 24. 10. wurde Imre Nagy zum Ministerpräsidenten ernannt. Ungarische Militäreinheiten unter Oberst Pál Maléter stellten sich auf die Seite der Aufständischen und bekämpften die sowjetischen Panzer, die von der ungarischen Sicherheitspolizei unterstützt wurden. Einen Tag später wurde Gerö als Erster Sekretär des ZK von János Kádár abgelöst.

Inzwischen hatten in vielen Fabriken Arbeiterräte die Leitung übernommen. Der Aufstand breitete sich über ganz Ungarn aus; überall ergriffen Revolutionskomitees die Macht. Am 30. 10. wurden diese neuen Organisationen von der Regierung Nagy anerkannt. Zwei Tage zuvor hatte Nagy eine Feuerpause erreichen können. Die sowjetischen Truppen begannen mit ihrem Rückzug aus der ungarischen Hauptstadt. Nagy, der die Forderungen der Bevölkerung übernahm, gab am 30. 10. die Abschaffung des Einparteiensystems bekannt. Als neue sowjetische Einheiten die ungarische Grenze überschritten und strategisch wichtige Stellungen bezogen, erklärte Nagy am 1. 11. Ungarn für neutral und zog das Land aus dem Warschauer Pakt zurück. Er wandte sich erfolglos an die UNO mit der Bitte, die ungarische Neutralität zu schützen. Drei Tage später griffen die sowjetischen Truppen Budapest erneut an und eroberten die Stadt nach blutigen Straßenkämpfen. Die kommunistische Herrschaft wurde unter Kádár, der auch Ministerpräsident wurde, wiederhergestellt.

Das Nachspiel

Nach der Niederschlagung des Aufstandes flüchteten rd. 200 000 Ungarn in den Westen. Erzbischof Mindszenty, der von den Aufständischen aus dem Gefängnis befreit worden war, fand in der Botschaft der USA Asyl, bekam aber bis 1971 nicht die Erlaubnis, das Land zu verlassen. Imre Nagy war mit einigen Anhängern in die jugoslawische Botschaft geflüchtet. Als sie diese am 22. 11. mit einer schriftlichen Zusage Kádárs für freies Ge-

leit verließen, wurden sie von sowjetischen Soldaten gefangengenommen und nach Rumänien deportiert. Mitte Juni 1958 wurde in Budapest und Moskau offiziell bekanntgegeben, daß Nagy, Maléter und zwei andere Führer des Aufstandes inzwischen hingerichtet worden seien.
Im Winter 1956/57 dauerte der aktive und passive Widerstand der Bevölkerung noch an. Auf die Demonstrationen, Streiks und den vereinzelt noch aufflammenden bewaffneten Widerstand reagierte die Regierung Kádár mit scharfen Maßnahmen.
Einer UN-Untersuchungskommission wurde im Januar 1957 die Einreise verweigert.

Da die KP im Oktober 1956 auseinandergefallen war, wurde sie unter einem neuen Namen (Sozialistische Arbeiterpartei) wieder aufgebaut. In der Armee fand eine weitgehende Reorganisation statt. Am 27. 5. 1957 wurde mit der UdSSR ein Vertrag geschlossen, nach dem Sowjettruppen für unbestimmte Zeit auf ungarischem Gebiet stationiert bleiben sollten. Im Januar 1959 begann die Regierung mit einer großangelegten Kampagne zur erneuten Kollektivierung der Landwirtschaft. Die Bauern, die während des Aufstandes in großer Zahl die kollektiven Betriebe verlassen hatten, wurden oftmals gewaltsam zum Wiedereintritt gezwungen.

Allmählich ging Ungarn zu einem gemäßigteren Kurs über. Der VII. Parteitag vom Dezember 1959 wertete zwar die Kollektivierung noch immer als wichtigste Aufgabe der Partei, billigte aber gleichzeitig die Richtlinien für den neuen Fünfjahrplan, der eine Erhöhung des Lebensstandards anstrebte. Außerdem erklärte Parteichef Kádár, der Ende Januar 1958 das Amt des Ministerpräsidenten an Ferenc Münnich abgetreten hatte, daß Nichtkommunisten in allen Organisationen mit Ausnahme der Partei Ämter bekleiden könnten. 1960 sollte eine erste, partielle Amnestie für diejenigen verkündet werden, die im Zusammenhang mit dem Aufstand verurteilt worden waren.

Uruguay

1950 wurde Andres Martínez Trueba von der Coloradopartei Staatspräsident. 1952 wurde das Amt des Präsidenten durch einen neunköpfigen Staatsrat ersetzt, in dem auch Truebas Vorgänger, Luis Battle Barres, Aufnahme fand. Der Vorsitz des Rates wechselte nach dem Vorbild der Schweiz jährlich. Die Wirtschaft verzeichnete während des 2. Weltkrieges und des Koreakrieges einen großen Aufschwung, weil Uruguay in den USA einen sicheren Markt für Wolle und Lederwaren hatte. Danach folgte jedoch ein Rückschlag, als die Weltmarktpreise für Wolle, Fleisch und Fleischprodukte sanken. Zugleich stiegen die Preise für importierte Industrieprodukte. Die sich daraus ergebenden Wirtschaftsprobleme führten zu Unruhen und allgemeiner Unzufriedenheit.
Das wurde der Coloradopartei, die seit 93 Jahren ununterbrochen an der Macht gewesen war, bei den Wahlen von 1958 zum Verhängnis. Diesmal siegten die Blancos, die eine Sanierung der Wirtschaft versprochen hatten. Doch bereits 1959 wurde ein Gesetz ver-

abschiedet, das mehrere Abwertungen vorsah. Dadurch nahmen die Spannungen wieder zu. Auch die Blanco-Regierung konnte das Land nicht aus der Talsohle führen.
Sie lavierte zwischen ihrer traditionellen Bindung an das freie Unternehmertum und der offiziellen Politik, die den Import auf die strikt notwendigen Konsumgüter beschränkte.
Uruguay war zu Beginn der 50er Jahre ein Zufluchtsort für antiperonistische Exilanten aus Argentinien. Dadurch verschlechterte sich das Verhältnis zu Argentinien und erreichte kurz vor dem Sturz des argentinischen Präsidenten Juan Perón (1955) einen Tiefpunkt.

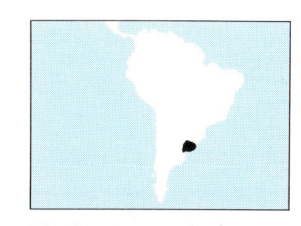

Fläche: 176 215 km²
Hauptstadt: Montevideo

Grunddaten	1950	1953	1956	1959
1. Einwohnerzahl (in Mill.)	2,2	2,2	2,4	2,5
3. Berufstätige (in % der Gesamtbevölkerung)	—	—	36,4	—
4. Bruttosozialprodukt (in Mill. Pesos)	—	—	—	6 171
5. Anteil des Bruttosozialproduktes in verschiedenen Bereichen				
Landwirtschaft	—	—	—	14
Industrie	—	—	—	29
Handel und Dienstleistungen	—	—	—	58
7. Geburtenziffer (in ‰)	18,6	18,7	11,4	—
8. Sterbeziffer (in ‰)	8,0	7,7	7,0	—
10. Jährlicher Energieverbrauch pro Einw. (in kg Ske)	640	740	696	770
11. Einfuhr (in Mill. US-Dollar)	200	193	213	160
12. Ausfuhr (in Mill. US-Dollar)	254	270	211	98
13. Einwohner pro Arzt	—	1 100	780	—

Vatikanstaat

Papst Pius XII. starb am 9. 10. 1958. Die letzten acht Jahre des Pontifikats wurden stark durch das Verhältnis des Vatikans zum Ostblock bestimmt. Die Beziehungen zu den osteuropäischen Machthabern waren schlecht, weil die Angehörigen der römisch-katholischen Kirche in ihrer freien Glaubensausübung behindert wurden. Der Konflikt führte schon 1949 zur Exkommunizierung der Anhänger kommunistischer Organisationen.

Als Oberhaupt von 511 Millionen Katholiken (1957) verfolgte Pius XII. eine konservative Politik. Andererseits bereitete er durch die Ernennung von 13 neuen nicht italienischen Kardinälen der italienischen Mehrheit im Kardinalskollegium ein Ende.
Diese Internationalisierung der Kurie erstreckte sich auch auf die Verwaltungsorgane, in denen zunehmend auch Nicht-Italiener Ämter erhielten.

Nach dem Tod von Pius XII. wurde am 28. 10. 1958 Angelo Giuseppe Roncalli zum 259. Papst gewählt.
Johannes XXIII. stand neuen Entwicklungen in der Gesellschaft aufgeschlossen gegenüber. Er strebte ein erneuertes und realitätsbezogenes Glaubensleben an. Dieses Thema sollte auf dem von ihm 1959 angekündigten 2. Vatikanischen Konzil ausführlich erörtert werden.

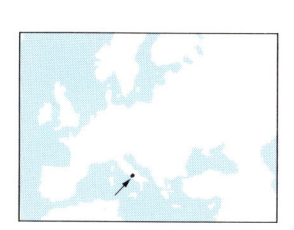

Fläche: 0,44 km²

Venezuela

Fläche: 912 050 km²
Hauptstadt: Caracas

Admiral Wolfgang Larrazábal, Chef der Junta, die 1958 Diktator Pérez Jiménez stürzte.

Eine Junta löst die andere ab

Juntachef Carlos Delgado Chalbaud, seit dem Militärputsch von 1948 an der Macht, wurde am 13. 11. 1950 ermordet. Dadurch wurde sein Verteidigungsminister, Oberst Marcos Pérez Jiménez, der starke Mann. Er überließ jedoch die Führung der Junta zunächst G. Suárez Flammerich. Erst als sich bei den Wahlen vom 30. 11. 1952 der Sieg der Opposition abzeichnete, rief sich Pérez Jiménez am 2. 12. zum Präsidenten aus.

Pérez Jiménez stellte sein Regime in den Dienst der Erdölförderung. Im Zusammenhang mit dem Koreakrieg und der Suezkrise stieg die Nachfrage nach venezolanischem Erdöl. Um die Produktion zu steigern, erhielten die ausländischen, meistens US-amerikanischen Gesellschaften weitreichende neue Konzessionen.

Ein Drittel des Staatshaushalts wurde für umfangreiche Projekte der öffentlichen Hand ausgegeben. Moderne Straßen, wie die Panamericana, erschlossen das Land. Riesige Staudämme, u. a. im Caroni, sollten die Elektrizitätsversorgung sichern. Vor allem Caracas wandelte sich zu einer modernen Weltstadt.

Das Wirtschaftswachstum wurde jedoch teilweise wieder durch den teuren Import eines hochmodernen Maschinenparks und durch die Prestigeobjekte des Präsidenten, namentlich Luxushotels, aufgezehrt. Zudem blieben die alten Probleme wie das ungeheure soziale Gefälle und die Korruption.

Die Opposition wächst

Bildungssektor und Landwirtschaft wurden vernachlässigt. Mit dem Export, der zu 95% vom Erdöl abhängig war, war Venezuela ein Musterbeispiel für einseitige Wirtschaftspolitik. Zudem entwickelte sich das Regime von Pérez Jiménez zu einer echten Diktatur.

Der Präsident wußte sich die Gunst der Generäle, vor allem des Heeres, zu erhalten. Das brachte seiner Diktatur eine starke Opposition anderer Armeeteile ein.

1957, als die Konjunktur bereits abzuflauen begann, konnte sich Pérez Jiménez durch eine Volksabstimmung eine zweite Amtszeit sichern. Doch die Opposition wurde stärker. Auch bei jenem Teil der Oberschicht, der nun von den steigenden Lebenshaltungskosten getroffen wurde, wuchs die Unzufriedenheit. Der Mittelstand nahm Anstoß an der zunehmenden Beteiligung des Staates an den neuen Industrieunternehmen. Die linke Acción Demokrática (AD) bildete zusammen mit der christlich-sozialen COPEI, der liberalen URD und der schwachen KP die im Untergrund tätige Junta Patriótica.

Der Sturz des Diktators

Ein Militäraufstand am Neujahrsmorgen 1958 auf dem Luftwaffenstützpunkt von Maracay wurde zwar niedergeschlagen, leitete aber den Sturz des Diktators ein. Die Junta Patriótica rief zum Generalstreik auf. Als sich auch die Marine den Unruhen anschloß, floh Pérez Jiménez am 23. 1. 1958 in die Dominikanische Republik und später in die USA. Admiral Wolfgang Larrazábal übernahm die Leitung der vorläufigen Junta, die sogleich mit Unruhen konfrontiert wurde. Larrazábal ließ den Aktionen teilweise freien Lauf und stärkte damit sein linkes Image für die angekündigten Wahlen vom 7. 12. 1958, bei denen er als Kandidat der URD und der Kommunisten antrat. Unter den zurückgekehrten Exilanten war jedoch auch Expräsident Rómulo Betancourt, der 1941 die damals marxistisch orientierte AD gegründet hatte. Mittlerweile vertrat er reformerische Auffassungen. Es gelang ihm, das Vertrauen der provinziellen Mittelschicht zu gewinnen. Vor allem die Stimmen der Kleinbauern brachten ihm den Wahlsieg.

Als Betancourt am 13. 2. 1959 das Präsidentenamt übernahm, sah er sich mit großen wirtschaftlichen und sozialen Problemen konfrontiert.

Betancourt hatte mit seiner AD im Kongreß zwar die Mehrheit (73 von 133), ging aber mit der COPEI und der URD eine Koalition ein, um seine Regierung zu stabilisieren. Beim Sturz von Pérez Jiménez hatten viele Bauern Ländereien besetzt. Deshalb verkündete Betancourt im Juli 1959 eine Landreform: Innerhalb von fünf Jahren sollten 2 Millionen ha Boden unter 75 000 Familien verteilt werden.

Zehn Jahre im Überblick

13. 11. 1950	Oberst Carlos Delgado Chalbaud, Vorsitzender der Regierungsjunta, wird in Caracas ermordet.
27. 11. 1950	German Suárez Flammerich wird als Zivilvorsitzender der Regierungsjunta vereidigt.
2. 12. 1952	Oberst Marcos Pérez Jiménez ruft sich selbst zum Präsidenten aus.
15. 12. 1952	Die Regierung erklärt die regierungsfreundliche Unabhängige Wählerfront zum Sieger der Parlamentswahlen.
23. 1. 1958	Pérez Jiménez flieht in die Dominikanische Republik. Eine Junta unter Admiral Wolfgang Larrazábal übernimmt die Macht.
7. 12. 1958	Präsidentschafts- und Parlamentswahlen: Rómulo Betancourt wird zum Präsidenten gewählt; seine Acción Democratica erlangt eine Mehrheit im Parlament.

Grunddaten	1950	1953	1956	1959
1. Einwohnerzahl (in Mill.)	5,0	5,6	6,3	7,1
2. Urbanisationsgrad (in %)	53,8	—	—	—
3. Berufstätige (in % der Gesamtbevölkerung)	33,9	—	—	—
4. Bruttosozialprodukt (in Mill. Bolivar)	12 728	16 190	23 848	26 065
5. Anteil des Bruttosozialproduktes in verschiedenen Bereichen				
Landwirtschaft	8	8	6	6
Industrie	46	46	50	50
Handel und Dienstleistungen	46	46	44	44
7. Geburtenziffer (in ‰)	42,6	46,1	46,7	46,9
8. Sterbeziffer (in ‰)	10,9	9,9	10,0	8,8
10. Jährlicher Energieverbrauch pro Einw. (in kg Ske)	770	1310	2387	2503
11. Einfuhr (in Mill. US-Dollar)	594	816	1119	1408
12. Ausfuhr (in Mill. US-Dollar)	1161	1445	2116	2369
13. Einwohner pro Arzt	2300	1900	1800	—

Vereinigte Arabische Republik

Revolution in Ägypten

In den letzten Jahren seiner Regierungszeit hatte sich der Konflikt zwischen König Faruk und der nationalistischen Wafd-Partei von Ministerpräsident Mustafa Nahas Pascha verschärft. Auch die Auseinandersetzungen mit Großbritannien über den Sudan und den Suezkanal brachten die Gemüter in Aufruhr. Am 9. 10. 1951 kündigte Ägypten einseitig den Vertrag mit Großbritannien aus dem Jahre 1936, und König Faruk ließ sich zum König über den Sudan ausrufen. Nachdem es zu antibritischen Demonstrationen gekommen war, entließ der König Ministerpräsident Nahas Pascha und löste am 23. 3. 1952 das Parlament auf. Am 23. 7. ergriff der nationalistische Geheimbund der »Freien Offiziere« die Macht. König Faruk verzichtete zugunsten seines sechs Monate alten Sohnes Fuad II. auf den Thron. Der Revolutionsrat hatte unterdessen den populären General Mohammed Nagib zum Führer bestimmt. Er wurde Ministerpräsident und, nachdem am 18. 6. 1953 die Republik ausgerufen worden war, auch Staatspräsident. Die entscheidenden Machtbefugnisse lagen jedoch beim Revolutionsrat, in dem Oberst Gamal Abd el-Nasser eine wichtige Rolle spielte, der am 14. 11. 1954 Nagib absetzte. Am 16. 1. 1953 waren alle politischen Parteien verboten worden. Die Moslembruderschaft wurde von Nasser, nachdem eines ihrer Mitglieder am 26. 10. 1954 einen Anschlag auf ihn verübt hatte, unterdrückt.

Über die Zukunft des Sudans einigten sich Ägypten und Großbritannien am 12. 2. 1953. Am Suezkanal kam es hingegen immer häufiger zu Zwischenfällen, bis sich die Parteien am 19. 10. 1954 in Cairo einigten. Die Briten verpflichteten sich, die Kanalzone binnen 20 Monaten zu räumen.

In der Außenpolitik zeigte sich Nasser als einer der Vorkämpfer einer Politik der Blockfreiheit. Ägypten sollte in einer geeinten arabischen Welt eine Führungsrolle spielen. Das Verhältnis zum Westen verschlechterte sich durch die Weigerung der USA, Ägypten mit modernen Waffen zu beliefern. Daraufhin kaufte Nasser Waffen im Ostblock.

Ein wichtiger Bestandteil der ehrgeizigen Entwicklungspläne Nassers war der Bau eines Staudamms bei Assuan. Die Weltbank sagte für dieses Projekt im Februar 1956 einen Kredit in Höhe von 200 Millionen Dollar zu, der die Summe von 70 Millionen Dollar, die die USA und Großbritannien versprochen hatten, aufstocken sollte. Die Westmächte waren jedoch über Nassers Annäherung an die Sowjetunion so verstimmt, daß die Kreditzusagen im Juli 1956 zurückgenommen wurden.

Suezkrise

Am 26. 7. 1956 kündigte Nasser daraufhin in einer Rede in Alexandria die Verstaatlichung der Suezkanalgesellschaft an. London, das die Kontrolle über die Kanalgesellschaft wiedererlangen wollte, berief zwei Konferenzen der Kanalbenutzer ein. Obwohl eine Einigung mit Ägypten möglich schien, bereiteten Großbritannien und Frankreich (sowie Israel, das eigene Sicherheitsinteressen verfolgte; auch → S. 198) eine militärische Aktion gegen Ägypten vor. Am 29. 10. eröffneten die israelischen Streitkräfte den Angriff auf den Gazastreifen und den Sinai und eroberten den größten Teil der Halbinsel. Am Tag darauf forderten London und Paris in einem Ultimatum die kriegführenden Parteien auf, sich 16 km vom Suezkanal zurückzuziehen. Als Ägypten das Ultimatum zurückwies, bombardierten britische und französische Flugzeuge die Kanalzone; am 5. 11. landeten britische und französische Truppen in Port Said. Am selben Tag ließ Syrien die Erdölleitung vom Irak zum Mittelmeer sprengen. Unter starkem Druck vor allem der USA stellten die Briten und Franzosen am 7. 11. die Kampfhandlungen ein. Auch die israelischen Truppen mußten sich bis März 1957 hinter die Waffenstillstandslinien von 1949 zurück-

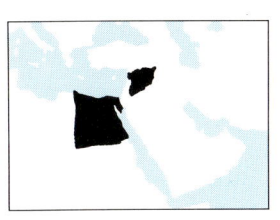

Fläche: 1 186 629 km²
Hauptstadt: Cairo

Ägypten
S. 145 – 35
Suez-Krise
S. 145 – 36

Grunddaten	1950		1953		1956		1959	
	Ägypten	Syrien	Ägypten	Syrien	Ägypten	Syrien	Ägypten	Syrien
1. Einwohnerzahl (in Mill.)	20,5	3,5	21,9	3,8	23,5	4,1	25,2	4,4
2. Urbanisationsgrad (in %)	—	—	—	—	35,8	—	—	—
3. Berufstätige (in % der Gesamtbevölkerung)	—	—	—	—	39,3	—	29,7	—
4. Bruttosozialprodukt (in Mill. Ägyptischen Pfund), bzw. Volkseinkommen (in Mill. Syrischen Pfund)	789	—	880,6	1 881	918,2	2 514	—	2 266
5. Anteil des Bruttosozialproduktes bzw. Volkseinkommens in verschiedenen Bereichen								
Landwirtschaft	—	—	35	44	33	44	—	32
Industrie	—	—	15	15	16	15	—	18
Handel und Dienstleistungen	—	—	50	41	51	41	—	50
7. Geburtenziffer (in ‰)	44,4	22,5	42,5	25,2	40,6	24,8	40,3	25,0
8. Sterbeziffer (in ‰)	19,1	7,3	19,5	7,0	16,3	5,4	16,6	5,1
10. Jährlicher Energieverbrauch pro Einw. (in kg Ske)	220	160	210	170	228	226	240	256
11. Einfuhr (in Mill. US-Dollar)	583	—	516	—	535	—	638	—
12. Ausfuhr (in Mill. US-Dollar)	513	—	409	—	409	—	461	—
13. Einwohner pro Arzt	4 300	5 000	3 600	5 500	2 900	4 600	—	—

König Faruk (am Tisch links) führte ein mondänes Leben. Hier betätigt er sich 1950 in dem französischen Badeort Deauville als Jurymitglied bei einer Schönheitskonkurrenz.

Vereinigte Arabische Republik

1954 setzte sich Oberst Gamal Abd el-Nasser (3. v. rechts) als Führer Ägyptens durch. Er vertrat einen progressiv-nationalistischen Kurs. Sein Ansehen in der arabischen Welt war groß; in vielen Ländern entstanden »nasseristische« Gruppierungen.

Szene aus dem Suezkrieg: Ägyptische Kriegsgefangene werden von britischen Soldaten bewacht. Der Suezkrieg wurde zwar auf militärischem Gebiet verloren, war aber ein politischer Erfolg.

ziehen. Eine UN-Truppe wurde im Sinai stationiert, um die Einhaltung des Waffenstillstands zu überwachen. Mit den Aktionären der Suezkanalgesellschaft wurde schließlich am 13. 7. 1958 eine Einigung über Schadensersatzleistungen erzielt. Der Ausgang der Suezkrise galt als diplomatischer Sieg Nassers und trug nicht wenig zu seinem Ansehen in der arabischen Welt bei.

Innenpolitisch führte Nasser eingreifende Veränderungen durch. Drastische Landreformen brachen nach 1952 die Macht der Großgrundbesitzer. Die Regierung förderte vorrangig die Errichtung von Schwerindustrie, die zumeist unter staatlicher Aufsicht stand.

Die neue Verfassung vom 16. 1. 1956 räumte dem Präsidenten weitreichende Befugnisse ein. Die einzige zugelassene Partei, die Arabische Nationale Union, strebte eine Vereinigung der arabischen Länder an. 1956 wurde das Frauenstimmrecht eingeführt. Der seit November 1956 blockierte Suezkanal wurde im März 1957 wiedereröffnet, die Fahrrinne vertieft und verbessert.

Zehn Jahre im Überblick

28. 11. 1951	In Syrien reißt Oberst Schischakli durch einen Putsch die Macht an sich.
23. 7. 1952	In Ägypten ergreift General Nagib die Macht.
26. 7. 1952	König Faruk verläßt Ägypten.
25. 2. 1954	Nach einem heftigen Machtkampf mit Nagib wird Oberst Nasser Ministerpräsident von Ägypten.
25. 2. 1954	Der syrische Präsident Schischakli flüchtet ins Ausland.
28. 2. 1954	Atassi wird erneut syrischer Staatspräsident.
18. 8. 1955	Das syrische Parlament wählt Schukri al Kuwatli zum Staatspräsidenten.
14. 6. 1956	Die letzten britischen Truppen verlassen den Suezkanal.
26. 7. 1956	Ägypten verstaatlicht den Suezkanal.
29. 10. 1956	Israelische Truppen fallen im Sinai ein.
5. 11. 1956	Britische und französische Truppen landen in der Suezkanalzone.
15. 11. 1956	Im Rahmen eines Waffenstillstandsabkommens treffen UN-Truppen in Ägypten ein.
7. 3. 1957	Der Suezkanal wird wieder zum begrenzten Betrieb freigegeben.
1. 2. 1958	Ägypten und Syrien bilden die Vereinigte Arabische Republik (VAR).

Auch in anderen arabischen Staaten gewann Nassers Nationalismus Anhänger. Nach seiner erfolgreichen Kampagne gegen den Bagdadpakt nahm sein Einfluß zu. Es kamen Militärverträge mit Syrien und Saudi-Arabien zustande (Oktober 1955). Mit dem Westen geriet Nasser jedoch immer mehr in Konflikt. Er begann immer stärker, sich auch wirtschaftlich an den Ostblock anzulehnen.

Syrien und die VAR

In Syrien waren die 50er Jahre durch große politische Instabilität gekennzeichnet. Im Dezember 1951 zog der Militärdiktator Oberst Adib Schischakli alle Macht an sich.

Nach einem Militärputsch im Februar 1954 flüchtete er jedoch ins Ausland. Der ehemalige Staatspräsident Haschim al-Atassi, erneut im Amt des Staatsoberhauptes, schrieb für August 1954 Wahlen aus, aus denen die Nationalisten, die Kommunisten und die sozialistische Baath-Partei gestärkt hervorgingen. Unter dem 1955 gewählten Präsidenten Schukri al Kuwatli gestalteten sich die Beziehungen zur Sowjetunion enger. Im Februar 1956 wurde ein Abkommen über umfangreiche Waffenlieferungen und Wirtschaftshilfe unterzeichnet.

Eine drohende kommunistische

Machtübernahme ließ die internationalen Spannungen um Syrien 1957 anwachsen. Die Baath-Führer suchten daraufhin eine Annäherung an das Ägypten Nassers. Am 1. 2. 1958 schlossen sich Ägypten und Syrien zur Vereinigten Arabischen Republik (VAR) zusammen. Nasser wurde Präsident der VAR. Zwei Drittel der Sitze im gemeinsamen Parlament nahmen Ägypter ein. Das Staatssystem der »nördlichen Provinz« (Syrien) wurde dem ägyptischen Modell angeglichen. Die politischen Parteien wurden aufgelöst, und die Macht konzentrierte sich immer mehr in der ägyptischen Hauptstadt.

Vereinigte Staaten von Amerika

Der Koreakrieg

Das erste große militärische Problem der Nachkriegszeit waren für die USA die bewaffneten Auseinandersetzungen in Korea. Sie begannen, als am 25. 6. 1950 nordkoreanische Truppen, ausgerüstet mit sowjetischen Flugzeugen und sowjetischen Panzern und geführt von durch die Sowjets ausgebildeten Offizieren, in Südkorea einfielen. US-Präsident Harry Truman entsandte unverzüglich Streitkräfte und konnte den UN-Sicherheitsrat dazu bewegen, den Kampf gegen den nordkoreanischen Überfall zu einer internationalen Aktion unter Leitung der UNO zu machen. Nachdem die UN-Truppen zunächst wenig Erfolg hatten und in einen kleinen Winkel Südkoreas zurückgedrängt wurden, wendete sich im Spätsommer 1950 das Blatt. Unter General Douglas MacArthur wurden die Nordkoreaner bis nahe an die chinesische Grenze zurückgetrieben. Die Wiedervereinigung Nord- und Südkoreas durch die Intervention der UNO schien greifbar, bis sich China in den Krieg einmischte. MacArthur schlug vor, seine Truppen auch auf chinesischem Boden einzusetzen, um einen »fullscale war against communism« (einen totalen Krieg gegen den Kommunismus) zu führen. Daraufhin wurde er seines Kommandos enthoben. Sein Nachfolger Ridgway beschränkte die Kriegshandlungen auf den Umfang eines lokalen Krieges, der sich noch fast drei Jahre weiterschleppen sollte, bis es 1953 zu einem Waffenstillstand kam, der im Prinzip den Status quo wieder herstellte.

McCarthys Kampf gegen den Kommunsimus

Der innenpolitische Kampf gegen den Kommunismus erlebte von 1950 bis 1954 einen Höhepunkt. Dieser Kampf, der schon seit Jahren im Gange war, gipfelte 1950 in der Verabschiedung des McCarran-Nixon-Gesetzes. Das Gesetz forderte die Registrierung aller Mitglieder kommunistischer Tarnorganisationen, schloß Kommunisten von der Beschäftigung in militär-strategischen Industrien aus und regelte die Verhaftung von Kommunisten und anderen als staatsgefährdend angesehenen Personen im Fall eines Krieges. Das Gesetz spiegelte ein Klima der Unsicherheit wider, das durch zahlreiche Spionagefälle zugunsten der Sowjetunion genährt wurde. Die teilweise hysterische Auseinandersetzung hatte aber auch ein eindeutig parteipolitisches Element: Die Republikaner benutzten die Verdächtigungen als Waffe gegen die Demokraten, die schon seit 1932 den Präsidenten stellten. In der Amtszeit des demokratischen Präsidenten Roosevelt war die Sowjetunion unter ihrem Diktator Stalin zum »Waffenbruder« gegen den Nationalsozialismus geworden, dem viele Amerikaner völlig unkritisch gegenüberstanden. Erst die Unterdrückung der osteuropäischen Länder und der Koreakrieg machten den in der kommunistischen Ideologie begründeten expansiven Charakter der Sowjetunion wieder deutlich.
Joseph McCarthy, ein republikanischer Senator, machte 1950 zum ersten Mal weltweite Schlagzeilen mit seiner Behauptung, das Außenministerium unter Dean Acheson zähle mehr als zweihundert Kommunisten zu seinen Beamten. Die außenpolitische Bedrohung verstärkte in der Folgezeit den Argwohn im Innern. Die Sicherheit des amerikanischen Atommonopols hatte nur bis 1949 gedauert, als bekannt wurde, daß auch die Sowjetunion über Atomwaffen verfügte. Die Vermutung, daß Spionage dazu mindestens beigetragen hatte, war nicht unbegründet. Daß China der westlichen Welt verlorenging, war ein weiteres außenpolitisches Ereignis, das zu Verdächtigungen im Inland führte. Einer Gruppe ehemaliger Chinaexperten im Außenministerium wurden kommuni-

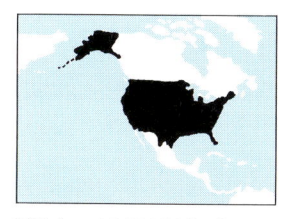

Fläche: 9 363 123 km²
Hauptstadt: Washington

Joseph McCarthy. Er leitete die Untersuchungskommission des Senats gegen unamerikanische Umtriebe.

◁
Präsidentschaftskandidat Dwight D. Eisenhower (rechts) und sein »Vize« Nixon (mit Tochter Julie) im September 1952.

Grunddaten	1950	1953	1956	1959
1. Einwohnerzahl (in Mill.)	152,3	160,2	168,9	177,8
2. Urbanisationsgrad (in %)	64,0	—	—	—
3. Berufstätige (in % der Gesamtbevölkerung)	39,8	42,2	41,9	40,7
4. Bruttosozialprodukt (in Mrd. US-Dollar)	287,1	368,4	—	452,9
5. Anteil des Bruttosozialproduktes in verschiedenen Bereichen				
Landwirtschaft	7	5	—	5
Industrie	38	40	—	37
Handel und Dienstleistungen	54	54	—	59
6. Arbeitslosenquote (in % der berufsfähigen Bevölkerung)	5,0	2,9	4,2	5,5
7. Geburtenziffer (in ‰)	23,5	24,7	24,9	24,1
8. Sterbeziffer (in ‰)	9,6	9,6	9,3	9,4
9. Lebenserwartung bei Neugeborenen (in Jahren)				
Männer	68,4	68,8	69,6	—
Frauen	71,0	—	73,7	—
10. Jährl. Energieverbrauch pro Einw. (in kg Ske)	7 740	7 950	7 928	7 817
11. Einfuhr (in Mill. US-Dollar)	8 853	10 915	12 803	15 478
12. Ausfuhr (in Mill. US-Dollar)	10 149	15 661	18 947	17 472
13. Einwohner pro Arzt	770	760	790	

Vereinigte Staaten von Amerika

▷
Adlai Stevenson verlor als Kandidat der Demokraten 1952 und 1956 die Präsidentschaftswahlen.

Atomwaffen waren seit Ende des 2. Weltkrieges einer der wichtigsten Pfeiler der US-amerikanischen Außenpolitik. Außenminister John Foster Dulles drohte nach eigenen Aussagen in den 50er Jahren der UdSSR dreimal mit ihrem Einsatz. Hier US-amerikanische Soldaten während eines Kernwaffenversuchs in der Wüste von Nevada. Um die »verhältnismäßig geringe Schädlichkeit« der Strahlung zu beweisen, mußten sie bald nach der Zündung ihre Schutzräume verlassen. An Spätfolgen dachte man nicht.

stische Sympathien unterstellt; man warf ihnen vor, China an den kommunistischen Block verschachert zu haben.

Insbesondere McCarthys scharfe Angriffe gegen etablierte politische Eliten fanden ein großes Echo. Dadurch erhielt seine oft maßlose Hetze zugleich den Charakter einer Abrechnung im Namen des provinziellen, konservativen Amerika mit der großstädtischen, kosmopolitischen Führungsschicht. Vieles von dem, was die Werte und Maßstäbe des traditionellen Amerika in Frage stellte, bekam rasch das Etikett »kommunistisch«, war also verdächtig. Eine latente Strömung von provinziellem Antiintellektualismus kam an die Oberfläche. McCarthy konnte seine Kampagne bis in Eisenhowers Amtszeit hinein fortsetzen. Dann wurde sein Einfluß gebrochen. Dem Fernsehen – dem neuen Massenkommunikationsmittel der 50er Jahre – wurde dabei eine große Rolle zugeschrieben. McCarthy hatte Anschuldigungen der mangelnden Loyalität sogar gegen Armeekreise gerichtet. In den »Senate Army Hearings«, die im Fernsehen übertragen wurden, stellte sich vor Millionen Fernsehzuschauern die Haltlosigkeit der Vorwürfe heraus. Eine offizielle Rüge des Senats beendete diese Aktivitäten des Senators McCarthy. Dabei ist nicht zu übersehen, daß McCarthys Feldzug gegen den Kommunismus insofern längst seinen Nährboden verloren hatte, als die Erfahrungen des Koreakriegs die bei vielen Amerikanern aus dem gemeinsamen Kampf gegen den Nationalsozialismus erwachsenen Illusionen über den Charakter des Kommunismus zerstört hatten.

Bündnispolitik und friedliche Koexistenz

Die Konfrontationssituation des Kalten Krieges hatte inzwischen eine gewisse Stabilisierung erfahren. Nach dem Tode Stalins und der Beendigung des Koreakriegs 1953 schienen die Grenzen der Machtblöcke vorläufig gezogen zu sein; man konnte sogar versuchen, ein gutes Einvernehmen mit der UdSSR zu erreichen. Die Außenpolitik unter Eisenhower stand im Zeichen einer doppelten Anstrengung: Einerseits gab es die Bemühungen um *Containment*, den Versuch, eine weitere Ausdehnung der sowjetischen Einflußsphäre durch eine Reihe von Militärbündnissen rund um den Sowjetblock, von der NATO bis zur SEATO, zu verhindern. Baumeister dieser Bündnisse war John Foster Dulles, der bis 1959 Außenminister war. Andererseits war da das Streben nach *Peaceful Coexistence*, dem friedlichen Nebeneinander, dessen charakteristische diplomatische Form die Gipfelkonferenz war. Eisenhower selbst nahm sich dieser Aufgabe an. Ein Gipfeltreffen in Genf und eines in Camp David schienen den Geist der friedlichen Koexistenz lebendig zu halten.

Wirtschaftswachstum

Der wirtschaftliche Wohlstand der 50er Jahre ist eng mit dem Namen Eisenhower verknüpft. Sein Wahlsieg von 1952 war mehr seiner Person als der Republikanischen Partei zuzuschreiben. Die Demokratische Partei hatte nur in den ersten zwei Jahren von Eisenhowers achtjähriger Amtszeit keine Mehrheit im Kongreß. Die Errungenschaften der Sozialgesetzgebung aus den vorangegangenen Jahren blieben unangetastet. Die sich abzeichnende Konsumgesellschaft verlangte eine Wirtschaftspolitik, die auf die Beherrschung des Konjunkturverlaufs und die Sicherung des Wirtschaftswachstums ausgerichtet war. Die Politik unterlag dadurch weniger einem Machtkampf zwischen den Parteien, so daß man gegen Ende der 50er Jahre vom Ende der Ideologien sprach.

Trotz zweier kurzer Rezessionen 1953 und 1958 wies das gesamte Jahrzehnt ein starkes Wirtschaftswachstum von durchschnittlich 3% im Jahr auf.

Der Wohlstand der 50er Jahre war der einer Konsumgesellschaft; sein Motor waren die Privatinvestitionen. Die Regierung verfolgte eine zurückhaltendere Investitionspolitik, als man es seit den Jahren der Präsidenten Franklin D. Roosevelt und Harry S. Truman gewohnt war. Gegen Gesetzentwürfe über Regierungsprojekte zum Zwecke der Arbeitsplatzbeschaffung, des Wohnungsbaus und des Kampfs gegen die Verschmutzung der Städte sprach Eisenhower sein Veto aus. Verfall der alten Städte, ungenügende Beseitigung von Unrat, unzureichende öffentliche Verkehrsmittel, schlechte Bildungseinrichtungen besonders für die unteren

Zehn Jahre im Überblick

4. 11. 1952	Der Republikaner Dwight D. Eisenhower gewinnt die Präsidentschaftswahlen.
17. 5. 1954	Der Oberste Gerichtshof verbietet die Rassentrennung im Unterricht.
23. 4. 1956	Der Oberste Gerichtshof erklärt die Rassentrennung in Überlandbussen für ungesetzlich.
6. 11. 1956	Präsident Eisenhower wird wiedergewählt.
9. 9. 1957	Präsident Eisenhower unterzeichnet das Gesetz über die Bürgerrechte. Weiße hindern sechs schwarze Schüler am Betreten einer Schule in Little Rock.
31. 1. 1958	Start des ersten amerikanischen Erdsatelliten.
7. 7. 1958	Alaska wird der 49. Bundesstaat.
18. 3. 1959	Hawai wird der 50. Bundesstaat.
15. 4. 1959	Der Außenminister John F. Dulles tritt aus gesundheitlichen Gründen zurück.
23. 7. 1959	Vizepräsident Richard Nixon trifft in der UdSSR ein.
15. 9. 1959	Der sowjetische Ministerpräsident Chruschtschow trifft in Washington ein.

Einkommensgruppen in den Städten und im Binnenland waren die Folgen dieser Politik der staatlichen Zurückhaltung.

Gewaltloser Widerstand gegen die Rassentrennung

In einem berühmten Urteil des Obersten Gerichtshofes aus dem Jahre 1954 wurde die Rassentrennung in den Schulen als unvereinbar mit den Gleichheitsgrundsätzen der Verfassung erklärt. Die Südstaaten, in denen damals noch die Mehrheit der Negerbevölkerung ansässig war, sahen sich gezwungen, ihr gesamtes Gesetzessystem der Rassentrennung abzuschaffen. Das hatte großen Widerstand zur Folge. Gewaltanwendung durch Weiße gegen die Integration der Oberschulen in Little Rock (Arkansas) machte sogar den Einsatz von Bundestruppen notwendig. Der Kampf gegen die Rassentrennung nahm auch andere Formen an. Berühmt ist der Omnibusboykott in Montgomery (Alabama) der Jahre 1955/56, den der junge Methodistenpfarrer Martin Luther King gegen die Rassendiskriminierung in den öffentlichen Verkehrsmitteln anführte. Noch unter Eisenhower wurde 1957 ein Bürgerrechtsgesetz verabschiedet, das Verstöße gegen das Wahlrecht aufgrund von Hautfarbe, Rasse, Religion oder ethnischer Zugehörigkeit ausschließen sollte. Doch das Gesetz bewirkte kaum etwas. Dennoch standen die Aktionen unter Leitung von Pfarrer King und der von ihm gegründeten Southern Christian Leadership Conference stets im Zeichen des gewaltlosen Widerstandes.

USA I
S. 248 – 41
USA II
S. 248 – 42

Vertragsstaaten

Aufgrund 1892 separat abgeschlossener Verträge bestimmte Großbritannien weitgehend die Außenpolitik der sieben Emirate Abu Dhabi, Adjman, Dubai, Fudjaira, Umm al-Qaiwain, Schariqa (das sich 1952 mit Khalba zusammenschloß) und Ras al-Khaima. Es handelte sich faktisch um ein Protektoratsverhältnis.
Auf Drängen Großbritanniens kam 1952 eine vorsichtige Zusammenarbeit zwischen den Scheichtümern in Form eines Beratungsausschusses zustande. Auf längere Sicht strebte die britische Regierung die Bildung einer Föderation an. London wünschte wegen der Ölvorkommen stabile Verhältnisse in und zwischen den Scheichtümern sowie zu den Nachbarländern. Saudi-Arabien wie auch der Iran erhoben z. B. Ansprüche auf Teile der Vertragsstaaten. Die unsicheren Grenzziehungen behinderten die Vergabe von Förderkonzessionen an britische und amerikanische Ölgesellschaften. Die Errichtung einer gemeinsamen Streitmacht, die von britischen Offizieren befehligt wurde, war ein Ausdruck dieser Stabilisierungsbestrebungen.
Die Scheichs und ihre Familien regierten als absolute Herrscher über die 80 000 Einwohner des noch sehr unterentwickelten Gebiets. Noch immer gab es Sklavenhandel. Im Laufe der 50er Jahre brachten die vergebenen Bohrkonzessionen erste Einnahmen, denn die Probebohrungen waren erfolgreich: 1958 entdeckte man in Abu Dhabi große Erdölvorkommen, die innerhalb weniger Jahre erschlossen wurden.

Fläche: 83 600 km²

Vietnam

Der Weg nach Genf

Zu Beginn der 50er Jahre verschärfte sich der Krieg in Indochina, den Frankreich gegen die 1945 einseitig ausgerufene Demokratische Republik Vietnam mit dem Ziel führte, seine alte koloniale Position wieder herzustellen. Die Guerillatruppe der Viet Minh unter Ho Tschi Minh und Vo Nguyen Giap eröffnete 1950 von den Bergen im Norden Hanois aus die Offensive und drängte die Franzosen bis an die Grenze zu China zurück.
Ende 1953 waren fast ganz Tonkin, mit Ausnahme der großen Städte, das zentrale Bergland und Teile von Laos in den Händen der Viet Minh. Die Lage der Franzosen im Norden wurde aussichtslos, als im Mai 1954 eine starke französische Garnison in Diên Biên Phu im Norden Vietnams zur Kapitulation gezwungen wurde. Diese Niederlage veranlaßte Frankreich zu raschen Verhandlungen, obwohl seine Position im Süden des Landes stabil geblieben war.
An der Genfer Indochinakonferenz nahmen die Demokratische Republik Vietnam, Frankreich, Kambodscha, Laos, die von Frankreich anerkannte vietnamesische Regierung unter Bao Dai, Großbritannien, die Sowjetunion, die USA und China teil. Am 21. 7. 1954 wurde ein Waffenstillstandsabkommen unterzeichnet. Die vietnamesische Regierung im Norden und Frankreich einigten sich auf die vorläufige Teilung Vietnams entlang des 17. Breitengrades. Im Juli 1956 sollten in ganz Vietnam unter internationaler Aufsicht freie Wahlen abgehalten werden. Eine internationale Kommission sollte die Einhaltung des Waffenstillstandsabkommens überwachen. Durch die Genfer Indochinakonferenz wurde der erste Indochinakrieg beendet.

Sozialistische Entwicklung in Nordvietnam

Wegen der Verstaatlichung französischer Betriebe war eine französische Wirtschaftshilfe verständlicherweise nicht zu erwarten. Deshalb wurde die Regierung in Hanoi völlig von der Unterstützung durch China und die Sowjetunion abhängig, die ihr schon vorher durch Waffenlieferungen beigestanden hatten.
Ende 1955 begann man mit der Enteignung von Grundbesitz. Dies und die anschließende Kollektivierung führten zu Unruhen, denen etwa 10 000 Menschen zum Opfer fielen. 1956 ordnete Ho Tschi Minh deshalb die vorläufige Einstellung der Landverteilung an, um zunächst die innenpolitische Herrschaft der KP zu konsolidieren. Im Januar 1959 wurde der Entwurf einer neuen Verfassung vorgelegt, die den Anspruch auf die Einheit von ganz Vietnam betonte. Sie wurde am 31. 12. 1959 von der Nationalversammlung verabschiedet und trat am 1. 1. 1960 in Kraft. Nach 1957 nahm man ein Industrialisierungsprogramm in Angriff. Der Export sollte gesteigert werden, um das Defizit der Handelsbilanz auszugleichen. Nordvietnam, das seit 1957 mehr Unterstützung von der Sowjetunion und den osteuropäischen Ländern als von China erhielt, versuchte 1958 einen Dreijahrplan für die technische Modernisierung in die Praxis umzusetzen.
Um den Nahrungsmittelbedarf der schnell angewachsenen Bevölkerung zu befriedigen, wurden große Landflächen urbar gemacht. Durch die Umverteilung des Landes war der Boden jedoch stark zersplittert. 800 000 ha waren auf 2,2 Millionen Bauernfamilien verteilt worden,

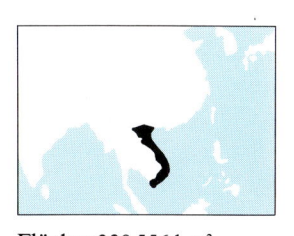

Fläche: 329 556 km²
Hauptstädte: Saigon und Hanoi

Vo Nguyên Giap, der Sieger von Diên Biên Phu 1954.

392　Vietnam

Vermutlich von den Viet Minh verübter Bombenanschlag auf Saigon 1952.

die 72% der Landbevölkerung ausmachten. Um dieser Parzellierung Einhalt zu gebieten, begann man erneut mit der Gründung von Bauernkooperativen. Ein mit der Kollektivierung vergleichbarer Sozialisierungsprozeß setzte auch im Handel und in den Handwerksberufen ein.

Südvietnam

Indochina I S. 145 – 33
Indochina II S. 145 – 34

1954 war Südvietnams katholischer Regierungschef Ngô Dinh Diêm mit großer politischer Unruhe konfrontiert. Die Probleme der Wirtschaft wurden durch den Zustrom von 800 000 größtenteils katholischen Flüchtlingen aus dem Gebiet jenseits des 17. Breitengrades noch größer. 1955 säuberte Diêm die Armee, und am 15. 6. setzte er den ehemaligen Kaiser Bao Dai als Staatsoberhaupt ab. Am 26. 10. rief er die Republik Vietnam aus. Mit dem antifranzösischen Diêm hatte der koloniale Einfluß Frankreichs ein Ende. Die letzten französischen Soldaten wurden aus Vietnam abgezogen. Die USA hingegen festigten ihre Position, indem sie Südvietnam unter den Schutz der SEATO stellten.

Die Zweiteilung des Landes dauerte fort, weil Diêm sich 1955 weigerte, an der Vorbereitung der Wahlen mitzuwirken, die zu einer Wiedervereinigung des Landes führen sollten. Seine Begründung war, daß im kommunistischen Nordvietnam freie Wahlen nicht möglich seien. Im selben Jahr begann Diêm, seine politischen Gegner auszuschalten. Die Buddhisten gingen auf Distanz zu ihm, weil sie

Am 9. 10. 1954 wurde Hanoi den Viet Minh übergeben. Die einziehenden Truppen lassen sich mit Transparenten und Bildern Ho Tschi Minhs begrüßen.

Zehn Jahre im Überblick

5. 1. 1950	Kaiser Bao Dai zieht sich als Chef der profranzösischen Regierung zurück; er behält das Amt des Staatsoberhaupts.
10. 8. 1950	Die ersten amerikanischen Waffen für die Regierung von Bao Dai treffen in Saigon ein.
16. 10. 1950	Die französische Regierung verhängt in Nord-Indochina den Notstand.
8. 12. 1950	Die Regierung von Bao Dai beginnt, eigene Streitkräfte aufzustellen.
23. 12. 1950	Delegierte Frankreichs und der Regierung von Bao Dai unterzeichnen ein Abkommen, demzufolge Vietnam ein souveräner Staat mit voller innerer Selbstverwaltung im Rahmen der Französischen Union wird.
20. 11. 1953	Französische Truppen erobern das Viet-Minh-Bollwerk Diên Biên Phu.
26. 4. 1954	Eröffnung der Genfer Indochina-Konferenz.
7. 5. 1954	Die Viet Minh erobern Diên Biên Phu; 10 000 Franzosen geraten in Kriegsgefangenschaft.
4. 6. 1954	Ministerpräsident Bu Loc und sein französischer Amtskollege Joseph Laniel unterzeichnen in Paris ein Abkommen über die volle Unabhängigkeit Vietnams im Rahmen der Französischen Union.
18. 6. 1954	Bao Dai ernennt Ngô Dinh Diêm zum Ministerpräsidenten.
21. 7. 1954	Vertreter Frankreichs und der Viet Minh unterzeichnen in Genf ein Waffenstillstandsabkommen.
10. 8. 1955	Der südvietnamesische Ministerpräsident Diêm weist den Vorschlag Nordvietnams, Verhandlungen über nationale Wahlen aufzunehmen, zurück.
20. 9. 1955	Ho Tschi Minh tritt als Ministerpräsident Nordvietnams zurück; er bleibt Staatsoberhaupt. Pham Van Dong wird Ministerpräsident.
26. 10. 1955	Der südvietnamesische Ministerpräsident Ngô Dinh Diêm ruft die Republik Südvietnam aus; er selbst wird Staatsoberhaupt.
5. 3. 1956	Parlamentswahlen in Südvietnam: Anhänger Diêms erlangen 112 der 123 Sitze.
31. 12. 1959	Das nordvietnamesische Parlament verabschiedet eine neue Verfassung.

sich von der katholischen Führungsschicht zurückgesetzt fühlten. Die neue Verfassung vom 26. 10. 1956 verschaffte Diêm eine starke Machtposition, die er durch den Einsatz von Armee und Polizei rücksichtslos festigte. Die Opposition gegen die Regierung in Saigon wuchs. Durch die Privilegierung Einzelner nahm auch unter den Bauern die Unruhe zu. Einige ethnische Minderheiten im zentralen Hochland fühlten sich durch Siedlungsprojekte in ihrer Existenz bedroht. Der bewaffnete Untergrundkampf religiöser Sekten, nichtkommunistischer Nationalisten und vor allem südvietnamesischer Kommunisten, die von Nordvietnam mit Waffen versorgt wurden, führte schließlich zur Gründung der sog. Nationalen Befreiungsfront (FNL). Schon 1959 begann Diêm mit der Durchführung des »Agroville«-Programms: In den südwestlichen Provinzen wurden die Bauern in die von der Verwaltung angewiesenen »ländlichen Niederlassungen« umgesiedelt, um sie kommunistischem Einfluß zu entziehen. Südvietnam war beim Aufbau seiner Wirtschaft von den USA abhängig, die großzügige Finanzhilfe leisteten. Es wurden zahlreiche wirtschaftliche und technische Projekte in Angriff genommen und vor allem die Konsumgüterindustrie aufgebaut. Als Ergebnis dieser Bemühungen sah sich Diêm am Ende des Jahrzehnts einer ebenso breiten Zustimmung wie Opposition gegenüber.

Westindische Föderation

Nach fast zehnjähriger Vorbereitungszeit schlossen sich am 1. 1. 1958 in der Karibik die meisten unter britischer Kolonialherrschaft stehenden Inseln zur Westindischen Föderation zusammen, und zwar Jamaika, Trinidad-Tobago, Barbados, die Leeward-Inseln (Anguilla, Saint Kitts, Nevis, Antigua und Montserrat) und die Windward-Inseln (Dominica, Grenada, Saint Lucia und Saint Vincent). Bis dahin gehörten die Leeward- und die Windward-Inseln zu zwei gesonderten Verwaltungseinheiten; die drei größten hatten jeweils einen eigenen Kolonialstatus.
Von Anfang an war die Föderation ein künstliches Gebilde. Zwischen den Inseln bestand keine Zollunion, und die Bewohner der verschiedenen Inseln konnten sich innerhalb der Föderation nicht frei bewegen. Zudem war die Föderation genauso abhängig von ausländischer Wirtschaftshilfe, wie es zuvor die einzelnen Inseln gewesen waren. Die Inseln unterhielten untereinander kaum Wirtschaftsbeziehungen und waren in jeder Hinsicht auf das Mutterland orientiert. Bei den ersten Wahlen (1958) betrug die Beteiligung nur 26%. Alle Gebiete behielten ihre eigene Verwaltung und ihr eigenes Parlament; die drei größten Inseln besaßen zudem ein großes Maß an Autonomie.
An der Spitze der Föderation stand ein von der britischen Krone ernannter Generalgouverneur, dessen Amtssitz vorläufig in Trinidad war. Ein Zweikammerparlament wurde eingerichtet: ein ernannter Senat mit 19 Mitgliedern (2 pro Verwaltungsgebiet, einer aus Montserrat) und ein gewähltes Abgeordnetenhaus mit 45 Mitgliedern (17 aus Jamaika, 10 aus Trinidad, 5 aus Barbados und einer aus Montserrat; die übrigen Inseln hatten jeweils 2 Abgeordnete).

Dieser schwache, unnatürliche »Staat« war im Grunde nie funktionsfähig, nicht zuletzt wegen des mangelnden Interesses der Inselpolitiker. Fähige Lokalpolitiker wie Alexander Bustamente und Norman Manley (Jamaika) oder Eric Williams (Trinidad) stellten sich nicht als Premierminister der Föderation zur Verfügung. Großbritannien löste die Föderation im Februar 1962 auf, nachdem sich Jamaika, das 1959 die volle Selbstverwaltung erhalten hatte, in einem Referendum für die Unabhängigkeit entschieden hatte. Trinidad entschloß sich daraufhin zum gleichen Schritt, weil es nicht allein für die acht kleineren Inseln verantwortlich sein wollte.

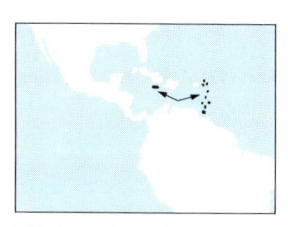

Fläche: 19 970 km²
Hauptstadt: Port of Spain

Zypern

Die Diskussion über den zukünftigen Status der Insel wurde in den 50er Jahren durch die schwierigen innenpolitischen Verhältnisse und die Verwicklung der beiden NATO-Mitglieder Griechenland und Türkei in diese Frage bestimmt. Die übergroße Mehrheit der griechisch-zyprischen Einwohner (80% der Gesamtbevölkerung) war für den Anschluß (Enosis) an Griechenland. Diese Bewegung wurde von dem griechisch-orthodoxen Erzbischof Makarios geleitet. Für die Türkei und die türkisch-zyprische Minderheit war »Enosis« unter keinen Umständen akzeptabel; sie befürworteten anfangs die Beibehaltung der bestehenden Situation. Die Weigerung Londons, ernsthaft über die Unabhängigkeit zu verhandeln, führte zu Anschlägen durch die im Untergrund operierende Bewegung EOKA des Oberst Georgios Grivas, die gleichfalls die Angliederung an Griechenland anstrebte. Die britische Ablehnung und die überraschende Deportation Makarios' (März 1956) verhärteten die Fronten weiter. Immer häufiger kam es zu Angriffen auf die britischen Soldaten, die ihrerseits mit harten Gegenmaßnahmen antworteten. Ein britischer Vorschlag zur Teilung der Insel in eine griechische und eine türkische Zone fand bei den Türken Zustimmung. Das griechische Beharren auf »Enosis« hatte zur Folge, daß die beiden Bevölkerungsgruppen sich nun feindselig gegenüberstanden.
Die regelmäßig aufflammenden Kämpfe wurden zwischen der EOKA und der verbotenen türkisch-zyprischen Untergrundor-

Fläche: 9251 km²
Hauptstadt: Nicosia

Zehn Jahre im Überblick

17. 2. 1959 In London beginnt die Round-table-Konferenz über die Unabhängigkeit Zyperns.
1. 3. 1959 Erzbischof Makarios kehrt nach beinahe dreijährigem Exil nach Zypern zurück.
5. 4. 1959 Der britische Gouverneur Sir Hugh Foot gibt die Bildung eines vorläufigen zyprischen Kabinetts mit Makarios als Außenminister bekannt.
4. 12. 1959 Der seit dem 26. 11. 1953 bestehende Notstand wird aufgehoben.
13. 12. 1959 Makarios, der Führer der griechischen Zyprer, wird zum Präsidenten gewählt.

Zypern

Zwei Hauptakteure im Zypern-Konflikt: Erzbischof Makarios und Oberst Georgios Grivas, der Führer der EOKA (links).

Grunddaten	1950	1953	1956	1959
1. Einwohnerzahl (in Mill.)	0,5	0,5	0,5	0,6
3. Berufstätige (in % der Gesamtbevölkerung)	—	—	50,4	48,6
4. Bruttosozialprodukt (in Mill. Pfund Sterling)	38,7	60,0	—	93,1
5. Anteil des Bruttosozialproduktes in				
Landwirtschaft	27	32	—	19
Industrie	31	29	—	29
Handel und Dienstleistungen	41	38	—	51
6. Arbeitslosenquote (in % der berufsfähigen Bevölkerung)	—	0,9	0,4	1,3
7. Geburtenziffer (in ‰)	29,9	26,6	26,4	25,8
8. Sterbeziffer (in ‰)	8,2	7,0	6,3	6,1
9. Lebenserwartung bei Neugeborenen (in Jahren)				
Männer	63,6	—	—	—
Frauen	68,8	—	—	—
10. Jährlicher Energieverbrauch pro Einw. (in kg Ske)	270	350	690	772
11. Einfuhr (in Mill. US-Dollar)	38	59	109	115
12. Ausfuhr (in Mill. US-Dollar)	31	43	63	53
13. Einwohner pro Arzt	—	1 600	1 500	—

ganisation TMT ausgetragen. Die Spannungen zwischen Griechenland und der Türkei an der Südflanke der NATO bereiteten dem Bündnis und vor allem den USA große Sorgen. Griechenland hatte seine NATO-Einheiten aus der Türkei abgezogen; außerdem war es zu einer scharfen Konfrontation mit Großbritannien gekommen, das 1956 drohte, den Ausschluß Griechenlands aus der NATO zu betreiben. 1959 kam es zu einer überraschenden Lösung. Die Ministerpräsidenten von Griechenland und der Türkei, Karamanlis und Menderes, erzielten im Februar in Zürich eine Einigung: Zypern sollte eine unabhängige Republik werden. Auf einer im selben Monat in London stattfindenden Konferenz konnten sich alle beteiligten Parteien einschließlich Makarios und Küçük, dem Führer der türkischen Zyprer, einigen. Erzbischof Makarios, der im Dezember 1959 zum Präsidenten gewählt wurde, und Vizepräsident Küçük führten die Insel 1960 aufgrund einer Verfassung, die die Minderheitsrechte der Türken sichern sollte, in die Unabhängigkeit.

Register

Normal gesetzte Ziffern verweisen auf einfache Erwähnungen im Text.
Fettgedruckte Ziffern verweisen auf Seiten, auf denen das Stichwort ausführlicher behandelt wird.
Kursiv gesetzte Ziffern verweisen auf Abbildungen.
Ziffern nach Punkten (•) verweisen auf das Tonprogramm. Die erste Ziffer gibt die Seite, die zweite Ziffer die Nummer des entsprechenden Tonprogramms an. Das gleiche gilt bei den Tonverweisen. Auch hier verweisen die Ziffern auf Seite und Nummer des entsprechenden Tonprogramms.
Der Auch-Siehe-Verweis (auch → S. 000) verweist den Leser an Artikel, die das bei dem Verweis Gesagte weiter vertiefen.

A

ABAKO 141
Abbas, Ferhat 101, 135, 265
Abboud, Ibrahim 136, 141, 376
Abd al-Ilah, Regent von Irak 59
Abdallah, König von Jordanien 33, 34, 321
Abdul Hamit, Dina 86
Abdullah, Emir von Jemen 321
Abdul Rahman, Tunku 99, 120, 337, *338*
»Abel« 143
Abernathy, Ralph 184
»Able 1« 134
Absoluter Tanz 234
Abstrakte Kunst 225
Absurdes Theater 234
Academy of St. Martin-in-the-Fields 240
Acheson, Dean 12, *13,* 389
Acker, Achille van 73, 270, 271
Ackermann, Anton 285
Action-Film 237
action painting *225*
Actors' Studio 237
Aden **264**
Adenauer, Konrad 14, 16, 17, 19, 20, 22, 24, 26, 29, 32, 35, 37, 40, 42, 44, 49, 50, 58, 59, *64,* 65, 66, 78, 89, 90, 91, 93, 94, 103, *107, 112,* 115, 121, 122, 126, *130,* 135, 142, 143, *146, 147,* 156, 158, *164,* 165, 166, 167, *168, 174,* 175, 177, *190,* 206, *287,* 290, 291, 292, 293, 316, 317, •49-2, •49-3, •65-8, •65-9, •89-13, •89-14, •288-44
AEC (Atomic Energy Commission) 216
Afghanistan **264**
African National Congress → ANC
Afrika 115, 123, 125, 288, 289, •288-45
Aga Khan III. *118*
Aga Khan IV. 89, *126*
Ägypten 12, 21, 23, 28, 30, 35, 36, 37, 39, 40, 42, 43, 46, 47, 50, 52, 53, 55, 56, 58, 59, 60, 80, 82, 83, 84, 87, 90, 92, 93, 94, 95, 96, 98, 99, 100, 101, 102, 103, 106, 107, 108, 109, 110, 111, 113, 114, 115, 116, 118, 122, 126, 139, 145, 147, 148, 152, •142-35
Ahidjo, Ahmadou 324
Ahlener Programm 287
Aichinger, Ilse *231,* 232, 233, *305*
AIOC (Anglo-Iranian Oil Company) 29, 30, 31, 33, 35, 47, 73, 79, 288, 303, 312, 313
Akihito, Kronprinz von Japan 137, *142, 320*
Ala, Hussain 28
Alaska 132, 133
Albanien 126
Albee, Edward 234
Albert, Prinz der Belgier 146, *147*
Albert, Prinz von Monaco 341
Albrecht, Rudolf 53
Alder, Kurt 24
Aleatorik 239
Alessandri, Jorge 134
Algerien 79, 80, 83, 85, 92, 100, 101, 102, 108, 115, 117, 122, 125, 131, 132, 135, 136, 142, 148, 149, 150, **186, 265-266,** •248-38
Algerienfrage 240, 265, 296, 298
Allende, Salvador 279
Almeida, Raúl Juan 333
Altmeier, Peter 31
Alvarez, Luis 216
Amer, Hakim 101, 150, 202
Amerika-Gedenkbibliothek 78
Amis, Kingsley 227, *228*
ANC (African National Congress) 45, 53, 111, 143
Andersch, Alfred 232
Anderson, Leroy 244
Anderson, Lindsay 238
Anderson, Marian *83*
Anderson, Michael 237
Andorra **266**
»Andrea Doria« 103, 288
Andreotti, Giulio 319

Andres, Stefan 220
Anglo-Iranian Oil Company → AIOC
Angola **267**
Angry Young Men (Zornige junge Männer) **227-228,** 238
Anquetil, Jacques 119, 250
Antarktis 53, 125, 126, 152, 153
Anti-Atomtod-Bewegung **165**
Antonioni, Michelangelo 238
ANZUS-Pakt 34, 269
Apostol, Gheorghiu 359, *360*
Arabische Liga 15, 16, 18, 20, 56, 71, 84, 142, 266, 336
Arafa, Mohammed ben 92, 94
Aramburu, Pedro Eugenio 95, 101, 267, 268
Arana, Francisco Javier 76
Architektur **222-224**
ARD (Arbeitsgemeinschaft der Rundfunkanstalten Deutschlands) 18, 89, 107, 176
Aref, Abdul Salam 312
Argentinien 34, 35, 36, 39, 40, 44, 46, 47, 57, 58, 62, 80, 84, 87, 90, 91, 93, 94, 95, 118, 119, 126, 134, 146, **267-268**
Arias Espinosa, Ricardo 83
Arias Madrid, Arnulfo 353
Armás, Carlos Castillo 75, 78, 119, 307, 308
Armstrong, Louis 120, 304, *305*
Arp, Hans 225
Arrabal, Fernando 234
Aschenbrenner, Peter 61
Asgeirsson, Asgeir 45
Ashton, Frederick 234
Asien 123, 125
Assali, Sabri al 84
Assia, Lys •129-30
Assuanstaudam 99, 102, 103, 145, 148, 152, 306, 387
Astaire, Fred 236
Atassi, Haschem al- 21, 388
Atatürk, Kemal 381
Äthiopien 50, 80, 95, 122, **268-269**
Atombombe 17
»Atom-for-Peace« 215
Atomic Energy Commission → AEC
Atomium *130,* 224
Atomwaffen *36,* 41, *43,* 50, 65, 72, 81, 98, 106, 116, 119, 120, 134, 136, 156, **165,** 216, 217, 306, 371, 390
Attlee, Clement *14,* 65, 77, 96, 302, 303, •145-34, •248-39
Aubame, Jean 299
Auriol, Vincent 36, 296
Auslandsunion 174
Australien 68, 71, 75, **269**
Australisch-Neuguinea 26
Australopithecus 16
Autobahnen **220**
Azhari, Ismail al 70, 98, *375, 376*
Azikiwe, Nnamdi 349
Azzedine, Prinz von Tunesien 61

B

Babi Berrada, Mohammed 93
Bachmann, Ingeborg 232, 233, •304-50
Bagdadpakt 84, 85, 95, 141, 200, 311, 312, 314, 321, 353, 362
Bahamas **270**
Bahamontes, Federico 146
Bahrain 43, **270**
»Baker« 143
Balanchine, Georges 234, 235
Balbin, Ricardo 268
Balkanpakt 57, 73
Ballett → Tanz
Balser, Ewald •328-55
Balz, Bruno 304
Balzer, Karin •328-56
Banda, Hastings 358, 359
Bandaranaike, Sirimavo 279
Bandaranaike, Solomon 101, 143, 148, *279*
Bandera, Stepan 149
Bandungkonferenz *86, 184*
Bannister, Roger 247

Bantz, Helmut 110, 247, 344, 368
Bao Dai, Kaiser von Südvietnam 44, 13, 73, 86, 87, 123, 185, 391, 392
Baptiste, Mona 304
Baran, Ria → Falk, Ria
Barbados 53
Bardeen, John 111, 215
Baring, Evelyn 326
Bartel, Josy 246, *258*
Barth, Karl 177
Barzani, Mustafa 312
Basie, Count 243, 244
Bassermann, Albert 44, 245
Basutoland 143, 170
Batista, Fulgencio Zaldiva y 41, 42, 57, 79, 84, 87, 119, 135, 137, 139, 147, 187, 294, 331, *332,* 333
Battle Barres, Luis 385
Baudissin, Wolf Graf von •65-9
Baudouin, König der Belgier 16, 20, 26, *33, 107,* 270, 271, 272, 288, •288-45
Bauer, Herbert 53
Bäumler, Hans-Jürgen 140
Bayar, Celal 17, 74, 122, 381, *382*
Bayreuth **241**
Bayrischer Rundfunk → BR
Bazaine, Jean 224
BBC 93
B52-Bomber 149
Bech, Joseph 68, *190*
Becher, Johannes R. 70
Becker, Max 113
Beckett, Samuel 57, 228, 234, 328
Beckmann, Max 24
Beel, Louis 346, 347
Begin, Menachem 40, *151,* 316
Behrendt, Wolfgang 110
Beidler, Franz W. 241
Beinum, Eduard van 245
Bekennende Kirche 177
Belafonte, Harry 244, 304
Belaúnde Terry, Fernando 354
Belgien 14, 16, 18, 19, 20, 26, 28, 33, 51, 61, 73, 107, 115, 130, 131, 146, 187, **270-272**
Belgiojoso, Ludovico 223
Belgisch-Kongo 139, 140, 141, 150, **272-273**
Ben Bella, Achmed 108, 265, 266
Beneš, Edvard 60
Benelux 126
Ben Gurion, David 35, 68, 84, 95, 118, 122, 123, 125, 126, 150, 153, 315, 316, *317*
Benn, Gottfried *103,* 220, 231, 304, •304-49
Ben Zwi, Itzhak 53, 315, *317*
Beran, Jozef 28
Bergengruen, Werner 220
»Berghof« 33
Bergman, Ingrid 237
Bergmark, Osvar *369*
Bergwerksunglücke **159**
Berija, Lawrentij Pawlowitsch 57, *61,* 68, 109, 285, 357, 371, •105-24
Berio, Luciano 240
Berlin 16, 17, 18, 27, 31, 32, 33, 34, 36, 53, 56, 60, 61, 62, 66, 67, 68, 74, 75, 78, 80, 83, 85, 94, 121, 122, 125, 130, 133, 137, 140, 142, 143, 149
Berliner Blockade 171
Berliner Mauer 167
Berlinguer, Enrico 34
Bermuda 68
Bernard, Guy 235
Bernhard, Prinz der Niederlande *347*
Bernstein, Leonard 147, 234
Bertelmann, Fred •304-53
Berthod, Madeleine 99, *259*
»Beta 1958« 127
Betancourt, Rómulo 137, 386
Betriebsverfassungsgesetz 46, *207,* 291
Betschuanaland 59, 107, 143, **273**
Bevin, Ernest 14, 30
»Bewegung des 26. Juli« 332, 333
BHE (Bund der Heimatvertriebenen und Entrechteten) 12, 287
Bhutan 147, **273-274**
Bidault, George 55, 145, 296, •145-33

Bierut, Boleslaw 72, 100, 194, 355, 356
»Bilbao« 150
Bildende Kunst **224-227**
Bill Haley and his Comets *244*
Birma 115, *274*
Bismarck, Klaus von •65-12
Bitterfelder Kulturkonferenz 286
Blädel, Georg *329,* •328-57
Blakey, Art 242
Blanco, Otilio Ulate 282
Blank, Theodor 40, 90, 95, 107, 291
Blobel, Paul 31
Bloch, Felix 53
Blockfreie 86
Bloodhound-Rakete *197*
Blücher, Franz 67, 72, 99, *141*
Blues 242
Blum, Léon 15, *203*
BMW 600 *221*
BND (Bundesnachrichtendienst) 92, 100
Bobet, Louison 62, 77, 91, *250*
Böckler, Hans 28, 32, •49-6
Bodnaras, Emil *360*
»Boeing B 47« 35
»Boeing B 52« 218
»Boeing 707« 76
Boganda, Bartlemy 141, 299
Bogart, Humphrey 113, 237, 245
Böhm, Karl •304-51
Böhm, Karl-Heinz *329,* •328-56
Boiteux, Jean 246
Bolivien 31, 34, 42, 43, 46, 52, 83, 102, **274-275**
Böll, Heinrich *231,* 233, *305,* •304-50
Bollmann, Horst •328-55
Bolschoj-Ballett 235
Bombard, Alain 53
Bonner, Henry *13*
Bonnet, Edgar 115
Boone, Pat 244
Booth, Shirley 237
Borgnine, Ernest 237
Born, Max 81
Bosmans, Henri 139
Bothe, Walter 81
Botwinnik, Michail 31, 67, 75, 116, 131
Boulez, Pierre 239, 240
Boumedienne, Houari 266
Bourgès-Maunoury, Maurice 117, 121
Bourguiba, Habib 40, *119,* 131, 143, 149, 150, 266, 380, *381*
Bovet, Daniel 123
BR (Bayrischer Rundfunk) 176
Bradley, Omar *15,* 28
Braine, John 227, *228*
Brancusi, Constantin 115, *225*
Brände 89
Brandenburger Tor *109*
Brando, Marlon 237
Brandt, Willy 49, 121, 125, 136, *137,* 140, •49-2
Braque, Georges 224, 226
Brasilia *276*
Brasilien 21, 32, 42, 70, 77, 83, 94, 95, 99, 101, 102, **275-276**
Brattain, Walter H. 111, 215
Braun, Wernher von 31, 210, 211, 212, 288, •288-48
Brecht, Bertolt *106,* 232, 233, 304, •304-49
Brenner, Otto 106
Brentano, Heinrich von 87, *88,* 94, *95,* 136, *142,* 189, •49-4, •89-14
Bresson, Robert 238
Britisch-Guyana 58, **276-277**
Britisch-Kamerun **277**
Britisch-Nordborneo **277**
Britisch-Somaliland **277**
Britisch-Togo 101
Britten, Benjamin 234, 242
Broch, Herman 31
Bronner, Gerhard 328, *329,* •328-60
Bronstein, David 31
Brough, Louise 19, 90
Brown, Les 243
Brubeck, Dave 242
Bruce, David *13*

Brüggen, Frans 240
Bruhn, Erik 234
Brunner, Yul 237
Brüsseler Pakt → WEU
Brutscher, Toni 344
Buber, Martin 230
Buchner, Annemarie 246, *257,* •344-61
Bueno, Maria Esther 146, *251*
Buhl, Hermann 61
Buhlan, Bully 304
Buisseret, Auguste 272
Bulganin, Nikolaj 34, 84, 87, 91, 93, 98, *100,* 101, 107, 127, 134, 136, 193, *264,* 322, 367
Bulgarien 100, 107, 120, 141, **278**
Bu Loc 392
Bülow, Isolde von 241
Bultmann, Rudolf 177
Bunche, Ralph 24
Bund der Heimatvertriebenen und Entrechteten → BHE
Bundeskriminalamt 28
Bundesnachrichtendienst → BND
Bundesrepublik Deutschland 12, 13, 14, 15, 16, 17, 18, 19, 20, 21, 22, 23, 24, 26, 27, 28, 29, 30, 31, 32, 33, 35, 36, 37, 38, 39, 40, 41, 42, 43, 44, 45, 46, 47, 50, 51, 52, 53, 55, 56, 57, 58, 59, 61, 63, 66, 67, 70, 71, 72, 73, 75, 76, 77, 79, 80, 81, 83, 84, 85, 86, 87, 89, 91, 92, 93, 94, 95, 96, 98, 99, 100, 101, 102, 103, 106, 107, 108, 109, 110, 111, 113, 114, 115, 116, 117, 118, 119, 120, 121, 122, 125, 127, 130, 131, 132, 133, 135, 136, 137, 141, 142, 143, 146, 147, 148, 149, 150, 151, 152, 153, **164-175,** 187, 189, **287-293,** •49-2, •49-3, •49-5, •49-6, •89-14
Bundesverfassungsgericht 35
Bundeswehr 291, 292
Burckhardt, Carl Jacob 230
Burdenski, Herbert *23*
Burgess, Guy 195
Burnham, Linden Forbes 276, 277
Busch, Gundi 71, *72,* 344, 368
Busia, Kofi 300
Busstreik in Montgomery **184**
Bustamente, Alexander 393
Butler, Richard 113
Butor, Michel 228, *229*

C

Cabral, Amilcar 358
Café Filho, João 77, 95, 275, 276
Cage, John 235, 239
Cairat, Francesco 266
Calder Hall 107, 216
Calderón, Rafael 282
Callas, Maria *125,* 136, 242
Campaign for Nuclear Disarmament → DNC
Camus, Albert 123, 228, *232,* 233, 237, 238
Cantave, Léon 117
Cape Canaveral 121, 123, 134, 137, *211*
Caracciola, Rudolf 148, *149,* •368-72
»Caravelle« 219
Cardijn, Jozef 181
Carias Andino, Tibuccio 308
Carlson, Kurt 39
Carmona, Antonio 357
Carol II., König von Rumänien 58
Caroline, Prinzessin von Monaco 341
Caron, Leslie 236
Carrero Blanco, Louis 118
Cartries, Jean de •145-34
Castellani, Renato 238
Castries, Christian de 75
Castro, Fidel 62, 87, 122, 125, 127, 135, *138,* 139, 140, 143, 146, 147, 149, **187,** 270, 331, 332, 333
Castro, Raúl 187
Castroux, Georges 266
CBS (Columbia Broadcasting System) 32

CDU (Christlich-Demokratische Union) 18, 19, 29, 30, 31, 41, 63, 76, 80, 99, 120, 132, 135, 137, 142, 149, 166, 167, 168, 287
Celan, Paul 231
Celio, Enrico *365*
CERN 188
Ceylon 66, 101, 122, 127, 133, 143, 148, 149, **278–279**
Chadwick, Florence 35
Chalbaud, Carlos Delgado 386
Chamorro, Emiliano 343
Chamorro, Pedro Joaquin 146
Chapelle du Rosaire *226*
»Chaplet« 143
Chaplin, Charlie 193
Charles, Prinz of Wales 133
Charles, Ezzard *101*, 251
Charles, Ray 242
Charrat, Janine 235
Chataway, Chris *258*
Chatschaturjan, Aram 235
Chaudet, Paul *137*
Chauviré, Yvette 234
Chavez, Frederico 74, 354
Chéhab, Fuad 133, 134, 135, 334, 335
Chevalier, Paul *234*
Chibás, Eddy 332
Chifley, Joseph 269
Chile 50, 52, 80, 99, 134, **279**
China 12, 13, 15, 16, 20, 22, 26, 27, 28, 29, 46, 55, 66, 70, 73, 77, 78, 80, 83, 84, 86, 87, 92, 96, 98, 113, 117, 118, 120, 126, 132, 133, 134, 137, 142, 150, **280–282**
Christie, Ethel 61
Christie, John 61
Christlich-Demokratische Union → CDU
Christlich-Soziale Union → CSU
Chruschtschow, Nikita 57, 63, 99, *100*, 101, 109, 122, 127, 134, 135, 136, 140, 147, 148, 152, 170, 171, 192, 193, 194, 195, 197, 224, 248, *264*, 282, 292, 322, 356, 363, 367, *370*, *371*, 372, 383, 390, •105-24
Churchill, Winston 36, 37, 41, 59, 65, 68, 79, 80, 85, 165, 232, 248, *249*, 302, 303, 306, •145-31, •248-39, •248-40
CIAM 223
Cienfuegos, Camilo 333
Cinemascope-Verfahren 236
Citroen DS 220, *221*
Clarke, Ron 247
Claudel, Paul 84, 245
Clayton, Jack 238
Clément, René 237, 238
Clementis, Vladimir 28, 53, 380
Clooney, Rosemary 243
Clouzot, Henri-George 238
Cobra **226–227**
Cochran, Jacqueline 59
Cockcroft, John 37
Coimbra da Luz, Carlos 95
Cole, Nat »King« 243, *244*
Colliard, Renée 99, *259*
Colombo-Plan 150
Coltrane, John 243
Columbia Broadcasting System → CBS
Comecon → RGW
»Comet« 219
»Comet II.« 63
»Comet 4« 219
Comité Revolutionaire d'Unité et d'Action → CRUA
Commonwealth 26
Como, Perry 243, 244
Comply, Paul *63*
Computer 215
Concentus Musicus 242
Conference on Jewish Claims against Germany 167, 316
Conférenciers •328-57
Connolly, Maureen 251
»Convair CV« 340 *85*
»Convair F 102« 218
»Convair Liner« 219
Convention People's Party 27
Cool Jazz 242
Cooper, Ashley 251
Cooper, Gary 237, *305*
Coppi, Fausto *46*, 250, 344
Cortines, Adolfo Ruiz 66
Costa, Lúcio 276
Costa Rica 21, 62, 83, 126, **282**
Costello, John 75, *314*
Coty, René *68*, 73, 131, 137, 296, 297, 298, *335*, •248-37, •248-38
Cournand, André 111
Cousteau, Jacques-Yves 238
Couve de Murville, Maurice 88, 142, 148
Cranko, John 234
Crapp, Lorraine 247
Craveiro Lopés, Francisco Higino 33
Crawford, Sir Frederick 153
Crichton, Charles 238
Croce, Benedetto 53, *245*
Crosby, Bing 243
CRUA (Comité Revolutionaire d'Unité et d'Action) 265
ČSR (Tschechoslowakei) 12, 14, 15, 28, 30, 31, 32, 35, 37, 39, 53, 57, 59, 60, 63, 81, 94, 122, **380**
CSU (Christlich-Soziale Union) 24, 99, 120, 137, 287
Cunningham, Merce 235
Cuthbert, Betty 247
Cyrankiewicz, Josef 72, 114, 356

D

Dacko, David 299
»DAF 600« 220
Dahanayake, Wijananda 148
Dahomey 140
Dajan, Moshe 68, 126, 317
Daladier, Paul 131
Dalai Lama 22, 24, 33, *141*, 309
Dalida •304-53
Dänemark 20, 45, 55, 57, 58, 66, 81, 84, 117, 190, **282–283**
Dänzer, Frieda *259*
Danzig 222
Darré, Walter 20
Daud, Mahmud 264
Daud, Mohammed 264
Daves, Delmer 237
Davis, Miles 304
Davis, Walter *258*
Day, Doris 243, 244
DC (Democrazia Cristiana) 40, 141
»DC 6B« 53, 218
»DC 7« 219
»DC 8« 219
DDR (Deutsche Demokratische Republik) 12, 13, 16, 18, 19, 21, 22, 24, 27, 28, 34, 35, 41, 43, 44, 47, 50, 53, 55, 59, 60, 61, 62, 66, 67, 70, 71, 72, 74, 77, 93, 96, 98, 100, 102, 106, 109, 113, 114, 115, 120, 121, 122, 123, 126, 130, 132, 148, **283–286**, •105-19, •105-20, •105-21
»DDR-Sozialismus« **164–171**
Dean, Gordon 23
Dean, James 94
Debré, Michel 139, 140, 296, 298
Debussy, Claude 234, 239
Deege, Gisela 235
de Gasperi, Alcide 13, *16*, 33, 35, 55, 62, 77, 203, 318, 319
Dehler, Thomas 72, *88*, 89, 99, 113, •89-13
Dej, Gheorghiu 359, *360*
Dejoie, Louis 121
Delgado, Humberto 142, 357
Delgado Chalbaud, Carlos 24
Deltaplan 346
Delvaux, Paul 224
Democrazia Cristiana → DC
Demontage 17
Denk, Adolf 116
Denktaş, Rauf 132
Deppe, Hans 239
DeRoburt, Hammer 342
Dertinger, Georg 55, 284
Derwall, Josef (»Jupp«) 59
Desio, Ardito 77
Deutsche Demokratische Republik → DDR
Deutsche Frage → Wiedervereinigung Deutschlands
Deutsche Literatur **229–234**
Deutsche Lufthansa AG 75
Deutsche Partei → DP
Deutscher Film •328-56
Deutscher Gewerkschaftsbund → DGB
Deutscher Turnerbund 21
Deutsches Fernsehen **175–177**, •89-17
Deutsche Turnerschaft 21
»Deutschlandvertrag« 44, 57, 65, 291
DGB (Deutscher Gewerkschaftsbund) 107, 165, 292
Diaz, Carlos 308
Dibelius, Otto *64*, 178, •65-12
Dickhut, Adalbert 344, 368
Diefenbaker, John 117, 118, 127, 324, *325*
Diels, Otto 24
Diem, Carl 139, 148
Diem, Ngo Dinh 75, 81, 92, 185, 392, 393
Diên Biên Phu 72, 73, 74, 145, 192, 298
Dietrich, Otto 20
Dietrich, Wilfried 247, 344
Dimitrow, Georgii *278*
Dini Achmed, Achmed 299
Dior, Christian 121
Dirks, Walter •65-7
»Discoverer V« 147
»Discoverer VII.« 149
Disney, Walt 237
Djilas, Milovan 70, 81, 111, 121, 323
Djuanda 146
Djumblat, Kamal 132, 335
documenta 146, **224-225**
DKP 287
DNC (Campaign for Nuclear Disarmament) 306
Dobi, Istvan 47
Dodd, Francis 44
»Doktor Schiwago« 371
Dominikanische Republik 37, 50, 81, 120, **294**
Donaueschinger Musiktage 240, 304
Donner, Andreas 135
Dorls, Fritz 53
Dorsch, Käthe *123*
Dorticós, Osvaldo 333
Dorvis, Themistokles 132
Dovifat, Emil •89-17
DP (Deutsche Partei) 19, 287
Drees, Willem 47, 107, *346*, 347
Drei-D-System 236
Dritte Welt 183
Dubois, André 99
Dubuffett, Jean 225
Duclos, Jacques 44, 45
Dulles, John Foster 26, 43, 67, 83, 86, *87*, 94, 102, 106, 116, 120, 130, *142*, 143, 145, 157, *168*, 185, 192, *193*, 197, *203*, 210, *296*, 307, 322, 351, 390, •129-26, •145-31, •145-34, •145-36, •248-42
Dupong, Pierre 68
Dürrenmatt, Friedrich 129, 233, 234, •129-30
Düsenflugzeuge **218–219**
Dutra, Enrico Gaspar 275
Duttweiler, Gottlieb *128*, 129, •129-29
Duvalier, François (»Papa Doc«) 121, 308
Duvieusart, Jean 271
Duvivier, Julien 238

E

Eban, Abba 71, •145-36
Ebert, Friedrich 59
Echandi Jiménez, Mario 126
Eckard, Horst 171
Eckel, Horst *251*, 253
Eckhardt, Felix von 40
Ecuador 44, 149, **294**
Eden, Anthony 36, 78, 85, 86, 91, *100*, 113, 193, 248, 302, 303, 306, •145-36, •248-40
Editions les Minuits 229
EFTA (Europäische Freihandelszone) 147, 151, 188, 190, 283, 306, 350, 365
Egk, Werner 235
EGKS (Europäische Gemeinschaft für Kohle und Stahl) 18, 29, 37, 39, 40, 42, 47, 50, 53, 56, 103, 118, 187, 189, 190, 291, 297
Ehard, Hans 24, 81, 241
Ehlers, Hermann 66, *77*, 79, 80
Eich, Günter *231*, 232, 233, 304, *305*, •304-50
Einaudi, Luigi 318
Einem, Gottfried von 242
Eingliederung **167**
Einstein, Albert *13*, 86, 217
Eisele, Hanns 132
Eiserner Vorhang 192
Eisenhower, Dwight D. 24, 26, 35, 39, 41, 42, 45, 52, 53, *55*, 56, 61, 63, 66, 73, 86, 91, 98, 106, 109, 113, 115, 116, 120, 121, 122, *123*, 132, 134, 135, 142, 146, 147, 148, *149*, *151*, 152, 153, 157, 168, 185, 192, 193, 195, 198, **210**, 215, 248, *249*, 276, 282, 372, *389*, 390, •248-41, •248-42
Eisenhower-Doktrin 113, 114, **202**
Eishockey 57, 72
EKD (Evangelische Kirche in Deutschland) 178
Elizabeth II., Königin von England 35, *40*, 52, *60*, 67, 71, 75, 106, *136*, 234, 248, *249*, 302, *303*, *324*, •248-39
Ellice-Inseln **301**
Ellington, Duke 243
Elliot, Herb 247
El Salvador 100, **294**
Eluard, Paul *52*
E-Musik •304-51
Endeley, Emmanuel 277
Enders, John F. 81
»Enterprise« 220
Entkolonialisierung **182–187**
Entstalinisierung 170, 192, 193, 355, **367**, **370**
Entwicklungsländer 12
EOKA 130, 133, 141, 147
EPG 189
Erbkrankheiten 212, 213
Erhard, Ludwig 49, 122, 166, **206**, *287*, 293, •49-4, •49-5, •49-6
Erikson, Erik 58, 286
Eritrea 16
Erlander, Tage 35, *80*, 122, 130, 362, *363*
Ernst, Max 226
Esfandiara-Bakhtiari, Soraja 27
Espinosa, Ricardo Aras 353
Estenssoro, Victor Paz 42, 43, 52
Estimé, Dumarasais 308
Etter, Philipp 53, *365*
Euratom 118, 188, 291, 292
Europäische Freihandelszone → EFTA
Europäische Gemeinschaft für Kohle und Stahl → EGKS
Europäische Integration **187–190**
Europäische Verteidigungsgemeinschaft → EVG
Europäische Wirtschaftsgemeinschaft → EWG
Europäische Zahlungsunion → EZU
Eurovision 175
Evangelische Kirche in Deutschland → EKD
EVG (Europäische Verteidigungsgemeinschaft) 53, 57, 75, 77, 156, 165, 167, 168, **188–189**, 190, 193
EWA **209**
Ewell, Tom *237*
EWG (Europäische Wirtschaftsgemeinschaft) 112, 116, 118, 125, 126, 127, 135, 139, 147, 166, 172, 190, 291, 306
»Explorer« **211**
»Explorer I« 126
»Explorer IV« *133*
»Explorer VI« 147
Explosionen **159**
Expo 58 130, **224**
Eyskens, Gaston 270, 271
EZU (Europäische Zahlungsunion) 19, **209**

F

Fagerholm, Karl August 99, 117, 134, 137, 295
Faisal II., König des Irak 126, 127, 202, 126, 127, *312*
Faisal Ibn Abdul-Aziz, König von Saudi-Arabien 59, 133, 362
Faith, Percy 243
Falk, Paul 28, 41, 246, *247*, 344, *345*
Falk, Ria 28, 41, 246, *247*, 344, *345*, 368
Falkenhausen, Alexander Ernst von 28
Falklandinseln 56
»Familie Schölermann« 78, 176
Fanfani, Amintore 70, 71, 118, 132, 140, 141, 319
Fangio, Juan Manuel 106, 126, *251*
Farah Diba 151, *153*, 312
Farid Didi, Mohammed 338
Faruk, König von Ägypten 22, 30, *31*, 36, 42, 46, 145, 186, 387, 388
Fath, Jacques 80
Faubus, Orval 120
Faulhaber, Michael Kardinal 45
Faure, Edgar 40, 41, 84, 91, 95, 96, 94, 193
FDJ (Freie Deutsche Jugend) 17, 32
FDP (Freie Demokratische Partei Deutschlands) 18, 19, 23, 24, 30, 41, 43, 63, 76, 99, 132, 135, 149, 287
Fechner, Max 284, 285
Fehling, Jürgen •328-55
Feierabend, Fritz *369*
Feininger, Lyonel Charles 98
Feldmann, Marcus *96*
Fellini, Federico 237, 238
Feltz, Kurt 304
Fencl, Milan *369*
Fermi, Enrico 80, 217
Fernsehen 89, **217–218**
Ferrer, José 237
Fersch, Günter •328-58
Festival of Britain 30
Fette, Christian 32, 51
Fiame Mataäfe Foemui Mulinuöe 360
Fianna Fail 314
Fidschi **294**
Figl, Leopold 32, 51, 57, 68, *87*, *95*, *128*, *350*, 351, 352, •129-25, •129-26
Fignole, Daniel 117
Figueres Ferrer, José 62, *83*, 282
Figuerora, Ana 40
Film **236–239**, •328-56
Filmhits •304-54
Film Industry Defence Organization 238
Finck, Werner •328-59
Finnland 13, 14, 18, 37, 61, 67, 72, 74, 76, 79, 81, 93, 99, 117, 121, 132, 134, 137, **295**
Fischer, Robert (»Bobby«) *135*
Fitzgerald, Ella 243, •304-52
Fleischer, Richard 237
Fleming, Sir Alexander *85*
Flick, Friedrich 20
FLN (Nationale Befreiungsfront) 101, 115, 117, 125, 135, 136, 149, 150, 183, 248, 249, 265
Flores Avendáno, Guillermo 121
Flüchtlinge 49, 64, 65, 89, 129, •65-7
»Flying Enterprise« 39, *289*
Flynn, Errol 149
Föderalismus 172
Fontaine, Just 256
Fonteyn, Margot 234
Foot, Sir Hugh 126, 132, 141, 142, 393
Foot, Michael 306
Ford, John 237
Forßmann, Werner 111
Fortner, Wolfgang 240
Fortuny, José Manuel 307
Foster, Frank 243
FPÖ (Freiheitliche Partei Österreichs) 143
Fragoso Carmona, Antonio Oscar de 30
Franco, Francisco 81, 95, 118, 140, 372, 373
François-Poncet, André *164*
Frankenfeld, Peter 89
Frankreich 15, 17, 18, 19, 22, 26, 27, 28, 32, 33, 39, 40, 41, 44, 45, 50, 52, 53, 55, 56, 57, 58, 59, 61, 62, 63, 68, 70, 73, 74, 75, 76, 79, 80, 81, 84, 86, 90, 92, 95, 96, 98, 100, 106, 113, 115, 117, 118, 120, 121, 122, 125, 130, 131, 133, 134, 135, 137, 140, 141, 142, 143, 146, 148, 149, 150, 151, **185**, 192, 248, **295–298**, •248-37, •248-38
Franz Joseph II., Fürst von Liechtenstein 336
Französisch-Äquatorialafrika **298–299**
Französisch-Marokko 77, 91, 92, 93, 94, 99
Französisch-Somaliland **299**
Französisch-Westafrika 137, **299–300**
Fraser, Dawn 247
Fraser, Neale *251*
Frederika, Königin von Griechenland *301*
Free-Cinema-Bewegung 238
Freed, Alan 244
Free-floating-Technik 236
Freie Demokratische Partei Deutschlands → FDP
Freie Deutsche Jugend → FDJ
Freiheitliche Partei Österreichs → FPÖ
Freitag, Walter 51, 107
»Freßwelle« **174**
Frick, Alexander 336
Friedel Hensch & die Cypris •304-53
Friedenspreis des deutschen Buchhandels **230**
»friedliche Koexistenz« 197
Friedrich der Große 47
Friedrich Wilhelm I. 47
Frings, Josef Kardinal •65-11
Frisch, Max 129, 233, 328
Fröbe, Gerd 174
Froboess, Cornelia 240, •304-53
Frondizi, Arturo 126, 267, *268*
Front de Libération Nationale → FLN
Fry, Shirley 103
Fuad II., König von Ägypten 387
Fuchs, Klaus *14*, 23, 195
Fuchs, Vivian 126
Furtwängler, Wilhelm *80*, 241, 245, •304-51
Fußball 32, 59, 61, 66, 102, 118, 368, 369, •368-69
Fußballeuropapokale **253**
Fußballweltmeisterschaft 1950 251, **254**
Fußballweltmeisterschaft 1954 62, 63, 64, 67, 251, **252–253**, **255**, **368**, **369**, **•368-67**
Fußballweltmeisterschaft 1958 251, **256**, 368, 369, •368-68
Fütterer, Heinz 344

G

GAC (General Advisory Commitee) 216
Gaillard, Felix 122, 298
Gaitskell, Hugh 96, 150, 302, 303
Gale, Richard 135
Galeb, Ibn Ali 350
Gallais, Hugues le *13*
Gálvez, Juan Manuel 308
Gambia **300**
Gandhi, Indira 309, *310*
Gandhi, Mahatma 185, 288
Gandhi, Rajiv *310*
Gandhi, Sanjay *310*
Gangsterfilm 238
Garcia, Carlos P. 115, 122, 355
Garrincha *256*
Gastarbeiter **205**
GATT 129, 205
Gaul, Charly 143, *345*
Gaulle, Charles de 32, 33, 73, 74, *124*, 125, *131*, 132, 135, 136, 137, *139*, 142, 146, 148, 149, 150, 165, 182, 248, 266, *296*, 297, *298*, 299, 381, •248-37
Gazastreifen 84
GDB (Gesamtdeutscher Block) 287
Gehlen, Reinhold 92, 113
Geiler, Voli *128*, •129-30
Gemayel, Pierre 335
Gemeinschaftsschule **166**
General Advisory Commitee → GAC
General Motors 71
Genfer Abkommen 92
Genfer Konferenz 183
Gentile, Giovanni 245
George VI., König von England 30, 40, 302
Georgi, Yvonne 235
Gerhardsen, Einar 36, 83, 349
Germar, Manfred 344

Gerö, Ernö 103, 108, 194, *383,* 384
Gerschler, Woldemar 246
Gershwin, George 236
Gerstenmaier, Eugen 80
Gesamtdeutscher Block → GDB
Getz, Stan 242
Ghana 75, 114, 137, 147, 187, **300**
Ghulam, Mohammed 352, 353
Giap. Vo Nguyen 72, 145, 185, *391*
Gibson, Althea 118, 251
Gide, André *28*
Gilbert-Inseln **301**
Gillespie, Dizzy 243
Giuliano, Salvatore *19*
Glaoui, Thami el 339
»Gleichgewicht des Schreckens« 197
Globke, Hans 19
Glockenlampe 173
Goa 77, 92
Godesberger Programm 151, 168, 287
Goethe, Johann Wolfgang von 328
Goethe, Rudolf 179
Gold, Harry 195
Goldene Palme **238**
Goldküste 27, 103, 106
Goldmann, Nahum *88,* 316
Gomez, Rui 357
Gómez Castro, Laureano 327
Gomez Gimeranez, Domingo 151
Gomułka, Władysław 36, 101, *108,* 110, 194, 355, *356,* 357, 370, 384, •105-22
Gonzáles López, Luis Arturo 119, 121
»Gorch Fock« 147
Gospelmusik 242
»Göttinger Manifest« 165
Gottwald, Klement 57, *380*
Goulart, João 275, 276
Gouled, Hassan 299
Gracia Patricia, Prinzessin von Monaco *101, 305, 341*
Graham, Billy 76, 177, **179**
Graham, Martha 235, 236
»Grand Slam« 251
Granger, Lester 132
Granval, Gilbert 91
Granz, Norman 243
Grass, Günter 233, 304, •304-50
Gratsch, Rafael *345*
Greenglass, David 195
Griechenland 29, 36, 41, 42, 47, 52, 59, 63, 66, 67, 81, 83, 94, 98, 99, 100, 116, 126, 127, 131, 147, **301–302**
Grigorowitsch, Juri 235
Grischin, Jewgenij *345*
Grivas, Georgios 133, 141, 393, 394
Grock → Wettach, Adrian
Gromyko, Andrej 33, 35, 45, 58, 114, 127, *149,* 367
Gronchi, Giovanni 86, 140, 318
Grönland 50
Großbritannien 12, 14, 18, 22, 24, 27, 30, 31, 32, 36, 37, 39, 40, 41, 42, 44, 45, 47, 50, 52, 56, 57, 58, 60, 61, 63, 67, 68, 70, 71, 72, 73, 75, 76, 77, 78, 79, 80, 81, 85, 86, 87, 92, 93, 95, 96, 101, 102, 106, 113, 119, 121, 123, 127, 132, 133, 136, 140, 143, 147, 149, 150, 187, 248, **302–306,** •248-39, •248-40
»Großer Sprung nach vorn« 134, 280, 281, 282
Grosz, George 146
Grosz, Josef 32
Grotewohl, Otto 24, 27, 35, 61, 96, *170, 283,* 284, 285, 286
Groza, Petru 125
Gruber, Karl 67, 68, 350
Gruenther, Alfred Maximilian 59, 101
Gründgens, Gustaf 79, 93, 328, •328-55
Grunitzky, Nicolas 379
»Gruppe 47« 233, 304, 305
Gsovsky, Tatjana 235
Guardia, Ernesto de la 353
Guatemala 23, 31, 56, 75, 76, 78, 119, 121, 126, 132, **307–308**
Guevara, Ernesto »Che« 152, *187,* 333
Guggenheim-Museum *150,* 222, 223
Guillard, Felix 120, 266
Guinea 135, 137
Guiness, Alec 237
Guizado, José Ramón 83, 353
Gullin, Lars 243
Gummibaum 173
Gustaf V., König von Schweden 22, 362
Gustaf VI. Adolf, König von Schweden 362, *363*
Gutierrez, Victor Manuel 307
Gutosky, Bob 250
Guzmán, Jacobo Arbenz 23, 75, 76, *307,* 308

H

Haakon VII., König von Norwegen 121, 349
Haas, Karlfriedrich 247
Haas, Werner *369*
Habsburg, Otto von 31, 137
Haftmann, Werner 224
Hager, Kurt 286
Hahn, Otto 116, 165
Haile Mariam, Kebede 122
Haile Selassie, Kaiser von Äthiopien 50, 80, *95,* 268
Hainisch-Marchet, Ludovika *128*
Haiti 22, 117, 121, **308**
Halbstarke **175**
Haley, Bill 136, 175, *305*
Halim El-Dabh 235
Halla 102, 251, 344
Hallberg, Bengt 243
Hallstein, Walter 29, 89, *112, 125,* •89-15
Hallstein-Doktrin 89, 292
Hamann, Karl 53
Hammarskjöld, Dag 57, 83, 91, 96, 101, 110, 115, 121, *132,* 136, 317, 363
Hampton, Lionel *242,* 243
Hamsun, Knut 40
Hanappi, Gerhard *369*
Handke, Peter 234
Hankey, Robert 40
Hansen, Hans Christian 84, 117, 283
Happe, Ursula 247, *345*
Harbi, Mahmud 299
Harbig, Rudolf 247
Hard Bop 242
Harding, Sir John 100, 115
Hardy, Oliver 119
Harich, Wolfgang 114, 284, 285
Harlem Jump Band 243
Harnoncourt, Nikolaus 242
Harriman, Averell 33
Hartung, Hans 225
Haschemitische Föderation 126
Haskin, Byron 237
Hassel, Kai Uwe von 78
Hatoyama, Ichiro 81, 84, 85, 111, 320, 321
Haverbeke, Roger von 243
Hawaii 141
Hawkins, Erick 236
Hawks, Howard 237
Haya de la Torre, Victor Rául 72, 73, 354
Haynes, Roy *243*
Hayward, Susan 237
Heath, Edward 306
Hedin, Sven 52, *53*
Hedtoft, Hans 20, 58, 66, 80, 84, 282, 283
Hegedüs, András 86, 383
Heimatfilm 239
Heinemann, Gustav *21,* 89, 165, 166, 290, 291, •49-2, •65-10, •89-13
Heisenberg, Werner 116, 165
Heißenbüttel, Helmut 232
Held, Martin •328-56
Helgoland *41*
Hellwege, Heinrich 87
Hemingway, Ernest 81, *232*
Hench, Philip S. 24
Henderson, Loy 39
Hennecke, Adolf 171, •105-19
Henricks, Jon 247
Henze, Hans Werner 235, 240, 242, •304-51
Hepburn, Audrey 237
Hepburn, Katherine *236*
Hepworth, Barbara 225
Herberger, Josef (»Sepp«) 252, *253,* 344
Herbst, Jo •328-59
Herriot, Edouard 56
Herrnstadt, Rudolf 284, 285
Herter, Christian *142, 149*
Herz, Wilhelm 344
Herzlungenmaschine 213, 214
Herzog, Maurice 18
Hesse, Hermann *231*
Hessischer Rundfunk → HR
Heston, Charlton 237
Heusinger, Adolf Ernst 26, *292*
Heuss, Theodor *48,* 49, 66, *77, 88, 136,* 142, 146, *148, 164,* 231, 291, 293, *301,* 382, •49-1, •344-62
Heuss-Knapp, Elly *48*
Heyrovsky, Jaroslaw 153
Hildesheimer, Wolfgang 232, 234
Hillary, Edmund *59,* 60, 125
Hindemith, Paul 240, 304
Hindenburg, Paul von Beneckendorff und von 49, 59
Hinstelwood, Cyril 111
Hippiebewegung 175
Hirohito, Kaiser von Japan 37, *320*
Hiroshima 156, 165, 196
Hisel, Herbert •328-57
Hitchcock, Alfred 237
Hitler, Adolf 49, 59, 167, 195, 203, 241
Hoad, Lewis 103, 118, 251
Hochhuth, Rolf 180
Hodair, André 243
Hodeibi, Hassan El 70, 79
Hoegner, Wilhelm 81
Höfer, Werner 89, 176
Hoffa, Jimmy 115
Hoffmann, Heinz 286
Hoffmann, Johannes 29, 53, 59, 94, 189
Hoffmann, Kurt 239
Hoffmann von Fallersleben, Heinrich **44**
Hofmans, Greet 347
Hohenzollern, Wilhelm Prinz von 33
Holden, William 237
Holenstein, Thomas *123*
Holiday, Billie *127,* 146
Holland, Sidney 342, *343*
Holliday, Judy 237
Holyoake, Keith 123
Honduras 14, 80, 118, **308**
Honecker, Erich *34,* 286
Honegger, Arthur 95, 245
Hongkong **309**
Höpker-Aschoff, Hermann 70
Horthy, Miklos 114, **203**
Ho Tschi Minh 13, *22,* 29, 68, 90, 93, *144,* 185, **186,** 391, 392
Houphouet-Boigny, Félix 299, 300
Houtte, Jean Van 270, 271
Hovercraft-Versuchsfahrzeug *143*
Hoxha, Enver 265
HR (Hessischer Rundfunk) 176
Hsieh Fung *32*
Huggins, Godfrey 68
»Hukbalahap« 75
Humez, Charles 135
Humphrey, Hubert 153
»Hundert Blumen Kampagne« 280, 281
»Hunter« 218
Husák, Gustav 28, 380
Hussein, König von Jordanien 47, 59, 86, 115, 116, 122, *312,* 321
Hussein Khalidi 116
Huston, John **236,** 237
Hypothermie 213

I

Ibanez del Campo, Carlos 50, 279
Ibn Saud, König von Saudi-Arabien 67, 362
Ibsen, Hendrik 233
ICBM 197
Idris I., König von Libyen *37,* 336
Iffley Road-Bahn 247
Ilewellin, John L. 63
ILO (Internationale Arbeitsorganisation) 73
Imperial Bank of India 86
I Musici di Roma 240
Inagaki, Hiroshi 237
Indien 12, 16, 26, 27, 32, 40, 59, 62, 73, 79, 85, 86, 91, 98, 113, 114, 121, 126, 143, 147, 150, 285, 288, **309–310,** •288-44
Indochina 13, 17, 22, 31, 68, 72–74, 76, **192,** •145-33, •145-34
Indonesien 20, 26, 77, 86, 94, 123, 146, **310–311**
Industrialisierung 159, 160
Infektionskrankheiten **214**
Ink Spots and Nat King Cole 244
Inneneinrichtung **173**
Inönü, Ismet 17, 381
Institut Supérieur Catéchétique 179
Insulaner 328, *329*
Internationale Arbeitsorganisation → ILO
Internationale Ferienkurse für Neue Musik 240
Internationale Föderation demokratischer Frauen 27
»Internationaler Frühschoppen« 176
Internationaler Währungsfond → IWF
Internationales Geophysikalisches Jahr **162,** 210
Internationales Olympisches Komitee → IOC
International Society for Contemporary Musik 240
IOC (Internationales Olympisches Komitee) 31, 37, 75, 134, 151, 344
Ionesco, Eugène 234, 328
IRA (Irisch-Republikanische Armee) 118, 314
Irak 14, 34, 59, 73, 77, 84, 126, 127, 133, 141, 151, **311–312**
Iran 14, 20–22, 27–37, 39, 40, 43, 45, 46, 47, 51, 58, 59, 62, 63, 66, 67, 68, 73, 77, 79, 94, 106, 123, 127, 141, 143, 151, 153, 288, 289, **312–314,** •288-43
Irisch-Republikanische Armee → IRA
Irland 17, 32, 44, 75, 114, 118, 146, **314**
Ischibaschi, Tansan 111, 114
Islacker, Franz 59
Island 30, 45, 102, 134, 143, 150, 151, 190, **315**
Ismay, Lord Hastings Lionel 42, 117
Israel 12, 13, 14, 16, 17, 21, 29, 30, 34, 37, 39, 40, 45, 47, 50, 52, 53, 55, 56, 62, 66, 67, 68, 70, 71, 72, 76, 78, 84, 87, 90, 92, 93, 94, 95, 100, 101, 102, 107, 108, 111, 114, 115, 116, 118, 122, 126, 134, 146, 150, 153, **198–202, 315–318**
Issigonis, Alec 220
Italien 13, 19, 33, 35, 37, 42, 55, 60, 62, 63, 68, 70, 71, 79, 80, 86, 90, 96, 103, 107, 116, 117, 118, 120, 122, 125, 126, 132, 140, 141, 148, 187, 189, **318–319**
Italienisch-Somaliland 15, **319**
Itote, Waruhiju 70, 71
ITV 93
I Virtuosi di Roma 240
IWF (Internationaler Währungsfond) 46, 47, 206, 276

J

Jackson, Robert 78
Jacquer, Edouard 225
Jaenicke, Wolfgang 72
Jagan, Cheddi 58, 276, *277*
Jahnn, Hans Henny 152
Jakowlew, Anatolij 195
Jamaika 83
Janan 79
Jannings, Emil 12
»Jan Sang« 358
Japan 13, 18, 29, 33, 34, 35, 37, 40, 43, 45, 47, 50, 52, 58, 59, 81, 84, 85, 87, 90, 93, 95, 98, 106, 107, 111, 114, 118, 120, 127, 137, 142, 147, **319–321**
Jarring, Gunnar 114
Jary, Michael 240, 304
Jaspar, Bobby 243
Jaspers, Karl 231
Jawara 300
Jazz **242–244,** 304, •304-52
Jean, Großherzog von Luxemburg 52, 337
Jeanmaire, Renée (»Zizi«) 235
Jemen 13, 85, **321**
Jendretzky, Hans 285
Jens, Walter 288
Jessup, Philip 12
Jiménez, Juan Ramón 111, *232*
Jiménez, Mario Enchandi 282
Johannes XXIII. *64, 136,* 140, *151, 178, 181,* 385
Johansson, Ingemar 146, 246, 251
John, Otto 76, 77, *96,* 111, 133, •49-3
Johnson, Uwe 233
Johnston, Eric 317
Joliot, Frédéric 217
Joliot-Curie, Irène 100, 217
Jónasson, Hermann 315
Jonathan, Leabua 270
Jones, Gene *369*
Jones, Thad 243
Jordanien 16, 33, 34, 44, 47, 59, 66, 70, 72, 78, 84, 86, 87, 98, 100, 107, 108, 110, 115, 116, 117, 118, 120, 122, 126, 133, 136, 147, 151, **321–322**
Josephine Charlotte, Prinzessin von Belgien 337
Jouhaux, Léon 37
Jouwe, Nicolas *348*
Joyce, James 229, 233
Juan, Graf von Barcelona 81
Juan Carlos, Prinz von Bourbon-Parma 372
Jugendschutzgesetz 39
Jugoslawien 13, 24, 26, 36, 42, 50, 55, 60, 70, 71, 78, 81, 87, 102, 103, 107, 110, 111, 116, 121, 127, 130, **322–323**
Juin, Alphonse 73
Juliana, Königin der Niederlande 42, 44, *347,* 348
Jünger, Ernst 231
Jungk, Robert •65-10
17. Juni 1953 169, 171
»Juno II« *141*
»Jupiter«-Rakete 198
Juskowiak, Erich *256*

K

Kaas, Ludwig 43
Kabarett •328-59, •328-60
Kádár, János 108, 109, 110, 111, 113, 126, 152, 194, 383, *384,* 385
»Käfer« 220
Kafka, Franz 233
Kaganowitsch, Lasar Moisejewitsch 118, 356, 367, 370
Kahn, Louis 223
Kahn, Hermann 196
Kaisen, Wilhelm 287
Kaiser, Jakob •49-4
Kaiser-Wilhelm-Gedächtniskirche 143
Kairaba, Sir Dawda 300
Kalatosow, Michail 238
Kállai, Gyula 119
Kalter Krieg 89, 129, 156, 158, 171, **190–191,** 290
Kambodscha 60, 61, 63, 67, 84, 93, 94, 100, **323–324**
Kamerun **324**
Kammhuber, Josef *292*
Kampagne gegen den Atomtod 165, 287, 292
Kanada 26, 45, 46, 73, 80, 117, 118, 119, 125, 126, 127, 149, **324–325**
Kantorowicz, Alfred 120
»Kanzlerdemokratie« **164–171,** 173
Kap Verde **325**
Karajan, Herbert von •304-51
Karamanlis, Konstantin 94, 98, 99, 126, 131, 140, 302, 394
Karame, Rashid 93, 335
Karas, Anton 243
Karikal 79
Karmal, Babrak 264
Karolyi, Graf Michael 85
Kasack, Hermann *305,* •304-49
Kasavubu, Joseph 141
Kaschmir 52, 71, 77, 87, **127**
Kaschnitz, Marieluise 232
Kasernierte Volkspolizei → KVP
Kassem, Abd al-Karim 133, 141, 312
Katar **325–326**
Kaufmann, Henri de *13*
Kaunda, Kenneth 359
Kayibanda, Grégoire 359
Kazan, Elia 237
Keita, Modibo 141, 299, 300
Kekkonen, Urho 14, 18, 61, 67, 74, 79, 81, 99, *295*
Keller, Michael 117
Kelly, Gene 236, 304
Kelly, Grace 237, auch → Gracia Patricia, Prinzessin von Monaco
Kendall, Edward C. 24
Kenia 50, 51, 57, 58, 60, 70, 71, 90, **326–327**
Kennan, George F. 50
Kennedy, Robert *115*
Kenton, Stan •304-52
Kenyatta, Jomo *51,* 58, 326, 327
Kernenergie 98, 102, 106, 107, 117, 120, 121, 123, 134, 159, 160, **215–217**
Kernphysiker **217**
Kernreaktoren 216, *217*
Kernwaffen 35, 118
Kessel, Martin *305*
Khama, Seretse 59, 107, *273*
Khan, Mohammed Ajub 135, 136, 352, 353
Khoury, Beschara al- 334
Kiesinger, Kurt Georg 206
Kilius, Marika 140, 344
Kim Il Sung 21, *331*
Kinderlähmung 107
King, Martin Luther 132, 391
Kinugasa, Teinosuke 237, 238
Kirchenfragen 22, 24, 47, 55, 65, 68, 75, 76, 77, 117, 119, 134, •65-11, •65-12
Kirchentagsbewegung **177**
Kirowballett 235
Kischi, Nobusuke 114, 320, 321
Kissinger, Henry 158
Kittikachorn, Thanom 378, 379
Klassische Musik **239–242**
Kleffens, Elco van 78
Kleiber, Erich 85, 98
Knappertsbusch, Hans 241
Kobaltbestrahlung 212
Kobelt, Karl 37
Koblet, Hugo 33, 250
Koch, Erich 141
Köchermann, Rainer 235
Kocsis, Sandor 253
Kodály, Zoltán 236
Koeppen, Wolfgang 233
Kohlmeyer, Werner 253
Kolarew, Vasil 278
Kolumbien 43, 55, 77, 123, 130, **327**
Kommunikationstechnik **217–218**
Kommunistische Partei der Sowjetunion → KPdSU
Kommunistische Partei Deutschlands → KPD
Kommunistische Partei Österreichs → KPÖ
Komoren **327**
Konferenz von Jalta 85
Konfessionsschule **166**
Konitz, Lee 242
Konjew, Iwan 87
Kooning, Willem de 225
Korea 18, *19,* 20, 21, 22, 23, 24, 26, 27, 28, 29, 30, 31, 32, 33, 34, 35, 36, 37, 39, 40, 42, 45, 47, 50, 55, 56, 57, 58, 60, 62, 63, 71, **330–331,** •145-31, •145-32
Koreakrieg 18, 49, 145, 164, 165, 166, 188, **191–192,** 199, 248, 280, 281, 309, 310, 330, 331, 367, 377, **389**
Kornberg, Arthur 153
Körner, Theodor 31, 32, 57, 113, 116, **203,** 350, *351*
Koroljow, Sergej 210
Korsika 131
Kortner, Fritz •328-55
Koslow, Frol 146
Koss, Irene 88, *176*
Kostow, Traitscho 100, 278
Kotalawala, John 66, 80, 101
Kowa, Victor de *123*
KPD (Kommunistische Partei Deutschlands) 18, 41, 106, 149, 167
KPdSU (Kommunistische Partei der Sowjetunion) 50, 99, 122, 136, 140, 171
KPÖ (Kommunistische Partei Österreichs) 56, 58, 79

Kraftfahrt-Bundesamt 33
Kraner, Cissy 328, •328-60
Krauß, Werner *150*
Krebs, Hans A. 68
Kreisky, Bruno 146, 148, 352, •129-27
Kreisler, Georg •328-60
Krenek, Ernst 240
Kriegsdienstverweigerung 65
Kriegsgefangene 65, 89, •65-8
Kroll, Hans 89
Krupa, Gene •304-52
Krupp von Bohlen und Halbach, Alfried 27, 57
Kuba 14, 41, 42, 52, 57, 62, 79, 83, 87, 119, 122, 125, 126, 127, 132, 135, 139, 140, 143, 146, 147, 149, 151, 152, **331–333**
Kubitschek, Juscelino 94, 95, 99, 101, 275, 276
Kübler, Ferdinand *20*, 250
Küchengeräte **172**
Küçük, Fazil 394
Kulenkampf, Hans-Joachim 176
Kulturlandschaften 161
Kurden 143
Kurosawa, Akira 237
Kusch, Polykarp 96
Kuwait **333**
Kuwaitli, Shukrid al 92
KVP (Kasernierte Volkspolizei) 171

L

Laban, Rudolf von 132, *245*
Labour Party 36, 87, 96, 149, 150, 302
Lacerda, Carlos 276
Lacoste, Robert 100
Ladoumègue, Jules 247
Lagerkvist, Pär 37, 232
Lages, Willy 347
Lahr, Rolf 120
»Laika« *211*
Lam, Wilfredo 225
Lamb, Willis E. 96
Lamine, Sidi 72
»Länder des fruchtbaren Halbmondes« 151
Lange, Oskar 357
Langgässer, Elisabeth 19
Laniel, Joseph 61, 62, 392
»Lannington« 26
Laos 58, 59, 67, 71, 120, 122, 139, 147, 148, 149, 150, **333–334**
Larrazábal, Wolfgang 125, *386*
Lastenausgleich 65, **167**
Lastenausgleichsgesetz 47, 166, 291, 293
Laver, Rod 146
Lavon, Pinhas 84, 315, 317
Lawrence, Ernest 216
Lawrowsky, Leonid 235
Laxness, Halldór K. 96, 232
Laycock, Sir Robert 130
Leaky, Louis *147*
Leal, Estillac 275
Lean, David 237, 238
Lebensmittelmarken *15*
Lebensstandard **174**
Lechin, Juan 275
Lechtenbrink, Volker •328-56
Le Corbusier 223
Lederjacken 175
Lee Kuan Yew 143, 366
Léger, Fernand 92
Lehr, Robert 291
Leibowitz, René 240
Leichtathletikweltrekorde **261**
Leigh, Vivian 237
Lemass, Sean 146
Lemke, Robert 89, 176
Lemmer, Ernst •105-20
Lemus, José Maria 100, 294
»Lenin« 103, 148, 220
Lennox-Boyd, Alan 99
Leonhardt, Gustav 242
Leopold III., König der Belgier 14, 16, 18, 19, 20, 33, 270, *271*
Léopoldville 272
Lesseps, Ferdinand de 111
Le Van Ti 81
Levegh, Pierre 90
Lever House *222*
Liaquat Ali Khan 35, 352, 353
Libanon 50, 53, 62, 84, 93, 131–136, **334–335**
Liberia 26, 126, **335**
Libyen 24, 37, 44, 92, 78, **336**
Lie, Trygve 22, 23, 52, 57
Liebrich, Werner *251*, 253
Liechtenstein **336**
»Lied der Deutschen« 44
Lifar, Serge 235
Limón, Losé 236
Lim Yew Hock 366
Lipmann, Fritz A. 68
Literatur **227–234**, 304, •304-49, •304-50
»Literatur des Kahlschlags« 220
Literaturnobelpreisträger **232**
Liu Shaoqi *142*, *280*
Lleras Camargo, Alberto 130, 327
Lloyd, Selwyn 96, 107, 113, *142*, 270
Lloyd Wright, Frank 142, 222, **223**, 150
Loewe, Frederick 236
Lonardi, Eduardo 93, 94, 95, 267, 268
»Long Beach« 220
Looy, Rik Van 250
Lopes, Francisco 357
López, Luis Arturo Ganzales 307
López Matéos, Adolfo 132, 340
Loranzo Diáz, Julio 80
Lott, Enrique Texeira 275
Lozano Diaz, Julio 308
Lübke, Heinrich *146*, 148, 291
Lucero, Franklin 90
Ludwig III., Prinz von Monaco 16
Lueg, Werner 246, *258*
Luftfahrt 35, 73, 80, 85, 126, 134
Luftverschmutzung → Umweltverschmutzung
Lukaschek, Hans •65-7
Lumière, Auguste Marie Louis Nicolas 73
Lumumba, Patrice 150, 272, 301, •288-45
Luna **212**
»Lunik« 139
»Lunik II« 148
»Lunik III« 149
Luns, Joseph *190*, 347, 348
Luthuli, Albert 53, 143, *375*, •288-45
Lütke-Westhues, Alfons *102*
Luxemburg 52, 68, 140, 187, **336–337**
Luz, Carlos Coimbra da 275
Lysenko, Trofim *370*

M

Macapagal, Diosdado 122
MacArthur, Douglas 13, 18, 19, 21, 24, *27*, 28, 29, 30, 145, 191, 192, 330, 331, *377*, 389, •145-32
Macaulay, Herbert 349
MacEoin, Sean 146
Mackendrick, Alexander 238
Maclean, Donald *195*
Mac-Mahon-Linie 310
Macmillan, Harold 79, 86, 87, 96, 113, 132, 187, 248, *249*, 306, 351, •129-26, •248-39
Macmillan, Kenneth 234
Madagaskar 136, **337**
Maderna, Bruno 240
Magloire, Paul 22, 308
Magnani, Anna 237
Magni, Fiorenzo 250
Magritte, René 224
Magsaysay, Ramón 67, 115, 355
Maha Pascha, Ali 46
Mahé 79
Mahendra Bir Bikram Shah Dev, König von Nepal 85, 101, 140, 342
Mai, Karl 253
Maier, Reinhold 43, 113
Maier-Leibnitz, Heinz *64*
Makarios III., Erzbischof von Zypern 99, 100, 116, 126, 132, 141, 142, 393, 394, •248-40
Malan, Daniel François 42, 58, 80, 273, 374, *375*, •288-45
Malaya 99, 119, 120, **337–338**
Malcolm, Arnold 234
Malediven 55, 63, **338**
Malenkow, Georgij *50*, *57*, 62, 84, 109, 118, 136, 367, 370, •105-24
Maléter, Pál 109, 132, 383, 384, 385
Mali 140, 141
Mali-Föderation 140, 141
Malik, Charles 334
Malik, Jakow 20, 42, 58, 87
Malinowskij, Rodion 367
Mallarmé, Stéphane 226
Malle, Louis 238
Malraux, André *298*
Malta 96, 130, 140, **338**
Mankiewicz, Joseph L. 237
Manley, Norman 83, 393
Mann, Anthony 237
Mann, Delbert 237, 238
Mann, Heinrich 14, 239, 328
Mann, Thomas 14, 92, 233, 241, 245, 304, •304-49
Manstein, Erich von 59
Mao Zedong 77, *78*, 118, 137, *142*, 193, 248, 280, 371, 372
Mapai-Partei 126, 150
Marciano, Rocky *101*, 251
Margai, Milton 365
Marktwirtschaft 164, 166, 172
Marokko 62, 95, 96, 115, 120, 126, 127, 134, **339**
Marshall, George Catlett 29, 32, 68, 149, 203
Marshall-Plan 12, 170, 191, 204, 291, 293
Marshall, David 366
Martin, Archer 53
Martinů, Bohuslav 147
Masina, Giulietta *238*
Massu, Jacques *131*, 265, *266*
Mathias, Bob 344
Matisse, Henri 80, **226**
Matsumoto, Shiunitshi 87
Matta, Roberto 225
Matterhorn 63
Maudling, Reginald 306
Mau-Mau-Aufstand 326
Maurer, Ion George 118, 125
Mauriac, François 53, *232*
Mauritius **340**
Maximilian von Österreich 40
Max Roach-Clifford Brown Quintett 243
Mayer, René 53, 55, 59
Mba, Léon 298, 299
Mbarek, Bekkai 101
Mbida, André 324
Mboja, Tom 326, 327
McCarthy, Joseph Raymond 13, 27, 80, 81, 116, *193*, 233, 248, *249*, *389*, 390, •248-41
McCarthyismus 13, **193**
McCloy, John Jay 14, 27, 65
McMillan, Edwin 37
McMillan, Robert *258*
Meany, George 96
Medizin 28, **212–214**
Mehnert, Klaus •105-24
Meir, Golda 102, 110, 134, 317
Meißner, Otto 59
Melville, Jean-Pierre 238
Menderes, Adnan 28, 122, 140, 381, 382, 394
Mendès-France, Pierre 49, 75, 76, 84, 131, 145, 157, 192, 265, 295, *296*, •145-34
Mendoza, Oscar 121
Menotti, Gian Carlo 242
Menthon, François de 44
Menuhin, Yehudi •304-51
Menzies, Robert G. 75, *269*
Merzagora, Cesare 118, 318
Messali, Hadi 265
Messiaen, Olivier 240
Mexiko 39, 44, 66, 73, 90, 132, **340**
Mielke, Erich 122
Mikojan, Anastas 84, *193*, 356, *370*
Miles Davis Quintett 243
Mille, Cecil B. de 237
Miller, Arthur *103*, *233*
Mills Brothers 244
Miltenberger, Meinrad 110
Mindszenty, József, Primas von Ungarn 91, 109, 383, 384, •105-23
Mingus, Charles *243*
Minh, Duong Van 81
Minnelli, Vincente 237
Mintoff, Dominic 140, 338
Mirza, Iskander 100, 135, 136, 352, 353
Mitbestimmung **207**
Mittelstreckenraketen 198
Mitterrand, François 63, 131, •248-38
MNC (Mouvement Nationale Congolais) 272
Moçambique **341**
Modern Jazz Quartett 243, •304-52
Moens, Roger 247
Mohammed ben Arafa 62
Mohammed V., König von Marokko 95, 96, 101, 126, 131, 134, *339*
Mohammed Reza Pahlewi, Schah von Persien 22, 27, 58, 59, 62, 63, 151, 153, 288, 312, 313, 314
Mohammed Said 327
Mollet, Guy 75, 98, *99*, 102, 117, 142, 248, 296, 297, •248-38
Molotow, Wjatscheslaw 57, 86, *87*, 102, 109, 118, 120, *128*, 136, 351, 356, 364, 365, 367, 370, •105-24, •129-26
Monaco 16, 101, 140, **341**
Mondlane, Eduardo 341
Mongolische Volksrepublik 123, **341–342**
Monk, Thelonious *243*
Monnet, Jean 17, 18, *47*
Monroe, Marilyn *103*, 233, *237*, 304
Montanindustrie 166
Montanmodell **207**, 293
Montanunion 166
Montgomery, Bernard 135
Monzón, Elfego 76, 308
Moore, Henry 225
Morales, Ramón Villada 308
Morath, Walter *128*, •129-30
Morlock, Max *252*, 253, 368
Moro, Aldo 141, 319
Morrow, Bobby 247
Moslem-Liga 90
Mossadegh, Mohammed 30, 32, 35, 39, 46, 47, 58, 62, 63, 66, *67*, 106, 288, *289*, 303, 312, *313*, •288-43
Motorsport •368-72
Moumié, Felix-Roland 324
Mountbatten, Louis 53
Mount Everest 59, 60
Mouvement Nationale Congolais → MNC
MPLA (Movimento Popular de Libertação de Angola) 267
Müller, Heinz 47
Müller, Peter *45*
Müller-Armack, Alfred 49
Mulligan, Gerry 242
Münnich, Ferenc 126, 383, 385
Münster, Addi •328-57
Muntasser, Mohammed 336
Munthe de Morgenstierne, William *13*
Murchison, Ira 247
Musicals 236
Musik **239–244**, 304, •304-51, •304-52, •304-53, •304-54
Mussolini, Benito 120
Mutara, Charles 359
Mutesa II., König von Buganda 68, 91, 127, 382, 383
Mwambutsa, König von Rwanda 359
»Mystère« 218

N

Nabulsi, Suleiman 116, 202
Nagasaki 165, 196
Nagib, Mohammed 46, 47, 50, 55, 56, 60, *61*, 73, 80, *144*, 145, 186, 203, 387, 388, •145-35
Nagy, Imre 61, 107, *108*, 109, 110, 132, 194, *383*, 384, 385
Nahas Pascha, Mustafa 12, 387
Naher Osten 12, 16, 22, 27, 33, 34, 42, 75, 84, 109, 113, 114, 116, 133, 151, **198–202**
Nansen, Aegil 344
Nansen, Fridtjof 344
NASA (National Aeronautics and Space Administration) **211–212**
Nash, Walter 123, *343*
Nasser, Gamal Abd el 60, *61*, 79, 80, 94, 98, 101, 102, 103, 106, *113*, 118, 126, 127, 139, *144*, 145, 147, **186**, 195, 201, 303, 306, 311, 312, 317, 321, *323*, 334, 387, *388*, 389, •145-35, •145-36
National Aeronautics and Space Administration (US-Bundesamt für Luft- und Raumfahrtforschung) → NASA
Nationale Befreiungsfront → FLN
Nationale Unionisten-Partei 126
Nationale Volksarmee → NVA
Nationalparks 160, 161
NATO (Nordatlantikpakt) 12, 14, 15, 21, 24, 35, 40, 42, 43, 50, 53, 65, 87, 93, 101, 111, 114, 117, 123, 126, 135, 141, 143, 156, 157, 158, 165, 168, 172, 191, 192, 193, 197, 286, 291, 295
Naturkatastrophen 37, *56*, 63, 123, **160**, 161, 163, 288, 346
Naturparks **161**
Naumann, Erich 31
Naumann, Werner 63
Nauru **342**
Nautilus 45, 70, 78, 83, 133, *219*, 220
Ndong, Atanasio 373
NDR (Norddeutscher Rundfunk) 176
Nehru, Jawaharlal 12, 72, 85, 103, 114, 121, 129, 147, 186, 273, 288, *289*, 310, *323*, 351, 358, •288-44
Nell-Breuning, Oswald von 65
Nenni, Pietro 140, *318*
Nepal 27, 58, 60, 77, 85, 101, 140, **342**
Neo-Destur-Partei 77
Neorealismus 238
Neubauer, Alfred *149*
Neuer Realismus **223–224**
Neuer Roman → Nouveau Roman
»Neues deutsches Selbstbewußtsein« **171–175**
Neuhaus, Heinz 41
Neumann, Franz 125
Neumann, Günter 328
Neuseeland 123, **342–343**
Neuss, Wolfgang *239*, •328-59
Ne Win 274
New York City Ballet 234
New York Philharmonic Orchestra 147
Ney, Hubert 98
Nguema, Francisco Macías 373
Nguyen Van Tam 44, 81
Nicaragua 13, 16, 17, 32, 73, 83, 106, 116, 118, 143, 146, 147, **343**
Nidl-Petz, Franz Eugen → Quinn, Freddy
Nieberl, Lorenz *257*
Niebuhr, Reinhold 178
Niederlande 12, 42, 44, 47, 56, 102, 107, 187, **346–348**
Niederländische Antillen **348**
Niederländisch-Neuguinea **348**
Niemeyer, Oscar 276
Niemöller, Martin 178, 179, •65-12
Nierentisch 173
Nigeria 147, 153, **349**
»Nike« *111*
Nittribitt, Rosemarie *122*
Niven, David 237
Nixon, Julie *389*
Nixon, Richard 45, 55, 70, 115, *149*, *296*, *371*, 390
N'Jie, Pierre 300
Nkrumah, Kwame 27, 75, 103, 114, *137*, **185**, 187, 300, 301, 303
Nobelpreise 24, 37, 53, 68, 81, 96, 111, 123, 137, 153
Nobs, Ernst 364
Noel-Baker, Philip 153
Nolde, Emil 101
Nono, Luigi 235, 240
Nordafrika 92
Nordamerika 14
Nordatlantikpakt → NATO
Norddeutscher Rundfunk → NDR
Nordhoff, Heinrich *48*, •49-5
Nordirland 67, 92
Nordkorea 113
Nordvietnam 68, 87, 93
Nordwestdeutscher Rundfunk → NWDR
Norodom Sihanouk → Sihanouk, Norodom
Norstad, Lauris 101, 114, 126
North Atlantic Treaty Organization (Nordatlantikpakt) → NATO
Norwegen 36, 40, 66, 83, 116, 121, 190, **349–350**
Nosavan, Phoumi 334
Notre-Dame-du-Haut *223*
Nouveau Roman (Neuer Roman) **228–229**
Novotný, Antonin 122, *380*
Nqu Foncha, John 277
Nuklearstrategie **196–198**
»Number 27« 225
Nuri as-Said 133, 311, 312
Nurmi, Paavo 246
Nuruddin, Mahmud 311
Nuschke, Otto 123
Nuwar, Ali Abu 116
NVA (Nationale Volksarmee) 171
NWDR (Nordwestdeutscher Rundfunk) 28, 39, 89, 175, 176
Nyerere, Julius 378

O

OAS (Organisation Amerikanischer Staaten) 72, 83, 120
Oatis, William 32
Obervolta 140
Ochab, Edward 194, 356
Ochoa, Severo 153
ODEGA (Organización de Estados Centro Americanos) 307
Oder-Neiße-Linie 109, 170
Odría, Manuel 18, 19, 79, 354
OEEC (Organisation für europäische wirtschaftliche Zusammenarbeit) 136, 188, **209**, 365
Oelßner, Fred 284, 286
Ohlendorf, Otto 31
O'Kelly, Sean 44, 314
Ökumene **177–181**
Olaf V., König von Norwegen 121, 349
Olivier, George Borg 338
Olivier, Laurence 238
Ollenhauer, Erich 50, 116, 127, 168, •49-6
Olmedo, Alex 146
Olympio, Sylvanus 130, 379
Olympische Reiterspiele 1956 247, **260**, •344-65
Olympische Sommerspiele 1952 246, **257–258**, 344, *345*, •344-62
Olympische Sommerspiele 1956 110, 247, **259–260**, **344**, 345, •344-64
Olympische Winterspiele 1952 40, 246, 247, 257, 344, *345*, •344-61
Olympische Winterspiele 1956 98, *99*, 247, **259**, 344, 345, •344-63
Oman 119, 120, **350**
Opangault, Jacques 299
Oper **242**
Ophüls, Max 238
Oppelt, Kurt 99, 247, *259*
Oppenheimer, J. Robert *68*, 193
Oradour-Prozeß 55, 56
Organisation für europäische wirtschaftliche Zusammenarbeit → OEEC
»Organisation Gehlen« 92
Organisation Amerikanischer Staaten → OAS
Organización de Estados Centro Americanos (Organisation mittelamerikanischer Staaten) → ODEGA
Ortega y Gasset, José 94
Orwell, George 12
Osborne, John *227*, 238
Oscar Peterson Trio •304-52
Oscars **237**, auch → Goldene Palme
Osgood, Richard 197
Osorio, Oscar 294
Ostermarsch-Bewegung 127, 165
Österreich 17, 24, 30, 31, 32, 33, 34, 40, 43, 50, 51, 56, 57, 58, 60, 61, 62, 67, 68, 72, 79, 80, 86, 87, 90, 92, 96, 98, 101, 102, 113, 116, 123, 129, 137, 143, 146, 147, 148, 149, 150, 190, **350–352**, •129-25, •129-26, •129-27
Österreichischer Staatsvertrag *82*, 87, 193
Österreichische Volkspartei → ÖVP
Ostler, Andreas (»Anderl«) *41*, 246, *257*, *345*
Ost-West-Konflikt 174
»Otto Hahn« 220
ÖVP (Österreichische Volks-Partei) 17, 51, 56, 58, 67, 79, 101, 116, 146
Owens, Jesse 247

P

Paasikivi, Juho 13, 99, 295
Pacciardi, Randolfo *16*
Pacelli, Eugenio → Pius XII.
Page, Patti 244
Pakistan 16, 20, 35, 58, 67, 68, 73, 84, 90, 92, 94, 100, 114, 130, 135, 136, 150, **352–353**
»Pamir« •89-18, *121*
Panama 44, 50, 63, 81, 83, 100, **353**
Pan American World Airways 136
Pantschen Lama 141, 142
Papagos, Alexandros 41, 52, 94, 301, *302*
Papandreou, Georgios 59
Papua-Neuguinea **354**
Paraguay 74, 76, 94, 143, **354**
Paris, Gabriel 116, 327
Pariser Verträge 65, 81, 168, 291, 292
Parker, Charlie 242, *243*
Parks, Rosa 184
Parling, Sigvard **369**
Parodisten •328-58
Parti Populaire Algerienne → PPA
»Passage to Freedom« 77
Pasternak, Boris *136*, 137, 232, 371
Pastor, Tony 243
Pathet Lao 148
Patterson, Floyd 146, 246, 251, 344
Patty, Butch 19
Pauker, Anna 359
Paul I., König von Griechenland *301*
Pauli, Wolfgang 137
Pauling, Linus 81
Paulus, Friedrich 67
Pavelič, Ante 116
Paz Estenssoro, Victor 31, 34, 274, *275*
Pearson, Lester 123, 125
Pelé *132*, *256*, 368
Pella, Giuseppe 62, 70, 148, 318, 319
Pelletier, Emile 341
Pelzer, Jacques 243
Penn, Arthur 237
Penn, Nuth 63
People's Action Party 143
Peressutti, Enrico 223
Perez Jiménez, Marcos 53, 55, 123, 125, 386
Perón, Eva Maria (»Evita«) 34, 46, 47, **203**, *267*
Perón, Juan Domingo 34, 35, *36*, 46, 57, 58, 90, 91, 93, 94, 95, 100, 118, 119, *267*, 268, 385
Perret, Auguste 222
Peru 18, 19, 72, 79, 106, **354**
Pétain, Henri Philippe 33
Petersberger Abkommen 290
Peterson, Oscar 243
Petitpierre, Max *24*, 81, 153
»Petöfi-Klub« 194
Petticoat *174*, 175
Pferdeschwanz 175
Pflimlin, Pierre 131, 248, 296, 298, •248-37
Pham Van Dong 392
Phao Surijanond 378
Philby, Kim 195
Philip, Herzog von Edinburgh 67, 303
Philipe, Gérard 151, 245
Philippinen 36, 56, 67, 75, 115, 122, **355**
Pholien, Joseph 20, 40, 270, 271, •145-31
Phoumi Vong Vichit 122
Pibul Songgram 378, 379
Picasso, Pablo *52*, 224, 226
Piccard, Auguste 61, •129-29
»Pickerel« *16*
Pieck, Wilhelm 33, 43, *283*, 285, •105-19
Pinay, Antoine 41, 44, 53, *87*, 248, 295, 296, 351, •129-26
Pineau, Christian 122, 189, *190*
Pinter, Harold 234
»Pioneer IV.« 141
Pippow, Max *45*
Pire, Dominique Georges 137
Pittermann, Bruno 351
Pius XI. 166
Pius XII. *21*, 22, 24, 32, 53, 55, 68, 75, 103, 117, 135, 179, 180, 385
Plastiras, Nikolaos 301, *302*
Plaut, Josef *329*, •328-59
Pleven, René 19, 28, 37, 39, 55, 117, 188, 290, 295, 296, 297, •145-33
Plievier, Theodor 85
Pohl, Oswald 31
»Polaris« 125
Polen 13, 19, 33, 36, 41, 66, 72, 101, 103, 108, 109, 110, 111, 113, 114, 117, 120, 121, 123, 141, **355–357**, •105-22
Polenaufstand **194**
Poliakoff, Serge 225
Polio **214**
Pollock, Jackson 224, 225
Ponce Enriquez, Camilo 294
Pontecorvo, Bruno 195
Porsche, Ferdinand 27
Porter, Cole 304
Porter, Jimmy 227
Portugal 30, 33, 34, 43, 58, 67, 91, 132, 141, 142, 147, 190, **357**
Portugiesisch-Guinea **358**
Portugiesisch-Indien **358**
Portugiesisch-Timor **358**
Posener Aufstand 194
Posipal, Josef (»Jupp«) 253
Potsdamer Abkommen 136
Poujade, Pierre 98, 296
Poulenc, Francis 242
Pousseur, Henri 240
Powell, Cecil 24
Powell, Enoch 306
PPA (Parti Populaire Algerienne) 265
Prado y Ugarteche, Manuel 106, 354
Prasad, Radschendra 147, **309**
Prebisch, Raúl 268
Preotease, Grigore 122
Presley, Elvis 127, *135*, 175, 244
Price Tower *223*
Priestley, John B. 306
Prio Socarras, Carlos 41, 42, 331, 332
Prokofjew, Sergej 57, 235
Protestantismus **177–181**
Proust, Marcel 229
Psychopharmaka **213**
Puerto Rico 31
Purcell, Edward 53
Puskas, Ferenc 252, 253

Q

Qualtinger, Helmut *329*, •328-60
Quasimodo, Salvatore 153, 232
Queuille, Henri 19, 28
Quinn, Freddy 240, •304-53
Quirino, Elpidio 355

R

Raab, Julius 58, 80, 86, *87*, *128*, 129, 146, *350*, 351, *352*, 129-26, •129-27
Racs, Sandor 111
Radioaktivität 217
Radio Bremen → RB
Rahn, Helmut 59, 251, 253, 368, *369*
Rahner, Karl 181
Rainier III., Prinz von Monaco 16, 101, 139, 341
Rajk, László 100, 184, 383
Rákosi, Mátyás 47, 61, 101, 103, 194, *383*, 384
Ramsey, Bill •304-53
Randolph, Philip 132
Rapacki, Adam 123, 130, 357
Rassentrennung **184**, 391
Rat für gegenseitige Wirtschaftshilfe → RGW
Ratna Devi, Königin von Nepal 101
Raumfahrt 121, 122, 123, 126, 127, 131, 132, 134, 135, 137, 139, 141, 143, 146, 147, 148, 149, **210–212**, 288, 289, •288-48
Ray, Johnny 244
Raymond, Fred 240
Razak, Abdul 338
Razinara, Ali 28
RB (Radio Bremen) 176
RCA 15
Recto, Claro 355
Reichert, Ossi 99, 246, 247, *259*, 344
Reichskonkordat 166
Reichskristallnacht 122
Reichstein, Tadeusz 24
Reimann, Max *48*, •49-3
Reinert, Egon 142
Reinholm, Gert 235
Reisz, Karel 238
Relativitätstheorie 13
Religiöse Fragen 118, 125
Remón, José Antonio 44, 50, 353
Renaud, Henri 243
Renner, Heinz *48*
Renner, Karl 24, **203**, 350, 351
Renoir, Jean 238
Rentenreformgesetz 168
Resnais, Alain 238
Reuter, Ernst 17, 33, 53, *63*, •49-2
Revolución Libertadora 268
»Revolution von oben« 170
Reyes, Victor 13, 16
RGW (Rat für gegenseitige Wirtschaftshilfe) 170, 171, **208**, 283, 284, 371
Rhee, Syngman 17, 21, 47, 60, 61, *144*, 145, 330, 331, •145-32
Rhodesien u. Nyasaland 63, 68, 126, **358–359**
Riad As Solh 334
RIAS 171
Richards, Dickinson W. 111
Richardson, Tony 238
Richter, Hans Werner 233, •304-50
Richter, Walter 107
Richtzenhain, Karl *260*
Rickover, Hyman 210
Ridgway, Matthew 29, 32, 44, 59, 331
Rimet, Jules *76*
Rivero Aguero, Andrés 136, 333
Robbe-Grillet, Alain 228, 229
Robbins, Jerome 234
Roberts, Frederick C. 81
Robertson, Walter 61
Robinson, Sugar Ray 83
Rockefeller, Nelson *12*
Rock'n'Roll 175, *243–244*
Röder, Franz Josef 142
Rodgers, Richard 236
Rodin, Auguste 225
Rodríguez, Jorge Alessandri 279
Rogers, Ernesto 223
Rojas, Cornelio 140
Rojas, Isaac 268
Rojas Pinilla, Gustavo 77, 116, 327
Román y Reyes, Victor Manuel 343
Rome, Harold J. 236
Römische Verträge 190, 297
Roncalli, Angelo Giuseppe → Johannes XXIII.
Rose, Murray 247
Rosenberg, Ethel und Julius 27, 29, 55, 56, 60, 195
Rosewall, Ken 251
Rosselini, Roberto 238
Ruanda-Urundi 151, **359**
Rubattel, Rudolphe 68, *81*
Rubinstein, Arthur *239*
Ruffo di Calabria, Paola 145, *147*
Rühmann, Heinz •328-56
Ruiz Cortines, Adolfo 44, 340
Rumänien 19, 50, 58, 116, 118, 122, 125, **359–360**
Rundfunk **217**
Rundstedt, Gerd von 56
Russell, Bertrand *24*, 165, 232, 306
Russel, Jane 304

S

Saarland 12, 14, 26, 29, 31, 40, 49, 52, 53, 59, 79, 90, 91, 94, 96, 99, 168, **189**, 291, 292, 297, •49-4
Saarländischer Rundfunk → SR
Saarinen, Eero 223
Saarstatut 189
Sabin, Albert Bruce 107, 214
Sabin, Lorenzo 77
»Sabre« 218
Sadek, Narriman 30, *31*
Sadler Wells Ballet 234
Said Akbar Khan 352
Said bin Tajmur 119, *350*
Said el Mufti 87
Saif al-Islam, Ahmed 13, 321
Saif a-Islam, Adullah 85
Sailer, Toni 99, *247*, 344, 368
Salah Eddin Bakkush 42
Salah el Din, Mohammed 118
Salan, Raoul 40, 131
Salazar, Antonio Oliveira de 43, 58, 67, 357
Salgueiro, Trinidade *357*
Salk, Jonas Edward 66, 213, *214*
Salomonen **360**
Salote Tupu III., Königin von Tonga 379
Sami as Solh 334
Samoa, West- **360**
Sananikone, Phoui 334
Sandys, Duncan 119
Sanger, Frederick 213
Sankt-Lorenz-Seeweg 142
San Marino 92, 120, 121, **361**
San Martin, Ramón 79
Sansibar **361**
São Tomé und Príncipe **361**
Sarasin, Pote **118**
Sarawak **361**
Sarit Thanarat 136, 378, 379
Sarraute, Nathalie 228
Sartre, Jean-Paul 228, 233
Sastroamidjojo, Ali 184, 310, 311
Saud, König von Saudi-Arabien 101, 362
Saudi-Arabien 67, 75, 84, 94, 109, 127, **362**
Sauerbruch, Ernst Ferdinand 32
Saura, Antonio 225
Savage, Sir Alfred *277*
Savang Vathana 150
»Savannah« 220
Scelba, Mario 71, 318, 319
Schade, Herbert 246, *258*
Schäfer, Hans *252*, 253, 368
Schäfer, Hermann 99
Schärf, Adolf 116, 149, 351, •129-25
Scharoun, Hans 223
Schaudry, Mohammed Ali 92
Schdanow, Andrej 55
Schelling, Thomas 196
Schepilow, Dimitrij 102, 114, 370
Scheuer, Michel 110
Schiffbau **219–220**
Schillebeeckx, Edward 179
Schirdewan, Karl 148, 284, 285
Schischakli, Adib 388
Schiwkow, Todor 278
Schlager •304-53
Schloß Bellevue 146
Schluckimpfung 214
Schmidt, Arno 233
Schmidt, Helmut •65-10
Schmidt-Wittmack, Karlfranz 77
Schnabel, Ernst 232
Schneider, Herbert *88*
Schneider, Reinhold 220, 231
Schneider, Romy *329*, •328-56
Schneider, Willi •304-53
Schnitzler, Karl Eduard von *88*, •89-16
Schoda, Mitschiko 137, *142*, *320*
Schollwer, Edith •328-59
Scholz, Gustav (»Bubi«) 135, 344
Schönberg, Arnold *33*, 239, 245, 304
Schostakowitsch, Dimitrij 150
Schreiber, Walter 66
Schröder, Gerhard •49-3
Schroeder, Louise 117
Schukow, Georgij 84, 122, 367, 370
Schumacher, Kurt 20, 35, *47*, 49, 50, 89, 166, **203**, 287, *290*, •89-14, •49-2, •49-4, •49-6
Schuman, Robert 12, 17, 19, 21, 41, 53, 55, *164*, 166, 187, 297
Schumann, Erik *239*
Schuman-Plan 18, 42, 164, 166, 187, 290, 291, 297
Schwangerschaftsabbruch 117
Schwarz, Sissy 99, *259*
Schwarzmann, Alfred 246
Schweden 22, 35, 50, 51, 52, 94, 106, 122, 130, 143, 190, **362–363**
Schweitzer, Albert 53, *68*, 116, 230, 241, 288, *289*, •288-46
Schweiz 18, 20, 24, 26, 28, 29, 30, 32, 35, 36, 37, 50, 53, 60, 68, 81, 84, 92, 95, 96, 102, 111, 121, 129, 137, 140, 146, 147, 153, 190, **364–365**, •129-28, •129-29, •129-30
Schwimmweltrekorde **261**
Science-fiction-Film 237, auch → Film
SDR (Süddeutscher Rundfunk) 176
Seaborg, Glenn T. 37
SEATO (Südostasiatische Verteidigungsgemeinschaft) 78, 118, 192, 269, 303, 345, 353, 378
SED (Sozialistische Einheitspartei Deutschlands) 60, 74, 132, 148, 169, 171, 283, 284, 285, 287
Segdman, Frank 251
Seeler, Uwe 368, *369*
Seerechtskonferenz 130
See Sang Cho *32*
Segni, Antonio 90, 116, 140, *190*, 319
Segré, Emilio 153
Seibt, Helmut 28
Sekou Touré 135, *137*
Sekten 177
Selbmann, Fritz 148
Semjonow, Nikolaj 111
Semjonow, Wladimir 60, 109, 286
Senanajake, Dudley 66, 278
Senanayake, Stephen 278
Sender Freies Berlin → SFB
Senegal 140
Senghor, Léopold Sédar 299, 300
Serielle Musik **239–240**
Servois, André 62
Seychellen **365**
Seymour, Lynn 234
SFB (Sender Freies Berlin) 75, 176
Shakespeare, William 328
Shamoun, Camille 50, 131, 134, 202, 334, 335
Sharett, Moshe 50, 68, 89, 102, 315, 317
Shaw, George Bernard *23*
Shehu, Mehmet 265
Shockley, William 111, 215
Sibelius, Jean *120*, 121, 245
Sica, Vittorio de 238
Sidi, Mohammed el Amin 93
Siebzehnter Juni 1953 109, 193, 283, 284, *285*, 286, •105-20
Sierra Leone **365**
Signoret, Simone 237
Sihanouk, Norodom König von Kambodscha 13, 60, 61, 67, 93, 100, *323*, 324
Sikkim 24, 147, **366**
Siles Zuazo, Hernán 43, 102, 274
Silva, Viera da 225
Silver, Horace 242
Si Mbarek Bekkai 99
Simon, Claude 228, 229
Simons, David 120
Sinaifeldzug 317
Sinaihalbinsel 108
Sinatra, Frank 243
Singapur 115, 131, 143, **366**
Sirikit Kittiyakara, Königin von Thailand *379*
Široký, Viliam 57, 81, 380
Sisavang Vong, König von Laos 13, 150, 333, *334*, •145-33
Sissi-Filme 239
Sjöberg, Alf 238
Skala, Klaramaria *227*
Slánský, Rudolf 35, *53*, 380
SLFP (Sri Lanka Freedom Party) 278, 279
Smith, Walter Bedell *64*
Smuts, Jan Christian 18, 21
Smyslow, Wassilij 67, 75, 116, 131
Snyder Rees, Warren 42
Soames, Christopher 306
Sobell, Morton 29
Sobhusa II., König von Swaziland 377
Sommersport •368-70
Somoza, Anastasio 13, 17, 73, 106, 343
Somoza, Luis 116, 143, 146, 343
Soraya, Kaiserin des Iran 127, 314
Sosin, Walerian 95
Soulage, Pierre 225
Souphanouvong, Prinz von Laos 122, 333, 334
Soustelle, Jacques 83, 265, *266*, 296
Souvanna Phouma, Prinz von Laos 120, 122
Sowjetunion → UdSSR
Sozialdemokratische Partei Deutschlands → SPD
Soziale Marktwirtschaft **204–207**, 293
Sozialistische Einheitspartei Deutschlands → SED
Sozialistische Internationale 32
Sozialistische Partei Österreichs → SPÖ
Sozialistische Reichspartei → SRP
Sozzi, Ettore *361*
Spaak, Paul-Henri 44, 50, 73, 111, 117, *190*, 302
Spanien 43, 45, 52, 62, 70, 81, 86, 94, 95, 140, **372–373**
Spanische Sahara **373**
Spanisch-Guinea **373**
Spanisch-Marokko 101, 123
SPD (Sozialdemokratische Partei Deutschlands) 18, 19, 23, 24, 29, 30, 41, 63, 72, 76, 78, 80, 120, 122, 125, 132, 135, 137, 142, 149, 165, 166–168, 171, 287
Speer, Albert 241
Speidel, Hans 26, 114, *292*
Spionage **195**
SPÖ (Sozialistische Partei Österreichs) 17, 51, 56, 58, 67, 79, 116, 143, 146
Sport 18, 19, 20, 23, 28, 30, 31, 32, 33, 35, 37, 40, 41, 45, 46, 47, 57, 61, 62, 66, 67, 71, 72, 73, 75, 76, 77, 83, 90, 91, 98, 99, 101, 102, 103, 106, 110, 116, 118, 119, 131, 132, 134, 135, 140, 143, 146, **246–261**, •344-61, •344-62, •344-63, •344-64, •344-65, •344-66, •368-67, •368 68, •368 69, •368-70, •368-71, •368-72
Sportidole •344-66
Sputnik **210–212**
»Sputnik I« 121, 371
»Sputnik II« 122
»Sputnik III« 131, 212
SR (Saarländischer Rundfunk) 176
Sri Lanka Freedom Party → SLFP
SRP (Sozialistische Reichspartei) 37
SSD (Staatssicherheitsdienst) 170
SSW (Südschleswigscher Wählerverband) 19
Staatssicherheitsdienst → SSD
Stabilität 173
Stachelschweine •328-59
Stafford, Jo 243
Stalder, Josef *246*
Stalin, Josif 14, 35, *50*, 54, *57*, 60, 61, 65, 67, 99, 100, 103, 109, 111, 167, 170, 171, 192, 194, 203, 291, 318, *367*, 371, 383
Stalinismus 355
Starfighter, F-104 G 101
Stassen, Harold *352*
Staudinger, Hermann 68
Staudte, Wolfgang 239, 328
Steel, Christopher *88*
Steenbergen, Rik van 134, 250
Stefano, Alfredo Di 253
Stefanopoulos, Stefanos 94
»Stein von Scone« *24*
Stevens, Siaka 365
Stevenson, Adlai 46, 52, 106, 109, *390*
Stiefel, Rolf •328-58
St. Laurent, Louis Stephan 71, 118, 324
Stockhausen, Karlheinz *239*, 240, *305*
Stoeckler, Lajos 55
Stoica, Chivu 359, *360*
Stoph, Willi 98, 284, 286
Storch, Karl *46*
Strategie der massiven Vergeltung 196
Strauß, Franz Josef *64*, 93, 167, *290*, *292*, 317, •65-9, •65-10
Strauss, Lewis L. *216*
Strawinsky, Igor 234, 240, 304, •304-51
Streuli, Hans *111*
Strickland, Shirley 247
Strijdom, Johannes *80*, 134, 374
Stroessner, Alfredo 76, 143, 354
Stubnick, Christiane •344-64
Studio für elektronische Musik 240
Sturmflut 1953 **163**
Suaréz, Francisco 40
Suarez Flamerich, Gorman 24, 386
Südafrika 16, 18, 21, 29, 31, 42, 45, 46, 47, 51, 53, 58, 80, 85, 86, 111, 117, 134, 143, 146, **374–375**
Sudan 36, 51, 56, 67, 70, 92, 95, 96, 98, 126, 136, 141, 147, **375–376**
Süddeutscher Rundfunk → SDR
Südschleswigscher Wählerverband → SSW
Südkorea 17, 24, 47, 53, 60, 61, 68
Südostasiatische Verteidigungsgemeinschaft → SEATO

Südostasien 13, 53, 77, 78, 80, 118, 150
Südvietnam 44, 81, 86, 92, 123, 139, 147
Südwestafrika 376
Südwestfunk → SWF
Suez-Krise 144, **194**, 201, 202, 248, 264, 298, 303, 306, 362, **387–388**, •145-36
Suhr, Otto 83, 120, 121
Sukarno, Ahmed 20, 86, 94, 146, 184, 310, *311*, 347, 348
Sukiman 310
Sukselainen, Vionno Johannes 117, 295
Sultaneh, Achmad Ghavam es 46
Sumokil, Chris 23, 310
»Super Constellation« 218
Suramarit, Norodom König von Kambodscha 100, 324
Surinam **376–377**
Suzman, Helen 375
Svensson, Kalle *369*
Swart, Charles 143
Swaziland 143, **377**
SWF (Südwestfunk) 176
Synge, Millington 53
Syrien 21, 29, 30, 40, 51, 55, 76, 84, 92, 94, 95, 108, 119, 122, 126, 151
Sys, Karel 41

T

Tabbert, Anthony 90
Tachismus 225
Tafawa Balewa, Abubakar 153, 349
Taft, Robert 12
»Tagesschau« 39, 107, 176
Taiwan 12, 14, 15, 16, 18, 62, 83, 84, 116, 133, 134, 135, **377–378**
Takar ben Ammar 77
Talal, König von Jordanien 34, 44, 47
Taluwe Thero 148
Tamiris, Helen 236
Tanganjika **378**
Tanger 42
Tanz **234–236**
Tapié, Michel 225
Tarchini, Albert *13*
Tarifvertragsgesetz 291, 293
Taruc, Luis 75
Tashi Namgyal, König von Sikkim 366
TASS 157
Tassigny, Jean de Lattre de •145-33
Tati, Jacques 237, 238
Tau, Max 230
Taylor, Maxwell 55
Technisches Hilfswerk → THW
»Teds« 175
TEE (Trans-Europa-Express) 117
Teilhard de Chardin, Pierre 86, *180*
Telefon **217, 218**
Telegraphie **217, 218**
Tell, Abdullah el 34
Teller, Edward 216
ten Hoff, Hein *369*
Tennis 103, 118
Tensing, Norkay, 60
Teusch, Christiane 166
Thailand 136, **378–379**
Theater •328-55
Theile, David 247
Theiler, Max 37
Theorell, Axel 96
Thiedemann, Fritz 246, 251, 344
Thiele, Rolf 239
Thielicke, Helmut •65-12
Thomas, Dylan *67*
Thomaz, Henri 131
»Thor«-Rakete 198
Thors, Olafur 151, 315
»Thunderbolt« 26
THW (Technisches Hilfswerk) 63
Tibet 22, 23, 24, 28, 33, 36, 133, 137, 141, 142
Tillich, Paul 178

Tito, Josip »Broz« 13, 42, 55, 57, 60, 66, 71, 87, 103, 130, 186, 318, 322, *323, 360, 370,* 371
Tito, Jovanka *360*
Todd, Alexander R. 123
Todd, Garfield 126
Toerngren, Ralf 74
Togliatti, Palmiro 107
Togo 130, **379**
Toivo ja Toivo, Herman 376
Tollund-Mann *283*
Tomás, Américo 132, 357
Tombalbaye, François 299
Tommy-Dorsey-Orchester 243
Tonga **379**
Töpfer, Alfred 161
Torp, Oscar 36, *80,* 83, 349
»Torre Velasca« 223
Torriani, Vico •129-30, •304-53
Toscanini, Arturo 73, *245*
Tour de France 62, 77, 91, 106, 119
Tourismus 174
Townsend, Peter 95
Trabert, Tony 251
Trans-Europa-Express → TEE
Transistor *215*
Tran Van Hu 44
Tribhuvana, König von Nepal 27, 58, 85, 101, 342
Triconana, Philibert 136
Triest 44, 66, 67, 68, 78, 79, **318**
Tristano, Lennie 242, 304
Trotzki, Leo 99
»Truculent« *12*
Trueba, André Martinez 385
Trujillo, Héctor 81, 120, 294
Trujillo, Rafael Leónidas 294
Truman, Harry S. 12, 13, *14,* 18, 19, 21, 24, 26, 29, 32, 39, 41, 42, 43, 45, 46, 55, 56, 65, 145, 157, 192, 193, 216, 248, 362, 389, 390, •145-31, •145-32, •248-42
Trümmerfilme 239
Tscherwenkow, Wylko 278
Tschechoslowakei → ČSR
Tschiang Kaischek 12, 14, 16, 121, 281, *377*
Tschojbalsan, Korlin 342
Tschu En lai → Zhou Enlai
Tschukarin, Wiktor 246
Tschu Te *142*
Tsiranana, Philibert 136, 337
Tsung Dao Lee 123
Tubman, William *335*
Tudeh-Partei 30
Tunesien 40, 42, 44, 45, 51, 61, 72, 77, 85, 86, 87, 93, 100, 115, 119, 120, 126, 132, 136, 143, 150, **380–381**
Tupolew *196*
Turek, Toni 253
Türkei 14, 17, 21, 24, 28, 37, 74, 93, 122, 142, **381–382**
Twe, Duhdwo 335
Twining, Nathan 102

U

UdSSR 12, 13, 16, 18, 27, 29, 33, 35, 42, 45, 55, 56, 57, 58, 61, 62, 63, 67, 71, 72, 73, 74, 76, 78, 81, 83, 84, 85, 86, 87, 90, 92, 93, 94, 95, 98, 99, 100, 101, 102, 103, 107, 110, 111, 113, 114, 116, 117, 118, 119, 120, 123, 125, 127, 131, 133, 134, 136, 137, 140, 141, 146, 147, 148, 149, 150, 151, 152, 191, 197, 248, **367–372**, •105-24
UEFA (Union of Europaen Football Association) 250
Uganda 36, 68, 91, 127, 153, **382–383**
Ulanowa, Galina 234, *235*
Ulbricht, Walter *18,* 19, *34,* 89, 100, 109, 148, 164, 169, *170,* 171, 284, 285, 286, 292, •105-21
Ulzheimer, Heinz 246, *345*
Umweltverschmutzung **159–160**
»unbewältigte Vergangenheit« 173

UNESCO (United Nations Educational, Scientific and Cultural Organization) 16, 32, 73, 85, 152
UNF (United National Front) 264
Unfälle 12, 50, 53, 66, 89, 103, 134
Ungarn 19, 28, 29, 37, 40, 47, 55, 61, 85, 86, 91, 100, 101, 103, 107, 108, 109, 110, 111, 113, 114, 115, 116, 119, 122, 126, 132, 147, 152, **383–385**, •105-23
Ungarnaufstand 1956 108, *109,* 110, 116, 193, **194**
Unglücke 288, 289, •89-18, •288-47
União das Populações de Angola → UPA
UNICEF 45
Union of European Football Association → UEFA
United National Front → UNF
United Nations Educational, Scientific and Cultural Organization → UNESCO
United Nations Organization → UNO
UNO (United Nations Organization) 14, 16, 18, 19, 20, 22, 23, 24, 26, 27, 35, 36, 37, 40, 42, 45, 50, 51, 52, 57, 71, 73, 78, 83, 84, 92, 94, 96, 107, 108, 109, 111, 113, 114, 120, 121, 130, 132, 133, 135, 137, 148, 149, 191
UPA (União das Populações de Angola) 267
UPONA → UPA
Uruguay 37, **385**
Urrutia, Manuel 139, 140, 146, 333
Urvalek, Josef *53*
USA (Vereinigte Staaten von Amerika) 12, 13, 14, 15, 16, 17, 18, 19, 21, 22, 23, 24, 26, 27, 28, 29, 30, 32, 33, 35, 36, 39, 41, 42, 43, 45, 46, 52, 53, 55, 56, 59, 60, 66, 67, 68, 70, 71, 72, 75, 77, 76, 78, 80, 81, 83, 85, 87, 90, 91, 92, 94, 95, 96, 98, 99, 101, 102, 103, 106, 107, 109, 111, 113, 114, 115, 116, 120, 121, 122, 123, 125, 126, 127, 130, 131, 132, 134, 135, 139, 141, 142, 143, 146, 147, 148, 150, 151, 152, 153, 191, 192, 248, **389–391**, •248-41, •248-42
U Thant 202
Utrillo, Maurice 95
Utzon, Jörn 223

V

Vadim, Roger 238
Valente, Caterina *240, 305,* •304-53
Valentin, Karl 234
Valera, Eamon de *32,* 114, 146, 314
»Valiant« 218
VAR (Vereinigte Arabische Republik) 126, 127, 133, 134, 135, 136, 147, 150, 153, 322, **387–389**
Varèse, Edgar 239, 240
Vargas, Getúlio 22, 77, *275, 276*
Vasarely, Victor 224
Vatikan 16, 40, 53, 55, 103, 135, 136, 140, **385**
Velasco Ibarra, José María 44, 294
Venezuela 24, 53, 55, 123, 125, 137, **386**
Venizelor, Sophoklis 59
Vereinigte Arabische Republik → VAR
Vereinigte Staaten von Amerika → USA
Vereinte Nationen → UNO
Verkehrssündersünderkartei 125
Verkehrsunfälle **221**
Versailler Vertrag 189
Verstädterung **159–160**
Vertragsstaaten **391**
Vertriebene 167
Verwoerd, Hendrik Frensch 134, 143, 374

Vial, André 181
»Vickers Viscount« 219
Viet-Minh-Truppen 45, 58, 63, 192
Vietnam 13, 26, 29, 34, 40, 45, 51, 52, 59, 67, 70, 72, 73, 74, 75, 76, 77, **185, 192, 391–393**, •145-33, •145-34
Vietnamkrieg 145
Vigneaud, Vincent du 96
Villa-Lobos, Heitor 236
Visconti, Luchino 238
Vollbeschäftigung *207*

W

Wafd-Partei 43
Wagner, Cosima 241
Wagner, Richard 241
Wagner, Siegfried 241
Wagner, Wieland 241, 242
Wagner, Winifred 241
Wagner, Wolfgang 241
Wagtmans, Wout *91*
Wahlen, Friedrich Traugott •129-29
Währungsreform 207
Währungsstabilität **207**
Wayne, John 228
Wainonen, Wassilij 235
Waksman, Selman 53
Walcott, Joe 251
Walser, Martin 233
Walter, Fritz *76,* 251, 252, 253, 344, 368
Walter, Otmar 253
Walton, Ernest T. S. 37
Wangchuk, König Jigme Dorji 273
Warmerdam, Cornelius 250
Warschauer Pakt 87, 98, 109, 158, 278, 371
Warschauer Vertrag 171
Waruhio 50
»Was bin ich?« 176
Wasserstoffbombe 13, *52,* 197, **216**
Wasserverschmutzung → Umweltverschmutzung
WDR (Westdeutscher Rundfunk) 176
Weber, Alfred 76
Weber, Max 364
Webern, Anton 234, 239, 304
Wehner, Herbert •49-2
Wehrpflichtgesetz 99, 103
Weill, Kurt 15
Weizmann, Chaim 37, 52, *203,* 315, •89-15
Weizsäcker, Carl Friedrich von 165, •65-10
Welensky, Roy 358
Weller, Thomas H. 81
Welles, Orson 238
Welsch, Heinrich 94
Weltföderation der demokratischen Jugend 27
Weltgesundheitsorganisation → WHO
Weltpolitik 22, 28, 70, 71, 73, 85, 90, 91, 95, 120, 132, 143, 147, 153
Weltrat der Kirchen 77, *179*
Wendland, Gerhard •304-53
»Wer gegen wen« 176
Werner, Pierre 140
West Coast Jazz 242
Westdeutscher Rundfunk → WDR
Western 237
Westeuropa 18, 19, 29, 30, 44, 45, 47, 75, 78, 79, 87, 115, 146
Westindische Föderation **393**
Westintegration 172
Wettach, Adrian 146
Weyer, Willi •49-5
Weyrauch, Wolfgang 229, 230, 232
Whitehead, Sir Edgar 126
WHO (Weltgesundheitsorganisation) 31
Wicki, Bernhard 239
Wickmann, Putte 243
Wiederaufbau **159,** 171, 173, 222

Wiederaufrüstung 64, •65-9
Wiedergutmachung **167,** 316, •89-15
Wiedervereinigung Deutschlands 49, 65, 109, 164, 166, 175, 286, 287, 290, 291, 292, •49-2
Wiener, Norbert 213
Wigger, Stefan •328-55
Wilder, Billy 237
Wilder, Thornton *231*
Wilhelm II., Deutscher Kaiser und König von Preußen 33
Wilkins, Roy 132
Williams, Eric 393
Williams, Ruth 273
Williams, Willie 247
Wilson, Charles E. 53
Wimbledon 103, 118
Wimmer, Thomas 369
Winkler, Hans Günter 90, *102,* 247, 251, 344, *345*
Win Maung 115
Wintersport •368-71
Wirtschaft **204–209**
Wirtschaftswunder 49, 159, 166, 168, 171, 174, 204, *206–207,* 292, 293, •49-5, •49-6
Wissenschaft 92, 95, 118, 147
Wittgenstein, Ludwig *30*
Wolf, Friedrich 66
Wollweber, Ernst 122, 284, 285
Wols 224
Woodward, Joanne 237
Woroschilow, Kliment 57
»Wort zum Sonntag« 176
Wurm, Theophil 56
Wyler, William 237, 238
Wyschinskij, Andrej 78
Wyszyński, Stefan 66, 108, 111, 113, 117, *355,* 356, 357

X

»X15« 148
»XP21« Firebird 71

Y

Yang, Chen Ning 123
Ydigoras Fuentes, Miguel 126, 307, 308
Yoschida, Schigeru 35, 58, 59, 81, 321
Youlou, Fulbert *298,* 299
Young, Lester 242
Yulo, José 355

Z

Zafizullah Khan *352*
Zaisser, Wilhelm 13, 62, 284, 285
Zápotocký, Antonín *18,* 59, 122, 380
Zátopek, Emil 246, 250, 258, 344, 380
Zátopková, Dana 246
ZDF (Zweites Deutsches Fernsehen) 178
Zedenbal, Jumschagin *341,* 342
Zeeland, Paul van 20
Zeidler, Hans Dieter *227*
Zentralafrikanische Republik 141
Zernike, Frederick 68
Zhou Enlai 55, 56, 83, 86, 96, 113, 118, *142,* 184, 192, *280,* 281, *323*
Zinn, Georg August 50, 81
Zinnemann, Fred 237
Zoli, Adone 117, 118, 132, 319
Zornige junge Männer → Angry Young men
Zuckmayer, Carl 239
Zweiter Weltkrieg 156, 157, 159, 173
Zwölftonmusik 239
Zypern 63, 77, 93, 99, 100, 106, 111, 116, 126, 130, 132, 133, 135, 140, 141, 142, 147, 152, 153, **393–394**